북한 고고학 연구

북한 고고학 연구

한창균 지음

혜안

목 차

2부 연구 동향, 연구사

3부 구석기시대 유적, 유물

글을 엮어 내며

I.

해방 이후부터 1960년대 중반에 이르기까지 북한의 고고학 분야에서 주도적인 활동을 하였던 도유호(1905~?)는 굴포리(1963)와 석장리(1964)에서 그토록 애타게 기다려 왔던 구석기 유적이 발굴된 것을 계기로 남북의 유적·유물에 대한 연구 성과를 상호 교류하자는 취지의 글을 '로동신문'에 기고하였다.[1] 기고문은 도유호의 이름으로 보도되었지만, 학술 교류 방안[2]이 북한의 대내외적 입장을 대변하는 '로동신문'에 의하여 전파되었다는 사실은 당시 북한 정권이 이 부문에 대하여 관심을 가졌다는 점을 반영해 준다고 볼 수 있다.

'로동신문'에 실린 보도 자료를 만나게 된 것은 그보다 훨씬 뒤이지만, 도유호가 기고문에서 언급하였듯이 "자기 나라 강토에서 발굴되거나 발견되는 유적과 유물을 두고 남북의 학자들이 그것을 모르고 지날 수 없다."는 단순한 마음에서 출발하며 필자는 남녘 연구자로서 30여 년 전부터 북한 고고학에 관심을 갖게 되었다. 첫 발을 내딛으며 가장 먼저 부닥친 것은 북한 자료의 확보와 관련된 문제였다. 이 문제는 당시 북한 고고학에 관심을 지닌 연구자들이 공통적으로 느꼈던 어려움 가운데 가장 큰 부분을 차지하였다.

필자가 알기로는 해방 이후 북한 소재 유적의 발굴 조사 현황이 공개적인 글[3]로서 발표되기

---

1 도유호 1966. 「우리 나라 구석기 시대 연구를 위하여」, 『로동신문』 1966년 5월 11일.

2 도유호는 남북 쌍방의 고고학 발전을 모색하는 방안으로 "첫째, 유적 발굴 보고와 연구 성과를 서로 교류하도록 하자. 둘째, 남북 고고학자들이 서로의 유적과 유물을 직접 보며 학술 토론을 하고, 나아가 유적 발굴과 연구 사업을 공동으로 추진하자. 셋째, 연구 성과를 담은 정기 및 비정기 간행물을 평양과 서울에서 공동으로 출판하자."고 제안하였다. 남한의 언론 매체를 통하여 이와 같은 학술 교류 방안이 공개적으로는 보도된 사례가 없었다고 생각된다.

3 정상룡(내외통신 조사부 차장) 1983. 「北韓의 遺物遺蹟 發掘현황」, 『북한』 1983년 8월호(통권 140호), 111-121쪽,

시작한 시기는 1983년부터라고 생각된다. 그것은 해방 이후 38년 만의 일이다. 그 후『북한의 문화재보존실태 및 교류방안』(국토통일원 1984),『북한문화재실태와 현황』(문화재관리국 문화재 연구소 1985) 등이 발행되며 북한의 유적 및 발굴 현황과 관련된 자료의 대강을 어느 정도 파악할 수 있었다. 그렇지만 고고학 분야를 포함하여 북한의 간행물은 국가적 안보 차원의 명분[4] 아래 '특수자료 취급기관'[국토통일원(현 통일부), 국회 도서관, 한국정신문화연구원(현 한국학중앙연구원) 등]에 소장되어 있었고, '특수자료 취급 인가증'이 없는 일반인에게는 접근조차 허락되지 않았다. 따라서 연구에 활용 가능한 자료 확보는 극히 제한적인 범위로 이루어졌다. 더욱이 '특수자료 취급기관'으로 지정되지 않은 대학에서는 '특수자료 취급 인가증' 자체를 발급할 수도 없었다.

전 국민을 대상으로 북한 관계 자료가 개방되는 데에는 1988년 서울올림픽 개막 이전에 노태우 정권이 발표한 '7·7선언'(민족자존과 번영을 위한 특별선언)이 중요한 전환점의 계기가 되었던 것으로 생각된다. 이 선언문에는 "북한을 적대적인 경쟁상대로 인식하지 않는다는 적극적인 대북 협력 의지가 표명되었고, 남북 간 교역을 위하여 문호를 개방한다." 등의 내용이 들어 있다. 문호 개방에 따라 그동안 암암리에 물밑에서만 나돌던 북한의 고고학 및 역사학 관련 자료가 차츰 수면 위로 모습을 드러낼 수 있게 되었다. 학계에서는 이에 대한 목록 작업을 하였고, 관련 내용은 1989년에 간행된 '역사비평 또는 한국고고학보'[5]에 게재되었다.

1989년에는 국토통일원 산하의 '북한자료센터'(광화문우체국 6층)가 개설되어 일반인들이 비교적 쉽게 드나들며 북한 자료를 접할 수 있는 편의가 제공되었다. 개설 초기에는 그곳에 고고학 관계 자료가 만족스럽게 갖추어져 있지 않았으나 북한의 정치 사회적 변화와 관련된 글들은 개가식 서고에서 직접 찾아볼 수 있었다. 그렇지만 정작 필요한 자료를 반가운 심정으로 발견할지라도 복사가 금지되어 하나하나 손으로 베껴 적었던 일들이 새삼 떠오른다. 원문을 복사하거나 베끼는 것이 도대체 무슨 차이가 있는지 모르겠다고 속으로 투덜거렸지만, 복사를 하려면 이곳에서도 '특수자료 취급 인가증'을 요구하였기 때문에 어쩔 수 없었다.

북한연구소.

4 그 내용을 요약하면 다음과 같다. "북한 고고학은 순수한 학문 태도로 일관하고 있는 우리와 달리 유물사관에 입각한 연구 태도를 고집하여 이론 및 실제의 많은 부분에서 한국과 다른 많은 견해 차이를 유발시키며, '사회주의적 민족문화의 계승 발전'이라는 미명 아래 우리의 민족문화 유산을 공산주의식 문화로 변질시키고, 순수 민족문화의 정통성 연구에 악영향을 끼친다."(정상룡 1983. 111쪽). 단군릉 발굴 이후 정보 당국의 입장에 관해서는 다음을 참조하기 바람. 국가안전기획부 1995.『북한의「민족주의」선전자료집』.

5 ① 도진순 1989.「자료 : 북한의 역사학술지『력사과학』총목차(1955~1988년)」,『역사비평』1989(봄), 356-378 쪽. ② 역사비평사 1989.「자료 :『근로자』,『력사제문제』목차」,『역사비평』1989(여름), 376-384쪽. ③ 주강현 1989.「자료 :『문화유산』,『고고민속』,『고고민속론문집』총목차」,『역사비평』1989(겨울), 337-347쪽. ④ 이선복·이교동·신정원 1989.「부록 : 北韓考古學文獻目錄」,『한국고고학보』23, 93-217쪽.

'7·7선언'이 발표되어 국내외에 큰 반향을 일으켰으나, 고고학 연구자들이 북한 관계 특수 자료를 마음 놓고 자유롭게 이용할 수 있게끔 안전을 보장하는 법적 조치는 수반되지 않았다. 모든 것이 그저 묵시적으로 용인되었을 따름이었다. 특수 자료라는 낱말의 성격은 보는 이의 입장에 따라 다른 의미를 지닐 수 있다. 잘못 엮일 경우에 그것은 종종 불온서적의 의미로 변질되었고, 불온서적의 소지자(또는 제공자)는 불순분자로 내몰리는 고초를 겪을 수도 있었다. 지금에 와서는 그런 일이 정말 있었느냐고 되물을 수 있겠지만, 그 시절에는 북한의 고고학 관계 자료를 단행본으로 펴내거나 구입하는 것이 상당히 까다로웠다.[6]

'7·7선언' 이후, 오랫동안 공산권의 특수 자료로 금기시하였던 북한 고고학 관계 서적이 조심스럽게 하나둘 영인되어 모습을 드러냈다. 판매 시장에서 예상되는 이런저런 반응을 따져 가며, 먼저 『문화유산』과 『고고민속』이 붉은 표지의 양장본 형태로 보급되었다고 생각된다. 책을 구입하여 첫 장을 펼쳐 넘기며 이제야 비로소 그동안 복사를 거듭하며 단편적으로 떠돌아다녔던 자료들이 단행본으로 묶여 이전에 비하여 훨씬 편하게 연구에 활용될 수 있다는 기대감이 커졌다.

그런데 당시 보급된 1차 영인본의 수록 자료에는 몇 가지 한계가 있었다. 예를 들어, 북한의 사회 변화와 맞물린 고고학계의 동향을 살피는 데 필요한 '권두언(卷頭言)'과 발행 장소가 평양으로 명기된 '간기(刊記)' 부분 등이 포함되지 않았다. 당국으로부터 정식 허가를 받지 않은 상태에서 북한 자료를 영인 및 유포한다는 위험의 소지가 있었던 까닭에 오해를 불러일으킬 수 있는 내용은 모두 생략될 수밖에 없었을 것이다. 비록 이러하기는 하지만 북한 고고학에 대한 남한 학계의 접근이 본격적으로 이루어질 수 있도록 물꼬를 터주었다는 점에서 이때를 전후한 시기는 연구사적으로 의의를 지닌다고 평가될 수 있다.

북한 고고학에 대한 전반적인 관심이 커지고, 북한 고고학 자료의 확보에 목이 말라 있었던 만큼 1차 영인본에 대한 국내의 수요는 상당했던 것으로 추정된다. 또한 사회적으로 물의를 일으키지 않으며 큰 탈 없이 1차 영인본이 널리 보급됨에 따라 뒤를 이어 『문화유산』과 『고고민속』 의 수록 내용을 보완하고, 『고고민속론문집』, '유적발굴보고', '고고학자료집' 등을 망라한 북한

---

6 필자가 『북한의 선사고고학 ① 구석기시대와 문화』(1990)를 펴낼 무렵에 불온서적을 출간한다는 투서가 관계 기관에 접수되었다. 그곳 담당자는 당시 필자가 근무하였던 단국대학교 중앙박물관을 내방하여 발행 의도, 자료 입수 경위 등등에 관하여 자세히 물었다. 처음 겪는 일이라 당혹스러웠지만, 질문 요지에 답하면서 "북한의 구석기시대 연구 현황만을 전하고, 교시와 관계된 부분은 삭제할 예정이니 별다른 문제가 야기되지 않을 것으로 생각된다."라고 말을 했던 기억이 난다. 이 일은 관계 기관의 양해를 받아 특별한 어려움 없이 해결되었다. 같은 해의 또 다른 일이다. 『조선유적유물도감』(조선유적유물도감 편찬위원회 1988)이 간행되었다는 소식을 듣고 그 책에 담긴 내용이 너무 궁금하여 일본 서점에 구매를 의뢰하였다. 서대문우체국에서 책을 받을 예정이었는데 통관이 허락되지 않았다. 다행히 관계 기관의 별도 승인을 받은 후에 구입 절차가 마무리될 수 있었다. 책 속에 수록된 상원 검은모루와 승리산 동굴유적, 굴포리 한데유적의 전경 사진 등을 처음으로 대하며 여러 차례 들추어 보았던 추억이 아직도 머리에 아른거린다.

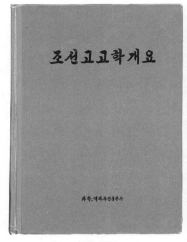

북한 원본   북한 원본   일본 영인본

일본 영인본   국내 영인본   국내 영인본

당시 국내에 보급된 고고학 관계 자료는 일본을 경유하여 입수된 북한의 원본, 또는 일본에서 간행된 영인본을 모본으로 하여 발행되었다.
(자료 제공 : 이강승 충남대학교 명예교수)

고고학 관계 서적이 빠른 속도로 이곳저곳에서 출간되었다. 이에 즈음하여 『중국 동북 지방의 유적 발굴 보고』(조중 공동 고고학 발굴대 1966), 『조선고고학개요』(고고학연구소 1977) 등의 영인본도 국내에 퍼지게 되었다. 국내에서 출간된 영인본 서적들은 일본으로 역수출되는 경우도 제법 있었다고 한다.

위에서 말한 것처럼 북한의 고고학 관련 자료가 연구자들에게 공개적으로 개방되기까지는 정치 사회적 여건의 변화와 더불어 몇 차례의 과정을 겪어 왔다. 그리고 여기에서 축적된 각종 자료는 북한 고고학에 대한 필자의 안목을 넓히는 데 큰 도움을 주었다. 지금은 '북한자료센터'(2009년 국립중앙도서관 본관 5층으로 이전)에 고고학 분야를 포함한 각종 최신 자료가 구비되어 이용에 편리하지만 지난날에는 그러하지 않았다. 그동안 북한 고고학 자료를 연구자들이 두루 공유하여 활용할 수 있도록 직접 또는 간접으로 이바지한 익명의 여러분들에게 깊은 감사를 드린다.

II.

이 책은 크게 세 부분으로 구성되었는데 1부에는 다섯 편의 글이 들어 있다. 1부에서는 '북한 고고학의 형성기'라는 주제에 초점을 맞추어 주로 해방 이후부터 1960년대 초에 걸쳐 북한에서 조사 연구된 고고학적 성과를 다루었다. 그 가운데 신석기 고고학에 관한 글은 2017년에 발표한 논문의 내용을 보완하여 작성되었다. 나머지 네 편의 글은 이번 기회에 새로이 작성된 것들이다.

한국전쟁 이전 북한에서 발간된 고고학 관계 정기간행물[7]은 우리에게 비교적 일찍부터 알려져 왔다. 반면에 역사학의 한 부문으로서 고고학이 추구해야 하는 연구 방법론과 방향 설정 등을 포괄적으로 담은 단행본은 찾아보기 어려웠다. 그러던 중 국립중앙도서관의 소장 자료(해외 한국 관련 기록물)를 검색하면서 한국전쟁 당시 평양에 주둔했던 미군의 노획문서에 『朝鮮歷史』[8]가 포함되어 있음을 알게 되었다.

『朝鮮歷史』의 체제 구성에서 주목되는 것은 '조선 원시 공동체(제1장)'의 서술에서 '생산 도구(제1절)'에 관한 부분이 적지 않은 분량(8-23쪽)을 차지하고 있는 점이었다. 특히 엥겔스의 명제에 따라 석기·청동기·철기가 동일한 시대의 주요 생산 도구로서 병존 관계를 이룰 수 없다는 논리를 기반으로 일제강점기 이래 제기되었던 '금석병용기설'의 해악을 지적한 시각(21-22쪽)에 필자는 큰 관심을 지니고 있었다. '금석병용기설'의 허구성을 입증하는 유적의 연구 사례가 없는 상황에서 그러한 시각을 견지한다는 것은 결코 쉬운 일이 아니었기 때문에 더욱 그러하였다. 그러나 책의 겉표지와 속표지 및 간기에 해당하는 부분이 떨어져 남아 있지 않아 활용 가능한 사료로서의 적정성 여부에 문제가 생겼다. 그 뒤 한흥수(1950. 5쪽)[9]가 논문에서 참고한 부분과 『朝鮮歷史』(9쪽)

---

7 다음을 참조 바람. 국립문화재연구소 2019. 『『력사제문제·문화유산·문화유물·고고민속』 해제집(1948~1967)』.

8 『朝鮮歷史』(등사본, 연도 미상). National Archives and Records Administration(미국립문서기록관리청), RG 242 National Archives Collection of Foreign Records Seized, Captured Korean Documents, Doc No. SA 2008. 국립중앙도서관에서 제공하는 온라인 자료에는 본문 일부(1-185쪽)와 역사 지도(弁辰二十餘國比定圖, 馬韓五十餘國比定圖, 高句麗 初期)의 원문이 공개되어 있다.

9 한흥수 1950. 「朝鮮原始史研究에 關한 考古學上諸問題」, 『력사제문제』 15(1950-1), 4-55쪽. 이 논문의 14쪽,

의 내용을 대조한 결과, 김석형이 『朝鮮歷史』의 저자였을 가능성이 매우 높은 것으로 판단되었고, 이에 근거하여 1부의 개별 논문에 해당 부분의 내용을 비교적 자주 인용하게 되었음을 밝힌다.

해방 이후부터 1950년대 말까지 이루어진 북한의 고고학 연구 성과를 집대성한 『조선 원시 고고학』에서 도유호가 "불과 몇 주일 사이에 우리의 견해에는 적지 않은 변화가 생기는 수가 가끔 있게 된다. 이 책을 엮는 데서도 처음 붓을 잡았을 당시와 원고를 출판에 넘길 당시와의 사이에는 우리의 지식에 적지 않은 변화가 있었던 것이다."[10]라고 표현하였듯이 당시 북한 고고학은 이전에 비할 수 없을 만큼 비약적인 발전의 토대를 마련하였다. 이와 관련하여 다섯 편의 글을 통하여 필자가 의도했던 논지는 "1957년도라는 시점은 북한 고고학뿐만 아니라 남북 통합 고고학사의 측면에서 검토할 때, 초기 단계의 학술적 한계를 벗어나 새로운 전환기(형성기)를 맞이한 분기점으로 설정될 수 있다."라는 짧은 글로서 축약된다.

북한의 정치 사회적 맥락에서 필자는 초기 단계를 '맑스-레닌주의적 방법론 적용의 모색기', 그리고 형성기를 '맑스-레닌주의적 방법론에서 주체적 방법론으로의 전환기'로 규정하며 각 해당 시기의 북한 고고학에서 보이는 성격과 특징을 살펴본 바 있다.[11] 그 가운데 1950년대 후반부터 1960년대 초반에 이르는 기간 동안 북한 고고학에서는 원시시대에서 고대로의 이행 과정을 체계적으로 고찰하는 데 필요한 시대 구분의 틀을 정립하여 나갔다. 이렇듯 남한에 비하여 상대적으로 빠른 시기에 이루어진 북한 고고학 분야의 괄목할 만한 성장은 경제 개발 및 사회 간접시설의 기반 조성에 따른 학술 및 구제 발굴에 대한 국가의 정책적인 배려와 지원, 조사 연구를 전담할 수 있는 전문 기관의 설립과 운영, 연구 인력의 확보와 양성, 일제 고고학의 왜곡된 논리 극복, 소련을 통한 선진적인 발굴 기법의 도입, 중국과 소련에서 발표된 고고학 관련 연구 성과의 적극적인 활용 등이 서로 어우러지며 이룩된 결과의 산물이었다고 말할 수 있다.

한편 그 기간 동안 고고학적 발굴 및 연구 성과를 중심으로 북한 학계에서는 연이은 토론과 논쟁이 전개되었다. '조선에서의 금속 문화 기원에 대한 토론'(1956년 12월)[12]과 '제 1차 전국 고고학 토론회'(1958년 3월)[13], 특히 '우리 나라 고대 종족과 국가 발생에 대한 과학 토론회'(1959년 12월)[14] 이후에 전개된 고조선 관련 각종 토론회[15]에서 보이듯이 당시 북한 학계에서는 선정된

주 1)에는 "金錫亨著 『朝鮮歷史』 一九四八, 平壤"이라고 썼다.

10 도유호 1960. 「머리'말」, 『조선 원시 고고학』, 1쪽, 과학원출판사.

11 한창균 2013. 「북한 고고학사의 시기 구분 체계에 대하여」, 『한국상고사학보』 79, 181-214쪽.

12 고고학 및 민속학 연구소 1958a. 「학계 소식 : 조선에서의 금속 문화 기원에 대한 토론」, 『문화유산』 1958(2), 72-78쪽.

13 고고학 및 민속학 연구소 1958b. 「학계 소식 : 제 1차 전국 고고학 토론회」, 『문화유산』 1958(3), 84-86쪽.

14 고고학 및 민속학 연구소 1960. 「학계 소식 : 우리 나라 고대 종족과 국가 발생에 관한 과학 토론회」, 『문화유산』

토론 주제에 따라 각자 자신의 견해를 자유스럽게 표명할 수 있는 여건이 보장되었던 것으로 판단한다. 일련의 토론 무대에서 제기된 다양한 주장은 원시시대의 편년 체계를 수립하고, 원시시대 에서 고대로의 이행 과정 및 그 특성을 폭넓은 시각에서 접근하는 데 밑거름이 되었다고 볼 수 있다.

그렇지만 1960년대 후반으로 넘어가며 김일성 개인숭배를 전면에 내세운 유일사상 체계, 곧 "사회의 전체 구성원이 김일성의 혁명 사상만을 확고부동한 신념으로 삼아야 한다는 것을 요구한 유일사상 체계"가 공식화됨으로써[16] 정전협정 이후 약 7~8년 정도 이어진 토론과 논쟁의 황금 시절은 막을 내리게 된다. 그리고 몇 년 뒤 김일성의 교시를 받들며 집체적으로 작성된 『조선원시고 고학개요』(1971)[17]가 발행되었고, 그 이후 주체적 방법론[18]에 입각한 북한 고고학의 체계가 굳건하 게 확립되었다.

이 책의 2부와 3부는 그간 필자가 발표하였던 논문을 모아 엮은 것이다. 2부에는 10편, 3부에는 7편의 논문이 수록되었고, 게재 순서는 발표 연도를 기준으로 하였다. 이번의 편집을 거치며 이미 발표된 논문에서 빠지거나 잘못된 글자를 바로 잡았고, 한자의 경우는 한글로 바꾸어 적었으며, 띄어쓰기 및 참고문헌 표기 방법을 부분적으로 수정하였다. 각 논문의 출처 관련 사항은 해당 논문의 끝 부분에 덧붙였다. 2부에는 주로 원시시대의 연구 동향과 연구사에 관한 글, 그리고 3부에는 구석기시대의 유적과 유물을 다루었던 글이 수록되었다. 개별적으로 발표된 논문을 한데 모으다보니 때때로 내용이나 그림 등이 다소 중복되는 경우가 있다. 이 점에 대하여 읽은 분들의 양해를 바란다.

III.

앞에서 이야기한 것처럼 1980년대 중반을 전후하여 북한의 유적·유물에 관한 내용이 점차 공개적으로 알려지기 시작하였고, '7·7선언' 이후 북한의 고고학 관계 자료가 영인 및 유포되면서 북한 고고학에 관한 관심이 급증하였다. 이를 반영하듯이 1990년대 초반에 들어와 북한 고고학에 대한 연구 성과가 몇몇 전공자에 의하여 발표된 바 있다. 그러나 단군릉 문제가 대내외적으로

1960(1), 95-98쪽.

15 이 책의 「고조선 고고학의 형성 과정」, 〈부록〉 참조.

16 이종석 2000. 『새로 쓴 현대북한의 이해』, 427-432쪽, 역사비평사.

17 고고학연구소 1971. 『조선원시고고학개요』, 김일성대학종합출판사.

18 다음을 참조하기 바람. ① 북한 사회과학원 철학연구소 1988. 『철학사전』, 힘총서 9, 도서출판 힘. ② 사회과학출판 사 편 1989. 『주체사상의 사회역사원리』, 주체사상총서 2, 백산서당.

갑작스럽게 부각되는 분위기에 편승하여 그러한 남한 학계의 관심과 연구 성과는 그 이상으로 증폭되지 못한 상태에 머물러 있었다고 생각된다.

북한 학계에서도 스스로 '역사적 사변'이라고 일컫는 단군릉 발굴(1993)과 개건(1994)[19], '대동강문화'의 명명과 선포(1998)[20]는 약 반세기 동안 북한 고고학계에서 축적된 학술적 성과를 근본적으로 뒤흔드는 획기적인 사건이었다. 해방 이후에서 단군릉 발굴 이전에 이르기까지 고조선 관계 문제의 연구는 대부분 고고학계와 역사학계를 주축으로 하여 진행되어 왔다고 말할 수 있다. 그러한 점은 1960년대 전반기에 고조선 관련 현안 과제를 해명하고자 학계를 중심으로 이루어진 중국 동북 지방의 유적 발굴 사례[21]에서 엿보인다. 반면에 단군릉은 북한 최고 지도부의 강력한 의지를 구현하는 일환으로 발굴 및 개건되었다. 단군릉 발굴을 계기로 고조선 중심지가 요동 지역(요동설)에서 대동강 유역(평양설)으로 확립되었고, 종래와 전혀 다른 시각에서 고조선의 성립 시기와 발전 단계가 서술되고 있으며, 이와 관련하여 청동기시대의 상한 연대도 재조정되었다.[22] 그리고 대동강문화의 선포에 따른 강령적 지침은 김정은 위원장의 담화문[23] 첫머리에 단단하게 자리를 잡고 있다.

『조선통사(상)』(2009)[24]을 보면 남한 학계의 관점과 상당히 동떨어진 북한의 연구 성향을 쉽사리 읽을 수 있다. 고고학 전공자라면 누구도 인정하듯이 선사시대(원시시대)와 고대의 편년 체계 및 그 전이 과정 등을 비롯하여 각 시대별 문화 단계의 성격과 특성을 이해하는 데 쌍방은 서로 합의점에 도달할 수 없을 정도로 상이하게 괴리되었고, 이러한 현상은 앞으로도 계속하여 지속될 것으로 전망된다.

단군릉 발굴 이전 북한에서 이루어진 고고학적 성과는 논자에 따라 취사선택의 여지가 있었다고 생각된다. 그러나 단군릉 발굴 이후 획일적으로 고착화된 북한 고고학의 편년 체계는 남한

---

19 리주현·한은숙 2009. 『총론』, 118-119쪽, 조선고고학총서 1, 고고학연구소·사회과학정보쎈터.

20 「대동강과 더불어 빛을 뿌리는 유구한 력사와 찬란한 문화 : 조선민주주의인민공화국 력사학학회에서 평양을 중심으로 한 이 일대의 고대문화를 《대동강문화》로 명명」, 『로동신문』 1998년 3월 11일.

21 조중 공동 고고학 발굴대 1966. 『중국 동북 지방의 유적 발굴 보고 : 1963-1965』, 사회과학원출판사.

22 서국태·지화산 2009. 『대동강문화』, 조선고고학전서 23, 고대편 14, 진인진. 이 글에서는 청동기시대의 시작을 BC 4천년기 후반기로 설정하였고, 대동강 유역의 고대 문화를 크게 고조선 전기 문화(비파형단검문화, BC 3천년기 초~BC 2천년기 말엽)와 고조선 후기 문화(좁은놋단검문화, BC 2천년기 말~BC 1천년기 말)로 구분한다. 고조선 전기 문화는 다시 1기(BC 3천년기 초~중엽), 2기(BC 3천년기 말엽~BC 2천년기 초엽), 3기(BC 2천년기 중엽~말엽), 그리고 고조선 후기 문화는 1기(BC 2천년기 말~BC 1천년기 전반기), 2기(BC 1천년기 후반기~BC 108년)로 각각 세분되었다.

23 「민족문화유산보호사업은 우리 민족의 전통을 빛내이는 애국사업이다(조선로동당 중앙위원회 책임일군들과 한 담화)」, 『조선중앙통신』 2014년 10월 30일. 〈통일뉴스〉 참조.

24 손영종·박영해·서국태·김용간·김성호 2009. 『조선통사(상)』(개정판), 사회과학출판사. 예를 들어, 이 책에서는 종래의 고조선을 '전조선(BC 30세기 초 성립), 후조선(BC 15세기 중엽 성립), 만조선(BC 194년 성립)'으로 구분하였다.

고고학과의 학술적인 소통과 교류에 큰 걸림돌로 작용하고 있다. 동일한 유형의 문화유산을 사이에 두고 벌어질 대로 벌어진 고고학적, 역사적 인식의 차이를 어떠한 방식으로 풀어갈 수 있는가? 시간이 흐를수록 꼬여만 가는 이 난제(難題)의 현실적인 해법을 찾는 것은 결코 쉬운 일은 아니다. 그렇다고 방관하거나 회피할 수 있는 일만은 아니다. 국내외의 정치적 상황에서 당장 실현이 가능하지 않더라도 우리는 구체적 해결 방안에 접근할 수 있는 실마리를 찾는 데 좀 더 적극적인 자세로 임해야 하며, 그것이 오늘날 남한 고고학계가 당면한 주요 과제 가운데 하나라는 사실을 폭넓게 인지하는 공감대가 형성되도록 지속적인 노력을 기울여야 할 것이다.

이 책을 엮는 데는 여러분의 도움을 받았다. 자료 수집에 도움을 주었던 충남대학교 이강승 명예교수님, 우재병 교수님, 연세대학교의 하문식 교수님, 조태섭 교수님, 2부 및 3부에 수록된 논문의 편집 과정에서 수고를 아끼지 않은 서대원 학예사(한남대학교 중앙박물관), 정봉구 박사생 (연세대학교 대학원 사학과), 그리고 자료 정리에 참여한 김현진·박지효·이건웅 석사생(연세대학교 대학원 사학과), 박경남 연구원(한양문화재연구원) 등에게 감사의 말씀을 전한다. 또한 어려운 출판 여건에서 이 책이 출간될 수 있도록 배려해 준 도서출판 혜안의 오일주 사장님, 김태규 실장님, 김현숙 편집장님 등을 비롯한 여러분께도 깊은 감사를 드린다.

1부
북한 고고학의 형성 과정 시론

구석기 고고학의 형성 과정
-해방 이후~1960년대 초를 중심으로-

I. 머리말

우리나라의 구석기 유적의 존재 여부와 관련된 문제는 일찍이 1930년대 중반을 전후한 무렵부터 본격적으로 논의되기 시작하였던 것으로 생각한다. 그와 같은 사례는 백남운(1933)(하일식 옮김 1994)과 한흥수(1935 ; 1936)의 글 등에서 엿볼 수 있는데 그 두 사람은 해방 이후 북녘으로 넘어가 활동하였다는 공통점을 지닌다.

백남운은 『朝鮮社會經濟史』에서 "인간 최초의 돌도구를 원시 석기(Eolith)라 칭하며 다시 그 가공의 정도에 따라 古石器(Paleolith)와 新石器(Neolith)로 대별하는데, 원시 조선이 고석기시대를 경과한 것은 약간의 출토품에 의해서도 확증되는 바이다."(하일식 옮김 1994. 86쪽)라고 서술하였다. 그는 타제석기는 고석기시대(구석기시대), 그리고 마제석기는 신석기시대의 성격을 각각 반영하는 노동 도구로 간주하며, 당시 조선 북부 지방에서 알려진 타제석부 또는 흑요석 타제석촉을 염두에 두고(하일식 옮김 1994. 87쪽)[1], 원시 조선이 고석기시대를 경과하였다고 표현했던 것으로 가늠된다.

반면에 한흥수(1935)는 "첫째, 고석기의 특징이 타제이지만 타제석기라고 해서 반드시 고석기시대의 것은 아니다. 조선에서 발견된 대개의 타제석기는 정교하게 만든 마제석기와 동반되어 출토한다. 둘째, 조선에서는 고석기 사용인에 관한 고고학적 발견이 전혀 없다. 셋째, 조선족의 선조가 조선반도에 들어온 것은 신석기시대 이후이다."라는 점 등을 지적하며 백남운의 주장에 동의하지 않았다. 한편 한흥수(1936. 132-135쪽)는 "아직 조선에서 구석기문화의 유적 및 유물이 발견되지 않았으나 (…) 인류 문화 발전의 역사적 과정은 계기적(繼起的)인 운동으로 이루어지기

---

1 예를 들어, 농포동 유적(함경북도 경성군, 현 함경북도 청진시)과 원수대 유적(함경북도 경성군) 등에서 흑요석 타제석기와 함께 골각기 및 토기 등이 발견되었다(『朝鮮歷史』, 10-12쪽).

때문에 신석기시대에 속하는 조선 석기시대의 기술, 경제 및 사회생활을 연구할 때"는 다음과 같은 점에 주의를 기울여야 한다고 말하였다.

"조선 석기 사용인은 대륙에서 구석기를 사용하든 인종의 후예라는 것과 조선 석기문화는 대륙의 구석기문화가 성장되어서 발달된 단계라는 것을 잊어서는 않된다."(한흥수 1936. 「朝鮮石器文化槪說」, 『진단학보』 4, 132-135쪽)

다시 말해서 한흥수(1936. 132쪽)는 "대륙 북방에서 구석기 기술(문화)을 경험하였던 인류군(人類群)이 마제석기 제작 기술을 습득하며 수렵생활 내지 채취 경제생활을 계속하는 동안 점점 남진하여 조선반도에 도착하면서 조선의 석기시대(신석기시대)가 약 1만 년 전 이후에 시작되었던 것"으로 이해하였다.[2]

위에서 말한 것처럼 구석기시대 유적, 유물의 존재 여부에 대한 백남운과 한흥수의 상반된 입장은 해방 이후 북한에서도 그대로 재연되었다. 1950년대 후반기에 진행된 원시 유적의 발굴 성과에 힘입어 함경북도 일대에서 발견된 흑요석 타제석기의 시대적인 선후 관계가 밝혀지는 실마리가 마련되었으나 구석기 유적의 존재를 명확하게 입증할 수 있는 고고학적 증거는 확보되지 않은 상태에 머물러 있었다. 그러나 1960년대 초로 접어들어 장덕리와 굴포리 유적 등에서 구석기시대에 해당하는 동물 화석과 석기를 찾으며 북한의 구석기 고고학 연구는 종래에 비할 수 없을 만큼 전혀 다른 전환점을 맞이하게 된다고 볼 수 있다.

이 글에서는 먼저 구석기시대의 존재 여부를 둘러싸고 해방 이후부터 1950년대에 걸쳐 북한에서 제기된 주요 논쟁거리와 그에 따른 연구 분위기의 변화에 대하여 살펴보기로 하겠다. 그리고 북한의 원시시대 편년 체계를 확립하는 데 있어 1960년대 초에 이루어진 구석기 유적의 조사 성과가 미친 학술적 영향에 관해서도 알아보고자 한다.

II. 해방 이후~1950년대

북한 정권이 수립되면서 조선사 연구의 유일한 구체적 방법은 "맑쓰·레닌주의적 역사관에

---

2 이와 같은 관점에서 서술된 글은 다음에서도 엿볼 수 있다. "아직 만주와 한국 안에서 구석기시대의 유적과 유물이 발견되지 아니함을 보아, 이 방면 인류군의 내주는 신석기시대 이전에 거슬러 올라갈 수 없다. 우리의 선민(先民)들은 대륙 북방에서 이미 구석기시대를 경과하고 신석기 기술을 습득하면서 수렵경제 내지 채취 경제생활을 계속하는 동안에 점점 동진하여 온 것으로 볼 수 있다."(이병도 1956. 14쪽)

입각하여 조선의 역사 발전에 내재하는 필연적인 법칙성을 정확하게 구명하는 것"으로 규정되었다 (『朝鮮歷史』, 1쪽). 이에 따라 조선의 원시공동체 형성과 발전 노정(路程)을 과학적으로 밝히려면 과거의 경제적 사회 형태를 구별하는 데 필수적 수단인 노동 도구를 통하여 조선 원시공동체사회의 생산력 관계를 제대로 파악하는 작업이 무엇보다 먼저 해명되어야 할 중요한 과제가 되었다(『朝鮮歷史』, 8쪽). 따라서 여기에는 당연히 조선의 원시시대에서 구석기시대의 존재 여부를 판단하는 문제가 수반되었다.

"원시 조선인이 구석기시대를 경과하는 것은 만주에서의 약간의 출토품에 의하여 증명되는 것이라고 말할 수 있지만 금일의 조선반도 내에서는 확증할만한 구석기시대의 출토품이 아직 발견되지 못한 것이다. (…) 타제석기가 신석기 중에서 발견된 것으로 보아 그 타제석기들을 바로 구석기시대의 유물이라고 판정하기는 곤란한 것이다."(『朝鮮歷史』, 9쪽, 12쪽)

백남운(1933)의 경우와 달리 위 인용문에서는 원시 조선인이 구석기시대를 경과한 곳으로 만주 지역[3]이 설정되었고, 조선의 북부 지방에서 알려진 타제석기는 신석기시대에 해당하는 것으로 간주되었다. 그러나 한길언(1950. 68쪽)은 신석기시대에 속하는 것으로 알려진 타제석기의 시대 문제를 정확하게 밝히기 위해서는 과학적인 발굴 조사가 필요하기 때문에 과거 일본 연구자들의 주장을 그대로 받아들여 우리나라의 역사가 신석기시대 이후에 시작한다고 속단해서는 곤란하다고 언급하였다. 구석기시대의 존재 여부를 둘러싸고 서로 상반된 입장이 표명되는 분위기에서 한흥수(1950)는 다음과 같은 글을 발표하였다.

"어떠한 석기가 구석기 시기의 것인지 신석기 시기 것인지를 판정하는 데는 그것의 제작 기술에 의하는 이외에 무엇보다도 중요한 것은 그 석기가 출토된 유물 포함층의 연령이고 그 다음으로는 그것의 형태와 용도이다. 그리고 어떠한 석기가 포함된 유물층의 연령은 물론 거기서 동반되어 출토되는 동물들의 유골 혹은 그 화석과 또는 다른 문화 유물들과 비교 조사하는 데서 밝혀질 것이다."(한흥수 1950. 「朝鮮原始史硏究에 關한 考古學上諸問題」, 『력사제문제』 15(1950-1), 9쪽)

위 내용에서 알 수 있듯이 한흥수는 구석기시대의 존재 여부를 판정하는 데는 석기의 제작 기술뿐만 아니라 그 형태와 쓰임새, 유물층의 연대, 자연유물 및 다른 유물과의 동반 관계를 종합적으로 상호 비교하는 연구가 이루어져야 한다는 점을 매우 적절하게 표현하였다. 이러한

---

3 예를 들어, 고향둔(顧鄕屯)의 하가구(何家溝) 유적에서는 1933-34년에 걸쳐 구석기시대의 석기, 뼈연모, 동물화석 등이 발굴된 것으로 보고되었다(德永重康·直良信夫 1936 ; 김정학 1958 ; 손보기 1990 등 참조).

관점에 근거하여 그는 "함경북도에서 타제석기가 출토된 유물층에는 제4기에 절멸된 동물의 유골이 존재하지 않고, 그와 반출되는 유물의 대다수가 마제석기 또는 다소 발달된 형태의 토기인 까닭에 구석기시대의 유물로 볼 수 없으며, 함경북도 지방에서 출토한 석기의 대다수가 흑요석으로 제작된 요인은 연마(硏磨)하기에 적당하지 않은 흑요석의 암석학적 재질 특성과 밀접한 관련을 맺는다."고 주장하였다(한흥수 1950. 9쪽, 11쪽).

한흥수(1950. 5쪽)는 최고(最古)의 원시 인류 가운데 하나인 '피텍안트로푸쓰·에렉투쓰(直立人類) 또는 씬안트로푸쓰·페키넨시쓰(北京人)' 유적이 빙하의 흔적이 없는 곳에서 발견되었기 때문에 빙하기의 유무(有無)만으로 조선의 구석기시대 존재 여부가 판정될 수 없다고 지적하였다. 이에 대한 대안으로 그는 "첫째, 원시 인류가 생활하며 유물이 남겨졌을 가능성이 높은 천연동굴을 과학적으로 조사할 필요가 있다. 둘째, 원시시대에 형성된 패총과 패층을 발굴하여 구석기 사용기와 신석기 사용기의 과도기적 현상 또는 초기 신석기 사용기의 양상을 밝혀야 한다."고 말하였다(한흥수 1950. 12-14쪽).

한흥수의 글이 발표된 시기를 전후하여 초도 유적(1949년)(함경북도 나진시, 현 나선시)과 궁산 유적(1950년)(평안남도 용강군, 현 온천군)이 정식 학술 조사를 통하여 발굴되었다. 그 가운데 특히 초도 유적(고고학 및 민속학 연구소 1956. 12쪽, 18쪽)에서는 해방 이후 처음으로 흑요석 타제석기(그림 1)가 발굴되어 관심을 끌었지만(김용간 1958. 60쪽) 한국전쟁으로 말미암아 이에 관한 연구는 그 이상 진전되지 않았던 것으로 보인다.

1950년대 중반, 도유호(1955)는 해방 이후부터 당시까지 조선의 원시시대 연구에서 새롭게 밝혀진 고고학적 성과를 논하는 글에서 구석기시대의 존재 여부에 관한 자신의 견해를 밝힌 바 있다. 여기에서 그는 초도와 오동 유적(1954-55년 발굴)(함경북도 회령), 그리고 1954년 후반기에 회령 낙생리와 유선군 흑구산(黑狗山, 검은개봉) 및 종성군(현 온성군)의 삼봉리와 동관리 등지에서 채집한 석기를 포함하여 그동안 함경북도 지방에서 알려진 타제석기의 편년 문제에 대하여 다음과 같이 주장하였다.

"함경북도 일대의 석기 시대 문화에 씨비리, 몽고 등지의 구석기 시대 전통이 강하게 남아 있는 것 만은 사실이다. 그러나 아무리 그 전통이 강하다고 할지라도 그것은 틀림 없는 신석기 시대 문화이다."(도유호 1955. 「조선 석기 사상(史上)에서 새로 판명된 몇가지 사실에 관하여」, 『력사과학』 1955(1), 45쪽)

1955년에는 공귀리 유적(자강도 강계)(김용간 1958 ; 고고학 및 민속학 연구소 1959), 1956년에는 농포리 유적(함경북도 청진)(고고학 연구실 1957)에서 토기 및 마제석기와 함께 다수의 흑요석

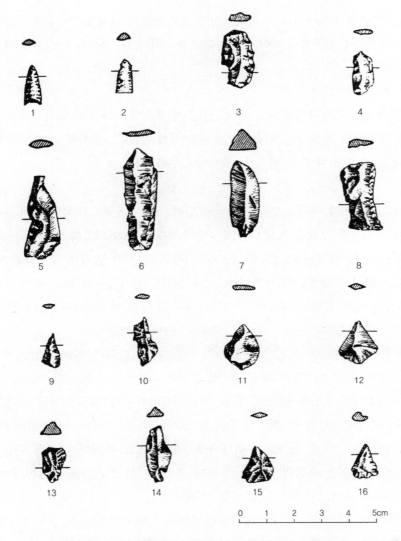

〈그림 1〉 초도 유적에서 발굴된 흑요석 석기(고고학 및 민속학 연구소 1956. 도판 XXXIV)

타제석기가 발굴되어 관심을 끌었다. 그렇지만 당시까지만 하여도 신석기시대와 청동기시대의 고고학적 편년 기준이 마련되어 있지 않았기 때문에(한창균 2017a 참조) 두 유적을 비롯하여 흑요석 타제석기가 출토된 유적은 모두 '석기시대'(황기덕 1957a)라는 시대적 테두리 안에서 서술되었던 한계를 지니고 있었다.

　이와 같이 학술적으로 제한된 여건에서도 북한 고고학계에서는 1930년대 중반에 발굴된 동관진 유적(德永重康·森 爲三 1939 ; 直良信夫 1940 ; 김정학 1958 ; 이융조 1980 등)을 대상으로 구석기 유물의 잔존 여부를 확인하고자 일찍부터 여러 차례의 현지 조사를 실시하였다. 황기덕(1957b)은

1948년, 1952년, 1957년에 이루어진 조사 결과를 바탕으로 흑요석 타제석기가 주로 구릉의 정상부에서 자주 보이고 경사면에서는 거의 보이지 않는다고 언급하며, 이 유적과 관련된 문제점을 다음과 같이 지적하였다.

"동관 홍적층과 관련하여 구석기의 존재를 운운한 것은 홍적층 우의 신석기 시대 문화층과의 관계를 혼돈한 것으로 학계에서 전연 인정을 받고 있지 않는다."(황기덕 1957b. 「두만강 류역과 동해안 일대의 유적 조사」, 『문화유산』 1957(6), 53쪽 주 1)

1958년 3월 말, 고고학 및 민속학 연구소 주최로 열린 '제1차 전국 고고학 토론회'에서 도유호는 해방 이후 얻어진 고고학 성과를 토대로 하여 "이제 우리나라의 고고학 연구는 새로운 자신의 길을 개척했다."(고고학 및 민속학 연구소 1958a. 84쪽)고 자신감 넘치게 표명하였다. 그렇지만 그것은 당시 주요 현안 과제였던 신석기시대, 청동기시대, 철기시대의 편년 체계를 확립하려는 문제에 초점이 맞추어져 있었기 때문에 구석기시대와 관련된 내용에 대해서는 언급조차 되지 못하였다(고고학 및 민속학 연구소 1958a ; 도유호 1958 참조).

한편 1958년에 접어들며 이와 같은 분위기와 다른 작은 변화가 일어나기 시작한다. 다시 말해서 '동관리 홍적기 동물 화석층'은 지질 연구상 중요한 지층으로 인정을 받아, 주요 명승·천연기념물 제29호로 지정되었다(조선중앙통신사 1958. 223쪽 참조).[4] 또한 "동관진 동물 화석은 우리나라에 구석기시대가 존재했는지를 밝히는 데 문제로 제기된 바 있으며, 주변 지역의 여러 곳에서 구석기 유적이 알려진 점으로 볼 때, 우리나라에서도 구석기 유적이 발견될 가능성이 높고, 석회암 지대에 분포한 동굴 유적의 조사를 통하여 구석기시대의 유물을 찾아야 한다."는 점이 언급되기도 하였다(고고학 및 민속학 연구소 1958b).

앞에서 이야기한 바 있듯이 도유호(1955)는 함경북도 지방에서 알려진 신석기시대의 흑요석 타제석기에 시베리아와 몽골 등지의 구석기문화 전통이 강하게 남아 있다고 주장하였지만, 구석기형 석기의 명칭과 제작 기법에 대한 사항에 대해서는 구체적으로 언급하지 않았다. 그런데 그 뒤 신석기시대의 농포리 유적, 청동기시대의 초도 유적 및 공귀리 유적 등의 원시 유적에서 흑요석 석기가 출토함에 따라 1950년대 후반에는 석기의 제작 기법이나 석기의 명칭 등에 관계된 용어가 발굴 보고에 수록되기 시작하여 관심을 끈다. 〈표 1〉에서 볼 수 있듯이 우리에게 낯익은 긁개 또는 격지 등의 용어가 이때부터 등장하여 주목된다. 비록 구석기시대에 속하는 유물은 아니지만, 당시 북한 학계에서는 흑요석 석기를 통하여 타제석기의 여러 속성에 관한 안목을

---

4 1980년 천연기념물 제334호(강안리동물화석자리)로 재지정되었다(리성대·리금철 1994. 135쪽).

〈표 1〉 1950년대 후반에 발표된 흑요석 석기 관계 용어

유적	석기 관계 용어	참고문헌
나진 초도	첨두기(尖頭器), 긁기[搔器(소기)], 타렬편(打裂片), 돌을 뜯어내는 가공 등.	고고학 및 민속학 연구소(1956)
함경북도 일대	석인(石刃) 또는 인기(刃器), 세석기, 대형석기, 첨두기, 괄삭기, 측결 또는 양면 가공 인기, 양면에 날이 있는 석엽(石葉), 석편, 다각추형 석핵 등.	황기덕(1957a)
청진 농포리	인편(刃片), 타압수정(打壓修正), 긁개, 찔개, 송곳, 조도(彫刀), 첨두기, 타렬편 등.	고고학 연구실(1957)
강계 공귀리	격지, 타압수정, 타흔(打痕), 타면(打面), 뿔브스, 삽입도구(揷入道具).	김용간(1958)
강계 공귀리	격지, 타압수정, 삽입도구, 타출기술(打出技術), 타흔, 타면, 뿔부스, 측결형(側缺形) 석기, 파편 등.	김용간(1959)

* 회령 오동 유적(고고학 및 민속학 연구소 1960)의 경우에는 "세석기, 첨두기, 흑요석 송곳, 찔개, 압출수정, 눌러뜯개, 긁개, 격지, 인기(lame), 측결기(側缺器, lame étranglée), 핵석(核石, nucléus), 꼬깔형, 부정형" 등과 같은 용어가 등장한다.

넓혀나갈 수 있었다고 생각된다.[5]

III. 1960년대 초 : 구석기 고고학 연구의 전환점

1957년에 지탑리 유적에서 발굴된 문화층의 선후 맥락과 그에 따른 토기와 마제석기 등의 동반 관계는 우리나라의 신석기시대와 청동기시대의 편년 체계를 새로운 관점에서 접근할 수 있는 토대를 마련하는 데 획기적인 역할을 하였다(도유호 1958). 여기서 얻은 성과는 그동안 동북 지방의 여러 원시 유적에서 알려진 흑요석 타제석기의 시대적 성격을 밝히는 데도 결정적으로 이바지하였다(한창균 2017a). 그러나 널리 공인받을 수 있는 구석기시대의 유적이 드러나지 않았기 때문에『조선 원시 고고학』에서도 "비록 조사가 미비한 탓으로 아직까지 구석기유적이 발견되지 않은 까닭에 여하간 당분간은 조선 고고학에서 구석기시대를 논할 수 없다."(도유호 1960. 20쪽)는 견해가 표명되었다. 이러한 학술적 한계를 극복하는 데는 장덕리 유적의 고고학적 자료가 무엇보다 중요한 계기가 되었다고 판단된다.[6]

---

5 예를 들어, 황기덕(1957a. 97쪽)은 흑요석 '인기(刃器)'에 대하여, "보통 양 측면이 몹시 얇아서 자연 날을 이루었으며 표면에 한 개 내지 두 개의 종릉선과 몇 개의 사릉선이 달리고 그 이면에는 느릿한 곡면을 이루어 횡단면이 삼각형 혹은 제형을 이룬 것이 많다."라고 설명하였다.

6 1960년 말, 낙생리 지경동(함경북도 회령시)에서 세석기가 발굴되었는데(강승태 2009. 71쪽), 조사 당시 이 유물은 크게 주목을 받지 못하였다. 지경동 출토 세석기가 중석기시대로 언급되기 시작한 것은 1979년 말부터라고 생각된다(력사연구소 1979. 57-58쪽 참조).

1. 장덕리 유적

1961년 12월 하순 장덕리 소재 뺄늪골(함경북도 화대군)에서 이탄을 채굴하는 과정에서 짐승 뼈가 드러났으며, 유적은 1962년 1월 말과 2월 초 사이에 발굴되었다. 뺄늪골은 화대천(花臺川) 언저리에 위치하고 있으며(그림 1 참조), 기반암은 길주-명천 지구대에 속하는 현무암으로 구성되었다(김신규 1962).

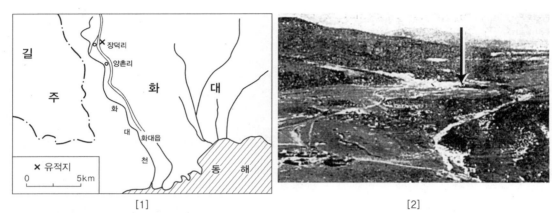

〈그림 1〉 장덕리 유적의 위치[1]와 전경[2](김신규 1962. 81-82쪽)

〈그림 2〉 장덕리 털코끼리 화석. [1] 위턱 큰 어금니, [2] 앞니 옆모습(Institute of Geology 1999. Appendix II, Plate XV)

이탄층에서는 털코끼리(*Mammuthus primigenius*)의 위턱과 아래턱의 이빨(그림 2 참조), 대퇴골(허벅지뼈), 경골(정강뼈), 척추(등뼈), 늑골(갈비뼈), 상지골(팔뼈) 및 상아 등이 식물 유체(크고 작은 나무줄기, 솔방울, 나뭇잎, 풀잎)와 함께 출토하였다. 어금니 치판(齒板)의 구조 특징과 마모 정도, 그리고 상아의 크기를 비교하여 장덕리에서 발견된 털코끼리 화석은 2개체 이상에 해당하는 것으로 추정되었다. 장덕리 유적에서는 동관진 황토층에서 발견되지 않은 식물 유체가 나왔을 뿐만 아니라 동관진에 비하여 훨씬 여러 종류의 털코끼리 유골이 드러나 관심을 끌었다(김신규 1962).

  '학계 소식'으로 비교적 빠르게 알려진 김신규의 글에 뒤이어 이탄층에서 채취한 시료의 포자화분 분석 결과(로영대 1962)와 유적의 층서와 고지리적 환경(박준석·최현모 1962)을 고찰했던 두 편의 논문이 연이어 발표되었다. 로영대(1962)는 포자화분 분석 결과를 통하여 당시의 자연환경이 현재보다 한랭하고 다소 습한 기후 조건에 놓였음을 밝혀냈다. 이와 아울러 담수 환경에 어울리는 규조류 종류와 유사한 것들이 많이 나왔다고 서술하였다. 박준석·최현모(1962)는 현무암층 위에 형성된 퇴적물을 8개의 지층으로 구분하였으며, 그 가운데 털코끼리 화석은 2층에 속하는 갈흑색 이탄층(두께 3.86m)에서 출토한 것으로 서술하였다(김홍걸·김세찬 2009. 187쪽 참조). 또한 그들은 이탄층이 형성될 무렵 장덕리 일대에는 한랭한 기후 조건에서 여러 지점에 소택지가 발달하였으며, 그 시기는 대략 상부 제4기 상부(Q_3)에 해당한다고 추론하였다.

  장덕리 유적의 발굴 성과는 동관진에서 발견된 동물 화석을 새로운 시각에서 접근하는 데 필요한 자료를 제공하였다. 구석기시대의 타제석기와 같은 인공 유물은 발견되지 않았어도 구석기인들의 생활과 밀접한 관련을 맺는 동물 화석이 장덕리와 동관진에서 나왔다는 사실은 "구석기시대 당시 우리 반도의 자연조건이 인류의 생존에도 적당하였을 것"이라는 추측을 가능하게 해주었다(력사연구소 1962. 5쪽). 또한 고고학을 체계적으로 연구하기 위해서는 자연과학(지질학, 고생물학 등) 분야와의 합작(合作)이 반드시 연계되어야 한다는 점이 장덕리 유적의 실제적인 사례를 토대로 더욱 강조될 수 있었다(도유호 1962a. 64쪽).

  장덕리 유적에서 털코끼리 화석이 발견되었다는 소식이 발표된 이후, 도유호는 '강좌'의 형식으로 빙하기(도유호 1962b), 인류의 기원(도유호 1962c), 구석기(도유호 1962d)에 관한 세 편의 글을 『문화유산』에 차례대로 실었다. 각각의 글을 쓰게 된 배경은 자세하게 알 수 없지만 장덕리 유적 이후 새로운 구석기 출토 유적이 발견될 가능성을 염두에 두고 그와 같은 글들이 작성되었고, 동관진 유적에서 남쪽으로 약 200여㎞ 떨어진 곳에 있는 장덕리 유적의 지리적 위치도 그러한 심증을 굳히는 데 영향을 주었다고 짐작된다.

2. 굴포리 유적

  굴포리 유적(함경북도 웅기군 굴포리 서포항동, 현 함경북도 나선시 굴포리)은 두만강 하구에서 서쪽으로 10㎞ 정도 떨어진 곳에 있다. 유적은 서포항동 동쪽의 우암산(해발 265m)에서 뻗어 내리는 산기슭의 나지막한 끝자락에 위치한다. 해안선까지의 거리는 300~400m에 이른다(도유호 1964). 유적의 남서쪽으로 조산만(造山灣)의 해안이 펼쳐 있고, 북쪽으로 동번포(東藩浦), 그리고

　　　　　　[1]　　　　　　　　　　　　　　　　　　　　　　[2]

〈그림 3〉 [1] 굴포리 유적 위치(●)(朝鮮總督府 1926), [2] 유적 전경(조선유적유물도감 편찬위원회 1988. 42쪽)

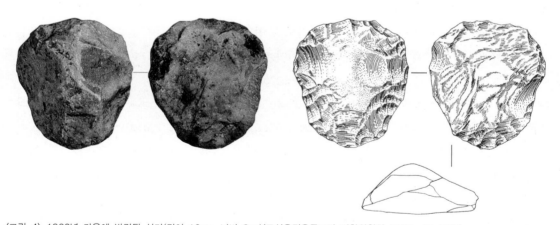

〈그림 4〉 1962년 가을에 발견된 석기(길이 10cm, 너비 8cm)(조선유적유물도감 편찬위원회 1988. 51-52쪽)

이에 인접하여 서번포(西藩浦)가 위치한다(그림 3). 유적 발굴은 1960~64년에 걸쳐 모두 다섯 차례 진행되었는데 그 중 구석기시대 지층을 대상으로 세 차례의 조사가 이루어졌다(김용간·서국태 1972).

　1962년 가을, 신석기시대 문화층의 아랫부분에서 밀개 1점(그림 4)[7]이 발견되어 주목을 받았다.

---

7 이 석제품은 기술적·형태적 관점에서 우리나라에서 가장 처음 발견된 '주먹도끼(양면석기)'로 분류하는 것이

1963년 4월 그 자리를 확장 발굴하여 석영과 각혈암 등으로 만든 타제석기 몇 점을 또 다시 찾게 되었다.

"지표 하 220㎝에 달하는 신석기 시대 문화층 밑에서 여러 개의 구석기를 더 발견함으로써 지난 해의 성과를 과학적으로 더욱 확증하였다. 즉 이 곳 신석기 시대 문화층 밑에는 약 75㎝의 사질 양토층이 있고 그 아래에 두께 100㎝ 정도의 붉은 갈색의 진흙층이 있는데 이 두 지층 경계 부분에서 타제 석기 3점을 발견하였고 붉은 갈색의 진흙층에서 역시 타제 석기 2점을 발견하였다. 지난 해에 발견한 타제 석기도 이 붉은 갈색의 진흙층에서 나왔다."(고고학 및 민속학 연구소 1963a. 「함경 북도 웅기군 굴포리 서포항동에서 구석기 시대 유적 발견」, 『고고민속』 1963(2), 54쪽)

1962년 가을과 1963년 4월에 걸쳐 발견된 타제석기는 대략 6점에 지나지 않는다고 생각된다. 비록 수량은 적은 편이었지만 출토 유물 모두가 구석기시대의 지층에서 확인되었기 때문에 당시의 발굴 성과는 우리나라에서 이루어진 역사의 시작이 구석기시대로 거슬러 올라간다는 사실을 확증하는 데 결정적인 단서가 되었다. 오랜 기간 동안 그토록 찾기를 갈망했던 구석기 유적의 존재가 마침내 모습을 드러냈고, 굴포리에서 확인된 구석기문화는 '굴포문화'로 명명되어 북한의 고고학계와 역사학계를 각각 대표하는 『고고민속』(고고학 및 민속학 연구소 1963a)과 『력사과학』(력사연구소 1963)에 공포되었다. 이러한 사실은 우리나라의 원시시대 연구에서 굴포리 구석기 유적의 발견이 획기적인 사건의 하나로 평가되었음을 알려준다(고고학 및 민속학 연구소 1963b).

이듬해 두 차례(1963년 4월, 7월~8월)의 조사 결과를 종합적으로 다루었던 글이 도유호(1964)에 의하여 발표되었다. 그는 조사된 전체 퇴적을 7개의 지층으로 나누었고, 이 가운데 석기가 출토한 Ⅵ지층을 굴포문화 제Ⅰ층(Ⅰ기), 그리고 Ⅴ지층을 굴포문화 제Ⅱ층(Ⅱ기)으로 구분하였다(표 2, 그림 5 참조).

도유호는 층위를 달리하여 나온 굴포문화 Ⅰ기와 Ⅱ기는 석기 재료와 가공 수법에서 서로 다른 차이를 지녔던 것으로 말하였다. 그는 "Ⅰ기의 석재는 주로 석영인 반면에 Ⅱ기를 특징짓는 것은 각혈암 제품이며, Ⅰ기에는 일면 가공의 격지 종류가 우세하고 Ⅱ기에는 주먹도끼 경우에서 볼 수 있는 양면 가공 수법[8]이 상당히 적용되었던 것"으로 보았다(도유호 1964. 6쪽). 연대 문제와

타당하며, 문화층의 연대는 중기 구석기시대로 추정된다. 이에 관해서는 한창균(2017b. 365-366쪽)을 참조하기 바람.

8 일면 가공과 양면 가공 수법에 대해서는 도유호(1962d)를 참조하기 바람.

〈표 2〉 굴포리 구석기 유적의 층위 관계(도유호 1964 참조)

지층	두께	퇴적	굴포문화	출토 유물
I	약 15cm	표토층		
II	약 40cm	암갈색 잔 모래층		
III	약 25cm	약간 푸른 암갈색 사질 모래층		
IV	약 6cm	황색~갈색 점토층(산화철 포함)		
V	약 40cm	암황색 점토층	제II층(II기)	각혈암 석기, 밀개(대리석)
VI	약 90cm	각력과 원력이 섞인 점토층	제I층(I기)	누클레우스(핵석, 석영), 찍개(조정화강암), 쪼각(석영), 돌무지(석기 제작터?)
VII	약 110cm	점토층과 각력층이 섞인 층		

* 고고학 및 민속학 연구소(1963a)에서는 밀개의 암질을 '차돌(석영석)', 그리고 밀개가 발견된 지층을 '붉은 갈색 찰흙층'으로 표기하였다.

관련하여 그는 "굴포문화 I기는 구석기 하단(전기)의 마지막 단계인 무스떼리앙에 비정될 수 있고, 굴포문화 II기는 그보다 훨씬 늦다. 굴포문화 I기와 II기는 구석기시대 하단(전기)의 범위 안에서 논의될 수 있는데 이 문제는 앞으로 더 연구되어야 한다."고 언급하였다(도유호 1964. 7쪽).[9] 그런데 그 후 도유호·김용남(1964)은 굴포리 구석기 유적의 연대를 다시 검토하며, 제I기층은 구석기시대 전기(하단)의 말, 그리고 제II기층은 2만 년 전후[10]의 구석기시대 후기(만기)에 각각 해당하는 것으로 추론하였다.

1964년 6월~7월의 발굴은 이전에 조사가 마무리되지 않은 굴포문화 I기의 돌 시설물을 중심으로 진행되었다. 조사 결과, 돌덩이와 돌무지의 배치 상황은 막집터의 흔적일 가능성이 높은 것으로 추정되었다. 또한 굴포리 구석기 유적에서 서북쪽으로 5km 정도 떨어진 서번포 부근의 부포리(鮒浦里) 덕산에서 굴포문화 II기의 것과 동일한 암질의 각혈암제 타제석기가 채집되었다(도유호·김용남 1965). 굴포문화 I기(전기)와 II기(후기)는 서로 다른 시기에 형성된 것으로 추정되었고, 굴포문화 II기에 해당하는 유물이 또 다시 부포리에서 발견됨에 따라 '굴포문화'로 명명된 용어의 적용 범위와 관련하여 다음과 같은 문제점이 제기되었으나 굴포리에서 출토한 구석기 유물군 전체를 가리켜 '굴포문화'로 통칭하는 것은 현재까지 지속되고 있다.

"굴포 문화 II기도 구석기 시대 하단 말엽의 것이라면 《굴포 문화》 II기라는 명칭에는 아무런 모순도 없다. 그러나 만약 그것이 구석기 시대 상단(후기)에 속하는 것이라면 《굴포 문화 II기》라는 표현에는 다소 모순이 있게 된다. 만약 그것이 상단에 속하는 것이 확실하다면 굴포 문화 I기에만 《굴포 문화》라는 명칭을 붙이고 II기에는 어떤 다른 이름, 레컨대 《부포 문화》 같은 이름을

---

9 당시 도유호(1962c ; 1962d)는 구석기시대를 전기(하단)와 후기(상단)로 구분하는 시기 구분의 틀 안에서 그와 같은 연대를 추정하였다.

10 그 후 김용간·서국태(1972. 137쪽)는 4~3만 년 전으로 인정하였다.

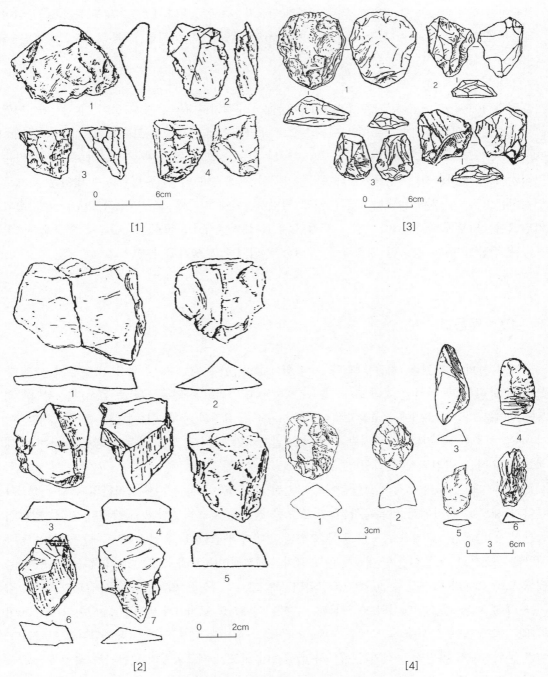

〈그림 5〉 굴포문화 Ⅰ기[1~2], Ⅱ기[3] 및 부포리 덕산[4] 출토 석기(김용간·서국태 1972. 37-39쪽)
[1] 찍개, 칼, 속돌(굴포문화 Ⅰ기). [2] 석영암 제품(굴포문화 Ⅰ기). [3] 석기(굴포문화 Ⅱ기). [4] 찍개, 속돌, 긁개, 칼(부포리 덕산)

붙이는 것이 타당할 것 같다. 그러나 여하간 당분간은 《굴포 문화 Ⅰ기》, 《굴포 문화 Ⅱ기》라는 용어를 계속 쓰기로 한다."(도유호·김용남 1965. 「굴포 문화에 관한 그 후 소식」, 『고고민속』 1965(1), 56쪽)

요컨대, 1963~64년에 걸쳐 굴포리와 부포리 등에서 구석기시대의 유적, 유물이 연이어 확인되었으며 굴포문화의 상한 연대는 10만 년 전[11]으로 소급되기에 이르렀다(고고학 및 민속학 연구소 1965. 4쪽). 그리고 그동안 얻은 고고학 분야의 연구 성과를 통하여 우리나라의 원시문화는 구석기시대, 신석기시대, 청동기시대 등을 거치며 자체 발전의 길을 명확하게 밟아온 것으로 인식하는 학술적 분위기가 더욱 굳어지게 되었다. 이에 따라 "조선 민속의 기원, 곧 민족의 기원 등을 외부에서 찾으려 했던 시도가 모두 분쇄되었다."(고고학 및 민속학 연구소 1965. 7쪽)는 주장이 더욱 강력한 영향력을 발휘하게 되었다고 생각된다.

Ⅳ. 맺음말

앞에서 살펴본 것처럼, 지금부터 약 60년 전에 이미 한흥수(1950)는 석기의 제작 기술, 형태, 쓰임새, 암질 등과 관련된 여러 속성, 유물층의 연대, 그리고 자연유물을 포함한 다른 유물과의 동반 관계를 다양한 측면에서 고찰하여 우리나라 구석기 유적의 존재 여부에 관한 문제가 해결되어야 함을 강조한 바 있다. 그렇지만 1950년대 말까지만 하여도 그와 같은 사항을 적용하는 데 적합한 유적은 발견되지 못하였다.

1960년대 초, 장덕리 유적의 토탄층에서 발견된 털코끼리 화석의 존재는 북한의 구석기 고고학 분야가 새로운 시각에서 발돋움하는 데 필요한 정보를 제공하였다고 생각된다. 다시 말해서 동관진 유적의 황토층에서 출토한 동물 화석의 연대가 재검증될 수 있었고, 이에 근거하여 동북 지방을 중심으로 추운 환경을 대표하는 '털코끼리-털코뿔이(털코뿔소) 동물상'의 특성을 규정하는 데 필요한 토대가 마련될 수 있었다(고고학연구소 1969 ; 김신규 1970 ; 김신규·김교경 1974 ; 김신규 1986). 이와 아울러 당시의 조사 성과는 우리나라에서도 구석기가 발견될 수 있는 기대감(고고학 및 민속학 연구소 1958b ; 도유호 1960. 20쪽)을 드높이는 데도 크게 작용하였다고 판단된다. 이런 분위기에서 마침내 구석기가 출토하는 유적이 굴포리 서포항동의 낮은 산기슭에서 모습을

---

11 '10만 년 전'이라는 연대 설정의 근거는 다음에서 엿볼 수 있다. 고고학 및 민속학 연구소(1958b. 74쪽)에는 "전기 구석기시대의 존속 기간이 대체로 80만 년 전부터 10만 년 전까지"라는 내용이 실려 있는데, 굴포문화 I기를 전기 구석기시대의 말엽으로 인정하며 '10만 년 전'이라는 연대가 제시되었다고 생각된다.

드러냈다. 그것은 우연의 산물이 아니었으며 "조선에서도 구석기시대의 유물이 발견될 것이라는 기대를 포기하지 않고 계속 구석기시대 유적을 찾으려는 노력의 결과였다."(도유호 1964. 3쪽)

해방 이후 오랫동안 구석기의 존재 여부에 관하여 제기된 여러 논쟁거리는 굴포리 유적의 발굴을 계기로 단번에 해결의 실마리가 풀리게 되었다. 지층의 상호 대비를 통하여 신석기시대 이전에 구석기시대의 문화층이 형성되었다는 사실이 밝혀졌고, 구석기시대의 퇴적 내에 두 유형의 독립된 문화층이 존재하는 것으로 확인되었다. 여기서 얻은 고고학적 성과는 "맑스-레닌주의적 방법론에 입각하여 조선 원시 고고학의 확고한 이론 체계를 세우는 데 획기적인 역할을 하였다."(고고학 및 민속학 연구소 1963b)

1960년대 후반 검은모루 동굴유적(고고학연구소 1969 ; 김신규·김교경 1974)에서는 동관진 또는 장덕리 유적에 비하여 종적 구성이 전혀 다른 동물 화석이 많은 양으로 출토하여 관심을 끌었다. 검은모루 동물상은 동관진의 경우보다 종적 구성이 다양하였고, 사멸종의 비율이 높았다. 검은모루 유적에서 산정된 사멸종의 비율은 그 후 다른 동굴에서 출토한 동물 화석의 상대 연대를 정하는 데 중요한 기준이 되는 것으로 활용되고 있다(김신규 1986). 동관진 동물상과 달리 검은모루에서는 코끼리, 원숭이, 쌍코뿔소, 하이에나 등 따뜻한 환경에 어울리는 동물 화석이 출토하여 갱신세 동안 우리나라 북부 전역에 걸쳐 자연환경의 변화가 적지 않게 일어났음을 알려주었다. 주구점 유적에서 출토한 동물 화석과 비교하여 검은모루 동물상은 중부 갱신세 초기에 해당하는 것으로 편년되었다. 이렇게 설정된 편년과 더불어 검은모루의 가공된 석기는 구석기시대에서 가장 원시적인 때려내기 또는 내리쳐깨기 수법에 의하여 제작된 것으로 보고되었고, 이와 같은 시각은 현재에도 변함없이 지속되고 있다(손영종 외 2009).

1960년대에 이루어진 굴포리 한데유적과 검은모루 동굴유적의 발굴 성과를 통하여 북한 고고학에서는 우리나라에서 전개된 구석기시대를 전기, 중기, 후기로 나누는 시기 구분의 기본 틀을 마련하였다. 따라서 이는 북한 구석기 고고학의 성립 과정에서 학술적으로 중요한 의의를 지닌다고 평가될 수 있다. 1970년대로 넘어가며 북한에서 세 시기를 담당했던 주인공을 각각 '원인(전기), 고인(중기), 신인(후기)'(고고학연구소 1971)으로 표현하게 된 배경도 1960년대의 고고학적 성과가 뒷받침되어 가능했다고 생각된다.

참고문헌

『朝鮮歷史』(등사본, 연도 미상). National Archives and Records Administration(미국립문서기록관리청), RG 242 National Archives Collection of Foreign Records Seized, Captured Korean Documents, Doc No. SA 2008. 〈국립중앙도서관, 해외 한국 관련 기록물〉 참조.

강승태 2009. 『유적유물일람표(1)』, 조선고고학전서 59, 부록 1, 진인진.

고고학 및 민속학 연구소 1956. 『라진 초도 원시 유적 발굴 보고』, 유적발굴보고 1, 과학원.

고고학 및 민속학 연구소 1957. 『궁산 원시 유적 발굴 보고』, 유적발굴보고 2, 과학원출판사.

고고학 및 민속학 연구소 1958a. 「학계 소식 : 제 1차 전국 고고학 토론회」, 『문화유산』 1958(3), 84-86.

고고학 및 민속학 연구소 1958b. 「용어 해설 : 고고학, 구석기 시대, 중석기 시대」, 『문화유산』 1958(5), 73-75.

고고학 및 민속학 연구소 1959. 『강계시 공귀리 원시 유적 발굴 보고』, 유적발굴보고 6, 과학원출판사.

고고학 및 민속학 연구소 1960. 『회령 오동 원시 유적 발굴 보고』, 유적발굴보고 7, 과학원출판사.

고고학 및 민속학 연구소 1963a. 「함경 북도 웅기군 굴포리 서포항동에서 구석기 시대 유적 발견」, 『고고민속』 1963(2), 54.

고고학 및 민속학 연구소 1963b. 「조선 민주주의 인민 공화국 창건 이후 고고학과 민속학 연구에서 거둔 성과」, 『고고민속』 1963(3), 1-6.

고고학 및 민속학 연구소 1964. 「1964 년도 고고학 및 민속학 분야의 중심 과업」, 『고고민속』 1964(1), 1-4.

고고학 및 민속학 연구소 1965. 「조선 로동당 창건 20 주년을 맞으며」, 『고고민속』 1965(4), 3-7.

고고학연구소 1969. 「상원 검은모루유적 발굴중간보고」, 『고고민속론문집』 1, 1-30.

고고학연구소 1971. 『조선원시고고학개요』, 김일성종합대학출판사.

고고학 연구실(고고학 및 민속학 연구소) 1957. 「청진 농포리 원시 유적 발굴」, 『문화유산』 1957(4), 45-50.

고고학 연구실(고고학 및 민속학 연구소) 1965. 「1964년 유적 발굴 정형」, 『고고민속』 1965(1), 57-58.

김교경 1974. 「청청암 및 해상 동굴유적 발굴보고」, 『고고학자료집』 4, 40-63, 사회과학출판사.

김신규 1962. 「학계 소식 : 함경북도 화대군에서 털코끼리(《맘모스》)의 유골을 발견」, 『문화유산』 1962(2), 81-84.

김신규 1970. 「우리 나라 원시유적에서 나온 포유동물상」, 『고고민속론문집』 2, 73-120, 사회과학출판사.

김신규 1986. 「우리 나라 구석기시대의 포유동물상」, 『조선고고연구』 1986(2), 2-5.

김신규·김교경 1974. 「상원 검은모루 구석기시대유적 발굴보고」, 『고고학자료집』 4, 3-39, 사회과학출판사.

김용간 1958. 「강계시 공귀리 원시 유적에 대하여」, 『문화유산』 1958(4), 49-67.

김용간 1959. 「강계시 공귀리 원시 유적의 편년에 대하여」, 『강계시 공귀리 원시 유적 발굴 보고』, 유적발굴보고 6, 과학원출판사.

김용간·서국태 1972. 「서포항원시유적발굴보고」, 『고고민속론문집』 4, 31-145, 사회과학출판사.

김홍걸·김세찬 2009. 『포자-화분』, 조선고고학전서 58, 고생물편 4, 진인진.

김정학 1958. 「韓國에 있어서의 舊石器文化의 問題」, 『고려대학교 문리논집』 3, 1-25, 고려대학교 출판부.

도유호 1955. 「조선 석기 시대 사상(史上)에서 새로 판명된 몇가지 사실에 대하여」, 『력사과학』 1955(1), 41-54.

도유호 1958. 「조선 원시 문화의 년대 추정을 위한 시도」, 『문화유산』 1958(3), 17-41.

도유호 1960. 『조선 원시 고고학』, 과학원출판사.

도유호 1962a. 「강좌 : 고고학이란 어떠한 과학이며, 력사 연구에는 왜 고고학이 필요한가?」, 『문화유산』 1962(3), 61-65.

도유호 1962b. 「강좌 : 빙하기란 무엇인가」, 『문화유산』 1962(4), 62-65.

도유호 1962c. 「강좌 : 인류의 기원」, 『문화유산』 1962(5), 49-54.

도유호 1962d. 「강좌 : 구석기란 무엇인가?」, 『문화유산』 1962(6), 48-55.

도유호 1963. 「1963년 중 고고학에서 거둔 성과」, 『고고민속』 1963(4), 51-53.

도유호 1964. 「조선의 구석기 시대 문화인 굴포 문화에 관하여」, 『고고민속』 1964(2), 3-7.

도유호·김용남 1964. 「우리 나라 구석기 시대와 이른 신석기 시대의 년대론에 대하여」, 『력사과학』 1964(4), 57-59.

도유호·김용남 1965. 「학계 소식 : 굴포 문화에 관한 그 후 소식」, 『고고민속』 1965(1), 54-56.

력사연구소 1962. 『조선통사(상)』, 과학원출판사.

력사연구소 1963. 「우리 나라에서 구석기 시대 유적 발견」, 『력사과학』 1963(4), 47.

력사연구소 1979. 『조선전사』 1(원시편), 과학백과사전출판사.

로영대 1962. 「함북 화대군 털코끼리 발굴지에 발달한 니탄층의 포자 화분 조합(胞子 花粉 組合)」, 『문화유산』 1962(4), 49-54.

리성대·리금철 1994. 『천연기념물편람』, 농업출판사.

박준석·최현모 1962. 「털코끼리가 발견된 함북 화대군 장덕리 4기층의 층서와 고지리적 환경에 대한 고찰」, 『문화유산』 1962(4), 55-57.

박희현 1983. 「動物相과 植物相」, 『한국사론』 12(한국의 고고학 I·상), 91-186, 국사편찬위원회.

방기중 1995(3판). 『한국근현대사상사연구 - 1930·40년대 백남운의 학문과 정치경제사상 - 』, 역사비평사.

배기동 1992. 「제1장 구석기시대」, 『한국선사고고학사』, 9-75, 까치동양학 17, 까치.

백남운 1933(하일식 옮김 1994). 『朝鮮社會經濟史』, 백남운전집 1, 이론과실천.

손보기 1990. 『구석기 유적. 한국·만주』, 한국선사문화연구소.

손영종·박영해·서국태·김용간·김성호 2009. 『조선통사(상)』(개정판), 사회과학출판사.

이병도 1956. 『新修 國史大觀』, 보문각.

이융조 1980. 「1. 한국의 구석기 문화 연구사」, 『한국 선사 문화의 연구』, 11-45, 평민사.

이형우 2019. 「북한 구석기 연구의 안과 밖」, 『분단 70년 북한 고고학의 현주소』, 1-27, 국립문화재연구소·한국고고학회.

조선유적유물도감 편찬위원회 1988. 『조선유적유물도감(1) 원시편』, 외국문종합출판사.

조선중앙통신사 1958. 「주요 명승·천연기념물 일람」, 『조선중앙년감 1958』, 222-223.

한길언 1950. 「金日成綜合大學博物館」, 『문화유물』 2, 65-73.

한창균 1997. 「북한의 구석기 유적 연구」, 『백산학보』 48, 5-31.

한창균 2000. 「북한의 선사시대 뗀석기 연구」, 『백산학보』 57, 5-57.

한창균 2001. 「북한의 선사시대 뗀석기 용어 고찰」, 『고고와 민속』 4, 1-21.

한창균 2014a. 「일제강점기에 있어 한국 구석기시대의 인식」, 『한국구석기학보』 29, 3-20.

한창균 2014b. 「해방 이후~1950년대에 있어 한국 구석기시대의 인식」, 『고고학』 13-2, 59-74.

한창균 2017a. 「초기 북한 신석기 고고학의 성립 과정 : 해방 이후~1950년대의 연구 동향을 중심으로」, 『북한지역 신석기문화의 연구』, 1-17, 2017 한국신석기학회·중앙문화재연구원 공동학술대회 프로그램.

한창균 2017b. 『하담 도유호 : 한국 고고학 첫 세대』, 혜안.

한흥수 1935. 「朝鮮原始社會論. 白南雲氏著 『朝鮮社會經濟史』에 對한 批判을 兼하야」, 『비판』 3권 6호(1935년 12월호), 2-19.

한흥수 1936. 「朝鮮石器文化槪說」, 『진단학보』 4, 127-145.

한흥수 1950. 「朝鮮原始史硏究에 關한 考古學上諸問題」, 『력사제문제』 15(1950-1), 4-55.

황기덕 1957a. 「함경북도 지방 석기 시대 유적과 유물(1)」, 『문화유산』 1957(1), 72-102.

황기덕 1957b. 「두만강 류역과 동해안 일대의 유적 조사」, 『문화유산』 1957(6), 53-67.

Institute of Geology(State Academy of Sciences, DPR of Korea) 1996(2nd ed.). *Geology of Korea*. Foreign Languages
    Books Publishing House, Pyongyang.

德永重康·森 爲三 1939.「豆滿江沿岸潼關鎭發掘物調查報告」,『第一次滿蒙學術調查研究團報告』 2-4, 1-43, 東京.

德永重康·直良信夫 1936.「滿洲帝國吉林省顧鄕屯發掘ノ古生人類遺品」,『第一次滿蒙學術調査硏究團報告』 6-2, 東京.

藤田亮策 1942.「朝鮮考古學」,『東洋史講座』18, 雄山閣, 東京(재수록 : 藤田亮策 1948.「朝鮮の石器時代」,『朝鮮考古學
    硏究』, 43-139, 高桐書院, 京都).

直良信夫 1940.「朝鮮潼關鎭發掘舊石器時代ノ遺物」,『第一次滿蒙學術調査硏究團報告』 6-3, 1-12, 東京.

朝鮮總督府 1926.「慶興六號 711 古邑洞」,「慶興七號 704 西水羅」,『朝鮮交通道』.

신석기 고고학의 형성 과정
─해방 이후~1960년대 초를 중심으로─

I. 머리말

한국전쟁 이전, 곧 1949년과 1950년 사이 북한에서는 초도 유적과 궁산 유적, 그리고 고구려의 안악 1·2·3호 무덤이 발굴되었다. 이 가운데 안악 고구려 무덤은 "그 지역의 농부가 석재(石材)를 구하려고 일을 하던 중" 우연히 발견하여 조사되는 계기가 마련되었다(도유호 1949). 반면에 초도 유적(고고학 및 민속학 연구소 1956)과 궁산 유적(고고학 및 민속학 연구소 1957a)의 경우는 해방 후 북한에서 이루어진 대규모의 발굴 조사였으나 조사 배경의 직접적인 동기는 두 유적의 발굴 보고서에서 전혀 언급되지 않았다고 생각된다. 북한 원시 고고학사에 대하여 관심을 지닌 필자에게 그에 관한 점은 언젠가 풀어야 할 의문 가운데 하나였다.

정전협정(1953년 7월) 이후, 북한에서는 전후 복구 건설 사업[1]과 농업 생산을 증대하는 관개 면적의 확장 사업(고고학 및 민속학 연구소 1958b)을 추진하면서 여러 지역에서 수많은 원시 유적이 발굴되었다. 그러한 분위기에서 구제 발굴이 아닌 학술 연구를 목적으로 지탑리 유적에 대한 발굴 작업이 1957년에 이루어졌고, 여기서 얻은 성과는 신석기시대 및 청동기시대 연구에서 당시 북한 고고학자들이 지녔던 종래의 고고학적 인식을 전면적으로 새롭게 하도록 만들었다. 같은 해 발간된 궁산 유적의 발굴 보고서도 지탑리 유적에 못지않게 북한의 신석기 고고학을 새로운 관점에서 이해하는 데 이바지하였다.

이 두 유적을 통하여 우리나라에 신석기문화가 존재했다는 사실이 확연하게 드러났고, 그에 따른 편년 문제도 과거와 다른 시각에서 비교적 자세하게 접근할 수 있는 기반이 마련되었다. 따라서 1957년도라는 시점은 북한의 원시 고고학 연구에서 뚜렷하게 하나의 획을 긋는 분기점으로

---

1 내각지시 제92호 「각종 건설 공사 과정에서 발견되는 유적 유물을 보존 관리할 데 대하여」(1954).

중요한 역할을 한다고 볼 수 있다. 그렇지만 두 유적을 중심으로 쌓이기 시작한 다양한 성과의 연구사적 의의는 근래 북한에서 출판된 『총론(조선고고학총서 1)』(리주현·한은숙 2009. 34-35쪽 참조)에서 올바른 평가를 받지 못한 것으로 생각된다.

이 글에서는 먼저 해방 이후부터 1950년대 중반기에 걸쳐 신석기시대 연구와 관련하여 제기되었던 전반적인 문제점과 경향에 대하여 다루었다. 그리고 그 다음에는 1950년대 후반기 및 1960년대 초를 거치며 이루어진 고고학적 연구 성과와 동향을 고찰하여, 이 기간 동안 이루어진 학술적 업적이 북한의 신석기 고고학사 정립에서 지니는 의의를 살피고자 하였다.

II. 해방 이후~1956년 : 고고학적 인식의 한계

해방 이후 북한의 조선사 연구에 주어진 중요한 당면 과업은 "인류사회의 일반적 운동법칙으로서 정식화(定式化)된 맑쓰·레닌주의적 역사관에 입각하여 (…) 각 시대의 역사적 특징과 사실을 과학적으로 분석 검토하고 이를 근거로 조선 역사 발전의 필연적인 법칙성을 정확하게 파악하는 것이었다."(『朝鮮歷史』, 1쪽) 고고학이 역사 과학의 한 분야에 속하므로(도유호 1957a. 1쪽) 고고학 연구에서도 그와 같은 과업을 공통적으로 수행할 수 있는 학술적 성과를 생산해야만 했다. 그러나 일제의 지배에서 갓 벗어난 당시의 고고학 여건에서 조선 원시사회의 문화적 성격, 특징, 발전 과정을 유물사관에 근거하여 체계적으로 밝혀내는 작업은 매우 힘든 일이었다. 그와 같은 상황은 다음에 제시한 인용문에서 잘 드러난다.

"재래 일본 사가(史家)는 모조리 조선은 신석기시대뿐이다 하고 조선 사가로 여기에 추종하는 자가 많다. 상술한 농포리(農圃里) 원수대(元帥台)의 타석기(打石器)는 신석기와 함께 출토되고 그 타석기의 시대성은 단정하기 곤란하며 미약한 발굴사업으로 구석기와의 관계가 확실치 못한 현 조선 선사고고학 연구에서는 우리나라 역사는 신석기시대 이후라고도 속단할 수가 없다."(한길언 1947. 「朝鮮古代國家形成過程」)(한흥수 1950. 「朝鮮原始史硏究에 關한 考古學上諸問題」, 『력사제문제』 15(1950-1), 14쪽에서 재인용)

"금일에 이르기까지 압록강 이남의 지역에서는 아직 확실한 구석기시대의 유물을 발견하지 못한 사실과 조선 내 각처에서 출토되는 허다한 석기들이 모다 신석기시대의 마제석기인 점으로 보아서 대체로 원시 조선인은 구석기시대를 벌써 다른 지역에서 경과(經過)하고 신석기시대부터는 압록강 이남의 지역으로 점차 이주한 것으로 추측할 가능성도 있다. 그러나 그에 관한 결론은

금후의 연구의 성과를 기다리는 것이 타당할 것이다.”(『朝鮮歷史』, 12-13쪽)

위 인용문에서 알 수 있듯이 당시 북한의 원시문화 연구에서 먼저 해결해야 할 과제는 새로운 구석기 유적의 발견과 아울러 신석기시대 유물과 밀접한 관계를 맺으며 출토하는 타제석기의 성격과 연대 및 상호 관계를 제대로 밝히는 작업이었다. 이와 관련하여 한흥수(1950)는 구석기 유적을 찾기 위해서 석회암 지대의 천연 동굴을 조사할 필요가 있다는 점을 언급하였고, 이와 아울러 연구 대상으로서 해안 지대에 분포한 패총(또는 패층) 유적이 지니는 고고학적 의미에 대하여 다음과 같이 강조하였다.

“원시시대에 형성된 패총(貝塚)과 패층(貝層)은 구석기사용기(舊石器使用期)와 신석기사용기 사이의 과도기적 현상이 아니면 초기 신석기사용기의 유적이다. 패층 내지 패총은 세계적 현상으로 서 구대륙 해안 전체에 광범히 분포되어 있다. (…) 그러나 조선의 패층 유물들은 지금까지 충분히 연구되어 있지 않다. (…) 이 패층 유물에 대한 충분한 연구가 어느 정도까지 성공될 때에는 그 연대와 패층 형성기 인류의 경제생활을 알게 될 것이므로 조선 구석기사용기의 하현(下弦) 내지 신석기사용기의 상현(上弦)을 밝히는 데 어떠한 단서를 얻게 될지도 모른다. 더욱이 조선에는 패총 내지 패층의 분포가 광범하고 또 그 속에 포함된 유물이 풍부한데 패각의 석회질은 유물의 부식을 자연적으로 방지하는 까닭에 원시시대의 어떠한 유적보다도 그 보존상태가 우량한 편이다.” (한흥수 1950. 「朝鮮原始史研究에 關한 考古學上諸問題」, 『력사제문제』 15(1950-1), 13-14쪽)

다시 말해서 한흥수는 패총(또는 패층) 유적의 출토 유물은 구석기시대와 신석기시대의 연대 문제를 해결하는 데 유용하며, 나아가 이른바 ‘석동병용기(石銅倂用期)’ 또는 ‘금석병용기(金石倂用期)’와 같은 용어 사용에 따른 혼란을 새로운 시각에서 논의하는 데도 큰 도움이 되는 자료가 된다고 언급하였다(한흥수 1950. 19쪽).

한국전쟁 이전, 북한에서는 ‘조선물질문화유물조사보존위원회’(이하 ‘물보’로 약칭) 승인 아래 초도 유적(1949년 9월 1일~10월 18일)(함경북도 나진시, 현 함경북도 나선시) 및 궁산 유적(1950년 4월 13일~5월 30일)(평안남도 용강군 해운면 궁산리, 현 평안남도 운천군 운하리)에 대한 대규모 학술 조사가 이루어졌다.[2] 전자는 청진역사박물관 그리고 후자는 ‘물보’ 고고학부 주관으로 발굴되었다.

---

2 1940년에 알려진 초도 유적의 범위는 1949년 4월 청진역사박물관에 의해 확인되어 시굴 단계를 거치지 않고 발굴되었다(고고학 및 민속학 연구소 1956. 6쪽 참조). 반면에 궁산 유적의 경우, 1호 구덩이는 1949년 가을에 시굴된 바 있다(고고학 및 민속학 연구소 1957a. 3쪽, 20쪽).

이 두 유적은 모두 해안 지대에 해당하는 입지 조건을 갖추고 있으며, 패층(조개층)이 형성되어 있는 공통적인 특징을 지닌다. 따라서 초도 유적과 궁산 유적이 발굴 대상지로 선정되는 과정에서 당시 '물보'의 위원장이었던 한흥수[3]의 고고학적 견해가 상당히 반영되었던 것으로 판단된다. 그리고 함경북도(초도)와 평안남도(궁산)의 패총 유적을 연차적으로 발굴한 것은 동해안과 서해안 지역에서 보이는 유적·유물의 공통점과 차이점을 밝히려는 의도가 아울러 포함되었음을 추론할 수 있다. 이러한 사실은 당시 북한 고고학에서 진행된 원시 유적의 발굴 조사가 체계적인 목표 설정과 계획을 수립하여 추진되었음을 보여준다고 생각된다.

1949년 '물보'의 기관지로『문화유물』제1호(1949년 12월)가 발간되어, 제2호(1950년 4월)까지 간행되었다. 당시 간행된『문화유물』에는 초도 유적의 고고학적 성과에 관한 글이 한 편도 게재되지 않았다. 한편 청진역사박물관에서는 1948년 이래 함경북도 두만강과 동해안 일대에 분포한 원시 유적·유물을 조사한 바 있지만 조사 결과는 약 10년 뒤에 발표되었다(황기덕 1957a ; 황기덕 1957b 참조).

1952년 말 과학원 산하에 '물질문화사연구소'가 설립되었다. 그 이후부터 '고고학 및 민속학 연구소'(1956년)로 개편되기 이전까지 유적 발굴은 이 연구소를 중심으로 진행되었다. 이 연구소에서는 1954년과 1955년 사이에 걸쳐 오동(함경북도 회령시), 금탄리(평안남도 승호군, 현 평양시 사동구역), 공귀리(자강도 강계시), 원암리(평안남도 강남군, 현 평양시 낙랑구역 원암동) 유적 등을 발굴하였다. 이전에 비하여 발굴 대상 지역의 범위가 넓어졌을 뿐만 아니라 그에 비례하여 새로운 양상을 띠는 고고학 자료의 수량도 늘어났다.

1955년 1월 하순, 도유호(1955)는 그동안 초도, 궁산, 오동 유적 등에서 알려진 주거지의 구조를 비롯하여 여러 출토 유물의 성격을 문화전파론의 관점에서 접근하며 과거 일본 학자들이 내세운 주장을 비판하였다. 예를 들어, 토기의 종류가 단순한 몇 종류에 지나지 않는다는 일본 학자들의 주장과 달리, 함경북도 일대에서는 그보다 훨씬 다양한 문양의 토기 종류가 나온다고 지적하였다.

"무문 토기와 유문 토기는 본래 갈래가 다른 것으로서 유문 토기는 무문 토기보다 후에 전래한 것일런지도 모른다. 물론 발굴에 의하여 이렇게 확언할 사료를 얻은 것은 아니다(48쪽). (…) 우리는 무문 토기 편이 유문 토기보다 우리 땅에는 좀 더 일찍이 알려진 것이라고 추측하는 바이다. 그러나 이런 추측은 금후의 발굴의 결과로 근본적으로 뒤집힐 수도 있다(49쪽). (…) 조선의 석기 시대는 거석(巨石) 문화로서 끝맺었다. 거석 문화는 석기 시대의 최말기로서 금속

---

3 '물보'는 1948년 11월 1일 내각 직속으로 조직되었고, 한흥수는 1948년 11월 5일 '물보' 위원장으로 임명되었다(내각결정 제58호「조선물질문화유물조사보존위원회에 관한 결정서」 ; 내각지시 제49호「조선물질문화유물조사 보존위원회 임명에 관하여」 참조).

시대로 넘어가는 과도기였다(50쪽)."(도유호 1955. 「조선 석기 시대 사상(史上)에서 새로 판명된 몇가지 사실에 대하여」, 『력사과학』 1955(1))

　그의 논문 제목에서 알 수 있듯이 새롭게 조사된 유적·유물은 이른바 '석기시대'라는 시대적 범주 안에서 설명되었다. 당시까지 원시 고고학 분야에서 거둔 성과를 통하여 일본 학자들이 내세운 주장을 비판적인 시각에서 접근하려는 시도는 매우 바람직한 것이었다고 말할 수 있다. 그러나 여러 유적에서 출토하는 각종 토기[무문토기·유문토기·즐목문토기·융기문토기·단도(丹塗)토기 등] 및 석기[갈돌·흑요석 석기·석촉·원통부(圓筒斧)·반월도·성형부(星形斧)·환상석부(環狀石斧)·방추차 등][4] 등의 상대 연대가 분명하게 밝혀지지 않았던 여건에서 그 이상의 논지를 전개하기란 쉽지 않았다고 짐작된다.

　그 결과, 무문토기와 유문토기 등의 선후 맥락에 대한 도유호의 관점은 그동안 일본 학자들[특히, 후지타 료사쿠(藤田亮策)]이 지녔던 인식의 한계(이성주 1992 ; 신숙정 1995 ; 이기성 2010 등 참조)를 제대로 극복하지 못하는 수준에 머물러 있었다(신숙정 1994). 거석문화에 대한 이해도 크게 다를 바가 없었다. 우리나라의 원시 유물에 대한 도유호의 이와 같은 시각은 1956년 말에 발행된 초도 유적의 발굴 보고서에 그대로 반영되었다.

　　"초도의 신석기 시대 유적은 대규모의 부락 유적이다. 이 유적은 신석기 시대의 최말기에 속하는 것일 것이다. 물론 여기서는 청동기도 나왔고, 철기도 나왔다. (…) 초도의 신석기 문화에는 벌써 청동기 문화의 영향이 미치기 시작하였음을 여기서 간과할 수는 없을 것이다."(고고학 및 민속학 연구소 1956. 『라진 초도 원시 유적 발굴 보고서』, 51쪽)

　이러한 경향은 정백운(1955)의 글에서도 엿볼 수 있다. 그는 1955년 봄과 여름에 조사된 대동강 중류 유역의 금탄리와 원암리 유적, 그리고 독로강 유역의 공귀리 유적에서 드러난 발굴 성과를 검토하며, 이들 유적의 유물은 "신석기시대 말기 유적의 일반적 정형"을 알려준다고 말하였다. 금탄리에서 청동제 끌이 나왔고, 공귀리에서 석상분(石箱墳)이 발견되었으나 그와 같은 유물과 유구의 연대도 신석기시대 말기로 처리되었다.

　한편 과학원 산하의 '력사연구소'에서는 1956년(3월)에 『조선통사(상)』(1판)을 펴냈다. 이 책에서는 무문후토기(無文厚土器), 즐문토기(櫛文土器), 단도마연토기(丹塗磨研土器)가 원시 공동체사회를 대표하는 토기의 문양 계통이며, 그 가운데 무문후토기 계통은 비교적 초기에 속하는 것으로

---

4 유구 또는 유물의 명칭은 발표 당시 원문에 기재되었던 용어에 따라 표기하였다.

서술하였다(력사연구소 1956. 5-6쪽). 또한 '신석기'라는 용어 자체도 이 책에 등장하지 않으며, 원시시대는 '석기 사용 시기'로 간략하게 처리되었다.

당시 북한 역사학계에 주어진 긴급 과제 중 하나는 일제가 남기고 간 그릇된 학술적, 사상적 잔재를 완전히 청산하는 것이었다(력사학연구소 1955). 그렇지만 지금까지 도유호 등의 몇몇 글에서 살펴보았듯이 고고학 분야에서 그 목표를 이루어내기 위해서는 새로운 자료의 축적과 더불어 그에 따른 연구 성과가 뒷받침되어야 했다. 그런데 그 시간은 그리 오래 걸리지 않았다.

III. 1957년 : 신석기 고고학 연구의 전환점

1. 1957년 전반기

1956년 3월 초, 종래 '물질문화사연구소'는 '고고학 및 민속학 연구소'로 개편되었다(리주현·한은숙 2009. 39쪽). 이 연구소(소장 도유호)에서는 기관지로 1957년부터 『문화유산』을 발행하였고, 창간사에서 도유호는 원시 고고학 부문에서 얻은 성과에 대하여 다음과 같이 말하였다.

> "해방후 우리는 이 방면에 간부가 극히 적었음에도 불구하고, 당과 정부의 배려와 격려로서 적지 않은 원시 시대 유적들을 조직적으로 발굴하였다. 그 결과 우리는 과거 일본 학자들의 서술과 판단에 적지 않은 오유가 있었음을 발견하게 되었다. 그러나 그렇다고 해서 그들의 연구 성과를 전적으로 무시하는 것은 결코 아니다. 이번 조국 해방 전쟁이 있은 후 우리 연구에서는 특히 원시 시대의 유적을 조사하며 발굴하는 데에 힘을 써 왔다. 그 발굴의 결과로 현재 우리는 원시 시대에 관한 우리의 지식을 훨씬 더 풍부히 할 수가 있게 되었다."(도유호 1957a. 「민족 문화 유산의 계승 발전과 고고학 및 민속학 연구소의 당면 과업」, 『문화유산』 1957(1), 2쪽)

황기덕(1957a, 1957b)은 1948~56년에 걸쳐 두만강 유역과 동해안 언저리에서 확인된 여러 유적과 유물에 관한 내용을 담고 있는 글을 발표하였다.[5] 거기에는 유물 산포지와 포함층을 포함하여 50여 개 지점이 소개되었는데 당시 남북한을 통틀어 그 정도로 많은 수의 유적이 보고된 예는 그 두 편의 글이 처음이었다. 그러나 도유호(1957a) 및 황기덕(1957a, 1957b)의 글 등에서 언급된 바와 같이, 대체로 1957년 전반기에 이르기까지 북한 고고학에서는 원시시대의

---

5 그 뒤 1956~57년 사이에 조사된 일부 유적을 추가하여 별도의 글이 발표되었다(황기덕 1957c).

시기 구분 체계를 제대로 확립하지 못한 상태에 놓여 있었다. 다음의 인용문에서 볼 수 있듯이 신석기시대와 청동기시대를 특징짓는 유적·유물의 시기 설정과 편년은 해결되지 못한 과제로 남아 있었다.

"반월도나 단찰형 석부 등의 마제 석기는 장백산맥의 주변 지대를 걸쳐 중국 료동 지방의 마제 석기 문화에 관련이 있다는 것은 또 하나의 주목할 만한 사실이다. 그것은 동해 연변의 일부 유적에서 채색 토기나 직선 기하학문 토기를 풍부히 동반하여 특히 초도에서 굽접시나 시루까지 풍부히 동반함으로써 료동 지방의 신석기 시대 문화 종태에 더욱 가깝다는 것을 지적할 수 있다."(황기덕 1957b. 「함경북도 지방 석기 시대의 유적과 유물(2)」, 『문화유산』 1957(2), 64쪽)

황기덕(1957b. 63-64쪽)은 흑요석 타제석기가 무문토기(오동) 또는 유문토기(농포리)를 동반하며, 반월도 등의 마제석기가 다양한 형태의 토기와 동반 관계(초도)를 이루고 있다는 점을 논하면서 "신석기시대에 여러 갈래의 문화가 있었다. 초도, 오동, 농포리 유적에서 보이는 유물의 공존 관계는 원시 공동체의 주민 구성이 단순하지 않았던 사실을 암시한다."고 이해하였다. 이러한 관점은 지금부터 60년 전 북한 원시 고고학 분야가 지니고 있었던 현실적인 인식의 한계를 반영해준다. 다시 말해서 당시의 학술적 여건을 고려할 때, 상대 연대 결정법(relative dating)에 근거한 고고학적 맥락에서 유적·유물의 선후 관계를 정확하게 판별하기란 쉽지 않았을 것이다.

2. 궁산 유적 발굴 보고서

궁산 유적의 발굴 보고서는 조사를 마친 뒤 7여 년이 지난 1957년 12월 말에 발행되었다. 전쟁 중에 발굴 기록과 많은 출토 유물이 없어져 보고서 작성에 어려움을 겪었다(도유호 1957b). 예를 들어, 1호·2호·3호 주거지 등과 관련된 실측 도면이 전부 또는 일부가 분실되었고, 남아 있는 토기 조각의 수량도 발굴 당시의 30% 미만이었다(고고학 및 민속학 연구소 1957a. 12쪽, 27쪽). 한편 지탑리 유적의 중간 보고가 발표될 무렵, 궁산 유적의 발굴 보고서는 인쇄 중이었기 때문에(도유호·황기덕 1957b. 15쪽 참조) 이 발굴 보고서에는 지탑리 유적에서 새롭게 알려진 고고학 자료가 비교, 검토되지 못하였다.

앞에서 이야기한 것처럼 궁산 유적 발굴 보고서가 간행되기 이전, 도유호(1955)는 이 유적의 시대적 자리매김을 제대로 해명하지 못하고 '석기시대'로만 표현하였다. 그러나 2년여가 지나며 궁산 유적의 연대는 신석기시대의 범주 안에서 구체적으로 설정될 수 있었다. 이와 함께 궁산

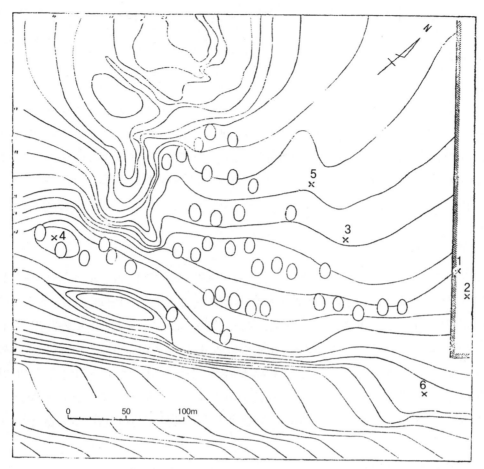

〈그림 1〉 궁산 유적 지형도, 발굴 구덩이(고고학 및 민속학 연구소 1957a. 4쪽)

유적에서 드러난 유구와 유물의 특징적인 성격은 '궁산문화'라고 명명되었다(고고학 및 민속학 연구소 1957a. 39쪽). 해방 이후 얻어진 고고학적 맥락을 기반으로 북한에서 그와 같은 명칭이 처음으로 창안되었다.

　궁산 유적 발굴 보고서(고고학 및 민속학 연구소 1957a)에 서술된 내용을 간추려 정리하면, 이 유적의 층위 관계는 지점에 따라 약간의 차이가 있지만 크게 아래부터 화강암 풍화 암반층, 패각층, 부식토층으로 구성되었다. 조사된 6개의 구덩이(그림 1) 가운데 1호·2호·4호 구덩이는 대부분 패각층에서 유물이 발견되었으나, 이들 구덩이에서는 주거지와 관련된 시설물은 확인되지 않았다. 주거지는 3호·5호[6]·6호 구덩이에서 5기가 확인되었다. 주거지는 대부분 화강암 풍화면에

---

6 5호 구덩이의 패각층은 점토층(두께 5㎝ 미만)을 사이에 두고 그 아랫부분의 A층(굴 조개를 중심으로 한 패층)과 윗부분의 B층(대합조개를 중심으로 한 패층)으로 구분된다. A층 바닥의 화강암 풍화면에서 3호 주거지,

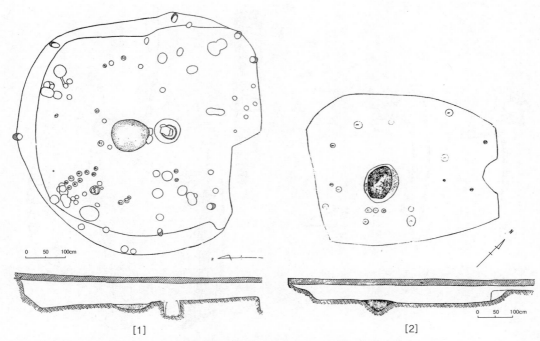

〈그림 2〉 궁산 유적 4호 주거지[1], 5호 주거지 실측도[2](고고학 및 민속학 연구소 1957a. 13쪽, 16쪽)

서 드러났으며, 평면 형태는 주로 원형 계열이었다(그림 2).

　6개의 구덩이에서 발굴된 유물과 유구의 출토 상황은 〈표 1〉과 같이 정리될 수 있다. 1호·2호·4호 구덩이를 대표하는 토기는 점선물결무늬(波狀點線文) 계통이며, 3호·5호·6호 구덩이를 대표하는 토기는 빗살문 계통으로 나타난다. 또한 1호·2호·4호 구덩이와는 달리 3호·5호·6호 구덩이에서는

〈표 1〉 궁산 유적 발굴 구덩이의 출토 유물(고고학 및 민속학 연구소 1957a에 따름)

구덩이	대표 토기	유 물	비 고
1호	점선물결무늬토기	【석기】 갈돌, 괭이, 어망추, 【토제품】 가락추, 흙알 등	
2호	점선물결무늬토기		
3호	빗살문토기	【석기】 활촉, 창끝, 대패'날, 어망추, 갈돌, 숫돌, 【골각기】 뿔괭이, 뒤지개, 송곳, 예쇄, 칼날, 뼈바늘, 삿바늘, 【장식품】 관옥 등	1호(원형 ?) 주거지
4호	점선물결무늬토기	【석기】 석창, 어망추, 도끼, 갈돌, 【토제품】 흙알, 가락추 등	
5호	빗살문토기	【석기】 활촉, 찔개살, 창, 【골각기】 뿔괭이, 뒤지개, 송곳, 삿바늘, 【장식품】 옥도끼 등	2호(원형 ?), 3호(?), 4호(원형) 주거지
6호	빗살문토기	【석기】 활촉, 찔개살, 대패'날, 【골각기】 뿔괭이, 뒤지개, 칼날, 삿바늘, 낫 등	5호(방형. 원형에서 방형으로 넘어가는 과도기) 주거지

　그리고 B층 바닥에서 2호 주거지가 확인되었다.

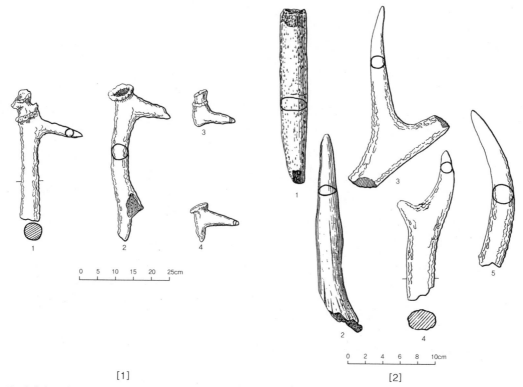

[1] [2]

〈그림 3〉 [1] 뿔괭이, [2] 뒤지개(고고학 및 민속학 연구소 1957a. 도판 27, 도판 29)

뿔괭이와 뒤지개를 공통적으로 동반하는 특징을 지닌다(그림 3). 이러한 유물 구성의 성격은
서로 계통이 다른 종족상의 차이와 관련될 가능성이 있다고 추정되었으나 그 이상의 또 다른
검토는 이루어지지 않았다. 한편 궁산과 농포리 유적에서 반월도가 발견되지 않았다는 사실에
주목했지만, 그 점은 앞으로 해결되어야 할 과제로 남겨두었다.

　고고학적 기반이 미비하였던 당시의 상황에서 궁산 유적의 연대를 정확하게 편년하는 것은
쉽게 이루어내기 어려운 일이었다. 이 문제를 밝히는 과정에서 도유호는 몬텔리우스의 형태론적
비교 방법을 지지했던 아·야·브류쑈브의 논문[7]을 읽고 거기에서 많은 시사를 받게 된다(도유호
1958. 18쪽).

　　"우리는 먼저 상대 년대를 밝히고 그 다음 거기에 근거를 두고 편년상의 위치가 정확하여
　　그 절대 년대를 잘 알 수 있는 것과 함께 나타나는 형편을 어느 한 층위에서 발견하였을 때

---

7 이 글의 원문은 1953년에 발표되었고, 김용간(1960)이 번역하여 『문화유산』(1960년 1호)에 실렸다.

그것으로써 다른 층위의 유물들에까지 우리의 추정을 연장하게 되는 것이다. 그런데 여기서 절대 년대가 정확한 것을 우리의 원시 시대에 찾아 내는 것은 대단히 어려운 일에 속한다."(도유호 1958. 「조선 원시 문화의 년대 추정을 위한 시도」, 『문화유산』 1958(3), 18쪽)

궁산문화의 절대 연대는 지층 관계가 서로 다른 지점에서 출토한 두 가지 종류의 유물, 곧 인공 유물인 석면토기(5호 구덩이, 패각층 B)와 생태 유물인 물소 뼈(3호 구덩이, 패층 하부 또는 주거지 바닥?)의 상호 연대 비교를 통하여 산정되었다. "첫째, 핀란드와 접경지대에 있는 소련 연방의 쑤나 유적에서 출토한 석면토기와 대비시킬 때, 연대는 서기전 1,500년 이전으로 편년될 가능성이 있다. 둘째, 물소 뼈가 나온 바 있는 중국 은허(殷墟) 안양(安陽) 유적의 사례로 볼 때, 연대는 서기전 2천년기 기간 중으로 편년될 수 있다."고 설명되었다.

한편 궁산 유적의 발굴 보고서에서는 석기와 골각기(뿔괭이·뒤지개 등)의 동반 관계를 바탕으로 신석기시대 당시의 주요 생업 활동의 유형을 밝히려는 내용도 포함되어 본격적인 경작 단계 이전에 괭이농사 단계가 있었다고 언급되었다.[8] 이러한 시각은 그 후 북한의 신석기 고고학 연구에서 적극적으로 활용되었는데, 남한 학계에서는 이를 두고 여러 논란이 제기된 바 있다.

궁산 유적 발굴 보고서를 읽다보면 몇 가지 이해하기 어려운 점과 마주친다. 1호 주거지의 바닥에는 "큰 토기를 뒤집어 박은 시설물"이 발견되었지만(고고학 및 민속학 연구소 1957a. 11쪽) 발굴 보고서에는 그에 관한 사진이나 그림이 제대로 제시되지 않았다. 석기 또는 골각기에 비하여 각각의 구덩이 또는 주거지에 나온 토기 관련 설명도 자세하게 서술되지 않았다. '궁산문화'라는 명칭에 걸맞지 않게 『조선유적유물도감 1(원시편)』(조선유적유물도감 편찬위원회 1988)에 실린 토기 그림도 그 내용과 수량이 빈약하기 그지없다(그림 4). 무엇보다도 각 주거지에서 나온 유물의 종류와 구성 관계가 자세히 보고되지 않았다. 이것은 전쟁 기간 동안 주거지 관련 발굴 기록과 유물(특히 토기)이 집중적으로 피해를 받았던 사실에 기인한다고 생각된다. 따라서 이로 인한 문제점은 궁산문화의 성격을 좀 더 진전된 측면에서 살펴보는 데 큰 걸림돌이 되었을 것으로 판단된다.

3. 지탑리 유적 발굴

사리원시의 동북쪽에 위치한 지탑리(황해북도 봉산군) 일대에는 대방군의 터전으로 알려진 토성, 그리고 토성 주변에 많은 고인돌이 분포하여 일찍부터 관심을 받았다. 1954년 봄에 현지

---

8 북한에서는 엥겔스(김대웅 옮김 2012)의 영향을 받아 일찍부터 "채집경제로부터 어느 정도의 생산경제로 진전된 것은 신석기시대 이후의 일"이라는 입장을 지니고 있었다(『朝鮮歷史』, 9쪽 참조).

〈그림 4〉 궁산 유적의 새김무늬그릇 실측도(조선유적유물도감 편찬위원회 1988. 86쪽)

조사를 하며 원시시대와 한계(漢系) 등의 유물을 찾게 되었다. 거기에는 토성 안에 있는 전호(戰壕, 참호)의 단면에서 발견한 빗살무늬 계통의 토기 조각도 포함되었다. 비록 1점에 지나지 않았지만 이 유물은 궁산 유적과의 상호 관계를 밝히는 데 중요한 실마리를 제공할 것으로 판단되었으며, 이와 아울러 원시시대에서 고대로 넘어가는 과정을 밝히려는 의도에서 지탑리 유적에 대한 본격적인 발굴 조사가 약 3년 후에 추진되었다(도유호·황기덕 1957a).

지탑리 유적의 발굴 작업(1957년 4월 13일~5월 22일)은 궁산 유적 발굴 이후 약 7년 뒤에 실시되었으며, 이 유적의 발굴은 "실로 조선 고고학사상에서 의의 깊은 한 장을 이루었다."(도유호 1958. 17쪽). 훗날 도유호는 지탑리 유적을 통하여 알려진 고고학 성과에 대하여 다음과 같은 평가를 내렸다.

"지탑리 유적 조사는 우리 나라의 원시 시대에 관한 연구에서 하나의 획기적인 국면을 이룬다고 보아야 할 것이다. 궁산 유적에서 해명하기 어렵던 문제들의 적지 않은 부분을 우리는 지탑리를 알게 됨으로써 비로소 해명할 수 있게 되었다. 점선 물'결 무늬 그릇 시절에 벌써 갈이 농사의 단계 즉 농경기의 단계에 들어 서게 되였다는 것도 지탑리에서 비로소 알게 되였다는 것이다. (…) 지탑리에는 팽이그릇(각형 토기) 관계 집자리도 보인다. 지금에 이르러서는 팽이그릇 관계 집자리가 거석 문화에 속한다는 것은 너무나 명백한 사실이다. 그러나 도리켜 생각하건대, 이것도 지탑리와 관련하여는 잊을 수 없는 일이다."(도유호 1961. 「머리'말」, 『지탑리 원시 유적 발굴 보고』)

지탑리 유적은 제1지구(토성 안와 제2지구(재령강의 지류인 서흥천 언저리)로 나뉘어 발굴되었고, 두 지구는 서로 약 750m 정도 떨어져 있다(그림 5). 두 지구의 조사를 통하여 지탑리 유적 문화층의 층위 관계는 아래부터 신석기시대, 청동기시대, 고대, 중세기, 현대 층으로 구성되었음이 밝혀졌다. 궁산 유적은 신석기시대를 중심으로 한 단일 유적이었던 반면에 지탑리 유적은 여러 시기의 문화층이 겹쳐 놓인 복합 유적의 성격을 띠고 있었다. 그 가운데 가장 주목을 받았던 것은 신석기시대와 청동기시대에 해당하는 유물과 유구의 상호 관계였다.

지탑리 유적에서 새롭게 밝혀진 고고학적 의미가 중요했던 만큼 발굴 소식(고고학 및 민속학 연구소 1957b)도 빠르게 전해졌다. 그 뒤를 연이어 1957년 10월과 12월 사이에 걸쳐 두 편의 중간 보고가 발표되었다(도유호·황기덕 1957a ; 도유호·황기덕 1957b). 지난 약 6개월 전만 하더라도 북한 고고학에서는 원시 유적에서 알려진 각종 유물의 선후 맥락을 제대로 파악하지 못하는 한계를 지니고 있었다(예를 들어, 황기덕 1957c 참조). 이러한 현실적 여건을 빠른 시간 안에 극복하는 데 가장 크게 이바지한 것이 바로 지탑리 유적의 발굴 성과였으며, 이는 그동안 북한의 원시 고고학 분야에서 이룩한 끈질긴 노력의 산물로서 평가될 수 있다.

발굴 결과, 제1·2지구에서 공통적으로 신석기시대와 청동기시대(각형토기 층)의 문화층이 확인되었고, 그와 동반 관계를 이루는 석기의 구성 관계도 좀 더 분명하게 가름될 수 있었다(표 2 참조). 그런데 두 지구는 750m 가량 서로 떨어진 곳에서 발굴되었기 때문에 신석기문화층의 경우, 각 지구에서 드러난 문화층의 상호 관계를 편년하는 작업이 선행될 필요가 있었다.

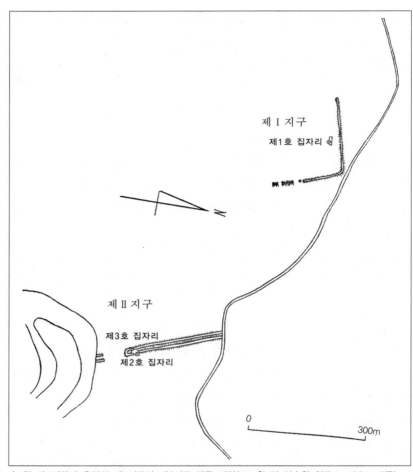

〈그림 5〉 지탑리 유적의 제1지구와 제2지구 발굴 지점(고고학 및 민속학 연구소 1961. 2쪽)

〈표 2〉 지탑리 유적의 원시 유물과 유구(도유호·황기덕 1957a ; 도유호·황기덕 1957b에 따름)

문화층	제1지구(토성 안)	제2지구(서흥천 언저리)	연대
청동기시대 (각형토기 층)	【토기】 각형토기 【석기】 반월도	【토기】 각형토기 【석기】 단검, 양익 유경촉, 별도끼, 석화 등 【주거지】 1기(심하게 파괴되었음)	* 거석문화시대 서기전 7~6세기경에서 서기전 1천년기 후반기
신석기시대	【토기】 빗살문토기 【석기】 활촉, 창끝, 갈돌, 도끼, 마치, 숫돌, 어망추 등	【토기】 파상점선문토기 우세, 빗살문토기 【석기】 활촉, 창끝, 갈돌, 보습, 낫, 도끼, 마치 등 【생태 유물】 낟알(2호 주거지, 피 또는 조?), 도토리	* 2호, 3호 주거지 서기전 2천년기 기간 중 (하한 : 서기전 2천년기 말)
	【주거지】 1기 : 1호(방형)	【주거지】 2기 : 2호(두 모가 둥근 반원형), 3호(세모가 둥근 반원형)	* 1호 주거지 지금부터 3500년 전 (또는 3600~3700년 전)

* 제2지구의 청동기시대 주거지(1기)는 발굴 보고서(고고학 및 민속학연구소 1961)에서 언급되었음.

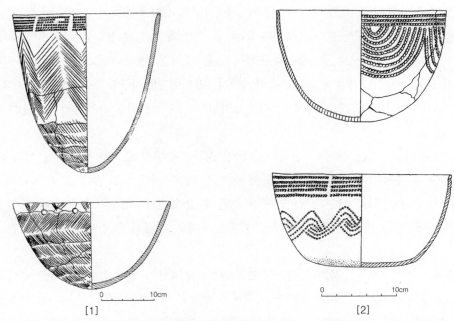

〈그림 6〉 [1] 제1지구 빗살무늬토기, [2] 제2지구 파상점선문토기(고고학 및 민속학 연구소 1961. 도판 XIV, 도판 LXXX)

　신석기시대 토기의 초보적인 편년은 까렐리아(Karelia) 지방, 예니세이 강 유역, 바이칼 호수 주변 등에서 알려진 것들과 비교, 검토를 통하여 이루어졌다. 그 결과, 빗살문토기로 대표되는 제1지구의 신석기시대 문화층은 파상점선문(波狀點線文, 점선물결무늬) 계열의 토기가 상대적으로 우세한 제2지구의 신석기시대 문화층보다 앞선 시기에 속하는 것으로 상대 연대가 설정되었고(그림 6), 그에 따라 궁산 유적에서 출토한 토기와의 상호 관계도 검토되었다(도유호·황기덕 1957b. 14-15쪽).[9] 그리고 이와 같은 점을 고려하며 제1지구의 유물은 궁산 유적의 3호·5호·6호 구덩이와 마찬가지로 괭이농사 단계에 해당하는 것으로 추정되었고, 제2지구에서 나온 돌보습·돌낫은 괭이농사보다 발전된 형태에 속하는 경작 단계(밭갈이농사)의 유물로 해석되었다.

　요컨대 궁산과 지탑리 유적에서 조사된 신석기시대 문화층의 상호 관계에 대하여 앞에서 언급된 내용을 종합하여 간단히 정리하면 다음과 같이 말할 수 있다. 첫째, 주요 생업 수단은 괭이농사에서 갈이농사 단계로 전환되었다. 둘째, 토기 무늬는 빗살문 계열에서 파상점선문 계열로 변화되었다. 셋째, 초기 주거지의 평면 형태로는 원형 계열과 방형 계열(그림 7)이 공존할 가능성이 있다. 넷째, 동삼동 조개무지의 사례에서 보듯이 신석기시대에 맨 처음 등장한 것은 민그릇 종류일 가능성이 충분하다.

---

9 지탑리와 궁산 유적의 상대 편년 등에서 제기되는 문제점에 대해서는 이영덕(2014)의 글을 참조하기 바람.

중간 보고에 따르면(도유호·황기덕 1957b), 제1지구의 1호 주거지에서 조사된 토기는 바이칼 지대의 글리쓰꼬보 문화에서 보이는 토기의 무늬, 곧 기면(器面) 전부를 덮는 무늬 양식과 간략화된 압인(押印)의 형태에서 서로 유사한 공통점이 있는 것으로 관찰되었고, 그 연대는 '지금부터 3500년 전(또는 3600~3700년 전)'으로 추산되었다. 반면에 제2지구의 2호·3호 주거지의 토기는 쑤나 유적의 토기 연대를 참고하여 '서기전 2천년기 기간 중(하한 : 서기전 2천년기 말)'으로 편년되었다.

〈표 2〉에서 알 수 있는 것처럼, 신석기시대 및 청동기시대의 토기와 동반되는 석기의 종류가 층위 관계를 통하여 입증됨에 따라 그동안 풀리지 않고 의문으로 남아 있었던 유적·유물의 시대적 소속 관계는 더욱 빠른 시간 안에 해결될 수 있었다. 각형토기뿐만 아니라 석검, 석화, 별도끼 등이 드러난 여러 지역의 유적을 청동기시대로 편년하는 일이 한결 쉬워졌다.

> "각형 토기는 금탄리, 중화군 진파(中和郡 眞坡), 동평양의 미림(美林), 강서군 태성리(江西郡 台城里), 강남군 원암리(江南郡 猿岩里) 등지에도 보였고 또 지탑리 부근인 은파군 묘송리(銀坡郡 妙松里), 금천군 강남리(金泉郡 江南里) 등지에서도 볼 수 있었다. 각형 토기와 같은 층에서 청동기의 모조품인 석제 단검(短劍)이나, 석촉이 보이며, 석화(石貨)나 별도끼가 보이는 것은 우연한 일이 아니다."(도유호·황기덕 1957b.「지탑리 유적 발굴 중간 보고(2)」,『문화유산』1957(6), 31쪽)

한편 궁산 유적(4호 주거지)과 지탑리 유적(2호 주거지)에서 발굴된 주거지의 도면을 서로 비교할 때, 지탑리의 경우는 궁산에 비하여 상대적으로 훨씬 정밀한 토층의 관찰 기록을 제시하고 있다. 이는 소련 고고학의 선진적인 주거지 조사 방법론[아·야·브류쑈브(김용간 역) 1960]이 지탑리 유적의 발굴 조사에서 적극적으로 수용되었음을 알려준다. 이와 같은 점은 당시 북한 신석기 고고학의 연구 과정에서 소련 원시 고고학의 학술적 성과가 중요하게 작용하였던 사실을 반영해준다고 생각된다.

4. 발굴 성과의 파급 효과

앞에서 말한 바와 같이 지탑리 유적에서 얻은 발굴 성과의 파급 효과는 빠르게 나타났다. 다시 말해서 지탑리 유적의 발굴 조사를 기점으로 그동안 원시시대 또는 석기시대의 범주 안에서 설명되었던 각종 토기와 석기의 구체적인 선후 관계가 명확하게 드러나게 되었다. 그리고 출토 유물의 상호 비교를 통하여 그와 관련된 다양한 유적과 유구 등의 시대적 성격을 신석기시대 또는 청동기시대로 판별하는 데 유용한 고고학적 속성도 빠른 시간 안에 더욱 분명하게 가늠되기에 이르렀다.

1958년 3월 말, '제1차 전국 고고학 토론회'가 고고학 및 민속학 연구소 주최로 열렸다. 이 토론회에서는 신석기시대와 관련하여 도유호와 황기덕의 발표가 있었고(고고학 및 민속학 연구소 1958a), 그들의 논문은 곧 이어 『문화유산』에 게재되었다(도유호 1958 ; 황기덕 1958a).

> "해방후 조직적인 발굴을 처음 시험한 곳은 바로 동북 지방인 라진 초도(草島)였다. 이 발굴에 관하여는 이미 보고서도 나왔다. 오직 그 동물 유골에 관한 보고만은 추후로 출판할 예정이다. 그런데 그 보고서에서 우리는 그것을 신석기 시대 최말기로 처리하였다. 뿐만 아니라 그 서문에서 필자는 금탄리, 원암리, 공귀리 등지의 유적들을 모조리 신석기 시대의 것이라고 하였으나 이것은 모두 잘못이었다. 삼가 그 그릇된 론단을 취소하는 바이다. 그 책임은 전적으로 필자에게 있다."(도유호 1958. 「조선 원시 문화의 년대 추정을 위한 시도」, 『문화유산』 1958(3), 23쪽)

위 인용문에서 읽을 수 있듯이, 궁산과 지탑리 유적의 발굴과 그에 따른 연구 성과는 신석기시대와 청동기시대 유적의 상호 관계와 편년 설정을 재정립하는 데 획기적인 이정표가 되었다. 여기에 힘입어 당시 북한 고고학에서 주도적인 역할을 하였던 도유호(1958)는 과거 자신의 고고학적 편년에 잘못이 있었음을 솔직하게 시인하였다. 이는 도유호 개인에게만 국한된 일은 아니었고, 당시 북한의 원시 고고학이 안고 있던 전반적인 문제를 대변한다고 볼 수 있다.

그러면서 도유호(1958)는 전파론적 관점을 바탕에 두면서 그동안 북한 고고학에서 이룩한 유적·유물의 연구 성과를 종합적으로 검토하였고, 이에 따라 신석기시대, 청동기시대, 철기시대로 이어지는 우리나라 원시문화의 구체적인 성격과 편년 체계 등을 밝히려는 작업을 시도하였다. 그리고 신석기시대와 관련하여 도유호는 궁산과 지탑리 유적에서 드러난 문화층의 상호 관계에 대하여 좀 더 분명하게 말하였다.

> "궁산과 밀접한 관계가 있어 보이는 지탑리 유적을 궁산과 비교하여 보건대, 지탑리 제1지구(토성 안)의 주거지 문화는 궁산 주거지 문화와 같은 갈래의 것 같고, 제2지구의 파상 점선문 토기를 가진 문화는 궁산의 주거지 이외의 문화와 같은 갈래의 것 같다."(도유호 1958. 「조선 원시 문화의 년대 추정을 위한 시도」, 『문화유산』 1958(3), 19쪽)

지금까지 살펴본 것처럼, 지탑리 유적에서 확인된 신석기시대 문화층의 층위 관계는 이 유적에서 이루어진 신석기문화의 선후 관계, 그리고 서로 떨어져 있는 궁산 유적과의 상호 관계를 파악하는 데 유용하게 활용되었다. 이뿐만 아니라 여러 지역에 분포하고 있는 원시 유적과 유물 사이의

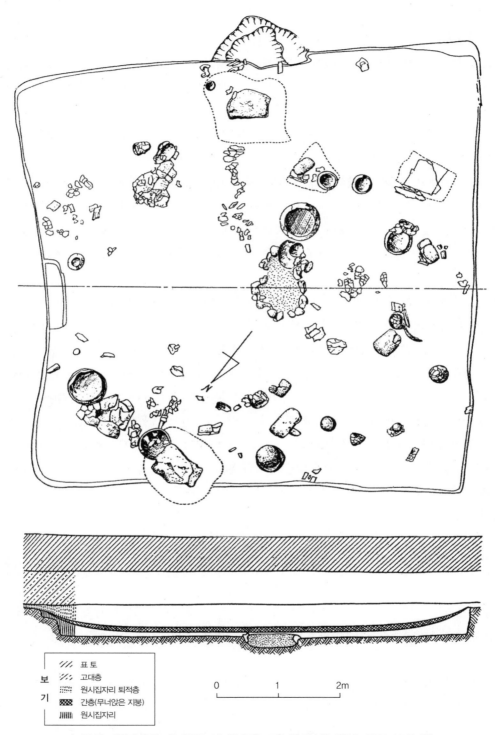

보기
⁄⁄⁄	표토
⁄⁄⁄	고대층
⁞⁞⁞	원시집자리 퇴적층
▨	간층(무너앉은 지붕)
⫶⫶⫶	원시집자리

0   1   2m

〈그림 7〉 지탑리 유적 제1지구의 1호 주거지(고고학 및 민속학 연구소 1961. 도판 Ⅷ)

〈표 3〉 황기덕(1958a)의 원시 토기 유형 분류

유형	대표 토기	석기	연대
3유형	각형토기를 동반하는 빗살문토기	양익 유경 활촉, 단검, 반월도, 자귀, 대형 사릉부, 별도끼, 석화 등	기원전 1천년기 전반기 (청동기시대)
2유형	파상점선문을 동반하는 빗살문토기	돌괭이, 돌낫, 돌보습 등이 새롭게 등장	기원전 2천년기 후반기 초 내지 중엽(신석기시대)
1유형	빗살문토기로만 구성	3개 유형에서 활촉, 창끝, 도끼, 갈돌 등은 공통적으로 출토	기원전 2천년기 전반기 (신석기시대)

* 1유형 : 궁산리 또는 지탑리의 가장 오랜 문화층.
* 2유형 : 궁산리 또는 지탑리에서 파상점선문을 동반하는 문화층, 암사리.
* 3유형 : 금탄리, 미림리, 원암리, 태성리, 심촌리, 신흥동, 송산리 당촌, 진파리(현 무진리), 강북리, 강남리 등.

상호 관계를 종합적으로 비교, 검토하는 데 큰 도움을 주었다(정백운 1958 ; 도유호 1958 ; 김용간 1958 ; 황기덕 1958a 등). 예를 들어, 황기덕(1958a)은 서북 지방의 궁산, 지탑리, 금탄리 유적 등지에서 알려진 빗살문토기를 크게 세 유형으로 구분하였고, 유형별로 대표되는 토기의 특성과 동반 석기 및 시대 편년 등을 밝히고자 하였다(표 3 참조). 그 글에서 황기덕은 1유형·2유형·3유형[10] 가운데 3유형은 청동기문화 단계에 속하는 것이 명확하다고 언급하였다.[11]

〈표 3〉에서 보듯이 신석기시대와 청동기시대로 가름할 수 있는 석기의 종류와 구성 관계가 명확하게 정리되면서 특정 유물을 대상으로 한 형식 분류 방법을 진전시키기도 하였다. 황기덕 (1958b)은 우리나라의 원시 유적에서 발견된 석촉의 형태상 속성을 비교하여 평육각형(平六角形), 능형(菱形, 마름모꼴), 삼릉형(三稜形, 세모꼴), 장타원형(長楕圓形) 등으로 세분하였다. 그는 이 가운데 평육각형 활촉은 빗살문토기와 밀접한 관계가 있는 반면에 능형 활촉은 각형토기 유적의 기본 형태라고 언급하였다(그림 8).

각형토기와 동반되는 석검과 석촉 등의 유물은 때때로 지석묘 또는 석상묘에서도 발견되었고, 각형토기 주거지에서 청동 유물이 출토된 사례는 각형토기와 거석문화의 시대적 상호 관계를 해결하는 데 큰 도움이 되었다. 1955년에 발굴된 금탄리(8호 주거지)에서 각형토기와 더불어 청동 끌이 나왔고(김용간 1958 ; 김용간 1964), 1956년에는 상매리 석상묘(황해북도 사리원시)에서 양익형 청동촉과 석촉이 함께 출토하였으며(고고학 및 민속학 연구소 1959a), 이와 같은 고고학 자료는 각형토기를 내는 유적이 거석문화시대, 곧 청동기시대 초기에 속한다는 추론을 가능하게 만들었다(도유호·황기덕 1957b). 다시 말해서 오랫동안 신석기시대로 간주하였던 거석문화의 시간적 위치는 신석기시대가 아니라 청동기시대에 해당하는 것으로 인정하는 연구 분위기가

10 3유형으로 구분된 빗살문토기는 빗살문이 새겨진 고리 모양의 손잡이를 가리킨다. '손잡이 빗살무늬그릇'에 대해서 도유호(1960. 124-126쪽)는 명확한 편년을 제시하지 못하였다. 반면에 금탄리 유적의 발굴 보고서에서는 이 종류의 토기가 궁산문화와 밀접한 관계가 있는 것으로 서술되었다(김용간 1964. 54-55쪽).

11 이 편년의 문제점에 관해서는 임상택(2015. 46-47쪽)의 글을 참조하기 바람.

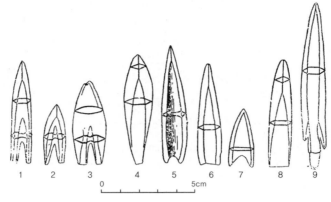

[1]

마제활촉 : 1·2 궁산, 3 지탑, 4·5 오동, 6 검은 개봉, 7 농포, 8 천태, 9 상매리(석상분)

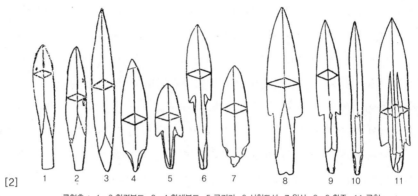

[2]

릉형촉 : 1·2 함경북도, 3·4 황해북도, 5 공귀리, 6 신청토성, 7 원산, 8·9 황주, 11 금천

〈그림 8〉 [1] 평육각형 활촉, [2] 능형 활촉(황기덕 1958b. 24-25쪽)

자리를 잡게 되었다(도유호 1959a).

궁산과 지탑리 유적에서는 흑요석 타제석기가 출토하지 않았다. 그러나 두 유적에서 나온 마제석기 종류의 동반 관계는 흑요석 타제석기가 발견된 여러 유적의 시대적 선후 관계를 상대 편년하는 데 적극 활용될 수 있는 계기가 되었다. 많은 흑요석 타제석기와 유문토기가 나왔지만 반월도가 포함되어 있지 않은 청진 농포리(고고학연구실 1957), 반월도·양익 유경촉·별도끼 등과 동반 관계를 이루는 강계 공귀리(김용간 1958) 유적 등의 흑요석 타제석기는 각각 신석기시대와 청동기시대에 속하는 것으로 구분될 수 있었다. 나진 초도와 회령 오동 유적 등지에서 발굴된 흑요석 타제석기를 청동기시대의 유물로 판별하는 일도 그만큼 빠르게 이루어졌다. 이것은 동북 지역의 흑요석 타제석기가 신석기시대 및 청동기시대에 걸쳐 제작되었음을 알려주었던 동시에 그 지역에서 발견된 흑요석 타제석기의 시대적 편년과 관련하여 제기되었던 과거의 여러 의문을 깨끗하게 마감 짓도록 해주었다.

Ⅳ. 1960년대 초의 학계 동향

궁산 유적과 지탑리 유적의 연구 성과를 토대로 1950년대 말에 이르러 북한 고고학에서는 서북 지방의 신석기시대를 크게 이른 단계와 늦은 단계로 구분하는 시기 구분의 얼개를 마련하였다 (표 4). 그리고 당시에는 우리나라 신석기문화가 주로 동부 시베리아 또는 연해주 지역과 밀접한 관계를 이루며 형성되었다고 이해하는 시각이 일반적인 경향이었다.

〈표 4〉 1957~1961년의 서북 지방 신석기시대 편년

구분	이른 단계	늦은 단계
도유호·황기덕(1957b)	기원전 1500년 (또는 기원전 1600~1700년)	기원전 2천년기 (하한 : 기원전 2천년기 말)
황기덕(1958a)	기원전 2천년기 전반기	기원전 2천년기 후반기 초 내지 중엽
도유호(1960)	기원전 2000년에서 기원전 1600~1700년	기원전 2천년기 말
고고학 및 민속학 연구소(1961)	* 궁산문화 전기 기원전 2000~1700년	* 궁산문화 후기 기원전 2천년기 말

그런데 미송리 유적(평안북도 의주군, 1959년 발굴)의 아래층에서 출토한 꼬불무늬의 토기 조각 (그림 9-3)은 그러한 시각에 새로운 문제를 안겨주었다. 다시 말해 꼬불무늬 수법은 적봉 홍산후(赤峰 紅山後) 유적에서 알려진 바가 있기 때문에 압록강 유역 일대와 내몽고 지역에서 보이는 신석기시대 토기의 상호 관련성을 주목하도록 해주었다(도유호 1960. 59쪽 ; 김용간 1961a ; 1961b ; 1963 ; 리병선 1963). 연구 대상 지역의 지리적인 외연의 확장과 더불어 1950년대 말 노동당에서는 사회주의 건설의 비약적인 전진에 부응할 수 있는 실천 과업을 고고학 분야[12]에 요구하였고, 고고학 및 민속학 연구소(1959c)에서는 긴급히 해명되어야 할 과제 가운데 하나로 아래와 같은 점을 지적하였다.

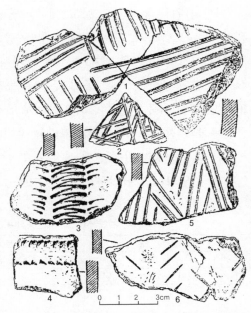

〈그림 9〉 미송리 동굴 유적의 아래 문화층에서 출토한 토기(김용간 1961a. 51쪽 그림 5)

---

12 역사학 분야의 경우에 대해서는 력사연구소(1959)를 참조하기 바람.

"지난날 고고학 연구 사업에서는 일련의 성과를 거두었으나 맑스-레닌주의 방법론에 튼튼히 립각하여 우리 나라의 원시 고대 및 중세 유적들을 연구함으로써 우리 나라 력사 발전의 합법칙성을 리논적으로 체계화하는 사업이 미약하게 진행되었다. 적지 않은 고고학 관계 로작들이 집필 출판되었으나 흔히 유물들에 대한 형태상 분류와 유적들의 개별적 설명에만 치중하고 한 걸음 더 나아가 사회 경제적 제 문제 해명에 도움을 주는 리론적 측면에 깊이 파고 들지 못하는 일이 적지 않았다."(고고학 및 민속학 연구소 1959c. 「사회주의 건설의 고조에 발맞추기 위한 고고학 분야의 과업」, 『문화유산』 1959(3), 3쪽)

노동당에 제시한 위와 같은 현실적 과제를 충족하는 데 『지탑리 원시 유적 발굴 보고』(고고학 및 민속학 연구소 1961)는 매우 의미 있는 역할을 하였다고 생각된다. 그동안 궁산 유적의 출토 유물과 관련하여 '양록(養鹿)'(도유호 1955. 42쪽), '경작기(耕作期) 이전의 괭이농사 단계'(고고학 및 민속학 연구소. 1957a. 41쪽), '갈이농사 이전의 괭이농사 단계'(도유호 1960. 82쪽)와 같은 표현이 등장하였지만 신석기시대에 이루어진 원시 농경의 성격은 제대로 설명되지 않은 상태에 머물러 있었다.

『지탑리 원시 유적 발굴 보고』에서는 궁산 유적에서 명명된 '궁산문화'의 적용 범위에 지탑리 유적 등을 포함시켜, '궁산문화 전기'와 '궁산문화 후기'로 세분하는 편년이 제시되었다.[13] 편년 체계의 시간적인 선후 관계는 주로 토기의 무늬 양상에 근거하여 세워졌고, 이에 따라 연모, 집자리 평면 형태의 속성 등이 두루 추출될 수 있었다(표 5 참조). 궁산 유적이 발굴된 이래 10여 년 만에 서북 지방을 중심으로 비로소 신석기시대의 세부 편년이 이루어졌고, 이를 근간으로 궁산문화의 전기는 괭이농사, 그리고 후기는 갈이농사의 생업 활동을 한 것으로 인지되었다. 이러한 원시 농경의 발전 단계 설정은 그 후에 진행된 신석기시대의 생산 관계 연구에도 지속적인 영향을 주었다(고고학연구소 1971. 30쪽 ; 고고학연구소 1977. 15-16쪽).

〈표 5〉 궁산문화 전기와 후기의 속성(고고학 및 민속학 연구소 1961 참조)

구분	연대	대표 토기	주요 연모	주거지	농경
후기	기원전 2천년기 말	점선물결무늬	돌보습, 돌낫	대체로 네모꼴	갈이농사
전기	기원전 2000~1700년	빗살무늬(직선적, 기하학적)	괭이, 자귀	원형, 네모꼴	괭이농사

1960년대 초에 조사된 유적(표 6 참조) 가운데 가장 눈길을 끄는 것은 굴포리 서포항 유적의 발굴이라고 생각된다. 1956년에 이루어진 농포리 유적의 발굴을 통하여 신석기시대의 조소품(彫塑

---

13 굴포리 서포항에서 궁산문화보다 오래된 시기의 문화층이 확인되면서 궁산문화 '전기→제1기(층), 후기→제2기(층)'로 바꾸어 부르기 시작한 것으로 생각된다(력사연구소 1962. 10-12쪽 ; 도유호·김용남 1964 참조).

<표 6> 해방 이후~1960년대 초에 발굴된 신석기시대 유적(자료실 1965 ; 리주현·한은숙 2009 참조)

연도	유적	조사 내용	참고문헌
1950년	궁산(운하리)(평남 온천군)	조개무지, 집자리	고고학 및 민속학 연구소(1957a)
1955년	금탄리(평양시 사동구역)	집자리	김용간(1962a ; 1964)
1956년	농포리(함북 청진시)	조개무지, 문화층	고고학 연구실(1957)
1957년	지탑리(황북 봉산군)	집자리	도유호·황기덕(1957a ; 1957b), 고고학 및 민속학 연구소(1961)
1959년	미송리(평북 의주군)	동굴유적	김용간(1961a ; 1961b ; 1963)
1959~61년	범의구석(함북 무산읍)	집자리	황기덕(1960 ; 1975)
1960~64년	굴포리 서포항(함북 나선시)	조개무지, 집자리	김용남(1961), 고고학 및 민속학 연구소(1962a), 황기덕(1962), 도유호·김용남(1964), 김용간·서국태(1972)
1960~61년	토성리(자강도 중강군)	집자리	리병선(1961), 정찬영(1983)
1960년	용당리 용당포(황남 해주시)	조개무지, 문화층	김용남(1963)
	장성리(자강도 중강군)	문화층	김종혁(1961)
1962~63년	세죽리(평북 영변군)	집자리	고고학 및 민속학 연구소(1962b), 김정문(1964), 김영우(1964)

品)과 뼈작살 등이 우리나라에서 처음 발견되었고(고고학 연구실 1957), 납작밑의 빗살무늬 토기가 출토하여 관심을 받았다(도유호 1960. 60쪽). 서포항 유적도 농포리 유적과 마찬가지로 조개무지를 조사하는 과정에서 그 성격이 드러났는데, 유적의 분포 범위(너비 40m, 길이 100m 이상), 발굴 규모, 발굴 기간, 유구의 성격, 출토 유물의 종류 및 수량은 농포리 유적의 경우를 훨씬 능가하였다. 이 밖에 1960년대 초에 범의구석, 토성리 유적 등이 발굴되었는데, 농포리와 서포항을 포함하여 두만강 유역 일대에서 조사된 토기는 서북 지방과 달리 납작밑을 기본으로 하는 공통점을 지니고 있었다(고고학 및 민속학 연구소 1961. 68쪽 ; 황기덕 1962).

한편 서포항 유적에서는 신석기시대뿐만 아니라 청동기시대의 문화층이 드러났는데, 지금까지 우리나라에서 알려진 원시 유적 중 이와 같이 여러 시기에 걸친 문화층이 층서적인 관계를 이루며 형성된 곳은 이 유적의 경우가 유일하다고 말할 수 있다.

서포항 유적에서는 21기의 신석기시대 집자리가 발굴되었다.[14] 청동기시대(9기)의 것까지 합치면 모두 30기에 이른다. 중간 보고(김용남 1961)에는 1960년에 실시된 조사 내용이 담겨 있다. 그는 전체 퇴적을 크게 두 시기로 구분하면서 연해주 지역에서 알려진 유적과의 대비를 통하여 신석기시대의 제1문화층에 대한 초보적인 추정 연대를 제시하였다(표 7).

그 이듬해 황기덕(1962)은 두만강 유역 일대를 중심으로 동북 지방의 신석기시대를 개괄하는

---

14 연도별로 발굴된 신석기시대의 집자리는 다음과 같다. 1960년 : 3·7·18호, 1961년 : 8·9·15·16·17호, 1962년 : 11·12·13·19·20·22호, 1963년 : 21·23호, 1964년 : 26·27·28·29·30호. 각 집자리의 시기 구분은 다음과 같다. 신석기시대 I기층(가장 오랜 것) : 9호, II기층 : 3·17·19·23호, III기층 : 8·12·13·20·26·27·28·29·30, IV기층 : 11·15·18·21·22호, V기층 : 7·16호(김용간·서국태 1972. 323-324쪽).

구분	두께	토기	추정 연대
표토	약 20~30㎝		
검은 부식토층(제2문화층)	70~120㎝	채색토기(붉은간그릇), 검정간그릇	청동기시대(기원전 2천년기 중)
누런 모래 점토층(제1문화층)	150~180㎝	빗살무늬, 점열무늬, 타래무늬(나선문), 번개무늬(뇌문) 토기 등	신석기시대(기원전 3천년대 전반기 내지 4천년대)

* 황기덕(1961. 13쪽)은 '검정간그릇'을 '갈색 민그릇'으로 분류하였음.

글에서 중국 및 연해주 일대에서 알려진 자료를 활용하며 타래무늬그릇(검은개봉 유적, 기원전 3천년대 말~2천년대 전반기)이 번개무늬그릇(농포동, 기원전 2천년기 후반기)보다 앞선 시기에 등장하는 것으로 논증하였고(29쪽), 토기의 구성 관계로 볼 때 서포항 제1문화층은 두 개의 시기로 나누어질 수 있다는 견해를 밝혔다(15쪽).[15] 따라서 김용남(1961)과 황기덕(1962)의 연구를 통하여 서포항의 신석기 문화층이 궁산문화보다 이른 단계에 속하는 것으로 인정하는 주장에 무게가 실리게 되었다. 또한 3차까지의 조사 성과에 의하여 서포항의 신석기 문화층은 4개의 층으로 나누어질 가능성이 높은 것으로 추정되었고, 각각의 문화층에서 드러난 집자리의 구조와 유물의 성격은 그동안 동북 지방에서 알려진 유적·유물을 계통적으로 체계화하는 데 활용될 수 있는 고고학 자료로 인정을 받았다(고고학 및 민속학 연구소 1962a).

서포항 유적의 발굴 조사가 마무리되는 시점에 즈음하여 도유호·김용남(1964)은 신석기 문화층에 대한 새로운 편년을 시도하였다. 그것은 무엇보다도 연해주의 신석기시대 말~청동기시대 초에 해당하는 유적의 방사성탄소 연대(BP 약 4200~4100년, BC 약 23~22세기)를 기준으로 하면 궁산문화의 종래 추정 연대(표 5 참조)뿐만 아니라 서포항 유적의 편년도 다시 검토되어야 한다는 문제와 연관되어 있었다고 생각된다. 그들의 주장을 살펴보면 다음과 같이 요약될 수 있다.

첫째, 동북 지방의 납작밑 그릇은 서북 지방의 뾰족밑(또는 둥근밑) 그릇보다 이른 시기에 속한다. 둘째, 점살빗무늬(점살빗으로 찍거나 톱니바퀴처럼 굴리면서 새긴 점선무늬)(그림 10 참조)는 전형적인 빗살무늬보다 이른 시기에 등장한다. 셋째, 점살빗무늬는 서북 지방보다 동북 지방에서 두드러지게 나타나며, 이것은 동북 지방의 토기가 서북 지방보다 오래되었음을 보여준다. 넷째, 궁산문화의 연대는 기원전 3천년기 중으로 재조정되며, 이보다 앞선 서포항 유적의 상한은 기원전 4천년기보다 오랜 기원전 5천년기로 편년될 수 있다.[16]

앞에서 말한 것처럼 『지탑리 원시 유적 발굴 보고』(고고학 및 민속학 연구소 1961. 69-70쪽)에서

---

15 김용간·서국태(1972)는 서포항 유적의 신석기시대 문화층을 다섯 시기로 세분하며, 시기별 토기 무늬의 특징을 다음과 같이 정리하였다. "I기층 : 점살빗무늬, II기층 : 전형적인 빗살무늬, III기층 : 타래무늬, IV기층 : 번개무늬, V기층 : 무늬가 간략해지고 무늬가 베풀어진 토기의 비중 감소".

16 이와 같은 편년에는 제1문화층의 두터운 퇴적 두께가 고려되었을 것으로 생각된다.

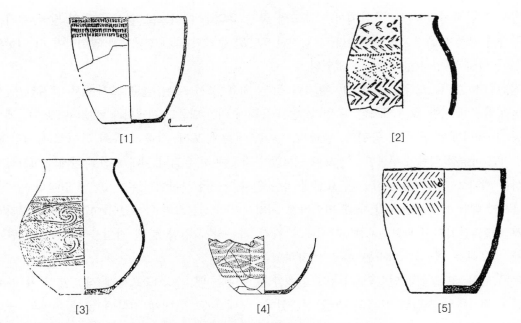

〈그림 10〉 서포항 신석기시대 토기의 특징적인 무늬 변화(김용간·서국태 1972)
[1] 점살빗무늬(I기층, 9호 집자리), [2] 전형적인 빗살무늬(II기층, 17호 집자리), [3] 타래무늬(III기층, 26호 집자리), [4] 번개무늬(IV기층, 18호 집자리), [5] 간략해진 무늬(V기층, 7호 집자리)

도유호는 동삼동 유적의 사례를 들며, 빗살무늬 갈래의 무늬그릇 이전에 민그릇 단계가 있었을 것으로 추정한 바 있다. 이러한 시각은 도유호·김용남(1964)의 글에도 반영되어 '민그릇 → 점살빗무늬그릇 → 전형적인 빗살무늬그릇'으로의 변화 양상을 기본으로 서포항 유적의 신석기시대 상한이 설정되었다고 판단된다. 이로써 우리나라 신석기문화의 등장이 기원전 5천년기로 추정될 수 있는 것으로 언급은 되었지만 그것을 입증하는 데 필요한 근거 자료는 제시되지 못한 한계를 지닌다. 한편 지탑리 유적에서는 황기덕과 함께 그리고 서포항 유적에서는 김용남과 함께, 서북 지방과 동북 지방의 신석기시대 편년과 그 상호 관계를 정립하고자 힘을 쏟았던 도유호는 1960년대 후반기에 몰아친 정치적 소용돌이에서 벗어날 수 없었고(리주현·한은숙 2009. 48-51쪽 ; 한창균 2017b. 432-445쪽), '서포항 원시 유적의 발굴 보고'는 김용간과 서국태(1972)의 몫이 되었다.

V. 맺음말

북한 고고학에서는 일제의 그릇된 식민지사관을 극복하고, 유물사관에 근거하여 우리 원시문화의 시대적 체계를 바로 세우는 일에 비교적 일찍부터 큰 관심을 지니고 있었다. 이러한 문제의식을 기반으로 한국전쟁 이전, 북한에서는 초도와 궁산 유적을 대상으로 원시 유적의 발굴 계획을 수립하여 실천에 옮겼다고 생각된다. 그렇지만 약 3년 동안 지속된 전쟁으로 말미암아 더 이상의 진전된 학술적 성과는 얻을 수 없었다.

정전협정 이후, 도유호, 정백운, 황기덕 등은 지표 조사 또는 발굴 조사에서 알려진 원시 유적과 유물에 관한 글을 발표한 바 있다. 원시 유적에 대한 발굴도 활발하게 진행되어 1954년에는 오동, 1955년에는 금탄리, 공귀리, 원암리, 1956년에는 농포리, 상매리 유적 등이 조사되었다. 그렇지만 학술적 역량이 부족한 여건으로 말미암아 각종 원시 유적의 시대적 선후 관계와 고고학적 속성은 제대로 인식되지 못하였다. 요컨대 북한 원시 고고학 분야에서는 1940년대 말부터 1957년 전반기에 해당하는 기간 동안, 종래 막연하게 '석기시대'의 산물로만 다루었던 여러 종류의 토기와 석기 등을 신석기시대 또는 청동기시대로 각각 가름하기 위한 탐색 작업을 펼쳤다. 반면에 그에 상응하는 학술적 성과는 매우 미약하였다.

이와 같은 고고학적 인식의 시대적 한계를 벗어나는 데 가장 중요하게 작용한 것이 바로 궁산 유적, 특히 지탑리 유적의 발굴 성과였다. 상대 비교 연대에 의하여 궁산 유적의 출토 유물은 신석기시대에 해당하는 것으로 판별되었고, 그러한 사실은 지탑리 유적의 발굴을 통하여 좀 더 분명하게 입증되었다.

지탑리 유적에서 이루어진 층위 관계의 조사 결과는 일제강점기로부터 그동안 우리나라의 원시시대 연구에서 잘못 알려졌거나, 해결되지 못한 상태로 남아 있던 해묵은 숙제를 일시에 밝혀내는 영향력을 끼쳤다. 여기서 얻은 연구 성과는 신석기시대의 변화 양상을 이해하는 데 필요한 정보를 제공해주었다. 또한 그것은 유적·유물을 통해서 신석기시대와 청동기시대의 고고학 적 성격과 특징을 체계적으로 비교, 검토할 수 있는 기본 자료로 활용되었다. 이를 통하여 축적된 다양한 연구 성과는 원시시대의 편년 관계를 새롭게 설정하는 데 무엇보다 긴요하게 이바지하였다.

한국 고고학의 최초 개설서로 인정받는 『조선 원시 고고학』(도유호 1960)은 그간 북한의 원시 고고학 분야에서 쌓아올린 학술적 역량을 기반으로 모습을 드러낼 수 있었다. 아울러 그에 어울리는 고고학적 성과의 서술도 『조선통사(상)』(2판)(력사연구소 1962)에 그대로 반영되었 으며, 궁산과 지탑리 등의 신석기시대 유적에서 알려진 유물과 유구의 성격은 "씨족이 사회생활의 단위가 되는 씨족 공동체를 형성하였다는 일반적 합법칙성이 우리의 이 시대 원시 주민들에게도 관통되었다는 것"을 뒷받침하는 고고학적 증거로 채택되었다. 또한 원시시대의 농업 기술과 관련하여 괭이농사에서 갈이농사 단계로의 발전적인 양상이 확립될 수 있었다(력사연구소 1962. 6쪽, 12쪽). 따라서 1957년 하반기에 축적되기 시작한 원시 고고학 분야의 연구 성과는 북한의 신석기 고고학이 체계적으로 성립될 수 있는 기반 조성에 획기적인 역할을 하였다고 말할 수 있다.

1950년대 말~1960년대 초에 조사된 신석기 유적 가운데 서포항 유적의 발굴 성과는 북한 신석기 고고학이 성립되는 데 있어 매우 중요한 의의를 지닌다. 당시 북한 고고학에서는 연해주 일대에서 얻은 방사성탄소 연대 자료와의 검토, 토기의 형식 분류학적인 속성 분석, 그에 따른 문화층의 상대 연대 비교 등에 근거하여 서포항 유적의 상한 연대(기원전 5천년기)가 추정될 수 있었다. 그리고 서로 시기를 달리하는 문화층의 구성 관계는 그동안 함경북도 및 동해안 일대에서 조사된 유적·유물의 편년 체계를 수립하는 데 크게 이바지하였다. 그러나 서북 지방을 대표하는 궁산문화와의 시기적인 층서 대비는 이루어지지 못하였는데, 이를 위해서는 먼저 서북 지방의 신석기시대를 편년하는 작업이 이루어져야 했다.

1960년대 하반기로 넘어가며 김용간(1966)은 서북 지방과 요동반도 일대에서 알려진 토기의 유형 분류를 통하여 두 지역을 포괄하는 신석기시대의 시기 구분은 "기원전 4천년기 후반기~기원전 3천년기 초(궁산문화 전기), 기원전 3천년기 전반기(궁산문화 후기, 금탄리 1문화층), 기원전 3천년기 후반기(금탄리 2문화층, 기원전 2천년기 전반기(청등말래 유적 등)"와 같이 세분될 수 있다는 견해를 밝혔다.

다음해 김용남(1967)은 동북 지방과 서북 지방을 아우르는 편년 안을 다음과 같이 발표하였다. ① 기원전 5천년기 전반기~4천년기 전반기(서포항 1기층), ② 기원전 4천년기 후반기(서포항 2기층, 궁산문화 1기층), ③ 기원전 3천년기 전반기(서포항 3기층, 궁산문화 2기층), ④ 기원전 3천년기 후반기~2천년기 초(서포항 4기층, 금탄리 2문화층). 그리고 이러한 시기적인 틀 안에서 생산력 수준의 발전 정도에 따라 그는 신석기시대를 '이른 단계(①), 발전된 단계(②, ③), 늦은 단계(④)'로 구분하였다. 한편 『조선원시고고학개요』(고고학연구소 1971)에서는 김용남(1967)의 시기 구분 안을 받아들이며 원시 농경 기술의 발전 양상에 초점을 맞추어 전기(괭이농사 : ①, ②)와 후기(갈이농사 : ③, ④)로 나눈 바 있다. 이렇듯 1960년대 초에 발굴된 서포항 유적의 조사 성과는 북한의 신석기 고고학이 더 한층 새롭게 정립될 수 있는 초석이 되었다고 판단된다.

참고문헌

『朝鮮歷史』(등사본, 연도 미상). National Archives and Records Administration(미국립문서기록관리청), RG 242 National Archives Collection of Foreign Records Seized, Captured Korean Documents, Doc No. SA 2008. 〈국립중앙도서관, 해외 한국 관련 기록물〉 참조.

강인욱 2008. 「日帝强占期 咸鏡北道 先史時代 유적의 조사와 인식」, 『한국상고사학보』 61, 5-34.

고고학 및 민속학 연구소 1956. 『라진 초도 원시 유적 발굴 보고서』, 유적발굴보고 1, 과학원.

고고학 및 민속학 연구소 1957a. 『궁산 원시 유적 발굴 보고』, 유적발굴보고 2, 과학원출판사.

고고학 및 민속학 연구소 1957b. 「학계 소식 : 지탑리 유적 발굴 사업 진행」, 『문화유산』 1957(4), 74-75.

고고학 및 민속학 연구소 1958a. 「학계 소식 : 제1차 전국 고고학 토론회」, 『문화유산』 1958(3), 84-86.

고고학 및 민속학 연구소 1958b. 「관개 공사장에서 발견되는 유물 보존 사업을 전 인민적 운동으로 강력히 전개하자」, 『문화유산』 1958(5), 7-10.

고고학 및 민속학 연구소 1959a. 「황해북도 사리원시 상매리 석상묘 조사 보고」, 『대동강 및 재령강 류역 고분 발굴 보고』, 41-42, 고고학자료집 2, 과학원출판사.

고고학 및 민속학 연구소 1959b. 『강계시 공귀리 원시 유적 발굴 보고』, 유적발굴보고 6, 과학원출판사.

고고학 및 민속학 연구소 1959c. 「사회주의 건설의 고조에 발맞추기 위한 고고학 분야의 과업」, 『문화유산』 1959(3), 1-4.

고고학 및 민속학 연구소 1961. 『지탑리 원시 유적 발굴 보고』, 유적발굴보고 8, 과학원출판사.

고고학 및 민속학 연구소 1962a. 「학계 소식 : 웅기군 굴포리 서포항동 원시 조개 무지 유적 발굴」, 『문화유산』 1962(6), 66-67.

고고학 및 민속학 연구소 1962b. 「학계 소식 : 녕변군 세죽리 유적 발굴」, 『문화유산』 1962(6), 68-69.

고고학연구소 1971. 『조선원시고고학개요』, 김일성종합대학출판사.

고고학연구소 1977. 『조선고고학개요』, 과학백과사전출판사.

고고학연구실(고고학 및 민속학 연구소) 1957. 「청진 농포리 원시 유적 발굴」, 『문화유산』 1957(4), 45-50.

국립문화재연구소 2001. 「글라즈꼬보문화」, 『한국고고학사전』, 138-140.

김신규 1962. 「농포 원시 유적 동물 유골에 대하여」, 『문화유산』 1962(2), 44-60.

김영우 1964. 「세죽리 유적 발굴 중간 보고(2)」, 『고고민속』 1964(4), 40-50.

김용간 1958. 「강계시 공귀리 원시 유적에 대하여」, 『문화유산』 1958(4), 49-67.

김용간 1961a. 「미송리 동굴 유적 발굴 중간 보고(Ⅰ)」, 『문화유산』 1961(1), 45-57.

김용간 1961b. 「미송리 동굴 유적 발굴 중간 보고(Ⅱ)」, 『문화유산』 1961(2), 23-33.

김용간 1962a. 「금탄리 유적 제2 문화층에 대하여」, 『문화유산』 1962(3), 1-18.

김용간 1962b. 「《지탑리 원시 유적 발굴 보고》에 대하여」, 『문화유산』 1963(3), 73-75.

김용간 1963. 「미송리 동굴 유적 발굴 보고」, 『각지 유적 정리 보고』, 1-19, 고고학자료집 3, 과학원출판사.

김용간 1964. 『금탄리 원시 유적 발굴 보고』, 유적발굴보고 10, 사회과학원출판사.

김용간 1966. 「서북 조선 빗살 무늬 유적의 년대를 론함」, 『고고민속』 1966(1), 1-7.

김용간·리순진 1966. 「1965년도 신암리유적발굴보고」, 『고고민속』 1966(3), 20-31.

김용간·서국태 1972. 「서포항원시유적발굴보고」, 『고고민속론문집』 4, 31-145, 사회과학출판사.

김용남 1961. 「서포항 조개무지 발굴 중간 보고」, 『문화유산』 1961(3), 42-59.

김용남 1963. 「해주시 룡당리 룡당포 조개 무지 유적 조사 보고」, 『고고민속』 1963(1), 49-55.

김용남 1967. 「우리 나라의 신석기시대」, 『고고민속』 1967(3), 1-11.

김정문 1964. 「세죽리 유적 발굴 중간 보고(1)」, 『고고민속』 1964(2), 44-54.

김종혁 1961. 「중강군 장성리 유적 조사 보고」, 『문화유산』 1961(6), 41-51.

도유호 1949. 「安岳에서 發見된 高句麗古墳들」, 『문화유물』 1, 87-95.

도유호 1955. 「조선 석기 시대 사상(史上)에서 새로 판명된 몇가지 사실에 대하여」, 『력사과학』 1955(1), 41-54.

도유호 1957a. 「민족 문화 유산의 계승 발전과 고고학 및 민속학 연구소의 당면 과업」, 『문화유산』 1957(1), 1-10.

도유호 1957b. 「머리 말」, 『궁산 원시 유적 발굴 보고』, 유적발굴보고 2, 과학원출판사.

도유호 1958. 「조선 원시 문화의 년대 추정을 위한 시도」, 『문화유산』 1958(3), 17-41.

도유호 1959a. 「조선 거석 문화 연구」, 『문화유산』 1959(2), 1-35.

도유호 1959b. 「머리'말」, 『강계시 공귀리 원시 유적 발굴 보고』, 유적발굴보고 6, 과학원출판사.

도유호 1960. 『조선 원시 고고학』, 과학원출판사.

도유호 1961. 「머리'말」, 『지탑리 원시 유적 발굴 보고』, 유적발굴보고 8, 과학원출판사.

도유호 1965. 「서평 : 금탄리 원시 유적 발굴 보고」, 『고고민속』 1965(1), 53.

도유호·김용남 1964. 「우리 나라 구석기 시대와 이른 신석기 시대의 년대론에 대하여」, 『력사과학』 1964(4), 57-59.

도유호·황기덕 1957a. 「지탑리 유적 발굴 중간 보고(1)」, 『문화유산』 1957(5), 20-37.

도유호·황기덕 1957b. 「지탑리 유적 발굴 중간 보고(2)」, 『문화유산』 1957(6), 12-35.

력사과학 편집부 1956. 「《조선 통사》(상)에 대한 합평회」, 『력사과학』 1956(6), 91-93.

력사연구소 1956. 『조선통사(상)』(1판), 과학원.

력사연구소 1959. 「력사 과학 부문에서 질 제고를 위한 몇 가지 문제 - 2월 전원 회의 정신을 받들고 - 」, 『력사과학』 1959(2), 7-13.

력사연구소 1962. 『조선통사(상)』(2판), 과학원출판사.

력사학연구소 1955. 「조선 력사 과학 전선의 과업에 대하여」, 『력사과학』 1955(1), 1-8.

리병선 1961. 「중강군 토성리 원시 및 고대 유적 발굴 중간 보고」, 『문화유산』 1961(5), 46-63.

리병선 1962. 「평안북도 룡천군, 염주군 일대의 유적 답사 보고」, 『문화유산』 1962(1), 50-59.

리병선 1963. 「압록강 류역 빗살무늬 그릇 유적의 특성에 관한 약간의 고찰」, 『고고민속』 1963(1), 12-24.

리병선 1964. 「강좌 : 신석기 시대」, 『고고민속』 1964(1), 47-50.

리병선 1965. 「압록강 류역 빗살 무늬 그릇 유적들의 계승성에 대한 약간의 고찰」, 『고고민속』 1965(2), 3-11.

리순진 1965. 「신암리 유적 발굴 중간 보고」, 『고고민속』 1965(3), 40-49.

리주현·한은숙 2009. 『총론』, 조선고고학총서 1, 고고학연구소·사회과학정보쎈터.

소상영 2019. 「신석기시대 농경과 문명의 기원」, 『분단 70년 북한 고고학의 현주소』, 29-39, 국립문화재연구소·한국고고학회.

손영종 1963. 「《조선 통사(상)》(1962년 판)에 대하여」, 『력사과학』 1963(1), 66-72.

신숙정 1993. 「우리나라 신석기문화 연구경향 - 1945년까지 - 」, 『한국상고사학보』 12, 149-182.

신숙정 1994. 「북한의 신석기문화 연구 40년」, 『북한의 고대사 연구와 성과』(김정배 엮음), 45-79, 대륙연구소출판부.

신숙정 1995. 「신석기 시대와 문화」, 『북한 선사 문화 연구』, 105-202, 백산자료원.

신숙정 2017. 「일제강점기의 신석기문화 연구」, 『한국 신석기시대 고고학사』(중앙문화재연구원 엮음), 진인진.

신의주력사박물관 1967. 「1966년도 신암리유적발굴간략보고」, 『고고민속』 1967(2), 42-44.

신종환 2017. 「유적 발굴로 본 신석기시대 연구사」, 『한국 신석기시대 고고학사』(중앙문화재연구원 엮음), 336-396, 진인진.

아·야·브류쑈브(김용간 역) 1960. 「신석기 시대 년대론에 대한 약간의 리논적 기초」, 『문화유산』 1960(1), 77-91.

유중현 2017. 「일제강점기 후지타 료사쿠(藤田亮策)의 조선 고대문화 인식과 그 변화 -『조선고고학연구』를 중심으로 - 」,『한일관계사연구』 56, 185-219.

이기성 2010. 「일제강점기 '石器時代' 조사와 인식」,『선사와 고대』 33, 5-30.

이기성 2011. 「초기 북한 고고학의 신석기·청동기시대 구분 - 일제강점기 고고학의 극복과 문화전파론 - 」,『호서고고학』 25, 4-29.

이성주 1992. 「제2장. 신석기시대」,『한국 선사고고학사』, 77-168, 까치.

이영덕 2014. 「서북한지역의 토기편년」,『한국 신석기시대 토기와 편년』, 232-269, 중앙문화재연구원 학술총서 17, 진인진.

임상택 2011. 「Ⅲ-2. 북부지역의 토기문화」,『한국 신석기문화 개론』, 137-159, 중앙문화재연구원 학술총서 3, 서경문화사.

임상택 2015. 「북한의 궁산문화 연구 과정과 편년 논리」,『고고학』 14-3, 33-67.

임상택 2017. 「북한의 신석기시대 연구사」,『한국 신석기시대 고고학사』, 46-73, 중앙문화재연구원 학술총서 35, 진인진.

자료실(고고학 및 민속학 연구소) 1965. 「해방 후 발굴 년표」,『고고민속』 1965(1), 59-64.

정백운 1955. 「금년 춘기 및 하기 발굴에 대한 약간의 중간 보고」,『력사과학』 1955(8), 107-116.

정백운 1958. 「강남 원암리 원시 유적 발굴 보고서」,『문화유산』 1958(1), 57-75.

정찬영 1983. 『압록강, 독로강 류역 고구려 유적발굴보고』, 유적발굴보고 13, 과학백과사전출판사.

조선유적유물도감 편찬위원회 1988. 『조선유적유물도감』 1(원시 편), 외국문종합출판사.

프리드리히 엥겔스(김대웅 옮김) 2012. 『가족, 사유재산, 국가의 기원』, 두레.

한창균 1999. 「1950년대의 북한 고고학 연구」,『백산학보』 53, 179-218.

한창균 2000. 「1960년대의 북한 고고학 연구」,『백산학보』 55, 5-56.

한창균 2017a. 「초기 북한 신석기 고고학의 성립 과정 : 해방 이후~1950년대의 연구 동향을 중심으로」,『북한지역 신석기문화의 연구』, 1-17, 2017 한국신석기학회·중앙문화재연구원 공동학술대회 프로그램.

한창균 2017b. 『하담 도유호 : 한국 고고학 첫 세대』, 혜안.

한흥수 1950. 「朝鮮原始史研究에 關한 考古學上諸問題」,『력사제문제』 15(1950-1), 4-55.

황기덕 1957a. 「함경북도 지방 석기 시대의 유적과 유물(1)」,『문화유산』 1957(1), 72-101.

황기덕 1957b. 「함경북도 지방 석기 시대의 유적과 유물(2)」,『문화유산』 1957(2), 34-65.

황기덕 1957c. 「두만강 류역과 동해안 일대의 유적 조사」,『문화유산』 1957(6), 53-67.

황기덕 1958a. 「조선 서북 지방 원시 토기의 연구」,『문화유산』 1958(4), 68-83.

황기덕 1958b. 「조선에서 나타난 활촉의 기본 형태와 그 분포」,『문화유산』 1958(6), 22-28.

황기덕 1960. 「무산읍 범의 구석 원시 유적 발굴 중간 보고」,『문화유산』 1960(1), 52-76.

황기덕 1962. 「두만강 류역의 신석기 시대 문화」,『문화유산』 1962(1), 1-32.

황기덕 1975. 「무산범의구석 발굴보고」,『고고민속론문집』 6, 124-226, 사회과학출판사.

【출처】 이 논문은 다음의 글을 수정, 보완하여 작성되었다. 한창균 2017. 「초기 북한 신석기 고고학의 성립 과정 : 해방 이후~1950년대의 연구 동향을 중심으로」,『북한지역 신석기문화의 연구』, 1-17, 2017 한국신석기학회·중앙문화재연구원 공동학술대회 프로그램.

청동기 고고학의 형성 과정
−해방 이후~1960년대 초를 중심으로−

I. 머리말

1950년대 후반, 남북 학자들은 우리나라에서 발견된 초기 금속 유물의 시대적 성격과 유입 배경 등에 대하여 서로 다른 시각을 지니고 있었다. 예를 들어 남한의 경우, 김재원(1959. 56쪽)은 "석기시대와 청동기시대 사이에 금석병용기 시대를 인정할 수 있다. 오랜 동안 석기시대에 머물러 있었던 우리나라에서는 중국 한민족(漢民族)의 영향으로 청동기와 철기의 금속문화를 받아들이며 독특한 양상의 금석병용기, 곧 석기·청동기·철기의 세 가지가 동시에 병용되었던 금석병용기 시대가 존재했다."고 서술한 바 있다. 금석병용기와 지석묘 사이의 시대적 맥락에 대하여 당시 남한에서 일반적으로 받아들이고 있었던 시각은 다음의 글에서 잘 드러난다고 생각된다.

> "원래 支石墓는 最初는 純石器時代의 遺物로 생각되었는데, 그 中에서 발견된 磨製石鏃·磨製石劍이
> 實은 先行하는 銅製品의 形態를 돌로 만든 것이라는 것이 알려져서 金石倂用期라는 것이 틀림없는
> 事實로 되었다."(김재원 1959. 「第一編 史前時代」, 『한국사(고대편)』, 20쪽)

해방 이후부터 1950년대 말에 이르기까지 남한에서는 신석기시대와 청동기시대의 상호 관계를 분명하게 정립하는 데 필요한 유적·유물이 발굴된 사례가 없었다. 다만 창원 성문리(1955년 발견, 1956년 재조사)와 제주 오라리·용담동(1959년 발굴)에서 지석묘가 조사되었을 뿐이며(유적 조사연구실 편집 2001), 이들 지석묘는 금석병용기에 해당하는 것으로 보고되었다(박경원 1958 ; 김철준 1959). 다시 말해서 과거 일본 학자들이 내세웠던 이른바 '금석병용기설'의 문제점을 새로운 시각에서 극복하는 데 이바지할 수 있는 고고학적 증거가 확보되지 못한 상태에 머물러 있었고, 일제의 조선 침략을 정당화하려는 명분으로 악용된 금석병용기설의 논리적 허구성을

적극적으로 해명하려는 문제의식도 결여되어 있었다고 판단된다.

반면에 북한 원시 고고학의 경우는 그와 다른 연구 분위기가 일찍부터 조성되었다. 전후 복구 사업과 대규모의 관개 공사 등을 추진하면서 종래 북한 고고학 분야에서 경험하지 못한 수많은 유적이 새롭게 모습을 드러냈다(도유호 1957 ; 정백운 1958b). 『총론』(리주현·한은숙 2009. 「유적유물조사발굴일람표」 참조)에 따르면, 해방 이후부터 1960년대 초에 이르기까지 무려 25개 지점이 넘는 곳에서 청동기시대의 유적·유물이 발굴되었다. 조사 대상 유적의 범위도 생활유적(주거지)뿐만 아니라 무덤(지석묘, 석상분) 등으로 확대되었으며, 여러 유적에서 드러난 다양한 유물의 성격과 동반 관계는 북한 고고학에서 청동기시대의 존재와 그 문화 성격을 이해하는 데 크게 이바지하였다.

신석기 고고학의 경우에서와 마찬가지로 1957년 발굴된 지탑리 유적의 연구 성과는 북한에서 전개된 청동기시대의 성립 과정을 새로운 관점에서 이해하는 데 결정적인 역할을 하였다고 볼 수 있다(한창균 2017b). 이 글에서는 그와 같은 사실에 주목하여 먼저 해방 이후부터 1950년대에 걸친 금석병용기설의 극복 과정 및 그에 따른 거석문화에 대한 인식의 변화, 그리고 이러한 주제와 밀접한 상호관계를 이루며 논의되었던 금속문화의 기원 문제 등을 살펴보고자 한다. 그리고 그와 같은 성과를 기반으로 진행된 1960년대 초의 학계 동향과 아울러 청동기시대의 유적에서 출토한 각종 자연 유물의 고고학적 의의에 관해서도 알아보고자 한다.

II. 해방 이후~1956년 : 고고학적 인식의 한계

『朝鮮歷史』에서는 "인민이 역사의 주체가 되는 (…) 민주 역사의 창조 과정에 있어서 사회 발전 법칙의 진정(眞正)한 과학적 역사관인 맑쓰·레닌주의적 이론만이 조선 역사 과학의 유일한 방법(5쪽)"으로 규정하였고, 그에 상응하는 조선 역사 연구의 현실적 임무에 대하여 다음과 같이 서술하였다.

"현 단계의 조선 력사 과학은 종래의 관념적 역사와 같이 결코 과거의 력사를 정지적(靜止的) 상태에서 주관적으로 해석할 것이 않이라 과거 당시의 모든 역사적 현실 관계를 그 필연성에 의하여 연구함으로서 력사 운동의 객관적 법칙성을 정확히 파악하여야 할 것이다."(『朝鮮歷史』, 7쪽)

이와 같은 관점을 토대로 당시 북한에서는 내재적 발전론에 근거하여 조선 원시공동체의 성격과 변화 과정을 밝히고자 하였으며, 그동안 여러 원시 유적에서 알려진 각종 노동 도구(생산 요구)는 과거의 경제적 사회 형태를 판단하는 데 중요한 지표가 되는 것으로 해석되었다(『朝鮮歷史』, 8쪽).

> "모계씨족의 발생은 신석기 사용 개시(開始)와 합치된다고 한다. (…) 조선 각처에서 출토되는 많은 토기의 파편과 마제석기 등은 오랜 옛날에 모계씨족사회가 이미 경과하였다는 것을 증명하여주는 것이다(26쪽). (…) 부계씨족제의 발생은 금속기 사용시기와 합치된다고 한다. (…) 지금 조선 각처에서 출토되는 금속기(銅器)는 부계씨족사회의 유물들이라고 추측할 수 있다(28쪽). (…) 여하간에 철기는 원시공산사회로부터 노예제도사회로 이행하는 데 대하여 혁명적 역할을 담당한 것이다(22쪽)."(『朝鮮歷史』)

위 인용문에 잘 드러나 있는 것처럼, 토기와 마제석기 등은 모계씨족사회, 청동기는 부계씨족사회, 그리고 철기는 노예제사회를 대변하는 유물로 설명되었다. 그러면서 모계씨족사회에서 부계씨족사회로의 전이(轉移)는 외래문화의 영향에 의하여 이루어진 것이 아니라, "조선 원시인의 내재적인 노동 과정을 통하여 점차적으로 새로운 단계로 이행하였고 (…) 최초의 조선의 금속기인 청동기는 신석기 말기의 원시 조선인의 창의적인 발명"으로 간주되었다(『朝鮮歷史』, 8쪽). 그리고 "청동 유물의 제조 수법이 중국 한대(漢代)의 유물과 다르고, 유물 중에는 중국 본토에서 발견되지 않은 것들이 있으며, 세형동검과 협봉동모(狹鋒銅鉾) 등을 비롯한 수많은 청동기가 조선의 전 지역에서 출토한다."는 점 등을 예로 들며(『朝鮮歷史』, 18-19쪽), '금석병용기설'이 지니고 있는 문제를 다음과 같이 비판하였다.

> "이상의 동제기구(銅製器具)는 수많은 석기 가운데서 발견되었고 또 그 유물의 출토된 지층의 조사가 지질학적으로 구명되여 있지 않음으로 그 금속기구의 정확한 연대는 알 수 없으나 그 수다(數多)한 청동기의 발견은 청동기문화의 자주성을 말살하고 외부로부터의 철기문화 유입을 위증(僞證)하려고 금석병용시대로 규정하던 일본 반동학자들의 원시사 위조에 대하여 퇴치(退治)할 무기를 제공하여 주는 것이며 원시적 생산도구의 새로운 발전형태의 지향(指向)을 인식할 수 있는 것이다. 그러나 엔겔쓰에 의하면『청동은 유용한 도구와 무기를 제공하였으나 그러나 석기를 구축(驅逐)하지는 못하였다. 그것은 오즉 철(鐵)만이 가능한 것』이라고 말하였다."(『朝鮮歷史』, 21쪽)

당시 북한에서는 유물사관의 관점을 기반으로 조선 원시사의 체계를 정립하는 작업이 중요한 선결 과제 가운데 하나였다. 이에 따라 자주성이 강조된 내재적 발전론의 시각에서 독자적인 청동기문화의 존재를 확립하고자 시도하였기 때문에 문화 이동에 입각하여 외래문화의 영향만을 지나치게 강조한 '금석병용기설'의 논리적 근거는 결코 용인될 수 없었다. 이와 같은 현실적 여건에서 청동기시대의 문화적 양상은 선행하는 고고학적 문화와 계승 관계를 이루었다는 쏘련 학계의 연구 성과가 북한에 소개되기도 하였다(아·드·우달쪼브(이효준 역) 1950. 91쪽).

이러한 분위기에서 한흥수(1950. 15-16쪽)는 문화 유물의 연대를 체계적으로 논증하려면 출토품의 형태, 생산 기술, 지층 관계에 대한 종합적인 연구가 이루어져야 한다고 강조한 바 있다. 그러면서 그는 "일본인에 의한 조사 보고에는 대체로 출토품의 지층에 관한 내용이 자세하게 기록되어 있지 않았으며, 동일한 지점에서 출토된 유물들을 대부분 동일한 시대의 유물들로 간주하는 버릇으로 인하여 대동강 연안에서 청동기와 석기가 출토되었다면 그것을 곧 금석병용시대라고 단정하였다."고 지적하였다.

그는 세계사적 입장에서 신석기사용기와 청동사용기 사이의 과도기로 석동병용기(石銅倂用期)의 시기 설정을 받아들였다. 다시 말해서 '신석기사용기, 석동병용기, 청동사용기'를 순차적으로 거치며 생산 기술이 변화된 것으로 이해하였다. 그런데 조선에서 발견된 것은 마제석기와 청동기이기 때문에 조선에 있어서 독자적인 생산 기술의 발전 과정을 인정하려면 양자 사이를 연결하는 과도기로서 석동병용기를 입증하는 고고학적 자료가 필요하며, 추후 연구를 통하여 청동 기술 발전의 독자성 여부에 대한 판단이 이루어져야 한다고 언급하였다(한흥수 1950. 18-20쪽).[1]

한국전쟁 이후, 리여성(1955. 19쪽)은 "조선족의 청동문화는 낙랑군이 설치되기 이전, 곧 기원전 5세기 이전 시기부터 중국과 구별되는 고유한 특성을 갖추기 시작하였던 것"으로 주장하며, 독자적인 청동기시대의 존재를 인정하였다(한길언 1958. 149쪽). 그렇지만 그러한 점을 분명하게 뒷받침하는 데 필요한 구체적인 고고학 증거는 여전히 확보되지 못하였다.

예를 들어, 도유호(1955)는 반월도, 성형부(星形斧), 원반형석부[환상석부(環狀石斧)] 등을 포함하여 나진 초도와 회령 오동 유적에서 나온 무문토기 등도 석기시대의 유물로 다루었고, 거석문화는 석기시대에서 금속시대로 넘어가는 과도기의 산물로 서술하였다. 또한 물질문화사연구소에서는 1955년 상반기에 대동강 유역의 금탄리와 원암리 유적, 그리고 독로강 유역의 공귀리 유적을 발굴하였으나 당시 조사된 유물과 유구(표 1 참조)는 모두 신석기시대 말기에 속한다고 보고되었다(정백운 1955).

---

1 이에 대해서 다음을 참조하기 바람. "현재까지 조선에서는 석동병용기가 아니라 청동=석병용기를 증명하는 자료밖에는 출토되지 않았는데 그것도 형태학적으로 보아서 석기가 청동으로 발전하는 과정을 증명하는 자료가 아니라 석기가 청동제품의 모형(模型)이라는 것을 믿게 하는 자료들이다. 그렇다고 해서 청동기술의 독자적인 발전이 조선에 전혀 없었다거나 혹은 꼭 있었다고 주장할 필요도 증거도 당분간은 없다. 이에 관한 가부(可否)의 판단은 이미 말씀한 바와 같이 지층학적으로 형태학적으로 또 기술학적으로 충분한 연구를 거듭한 연후에야 비로소 있을 수 있는 것이라고 생각된다."(한흥수 1950. 「朝鮮原始史研究에 關한 考古學上諸問題」, 20쪽)

유적	유물				유구
	토기	석기		청동기	
금탄리	빗살무늬토기, 무문토기 등	단도, 반월도, 활촉, 방추차(가락추), 도끼, 끌, 자귀, 갈돌, 어망추, 숫돌, 팔찌, 석화(石貨) 등		청동 끌	주거지
원암리	무문토기	별도끼(星形石斧), 반월도, 창, 활촉, 단도, 도끼, 석화(石貨) 등			주거지
공귀리	무문토기	도끼, 활촉, 반월도, 원판형석부, 방추차, 발화석, 숫돌, 관옥, 끌, 자귀, 갈돌, 흑요석 타제석기, 매부리형 석기 등			주거지 석상분(石箱墳)

〈표 1〉에서 알 수 있듯이 세 유적에서는 공통적으로 반월도와 함께 여러 종류의 마제석기가 출토되었다. 금탄리에서는 청동제 끌, 공귀리에서는 석상분이 발굴되었지만 이들 유적의 연대는 모두 신석기시대 말기에 해당하는 것으로 서술되었다. 금탄리 유적의 경우, 주거지는 시기가 서로 다른 두 층에서 확인되었다. 아래층 주거지에서는 빗살무늬토기 종류, 그리고 위층에서는 각형토기(팽이그릇)를 비롯한 무문토기(민그릇)가 발견되었다(김용간 1964). 그런데 이 유적에 대한 중간 보고(정백운 1955)가 발표될 무렵, 북한에서는 빗살무늬토기와 각형토기의 시대적 선후 관계를 구분하는 데 필요한 고고학적 역량을 제대로 갖추지 못하였다. 여기에 더하여 궁산 유적 등지에서 출토한 즐문토기를 무문토기의 영향으로 보려는 경향(도유호 1955)이 오히려 더 강했던 것으로 생각된다.

다시 말해서 무문토기는 석기시대를 특징짓는 토기 유형으로 간주되었고, 무문토기 계통이 주류를 이루었던 초도 유적의 경우도 신석기시대 늦은 시기에 해당하는 것으로 보고되었다(고고학 및 민속학 연구소 1956). 초도 유적의 제1지구와 제2지구에서 확인된 문화층은 모두 표토층 바로 아래에서 드러났으며, 두 지구의 문화층에서는 다양한 종류의 토기뿐만 아니라 마제석기, 흑요석 타제석기, 뼈연모, 청동기 및 철기 유물 등이 발굴되었다(그림 1). 이렇듯 출토 유물의 시대적 성격은 복합적인 양상을 띠고 있었으나 당시 북한에서는 초도 유적의 상대 연대를 "청동기문화의 영향이 미치기 시작한 신석기시대 최말기"에 속하는 것으로 발표하였다(고고학 및 민속학 연구소 1956. 51쪽).

청동 유물이 초도와 금탄리 유적에서 공통적으로 발견되었다는 사실을 바탕으로 두 유적의 연대를 청동기시대로 편년하는 것도 가능했으나 당시의 학술적 여건에서는 거기에 이르지 못한 한계를 지니고 있었다. 그 문제는 무엇보다도 원시 유적에서 조사된 각종 토기 유형을 신석기시대로 인정하였던 당시 학계의 입장이 반영된 결과에서 비롯한다고 볼 수 있다. 이와 함께 조선 원시사를 정립하는 과정에서 길잡이 역할을 하였던 엥겔스(Friedrich Engels)의 관점이 무엇보다 크게 작용하였다고 생각된다.

프리드리히 엥겔스(김대웅 옮김 2012)는 "미개(Barbarism)의 낮은 단계는 토기 제조법을 터득하

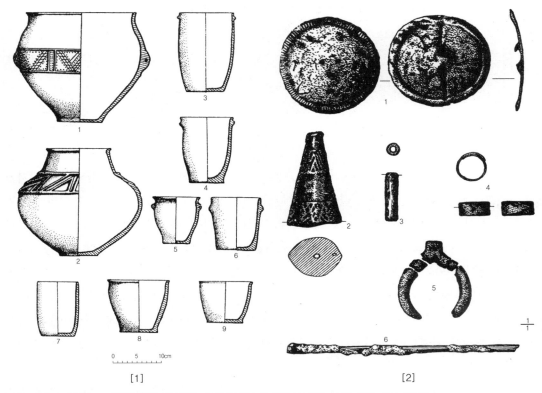

〈그림 1〉 초도 유적의 토기[1]와 청동 유물[2](고고학 및 민속학 연구소 1956. 도판 CXX, 도판 CXXXII)

면서 시작되었고(37쪽) (…) 중간 단계에 이르러 동물 사육과 곡물 재배가 필수적으로 이루어졌으며 (…) 이 단계의 산업 활동 영역에서 중요한 의미를 지니는 두 가지 특징을 보면, 첫째는 직기(織機)이고, 둘째는 광석의 용해와 금속의 가공이다. 구리와 주석 그리고 그것을 제련한 청동은 가장 중요한 금속이었다. 청동은 유용한 도구와 무기를 제공했으나 석기를 대신하지는 못했다. 철만이 대신할 수 있었지만, 철을 얻는 방법은 아직은 모르고 있었다.”(279-280쪽)고 언급하였다.[2]

앞에서 살펴보았듯이 초도와 금탄리 유적에서는 청동 유물과 더불어 토기 및 마제석기가 동반되었는데, 북한에서는 일찍부터 마제석기를 신석기시대의 대표적인 생산 도구로 보려는 경향이 강하였다(『朝鮮歷史』, 9-10쪽). 따라서 식물 재배의 생산 경제가 확립되기 시작한 미개 중간 단계에 석기·토기·청동기가 공존 관계를 이루었으나, 청동기는 결코 석기를 구축(驅逐)하지

---

2 그리고 엥겔스(김대웅 옮김 2012. 282-297쪽)는 “미개의 높은 단계에 등장하는 철기(철검, 철보습, 철도끼)는 수공업이 농업에서 분리되는 거대한 사회적 분업을 촉진시켰고, 지속적인 노동 생산성의 증가와 향상에 요구되는 인간 노동력의 중요성이 더욱 확대됨에 따라 사회제도의 본질적인 구성 부분으로 노예제도가 확립되었고, 이를 기반으로 노예 소유자들이 노예를 정치적 경제적으로 압박하는 노예 소유자적 고대 국가가 출현하였던 것”으로 설명하였다.

못했다는 엥겔스의 관점[3]에서 접근할 때, 두 유적에서 마제석기와 동반 관계를 이루며 출토된 청동 유물의 존재는 석기시대(신석기시대)라는 시대적 범주에 속하는 부차적인 산물로 평가될 수 있었다. 그리고 이런 연유로 말미암아 당시 초도 유적의 연대는 "청동기문화의 영향이 미치기 시작한 신석기시대 최말기에 해당하는 것"[4]으로 편년되었으리라고 판단된다.

『朝鮮歷史』(28쪽)의 경우와 마찬가지로『조선통사(상)』(1판)(력사연구소 1956. 12쪽)에서도 생산 활동에서 남성들이 주역을 담당하였던 부계제의 확립은 금속기의 사용 시기에 상응하는 것으로 서술되었다. 또한『朝鮮歷史』(9-17쪽)에서는 우리나라에서 청동 유물과 같은 금속기의 등장 시기는 대체로 기원전 5세기 이후이며, 철기는 기원전 3세기부터 나타나며 기원 전후에 그 사용이 보편화되었다고 설명되었다. 그리고 금속기의 사용에 따른 생산력의 발전은 원시 공동체사회를 붕괴하는 결정적 요인으로 작용하였고, '지석묘(支石墓), 적석묘(積石墓), 상자형 석관(箱子型 石棺) 및 옹관(甕棺)'은 원시 공동체사회의 붕괴 단계에 속하는 무덤 형식으로 언급되었으며, '무문후토기, 단도마연토기, 즐문토기'는 원시 공동체사회의 유물로 간주되었다. 여기에서 알 수 있는 것처럼 당시 북한에서는 내재적 발전론에 입각하여 원시 공동체사회에서 고대 노예제사회로의 이행 과정에 대한 체계를 세우고자 시도하였지만, 그를 체계적으로 뒷받침하는 데 필요한 고고학적 성과는 매우 미흡한 수준을 벗어나지 못하고 있었다.

한편 김광진(1955a ; 1955b)은 조선 역사에서 사회 경제적으로 중요한 의의를 지니는 청동기시대 는 존재하지 않는다[5]고 역설하며, 조선의 원시 공동체사회는 전한(前漢) 시대부터(특히 한사군 설치 이후) 새로운 중국 철기문화의 유입에 따른 외부적인 영향으로 말미암아 노예 소유자적 구성을 경과하지 않은 특수한 역사적 조건에서 직접 봉건사회로 전환하게 되었다고 언급한 바 있다. 이에 대하여 도유호(1956a. 40-47쪽)는 삼국시대의 본질은 노예 소유자적 사회였다는 전제 아래, 당시까지 알려진 고고학 자료만으로는 석기시대에서 철기시대로의 직접적인 이행 문제 또는 독자적인 청동기시대의 존재 여부를 분명하게 밝히는 데 한계가 있음을 지적하면서, "금탄리 유적에서 나온 청동제 끌은 장식품이 아닌 노동 도구이며, 이러한 점은 철기시대 이전에 다소라도 청동기시대가 존재했었다는 점을 잘 보여준다."(도유호 1956a. 45쪽)고 간단히 언급한 바 있다.

---

3 엥겔스는 물질문화의 진보 과정에서 청동기가 지니는 사회 경제적인 역할에 대하여 큰 의미를 두지 않았다[요하임 헤르만(김재상 옮김) 2012. 334쪽].

4 이와 같은 연대 설정은 "청동기는 그 말기에 이르기까지 석기를 완전히 구축하지 못했기 때문에 청동기가 보인다 하더라도 그것이 희귀한 외래품에 불과하고, 아직 석기밖에 제작하지 못한 경우에는 그것을 신석기 말기로 처리해야 한다."는 견해에 따른 것이다(도유호·황기덕 1957b. 13쪽 참조).

5 김광진(1955a. 36쪽)은 "조선의 금석병용시대에는 청동기가 일정한 시대를 형성하지 못하며 종말되었고, 이와 동시에 철기가 대두되어 석기시대로부터 철기시대로 급속히 넘어갔다"고 표현하였다.

III. 1957년 : 청동기 고고학 연구의 전환점

1. 지탑리 유적의 각형토기 문화층

일제강점기를 통하여 마제석기, 원시 토기, 청동기, 철기 유물 등이 여러 곳에서 알려졌지만 유물 출토 지점의 지층 관계가 지질학적으로 분명하게 밝혀지지 않았기 때문에 금속기구(金屬器具)의 정확한 연대 설정이 어렵다는 사실은 『朝鮮歷史』(21쪽)에서 언급된 바 있다. 그리고 한흥수(1950. 20쪽)는 청동 기술의 독자적 발전 여부를 제대로 판단하려면 지층학, 형태학, 기술학 등과 관련된 고고학 자료의 연구 성과가 뒷받침되어야 한다고 강조하였다.

한국전쟁 이전에 궁산과 초도 유적이 발굴되었고, 그 이후 1954~56년 사이에 오동, 금탄리, 공귀리, 원암리, 농포리, 상매리 유적 등이 조사되었으나 당시 북한 고고학에서는 각 유적에서 발견된 각종 유물과 유구를 시대적으로 판가름하는 데 적합한 고고학적 증거는 확보하지 못하였다. 그것은 무엇보다도 층서 관계가 분명하게 가늠될 수 있는 유적의 발굴 사례가 분명하게 드러나지 않은 점에 기인한다고 볼 수 있다. 그 결과, 다음의 인용문에서 볼 수 있듯이 1956년에 이르기까지 조사된 원시 유적의 주거지 연대는 모두 신석기시대에 해당하는 것으로 다루어졌다(정백운 1955 ; 도유호 1956b).

> "본 연구소에서는 처음으로 1954년 9~10월에 걸쳐서 회령 오동(會寧五洞)에 있는 신석기 시대의 부락 자리를 하나 발굴하였다. 이 발굴은 기후 관계로 일단 중단하였다가 1955년에 다시 계속하기로 하였다. 그런데 초도, 궁산, 오동의 3개소 발굴에서 우리는 조선 원시 시대의 문화 모습에 관하여 막대한 새 사실들을 알게 되었다. 1955년도 춘기, 하기에 걸쳐서 본 연구소에서는 승호군 금탄리(金灘里)에서 대동강반에 있는 신석기 시대의 큰 부락 자리 하나와, 강남군 원암리(猿岩里)에서 역시 신석기 시대의 주거지, 그리고 강계 교외의 공귀리(公貴里)에서 역시 신석기 시대의 주거지를 발굴하게 되었다."(도유호 1956b. 「서문」, 『라진 초도 원시 유적 발굴 보고서』)

1957년 상반기에도 청동기시대의 존재 여부에 대한 문제는 해결되지 않은 상태로 남아 있었다(도유호 1957 ; 고고학 및 민속학 연구소 1957a). 그러나 1957년 후반기에 이르러 지탑리 유적의 발굴 성과를 알리는 중간 보고(도유호·황기덕 1957a ; 1957b)가 발표되면서 신석기시대의 문화층과 층서적으로 명확하게 구분되는 각형토기 층, 곧 청동기시대 문화층의 존재가 북한의 원시 고고학 분야에서 처음으로 뚜렷하게 입증될 수 있었다.

지탑리 유적의 각형토기 층은 제1지구와 제2지구에서 공통적으로 발견되었다. 특히 제2지구에서

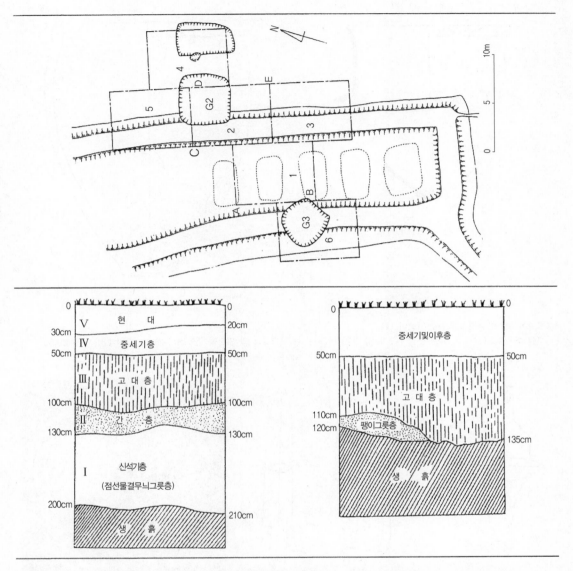

〈그림 2〉 지탑리 유적의 제2지구 발굴 구획 배치도와 층위 단면(아래 왼쪽 : C-D, 아래 오른쪽 : D-E)(고고학 및 민속학 연구소 1961a. 도판 LXII, 25-26쪽)

조사된 층서 대비(그림 2 참조)를 통하여 그 문화층은 신석기시대 층과 고대 층[6] 사이 시기에 형성된 것으로 판명되었다. 그에 따라 이 유적에서 드러난 각형토기 문화층의 성격은 청동기시대의 존재를 북한 원시 고고학의 시대 구분 체계에 편입시키는 데 결정적인 역할을 하였고, 각형토기(그림

---

6 고대 문화층에서는 한계(漢系)의 벽돌, 기와, 토기 조각을 비롯하여 철제 활촉, 청동제 반지, 오수전(五銖錢), 관옥 등이 출토되었다(도유호·황기덕 1957a).

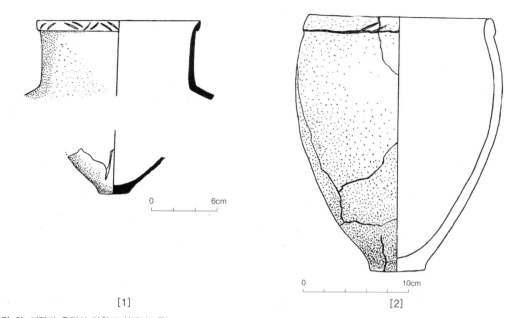

[1]   [2]

〈그림 3〉 지탑리 유적의 각형토기(팽이그릇)
[1] 제1지구 출토(긴 목이 달린 변형 각형토기), [2] 제2지구 출토(고고학 및 민속학 연구소 1961a. 도판 LVIII, 도판 CXXXVI)

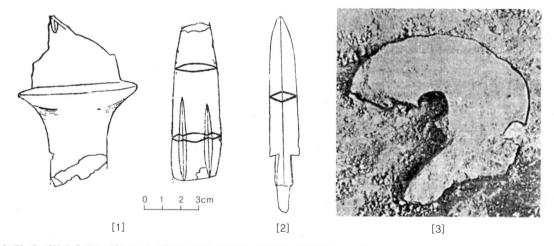

[1]   [2]   [3]

〈그림 4〉 지탑리 유적의 각형토기 문화층에서 나온 석검[1], 석촉[2], 석화[3](도유호·황기덕 1957a. 삽도 30~32)

3)와 동반 관계를 이루는 마제석기(석검, 석촉, 석화, 별도끼, 반월도[7] 등) 종류의 유물(그림 4 참조)은 종래 제대로 밝혀지지 않았던 각종 석기 유형의 시대적 선후 관계를 자리매김하는

---

7 반월도 조각은 제1지구의 교란층에서 발견되었다(도유호·황기덕 1957a. 37쪽).

데 크게 이바지하였다. 도유호(1958 ; 1961)가 언급한 것처럼 당시 지탑리 유적에서 얻은 조사 성과는 북한의 원시 고고학을 새로운 관점에서 짜임새 있도록 재구성하는 데 필수적인 정보를 다양하게 제공하였다.

지탑리 유적에서 얻은 고고학 성과는 대단한 영향력을 발휘하였다. 무엇보다도 발굴 중간 보고가 발표되기 이전에 조사된 여러 지역의 원시 유적을 대상으로 청동기시대의 시대적 성격을 지닌 유물과 유구의 속성을 종합적으로 파악하는 작업이 빠르고 정확하게 이루어질 수 있도록 해주었다. 비교 작업의 결과는 각형토기가 출토한 서북 지방(정백운 1958a ; 황기덕 1958b), 각형토기와 다른 형태의 무문토기가 발견된 동북 지방의 공귀리 유적(김용간 1958b) 등을 대상으로 먼저 발표되었다.

예를 들어 정백운(1958a)은 당시까지 평안남도, 평양, 황해북도 일대에서 알려진 각형토기 유적을 정리하면서 각 유적에서 출토한 마제석기와의 동반 관계에 관하여 서술하였다. 〈표 2〉에 제시된 것처럼 유적에 따라 석기 종류에 차이가 있지만 유단부(有段斧, 자귀), 별도끼, 반월도, 석화, 단검, 양익형 유경 활촉, 가락추 등은 각형토기 유적과 밀접한 관계를 맺는 청동기시대 의 특징적인 마제석기로 자리를 잡게 되었다.

〈표 2〉 평안남도, 평양, 황해북도 일대에서 알려진 각형토기 유적과 마제석기(정백운 1958a에 따름)

유적		마제석기
평안남도	강남군 원암리	단검, 양익형 활촉, 작살, 도끼, 대패날, 유단부(有段斧), 끌, 반월도, 가락추, 숫돌, 석화
	중화군 진파리	단검, 가락추
	승호군 금탄리	단검, 양익형 활촉, 도끼, 자귀, 반월도, 가락추, 숫돌, 석화
	강서군 태성리	도끼, 양익형 유경 활촉, 대패날, 반월도, 석화
평양시	미림리	단검, 양익형 활촉, 도끼, 가락추, 반월도, 별도끼
황해북도	은파군 묘송리	사릉부(四稜斧)
	봉산군 지탑리	양익형 유경 활촉, 별도끼, 석화

한편 동북 지방의 경우, 공귀리를 비롯하여 초도 및 오동 유적 등에서는 각형토기와 다른 형태의 토기 종류가 발견된 바 있다(그림 1, 3, 5 참조). 그럼에도 이들 유적에서는 각형토기 유적에서 나오는 마제석기 종류(그림 6 참조)가 유적에 따라 동반 관계를 이루며 출토되었기 때문에 이에 근거하여 그들 유적은 모두 청동기시대에 속하는 것으로 다음과 같이 재정리될 수 있었다.

"만약 각형 토기 유적이 청동기를 사용하던 시기의 주민이 남긴 유적이라면 일부 유물들 중에 공통성을 가지고 있는 공귀리 원시 유적도 청동기 시대의 유적이라고 볼 수 있는 근거의 하나를 찾아 볼 수 있으며 순수한 신석기 시대의 유적은 아니라는 것을 이야기 할 수 있다."(김용간

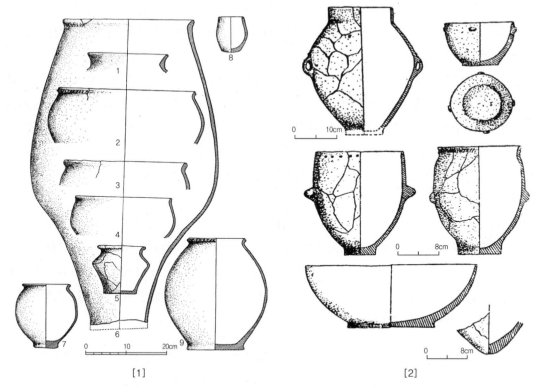

〈그림 5〉 오동 유적[1](고고학 및 민속학 연구소 1960. 도판 XCVII)과 공귀리 유적[2](김용간 1958b. 삽도 9)의 토기

1958b. 「강계시 공귀리 원시 유적에 대하여」, 『강계시 공귀리 원시 유적 발굴 보고』, 64쪽)

요컨대 지탑리 유적에서 얻은 층서적인 발굴 성과는 국지적인 범위에 국한되지 않고 넓은 지역에 걸쳐 청동기시대를 관통하는 마제석기의 공통적인 유형이 선별될 수 있는 계기를 마련하였으며, 청동기시대의 유적이라 할지라도 여러 지역에 걸쳐 서로 다른 다양한 양상의 성격을 지닌 토기가 분포한다는 사실도 알려주었다. 그리고 마제석기와 토기의 동반 관계를 통하여 1958~59년 사이에 발굴된 심귀리, 신흥동, 석교리 유적 등의 출토 유물(표 3 참조)도 한결 수월하게 청동기시대로 편년될 수 있었다. 신흥동 유적의 주거지(7호)[8]에서는 풍룡동의 석상묘[9] 및 초도 유적에서 나온 것과 같은 종류의 청동 단추가 출토하여 관심을 끌었다(서국태 1964. 39쪽).

---

8 주거지 바닥에서 청동 단추(지름 약 2.5cm 정도) 1점이 발견되었는데 심하게 산화되어 드러내자마자 푸른 가루가 되었다(서국태 1964. 39쪽).

9 1929년 조사된 이 무덤에서는 토기, 관옥, 마제석촉 등이 함께 발견되었다(정백운 1957b. 7쪽).

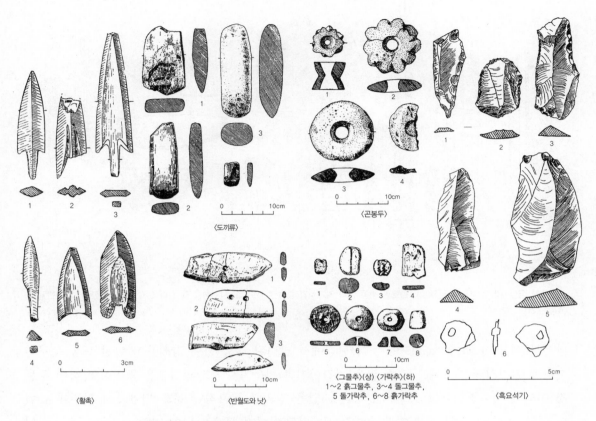

〈그림 6〉 공귀리 유적 출토 석기(김용간 1958b. 58쪽, 62쪽)

〈표 3〉 심귀리, 신흥동, 석교리 유적의 출토 유물

유적(조사 연도)	토기	석기	참고문헌
심귀리(1958) (자강도 시중군)	무문토기	뿌리 나래 활촉(有莖兩翼鏃), 도끼, 낫, 반월도, 달도끼, 끌 등	정찬영(1961)
신흥동(1958) (황북 봉산군)	팽이그릇 변형 팽이그릇	단검, 창끝, 도끼, 달도끼, 대패날, 가락바퀴, 반달칼, 그물추, 돌돈 등	서국태(1964)
석교리(1959) (황남 용연군)	팽이그릇 변형 팽이그릇	단검, 도끼, 턱자귀(有段石斧), 끌, 대패날, 반달칼, 가락바퀴 등	황기덕(1960b) 황기덕(1963a)

2. 거석문화에 대한 인식의 변화

1955년에 발굴된 금탄리 유적의 각형토기 문화층에서 청동 끌(8호 주거지)을 비롯하여 활촉, 단검, 반달칼, 턱자귀 등의 마제석기(그림 7)가 나왔지만, 발굴 당시의 학술적 수준은 그와 같은 유물의 시대적 성격을 제대로 가늠할 수 없는 한계를 지니고 있었다. 예를 들어, 앞에서 말한

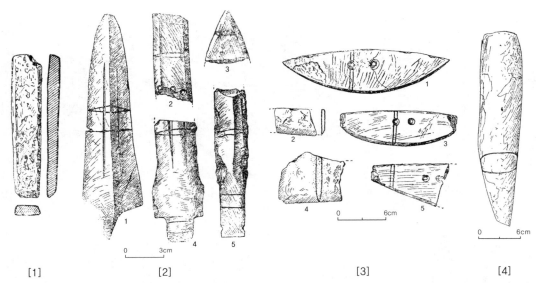

[1]   [2]   [3]   [4]

〈그림 7〉 금탄리의 각형토기 유적에서 출토한 청동 끌과 마제석기(김용간 1964a) [1] 청동 끌(길이 5.6cm), [2] 단검, [3] 반달칼, [4] 턱자귀

바 있듯이 도유호(1956a. 45쪽)는 "금탄리에서 발견된 청동 끌이 장식품이 아닌 노동 도구인 까닭에 철기시대 이전에도 비록 짧은 기간이지만 청동기시대가 있었음을 똑똑히 말하여 주는 것"이라고 이야기한 바 있으나, 일정한 기간을 경과한 독자적인 문화 단계로서 자리매김 될 수 있는 청동기시대의 존재 여부는 여전히 해결되지 못한 문제로 남아 있었다. 1956년에 조사된 상매리 유적의 석상분에서 석촉과 함께 청동제 촉(표 4 참조)이 나왔지만, 거석문화를 대변하는 것으로 알려진 석상분의 편년 문제도 앞으로 해명되어야 할 과제 가운데로 머물러 있었다.

이와 같은 문제점들은 지탑리 유적의 중간 보고(도유호·황기덕 1957b)가 발표되면서 해결의 실마리가 풀리기 시작하였다. 지탑리 유적에서 토기와 석기 등은 발견되었으나 청동 유물은 출토되지 않았다. 그럼에도 중간 보고에서는 이 유적의 각형토기 문화층이 청동기시대로 설정될 수 있었던 고고학적 배경, 다른 유적에서 알려진 유물과의 상호 관련, 편년 등에 대하여 다음과 같이 서술되었다.

"각형토기와 함께 나오는 마제석검과 석촉 등은 청동기의 모조품인데 그것들은 돌멘(支石墓)이나 석상분(石箱墳)에서 나오는 것들과 같다. 청동기가 나오지 않았다고 할지라도 청동기 모조품이 나온다는 것은 당시에 이미 금속기 제작 기술이 있었음을 알려준다. (…) 각형토기 문화는 거석문화 시대의 것이며, 그것은 청동기시대 초기에 해당한다. (…) 마제석검, 석촉, 석화(石貨), 별도끼, 달도끼 등은 거석문화시대의 유물이다. (…) 조선 석검의 원형은 중국 청동검에서 찾을 수 없으며,

<표 4> 1953~59년 사이에 조사 발굴된 석상묘(석상분, 돌상자무덤)와 지석묘(고인돌)

유적(조사 연도)	무덤	유물	참고문헌
연탄읍 큰골(1953) (황북 연탄군)	석상묘(1기)	석화 조각	정백운(1957)
순천리 상동(1954) (황북 황주군)	석상묘(1기)	석촉, 석창, 석검, 반월도	고고학 및 민속학 연구소 (1959c)
공귀리(1955) (자강도 강계시)	석상분(1기)	관옥(벽옥제)	고고학 및 민속학 연구소 (1959b)
상매리(1956) (황북 사리원시)	석상묘(1기)	석촉, 청동촉	고고학 및 민속학 연구소 (1959d)
태성리(1957) (평남 강서군)	지석묘(변형, 2기) 석상묘(2기)	없음 없음	고고학 및 민속학 연구소 (1959a)
후산리 추동(1958) (평남 용강군 석천산 동록)	고인돌(전형, 3기)	돌활촉, 대패날형 석기	전주농(1961) 전주농(1963b)
도마산(支石山)(1958) (황북 봉산군 어수구)	고인돌(변형, 1기)	세형동검, 무문토기 조각	황기덕(1959a)
심촌리 중학교 곁(1958) (황북 황주군)	고인돌(변형, 2기)	없음	황기덕·리원근(1966)
심촌리 천진동(1958) (황북 황주군)	고인돌(변형, 6기)	단검, 활촉, 턱자귀, 대롱구슬, 팽이그 릇 조각	황기덕·리원근(1966)
심촌리 극성동(1958) (황북 황주군)	고인돌(변형, 13기)	반달칼, 가락바퀴, 활촉	황기덕·리원근(1966)
심촌리 신대동(1959) (황북 황주군)	고인돌(변형, 8기)	돌돈, 활촉	황기덕·리원근(1966)
심촌리 긴동(1959) (황북 황주군)	고인돌(전형 1기, 변형 7기)	단검, 활촉	황기덕(1961) 황기덕(1963b)
석교리(1959) (황남 용연군)	고인돌(변형, 5기)	없음	황기덕(1963a)
공포리(1959) (황북 연산군)	고인돌(전형, 2기) 돌상자무덤(4기)	대롱구슬(관옥) 뿌리나래활촉(有莖兩翼鏃)	석광준(1962)

* 황기덕(1959a)은 도마산 고인돌(현 사리원시 해방동)에서 출토한 세형동검이 후대에 혼입된 것으로 서술하였는데, 현재는
고인돌 축조 당시의 유물로 인정받고 있다(석광준 2009b. 17쪽).

남부 시베리아의 '따가르쓰끄' 초기 제품 또는 장성지대(長城地帶)의 청동검에서 발견된다. (…)
조선 거석문화시대의 석검을 '따가르쓰끄'의 금속제품과 대비할 때, 조선 거석문화는 서기전
7~6세기경에 시작하여 서기전 1천년기 후반기에 걸쳐 존속했던 것으로 말할 수 있다."(도유호·황기
덕 1957b. 「지탑리 유적 발굴 중간 보고(2)」, 『문화유산』 1957(6))

위 인용문에서 읽을 수 있듯이 각형토기 문화층과 돌멘 및 석상분에서 동반되는 마제석기류는
거석문화시대, 곧 청동기시대 초기를 대변하는 유물로 인식되기에 이르렀다. 그리하여 "조선의
석기시대는 거석(巨石)문화로서 끝을 맺었다. 거석문화는 석기시대의 최말기로서 금속시대로
넘어가는 과도기였다."(도유호 1955. 50쪽)[10] 또는 지석묘를 가리켜 "우리나라의 신석기시대

최말기 내지 금속 사용기 무덤"(정백운 1957a. 3쪽)으로 추정하였던 종래의 잘못된 시각을 극복할 수 있는 논리적 기반이 마련되었다.

1958년 3월 말, 고고학 및 민속학 연구소에서는 '제1차 전국 고고학 토론회'를 개최하였다(고고학 및 민속학 연구소 1958d). 이 학술 토론회에서는 북한 정권 수립 10주년을 앞두고 그간 북한에서 이루어진 고고학계의 여러 사업성과가 논의되었다. 토론장에서 도유호는 「조선 원시 문화의 년대 추정을 위한 시도」라는 글을 발표하였고 그 논문은 『문화유산』(1958년 3호)에 실렸다(도유호 1958). 이 논문은 해방 이후, 특히 1950년의 궁산 유적 발굴 이후 축적된 발굴 및 연구 성과를 종합적으로 검토하여 북한 원시 고고학에 적용될 수 있는 시대 구분의 체계를 처음으로 확립하고자 시도하였다는 점에서 학사적으로 매우 중요한 자리를 차지한다고 생각된다. 당시 도유호(1958. 17쪽)는 지탑리 유적의 발굴 성과를 통하여 그동안 "문제거리였던 거석문화의 편년상 위치를 좀 더 명확하게 알 수 있었다."고 언급하였다. 이에 따라 그는 청동기시대와 거석문화시대의 상호 관계 및 그 편년상 위치를 다음과 같이 자리매김하였다.

"여하간, 조선에 청동기 시대가 없었다는 일제 어용학자들의 말은 황당한 것이다. 금탄 출토의 청동제의 《끌》은 로동 도구로서의 청동기로서, 일제 어용학자들의 부당한 말을 직접 반박하는 하나의 례이다. 그런데 이 청동기 시대는 거석 문화 시대와 대체로 부합하는 것으로서 서기전 7~3세기라고 보는 것이 타당하다고 필자는 생각하는 바이다. 물론, 남부 조선의 거석 문화는 좀 더 계속하여 철기 시대에도 존속하였다고 보인다."(도유호 1958. 「조선 원시 문화의 년대 추정을 위한 시도」, 『문화유산』, 1958(3), 41쪽)

이에 따라 청동기시대와 거석문화시대의 상호 관계 및 그 편년상 위치가 자리매김 되어 조선의 독자적인 거석문화시대는 수백 년 동안 존속하였던 것으로 이해되기 시작하였다. 한편 1957년 중·후반기에 걸쳐 조사된 태성리 유적에서는 축조 양식과 하부 구조가 독특한 지석묘 두 기가 발굴되어 주목을 받았다(전주농 1958a ; 1958b ; 도유호 1958 ; 고고학 및 민속학 연구소 1959a ; 하문식 1999). 지석묘는 모두 크고 작은 막돌을 쌓은 다음 그 위에 개석을 얹었던 특이한 구조(그림 8 참조)를 공통적으로 지니고 있었으며, 매장 시설은 확인되지 않았다(고고학 및 민속학 연구소 1959).

---

10 이런 연대 추정에 대하여 도유호(1959a. 4쪽)는 훗날 다음과 같이 서술하였다. "조선의 거석문화는 대체로 청동기시대의 것이었다. 그러나 일제 어용학자들은 이것을 소위 《금석병용기》의 것이라고 론하였다. 필자 자신은 소위 《금석병용기》라는 용어의 부당성을 론한 나머지 조선의 거석문화를 신석기시대 최말기의 것으로 보려고 한 일도 있다. 그러나 지금에 와서 보면, 그것도 잘못이었다. 조선의 거석문화는 틀림없이 청동기시대의 것이었다."

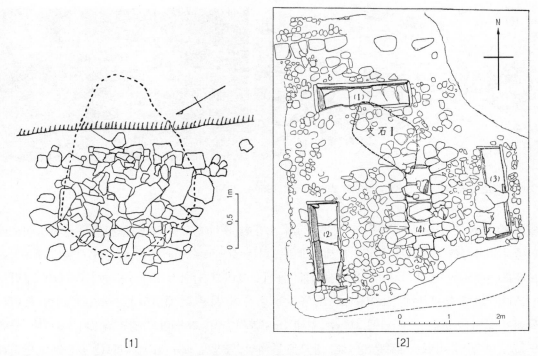

[1]　　　　　　　　　　　　　　　　　　　　[2]

〈그림 8〉 [1] 태성리 27호 지석묘의 하부 구조(전주농 1958a. 43쪽), [2] 1936년 조사된 대구 대봉동(현 이천동) 지석묘의 하부 구조(藤田亮策 1937. 도판 63)

　전주농(1958a ; 1958b)이 중간 보고에서 언급한 바와 같이 태성리에서 조사된 지석묘는 탁자식과 다른 구조 형식을 지니고 있었다. 이와 같은 구조상의 특징은 그동안 한국의 지석묘를 외형적인 형태에 입각하여 탁자식(卓子式)과 바둑판식(碁盤式)으로 양분하고 지리적 분포 양상에 따라 전자를 북방식 그리고 후자를 남방식으로 통칭하는 분류 기준에 문제가 있음을 보여주었다(고고학 및 민속학 연구소 1959a). 다시 말해서 도리이(鳥居龍藏 1917) 이후, 후지타(藤田亮策 1937) 등의 경우를 비롯하여 수십 년 동안 널리 통용되었던 북방식 또는 남방식이라는 용어 표현[11] 자체가 성립될 수 없다는 점이 명백하게 드러났다.

　태성리 유적에 뒤이어 독로강[12] 유역의 풍청리(자강도 시중군)에서 남방식 지석묘가 조사되었다.[13] 후산리 추동과 심촌리[14](그림 9) 등지(표 4 참조)에서는 북방식과 남방식 지석묘가 공존하고

---

11 이에 관해서는 임병태(1964)의 글을 참조하기 바람.

12 현재는 '장자강'이라고 부른다.

13 오래 전에 도굴되었는데 심촌리의 변형 고인돌에서 나온 것과 유사한 관옥 1점이 발견되었다(도유호 1959a. 29쪽).

14 '심촌리(沈村里)'라는 지명은 1977년부터 '침촌리'로 표기되었다고 추정된다(고고학연구소 1977. 79쪽 참조).

〈그림 9〉 심촌리 극성동[1]과 천진동[2]의 변형 고인돌(도유호 1959a. 28쪽)

있었으며, 심촌리 일대(천진동, 극성동 등)와 서흥천 유역(황해북도 봉산군)에서는 북방식보다 남방식에 유사한 지석묘가 오히려 우세하게 분포하는 것으로 확인되었다. 이러한 사실에 주목하여 도유호(1959a)는 종래의 북방식 지석묘를 '돌멘', 그리고 남방식(또는 영남식) 지석묘(그림 8 참조)를 '변형 돌멘(변형 고인돌)'으로 구분하는 용어 사용을 채택하며 "여하간 변형 돌멘은 돌멘이 보이는 조선 전 지역에 보이는 형태"(도유호 1959a. 29쪽)라고 강조하였다. 요컨대 '돌멘 또는 변형 돌멘'이라는 새로운 용어의 창안은 종래의 '북방식 또는 남방식'과 같은 용어를 단순히 바꾸어 부르는 데만 그치지 않고, 지난날 일본 학자들의 그릇된 주장을 바로 잡으려는 식민지적 잔재의 극복 과제 가운데 하나였던 것으로 판단된다.

"소위 령남식 지석묘니 남방식 지석묘니 하는 것이 돌멘과 적석총, 석상분의 혼합형이라는 우메하라(梅原末治)의 주장은 정당하다. (…) 지금 필자가 가진 견해에 의한다면, 그것은 돌멘(일제 어용학자들이 말하는 소위 북방식 지석묘)과 적석총·석상분이 부딪치는 데서, 어디서나 생긴 현상으로서, 시대적으로도 그렇게 후에 나타난 것이라고 보기는 곤란할 것 같다. 서로 부딪치자 불원에 생겨난 것으로서, 돌멘이나 적석총과 병존한 것 같다. 그 유물 종태상으로도 서로 큰 차이가 없었을 것 같다."(도유호 1958. 「조선 원시 문화의 년대 추정을 위한 시도」, 『문화유산』 1958(3), 31쪽)

"이미 말한 바와 같이 조선의 거석 문화에서는 돌멘과 멘히르뿐만 아니라 적석총과 석상분도 상당한 자리를 차지한다. 그리고 각형 토기를 내는 집자리 유적은 바로 량자의 통일을 보여 주는 것이다. 그러나 적석총, 석상분은 본래는 거석 문화의 전래와는 관계 없이 전혀 딴 방향에서 들어 온 것임을 알 수 있다. 역시 거석 문화의 전래는 돌멘과 멘히르 및 그것들을 동반한 유물 종태의 전래로서 설명하여야 할 것이다. 오직 우리 땅에서 그것이 함께 뭉쳐서 조선 고유의 독특한 거석 문화적인 문화 종태를 이루었을 뿐이다."(도유호 1959a. 「조선 거석 문화 연구」, 『문화유산』 1959(2), 31-32쪽)

위 인용문에서 읽을 수 있듯이 도유호(1959a)는 조선 거석문화의 형성 과정을 이원론적인 전파론의 관점에서 접근하였다. 그는 유럽의 거석문화 유적에서 보이는 '돌멘'(dolmen, 고인돌), '멘히르'(menhir, 선돌 또는 입석), '알린니망'(alignment, 열석), '크로믈레흐'(cromlech, 환석) 가운데 돌멘과 멘히르가 동남아시아를 거쳐 우리나라에 유입된 것으로 이해하였다. 앞에서 말했듯이 그는 우리나라에서 발견된 마제석검의 원형을 따가르[15] 초기의 청동제 단검 형태에서 찾으며, 단검이 유입되던 시기에 거석문화와 관계가 없는 적석총과 석상분이 대륙 북쪽에서 내려와 돌멘과 접촉하는 과정에서 변형돌멘이 형성되었다고 서술하였다.

이를 가리켜 그는 "조선의 거석문화는 그 주류(主流)를 남쪽에 두면서도 북방적인 요소를 많이 함유하였으며 또 그야말로 조선에 독특한 특수형의 거석문화로서 발전하였다."고 말하며(도유호 1959a. 33쪽) 유럽 지역과 양상이 다른 조선 거석문화의 특수성을 주장하였다. 또한 그는 출토 유물의 유사한 양상에 주목하여(그림 10 참조) 돌멘, 적석총, 석상분, 변형 돌멘은 상당한 시기에 걸쳐 병존하였던 것으로 추정하였고, 돌멘과 변형 돌멘의 시대적 선후 관계를 분명하게 밝히려면 좀 더 세심한 연구가 필요하다고 언급하였다.[16] 이와 아울러 그는 석상분과 적석총은 돌멘보다 뒤늦은 시기까지 지속되었고, 원시시대 적석총의 연장선상에서 고구려의 적석총이 등장하였을 가능성을 시사하였다(도유호 1959a. 26쪽). 당시 북한 고고학에서는 조선의 거석문화가 서로 갈래를 달리하는 복합적인 요소의 결합을 기반으로 형성되었다는 도유호의 견해에 대체로 동조하는 분위기가 강하였던 것으로 생각된다(고고학 및 민속학 연구소 1959a ; 김용간 1959 ; 채희국 1959).

조선의 거석문화가 복합적인 요소를 기반으로 형성되었다는 관점에 따라 김용간(1959. 75쪽)은 청동기시대에 '거석문화를 남긴 주민과 각형토기 유적을 남긴 주민' 사이에 서로 밀접한 연관이 있었던 것으로 이해하였다. 도유호(1959a)는 이와 같은 점을 더욱 구체적으로 검토하여 조선의 거석문화시대에는 종족상의 차이가 병존하는 여건에서 문화적인 통일성이 이루어졌다고 서술하였다. 그는 북한의 여러 유적에서 출토된 반월도, 달도끼, 별도끼 등이 동남아시아로부터 거석문화의 전래와 함께 유입되었다고 논하며, 조선에서 거석문화의 물결은 종족상의 한계를 벗어나며 퍼져나 갔던 것으로 언급하였다. 예를 들어, 그는 회령 오동, 나진 초도, 강계 공귀리 유적 등이 넓은

---

15 따가르(Tagar) : 따가르쓰끄(러시아어)의 영어 표기.

16 채희국(1959. 19쪽)은 "이른바 탁자식과 남방식은 시대적으로 큰 차이가 없으나 남방식이 적석묘, 석상묘의 형식과 결합되었기 때문에 보다 후기에 나타난 발전으로 보아야 한다."고 말하였다.

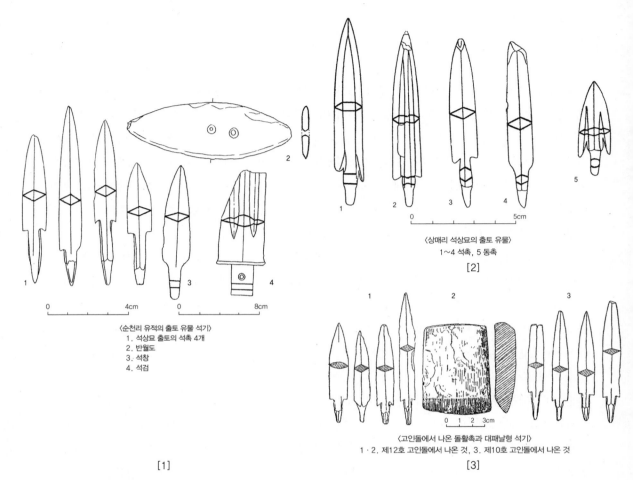

〈상매리 석상묘의 출토 유물〉
1~4 석촉, 5 동촉
[2]

〈순천리 유적의 출토 유물 석기〉
1. 석상묘 출토의 석촉 4개
2. 반월도
3. 석창
4. 석검

〈고인돌에서 나온 돌활촉과 대패날형 석기〉
1·2. 제12호 고인돌에서 나온 것, 3. 제10호 고인돌에서 나온 것
[3]

[1]

〈그림 10〉 순천리 상동[1]과 상매리[2] 유적의 석상분, 후산리 추동[3] 유적의 지석묘 출토 유물[순천리 상동(고고학 및 민속학 연구소 1959c. 도판 XLVI), 상매리(고고학 및 민속학 연구소 1959d. 도판 LXVIII), 후산리 추동(전주농 1963b. 54쪽)]

시간적 범위에서 거석문화시대에 해당하지만 각각의 유적은 서로 다른 인간 '그루빠'(종족)에 의하여 형성되었음을 강조하며, 당대의 주민 구성도 복합적인 다양성을 지녔다고 보았다.

도유호(1959a. 35쪽)는 조선의 거석문화를 가리켜 원시공동체적인 기풍이 깃들어 있다고 표현하며, 당시 사회 구조의 특징을 '무계급사회'로 규정하였다. 그는 돌멘에 묻힌 주인공을 '대단한 신임과 위신을 지녔던 지도자(추장)'와 같은 존재로 비정하였다. 이듬해 도유호(1960. 222-223쪽)는 조선 거석문화시대의 사회 구조에 대하여 "발전된 씨족사회의 마지막 단계, 곧 원시사회가 계급사회 (고대 국가)로 전환되는 과도기에 등장했던 그리스·로마의 '군사 민주제(軍事民主制)'[17] 시기와

---

17 프리드리히 엥겔스(김대웅 옮김 2012. 218-221쪽) 및 요하임 헤르만(김재상 옮김 2012. 348-349쪽) 참조.

비교될 수 있음"을 추론하였다. 도유호의 이러한 시각은 무덤을 통하여 청동기시대의 군사 민주주의적인 사회 발전 단계를 논하였던 황기덕(1965)의 글에도 반영되었다.

3. 금속문화의 기원 문제

1956년 12월 25일, 고고학 및 민속학 연구소 주최로 '조선에서의 금속 문화 기원에 관한 토론회'가 열렸다(고고학 및 민속학 연구소 1957a). 토론회의 학술 보고를 맡은 정백운(1957b)은 일제강점기부터 1956년까지 알려진 각종 고고학적 자료를 정리하면서[18] 초기 금속문화의 기원 및 형성 과정과 관련하여 그동안 제기되었던 다양한 견해와 문제점을 검토하였다. 그는 조선 금속문화 기원에 대하여 ① 중국 청동문화의 영향으로 보는 견해, ② 북방계 청동문화의 영향으로 보는 견해, ③ 외부의 영향을 받았지만 독자적인 청동문화가 형성되었다는 견해 등을 두루 소개하며, 각각의 견해에서 논란의 대상이 되는 문제점을 상세하게 지적하였다.

정백운(1957b)은 조선의 초기 금속문화 연구에 복잡하고 어려운 문제가 많다는 사실을 전제하여 "지석묘와 석상분 등에서 발견되는 청동제 유물을 비롯하여 마제 단검과 석촉 등은 석기시대에서 금속사용기로의 과도적 정형을 보여주는데(37쪽), 철제 유물을 동반하는 동검과 동모는 청동기시대 보다는 철기시대의 유물로 볼 수 있고(43-44쪽), 연동(鍊銅) 기술은 조선 내에서 독자적으로 발명된 것이 아니라 외부에서 유입되었고(46쪽), 이런 요소들을 받아들이며 자체적으로 발전한 금속문화를 인정할 수 있다(46쪽)."는 입장을 신중하게 표명하였다. 그러나 그는 금속사용기의 시작이 청동기시대에 해당한다는 점에 대해서는 분명하게 언급하지 않았다.

토론자로 나선 김용간(1958a), 황기덕(1958a), 김재효(1958)[19] 등도 정백운과 마찬가지로 조선의 초기 금속문화가 외부의 영향을 받아 형성되었다는 의견(정백운 1957b)에 동의하였다. 그렇지만 세부적인 각론에 있어서는 차이가 있었다.

김용간(1958a. 73-74쪽)은 "중국의 은, 주(殷周) 때에 이루어진 조선 지역 주민과의 연계는 조선 지역의 주민들에게 금속기 사용에 대한 지향을 자극하였으며 (…) 금속사용기의 시작 문제를 해결하는 기본 고리는 청동 제품을 모방했던 것으로 보이는 마제석기의 출토 유적 또는 석기와 함께 청동 제품이 나온 유적(상매리, 금탄리 등)에서 찾을 수 있으며, 세형동검과 협봉동모 등의 청동기는 철기문화를 소유한 주민이 남긴 유물로 생각될 수 있다."고 말하였다.

황기덕(1958a)은 "지석묘나 석상분에서 많이 나오는 석촉과 석제 단검은 청동제 방제품으로

---

18 삼국시대 또는 대동강 유역에서 발견된 한대(漢代)의 금속유물은 제외되었다(정백운 1957b. 3쪽).
19 이들의 구체적인 토론 내용은 1958년도 『문화유산』 2호에 게재되었다.

간주되기 때문에 이런 석기류는 청동사용기를 암시하는 징표가 될 수 있다. (…) 중국 고대 문헌(『관자(管子)』) 기록을 살펴볼 때, 늦어도 기원전 7세기 무렵부터 조선 땅에도 청동기문화가 유입된 것으로 추정되며 (…) 여기에 장성지대와 시베리아에서 들어온 청동기문화가 결합되어 수 세기 동안 우리나라의 독특한 청동기문화가 존속하였다는 가능성"을 제시하였다.

반면에 김재효(1958. 77-78쪽)는 "석기시대와 철기시대 사이의 과도기에 청동문화가 등장하였지만 사회적 생산력의 변혁을 가져온 청동기시대는 존재하지 않았던 것"으로 보았다. 한편 이 토론회에서 김용간(1958a)은 "지역에 따라 신석기시대와 청동기시대 사이에 '석동기시대'가 존재했던 사실은 인정될 수 있지만, 이 용어를 잘못 차용하여 거기에 철까지 포함시키며 '금석병용기'라고 부르는 것 자체가 고고학적 시대 구분의 용어로 적합하지 않다."는 점을 지적하였다.

이렇듯 해방 이후 10여 년 동안 북한 고고학에서는 일제강점기 이래 흔히 사용되었던 이른바 '금석병용기'라는 용어의 허구성을 밝히는 데 많은 힘을 기울였다. 그렇지만 1956년 말에 이르기까지 북한에서는 우리나라 청동기시대의 존재를 확증할 수 있는 고고학 자료를 확보하지 못하였다. 정백운(1957b), 김용간(1958a), 황기덕(1958a) 등은 우리나라의 고고학적 시대 구분에서 일정하게 자리매김 될 수 있는 청동기문화의 여러 징표를 찾으려고 시도하였지만 만족스러운 성과를 내지 못하였다.

앞에서 살펴본 것처럼 1957년 후반기에 지탑리 유적의 발굴 성과(고고학 및 민속학 연구소 1957b ; 도유호·황기덕 1957a ; 1957b)가 알려지면서 조선의 거석문화시대, 곧 청동기시대에 관련된 초기 금속문화의 기원 문제가 또 다른 측면에서 논의되기 시작하였다. 황기덕(1958a)과 달리 도유호는 초기 금속문화의 유입 과정과 형성 시기를 비중국적(非中國的)인 배경에서 찾고자 하였다(도유호·황기덕 1957b). 전술한 바와 같이 그는 우리나라에서 발견된 마제석검의 조형을 장성지대 또는 남부 시베리아의 따가르 문화에서 알려진 청동검과 연결하여 거석문화시대와 부합되는 청동기시대가 기원전 7~3세기에 걸쳐 존속하였다고 언급하였고(도유호 1958 ; 1959 ; 고고학 및 민속학 연구소 1958d), 이러한 추정 연대의 범위 안에서 김용간(1959)은 공귀리 유적을 다음과 같이 편년하였다.

"따가르 시기는 기원전 7세기부터 기원전 1세기까지 계속한다. 그 초기는 아직 청동기 시대 문화이지만 따가르 제2기 즉 기원전 5세기부터는 철기 시대 문화인 것이다. 여기서도 공귀리의 토기는 따가르 문화의 초기의 것과 대비하는 것이 타당한 것임은 명백하다. (…) 상술한 몇 가지의 사실로 보아 우리는 지금까지 알려진 자료를 가지고 론한다면 공귀리 유적은 각형 토기 유적의 년대에 해당한 것으로 보아야 할 것이다. 그리고 각형 토기 유적에서는 아직까지 돌낫이 발견되지 않은 것 또 공귀리의 토기중의 환저의 잔재 스끼프나 남씨베리 토기와의 비교 등을

통하여 기원전 7~5세기 늦어도 4 세기 초 전으로 범위를 좁힐 수 있다고 생각한다."(김용간
1959.「강계시 공귀리 원시 유적의 편년에 대하여」,『강계시 공귀리 원시 유적 발굴 보고』,
78쪽)

1950년대 말 무렵, 북한 고고학에서는 도유호가 제시했던 편년에 관하여 세부적으로 약간의
견해 차이가 있었으나 대체로 그에 동조하여 청동기시대의 시작 연대를 기원전 1천년기 전반기(상
반기)(황기덕 1958b ; 고고학 및 민속학 연구소 1958e)로 보는 경향이 두드러지게 나타난다.
또한 도유호(1959a)와 김용간(1959)은 동북 지방의 오동, 공귀리 유적 등에서 출토된 토기를
거론하면서 이들 토기의 등장은 비중국적인 요소, 곧 스키타이적 요소의 간접적인 영향과 결부되었
다는 견해를 밝혔다. 다시 말해서 도유호와 김용간은 초기 금속문화와 관련된 토기의 기원을
대륙 북쪽과 연결시켰고, 이에 따라 조선의 청동기시대는 중국의 영향과 관련을 맺지 않으며
형성, 발전했던 것으로 이해하였다.

IV. 1960년대 초의 학계 동향

1. 미송리 동굴유적 '위 문화층'의 연대 문제

평안북도 의주군 의주읍에서 동쪽으로 약 10㎞ 떨어진 곳에 위치한 이 유적은 해방 이후
북한에서 최초로 조사된 동굴유적이다. 1954년 동굴 입구 쪽에서 석회암을 채굴하면서 처음으로
유물이 발견되었다. 1959년에는 동굴 입구 부근에서 진흙을 채취하는 과정에서 또 다시 유물이
드러났으며, 이를 계기로 같은 해에 발굴 조사가 이루어졌다(김용간 1961a ; 1961b ; 1963a).
미송리 동굴유적의 문화층은 두 개의 문화층, 곧 '아래 문화층'과 '위 문화층'으로 구성된다.
아래 문화층에서는 신석기시대의 토기가 출토하였다. 위 문화층에서는 인골과 함께 청동 도끼,
석제 활촉, 가락바퀴, 뼈바늘, 송곳, 대롱구슬(管玉) 및 토기 등이 발굴되었으며(그림 11), 철제
유물은 출토하지 않았다.

미송리 동굴유적의 출토 유물 가운데 특히 논란의 대상이 되었던 것은 마제석기와 동반된
청동 도끼의 존재, 그리고 종래에 알려지지 않았던 새로운 형태를 지닌 토기의 등장이었다고
생각된다. 그동안 청동 유물은 집자리 또는 석상분 등에서 조사된 바 있다. 예를 들어, 청동
끌은 금탄리의 각형토기(팽이그릇) 집자리(8호)(도유호·황기덕 1957b ; 김용간 1964a), 청동 활촉
은 상매리 석상묘(고고학 및 민속학 연구소 1959d), 청동 단추는 신흥동 팽이그릇 집자리(7호)(서국

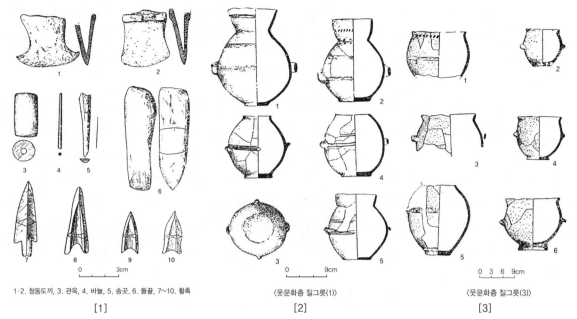

1·2. 청동도끼, 3. 관옥, 4. 바늘, 5. 송곳, 6. 돌끌, 7~10. 활촉

[1]

〈웃문화층 질그릇(1)〉

[2]

〈웃문화층 질그릇(3)〉

[3]

〈그림 11〉 미송리 유적의 위 문화층 출토 유물. [1] 청동 도끼, 마제석기, 뼈연모, 대롱구슬 등, [2~3] 토기(김용간 1963a)

태 1964)와 풍룡리 석상분(有光教一 1941), 청동 방울과 반지는 초도 유적(고고학 및 민속학 연구소 1956) 등에서 마제석기와 함께 발견되었다.[20] 그렇지만 미송리 동굴에서 드러난 유물의 구성 관계는 당시 북한에서 처음 있는 일이었던 만큼 유적의 편년과 관련하여 여러 주장이 제기되었다.

도유호(1960. 228-232쪽)는 다음과 같은 점에 주목하여 미송리 유적 위 문화층의 형성 시기를 초기 철기시대로 편년하였다. 그는 "첫째, 비록 이 문화층에서 철기가 출토하지 않았을 뿐만 아니라 토기 제작에 물자애(陶鈞, 돌림판)[21]가 사용되지 않았지만, 토기의 대부분은 회갈색을 띠며 토기의 형태적 특징과 제작 기법도 서단산자 돌무덤 또는 묵방리 변형 고인돌의 경우보다 요동반도 노철산(老鐵山)의 목양성지(牧羊城址)에서 알려진 토기와 좀 더 유사한 속성을 지닌다. 둘째, 미송리 위 문화층과 솔뫼골 돌돌림무덤에서 발견된 청동 도끼는 모두 '주머니 자루식'이라는 공통점을 지닌다. 그런데 솔뫼골 돌돌림무덤에서는 초기 철기시대의 쇠도끼가 동반되었기 때문에

---

20 그 후 1966년에는 신암리 2문화층(3지점)(평안북도 용천군)에서 청동제 단추·칼(김용간·리순진 1966), 1982년에는 토성리 집자리(2호)(함경남도 북청군)에서 청동제 도끼·끌·방울·토시 등이 발굴된 바 있다(김용간·안영준 1986 ; 조선유적유물도감 편찬위원회 1988. 222-227쪽).

21 엥겔스는 "미개 높은 단계의 전성기, 곧 철기 제작 기술이 상당한 수준으로 발전한 시기에 돌림판이 등장하는 것으로 보았다."[프리드리히 엥겔스(김대웅 옮김 2012). 42쪽] 이에 관하여 황기덕(1963d. 6쪽)은 "물자애의 사용은 토기 제작의 분업화를 의미하며 나아가서는 계급 분화를 의미한다."라고 말하였다.

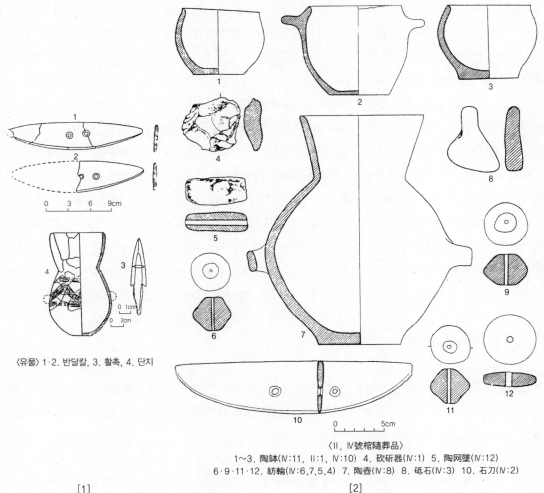

<유물> 1·2. 반달칼, 3. 활촉, 4. 단지

〈Ⅱ, Ⅳ號棺隨葬品〉
1~3. 陶鉢(Ⅳ:11, Ⅱ:1, Ⅳ:10) 4. 砍斫器(Ⅳ:1) 5. 陶网墜(Ⅳ:12)
6·9·11·12. 紡輪(Ⅳ:6,7,5,4) 7. 陶壺(Ⅳ:8) 8. 砥石(Ⅳ:3) 10. 石刀(Ⅳ:2)

[1] [2]

〈그림 12〉 [1] 묵방리 변형 고인돌 출토 유물(김기웅 1963. 73쪽), [2] 서단산자 석관묘 출토 토기(東北考古發掘團 1964. 38쪽)

미송리 위 문화층의 경우도 그와 동일한 시기로 편년될 수 있다."고 강조하였다.

반면에 김용간(1961b)은 미송리 위 문화층의 출토 유물 중 특히 청동 도끼(주머니 자루식)와 동반된 토기(목 달린 단지)(그림 11 가운데)[22] 및 마제석기에 주의를 기울여 그 연대를 검토하였다. 그는 미송리 유적의 위 문화층에서 나온 것과 매우 유사한 형태의 단지는 묵방리의 변형 고인돌(평안 남도 개천군)(김기웅 1961)과 서단산자(西團山子, 길림성 길림시)(吉林大學歷史系文物陳列室 1960)

---

22 이런 형태의 토기를 가리켜 1961년 후반부터 '미송리형 토기' 또는 '미송리형 질그릇'이라는 명칭이 사용되기 시작한 것으로 보인다(고고학 및 민속학 연구소 1961b 참조). 리병선(1963. 28쪽)은 미송리 동굴유적의 위 문화층과 유사한 문화 종태를 '미송리형 문화'라고 불렀다.

의 돌무덤에서 마제석기와 더불어 출토하였지만(그림 12 참조), 이들 유적에서는 공통적으로 철제 유물이 동반되지 않았다는 사실에 주목하였다. 또한 미송리형 토기와 유사한 형태의 토기가 공귀리 집자리 및 풍룡동 돌상자무덤에서 나온 사례를 들며 김용간(1961b)은 미송리 동굴유적의 위 문화층을 청동기시대 말기에 해당하는 것으로 보았는데 구체적인 추정 연대는 제시하지 않았다.

이상에서 살핀 것처럼 미송리 위 문화층에 대한 시대적 소속 관계를 두고 도유호와 김용간은 서로 다른 견해를 지녔다(김기웅 1963. 76쪽). 그 뒤에도 도유호(1962. 56쪽)는 '미송리 위 문화층 시기=평형동검 시절=초기 철기시대'라는 주장을 하며 만주식 단검(평형동검)이 출토한 조양 십이대영자(朱貴 1960)와 금서현 오금당(錦州市博物館 1960) 유적을 초기 철기시대로 편년하였다. 반면에 김용간(1963a ; 1963b ; 1964)은 길림 소달구(騷達溝)의 돌무덤에서 미송리형 단지와 유사한 형태의 토기가 나오며 여기에 동반되는 청동제 칼·단추는 우리나라의 청동기시대 유적에서는 이미 알려져 있기 때문에 미송리 위 문화층의 형성 시기는 기원전 천년기 전반기, 곧 철기시대 이전 시기에 해당되어야 한다고 강조하였다. 미송리 위 문화층의 연대 설정과 관련하여 제기되었던 그 밖의 여러 견해에 대해서는 뒤에 가서 좀 더 자세히 살펴보기로 하겠다.

2. 집자리와 고인돌

1960년대 초에 들어와 집자리를 중심으로 조사 발굴이 활발하게 이루어졌다(표 5 참조). 평양 일대(와산동, 입석리, 강로리 등)에서 팽이그릇 관련 집자리가 발굴되었으나 규모는 작은 편이었고, 청동 유물과 같이 특기할 만한 유물은 발견되지 않았다.

〈표 5〉 1960~1963년 사이에 발굴된 청동기시대 유적(리주현·한은숙 2009 참조)

연도	유적	조사 내용	참고문헌
1959~1961년	범의구석(함북 무산군)	집자리	황기덕(1960a ; 1962a ; 1962b ; 1975)
1960~1964년	굴포리 서포항(함북 나선시)	조개무지, 집자리	김용남(1961), 황기덕(1962a), 고고학 및 민속학 연구소(1962a), 김용간·서국태(1972)
1960~1961년	토성리(자강도 중강군)	집자리	리병선(1961), 정찬영(1983)
1960년	장성리(자강도 중강군)	문화층	김종혁(1961)
	묵방리(평남 개천시)	고인돌(변형, 20여 기)	김기웅(1961 ; 1963)
	덕인리(함북 김책군)	고인돌(전형, 2기)	전수복(1961)
1961년	와산동(평양시 서성구역)	집자리	김용남·서국태(1961)
1962~1963년	세죽리(평북 영변군)	집자리	고고학 및 민속학 연구소(1962b), 김정문(1964), 김영우(1964b)
1962년	입석리(평양시 승호구역)	집자리	리원근·백룡규(1962)
1963년	강로리(평양시 중화군)	집자리	김영우(1964a)

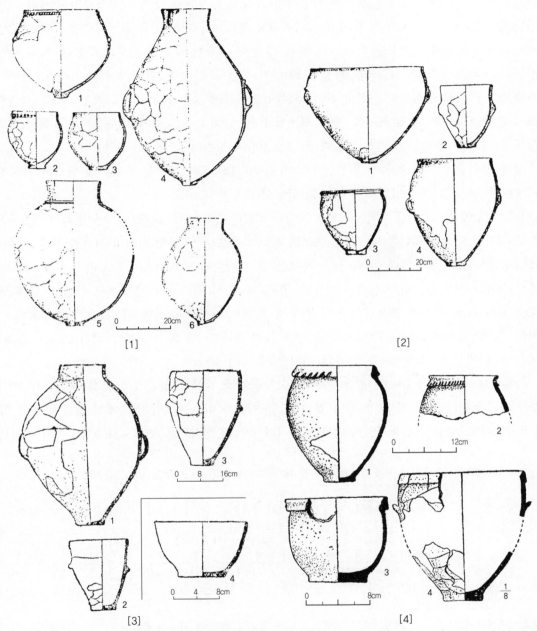

〈그림 13〉 [1] 심귀리 1호 집자리, [2] 2호 집자리(정찬영 1961. 37-38쪽), [3] 토성리(리병선 1961. 55쪽), [4] 세죽리(김용간 1964b. 11쪽) 유적의 토기

　압록강 하류의 미송리 유적과 다르게 토성리 유적(리병선 1961)[23]은 상류에 위치하였으며, 공귀리(1955년 발굴)와 심귀리(1958년 발굴) 유적은 압록강 중상류로 흘러드는 독로강 일대에

분포한다. 이와 같은 지리적 분포와 관련하여 각각의 유적에서 알려진 집자리의 층서와 그에 따른 토기 유형(그림 13)의 상호 관계는 압록강 유역의 청동기시대 유적 편년뿐만 아니라 주변 지역과의 공통점과 차이점을 비교, 검토하는 데 있어 중요한 자료를 제공해 주었다. 예를 들어 심귀리 유적에서는 1호 집자리가 기원전 2천년기 후반기, 그리고 2호 집자리가 기원전 1천년기 초엽으로 연대가 추정되어(정찬영 1961. 44쪽), 압록강 중상류 지역에서 조사된 청동기시대의 토기 편년에 도움을 주었다(예를 들어, 리병선 1963 ; 1965). 토성리에서는 공귀리 유적의 것과 형태상 특징을 공유한 토기가 나왔다(리병선 1961 ; 정찬영 1983. 21-22쪽).

한편 청천강 유역의 북쪽에 위치한 세죽리 유적(제2문화층)에서는 묵방리형 단지와 유사한 미송리형 토기 조각이 발견되어 관심을 끌었다(김용간 1964b).

동북 지방에서는 압록강 유역이나 서북 지방과 비교해서 붉은간그릇 또는 갈색 및 흑색 마연토기 가 특징적인 양상을 지니는 것으로 일찍부터 알려져 왔으나 두 유형 사이의 시기적 선후 관계는 제대로 밝혀지지 못하였다. 이와 같은 문제를 해결하는 데 범의구석과 굴포리 서포항 유적의 조사 성과는 매우 중요한 역할을 하였다고 판단된다. 다시 말해서 두 유적에서 발굴된 집자리의 층서 관계 등을 통하여 붉은간그릇이 갈색 및 흑색 마연토기에 선행하는 것으로 연구되었고, 이를 토대로 황기덕(1962a ; 1962b)은 두만강 유역의 청동기시대 토기 유형을 '전기(붉은간그릇)와 후기(갈색 마연 민그릇 및 흑색 마연 민그릇)'로 나누었다.[24]

1950년대 중반부터 1960년대 초반까지 10년 동안에 발굴된 청동기시대 집자리는 약 70기 정도로 추정된다(표 6).[25] 그 가운데 압록강, 두만강 유역과 동해안 일대에서 발굴된 것은 약 2/3(64.7%)에 달한다. 전체적인 수량뿐만 아니라 유적별 집자리의 빈도수가 높고, 층서 관계를

〈표 6〉 1954~1963년 사이에 발굴된 청동기시대 유적의 집자리 수량(김용남·김용간·황기덕 1975. 참조)

구분	유적(수량)	합(%)
대동강 및 재령강 유역	【금탄리(3문화층)】 4기. 【신흥동】 6기. 【심촌리】 4기. 【석교리】 4기. 【태성리】 1기. 【입석리】 2기. 【원암리】 2기. 【강로리】 1기	24기(34.3%)
압록강 및 청천강 유역	【공귀리】 6기(아래 문화층 : 3, 위 문화층 : 3). 【토성리】 1기. 【심귀리】 2기. 【세죽리】 7기(첫째 유형 : 3, 둘째 유형 : 4)	16기(22.9%)
두만강 유역 및 동해안	【오동】 5기(1기층 : 2, 2기층 : 2, 3기층 : 1), 【범의구석】 16기(2기층 : 4, 3기층 : 4, 4기층 : 8). 【서포항】 9기(6기층 : 5, 7기층 : 4)	30기(42.9%)

---

23 심귀리 유적과 토성리 유적의 발굴 성과는 그 후 정찬영(1983)에 의하여 종합적으로 정리되었다.

24 황기덕(1970)은 전기를 기원전 2천년기, 후기를 기원전 1천년기 전반기로 편년하였다. 그 후 황기덕(1975)은 범의구석에서 조사된 청동기시대 집자리의 선후 관계를 '붉은간그릇 집자리, 갈색간그릇 집자리, 검정간그릇 집자리'로 세분하였다. 서포항 유적의 청동기시대는 아래층과 위층으로 구분되었는데 붉은간그릇은 두 층에서 공통적으로 나타난다(김용간·서국태 1972).

25 1949년 발굴된 초도 유적에서 여러 기의 청동기시대 주거지가 확인되었다. 한국전쟁 기간 동안 관련 자료가 분실되어 발굴 보고에는 그에 관한 자세한 내용이 수록되지 않은 것으로 추정된다(도유호 1956b 참조).

파악할 수 있는 집자리가 집중적으로 분포하였기 때문에 그들 유적에 대한 토기의 편년 연구(정찬영 1961 ; 황기덕 1962a ; 1962b ; 리병선 1963 ; 1965)는 서북 지방의 팽이그릇 유적(황기덕 1966)에 비하여 상대적으로 한결 수월하게 이루어질 수 있었다고 판단된다.

청동기시대 무덤과 관련하여 1950년대 중반까지는 석상분이 주로 발굴되었다. 그 중 상매리(고고학 및 민속학 연구소 1959d)에서는 석촉과 함께 청동촉이 출토하여 관심을 끌었다. 고인돌의 경우, 1957년의 태성리 유적의 발굴 조사를 시작으로 1959년까지 약 50기가 조사되었는데 변형 고인돌(44기)이 대부분을 차지하였다. 지역적으로는 황해북도 일대에 분포한 고인돌이 주로 발굴되었고, 특히 황주군 심촌리 지역에서 발굴된 고인돌은 전체의 74%(37기)에 이른다(표 4 참조).

1960년대 초에는 심촌리 긴동, 석교리, 공포리 등의 고인돌 발굴 자료가 발표되었다. 그 가운데 긴동 유적에서는 천진동이나 극성동 등과 마찬가지로 "큰 판석 혹은 두터운 괴석(塊石) 밑에 돌상자와 돌각담이 배합된 형식의 변형 고인돌"(황기덕 1961 ; 1963b)(그림 14)이 보고되어 주목을 받았다.

1960년대 초에 발굴된 고인돌 유적의 수는 적은 편이지만 덕인리(전수복 1961 ; 황기덕 1963b)의 조사 자료는 전형 고인돌의 분포 지역이 북쪽으로 함경북도 지방에 이른다는 점을 알려주었다. 무진대탄광(無盡臺炭鑛)의 철도 부설 공사와 관련하여 조사된 묵방리 유적에서는 20여 기의 고인돌이 조사되었는데 당시까지 단일 지점에서 이와 같이 많은 수량의 고인돌이 발견된 사례는 이 유적이 처음이라고 생각된다.

묵방리 고인돌의 중간 보고(김기웅 1961 ; 1963)에서는 관실(무덤칸)의 길이축 방향에 따라 1유형(동서)과 2유형(남북)으로 구분되었다. 심촌리와 다르게 묵방리에서는 하나의 묘역 안에 하나의 관실이 공통적으로 설치되어 있었으며[26], 관실 가운데는 폐쇄부를 막음돌로 처리한 양상이 확인되었다(그림 15 참조).[27] 그리고 묵방리 고인돌의 연대는 본격적인 고인돌이 변형 고인돌로 이행되었던 시기, 곧 '거석문화 최말기에 속하는 것'으로 추정되었다(김기웅 1961. 54쪽). 이에 관하여 도유호는 "북부 조선에서 거석문화는 기원전 4세기 초에 초기 철기시대로 들어섰으며, 그 하한은 기원전 3세기 이전으로 보아야 한다."고 언급하였다(고고학 및 민속학 연구소 1961b. 88쪽).

---

26 이와 같은 점을 고려하여 황기덕(1965. 9쪽)은 고인돌을 "1유형(전형 고인돌), 2유형(하나의 묘역에 하나의 석관 또는 석곽이 있는 것), 3유형(하나의 묘역에 여러 기의 석관 또는 석곽이 있는 것)"으로 구분하여, 묵방리는 2유형, 그리고 심촌리와 대구 대봉동은 3유형에 각각 해당한다고 분류하였다.
27 1984년의 2차 발굴에서는 간단한 통로가 마련된 횡혈식 구조(30호 고인돌)가 확인되었다(리정남 1991).

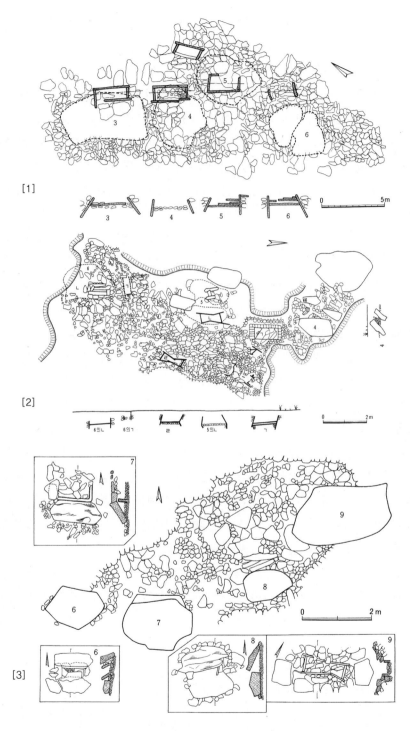

<그림 14> [1] 긴동, [2] 천진동, [3] 극성동 고인돌 실측도(조선유적유물도감 편찬위원회 1988. 242-243쪽)

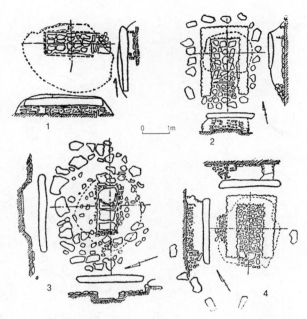

〈그림 15〉 묵방리 변형 고인돌(고고학연구소·력사연구소 1969. 71쪽)

3. 청동기시대의 편년

「조선 원시 문화의 년대 추정을 위한 시도」에서 도유호(1958. 41쪽)는 '청동기시대는 거석문화시대와 대체로 부합되는 것'으로 말하며 청동기시대를 기원전 7~3세기로 편년하였다. 그런데 『조선 원시 고고학』(도유호 1960)에는 청동기시대의 시기 구분 및 청동기시대와 거석문화의 상호 관계에 대하여 전자와 다른 수정된 견해가 실린다. 첫째, 그는 지탑리(1지구)와 금탄리(제2문화층)에서 발견된 '빗살무늬 손잡이'를 동일한 시기의 유물로 간주하였다. 지탑리에서는 점선물결무늬(파상점선문) 토기 층과 팽이그릇 층 사이의 간층에서 변형 팽이그릇과 빗살무늬 손잡이가 출토하였고, 금탄리 제2문화층에서는 민무늬 또는 빗살무늬 계통의 토기와 함께 빗살무늬 손잡이 조각이 발견되었다(그림 16). 이와 같은 점을 고려하여 그는 빗살무늬 손잡이 시기 중에 청동기시대로 들어섰을 개연성이 있으며[28], 만약 신석기시대(점선물결무늬)의 하한을 기원전 2천년기 말로 잡는 것이 인정된다면, 그 시점은 청동기시대의 상한과 맞물릴 가능성이 있다고 이해하였다(도유호 1960. 213쪽).

---

[28] 도유호(고고학 및 민속학 연구소 1961a. 79쪽)는 지탑리 유적 발굴 보고에서도 이러한 주장을 되풀이하였다. 그 후 김용간(1962 ; 1964a)은 금탄리 제2문화층이 신석기시대 늦은 시기에 속하는 것으로 연구하였으며, 도유호(1965)도 이에 동의하였다.

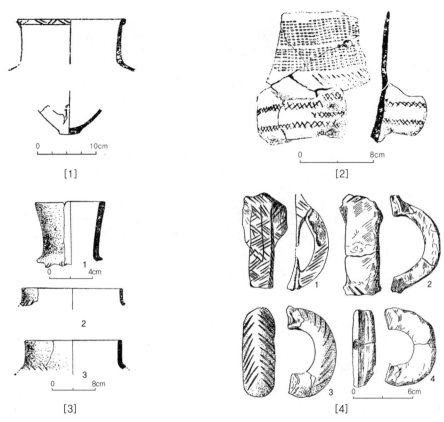

〈그림 16〉 지탑리 유적의 변형 팽이그릇[1]과 빗살무늬 손잡이[2](도유호·황기덕 1957a. 31쪽), 금탄리 유적의 목 있는 빗살무늬그릇[3]과 손잡이 빗살무늬[4](김용간 1964a. 26쪽, 28쪽)

둘째, 초도 유적에서는 스키타이적인 문화 영향은 보이지 않는 반면에 카라수크 시대의 기원전 9~8세기에 해당하는 청동 단추 또는 반지와 비교되는 청동 단추[29]가 출토하였기 때문에 우리나라의 청동기시대 상한은 기원전 1천년기 초로 거슬러 올라간다고 그는 주장하였다. 셋째, 거석문화의 상한은 기원전 8세기로 잡을 수 있으며, 거석문화의 최말엽은 기원전 3세기 이전, 곧 기원전 4세기 중의 초기 철기시대와 연계되어 있다고 언급하였다(도유호 1960. 214쪽). 다시 말해 그는 청동기시대 등장 이후 유입된 거석문화는 초기 철기시대의 이른 시기에 걸쳐 존속하였던 것으로 파악하였다.

앞에서 잠깐 언급했듯이 1960년대 초 북한 고고학계는 송산리 솔뫼골(황기덕 1959a ; 1963c), 미송리 동굴 위 문화층(김용간 1961a ; 1961b ; 1963a ; 1963b), 묵방리(김기웅 1961 ; 1963), 서단

---

29 '청동 반지(指環)'의 오식으로 보인다(고고학 및 민속학 연구소 1956. 45쪽 참조).

산자(吉林大學歷史系文物陳列室 1960), 십이대영자(朱貴 1960), 오금당(錦州市博物館 1960) 유적 등에서 알려진 무덤 형식과 출토 유물의 상호 관련성을 제대로 밝히는 데 큰 어려움을 겪고 있었다고 생각된다. 그 어려움은 무엇보다도 지난날에 경험하지 못했던 유적으로부터 당시의 고고학적 여건에서 시대적 소속 관계를 파악하기 곤란한 다양한 성격의 유물이 1959~61년 사이의 비교적 짧은 기간 동안 한꺼번에 알려졌다는 어려움과 연계되어 있었다고 추정된다(표 7 참조).

〈표 7〉 송산리 솔뫼골, 미송리 동굴, 묵방리, 서단산자, 십이대영자, 오금당 유적에서 알려진
무덤 형식과 출토 유물의 상호 관계

구분		송산리 솔뫼골	미송리 위 문화층	묵방리	서단산자	십이대영자	오금당
무덤 형식	돌돌림무덤	●					
	고인돌			●			
	돌상자무덤				●		
	돌각담무덤					●	
	토광묘						●
	기타		●				
청동기	청동 도끼	●	●			●	
	비파형단검					●	●
	청동과(戈)						●
	청동 거울	●				●	
	세형동검	●					
철기	쇠도끼	●					
미송리형 토기류			●	●	●		
마제석기			●	●	●	●	
조사 보고 연도		1959년	1961년	1961년	1960년	1960년	1960년

예를 들어, 미송리 위 문화층의 미송리형 토기는 청동 도끼를 동반하고, 미송리형과 유사한 토기가 나온 묵방리 고인돌과 서단산자 돌무덤에서는 마제석기가 동반 관계를 이루었다. 또한 미송리 위 문화층의 청동 도끼(주머니 자루식)는 마제석기를 동반하는 데 반하여 십이대영자에서는 만주식 단검(평형동검)[30]과 청동 거울(잔줄무늬거울) 등을 동반하였다(그림 17). 솔뫼골 돌돌림무덤(圍石葬)의 경우, 청동 거울은 좁은놋단검(세형동검) 및 쇠도끼 등과 함께 발견되었다(그림 18). 그리고 변형 고인돌이라 하더라도 심촌리(황기덕·리원근 1966)에서는 묵방리 유적과 다르게 팽이그릇이 출토되었다.

이처럼 이리저리 얽혀 있는 복잡한 문제를 해결하는 과정에서 도유호(1960)는 이른바 '돌무덤(石墓)'(138쪽)이라는 포괄적인 의미의 용어를 사용하기 시작한 것으로 보이며, 그 뒤 다른 연구자들의 글에서도 그 용어가 자주 나타난다. 그는 돌무덤의 성격과 종류에 대하여 구체적인 정의를

---

30 만주식 단검(평형동검)을 황기덕(1963e)은 '비파형동검', 그리고 김용간(1964b)은 '비파형단검'이라고 불렀다.

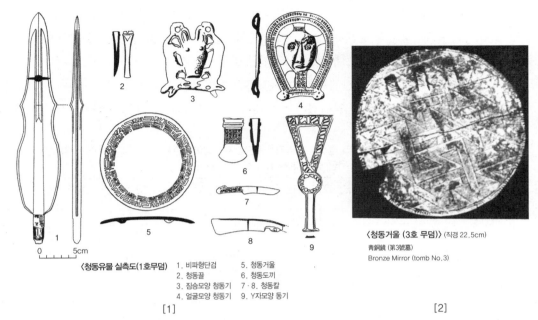

〈청동거울 (3호 무덤)〉(직경 22.5cm)
靑銅鏡 (第3號墓)
Bronze Mirror (tomb No.3)

〈청동유물 실측도(1호무덤)〉

1. 비파형단검   5. 청동거울
2. 청동끌   6. 청동도끼
3. 짐승모양 청동기   7·8. 청동칼
4. 얼굴모양 청동기   9. Y자모양 동기

[1]   [2]

〈그림 17〉 십이대영자 출토 청동 유물[1]과 청동거울[2](조선유적유물도감 편찬위원회 1989. 42쪽, 43쪽)

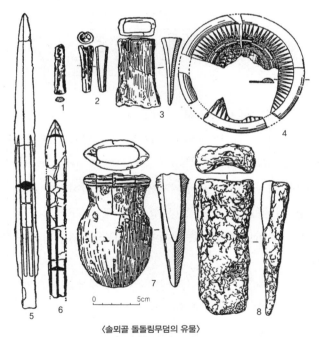

〈솔뫼골 돌돌림무덤의 유물〉

1.청동끌, 2.청동송곳, 3.청동도끼, 4.잔줄무늬거울, 5.좁은놋단검, 6.청동비수
7.청동팽이, 8.쇠도끼

〈그림 18〉 솔뫼골 돌돌림무덤 출토 유물(고고학연구소·력사연구소 1969. 109쪽)

내리지는 않았지만, 십이대영자의 돌각담무덤(236쪽), 서단산자의 석관묘(138쪽), 솔뫼골의 돌돌림무덤(235쪽), 만주식 단검이 나온 운대리 무덤(235쪽) 등을 가리켜 모두 돌무덤으로 지칭하였다. 그러면서 그는 그와 같은 유형의 돌무덤은 청동기시대의 돌각담무덤·돌상자 무덤[31]보다 뒤늦은 시기, 곧 철기시대의 이른 시기에 등장하는 것으로 이해하였다(고고학 및 민속학 연구소 1961a. 83쪽). 또한 그는 우리나라의 철기시대가 중국의 철기시대(전국시대, 기원전 4세기)와 거의 비슷한 시기에 시작한다는 점을 감안한다면 "북부 조선의 청동기시대는 기원전 2천년기 말 또는 1천년기 초에 시작하여 기원전 4세기에 끝났으며, 거석문화는 기원전 9~8세기에 시작하여 약 4세기 말에 끝났다."고 보는 것이 타당하다고 말하였다(고고학 및 민속학 연구소 1961a. 91쪽).

그 뒤 노동당 제3차 대회(1956년 4월) 이후 고고학계가 거둔 학술적 성과를 검토하는 글(고고학 및 민속학 연구소 1961b)[32]에서 도유호(?)는 우리나라의 철기시대 상한이 기원전 5세기로 올라갈 가능성[33]을 염두에 두고 미송리 위 문화층의 연대도 기원전 4세기보다 이전 시기로 소급될 수 있음을 다음과 같이 서술하면서 토광묘를 중심으로 한 기원전 3세기의 검모문화[34] 유적은 틀림없이 고조선 관계 유적이라고 단정하였다.

"미송리와 료동 목양성(牧羊城) 부근 돌무덤과의 관계도 고려한다면 미송리의 문제의 층을 철기 시대로 편년하는 데 무리가 없을 것 같기도 하다. 그러나 미송리를 아직 철기 시대에 이르지 못 한 것으로 보는 견해에도 일정한 근거가 있는 것이다. 그런데 미송리를 청동기 시대 최말엽으로 보는 편에서도, 압록강 류역에서는 그 후 바로 같은 주민이 결국 최초의 철기 시대에 들어 섰다는 것은 인정한다. 그런데 미송리의 문제의 층을 철기 시대로 본다면 우리 나라 철기 시대의 상한은 서기 전 4세기보다는 좀 더 이른 시기로 올라 간다고 보아야 할 것 같다."(고고학 및 민속학 연구소 1961b. 「조선 로동당 제3차 대회 이후 고고학계가 거둔 성과」, 『문화유산』 1961(4), 5쪽)

한편 정찬영(1961)은 만주식 단검(평형동검)과 좁은놋단검의 계승 관계를 논하는 글에서 십이대

---

31 돌각담무덤(積石冢)은 '돌널(石棺) 위를 돌무지(덩이돌)로 덮어 쌓은 것', 그리고 돌상자무덤(石箱墳)은 '돌널 위를 돌판자 뚜껑으로 덮은 것'을 말한다(도유호 1960. 126-128쪽). 당시 북한에서는 원시시대의 돌각담무덤이 발굴된 유적은 없었다(고고학 및 민속학 연구소 1961a. 82쪽). 한편 그는 돌널로 만든 무덤(석관묘)은 고려시대에도 있었기 때문에 원시시대의 경우에는 그것과 구별하여 돌상자무덤(석상분)이라는 용어가 사용되어야 한다고 지적하였다(도유호 1958. 25쪽 ; 1960. 128쪽).

32 문장의 전체적인 내용과 표현 방식 등으로 살펴볼 때 이 글은 고고학 및 민속학 연구소의 소장이었던 도유호에 의하여 작성된 것으로 추정된다.

33 이에 관해서는 황기덕(1963b. 7쪽)을 참조하기 바람.

34 이에 관해서는 이 책의 「고조선 고고학의 형성 과정」을 참조하기 바람.

영자의 발굴 보고에서 언급된 유적의 연대(춘추 말~전국 초)를 인정하며 미송리 유적 위 문화층의 연대는 청동기시대 말기, 곧 기원전 5~4세기로 추정된다는 견해를 밝혔다(정찬영 1962. 25쪽, 주 15 참조). 이와 아울러 그는 만주식 단검이 발견된 운대리(전라남도 고흥군) 무덤은 거석문화의 말기적 현상을 반영하는 변형 고인돌로 구분되어야 하며, 묵방리 변형 고인돌에서도 그와 유사한 양상을 찾을 수 있다고 주장하였다.

미송리 위 문화층의 추정 연대를 둘러싸고 정찬영은 김용간의 견해(청동기시대 말기)를 지지하는 입장을 간접적으로 표명하였지만 황기덕(1963e)은 '비파형동검의 등장 시기=철기시대'라는 시각에서 비파형동검의 상한을 기원전 6세기 말~5세기 초, 곧 전국시대보다 이른 시기로 올려 잡았고, 그 근거를 다음과 같이 제시하면서 비파형동검 시기에 '버선코 모양의 청동제 주머니 도끼'가 병행한다는 점을 들며 이와 유사한 유물이 미송리 위 문화층에서 나왔다고 서술하였다.

"전국 시기에 연(燕) 나라에 린접한 료녕 조양 십이대영자(遼寧朝陽十二台營子)의 비파형 동검 무덤에서 나온 거울의 번개무늬 구도는 역시 전국 시절의 거울 무늬의 선행 형식으로는 볼 수 있어도 전국 시절의 거울 그 대로나 혹은 그 영향으로 볼 수는 없는 것이다. 또 료녕 금서현 오금당(錦西縣烏金塘)의 비파형 동검 시절의 동과(銅戈)도 역시 전국 시절의 것보다는 좀 더 이른 시절의 것이라고 보인다."(황기덕 1963e. 「두만강 류역 철기 시대의 개시에 대하여」, 『고고민속』 1963(4), 9쪽)

당시 황기덕(1963e)은 남산근 유적(내몽고 소오달맹 영성현)(李逸友 1959)의 돌무덤에서 발견된 청동 유물의 몇 가지 특성에 주의를 기울였다. 그는 "첫째, 이 유적에서는 버선코 모양의 청동 도끼와 함께 비파형동검과 유사한 형태의 청동 단검이 동반된다. 둘째, 청동 단검의 칼집(銅鞘, 동초)(그림 19, 2-1)에 새겨진 번개무늬 구도는 십이대영자의 청동 거울에서도 관찰되는데 그러한 무늬 구도는 전국시대의 것보다 선행한다. 셋째, 남산근 유적에서 출토한 청동 유물은 동주(東周)의 춘추시대로 비정된다. 넷째, 동과(銅戈)는 남산근과 오금당 유적에서 출토하였기 때문에 오금당의 비파형동검도 전국시대보다 이전 시기에 해당하는 것으로 보아야 한다."고 주장하였다.

1960년대 중반으로 넘어가는 시점에 김용간(1964b)은 지난 몇 년 동안 논란의 대상이었던 비파형단검의 상한 문제를 결정적으로 해결할 수 있는 글을 발표하였다. 임수진(林壽晋 1963. 54쪽, 주 ①)은 오금당 출토의 동과는 형태적 특징으로 보아 서주(西周) 말에서 춘추 중기에 해당하며, '십이대영자·오금당·후목성역'(後牧城驛, 여대시)(旅順博物館 1960) 등에서 청동 단검이 출토한 무덤의 연대는 '춘추 조기(早期)~서한(西韓) 조기'로 편년될 수 있음을 논하였다. 이에

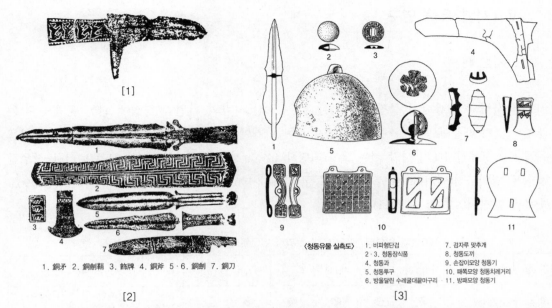

〈청동유물 실측도〉
1. 비파형단검
2·3. 청동장식품
4. 청동과
5. 청동투구
6. 방울달린 수레굴대끝마구리
7. 검자루 맞추개
8. 청동도끼
9. 손잡이모양 청동기
10. 패쪽모양 청동치레거리
11. 방패모양 청동기

[1]   [2]   [3]

1. 銅矛 2. 銅劍鞘 3. 飾牌 4. 銅斧 5·6. 銅劍 7. 銅刀

〈그림 19〉 남산근 유적의 동과[1], 청동 유물[2](李逸友 1959. 276-277쪽) 및 오금당 유적의 청동 유물[3](조선유적유물도감 편찬위원회 1989. 45쪽)

김용간은 임수진이 제시한 동과의 추정 연대 및 무덤의 상한 연대를 고려하며 비파형단검이 '늦어도 기원전 8~7세기경'부터 사용되었다고 추론하였다(김용간 1964b. 17쪽). 이 연대는 철기시대의 상한을 훨씬 벗어나기 때문에 미송리 위 문화층의 성격도 철기시대가 아닌 청동기시대의 범주에서 다루어질 수 있는 계기를 마련하는 데 중요한 역할을 하였다고 생각된다.

이러한 일련의 과정에서 알 수 있듯이 1960년대 초부터 북한 고고학계에서는 돌무덤·변형 돌멘·토광묘 등의 시기적인 맥락, 비파형단검의 등장 시기와 동반 유물의 상호 관계, 미송리 위 문화층의 시기적 속성 등과 관련하여 다양한 논의가 이루어졌는데 이것은 단순히 고고학적인 시대 구분(청동기시대 또는 철기시대)의 문제를 해명하는 데만 국한된 것은 아니었다. 그것은 고조선의 국가 형성 시기 및 영역 중심지, 고조선 국가의 사회 경제적 구성, 국가 성립의 물질적 배경 등을 밝혀내야 하는 당시 고고학계 및 역사학계의 현안 과제와 밀접하게 두루 연계되어 있었다.[35]

---

35 이에 관해서는 이 책의 「고조선 고고학의 형성 과정」을 참조하기 바람.

V. 자연 유물 연구

1. 사람 뼈

조선 사람의 인류학적 특징을 밝히는 것은 조선 사람의 기원과 형성에 관한 문제와 깊은 관계가 있기 때문에(백기하·장우진 1973) 북한 학계에서는 일찍부터 이 분야의 연구에 관심을 두었다.[36] 청동기시대의 사람 뼈는 초도(최명학 1956), 서포항(백기하 1966), 오동(백기하·장우진 1973)[37], 범의구석(백기하 1965), 미송리 동굴(김용간 1961a ; 1961b), 묵방리 고인돌(김기웅 1963) 등에서 발견되었다(표 8 참조).

〈표 8〉 1940년대 말부터 1960년대 초까지 발굴된 청동기시대 유적의 자연 유물 현황

유적(발굴연도)	사람 뼈	짐승 뼈 (포유류)	새 뼈	물고기 뼈	조가비	곡식 낟알	참고문헌
초도 유적(1949)	●	●	●	●	●		고고학 및 민속학 연구소(1956), 최명학(1956)
오동 유적(1954~55)	●	●	●	●	●	콩, 팥, 기장 등	고고학 및 민속학 연구소(1960), 김신규(1963a ; 1970), 백기하·장우진(1973)
금탄리 유적(1955)		●					김용간(1964a)
공귀리 유적(1955)		●					고고학 및 민속학 연구소(1959b)
상매리 석상묘(1957)					●		고고학 및 민속학 연구소(1959d)
지탑리 유적(1957)					●		고고학 및 민속학 연구소(1961a)
미송리 동굴(1959)	●	●	●		●		김용간(1961a ; 1961b ; 1963a), 김신규(1961 ; 1963c)
미림리 쉴바위(1959)		●					고고학 연구실(1960)
범의구석 유적 (1959~61)	●	●			●	수수, 기장	황기덕(1960a ; 1962a ; 1962b ; 1975), 김신규(1963b), 백기하(1965)
묵방리 고인돌(1960)	●						김기웅(1961 ; 1963)
토성리 유적(1960~61)		(?)					리병선(1961), 김신규(1964)
서포항 유적(1960~64)	●	●		(?)	●		김용남(1961), 백기하(1966), 백기하·장우진(1973), 김용간·서국태(1974)
입석리 유적(1962)		●		●	●		리원근·백룡규(1962), 김신규(1965)

* 토성리 유적의 경우, 층서별 시기 구분 없이 짐승 뼈가 보고되었음(김신규 1964).

그 중 초도, 서포항, 오동, 범의구석 유적에서는 비교적 보존 상태가 양호한 머리뼈가 출토되었다.

---

[36] 1960년대에 조선 사람의 기원 문제를 담당한 연구 집단이 조직되었다(리주현·한은숙 2009. 62쪽).

[37] 백기하·장우진(1973. 120쪽)의 글에서는 '함경북도 회령군'이라는 지역 이름만이 표기되었는데 당시 회령군에서 청동기시대의 사람 뼈가 나온 곳은 오동 유적이 유일했기 때문에 그 글에서 언급된 사람 뼈는 오동 유적에서 출토한 것을 가리킨다고 판단된다.

초도 유적의 감정 결과는 1950년대 중반에 발표되었으며, 나머지 유적의 경우는 1960년대 중반 이후에 보고되었다. 한편 20여 기의 변형 고인돌이 조사된 묵방리 유적에서는 20호 고인돌의 관실(길이 180㎝, 너비 80㎝, 깊이 30㎝)에서만 사지뼈와 어금니 2점이 드러났다. 이렇듯 사람 뼈의 보존 상태가 좋지 않은 요인에 대하여 김기웅(1963. 75쪽)은 산성이 강한 토질의 영향이라고 언급하였다.

초도 유적에서 감정된 것은 거의 온전하게 남아 있는 머리뼈 2점을 비롯하여 그것과 관련된 뼈대 부위이다. 두 머리뼈에서 측정된 머리뼈 지수(너비/길이×100)는 모두 중두형(Mesocephalie) 에 속하는 것으로 판별되었다. 그 후 감정이 이루어진 서포항에서는 초단두형(Hyperbrachy-cephalie)·단두형(Brachycephalie), 범의구석에서는 단두형, 그리고 오동에서는 단두형·중두형·장두형(Dolichocephalie)이 확인되었다. 전체적으로 보아 단두형 계열의 빈도수가 상대적으로 약간 높게 나타났다(표 9 참조).

초도 유적에서 출토한 머리뼈의 성별 판정은 그와 동반된 골반의 형태적 특징에 의하여 남자(제10호, 20세 전후)와 여자(제1호, 60~70세)의 것으로 각각 분류되었다(그림 20). 한편 제1호 머리뼈의

〈표 9〉 머리뼈 지수에 의한 청동기시대 유적별 두개골 생김새 분류

구분	초도	범의구석	서포항	오동
초단두형(아주 짧은 머리형)			●	
단두형(짧은 머리형)		●	●	●
중두형(중간 머리형)	●			●
장두형(긴 머리형)				●
참고문헌	최명학(1956)	백기하(1965)	백기하(1966)	백기하·장우진(1973)

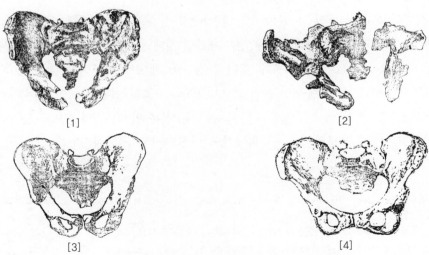

[1]　　　　　　　　　　[2]

[3]　　　　　　　　　　[4]

〈그림 20〉 [1] 제10호, [2] 제1호, [3] 현대 조선 남자(37세), [4] 현대 조선 여자(70세) 골반의 앞모습(최명학 1956)

위턱 이틀 부분에서는 오른쪽 큰 어금니 3점 등이 인위적으로 발치(拔齒)되었을 가능성이 관찰되어 주목을 받았다(최명학 1956).

2. 짐승 뼈(포유류)

원시 유적에서 드러난 포유 동물상에 대한 연구는 과거 자연 환경의 성격과 변화 과정을 밝혀내고, 그러한 자연적 조건에 어울려 살았던 과거 사람들의 삶의 모습을 재구성하는 데 필요한 자료를 제공한다. 따라서 신석기시대뿐만 아니라 청동기시대 유적에서 드러난 짐승 뼈를 감정하고 종적 구성을 분석하는 일은 사냥과 집짐승치기의 상호 관계 및 생업 활동과 관련된 사회 경제 생활의 형편을 복원하는 과제와 밀접하게 연관된다(김신규 1970 ; 황기덕 1970).

북한의 고고학계에서 이루어진 동물 유골 분석, 특히 포유류 짐승 뼈의 종 감정과 종적 구성에 관한 연구 수준은 대체로 1960년 전후를 기준으로 그 이전과 이후로 나누어 보는 것이 가능하다고 말할 수 있다. 전자의 사례는 『라진 초도 원시 발굴 보고』(고고학 및 민속학 연구소 1956)에서 엿볼 수 있다. 해방 이래 당시까지 조사된 유적 가운데 여러 종류의 수많은 뼈연모 등과 함께 각종 자연 유물이 드러난 것은 초도 유적의 경우가 처음이었다(표 8 참조). 조개층(貝層)이었던 만큼 유물의 보존 상태도 상대적으로 좋았으며 사람 뼈가 나오기도 하였다.

초도 유적 발굴 보고서를 내면서 관심의 대상이었던 것 가운데 하나는 가축 및 축력(畜力)에 의한 농경의 존재 여부를 확인하여 이와 관련된 생업 경제의 특성을 밝히는 문제였다고 생각된다(고고학 및 민속학 연구소 1956. 51쪽 참조). 그렇지만 관계 분야 전공자가 없었기 때문에 당시에는 속(Genus) 단위의 매우 초보적인 분류[38]만이 가능했다.

신석기시대의 온천군 궁산 유적(1950년 발굴)에서 사슴, 노루, 삵, 개, 물소 등의 짐승 뼈가 발굴된 것으로 보고되었으나 정확한 종 감정은 미흡한 상태였으며[39], 중국 과학자 배문중(裴文中)의 도움을 받아 물소(Bubalus sp.)의 뿔에 대한 감정만이 제대로 이루어질 수 있었다(고고학 및 민속학 연구소 1957c). 청진 농포리 유적(1956년 발굴)(고고학 연구실 1957)에서도 여러 종류의 짐승 뼈가 나왔지만 정확한 종 감정을 수행할 수 있는 전문 인력은 뒷받침되지 못하였다. 그러한 문제는 청동기시대의 초도와 오동 유적에서도 마찬가지로 되풀이되었다.

---

38 "사슴 속(*Cervus*), 노루 속(*Capreolus*), 개 속(*Canis*), 돼지 속(*Sus*), 토끼 속(*Lepus*)"으로 분류되었는데, 소 종류는 출토하지 않았다.

39 궁산 유적의 짐승 뼈는 현재 "오소리, 개, 표범(*Panthera pardus*), 너구리(*Nyctereutes procyonoides*), 복작노루(*Hydropotes inermis*), 멧돼지, 노루, 사슴(꽃사슴), 집물소(*Bubalus bubalus* cf. *domestica*)" 등으로 분류되고 있다(김흥걸 외 2009. 184-249쪽 참조).

이에 고고학 및 민속학 연구소에서는 고동물학 분야의 전문가를 양성하기 위한 계획을 착수하여 김신규를 레닌그라드(상트 페테르부르크)에 보냈다(도유호 1957 ; 고고학 및 민속학 연구소 1960. 「머리말」참조). 귀국 이후, 김신규(1961)는 미송리 동굴에서 나온 짐승 뼈의 초보적인 감정 결과를 먼저 발표하였다. 당시 논란의 여지가 많았기 때문에 미송리 동굴유적을 대상으로 한 분석이 먼저 진행되었을 것으로 짐작된다.

미송리 동굴에서는 150여 개의 동물 유골이 나왔는데 대부분의 유골은 석회암을 채석하는 과정에서 출토하였다. 미송리 위 문화층에서 찾은 뼈의 수량은 적은 편이었으나 그 가운데 범(호랑이)과 집돼지 뼈가 포함되어 주목을 받았다(표 10 참조).

〈표 10〉 미송리 동굴 위 문화층에서 출토한 동물 유골(김신규 1961 ; 1963b)

구분	종	뼈수	마리수
조류	꿩 Phasianus sp.	1	1
포유류	범 Felis tigris	2	1
	멧돼지 Sus scrofa	1	1
	집돼지 Sus scrofa domestica	2	2
	노루 Capreolus capreolus	1	1
	말사슴(누렁이, 적록) Cervus elaphus	1	1

* 종의 분류 명칭에 대해서는 김신규(1970)를 참고하기 바람.

조가비의 석회질 물질은 동물 유체의 부식을 자연적으로 방지하는 역할(한흥수 1950. 14쪽)을 하지만, 앞에서 말한 것처럼 산성이 강한 토질에서는 뼈의 보존 상태가 일반적으로 좋지 않다(김기웅 1963. 75쪽). 예를 들어 금탄리(대동강 유역, 남강 하류)와 공귀리(압록강 유역, 독로강 연안)에서 약간의 뼈 조각이 나왔으나 보존 상태가 나빠서 원형을 확인하기 어려웠다. 반면에 두만강 유역의 오동(회령천)과 범의구석, 대동강 유역의 미림리 쉴바위와 입석리(남강 하류) 등의 유적에서는 적지 않은 양의 짐승 뼈가 발굴되어 관심을 끌며, 상대적으로 각종 뼈연모의 보존 상태도 양호한 편이다. 따라서 유적의 형성 과정과 관련하여 그 요인을 밝혀내는 것은 앞으로 또 다른 연구 과제가 될 것으로 생각된다.

미송리 동굴 이후, 오동(김신규 1963a), 범의구석(김신규 1963b), 입석리(김신규 1965) 등에서 조사된 짐승 뼈의 초보적인 감정 결과가 보고되었다. 그리고 그러한 유적을 포함하여 초도 및 서포항 등에서 드러난 짐승 뼈를 종합적으로 정리, 고찰한 글이 김신규(1970)에 의하여 발표되었다.

오동 유적에서 6기의 청동기시대 집자리가 발굴되었다. 짐승 뼈는 2호·4호·5호·8호 집자리에서 출토하였고(표 11), 그 중 4호·8호 집자리에서는 50여 점이 발견되었다. 1호·3호 집자리에서는 전혀 나오지 않았다.

〈표 11〉에서 볼 수 있듯이 신석기시대의 농포리 유적(김신규 1962)에서 확인되었던 개 종류는 청동기시대에도 계속 유용한 가축으로 사육되었을 가능성을 보여준다. 집돼지는 오동과 미송리 위 문화층에서 드러나 집돼지를 기르는 모습이 당시 청동기인들에 낯선 광경이 아니었을 것으로

<표 11> 오동 유적의 청동기시대 집자리에서 출토한 짐승 뼈의 종적 구성과 마리수

구분	2호	4호	8호	5호
멧토끼 Lepus manchuricus			●(1)	
등줄쥐 Apodemus agrarius		●(4)	●(1)	●(1)
오소리 Meles meles		●(1)	●(4)	
개 Canis familiaris		●(4)	●(1)	
고양이과 Felidae		●(1)		
멧돼지 Sus scrofa			●(6)	
집돼지 Sus scrofa domestica	●(2)	●(1)		
노루 Capreolus capreolus		●(1)	●(23)	
누렁이 Cervus elaphus		●(1)	●(4)	●(1)
소 Bos cf. taurus				●(1)
사향노루 Moschus moschiferus		●(1)		
마리수 합계	2마리(3.4%)	14마리(23.7%)	40마리(67.8%)	3마리(5.1%)
시기 구분 (김용남·김용간·황기덕 1975)	오동 1기	오동 2기		오동 3기
	-아래층(청동기시대 전기) -기원전 2천년기			-위층(청동기시대 후기) -기원전 1천년기 전반기

* 종의 분류 명칭에 대해서는 김신규(1970)를 참고하기 바람.

짐작된다. 소 종류의 가축은 오동 유적의 청동기시대 위층에서 처음으로 보고되었다.[40] 김신규 (1963a)는 오소리와 누렁이 등을 산업 수류(獸類)로 구분하였는데, 전자는 기름과 가죽(39쪽), 그리고 후자는 노루 한 마리보다 5~6배가 넘는 고기를 제공한다(42쪽)고 서술하였다. 한편 감정된 짐승의 마리수는 4호와 8호 집자리, 특히 8호 집자리(40마리분, 67.8%)에서 가장 높은 비율을 차지하는데, 이와 같은 양상은 사적 재산의 소유 관계에 서로 차이가 있었음을 반영할 가능성이 충분한 것으로 해석될 수 있다.

흑요석 활촉이 짐승 뼈에 부러진 채로 박힌 유물이 오동 유적에서 보고되었다(그림 21). 이 뼈는 사슴 종류의 허벅지뼈(대퇴골, femur) 끝부분(distal end)에 해당한다.[41] 오동 유적에서는 많은 수량의 흑요석 활촉이 나온 바 있어 이 짐승 뼈는 당시의 사냥 활동을 복원하는 데 좋은 참고가 되리라고 생각된다.

1959~61년 사이, 다섯 차례에 걸쳐 발굴된 범의구석에서는 약 42기에 이르는 집자리가 조사되었다(황기덕 1975).[42] 발굴된 집자리의 규모나 수량뿐만 아니라 이 유적에서는 신석기시대, 청동기시대 및 초기 철기시대에 해당하는 각종 짐승 뼈가 많은 양으로 발견되어 주목을 받았다. 이와 같이 여러 시기에 속하는 짐승 뼈가 단일 유적에서 출토한 사례는 범의구석 유적의 경우가

---

40 말 뼈(Equus sp.) 1점은 제2구획 교란층에서 나왔다(김신규 1963a. 41쪽 ; 1970. 30쪽).

41 도움말을 준 연세대학교 사학과의 조태섭 교수님께 감사를 드린다.

42 "신석기시대 : 10기, 청동기시대 이른 시기 : 4기, 청동기시대 늦은 시기 : 12기, 철기시대 : 16기"(황기덕 1975 참조).

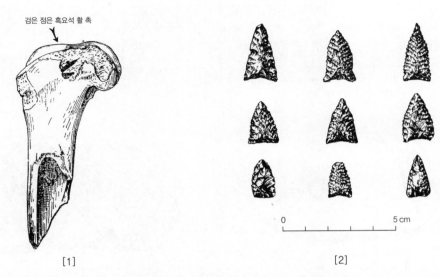

〈그림 21〉 [1] 흑요석이 박힌 사슴 종류의 허벅지뼈, [2] 출토된 흑요석 활촉(고고학 및 민속학 연구소 1960. 55쪽, 도판 XXIV)

처음이라 생각된다. 아울러 시대별로 다양한 성격을 지닌 짐승의 종적 구성(표 12)은 멧짐승과 집짐승의 상호 관계, 집짐승의 등장 시기, 그리고 산업 수류의 빈도수 등을 살피는 데 유익한 정보를 제공하였다.

〈표 12〉 범의구석에서 드러난 포유류 짐승의 시대별 종적 구성 관계

구분	신석기시대	청동기시대		철기시대
		이른 시기	늦은 시기	
멧토끼 Lepus manchuricus			●	●
수달 Lutra lutra				
검은돈 Martes zibelina		●	●	●
산달 Martes flavigula				●
오소리 Meles melanogenis		●		●
곰(검은곰) Ursus(Selenarctos) tibetanus	●			
큰곰(갈색곰) Ursus arctos			●	
개 Canis familiaris	●	●	●	●
범 Felis tigris		●		
멧돼지 Sus scrofa	●	●	●	●
집돼지 Sus scrofa domestica	●	●		
사향노루 Moschus moschiferus	●	●		
노루 Capreolus capreolus	●		●	
사슴(꽃사슴) Cervus nippon			●	●
누렁이(말사슴) Cervus elaphus	●	●	●	●
산양 Nemorhedus goral	●		●	●
소 Bos cf. taurus			●	
말 Equus sp.				●

시기 구분 (김용남·김용간·황기덕 1975 ; 황기덕 1975)	범의구석 1기	범의구석 2기	범의구석 3·4기	범의구석 5·6기
	−신석기시대 후기 −기원전 3천년기 후반기	−청동기시대 전기 −기원전 2천년기	−청동기시대 후기 −기원전 1천년기 전반기	−철기시대 −기원전 1천년기 후반기

* 종의 분류 명칭에 대해서는 김신규(1970)를 참고하기 바람.
* '수달'은 제5구획(시굴 지점)에서 출토하였음.

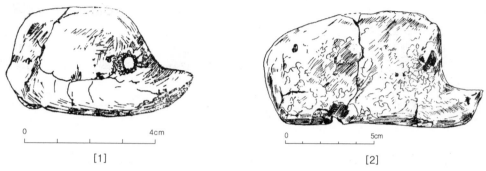

〈그림 22〉 범의구석에서 출토한 돼지 조소품 [1] 4기층(8호 집자리), [2] 5기층(27호 집자리)(황기덕 1975. 188쪽, 204쪽)

첫째, 전반적으로 청동기시대 이후부터 집짐승(개, 집돼지, 소, 말 등) 비율이 멧짐승보다 높아지는 경향을 보인다. 둘째, 집돼지는 신석기시대에 이미 존재하였던 것으로 확인되었다. 49호 집자리[43]에서는 비교적 보존 상태가 좋은 13개의 집돼지 머리뼈가 출토하여 돼지치기의 비중이 당시 생활에서 중요한 역할을 담당하였던 것으로 나타났다(김신규 1963b. 20쪽). 청동기시대 또는 철기시대 문화층에서 흙으로 빚어 만든 돼지 조소품(그림 22)이 적지 않게 출토한 것은 그와 같은 점을 뒷받침해준다고 볼 수 있다. 셋째, 소 종류는 청동기시대 후기, 그리고 말 종류는 철기시대에 부림짐승(役畜)으로 이용되었음을 알려주었다. 넷째, 전 시기에 걸쳐 멧돼지, 사향노루, 누렁이(말사슴) 등의 멧짐승은 당시 청동기인의 먹잇감으로 계속 활용되었다. 다섯째, 품질이 매우 뛰어난 털가죽을 제공하는 검은돈이 청동기시대와 철기시대의 문화층에서 드러나 관심을 끌었다(김신규 1963b ; 1970).

범의구석 유적에서는 돼지의 주걱뼈(견갑골, scapula)[44]를 이용한 점뼈(卜骨)가 여러 점 발견되었다(그림 23 참조). 점뼈는 청동기시대 후기 문화층(4기층, 8호·14호 집자리)과 철기시대 문화층(6기층, 17호 집자리) 등에서 출토하였다(황기덕 1960a ; 1975). 이러한 점뼈 유물의 등장에 대하여 황기덕(1963d)은 신(神)과 영적으로 소통하여 점괘(占卦)를 풀이하고 길흉을 판단할 수 있는

---

43 김신규(1963b. 20쪽)는 '청동기시대 늦은 시기'로 보고하였으나 황기덕(1975. 196-197쪽)에서는 '범의구석 5기층(철기시대)'으로 분류되었다.

44 이에 관해서는 황기덕(1962b. 13쪽)을 참조하기 바람.

특수한 능력의 소유자, 곧 샤먼의 출현을 반영하는 것으로 해석하였다. 또한 초도 유적에서 출토한 유물(청동 방울, 원판형기, 가락지, 달아매는 장식품)(그림 1 참조)은 샤먼의 소지품과 밀접한 관련이 있다고 언급하며 두만강 유역 일대와 그 주변 지역의 청동기시대 주민에게 샤머니즘이 보급되었다는 견해를 밝혔다. 이렇듯 자연 유물과 인공 유물의 상호 비교, 검토를 통하여 당시 북한 고고학계는 청동기시대의 신앙적인 특성을 구명하는 데에도 관심을 기울였다.

대동강 지류인 남강 하류에 위치한 입석리 유적에서는 팽이그릇 관계 집자리가 발굴되었다. 이곳에서 출토한 짐승 종류는 12종[45]으로 구성되었다(리원근·백룡규 1962 ; 김신규 1965 ; 1970). 조사된 집자리의 수량(2기)에 비하여

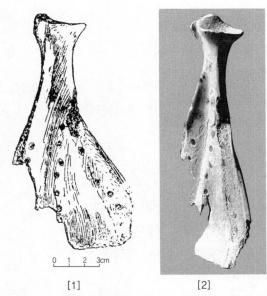

〈그림 23〉 범의구석 4기층(청동기시대 후기)의 점뼈(길이 14.2cm). [1](황기덕 1963d. 34쪽), [2](조선유적유물도감 편찬위원회 1988. 204쪽)

짐승 뼈의 출토 비율은 높은 편이라고 생각된다. 짐승 뼈의 종적 구성은 고기용 짐승(멧돼지, 사향노루, 복작노루, 사슴)과 가죽용 짐승(수달, 오소리, 너구리)이 주로 수렵 대상이었음을 알려준다. 동북 지방과 다르게 복작노루(고라니, *Hydropotes inermis*)가 출토하였던 반면에 산양 종류는 없었다. 집짐승 종류의 대부분은 동북 지방의 유적과 동일하게 나타났다(김신규 1965 ; 1970).

한편 김신규(1970)는 초도 유적에서 발견된 짐승 뼈를 재감정하여 큰곰, 여우(*Vulpes vulpes*), 개, 멧돼지, 사향노루, 노루, 사슴(꽃사슴), 누렁이(말사슴), 산양, 소 및 바다사자(*Zallophus califomus*) 등을 확인하였다. 초도는 규모가 작은 섬(동서 2.2㎞, 남북 3.6㎞)인 데 비하여 유적에서 출토된 짐승은 상당히 다양한 종류로 구성되었음을 알 수 있다. 다시 말해서 초도 유적에서 드러난 짐승 종류(10여 종, 50여 마리분)(김신규 1970. 74쪽)의 거의 대부분은 육지에서 유입되었을 가능성이 높다고 판단된다. 이런 점은 당시 초도와 육지 사이(거리 2.5~9㎞)를 연결하는 일정한 교역망이 형성되었음을 추정할 수 있도록 해준다. 그리고 여기에는 자연 유물과 함께 각종 인공 유물의 교역도 깊게 관여되어 있었을 것으로 생각된다.

---

45 "멧토끼, 수달, 오소리, 너구리, 개, 멧돼지, 집돼지, 사향노루, 복작노루, 노루, 사슴(꽃사슴), 소"

3. 기타

1) 새 뼈

새 뼈는 초도, 오동, 미송리 동굴유적에서 발견되었다. 오동과 미송리에서 출토한 것은 꿩 종류(*Phasianus sp.*)로 감정되었다.

2) 물고기 뼈

물고기 뼈는 초도, 오동, 입석리 유적 등에서 출토하였다. 그 가운데 초도에서는 바다 물고기, 입석리에 서는 강 물고기(숭어)(리원근·백룡 규 1962) 뼈가 감정되었으나 오동 유적에서는 감정이 이루어지지 않았 다. 초도 유적에서는 8종에 이르는 바다 물고기 종류가 검출되었다(표 13). 발굴 보고에는 1차의 초보적인 감정 결과가 수록되었으며, 그 후 학

〈표 13〉 초도 유적에서 감정된 바다 물고기 종류

1차 감정	장국종(2010)	학명
방어	방어	*Seriola quinqueradiata*
명태	명태	*Theragra chalcogramma*
상어	돔발상어(돔바리, 돔바리상어 등)	*Squalus mitsukurii*
복사리	보가지(검복, 복쟁이, 참복)	*Fugu porphyreus*
열기	열기(볼락, 열기꺽지, 뿔수염어 등)	*Sebastodes inermis*
나르매	나루매(함북삿치, 별빙어)	*Plecoglossus altivelis*
망챙이	고무망챙이(고무꺽정이 등)	*Dasycottus japonicus*
가재미	참가재미	*Limanda herzensteini*

* 라틴어 학명은 『한조동물명칭사전(漢朝動物名稱事典)』(료녕인민출판사 1982)을 따랐음.
* ( ) 안은 달리 부르는 이름을 가리킴.

명이 바뀌고 명칭이 재정리된 내용은 장국종(2010. 12-16쪽)의 글에서 찾을 수 있다.

물고기 뼈와 관련하여 초도 유적의 발굴 보고에서 특기되는 것은 두 가지 점으로 요약될 수 있다고 말할 수 있다. 첫째, 지방 어민과 국립수산시험장 청진 지부에 의하여 물고기 종류가 종(Species) 단위로 판정 및 검색되었다는 점이다. 둘째, 여기에서 한걸음 더 나아가 물고기 잡이와 연관된 인공 유물의 사용 복원도가 제시되었다는 점이다. 특히 후자는 활 낚시[46], 찔게(찔 개)[47], 소왜[48], 외쉬[49] 등 다양한 방법을 이용하여 바다 자원을 획득했던 초도 청동기인의 생활 모습을 머리에 그려볼 수 있게 하여 눈길을 끈다(그림 24).

---

[46] "나무를 활등처럼 후리고 양끝 가장자리의 아래를 줄로 메운 다음, 가운데 부분에 둥글고 납작한 돌(활돌)을 동여맨다. 활의 양 끝에 낚싯줄을 매달고 활돌 위에 굵은 끈을 길게 매여 물속에 늘어뜨려 고기를 낚는다. 활을 물속 깊이 늘어뜨리려면 낚싯줄에 밧돌(낚싯봉)을 묶어 단다."(고고학 및 민속학 연구소 1956. 18쪽)

[47] "끝이 뾰족한 것으로 물고기를 찔러 잡는 도구"(고고학 및 민속학 연구소 1956. 19쪽).

[48] "긴 작대기 끝에 낚싯바늘처럼 생긴 것을 달아 묶어 바닷가에서 물고기나 낙지 등을 잡는 연장"(고고학 및 민속학 연구소 1956. 19쪽).

[49] 함경북도 해안 지방 방언. "육지 가까이에서 노는 물고기를 잡는 데 쓰는 창"(고고학 및 민속학 연구소 1956. 17쪽).

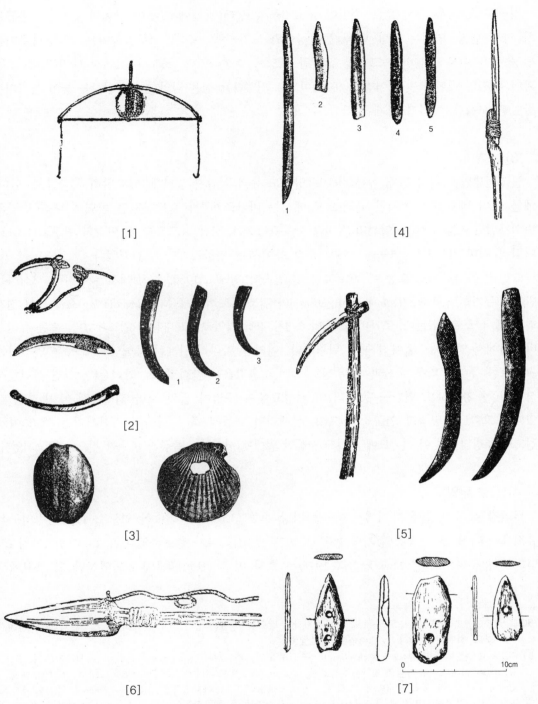

[1]

[2]

[3]

[4]

[5]

[6]

[7]

〈그림 24〉 재래식 활[1], 조립식 낚싯바늘 복원도와 관계 유물[2], 밧돌(낚싯봉)[3], 찔게 복원도와 관련 유물[4], 소왜 복원도와 관계 유물[5], 외쉬 복원도와 관계 유물[6∼7](고고학 및 민속학 연구소 1956 참조)

장국종(2010)은 당시 초도 주민이 물고기들의 생태 습성에 맞추어 방어와 같이 큰 종류는 창·작살·덤장, 명태는 주낙·덤장, 돔발상어와 보가지[50]는 주낙, 고무망챙이는 주낙, 나루매는 덤장 등을 이용하여 바다 고기를 잡았던 것으로 추정하였다. 초도 유적에서 대마(大麻) 또는 황마(黃麻)의 베실과 밧돌(어망추, 93점)이 출토되었다는 점을 감안한다면 덤장을 놓아 물고기를 잡았던 모습을 어렵지 않게 상상할 수 있다.

3) 조가비

물고기뿐만 아니라 조개 종류의 출토 양상도 유적의 입지 조건에 따라 달리 나타날 수 있다. 예를 들어 바닷가에 위치한 유적(초도)에서는 바다조개[51]가 출토하였던 반면에 내륙 강가의 범의구석(황기덕 1960a), 입석리(리원근·백룡규 1962), 지탑리(고고학 및 민속학 연구소 1961a), 미림리 쉴바위(고고학 연구실 1960) 유적 등에서는 민물조개가 발견되었다.

그런데 특이하게도 오동 유적(고고학 및 민속학 연구소 1960. 57쪽)에서는 바다에 서식하는 밥조개[큰가리비, Pecten(Patinopecten) yesoensis]와 귀조개[도끼조개, Mya arenaria japonica] 등이 집자리 안에서 출토하였는데, 조가비 중에 밥조개가 가장 많았고, 그 다음이 귀조개였다. 오동 유적은 바닷가에서 약 80㎞ 떨어진 곳에 위치한다. 이러한 지리적 관계는 동해안과 오동을 연결하는 교통로를 통하여 각종 물산과 생활 정보 등이 오고갔음을 간접적으로 알려준다. 한편 사리원시 상매리(현 황해북도 연탄군 봉재리)의 석상묘에서 구멍이 뚫린 소라 껍질(2점)이 발견된 바 있다(고고학 및 민속학 연구소 1959d). 상매리와 대동강 하류 사이의 직선거리는 약 20여㎞ 정도로 추정되는데 이 석관묘에서 현재 서해안 일대에 서식하는 종류가 출토한 것으로 보고되었다.

4) 곡물 낟알

두만강 유역의 오동 유적에서 콩·팥·기장 종류(고고학 및 민속학 연구소 1960), 범의구석 유적에서 기장·수수 종류(황기덕 1962a ; 1975) 등 잡곡류가 출토하였다(표 14, 그림 25 참조). 범의구석 유적의 발굴 보고(황기덕 1975)는 조사 이후 14년 뒤에 발표되었지만 그 보고에는

---

50 장국종(2010. 15쪽)은 초도 유적에서 보가지가 나왔다는 사실은 당시 초도 근해의 해양 조건과 해류 관계가 지금보다 얼마간 달랐음을 알려준다고 언급하였다.

51 "함박조개[북방대합, Mactra sachalinensis], 귀조개[도끼조개, Mya arenaria japonica], 밥조개[큰가리비, Pecten (Patinopecten) yesoensis], 빼풀조개[작은주걱조개, Chlamys pica], 뱁조개[바지락, Paphia philippinarum], 굴[석굴, 태생굴, Ostrea circumpicta], 싸리조개[밤색무늬조개, Glycimeris vestita], 털섭[아기털홍합, Trichomya hirsutus], 섭[홍합, Mytilus crassitesta], 중성게[보라성게, Anthocidaris crassispina], 성게[분홍성게, Pseudocentrotus depressus], 골뱅이류". [ ] 안의 명칭과 학명은 『한조동물명칭사전(漢朝動物名稱事典)』(료녕인민출판사 1982), 『한국동물명집』(한국동물분류 학회 1997)을 따랐음.

<표 14> 범의구석 2기층과 3기층의 집자리에서 나온 낱알 종류와 출토 유물(황기덕 1975 참조)

구분 (길이×너비)		낱알 종류	출토 유물(%)	농경 관련 유물					
				소계	반달칼	낫	곰배괭이	갈돌	
								갈돌판	갈돌대
3기층	31호 집자리 (5.4×4.6m)	기장 가루 (기장 껍질 섞임)	28점 (9.5%)	1점	1				
2기층	15호 집자리 (8.5×5.5m)	기장 가루, 수수	147점 (49.7%)	14점	5		1	2	6
	20호 집자리 (4.7×4.0m)	기장 가루	22점 (7.4%)	5점	3				2
	35호 집자리 (8.2×5.2m)	기장 가루	20점 (6.8%)	3점	1				2
	40호 집자리 (6.1×?m)	기장 가루	79점 (26.7%)	6점	3	1	1		1

* 각 집자리의 규모에 관해서는 김용남 외(1975)를 참조하기 바람.
* '출토 유물'의 종류는 토기를 제외한 "활촉(타제, 마제), 찔개살(돌, 뼈), 창끝, 도끼, 대패, 반달칼, 낫, 곰배괭이, 갈돌(갈돌판, 갈돌대), 숫돌, 썰개톱, 흑요석기, 뼈수정구, 뼈끌, 뼈낚시, 뼈바늘, 가락바퀴(돌, 흙), 찰갑쪽, 둥근 자갈돌 등"을 가리킴(황기덕 1975. 표 2, 표 3 참조).

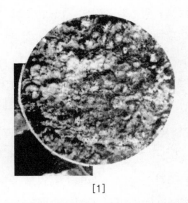 

[1] [2]

<그림 25> 범의구석에서 나온 기장 껍질[1](31호 집자리), 수수 알[2](15호 집자리)(황기덕 1975. 도판 10, 20)

당시의 사회 모습을 이해하는 데 이바지할 수 있는 내용이 담겨 있어 여기에 덧붙이기로 한다.

범의구석 유적의 2기층 집자리(4기)는 모두 동시에 화재를 당한 것으로 나타났다. 이 과정에서 불의 영향을 받아 집자리에서 발견된 기장 가루는 회색 유기질 가루처럼 변하였다. 2기층의 집자리에서는 화덕 가에 놓인 토기 주변에서 기장 가루가 발견되어 당시의 부엌살림을 재현하는 데 도움을 준다. 3기층의 31호 집자리에서는 그 가루 속에 기장 껍질이 섞여 있었다.

2기층의 집자리 중에서 가장 많은 양의 기장 가루가 드러난 곳은 15호 집자리이다. 깨진 큰 항아리 부근에 쌓인 기장 가루 층의 두께는 약 15㎝이고, 지름은 150㎝ 정도에 이른다. 2·3기층의 집자리 가운데 토기를 제외한 출토 유물(석제품, 토제품, 뼈 유물 등)의 종류가 다양하면

〈그림 26〉 범의구석에서 나온 뼈 찰갑쪽[1](큰 것 : 길이 12.6cm, 너비 2.9cm)과 삼끈[2](조선유적유물도감 편찬위원회 1988. 202-203쪽)

서도 수량(147점)도 많을 뿐만 아니라 그 비율(49.7%)이 가장 높은 것은 15호 집자리이다. 이 집자리에서는 농경 관련 유물(14점)도 가장 많은 양으로 출토되었다(표 14). 그 다음은 40호 집자리가 차지한다. 각각의 집자리에서 확인된 잔존 곡물의 양, 집자리의 규모, 출토 유물의 구성·수량·비율에서 나타난 상대적인 차이점은 당시 범의구석 마을의 구성원 사이에 경제적인 불평등 관계가 분화된 정황을 알려준다고 말할 수 있다. 이와 아울러 갑옷에 달았던 것으로 보이는 뼈 찰갑쪽(갑옷미늘, 40호 집자리)(그림 26)의 사회적 기능은 또 다른·의미에서 주목의 대상이 된다.

한편 낟알 종류의 식물 유체 이외에 범의구석 8호 집자리(4기층)에서는 지붕에 펼치거나 벽 가에 붙였던 것으로 추정되는 봇나무(자작나무, *Betula platyphylla*) 껍질이 발견되었다. 이들 껍질은 40~50㎝ 너비로 일정하게 자른 규격품이었으며, 각 껍질 조각이 서로 분리되지 않도록 베실로 꿰맨 흔적이 남아 있었다. 이 집자리에서는 여러 가닥의 베실로 꼬아 만든 삼끈도 함께 출토하였다 (그림 26). 베실의 흔적은 초도의 청동 가락지 안쪽 부분에서도 관찰되었다(고고학 및 민속학 연구소 1956).

Ⅵ. 맺음말

1950년대 중반 도유호(1955)는 초도, 궁산리, 오동 유적 등에서 조사된 고고학적 자료에 근거하여 해방 이후 새롭게 판명된 몇몇 사실에 대하여 언급한 바 있지만 유문토기와 무문토기 및 각종 마제석기를 비롯하여 거석문화의 시대적 소속 관계를 제대로 밝힐 수 없었던 연구상의 한계를 지니고 있었다. 그로부터 약 2년 뒤, 1957년에 발굴된 지탑리 유적의 발굴 성과는 북한 원시 고고학 분야가 비약적으로 발전하는 데 핵심적인 토대가 되었다고 볼 수 있다. 다시 말해 지탑리 유적의 발굴을 계기로 북한의 청동기 고고학 분야는 새로운 전환기를 맞이하게 되었다. 따라서 1957년이라는 시점은 북한의 청동기 고고학 연구가 체계적으로 성립되는 데 있어 매우 중요한 학사적 의의를 지니는 것으로 평가될 수 있다.

앞에서 말한 것처럼 지탑리 유적에서 확인된 신석기시대와 청동기시대 문화층의 층서적인 맥락은 독자적인 거석문화시대(청동기시대)의 존재를 조선 원시 고고학의 시기 구분 체계에 확립할 수 있는 연구 기반을 마련해 주었고, 이에 따라 일제강점기 이래 지속적으로 제기되었던 금석병용기설의 논리적인 허구성이 결정적으로 드러나게 되었다.

지탑리 유적의 발굴을 전후하여 집자리, 돌상자무덤(석상분), 고인돌 등에서 출토한 유물 양상은 거석문화를 청동기시대로 편년하는 데 필요한 자료를 제공하였다. 특히 국부적인 범위를 벗어나며 서북과 동북 지방 일대의 원시 유적을 관통하는 마제석기 종류의 일관된 속성, 그리고 마제석기와 청동 유물을 동반하는 다양한 유적의 성격 등은 북한 고고학의 시대 구분 체계에 청동기시대를 편입시킬 수 있는 적극적인 자료로 활용되었다. 이와 아울러 고인돌의 구조 형식을 북방식 또는 남방식이라고 구분하는 지리적 분류 기준이 그동안 잘못 적용되었다는 사실도 검증될 수 있었다. 이렇듯이 청동기시대의 존재가 명백하게 확인됨에 따라 우리나라 원시시대의 편년 체계를 신석기시대, 청동기시대, 철기시대로 시기 구분하는 구체적인 시도가 1950년대 말 무렵에 이루어졌다(도유호 1958).

정전협정 이후, 1954년부터 1963년까지의 10년 동안 북한에서는 어림잡아 고인돌 약 72기(전형 8기, 변형 약 64기), 돌상자무덤 11기, 집자리 70여 기 등을 비롯하여 동굴유적 1개 지점이 조사되었다. 함경남도와 강원도를 제외한 거의 전 지역에서 청동기시대의 유적이 발굴되었다. 여기에서 드러난 각종 유구, 유물의 성격과 특징은 청동기시대의 지역적인 문화 양상의 상호 관계를 전반적으로 파악하는 데 이바지하였다. 반면에 남한의 경우(고인돌 : 약 30여 기, 집자리 : 5기 이하)는 그에 비교할 수 없을 정도로 조사 규모에 있어 매우 빈약한 편이었다.

이 글의 앞부분에서 언급한 것처럼, 도유호(1958)는 청동기시대가 기원전 7세기에서 3세기에 이르기까지 약 400년 동안 존속하였던 것으로 추정하였다. 그 후 지속적으로 이루어진 일련의 연구 과정(부록 1 참조)을 통하여 1960년대 중반에 와서는 청동기시대의 상한을 기원전 2천년기 전반기로 소급하였다. 리병선(1965)은 쌍학리와 신암리 유적(리병선 1965)에서 출토한 토기를 검토하여 그와 같은 유형의 토기 연대는 기원전 2천년기 전반기에 해당하는 것으로 추론하였다. 그 뒤 신암리 유적의 제2문화층에서 청동 칼과 청동 단추가 발견됨에 따라 이 문화층은 미송리 위 문화층보다 선행하는 것으로 인정하게 되었다(김용간·리순진 1966 ; 신의주력사박물관 1967).

이러한 청동기시대의 상한에 대한 편년 안은 큰 변화가 없이 『조선원시고고학 개요』(고고학연구소 1971), 『조선고고학개요』(고고학연구소 1977), 『조선고고학전서(고대편)』(박진욱 1988)에도 적용되었다.

1960년대 초 북한 고고학계의 주된 논쟁거리 가운데 하나는 미송리형 토기 및 비파형단검 등과 동반되거나 또는 그와 관련된 유적과 유물의 상호 관계와 그 시기를 밝히는 일이었다고 생각된다. 특히 이로부터 제기되는 문제는 고조선 국가의 형성과 등장 시기, 고조선의 영역과 중심지 및 고고학적인 시대 배경 등과 밀접하게 연계되어 있었기 때문에 고고학계뿐만 아니라 역사학계에서도 그에 대하여 깊은 관심을 지니고 있었다. 1960년대 중반에 이를 무렵, 김용간 (1964d)은 비파형단검의 상한 연대를 기원전 8~7세기로 추론하였으며. 그 연대는 중국 동북 지방에서 조사된 유적의 편년에도 유효하게 채택되었다(부록 1 참조).

한편 중국 동북 지방의 조사 발굴(조중 공동 고고학 발굴대 1966)을 계기로 첫째, 그동안 확인되지 않았던 돌무지무덤(적석총)이라는 묘제 형식이 청동기시대의 고조선 문화와 매우 밀접한 관계를 맺고 있다는 사실이 처음으로 드러났다. 둘째, 각종 유물의 다양한 구성 관계와 특징은 기원전 1천년기 전반기, 곧 고조선 전기 문화의 전반적인 성격을 종합적으로 재구성하는 데 중요한 역할을 하였다. 셋째, 강상이나 누상 유적 등에서 얻은 고고학적 자료를 지배계급과 피지배계급의 산물로 해석하는 분위기가 굳어지며, 청동기시대의 사회적 여건을 바탕으로 노예 소유자적 국가인 고조선이 출현하는 것으로 인정하게 되었다(김용간·황기덕 1967). 그리고 이에 근거하여 북한 고고학에서는 청동기의 사회 경제적 역할에 관하여 중요한 의미를 부여하지 않았던 엥겔스의 관점을 극복하며 청동기시대에 관한 또 다른 연구 기반을 조성하여 나갔다.

『조선 원시 고고학』(도유호 1960)에 언급되어 있듯이 북한 고고학계에서는 일찍부터 원시시대의 생계 활동 및 생업 경제에 관한 문제 해결에 주의를 기울였다. 청동기시대의 조개무지 뿐만 아니라 강가에 인접한 여러 유적으로부터의 동·식물 유체, 그리고 그에 동반된 각종 인공 유물의 상호 관계는 당시 농경의 성격, 농경 생활에 수반된 가축화된 짐승과 부림짐승의 등장 시기 및 변화 과정, 유적 주변의 육상 및 바다 자원의 획득 수단과 방법 등을 이해하는 데 도움이 되었다. 비록 경작과 직접 관계된 유구(밭, 논, 도랑, 우물 등)는 확인되지 않았지만, 집자리에서 드러난 농경 관련 도구의 구성이 비교적 다양한 양상을 띠고 있어 주목된다. 동북 지방의 신석기시대 또는 청동기시대의 유적에서 적지 않은 양의 흑요석 석제품이 발굴되었다. 앞으로 흑요석의 성분 분석을 통하여 근거리 및 장거리 교역 관계를 포함하는 사회적 교역망이 구체적으로 밝혀지길 기대한다.

참고문헌

『朝鮮歷史』(등사본, 연도 미상). National Archives and Records Administration(미국립문서기록관리청), RG 242 National Archives Collection of Foreign Records Seized, Captured Korean Documents, Doc No. SA 2008. 〈국립중앙도서관, 해외 한국 관련 기록물〉 참조.

강인욱 2008. 「일제강점기 함경북도 선사시대 유적의 조사와 인식」, 『한국상고사학보』 61, 5-34.

강인욱 2015. 「주변의 청동기시대 문화 : 북방지역」, 『한국 청동기문화 개론』, 208-223, 중앙문화재연구원 학술총서 26, 진인진.

경북대학교 박물관 1991. 『대구 대봉동 지석묘. 재발굴조사보고』, 경북대학교 박물관.

고고학 및 민속학 연구소 1956. 『라진 초도 원시 유적 발굴 보고서』, 유적발굴보고 1, 과학원.

고고학 및 민속학 연구소 1957a. 「학계 소식 : 조선에서의 초기 금속 사용에 관한 토론회」, 『문화유산』 1957(1), 118, 102.

고고학 및 민속학 연구소 1957b. 「학계 소식 : 지탑리 유적 발굴 사업 진행」, 『문화유산』 1957(4), 74-75.

고고학 및 민속학 연구소 1957c. 『궁산 원시 유적 발굴 보고』, 유적발굴보고 2, 과학원출판사.

고고학 및 민속학 연구소 1958a. 「학계 소식 : 1957년도 고고학 및 민속학 연구소의 사업 총화와 1958년도 사업 전망」, 『문화유산』 1958(1), 1-5.

고고학 및 민속학 연구소 1958b. 「학계 소식 : 과학원 창립 5주년 기념 학술 보고회」, 『문화유산』 1958(1), 89-91.

고고학 및 민속학 연구소 1958c. 「조선에서의 금속 문화 기원에 관한 토론회」, 『문화유산』 1958(2), 72-78.

고고학 및 민속학 연구소 1958d. 「학계 소식 : 제1차 전국 고고학 토론회」, 『문화유산』 1958(3), 84-86.

고고학 및 민속학 연구소 1958e. 「용어 해설 : 신석기 시대, 동석기 시대, 청동기 시대, 철기 시대」, 『문화유산』 1958(6), 62-64.

고고학 및 민속학 연구소 1959a. 『태성리 고분군 발굴 보고』, 유적발굴보고 5, 과학원출판사.

고고학 및 민속학 연구소 1959b. 『강계시 공귀리 원시 유적 발굴 보고』, 유적발굴보고 6, 과학원출판사.

고고학 및 민속학 연구소 1959c. 「황해북도 황주군 순천리 상동 유적 조사 정리 보고」, 『대동강 및 재령강 류역 고분 발굴 보고』, 17-25, 고고학자료집 2, 과학원출판사.

고고학 및 민속학 연구소 1959d. 「황해북도 사리원시 상매리 석상묘 조사 보고」, 『대동강 및 재령강 류역 고분 발굴 보고』, 41-41, 고고학자료집 2, 과학원출판사.

고고학 및 민속학 연구소 1960. 『회령 오동 원시 유적 발굴 보고』, 유적발굴보고 7, 과학원출판사.

고고학 및 민속학 연구소 1961a. 『지탑리 원시 유적 발굴 보고』, 유적발굴보고 8, 과학원출판사.

고고학 및 민속학 연구소 1961b. 「조선 로동당 제3차 대회 이후 고고학계가 거둔 성과」, 『문화유산』 1961(4), 1-9.

고고학 및 민속학 연구소 1962a. 「학계 소식 : 웅기군 굴포리 서포항동 원시 조개 무지 유적 발굴」, 『문화유산』 1962(6), 66-67.

고고학 및 민속학 연구소 1962b. 「학계 소식 : 녕변군 세죽리 유적 발굴」, 『문화유산』 1962(6), 68-69.

고고학연구소 1977. 『조선고고학개요』, 과학백과사전출판사.

고고학연구소·력사연구소 1969. 「기원전 천년기전반기 고조선 문화」, 『고고민속론문집』 1. 31-139, 사회과학출판사.

고고학 연구실(고고학 및 민속학 연구소) 1957. 「청진 농포리 원시 유적 발굴」, 『문화유산』 1957(4), 45-50.

고고학 연구실(고고학 및 민속학 연구소) 1960. 「미림리 쉴바위 원시 유적 정리 보고」, 『문화유산』 1960(3), 32-38.

국립문화재연구소 2001. 『전국문화유적발굴조사연표(증보판 Ⅱ)』.

권오영 1990. 「원시시대의 인식체계」, 『북한의 한국사인식(Ⅰ)』(안병우·도진순 편), 47-78, 한길사.

김기웅 1961. 「평안남도 개천군 묵방리 고인돌 발굴 보고」, 『문화유산』 1961(2), 45-54.

김기웅 1963. 「평안 남도 개천군 묵방리 고인돌 발굴 중간 보고」, 『각지 유적 정리 보고』, 64-76, 고고학자료집 3, 과학원출판사.

김광진 1955a. 「조선에 있어서의 봉건제도의 발생 과정(상)」, 『력사과학』 1955(8), 11-39.

김광진 1955b. 「조선에 있어서의 봉건제도의 발생 과정(하)」, 『력사과학』 1955(9), 37-68.

김신규 1961. 「미송리 동굴의 동물 유골에 대하여」, 『문화유산』 1961(6), 1-12.

김신규 1962. 「농포 원시 유적의 동물 유골에 대하여」, 『문화유산』 1962(2), 44-60.

김신규 1963a. 「회령 오동 원시 유적의 포유 동물상」, 『고고민속』 1963(3), 37-48.

김신규 1963b. 「무산 범의구석 원시 유적에서 나온 짐승 뼈에 대하여」, 『고고민속』 1963(4), 11-20.

김신규 1963c. 「미송리 동굴 유적의 동물 유골에 대하여」, 『각지 유적 정리 보고』, 20-34, 고고학자료집 3, 과학원출판사.

김신규 1964. 「토성리 유적에서 출토한 짐승 뼈」, 『고고민속』 1964(2), 55-57.

김신규 1965. 「립석리 원시 유적에서 나온 짐승 뼈에 대하여」, 『고고민속』 1965(1), 41-48.

김신규 1966. 「우리 나라 원시 시대 메'짐승에 대하여」, 『고고민속』 1966(2), 4-7.

김신규 1970. 「우리 나라 원시유적에서 나온 포유동물상」, 『고고민속론문집』 2, 73-120, 사회과학출판사.

김영우 1964a. 「중화군 강로리 유적 조사 보고」, 『고고민속』 1964(1), 55-57.

김영우 1964b. 「세죽리 유적 발굴 중간 보고(2)」, 『고고민속』 1964(4), 40-50.

김용간 1958a. 「조선에서의 금속 문화 기원에 관한 토론 : 금석 병용기와 관련하여」, 『문화유산』 1958(2), 72-74.

김용간 1958b. 「강계시 공귀리 원시 유적에 대하여」, 『문화유산』 1958(4), 49-67.

김용간 1959. 「강계시 공귀리 원시 유적의 편년에 대하여」, 『강계시 공귀리 원시 유적 발굴 보고』, 49-78, 유적발굴보고 6, 과학원출판사.

김용간 1961a. 「미송리 동굴 유적 발굴 중간 보고(Ⅰ)」, 『문화유산』 1961(1), 45-57.

김용간 1961b. 「미송리 동굴 유적 발굴 중간 보고(Ⅱ)」, 『문화유산』 1961(2), 23-33.

김용간 1961c. 「우리 나라 금속 문화의 기원에 대하여」, 『력사과학』 1961(5), 50-56.

김용간 1962. 「금탄리 유적 제2 문화층에 대하여」, 『문화유산』 1962(3), 1-18.

김용간 1963a. 「미송리 동굴 유적 발굴 보고」, 『각지 유적 정리 보고』, 1-19, 고고학자료집 3, 과학원출판사.

김용간 1963b. 「미송리 유적의 고고학적 위치 - 년대론을 중심으로 하여 - 」, 『朝鮮學報』 26, 199-222.

김용간 1964a. 「금탄리 원시 유적 발굴 보고」, 유적발굴보고 10, 사회과학원출판사.

김용간 1964b. 「우리 나라 청동기 시대의 년대론과 관련한 몇 가지 문제」, 『고고민속』 1964(2), 8-18.

김용간·리순진 1966. 「1965년도 신암리유적발굴보고」, 『고고민속』 1966(3), 20-31.

김용간·서국태 1972. 「서포항원시유적발굴보고」, 『고고민속론문집』 4, 31-145, 사회과학출판사.

김용간·안영준 1986. 「함경남도, 량강도 일대에서 새로 알려진 청동기시대유물에 대한 고찰」, 『조선고고연구』 1986(1), 24-29.

김용간·황기덕 1967. 「기원전 천년기전반기의 고조선문화」, 『고고민속』 1967(2), 1-17.

김용남 1961. 「서포항 조개무지 발굴 중간 보고」, 『문화유산』 1961(3), 42-59.

김용남·김용간·황기덕 1975. 『우리 나라 원시 집자리에 관한 연구』, 사회과학출판사.

김용남·서국태 1961. 「평양시 서성 구역 와산동 팽이그릇 유적 조사 보고」, 『문화유산』 1961(6), 22-28.

김재원 1959. 「第一編 史前時代」, 『한국사(고대편)』, 1-64, 을유문화사.

김재원·윤무병 1967. 『한국 지석묘 연구』, 국립박물관.

김재효 1958. 「조선에서의 금속 문화 기원에 관한 토론 : 우리 나라 초기 금속 문화의 원류에 대한 몇 가지 문제」, 『문화유산』 1958(2), 77-78.

김정문 1964. 「세죽리 유적 발굴 중간 보고(1)」, 『고고민속』 1964(2), 44-54.

김종혁 1961. 「중강군 장성리 유적 조사 보고」, 『문화유산』 1961(6), 41-51.

김철준 1959. 「濟州島支石墓調査報告」, 『서울대학교 논문집 : 인문사회과학』 9, 67-104.

김홍걸·주학성·김근식 2009. 『조선의 짐승뼈 화석(3)』, 조선고고학전서 57(고생물편 3), 진인진.

도유호 1955. 「조선 석기 시대 사상(史上)에서 새로 판명된 몇가지 사실에 대하여」, 『력사과학』 1955(1), 41-54.

도유호 1956a. 「조선 력사상에는 과연 노예제 사회가 없었는가」, 『력사과학』 1956(3), 15-78.

도유호 1956b. 「서문」, 『라진 초도 원시 유적 발굴 보고서』, 유적발굴보고 1, 과학원.

도유호 1957. 「민족 문화 유산의 계승 발전과 고고학 및 민속학 연구소의 당면 과업」, 『문화유산』 1957(1), 1-10.

도유호 1958. 「조선 원시 문화의 년대 추정을 위한 시도」, 『문화유산』 1958(3), 17-41.

도유호 1959a. 「조선 거석 문화 연구」, 『문화유산』 1959(2), 1-35.

도유호 1959b. 「머리'말」, 『강계시 공귀리 원시 유적 발굴 보고』, 유적발굴보고 6, 과학원출판사.

도유호 1960. 『조선 원시 고고학』, 과학원출판사.

도유호 1961. 「머리'말」, 『지탑리 원시 유적 발굴 보고』, 유적발굴보고 8, 과학원출판사.

도유호 1962. 「신천 명사리에서 드러난 고조선 독널에 관하여」, 『문화유산』 1962(3), 45-60.

도유호 1965. 「서평 : 금탄리 유적 발굴 보고」, 『고고민속』 1965(1), 53.

도유호·김용남 1964. 「우리 나라 구석기 시대와 이른 신석기 시대의 년대론에 대하여」, 『력사과학』 1964(4), 57-59.

도유호·황기덕 1957a. 「지탑리 유적 발굴 중간 보고(1)」, 『문화유산』 1957(5), 20-37.

도유호·황기덕 1957b. 「지탑리 유적 발굴 중간 보고(2)」, 『문화유산』 1957(6), 12-35.

력사연구소 1956. 『조선통사(상)』(1판), 과학원.

력사연구소 1962. 『조선통사(상)』(2판), 과학원출판사.

력사학연구소 1955. 「조선 력사 과학 전선의 과업에 대하여」, 『력사과학』 1955(1), 1-8.

료녕인민출판사 1982. 『한조동물명칭사전(漢朝動物名稱事典)』, 심양.

리병선 1961. 「중강군 토성리 원시 및 고대 유적 발굴 중간 보고」, 『문화유산』 1961(5), 46-63.

리병선 1963. 「압록강 류역의 청동기 시대의 특정적인 토기들과 그 분포 정형」, 『고고민속』 1963(3), 25-36.

리병선 1965. 「압록강 류역 빗살 무늬 그릇 유적들의 계승성에 대한 약간의 고찰」, 『고고민속』 1965(2), 3-11.

리여성 1955. 『조선 미술사 개요』, 국립출판사.

리순진 1965. 「신암리 유적 발굴 중간 보고」, 『고고민속』 1965(3), 40-49.

리원근·백룡규 1962. 「평양시 승호 구역 립석리(立石里) 원시 유적 발굴 간략 보고」, 『문화유산』 1962(4), 71-83.

리정남 1991. 「묵방리고인돌발굴보고」, 『조선고고연구』 1991(1), 1-16.

리주현·한은숙 2009. 『총론』, 조선고고학총서 1, 고고학연구소·사회과학정보쎈터.

박경원 1958. 「昌原郡鎭東面城門里支石墓調査略報告」, 『역사학보』 10, 323-327.

박진욱 1988. 『조선고고학전서(고대편)』, 과학백과사전종합출판사.

박진욱·황기덕·강인숙 1987. 『비파형단검문화에 관한 연구』, 과학백과사전출판사.

배진성 2006. 「남한과 북한 무문토기 편년의 병행관계」, 『한국 청동기시대 편년』(한국청동기학회 편), 355-368.

백기하 1965. 「무산 범의구석 원시 유적에서 나온 인골에 대하여」, 『고고민속』 1965(3), 50-54.

백기하 1966. 「웅기 서포항 원시 유적에서 나온 인골」, 『고고민속』 1966(2), 28-30.

백기하·장우진 1973. 「조선사람머리뼈의 인류학적특징」, 『고고민속론문집』 5, 110-133, 사회과학출판사.

서국태 1964. 「신흥동 팽이그릇 집자리」, 『고고민속』 1964(3), 35-45.

석광준 1962. 「황해북도 연산군 공포리 무덤 떼 발굴 간략 보고」, 『문화유산』 1962(1), 60-69.

석광준 1979. 「우리 나라 서북지방 고인돌에 관한 연구」, 『고고민속론문집』 6, 109-182, 과학백과사전출판사.

석광준 2009a. 『북부조선지역의 고인돌무덤(1)』, 조선고고학전서 15(고대편 6), 진인진.

석광준 2009b. 『북부조선지역의 고인돌무덤(2)』, 조선고고학전서 16(고대편 7), 진인진.

손준호 2006. 『청동기시대 마제석기 연구』, 한국고환경연구소 학술총서 2, 서경.

신의주력사박물관 1967. 「1966년도 신암리유적발굴간략보고」, 『고고민속』 1967(2), 42-44.

아·드·우달쪼브(이효준 역) 1950. 「物質文化史研究院三十年」, 『문화유물』 2, 87-94, 문화유물출판사.

안재호·노혁진·장호수·오강원·강인욱 2009. 『동북아 청동기문화 조사연구의 성과와 과제』, 학연문화사.

오강원 2006. 『비파형동검문화와 요령 지역의 청동기문화』, 청계.

오강원 2008. 『서단산문화와 길림 지역의 청동기문화』, 학연문화사.

요하임 헤르만(김재상 옮김) 2012. 「『가족, 사유재산, 국가의 기원』에 대하여」, 『가족, 사유재산, 국가의 기원』, 311-362, 두레.

유적조사연구실 편집 2001. 『전국문화유적발굴조사연표(증보판 Ⅱ)』, 국립문화재연구소.

이기성 2010a. 「일제강점기 '금석병용기'에 대한 일고찰」, 『한국상고사학보』 68, 25-44.

이기성 2010b. 「일제강점기 '石器時代' 조사와 인식」, 『선사와 고대』 33, 5-30.

이기성 2011. 「초기 북한 고고학의 신석기·청동기시대 구분 – 일제강점기 고고학의 극복과 문화전파론 – 」, 『호서고고학』 25, 4-29.

이기성 2019. 「북한 청동기시대 고고학 연구 경향의 변화와 쟁점」, 『분단 70년 북한 고고학의 현주소』, 41-62, 국립문화재연구소·한국고고학회.

이병도 1956. 『신수 국사대관』, 보문각.

이영문 2002. 『한국 청동기시대 연구』, 주류성.

임병태 1964. 「韓國 支石墓의 形式 및 年代 問題」, 『사총』 9, 94-131, 고려대학교 역사학연구회.

임세권 1994. 「북한의 청동기시대 연구」, 『북한의 고대사 연구와 성과』(김정배 엮음), 80-108, 대륙연구소출판사.

장국종 2010. 『조선수산사(개정판)』, 사회과학출판사.

장호수 2009. 「북한 청동기문화 조사연구의 성과와 과제」, 『동북아 청동기문화 조사연구의 성과와 과제』, 170-219, 학연문화사.

전수복 1961. 「함경북도 김책군 덕인리 《고인돌》 정리 간략 보고」, 『문화유산』 1961(3), 73-75.

전주농 1958a. 「태성리 저수지 건설장에서 발견된 유적 정리에 대한 개보(Ⅰ)」, 『문화유산』 1958(2), 37-57.

전주농 1958b. 「태성리 저수지 건설장에서 발견된 유적 정리에 대한 개보(Ⅱ)」, 『문화유산』 1958(3), 59-75.

전주농 1961. 「강서군 태성 저수지 내부 유적의 정리」, 『문화유산』 1961(3), 17-41.

전주농 1963b. 「평안 남도 룡강군 석천산(石泉山) 동록의 고인돌」, 『각지 유적 정리 보고』, 51-55, 고고학자료집 3, 과학원출판사.

정백운 1955. 「금년 춘기 및 하기 발굴에 대한 약간의 중간 보고」, 『력사과학』 1955(8), 107-116.

정백운 1957a. 「조선 고대 무덤에 관한 연구(1)」, 『문화유산』 1957(2), 1-11.

정백운 1957b. 『조선 금속 문화 기원에 대한 고고학적 자료』, 과학원출판사.

정백운 1958a. 「강남 원암리 원시 유적 발굴 보고서」, 『문화유산』 1958(1), 57-75.

정백운 1958b. 「해방후 우리 나라 고고학의 발전」, 『문화유산』 1958(4), 7-16.

정찬영 1961. 「자강도 시중군 심귀리 원시 유적 발굴 중간 보고」, 『문화유산』 1961(2), 34-44.

정찬영 1962. 「좁은 놋 단검(세형 동검)의 형태와 그 변천」, 『문화유산』 1962(3), 19-44.

정찬영 1983. 『압록강, 독로강 류역 고구려 유적발굴보고』, 유적발굴보고 13, 과학백과사전출판사.

조선유적유물도감 편찬위원회 1988. 『조선유적유물도감』 1(원시 편), 외국문종합출판사.

조선유적유물도감 편찬위원회 1989. 『조선유적유물도감』 2(고조선, 부여, 진국 편), 외국문종합출판사.

조유전 1992. 「제3장 청동기시대」, 『한국선사고고학사』 169-287, 까치.

조중 공동 고고학 발굴대 1966. 『중국 동북 지방의 유적 발굴 보고 : 1963-65』, 사회과학출판사.

중부고고학회·한성백제박물관 2015. 『북한고고학의 패러다임과 논리 : 서북한 선사시대 연구』, 중부고고학회 2015년 정기학술대회.

지건길 2016. 『한국 고고학 백년사. 연대기로 본 발굴의 역사 1880-1980』, 열화당.

채희국 1959. 「고구려 석실 봉토분의 기원에 관하여」, 『문화유산』 1959(3), 5-28.

최명학 1956. 「라진 초도 원시 유적 출토 인골 감정 보고」, 『라진 초도 원시 유적 발굴 보고』, 1-66, 유적발굴보고 1, 과학원출판사.

프리드리히 엥겔스(김대웅 옮김) 2012. 『가족, 사유재산, 국가의 기원』, 두레.

하문식 1999. 『고조선 지역의 고인돌 연구』, 이대 한국문화연구원 총서, 백산자료원.

하문식 2016. 『고조선 사람들이 잠든 무덤』, 주류성.

한국동물분류학회 1997. 『한국동물명집』, 아카데미서적.

한길언 1950. 「金日成綜合大學歷史博物館」, 『문화유물』 2, 65-73.

한길언 1958. 「조선에서의 노예 소유자적 사회 - 경제 구성체에 관하여 - 」, 『삼국 시기의 사회 경제 구성에 관한 토론집』, 145-182, 과학원출판사.

한창균 1999. 「1950년대의 북한 고고학 연구」, 『백산학보』 53, 179-218.

한창균 2000. 「1960년대의 북한 고고학 연구」, 『백산학보』 55, 5-56.

한창균 2017a. 『하담 도유호 : 한국 고고학 첫 세대』, 혜안.

한창균 2017b. 「초기 북한 신석기 고고학의 성립 과정」, 『북한지역 신석기문화의 연구』, 1-17, 한국신석기학회·중앙문화재연구원 공동학술대회 프로그램.

한흥수 1950. 「朝鮮原始史硏究에 關한 考古學上諸問題」, 『력사제문제』 15(1950-1), 4-55.

황기덕 1958a. 「조선에서의 금속 문화 기원에 관한 토론 : 조선 청동기 사용기의 존부에 대하여」, 『문화유산』 1958(2), 74-76.

황기덕 1958b. 「조선 서북 지방 원시 토기의 연구」, 『문화유산』 1958(4), 68-83.

황기덕 1959a. 「1958년 춘하기 어지돈 관개 공사 구역 유적 정리 간략 보고(I)」, 『문화유산』 1959(1), 38-52.

황기덕 1959b. 「1958년 춘하기 어지돈 관개 공사 구역 유적 정리 간략 보고(II)」, 『문화유산』 1959(2), 67-77.

황기덕 1960a. 「무산읍 범의 구석 원시 유적 발굴 중간 보고」, 『문화유산』 1960(1), 52-76, 94.

황기덕 1960b. 「황해 남도 룡연군 석교리 원시 유적 간략 보고」, 『문화유산』 1960(5), 40-48.

황기덕 1961. 「황해 북도 황주군 긴동 고인돌 발굴 보고(I)」, 『문화유산』 1961(3), 11-16.

황기덕 1962a. 「두만강 류역의 청동기 시대 문화(1)」, 『문화유산』 1962(5), 6-28.

황기덕 1962b. 「두만강 류역의 청동기 시대 문화(2)」, 『문화유산』 1962(6), 1-16.

황기덕 1963a. 「평안 남도 룡연군 석교리 원시 유적 발굴 보고」, 『각지 유적 정리 보고』, 35-47, 고고학자료집 3, 과학원출판사.

황기덕 1963b. 「황해 북도 황주군 심촌리 긴동 고인돌」, 『각지 유적 정리 보고』, 56-63, 고고학자료집 3, 과학원출판사.

황기덕 1963c. 「황해 북도 봉산군 송산리 솔뫼골 돌돌림 무덤」, 『각지 유적 정리 보고』, 77-81, 고고학자료집 3, 과학원출판사.

황기덕 1963d. 「두만강 류역 청동기 시대 주민의 샤마니즘에 대하여」, 『고고민속』 1963(1), 32-38.

황기덕 1963e. 「두만강 류역 철기 시대의 개시에 대하여」, 『고고민속』 1963(4), 1-10.

황기덕 1965. 「무덤을 통하여 본 우리 나라 청동기 시대 사회 관계」, 『고고민속』 1965(4), 8-23.

황기덕 1966. 「서부지방 팽이그릇유적의 년대에 대하여」, 『고고민속』 1966(4), 5-14.

황기덕 1970. 「두만강류역의 청동기시대문화」, 『고고민속론문집』 2, 1-47, 사회과학출판사.

황기덕 1975. 「무산범의구석 발굴보고」, 『고고민속론문집』 6, 124-226, 사회과학출판사.

황기덕·리원근 1966. 「황주군 심촌리 청동기시대유적발굴보고」, 『고고민속』 1966(3), 32-42.

吉林大學歷史系文物陳列室(王亞洲) 1960. 「吉林西團山子石棺墓發掘記」, 『考古』 1960(4), 35-37.

錦州市博物館(劉謙) 1960. 「遼寧錦西縣烏金塘東周墓發掘記」, 『考古』 1960(5), 7-9.

東北考古發掘團(佟柱臣) 1964. 「吉林西團山石棺墓發掘報告」, 『考古學報』 1964(1), 29-50.

佟柱臣 1955. 「吉林的新石器時代文化」, 『考古通訊』 1955(2), 5-12.

安志敏 1954. 「唐山石棺墓及其相關的遺物」, 『考古學報』 1954(7), 77-86.

旅順博物館(許明綱) 1960. 「旅順口區後牧城驛戰國墓清理」, 『考古』 1960(8), 12-17.

李逸友 1959. 「內蒙古昭烏達盟出土的銅器調查」, 『考古』 1959(6), 276-277.

林壽晋 1963. 「論周代短劍的淵源」, 『文物』 1963(11), 50-55.

朱貴 1960. 「遼寧十二臺營子青桐短劍墓」, 『考古學報』 1960(1), 63-72.

鳥居龍藏 1917. 「平安南道·黃海道古蹟調査報告書」, 『大正5年度古蹟調査報告』, 767-859, 朝鮮總督府.

藤田亮策 1937. 「第五 大邱大鳳町支石墓調査」, 『昭和十一年度古蹟調査報告』, 56-64, 朝鮮古蹟研究會.

藤田亮策 1948. 『朝鮮考古學研究』, 高桐書院, 京都.

有光敎一 1941. 「平安北道江界郡漁雷面發見の一箱式石棺꽈と其副葬品」, 『考古學雜誌』 31(3), 162-171.

<부록 1> 청동기시대 편년의 변화(1950년대 후반~1960년대)

구분	편년	비고
「지탑리 유적 발굴 중간 보고(2)」	□ 거석문화시대 : 기원전 7~6세기에서 기원전 1천년기 후반기	도유호·황기덕(1957b)
「조선 원시 문화의 년대 추정을 위한 시도」	□ 기원전 7~3세기 □ 철기시대 상한 : 기원전 3세기	도유호(1958)
「조선 거석 문화 연구」	□ 기원전 7~3세기 □ 철기시대 상한 : 기원전 3세기	도유호(1959a)
『조선 원시 고고학』	□ 기원전 1천년기 초(또는 2천년기 말)~기원전 3세기 □ 초도 유적 : 기원전 9~8세기 □ 거석문화 형성 : 기원전 8세기 □ 거석문화 말 : 초기 철기시대 이른 시기에 진입 □ 철기시대 상한 : 기원전 4세기로 소급 가능	도유호(1960)
『지탑리 원시 유적 발굴 보고』	□ 기원전 2천년기 말(또는 1천년기 초)~기원전 4세기 초 □ 거석문화 : 기원전 9~8세기에서 기원전 약 4세기 말 □ 팽이그릇 : 기원전 약 5~4세기	고고학 및 민속학 연구소(1961a)
「우리 나라 금속 문화의 기원에 대하여」	□ 기원전 2천년기 후반기~기원전 1천년기 □ 십이대영자 돌무덤 : 기원전 8~5세기(춘추시대) □ 철기시대 : 기원전 1천년기 중엽	김용간(1961c)
「좁은 놋 단검(세형동검)의 형태와 그 변천」	□ 만주식 단검(평형동검) : 기원전 5세기~3세기 □ 좁은놋단검 : 기원전 3세기~기원 전후	정찬영(1962)
「두만강 류역의 청동기시대 문화(1), (2)」	□ 전기 : 붉은간그릇 □ 후기 : 갈색 마연 민그릇 또는 흑색 마연 민그릇	황기덕(1962a ; 1962b)
「두만강 류역 철기 시대의 개시에 대하여」	□ 철기시대 상한 : 기원전 7~5세기 □ 비파형동검 상한 : 기원전 6세기 말~5세기 초(철기시대 초기에 해당함) □ 세형동검 : 본격적인 철기시대	황기덕(1963d)
「우리 나라 청동기 시대의 년대론과 관련한 몇 가지 문제」	□ 청동기시대 상한 : 기원전 2천년기 후반기 □ 고인돌 및 팽이그릇 상한 : 기원전 2천년기 말 □ 비파형단검 상한 : 기원전 8~7세기	김용간(1964b)
「압록강 류역 빗살 무늬 그릇 유적의 계승성에 대한 약간의 고찰」	□ 신암리·쌍학리 유적 : 기원전 2천년기 전반기(거석문화 관계 유적보다 앞선 시기) □ 공귀리-심귀리 유적 : 기원전 2천년기 후반기 □ 미송리 위 문화층 : 철기시대로 이행	리병선(1965)
「서부지방 팽이그릇유적의 년대에 대하여」	□ 팽이그릇 초기 : 기원전 2천년기 전반기 □ 금탄리 유적 : 기원전 2천년기 후반기 □ 심촌리(신흥동) 유적, 심촌리 일대의 변형 고인돌 : 2천년기 말~1천년기 초 □ 석탄리 유적 : 기원전 1천년기 전반기 초 □ 입석리 : 기원전 6세기 전후	황기덕(1966)
「기원전 천년기전반기의 고조선문화」	□ 전형 비파형단검(미송리형 단지) : 기원전 8~7세기 □ 변형 비파형단검(묵방리형 단지) : 기원전 7~5세기 □ 좁은놋단검 초기 : 기원전 5~4세기	김용간·황기덕(1967)
「기원전 천년기전반기의 고조선문화」	□ 청동기시대 상한 : 기원전 2천년기 전반기 □ 이른 시기의 팽이그릇 집자리, 쌍타자 3기 : 기원전 2천년기 후반기 □ 전형 비파형단검(미송리형 단지) : 기원전 8~7세기 □ 변형 비파형단검(묵방리형 단지) : 기원전 7~5세기 □ 좁은놋단검 초기 : 기원전 5~4세기	고고학연구소·력사연구소(1969)

고조선 고고학의 형성 과정
―해방 이후~1960년대 초를 중심으로―

Ⅰ. 머리말

북한 정권 수립(1948년 9월 9일) 이후, 북한의 역사학 및 고고학 분야에서 이루어내야 할 선결 과제는 사적 유물론에 입각하여 인류 사회 발전의 객관적 합법칙성을 우리 역사에서 확인하는 동시에 맑스-레닌주의적 방법론에 의거하여 우리 역사를 새롭게 정립하는 문제와 직결되어 있었다고 말할 수 있다(력사학연구소 1955 ; 김용간 1958a). 따라서 북한의 정치 사회적 여건에서 이 목표에 이르려면 먼저 우리의 역사 속에서 '원시 공동체사회―고대 노예제사회―중세 봉건사회'로 이어지는 계기적인 발전 과정의 얼개가 세워져야 했으며, 외인론(外因論)(력사학연구소 1956)에 뿌리를 두었던 '금석병용기설(또는 금석병용기시대)'의 허구성을 입증하여 우리 역사 발전의 내재적인 자주성을 회복하는 일이 절실하게 요구되었던 것으로 생각된다. 이에 직접 연계되어 있는 고대사 부문의 고조선 문제는 비교적 이른 시기부터 북한 학계의 주목을 받기 시작하였으며, 고조선 관련 사료가 중국의 고대 문헌 또는 『삼국유사』 등에 기록되어 있었던 까닭에 그 문제를 해명하는 일에는 다양한 분야의 전공자들이 참여하여 각자의 견해를 표명하였다.

해방 이후부터 1950년대 말에 이르기까지 고조선과 관련하여 지속적으로 제기된 핵심 쟁점 가운데 하나는 노예제도의 존재 여부에 대한 주제였으며, 한걸음 더 나아가 이것은 삼국 시기의 사회 경제 구성을 해명하는 작업과 밀접한 관계를 맺었다. 중국 문헌의 단편적인 기록에 의하여 고조선의 노예제도 존재를 인정하는 글들이 『력사제문제』, 『력사과학』 등에 발표된 바 있지만 그와 같은 추론을 분명하게 입증하기 위해서는 물질적 자료, 곧 고고학적 증거와 더불어 그 연구를 통하여 얻은 논리적 근거가 뒷받침되어야 했다.

이러한 길목에서 새로운 이정표로서 큰 역할을 한 것이 1957년에 이루어진 태성리 토광묘 유적의 발굴 성과라고 짚을 수 있다. 고고학계에서는 태성리 유적을 중심으로 진행된 후속 연구를 기반으로 현 조선반도의 서북 지방 일대에 분포한 토광묘가 고조선 문화를 대표하는 무덤 형식으로 자리를 잡게 되었고, 철기시대에 철기와 동반되는 청동제 유물 및 토기의 성격이 분명하게 구별될 수 있었으며, '검모(검창)문화'라는 용어가 창안되기도 하였다. 또한 유물의 구성 관계에서 신분 계층의 차이가 드러남에 따라 역사적인 관점에서 '고조선=첫 계급 국가=노예 소유자적 국가'와 같은 연결고리가 마련될 수 있었다.

그렇지만 짧은 기간 내에 그 연결고리에 부합되는 결론을 이끌어낸다는 것은 결코 단순한 일이 아니었다고 생각된다. 왜냐하면 거기에는 고조선의 국가 형성 시기, 종족 구성, 지리적 영역과 중심지, 단군신화 등과 같은 복합적인 문제가 상호 연관되었기 때문이었다. 〈부록 1~10〉에서 살필 수 있듯이 1959년 말부터 1963년 초까지 고조선 문제의 해명과 관련하여 선정된 각종 주제를 둘러싸고 다양한 견해 발표와 그에 따른 토론이 이루어졌다. 토론회의 전체적인 소요 기간 및 토론회에 참여한 구성원의 범위는 1956년(10월)에 개최된 '삼국 시기의 사회 경제 구성에 관한 토론회'를 훨씬 능가하였다. 이러한 점은 당시 북한의 고대사 연구 부문에서 고조선 관련 각종 문제의 해명이 현안 과제로서 그만큼 중요한 의의를 지녔다는 사실을 잘 보여준다고 생각된다.

II. 해방 이후~1950년대 중반의 학계 동향

1. 해방 이후~한국전쟁 이전

한국전쟁 이전 북한 역사학계의 고조선 연구[1]는 대체로 고조선의 강역과 한사군의 위치 비정(홍기문 1949a ; 1949b ; 정세호 1950 ; 정현 1950), 일제강점기를 거치며 논쟁의 빌미가 되었던 고고학 자료에 대한 비판적인 검토(홍기문 1949b ; 1949c ; 김무삼 1949 ; 한흥수 1950), 그리고 고조선의 사회 구조(리응수 1949 ; 한흥수 1950) 등과 관련된 여러 문제점들에 논의의 초점이 맞추어졌던 것으로 판단된다.

홍기문(1949b ; 1949c)은 과거 일본 학자들이 지녔던 부르주아적인 시각, 출토 유물에 대한 민족적 편견, 그들이 인증(引證)한 고대 문헌의 해석에서 야기되었던 문제를 강한 어조로 비판하였다. 그는 현재의 평양이 낙랑의 고지(故地)로 인정될 수 없다는 점을 강조하였고, 일본 학자들이 평양을 낙랑의 치소로 입증하는 데 주요 근거로 삼았던 고고학 자료의 진위 여부를 면밀하게 검토하였다.

---

1 이에 대해서는 조법종(1994), 이정빈(2015)의 글을 참조하기 바람.

그는 고분 출토의 봉니(封泥)와 와당(瓦當) 등은 출처의 경로가 모호하며 그것들의 대부분은 후대의 위조품으로 제작, 유통되었다고 단정하였다. 또한 효문묘(孝文廟) 동종(평양 부근)[2], 점제현 신사비(秥蟬縣神祠碑, 평안도 용강군)[3], 및 요동태수 장무이전(遼東太守張撫夷塼, 황해도 사리원)[4] 등의 경우, 본래의 소재지가 불분명할 뿐만 아니라 제작 연대에 대해서도 이견이 있기 때문에 불확실한 고고학 자료에 의존하여 낙랑군 또는 한사군의 위치를 비정했던 일본 학자들의 견해는 결코 신뢰할 수 없다고 지적하였다. 또한 그는 일본 학자들이 사용했던 '낙랑 고분' 또는 '낙랑 고고학'이라는 용어가 "북조선에 있어 고고학적으로 한인(漢人)의 식민지를 증명하는 것"(홍기문 1949b. 35쪽)으로 악용되었다는 사례를 열거하며 이들 용어 사용 자체에 대한 거부감을 강하게 드러냈다.[5]

『朝鮮歷史』에서 "철기는 원시 공산사회로부터 노예제도 사회로 이행하는 데 혁명적 역할을 담당하였다."(22쪽), "고조선은 이미 씨족제도를 벗어나서 계급 국가 발생의 첫 단계에 들어섰다."(39쪽)고 서술한 바 있지만, 당시 북한에서 고고학 유적·유물을 고대 문헌 기록과 접목하여 고조선의 사회 구조를 파악하려는 시도는 매우 적은 편이다. 이러한 제한된 여건에서 리응수(1949. 36쪽)는 위원군 용연동에서 출토한 명도전과 철기의 상호 관계를 예로 들면서 한사군 설치 이전의 고조선 시기에 "이미 노예시대가 출현할 생산력의 기본적 조건이 조성되었음을 알려준다." 고 언급하여 관심을 끈다.

반면에 한흥수(1950. 46-47쪽)는 ① 경제적 이해관계와 사회 조직이 판이한 종족(예를 들어, 목축 종족과 농경 종족) 사이에 영토와 노동력을 쟁취하기 위한 침략 전쟁의 결과로 정복자와 피정복자의 사회적 지위가 국가의 틀 안에서 계급적으로 분화되고(계급 국가), ② 노예에 의한 대량 생산과 상품 및 금융의 중심지로서 도시의 발달(도시 국가), ③ 청동기의 독자적인 발달 등과 같은 요소가 전형적 노예소유자국가의 특징을 반영한다고 서술하였다. 그는 그러한 여러 요소를 토대로 고조선의 사회 성격이 규명되어야 함을 강조하였고, 노예제도의 존재를 뚜렷하게 인정하려면 직접적인 생산 도구의 물적 증거와 더불어 순장 풍속의 고고학적 자료가 입증되어야 한다고 주장하였다(한흥수 1950. 42-44쪽).

---

2 효문(孝文)은 한(漢) 나라 문제(文帝, 기원전 202-157년)를 가리킴. 동종에는 원제(元帝) 영광(永光) 3년(BC 41)에 주조되었다는 명문이 있다.

3 김무삼(1949)은 비문의 글자체를 비교하여, 점제비는 한비(漢碑)가 아니라 고구려의 비일 가능성이 높은 것으로 주장하기도 하였다.

4 '太康九年'의 명문 벽돌도 함께 출토하였다. 태강 9년은 진(晋) 나라 무제(武帝) 때로서 AD 288년에 해당한다(리여성 1955b. 98쪽).

5 그리고 이에 대응하여 비교적 넓은 범주를 포괄할 수 있도록 '조선의 고고학'이라는 용어를 자신의 논문 제목으로 채택하였다고 생각된다.

1947년에 평양의 석암리, 낙랑리 등지의 고분이 발굴된 바 있다. 석암리(한길언 1950)에서는 철제 환두대도(鐵製環頭大刀), 청동 노기(靑銅弩機), 칠반(漆盤), 토기, 청동제 초두(靑銅製鐎斗), 경감(鏡鑑), 주옥(珠玉) 등이 출토하였다. 낙랑리 목곽분(황욱 1957)에서는 '居攝三年'(거섭 3년, AD 8)의 명문이 들어 있는 칠반이 발견되어 주목을 받았으나 고조선과의 관련 여부에 관한 고고학적인 해석은 이루어지지 않았다.

2. 정전협정 이후~1950년대 중반

정전협정 이후, 특히 '력사학연구소'(뒤에 '력사연구소'로 개칭)[6]가 본격적인 활동을 개시하는 것을 계기로 당시 북한의 역사학계는 유물사관에 입각하여 노동당의 현실적인 요구를 충족시킬 수 있는 구체적인 과업을 안고 있었다. 그것은 "조선에서의 국가의 형성에 대한 문제, 조선 노예사회 유무에 대한 문제, 조선에 있어서의 민족의 형성에 대한 문제, 조선 역사의 시대 구분에 관한 문제 (…)"(력사학연구소 1955. 3쪽) 등을 하루빨리 해명하여 자주적인 조선 역사의 체계를 확립하는 과제와 밀접하게 연관되었다.

> "조선 력사에 있어 노예제 사회의 존부에 대한 문제는 오늘 이 방면에 관심을 가진 학도들의
> 큰 과제의 하나로 되고 있다. 이 문제는 반드시 속한 시일 내에 해명되여야 할 것이다."(림건상
> 1955. 「서평 : 《조선 고대사》에 대하여」, 『력사과학』 1955(1), 93쪽)

이 현실적인 요구와 관련하여 1955년 하반기에 발표된 김광진(1955a ; 1955b)의 글은 조선 원시사회의 붕괴 요인과 그에 따른 사회적 성격 변화에 대하여 매우 특이한 견해를 담고 있었다. 두 편의 글에서 그는 "조선의 원시사회는 특수한 역사적 조건에서 붕괴되었으며, 이로 말미암아 노예제사회가 성립되지 않은 가운데 직접 봉건사회로 이행되었다."고 역설하였다. 고고학적 측면에서 그 내용을 좀 자세하게 살펴보면 다음과 같다.

첫째, 조선에서 철기 사용의 보급과 제작 기술의 발전에 급속한 충격을 주었던 것은 중국의 영향이다. 둘째, 대체로 기원전 108년 한 무제의 위만 정복과 한4군 설치 이후, 조선에 금속문화가 광범위하게 유입되었다. 셋째, 조선의 금석병용시대는 일정한 기간 청동기시대를 경험하지 못한

---

6 1952년 3월 '조선력사편찬위원회'가 폐지되고 '조선력사연구소'가 내각 직속의 '정치경제학 아카데미아' 산하 기구로 설립되었다(국토통일원 1971. 540쪽). 1952년 10월 과학원이 창설되며 '조선력사연구소'의 사업은 '력사학연구소'에 이관되었던 것으로 생각된다. 그 후 '력사학연구소' 안에 '철학 연구실'이 새로 조직되면서(력사 연구소 1957a) 이 연구소 명칭은 '력사연구소'로 바뀌었다고 추정된다.

상태에서 종말을 맞이했으며 그와 동시에 철기가 대두되었다. 넷째, 중국 봉건사회에서 높은 수준으로 발달한 농업 기술과 수공업적 기술의 수입은 조선 원시 종족에 있어서 생산력의 발전 속도를 비약적으로 향상시켜 주었다. 다섯째, 이에 따라 조선의 원시 공동체사회는 노예제사회를 거치지 않고도 노예 소유자적 국가의 생산력 수준을 능가하는 봉건사회를 향하여 발전할 수 있었다(김광진 1955a ; 33-39쪽).

이상과 같이 노예제사회의 존재를 부정하고, 봉건사회 성립의 토대를 외부적 요인의 영향으로 보았던 김광진의 주장은 유물사관에 입각하여 조선 역사 발전의 보편적인 합법칙성을 해명하고자 했던 북한 학계의 일반적인 경향에 어긋나는 것이었다. 이듬해 도유호(1956. 44-47쪽)는 "회령 오동, 나진 초도, 평양 금탄리 등에서 출토한 금속 유물은 철기시대 이전에 다소라도 청동기시대가 있었을 가능성을 암시하지만 청동기시대의 독자적인 존재 여부는 앞으로 더 연구되어야 하며, 조선 철기문화의 기원을 중국의 영향으로 돌린다 할지라도 김광진의 노예제사회 부정론은 인정될 수 없다."고 비판하였다.

조선노동당 제3차 대회(1956년 4월)[7] 이후, 력사학연구소(1956)는 권두언의 형식으로 조선 인민의 역사를 주체적으로 확립하는 데 배격되어야 할 교조주의적 성향을 두 가지 유형으로 구분하였다. 첫째는 역사적 유물론의 일반적 명제에다 조선의 역사적 사실을 얽어매려고 그에 해당하는 자료만을 끄집어내는 것이고, 둘째는 조선 원시사회 자체에서의 생산력 발전을 깊이 있게 연구하지 않으면서 외부의 영향만을 지나치게 강조하여 노예제사회의 존재를 부정하는 시각이었다. 김광진의 노예제사회 부정론은 바로 후자에 속하는 교조주의적 폐단으로 지적되었다. 그 뒤 김광진(1956a ; 1956b)과 리응수(1956)의 논문이 발표되었으나 노예제사회와 관련된 그들의 주장은 이전에 비하여 크게 다를 바가 없었다.

다만 김광진(1956a. 14-15쪽)은 철기문화의 보급 과정에서 중국 문물의 영향력을 과대평가했던 자신의 견해를 부분적으로 시정하였다. 그는 "기원전 3세기경에 조선은 독자적인 철기를 소유했다. 그 후 중국의 선진적인 철기 제작 기술을 받아들이며 높은 수준의 생산력 발달이 폭넓게 이루어졌다. 비약적인 생산력의 증가는 봉건적인 생산 방식으로 발전하였다."고 언급하였지만 노예제사회의 존재를 부정하는 그의 근본적인 입장에는 변함이 없었다.

1956년 하반기에 이르기까지 노예제사회의 존재 여부를 둘러싸고 연구자들은 서로 상반된 주장을 피력하였다. 여기서 제기되는 문제는 국가의 성립 시기와 그 성격 및 삼국시대의 사회 경제 구조를 다양한 측면에서 해명하는 과제와 긴밀하게 연계되어 있었다(력사연구소 고대 및

---

7 이 대회에서 김일성은 사상 사업에서 "맑스-레닌주의의 창조적 적용, 교조주의와 형식주의의 배격, 주체 확립"을 주장하였다(력사학연구소 1956 ; 이종석 1988. 148-149쪽).

중세사 연구실 1957). 1956년 10월 말에서 11월 초, 력사연구소 주최로 '삼국 시기의 사회 경제 구성에 관한 토론회'가 열렸다. 이 자리에서 삼국시대뿐만 아니라 원시시대를 포함하는 여러 주제가 발표되었다. 그러나 노예제사회의 존부에 대해서 모두가 공감할 수 있는 명확한 결론에 이르지 못하였다(력사연구소 편집부 1957). 청동기시대의 존재(리여성 1955a. 19쪽) 또는 그 가능성을 어느 정도 인정하려 했던 도유호(1956. 45쪽)의 견해에 동의하며 한길언(1957. 149쪽)은 "청동기문화의 형성으로 말미암아 조선의 제 종족에 있어서 노예 소유자적 생산 관계가 나올 수 있는 중요한 전제 조건의 하나는 확실히 형성되고 있었다."라고 말하였으나 그의 견해는 별다른 주목을 받지 못하였다.

> "우리 나라 신석기 시대의 종말과 금속 문화의 개화에 관한 문제는 비단 고고학상의 큰 문제일 뿐만 아니라 우리 나라 원시 사회의 종말과 계급 사회의 형성 및 발전에 관한 문제의 큰 한 부분으로 되는 것이다."(정백운 1957b. 『조선 금속 문화 기원에 대한 고고학적 자료』, 50쪽)

위 인용문에서 알 수 있는 것처럼 조선 금속문화의 기원 및 원시사회의 붕괴 요인과 고대 국가의 성립 과정에 관한 문제는 역사학계를 비롯하여 고고학계에서도 해명해야 할 공동의 주요 과제였다. 1956년 12월, 고고학 및 민속학 연구소는 '조선에서의 초기 금속 문화 기원에 관한 토론회'를 개최하였다(고고학 및 민속학 연구소 1957). 이 토론회에서는 과거 일인 학자들이 설정했던 이른바 금석병용기시대라는 개념이 고고학적인 시대 구분의 용어로 적합하게 채택될 수 있는가라는 문제와 아울러 초기 금속문화의 원류(源流)에 대한 여러 견해가 검토되었다. 그 가운데 김용간(1958b)과 황기덕(1958)은 비록 우리나라의 초기 금속기는 외부에서 유입되었지만 독자적인 청동기시대가 존속하였을 가능성이 충분했던 것으로 받아들였다. 이러한 긍정적인 입장의 표현은 고조선 시기에 청동기문화의 독자적인 발달이 진전되었다는 점을 간접적으로 암시한다고 볼 수 있다.

한편 『조선통사(상)』(력사연구소 1956a)에서는 "고조선은 기원전 5세기경 원시사회의 최고 단계(종족 동맹체를 대표하는 족장 단계)에 도달하였다. 기원전 3세기 무렵 철기의 유입과 보급에 따른 생산력의 발전은 원시 공동체사회가 붕괴하는 데 결정적 요인으로 작용하였다. 이 시기는 원시사회가 계급국가로 전환되는 과도기에 해당한다. 원시사회의 붕괴 시기를 반영하는 전형적인 무덤 종류로는 지석묘·적석묘·상자형 석관·옹관 등이 있다."라고 서술되었다(표 1 참조).

이 책의 고대사(원시사회~삼국시대) 부문은 림건상(력사연구소 1956b)이 집필하였는데, 그는 "삼국이 모두 원시사회를 계기하여 발생한 첫 계급국가였다."라는 시각(림건상 1957. 74-75쪽)을 가지고 그 부문을 서술하였다. 따라서 고조선을 고대 국가 발생의 첫 단계로 보는 입장에서는

<표 1> 원시 공동체 시기와 붕괴 시기의 특징적인 유적, 유물(력사연구소 1956a 참조)

구분	유적, 유물
원시 공동체 시기	패총(貝塚), 타제석기, 마제석기, 골각기, 무문후토기(無文厚土器), 즐문토기(櫛文土器), 단도 마연토기(丹塗磨硏土器) 등.
원시 공동체 붕괴 시기	지석묘(支石墓), 적석묘(積石墓), 상자형 석관(箱子型石棺), 옹관(甕棺), 철기, 청동기, 중국 고전(古錢), 청동기를 모방한 마제석기, 타형문(打型文) 토기 등.

그와 같은 시각에 대한 반론이 제기될 수 있었다. 이를 반영하듯이 이 책의 합평회(력사연구소 편집부 1956)에서는 고조선의 사회 성격 문제가 여전히 해결되어야 할 과제로 남아 있으며, 고고학적 자료를 적극 활용하여 고대사 부문이 서술되어야 한다는 점이 지적되었다.

1957년 10월, 과학원[8] 창립 5주년에 즈음하여 학술 보고회가 열렸다(고고학 및 민속학 연구소 1958a). 고고학 부문의 보고를 맡은 정백운은 해방 이후 이룩된 고고학 성과를 열거하면서 고고학계의 주요 당면 과제를 언급하였는데, 거기에서 논의된 '원시사회로부터 계급사회로의 이행 과정과 각 해당 사회의 구체적 생산 관계'(고고학 및 민속학 연구소 1958a. 91쪽)를 제대로 파악하기 위해서는 무엇보다도 먼저 그 문제와 직접 연관된 고고학적 증거를 찾는 작업이 이루어져야 했다.

III. 고조선 고고학에 대한 인식의 변화

1. 1957년 : 태성리 유적 발굴

1950년대 중반 이후 발굴된 토광묘, 돌돌림무덤, 동굴 유적 등에서는 석상묘(예를 들어, 상매리 유적의 청동제 활촉)의 출토품과 성격이 다른 종류의 금속 유물이 출토하여 관심을 끌었다(표 2 참조). 그 가운데 가장 주목의 대상이 되었던 것은 태성리 일대에서 조사된 토광묘의 발굴 성과였다고 말할 수 있다.

해방 이후부터 1950년대에 걸쳐 조사된 토광묘 유적은 약 10개 지점에 이르는 것으로 추정된다. 이들 중 태성리 유적을 제외한 나머지 지점은 모두 공사 현장에서 수집된 유물 정리 또는 그에 따른 현장 확인 과정을 통하여 조사되었다.[9]

---

8 내각결정 제183호(1952. 10. 9)에 의하여 창설되었으며, 그 해 11월 5일 산하 연구소(력사학연구소, 물질문화사연구소 등)의 소장이 선출되었으며, 12월 1일 개원식을 거행하였다(조선중앙통신사 1954. 454-455쪽).

9 운성리 유적의 경우, 1962~66년 사이에 정밀 발굴 조사가 이루어졌다(방성흥 1967 ; 리순진 1974). 이 밖에 1960년대에 조사된 토광묘 유적은 다음과 같다. 1961년 평양시 만경대구역 용산리(백련행 1962b), 1962년

〈표 2〉 1954~59년 사이에 조사된 토광묘, 옹관묘, 돌돌림무덤, 동굴 유적과 출토 유물

유적 위치	조사 연도	무덤	유물	비고
운성리 (황남 은률군)	1954년	토광묘	【청동기】세형동검, 협봉동모, 차축두(車軸頭), 금동고리, 일산대 꼭지, 동탁(銅鐸), 마탁(馬鐸), 【철기】도끼, 철설(鐵舌), 말자갈) 조각, 【기타】오수전, 토기	고고학 및 민속학 연구소 (1958e)
천주리 한밭골 (황북 황주군)	1955년	토광묘	【청동기】세형동검, 예(틀), 입두형동기(笠頭形銅器), 《을》자형동기 및 관형동기(管形銅器), 통형동기(筒形銅器), 금동고리, 【철기】외귀 달린 단지, 도끼, 【기타】회흑색 토기	고고학 및 민속학 연구소 (1959b)
선봉리 1호 묘 (황북 황주군)	1955년	토광묘	【청동기】마탁 조각, 금동장식 못(金銅飾釘), 【기타】오수전, 구슬(유리, 마노, 토제), 토기(회색 또는 회흑색 등)	고고학 및 민속학 연구소 (1959d)
갈현리 하석동 (황북 은파군)	1956년 (1957년 재조사)	토광묘	【청동기】세형동검, 검병두(劍柄頭), 협봉동모, 쇠뇌(弩機) 부속, 입두형동기, 《을》자형동기 및 관형동기, 청동고리, 청동띠고리, 【철기】검, 모, 도끼, 말자갈 조각, 쇠못, 【기타】유리구슬, 토기(화분형)	고고학 및 민속학 연구소 (1959c)
태성리 저수지 (평남 강서군)	1957년	토광묘	〈표 3〉 참조	
하세동리 (함남 신창군)	1958년 (1967년 재조사)	토광묘	【청동기】좁은놋단검, 좁은놋창끝, 놋과, 놋방울	전주농 (1963a) 박진욱 (1974)
송산리 솔뫼골 (황북 봉산군)	1958년	돌돌림 무덤	【청동기】팽이, 자귀(銅鑿), 끌, 동비(銅匕), 좁은놋단검, 잔줄무늬거울, 【철기】도끼(鐵鑿)	황기덕 (1963a)
정백동 (평양 낙랑구역)	1958년	토광묘	【청동기】좁은놋단검, 좁은놋창끝, 동촉, 고달이, 굴대끝, 놋방울 등, 【철기】좁은놋단검 모양의 단검, 단검, 쇠검, 칼, 극, 창, 쇠뇌, 갑옷 찰편 등, 【토기】화분형 질그릇, 황갈색 단지, 【도장】'夫租薉君' 도장	백련행 (1962a) 리순진 (1964)
복사리 망암동 (황남 안악읍)	1959년	토광묘	【청동기】없음, 【철기】긴 칼, 단검, 끌, 창끝, 도끼, 【기타】토기(화분형, 회청색 등)	전주농 (1963b)
		옹관	출토 유물 : 없음	
만경대 주변 (평양)	1959년	토광묘	【청동기】동경(銅鏡), 【철기】두귀 달린 단지, 【기타】토기(회색)	김종혁 (1963)
부덕리 수역동 (황남 재령군)	1959년	토광묘	【청동기】좁은놋단검, 좁은놋창끝, 관형동기, 산개살 꼭지, 【철기】검, 도끼, 끌, 갈모, 단지	리순진 (1963)
미송리 동굴 (평북 의주군)	1959년	동굴 유적	【청동기】청동도끼(銎斧), 【기타】활촉, 가락바퀴, 뼈바늘, 송곳, 대롱구슬(管玉), 토기	김용간 (1963)

* 유물 명칭은 보고 내용에 따랐음. 하세동리 발견 유물은 1958년에 공사 중 채집되었고(전주농 1963a), 1967년의 현지 조사를 통하여 토광묘(움무덤)에서 출토한 것으로 확인되었다(박진욱 1974).

1954~56년 사이에 조사된 토광묘는 모두 황해도 일대에 분포한다. 1954년에 처음 조사된 운성리 유적[10]을 시작으로 천주리 한밭골, 선봉리, 갈현리 하석동 등의 토광묘에서는 서로 긴밀하게

함경남도 인흥군 용산리(박진욱 1974), 1965년 강원도 문천군 남창리(원산력사박물관 1983), 1962~66년 황해남도 은률군 운성리(방성흥 1967 ; 리순진 1974), 1966년 황해북도 은파군 금대리(박승률 1967) 및 함흥시 이화동(박진욱 1974), 1967년 평양시 용성구역 용추동(리기련 1967)과 함경북도 북청군 하세동리(박진욱 1974) 등.

10 1954년에 황해북도 황주군 순천리 상동에서 운성리와 유사한 성격의 유물이 발견되었으나 공사 중에 심하게 파괴되어 유구의 정확한 성격은 밝혀내지 못하였다(고고학 및 민속학 연구소 1959a 참조).

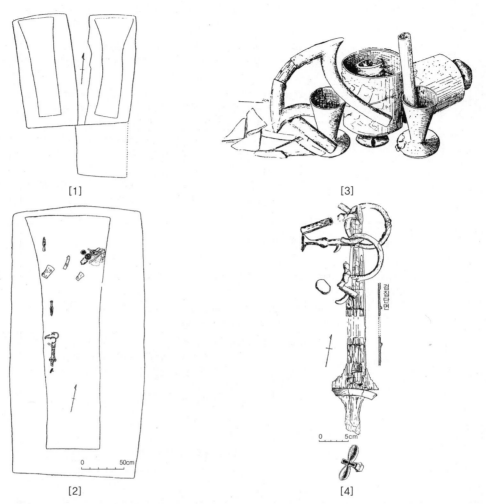

[1]

[3]

[2]

[4]

〈그림 1〉 태성리 유적 10호 토광묘 및 유물 실측도(전주농 1958a. 50-51쪽 ; 고고학 및 민속학 연구소 1959f. 39-40쪽). [1] 토광묘 평면 실측도, [2] 서쪽 광 유물 배치도, [3] 서쪽 광 출토 거여구류 출토 상태 스케치, [4] 서쪽 광 출토 세형동검 출토 상태 실측도

상호 관계를 맺고 있는 다양한 유물이 발견되어 관심을 받았다. 그러나 당시의 여건에서 각 유적의 편년 문제는 구체적으로 다루어지지 못하였다. 이와 같이 제한된 학술적 한계를 극복하는 데 있어 1957년에 이루어진 태성리 유적의 발굴 성과는 새로운 길잡이 역할을 하였다고 생각된다. 다시 말해서 토광묘에서 드러난 각종 유물의 동반 관계는 그동안 제대로 밝혀지지 않았던 고조선 묘제의 성격을 새롭게 정립하는 데 필요한 고고학적 정보를 제공하였다.

평양에서 서남쪽으로 32㎞ 떨어진 태성리(평안남도 강서군) 일대를 중심으로 기양관개시설의 기본 수원(水源)인 태성리 저수지(태성호)의 건설 사업이 1957년 하반기에 착공되었다. 이를 계기로 태성리 저수지의 수몰 지역에 분포하는 유적을 대상으로 두 차례에 걸친 대규모 발굴 작업이 이루어졌다.[11] 1957년에 실시된 1차 발굴에서 모두 12기의 토광묘가 조사되었다.

일제강점기부터 1956년에 이르기까지 북한의 여러 곳에서 토광묘 출토 유물이 알려져 있었지만(정백운 1957b), 정식 학술 조사를 통하여 토광묘에 대한 고고학적 정황과 맥락(발굴 과정, 유구의 구조 형식, 출토 유물의 위치와 동반 관계 등)이 자세하게 조사된 것은 태성리 유적의 사례가 처음이었다(전주농 1958b. 64쪽). 특히 각종 청동제 및 철제 유물과 토기 등이 동반 관계를 이루며 발굴되어 주목을 받았다(그림 1~3 참조). 따라서 태성리 유적의 발굴 성과는 우리나라의 토광묘 연구를 새로운 시각에서 접근하는 데 크게 이바지했다고 평가될 수 있다.

태성리 유적 발굴 보고서(고고학 및 민속학 연구소 1959f)에서는 금속 유물의 속성(재질, 형태, 다른 무덤 유형과의 관계 등)을 고려하여 각 토광묘의 시간적 차이를 네 개의 시기[12]로 구분하였다. 그러면서 한식(漢式) 목곽묘의 부장품과 동일한 유물이 나온 4호 토광묘를 가장 늦은 단계에 해당하는 것으로 분류하였다. 이에 근거하여 태성리 토광묘 출토 유물은 중국 한대(漢代)의 유물이나 조선의 한식 고분 출토 유물보다 시기적으로 선행하며, 그 묘제는 철기시대에 속하는 것으로 분명하게 편년된다고 다음과 같이 언급하였다(고고학 및 민속학 연구소 1959f. 68쪽).

"태성리 토광묘 출토 유물들은 우리 나라 초기 철기 시대의 연구에 있어서 귀중한 자료가된다. 여기서 명확한 것은 늦어도 전한 대(기원 전 206년[13]-기원 후 8년) 이전에 우리 나라는철기 시대에 들어 가 있었다는 사실이며[14] 토광묘도 우리 나라 철기 시대에 있었던 보편적인묘제였다는 사실이다. 따라서 토광묘의 묘제는 목곽묘, 전실묘, 또는 석실묘보다 선행한 묘제였으며옹관묘와는 동일한 시기에 병용되었고 지석묘, 석상묘보다는 후기에 속한 묘제이라고 보아야할 것이다."(고고학 및 민속학 연구소 1959f. 『태성리 고분군 발굴 보고』, 68쪽)

〈표 3〉에서 살펴볼 수 있듯이 16기에 이르는 토광묘에서 다양한 종류의 유물이 발견되었다. 그런데 토광묘에 따라 유물의 종류 및 수량에 차이가 있음을 보여준다. 9호 토광묘는 출토

---

11 1차 발굴(1957년 6월~7월)은 태성리 일대에서 진행되었고, 2차 발굴(1958년 10월~11월)은 보림리(강서군) 및 후산리(용강군) 등지에서 실시되었다. 1차 발굴에서는 지석묘, 석상묘, 토광묘, 옹관묘, 목곽묘, 전실묘, 석실묘를 비롯한 원시 집자리(전주농 1958a ; 1958b ; 고고학 및 민속학 연구소 1959f), 그리고 2차 발굴에서는 지석묘와 벽화무덤 등이 조사되었다(전주농 1961).
12 ① 첫째 시기 : 10호, 11호 토광묘(청동 검묘, 거여구 출토). ② 둘째 시기 : 8호, 16호 토광묘(철제 단검 출토). ③ 셋째 시기 : 6호, 13호, 15호 토광묘(철제 장검과 일련의 철제 무기류 출토). ④ 넷째 시기 : 4호 토광묘(동경 등 출토)(고고학 및 민속학 연구소 1959f. 67-68쪽 참조).
13 '기원전 202년'을 잘못 인쇄한 것으로 보임.
14 예를 들어, 도유호(1958)는 우리나라 철기시대의 등장을 기원전 3세기로 잡은 바 있다.

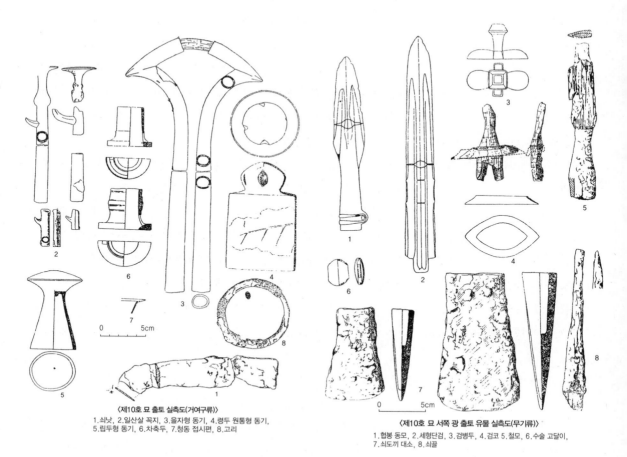

〈제10호 묘 출토 실측도(거여구류)〉
1.쇠낫, 2.일산살 꼭지, 3.을자형 동기, 4.령두 원통형 동기,
5.립두형 동기, 6.차축두, 7.청동 접시편, 8.고리

〈제10호 묘 서쪽 광 출토 유물 실측도(무기류)〉
1.협봉 동모, 2.세형단검, 3.검병두, 4.검코 5.철모, 6.수술 고달이,
7.쇠도끼 대소, 8.쇠끌

〈그림 2〉 태성리 유적 10호 토광묘 출토 유물 실측도(거여구류)(고고학
및 민속학 연구소 1959f. 46쪽)

〈그림 3〉 태성리 유적 10호 토광묘 출토 유물 실측도(무기류)(고고학
및 민속학 연구소 1959f. 49쪽)

유물이 빈약한 편이었고, 12호 토광묘에서는 청동기 및 철기 유물이 출토하지 않았으며, 14호
무덤에서는 부장품이 전혀 발견되지 않았다. 이와 같은 부장품의 구성 관계와 수량적인 차이는
'신분의 고저와 빈부의 차이'를 반영하는 것으로 해석되었다(고고학 및 민속학 연구소 1959f.
66쪽). 한편 태성리 유적에서는 토광묘와 함께 옹관묘(5기)가 발굴되었다. 옹관묘의 전체 길이(112
㎝ 이하), 재사용, 그리고 부장품이 매장되어 있지 않다는 점에 의거하여 "이들 옹관묘는 인민들의
유아용 무덤으로 연대는 토광묘보다 시기적으로 늦은 기원전 2세기~기원후 1세기 이전으로
추정되었다."(고고학 및 민속학 연구소 1959f. 70-76쪽)

1950년대 후반 북한 고고학에서는 철기시대의 시작을 기원전 3세기 무렵으로 설정하는 공감대가
주류를 이루었으며, 『조선통사(상)』(력사연구소 1956a)에서도 기원전 3세기경 북중국의 명도전이

<표 3> 태성리 토광묘의 묘광 규모, 목관 사용 흔적, 출토 유물(고고학 및 민속학 연구소 1959f 참조)

번호	묘광(㎝)		목관 흔적	유물 종류(수량)
	길이	너비		
4	320	210	2개	【청동기】동경(1), 청동띠고리(帶鉤)(1), 【철기】없음, 【토기】회색대형토기(3), 적색대형토기(2), 화분형토기(2), 소형토기(2), 【기타】은제 반지(1), 각제(角製) 비녀(1) 및 머리 장식품(1), 석관(2)
6	355	185	1개	【청동기】청동띠고리(1), 차축두(2), 원통형기(2), 일산 살꼭지(3), 금동고리(3), 접시 조각(1), 용도 미상(3), 【철기】장검(1), 도자(1), 모(1), 도끼(2), 낫(1), 끌(1), 갈모(1), 말자갈(1), 고리(1), 용도 미상(2), 철 조각(10), 【토기】화분형토기(1), 항아리(2), 단지(2)
7	385	250	2개	【청동기】청동띠고리(?)(1), 【철기】도자(1), 【토기】회색대형토기(1), 회색중형토기(1), 회색소형토기(1), 【기타】은제 반지(1), 환옥(10여 개)
8	290	170	없음	【청동기】없음, 【철기】단검(1), 쇠칼(鐵刀)(2), 모(1), 도끼(2), 낫(1), 끌(1), 송곳 모양 철기(1), 【토기】화분형토기(1), 【기타】석도(石刀)(4), 숫돌(3)
9	280	95(북) 80(남)	없음	【청동기】없음, 【철기】도끼(1), 낫(1), 【토기】화분형토기(1), 단지(1)
10 서쪽광	320	155	1개	【청동기】세형동검(1), 협봉동모(1), 을자형동기와 관형동기(1조), 입두형동기(2), 영두(鈴頭) 원통형기(2), 차축두(2), 일산 살꼭지(3), 고리(3), 그릇 조각(1), 【철기】모(1), 끌(1), 낫(1), 도끼(1), 【토기】단지(1), 화분형토기(1)
10 동쪽광	315	130	1개	【청동기】접시 조각(여러 점), 차축두(2), 일산 살꼭지(20개), 【철기】없음, 【토기】화분형토기(1), 소형 단지(1), 【기타】은제 가락지(1), 환옥(36), 관옥(5), 절옥(2)
11	299	140	1개	【청동기】차축두(2개), 을자형동기(2), 관형동기(1), 입두형동기(1), 영두 원통형 동기(2), 접시(1), 고리(7), 용도 미상(1), 【철기】단지(1), 차축두(2), 말자갈(1조), 고리(4), 철 조각(2), 【토기】없음, 【기타】환옥(7), 원주형 장식품(2)
12	273	160	2개	【청동기】없음, 【철기】없음, 【토기】단지(4), 화분형토기(2), 접시(2), 염(奩)(1), 【기타】환옥(2)
13	280	180	2개	【청동기】고달이(鐓)(1), 장식 못(6), 【철기】검(1), 모(1), 끌(1), 도끼(2), 낫(1), 말자갈(1조), 【토기】조각(여러 점)
14	160	50	없음	출토 유물 : 없음
15	(발굴 전에 파괴되었음)		?	【청동기】노기(1), 【철기】검(1), 모(1), 끌(1), 도끼(2), 낫(1), 차축두(2), 고리(2), 철 조각(1), 【토기】화분형토기(1), 단지(1)
16	(발굴 전에 파괴되었음)		?	【철기】단검(1), 모(1), 차축두(2)

들어오면서 우리나라에 철기문화가 보급된 것으로 서술하였다. 1927년 위원군(평안북도 위원군 용연동)에서 명도전(明刀錢)과 더불어 여러 종류의 철제 유물 및 소량의 청동 유물이 발견되었다(그림 4 참조).[15] 1955~57년 사이에 압록강 유역과 청천강 유역에서 명도전이 수습되었으나(유정준 1957 ; 1958) 철제 유물과의 동반 관계가 확실하게 드러나지 않았기 때문에 용연동 유적의 명도전과 철제 유물은 철기시대의 등장 시기를 기원전 3세기로 편년할 수 있는 자료로 활용되었다(도유호 1958). 한편 정백운(1958a)은 용연동의 철제 유물이 제작 기술, 형태, 종류에서 전국시대(BC

---

15 명도전과 함께 청동제 활촉·대구, 철제 창·도끼·괭이·반월도·낫·활촉 등이 발견되었다(정백운 1957b. 9쪽).

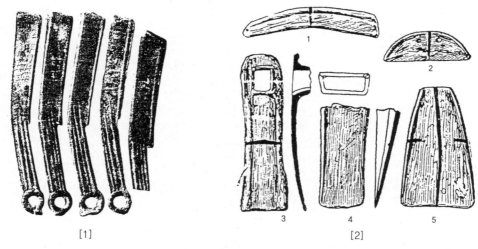

〈그림 4〉 위원군 용연동에서 발견된 명도전[1](藤田亮策 1948. 圖版 第4)과 철제 유물[2](도유호 1960a. 241쪽)

403~221)의 것들과 매우 유사한 공통점을 지녔기 때문에 용연동의 명도전 또한 전국시대에 해당하는 유물로 간주될 수 있다고 강조하면서 철기의 유입과 아울러 '타형문 토기'[16]가 전래되었다고 말하였다.

위에서 살펴보았듯이 위원군 용연동 출토 유물은 철기시대의 등장 시기를 설정하는 데 의미 있는 역할을 하였지만 도로공사 중 수습되었기 때문에 유구의 성격이 확실하게 밝혀지지 못하였을 뿐만 아니라 세형동검, 협봉동모, 거여구류, 세문경, 철검, 토기류 등이 포함되어 있지 않았다. 그리고 앞에서 언급한 것처럼 1954~56년 사이에 황해도 일대의 여러 유적에서 여러 기의 토광묘가 조사되었으나 토광묘의 시대적 성격을 분명하게 이해하는 데 한계가 있었다. 태성리 유적의 발굴 성과는 이와 같은 문제를 짧은 시간에 해결하는 데 결정적인 역할을 하였다고 말할 수 있다. 일제강점기 이래 시대적 소속 관계가 불명확하여 논란의 대상이 되었던 세형동검, 동모, 세문경, 거여구류, 마구류의 청동제 유물이 모두 철기시대에 속한다는 점이 널리 알려지게 되었다 (전주농 1958b ; 정백운 1958b ; 고고학 및 민속학 연구소 1959f). 따라서 "고조선의 문화를 증명하는 고고학적 자료는 무엇인가 할 때 필자는 서슴없이 최근 새로 판명된 토광무덤(土壙墓)[17]과 그 출토 유물을 들게 된다."는 전주농(1960. 39쪽)의 표현은 결코 지나침이 없었다고 판단된다. 또한 태성리 토광묘에서 밝혀진 금속 유물의 동반 관계는 송산리 솔뫼골 유적(황해북도 봉산군, 1958년 발굴)에서 처음 알려진 돌돌림무덤(圍石葬)(황기덕 1959a ; 1959b ; 1963a) 출토의 청동제

---

16 예를 들어, 자강도 진천군 진천읍의 길상 목장 부근에서는 1957년 11월의 현지 재조사를 통하여 타형문(打型文) 토기 안에 들어 있는 명도전(1,500점)이 발견된 바 있다(유정준 1957 ; 1958).

17 북한에서는 1960년 이후부터 우리말로 다듬은 고고학 용어를 널리 사용하였다(도유호 1960b 참조).

품과 철제품[18]을 초기 철기시대의 것으로 편년하는 데 직접적인 도움을 주었다고 생각된다.

2. 1950년대 말~1960년대 초의 학계 동향

1) 토광묘 연구 성과의 파급 효과

1959년 후반에 접어들며 김석형(1959)은 "봉건사회와 노예 소유자적 사회에 있어서 계급 관계는 신분 관계에서 가장 잘 표현되었다."(18쪽)고 강조하면서 삼국 시기에 선행하는 고조선이나 마한이 노예 소유자적 국가였으리라는 의견을 조심스럽게 제기하였고, 우리 역사에도 노예소유자 사회로부터 봉건사회로 이행되었던 인류 사회 발전의 일반적 합법칙성이 관통하였다고 추측하였다. 그렇지만 '고조선은 곧 노예소유자사회'라고 규정하는 문제는 여전히 미해결의 과제로 머물러 있었다(정찬영·김세익 1961).

노예제도가 노예 소유자적 국가 제도의 본질적인 사회 구성 부문이었다는 엥겔스의 명제에 근거하여[프리드리히 엥겔스(김대웅 옮김) 2012. 282-284쪽] 국가의 성립 관계를 긍정적인 입장에서 판명하려면 무엇보다도 국가 성립의 징표를 반영하는 철기(철검, 철보습, 철도끼) 유물의 고고학적 근거가 뒷받침되어야 했다. 그렇기 때문에 그 근거는 그동안 논란의 대상이 되었던 '범금 8조'(『漢書』 지리지)의 노비 관련 조항이 지니는 문헌적 한계를 뛰어넘는 데 필요한 강력한 고고학적 증거의 확보 문제와 긴밀하게 연계되었다고 생각된다. 1959년 말 무렵에 이르러 그와 같은 학술적 여건과 맞물리며 삼국에 선행한 고조선 시기가 노예소유자사회로 규정될 수 있다는 인식의 변화가 고고학 및 역사학 분야에서 좀 더 구체화되기 시작하였다. 그러한 인식의 변화를 이끌어내는 데 크게 역할을 하였던 것은 태성리 토광묘를 중심으로 축적된 고고학적 연구 성과와 긴밀한 관계를 맺었다.

요컨대, 고조선 문제와 관련된 제반 사항을 적극적으로 해명하는 작업은 고고학계와 역사학계 전반에 걸쳐 가장 주요한 현안 과제의 하나로 부각되었다. 이 과업을 체계적으로 수행하고자 과학원 산하의 여러 기관을 주축으로 한 각종 학술 토론회가 1959년 12월부터 1963년 2월에 이르는 기간 동안 진행되었다(표 4).

『태성리 고분군 발굴 보고』의 발행(1959년 8월 18일) 이후, 그해 12월 23일 '우리 나라 고대 종족과 국가 발생에 관한 과학 토론회'가 고고학 및 민속학 연구소에서 개최되었다. 토론회에서는 토광묘의 성격을 시작으로 삼국 이전의 고대 종족과 첫 국가의 기원 문제에 대한 여러 논의가 펼쳐졌다. 이 토론회는 사회자(도유호)의 지적처럼 복잡하고 어려운 성격을 안고 있는 고조선

---

18 청동제품으로는 팽이, 자귀(銅釜), 끌, 동비(銅匕), 좁은놋단검(細形銅劍), 잔줄무늬거울, 그리고 철제품으로는 주조된 철도끼(鐵斧)가 발굴되었다.

제목	개최 일자	주관 기관	비고
'우리 나라 고대 종족과 국가 발생에 관한 토론회'	1959년 12월 23일	고고학 및 민속학 연구소 (소장 : 도유호)	고고학 및 민속학 연구소 (1960a)
'고고학상으로 본 고조선'에 관한 과학 토론회	1960년 4월 1일	고고학 및 민속학 연구소	고고학 및 민속학 연구소 (1960b)
'소위 《기자 동래설》의 허황성에 대한 과학 토론회'	1961년 6월 21일	사회 과학 부문 위원회 (위원장 : 김석형)	력사연구소(1961a)
'고조선 연구에서 제기되는 몇 가지 문제'	1961년 7월 6일	사회 과학 부문 위원회	리병선(1961), 고고학 및 민속학 연구소(1961b)
'고조선의 위치와 령역'	1961년 7월 18~19일	사회 과학 부문 위원회	허종호(1961)
'고조선에 관한 과학 토론회(고조선의 종족 구성과 시기 구분에 대하여)'	1961년 8월 1일, 8일	사회 과학 부문 위원회	고고학 및 민속학 연구소 (1961c)
'고조선에 관한 과학 토론회(고조선의 생산력과 국가 형성)'	1961년 8월 29일, 9월 2일	사회 과학 부문 위원회	고고학 및 민속학 연구소 (1961c)
'단군 신화에 대한 학술 토론회'	1962년 7월 6일, 13일, 27일	력사연구소(소장 : 김석형)	력사연구소(1962a)
《단군 건국 신화》에 대한 과학 토론회	1962년 7월, 8월	력사연구소	장주협(1962)
'고조선 령역에 대한 학술 토론회'	1962년 10월 25일, 12월 17일 ; 1963년 2월 14일	력사연구소	장주협(1963)

문제를 해명하기 위하여 고고학과 역사학 분야의 전문가들이 참여한 첫 번째 출발점이었다(고고학 및 민속학 연구소 1960a)(부록 1 참조).

앞에서 잠깐 말한 것처럼 태성리 토광묘를 통하여 그 축조 집단 내에 '신분의 고저와 빈부의 차이'가 존재했던 것으로 인정되었기 때문에 이 토론회는 자연스럽게 태성리 토광묘의 발굴에 주역을 담당하였던 전주농의 발표로부터 시작되었다(부록 1 참조). 이 자리에서 그는 '토광묘 영조자들이 일부에 국한된 계층'이었음을 언급하면서 토광묘 또는 토광묘와 밀접하게 동반되는 옹관의 출토 유물을 검토하며, 청동 제품(세형동검, 협봉동모 등)과 토기(화분형 토기, 승목문토기 등)의 특성과 그 계통 관계에 대하여 토론하였다. 그리고 조선 토광묘의 연대는 기원전 2세기의 위만조선에 비정되지만 그 이전 시기로 소급될 가능성이 있음을 말하였다.[19] 반면에 채희국은 "우리나라 초기 철기시대 유적인 토광묘는 그 출토 유물에서 계급 분화의 과정이 명확하게 관찰된다고 하며 (…) 우리나라의 토광묘는 지석묘가 사라지기 시작한 기원전 3~2세기부터의 유적이라고 하였다."고 언급하였다(부록 1 참조). 채희국의 견해에 따르면, 초기 철기시대의 토광묘는 위만조선보다 이른 시기, 곧 고조선의 마지막 단계인 준왕(準王)대의 산물로 파악될 수 있다.

---

19 이러한 연대 추정은 다음과 같은 도유호의 편년을 참고하였다고 추정된다. 도유호(1958. 32쪽)는 "우리나라 초기 철기시대의 등장은 기원전 3세기로 편년된다. 태성리 토광묘의 연대는 그보다 늦은 위씨 조선에 해당한다. 그런데 서북 지방의 경우, 토광묘의 유물 종태는 위씨 조선 이전 시기에도 보인다."고 주장한 바 있다.

그 다음해 전주농(1960)은 "고조선 문화는 우리나라에서 이루어진 계급사회의 첫 출발점이었고, 토광무덤은 고조선 묘제의 기본 형태였으며, 검창문화[20]는 준 왕조(準王朝)의 고조선 시대 문화를 반영하지만 검창 유적은 명도전 유적보다 이전 시대에 시작된 것으로 보아야 한다는 글을 발표하였다. 정찬영(1960)은 대체로 고조선 시기에 해당하는 검모문화 계통의 유물은 기원전 3~1세기 속한다고 보며, 유물의 구성에서 압도적인 수량을 차지하는 무기류(단검, 창, 도끼 등), 그리고 전차(戰車)로 추측되는 거여구류의 고고학적 물질 자료는 당시의 노예소유자사회에 호전적인 지배 계급과 피지배 계급으로서 농촌 공동체가 공존하였을 가능성을 알려준다고 추론하였다. 따라서 채희국(고고학 및 민속학 연구소 1960a), 전주농(1960), 정찬영(1960)의 주장을 요약하면, 한 무제의 한4군 설치 이전에 토광묘가 등장하였던 것으로 정리될 수 있다. 한편 김석형(1960)은 고고학 분야에서 일구어낸 철기시대의 편년과 토광묘에 대한 연구 성과 등을 부분적으로 활용하며, 1959년에 발표한 자신의 관점을 더욱 구체화하여 삼국에 선행하는 고조선과 마한 등이 노예사회의 경제 구성을 토대로 하는 국가 형태, 곧 노예 소유자적 국가의 길을 밟았다고 논증하였다.

1960년을 지나며 북한 학계에서는 고조선 국가에 노예소유자사회가 존재했던 것으로 규정하는 공감대가 대세를 이루게 되었다(고고학 및 민속학 연구소 1960a ; 1960b). 고고학과 역사학이 서로 합작하여 이룩해 낸 작업의 성과는 다음의 인용문에서 나타나듯이 북한의 고대사 연구에 획기적인 전환점의 토대가 되었다.

"고조선이 우리 력사에서 첫 계급 국가이며 노예 소유자 국가라는 점에서 우리 학계는 현재 의견의 일치를 보고 있다. 그 성립 연대, 령역, 그 사회 성격의 특성 등의 문제에서 앞으로 연구할 여지가 적지 않게 남아 있는 것은 사실이며 이를 위하여서는 앞으로도 고고학자들과 더욱 긴밀한 련계가 취해져야 함은 물론이다. 최근 시기 이 련계와 합작은 아주 긴밀하여졌다. 이는 고조선 문제 해결에 해방 이후 우리 나라의 고고 학계가 달성한 성과가 반영되기 시작하였으며 우리 고고학자들도 이 문제를 그들의 가장 주요한 연구 대상으로 삼게 된 결과였다."(력사연구소 1961b. 「조선 로동당 제3차 대회 이후 우리 나라 력사 학계가 거둔 성과」, 『력사과학』 1961(5), 7쪽)

북한 학계는 1959년 12월부터 1963년 2월까지 고조선 연구와 관련하여 제기될 수 있는 온갖

---

20 '검모(劍鉾)문화'라고도 한다. '검'은 '좁은놋단검(세형동검)', '창(모)'은 '좁은놋창끝(협봉동모)'을 각각 가리킨다. 정찬영(1960. 41쪽)은 "토광은 원시사회에서 매장 풍습이 생긴 이래 광범위하게 보급된 매장 방식이며, 토광묘는 고대 중국에서 은상 이래 전한에 이르기까지 널리 보급된 매장 형식이다. 또한 우리나라에서는 토광묘 출토 유물이 낙랑의 귀틀무덤(木槨墓)에 이르기까지 나온다. 따라서 고조선을 대표하는 문화를 서술하는 데 있어 '토광묘 문화'라는 용어를 사용하는 것은 부정확하다. 세형동검과 협봉동모를 염두에 두고 '검모문화'라고 부르는 것이 정확하다."고 언급하였다.

문제를 각 토론회의 주제로 삼아 해명의 실마리를 찾고자 총력을 기울였다고 판단된다(부록 1~10 참조). 선정된 주제에 따라 토론회의 참석자들은 다양하게 구성되어 고고학과 역사학뿐만 아니라 민속학과 언어학 등 각 분야를 아우르는 전공자들이 두루 포함되었다. 약 2년여에 이르는 기간 동안 토론회는 10여 차례가 훨씬 넘도록 끈질기게 진행되었지만, 고조선 영역의 중심지(요동설, 이동설, 평양설), 고조선의 종족 구성(예맥 또는 예와 맥, 동호, 숙신 등)에 대한 사료적 해석, 고대 문헌에 기록된 지명(요동군, 요수, 패수, 험독현, 왕검성 등)의 지리적 위치 고증, 국가로서의 고조선 성립 시기, 단군신화에 함축되어 있는 사회적 성격, 기자 동래설의 진위 여부 및 기자와 고조선과의 상호 관계 등에 대하여 토론자마다 서로 다른 견해를 지녔기 때문에 논의된 각 주제별로 합치할 수 있는 의견을 도출하는 일은 매우 힘든 형편이었다(부록 1~10 참조). 토론회를 마감하고 『고조선에 관한 토론 론문집』(리지린 외 1963)이 간행되었으나 논자마다 서로 다른 자신의 주장을 견지하는 전반적인 양상은 그전과 크게 다를 바가 없었다. 그와 같은 사정은 다음의 글에서 잘 드러난다.

> "고조선이 기원 전 4~3세기경에는 이미 계급 국가로서 존재하였으며 그 사회 경제 구성이 노예 소유자적인 것이었다는 데 대하여 오늘 우리 학계에서는 별로 다른 의견이 없다. 그러나 그 국가로서의 기원을 더 소급하는 문제, 그 령역과 중심지에 관한 문제에 관하여는 론쟁이 계속되고 있고 특히 중심지 문제에 이르러서는 심각한 의견 대립이 있다. 고조선의 중심지를 싸고 도는 의견 대립은 비단 오늘에 시작된 것이 아니고 과거 수백 년래 우리 편사학 상의 론쟁'거리의 하나였다. 이 문제의 종국적인 해명을 위해서는 앞으로 더욱 많은 노력이 경주되여야 하리라고 생각한다."(김석형 1963. 「고조선의 연혁과 그 중심지들에 대하여」, 『고조선에 관한 토론 론문집』, 95쪽)

2) 고고학계의 중심지 이동설과 평양설

고고학 분야의 경우, 정찬영은 중심지 이동설 그리고 도유호는 평양설을 기반으로 각자의 논리를 펼쳤다. 정찬영(1963)은 "첫 시기의 고조선 영역은 요하를 중심으로 한 지역이었고, 그 후에 조선반도로 중심이 이동하였으며, 후기 고조선의 중심은 평양 부근이었다."(138쪽)는 견해를 지지하였다. 그는 "문헌적 및 고고학적 자료에 의하면 기원전 4~3세기 이전에 국가가 존재하였다고 볼 수 있는 근거가 미약하며(138쪽), 계급사회로서의 고조선 국가는 기원전 4세기 중엽 이전으로 올라갈 수 없으며(164쪽), 기원전 3~2세기의 검모문화는 고조선 문화이며, 당시 조선반도 내에서 유력한 정치 문화적 중심은 고조선이었으며(170쪽)"라고 주장하면서 위만조선과 한 무제가 대치하였던 패수를 압록강[21]으로 비정하였다(172쪽).

도유호가 내세웠던 평양설의 근본 취지는 정찬영의 이동설과 사뭇 다른 점이 보인다. 따라서 도유호의 입장을 제대로 파악하기 위해서는 먼저 ① 조선 고고학에서 취급될 수 있는 지리적 영역의 범위, ② 고대사 연구에 이용되는 문헌적 사료와 고고학적 사료 중 어떤 사료가 당시의 정황을 고찰하는 데 우선되어야 하는 문제 등과 관련된 그의 관점을 이해하는 것이 전제되어야 한다고 생각된다. 도유호(1960a)는 『조선 원시 고고학』에서 "조선 고고학이란 조선에서 나온 유물을 다루어가며 조선의 옛날 일을 밝히는 과학"(2쪽)으로 서술하였다.[22] 그렇기 때문에 그는 "고조선 국가의 형성 시기는 기원전 3세기 이전으로 올라갈 수 없으나, 만일 기원전 3세기 이전에 국가가 성립될 수 있다면 그곳은 조선반도 내가 아니고 중국 동북 지방이었을 것인데, 이는 조선사의 취급 대상이 아니다."라고 단정하였다(부록 2 참조).

"고대에 관한 연구에서부터 적용할 수 있는, 문헌 사료와 고고학적 사료와의 대비에서는 두 가지가 서로 들어 맞는 경우가 그렇지 않은 경우보다 훨씬 더 많다. 두 가지 사료가 서로 어긋나는 경우를 보건대, 그 경우의 문헌 사료는 례외 없이 모두 간접적인 사료다. 그런데 이렇게 서로 어긋나는 경우에는 고고학적 사료를 취하고 문헌 사료를 버려야 한다. 이는 력사 학계에서 국제적으로 공인하는 하나의 철칙이다. 고조선에 관한 문헌 사료로서 우리가 아는 것은 간접적인 것 뿐이다. 그러나 그럼에도 불구하고 그 중 신빙성이 있는 것은 모두 고고학 상의 사태와 잘 들어 맞는다. 물론 고조선에 관한 문헌 사료 중에는 고고학적 사실과 어긋나는 것도 더러 있다. 그러나 그런 사료를 문제로 삼을 수는 없다. 그런데 고조선 력사의 해명 하나만 가지고 보더라도 고고학의 의의는 대단히 크다."(도유호 1962b. 「고고학이란 어떠한 과학이며, 력사 연구에는 왜 고고학이 필요한가?」, 『문화유산』 1962(3), 65쪽)

"[고조선 갈래의 화분형 토기가 독널로 쓰인] 바로 문제의 명사리 출토품도 말하여 주는 바와 같이, 고조선 문화는 료동 지방과 밀접한 관계를 가진 것이다. 그러나 그럼에도 불구하고 고조선

---

21 황철산(1963. 122-123쪽)도 정찬영의 주장에 동의하는 견해를 발표하였다.

22 그렇지만 도유호가 현재의 국경선만을 반드시 고집한 것은 아니라고 판단된다. 예를 들어, 그는 중국보다 동북쪽에 살았던 주민이 기원전 4세기 이전부터 철기를 사용했다고 말하며 "그런 종족들에게 압록강이나 두만강이 국경선인 것은 아니었다. 이런 강줄기는 가르는 선이 아니라 서로 맞붙여 매는 선이었다. 따라서 압록강 이남과 이북 또는 두만강 이남과 이북은 서로 같은 문화 영역을 이루는 것이었다."(도유호 1961. 41쪽)고 설명하였다. 이 사례는 현재의 국경선이라는 지리적 조건이 지니는 한계를 극복하는 대안으로 고고학적인 문화 영역의 개념이 적용되었음을 보여준다. 한편 도유호(1962a. 50쪽)는 '좁은놋단검, 좁은놋창끝, 잔줄무늬거 울' 등과 같은 일련의 유물이 지역적, 시기적으로 동일한 문화 종태(文化綜態)를 이룬다면 이는 '고조선 문화권' 또는 '고조선 문화 영역'으로 부를 수 있다고 하였다. '문화 종태'의 개념에 관해서는 도유호(1960a. 12-13쪽)를 참고하기 바람.

국가는 우리 나라 서북부에서 생겨 난 것이며, 하나의 종태(綜態)로서의 고조선 문화도 우리 나라 서북부에서 생겨 난 것이다. 문헌 사료에만 매달리는 론자 중의 다수는 고조선의 수도 왕검성의 위치를 료동 지방에서 찾는다. 그들 중에는 고조선 국가의 령역이 압록강 이남으로 내려 온 일은 전연 없었다고까지 말하는 사람도 있다. 그러나 그러한 온갖 주장은 고고학 상의 사태와는 180 도로 어긋나는 것이다."(도유호 1962a. 「신천 명사리에서 드러난 고조선 독널에 관하여」, 『문화유산』 1962(3), 56-57쪽)

도유호는 지배 계급[23]의 무덤 형태, 고조선 국가의 성립 문제를 구명(究明)하는 데는 간접적인 문헌 사료보다 토광무덤 등에서 직접 얻은 고고학적 사료가 결정적으로 이바지하였다고 언급하며, 위 인용문에서 알 수 있듯이 직접적인 사료로서 고고학적 역할의 중요성을 강조하였다(도유호 1961 ; 1962b).[24] 그러면서 그는 "우리나라 서북 조선에 최초로 생긴 국가, 곧 고조선의 문화는 고고학적으로 좁은놋단검(細形銅劍), 좁은놋창끝(狹鋒銅鉾), 잔줄무늬거울(細文鏡) 등과 깊은 관계를 맺고 있는데, 요동 지방에서 그러한 유물들을 찾기란 기대하기 어렵다."고 서술하였다(도유호 1962a). 다시 말해서 검모문화로 대표되는 고조선 관련 유적 유물이 평양과 그 주변의 대동강 유역에 대부분 분포하는 맥락에서 접근한다면, 고조선 국가 성립의 중심지는 고조선의 고고학적 문화 영역을 기반으로 추론하는 것이 가능하기 때문에 그 중심지의 지리적 위치는 평양과 대동강 유역을 포괄하는 조선 서북 지방으로 당연하게 귀결될 수 있는 것이다.

그 뒤 도유호는 '고조선 국가=재요동설' 및 '왕검성(왕험성)=재요동설' 등에 맞서기 위하여 몇 편의 논문을 연이어 발표하였다. 각 논문의 주제는 한4군의 위치 비정을 조선반도 내에 설정하려는 의도와 깊은 관계가 있었다. 이런 배경 속에서 그는 "진번을 함경도 지방, 옥저성을 두만강 이북 또는 함경북도 북단, 임둔을 강원도 지방(도유호 1962c), 악랑군 치소를 동평양의 토성리 토성[25], 왕검성을 현재의 평양(도유호 1962d)"으로 비정하였다. 예맥조선을 '예맥이 사는

---

23 "군사 민주제 하에서 종족적 대립이 계급적 대립으로 전환되었고, 계급적 대립이 첨예화한 결과로 우리나라 최초의 국가(고조선)가 등장하였으며"(도유호 1962a. 50쪽), "위만 당시 고조선 국가는 정복국가로서 진출하였 다."(도유호 1962e. 36쪽)고 서술한 내용에 따르면, 이 지배 계급이라는 용어는 정복국가 단계의 지배 계층을 가리킨다고 볼 수 있다. 원시시대로부터 고대로의 이행 문제에 대한 도유호(1960a ; 1961 ; 1962a ; 1962e)의 견해를 종합적으로 검토하면 '원시공동체사회(신석기시대)→군사 민주제 단계(청동기시대)→정복국가 단계(초 기 철기시대, 위만조선)→노예 소유자적 국가(삼국시대)'와 같은 단계별 변천 과정이 설정될 수 있다고 추론된다. 이러한 시각은 우리의 고대 역사 발전에 '맑스-레닌주의적인 일반적 합법칙성'이 구현되었다는 김석형(1960)의 주장과 완전히 배치되며, 당시 학계의 전반적인 성향에서 크게 벗어난다.

24 이에 대하여 리상호(1963a. 46쪽)는 『력사과학』에 발표한 논문에서 "한의 침략 이전에 고조선의 역사적 경계를 찾는 데는 '유물'들이 앞장에 나설 자리는 없다."라고 언급하며, "역사 연구에서 기산(起算) 자료, 곧 문헌 자료가 있는 이상 추산(推算) 자료, 곧 고고학 자료는 전자에 복종해야 한다."고 강력하게 반발하였다. 이러한 표현은 당시 역사학계가 도유호의 관점에 대하여 매우 부정적이었다는 사실을 잘 보여준다고 생각된다.

고조선의 지역'으로 해석하며, "옛날 중국 사람이 문제로 삼은 예맥조선은 함경도 방면 및 그 이북 지역의 예맥조선"이라고 주장하였다(도유호 1962e). 패수를 청천강으로 비정하는 데는 변함이 없었다.

앞에서 말한 것처럼 도유호는 검모문화로 대표되는 고조선의 국가 형성 시기를 기원전 3세기 이후로 설정하였고, 북부 조선에서 초기 철기시대가 시작되는 시기를 기원전 4세기 중으로 추정한 바 있다(도유호 1961. 41쪽). 이와 같은 점은 초기 철기시대의 물질적 배경을 기반으로 고조선이 국가 단계로 성립되었다는 도유호의 인식을 잘 보여준다고 생각된다.

3) 역사학계의 요동설

고조선의 국가 성립 문제를 둘러싸고 제기된 고고학계와 역사학계의 상반된 입장은 날선 쟁점으로 이어졌다. 당시 북한의 고대사 연구 부문에서 주도적인 역할을 하였던 리지린, 김석형, 림건상 등은 주로 문헌 자료에 의거하여 고조선 중심지의 변천 과정과 국가 단계로서 고조선의 성립 시기 등에 관한 글을 발표하였다. 그들의 주장은 "고조선은 역사적으로 요서 또는 요동 지방 일대를 근간(根幹)으로 형성되었고, 이 지리적 범주 안에서 고조선의 마지막 중심지가 요동 지방으로 이동되었다."는 내용을 공통적으로 담고 있다. 이러한 관점은 기원전 3세기 이래 고조선의 중심지가 요동에서 압록강 이남 지역으로 옮겨졌다는 정찬영의 이동설과 다른 성격을 지니고 있었다. 그들 중 특히 김석형과 리지린은 고고학계에서 주류를 이루었던 주장(고조선 국가 성립=기원전 3세기 이후)에 동의하지 않으며, 그 성립 시기가 기원전 3세기 이전으로 올라간다는 입장을 표명하였다.

림건상(1963)은 '대릉하=패수설'은 인정하며, 위만이 왕위에 오르던 전후 시기(기원전 3~2세기)를 중심으로 고조선의 위치에 대한 자신의 의견을 말하며, "'대릉하=패수설'은 역사적 사실과 부합된다(295쪽). 기원전 4세기경의 고조선은 난하 이동 지방에 있었다(324쪽). 기원전 3세기의 고조선의 서쪽 경계는 대릉하 일대였다(293쪽). 위만조선 당시의 고조선 영역은 대릉하 이동의 요서, 요동 지방 일대에서 찾을 수 있다(303쪽). 위만의 도읍지로서 왕검성이 있었던 험독현(險瀆縣)의 위치는 대릉하와 요하 사이에 있는 의무려산(醫巫閭山) 이남 지방이다(302쪽). 고조선 지역에 설치된 악랑군의 위치는 요동 지방에서 구할 수 있다.(312쪽)"라고 주장하였다. 요컨대 그는

---

25 도유호는 당시 발굴된 평양 낙랑구역 정백동의 부조예군 무덤(토광무덤)과 고상현(高常賢) 무덤(귀틀무덤), 황해남도 신천군 봉황리의 장잠장 왕경(長岑長 王卿) 무덤(벽돌무덤) 등의 사례가 그와 같은 사실을 뒷받침한다고 서술하였다. 부조예군 무덤은 1958년(백련행 1962a ; 리순진 1964), 고상현 무덤(정백동 2호 무덤)은 1961년(고고 학연구소 1983), 왕경 무덤은 1962년(전주농 1962)에 각각 조사되었다. 왕경 무덤에서는 '正始(정시) 9년'(AD 246)의 벽돌 묘지명(墓誌銘), 그리고 고상현 무덤에서는 '永始(영시) 3년'(BC 14)의 명문이 있는 일산 부속품 칠기와 함께 '夫租長印'(부조장인), '高常賢印'(고상현인)이 새겨진 도장이 발견되었다.

역사적으로 고찰할 때, 고조선은 압록강 이북의 요동 일대에 있었으며, 현재 조선의 영역에 검창(銅鉾)문화를 남긴 주체는 진국(辰國), 곧 마한이었다는 견해를 지니고 있었다(부록 6 참조).

김석형(1963)은 "중국 사서에 국가 내지는 종족 집단의 이름으로 '조선'이라는 것이 등장하는 것은 기원전 7세기경부터이다(96쪽). 대릉하~요하 유역 일대를 포괄하는 지역에서 '동호=예맥조선 =고조선'이 국가를 형성했던 시기는 기원전 5~4세기[26]로 소급된다(103쪽). 기원전 3세기 후반기에 예맥조선은 우리나라의 서북 지방에 있었던 부·준 왕조와 병존하였고(100쪽), 동쪽 송화강 유역에 는 부여가 국가로서 발족하였다(107쪽). 기원전 약 200년경 동호(예맥조선)는 요동군 일대에서 흉노 묵특(冒頓)의 공격을 받고 멸망되었다(108쪽). 예맥조선의 땅에 위만 집단이 왕조를 건립하여 첫 도읍지(왕검성)로 삼았던 곳은 흥경(興京) 부근이었다. 그 후 준 왕조를 몰아내고 중심지(왕검성) 를 오늘의 평양 부근으로 옮겼다(113쪽)."고 논하였다. 다음의 인용문은 부·준 왕조, 위씨 왕조, 마한과의 상호 관계에 관한 김석형의 논점을 좀 더 자세하게 이해하는 데 도움을 준다.

"우리 서북 지방을 중심으로 고대 국가가 존재하였으며 이를 부, 준의 왕조로 보자. 이 왕조는 준왕 때까지 북방 료동 지방의 위만 조선과 병존하고 있다가 기원 전 2 세기 전반기에 후자에 의하여 타도되고, 그 후 위만 조선은 이리로 중심지를 옮겨 왔으며 그 후 평양 지방을 중심으로 하고 있었던 이 위씨 왕조는 우거 때에 이르러 기원 전 108년에 한 무제의 침략을 받아 복멸되고 우리 나라 서북 일대에는 락랑군이 설치되었다. 따라서 이 보다 앞서 기원 전 2 세기 전반기 경에 위씨 왕조에 쫓긴 준 왕조는 반도 남쪽으로 그 중심지를 옮겨 거기서는 주로 마한(馬韓)이라고 불리웠던 것으로 생각한다. 마한이라는 이름은 이렇듯 남쪽으로 쫓겨 간 후에 비로소 가지게 되었다고 볼 근거는 없다."(김석형 1963. 「고조선의 연혁과 그 중심지들에 대하여」, 『고조선에 관한 토론 론문집』, 102-103쪽)

김석형은 '예맥조선(고조선), 부·준 왕조, 위씨 왕조'가 서로 직선적인 계승 관계를 형성하지 않았다고 지적하였다. 따라서 부·준 왕조와 예맥조선(고조선)이 서로 다른 지역에서 병존 관계를 이루었다는 김석형의 논지에서 판단할 때, 그동안 서북 조선에서 알려진 기원전 3~2세기의 토광묘 유적 유물은 고조선 문화를 직접 대변하는 고고학적 증거로 채택되기 곤란하며, 오히려 그것은 부·준 왕조, 곧 마한의 계급사회적인 경제 구성을 반영해주는 것으로 평가될 수 있다(김석형

---

26 이 연대 추정에 대해서는 다음의 내용을 참조하기 바람. "최근 시기 우리나라 고고학자들은 우리 역사에서 철기 사용의 상한은 기원전 4세기까지도 소급될 수 있겠다고 말하고 있다. 중국의 춘추 말 전국 초(기원전 5 세기경)부터 사용한 철기는 그 연원이 우리의 예맥의 조선 지역이라고 생각하고 있는 지역 부근에서 발생한 것이라고 보는 견해도 있는 것 같다."(김석형 1960. 83쪽)

1963. 102쪽 참조). 한편 김석형은 철기시대의 상한 연대 추정에 대해서 도유호와 조금 다른 견해를 지녔지만, 고조선 국가의 형성 시기를 철기시대의 등장과 연관시켜 이해했던 점은 도유호의 시각과 크게 다를 바가 없었다고 판단된다.

고조선의 국가 형성 시기와 관련하여 리지린은 색다른 시각에서 그 문제를 해명하고자 시도하였다. 당시 북한의 역사학계 또는 고고학계에서는 기본적으로 '초기 철기시대=국가 형성'이라는 고정된 관념 속에서 국가로서 고조선의 성립 시기를 둘러싸고 다양한 논쟁을 펼쳤다. 그러한 학계의 일반적인 경향과 달리 리지린(1960a ; 1960b)은 국가 형성의 징표가 될 수 있는 문자[27](한자)의 유입과 사용 시기에 주목하여 "고조선인은 기원전 12세기에 한자를 수입했고, 기원전 8세기 이전에 고조선인은 이미 이두식으로 표기된 한자를 사용하기 시작했다."고 언급하였다(리지린 1963a. 361쪽, 368-369쪽). 그리고 고조선보다 후진적이었던 맥국[28]의 조세 제도[29]를 통하여 기원전 5세기경 맥국에 국가의 공적 권력[30]이 존재했음을 알 수 있으며(리지린 1963a. 194-195쪽), 이러한 점들을 감안할 때 "고조선의 국가 형성 시기를 기원전 8세기경으로 추론하는 것이 인정된다."고 주장하였다(리지린 1963a. 360쪽).

리지린은 『史記』의 패수가 오늘의 대릉하를 가리킨다고 논증하며, 고조선의 영역은 "기원전 3세기 초까지 오늘의 요동·요서 전 지역 및 서쪽으로 하북성 영평부(永平府) 일대까지 미쳤으며, 예족이 의무려산 일대(요하와 대릉하 사이의 지역)를 중심으로 통일적 국가(기원전 8세기의 '조선')를 형성할 당시의 수도였던 왕검성은 오늘의 개평(蓋平)에 비정된다."고 하면서, 왕검성을

---

27 엥겔스는 문명 시기(Civilization)로 진입하는 전(前) 단계, 곧 미개 시기(Barbarism)의 높은 단계에서 "인류는 철광석을 제련하고 문헌을 기록하는 데 문자를 이용하면서부터 문명으로 이행한다."고 서술하였다[프리드리히 엥겔스(김대웅 옮김) 2012. 41쪽].

28 『고조선 연구』(리지린 1963a)에서 언급된 예족과 맥족의 관계, 국가의 형성 시기, 고고학적인 문화 단계 등에 관한 내용은 다음과 같이 정리될 수 있다. "동호(東胡)는 오환이나 선비의 선조만을 가리키는 것이 아니라 조선(예족)과 맥족을 포함한 일련의 종족들을 가리키는 총칭이다(25쪽). 예와 맥은 언어와 풍습이 동일하였다(182쪽). 고대 조선족에 포함되는 예와 맥은 신석기시대(기원전 3천년경)에 요동·요서 일대에서 정착 농경 생활을 하였다(350쪽). 예의 여러 부족은 국가 형성 이전에 요서와 조선반도로 빠져나갔다(182쪽). 난하에 거주하였던 고대 숙신은 기원전 12세기 전후의 고조선족 명칭이었다. 예가 '조선'(고조선)이라는 통일적인 국가를 형성한 것은 기원전 8세기이다(369쪽). 고조선(예)의 북부 지역에 거주하였던 맥은 늦어도 기원전 5세기 이전에 계급 국가인 맥국을 건립하였다(182쪽). 맥국은 연나라 북쪽에서 열하 일대에 걸쳐 있었고, 조선은 연나라 동쪽에 위치하였다(180-181쪽). 고조선족과 맥족은 압록강 이북에서 청동기시대(기원전 12세기 이전)를 경과하고 철기시대로 이행되었다(348-349쪽). 중국 전국시대의 철기문화가 개화된 지역이 바로 고조선과 맥국의 지역이었다(347쪽). 예족은 고조선과 진국, 맥족은 부여와 고구려로 이어진다(391쪽)." 한편 리지린은 "위만은 한인(漢人)이 아니라 조선인(朝鮮人)이며 위만의 정변은 고조선 사회 내부에서 진행된 계급투쟁을 반영한다."고 서술하였다(10쪽).

29 프리드리히 엥겔스(김대웅 옮김) 2012. 294-296쪽 참조.

30 반면에 정찬영(1963. 164-167쪽)은 맥국의 '20분의 1 세'에서 계급사회의 징표를 찾아낼 수 없다고 이의를 제기하였다.

평양으로 단정하는 고고학자들의 주장을 비판하였다(리지린 1963b. 76-77쪽). 한편 그는 기원전 2세기 말 "준왕이 무리를 이끌고 간 한(韓)은 진국의 행정 명을 가리키며, 그곳은 한대(漢代)에 낙랑군에 속하였다. 이 낙랑군 지역은 위씨 조선의 지역으로 준왕대의 고조선 지역과 대체로 일치한다. 진국 내의 마한은 기원전 2세기 초에 압록강의 계선까지 이르렀다."고 말하였다(리지린 1963a. 268-269쪽, 275-276쪽). 또한 "평안남도와 황해도 일대에서 알려진 토광무덤, 그리고 범의구석(함경북도 무산군) 유적 등에서 발굴된 철제 유물은 진국의 철기시대가 기원전 3세기 이전에 시작하였음을 알려준다."고 서술하였다(리지린 1963a. 283-284쪽).

『고조선 연구』의 '머리말'에서 밝힌 바와 같이 리지린은 고조선의 국가 형성 및 생산력 문제를 가늠하는 데 고고학 연구 성과가 뒷받침되어야 한다는 점을 잘 인식하고 있었다. 이를 통하여 그는 당시 문헌 중심 역사학자들이 안고 있는 한계를 벗어나려는 노력의 일환으로 『고조선 연구』에 '제8장 고고학적 유물을 통해 본 고대 조선 문화의 분포'(316-342쪽)를 게재하였을 뿐만 아니라 '도판'(399-410쪽)까지 수록하였다고 추정된다. 리지린은 자신을 가리켜 고고학의 문외한이라고 표현하였지만(리지린 1962a. 136쪽)[31], 당시 역사학자들 가운데 그만큼 고고학적 소견(所見)을 발표한 연구자는 전혀 찾아볼 수 없다.

그는 철기의 사용 시기에만 초점을 맞추어 국가 형성의 징표를 찾으려는 고고학계 및 역사학계의 공통된 인식, 그리고 이에 지나치게 의존하여 고조선 국가의 형성 시기 문제를 논했던 여러 주장의 근본적인 문제점에 대하여 다음과 같은 비판을 가하였다.

"엥겔스는 《가족, 사유 재산 및 국가의 기원》에서 희랍 사회에서는 계급 국가 형성 이전에 철을 제조하였다고 썼다. 그러나 그는 어느 사회에서나 그렇다고 가리킨 것은 아니다. 철기를 사용하지 않고서도 국가를 형성할 수 있으며 실지로 그러한 나라가 많았다. 가까운 실례를 들면 고조선과 밀접한 관계를 가졌던 중국 고대 국가가 바로 그러하였다. 중국은 철기를 사용하지 않고서도 국가를 형성하였을 뿐만 아니라 철기 없이도 노예 소유자 국가를 유지할 수 있었던 것이다. 철기 사용이 결코 국가 형성의 유일한 조건이 될 수는 없는 것이다. 그렇기 때문에 고조선 국가 형성 시기 문제를 론함에 있어서 그 유일한 조건으로서 철기 사용 문제를 드는 리론은 성립될 수 없다."(리지린 1963a. 『고조선 연구』, 7쪽)

'초기 철기시대=고대 국가 형성 시기'라는 논리를 당연하게 받아들이고 있었던 학술적 분위기[32]에

---

31 이에 관해서는 강인욱(2015. 45쪽)의 글을 참조하기 바람.
32 이러한 경향은 당시의 고고학 분야뿐만 아니라 김석형(1963)의 글에서도 드러난다.

서 리지린의 시각은 매우 파격적이었다. 그의 논리는 철기의 보편적인 사용을 국가 형성의 중요한 징표로 삼았던 엥겔스의 명제로부터 벗어나는 데 필요한 대안이 될 수 있었다. 다시 말해서 청동기의 사회 경제적 역할을 간과하였던 엥겔스의 한계[요하임 헤르만(김재상 옮김) 2012. 334쪽]를 극복하고, 새로운 접근 방법에 의하여 고조선의 청동기시대가 연구되어야 한다는 점을 리지린은 잘 인식하고 있었다고 생각된다. 요컨대 리지린은 청동기시대의 물질적 토대 위에서 고조선이 국가로 성립될 수 있는 계기가 마련되었다고 말하였는데 이러한 그의 기본적인 관점은 단군릉 발굴 이후의 현재 북한 학계에도 그대로 적용되고 있다(손영종 외 2009). 한편 그는 청동기시대의 시작을 기원전 12세기 이전[상(商) 말~주(周) 초], 고조선 국가의 형성 시기를 기원전 8세기[주 말~춘추 초]로 각각 설정하였는데, 여기에는 중국 고대사의 큰 흐름과 대등한 관계를 이루며 지속되었던 고조선 역사의 유구성(리지린 1960b. 65쪽)을 입증하려는 의도가 내포되어 있었다.

리지린(1963a. 340-342쪽)은 "고대 조선족의 많은 부분이 압록강 이북에서(요동, 요서, 열하, 내몽고의 일부) 신석기시대와 청동기시대를 경과하고 철기시대로 이행되었다."고 언급하면서, 청동기와 관련하여 고고학자들이 흔히 사용하는 '북방계 문화'라는 성격은 다음과 같은 특성을 지닌다고 표명하였다. "첫째, '북방계 문화'는 중국 중원의 청동기 유물과 거의 관계가 없다. 둘째, '북방계 문화'는 고조선 문화와 간접적으로 연계된 것이 아니며, 그 문화 자체를 창조한 주인공이 바로 고조선인과 맥국인이었다." 따라서 고대 조선족이 역사적으로 이룩한 청동기문화의 기원은 요동, 요서, 열하 지역에서 찾을 필요가 있다고 리지린은 주장하였다.

4) 만주식 단검(평형동검)과 좁은놋단검의 상호 관계

북한 고고학계는 1950년대 말 무렵에 이르러 검모문화가 고조선 문화를 가장 특징적으로 대변하며, 검모문화의 대표적인 유물인 좁은놋단검[33]이 초기 철기시대에 속한다는 사실을 인정하였다. 이와 비슷한 시점에 발굴된 조양 십이대영자 유적(요령성, 석곽묘)(朱貴 1960)과 금서현 오금당(요령성, 토광묘)(錦州市博物館 1960) 유적 등의 조사 자료가 1960년부터 북한에 알려지기 시작하였다. 구조가 서로 다른 것으로 보고된 두 유적의 무덤에서는 동일한 형태의 청동검(만주식 단검[34])이 공통적으로 출토하였을 뿐만 아니라 십이대영자 유적에서는 만주식 단검과 잔줄무늬거

---

33 좁은놋단검은 1958년 도마산(황해북도 봉산군 어수구)의 변형 돌멘에서 출토된 바 있는데 후대에 혼입된 것으로 보고되어(황기덕 1959a) 주목을 받지 못하였다. 현재 북한에서는 이 청동검을 고인돌 축조 당시의 것으로 인정한다(석광준 2009. 17쪽). 1965년에는 천곡리 돌상자무덤(황해북도 서흥군)에서 좁은놋단검이 발견되었다(백련행 1966).

34 만주식 단검(평형동검)을 황기덕(1963b)은 '비파형동검', 그리고 김용간(1964)은 '비파형단검'이라고 불렀다.

울이 동반되어 북한 학계의 주목을 받았다. 특히 대릉하 이동 지역에 있는 십이대영자 유적의 지리적 위치, 그리고 발굴 보고에 실린 유적의 연대(춘추 말~전국 초)와 그 주인공(동호)에 관한 추정은 북한 학계의 관심을 끌기에 충분한 내용을 담고 있었다. 이 문제와 관련하여 제기된 도유호, 정찬영, 리지린 등의 견해를 살펴보면 다음과 같다.

도유호(1960c ; 1962a)는 첫째, 십이대영자 출토 청동 거울에서 전국시대(철기시대) 산자무늬거울(山字文鏡)과 잔줄무늬거울(細文鏡)의 요소가 함께 관찰되며, 둘째, 십이대영자의 무덤(석곽묘)은 솔뫼골의 무덤(위석장)과 마찬가지로 '돌무덤' 형식이라는 공통점을 지니고, 셋째, 솔뫼골 유적의 돌무덤에서 잔줄무늬거울과 철기가 동반된다는 점 등에 착안하여 십이대영자 또는 오금당 유적의 만주식 단검은 철기시대에 해당하는 것으로 편년되어야 한다고 주장하였다. 그리고 그는 십이대영자 무덤의 주인공이 동호라는 추정에 대해서도 동의하지 않았다. 한편 도유호는 '돌무덤' 형식이 '토광무덤'에 선행하거나 또는 서로 병존 관계를 이루다가 '토광무덤(옹관 포함)'으로 변화되었다고 이해하였으며, 미송리 동굴 유적의 위 문화층 출토 유물이 초기 철기시대의 '돌무덤'과 밀접한 관련이 있는 것으로 판단하였다.[35] 당시 미송리형 토기와 유사한 모양의 유물이 묵방리(평안남도 개천군) 변형 고인돌(김기웅 1961b ; 1963)과 서단산자(길림성 길림시) 돌무덤(吉林大學歷史系文物陳列室 1960)에서도 발견된 바 있는데 미송리형 토기 계통의 시대적 상호 관계에 대하여 도유호는 초기 철기시대로 편년될 수 있다는 입장을 계속 표명하였다(고고학 및 민속학 연구소 1961d. 88쪽).

정찬영(1962)은 '만주식 단검(평형동검)'과 '좁은놋단검'의 형식 분류학적인 특성과 변천 과정을 좀 더 자세하게 구분하려는 작업을 처음으로 시도하였다. 그는 두 종류의 단검에서 관찰된 형태적인 속성과 구조상의 특징을 구분하여 서술하면서 좁은놋단검을 전기 형식(1형식)과 후기 형식(2형식)으로 세분하였다(그림 5, 표 5 참조).

〈표 6〉에 있는 바와 같이 정찬영(1962)은 십이대영자, 오금당, 목양성지 등 출토품의 추정 연대에 의하여 만주식 단검(그림 6)을 기원전 5세기~3세기, 곧 고조선 문화(검모문화)보다 이전 시기에 존재했던 청동기시대 말기로 편년하였다. 좁은놋단검의 경우(그림 7), 연해주 마이혜촌 부근(이즈베스트꼬브 유적[36])의 석관묘와 솔뫼골 돌돌림무덤 등의 출토품은 '전기 형식(1형식)'(기원전 3세기~2세기 초)으로 구분되었다. 부조예군 무덤, 태성리 무덤(10호), 고상현 무덤, 흑교리 출토품 등은 '후기 형식(2형식)'(기원전 2세기 초~기원 전후)에 속한다고 분류되었다. 따라서 그의 시기 구분 안에 따르면 "만주식 단검(기원전 5~3세기) → 전형적 좁은놋단검(기원전 3세기~2세

---

35 반면에 김용간(1961c)은 미송리 동굴유적의 위 문화층의 연대를 청동기시대 말기로 추정하였다.

36 유적의 지명에 대해서는 박진욱(1974. 180쪽)과 데.엘. 브로댠스끼(정석배 역 1996. 336-337쪽)를 참고하기 바람.

〈표 5〉 만주식 단검, 좁은놋단검의 형태상 특징과 변천 과정(정찬영 1962)

구분		특징
만주식 단검		① 동검의 날 부분 형태가 바이올린의 동체와 같고, 날 중앙부가 돌기(突起)하였음. ② 양면에 등날을 가지고 있으며, 등날을 날카롭게 세우는 것이 원칙인데 절대(節帶)를 마련하는 방식도 많아졌음. 절대가 혈구와 같은 역할을 수행하도록 하기 위해서는 검 날의 돌기부를 이와 병행시키도록 해야 했음. ③ 칼의 하부에는 등날을 세우지 않고, 타원형으로 남겨 두었음. ④ 검 자루와 검병두 등을 따로 마련하여 조립식으로 되어 있음. ⑤ 단검의 길이는 30~40㎝ 정도이며 40㎝를 넘는 것은 없음.
좁은 놋단검	전기 (1형식)	【전형】 절대와 결입부가 뚜렷하며, 절대 아래 즉 하부가 호선을 이루면서 좁아 들고, 등날은 절대 이하로 세우지 않음. 【변형】 전형의 특징을 지니며 등날이 굵고 날이 좁은 것.
	후기 (2형식)	【전형】 전기(1형식)의 전형과 기본적으로 유사하지만 결입부가 명확하지 않고 퇴화하기 시작하여 칼날이 직선에 가까워지며 절대가 형식화하여 등날은 심지어 칼자루 뿌리에까지 미침. 【변형】 전형의 특징을 지니며 등날이 굵고 날이 좁은 것 등이 있음.

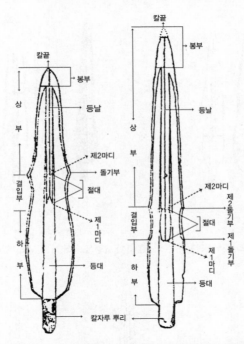

〈그림 5〉 만주식 단검과 좁은놋단검의 부분 명칭(정찬영 1962. 21쪽)

기 초) → 좁은놋단검의 퇴화형(기원전 2세기 초~기원 전후)”으로의 변화 과정이 설정된다(정찬영 1962. 44쪽).[37]

그는 십이대영자와 마이헤 촌 부근 출토의 잔줄무늬거울에서 보이는 기하학적 무늬(지그재그 모티브)(그림 8)의 근사성에 주목하여 “이러한 거울 형식은 만주식 단검 시기부터 좁은놋단검

---

37 반면에 전주농(1963a)은 만주식 단검이 좁은놋단검으로 진화 발전되었다는 정찬영의 주장에 동의하지 않았다.

〈표 6〉 만주식 단검과 좁은놋단검의 편년(정찬영 1962)

구분		유적	유구	추정 연대	편년
만주식 단검		십이대영자(요령성 조양시)	석관묘	기원전 5세기~4세기	기원전 5세기~3세기
		오금당(요령성 금서현)	토광묘	기원전 5세기~4세기	
		목양성 부근(요령성 대련시)	돌무덤	기원전 4세기~3세기	
		운대리(전남 고흥군)	고인돌	고조선 이전	
좁은 놋단검	전기 (1형식)	마이헤 촌(연해주)	돌무덤(석관묘)	기원전 3세기(또는 그 이전)	기원전 3세기~2세기 초
		솔뫼골(황북 봉산군)	돌무덤(위석장)	기원전 3세기~2세기 초	
	후기 (2형식)	부조예군 무덤(평양)	토광묘	기원전 2세기 초	기원전 2세기 초~기원 전후
		태성리 10호 무덤(평남 강서군)	토광묘	기원전 1세기경	
		고상현 무덤(평양)	귀틀무덤	기원전 1세기	
		흑교리(황북 황주군)	고분	기원전 1세기 이후	

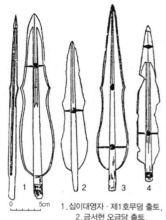

1.십이대영자 · 제1호무덤 출토,
2.금서현 오금당 출토,
3 · 4.목양성 부근   [1]

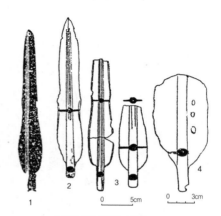

1.중앙 력사 박물관 소장품
2. 전 평양 부근 출토품
3. 춘천 부근 출토품, 4. 운대리 출토품   [2]

〈그림 6〉 요령성 일대와 우리나라에서 알려진 만주식 단검 [1] 요령성 일대, [2] 우리나라(정찬영 1962. 22쪽, 24쪽)

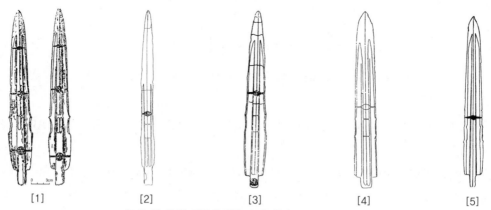

[1]   [2]   [3]   [4]   [5]

〈그림 7〉 좁은놋단검의 변화 과정(1형식 : 1~2, 2형식 : 3~5)

[1] 마이헤 촌(정찬영 1962. 35쪽), [2] 솔뫼골 무덤(황기덕 1963. 80쪽), [3] 부조예군 무덤(리순진 1964. 36쪽),
[4] 태성리 10호 무덤(전주농 1958a. 52쪽), [5] 고상현 무덤(고고학연구소 1983. 20쪽)

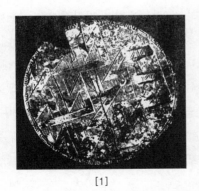

[1]   [2]

〈그림 8〉 [1] 십이대영자 3호 무덤의 잔줄무늬거울(길이 : 22.5cm)(朱貴 1960. 도판 Ⅵ),
[2] 마이혜 촌 부근의 잔줄무늬거울(정찬영 1962. 29쪽)

시기까지 존속하였고, 이는 만주식 단검의 기본적인 특징이 좁은놋단검에 계승되었음을 보여준
다.”고 말하였는데(정찬영 1962. 30쪽) 이러한 표현은 만주식 단검(청동기시대 말기)과 좁은놋단검
(철기시대) 사이에 문화적인 연속성이 내재되어 있음을 의미하는 것으로 풀이될 수 있다. 그는
만주식 단검과 좁은놋담검의 형태적·구조적 분석과 아울러 동반 유물(잔줄무늬거울)의 상호
비교를 토대로 만주식 단검과 좁은놋단검의 계승 관계를 밝히고자 시도하였으며, 이러한 접근
방법은 당시로서 매우 참신한 발상이었고 그 뒤 이 분야의 연구에서 디딤돌과 같은 역할을
하였다고 판단한다.

앞에서 말한 것처럼 정찬영은 마이혜 촌 부근의 돌무덤에서 나온 좁은놋단검과 잔줄무늬거울
자료를 활용하며 좁은놋단검 전기 형식의 등장 시기를 기원전 3세기로 확정하였다. 그런데 그
유적에서는 좁은놋창끝과 동비(銅匕) 등도 함께 출토되었다. 검모문화를 구성하는 핵심적인
유물이 마이혜 촌 지역에서 발견되었다는 사실은 고조선 문화의 북쪽 외연이 연해주 일대까지
미쳤음을 보여주는 고고학적 증거[38]라고 설명하는 것이 가능했지만 당시 정찬영은 이에 대한
언급을 하지 않았다. 또한 좁은놋단검과 계승 관계를 이루는 만주식 단검이 대릉하 유역의
십이대영자에서 출토되었다는 사실을 통하여 국가 성립 이전의 고조선 서쪽 영역을 요동에서
요서 지역으로 확장하는 것이 가능했으나 이에 관해서도 그는 언급하지 않았다. 이와 같은
복합적인 문제의 발생 요인은 무엇보다도 그가 고수하였던 ‘압록강=패수설’의 한계를 극복하지
못한 데서 비롯한다고 생각된다.

---

38 이에 대하여 도유호(1962a. 55쪽)는 마이혜 촌에서 출토한 청동 유물을 가리켜 “위만 당시 고조선 영역의
확대 여파가 연해주 일대에 미쳤음을 보여준다.”고 언급하였으며, 고고학연구소·력사연구소(1969. 129쪽)에서
는 마이혜 촌 부근 유적을 사례로 들며, “고조선 문화가 연해주 일대의 이웃 종족들에게 큰 영향을 주었다.”고
서술하였다.

한편 '고조선 중심지=재요동설'에 입각하여 자신의 논리 체계를 세웠던 리지린(1963a. 333-336쪽)은 십이대영자에서 출토된 평형동검[39] 및 청동거울 등이 지니는 의의에 관하여 "조양 십이대영자의 평형동검은 기원전 5세기의 동호(東胡), 곧 고대 조선인의 유물로 인정된다. 평형동검의 대부분은 우리나라 영역과 요령성 일대에 분포한다. 평형동검과 세형단검의 계통은 서로 다른 것이 아니다. 우리나라 청동검은 시베리아의 '북방계 문화' 또는 중국 문화의 영향과 관계없이 독자적으로 발전하였다. 평형동검과 다뉴 세선 톱날무늬 동경(多鈕細線鋸齒紋鏡)은 동일한 문화 계통에 속한다. 십이대영자에서 출토한 평형동검과 청동경은 기원전 4세기 이전 고조선과 맥국이 요동, 요서에 거주하였던 시기에 사용한 고대 조선의 유물로 인정되어야 한다."고 언급하며, "청동경이 발견된 연해주는 고조선인의 북옥저 지역에 속한다."고 주장하였다. 평형동검보다 뒤늦은 시기에 등장한 세형단검에 대해서는 "고조선인과 맥국인이 창조한 것으로 요동, 요서 지방에서 먼저 사용되고 뒤이어 압록강 이남의 진국[40]으로 전파되었다."고 서술하였다.

이렇듯 1962년을 전후하여 고조선의 국가 형성 시기, 고고학적 배경, 영역, 중심지 문제 등을 쟁점으로 다양한 논의가 치열하게 전개되었다. 그런데 만주식 단검과 좁은놋단검의 계승 관계를 주장한 정찬영과 리지린의 견해를 비롯하여 고조선 국가의 형성 시기를 청동기시대로 올려 잡았던 리지린의 관점을 입증하려면 그에 알맞은 새로운 고고학적 증거가 시급하게 확보되어야 했다. 이러한 현실적인 요구에 부응하는 일련의 과정에서 북한 학계는 중국과 공동으로 발굴단(조중 공동 고고학 발굴대 1966)을 구성하여 중국 동북 지방을 대상으로 1964년 5월부터 1965년 7월까지 3차에 걸쳐 본격적인 발굴 조사를 진행하였다고 생각된다(강인욱 2015). 고조선과 관련하여 압록강 이북 지역이 발굴 대상지로 선정된 것은 그 이남 지역을 마한 또는 진국의 영역으로 간주하였던 역사학계의 입장이 강하게 반영되었기 때문이라고 짐작된다.

IV. 맺음말

앞에서 이야기한 것처럼 해방 이후부터 1960년대 초에 이르는 기간 동안 북한의 역사학과

---

39 리지린은 평형동검을 논하면서 '만주식 단검'이라는 용어를 사용하지 않았다. 이는 평형동검이 고조선 영역에서 발견되고 있기 때문에 '만주식'이라는 수식어 사용이 불합리하다고 판단했던 것에 기인한다고 생각된다.

40 한편 이보다 약 10년 뒤에 발표된 글에서 리순진·장주협(1973)은 "고조선의 중심 지역은 요하 유역이며 그 서변은 대릉하, 남변은 청천강을 계선으로 현재의 조선 서북 지방과 요동 일대에 걸쳐 있었다(79쪽). 기원전 2세기 진국(마한)의 북변은 청천강 일대에 비정될 수 있다(177쪽). 청천강 이남에는 진국-마한-낙랑국이 존재하였다(176-177쪽)."라고 주장하였다. 이에 대해서는 황기덕 외(1971), 박진욱(1977)을 참조하기 바람. 그리고 이와 같은 시각에서 『조선고고학개요』(고고학연구소 1977. 159쪽)에서는 진국 문화의 영역을 청천강 이남에서 남해안 일대까지 아우르는 지역으로 설정하였다.

고고학 분야에서는 고조선과 관련하여 해명되어야 할 현안 과제를 두고 여러 차례의 토론회를 개최하였고, 논자에 따라서는 자신의 견해를 논문으로 발표하거나 저서에 담기도 하였다. 〈부록 1~10〉에 나타나듯이 고조선 관련 문제는 매우 복잡하고 혼란스러운 양상을 지니고 있었지만 그 과정을 통하여 얻어진 학술적 성과는 고조선 고고학의 기본적인 얼개를 세우는 데 크게 이바지하였다고 판단된다.

도유호(1958)는 그동안 이루어진 발굴과 연구 성과를 토대로 조선의 원시문화가 신석기시대와 청동기시대를 거쳐 철기시대로 전환되었다는 편년 안을 제시한 바 있다. 따라서 그의 견해에 따르면 금석병용기(석·청동·철)라는 용어는 허구적인 개념에 지나지 않는 것으로 처리될 수 있다. 그렇지만 그는 철기시대에 들어와 철기에 동반되는 청동 유물의 성격에 관해서는 당시의 제한된 학술적 여건에서 구체적으로 밝힐 수 없었다.

이 문제의 해명에 적극적인 실마리가 된 것은 1957년에 조사된 태성리 토광묘 유적의 발굴 성과였다고 말할 수 있다. 예를 들어, 10호 무덤(표 3 참조)에서 출토한 청동제 유물(좁은놋단검, 좁은놋창끝 등)과 철제 유물(검, 도끼, 창끝 등)의 구성은 철기시대에 존재하는 청동 유물의 성격을 분명하게 가려내는 데 결정적으로 이바지하였다. 이뿐만 아니라 그동안 시대적 소속이 불명확했던 각종 수레 부속품과 화분형 토기 등도 새로운 측면에서 이해할 수 있도록 해주었다. 따라서 철제와 청동제 유물의 시대적 관계가 명확하게 구분됨에 따라 일제강점기 이래 외인론(外因論)에 입각하여 악용되었던 금석병용기설의 식민지적 잔재가 최종적으로 말끔하게 청산될 수 있었다(고고학 및 민속학 연구소 1960c ; 1962 ; 1965 ; 김용간 1964).

『朝鮮歷史』에서 『조선통사(상)』(1판, 1956)에 이르기까지 고조선의 역사적 위치는 원시 공동체 사회의 붕괴 단계에 해당하는 것으로 서술되었다. 그러나 약 5~6년에 걸치는 각종 토론과 연구 결과에 힘입어 『조선통사(상)』(2판, 1962)에서는 고조선이 노예 소유자적 국가로 분명하게 자리매김 되었고, 이제 북한 학계는 우리 역사에 인류 사회 발전의 합법칙성이 관통되었다는 확고부동한 기반을 마련하게 되었다. '고조선=노예소유자사회'를 규정하는 데 고고학 부문의 발굴 성과가 큰 역할을 하였지만 그와 같은 결론을 도출하는 과정에서 이루어진 고고학계와 역사학계의 합작은 학사적인 관점에서 중요한 의의를 지닌다고 평가될 수 있다.

이러한 성과와 더불어 북한의 고조선 고고학 분야에서 해결되어야 할 또 다른 과제가 수반되었다. 고조선 국가 형성 시기가 청동기시대에 이루어졌는가라는 문제를 해결하여야 하며(김무봉 1964), 만주식 단검(비파형단검)과 시기적으로 연관되어 있는 유물 및 유적의 성격을 밝히는 작업 등이 남아 있었다.

황기덕(1963b)은 비파형단검의 시기가 기원전 6세기 말~5세기 초로 올라갈 수 있다고 언급하였는데 그것은 초기 철기시대의 상한 연대 추정과 연동되어 있었다. 반면에 김용간(1964)은 공귀리 유적에서 자신이 제시했던 편년(기원전 7~5세기 늦어도 4세기 초 이전)을 스스로 부정하며 우리나라 청동기시대의 개시는 기원전 2천년기 후반기에 해당한다는 주장을 펼치면서 비파형단검의 등장 시기를 기원전 8~7세기로 추정하였다. 또한 그는 운대리 돌무덤, 묵방리 고인돌(변형 돌멘), 미송리 위 문화층, 세죽리 제2문화층 등의 유적과 출토 유물이 비파형단검 시기에 해당할 가능성이 높은 것으로 추론하였다.

1964~1965년에 걸쳐 요령성 지역(여대시 강상 무덤과 누상 무덤, 금현 와룡촌 무덤, 심양시 정가와자 무덤 등)에서 이루어진 조사 성과에 따라 비파형단검 시기와 병행하여 미송리형 토기가 등장하는 것으로 북한 학계는 인정하였다. 그리고 강상, 누상, 와룡천 등지의 돌무지무덤(적석총)에서 순장의 증거가 확인된 것으로 해석되며, "기원전 8~7세기경부터 서북 조선에서 요동 일대에 걸쳐 존재한 노예 소유자적 국가는 고조선이었고, 고조선 국가는 기원전 2천년기 전반기에 개시된 청동기시대와 계승 관계를 이루는 가운데 형성되었다."는 논리 체계가 완성될 수 있었다(김용간·황기덕 1967a ; 1967b ; 고고학연구소·력사연구소 1969).

이와 같이 북한 학계는 철기의 보편적인 사용을 국가 형성의 징표로 삼았던 엥겔스 명제의 한계를 극복하는 또 다른 전환점을 마련하게 되었다. 이러한 과정에서 청동기문화와 철기문화의 담당 주역으로서 고조선이라는 역사적 실체가 확인됨에 따라 '철기시대'라는 고고학적 맥락의 시대 설정을 더 이상 적용하지 않으며, '고조선 시대'에 내재하는 발전적 현상으로서 철기문화의 사회 경제적 의의가 강조되었던 것으로 생각된다.

참고문헌

『朝鮮歷史』(등사본, 연도 미상). National Archives and Records Administration(미국립문서기록관리청), RG 242 National Archives Collection of Foreign Records Seized, Captured Korean Documents, Doc No. SA 2008. 〈국립중앙도서관, 해외 한국 관련 기록물〉 참조.

강인욱 2015. 「리지린의『고조선 연구』와 조중고고발굴대 - 顧頡剛의 자료를 중심으로 - 」, 『선사와 고대』 45, 29-58.

고고학 및 민속학 연구소 1957. 「학계 소식 : 조선에서의 초기 금속 사용에 관한 토론회」, 『문화유산』 1957(1), 118, 102.

고고학 및 민속학 연구소 1958a. 「학계 소식 : 과학원 창립 5주년 기념 학술 보고회」, 『문화유산』 1958(1), 89-91.

고고학 및 민속학 연구소 1958b. 「조선에서의 금속 문화 기원에 관한 토론회」, 『문화유산』 1958(2), 72-78.

고고학 및 민속학 연구소 1958c. 「조선 로동당 제1차 대표자회 결정 실행을 위하여」, 『문화유산』 1958(3), 1-6.

고고학 및 민속학 연구소 1958d. 「학계 소식 : 제1차 전국 고고학 토론회」, 『문화유산』 1958(3), 84-86.

고고학 및 민속학 연구소 1958e. 「황해남도 은률군 운성리 토광묘 발굴 보고」, 『대동강 류역 고분 발굴 보고』, 10-16, 고고학자료집 1, 과학원출판사.

고고학 및 민속학 연구소 1959a. 「황해북도 황주군 순천리 상동 유적 조사 정리 보고」, 『대동강 및 재령강 류역 고분 발굴 보고』, 17-25, 고고학자료집 2, 과학원출판사.

고고학 및 민속학 연구소 1959b. 「황해북도 황주군 천주리 한밭골 토광묘 조사 보고」, 『대동강 및 재령강 류역 고분 발굴 보고』, 26-29, 고고학자료집 2, 과학원출판사.

고고학 및 민속학 연구소 1959c. 「황해북도 은파군 갈현리 하석동 토광묘 유적 조사 보고」, 『대동강 및 재령강 류역 고분 발굴 보고』, 30-35, 고고학자료집 2, 과학원출판사.

고고학 및 민속학 연구소 1959d. 「황해북도 황주군 선봉리 1호 묘 발굴 정리 보고」, 『대동강 및 재령강 류역 고분 발굴 보고』, 36-40, 고고학자료집 2, 과학원출판사.

고고학 및 민속학 연구소 1959e. 「황해북도 사리원시 상매리 석상묘 조사 보고」, 『대동강 및 재령강 류역 고분 발굴 보고』, 41-42, 고고학자료집 2, 과학원출판사.

고고학 및 민속학 연구소 1959f.『태성리 고분군 발굴 보고』, 유적발굴보고 5, 과학원출판사.

고고학 및 민속학 연구소 1960a. 「학계 소식 : 우리 나라 고대 종족과 국가 발생에 관한 과학 토론회」, 『문화유산』 1960(1), 95-98.

고고학 및 민속학 연구소 1960b. 「학계 소식 :《고고학상으로 본 고조선》에 대한 과학 토론회」, 『문화유산』 1960(3), 76-79.

고고학 및 민속학 연구소 1960c. 「해방후 조선 고고학이 걸어 온 길」, 『문화유산』 1960(4), 1-15.

고고학 및 민속학 연구소 1961a. 「조선 로동당 제3차 대회 이후 고고학계가 거둔 성과」, 『문화유산』 1961(4), 1-9.

고고학 및 민속학 연구소 1961b. 「학술 토론회 :《고조선 연구에서 제기되는 몇 가지 문제》」, 『문화유산』 1961(4), 82-85.

고고학 및 민속학 연구소 1961c. 「학계 소식 : 고조선에 관한 과학 토론회」, 『문화유산』 1961(5), 78-80, 76.

고고학 및 민속학 연구소 1961d.『지탑리 원시 유적 발굴 보고』, 유적발굴보고 8, 과학원출판사.

고고학 및 민속학 연구소 1962. 「고고학 및 민속학 연구에서 주체를 확립할 데 대한 우리 당의 방침을 철저히 관철시키자」, 『문화유산』 1962(2), 1-14.

고고학 및 민속학 연구소 1965. 「조선 로동당 창건 20 주년을 맞으며」, 『고고민속』 1964(4), 3-7.

고고학연구소 1977.『조선고고학개요』, 과학백과사전출판사.

고고학연구소 1983. 「락랑구역일대의 고분 발굴보고」, 『고고학자료집』 6, 3-164, 과학백과사전출판사.

고고학연구소·력사연구소 1969. 「기원전 천년기전반기의 고조선문화」, 『고고민속론문집』 1, 31-139, 사회과학출판사.

국사편찬위원회 1987. 『中國正史 朝鮮傳 譯註(一)』.

국토통일원 1971. 「조선 역사 편찬위원회 및 조선 어문연구회를 정치경제학 아카데미아에 이관함에 관하여(내각결정 제57호, 1952. 3. 27)」, 『북괴법령집』 3, 국토통일원.

권오영 1991. 「古朝鮮史硏究의 動向과 그 內容」, 『북한의 고대사연구』(역사학회 편), 25-70, 일조각.

김광진 1955a. 「조선에 있어서의 봉건제도의 발생 과정(상)」, 『력사과학』 1955(8), 11-39.

김광진 1955b. 「조선에 있어서의 봉건제도의 발생 과정(하)」, 『력사과학』 1955(9), 37-68.

김광진 1956a. 「삼국 시대의 사회 - 경제 구성에 관한 몇 가지 문제에 대하여(상) - 」, 『력사과학』 1956(5), 1-25.

김광진 1956b. 「삼국 시대의 사회 - 경제 구성에 관한 몇 가지 문제에 대하여(하) - 」, 『력사과학』 1956(6), 10-40.

김기웅 1961a. 「고조선 문제에 대한 토론 개요」, 『력사과학』 1961(6), 73-81.

김기웅 1961b. 「평안남도 개천군 묵방리 고인돌 발굴 중간 보고」, 『문화유산』 1961(2), 45-54.

김기웅 1963. 「평안남도 개천군 묵방리 고인돌 발굴 중간 보고」, 『각지 유적 정리 보고』, 고고학자료집 3, 64-76, 과학원출판사.

김무봉 1964. 「강좌 : 청동기 시대」, 『고고민속』 1964(2), 58-61.

김무삼 1949. 「朝鮮金石에 對한 日帝御用學說의 檢討 - 秥蟬碑의 金石學的分析을 主로 - 」, 『력사제문제』 10, 127-145.

김석형 1959. 「3국의 계급 제 관계 - 3국의 사회 경제 구성의 해명을 위하여 - 」, 『력사과학』 1959(4), 15-40.

김석형 1960. 「삼국에 선행하는 국가들과 종족들에 관하여」, 『력사과학』 1960(1), 70-92.

김석형 1963. 「고조선의 연혁과 그 중심지들에 대하여」, 『고조선에 관한 토론 론문집』, 95-115, 과학원출판사.

김영우 1964. 「세죽리 유적 발굴 중간 보고(2)」, 『고고민속』 1964(4), 40-50.

김용간 1958a. 「문화 유물 조사 보존에 대한 조선 로동당의 시책」, 『문화유산』 1958(1), 6-12.

김용간 1958b. 「조선에서의 금속 문화 기원에 관한 토론 : 금석 병용기와 관련하여」, 『문화유산』 1958(2), 72-74.

김용간 1961a. 「우리 나라 금속 문화의 기원에 대하여」, 『력사과학』 1961(5), 50-56.

김용간 1961b. 「미송리 동굴 유적 발굴 중간 보고(Ⅰ)」, 『문화유산』 1961(1), 45-57.

김용간 1961c. 「미송리 동굴 유적 발굴 중간 보고(Ⅱ)」, 『문화유산』 1961(2), 23-33.

김용간 1963. 「미송리 동굴 유적 발굴 보고」, 『각지 유적 정리 보고』, 1-19, 고고학자료집 3, 과학원출판사.

김용간 1964. 「우리 나라 청동기 시대의 년대론과 관련한 몇 가지 문제」, 『고고민속』 1964(2), 8-18.

김용간·황기덕 1967a. 「기원전 천년기전반기의 고조선문화」, 『고고민속』 1967(2), 1-17.

김용간·황기덕 1967b. 「우리 나라의 청동기시대」, 『고고민속』 1967(4), 1-9.

김정문 1964. 「세죽리 유적 발굴 중간 보고(1)」, 『고고민속』 1964(2), 44-54.

김종혁 1963. 「만경대 토광 무덤 발굴 보고」, 『각지 유적 정리 보고』, 87-90, 고고학자료집 3, 과학원출판사.

노태돈 1989. 「古朝鮮과 三國의 역사에 대한 연구 동향」, 『북한이 보는 우리 역사』(김정배 책임편집), 63-87, 을유문화사.

도유호 1956. 「조선 력사상에는 과연 노예제 사회가 없었는가 - 김 광진 동지의 부정론과 관련하여 - 」, 『력사과학』 1956(3), 15-77.

도유호 1958. 「조선 원시 문화의 년대 추정을 위한 시도」, 『문화유산』 1958(3), 17-41.

도유호 1960a. 『조선 원시 고고학』, 과학원출판사.

도유호 1960b. 「고고학에 관한 새 용어의 해설」, 『문화유산』 1960(3), 79-80, 표지 3면.

도유호 1960c. 「고조선에 관한 약간의 고찰」, 『문화유산』 1960(4), 28-57.

도유호 1961. 「고조선 문화에 대하여」, 『력사과학』 1961(5), 41-49.

도유호 1962a. 「신천군 명사리에서 드러난 고조선 독널에 관하여」, 『문화유산』 1962(3), 45-60.

도유호 1962b. 「고고학이란 어떠한 과학이며, 력사 연구에는 왜 고고학이 필요한가?」, 『문화유산』 1962(3), 61-65.

도유호 1962c. 「진번과 옥저성의 위치 - 고조선 령역 문제와 관련하여 - 」, 『문화유산』 1962(4), 1-13.

도유호 1962d. 「왕검성의 위치」, 『문화유산』 1962(5), 60-65.

도유호 1962e. 「예맥조선에 관하여」, 『문화유산』 1962(6), 36-38.

력사연구소 1956a. 『조선통사(상)』(1판), 과학원.

력사연구소 1956b. 「서문」, 『조선통사(상)』(1판), 과학원.

력사연구소 1957a. 「철학 연구실의 과업」, 『력사과학』 1957(1), 1-9.

력사연구소 1957b. 『삼국 시기의 사회 경제 구성에 관한 토론집』, 과학원출판사.

력사연구소 1961a. 「소위 《기자 동래설》의 허황성에 대한 과학 토론회」, 『력사과학』 1961(4), 19.

력사연구소 1961b. 「조선 로동당 제3차 대회 이후 우리 력사 학계가 거둔 성과」, 『력사과학』 1961(5), 1-8.

력사연구소 1962a. 「학계 소식 : 단군 신화에 대한 학술 토론회 진행」, 『력사과학』 1962(5), 107.

력사연구소 1962b. 『조선통사(상)』(2판), 과학원출판사.

력사연구소 1963. 「서평 및 서적 해제 : 《고조선 연구》에 대하여」, 『력사과학』 1963(5), 102-106.

력사연구소 고대 및 중세사 연구실 1957. 「서문」, 『삼국 시기의 사회 경제 구성에 관한 토론집』, 과학원출판사.

력사연구소 편집부 1956. 「학계 소식 : 《조선 통사》(상)에 대한 합평회」, 『력사과학』 1956(6), 91-93.

력사연구소 편집부 1957. 「학계 소식 : 삼국 시기의 사회 경제 구성에 관한 토론회」, 『력사과학』 1957(1), 87-90.

력사학연구소 1955. 「조선 력사 과학 전선의 과업에 대하여」, 『력사과학』 1955(1), 1-8.

력사학연구소 1956. 「조선 로동당 제3차 대회와 조선 력사 연구의 제 과업」, 『력사과학』 1956(4), 1-9.

리기련 1967. 「룡추동 움무덤」, 『고고민속』 1964(4), 30-31.

리병선 1961. 「《고조선 연구에서 제기되는 몇 가지 문제》에 대한 학술 토론회」, 『력사과학』 1961(5), 65-66.

리상호 1963a. 「고조선 중심지를 평양으로 보는 견해들에 대한 비판(상)」, 『력사과학』 1963(2), 45-52.

리상호 1963b. 「고조선 중심지를 평양으로 보는 견해들에 대한 비판(하)」, 『력사과학』 1963(3), 55-60.

리순진 1963. 「재령군 부덕리 수역동의 토광 무덤」, 『각지 유적 정리 보고』, 82-86, 고고학자료집 3, 과학원출판사.

리순진 1964. 「《부조예군》 무덤에 대하여」, 『고고민속』, 1964(4), 34-39.

리순진 1974. 「운성리유적 발굴보고」, 『고고학자료집』 4, 200-227, 사회과학출판사.

리순진·장주협 1973. 『고조선문제연구』, 사회과학출판사.

리여성 1955a. 『조선 미술사 개요』, 국립출판사.

리여성 1955b. 「대동강반 한식 유적, 유물과 《악랑군치》설에 대하여」, 『력사과학』 1955(5), 84-102.

리응수 1949. 「朝鮮奴隷時代史研究(上)」, 『력사제문제』 9, 2-48.

리응수 1956. 「다시 한 번 조선 노예 시대 문제를 론함」, 『력사과학』 1956(5), 26-54.

리주현·한은숙 2009. 「총론」, 조선고고학총서 1, 고고학연구소·사회과학정보쎈터.

리지린 1960a. 「고조선 국가 형성에 관한 한 측면의 고찰(상) - 한'자 사용의 시기에 대하여 - 」, 『력사과학』 1960(2), 38-58.

리지린 1960b. 「고조선 국가 형성에 관한 한 측면의 고찰(하) - 한'자 사용의 시기에 대하여 - 」, 『력사과학』 1960(4), 48-65.

리지린 1963a. 『고조선 연구』, 과학원출판사.

리지린 1963b. 「고조선의 위치에 대하여」, 『고조선에 관한 토론 론문집』, 1-94, 과학원출판사.

리지린·김석형·황철산·정찬영·리상호·림건상 1963. 『고조선에 관한 토론 론문집』, 과학원출판사.

림건상 1955. 「서평 : 《조선 고대사》에 대하여」, 『력사과학』 1955(1), 89-95.

림건상 1957. 「삼국의 사회 경제 구성에 관한 몇 가지 문제」, 『삼국 시기의 사회 경제 구성에 관한 토론집』, 74-144, 과학원출판사.

림건상 1963. 「고조선 위치에 대한 고찰」, 『고조선에 관한 토론 론문집』, 288-325.

박승률 1967. 「은파군 금대리 유적정리보고」, 『고고민속』 1967(4), 27-29.

박장호 2019.「북한 학계의 고조선 및 낙랑 고고학 연구동향」, 『분단 70년 북한 고고학의 현주소』, 63-82, 국립문화재연구소·한국고고학회.

박진욱 1974. 「함경남도일대의 고대유적 조사보고」, 『고고학자료집』 4, 165-182, 사회과학출판사.

박진욱 1977. 「서북조선고대유적의 성격」, 『력사과학』 1977(1), 33-37.

방성홍 1967. 「은률군 운성리무덤 발굴중간보고」, 『고고민속』 1967(1), 37-39.

백련행 1962a. 「《부조 예군(夫租薉君)》 도장에 대하여」, 『문화유산』 1962(4), 58-61.

백련행 1962b. 「룡산리 고분 정리 보고」, 『문화유산』 1962(4), 88.

백련행 1966. 「천곡리 돌상자 무덤」, 『고고민속』 1966(1), 27-28.

서영수·이청규·하문식·박선미·박준형 2007. 『고조선의 역사를 찾아서 - 국가·문화·교역 - 』, 고조선사연구총서 1, 고조선사연구회·동북아역사재단, 학연문화사.

서영수·서영대·박선미·박준형·하문식·윤용구·박경철·강인욱 2009. 『고조선사 연구 100년 - 고조선사 연구의 현황과 쟁점 - 』, 고조선사연구총서 2, 고조선사연구회·동북아역사재단. 학연문화사.

석광준 2009. 『북부조선지역의 고인돌무덤(2)』, 조선고고학전서 16(고대편 7), 진인진.

손영종 1963. 「서평 및 서적 해제 :《조선 통사(상)》(1962년 판)에 대하여」, 『력사과학』 1963(1), 66-72.

손영종·박영해·서국태·김용간·김성호 2009. 『조선통사(상)』(개정판), 사회과학출판사.

안재호·노혁진·장호수·오강원·강인욱 2009. 『동북아 청동기문화 조사연구의 성과와 과제』, 학연문화사.

오강원 2006. 『비파형동검문화와 요령 지역의 청동기문화』, 청계.

오강원 2008. 『서단산문화와 길림 지역의 청동기문화』, 학연문화사.

원산력사박물관 1983. 「문천군 남창리 움무덤」, 『고고학자료집』 6, 181-182, 사회과학출판사.

요하임 헤르만(김재상 옮김) 2012. 「『가족, 사유재산, 국가의 기원』에 대하여」, 『가족, 사유재산, 국가의 기원』(프리드리히 엥겔스, 김대웅 옮김), 311-362, 두레.

유정준 1957. 「자강도 전천 출토 명도전(明刀錢)에 대하여」, 『문화유산』 1957(1), 103-105.

유정준 1958. 「자강도 내 원시유적 및 옛날 돈이 발견된 유적」, 『문화유산』 1958(5), 50-57.

윤무병 1966. 「韓國 靑銅短劍의 型式分類」, 『진단학보』 29·30, 41-50.

이광린 1989. 「北韓學界에서의 「古朝鮮」 硏究」, 『역사학보』 124, 1-23.

이기동 1988. 「北韓에서의 古朝鮮 硏究」, 『한국사 시민강좌』 2, 89-108, 일조각.

이기성 2010a. 「일제강점기 '금석병용기'에 대한 일 고찰」, 『한국상고사학보』 68, 25-44.

이기성 2010b. 「일제강점기 '石器時代'의 조사와 인식」, 『선사와 고대』 33, 5-30.

이순근 1990. 「고조선의 성립과 사회성격」, 『북한의 한국사인식(I)』(안병우·도진순 편), 79-103, 한길사.

이정빈 2015. 「朝鮮歷史編纂委員會의 설립과 북한 고조선 연구의 개시(1947-1950)」, 『선사와 고대』 45, 5-27.

이종석 1988. 『새로 쓴 현대북한의 이해』, 역사비평사.

장주협 1962. 「학계 소식 :《단군 건국 신화》에 대한 학술 토론회 진행」, 『력사과학』 1962(6), 90-92.

장주협 1963. 「학계 소식 : 고조선 령역에 대한 학술 토론회」, 『력사과학』 1963(2), 62-64.

전주농 1958a. 「태성리 저수지 건설장에서 발견된 유적 정리에 대한 개보(Ⅰ)」, 『문화유산』 1958(2), 37-57.

전주농 1958b. 「태성리 저수지 건설장에서 발견된 유적 정리에 대한 개보(Ⅱ)」, 『문화유산』 1958(3), 59-75.

전주농 1960. 「고조선 문화에 관하여 - 토광 무덤 년대의 고찰을 중심으로 - 」, 『문화유산』 1960(2), 39-59.

전주농 1961. 「강서군 태성 저수지 내부 유적의 정리」, 『문화유산』 1961(3), 17-41.

전주농 1962. 「신천에서 대방군 장잠장 왕경(帶方郡 長岑長 王卿)의 무덤 발견」, 『문화유산』 1962(3), 76-77.

전주농 1963a. 「신창군 하세동리에서 드러난 고조선 유물에 대하여」, 『고고민속』 1963(1), 39-48.

전주농 1963b. 「복사리 망암동 토광 무덤과 독무덤」, 『각지 유적 정리 보고』, 91-101, 고고학자료집 3, 과학원출판사.

정백운 1957a. 「조선 고대 무덤에 관한 연구(1)」, 『문화유산』 1957(2), 1-11.

정백운 1957b. 『조선 금속 문화 기원에 대한 고고학적 자료』, 과학원출판사.

정백운 1958a. 「우리 나라에서 철기 사용의 개시에 관하여」, 『문화유산』 1958(3), 52-58.

정백운 1958b. 「해방후 우리 나라 고고학의 발전」, 『문화유산』 1958(4), 17-27.

정세호 1950. 「古朝鮮의 位置에 對한 一考察 =問題의 提起로서=」, 『력사제문제』 16(1950-1), 2-21.

정찬영 1960. 「고조선의 위치와 그 성격에 관한 몇 가지 문제」, 『문화유산』 1960(3), 39-51.

정찬영 1962. 「좁은 놋 단검(세형 동검)의 형태와 그 변천」, 『문화유산』 1962(3), 19-44.

정찬영 1963. 「고조선에 관한 몇 가지 문제들에 대하여」, 『고조선에 관한 토론 론문집』, 137, 172, 과학원출판사.

정찬영·김세익 1961. 「조선 노예 소유자 사회의 존재 시기 문제에 대한 론쟁 요지」, 『력사과학』 1961(3), 34-66.

정현 1950. 「漢四郡考」, 『력사제문제』 17(1950-2), 2-19.

조법종 1994. 「북한 학계의 고조선 연구 - 1945년부터 1960년대 초반까지의 연구동향을 중심으로 - 」, 『북한의 고대사 연구와 성과』(김정배 엮음), 134-171, 대륙연구소 출판부.

조선유적유물도감 편찬위원회 1989. 『조선유적유물도감(2)』(고조선, 부여, 진국 편), 외국문종합출판사.

조선중앙통신사 1954. 『조선중앙년감(1954-1955년판)』.

조진선 2005. 『세형동검문화의 연구』, 학연문화사.

조중 공동 고고학 발굴대 1966. 『중국 동북 지방의 유적 발굴 보고 : 1963-1965』, 사회과학원출판사.

지건길 2016. 『한국 고고학 백년사. 연대기로 본 발굴의 역사 1880-1980』, 열화당.

프리드리히 엥겔스(김대웅 옮김) 2012. 『가족, 사유재산, 국가의 기원』, 두레.

하문식 2006. 「북한 학계의 고조선 연구 경향」, 『백산학보』 74, 53-81.

하문식 2016. 『고조선 사람들이 잠든 무덤』, 주류성.

한길언 1950. 「金日成綜合大學歷史博物館」, 『문화유물』 2, 65-73.

한길언 1957. 「조선에서의 노예 소유자적 사회-경제 구성체에 관하여」, 『삼국 시기의 사회 경제 구성에 관한 토론집』, 145-182, 과학원출판사.

한창균 2000. 「1960년대의 북한 고고학 연구」, 『백산학보』 55, 5-56.

한창균 2017. 『하담 도유호 : 한국 고고학 첫 세대』, 혜안.

한흥수 1950. 「朝鮮原始史研究에 關한 考古學上諸問題 」, 『력사제문제』 15(1950-1), 4-55.

허종호 1961. 「《고조선의 위치와 령역》에 대한 학술 토론회」, 『력사과학』 1961(5), 67-68.

홍기문 1949a. 「朝鮮의 古代史料로서 漢魏以前 中國文獻의 檢討」, 『력사제문제』 9, 94-109.

홍기문 1949b. 「朝鮮의 考古學에 對한 日帝御用學說의 檢討(上)」, 『력사제문제』 13, 33-51.

홍기문 1949c. 「朝鮮의 考古學에 對한 日帝御用學說의 檢討(下)」, 『력사제문제』 14, 91-106.

홍희유·강석준 1961. 「소위 《기자 동래설》에 대한 비판」, 『력사과학』 1961(4), 1-29.

황기덕 1958. 「조선에서의 금속 문화 기원에 관한 토론 : 조선 청동기 사용기의 존부에 대하여」, 『문화유산』 1958(2), 74-76.

황기덕 1959a. 「1958년 춘하기 어지돈 지구 관개 공사 구역 유적 정리 간략 보고(I)」, 『문화유산』 1959(1), 38-52.

황기덕 1959b. 「1958년 춘하기 어지돈 지구 관개 공사 구역 유적 정리 간략 보고(Ⅱ)」, 『문화유산』 1959(2), 67-77.

황기덕 1963a. 「황해 북도 봉산군 송산리 솔'뫼골 돌돌림 무덤」, 『각지 유적 정리 보고』, 77-81, 고고학자료집 3, 과학원출판사.

황기덕 1963b. 「두만강 류역 철기 시대의 개시에 대하여」, 『고고민속』 1963(4), 1-10.

황기덕 1965. 「무덤을 통하여 본 우리 나라 청동기 시대 사회 관계」, 『고고민속』 1965(4), 8-23.

황기덕·박진욱·정찬영 1971. 「기원전5세기~기원3세기 서북조선의 문화」, 『고고민속론문집』 3, 1-107, 사회과학출판사.

황욱 1957. 「거섭 3년명 칠반(居攝三年銘漆盤)」, 『문화유산』 1957(6), 81-84.

황철산 1963. 「고조선의 위치와 종족에 대하여」, 『고조선에 관한 토론 론문집』, 116-136, 과학원출판사.

吉林大學歷史系文物陳列室(王亞洲) 1960. 「吉林西團山子石棺墓發掘記」, 『考古』 1960(4), 35-37.

錦州市博物館(劉謙) 1960. 「遼寧錦西縣烏金塘東周墓發掘記」, 『考古』 1960(5), 7-9.

東北考古發掘團(佟柱臣) 1964. 「吉林西團山石棺墓發掘報告」, 『考古學報』 1964(1), 29-50.

朱貴 1960. 「遼寧十二臺營子靑桐短劍墓」, 『考古學報』 1960(1), 63-72.

藤田亮策 1948. 『朝鮮考古學研究』, 高桐書院, 京都.

梅原末治·藤田亮策 1947. 『朝鮮古文化綜鑑(第一卷)』, 養德社, 京都.

토론	내용
도유호 (사회)	삼국 시기의 사회 경제 구성에 관한 토론회에서 종족 문제의 해결은 중요한 연구 과제임. 따라서 고대(삼국 이전)의 종족 문제 해명에 고고학자들의 진지한 연구가 필요함. 토광묘의 성격에 대한 문제는 우리나라 초기 철기시대의 고대 종족 문제를 해명하는 데 중요함.
전주농	최근 진행된 고고학적 발굴 성과에 따르면 토광묘는 세형동검(細形銅劒), 협봉동모(狹鋒銅鉾) 등 특징적인 청동제 유물을 대표하는 분묘 형식. 토광묘 유적은 거의 전국적으로 분포함. 토광묘 유적에서 반출되는 청동제 유물(동검, 동모 등)은 토광묘 영조자들이 일부에 국한된 계층이었음을 알려줌. 동검과 철검을 비롯한 화분형(花盆形) 토기, 승목문(繩目文)의 작은 항아리, 각각 한 쌍이 한 조를 이루는 크고 작은 쇠도끼는 토광묘의 공통적이고 특징적인 부장 유물. 토광묘의 주체부 구조(수직의 수혈 토광)는 조선 내의 한식 유적에서 보이는 목곽분에 선행하는 형식. 또한 동검, 동모 등은 비한식(非漢式) 유물로서 토광묘가 목곽분보다 선행하는 형식임을 알려줌. 토광묘의 부장 유물은 한대(漢代) 중국식 유물(승문토기 등)과 북방계 유물(화분형 무문토기, 동검, 동모 등)의 공존 관계를 지녔음. 토광묘 유적에 자주 동반된 대부분의 옹관은 승목문의 검은 점토질 토기로서 이는 진(秦), 한대의 옹관 장법과 밀접한 관련이 있음. 세형동검, 협봉동모 등 일련의 문화 유물은 정성 이북의 흉노(匈奴), 동호(東胡) 등이 소유했던 북방계 유물과 직접적인 연관이 있음을 알려줌. 조선 토광묘의 연대는 소위 위만조선대에 비정되는데 그 이전 시기로 소급될 가능성도 있음.
김용간	토광묘가 위씨조선 시기의 주민 내지는 종족 집단이 남긴 유적이라는 데 동의. 제기된 문제를 해명하기 위해서는 우리나라의 청동기시대에 관한 고찰로부터 출발하여야 함. 우리나라의 석검은 중국의 동검을 모방한 것이 아니라 까라수크나 따가르 문화의 영향을 받은 것. 이것이 동검으로 발전하는 과정에서 북중국의 청동문화와 연계되어 독특한 조선의 세형동검으로 발전하였음. 동검이 일부 지석묘나 석상분, 토광묘, 위석장에도 나오지만 이 모든 것이 동일한 시대의 것일 수가 없으며, 그것들 상호간의 시간적 계기성을 찾아야 함. 지석묘는 토광묘에 선행한 묘제. 위만의 조선 침입 시기와 그 전후 시기를 비교할 때, 토광묘의 유물은 전국시대 유적의 것들과 동일하지 않으며, 일부 유물에 한식 계통의 것도 보이나 한식 유물과 구별되는 유물 종태를 이루고 있음. 토광묘는 연(燕), 제(齊), 조(趙), 한(漢)의 주민 또는 고구려족도 아닌 일정한 주민 집단이 남긴 것임.
채희국	우리나라 초기 철기시대의 유적인 토광묘는 그 출토 유물에서 계급 분화의 과정이 명확하게 관찰됨. 토광묘는 중국 전국시대에 선행하는 묘제이며, 이것은 토광묘 유적의 연대 추정에 관건이 됨. 그러나 중국 전국시대의 유물과 태성리 고분군의 유물은 서로 차이가 있음. 태성리 고분군의 유물은 기본적으로 한식 유물과 가까운 유물, 그리고 한식과 차이가 나는 유물의 두 갈래로 구분될 수 있음. 토광묘의 유물 자체도 세형동검과 철검의 변화 상태로 보아 몇 개의 시간적 차이를 보여주고 있음. 토광묘가 북부 중국의 문화 영향을 받았다는 점은 수긍할 수 있으나 우리나라 철기시대의 개시가 전적으로 중국의 영향에 의한 것이라는 이론은 수긍할 수 없음. 그 예로 철제품의 유물(도끼, 낫, 끌 등)을 들 수 있음. 토광묘가 지석묘와 병존하였다는 것은 근거가 없는 주장. 우리나라 토광묘는 지석묘가 성행하기 시작한 기원전 3~2세기의 유적. 토광묘는 고구려나 부여족의 것으로 보기 어렵고, 위만이 조선에 들어오던 시기와 꼭 일치한다는 것은 기계론적인 논단임. 토광묘가 남조선까지 분포된 정형은 토광묘의 장법을 사용하던 한족(韓族)의 남하로 인하여 삼한(三韓)으로 분포되었다는 사정과 결부하여 생각할 여지가 있음.
김석형	3국에 선행한 국가와 종족 문제는 우리 역사에서 해명을 요하는 시급한 과제. 고조선을 염두에 두고 우리의 역사가 유구하다는 것과 문명한 계급사회의 역사가 유구하다는 의미를 이해할 필요가 있음. 고조선 주민은 조선반도와 만주 지역에 거주하던 다양한 종족 중에서 맨 먼저 계급 사회로 돌입한 종족이었다고 생각됨. 고조선은 우선 기원전 3~2세기 이전의 천년대로 잡을 수 있음. 사기(史記) 같은 데서 동호(東胡) 또는 예맥(穢貊) 조선이라고 부르는 것은 이 시기 조선 사람의 조상으로 된 종족 내지는 국가라고 생각됨. 여기서 동호는 바로 예맥조선이고 그것을 고조선으로 볼 수 있음. 만일 고조선과 마한이 노예 소유자적 국가라면 흥안령(興安嶺) 동남 요하 일대와 조선반도 내에 중국과 다른 고대 국가가 있었다고 생각됨. 이 지역에서는 중국의 한족과 일정한 관계가 있었고, 특히 기원전 3세기부터 그들의 영향이 적지 않게 있었지만, 그들과 별개로 원시공동체사회, 노예소유자사회, 봉건사회로의 인류 발전의 일반적 합법칙성이

	관통되었다고 볼 수 있음. 고조선은 기원 전후 및 그 이후 시기 나라들에 비하여 종족적으로 사회 경제적으로 무척 다른 성격을 띠고 있었음. 현재 우리나라 고고학계가 고조선 국가 내의 종족 구성이 대단히 복잡하고 갈래가 많았으리라고 논하는 점을 상기시켰음.
황 욱	목재나 목관의 흔적이 있음에도 불구하고 세형동검, 협봉동모 등의 일련의 특징적인 유물이 있다하여 토광묘로 취급하는 것은 유적에 대한 올바른 규정이 될 수 없음. 목재 또는 목관의 흔적이 있는 토광묘는 목곽분과 관련하여 연구되어야 함. 토광묘 출토의 세형동검도 한식 문화의 교차에서 성숙된 독자적 유물이라는 데 주의를 돌려 연구할 여지가 있음.
박시형	삼국 시기 이전의 매개 종족의 발전 과정과 그 특수성을 해명하는 데로 문제를 성숙시킬 것을 제의.
림건상	예맥은 예군(穢君), 예왕(穢王), 소수맥, 대수맥 등 개별적으로 쓰이는 경우가 많으니 예와 맥을 따로 갈라서 고찰하는 것도 유익함. 예 맥족의 이동 기록이 고고학적 자료와 일치되는 점에 주의를 돌릴 필요가 있음.
도유호	이 토론회는 앞으로 토광묘의 성격과 종족 문제를 토론하는 데 있어서 중요한 계기가 되었음. 특히 역사학자와의 연계 하에 문헌적 자료와 고고학적 자료를 밀접히 결부하기 시작한 것은 학계의 발전을 위하여 중요한 성과가 된다는 점을 강조.

토론	내용
황철산 (사회)	이 토론회는 지난 토론회에서 제기되었던 고고학적 자료와 역사 문헌과의 상호 관계를 좀 더 진전된 시각에서 해석하여 고조선 관련 문제를 해명하는 데 있음. 토론자들은 노예소유자사회의 존재 시기에 대한 문제 해결을 광범위하게 토론하여 우리나라 역사 발전의 합법성을 더욱 과학적으로 구명하는 데 이바지해야 함.
도유호	우리 민족의 조상이 되는 종족들 가운데는 신석기시대를 시작으로 청동기문화에 이르기까지 강한 전통이 있었고, 철기문화도 중국 중원의 문화와 관계없이 독자적으로 발전하였음. 우리나라의 청동기시대 종족은 매우 각양하였으며 그 인종적 계통도 여러 갈래이었음. 우리나라의 철기시대는 검정간그릇(흑색마연토기)의 출현에 곧이어 시작됨. 종전에는 우리나라 철기시대의 시작을 기원전 4세기 말~기원전 3세기 초로 보았지만 현재로서는 기원전 4세기로 올려 잡고 있음. 흑색마연 기술은 용산문화와 관계없이 스키타이 문화와 관련된 것임. 기원전 3세기부터 우리나라 고대 종족들은 중국 문화와 접촉하기 시작. 토광무덤은 중국 계통의 것이나 우리나라에 와서는 고유한 특성을 띠게 되었음. 고조선은 국가였으나 국가 형성 시기는 기원전 3세기 이전으로 올라갈 수 없음. 만일 기원전 3세기 이전에 국가가 설정될 수 있다면 그곳은 조선반도 내가 아니고 중국 동북 지방이었을 것인데 이는 조선사의 취급 대상이 아님. 고조선 국가의 영역은 오늘날의 대동강 일대이며, 패수(浿水)는 청천강임.
황 욱	엄밀한 의미에서 토광묘는 중국 전국시대의 무덤. 태성리 11호·13호 무덤은 토광묘가 아니라 목곽묘임. 세형동검과 세문경(細文鏡) 등은 유목 종족들의 것으로 한족의 것이 아님. 명도전과 함께 반출되는 조선의 초기 철기류는 중국 북방과 연관됨. 조선반도 내의 토광무덤은 기본적으로 한대의 목곽묘이며 그의 선조들은 장성 일대에서 중국화를 시작하여 언어도 유사해졌으며, 조선족이 조선 서북에 온 것은 기원전 2세기를 올라갈 수 없음.
전주농	황욱의 주장을 반박함. 검창문화 가운데 토광묘와 목곽묘가 있으며, 토광묘는 점차 목곽묘로 변하였음. 토광묘는 위만조선의 것만이 아니며, 기본적으로 위씨조선 이전의 것임. 검창문화가 고조선 영역(조선 서북 지방) 이외의 지역 특히 남부 조선에서 퍼진 것은 준왕(準王)의 남분(南奔)과 관계가 있음.
백련행	정백리(貞柏里)에서 《부조 예군(夫租薉君)》의 동인(銅印)이 나온 무덤을 중심으로 기원전 1세기의 우리나라의 형편을 추론. 옥저(沃沮)는 부조(夫租)를 잘못 전사한 요조(夭租)에서 나온 것이며 무덤의 주인공은 한족의 관리가 아닌 원주민이었음.
정찬영	고조선의 위치는 변하였음. 기원전 4세기경 이전에 요하 유역 또는 그 서쪽에 있었고, 기원전 3세기 이후에는 조선 서북 지방으로 중심을 옮겼는데 그 일부는 요동 지방까지 미쳤음. 고조선 국가는 노예 소유자적 국가. 고조선 국가를 대표하는 무덤은 검창문화 유물(좁은놋단검, 좁은놋창끝, 수레 부속품 등)이 부장된 토광묘. 토광묘는 중국 전국시대 이전부터 시작하여 서한(西漢)에 이르기까지 중국에 광범위하게 보급된 무덤 형식. 조선 토광묘의 상한은 대체로 기원전 3세기이며, 하한은 기원 전후 시기까지 내려옴. 황욱의 목곽묘 설을 반대함. 토광묘와 목곽묘는 묘광 시설과 부장품이 서로 다름. 검창문화 유적은 위원군 용연동의 순 중국 북방계 철기문화와 구분됨. 조선반도 내의 명도전 유적은 기본적으로 검창 유적에 선행함. 토광묘에서 나온 출토품이 전적으로 무기류라는 것은 당시 노예 소유주의 지배 계급이 호전적이었음을 알려줌.
김용간	토광묘 문제를 논할 때 그것이 중국인의 것이라고 말하는 일제 학자들의 부당성을 밝히는 것이 중요함. 석기시대의 상태에 있는 조선 주민이 마치 한족의 식민지가 되어 비로소 문명 사회에 들어선 듯이 말하는 일제 학자들의 주장은 부당함. 고고학 연구실의 구성원들은 거석문화가 검창문화에 선행하며, 검창문화가 고조선 시대의 것이라는 데 의견을 일치하고 있음.

<부록 3> 기자 동래설의 허황성에 대한 토론회(홍희유·강석준 1961 ; 력사연구소 1961a)

[1961년 6월 21일 개최]

토론	내용
홍희유	주토론자. 기자 전설은 두 단계를 경유하며 우리나라에 유포된 것으로 인정됨. 첫째 단계는 3국 시기라고 보임. 기자 전설을 맹목적으로 받아들인 흔적은 없지만 《수서(隋書)》 등을 참고한 《삼국사기》에 《고구려에서 잡신의 하나로 기자신(箕子神)을 숭배하였다》는 단편적인 기록이 있음. 둘째 단계는 《기자 전설》이 맹목적으로 접수되어 고정화된 시기, 즉 고려로부터 이조 말기까지임. 19세기 말엽부터 일부 학자들이 《기자 동래설》을 거부하였으나 충분한 근거를 들지 못했음. 우리나라 고대사 연구에 중국 문헌은 매우 중요하지만 절대적으로 신빙할 수 없는 자료도 포함되어 있음. 그 근본 문제는 다음과 같이 지적될 수 있음. 첫째 중국 역사 문헌에는 저작자들이 우리나라 언어와 이두문(吏讀文)을 알지 못하여 자의적인 해석과 견강부회에서 생긴 착오 등이 있음. 둘째 《춘추 필법》에 의한 자국 존중과 이족 멸시 사상이 관여되어 있음. 셋째 중국의 고대 역사가들에게는 다른 나라를 자국의 한 분파로 보려는 습성과 자국의 높은 문화적 《혜택》에 의하여 인접한 나라의 문화가 발전되었다는 사상이 있음. (가) 《사기》에 소개된 《기자 동래설》: 《사기》 전편을 통해서 기자 전설에 대한 내용은 상서대전에서 인용한 《武王乃封箕子於朝鮮》(史記宋微子世家)라는 기록에서 겨우 찾을 수 있음. 중국 사람 기자가 조선 왕이 되어 그 자손이 왕통을 계승하였고, 그 뒤를 이어 역시 중국 사람 위만이 조선을 통치하였고, 그 《조선》이 한(漢) 나라 군현으로 편입되었다면, 사마천은 응당 《조선 열전》 서두에 그 사실을 대서특필하였을 것인데 《조선 열전》에 기자 관련 기록이 빠진 것은 《기자 전설》 자체의 불확실성에 기인함. (나) 한서에 소개된 《기자 동래설》: 《사기》보다 약 200년 늦은 《漢書》에 와서 《조선의 개국 시조》로서 한 일이 전혀 없는 데도 기자가 조선 임금으로 백성에게 도덕(禮義), 농사와 누에치는 법(田蠶), 길쌈하는 방법(織作)을 가르치고, 《인현의 덕화》로 조선 사람이 어질게 되었다는 반고의 기록은 허위 기술임. (다) 삼국지에 소개된 《기자 동래설》: 《기자 동래설》은 삼국지에서 가장 《체계화》되어 조선과 중국 양국의 저술가들이 오랫동안 이용하였음. 사기는 상서대전을 답습하고, 한서는 사기를 계승하여 첨가하고, 3국지는 한서를 개찬 첨가하고, 3국지 이후의 문헌들은 3국지를 조술(祖述)하는 과정에서 중국 문헌에 소위 《기자 동래설》이 형성되었음. 기자는 고조선과 아무런 인연이 없는 데도 불구하고, 《제2 개국 시조》로 변질되어 오래 동안 혼란을 조성하였음.
백남운	기자 동래설의 허황성을 비판한 주토론자의 견해를 지지함. 과학적인 역사적 사실로서 기자 동래설을 인정하기 곤란함.
리상호	기자 동래설의 허황성을 비판한 주토론자의 견해를 지지함. 다만 기자 동래설은 고려 시기 최충(崔沖)에 의하여 비로소 유포되었고, 그 후 일련의 유학자들에 의하여 계속 윤색되었음. 유포된 초기, 또는 이조 시기에도 애국적이고 선진적인 학자들은 기자 동래설이 믿을 수 없는 기록이라고 논증하였음.

* 김석형, 박시형, 도유호, 림건상, 리만규 : 주토론자의 견해를 지지함.
* 리응수, 리필근 : 기자 동래설을 역사적 사실로 인정해야 함.

<부록 4> '고조선 연구에서 제기되는 몇 가지 문제'에 대한 토론회(리병선 1961 ; 고고학 및 민속학 연구소 1961b)
[1961년 7월 6일 개최]

토론	내용
도유호	《고조선 문화에 관하여》토론. 고고학상으로 볼 때, 옛날 한족(漢族)이 우리 땅에 왕래한 것은 전국(戰國)시대부터이며 이들이 철기를 사용한 것은 결코 기원전 4세기 이전으로 올라갈 수 없음. 그러나 중국보다 동북쪽에 살던 종족들은 기원전 4세기 이전에 철기를 사용하기 시작하였음. 이 종족들의 생활 영역은 압록강 이남과 이북, 그리고 두만강 이남과 이북으로 서로 같은 문화 모습을 보여주고 있음. 이것은 초기 철기시대에 해당하는 두만강 연안의 무산 유적과 목양성 부근의 돌무덤에 나온 유물 종태의 대비를 통하여 알 수 있음. 주머니 도끼식의 낫자귀와 목이 큰 독특한 그릇을 출토하는 미송리 동굴의 위 문화층은 청동기시대 최말기 내지 초기 철기시대에 속함. 그러한 미송리형의 토기는 개천군 묵방리, 중강군 토성리, 평양 승호구역 금탄리 유적에서 나왔으며, 동북 지방의 송화강 유역에서도 이와 유사한 유물이 보임. 미송리 동굴 위층의 주인공들 후예가 고조선의 주민 구성에 일익을 담당하였는데, 그들의 직접적인 후예는 우리나라에서 발견되는 평형 동검의 주인공들이었음. 고조선 시대를 대표하는 것은 토광묘와 그 유적 유물. 유물에는 전국시대의 중국적인 요소도 있지만 대부분 비중국적인 특징을 지님. 비중국적 유물로 화분형 토기, 세형동검(고조선식 좁은놋단검), 세문경(細紋鏡), 방울, 을자형(乙字型) 동기, 수레 부속품이 있음. 고문헌에도 기록된 바와 같이 전국시대와 관련하여 기원전 3세기경부터 중국 사람들이 우리나라의 서북부에 들어온 것은 사실임. 이들의 유물로는 명도전(明刀錢), 산자무늬 거울(山字紋鏡), 도씨검(桃氏劍), 진과(秦戈) 등이 있음. 그러나 이보다 먼저 계속 강하게 내려 민 종족은 미송리형 토기와 평형동검을 사용한 주인공들이었음. 거석문화 집자리에서 나타나는 화재의 흔적은 종족들 사이에 있었던 심한 대립의 한 모습을 보여주며, 결국은 북쪽의 파도가 거석문화를 압도하는 가운데 이미 철기시대에 접어들었고, 고조선 시대에는 강철을 사용한 종족들이 부딪치며 그 중심지였던 우리나라 서북 지방에 국가 형성의 온갖 조건이 이루어졌음. 고조선은 이러한 환경 속에서 형성된 우리나라 최초의 국가. 그것은 기원전 3세기의 일이며, 기원후 1세기 이후로는 내려오지 않음. 고조선을 가장 대표하는 유물은 세형동검. 고조선 문화의 영향은 우리나라 남녘, 일본, 연해주, 동북 일대까지 미쳤음. 마한은 고조선 문화가 남녘으로 침투하여 생겨난 국가임. 고조선의 전통은 삼국시대의 국가들에게도 영향을 주었음. 기자 동래설과 단군신화에 큰 의미를 부여한 리필근과 리응수의 견해를 반대함.
김용간	《조선 금속 문화의 기원》에 대하여 토론. 함경북도를 제외한 우리나라 각지에서 발견되는 고인돌을 비롯한 거석문화 관계의 유적을 남긴 주인공은 팽이그릇을 내는 유적의 주민들이었음. 팽이그릇 및 거석문화 유적에는 신석기시대의 궁산 유적에서 볼 수 없는 새로운 형태의 토기, 석기(턱자귀, 반월도, 곤봉부 등), 금속 제품을 모방한 유경양익촉(有莖兩翼鏃), 돌단검 등이 있음. 대륙 북쪽의 청동기시대 유적에서 흔히 보이는 청동 《단추》와 청동제 끌이 나오는 사실은 팽이그릇 유적을 청동기시대의 것으로 볼 수 있는 결정적 근거임. 거석문화의 보급 시기에 우리나라 북부 지대(함경북도, 평안북도)에는 거석문화와 다른 청동기시대의 문화가 광범위한 지역에 걸쳐 보임. 압록강 유역, 두만강 유역, 함경북도 동해안 일대의 유적 유물과 유사한 것들이 쏘련 연해주 일대, 연길 지방, 압록강 이북의 동북 지역에서 흔히 보임. 이들 지역에서도 해당 신석기시대 유적에서 볼 수 없는 청동기 혹은 그것을 모방한 유물들이 있음. 대표적인 청동 제품으로 초도 유적의 《단추》, 방울, 가락지, 시중군 풍룡리 돌상자무덤에서 나온 《단추》, 미송리 동굴 위 문화층에서 나온 도끼, 길림 부근의 소달구(騷達溝), 토성자(土城子) 등지의 무덤에서 나온 도끼, 《단추》, 칼, 장식품 등이 있음. 우리나라 두만강 유역과 동해안의 청동기시대 유적 유물은 바이칼호 근방의 글라즈꼬보 청동기문화와 남씨비리의 청동기시대인 까라쑤크나 따가르 문화와의 연계도 보임. 인근 지역과의 대비를 통하여 우리나라 청동기시대의 연대 범위는 대략 기원전 2000년대 후반부터 1000년대 전반기로 잡을 수 있음. 우리나라 청동기시대와 마찬가지로 철기시대의 시작도 중국 관내의 문화와는 관련이 없음. 예컨대 무산 범의구석 유적에서 철기(도끼, 칼 등)가 나왔으나 중국 중원 문화의 특징적인 역(鬲)이나 규(鬹)가 전혀 보이지 않음. 중국 관내의 철기문화와 접촉하기 이전에 철기가 사용되었음은 무산이나 길림 산저자(山咀子) 유적의 실례에서 찾을 수 있음. 최근 연해주에서는 기원전 1000년대 전반기의 초기 철기시대 집자리가 알려졌음. 청동제 주머니 도끼는 소달구와 미송리에서는 석기와 함께, 목양성지 부근과 조양 십이대영자에서는 청동단검과 함께, 솔뫼골 유적에서는 청동 단검류 및 쇠도끼와 함께 나왔기 때문에 도끼를 출토하는 유적을 모두 동일한 연대의

	것으로 처리할 수 없음. 세형동검의 형태도 시기에 따라 일정한 차이가 있음. 기원전 1000년대 중엽 압록강, 송화강, 두만강 유역에 살던 청동기 말기의 주민은 대륙 북쪽 주민과의 문화적 접촉을 통하여 철기를 사용하기 시작했음. 철기의 보급에 따른 생산력의 비약적인 발전은 계급국가의 형성을 촉진시키는 토대가 되었음. 고조선 국가의 주민은 기원전 3~2세기에 고도로 발전된 강철을 사용하였음.
리응수	기자설에 대하여 진지하게 대할 필요가 있음. 우리 조상이 국가를 세운 역사는 기원전 2000년대의 이족(夷族)에서 찾고, 특히 동과 철이 일찍부터 보급된 동북 지방에서 출발해야 함.
리상호	리응수의 견해를 반박. 전설이나 신화를 역사로부터 분리하는 것이 중요하며 단군신화를 신화로서만 취급할 것이 아니라 이 신화에서 시원적인 것과 후세에 첨삭된 부분을 가려내어 분석해야 함. 단군신화의 내용과 변천 과정을 밝힌 다음, 이조는 고려의 문화, 고려는 신라의 전통을 각각 계승하였고, 신라 문화의 주류는 도유호가 고고학적으로 논증한 바와 같이 진국(辰國)의 문화이며 그 중에서도 마한의 문화를 계승하였다고 주장했음.
정열모	기자 동래설을 무조건 반대하지 말아야 함. 단군 신화 등을 고려하여 우리나라 최초 국가의 연대를 4000년 전으로 보아야 함.
림건상	리응수가 주장하는 4000년 국가설에 동의할 수 없음. 기원전 5세기의 국가설 주장. 도유호는 고조선의 중심지를 평양에 비정하였으나 고조선의 위치는 요동(遼東) 지방에서 찾아야 함. 요동 지방에서 일찍부터 철이 생산되었다는 문헌 기록과 고고학자들(예를 들어, 도유호)도 동북 지방이 중국 관내보다 먼저 철을 사용했다고 보는 점을 고려해야 함. 요컨대 기원전 5세기에 국가로서의 고조선이 존재하였다고 보는 것은 그 중심지가 평양이 아니라 요동에 비정하는 데서 오는 결론임.
정찬영	고조선은 계급 압박의 기구로서의 국가임을 강조. 4000년 국가설은 부당함. 기자 동래설 및 중국 은상(殷商)문화에 대한 리응수의 주장을 반대함. 은상문화는 발전된 청동기시대의 것. 패수를 대릉하에 비정하는 림건상의 견해를 반대함. 압록강 패수설 주장.
리필근	전통적으로 동이(東夷)는 조선 사람을 의미함을 강조. 신라 문화의 전통을 마한에서 찾는 리상호의 견해를 반대함. 문헌 사료에 근거하여 기자 동래설의 정당성을 주장함. 기자 1000년의 국가설을 인정함.
백남운	기자조선과 단군조선을 주장하는 리필근과 리응수의 토론은 맑스-레닌주의적 국가 학설에 기초한 것이 아님. 역사가들은 문헌 사료를 비판적으로 취사선택하여 맑스-레닌주의적 입장에서 연구 분석해야 함. 토광묘 문화가 위만조선의 것이고 고조선의 중심지가 평양이라고 한 도유호의 주장은 신중하게 검토되어야 함. 고조선의 중심지를 요동 지방에 비정한 림건상의 견해를 지지. 앞으로의 토론 방향과 관련하여 고조선의 위치, 영역, 생산력 수준, 국가 형성 과정 등 고조선 연구에서 제기되는 기본 문제들을 하나하나씩 토론하여 해결해 나가야 함.
김석형 (사회)	고조선에 관하여 더욱 진지하게 연구하고, 다음에는 《고조선의 위치》에 대한 토론회를 계속할 것임.

<부록 5> 고조선의 위치와 영역에 대한 토론회(허종호 1961)

[1961년 7월 18~19일 개최]

토론	내용
림건상	늦어도 기원전 5~4세기경에 국가 형성. 고조선의 초기 중심지는 난하 유역. 연나라와 세력 대치 후 요하 지방으로 이동. 전한 시기의 악랑군은 요동, 후한의 악랑군은 평양 일대.
박시형	《한서》〈지리지〉에 의거하여 현 중국의 동북에 위치한 3개 군(요동, 현토, 악랑)을 고조선의 영역으로 인정하는 것이 합리적. 패수는 압록강 이남으로 내려올 수 없음.
리상호	요동설 주장. 고조선의 초기 중심지에 대한 림건상의 견해에 동의하며, 기원전 2~1세기의 고조선 국가는 요동에 위치했음. 지명은 시대적으로 고찰되어야 하며 패수는 요동 지방에도 있었고 평양 부근에도 있었음.
리필근	고조선은 곧 숙신이며, 이는 목단강 유역을 중심으로 하는 요동 지방과 조선반도 지방에 세력을 확장하였음. 숙신 조선은 늦어도 주 무왕 이전에 국가 형성. 한 무제 이전의 나라 국경선은 갈석산이고, 숙신 조선이 도읍한 평양은 목단강 유역에 있었음. 패수는 시대적으로 송화강, 대동강 등으로 변하였음.
백남운	요동의 고조선과 압록강 이남의 고조선을 구분하여 통일적으로 보아야 하며, 패수를 요하로 보는 것이 타당함.
도유호	고조선의 국가 형성은 기원전 3세기 이상으로 올라갈 수 없으며, 국가로서의 초기 고조선의 기본 영역은 평안남도, 황해남·북도, 함경남도 등지. 청천강이 패수였기 때문에 고조선 유물은 청천강 유역에서 찾아 볼 수 없음. 고조선의 발원지는 결코 요동이 아님.
황철산	초기(기원전 4~3세기) 고조선 종족의 중심은 요하 유역. 연나라 침입 후 그 중심이 우리나라 서북부로 이동. 패수는 압록강.
정찬영	황철산의 견해에 동의함. 기원전 3세기 이전의 만주 동검은 원시시대에 해당하며, 기원전 3~2세기의 세형동검 만이 국가 형성의 징표. 따라서 국가의 형성 시기는 3세기 이전으로 보기 어려움.
황 욱	패수는 압록강. 고조선 종족은 처음에 요하에 있었음. 점차 동천하여 평양 부근에 와서 중심을 형성.
김석형	요하 중심설의 견해가 가장 합리적임.

토론	내용
황철산	전한(前漢) 또는 후한(後漢) 시기에 낙랑군의 위치는 대동강 연안을 중심으로 한 지점에 있었음. 고조선의 기본 종족은 맥(貊)으로서 낙랑맥(樂浪貊) 또는 조선맥(朝鮮貊)이라고 하였음.
김석형	위만이 부(否)와 준(準)을 직선적으로 계승한 일이 없음. 동호(東胡)와 예맥조선은 같은 것. 예맥조선은 후에 위만조선과 한4군이 되었음. 예맥족은 요하 유역에서 선진적인 문화를 가진 고조선 국가를 형성했음. 고조선의 존재 시기는 3시기로 구분되며 위치 변동은 다음과 같음. ① 제1기 : 기원전 5~4세기에서 기원전 4~3세기. 요하를 중심으로 예맥조선이 형성되어 우리나라 서북 지방에 걸쳐 있었음. ② 제2기 : 기원전 3세기 초~기원전 2세기 전후. 우리나라 서북 지방에 있었던 고조선은 흉노에 의하여 멸망되었음. ③ 제3기 : 위만조선 시기. 중심지는 험덕현(險瀆縣). 위만조선은 후에 남천하여 그 중심이 평양에 있었고, 이는 현재의 고고학적 발굴 성과와 일치함.
림건상	고조선의 종족은 예맥족. 고조선과 낙랑군은 요동에 있었는데 그 동쪽 지역인 우리나라 서북지방을 포괄하였음. 현재 조선의 영역에서 발견되고 있는 《검창(劍鋶)문화》는 진국(辰國), 더 구체적으로는 마한(馬韓)의 주민들이 남긴 것임.
박시형	만일 평양을 중심으로 한 고조선과 요동을 중심으로 한 고조선이 있었다면 요동 고조선은 우리와 연관이 없을 것임. 부, 준 이전부터 고조선의 중심은 평양이었고, 이는 고고학적 유물에 의하여 알 수 있음.
정찬영	동호와 예맥조선이 서로 같다는 김석형의 주장을 인정할 수 없음. 동호는 선비 오환의 조상이고 고조선은 예맥족의 나라. 고대 조선 종족은 예맥족 계통, 숙신족 계통, 한(韓) 계통으로 크게 구분됨. 이는 고고학적 유물의 분포상 차이와 일치함. 고조선은 예맥족의 나라. 토광묘는 명백히 고조선 주민이 남긴 것. 고조선의 발전 시기는 두 시기로 구분됨. 기원전 4세기, 곧 진개의 공격 이전에는 요동에 중심을 잡았고, 그 후에는 조선 서북 지방을 중심으로 요동의 일부를 차지하였음.
도유호	동호와 예맥조선이 서로 다르다는 정찬영의 의견을 지지함.
리상호	동호와 예맥조선이 서로 다르다는 정찬영의 의견을 지지함. 고조선의 종족 구성은 조선계, 맥계, 한(韓)계로 구분되며, 조선계의 종족명은 4군의 명칭과 같음. 조선은 발조선(發朝鮮), 발숙신(發肅愼) 등으로 통하는 하나의 개념이었음.
백남운	고조선족의 주류가 예맥족이라고 보는 견해는 신중히 고려되어야 함.

토론	내용
리상호	잉여 생산물을 낼 수 있는 생산 도구의 발전은 고대 국가 형성에 있어서 일반적인 조건이지만, 해당 도구의 사용 대상이 되는 토질의 질 문제도 중요한 의의를 지님. 고대 국가의 발생지인 나일강, 황하, 양강 지대는 인간이 다루기 쉬운 비옥한 사질 양토라는 토질 조건을 가지고 있음. 고조선이 위치한 요하 유역은 국가의 발생 조건이 갖추어졌던 것으로 보임.《한서》에 나오는《범금(犯禁) 8조》는 고조선이 성숙한 고대 노예제 국가였음을 입증함. 이 법전은 발달된 법 이론에 의하여 작성되었음. 특히 노비 속금(贖金)을 50만 단위 금액으로 부과하는 조항은 당시의 화폐 제도, 그 유통 정도, 상업 경제 및 국민의 평균 소득이 높은 수준이었음을 보여줌. 고대 국가 형성의 징표를 발견하려면 중국 사료에 나오는《국》,《왕》,《군장》,《거수(渠帥)》,《토추(土酋)》등 제도에 관한 술어에 주의를 기울여야 함. 이들 용어에는 계급 대립의 첨예화한 정도를 직접 표현하는 내용이 반영되어 있음. 왕에 소속된 궁궐과 위병 등은 사회로부터 독립한 공적 권력기관임. 조선 준(準), 위만 등에 국명이 안 붙어도 왕명만 있으면 계급 국가로 보아야 함. 고조선의 국가 형성 시기는《범금 8조》만을 근거로 삼아 추정하더라도 기원전 10세기까지로 올라갈 수 있음.
리지린	고조선은 압록강 이북에서 난하 이동의 광활한 지대에 위치하기 때문에 조선반도 내의 발굴품을 가지고 고조선의 생산력을 논하기 곤란함.《조선》은 국명이고, 고조선의 종족명은《예(濊)》. 이 예는 은(殷), 주(周) 시대에 하북성 지대에 거주하였고,《맥》은 산서성 서북 지대에 거주하다가 전국시대에 맥국을 형성. 맥국과 고조선이 국가를 형성한 곳은 요서 지역. 동호와 맥은 같은 종족의 이명(異名). 맥족은 험독을 수도로 하여 맥국을 형성. 예와 맥(동호)은 다른 종족이며, 예는 고조선국을 형성한 종족. 요서와 요동은 난하를 기준으로 구분됨. 험독은 지금의 대릉하 상류에 있는 조양,《사기》의 패수는 지금의 대릉하, 왕검성은 개평(蓋平)에 비정됨. 전국시대의 철기문화는 사실상 예족과 맥족의 철기문화이기 때문에 고조선의 철기문화는 늦어도 기원전 3세기에 보편화되었음. 고조선인은 은 왕조로부터 청동기문화를 수입. 맹자가 말한 '맥국 20분의 1 세(稅)'는 4군 이전에 요양 지대의 농업 생산력이 매우 발전하였음을 알려줌. 고조선의 생산력은 한 나라와 대등하였음. 연 나라와 제 나라 사람 수천 명이 고조선으로 이동하여 온 것은 그들을 능히 받아들일 수 있는 고조선의 생산력 수준이 높았음을 반영함. 반고가 고조선의 법제를 높이 평가한 사실은 고조선의 정치, 경제, 문화가 상당히 발전하였음을 인정한 것임.《50만 전을 내어 속죄한다》는 사실은 고조선의 화폐 유통량이 상당한 정도로 발전하였음을 보여줌. 고조선인이 한문을 사용한 시기는 춘추 전국시대부터임. 기자조선 전설은 허황된 것이지만 기자가 예인의 땅에 피봉(被封)된 것은 분명함. 위만조선 이전에도 발달한 교육 제도(박사 직위 수여),《분봉(分封)》제도, 군사 조직이 있었음. 해안을 낀 고조선은 산악 지대의 맥국보다 발전된 국가였음. 고조선의 국가 형성은 늦어도 기원전 8세기(춘추 초기)이며, 이 시기에《조선》이라는 명칭이 국가 명으로 쓰이기 시작하였음. 고조선의 사회 경제 구성 형태는 법전의 내용으로 보아 부여보다 발전한 노예소유자사회였음.
황철산	예와 맥족을 달리 보는 리지린의 견해에 동의함. 개평을 왕검성으로 보는 견해에는 문제가 많음. 초기의 고조선 종족은 중국 경지에 살았으나 후에 점차로 밀리며 조선 경내에 고착되었음. 따라서 고조선 국가의 위치는 압록강 이남에 국한되었고, 위만이 망할 때의 고조선 중심은 대동강 유역이었음.
정찬영	맥국에 성곽, 궁실, 종묘 등의 국가 기구가 없다는 기록으로 보아 '맥국 20분의 1 세제'도 맥국이 오히려 원시 단계의 사회였음을 반영함. 평양에서 전한 시기로 추정되는 유물이 발굴되고 있으며, 이 목곽묘에서 나온 유물은 한 나라의 것과 조금도 다를 바가 없기 때문에 이는 악랑군이 이곳에 있었다는 근거가 됨. 리지린의 토론 내용은 당시 사람이 당시 정황을 기록했던 사료 또는 정사(正史)보다 부차적인 사료에 주로 의거하였고, 한4군의 위치 고증을 고려하지 않았음. 지리 고증을 언어학적 방법으로 진행한 것도 문제가 됨. 기자가 예족에 간 것이 사실이라면 기자 조선설의 허황성을 논증하기 곤란함. 고조선의 위치 확정은 한4군의 위치 고증으로부터 출발하면 좋겠음.
림건상	예맥을 갈라 보고《조선》을 국가명으로 본 리지린의 견해는 정당함. 국가 징표에서 감옥과 궁궐이 없다는 것은 부수적으로 수반된 문제이기 때문에 '맥국 20분의 1 세'에 대한 리지린의 주장은 유익한 방향 제시라고 생각됨. 왕검성은 개평에 있는 것이 아니라 요하의 바로 인접 지역 또는 그에 가까운 동쪽 지역 또는 대릉하 유역에 있었다고 생각됨. 험독의 위치는 조양이 아니며 그보다 더 험악한 산악 지대에서 찾아야 함.

백남운	패수가 압록강 또는 청천강이라는 주장은 옳지 않기 때문에 고조선이 처음부터 압록강 이남에 있었고 한4군이 이곳에 있었다고 보는 견해는 사실과 어긋남. 고조선은 압록강 이북의 요서, 요동 지방에서 찾아야 하고 그것이 후에 동천한 것으로 보아야 함. 고조선의 종족 구성에 대한 연구를 통하여 조선 민족의 단일성을 밝히는 것이 좋겠음. 고조선의 시대 구분에 관하여 우리 선조들은 예로부터 단군조선, 기자조선, 위만조선 또는 전기 조선, 중기 조선, 후기 조선으로 나누고 있는데 이를 고려하지 않고 총괄적으로 노예 소유자 국가인 고조선, 계급사회인 고조선이라고 한다면 고조선의 원칙적인 계선이 몽롱하게 되어 과학적 구명이 천박해짐. 고조선을 상, 중, 하 또는 초, 중, 말기로 구분하고 연구해야 과학성이 보장될 수 있음. 기자 조선설을 부인하는 데는 동의함. 그러나 기자 동래설을 부인한 후 《범금 8조》의 유래를 밝히지 않고 기자 때와 비슷한 고조선의 법전이라 하여 함부로 이용하는 데에는 동의할 수 없음. 먼저 《범금 8조》와 기자 동래설이 관계없다는 것을 밝혀야 함. 《자속자 50만전》의 내용을 매우 발전된 화폐 경제 사회와 연계시키는 해석은 부정확함. 고조선 시기에 화폐량이 매우 적었다는 사정을 고려할 때 《범금 8조》를 가지고 고조선의 노예제를 규정하기는 곤란함. 고조선의 국가 형성 시기는 철기 사용의 시기로 보아야 함. 국가 형성의 지표는 엥겔스의 명제에 의거해야 하며, 사료에 왕이라 기록되었다고 해서 노예제 국가가 형성되었다고 보는 것은 속단에 지나지 않음.
김석형	이번 토론회는 진지하게 진행되었고, 서로 배운 것이 많았음. 고조선의 위치 문제에 대하여 의견상 차이가 많지만 고조선의 국가 형성 시기를 대체로 기원전 4세기경으로 합의를 본 것은 이번 토론회의 성과임.

[1962년 7월 6일, 13일, 27일]

토론	내용
리상호	주토론자

* 참석자 : 박시형, 도유호, 정렬모, 신구현, 리응수, 황철산, 류창선, 박택진, 리필근, 리지린, 정찬영, 손영종 등
* 참석자들의 대부분은 단군신화가 고조선 또는 고대 조선 국가의 건국신화라고 인정. 거기에 나타난 군사 민주주의 단계 및 계급사회 초기의 역사적 사실의 반영에 대하여 역사학, 언어학, 민속학적으로 분석하였음. 앞으로 토론은 계속되며 그 때에 비교적 자세한 토론 내용을 소개하겠음.

토론	내용
리상호	주토론자. 《삼국유사》에 인용된 《고기(古記)》와 《위서(魏書)》의 기록에 근거하여 《단군 건국 신화》가 고조선의 건국 신화임이 확인됨. 종래 단군을 정치, 문화, 사상, 신앙적 《국조(國祖)》로 인정하는 민족주의적 견해는 과학적인 근거가 없음. 이 신화를 고조선의 건국 신화로 인정할 수 없다는 일제 어용사가들의 주장은 고조선의 역사를 말살하려는 허구적인 날조임. 《고기》와 《위서》는 고려 이전에 존재한 역사 기록이며, 이들 서적에 단군 신화는 분명히 고조선의 건국신화로 전해지고 있음. 단군신화는 후세에 윤색되고 복잡해졌는데 고려에 이르러 불교도들에 의하여 더욱 윤색되었음. 곰과 범은 토템으로 표징한 씨족의 명칭이고, 《환웅》은 후일 고조선 국가를 형성시킨 핵심 부족의 한 수장으로서 그를 《천왕》이라고 한 것은 후세에 윤색된 칭호임. 이 신화가 반영하는 시대는 국가 형성 단계로 볼 수 없음. 기록의 내용으로 보아 농경 정착 생활을 토대로 한 사회로서 종족의 정치적 수장이 세습제도로 전환되고, 단일 가족제로 발전된 군사 민주주의 단계이며, 단군은 이 종족의 군사 수장이었음. 환웅이 3천 명의 《도당》을 거느리고 태백산 《아사달》에 내려왔다는 표현, 단군이 《아사달》에 도읍했다는 표현 등은 당시 해당 지역 주민에 대한 군사 정복 행동을 반영한 것. 풍백(風伯), 우사(雨師), 운사(雲師) 이외에 다섯 가지 직능 오주(五主)는 이 사회의 정치 제도를 반영한 것임. 특히 이 직능들은 주형(主刑)으로 표명된 군사령관의 재판권과 주선악(主善惡)으로 표명된 공동체적인 도덕적 기능이 병행되었던 사회적 특징을 보여줌. 단군이 도읍한 곳은 중국 요동 지방의 《안시성》, 신화의 지리적 위치는 중국 동북 지방으로 추정됨. 고조선족은 약 기원전 18세기에 군사 민주주의 단계에 들어섰고, 그때부터 약 1천 5백 년 동안은 군사 민주주의와 국가 형성 단계를 포괄함. 마지막 시기인 기원전 3세기 말 내지 2세기 초는 역사상 고조선의 준(準) 왕조 멸망 연대와 일치됨. 《당요(唐堯)》와 같이 중국의 전설적 인물에 연대를 결부시킨 것은 후세의 사대주의자들이 윤색한 것임.
리지린	리상호의 논지를 기본적으로 지지함. 단군신화에는 원시사회, 군사 민주주의 사회, 국가 형성 단계의 사회를 반영한 부분들이 섞여 있음. 신화의 기본 부분은 늦어도 기원전 8세기에 만들어졌고, 원시사회를 반영한 부분은 그보다 앞선 시기에 존재했다고 인정됨. 군사 민주주의 단계와 국가 형성 단계를 경과하면서 내용이 점차 풍부하게 되었음.
김석형	《삼국유사》의 사료적 가치는 매우 높음. 《삼국유사》와 《제왕운기》의 신화 내용의 기록이 약간 다르다는 것은 고려 이전부터 전재된 신화를 각이하게 윤색하였음을 보여줌. 이 신화는 고조선 시기에 형성되었고, 장구한 세월을 걸치며 윤색되고 풍부화되었음.
림건상	기원후 1세기의 중국 서적인 《론형(論衡)》에 동명왕의 건국 설화가 기록된 사실로 보아 단군신화는 이미 고조선 시기의 중국 문헌에 기록되었다고 볼 수 있는 근거가 있음. 이 신화는 고조선 시기부터 면면히 전래되었음.
손영종	단군신화는 아주 유구한 고대에 형성되기 시작하였다고 보는 것이 적당함. 신화에 반영된 지역은 요동 지방에서 찾을 수 있음.
신구현, 류창선, 박진택, 리규복 : 주토론자의 논지를 기본적으로 지지함.	
리응수, 리필근, 박윤원 : 주토론자의 논지를 기본적으로 지지함. 이 신화는 고조선의 건국 신화임. 따라서 군사 민주주의 단계를 반영한 것이 아니고, 국가 형성 단계를 반영함. 고조선 국가 형성을 기원전 8세기로 보는 것이 타당함.	
황철산	단군신화에 내포된 샤마니즘, 사상, 풍습 등을 분석하면 이것은 알타이어 계통 종족들에 공통된 것임을 알 수 있지만 고유한 특수성도 있음. 단군신화의 끝 부분에 《기자 동래설》이 들어 있는데, 《기자신(箕子神)》이 고구려에도 있었던 것을 좀 더 소급하면 고조선의 통치 계급들이 전국(戰國)시대에 중국에서 유랑하여 온 자들을 무마하기 위하여 《기자》를 가탁한 것으로 보임. 따라서 이 신화는 진(秦) 말(기원전 3세기 말)에 형성되었다고 인정됨. 신화에 나오는 환웅, 단군 관계 기사는 제정일치(祭政一致) 시기의 사회상, 그리고 《기자》가 들어온 것은 제정의 분리를 각각 보여줌.
정찬영	고조선의 영역이 난하로부터 조선반도에 이르는 넓은 지역을 포괄하며, 그 기원을 기원전 2500~2300년대로 보는 것에 반대함. 이것은 고고학적 자료에 부합되지 않음. 즉 중국 장성 이북 지대에는 이 시기의 고조선

	유물이 나오지 않으며, 고고학상 청동기문화의 시원은 기원전 10세기 이전으로 올라갈 수 없음.
박시형	단군신화가 고조선 시기의 것이라는 데 동의함. 그러나 《삼국유사》 또는 《제왕운기》에서 인용한 《위서》와 《고기》에 대해서는 신중하게 생각해야 할 문제가 있음. 단군신화가 전래된 유래는 고조선 유산이 계승되고 《단군고기》와 같은 기록이 전해지면서 문헌상에 기록된 것임. 단군 신화가 군사 민주주의 단계를 반영한다는 데 대하여 반대함. 《3사》《5주》를 행정적 직능으로 보는 것도 무리한 견해임.

* 단군신화가 원시사회의 현실을 반영하고, 고조선의 건국 신화라는 데 대하여 의견의 일치를 보았음. 그리고 단군신화는 우리나라의 원시 사회사 및 고대사 연구를 위하여 귀중한 사료라는 것에 대하여 모두가 인정하였음. 그러나 신화 형성의 구체적인 연대와 단군신화에 반영된 지역 문제에는 의견상 차이가 있었음.

〈부록 10〉 고조선 영역에 대한 토론회(장주협 1963)
[1962년 10월 25일, 12월 17일, 1963년 2월 14일 개최]

토론	내용
리지린	연(燕) 요동은 진 한 초(初)에 설치되었고, 연은 동쪽으로 고조선과 접하였음. 진 한 초 요동은 난하 동쪽에 위치하였기 때문에 결코 현 요동이 될 수 없음. 난하를 요수로 칭한 자료에 의거하면 진 한 초의 요수는 현 난하 이외의 다른 곳에서 찾을 수 없고, 갈석산은 연의 새(塞)이고, 요새(遼塞)도 또한 대릉하 이서 지역의 요동에 위치하고 있었음. 따라서 요동군은 실제로 요새 밖의 동쪽에 위치하고 있었으며 한 무제 이전 시기까지는 요동군에 한 세력이 극히 미약하게 미쳤음. 요동군의 치소(治所)인 양평(襄平)은 공손씨(公孫氏)의 거점이었고, 전한과 후한대를 통하여 위치 변동이 없었음. 공손도(公孫度)가 양평사(襄平祠)에서 발견한 대석(大石)은 지석(支石)임에 틀림없고, 이는 양평이 예, 맥(濊, 貊) 족의 거주지였다는 물질적 증거임. 이 양평은 오늘의 요양(遼陽)이 아니며 난하 동쪽 고대의 고죽국(孤竹國) 지역이며, 오늘의 산해관(山海關) 지역이었을 것임.
도유호	진 한대에 요동군이 존재하였다는 데 대하여 이의가 없지만 그 위치에 대해서 리지린과 다른 견해를 제기하였음. 진 한대에 요동군의 위치는 현 요하 이동 지역이었음. 요동 왕이 된 한광(韓廣)이 도읍하였다는 무종(無終)은 요동이 아님. 요새는 현 요하를 건너 요양에까지 이른 장성이었고, 새(塞)는 일정한 지역이 아니라 방어선을 의미함. 《사기》 화식 열전에 상곡(上谷)으로부터 요동까지는 매우 멀다고 하였는데 상곡은 현 내몽고 챠하르성에 위치함. 그러므로 매우 멀다(地踔遠)고 한 요동은 난하 이동이 될 수 없으며 현 요동 지방이라고 보아야 함. 문헌 사료에 나오는 요수는 현 요하를 가리킴. 양평은 현 요양이며, 양평에서 발견된 대석(大石)을 지석이라 보는 견해에 이의가 없지만 거석문화 유물은 산동, 요동 지방에 국한되어 있기 때문에 요동군의 위치를 현 요동 지방으로 보는 것이 타당함. 패수(浿水)는 청천강이고, 청천강 이북은 절대로 고조선 지역이 아니며, 왕검성은 평양 부근(남평양)에 위치하였음. 요동 지방과 청천강 이북에서는 국가로서의 고조선 유물이 보이지 않음. 금번 세죽리에서 발굴된 유물은 고조선 갈래의 것이 아님. 요동 지방이나 우리나라 영역에서 나타나는 평형동검은 고조선 유물이 아니고 원시시대의 것으로 인정됨. 조선이라는 지방명과 국가로서의 고조선을 혼동하지 말아야 함. 연과 접경한 요동조선은 지방명임.
박시형	요동군의 위치에 대하여 리지린과 다른 견해를 제기하였음. 고조선의 위치는 평양을 중심으로, 남으로는 한강을 경계로 하여 삼한(三韓)과 접하였고, 북으로는 요동과 요하를 경계로 접하였고, 동으로는 흑룡강을 경계로 숙신과 접하였음. 진 한대에 요동은 현 요동임. 요동은 기원전 206년에 진(秦) 나라 항우(項羽)가 연을 나누어 비로소 요동국을 설치하였음. 한광이 도읍한 무종은 요동 지역이 아니라고 보는 것이 정확함. 《한서》 지리지에 의하면, 요동은 현 요동 지방과 일치하며, 대료수는 현 요하, 료수는 현 소요하, 대량수는 현 태자하, 양평은 현 요양으로 비정됨. 요새는 양평에서 끝나기에 장성의 동단은 양평으로 보는 것이 옳음. 요동은 동방이라는 데서 오는 명칭이 아니라 멀다는 뜻으로 《원동》과 통함.
리상호	정사 이외의 많은 야사 자료를 섭렵한 리지린의 학구적 태도는 높이 평가되어야 함. 《사기》 조선 열전의 패수를 청천강 혹은 압록강으로 보는 것은 잘못된 견해임. 전연(全燕) 이전 시기에 조선과 연의 경계는 난하라고 보아야 함. 기원전 3세기 초에 연의 진개(秦開)가 조선을 공격한 이후부터 고조선과 한족 국가들(연, 진, 한) 사이에는 연의 요동, 진의 요동, 한의 요동과 접경이 되어 기원전 2세기 말 한 무제가 침략하기 이전까지 지속되었음. 그러므로 연 나라가 침략하기 이전에 고조선과 요동의 경계는 청천강이나 압록강이 될 수 없음. 진 한 초 요동의 위치는 현 난하 이동 장성의 동단에 위치함. 요동이라는 지명은 그 자체가 위치를 말해 줌. 요동은 후에 한 세력이 확대됨에 따라 이동하여 현 요동 지방에 이르렀음. 《한서》 지리지에 나오는 요수는 한 무제 이후의 사정을 반영한다고 보는 것이 타당함. 《요》라는 강 이름을 붙인 주인공이 이 지역의 옛 주인이었던 고조선임이 명백함.
림건상	군(郡) 현(縣)은 역사적 범주로서 그 위치는 시기에 따라 변화하였음. 요동군은 고대에 여러 종족이 충돌하던 곳이며, 복잡한 지역으로서 그 변동이 심했음. 《한서》 지리지에 기록된 요동군은 분명히 현 요동이지만, 현 요동은 진대의 요동군이 아님. 한 무제가 한4군을 설치하기 이전의 요동군은 난하 이동 지역이었음. 《사기》 조선 열전의 기사는 난하 이동에 고조선이 위치하였음을 보여줌. 연 요동과 조선 요동은 서로 관계가 있음. 연 왕희 때 조선은 동쪽으로 밀려 요하를 경계로 연과 접경하였음. 진은 연을 멸망시킨 후 요동을 복속시켜 요동 외요(外徼)로 삼았는데, 요동 외요는 현 요하 이서의 대릉하로 보아야 함. 장성의

동단에 있는 갈석산은 현 갈석산임. 요수는 현 난하이며, 난하 이동이 곧 요동임. 현 요하 부근의 요동군은 한 무제의 고조선 침략 이후 설치되었음. 요동과 마찬가지로 요수, 태수의 위치도 변동되었음. 현 요양은 대체로 기원전 108년 악랑 설치 이후의 요동군 치소(治所)였음. 그러나 연 요동의 치소는 요수(현 난하) 이동, 곧 장성의 동단에 요동군이 있었기 때문에 갈석산 부근이었을 것임. 예맥조선이 흉노(匈奴)의 상곡(上谷) 동쪽으로 접하였다는 기록은 상곡 동방에 고조선이 위치하였음을 알려줌. 갈석산은 요동에 있었다는 박시형, 도유호의 견해와 달리, 《사기》 진시황(秦始皇) 본기의 기사에서 진(秦) 2세가 다녀온 요동을 갈석산으로 해석하는 것이 정확함. 상곡에서 요동까지 매우 멀다(地踔遠)고 한 것은 한 무제 이후의 형편을 말하는 것임.

종합 검토 : 북한 고고학의 형성기 설정과 관련하여

I.

정전협정 이후, 1954년부터 1963년에 이르는 10년 동안 북한 고고학에서는 약 40여 지점이 넘는 곳에서 원시시대 또는 고대(고조선 포함)에 해당하는 유적을 조사 발굴하였다(리주현·한은숙 2009. 「유적유물조사발굴일람표」 참조). 그 가운데 특히 1950년대 후반에 알려진 궁산리, 지탑리, 태성리 유적 등의 연구 성과는 북한 고고학의 형성 과정을 고찰하는 데 매우 의미 있는 학사적 자리를 차지한다고 볼 수 있다.

1955년에 도유호는 궁산리, 초도, 오동, 금탄리 유적 등에서 발견된 유물을 중심으로 해방 이후 조선의 원시 유적에서 새롭게 판명된 사실을 논하였지만, 즐문토기와 무문토기를 비롯하여 그와 관련된 타제 및 마제석기의 시대적 소속 관계는 밝혀내지 못하였다. '석기시대'라는 통칭으로 원시 유적이나 유물을 서술했던 그와 같은 경향은 대체로 1957년 전반기까지 이어졌다고 볼 수 있다.

1957년 말(12월)에 발행된 『궁산 원시 유적 발굴 보고』(고고학 및 민속학 연구소 1957)[1]는 북한 고고학계의 원시시대 연구사에서 뜻깊은 의의를 지닌다. 이 보고서를 통하여 종래 단순하게 석기시대라는 테두리 안에서 다루어졌던 빗살무늬토기 유형을 '신석기시대'의 대표적인 산물로 자리매김할 수 있는 근거가 마련되었다. 다시 말해서 우리나라의 원시시대 편년 체계에 일정 기간 존속되었던 신석기시대라는 독립적인 시간 단위를 구체적으로 부여할 수 있도록 해주었다. 또한 궁산리 유적에서 드러난 전체적인 고고학적 양상을 기반으로 '궁산문화'라는 용어가 창안되었는데, 이 용어의 개념은 집자리의 구조 형식, 토기·석기·뼈연모 등의 인공 유물, 인공 유물과

---

1 필자의 글(한창균 2017. 8쪽)에서 궁산 유적 발굴 보고서 발행 연도를 '1956년'으로 잘못 표기하였기에 '1957년'으로 바로 잡는다.

자연 유물의 상호 검토를 통한 생계 활동의 유형 등을 두루 포함하는 포괄적인 의미를 담고 있다(고고학 및 민속학 연구소 1957 ; 임상택 2015). 그리고 이로부터 이끌어 낸 궁산문화의 성격은 그 이후 서북 지방에서 전개된 신석기문화의 변화 과정을 설정하는 데 요구되는 기본적인 토대로서 유용한 역할을 하였다.

북한 고고학에서는 일찍부터 프리드리히 엥겔스(Friedrich Engels)의 유물론적인 인식[2], 곧 고고학적 물질 자료 또는 고고학적 문화 현상이 인류 사회의 진화 과정[야만(Savagery), 미개 (Barbarism), 문명(Civilization)]에서 어떠한 방식으로 상호 관계를 맺으며 작동되었는가에 대한 엥겔스의 명제에 근거하여, 원시 유적에 내재되어 있는 당시의 생계 활동 및 생산 경제를 파악하는 일에 큰 관심을 지니고 있었다. 엥겔스는 미개 단계를 가리켜 "목축과 경작을 도입하는 시기이며, 미개의 낮은 단계는 토기 제조법을 터득하면서부터 시작된다."고 말하였다(김대웅 옮김 2012. 37쪽, 43쪽). 1950년대 중반 북한에서 이러한 시각을 처음으로 적용하려고 시도되었던 유적 가운데 하나가 궁산 유적의 경우라고 생각된다. 유적 편년이 제대로 판명되지 않았을 뿐만 아니라 탄화된 곡식 낟알이 출토되지 않았지만, 즐문토기와 동반된 갈돌이나 짐승 뼈를 가지고 초기 농경과 양록(養鹿) 문제를 거론한 도유호(1955)의 의도는 그것과 상통된다고 볼 수 있다. 여기서 제기된 문제는 궁산문화의 주인공이 '괭이농사'와 같은 생업 활동을 하였던 것으로 추론한 『궁산 원시 유적 발굴 보고』(고고학 및 민속학 연구소 1957)를 통하여 해결의 실마리가 구체화될 수 있었다.

지탑리 유적의 발굴(1957년 4월~5월) 성과는 신석기시대와 청동기시대의 연구에서 획기적인 전환점을 마련해 주었다(도유호 1961). 유적의 층서 대비와 동반 유물의 상호 검토에 의하여 신석기시대의 경우, "첫째, 궁산문화의 지리적 분포 범위는 평안남도를 비롯하여 대동강 이남에 위치한 황해북도 일대의 지탑리 유적을 아우르는 것으로 확대된다.[3] 둘째, 집자리의 구조 형식, 토기의 형태, 석기의 구성 관계를 통하여 궁산문화는 전기와 후기로 세분된다. 셋째, 전기의 토기는 빗살무늬 계통이 대표적이며, 후기에는 점선물결무늬(파상점선문) 계통이 우세한 자리를 차지한다. 넷째, 전기의 괭이농사가 후기에 이르러 갈이농사로 발전한다."는 등의 시각을 확립하는 데 필요한 주요 단서를 제공하였다. 또한 지탑리 제2지구(2호 집자리)에서 돌보습과 함께 나온 탄화된 곡물(피 또는 조)은 갈이농사를 반영하는 고고학적 증거로 해석되었다(도유호·황기덕 1957a ; 1957b ; 고고학 및 민속학 연구소 1961 참조).

지탑리 유적의 발굴 조사를 계기로 북한의 청동기시대 연구는 이전에 비할 수 없을 만큼

---

2 『가족, 사유재산, 국가의 기원』(김대웅 옮김 2012)을 참조하기 바람.
3 궁산 유적과 지탑리 유적은 직선거리로 60여 킬로미터 정도 떨어져 있는 것으로 추정된다.

비약적인 성장의 발판을 일구어 나갈 수 있었다. 청동기시대 문화층에서는 팽이그릇(각형토기)과 더불어 반달칼, 마제석검, 양익 유경촉, 별도끼, 석화(石貨) 등의 석기가 출토하였다. 석제품 가운데 특히 마제석검의 존재는 각형토기 층의 형성 시기를 판단하는 데 무엇보다도 중요한 역할을 하였다. 당시 북한 고고학에서는 마제석검을 청동기의 모조품으로 인정하였고, 이를 바탕으로 각형토기 및 그와 동반된 석제품 종류는 청동기시대에 해당하는 유물로 판정되었다(도유호·황기덕 1957b). 이제는 갈아서 만들어진 석제품이라 할지라도 그 종류와 구성 관계에서 관찰된 차이를 통하여 신석기시대 또는 청동기시대의 것으로 가늠하는 일이 빠른 속도로 진행될 수 있게 되었다.

지탑리에서 드러난 석제품의 종류는 유적별로 구성 관계가 조금 다르기는 하나 그동안 발굴된 동해안 지역의 초도, 두만강 연안의 오동, 독로강(현 장자강) 유역의 공귀리 등에서도 알려진 바 있다. 이들 유적에서는 서로 다른 유형의 토기가 출토되었지만, 지탑리 유적에서 조사된 각형토기 층의 연구 성과는 지역을 초월하여 서북 지방과 동북 지방을 관통하는 청동기시대의 석제품이 공통적으로 내재되어 있다는 사실을 분명하게 밝혀 주었다. 그에 따라 각 해당 유적의 편년 작업도 한결 손쉽게 이루어질 수 있었다. 이에 병행하여 오랫동안 논란의 대상이 되었던 흑요석 석기가 신석기시대뿐만 아니라 청동기시대에 들어와서도 동북 지방을 중심으로 사용되었다는 점을 확신하게 되었다. 또한 각형토기와 동반된 마제석검이나 석촉이 '돌멘(支石墓)'이나 석상분(石箱墳)'(도유호·황기덕 1957b. 12쪽)에서도 동일하게 출토하는 것으로 확인되었기 때문에 거석문화의 형성 시기는 대체로 청동기시대와 부합된다는 공감대가 마련될 수 있었다.

이와 같은 연구 성과 등에 힘입어 1958년 3월 고고학 및 민속학 연구소 주최로 열린 '제1차 전국 고고학 토론회' 자리에서 도유호는 "해방 후 우리나라 고고학 연구는 새로운 자기의 길을 개척하였다."고 역설하였다. 그리고 궁산문화의 상한 연대는 기원전 1700~1600년, 청동기시대(거석문화시대)의 존속 기간은 기원전 7~3세기로 추정된다고 언급하며 일제 고고학자들이 내세웠던 금석병용기라는 용어의 부당성을 강력하게 비판하였다(고고학 및 민속학 연구소 1958a). 위에서 말한 '새로운 자기의 길 개척'이라는 의미는 일제 고고학의 해악을 청산하는 동시에 우리나라의 원시문화가 '신석기시대, 청동기시대, 철기시대'를 거치며 형성, 발전되었다는 편년 체계의 확립과 직결된다(도유호 1958 ; 정백운 1958).

1957년 중반(6월~7월), 태성리 유적(평안남도)에서 처음으로 고인돌이 발굴되었다. 출토 유물은 없었지만 그 구조 형식이 종래에 이른바 '남방식(南方式)'으로 불렸던 것과 유사한 공통점을 지녀 주목을 받았다(전주농 1958a ; 고고학 및 민속학 연구소 1959a). 태성리 유적의 뒤를 이어 1958~59년에 걸쳐 심촌리(현 침촌리) 일대에서 조사된 고인돌의 구조 형식은 '북방식 또는 남방식'이라는 지리적 분포에 따른 분류 기준 자체에 근본적인 오류가 있었음을 분명하게 보여 주었다.

그와 같은 문제를 해결하는 과정에서 '돌멘 또는 변형 돌멘'이라는 새로운 용어가 등장하였고(도유호 1959), 여기서 제시된 고인돌의 분류 기준은 『조선원시고고학개요』(고고학연구소 1971)에도 적용되었다.

태성리 유적에서 얻은 토광묘의 고고학적 성과(전주농 1958a ; 1958b ; 고고학 및 민속학 연구소 1959a)는 당시 북한 학계로 하여금 고대사 부문을 새로운 시각에 입각하여 인식하는 데 크게 이바지하였다. 그 내용을 요약하면, "첫째, 토광묘는 고조선을 대표하는 무덤 형식이며, 검모(검창) 문화는 그것을 대표한다. 둘째, 토광묘의 구조, 규모, 출토품 등의 상호 관계는 신분 계층이 분화되었다는 사실을 반영한다. 셋째, 철기에 동반된 청동 유물의 성격은 청동기시대의 청동 유물과 서로 다른 특성을 지닌다. 넷째, 고조선을 대표하는 검모문화의 등장은 한4군 설치 이전으로 편년된다. 그러므로 한(漢) 문화의 외부적인 영향으로 금석병용시대가 개시되었다는 일제 관학자들의 주장은 결코 용인될 수 없다."로 정리될 수 있다.

태성리 유적의 토광묘에서는 청동기시대에 속하는 것으로 알려진 마제석기, 토기, 청동 유물 등이 출토하지 않았다. 당시 북한 고고학에서는 그 토광묘와 출토품이 일정 기간 동안 존속하였던 철기시대의 문화적 산물을 반영한다고 인정하였다. 그리고 철기를 국가 성립의 징표로 삼았던 엥겔스의 명제에 의거하여 그와 같은 출토품은 고조선의 국가 형성과 필연적인 관계를 맺고 있는 것으로 이해되었다.

1950년대 후반부터 1960년대 초반에 걸쳐 북한 학계에서 해명해야 할 필수 과제 가운데 하나는 사적 유물론에 기초하여 고조선의 사회 경제적 구성 관계를 밝혀 원시시대에서 고대로의 내재적인 이행 과정을 체계적으로 구명하는 일과 긴밀하게 연계되어 있었다. 이러한 분위기와 때를 맞추어 이루어진 태성리 유적의 발굴 및 후속 연구 성과는 고조선과 관련하여 제기되는 다양한 문제(고조선의 국가 형성 시기와 고고학적 배경, 고조선의 영역과 중심지, 고조선의 종족 구성 등)[4]가 고고학과 역사학 관계의 연구자들을 아우르며 공론의 무대에서 다루어질 수 있게끔 만든 기폭제의 역할을 하였다고 말할 수 있다.

필자는 몇 년 전에 발표한 글(한창균 2013a)에서 북한 고고학 형성기의 시점을 정전협정 이후의 1954년으로 잡은 바 있다. 정전협정 이후, 내각지시 제92호「각종 건설 공사 과정에서 발견되는 유적 유물을 보존 관리할 데 대하여」(1954년 8월 2일)]의 채택과 '고고학 및 민속학 연구소'의 설립[1956년 3월 2일](리주현·한은숙 2009. 33쪽, 39쪽 참조)은 조사 발굴 및 연구가 종전보다 짜임새 있도록 진행되는 데 이바지한 바가 적지 않다. 그러나 당시까지만 하여도 원시시대의 시기 구분 체계는 제대로 설정되지 못한 수준에 머물러 있었다. 반면에 1957년을 기점으로

---

4 이 책의 「고조선 고고학의 형성 과정」, 〈부록 1~10〉 참조 바람.

그와 같은 한계를 극복할 수 있는 획기적인 변화, 곧 신석기시대, 청동기시대, 철기시대의 시기 구분 체계가 정립될 수 있는 학술적 토대가 마련되었다. 그것은 남북을 가를 것 없이 해방 이후 10여 년 만에 이룩된 최대의 고고학적 성과로 평가될 수 있다.

위에서 언급한 것처럼 1957년도에 이루어진 궁산 유적의 발굴 보고서 간행, 지탑리 및 태성리 유적 등의 발굴 성과는 북한 고고학이 초기 단계에서 형성 단계로 전환되는 길목에서 매우 중요한 연구사적 의의를 지닌다고 볼 수 있다. 비록 구석기시대는 빈틈으로 남아 있었지만, 이 시점을 기반으로 북한 고고학은 시기 구분의 틀을 새롭게 정립하는 데 필요한 학술적 근거를 확보하여 나갔다. 이와 아울러 북한 학계의 입장에서 바라본다면, 고조선의 사회 경제적 구성체를 노예 소유자적 국가로 규정할 수 있는 고고학적 증거가 이 시점을 거치며 구체적으로 드러나게 되었다는 점도 특기된다. 따라서 북한 고고학이 독자적인 시대 구분의 학문적인 체계를 갖추기 시작한 시기, 곧 형성기의 출발점을 1957년으로 설정하는 데는 큰 무리가 없다고 판단된다(표 1 참조).

〈표 1〉 북한 고고학 변천사의 시기 구분(한창균 2013a. 〈표 2〉 부분 수정)

	『총론』(리주현·한은숙 2009)		한창균(2020)
구분	사업 목표와 성과	구분	정치 사회적 맥락
I기	해방직후 새 조국건설시기 조국의 역사를 주체적 입장에서 새롭게 정리체계화하고 고고학 연구의 기초를 축성하기 위한 사업 (1945.8~1953.7)	초기	맑스-레닌주의적 방법론 적용의 모색기(1945~1956)
II기	전후복구건설과 사회주의 기초건설시기 전국적 범위에서 역사유적 유물들을 발굴정리하기 위한 사업(1953.8~1961.8)	형성기	맑스-레닌주의적 방법론에서 주체적 방법론으로의 전환기(1957~1970)
III기	과학연구사업에서 주체의 방법론을 철저히 구현하며 우리나라 역사의 유구성을 과학적으로 해명하기 위한 사업(1961.9~1970. 10)		
IV기	온 사회의 주체사상화의 요구에 맞게 역사적 사실들과 유적유물자료들을 정확히 고증평가하며 고고학 연구사업에서 새로운 전환을 가져오기 위한 사업(1970.11~1980.9)	확립기	주체적 방법론에 의한 북한 고고학 체계의 확립기(1971~1992)
V기	혁명발전의 요구에 맞게 우리 인민의 유구한 역사와 우수한 문화를 과학적으로 체계화하기 위한 사업(1980.10~1989.12)		
VI기	단군릉의 발굴과 5000년의 민족사를 새롭게 정립하기 위한 사업 (1990.1~1994.12)	변혁기	단군릉 발굴과 개건으로 상징되는 변혁기(1993년 이후)
VII기	선군시대의 요구에 맞게 우리 민족의 유구한 역사를 종합체계화하며 더욱 빛내기 위한 사업(1995년 1월 이후)		

1957년 이후 제자리를 잡기 시작한 3시기 편년(신석기시대, 청동기시대, 철기시대)은 1963년 굴포리 유적의 발굴을 계기로 4시기 편년 체계(구석기시대, 신석기시대, 청동기시대, 철기시대)로 확대되었다. 해방 이후 여기에 이르기까지 약 18년의 세월이 소요되었다. 이 기간 동안에 이루어진

편년 체계의 확립 과정은 일제강점기 이래 조선 고고학의 성격을 왜곡과 편견으로 얼룩지게 만들었던 금석병용기설의 폐단[5]을 청소하는 현안 과제와 맞물리며 진행되었다.

이미 『朝鮮歷史』(21쪽)에서 언급된 것처럼 "인류 역사에서 혁명적 역할을 한 온갖 물질 가운데 철이라는 원료는 인간에게 마지막으로 가장 중요하게 봉사한 물질이며, 철기의 등장으로 말미암아 산업 활동의 영역에서 석기는 구축(驅逐)되었다."(김대웅 옮김 2012. 280-283쪽)는 엥겔스의 관점에서 판단할 때, 석기·청동기·철기가 동일한 시기에 혼용되었다는 시대, 곧 금석병용기라는 개념은 결코 성립될 수 없는 것으로 북한 학계에서 받아들였다. 또한 『朝鮮歷史』(18-21쪽)에서는 "비록 석기, 청동기, 철기의 시대적 선후 관계를 층서적으로 분명하게 보여주는 유적은 발견되지 않았지만, 조선에서 발견된 청동기는 신석기 말기의 원시 조선인에 의하여 발명되었다는 전제 아래, 금석병용기라는 시대 규정은 조선 청동기문화의 자주성을 말살하고, 외부로부터 철기문화가 유입되었다고 위증(僞證)하고 있으며, 이에는 조선 원시사를 거짓으로 날조하려는 불순한 의도가 담겨 있다."고 파악하였다. 이렇듯 북한 학계에서는 금석병용기설의 극복이 조선 역사의 내재적인 자주성을 회복하는 일과 직접 연관되어 있는 것으로 인식하였고, 문제의 해법을 찾는 데 많은 힘을 기울였다.

한흥수(1950. 18-19쪽)는 세계사의 입장에서 볼 때, 지역과 종족에 따라 신석기시대와 청동기시대 사이에 석동병용기가 설정될 수 있지만, 동기(銅器)의 사용 문제가 제대로 밝혀지지 않은 여건에서 금석병용기와 같은 용어를 사용하는 것은 불합리하다고 지적하였다. 정전협정 이후, 이 문제는 1956년 12월에 열린 '조선에서의 금속 문화 기원에 대한 토론'에서 구체적으로 거론되었다. 토론회에서 김용간(1958. 72-73쪽)은 "우메하라(梅原末治)를 위시하여[6] 일부 일본 학자들이 말하는 금석병용기라는 용어는 유럽의 'Eneolithic'[7]에서 출발하며, 그 술어의 본래의 뜻은 청동기시대 이전에 동(銅)을 사용했던 석동기시대를 가리킨다. 조선 금속문화의 기원 문제를 해명하려면 먼저 석기시대의 하한, 청동기시대의 존재 여부[8], 철기시대의 개시 연대가 연구되어야 한다. 지석묘나 석상분에서 나온 석촉과 석제 단검 종류는 청동제 방제품으로 간주되며, 이것들은 청동기 사용기를 암시하는 징표가 될 수 있다. 청동으로 만든 물건이라 하여도 곧 청동기시대의 것은 아니다. 세형동검, 협봉 동모 등의 청동기는 철기시대 문화를 소유한 주민들의 유물이라고 생각할 수 있다."는 견해를 밝혔다. 그의 견해는 1957년에 발굴된 지탑리와 태성리 유적 등의 연구를 통하여 사실로

---

5 '금석병용기설'에 대한 남한 학계의 비판적 시각에 관해서는 최몽룡(1993), 신숙정(1993), 이성주(1995), 이기성 (2010) 등의 글을 참조하기 바람.

6 이에 관해서는 이기성(2010)의 글을 참조하기 바람.

7 원문에는 러시아어(Энеолит)로 표기되었음.

8 토론회에서 황기덕(1958. 76쪽)은 조선의 청동기문화가 늦어도 기원전 7세기경부터 시작하였을 가능성이 있다는 의견을 제시하였다.

입증되었으며, 그 이후 금석병용기설의 허구성을 드러내기 위한 일련의 고고학적 성과가 축적되어 나갔다.

엥겔스의 명제와 관련하여 접근할 때, '초기'의 북한 고고학은 엥겔스의 관점에서 조금도 벗어남이 없이 당시까지 우리나라에서 알려진 유적·유물의 연대를 추정하고자 시도하였다. "(미개의 중간 단계에) 청동은 유용한 도구와 무기를 제공했으나 석기를 대신하지 못했다. 철만이 대신할 수 있었지만, 철을 얻는 방법은 아직 모르고 있었다."(김대웅 옮김 2012. 280쪽)라는 엥겔스의 시각에 근거하여, 마제석기·토기·청동 유물이 함께 출토한 초도 유적의 연대를 "청동기문화의 영향이 미치기 시작한 신석기시대의 최말기로 추정하였던 사례"에서 그러한 성향을 엿볼 수 있다고 생각된다(고고학 및 민속학 연구소 1956. 51쪽 참조).

1957년을 거치며 이와 같은 경향에 적지 않은 변화가 나타난다. 다시 말해 엥겔스의 명제에 의거하되 그 명제가 지닌 고고학적 맥락의 한계를 극복하려는 연구 분위기가 조성되기 시작하였다. 그 결과, 석기시대(신석기시대)와 비교해서 완연하게 구별되는 청동기시대(거석문화시대)의 존재가 원시문화의 편년 체계에 독립적으로 자리매김 되었다. 여기에 뒤를 이어 철기의 등장과 사용을 국가 형성의 징표로 삼았던 엥겔스 명제의 적용 문제를 둘러싸고 서로 다른 여러 견해가 제기되었다. 이 문제를 적극적으로 해명하는 데 중국 동북 지방의 유적(강상, 누상 등)에서 얻은 발굴 성과(조중 공동 고고학 발굴대 1966)는 큰 영향력을 발휘하였으며, 청동기시대의 사회 경제적 배경에서 고조선이 국가 단계로 성립되었음을 공인하기에 이르렀다(고고학연구소·력사연구소 1969). 요컨대, 그동안 원시시대 및 고대사 연구에서 존엄과 신뢰를 굳건하게 받았던 엥겔스의 명제에 전적으로 얽매이지 않으며 그에 따른 새로운 대안이 도출되었다는 점에서 '형성기'의 북한 고고학은 또 다른 의의를 지닌다.

II.

이제 우리의 눈을 남녘으로 잠깐 돌려보기로 하자.

일제강점기 동안 이 땅에서 행해진 유적 조사와 발굴 활동은 일본 연구자들의 전유물이었고, 연구 영역도 그들에 의하여 독점되었다(김원룡 1973 ; 이선복 1988 ; 이성주 1993 ; 이순자 2009 ; 이기성 2010).[9] 일찍이 한흥수(1936)는 이로부터 야기되는 문제점을 잘 간파하고 있었다고 생각된

---

9 이에 관하여 김원룡(1973. 48쪽)은 다음과 같은 의견을 피력하였다. "1945년까지는 日本人들만이 韓國考古學의 實務를 독점하고 있었기 때문에 아직까지도 과거 日本人 學者들에 의해 세워진 學說이나 假說이 뿌리 깊게 남아 있을 뿐 아니라, 오히려 그들의 立說 위에서 헤매게 되는 것이다."

다. 그는 조선의 석기문화를 개관하는 글에서 "돌멘(支石塚)을 고구려 시대의 석관(石棺)으로 속단하였던 세끼노(關野貞)" 등을 비판하였고, 그들로부터 고고학 자료를 공급받을 수밖에 없는 처지의 후진 학도들이 앞으로 추구해야 할 방향과 목표에 대하여 다음과 같은 의견을 표명하였다.

> "우리들의 사명은 이들 자료를 충분히 활용하고 적당히 요리함으로 이것을 산 자료로 만들 것이고, 그러므로 선진(先進)(舊式) 학자들의 왜곡된 이론을 비판하지 않아서는 않될 것이다. 여기에 나는 느낀 바 있어 참고로 조선석기문화의 유적 급(及) 유물 요람을 적는다. 그러나 이것은 필자 개인의 노력에 의한 것이라, 그 정확함을 보증키는 물론 어렵다. 그러니 각 지방에 계신 이 방면 수집가 혹은 연구가의 충실한 보고가 속속 나와 주기를 바란다. 그러면 이 석기문화 연구는 그만큼 더 완성에도 가까워지는 것이다."(한흥수 1936. 「朝鮮石器文化槪說」, 『진단학보』 4, 144-145쪽)

한흥수는 "조선총독부 또는 조선총독부 등과 관계된 일인 학자들에 의하여 독점적으로 공급되는 일련의 고고학 자료는 비판적인 시각에서 평가되어야 한다."는 점을 예리하게 지적하였다. 그는 "참고로 조선 석기문화의 유적·유물 요람을 덧붙인다."고 말하였지만 요람 작성[10]에 들인 공력을 감안할 때, 거기에는 후진 학도들이 그것을 공유하고 축적시키며 조선의 석기문화가 체계적으로 연구되기를 기대하는 염원이 담겨 있었을 것으로 생각된다. 그렇지만 유럽 유학(한창균 2013b)으로 발길을 돌리며 그의 바람은 안타깝게도 여기서 그치고 말았다. 오히려 1940년대로 넘어가며 후지타(藤田亮策) 등을 중심으로 한 '금석병용기설'의 왜곡된 논리가 더욱 강한 기세를 부렸고, 한국사 연구에도 한동안 부정적인 영향[11]을 끼치고 말았다(최몽룡 1993 ; 이기성 2010).

해방 이후, 조사 발굴의 주체는 한국인으로 바뀌었지만 그 작업을 짜임새 있도록 이끌어 갈 수 있을 만큼 학문적 역량을 갖춘 고고학 연구자는 존재하지 않았다. 선사 고고학 전반에 대한 인식도 이전의 수준에 변함없이 머물러 있었고, 고고학 이론이나 연구 방법론에 있어서도 과거 일본인들에 의한 관점을 그대로 답습하였다(이선복 1988. 229쪽). 금석병용기설에 잠재되어 있는 문제점을 제대로 인식조차 못하며, 석기시대에서 고대로 이행되는 과도기의 유적·유물을 통칭하여 금석병용기라는 용어에 의존하여 서술하는 하는 경향[12]이 1960년대 초까지 지속되었다.

---

10 요람은 '北朝鮮돌멘(支石)一覽[북조선돌멘(지석)일람], 朝鮮貝塚及石器要覽[조선패총급석기요람], 도판 1~25(마 제석기, 돌멘, 토기 등)'으로 구성되었다.

11 예를 들어, 이병도(1956. 20쪽)는 "한국 역사가 금석병용기에서 시작된다."고 언급하였다.

12 김원룡(1952 ; 1957), 이병도(1956), 박경원(1958), 김재원(1959), 김철준(1959), 김양선(1962), 김철준(1964) 등을 참고하기 바람.

당시 남한 고고학계에 큰 영향을 주었던 김원룡의 글을 중심으로 이 주제와 관련된 연구 흐름을 살펴보면 다음과 같다.

영동 유전리의 지석묘[13]에서 출토된 유물을 검토하는 글에서 김원룡(1960)은 '석검은 세형동검, 석촉은 철촉'을 모방하여 제작되었다고 전제하며 석검 또는 석촉을 금속사용시대(金屬使用時代)의 대표적인 석제품으로 간주하였다. 따라서 그의 견해에 의하면 석검·석촉·세형동검·철촉 등이 금속시대(金屬時代)에 병존 관계를 이루었다는 것으로 귀결된다.

조양 십이대영자(朝陽 十二臺營子)의 발굴 소식(朱貴 1960)은 큰 시차 없이 남·북 학계에 전해졌다. 김원룡(1961)은 이곳에서 출토한 청동 단검을 세형동검 유형[14]에 속하는 것으로 분류하였고, 당시까지 알려진 동경(銅鏡), 곧 세선거치문경(細線鋸齒文鏡, 잔줄무늬거울)의 선행 형식을 제3호 무덤의 청동 거울에서 구하였다. 특히 그는 세형동검과 철제 유물이 나온 태성리·운성리 유적 등의 토광묘에 주목하여[15], 경주 구정리·입실리 등의 청동제 일괄 유물이 토광묘에서 출토하였다는 사실이 명백하게 되었다고 서술하였다. 그는 전국시대의 중국적 토광묘를 동반하는 철기문화가 북한으로 유입된 시기를 서기전 4~3세기 이후로 추정하였고, 낙랑군의 설치와 함께 철기를 동반하여 남쪽으로 내려온 토광묘인(土壙墓人)의 금속문화는 토착적인 석관, 지석묘 사회 사이에서 지배자로의 위치를 차지하게 되었다고 언급하였다. 그리고 북한 지역에는 짧은 기간 동안 청동시대가 존재하였다고 생각되지만 그 연대 상한은 서기전 6~5세기 이전으로 올라갈 가능성이 없을 것 같다고 설명하였다. 이로써 그는 금속사용시대가 청동기시대와 철기시대(토광묘 사용 시기)로 세분될 수 있다는 사실을 점차 인지하게 되었다고 판단된다.

1963년 김해 무계리의 지석묘(남방식)에서 마제석검, 석촉, 청동촉, 토기 등이 출토되었다. 유물을 실견한 후 김원룡(1963a)은 지석묘의 연대를 서기후 2·3세기경으로 추측하면서 금속사용기에 편입시켰다.[16] 청동촉이 나왔음에도 청동기시대로 편년하지 못한 까닭은 위에서 말한 것처럼 남한의 청동기시대 존재 여부에 대한 확신이 없었기 때문이었다고 생각된다.

---

13 김원룡(1960. 137쪽)은 가야모토(榧本杜人)의 편년에 따라 남식(南式) 지석묘를 '서기전 2세기경부터 서기 4세기 초경'까지 존속하였고, 유전리 지석묘의 연대는 '서기 2세기경부터 4세기 초경'이라고 추측하였다. 그 후 김원룡(1987b. 433쪽)은 미카미(三上次男)의 편년을 채택하여 그 연대를 '서기전 2세기경부터 서기 2세기 초경'으로 수정하였다.

14 梅原末治·藤田亮策(1947. 65-66쪽)이 이른 시기의 고식(古式)으로 분류하였던 '第三式'(만주식 동검)은 그 후 가장 늦은 후기 형식에 해당하는 것으로 연구되었다(윤무병 1966. 44쪽 참조).

15 당시 김원룡은 李進熙(1959)의 글 등을 통하여 북한에서 조사된 지석묘(태성리), 토광묘(태성리, 운성리 등), 옹관묘(태성리), 위석장(圍石葬, 돌돌림무덤)(송산리 솔뫼골) 등의 관계 자료를 비교적 상세하게 파악하였다고 생각된다. 이 유적들 가운데 운성리 토광묘에서는 오수전(五銖錢)이 출토하였다(고고학 및 민속학 연구소 1958b).

16 이 글에서 그는 고흥 운대리 지석묘에서 출토한 청동 단검(만주식 동검) 조각을 세형동검의 한 유형으로 분류하였다.

영암 월성리의 '석기문화'를 논하는 글에서 김원룡(1963b. 145쪽)이 석기 가운데 가장 주목한 유물은 삼각형 석도였다. 그는 "어쨌든 철기의 출현은 일상생활에 있어서 석기의 사용을 구축하고 말았다."고 표현하며, 철기의 등장으로 삼각형 석도가 가장 먼저 사라졌다고 말하였다. 그리고 마제석검·석촉은 그 이후에도 '생활용품'이 아닌 '부장품'으로 계속 만들어져 서력 기원후까지도 사용되었다고 서술하였다. 이 내용은 그러한 석검과 석촉이 철기문화 시기에도 존속되었던 것으로 요약될 수 있다.

남북 분단의 냉전 체제에서 국내 연구자들이 북한의 고고학 관계 문헌을 직접 손에 넣어 연구에 활용하는 일은 원천적으로 봉쇄되었지만, 그는 일본 학자들의 논저에 수록된 간접적인 자료를 통하여 당시 북한 고고학계의 동향에 대해서 이해의 폭을 넓혔던 것으로 보인다. 영암 월성리의 출토 유물에 관한 논문을 탈고한 직후 그가 입수하였던 북한 자료 가운데 하나가 『문화유산』(1959년 2호)에 게재된 「조선 거석 문화 연구」(도유호 1959)라고 생각된다(김원룡 1963b. '補記' 참조). 도유호는 논문에서 각형토기, 마제석검, 반월도 등을 거석문화시대(청동기시대)의 대표 유물로 단정하였고, 종래의 '북방식, 남방식(영남식) 돌멘'이라는 용어가 부적절하게 사용되었기 때문에 '본격적인 돌멘, 변형 돌멘'으로 구분하는 것이 타당하다고 말하였다. 또한 지석묘를 포함하는 거석문화시대(청동기시대)는 대체로 기원전 7~3세기에 해당하며, 기원전 3세기는 철기문화의 상한과 맞물리는 시기라고 언급하였다. 이와 같은 내용을 통해서 김원룡은 지석묘에 대한 자신의 견해가 북한 학계의 동향과 매우 상반되었음을 충분히 인지하였을 것으로 추정된다.

1960년대 중반으로 접어들며 김원룡(1964a)은 새로운 편년 체계(구석기문화, 중석기문화, 신석기문화, 청동기문화, 초기 철기문화 등)를 도입하여 한국 문화의 고고학적 성격과 특성을 전반적으로 조명하는 논문[17]을 발표하였다. 남한 학계에서는 해방 이후 약 20년 만에 그러한 작업이 처음 시도되었다는 점, 그리고 우리나라의 선사시대(또는 원시시대)에 대한 남·북의 고고학적 인식의 차이와 문제점을 상호 비교하는 데 이바지할 수 있다는 점에서 이 논문은 연구사적인 의의를 지닌다고 평가받을 수 있다.

선사시대의 서술, 특히 '청동기문화'와 '초기 철기문화'의 서술과 관련하여 이 논문에서 눈에 띄는 것 중 하나는 이전에 비하여 북한 자료의 직접적인 인용 빈도가 높아졌다는 사실이다. 그가 입수하여 활용할 수 있었던 문헌 자료[18]는 1959~63년 사이 북한에서 발표되거나 『朝鮮學報』에

---

17 논문의 내용을 일부 수정, 보완하여 1966년에 『한국고고학개론』이라는 이름의 책자가 간행되었다(김원룡 1987a).

18 인용된 자료는 다음과 같다. ① 고고학 및 민속학 연구소 1959b. 『강계시 공귀리 원시 유적 발굴 보고』. ② 고고학 및 민속학 연구소 1959c. 「사회주의 건설의 고조에 발맞추기 위한 고고학 분야의 과업」, 『문화유산』

게재된 것들인데, 이들 자료에는 1957년 이후 북한 고고학에서 얻은 학술적 성과가 반영되어 있다.

먼저 '청동기문화'에 관하여 살펴보기로 하겠다. 그는 김용간(1963a) 등의 글을 참고하며 "북한에서는 그동안 조사된 유적[각형토기·반월형석도, 그리고 세형동검이 아닌 동제품을 내는 일련의 유적, 오동, 초도, 공귀리, 미송리(상층), 금탄리, 지탑리(상층)]을 통하여 청동기시대의 존재를 주장한다. 이 '청동문화설'을 분명하게 확인할 도리는 없으나 북한의 경우, 청동기시대가 짧은 시기에 존재하였다는 점은 어느 정도 인정된다. 반면에 그것이 남한 지역에도 존재하였다고 보기 어렵다."(김원룡 1964a. 255쪽)고 언급하였다. 여기에서 알 수 있듯이 그의 편년 안에 '청동기문화'라는 항목이 설정되었던 것은 북한 학계의 주장을 부분적으로 받아들인 데서 비롯한다고 볼 수 있다(김원룡 1961 참조).

이전에 발표한 글(김원룡 1960 ; 1963a ; 1963b)의 연장선상에서 그는 남식(南式) 지석묘[19]와 마제석검·석촉의 등장 시기는 초기 철기시대에 해당하며, 마제석검을 초기 철기시대의 표식적 유물인 세형동검의 모방 제품[20]으로 이해하였다(김원룡 1964a. 262쪽). 이런 근원적인 인식으로 인하여 그는 마제석검을 청동기시대의 대표 유물 중 하나로 간주했던 북한 학계의 입장(도유호 1959 ; 고고학 및 민속학 연구소 1960 참조)에 동의할 수 없었으며, 결국 남방식 지석묘 및 마제석검의 시대적 속성을 추론하는 데 연이어 오류를 범하게 되었다고 생각된다.

그는 '초기 철기문화'를 논하는 과정에서 「고조선에 관한 약간의 고찰」(도유호 1960a)을 여러 부분에서 참고하였던 것으로 보인다. 도유호(1960a. 33쪽)는 우리나라에서 발견된 검정간그릇(흑색마연토기)은 철기시대의 개시와 밀접한 관계를 지녔으며, 그 토기에서 스키타이적인 영향이 보인다고 언급하였다. 이에 대하여 김원룡(1964a. 257쪽)은 흑도의 원류는 중국에 있으며 화북·요동을 거쳐 유입되었다는 반론을 제기하였다. 한편, 도유호(1960a)는 논문에서 "토광무덤의 전성기

1959(3). ③ 고고학 및 민속학 연구소 1960. 「해방후 조선 고고학이 걸어 온 길」, 『문화유산』 1960(4). ④ 도유호 1960a. 「고조선에 관한 약간의 고찰」, 『문화유산』 1960(4). ⑤ 鄭白雲(朴文國 譯) 1960. 「朝鮮における鐵器使用の開始について」, 『朝鮮學報』 17. ⑥ 김용간 1963. 「미송리 유적의 고고학적 위치 - 년대론을 중심으로 - 」, 『朝鮮學報』 26.

19 김원룡(1964a. 261-262쪽)은 서북한 지역(태성리, 묵방리, 심촌리 등)의 남방식 지석묘는 기원전 3세기 이전에 소멸한 다음 남쪽으로 내려왔다고 이해하였다.

20 도유호(1960a. 32쪽)는 마세석검을 세형동검의 모방품으로 보는 시각에 대하여 다음과 같은 반론을 제기한 바 있다. "거석 문화 시절의 돌단검(石劍)을 일본 학자들의 대개는 이른바 세형 동검(細形銅劍), 즉 좁은 놋단검이나 또는 이른바 《크리쓰형 동검》을 돌로써 모방한 것이라고 보았으며, 또 그 원형인 놋단검은 중국 것이라고 보았다. 그러나 지금에 와서는 그 소위 중국 계통의 놋단검 종류가 중국 사람들의 것이 아니라는 견해가 지배하게 되었을 뿐만 아니라, 도대체 우리 나라의 거석 문화 시절의 돌단검의 원류가 그러한 것에 있다는 견해를 승인할 수가 없게 되었다." 이에 따라 그는 세형동검의 명칭을 '고조선식 좁은 놋단검'으로 표기하였다(도유호 1960a. 38쪽 ; 도유호 1960b. 243쪽).

는 위씨조선 시대(서기전 2세기의 대부분)였다고 보아야 할 것 같다(39쪽). (…) 우리나라의 토광무덤에는 독무덤 즉 옹관묘(甕棺墓)가 따라다니다시피 한다(37쪽)."고 서술하였는데, 이러한 내용의 수용 결과는 '초기 철기문화'의 항목 서술에 잘 스며들어 있다고 가늠된다(김원룡 1964a. 266-268쪽 참조).[21]

III.

이상에서 말한 내용을 요약, 정리하면 다음과 같다. 첫째, 1957년에 이루어진 고고학적 성과(궁산 유적 보고서 간행, 지탑리 및 태성리 유적 발굴)는 해방 이후 남북을 포함하여 우리나라 고고학이 새로운 편년 체계의 얼개를 마련하는 데 필요한 주춧돌의 역할을 하였다. 둘째, 위에서 살펴본 것처럼 비록 각론에 있어 적지 않은 시각의 차이가 보이지만, 1957년 이후 이룩된 북한 학계의 연구 성과는 남한 고고학이 자기 변화의 길을 나아가는 데 촉매제와 같은 구실을 하였고, 이를 통하여 남한 고고학계의 편년 체계도 상대적으로 빠른 기간 안에 수립될 수 있었다. 셋째, 편년 체계의 확립에 근거하여 일제 고고학의 적폐를 대변하는 금석병용기설의 허구성이 극복됨에 따라 선사시대(원시시대)에서 고대로의 이행 문제를 합리적으로 파악하려는 인식의 전환이 고고학 뿐만 아니라 역사학 부문에 걸쳐 확산되었다. 넷째, 따라서 남북 통합 고고학사의 측면에서 접근할 때, 1957년도라는 시점은 우리나라 고고학이 초기 단계의 학술적 한계를 벗어나 새로운 전환기(형성기)를 맞이하도록 해주었던 분기점으로 자리매김 될 수 있다.

그동안 우리나라 고고학의 형성 및 정립 과정에 대한 통시적 또는 분야별 검토는 여러 차례 시도된 바 있다(이선복 1988 ; 1992 ; 권오영 1990 ; 최몽룡 외 1992 ; 신숙성 1993 ; 이성주 1995 ; 한창균 2013a ; 이청규 2015 ; 이기성 2015 ; 지건길 2016 ; 임상택 2017 등). 이들 논저에 대한 비판적인 평가, 그리고 새로운 관점에 입각한 연구 성과를 기반으로 남북 고고학이 서로 다른 정치 사회적 배경에서 각기 자기 발전, 자기 변천의 길을 어떻게 걸어왔는지를 성찰하는 일은 앞으로도 거듭 이루어져야 한다고 생각된다. 지금부터 80여 년 전, 일제강점기라는 암울한 시대에 20대 후반 젊은 나이의 한흥수(1909~?)가 후학들을 향하여 던진 화두(話頭)의 참뜻을 오늘에 다시 한번 되새기며 이 글을 맺기로 한다.

---

21 이 글에서는 언급되지 않았지만 1963년에 검파두식(劍把頭飾, 칼자루끝장식) 등이 발굴된 광주 신창리 옹관묘의 연대, 관련 유물 및 유적에 대하여 김원룡(1964b. 48쪽)은 다음과 같이 서술하였다. "신창리 옹관군(甕棺群)이 서력기원 전후의 초기 철기시대에 속하는 것은 분명한 사실이다. 이 시대의 남한인(南韓人)들은 마제석기와 함께 세형동검을 비롯한 청동기, 또 철부(鐵斧), 철초(鐵鍬)와 같은 철기를 쓰고 있었으며, 죽은 성인을 위하여는 지석묘, 옹관, 석곽묘 등을 영조하고 있었다."

참고문헌

『朝鮮歷史』(등사본, 연도 미상). National Archives and Records Administration(미국립문서기록관리청), RG 242 National Archives Collection of Foreign Records Seized, Captured Korean Documents, Doc No. SA 2008. 〈국립중앙도서관, 해외 관국 관련 기록물〉 참조.

고고학 및 민속학 연구소 1956. 『라진 초도 원시 유적 발굴 보고서』, 유적발굴보고 1, 과학원.

고고학 및 민속학 연구소 1957. 『궁산 원시 유적 발굴 보고』, 유적발굴보고 2, 과학원출판사.

고고학 및 민속학 연구소 1958a. 「학계 소식 : 제 1차 전국 고고학 토론회」, 『문화유산』 1958(3), 84-86.

고고학 및 민속학 연구소 1958b. 「황해남도 은률군 운성리 토광묘 발굴 보고」, 『대동강 류역 고분 발굴 보고』, 10-16, 고고학자료집 1, 과학원출판사.

고고학 및 민속학 연구소 1959a. 『태성리 고분군 발굴 보고』, 유적발굴보고 5, 과학원출판사.

고고학 및 민속학 연구소 1959b. 『강계시 공귀리 원시 유적 발굴 보고』, 유적발굴보고 6, 과학원출판사.

고고학 및 민속학 연구소 1959c. 「사회주의 건설의 고조에 발맞추기 위한 고고학 분야의 과업」, 『문화유산』 1959(3), 1-4.

고고학 및 민속학 연구소 1960. 「해방후 조선 고고학이 걸어 온 길」, 『문화유산』 1960(4), 1-15.

고고학 및 민속학 연구소 1961. 『지탑리 원시 유적 발굴 보고』, 유적발굴보고 8, 과학원출판사.

고고학연구소 1971. 『조선원시고고학개요』, 김일성종합대학출판사.

고고학연구소 1977. 『조선고고학개요』, 과학백과사전출판사.

고고학연구소·력사연구소 1969. 「기원전 천년기전반기의 고조선문화」, 『고고민속론문집』 1, 31-139, 사회과학출판사.

권오영 1990. 「원시시대의 인식체계」, 『북한의 한국사인식(Ⅰ)』(안병우·도진순 편), 47-78, 한길사.

김양선 1962. 「再考를 要하는 磨製石劍의 形式分類와 祖形考定의 問題」, 『고문화』 1, 7-25.

김용간 1958. 「금석 병용기와 관련하여」(학계 소식 : 조선에서의 금속 문화 기원에 대한 토론), 『문화유산』 1958(2), 72-74.

김용간 1963a. 「미송리 유적의 고고학적 위치 - 년대론을 중심으로 - 」, 『朝鮮學報』 26, 199-222.

김용간 1963b. 「미송리 동굴 유적 발굴 보고」, 『각지 유적 정리 보고』, 1-19, 고고학자료집 3, 과학원출판사.

김원룡 1952. 「慶州 九政里 出土 金石併用期遺物에 對하여」, 『역사학보』 1, 3-14.

김원룡 1957. 「石器時代의 서울」, 『향토 서울』 1, 34-49, 서울특별시사편찬위원회.

김원룡 1960. 「永同榆田里支石墓의 特異構造와 副葬品」, 『역사학보』 12, 123-137.

김원룡 1961. 「十二台營子의 靑銅短劍墓 - 韓國靑銅器文化의 起源問題 - 」, 『역사학보』 16, 109-121.

김원룡 1963a. 「金海茂溪里支石墓의 出土品 - 靑銅器를 伴出하는 新例 - 」, 『동아문화』 1, 139-158.

김원룡 1963b. 「靈岩郡 月松里의 石器文化 - 三角形 石刀를 中心으로 - 」, 『진단학보』 24, 131-148.

김원룡 1964a. 「韓國文化의 考古學的 硏究」, 『한국문화사대계』 Ⅰ(민족·국가사), 235-313, 고려대학교 민족문화연구소.

김원룡 1964b. 『신창리 옹관묘지』, 서울대학교 고고인류학총간 1, 서울대학교 출판부.

김원룡 1966. 『한국고고학개론』.

김원룡 1971. 「韓國磨製石劍起源에 관한 一考察」, 『백산학보』 10, 1-31.

김원룡 1973. 『한국고고학개설』, 일지사.

김원룡 1974. 「傳茂朱出土 遼寧式銅劍에 대하여」, 『진단학보』 38, 17-25.

김원룡 1987a. 「韓國 考古學, 美術史學과 함께 - 自傳的 回顧 - 」, 『삼불김원룡교수 정년퇴임기념논총』 Ⅰ(고고학 편), 16-41, 삼불김원룡교수 정년퇴임기념논총 간행위원회 편.

김원룡 1987b. 「27. 永同楡田里支石墓의 特異構造와 副葬品」, 『한국고고학연구』, 420-433, 일지사.

김재원 1959. 「第一編 史前時代」, 『한국사(고대편)』, 을유문화사.

김철준 1959. 「濟州島支石墓調査報告」, 『서울대학교 논문집 : 인문사회과학』 9, 67-104.

김철준 1964. 「韓國古代國家發達史」, 『한국문화사대계』Ⅰ(민족·국가사), 453-546, 고려대학교 민족문화연구소.

도유호 1955. 「조선 석기 시대 사상(史上)에서 새로 판명된 몇가지 사실에 대하여」, 『력사과학』 1955(1), 41-54.

도유호 1958. 「조선 원시 문화의 년대 추정을 위한 시도」, 『문화유산』 1958(3), 17-41.

도유호 1959. 「조선 거석 문화 연구」, 『문화유산』 1959(2), 1-35.

도유호 1960a. 「고조선에 관한 약간의 고찰」, 『문화유산』 1960(4), 28-57.

도유호 1960b. 『조선 원시 고고학』, 과학원출판사.

도유호 1961. 「머리'말」, 『지탑리 원시 유적 발굴 보고』, 유적발굴보고 8, 과학원출판사.

도유호·황기덕 1957a. 「지탑리 유적 발굴 중간 보고(1)」, 『문화유산』 1957(5), 20-37.

도유호·황기덕 1957b. 「지탑리 유적 발굴 중간 보고(2)」, 『문화유산』 1957(6), 12-35.

리주현·한은숙 2009. 『총론』, 조선고고학총서 1, 고고학연구소·사회과학정보쎈터.

박경원 1958. 「昌原郡鎭東面城門里支石墓調査略報告」, 『역사학보』 10, 323-327.

석광준 1979. 「우리 나라 서북지방 고인돌에 관한 연구」, 『고고민속론문집』 6, 109-182, 과학백과사전출판사.

신숙정 1993. 「우리나라 신석기문화 연구경향 - 1945년까지 - 」, 『한국상고사학보』 12, 149-182.

윤무병 1966. 「韓國 靑銅短劍의 型式分類」, 『진단학보』 29·30, 41-50.

이기성 2010. 「일제강점기 '금석병용기'에 대한 일 고찰」, 『한국상고사학보』 68, 25-44.

이기성 2015. 「북한선사고고학의 패러다임 - 학사적 검토를 중심으로 - 」, 『고고학』 14-3, 5-32.

이병도 1956. 『신수 국사대관』, 보문각.

이선복 1988. 『고고학개론』, 이론과 실천.

이선복 1992. 「북한 고고학사 시론」, 『동방학지』 74, 1-74, 연세대학교 국학연구원.

이성주 1995. 「帝國主義時代 考古學과 그 殘跡」, 『고문화』 47, 27-70, 한국대학박물관협회.

이순자 2009. 『일제강점기 고적조사사업 연구』, 경인문화사.

이영문 2002. 『한국 청동기시대 연구』, 주류성.

이청규 2015. 「총설」, 『한국 청동기문화 개론』(중앙문화재연구원 엮음), 8-25, 진인진.

임상택 2015. 「북한의 궁산문화 연구 과정과 편년 논리」, 『고고학』 14-3, 33-67.

임상택 2017. 「북한의 신석기시대 연구사 - 토기 편년을 중심으로 - 」, 『한국 신석기시대 고고학사』(중앙문화재연구원 엮음), 46-73, 진인진.

전주농 1958a. 「태성리 저수지 건설장에서 발견된 유적 정리에 대한 개보(Ⅰ)」, 『문화유산』 1958(2), 37-57.

전주농 1958b. 「태성리 저수지 건설장에서 발견된 유적 정리에 대한 개보(Ⅱ)」, 『문화유산』 1958(3), 59-75.

정백운 1958. 「해방후 우리 나라 고고학의 발전」, 『문화유산』 1958(4), 7-16.

조중 공동 고고학 발굴대 1966. 『중국 동북 지방의 유적 발굴 보고 : 1963-1965』, 사회과학원출판사.

중앙문화재연구원 엮음 2017. 『한국 신석기시대 고고학사』, 진인진.

지건길 2016. 『한국 고고학 백년사 : 연대기로 본 발굴의 역사 1880-1980』, 열화당.

최몽룡 1993. 「韓國 鐵器時代의 時代區分」, 『국사관논총』 50, 24-62, 국사편찬위원회.

최몽룡·조유전·배기동·신숙정·이성주 1992. 『한국선사고고학사』, 까치.

프리드리히 엥겔스(김대웅 옮김) 2012. 『가족, 사유재산, 국가의 기원』, 두레.

하문식 1999. 『고조선 지역의 고인돌 연구』, 이대 한국문화연구원 총서, 백산자료원.

한창균 2013a. 「북한 고고학사의 시기 구분 체계에 대하여」, 『한국상고사학보』 79, 181-214.

한창균 2013b. 「도유호와 한흥수 : 그들의 행적과 학술 논쟁(1948~1950)」, 『한국고고학보』 87, 76-117.

한창균 2017. 『하담 도유호 : 한국 고고학 첫 세대』, 혜안.

한흥수 1936. 「朝鮮石器文化槪說」, 『진단학보』 4, 127-145.

한흥수 1950. 「朝鮮原始史硏究에 關한 考古學上諸問題」, 『력사제문제』 15(1950-1), 4-55.

황기덕 1958. 「조선 청동기 사용기의 존부에 관하여」(학계 소식 : 조선에서의 금속 문화 기원에 대한 토론), 『문화유산』 1958(2), 74-76.

朱貴 1960. 「遼寧十二臺營子靑銅短劍墓」, 『考古學報』 1960(1), 63-72.

梅原末治·藤田亮策 1947. 『朝鮮古文化綜鑑(第一卷)』, 養德社, 京都.

李進熙 1959. 「戰後の朝鮮考古學の發展 – 初期金屬文化 – 」, 『考古學雜誌』 45(1), 46-64.

鄭白雲(朴文國 譯) 1960. 「朝鮮における鐵器使用の開始について」, 『朝鮮學報』 17, 171-182. [원문 수록 : 정백운 1958. 「우리 나라에서 철기 사용의 개시에 관하여」, 『문화유산』 1958(3), 52-58].

2부

연구 동향, 연구사

북한 고고학계의 구석기시대 연구 동향
─제4기의 연구와 구석기시대의 시대 구분을 중심으로─

I. 문제의 제기

1960년대 이후, 북한 고고학계가 거둔 가장 값진 성과 가운데 하나는 구석기시대 유적의 활발한 발굴 조사와 연구라 할 수 있다. 일찍이 두만강 가의 강안리(동관진) 유적(德永重康·森爲三 1939 ; 直良信夫 1940)에서 구석기시대에 속하는 동물 화석과 석기 등을 발견한 적이 있었으나 일제 관학자들의 그릇된 편견으로 말미암아 그 유적의 존재조차 많은 사람들의 관심에서 벗어나곤 하였다. 때때로 강안리 유적의 시대 성격을 재평가하려는 작업(김정학 1958)이 나타나기도 하였으나 당시 한국 고고학 연구 분위기와 수준에서 그러한 재평가 작업의 중요성을 제대로 인식한다는 것은 쉽지 않은 일이었다고 생각한다.

북한 고고학계에서 구석기시대에 대한 관심이 매우 크게 나타난 것은 1960년대에 들어오면서부터 비롯한다. 특히 강좌의 형식을 빌려 『문화유산』에 실린 「빙하기란 무엇인가」(도유호 1962a), 「인류의 기원」(도유호 1962b), 「구석기란 무엇인가?」(도유호 1962c)[1] 등의 글은 머지않아 구석기시대의 유적이 이 땅에서 나올 가능성을 알려주는 듯하였다. 요컨대 그때에 즈음하여 북한에서 구석기시대의 유적과 유물을 찾으려는 뜻을 다음의 글은 잘 표현하고 있다.

"우리의 린근 지역에 구석기가 보이는 사실로 미루어 보건대 우리 나라에도 구석기가 있음에 틀림없다. 오직 조사가 부족한 탓으로 아직 그곳을 발견하지 못하였을 뿐이라고 생각하지 않을 수 없다."(도유호 1962c. 55쪽)

---

1 「구석기란 무엇인가?」라는 강좌의 글쓴이 이름은 『문화유산』에 나와 있지 않다. 그러나 전체 강좌 내용의 흐름으로 볼 때 도유호의 글인 것은 분명한 듯하다. 이 강좌 다음에는 구석기시대 문화 전반에 관한 글이 실릴 예정이었으나, 그 후의 『문화유산』에서는 그러한 내용의 강좌를 찾아 볼 수 없어 애석하다.

위와 같은 관심과 함께 자연과학 분야의 성과와 협조는 북한의 구석기학이 처음부터 그들 나름대로 짜임새 있는 기틀을 마련하여 나가는 데 매우 중요한 구실을 하였다. 이러한 경향은 함북 화대군 장덕리의 털코끼리 유적에서 시도한 이탄층의 꽃가루-홀씨 분석(로영대 1962)과 제4기 층의 층서에 따른 옛 자연환경의 연구(박준석·최현모 1962)에서 엿볼 수 있다. 또한 체질 인류학 분야에서 이룬 작업(최명학 1955 ; 백기하 1963a ; 1963b ; 백기하 1963d)과 고동물학 연구 자료(김신규 1961 ; 1962a ; 1962b ; 고고학 및 민속학 연구소 1962a ; 1962b ; 김신규 1963 ; 1964) 등의 성과는 북한의 구석기학이 오늘과 같은 뼈대를 갖추는 데 밑거름이 되었다.

함경북도 굴포리의 선사 유적에서 구석기시대의 석기를 처음으로 찾기 시작하면서부터 지금에 오기까지 약 30년 동안 북한에서 발굴 보고한 구석기 유적은 16군데 정도가 된다. 오늘날 이들 유적에 대한 북한의 구석기학 연구 동향을 살펴보면, 그것은 사적 유물론의 사회 발전 단계론을 바탕에 깔며 주체사관의 정당성과 합리화를 목적으로 삼고 있다. 곧 북한 고고학계는 구석기시대의 사회 성격을 원시무리시대로 규정하고 있으며, 인류의 역사는 노동의 역사라는 대전제 속에서 모든 사람이 서로 평등한 관계를 유지했던 구석기시대의 생활, 노동, 기술의 발전 단계를 주체사상의 논리 체계에 맞추어 설명하고 있다(고고학연구소 1977 ; 력사연구소 1979). 따라서 북한의 구석기학 연구는 유물 자체의 분석에만 치우친 것이 아니라 과거의 생활 모습과 사회 전체의 발전 과정 안에서 각 유물과 유적이 지니는 의미를 찾는 데 초점을 맞추고 있다. 그런데 경우에 따라서는 우리나라의 선사문화를 틀에 박힌 논리에 기대어 설명하려는 경향이 지나칠 때도 많았다. 그렇지만 그러한 문제점이 보인다고 하여 그릇된 편견과 왜곡으로 북한의 구석기학 전체를 싸잡아 비난한다면, 이것 또한 올바른 자세가 아니라고 생각한다.

북한에서 한국의 구석기시대와 문화에 대한 연구는 활발하게 진행되고 있으며, 여기에서 거둔 성과를 바탕으로 한국 선사문화의 내용이 더욱 알차게 되었음은 어느 누구도 부정할 수 없을 것이다. 그러나 연구의 역사와 전통이 짧은 북한 고고학계는 그들대로 해결하여야 할 문제점을 여러 부문에 걸쳐 안고 있다.

그동안 북한 구석기학에 대한 검토와 평가가 몇 차례 있어 왔지만 대체로 발굴 보고나 관계 자료의 소개에 지나치게 치우쳐 있었다. 따라서 구석기시대와 문화에 대한 북한 고고학자들의 인식과 함께 그들의 연구 방법이나 문화 복원의 논리성은 철저하게 검토하지 않은 상태에 머물러 있었다. 이 글은 이러한 한계를 극복하기 위한 시도로서 구석기문화 해석의 기초가 되는 제4기학과 구석기시대의 시대 구분 방법을 중심으로 나타난 북한 고고학계의 연구 동향을 살펴보고자 하였다. 그리고 자연환경의 복원, 사람뼈 화석의 분류, 석기와 뼈연모의 분석, 살림터와 불땐자리의 해석 등에 대한 전체적인 문제의 비교 검토는 다른 기회를 통하여 살펴볼 예정임을 밝히고자 한다.

II. 구석기시대 유적의 조사

1963년은 북한의 고고학계가 새로운 연구 무대를 펼친 시기였다(고고학 및 민속학 연구소 1963). 그것은 바로 일제 강점기를 거치며 부정당했던 한국 구석기문화의 존재가 이 땅에서 비로소 확인되는 시기로서 이때부터 한국 선사문화의 시간폭도 그만큼 올려 볼 수 있게 되었다.

해방 이후, 함경북도 선봉군(웅기군) 굴포리 서포항에서 발굴된 구석기시대의 유적과 유물(도유호 1964 ; 1965 ; 도유호·김용남 1965 ; 김용간·서국태 1972)은 한국의 선사문화에 대한 인식을 새롭게 해주었다. 따라서 이제는 그동안 일제 관학자들의 잘못된 주장과 그 영향력의 그늘 속에서 인정받지 못했던 한국 선사시대의 구석기문화가 뚜렷하게 제 모습을 드러내게 되었고, 한국 선사문화의 상한도 구석기시대로 올라가게 되었다. 더욱이 동북아시아의 구석기문화 연구에 하나의 공백 지대였던 한국에서 새로운 구석기시대의 유적을 발굴함으로써 동북아시아 지역의 선사문화를 좀 더 폭넓게 이해하는 데 도움을 주었다(Larichev and Grigorenko 1969). 특히 1964년 충청남도 공주군 석장리에서 찾아진 구석기시대의 유적(손보기 1967)과 이 유적에서 얻은 30690±3000 BP(양경린 1970)와 20830±1880 BP(양경린 1972)라는 방사성탄소 연대 측정 결과는 위에서 말한 사실을 더욱 분명하게 입증하는 구실을 하였다.

1960년대 후반에 와서 북한에서 이루어진 구석기시대 동굴유적의 발굴은 한국 선사문화의 내용을 더욱 풍부하게 하였다. 1966~70년에 걸쳐 조사된 평양시 상원군 검은모루 유적(고고학연구소 1969 ; 김신규·김교경 1974) 그리고 1969~70년에 평양시 상원군 청청암 동굴과 황해북도 평산군 해상 동굴유적(김교경 1974)에서 발굴된 많은 동물 화석은 제4기의 자연환경뿐만 아니라 구석기시대 사람의 생활을 연구, 복원하는 데 필요한 좋은 자료가 되었다. 두만강 연안의 강안리 유적(德永重康·森 爲三 1939)에서 발견된 갱신세(홍적세)의 동물 화석이 그 흔적조차 남기지 않고 사라져 없는 당시에 위의 동굴유적에서 찾은 여러 종류의 짐승뼈 화석이 지니는 의의는 매우 컸다고 볼 수 있다. 비록 함북 화대군 장덕리에서 털코끼리 화석(김신규 1962a)이 나왔으나 그 양에 있어서는 위의 유적들에 비할 바가 되지 못하였다. 1960년대 중반 이후, 구석기시대의 동굴유적과 유물을 찾기 위하여 조사된 곳으로는 1965년의 예성강 일대와 1966년의 평양시 상원군 장리 및 중리 지역을 들 수 있다(고고학연구소 1986c).

1970년대 북한의 구석기학계는 더욱 활발한 조사 활동을 바탕으로 새로운 유형의 유적과 유물을 찾아내기에 이르렀다. 1972~73년 사이에 발굴된 평안남도 덕천시 승리산 동굴유적(고고학 연구소 1978 ; 김교경 1979), 1977년에 발굴된 평양시 역포구역 대현동 동굴유적(류병홍 1979 ; 김 신규 외 1985), 1979~80년에 걸쳐 발굴된 평양시 승호구역 만달리 동굴유적(김교경 1981 ; 김신규 외 1985 ; 서국태 1987)에서는 많은 동물 화석과 함께 사람 화석이 나와 구석기시대 동안 이 땅에 살았던 주민들의 체질 특징을 살펴볼 수 있도록 해주었다. 그러한 가운데 만달리 유적에서 잘 만든 석기와 더불어 뼈연모가 나와 우리나라의 구석기문화를 연구하고 재구성하는 데 큰 도움을 주고 있다. 한편 1977년에는 평양시 승호구역 화천동 동굴유적(김신규 외 1985)에서 많은 동물 화석이 불에 탄 채로 발굴되어 또 다른 관심을 끌고 있다. 이 밖에 1971년에는 함경북도 종성군, 1978년에는 황해남도 신원군과 송화군, 황해북도 봉산군 일대에서 구석기시대의 유적을 찾으려는 조사 작업이 실시된 바 있다(고고학연구소 1986c).

 1980년으로 들어서면서 구석기시대의 새로운 유적과 유물을 찾기 위한 답사 활동이 북한의 거의 전 지역에 걸쳐 실시된다. 그리하여 1980년의 한 해 동안에 평양시의 승호구역과 강동군, 평안북도의 구장군과 동림군, 평안남도의 성천군과 순천시를 비롯하여 황해남·북도와 함경남도에서 동굴 조사 및 유적 조사가 이루어졌다(고고학연구소 1986c). 또한 이때를 즈음하여 1980년에는 평양시 승호구역의 매리 동굴(고고학연구소 1986b), 1980~81년에는 평양시 상원군의 용곡리 동굴(전제헌 외 1986) 유적이 발굴되었다. 1981년에는 평안남도 성천군 금평리 동굴에서 짐승 화석이 확인되었고, 1984년에는 함경남도 금야군 온정리 동굴이 조사되었다(고고학연구소 1986b). 그리고 1984년에는 평양시 승호구역 제3호 동굴이 발굴되어 만달짧은턱히에나라고 부르는 화석이 나온 바 있다(김신규 1987). 1985년에 이르러서는 평안남도 순천시 밀전리 동굴과 함경남도 고원군 다천리 동굴(고고학연구소 1986b)에서 동물 화석을 찾았다. 1986~87년에는 함경남도 금야군 온정리 고바위골 굴재덕 동굴에서 많은 젖먹이짐승 화석이 나왔다(리애경 1989). 이 밖에 정확한 발굴 시기는 알기 어려우나 1980년대에 조사된 것으로 추정되는 유적으로는 평양시 상원군 중리 금천 동굴과 독재굴을 들 수 있는데, 금천 동굴에서는 사람 화석이 나오고 있어 주목된다(장우진·강명광 1988).

 이렇듯 한국의 구석기시대와 문화의 성격을 밝히려는 조사 작업이 북한의 여러 지역에 걸쳐 이루어지고 있음을 쉽게 알 수 있다. 그러므로 북한에서 이루어지고 있는 구석기 유적에 대한 조사 활동의 경향을 가리켜, "평양을 한민족의 기원지처럼 주장하려고 평양 부근의 유적만을 집중 발굴한다."는 식으로 이야기한다면, 이것은 북한의 구석기학계를 지나치게 혹평하는 것이라 느껴진다.

 지금까지 북한에서 구석기시대의 유물이 나온 곳은 동굴유적이 중심을 이룬다. 〈표 1〉에 있는 것처럼 1960~80년대에 이르는 기간 동안 조사 결과가 제법 자세하게 보고된 유적은 16군데[2]가 조금 넘는다(그림 1 참조). 이 가운데 굴포리를 제외한 나머지 지역은 모두 석회암 지대에 발달한

---

2 이 밖의 유적으로는 평양시 강동군 흑령 동굴과 황해북도 연산군 반천리를 들 수 있다(조선유적유물도감 편찬위원회 1988). 큰쌍코뿔이 화석이 흑령 동굴에서 나왔고, 반천리 유적에서는 동굴곰 머리뼈가 나온 바 있다. 이들 유적에 대한 자세한 내용은 아직까지 고고학 관계 학술지에 발표되지 않았다.

동굴유적으로서 이들 유적에서 동물 화석이 나오고 있다. 그러나 석기, 뼈연모, 불땐자리 등의 흔적이 보고된 유적은 많지 않다. 만달리와 용곡리 유적에서 석기와 뼈연모, 화천동과 용곡리 유적에서 불땐자리의 흔적이 보고된 바 있다. 사람뼈 화석은 승리산, 대현동, 만달리, 금천 동굴유적에서 나왔다.

〈표 1〉 북한에서 발굴 조사한 구석기시대 유적의 성격

유적	위치		유물				유구		연대측정
	한데유적	동굴유적	사람뼈	짐승뼈	석기	뼈연모	집터	불땐자리	
굴포리	O				O		O		상대연대
검은모루		O		O	O				상대연대
청청암		O		O					가열지수
해상		O		O					상대연대
승리산		O	O	O					상대연대
대현동		O	O	O					상대연대
만달리		O	O	O	O	O			상대연대
화천동		O		O				O	상대연대
매리		O		O					상대연대
승호 제3호 동굴		O		O					상대연대
용곡리		O	O	O	O	O		O	열형광법
밀전리		O		O					상대연대
다천리		O		O					상대연대
금천		O	O	O					상대연대
독재굴		O		O					상대연대
굴재덕		O		O					상대연대

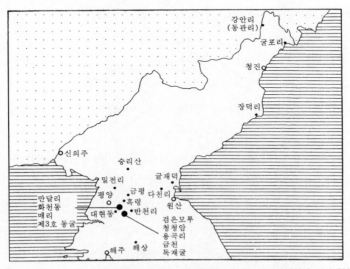

〈그림 1〉 북한에서 발굴 조사한 구석기시대 유적 위치(강안리는 일제강점기에 조사되었음)

III. 제4기의 연구

북한 학자들이 언제부터 제4기 지질학 쪽에 관심을 쏟으며 연구해 왔는가를 잘라 말하는 것은 매우 어렵다. 그러한 까닭은 무엇보다도 전문가들조차 이 분야에 대한 자료를 얻기 어려운 오늘의 상황에서 가장 큰 원인을 찾을 수 있다. 현재 우리는 북한의 제4기학 연구에 대하여 짧은 지식만을 갖고 있다. 또한 우리가 알고 있는 내용도 고고학 관계 학술지에 실린 아주 제한된 자료에 불과할 따름이다. 따라서 북한에서 이룬 제4기학의 성과와 수준을 올바르게 이해하기 위해서는 관계 자료의 공개가 하루빨리 이루어져야 할 것이다.

북한에서 제4기의 시대 구분을 위한 쓰임말은 먼저 함북 화대군 장덕리 유적에 적용한 홀씨·꽃가루 연구(로영대 1962)에서 살필 수 있다. 이 분석 자료는 제4기의 구분이 빙하기, 선사문화, 인류 진화, 동물군 변화의 각 단계와 연대상 어떻게 대비되는가를 표로서 보여주면서 제4기를 '하부 제4기(Q1), 중부 제4기(Q2), 상부 제4기(Q3), 현세(Q4)'와 같은 차례로 나누었다. 그리고 현세를 하부(Q41)와 상부(Q42)로 다시 나눈 바 있다. 그 후 로영대(1965)는 「제4기 구분에 대하여」라는 글을 『지질과 지리』에 발표(김명근 1967)했으나 그 논문을 구하지 못한 까닭에 자세한 내용을 말할 수 없다. 림권묵(1965)이 쓴 『4기층학』이란 책도 당시 북한의 제4기학 연구 수준과 성과를 가늠하는 데 매우 중요할 것으로 생각하고 있으나 이 책 또한 국내에서 찾아보기 어렵다.

로영대(1962)는 제4기가 시작되는 시기를 약 100만 년 전으로 잡으며 알프스, 중국, 소련 지역에서 보이는 빙하기와 간빙기 사이의 대조를 통하여 우리나라에도 빙하 시대가 있었는지에 대한 자신의 의견을 조심스럽게 밝히고 있다. 그는 또한 제4기와 알프스 지대 빙하기의 관계가 다음과 같이 분류됨을 보여주었다.

  − 상부 제4기(Q3) ······ 리쓰/뷔름, 뷔름
  − 중부 제4기(Q2) ······ 민델/리쓰, 리쓰
  − 하부 제4기(Q1) ······ 선(先)귄쯔, 귄쯔, 귄쯔/민델, 민델

제4기의 기간을 크게 4개의 단계로 분류하는 기준은 그 뒤에도 한동안 커다란 변화를 받지 않으며 적용되었다. 그러나 용어상에는 약간의 변화가 일어났다. 김명근(1967)은 「지질 제4기층」이라는 강좌에서 우리나라의 제4기에 있었던 기후, 지형, 퇴적의 성격과 특징을 이야기하는 가운데 '하세, 중세, 상세, 현세'와 같은 용어를 사용하고 있는데, 그러한 용어가 근래에 이르기까지 쓰인 예는 용곡 동굴 발굴 보고(전제헌 외 1986)와 독재굴 조사 보고(리상우 1988)에서 찾을 수 있다.

김명근(1967)은 『고고민속』에 실린 그 강좌에서 제4기층이 100만 년을 훨씬 뛰어넘는 이른 시기에 형성되었다는 외국의 새로운 견해를 소개하고 있다. 그러면서 그는 우리나라의 강바닥 퇴적층인 단구를 시대별로 간단하게 말하고 있는데 이를 요약하면 다음과 같다.

- 상세 단구(약 1~10만 년 전) …… 강바닥에서 10~30m 높이에 있음.
- 중세 단구(10~35만 년 전) …… 강바닥에서 15~80m 높이에 있음.
- 하세 단구(35만 년 전) …… 강바닥에서 60~150m 높이에 있음.

1980년대 후반으로 넘어오면서 북한은 제4기 시대 구분에 새로운 기준을 설정한 것으로 보인다. 김명근(1967)의 글이 나온 이후, 거의 20년이라는 세월 속에서 이루어진 북한의 제4기학 연구 발자취를 정확하게 밝히기란 대단히 어렵다. 그것은 앞서 말한 바 있듯이, 우리에게 매우 제한된 범위의 자료만이 놓여 있기 때문이라 할 수 있다.

구석기시대의 유적에서 제4기에 대한 시대 구분과 용어상의 변화가 처음으로 나타났던 것은 용곡 동굴 발굴 보고서(전제헌 외 1986. 그림 60 참조)의 경우이다. 이 발굴 보고서는 제4기를 크게 셋으로 분류하여 시대별로 '구세, 신세, 현세'로 이름하였

〈표 2〉 제4기의 구분과 용어의 변화 비교

로영대(1962)		전제헌 외(1986)		
구분	이름	구분	이름	
Q4	현세	Q4	현세	
Q3	상세	Q3-2	신세	상부
		Q3-1		하부
Q2	중세	Q2	구세	상부
Q1	하세	Q1		하부

다. 곧 종래의 구세(Q1)와 중세(Q2)를 구세 하부(Q1)와 구세 상부(Q2)로 하고, 상세라는 용어를 신세라고 바꾸는 동시에 신세 하부(Q3-1)와 신세 상부(Q3-2)로 다시 나누었으며, 현세는 종전과 같은 용어로 쓰고 있다(표 2 참조).

그러면 새로운 분류 방법과 용어가 등장하게 된 배경은 무엇인가? 이것은 『조선고고연구』에 발표한 「제4기 층서구분에서 제기되는 몇가지 문제」라는 글(리상우 1987)을 통하여 설명하는 것이 가능하다. 곧 그는 구세, 신세, 현세를 가늠하는 식물상의 특징을 다음과 같이 말하고 있다.

① 구세 하부(Q1)층 : 제3기의 잔존형과 함께 새로운 종류의 꽃가루가 나타남.
② 구세 상부(Q2)층 : 제3기의 잔존형의 꽃가루가 남아 있으나 양은 매우 적음.
③ 신세 하부(Q3-1)층 : 제3기의 잔존형의 꽃가루가 없어지고, 추운 기후에서 잘 자라는 식물 꽃가루의 비중이 커지며, 이때부터 동일한 시기라 할지라도 지리적 위치에 따라 식물상의

분포가 뚜렷하게 달라지기 시작함.

④ 신세 상부(Q_{3-2})층 : 현대 식물상과 계승 관계를 보여줌.

⑤ 현세(Q_4)층 : 신세 상부층을 직접 이어받은 식물상을 지녔으며, 퇴적이 현재 계속 진행되고 있음.

식물 종류의 구성 관계를 중심으로 위와 같이 나누고 있는 층서 구분의 기준은 제3기 잔존형 꽃가루의 함량과 밀접한 관련을 맺고 있다.[3] 따라서 제4기의 가운데 시기에 해당하는 중세라는 개념이 없어지게 되었고, 오직 구세와 신세라는 2분법이 나타나게 되었다.

지질 시간 단위에서 제4기는 갱신세(Pleistocene)와 현세(Holocene)로 나뉜다.[4] 갱신세는 전기 (또는 하부), 중기(또는 중부), 후기(또는 상부)로 다시 잘게 나눌 수 있으며, 대체로 이러한 3분법의 분류 체계를 바탕으로 제4기학의 연구가 이루어지고 있다(Butzer 1971 ; Pomerol 1973 ; Chaline 1985). 근래에 들어와 북한의 제4기학 구분에 새로운 변화가 일어나지 않았다면 북한의 제4기 구분과 전기, 중기, 후기라는 용어는 각각 Q_1, Q_2, Q_3(로영대 1962 ; 전제헌 외 1986. 129쪽 참조)로 나타낼 수 있다.

지질 시대에서 제4기의 시작이 언제부터인가를 분명하게 구분하여 말하기는 어렵다. 왜냐하면 구분의 근거를 어디에서 찾는가에 따라 연대상의 차이가 보이기 때문이다. 빙하의 출현, 기후 변화, 새로운 동물의 등장, 고지자기의 변화, 인류의 진화 등을 기준으로 삼아 제4기의 시작 연대를 추론할 때, 학자들의 의견은 일치하지 않고 있다. 따라서 보는 관점이 다른 만큼 제4기의 상한에 대한 설정 연대도 약 350만 년에서 180만 년 전이라는 시간 폭 속에서 변하고 있다(Lumley 1976). 이에 비하여 갱신세의 전기/중기와 중기/후기의 연대는 학자들 사이에 큰 문제가 없이 의견의 일치를 보고 있다. 1973년 오스트리아의 부르크 바르텐스타인(Brug Wartenstein)에서 '중기 갱신세 층서와 문화 변동의 유형(Stratigraphy and patterns of cultural change in the Middle Pleistocene)'이란 주제로 열린 심포지엄에서는 이 중기의 상한과 하한을 각각 약 70만 년과 12만 년 전의 전후로 잡았으며, 후기는 마지막 간빙기와 마지막 빙하기를 포함하는 지질 시대로 구분한 바 있다(Butzer and Isaac eds. 1975).

---

3 제4기에 연달아 나타나는 제3기 잔존형 식물은 슬송나무속(*Tsuga*), 스키아도피티스속(*Sciadopitys*), 은행나무속 (*Ginkgo*), 소귀나무속(*Myrica*), 중국굴피나무속(*Pterocarya*), 목련속(*Magnolia*), 너도밤나무속(*Fagus*), 밤나무속 (*Castanea*), 감탕나무속(*Ilex*), 가래나무속(*Juglans*), 자작나무(*Betula brongniartii*) 등이며, 제4기의 초기로 알려진 식물은 소나무종(*Pinus* sp.), 거제수나무(*Betula costata*), 참나무(*Quercus crenata*), 참나무종(*Acer* sp.), 오리나무종 (*Alnus* sp.), 밤나무종(*Castanea* sp.), 서어나무종(*Carpinus* sp.) 등이 있다(리상우 1987).

4 그리스말로 Pleistocene은 '가장(pleistos)'과 '새로운(kainos)'이라는 뜻이고, Holocene은 '흠잡을 수 없이 완전한 (holos)'과 '새로운(kainos)'이라는 뜻을 가리킨다.

현재 우리가 가지고 있는 자료만 가지고서는 북한에서 연구하는 제4기의 층서 구분과 연대 설정에 대한 명확한 관계를 분명하게 말하기 어렵다. 몇몇 선사학 분야의 자료에 보이는 내용을 종합할 때, 북한에서 중기 갱신세의 이른 시기는 약 60만 년 전쯤으로 이야기되고 있는(고고학연구소 1977 ; 김용간 1934) 것 같다. 특히 이것은 주구점 제1지점과 비교되는 것으로 북한에서 보고 있는 검은모루 유적(김신규·김교경 1974 ; 김용간 1984)의 연대 설정을 통하여 나타나고 있다.

그런데 문제는 제4기의 구분과 빙하기 사이의 관계를 어떻게 규정하느냐에 따라 중기 갱신세의 상한 연대도 달라질 수 있다는 점이다. 예를 들어 『조선고고학개요』(고고학연구소 1977. 9쪽 참조)에서는 검은모루 유적의 연대를 중기 갱신세의 초기로 보면서 첫 번째와 두 번째[5] 빙하기 사이의 간빙기에 해당한다고 하였는데, 이 시기는 곧 알프스 빙하기 분류에서 말하는 귄쯔/민델 간빙기를 가리키는 것으로 보인다. 반면에 『조선의 구석기시대』(김용간 1984. 35쪽 참조)에서는 검은모루 유적을 중기 갱신세의 이른 시기로 추정하면서, 중기 갱신세에는 두 번째 얼음강사이시기 와 세 번째 얼음강시기가 있었던 것[6]으로 말하고 있다. 곧 민델/리쓰 간빙기와 리쓰 빙하기가 중기 갱신세에 해당함을 지적하고 있다. 그렇다면 두 번째 얼음강시기에 속하는 민델 빙하기는 갱신세의 어느 시기에 해당한다고 보아야 하는가? 우리가 볼 수 있는 불충분한 자료만을 가지고 이에 대하여 확실하게 말한다는 것은 현재로서 매우 힘들다. 그러나 〈표 3〉에 있는 바와 같이, 알프스 빙하기에 대한 자료(Lumley 1975. figure 3 참조)와 비교할 때, 민델 빙하기를 중기 갱신세의 한 부분으로 넣어 그 이른 시기를 검은모루 유적으로 삼는 방법이 오히려 바람직하다고 생각한다.

북한에서 설정한 중기 갱신세의 하한 연대에 관해서 우리는 충분한 내용을 알지 못한다. 용곡 동굴 발굴 보고서(전제헌 외 1986)는 이 유적을 중기 갱신세 중기~후기라고 비정하면서 50~40만 년 전이라는 절대나이(열형광측정법)를 내놓고 있다. 한편 함경북도 화성군 화룡리 어랑천 유역과 극동리 가재골의 층위 자름면에서 측정한 제4기 중세(Q2, 구세 상부)층의 절대나이는 100만 년~20만 년 전까지로 나왔다(리상우·류정길 1988). 요컨대 이 두 개의 연대값을 서로 비교하면 중기 갱신세의 하한은 적어도 20만 년 전으로 내려 보는 것이 가능하다고 추론된다. 그러나 이러한 추정은 중기 갱신세의 하한으로 흔히 생각하는 연대 설정(약 12만 년 전 전후)과 여전히 시간 폭의 차이를 보여주고 있다.

끝으로 제3기 잔존형 꽃가루의 함량이 제4기의 시대 구분에 얼마만큼의 영향을 줄 수 있는가

---

5 지역마다 빙하기가 나타났던 시기와 횟수가 모두 같은 것이 아니다. 그러므로 첫 번째 또는 두 번째라는 식의 표현은 혼란을 일으킬 수 있으므로 가능하면 사용하지 않는 것이 좋다(Butzer 1971. p. 21 참조). 또한 알프스 지역의 빙하기 구분과 용어를 그대로 받아들여 한국의 제4기에 적용하는 것도 여러 가지 문제점을 안고 있다. 이 글에서도 그러한 용어를 계속 사용하고 있는데, 이를 바꾸어 쓸 만한 새로운 용어를 하루빨리 찾아야 할 것이다.

6 이러한 시기 구분은 로영대(1962)의 것과 동일한 방법이라 생각한다.

〈표 3〉 제4기의 구분과 알프스 빙하기의 비교(Lumley 1975. figure 3에서 옮김)

Absolute Age	Chronology According To					
	H. de Lumley	J. Cha-line	chronology glaciaire alpine	D. Janossy		
	Upper Pleistocene	late	Wurm	Wurm	Istallosko / Tokod / Sobalyuk	
120,000			Riss-Wurm	Eemien	Varbo	
(200,000)	Late		Riss		Sutto	
(300,000)		upper early middle	Mindel-Riss	Oldenburgien	Solymar	
	Middle				Uppony	
(400,000)			Mindel		Tarko	
(500,000)	Early					
(600,000)		lower early		Biharien		
700,000	Very Early		Gunz-Mindel		Templomh-egy	
(800,000)	Final		Gunz			
900,000		very early			Beftia	
(1,000,000)						

(Middle Pleistocene / Lower Pleistocene 세로 라벨은 H. de Lumley 열에, Middle Plestocene 세로 라벨은 J. Chaline 열에 표기됨)

살펴보기로 하자. 용곡 동굴 유적(전제헌 외 1986)의 발굴과 연구 자료는 우리에게 많은 것을 말하여 준다. 특히 이 유적에서 나온 많은 석기, 동물 화석, 사람 뼈와 함께 자연환경을 연구하는 데 과거에 보이지 않던 새로운 방법을 응용하고 있음은 우리에게 매우 큰 관심거리 중에 하나이다. 앞에서 잠깐 말한 것처럼 발굴 보고서에 따르면 이 유적은 중기 갱신세 중기~후기에 속하며, 열형광법으로 측정한 제1문화층(8층)의 연대는 500000±10%~482000±10% BP이고, 제2문화층(9층)의 연대는 457000±10%~408000±10% BP로 나왔다.

그런데 용곡 동굴에서 발굴한 사람의 머리뼈와 아래턱뼈 생김새는 신인, 곧 슬기슬기사람(*Homo sapiens sapiens*)의 특징을 보여주고 있다. 그러므로 후기 구석기시대에 살았던 사람의 화석이 제2문화층에서 나왔다는 점은 이 퇴적층이 바로 후기(상부) 갱신세에 속함을 알려주는 것이다. 그러나 그와 같은 고인류학 자료가 무시된 채, 절대 나이값에 주로 의지하여 그들 문화층의 연대가 50~40만 년 전으로 평가되고 말았다. 더욱이 제3기 잔존형의 대표되는 꽃가루 가운데 하나로 분류하는 솔송나무(리상우 1987)가 나왔던 까닭에 용곡 동굴유적의 연대는 중기 갱신세 중기~후기에 걸치는 것으로 발표되었다. 그러나 앞에서 말한 바와 같이 문화층의 연대는 후기 갱신세에 속하는 것으로서 솔송나무가 갱신세의 중기에 사라지지 않았음[7]과 함께 열형광측정법이 지니는 한계를 그대로 알려주었다. 솔송나무의 존재가 반드시 두 시기를 가르는 지표가 되지 못하며, 제3기 잔존형 꽃가루의 함량을 바탕으로 구세와 신세를 구분하는 방법은 다시 한번 검토해야 할 문제라 생각한다.

IV. 구석기시대의 시기 구분

근래에 와서 나온 글(고고학연구소 1977 ; 김용간 1984)을 보면, 북한의 고고학자들은 구석기시대를 전기, 중기, 후기의 세 시기로 나누어 구분한다. 그러나 1960년대 초기에 나타난 구석기시대의 구분은 오늘날에 비하여 조금 다른 성격을 띠고 있었다.

로영대(1962)는 구석기시대에 앞서는 시기를 서석기시대로 설정하고, 구석기시대를 셋으로 갈라 하부, 중부, 상부로 나누어 각 시기에 해당하는 문화와 인류 화석의 특징을 〈표 4〉와 같이 나타냈다.

〈표 4〉 구석기문화와 시대 구분의 비교

로영대(1962)			도유호(1962b ; 1962c)		
구분	문화	인류	구분	문화	인류
상부 구석기	마들렌 쏠뤼뜨레 오린냐크	*Homo sapiens*	구석기시대 상단(후기)	마들렌(막달레늬앙) 쏠뤼뜨레(쏠뤼뜨레앙) 오린냐크(오린냐시앙)	현대형인류 (*Homo sapiens*)
중부 구석기	무스찌예(만기) 무스찌예(조기)	*Homo neanderthalensis*	구석기시대 하단(전기)	무스띠에(무스떼리앙)	중고인류(中古人類) (*Homo neanderthalensis*)
하부 구석기	아술 쉘(만기) 쉘(조기)	*Sinanthropus*		아쉴(아쉴레앙) 쉘(쉘레앙)	원고인류(遠古人類) (*Sinanthropus*) (*Pithecanthropus*)
서석기	선(先)쉘	*Pithecanthropus*		쉘 이전(以前) (쁘레쉘레앙)	(*Australopithecus*)

반면에 「인류의 기원」과 「구석기란 무엇인가?」라는 글에서는 구석기시대를 하단(전기)과 상단

---

7 점말 용굴의 후기 갱신세 퇴적에서 나온 솔송나무, 은행나무, 감탕나무 등의 꽃가루(손보기 1974)는 그러한 사실을 잘 뒷받침해준다.

(후기)으로 나누어 로영대의 중부 구석기, 곧 무스띠에 문화(무스떼리앙)를 구석기시대 하단의 늦은 시기로 잡았다. 도유호(1962b)는 인류 진화의 단원론(單元論)을 지지하면서, 그 단계를 '유인원 → 유원인 → 원고인류(遠古人類) → 중고인류(中古人類) → 현대형인류'의 차례로 설명하고 있다. 이것들 가운데 유인원에 속하는 것은 드리오피테쿠스(*Dryopithecus*)와 라마피테쿠스(*Ramapithecus*)의 화석이라 추정하며, 오스트랄로피테쿠스(*Australopithecus*)는 유인원에서 유원인으로 넘어가는 과도기의 원고인류에 속하는 것으로 보고 있다. 한편 곧선사람(*Homo erectus*)은 원고인류, 네안데르탈사람(*Homo neanderthalensis*)은 중고인류, 슬기사람(*Homo sapiens*)은 현대형인류로 가늠되었다. 각 단계별 인류 화석의 내용은 〈표 4〉에 있는 바와 같다.

구석기시대를 하단과 상단만으로 나누는 구분 방법은 굴포리 유적에 대한 조사 자료가 처음 발표될 당시만 하여도 그대로 적용되었다. 따라서 굴포문화 I 기층의 석기를 무스떼리앙의 성격이 있는 것으로 이해하면서 그 시대 문제는 구석기 하단의 늦은 시기로 다루었다(도유호 1964 ; 도유호·김용남 1965). 굴포리 서포항 유적의 종합 보고서(김용간·서국태 1972)가 나오면서 제 I 기층을 구석기시대의 중기로 설정하려는 견해가 처음으로 발표되었다. 그 후 현재에 이르기까지 북한의 고고학자들은 구석기시대를 전기, 중기, 후기의 3단계로 나눈다.

굴포리 유적에 비추어 볼 때, 북한에서는 중기 구석기시대의 이른 시기를 10여 만 년 전에 해당하는 것으로 인정하고 있는 것 같다(김용간·서국태 1972. 136쪽). 그러나 이와 같은 기준에 혼란을 일으킬 수 있는 점이 보이고 있어 문제가 된다. 『조선고고학개요』(고고학연구소 1977. 9쪽)에서는 중기 구석기시대가 3번째 빙하기에 해당함을 밝히고 있는데, 이 3번째 빙하기는 바로 리쓰 빙하기를 가리킨다. 일찍이 도유호(1962a ; 1962b)는 리쓰 빙하기에 살았던 인류가 네안데르탈사람이며, 이들이 소유했던 문화가 무스떼리앙이라고 말한 바 있다. 결국 무스떼리앙을 구석기의 어느 시기로 규정하는가에 따라 리쓰 빙하기와의 연결 문제도 아울러 해결될 것이다. 그렇지만 단순히 중기 구석기시대라는 의미에서 무스떼리앙의 개념[8]을 사용할 때, 무스떼리앙이라는 문화 단계가 리쓰 빙하기와 시기상 일치하지 않는 것으로 보는 것이 오늘날 세계 선사학계의 공통된 관점이다. 다시 말해서 무스떼리앙은 마지막 간빙기(리쓰/뷔름)와 마지막 빙하기(뷔름)의 전반부에 존재했던 문화이며(Brézillon 1969), 약 30만 년 전에 시작하는 것으로 알려진 리쓰 빙하기는 전기 구석기시대의 늦은 시기에 해당한다는 점이다.[9]

---

8 무스떼리앙(Moustérian)이라는 말은 도르도뉴 지방의 무스띠에(Moustier) 유적에서 유래하며, 흔히 서구 유럽에서는 이 단어를 중기 구석기시대의 대명사처럼 쓰고 있다. 그러나 그러한 개념이 서구 유럽에 나타난 지역별 문화 단계의 한 유형을 가리키는 것인지 또는 지역에 관계없이 전 세계의 중기 구석기시대 유적에 고루 적용할 수 있는 용어인지에 대하여 자세하게 따져볼 필요가 있다. 이와 같은 의미에서 볼 때 전곡리 유적에서 제기된 '아쉘리안 전통의 무스떼리안 시기'(최무장 1986)라는 관점은 재검토되어야 할 것으로 생각한다.

9 중국의 예를 들면, 갱신세 후기의 시작을 약 20만 년 전으로 잡아 여기에 중기 구석기시대를 포함시킨 경우도

이러한 문제는 리쓰 빙하기를 더 이상 중기 구석기시대로 다루어서는 안 된다는 점을 분명하게 드러내준다. 그러나 3번째 얼음강시기(리쓰)를 중기 갱신세 후기로 분류하여, 이때에 고인(네안데르탈인)이 출현하며, 그 문화 단계가 중기 구석기시대에 속한다는 시각은 근래에 나온『조선의 구석기시대』(김용간 1984)에도 그대로 나타내고 있다. 이는 북한의 선사학계가 하루빨리 해결하여야 할 문제 중에 하나이다.

북한에서는 구석기시대의 중기와 후기의 경계를 대략 4만 년 전(후기 갱신세 중기)으로 어림잡고 있는데, 이와 같은 연대 설정은 오늘날 선사학계에서 일반으로 받아들이고 있는 기준이다.

북한에 있는 구석기시대 유적의 연대 결정에는 앞으로 풀어야 할 문제가 적지 않게 있다. 그것은 무엇보다도 연구 방법론의 개선, 새로운 연구 자료의 도입과 응용, 자연과학 분야의 적절한 도움과 이 분석 결과에서 얻은 성과에 대한 다양한 가설의 제기를 통해서 문제의 답이 구해질 것이라 생각한다.

『조선고고학개요』,『조선전사 1(원시편)』,『조선의 구석기시대』를 중심으로 현재 북한의 구석기학 연구에서 받아들이고 있는 구석기시대, 갱신세, 빙하기, 인류 등의 관계를 종합하면 〈표 5〉와 같이 요약할 수 있다.

〈표 5〉 북한의 구석기시대 연구에 나타난 갱신세, 빙하기, 인류의 관계

구분	갱신세		빙하기	인류
전기 구석기	전기 갱신세 전기(하부 갱신세 초기)~	중기 갱신세 중기(중부 갱신세 중기)	첫째 빙하기 둘째 빙하기	원인
중기 구석기	중기 갱신세 후기(중부 갱신세 후기)~	후기 갱신세 전기(상부 갱신세 초기)	셋째 빙하기	고인
후기 구석기	후기 갱신세 중기(상부 갱신세 중기)~	후기 갱신세 후기(상부 갱신세 후기)	넷째 빙하기	신인

끝으로 북한에서 발굴 보고서나 논문을 통하여 발표된 바 있는 구석기시대 각 유적의 추정 연대를 시대별로 정리하면 다음과 같다(표 6 참조).

(1) 평양시 승호구역 제3호 동굴(1984년 발굴)

　　* 전기 갱신세 중기~후기(김신규 1987)

(2) 평양시 상원군 검은모루 동굴(1966~70년 발굴)

　　* 중기 갱신세 초기(60~40만년)(김신규·김교경 1974 ; 고고학연구소 1977)

　　* 전기 갱신세 후기~중기 갱신세 초기(60~40만 년)(김용간 1984 ; 김용남 1989)

　　* 전기 갱신세(60~40만년)(력사연구소 1979)

　　* 전기 구석기시대(고고학연구소 1977 ; 력사연구소 1979 ; 김용간 1984)

(3) 평양시 역포구역 대현동 동굴(1977년 발굴)

있다(張森水, 1987). 그러나 갱신세 후기는 마지막 간빙기에 해당하며(Chiu 1988), 대략 10만 년 전쯤으로 그 시작 연대를 잡고 있는 것이 일반적인 경향이다(古脊椎動物與古人類學硏究所 1987).

<表 6> 북한의 구석기시대 자료에 보이는 각 유적의 연대와 시기 구분

갱신세 / 구석기시대 / 유적	전기 갱신세			중기 갱신세			후기 갱신세		
	전기	중기	후기	전기	중기	후기	전기	중기	후기
	전기구석기					중기구석기		후기구석기	
승호구역 제3호 동굴	……	…							
검은모루 동굴		……	…						
대현동 동굴			……	……	…				
용곡 동굴				……	…				
화천동 동굴					……				
승리산(아래층)					……	…			
청청암 동굴				……	…				
흑령 동굴					……	…			
반천리 동굴					……	…			
만달리(밑층)						……			
독재굴					……	……	……	……	…
굴포 Ⅰ기층					……	…			
굴포 Ⅱ기층							……		
승리산(위층)							……	…	
금천 동굴							……		
만달리(가운데층)								……	
굴재덕 동굴								?	
강안리(동관진)								……	
장덕리								……	

* 중기 갱신세 초기(김신규 외 1985)

* 중기 갱신세 후기~후기 갱신세 초기(김용간 1984)

* 전기 구석기시대(김신규 외 1985)

* 중기 구석기시대(력사연구소 1979 ; 김용간 1984)

(4) 평양시 상원군 용곡 동굴(1980~81년 발굴)

  * 중기 갱신세 중기~후기(50~40만년)(전제헌 외 1986)

(5) 평양시 승호구역 화천동 동굴(1977년 발굴)

  * 중기 갱신세 후기(김신규 외 1985)

  * 중기 구석기시대(력사연구소 1979 ; 김용간 1984)

(6) 평남 덕천시 승리산 동굴 아래층(1972~73년 발굴)

  * 중기 갱신세 후기~후기 갱신세 초기(10만 년)(김교경 1979)

  * 중기 구석기시대(고고학연구소 1977 ; 력사연구소 1979 ; 김교경 1979 ; 김용간 1984)

(7) 평양시 상원군 청청암 동굴(1969~70년 발굴)

  * 중기 갱신세 중기(김교경 1974)

  * 중기 갱신세 후기~후기 갱신세 초기(김용간 1984)

* 중기 구석기시대(고고학연구소 1977 ; 력사연구소 1979 ; 김용간 1984)

(8) 황북 평산군 해상 동굴(1969~70년 발굴)

　* 중기 갱신세 후기(김교경 1974)

　* 중기 갱신세 후기~후기 갱신세 초기(김용간 1984)

　* 중기 구석기시대(고고학연구소 1977 ; 력사연구소 1979 ; 김용간 1984)

(9) 평양시 강동군 흑령 동굴(발굴 연도 ?)

　* 중기 구석기시대(조선유적유물도감 편찬위원회 1988)

(10) 황북 연산군 반천리 동굴(발굴 연도 ?)

　* 중기 구석기시대(조선유적유물도감 편찬위원회 1988)

(11) 평양시 승호구역 만달리 동굴 밑층(1979~80년 발굴)

　* 후기 갱신세 초기(김신규 외 1985)

(12) 평양시 상원군 독재굴(발굴 연도 ?)

　* 후기 갱신세(리상우 1988)

(13) 함북 선봉군 굴포리 Ⅰ기층(1962~64년 발굴)

　* 전기 구석기시대 말기(도유호 1964)

　* 중기 구석기시대(10만 년)(김용간·서국태 1972)

(14) 함북 선봉군 굴포리 Ⅱ기층(1962~64년 발굴)

　* 전기 구석기시대 최말기(도유호·김용남 1965)

　* 후기 구석기시대(4~3만년)(김용간·서국태 1972)

(15) 평남 덕천시 승리산 동굴 위층(1972~73년 발굴)

　* 후기 갱신세 중기~말기(조선유적유물도감 편찬위원회 1988)

　* 후기 구석기시대(4~3만년)(김교경 1979)

(16) 평양시 상원군 금천 동굴(발굴 연도 ?)

　* 후기 구석기시대(34,000~26,000년)(장우진·강명광 1988)

(17) 평양시 승호구역 만달리 동굴 가운데층(1979~80년 발굴)

　* 후기 갱신세 말기(김신규 외 1985)

　* 후기 구석기시대(2만년)(김신규 외 1985)

　* 후기 구석기시대(김용간 1984)

(18) 함남 금야군 굴재덕 동굴(1986~87년 발굴)

　* 갱신세(리애경 1989)

V. 맺음말

분단 시대의 남북한 고고학자들은 그동안 서로 다른 이념에 파묻혀 살아오면서 역사 인식의 틀을 더욱 더 달리하며 지금에 이르렀다. 따라서 그와 같은 역사 인식의 이질감을 어느 정도나마 씻어 없애려면 서로가 서로를 깨우치게 만드는 것보다 좋은 약은 아마도 없을 것이다. 벌어질 대로 벌어진 역사의 틈바귀에서 우리에게 놓인 매듭을 하나하나씩 차근차근 풀어나갈 때, 한국 고고학의 앞날에 밝은 빛이 감돌 것이다.

지난 1960~80년대에 이르는 10여 년 동안 남북한에서 찾은 구석기시대 유적은 해를 거듭할수록 늘어났으며, 여기에서 얻은 성과로 우리나라 구석기시대와 문화에 대한 이해가 차츰 높아지고 있다. 그러나 선사고고학 전반에 걸쳐 우리 학계 스스로 안고 있는 연구 방법론의 한계와 문제점은 북한의 구석기학을 짜임새 있게 이해하는 데 때때로 걸림돌의 구실을 하였다고 볼 수 있다.

북한의 구석기시대 유적을 답사하거나 또는 그곳에서 발굴한 유물을 직접 관찰한다는 것은 현재로서 불가능에 가까운 일이다. 더욱이 북한에서 이미 발표된 조사 자료라 할지라도 그러한 자료를 원활하게 이용하기 위해서 많은 불편을 겪어야 하는 것이 오늘의 우리 현실이라 할 수 있다. 이제까지 북한에서 나온 제4기 분야와 구석기 연구에 대한 자료를 완벽하게 모아놓은 곳이 이 땅에 한 군데도 없다는 사실은 통일을 꿈꾸는 우리의 의지가 과연 어느 정도 수위에 올라 있는가를 되돌아보게 해준다.

이 글은 앞에서 밝힌 바와 같이 북한 구석기학의 연구 동향을 분석하는 기초 작업의 성격을 띠고 출발하였다. 그리하여 이러한 연구의 기본 틀이라 할 수 있는 제4기학과 구석기시대의 시대 구분에 초점을 맞추어 여기에서 제기되는 여러 문제점에 대하여 살펴보았다.

대체로 북한의 제4기와 구석기시대의 시대 구분은 1960년대 초기에 일반으로 받아들이고 있던 이해를 기본으로 하고 있다. 그 결과, 70년대 또는 80년대를 거치며 수정 보완된 현대 선사학의 연구 성과를 전혀 반영하지 않은 것으로 나타난다. 따라서 『문화유산』(1957~62)의 뒤를 이어 나온 『고고민속』(1963~67)과 『고고민속론문집』(1969~88)에 그와 같은 내용의 자료가 전혀 소개되지 않고 있다. 특히 1984년에 김용간이 펴낸 『조선의 구석기시대』에도 1960년대 초기의 고고학 분야에서 설정한 연대 기준에 따라 우리나라의 구석기시대를 분류하고 있는 것으로 추론된다. 1980년대 후반에 들어와 제4기의 층서 구분에 새로운 기준을 적용하려는 시도가 용곡 동굴유적을 비롯한 몇몇 제4기 층에서 이루어졌으나 그와 같은 분류의 기준에 또 다른 문제가 제기됨을 앞에서 지적한 바 있다.

그러나 『조선고고연구』(1986~현재)에 실린 글은 보면, 전자스핀공명 연대 측정 방법(김교경 1987a)과 핵분열흔적 연대 측정 방법(김교경 1987b)이 소개되고 있다. 그리고 제4기 층(리상우·류정길 1988)과 구석기시대 유적(전제헌 외 1986)에서 열형광법이 실시되고 있으므로 머지않아 제4기와 구석기시대의 시대 구분에 변화가 있을 것으로 추측된다. 그리고 중국 화북 지방(김용간 1986)과 소련의 원동 지방(고고학연구소 1987)에 있는 구석기 유적과 함께 인류의 기원(장우진 1986) 등에 관한 외국 선사학계의 최근 연구 동향이 제법 자주 소개되고 있는데, 이러한 경향은 북한의 구석기학이 새롭게 발전해 나가는 데 많은 도움을 줄 것으로 생각한다.

참고문헌

고고학 및 민속학 연구소 1962a. 「유적에서 출토하는 짐승 이'발의 형태에 대하여」, 『문화유산』 1962(5).

고고학 및 민속학 연구소 1962b. 「유적에서 출토하는 짐승 이'발의 형태에 대하여」, 『문화유산』 1962(6).

고고학 및 민속학 연구소 1963. 「함경 북도 웅기군 굴포리 서포항동에서 구석기 시대 유적 발견」, 『고고민속』 1963(2).

고고학연구소 1969. 「상원 검은모루유적 발굴중간보고」, 『고고민속론문집』 1.

고고학연구소 1977. 『조선고고학개요』.

고고학연구소 1978. 『덕천 승리산유적 발굴보고』.

고고학연구소 1986a. 「최근년간 조선고고학연구에서 이룩한 주요성과」, 『조선고고연구』 1986(1).

고고학연구소 1986b. 「발굴 및 답사 소식(1)」, 『조선고고연구』 1986(1).

고고학연구소 1986c. 「발굴 및 답사 소식(2)」, 『조선고고연구』 1987(2).

고고학연구소 1987. 「쏘련 원동지방의 구석기시대에 대하여」, 『조선고고연구』 1987(1).

김교경 1974. 「청청암 및 해상 동굴유적 발굴보고」, 『고고학자료집』 4.

김교경 1979. 「덕천 승리산유적의 년대에 대하여」, 『고고민속론문집』 7.

김교경 1981. 「새로 발견된 만달리 동굴유적」, 『력사과학』 1981(3).

김교경 1987a. 「전자스핀공명년대측정방법에 대하여」, 『조선고고연구』 1987(2).

김교경 1987b. 「핵분렬흔적법에 의한 절대년대측정의 몇가지 문제」, 『조선고고연구』 1987(4).

김명근 1967. 「지질 제4기층」, 『고고민속』 1967(1).

김신규 1961. 「미송리 동굴의 동물 유골에 대하여」, 『문화유산』 1961(6).

김신규 1962a. 「농포 원시 유적 동물 유골에 대하여」, 『문화유산』 1962(2).

김신규 1962b. 「함경북도 화대군에서 털코끼리(《맘모스》)의 유골을 발견」, 『문화유산』 1962(2).

김신규 1963. 「회령 오동 원시 유적의 포유 동물상」, 『고고민속』 1963(3).

김신규 1964. 「토성리 유적에서 출토한 짐승 뼈」, 『고고민속』 1964(2).

김신규 1987. 「승호 제3호 동굴에서 새로 알려진 만달짧은턱히에나에 대하여」, 『조선고고연구』 1987(4).

김신규·김교경 1974. 「상원 검은모루 구석기시대유적 발굴보고」, 『고고학자료집』 4.

김신규·김교경·백기하·장우진·서국태 1985. 『평양부근동굴유적발굴보고』.

김용간 1984. 『조선의 구석기시대』.

김용간 1986. 「화북(중국북부)구석기시대전기문화에 대하여」, 『조선고고연구』 1986(2).

김용간·서국태 1972. 「서포항원시유적발굴보고」, 『고고민속론문집』 4.

김용남 1963a. 「문화층이란 무엇인가」, 『고고민속』 1963(2).

김용남 1963b. 「중석기 시대」, 『고고민속』 1963(3).

김용남 1989. 「조선력사의 유구성에 대하여」, 『조선고고연구』 1989(2).

김정학 1958. 「한국에 있어서의 구석기문화의 문제」, 『고려대학교 문리논집』 3.

도유호 1962a. 「빙하기란 무엇인가」, 『문화유산』 1962(4).

도유호 1962b. 「인류의 기원」, 『문화유산』 1962(5).

도유호 1962c. 「구석기란 무엇인가?」, 『문화유산』 1962(6).

도유호·김용남 1965. 「굴포 문화에 관한 그 후 소식」, 『고고민속』 1965(1).

력사연구소 1979. 『조선전사』 1(원시편).

로영대 1962. 「함북 화대군 털코끼리 발굴지에 발달한 니탄층의 포자 화분 분석」, 『문화유산』 1962(4).

류병흥 1979. 「새로 발굴한 대현동 구석기시대 유적」, 『력사과학』 1979(2).

리상우 1987. 「제4기 층서구분에서 제기되는 몇가지 문제」, 『조선고고연구』 1987(3)

리상우 1988. 「평양시 상원군 중리 독재굴유적에 대하여」, 『조선고고연구』 1988(1).

리상우·류정길 1988. 「우리 나라 제4기 하세(구세하부층)층의 특징」, 『조선고고연구』 1988(4).

리애경 1989. 「금야군 온정리 굴재덕동굴에서 드러난 포유동물화석」, 『조선고고연구』 1989(1).

박희현 1983. 「동물상과 식물상」, 『한국사론』 12(한국의 고고학 I), 국사편찬위원회.

박준석·최현모 1962. 「털코끼리가 발견된 함북 화대군 장덕리 4기층의 고지리적 환경에 대한 고찰」, 『문화유산』 1962(4).

백기하 1963a. 「사람의 뼈를 감정하는 방법(I)」, 『고고민속』 1963(2).

백기하 1963b. 「사람의 뼈를 감정하는 방법(II)」, 『고고민속』 1963(3).

백기하 1963c. 「인도네시야의 고리끼란 지방에서 발견된 피테칸트로푸쓰의 하악골에 대하여」, 『고고민속』 1963(4).

백기하 1963d. 「인공 변형 두개」, 『고고민속』 1964(1).

서국태 1987. 「만달리동굴유적의 석기에 대하여」, 『조선고고연구』 1987(2).

손보기 1967. 「층위를 이룬 석장리 구석기문화」, 『역사학보』 35·36.

손보기 1974. 「한국 구석기시대의 자연 - 특히 점말 동굴의 지층별 꽃가루 분석과 기후의 추정 - 」, 『한불연구』 1.

양경린 1970. Atomic Energy Research Institute of Korea. Radiocarbon Measurements I. *Radiocarbon* 12-2.

양경린 1972. Atomic Energy Research Institute of Korea. Radiocarbon Measurements II. *Radiocarbon* 14-2.

이선복 1989. 『동북아시아 구석기연구』.

이융조 1980. 「한국의 구석기 문화 연구사」, 『한국 선사 문화의 연구』.

이융조 1986. 「한국구석기시대의 동물상」, 『한국고고학보』 19.

임효재 1985. 「북한의 유물 유적 발굴 실태 및 남북한 학술교류 방안」, 『동아문화』 23.

장우진 1986. 「최근 인류 발생시기에 대한 학계의 론쟁점」, 『조선고고연구』 1986(3).

장우진·강명광, 1988. 「금천동굴에서 발견된 인류화석」, 『조선고고연구』 1988(4).

전제헌·윤진·김금식·류정길 1986. 『룡곡동굴유적』.

조선유적유물도감 편찬위원회 1988. 『조선유적유물도감』 1(원시편).

최명학 1955. 「라진 초도 원시 유적 출토 인골 감정 보고」, 『라진 초도 원시 유적 발굴 보고서』.

최무장 1986. 『한국의 구석기문화』.

최무장 1989. 「북한의 구석기문화 연구와 문제점」, 『건국대학교 학술지』 33(1).

古脊椎動物與人類學硏究所 1983. 『中國古人類』.

張森水 1987. 『中國舊石器文化』.

德永重康·森 爲三 1939. 「豆滿江沿岸潼關鎭發掘物調査報告」, 『第一次滿蒙學術調査硏究團報告』 2-4.

直良信夫 1940. 「朝鮮潼關鎭發掘舊石器時代ノ遺物」, 『第一次滿蒙學術調査硏究團報告』 6-3.

Brézillon, M. 1969. *Dictionnaire de la Préhistoire*.

Butzer, K.W. 1971. *Environment and Archeology. An Ecological Approach to Prehistory*.

Butzer, K.W. and Isaac G.LI. (eds.) 1975. *After the Australopithecines. Stratigraphy, Ecology, and Culture Change in the Middle Pleistocene*.

Chaline, J. 1985. *Histoire de l'Homme et des Climats au Quaternaire*.

Chiu, T.N. 1988. Major Geological Ages : European and Chinese Nomenclature. Aigner, J.S. et al. (eds.) 1988. In, *The Palaeoenvironment of East Asia from the Mid-Tertiary*, vol. I (Univ. of Hong Kong).

Lumley, H. de 1975. Cultural Evolution in France in its Paleoecological Setting During the Middle Pleistocene.

In, *After the Australopithecines*. Butzer K.W. and Issac G.Ll. (eds.)

Lumley, H. de (ed.) 1976. *La Préhistoire Française*, t. I.

Larichev, V.E. and Grigorenko, B.G. 1969. The Discovery of the Palaeolithic in Korea (the Coulpo Culture). *Arctic Anthropology*, VI-1.

Leakey, L.S.B., Evernden, J.F. and Curtis, G.H. 1961. Age of Bed I, Olduvai. *Nature* 191, 478.

Pomerol, C. 1973. *Stratigraphie et Paléogéographie. Ere Cénozoique (Tertiaire et Quaternaire).*

【출처】한창균 1990.「북한 고고학계의 구석기시대 연구동향 : 제4기의 연구와 구석기시대의 시대구분을 중심으로」, 『동방학지』 65, 267-293쪽, 연세대학교 국학연구원.(이 논문은 성곡학술재단의 지원을 받아 작성되었음)

선사시대의 존재 양태와 겨레의 기원 문제

I. 시대 구분의 체계와 그 배경의 검토

인류의 역사가 머나먼 옛날부터 어떠한 과정을 밟으며 어떻게 변화되어 왔는가를 추적하여 각 단계별로 일정한 틀을 만들고, 각각의 단계에 보편성 있게 적용할 수 있는 용어를 한두 마디의 짧은 단어로 표현한다는 것은 그리 간단한 작업이 아니다. 시대 구분이라는 말 자체는 '연대 나누기'와 같은 숫자놀음을 흔히 떠올리게 만들기도 하지만, 그 본질은 구분된 시대의 문화, 사회, 정치의 성격을 어떻게 규정하느냐의 문제와 더욱 밀접한 관계를 맺고 있다.

사회를 구성하고 있는 모든 요소 가운데, 새로운 사회를 낳게 하는 데 가장 중요하고 중심된 역할을 담당한 요소는 무엇이며, 그것은 언제 어떠한 형태로 진행되어 갔는가? 이 문제에 대하여 여러 분야의 많은 학자들이 일찍이 관심을 두었고, 그러한 관심은 역사시대뿐만 아니라 선사시대에 대해서도 나타났다.

고고학이 오늘날과 같은 하나의 학문으로 자리를 잡아가기 시작한 것은 대체로 19세기 중반 무렵의 일이다. 덴마크의 고고학자 톰센은 인류가 과거에 사용한 도구와 무기의 재료가 어떻게 변화되어 왔는가에 초점을 맞추어 3시기 구분법(석기시대, 청동기시대, 철기시대)을 제안하였고, 그 뒤 영국인 러복은 1865년에 출판된 책에서 톰센의 3시기 구분법을 세분하여 4시기 구분법(구석기시대, 신석기시대, 청동기시대, 철기시대)을 확립하였다. 러복이 설정한 각 시대별 문화 성격은 오늘날의 연구 성과와 비교할 때 큰 차이를 보여주고 있으며, 인류 사회의 발전을 사용된 물질이나 가공 기술의 변화에만 의존하여 설명하고 있다는 점에서 많은 한계를 드러내고 있지만, 남한의 고고학계는 아직도 그가 제시한 4시기 구분법의 분류 체계를 폭넓게 받아들이면서 우리나라의 선사문화를 서술하고 있다.

고고학이 근대 고고학으로 발돋움하는 학문 분위기와 진화론의 강한 영향 아래, 영국의 인류학자

타일러는 1871년 인류의 과거를 야만 단계(Savagery), 미개 단계(Barbarism), 문명 단계(Civilization)로 나눈 바 있다. 이와 같은 문화의 발전 단계는 1877년 미국의 인류학자 모건에 의하여 다시 7단계로 세분되었다. 모건은 『고대사회』(최달곤·정호동 옮김 1978)라는 그의 저서에서 기술의 발전뿐만 아니라 생활양식의 모든 변화를 포함해서 인류의 사회 발전을 단계별로 설명하고자 시도하였다. 모건의 사회 발전 단계론은 엥겔스에게 깊은 영향을 주었다. 엥겔스는 모건을 가리켜 "일정한 체계 속에서 인류의 발전 단계를 밝히려고 노력한 최초의 인물"로 평가하면서 『고대사회』를 바탕으로 생산 양식의 변화와 가족의 발전 단계를 체계화하여 마침내 1884년에 『가족, 사유재산, 국가의 기원』(김대웅 옮김 1985. 『가족의 기원』)을 내놓았는데, 우리나라의 선사문화에 대한 북한 고고학계 또는 역사학계의 기본 인식은 이 책으로부터 출발하였다.

현재 남북한의 고고학계는 서로 다른 시대 구분의 배경과 연대 나누기 방법에 따라 우리나라에서 이룩된 선사시대의 사회와 문화를 논하고 있다. 대체로 북한 학계에서 내세우는 시대 구분의 체계는 나름대로 문제를 지니고 있으나 그 성격이 분명하다는 장점이 있다. 반면에 남한 학계는 학자마다 서로 다른 논리를 바탕으로 선사문화에 대한 시대 구분을 시도하고 있기 때문에 전공학자에게조차도 많은 혼란을 주고 있는 것이 사실이지만, 접근 방법의 다양성은 선사시대에 대한 성격을 새롭게 조명하는 데 적지 않은 도움을 준다.

어느 한 시대, 어느 한 사회가 언제 시작하여 언제 마감되었는가를 따지는 작업도 중요하다. 그러나 이것보다 더 중요한 것은 시대 구분을 가능하게 해주었던 개념 자체가 얼마만한 타당성을 지니고 있는가를 검토하고, 그러한 개념이 구분된 시대의 성격을 제대로 뒷받침하는 역할을 하고 있는가에 대하여 살펴보는 일이라 생각된다.

1. 북한

1940년대 말에서 1950년대를 거치면서 북한 고고학계는 일제시대에 잘못 엮어진 우리나라 선사문화의 성격을 바로잡는 데 온 힘을 기울였다. 여기에서 우리는 북한 고고학의 논쟁사에서 중요한 자리를 차지하는 3편의 논문을 먼저 주목해야 한다. 그것은 바로 한흥수의 「원시사회사 연구에 관한 각서」(『력사제문제』 제2집, 1948)와 「조선원시사회사연구에 관한 고고학상제문제」(『력사제문제』 제15집, 1950) 그리고 도유호의 「선사학의 유물사관적 고찰을 위한 몇개의 기본문제」(『력사제문제』 제15~16집, 1950)이다.

이들 글에서 한흥수와 도유호는 모두 엥겔스의 사회 발전 단계론을 논리 전개의 출발점으로 활용하면서도 원시사회의 발전에 가장 중요한 원동력이 무엇이었는가에 대하여 서로 상반되는 견해를 지니고 있다. 한흥수는 원시사회에서 사회적 생산의 가장 중요한 전제 조건은 혈연관계에

달려 있는 것으로 보았다. 다시 말해서 그는 각 혈족 사이에 나타난 산아율의 불균형으로 씨족과 군집 생활 사이에 이해관계에 따른 대립 현상이 일어나 초기의 인류 사회에서 절대로 필요했던 집단 노동이 단절되었으며 이러한 과정에서 마침내 분업이라는 새로운 생산 양식이 등장하는 것이라고 논하였다. 반면에 도유호는 원시 사회의 발전은 생산 양식의 발전에서 출발하며, 생산력의 성장은 생산 양식과 생산 요구(生産要具)의 교류에 의하여 촉진되는 것이라고 논하였다.

이렇듯 북한의 고고학계에서는 일찍부터 우리나라의 선사문화를 연구하기 위한 방법론의 검토를 게을리하지 않았고, 엥겔스의 사회 발전 단계설을 기초로 하여 거듭된 논쟁을 되풀이하면서 우리나라 선사문화에 대한 시대 구분의 체계를 일찍이 확립할 수 있었다. 이러한 가운데 도유호, 황기덕, 김용간 등을 중심으로 한 북한의 고고학자들은 중국, 만주, 연해주 등에서 발견된 유적을 예로 들면서 우리나라의 선사문화가 이미 구석기시대로 연결되고 있음을 추정하였고, 일제 관학자들이 우리나라 선사문화에 적용한 이른바 '금석병용기'라는 용어의 허구성을 낱낱이 파헤쳐 이를 신석기시대와 청동기시대의 문화 단계로 새롭게 설정하였다.

북한 고고학계나 역사학계에서 보는 우리나라의 선사문화에 대한 이해는 기본적으로 같다. 그러나 두 분야에서 받아들이고 있는 시대 구분을 위한 용어의 쓰임새는 달리 나타난다. 다시 말해서 선사문화 시대 구분에 있어 북한 고고학계는 대체로 러복이 제시한 4시기 구분법의 용어를 따르고 있는 반면에 역사학계에서는 엥겔스가 제시한 사회 발전 단계론의 용어를 주로 이용한다. 이러한 대조적인 경향은 일찍이 1950년에 나온 「김일성종합대학력사박물관」(『문화유물』 제2집)과 「조선인민력사강좌」(『력사제문제』 제15~16집)라는 글에서 잘 드러난다.

도유호는 『조선 원시 고고학』(1960)에서 신석기시대, 청동기시대, 철기시대라는 틀을 세워 우리나라 고고학의 시대 구분을 시도하였다. 당시에는 아직까지 구석기시대의 것으로 다룰 수 있는 유적이 없다고 판단한 까닭에 그는 우리나라 선사문화의 첫 단계로 신석기시대를 설정하였다.

1962년 개정판의 『조선통사(상)』에서는 모계씨족사회와 부계씨족사회를 원시 공동체사회로 설정하여 구석기시대와 신석기시대를 모계씨족사회, 청동기시대를 부계씨족사회로 규정하였다. 이와 같은 시대 구분은 1956년에 나온 『조선통사(상)』보다 한층 세분된 경향을 보여 주는데, 이것은 무엇보다도 평남 궁산 유적, 황북 지탑리 유적, 함북 농포리 유적과 서포항 등의 신석기시대 층, 그리고 함북 초도 유적과 오동 유적 및 범의구석 유적, 자강도 공귀리 유적, 평북 미송리 유적 등의 청동기시대 층에서 얻은 발굴과 연구 성과에 힘입은 바가 크다.

1970년대 후반에 와서는 우리나라 선사문화에 대한 북한 학계의 시대 구분 체계는 『조선고고학개요』(1977)와 『조선전사』(1979)에서 잘 드러난다. 이 두 책에서 우리나라 선사 문화를 보는 기본 인식은 동일하다. 그러나 같은 내용을 서술하면서 두 책은 서로 다른 시대 구분의 용어를 계속 사용하고 있어 눈길을 끈다(표 참조). 『조선문화사』(1977)와 최근에 나온 『조선미술사 ①』(1987)의 시대 구분 용어는 『조선고고학개요』의 체계를 따르고 있다. 반면에 『조선유적유물도감 1(원시편)』(1988)에서는 『조선전사』의 시대 구분 용어를 바탕으로 우리나라의 유적과 유물을 분류하여 설명하고 있다.

우리나라의 선사문화에 대한 북한 학계의 시대 구분 용어

『조선고고학개요』	『조선전사(원시편, 고대편)』
1. 구석기시대 2. 신석기시대 3. 청동기시대 4. 노예사회(고조선, 진국)	1. 원시무리시기(구석기시대 전기~중기) 2. 초기 모계씨족사회(구석기시대 후기~중석기시대) 3. 모계씨족사회의 발전(신석기시대) 4. 부계씨족사회(청동기시대) 5. 고조선, 부여, 진국

『조선고고학개요』와 『조선전사』에서 북한 고고학계는 원시시대(역사 이전의 시대)를 ① 원인 단계(전기 구석기시대), ② 고인 단계(중기 구석기시대), ③ 신인 단계의 모계씨족사회(후기 구석기시대~중석기시대), ④ 발전된 모계씨족사회(신석기시대), ⑤ 부계씨족사회(청동기시대)와 같이 5단계로 시대 구분하며 우리나라 선사문화의 발전 양식을 구체화시키고 있다. 요컨대, 그와 같은 북한 학계의 인식은 일정한(때로는 제한된) 틀 속에서 선사시대의 발전 단계를 해석하고 있다는 점에서 비판을 받기도 하지만, 사회 전체의 발전 과정 안에서 우리나라 선사문화의 생활 모습을 복원하는 데 크게 이바지하였다.

1950년대 이후 고고학은 발굴 기술의 개선, 자연과학 방법에 의한 연대 측정의 실시, 새로운 이론의 확립을 통하여 새롭게 발전하여 왔다. 따라서 엥겔스가 19세기에 제시한 사회 발전 단계의 모형과 그에 따라 정의된 각 단계별 문화 성격은 재고되어야 할 많은 문제를 안고 있다.

오늘날의 고고학에서는 원인 단계를 인류 역사의 유년기로 다루지 않는다. 인류가 두 발로 걸으며 도구를 만들어 쓰기 시작한 것은 적어도 300~200만 년 전으로 거슬러 올라간다. 인류가 여러 가지의 도구를 만들어 노동을 하며, 문화를 축적하고, 삶의 터전을 일구기 시작한 것은 이미 원인 단계에 이르러 일정한 수준에 올라 있었다. 원인 단계의 유적에서 나오는 코끼리, 코뿔소, 곰, 호랑이와 같은 사나운 짐승의 사냥은 집단 노동의 공동 작업에 의하여 수행될 수 있었다. 사냥에서 제외된 무리는 식물 채집을 통하여 일상생활에 필요한 양식을 마련하였고, 이와 같은 획득 경제는 성별, 연령별에 따른 분업에 의하여 뒷받침될 수 있었다. 떠돌이 생활에 유리한 가족 형태는 핵가족으로 추정되며, 원인 단계에 이르러 족외혼을 기본으로 하는 결혼 형태에 벌써 도달했던 것으로 현재의 고고학자들은 이해하고 있다.

불을 피워 생활했던 흔적은 이미 약 40만 년 전의 아시아(예, 중국의 주구점)와 유럽(예, 프랑스 니스시의 떼라 아마따)의 전기 구석기시대 유적에서 나타난다. 떼라 아마따 유적의 불자리는

자갈돌을 이용하여 집자리의 안쪽에 설치한 것으로서 이는 불의 보존 관리에 힘쓴 당시 사람들의 노력을 보여준다.

이러한 점에 비추어볼 때, 원인 단계는 집자리의 개선, 불의 사용, 성별 또는 남녀 간의 분업이 이루어졌던 시기였으며, 그들의 사회는 결코 '동물 상태에서 벗어나지 못한 낮은 단계'가 아니었다. 따라서 북한 학계에서 적용하고 있는 원인 단계 또는 고인 단계에 대한 문화 성격의 규정은 재검토되어야 할 것으로 생각된다.

고인 단계에 쓰인 무덤과 신인 단계에 활발했던 예술 활동은 선사인들의 의식 수준을 밝히는 데 매우 중요한 자료가 된다. 특히 신인 단계에 보이는 각종 치레거리의 제작과 다양한 예술 활동의 존재는 후기 구석기시대의 발전된 문화 내용을 잘 대변해 주고 있다. 북한 고고학계는 후기 구석기시대 예술품을 가리켜 '원시적이고 유치한 것' 또는 '사냥의 성과를 빌기 위한 것'으로 설명한다(『조선고고학개요』, 12쪽 참조). 그러나 후기 구석기시대라는 때는 구석기시대의 문화가 가장 꽃피웠던 시기였다. 당시 예술품에서 나타나는 여러 가지 기하학 무늬는 추상화된 개념이 의사소통의 한 수단으로 활용되고 있음을 보여준다.

여러 지역의 후기 구석기시대 유적에서 발굴되는 예술품의 양과 질은 당시 주민의 삶이 '야만스러운 단계'를 훨씬 뛰어넘었다는 사실을 반영하고 있다. 종래 그들의 예술성은 지나치게 한정된 의미, 즉 '사냥거리의 번성'이나 '풍요와 다산의 기원'이라는 시각에서 이해되곤 하였다.

그러나 프랑스의 고고학자 델포르트는 지층에서 발굴되는 동물 화석과 예술 작품의 소재로 즐겨 표현되었던 동물 그림 사이의 빈도수를 비교한 바 있는데, 그는 "알타미라 동굴에서 그들은 들소를 그렸지만 사슴을 잡아먹었고, 마들렌 유적에서는 말을 표현했지만 순록을 잡아먹었고, 바쉬 동굴유적에서는 말을 묘사했으나 야생염소를 잡아먹었다. 따라서 후기 구석기 사회에 그들은 순록을 잡아먹길 바라면서 말을 그렸을까?"라고 반문하면서 예술품의 주제로 등장하는 동물이 바로 그 동물의 풍요로운 번성을 바라는 마음에서 그렸을 것이라는 시각의 그릇됨을 지적하였다.

후기 구석기시대 주민의 의식 수준을 지나치게 높게 평가해서는 곤란하지만, 이른바 '원시적'이라는 전제에서 그들의 문화 단계를 지나치게 낮게 평가해서는 안 될 것이다. 예술품에 나타난 여러 동물의 형상은 그 동물의 번성을 위한 바람으로서가 아니라 당시 인류가 지녔던 신화 세계의 구성 요소로도 살펴볼 수 있는 것이다.

'풍요로운 다산의 기원' 혹은 '여성 숭배 사상'의 한 유형으로 해석되는 후기 구석기시대의 여인상(venus)은 기원전 25000~18000년 사이에 유행했던 예술품이다. 그러나 이 시기에 제작된 것으로는 여자 형상만 있는 것이 아니라, 남자 형상도 있으며, 때에 따라서는 성을 뚜렷하게 구분하기 힘든 것도 존재한다. 따라서 여인상이라는 한 종류의 예술품만 가지고, 이와 관련시켜 당시의 사회 성격을 제대로 논하기란 매우 어렵다.

북한 고고학계가 후기 구석기시대나 신석기시대에 적용하는 모계씨족사회설은 재검토되어야 한다. 현재 인류학에서는 수렵채집인의 사회 조직에 대한 모형으로 부거제(父居制)에 의한 무리사회를 들고 있으며[키싱(전경수 옮김) 1985. 『현대문화인류학』], 때때로 모거제(母居制)인 경우에도 남성은 사회와 정치를 지배하는 중요한 역할을 담당하는 것으로 설명한다[서비스(신형식 옮김) 1986. 『원시시대의 사회조직』]. 따라서 19세기 진화론자들의 주장에 흠뻑 물들어 있는 북한 학계의 관점은 현재에 이르러 설득력을 완전히 잃고 있다.

2. 남한

1950년대 남한 고고학계에서 이루어진 발굴 조사와 연구 활동은 매우 빈약한 편이었고, 일제 관학자들의 그릇된 논리를 극복하려는 의지도 거의 찾아볼 수 없었던 것이 당시의 현실이었다. 따라서 선사문화에 대한 이해와 시대 구분의 체계는 일제 관학자들이 깔아 놓은 인식의 범위를 벗어나지 못하고 있었다. 이러한 분위기 속에서 함북 종성군 동관진(지금은 온성군 강안리에 속함)의 유적과 유물을 구석기시대의 것으로 재평가하여 우리나라 선사시대에 구석기시대의 문화 단계를 설정했던 김정학의 글(1958. 「한국에 있어서의 구석기문화의 문제」, 『고려대학교 문리논집』 3)이 돋보인다.

선사문화에 대한 시대 구분의 일정한 체계가 남한 고고학계에 등장한 것은 1964년 김원룡의 「한국문화의 고고학적 연구」(『한국문화사대계』 I)에서 비롯한다고 생각된다. 이 글은 4시기 구분법을 바탕으로 전개되었으며, 이와 같은 시대 구분의 줄거리는 그가 저술한 『한국고고학개설』 (1973년 초판, 1977년 개정 신판, 1986년 3판)에서도 변함없이 적용되었다. 국사편찬위원회에서 나온 『한국사』와 『한국사론』도 위와 같은 4시기 구분법을 이용하여 우리나라 선사문화의 성격을 설명하고 있다.

한편 김정배는 1971년 「한국선사시대의 경제발전단계시론」(『역사학보』 50·51)에서 신석기시대 또는 청동기시대라는 용어를 활용하며, 경제 발전 단계의 측면에서 양식 채집 단계와 양식 생산 단계라는 개념을 도입하여 우리나라 선사시대에 적용시킨 바 있다. 사냥, 식물 채집, 물고기 잡이를 중심으로 한 양식 채집 사회에서 농경을 통한 양식 생산 사회로의 전환은 선사시대 사회를 한층 더 발전시키는 데 크게 이바지하였다. 따라서 이와 같은 관점에서 본다면, 경제 발전 단계에 맞추어 우리나라의 선사문화를 단계별로 구분하는 방법도 그 나름대로 충분한 논리를 갖추고 있다. 그러나 4시기 구분법에 대하여 지나칠 정도로 애착을 지니고 있는 남한 고고학계에서는 경제 발전 단계의 시각에서 우리의 선사문화를 체계화시키지 못하고 있다.

작은 규모의 무리사회로부터 하나의 국가가 형성되기까지 어떠한 과정을 거치며 성립되고,

그러한 과정을 우리나라의 선사시대에 어떻게 적용할 수 있는가의 문제는 대단히 흥미로운 주제이다.[1] 이것은 종래 4시기 구분법이 갖고 있었던 단순한 논리 전개의 한계성과 제약을 극복하는 데 매우 유용한 역할을 할 수 있는 것으로 이해되었기 때문에 남한의 고고학계뿐만 아니라 역사학계에서도 이에 대하여 깊은 관심을 나타냈으며, 때때로 그러한 방법론의 보편성과 적용 문제는 여러 차례에 걸친 논쟁을 불러일으키기까지 했다.

사회 조직의 변화에 따라 서비스[2]는 '무리사회 – 부족사회 – 군장사회(학자에 따라 추방사회 또는 족장사회라 옮기기도 함) – 고대 국가의 형성'이라는 틀을 세웠고, 그가 말하는 사회 진화의 유형은 남한 학계에 적지 않은 영향을 주었다. 그는 무리사회를 수렵 채집 단계의 구석기시대, 부족사회를 식물 재배와 동물 사육 단계인 신석기시대의 중요한 사회 조직으로 비정하였으나, 군장사회의 기원을 어느 단계에서 찾을 수 있는가라는 문제에 대해서는 매우 조심스러운 태도를 보이고 있다. 왜냐하면 그는 부족사회에서 군장사회로의 전환이 기술 혁신보다는 사회 조직 형태의 변화에 의하여 이룩된 것으로 보았기 때문이다. 서비스는 군장사회의 특징을 인구 밀도의 조밀, 생산력의 증가, 경제·정치·종교 활동을 조정하는 기관의 출현으로 설명한다.

그러면 서비스가 제시한 이론을 우리나라 선사시대에 어떻게 적용시킬 수 있는가? 이 문제에 대하여 남한 학계는 학자마다 서로 일치하지 않은 견해를 내놓고 있는데, 그것은 무엇보다도 우리나라 선사시대를 이해하고 있는 시각의 차이에서 비롯한다.

예를 들어, 김정배는 우리나라의 청동기시대를 군장사회 단계로 보고 있으며, 그가 말하는 예맥조선과 삼한 사회가 바로 군장사회에 비정될 수 있다는 견해를 내놓고 있다. 그는 농경이라는 새로운 형태의 요소가 우리나라의 선사시대에서 중요한 자리를 차지하는 시기를 신석기시대 후반으로 이해하고 있었기 때문에 청동기시대를 자연스럽게 군장사회와 연결시키고 있다.

이에 대하여 윤내현은 『한국고대사』(1989)에서 추방사회라는 말 대신에 부락연맹체사회라는 개념을 제안하였고, 신석기시대 후반을 장식했던 사회를 부락연맹체사회로 설정하였다. 특히 그는 기원전 3500년경에 해당하는 요령성의 우하량(牛河梁) 유적과 동산취(東山嘴) 유적 등에서 나타난 돌무지무덤, 돌널무덤, 제단 그리고 옥 종류와 같은 풍부한 껴묻거리를 예로 들면서, 이러한 성격의 유구와 유물은 빈부의 차이 및 계층의 형성을 반영하는 것이라고 받아들였다. 따라서 그는 부락연맹체사회는 신석기시대 후기에 이미 등장하였으며, 청동기시대는 바로 고대 국가가 출발하는 시기였다고 주장한다.

---

1 이에 대한 논의는 『한국고대의 국가와 사회』(역사학회 편 1985), 『한국고대의 국가기원과 형성』(김정배 1986)과 김광억의 「국가기원에 관한 인류학 이론과 모형」(1988. 『한국사 시민강좌』 제2집)을 참조.
2 그가 말하는 사회 조직의 개념에 대해서는 「사회조직의 의미」, 『원시시대의 사회조직』(신형식 옮김 1986)을 참조.

위에서 말한 내용을 비교할 때, 논의의 초점은 우리나라 신석기시대를 어떻게 이해하느냐라는 문제에서 출발하고 있다. 남한 학자들이 보고 있는 우리나라 신석기시대의 성격을 검토하기에 앞서, 우리가 말하는 이른바 '신석기시대' 또는 '신석기문화'의 개념이 어디에서 출발하는지를 먼저 살펴보기로 하자.

이미 잘 알려진 바와 같이 신석기시대의 가장 중요한 특징은 세 가지로 나누어 살펴볼 수 있다. 첫째는 식물 재배와 짐승 기르기라는 수단을 통하여 인류 역사는 이제 양식 생산 단계에 들어섰다는 것이다. 둘째는 토기 제작과 같은 새로운 기술이 널리 보급되었고, 석기 등의 도구를 갈아서 만드는 기술이 일반화되었다는 점이다. 셋째는 사냥 채집 단계에서 볼 수 없는 주거 유형(정착 생활에 알맞은 집짓기, 마을의 형성)의 변화이다.

대체로 북한 고고학계는 위에서 말한 신석기시대의 이해를 바탕으로 우리나라의 신석기문화를 설명한다. 그러나 남한 학계의 여러 학자들은 다른 의견을 갖고 있다. 곧, 우리나라 신석기시대가 양식 생산 단계로 접어드는 시기는 신석기시대 후반기, 경우에 따라서는 신석기시대의 가장 늦은 시기에 해당하는 것(임효재 1989. 「신석기문화」, 『한국사연구입문』 2판)으로 보았고, 그 이전 시기는 아직도 양식 채집 단계에 머물렀던 것으로 설명하며, 우리나라 신석기문화의 '특이성'을 지적한다.

우리나라 청동기시대에 농경은 매우 주요한 비중을 차지하고 있었으며, 대부분의 학자들도 그와 같은 점을 인정한다. 그러나 청동기시대의 유적에서 모두 곡식이 나왔기 때문에 농경의 존재를 인정하는 것만은 아니며, 농경을 알려주는 농경 도구(반달칼, 돌낫, 돌보습 등)의 증거를 들어 당시에 농경이 존재했다는 점을 뒷받침한다고 이야기한다. 그런데 유감스럽게도 우리나라의 농경 문제는 당시 유적에서 곡식이 나왔느냐 혹은 나오지 않았느냐, 만약 곡식이 나온 유적이 있다면 그 유적은 어느 시기에 속하느냐라는 시각에서만 다루려는 경향이 짙었기 때문에 농경 도구에 대한 증거는 흔히 뒷전으로 밀려나곤 하였다. 곡식의 존재는 농경의 실재를 직접 증명해 주지만, 신석기시대 이른 시기에 나오는 돌괭이의 존재도 괭이농사 또는 뚜지개농사라는 생업 수단을 알려주는 좋은 자료로 볼 수 있는 것이다. 한편 우리나라의 토양이 산성을 띠고 있기 때문에 선사시대 유적에서 곡식이 덜 남아 있을 가능성도 덧붙이고 싶다.

북한 고고학계는 기원전 3000년기에 우리나라의 신석기문화가 새로운 국면에 접어들었던 것으로 본다. 곧 그들은 이때를 전후하여 나타난 갈이농사, 발달된 노동 도구(자귀, 끌, 대패 등)의 사용, 물고기 잡이의 발전 등으로 신석기시대의 사회관계가 다음과 같이 재편성되기 시작했던 것으로 보고 있다.

"그리하여 신석기시대 생산의 발전에 의하여 생긴 생산물의 일정한 여유, 재산은 생산에서나 사회적으로 지위와 역할이 높아진 남성의 편으로 물려주어야 할 사회적 요구를 낳게 하였다."(『조선 고고학개요』, 61쪽)

남성 중심의 사회가 신석기시대 후반기에 이르러 나타난다는 설명은 많은 문제를 안고 있지만, 신석기시대 후반기에서 커다란 사회 변화의 흐름을 읽어내려는 북한 학계의 노력은 새로운 시각에서 평가되어야 할 것이다.

서비스는 부족사회에서 군장사회로 넘어가는 배경을 기술의 혁신보다는 사회 조직 형태의 변화에서 찾고 있다. 그렇다면 우리나라 선사문화에서 사회 조직 형태의 변화가 일어난 때는 언제로 추정할 수 있는가? 그것은 신석기시대인가 또는 청동기시대인가? 남한 학자들은 이미 청동기시대에 사회 계층이 분화되어 있었던 것으로 받아들이며, 이러한 계층화의 증거는 고인돌과 같은 무덤의 축조에서 찾아볼 수 있는 것으로 생각한다.

사회 계층의 분화는 청동기시대에 이르러 비로소 나타나는 현상인가? 그렇지 않으면 그 이전 시기부터 나타났던 현상인가? 사회 계층이 분화되었다는 증거를 우리나라 신석기시대 유적에서 찾아내는 것은 쉬운 일이 아니다. 그것은 무엇보다도 남한의 신석기시대 연구가 주로 유물의 형식 분류에 치우쳐 있었고, 아직까지 사회 계층의 분화 현상을 분명하게 알려주는 유적의 발굴 성과가 매우 약하기 때문이다. 그러나 발굴 성과의 뒷받침이 적다고 해서 우리나라 신석기시대가 그 후반기까지 부족사회 단계에 있었다고 잘라 말할 수는 없을 것이다.

우리의 눈을 중국으로 잠깐 돌려보자. 중국의 신석기시대 늦은 시기는 기원전 3000년기에 이미 성숙한 단계에 있었던 용산문화[3]에 의하여 대표된다. 용산문화의 특징을 간단하게 살펴보면 다음과 같다. 작은 종류의 치레거리와 도구는 금속(주로 동)으로 만들기도 하였다. 개선된 가마와 물레의 사용으로 토기 제작 기술이 한층 발전되었고, 이것은 토기 제작의 전문화를 낳게 하였다. 흙을 다져 쌓은 방어용 성벽과 무덤에서 조사된 사람 뼈의 출토 상황(살해나 생매장)은 전쟁 또는 치열한 싸움이 있었음을 반영한다. 어깨뼈 점술 행사(scapulimancy)와 우주관의 형성은 정치와 종교의 관계를 밀착시켰다. 이와 같은 사회, 정치, 종교 현상은 마침내 기원전 3000년기 말에 중국에서 고대 국가를 확립시키는 배경이 되었던 것으로 장광직(*The Archaeology of Ancient China*, 4판, 288쪽)은 보고 있다. 비록 장광직이 기원전 3000년기의 시대를 군장사회로 규정하지는 않았지만, 서비스의 관점에 굳이 맞춘다면 그와 같은 중국 신석기시대의 늦은 시기는 군장사회 단계로 비정될 수 있다. 중국에서 보이는 이러한 점을 우리의 선사문화에서는 어떻게 적용할

---

3 이에 관해서는 장광직의 『고대중국의 문화』(1986년 4판)와 『상문명』(윤내현 옮김 1989), 윤내현의 『중국의 원시시대』(1982)를 참조.

것인가? 이 분야에 대한 앞으로의 연구에 큰 기대를 건다.

시대 구분을 설정하고 그 개념을 적용하는 데 있어 현재 우리에게 필요한 것은 거기에 어울리는 새로운 관점의 확립이라고 생각한다. 그간 우리 학계는 일제 관학자들의 그릇된 논리를 바로잡으려고 노력하여 왔다. 우리는 이제 그러한 노력에서 쌓아올린 성과를 바탕으로 좀 더 새로운 이론 체계를 세워 나가야 할 것이다. 비록 우리의 선사문화를 재정립하기에는 적지 않은 시간이 필요하겠지만, 남한 고고학계 전반에 걸쳐 흐르는 학문 연구의 보수성으로부터 벗어나 더욱 발전된 한국 고고학으로 성장할 수 있도록 우리 스스로 많은 노력을 기울여야 하겠다.

II. 겨레의 기원 문제

당신은 한국인의 조상이 누구라고 생각합니까? 이런 문제에 대하여 쉽게 대답하기란 어렵다. 더구나 조상이라는 의미를 겨레, 인종, 종족, 민족과 같은 낱말과 어떻게 연결시켜야 할지도 난감하다.

겨레는 '한 조상에서 태어난 자손들의 무리'(이희승 편, 『국어대사전』)를 의미한다. 따라서 『국어대사전』에서 정의한 겨레라는 말은 인종이나 민족과는 그 의미가 멀고, 종족이라는 말과는 서로 가까운 느낌을 준다.[4]

너무나도 당연한 이야기지만 한국인의 조상이 되려면 먼저 그 생김새가 우리와 같아야 한다. 그러므로 전기 구석기시대의 곧선사람(원인)이나 중기 구석기시대의 네안데르탈사람(고인)은 한국인의 조상으로서가 아니라 인류의 선조로서 다루어야 한다. 왜냐하면 그들은 오늘날의 현대인과 모습이 같지 않기 때문이다. 선사시대에서 현대인과 닮은 인류가 활동한 시기는 후기 구석기시대이다. 후기 구석기시대의 사람 화석이 여러 곳에서 발굴되어 이제는 그때 사람들의 생김새까지 복원이 가능하게 되었다.

후기 구석기시대 동안 이 땅에 살았던 사람들을 한국인의 조상으로 볼 수 있는가? 남한 고고학계는 흔히 민족문화의 기원이라는 측면에서 한국인의 조상이 청동기시대에 이르러 형성된 것으로 보고 있다. 곧, 신석기시대의 고아시아족에 이어 등장한 청동기시대의 알타이족 계통(또는 퉁구스족)을 겨레 형성의 큰 줄기로 이해한다. 반면에 북한 고고학계는 핏줄의 형성과 인종 징표라는 두 가지 성격을 기본으로 '조선옛유형사람'이라는 개념을 내세워 겨레의 줄기를 신석기시대로 올리고 있으며, 만달리 동굴유적 등에서 사람 화석을 발굴 조사하면서부터 조선옛유형사람의

---

4 북한(사회과학원 언어학연구소 편찬 『현대조선말사전』)에서는 이들 낱말에 대하여 남한과 다르게 정의하고 있다.

가장 이른 옛 모습을 후기 구석기시대에서 찾기 시작하
였다. 이 글에서는 이 부분에 초점을 맞추며, 한겨레의
기원을 어느 단계부터 논할 수 있는지의 문제에 대하여
간단히 살펴보기로 하겠다.

한국인의 조상을 민족이 아닌 겨레라는 개념으로
이해할 때, 이 땅에 뿌리를 내리며 사람들이 살았던
시기는 후기 구석기시대로 거슬러 올라갈 수 있다고
생각한다. 그것은 무엇보다도 후기 구석기시대에 나타
난 자연 환경의 변화와 깊은 관계가 있었을 것으로
추정된다.

마지막 빙하기의 후기 구석기시대는 지금보다 날씨
가 추웠던 시기였다. 특히 기원전 18000년을 전후하여
찾아온 추위는 지구상의 온도를 뚝 떨어뜨렸다. 함경북

평양시 승호구역 만달리 동굴유적에서 나온 머리뼈 화석을
바탕으로 복원한 사람의 모습. 북한 고고학계는 우리 겨레의
머나먼 옛 모습을 '만달사람'에서 찾는다.

도 강안리와 장덕리 유적에서 발굴된 털코끼리(맘모스)는 우리나라에서 일어난 그런 기후상의
변화를 알려준다. 꽃가루 분석 결과는 당시 장덕리 일대가 불연속한 초원 지대가 이루어진
가운데 전나무, 가문비나무, 소나무, 오리나무, 자작나무 등이 군데군데 자랐던 환경임을 가리킨다.
그 후 차츰 시간이 지나면서 추운 기후는 점차 물러나고 온난한 기후가 나타나기 시작하여
지금으로부터 1만 년 전에 오늘과 같은 기후로 바뀌었다.

남한강, 보성강 등의 강가에 후기 구석기시대 늦은 시기의 것으로 평가할 수 있는 유적이
자리를 잡고 있다. 특히 수양개 유적(이융조 1989.「단양 수양개 후기 구석기시대의 배모양석기의
연구」,『고문화』35집)에서 나온 방사성탄소 연대 측정값(16400 BP)은 기후 환경이 차츰 온난한
것으로 바뀌는 시기에도 이 땅에 계속 머물러 살았던 주민들이 있었음을 보여준다.

기후 변화는 동식물의 서식에 큰 영향을 끼친다. 그런데 후기 구석기시대 늦은 시기로 오며
우리나라에는 털코끼리와 같은 짐승 대신에 사슴, 노루, 멧돼지와 같은 종류가 증가하였고, 이러한
동물군의 성격은 신석기시대와 청동기시대에도 별다른 변화를 받지 않고 그대로 지속되었다.
따라서 사냥감이 풍부하고, 살림터의 환경이 온난한 기후 조건을 갖추었다면, 추운 기후에 적응해
사는 동물의 이동을 쫓아 북으로만 올라 갈 필요가 있었을까? 환경과 기후가 서서히 바뀌면서
추운 기후에 어울리는 동물 대신에 온난한 기후에 맞은 동물이 자연스럽게 대체되었을 가능성을
이해할 필요가 있다. 환경이 변한다고 해서 구석기인들의 살림터가 반드시 바뀌는 것은 아니라고
생각한다. 오히려 바뀐 환경이 그들의 생존에 유리하게 작용하면, 당시 사람들은 그러한 변화에
적절하게 대응하며 새로운 삶을 펼쳤으리라 가늠된다.

아직까지 우리나라에서는 중석기시대의 존재가 뚜렷하게 드러나지 않았지만, 뗀석기가 나오는 지층(후기 구석기시대인지 또는 중석기시대인지 분명하게 연구되지 않았음) 바로 위에 신석기시대의 문화층이 놓인 유적도 여러 곳 있다. 이와 같은 층위 관계는 두 문화층 사이의 시간 간격이 그만큼 적다는 것을 알려주는 동시에 후기 구석기 말(혹은 중석기시대)에서 신석기시대로의 이행 과정이 바깥 물결에 의하지 않았을 가능성을 강하게 말해준다. 예컨대 다른 나라의 중석기시대에 보이는 반정착 생활, 짐승 길들이기의 시작, 야생 곡물 따먹기, 물고기 잡이 도구와 기술의 발전, 갈아서 석기를 만드는 기술의 등장 등에 대해서 우리는 또 다른 관심을 가져야 하리라 생각된다.

북한 고고학계는 체질 인류학의 관점에서 조선옛유형사람의 시원을 후기 구석기시대의 '만달사람' 등에서 구하였다. 이에 대하여 남한의 많은 학자들은 반대의 뜻을 표명하곤 하였다. 그러나 위에서 살펴본 바와 같이 후기 구석기시대 말기에서 신석기시대에 이르는 동안, 우리 한반도에서 일어난 자연 환경의 변화는 당시 주민에게 결코 불리하게 작용했던 것으로 보이지 않는다.

그 어디에선가 출발하여, 시베리아 지역이든 또는 요령성 지역이든 간에, 해안가를 따라 토기를 메고 안고 들어오는 새로운 선사인들의 모습을 상상하며 우리의 신석기시대를 복원해야 할 것인지? 아니면 이 땅에 붙박이로 살았던 중석기인들이 스스로 노력하는 가운데, 자생이든 또는 문화 교류의 결과이든 간에 토기의 제작 기술을 몸에 익혀 새로운 신석기시대의 문을 열었던 것으로 복원해야 할 것인지? 종래 우리는 우리나라에 중석기시대가 없었으며, 따라서 이때의 한반도는 문화의 공백 지대였던 것으로 설명하곤 하였다. 그러나 근래에 들어와 중석기문화의 존재 가능성에 대한 우리의 관심이 늘어나고 있다. 만족스러운 결과를 현재까지 얻어내지 못했지만, 그 문화 단계의 실재가 증명된다면 신석기시대로의 이행 문제와 함께 한국인의 조상이 누구에서 비롯하였는가라는 점도 뚜렷하게 드러날 것으로 보인다.

【출처】한창균 1991. 「선사시대의 존재양태와 겨레의 기원문제」, 『역사비평』 1991(봄), 210-221쪽, 역사비평사, 이 글은 〈남북한의 '우리역사 시기구분'을 둘러싼 쟁점〉(특집 2)에 게재되었다.

초기(1945~1950년)의 북한 고고학

I. 머리말

해방 이전의 고고학은 일제 관학자들의 독점물이었다. 일제가 이 땅에서 행한 모든 연구 분야가 그러했듯이 고고학도 순수한 학문 탐구를 기본 목적으로 삼은 것은 결코 아니었다. 한국 미술사 연구의 경우(조선미 1990)와 마찬가지로 한국 고고학 연구도 철저하게 일제의 침략 정책을 합리화시키기 위한 수단과 명분을 찾아내려고 이용된 도구에 불과하였다. 심한 왜곡과 편견으로 얼룩진 일제 고고학의 그릇된 논리가 지배하던 상황 속에서 우리의 문화유산을 우리의 손으로 직접 발굴, 연구할 수 있는 기회를 갖는다는 것은 불가능에 가까운 일이었다. 일제시대를 통하여 비록 얼마 되지 않은 한국인 학자가 한국 고고학에 관한 몇 편의 글을 남기기도 하였지만, 발굴을 통한 조사 연구의 기회는 그들에게 전혀 주어지지 않았다.

이러한 까닭에 해방을 맞이한 다음, 남북한 고고학계에 무엇보다 시급했던 일은 고고학 분야의 전문가를 하루속히 키워내, 새로운 의식을 지닌 이들로 하여금 일제 관학자들이 잘못 엮어 놓은 우리의 역사를 바로 잡는 것이었다고 볼 수 있다. 이와 같은 문제의 중요성은 유물사관의 확립과 밀접한 관련을 맺으며 북한 고고학계에서 먼저 제기되기 시작하였다.

1945년부터 1950년에 이르는 기간은 북한 고고학의 초창기에 해당한다. 이 기간 동안 북한은 이른바 "맑스-레닌주의적 세계관과 방법론에 입각하여 진정한 과학으로서의 고고학을 수립"(고고학 및 민속학 연구소 1960a. 1쪽)하려고 먼저 민족의 문화유산에 대한 보존 대책을 법으로 마련하였으며, 이와 아울러 고고학 전문가를 길러내기 시작하였다. 또한 1947년부터 몇몇 유적에 대한 시굴과 조사 사업을 벌여 북한 고고학의 체계를 조금씩 세워나갔다. 그리고 1949년에는 『문화유물』이라는 학술지를 간행하여 고고학, 민속학, 미술사 등에 관한 글을 실었다. 한편 당시 북한 고고학계를 대표하였던 한흥수와 도유호는 몇 편의 글을 통하여 서로 상반된 의견을 드러내며 논쟁을 벌였다.

분단이라는 현실 속에서 북한 고고학을 제대로 연구하는 작업은 쉬운 일이 아니다. 거기에는 이념의 갈등 문제와 아울러 북한 자료를 만족스럽게 수집하기 어려운 우리의 여건이 크게 작용한다. 그러나 초기의 북한 고고학은 북한 고고학계뿐만 아니라 남한을 포함한 한국 고고학사에서 매우 중요한 의미를 갖는다. 당시 남한 학계의 고고학 성과가 매우 미약한 점으로 가늠할 때, 우리는 초기의 북한 고고학을 조명해 볼 필요가 있으며, 이러한 작업을 통하여 남북한 고고학사를 올바르게 정립하는 데 필요한 작은 보탬을 마련할 수 있으리라 생각한다.

II. 문화재 관계 법령의 제정

해방 이후, 일제의 약탈 속에서 그나마 남아 있던 우리의 문화유산을 지키기 위하여 북한은 먼저 문화재 관계 법령을 제정하여 나갔다. 민족 문화의 유적과 유물을 제대로 보존 관리하려고 시도한 북한의 노력은 우리에게 많은 점을 다시 한번 되새겨 보도록 만든다. 특히 당시 남한[1]의 사정과 비교할 때 그와 같은 점이 더욱 뚜렷하게 드러난다고 생각된다.

1946년 4월 29일 「보물 고적 명승 천연기념물 보존령」이 북조선인민위원회의 이름으로 공포되었고, 이에 따라 도별로 '보물 고적 명승 천연기념물 보존회'를 만들어 이 보존회를 각 도 인민위원회 교육부 아래에 두었다. 그리하여

"각 도에는 《고적 보존 위원회》가 창설되였으며 1947년에는 중앙에 《북조선 고적 보존 위원회》가 창설되였다. 이와 아울러 적어도 각 도에 력사 박물관 하나씩을 창설하는 방향으로 사업을 추진시켜서 평양 외에 신의주, 청진, 함흥, 묘향산 등지에서 먼저 이를 실천에 옮겼다."(도유호 1960. 8쪽)

---

1 해방 이후부터 1960년대 초기에 이르기까지 남한에서 이루어진 문화재 관리 정책(정재훈 1989)은 다음과 같이 요약될 수 있다.
* 1948년 7월 17일 : 대한민국 헌법을 제정, 공포하여 일제시대의 「조선고적명승천연기념물보존령」의 효력을 유지시킴.
* 1948년 8월 15일 : 대한민국 정부 수립 이후, 문화재 관리의 중앙 행정 기구는 문교부가 됨.
* 1949년 12월 12일 : 국립박물관이 문교부에 소속됨.
* 1952년 12월 19일 : 문교부는 임시 '국보고적명승천연기념물보존회'를 구성.
* 1955년 6월 28일 : 문교부에서 자문 기구로 '국보고적명승천연기념물보존회'를 발족.
* 1961년 10월 2일 : 문교부 외국(外局)으로 문화재관리국 신설.
* 1962년 1월 10일 : 「문화재보존법」을 제정, 공포하여 '조선고적명승천연기념물보존회'를 폐지.

'북조선 고적 보존 위원회'는 1947년 2월 29일 북조선인민위원회 결정 제119호에 의하여 창립되었던 것으로 각 도에 만든 '고적 보존 위원회'를 지도하고 감독하기 위한 중앙기관의 역할을 하였다(리태진 1949).

1948년 9월 9일 조선민주주의인민공화국이 북한에 들어서면서 문화재 관계 법령이 재정비되기 시작하였다. 같은 해 11월 1일에는 내각결정 제58호로 「조선물질문화유물조사보존위원회에 관한 결정서」가 나오게 되었다.[2] 이 결정서에는 내각 직속으로 '조선물질문화유물조사보존위원회'(아래에서는 '물보'라 줄이겠음)를 두며, 그 위원회에 5개의 부서(원시사 및 고고학부, 미술 및 건축부, 민속학부, 박물관지도부, 총무부)를 설치하려는 내용이 들어 있다. 그리고 이 결정서에 의하여, 역사박물관의 관리 지도 사업과 북조선유적보존위원회 사업을 포함하여 문화재의 발굴에 이르기까지 거의 모든 업무를 이 위원회가 맡게 되었다.

1948년 11월 5일에는 내각지시 제49호에 따라 '물보'에 6명의 상무위원(위원장 포함)과 10명의 위원이 임명되었다. 상무위원은 위원장 한흥수를 비롯하여 리여성, 도유호, 박시형, 리태진, 오인근으로 이루어졌다. 그리고 위원은 태성수, 김세율, 김주경, 전몽수, 김경인, 김석형, 한길언, 신구헌, 김득중, 황오 등이었다. 이 위원회를 구성하고 있는 대부분의 상무위원과 위원은 여러 분야에서 당시 북한 학계를 대표하는 학자들이었다.[3] 그들은 고고학, 민속학, 역사학 분야 등에서 활발한 활동을 벌였고, 그들 가운데 9명(한흥수, 리여성, 도유호, 태성수, 전몽수, 김경인, 김석형, 한길언)은 내각결정 제11호(「조선력사편찬위원회에 관한 결정서」, 1948년 10월 2일)에 따른 내각지시 제8호(「조선력사편찬위원회의 조직 및 기본사업에 관하여」, 1949년 1월 14일)에 의하여 '조선력사편찬위원회'의 일도 맡았다.

1949년 8월 2일, 내각결정 제110호에 의하여 「물질문화유물 보존에 관한 규정」이 제정되었다. 이 규정으로 말미암아 「보물 고적 명승 천연기념물 보존령」 가운데 보물 고적에 관한 조항이 폐지되었다. 「보물 고적 명승 천연기념물 보존령」과 마찬가지로 이 규정에도 그 시행 규칙과 시행 수속(施行手續)에 관한 것이 뒤따랐을 것으로 추정되나 자료를 얻지 못한 까닭에 자세한 내용을 밝히기 어렵다.

「물질문화유물 보존에 관한 규정」이 나오면서 고적 또는 보물의 지정과 해제, 유물의 국외 반출, 유물의 발굴 또는 그 현상(現狀)의 변경, 개인의 유물 소유와 매매 등에 관한 업무상 책임이

---

2 『한민족』 2집에 실린 「북한의 1950년대 선사유적 발굴과 그 연구동향」(한창균 1990. 132쪽)에서는 「조선물질문화유물조사위원회에 관한 결정서」와 「물질문화유물 보존에 관한 규정」의 선후 관계를 잘못 적었기에 여기에서 바로 잡는다.

3 1950년 2월 13일 현재, '물보'의 구성은 다음과 같았다(조운 1950).
  위원장 : 한흥수   민속학부장 : 김남천   고고학부장 : 도유호   미술사부장 : 리여성
  서기장 : 리태진   건축사부장 : 박황식   총무부장 : 신태은

내각직속의 '물보'로 넘어갔다. 종래의 「보물 고적 명승 천연기념물 보존령」에서는 북조선임시인민 위원회의 위원장이 위와 같은 업무의 모든 책임을 맡았었다.

III. 유적 조사와 발굴

1946년에 「보물 고적 명승 천연기념물 보존령」을 공포한 이후, 북한은 문화재 관계 법령을 정비하여 나갔고, 각 도와 몇몇 시에 박물관을 설치하면서 고고학 분야의 전문가 양성과 발굴 조사 작업에 대한 준비를 갖추어 나갔다.

1947년에서 1950년에 이르기까지 여러 중요 유적이 시굴되었다.[4] 평양의 '중앙력사박물관'을 비롯하여 청진, 신의주, 함흥 등의 '지방력사박물관' 그리고 김일성종합대학이 유적 조사와 시굴 작업에 참가하였다. 이때 이루어진 성과는 다음과 같다.

"1947년에는 청진 력사 박물관에서 웅기 송평 조개무지와 라진, 부거 고분들의 시굴을 비롯하여, 1948년에는 북조선 고적 보존 위원회에서 진행한 전국 중요 유적 조사 사업과 김일성 종합 대학에서 평양 락랑리 주변의 한식 고분들을 발굴하였고 중앙 력사 박물관에서는 강남 관개 공사장 유적 정리와 평양 평천동에서 고대 절터를 발굴하였다. 또한 지방 력사 박물관에서는 원시 유적의 발굴 사업들이 활발하게 진행되었다. 1949년에는 신의주 및 함흥 력사 박물관에서 진행한 중요 성지 조사를 비롯하여 각 박물관에서 광범한 유적 조사가 진행되었고 물질 문화 조사 보존 위원회와 중앙 력사 박물관에서는 공동으로 안악 지방에서 고구려 시기의 벽화 고분 3기를 발굴하였다. 그리고 청진 력사 박물관에서는 라진 초도에서 원시 유적을 발굴하였다. 1950년에는 또한 온천 궁산 원시 유적을 발굴하였으며 『물보』에서 『동명왕릉(東明王陵)』이라고 전해지는 능묘와 『단군묘 (檀君墓)』라고 전해 오는 묘를 발굴 정리하였고 중앙 력사 박물관에서 오봉산 한식 고분을 정리하였 다. 함흥 력사 박물관에서 신창 토성리 원시 유적을 시굴하였고 청진 력사 박물관에서 부령 사하리 고분군을 발굴하였으며 또한 두만강안 유적 탐사를 진행하였다."(정백운 1958. 8쪽)

북한 고고학계에서 1947~48년은 대체로 정식 발굴을 위한 준비 기간이었던 것으로 추정된다.

---

4 1945년부터 1950년에 걸쳐 남한에서 이루어진 유적의 발굴(문화재연구소 1990)은 다음과 같다.
   * 1946년 : 경북 경주시 노서동의 호우총(壺杅塚) / 경북 경주시 노서동의 은령총(銀鈴塚)
   * 1947년 : 경기도 장단군 율서면 법당방의 고려시대 무덤
   * 1949년 : 경북 경주시 황오리 무덤(수습 발굴)

정식 발굴 조사는 1949년부터 시작되었다. 1949~50년 사이에 조사된 유적으로 보고서가 나온 곳은 1949년에 발굴된 안악 제1·2호 무덤(유적발굴보고 4), 안악 제3호 무덤(유적발굴보고 3), 초도 유적(유적발굴보고 1) 그리고 1950년에 발굴된 궁산 유적(유적발굴보고 2)이 있다.

안악 제1호 무덤(황해남도 안악군 대추리)의 조사가 1949년 4월 13일~15일(3일간)이라는 짧은 기간 동안 이루어졌다. 이때는 임시 조사[5]의 성격으로 출발하였으나 이 근처에서 또 다른 무덤이 발견됨으로써 같은 해 5월 19일부터 제2호 무덤이 발굴되었다. 제2호 무덤의 뒤를 이어 안악군 유설리에 있는 제3호 무덤이 조사되었다.[6] 그런데 이들 무덤의 발굴 당시 사진과 그림 등의 자료는 전쟁의 소용돌이 속에서 파괴되거나 없어졌는데, 그러한 피해는 특히 안악 제1·2호 무덤의 경우가 심하여 이들 유적은 1957년 7월에 재조사된 자료를 바탕으로 보고서가 간행되기도 하였다 (고고학 및 민속학 연구소 1958 ; 고고학 및 민속학 연구소 1960b).

북한에서 역사 고고학의 출발은 안악의 고구려 벽화무덤에서 시작되었다고 볼 수 있다. 반면에 선사 고고학 분야의 짜임새 있는 첫 발굴은 함경북도 나진시 초도 유적에서 이루어졌다. 따라서 해방 이후 전개된 우리나라의 고고학사에서 초도 유적이 갖는 의미는 매우 크다고 할 수 있다. 이 유적은 '물보'의 지도를 받으며 '청진력사박물관'을 중심으로 1949년 9월 1일부터 10월 18일까지 48일 동안 조사되었다.

초도 유적의 발굴에는 정백운·황기덕 등의 고고학자뿐만 아니라 리동성·리창범과 같은 의학 분야 전문가와 함께 최여구가 참가하였는데, 최여구는 물고기에 대한 일급 전문가였다(주강현 1991). 여러 분야의 전문가를 유적 발굴에 참여시켰다는 사실은 고고학 연구 방법에 대하여 이미 폭넓은 인식을 가졌던 당시 북한 고고학계의 분위기를 우리에게 간접으로 알려준다. 특히 고고학 유적에서 나온 짐승 뼈의 중요성에 대하여 말한 발굴 보고서의 다음과 같은 내용은 훗날 북한 학계에서 제4기 고동물학이 발전하는 데 좋은 자극을 주었던 것으로 보인다.

"이번 이 보고서를 내놓으면서 우리는 한 가지 유감스러운 형편에 언급하지 않을 수 없다. 원시 문화의 모습을 보는 데서 짐승 뼈(獸骨)의 검사는 커다란 자리를 차지하는 것이다. 그러나 현재 우리는 여기서 적지 않은 난관에 봉착하고 있다. 그러나 이 난관을 우리는 앞으로 반드시 극복하고야 말 것이다. 이번의 이 발굴 보고서에서 우리는 짐승 뼈에 관한 서술을 세밀히 하지 못하였다. 따라서 문제가 해결되는 대로 짐승 뼈에 관한 보고는 추가적으로 발표할 작정이다."(고고 학 및 민속학 연구소 1956. 4쪽)

---

5 제1호 무덤에 관한 조사 자료는 리여성(1949)에 의하여 발표된 바 있다.
6 도유호 1949. 「안악에서 발견된 고구려고분들」, 『문화유물』 1.

해방 이후 처음으로 우리나라에서 발굴된 청동기시대 유적은 초도[7]이며, 신석기시대의 것으로는 평안남도 온천군 운하리의 궁산 유적을 들 수 있다. 궁산 유적에서도 전쟁으로 인하여 발굴 구덩이에 관한 자료가 분실되어 유물의 층위와 그 출토 정형에 대한 자세한 내용을 확인할 수 없는 형편이다(고고학 및 민속학 연구소 1957).

1949년에 처음 알려진 궁산 유적은 1950년 4월 13일부터 5월 30일까지 48일간 발굴되었다. '조선물질문화유물조사보존위원회'의 고고학부를 중심으로 '중앙력사박물관'이 참여하여 이루어진 궁산 유적의 발굴에서 황기덕의 활동은 두드러졌던 것으로 생각된다. 이미 잘 알다시피, 궁산 유적의 발굴 성과는 우리나라 고고학계의 신석기문화 연구에 매우 중요한 여러 가지 점을 일깨워 주었다. 『궁산 원시 유적 발굴 보고』(고고학 및 민속학 연구소 1957)에서 언급하고 있는 해수면의 상승과 유적의 입지 조건, 물소 뼈의 발견에 따른 당시 기후의 추정, 집짐승 기르기와 농사짓기, 유적의 시기 설정 등에 관한 문제의 검토는 궁산 유적의 중요성을 드높게 만들었다. 그리고 '궁산문화'라는 개념을 통하여 평안남도와 황해도 및 그 주변 지역을 포함한 곳의 신석기시대 문화권을 설정할 수 있도록 해주었다(신숙정 1990).

Ⅳ. 학술지(『문화유물』) 간행

한국전쟁 이전에 고고학 분야의 글이 실린 학술지로는 '조선력사편찬위원회'의 기관지였던 『력사제문제』(1948~50년)와 '조선물질문화유물조사보존위원회'의 기관지로 간행된 『문화유물』 (1949~50년)이 있다. 『력사제문제』에는 한흥수(1948 ; 1950a), 리여성(1949), 홍기문(1950 ; 1950b), 도유호(1950a ; 1950b)가 글을 발표하였다.

리여성은 앞에서 말한 바와 같이 안악 제1호 무덤의 1차 조사 결과를 발표하였고, 홍기문은 일제 어용학자들이 내세운 이른바 '낙랑고고학(樂浪考古學)'의 목적과 내용을 비판적으로 상세하게 검토하였다. 초창기 북한 고고학에서 활발한 활동을 하였던 한흥수와 도유호의 글은 뒤에서 좀 더 자세하게 살피기로 하겠다.

『문화유물』 1집은 1949년 12월(책임 주필 : 리태진), 2집은 1950년 4월(편집 책임자 : 정순정)에 나왔다. 1집은 안악에서 발굴된 고구려 무덤을 특집으로 꾸몄고, 2집은 민속학을 특집으로 했으며,

---

7 『라진 초도 원시 유적 발굴 보고서』는 1956년 북한에서 처음으로 나온 발굴 보고서이다. 보고될 당시 이 유적은 신석기시대의 것으로 잘못 설명되었으나 그 뒤 다른 유적의 발굴 성과에 의하여 청동기시대에 속하는 것으로 드러났다. 초도 유적에서 나온 사람 뼈는 최명학이 연구하였는데, 그는 "우리나라 사람에 의한 해부학 기초를 만든 장본인"(김미경 1991)이다. 여러 가지 연구 자료를 활용하여 엮은 최명학의 작업은 체질 인류학 측면에서 새롭게 평가받아야 할 것이다.

3집은 고고학을 특집으로 삼을 예정이었으나 전쟁으로 나오지 못하고 말았다(『문화유물』 1~2집의 편집 후기 참조).

북한에서 『문화유물』의 창간이 갖는 의미는 매우 컸던 것으로 보인다. 그것은 당시 내각 부수상이었던 홍명희를 비롯하여 한설야, 이기영 등의 축사가 1집에 실린 것을 보아도 알 수 있다. 그리고 여러 사람이 보내준 축사의 각 내용은 『문화유물』이 나아갈 방향을 알려준다. 각 축사의 제목은 다음과 같다.

홍명희, 〈「문화유물」을 통하여 미제의 만행을 폭로하라〉
한설야, 〈조국에 대한 바른 력사와 인식을 주는 역할을 하라〉
리기영, 〈우리 민족의 문화유산을 외국에 널리 소개하라〉
남　일, 〈조국의 문화유물의 찬란한 가치를 선양하라〉
김오성, 〈민족문화를 부흥발전시키는 튼튼한 기초가 되라〉
김승화, 〈미제와 그 주구들의 문화유물략탈정책을 폭로 분쇄하라〉

『문화유물』은 맑스·레닌주의에 입각한 사회주의의 건설과 조국 해방이라는 깃발을 뚜렷하게 내세우며 창간되었다. 그리고 이와 같은 뜻을 널리 전파하기 위하여 1집은 무려 10,000부가 인쇄되었다. 『문화유물』 1집의 「창간사」는 이 학술지의 성격과 사명을 다음과 같이 담고 있다.

"첫째로 진행 중에 있는 우리 사업의 내용과 걷은 성과를 때때로 공개하고 또 조사연구의 결과를 되도록 평이하게 발표하여서 민족문화에 대한 과학적 인식과 보급화에 노력할 것이다. 둘째로 선진 국가 쏘련의 문화유물보존조사사업과 그에 동원되고 있는 보조과학들의 연구와 그리고 그 요구되는 방법론과 기술적인 자료들을 될 수 있는 대로 많이 또 정확하게 소개해서 우리 사업에 활용하는 데 있다. 셋째로 「문화유물」의 지면은 전문가나 특수취미가들의 독점경역에 속하는 것이 아니라, 신진인들과 특히 지방열심가들에게 널리 개방되어 있는 것이다. 그리하여 「문화유물」은 전문가와 비전문가와 사이에 유기적으로 련결시키는 매개체로 되려고 한다. 다시 말하면 인민적 민주주의 사회에서는 그 민족의 문화유산은 인민의 소유물이라는 것과, 이것을 조사하고 보존하는 사업은 인민의 능동적 참가와 인민의 직접적 감시 밑에서 가장 효과적으로 성취될 수 있는 사실을 널리 선전하고자 한다."(『문화유물』 1-2쪽)

대체로 『문화유물』 1집에 실린 원고 모집의 내용은 학술 논문(원시사·고고학, 미술사, 건축사, 민속학), 취미 논문(학술 논문과 방향은 같으나 평이하고 흥미 있는 논문 곧 전설, 구비, 민요

『문화유물』 제1집 목차

등), 문예 작품(고적 기행과 고문화를 주제로 하는 시가)으로 이루어졌다. 따라서 『문화유물』은 학술지의 역할뿐만 아니라 연구 조사의 자료를 일반인에게 친밀하게 전달하고 전파시키기 위하여 일종의 문예지와 같은 기능도 일부 맡았던 것으로 보인다.

『문화유물』 1집에서 고고학 분야의 글은 안악의 고구려 무덤에 대한 도유호의 글이 유일하다. 리태준도 하무덤(안악 제3호 무덤)에 대하여 쓰고 있으나 그것은 학술 논문이 아니라 일종의 산문과 같다. 초도 유적에 참가한 바 있는 리동성(평양 의과대학)이 「뇌두개」라는 글에서 머리 부분의 범위, 마틴(Rudolf Martin)의 머리뼈 재기, 머리통의 크기에 대한 내용을 간단하게 소개하고 있는데, 훗날 그는 안악 제3호 무덤에서 나온 사람 뼈를 감정하였다(황욱 1958).

『문화유물』 2집(3000부 발행)은 앞에서 말한 바와 같이 민속학을 특집으로 다루었으나 맨

『문화유물』 제2집 목차

앞쪽의 '독자에게 올리는 말씀'을 보면, 책이 제본된 다음에 책 뒤쪽에 게재하였던 「민속학」 부분 전부가 실리지 못하게 되었음을 알리고 있는데, 이에 대한 자세한 원인은 설명하지 않고 있다. 『문화유물』 2집에 실린 글 가운데, 「김일성종합대학박물관」[8]이라는 글을 썼던 한길언은 '일본의 출토품을 표준으로 삼은 일본식 고고학 용어'를 쓰지 말아야 하며 고고학 용어 자체도 일반인이 알아듣기 쉽도록 바꿀 필요가 있음을 힘주어 말하고 있다. 이렇듯 북한 고고학계에서 알기 쉬운 우리말 용어의 정리 작업은 일찍부터 시작되었고, 이러한 작업은 『문화유물』의 창간 목적과 잘 어울려 나갔다.

V. 한흥수와 도유호

초기의 북한 고고학계를 대표하는 학자로는 한흥수와 도유호를 들 수 있다.[9] 앞에서 말한

---

8 1949년 10월에 문을 연 김일성종합대학 박물관의 기본 과업은 다음과 같다. "朝鮮歷史와 考古學 美術史 民俗學等의 分野에서 關聯되는 諸問題를 맑쓰-레닌主義 基礎위에서 科學的 및 理論的으로 解明하고 朝鮮의 物質文化遺物들과 社會發展에서 生起한 諸歷史의 事實과의 互相關係를 解明하고 朝鮮의 物質文化遺物들과 社會發展에 寄與하도록, 歷史科學의 硏究에 必要한 資料인 物質文化遺物들과 그에 對한 解說을 體系的으로 보게 하기 爲한다."(한길언 1950. 66쪽)

9 도유호의 학력과 경력에 관한 내용은 이광린(1990), 고종석(1990)의 글을 참조하기 바람. 『진단학보』 14집(1941)

바와 같이 한흥수와 도유호는 1948년 11월 '물보'의 상무위원으로 임명되었고, 1949년 1월 '조선력사 편찬위원회'의 원시 분과 위원회 회원으로 임명되었다. 한흥수는 '물보'의 위원장으로 전쟁이 일어나기 전까지 활동하였던 것으로 보인다. 도유호는 1950년에 '물보'의 고고학 부장으로 있었으며, 전쟁이 끝난 다음에는 '고고학 및 민속학 연구소'의 소장으로 있으면서 북한 고고학 발전에 커다란 역할을 하였다.

해방 이전에 한흥수가 남긴 글은 1935~36년 사이에 『진단학보』와 『비판』에 발표된 것들이다. 『진단학보』에는 「조선의 거석문화연구」(3집, 1935년 9월), 「조선석기문화개설」(4집, 1936년 4월)과 1936년 유럽으로 유학을 떠난 다음 보낸 「한흥수씨의 서신」(6집, 1936)이 실려 있다. 『비판』에는 「원시사회연구의 중대성과 그 다음에 오는 제문제」(24호), 「조선원시사회론」(25호, 1935년 12월), 「조선문화연구의 특수성」(30호, 1936년 7월)이 있다.

한흥수는 원시사회의 연구 곧, 선사학에 대하여 많은 관심을 기울였다. 그는 문자의 기록이 남아 있는 기간은 5천 년에 불과하며, 인류사의 수십 만 년이 선사시대에 속하므로 합법칙성에 따른 인류 역사의 계기성(繼起性)을 밝혀내기 위하여 먼저 선사학의 여러 문제가 풀려야 할 것으로 이해하였다(한흥수 1935b). 그리고 그와 같은 문제의 해결에는 인류학, 고고학, 토속학(土俗學, 곧 민속학), 언어학과 함께 자연과학의 뒷받침이 따라야 할 것을 강조하였다. 한흥수는 '인종설'을 반대하고, 연구 대상을 골동품화 시켜 과학으로서의 사명을 스스로 상실한 '미술고고학'이나 '고전고고학'을 비판하였으며, 무엇이든 신화 또는 종교의 한 범주로만 연관 짓는 토속학의 관념론[10]을 거부하였다. 일제시대에 남긴 그의 글 가운데 다음과 같은 부분은 현재 우리의 구석기문화 연구에 좋은 참고가 될 만하다고 생각된다.

"歐洲의 「무스테리안」이나 「오리나시안」型石器가 全地球面에 遍在한 것도 아니고 歐洲의 그것이 있었다고 朝鮮에도 반듯이 石器時代의 分類를 歐洲式 그대로 할 수는 없는 것이다. (…) 또 石器材料에 對한 岩石學的 考察에 依해 본다면 歐洲에서 發見되는 舊石器는 主로 所謂 플린트(Flint 燧石?)라는

의 「휘보」를 보면, 오스트리아에서 돌아온 도유호는 1941년 6월 만주국 신경박물관(滿洲國新京博物館)에 취직했던 것으로 나와 있다. 1942년 3월에 일본으로 건너간 도유호는 고고 인류학 관계 서적을 번역하며 생활하였고, 1945년 2월에 귀국하였다. 그는 1946년 서울에서 공산당에 가입하였으며, 그 해 10월에 가족과 함께 월북하였다(이광린 1990).

10 최남선이 『兒時朝鮮』에서 "古朝鮮人의 活動은 모든 것이 죄다 宗敎中心이엇다."라고 말하고 있는 점을 한흥수 (1935a)는 비판하였고, 이러한 비판이 올바른 것으로 김태준(1936)은 받아들였다. 한흥수는 거석문화를 자연 숭배 사상의 한 표현으로 이해하여 태양의 작용으로 밤과 낮, 더위나 추위, 바람이나 비 등과 같은 자연계의 현상이 일어난다고 믿었던 원시인들의 관념에 의하여 거석문화가 이룩되었고, 따라서 이것은 현대 종교와 아무런 연관이 없는 것으로 해석하였다. 이에 대하여 이청원(1936a)은 원시 농업 사회에서 농경의 근원이 되는 하늘 곧, 태양은 가장 강한 것을 상징했던 까닭에 당시의 태양 숭배는 종교 신앙의 원시 형태와 관련이 있는 것으로 보았다.

石材로 된 것이 많은데, 朝鮮서는 歐洲의 그것과 같은 美麗한 플린트는 産出되지 않는 故로 歐洲의 舊石器와는 對照하기도 困難하다."(한흥수 1936a. 128쪽, 133쪽)

뚜렷한 구석기시대의 유적이 발견되지 않은 상황에서 한흥수가 어떻게 위와 같은 견해를 갖게 되었는지 매우 궁금하다. 한국에 부싯돌(flint)이 없기 때문에 유럽과 같은 모습의 석기가 적을 수밖에 없을 것이고, 이러한 재질의 차이로 인하여 석기의 제작 기술이 제약을 받고, 석기의 생김새까지 다르다고 추정한 것으로 보이는 그의 판단은 상당히 뛰어났다고 볼 수 있다. 이것은 한국에서 나올 수 있는 석기의 연구는 특성에 따라 새롭게 형식 분류되어야 한다는 점을 강하게 내비치고 있다. 또한 무스테리안이나 오리냐시안이라는 구석기시대의 문화 단계도 서구 유럽이라는 지역에 국한되었으리라고 이해하고 있는 그의 견해는 여러 가지 점에서 검토할 만하다고 생각된다.

한흥수는 1930년대의 맑스-레닌주의자 가운데 한 사람이었다. 그는 인류의 역사 발전이라는 운동 법칙의 한 과정으로 당시 조선 사회의 현실을 받아들였다. 따라서 그에게 중요했던 것은 민족의 독립보다는 조만간 닥쳐올 프롤레타리아에 의한 새로운 조선 사회의 건설이었다. 그리고 맑스나 엥겔스의 관점(Bottomore et al., 임석진 옮김 1988)에 따라 민족성 그 자체에 큰 관심이 없었고, 민족의 구성 요소인 사회 계급에 더 많은 관심을 기울였다. 한흥수가 목표로 삼은 것은 독립된 민족 국가로서의 주권을 회복하는 문제가 아니라 프롤레타리아에 의한 사회주의 체제의 확립이었다. 다음에 인용한 글 속에서 우리는 한흥수의 그러한 뜻을 잘 읽을 수 있다.

"지금 우리는 人類의 歷史的 發展過程이라는 滔滔한 흐름 속에서 生成한다. 이것은 嚴然한 그리고 偉大한 運動이다. 여기에는 法則이 있다. 이것을 누구라 拒否하랴! (…) 오늘날 우리의 不幸은 決코 偶然이 아니요 또 우리가 기다리는 幸福도 決定的인 우리가 가져야 할 우리의 運命일 것이다. 지금 우리는 바로 이 刹那에 生活한다."(한흥수 1936b. 2쪽)

1930년대의 맑스주의자들은 한국사 인식에 대하여 두 가지 경향을 지니고 있었다. 하나는 '내재적 발전론에 입각한 조선 인식'이었고 다른 하나는 '정체성론에 입각한 조선 인식'이었다.[11] 이런 분위기 속에서 한흥수는 조선 역사가 갖는 '특수성'을 강조하였고, 그의 '조선 문화 특수성론'은 한국사에 대한 타율성론을 바탕에 깔고 전개되었다. 그 주된 내용은 다음과 같다.

---

11 이에 관한 문제는 방기중의 박사학위 논문(1991. 108-121쪽, 157-184쪽)을 참고하기 바람.

"石器時代에 朝鮮半島에 國家形態의 階級社會가 發生되기는 樂浪時代 以後다. 半島北部에 漢代文化가 (…) 輸入되면서 社會關係도 飛躍된다. 이 階級社會에 支配者는 물론 優秀한 文化의 所有者인 漢人이다. 따라서 征服階級과 被征服階級의 完全한 區別도 생긴다. 이리하야 南部朝鮮에도 이때부터 國家가 發生되고 文化도 北方民族에게 習得한다."(한흥수 1935b. 60쪽)

"鐵器는 漢族이 비로소 半島에 輸入했다. 이것으로써 野蠻朝鮮은 文明朝鮮으로 飛躍했든 것이다. (…) 어째든 二三千餘年前에 文明人漢族은 最近 朝鮮에 丙寅洋擾 때와도 같이 그들은 自發的으로 찾어왔다. (…) 이와 같이 새로운 生産技術로써 武裝된 새로운 組織의 異種族이 大量的으로 訪問한 것은 原始朝鮮의 氏族制社會 崩壞에 强大한 陣痛이었고 生産力發展過程에 偉大한 飛躍의 動機가 되었든 것이다."(한흥수 1935c. 16쪽)

이처럼 한흥수는 조선 사회의 발전 과정을 내재하는 생산 관계의 변화에서 찾으려 하지 않았다. 그는 한국에서 형성된 고대 국가의 기반이 정복 계급과 피정복 계급의 형성에서 출발한다고 인식하였다. 그는 원시 조선이 문명사회로 발전하는 기틀을 정복 계급이었던 한족의 식민에서 구하였고, 낙랑의 식민 시대 덕분에 문명화된 조선 사회의 건설이 이룩되었음을 곳곳에서 강조하였다. 그리하여 1866년의 병인양요까지도 아무런 저항 없이, 오히려 그들의 침략을 고마운 듯이 받아들이는 자세를 보이고 있다. 발전이라는 허울 좋은 명분 속에서 그는 강대국의 침략을, 침략 받은 약소국의 입장에서 합리화시키는 데 조금도 머뭇거리지 않았다. 더욱이 그는 그러한 상황까지도 역사 발전의 합법칙성과 필연성으로 설명하고자 하였다.

일제의 침략과 억압이라는 현실 아래에서 한흥수는 식민지사관의 타율성론과 정체성론에 흠뻑 젖어 있었다. 그는 맑스주의와 일제의 침략 정책에 잘 세뇌되어 있었던 당시 지식인 가운데 한 사람이었다. 그러한 그는 고대 조선의 활동 무대를 한반도로 국한시키는 데 만족하였다(김재찬 1936). 왜냐하면 그에게 무엇보다 중요했던 것은 '문명된 대륙의 한족(漢族)'이 세운 낙랑이었지 결코 고조선이나 고구려가 아니었기 때문이었다.

한편 '인종설'을 반대했던 한흥수는 조선 사람의 민족 혈통에서 단일한 순수성을 찾아보기 어렵다고 단정하고 있다. 결국 이러한 그의 관점은 조선의 민족과 문화가 일찍부터 외부의 강한 영향력 아래에서 진전되어 왔음을 전제로 한 것이며, 이러한 '조선적 특수성'에 대하여 그는 다음과 같이 말하였다.

"現今의 朝鮮民族은 單純한 血統의 種族이 않이고 粗雜한 混血로 因해서 半島의 住民을 形成한 것이다 (…) 朝鮮民族의 先祖는 大陸에서 왔고 또 混血로써 構成된 種族이라는 朝鮮的 特殊性."(한흥수

1935c. 8쪽, 13쪽)

1936년에 한흥수는 배움의 길을 걷고자 유럽으로 떠났다. 그는 폴란드, 오스트리아를 거쳐 체코슬로바키아의 프라하 대학에서 수학하였다. 해방이 되고나서 그는 도유호의 알선으로 북한으로 갔다(이광린 1990). 북한에서 그가 남긴 글로는 다음의 4편, 곧 「원시사회사 연구에 관한 각서」(『력사제문제』 2, 1948), 「민족문화유산의 계승에 관한 제문제」(『문화유물』 1, 1949), 「조선 원시사 연구에 관한 고고학상 제문제」(『력사제문제』 15, 1950), 「조선민속학의 수립을 위하여」(『문화유물』 2, 1950)가 전한다.

일제시대에서와 마찬가지로 그는 한국의 선사학에 대하여 깊은 관심을 가지고 있었으며 고고학, 민속학, 언어학, 미술사, 건축사 등을 활용하는 연구 방법론의 필요성에 관해서도 자주 언급하였다. 그는 또한 나치즘에 악용되었던 '인종설'을 부정하면서 이른바 인종 우위론에 입각한 '문화권 또는 문화형'의 규정, 다시 말해서 "出土品의 形狀에 따라서 文化와 文化期의 名稱을 設定해 가지고 任意의 種族과 結附해 가지고 文化의 優劣(한흥수 1948. 129쪽)"을 판단해서는 안 된다고 강력하게 주장하였다.

한흥수는 서구 유럽 또는 게르만 중심의 '문화권설'을 부정하고 나섰지만, 문화 교류 자체를 반대한 것은 아니었다고 보인다. 예컨대 그는 낙랑문화의 영향에 대하여

"한 種族이 自己 것보다 더 높은 水準의 文化에서 影響 받았다는 事實이 怪異할 理由가 무엇이며, 부끄러울 것이 무엇인가! 民族間의 이와 같은 文化的 交流는 오히려 當然한 일이며 必然한 일이다."(한흥수 1949. 27쪽)

라고 말하였다. 이와 같은 한흥수의 입장은 그가 1930년대에 내세웠던 주장과 거의 다를 바가 없는 것이다. 다만 차이가 있다면 표현 방법이 좀 더 완곡하게 바뀌었다는 점일 것이다.

해방 이후에도 한흥수는 여전히 일제 관학자들의 주장을 그대로 믿고 따랐다. 그는 그들의 주장과 목적이 어디에 있으며, 그 주장 자체가 얼마나 옳고 그른가에 대해서 큰 문제를 제기하지 않았다. 그러나 한흥수의 그와 같은 입장이 당시 북한 학계에서 통용되기는 어려웠다. 일제 관학자들이 주장했던 낙랑 문화의 성격과 한사군의 위치를 재검토하려는 노력(김무삼 1949 ; 홍기문 1949a ; 1949b ; 1949c ; 정세호 1950)이 매우 강하게 나타났기 때문이었다. 일제 관학자들의 영향력을 끝내 벗어나지 못한 한흥수가 "朝鮮 物質文化의 遺物들이 우리 나라 社會의 內在的 根據에 依하여 自己發展을 하던 歷史的 過程에서 어떻게 變化發展하였느냐"(한길언 1950. 71쪽)를 주된 관심거리로 삼고 있었던 분위기 속에서 오래 버티기란 매우 힘들었던 것으로 생각된다.

해방 전에 좌익 계열에서 활동했던 한흥수가 그의 발길을 북으로 돌렸던 것은 어쩔 수 없는 선택의 길이었던 것으로 보인다. 그렇지만 도유호의 경우는 한흥수와 같지 않았다. 북으로 넘어가기 이전의 도유호는 맑스주의와 오히려 거리가 멀었던 것으로 보인다(이광린 1990). 이른바 "『亞細亞的 生産樣式』云云으로 中國歷史를 論한 諸君의 努力은 처음부터 矛盾 덩어리였든 것이다."(도유호 1940b. 164쪽)라는 관점은 그러한 그의 입장을 잘 대변해 준다고 볼 수 있다.

그러나 도유호의 역사 인식에서 우리는 맑스주의 요소를 찾아볼 수 있는데, 그것은 다름 아닌 그의 변증법적 역사관이다. 이때의 도유호는 인류 문화의 발전을 '단원적 기원의 원리'에서 구하였고, 그 변화의 과정을 '내적 발전'과 '외적 발전'의 상응 관계로 이해하며 다음과 같이 설명한다.

"同一한 出發點에서 始作한 人類의 其後의 發展은 體質的으로나 文化的으로나 多岐多樣으로 諸方向을 向하야 多元的으로 運動하게 된 것이다. 體質的으로 諸人種이 起源發展하게 되면, 文化的으로도 諸文化圈이 起源發展하게 된다. (…) 그런데 이렇게 分岐된 諸方向으로 運動하는 發展線들은 相互接觸하게 된다. 여기서 諸文化는 다시 合하여 하나가 되려는 傾向을 보인다. (…) 人類文化發展의 辨證法은 여기에 있는 것이다. 이것을 自體內의 內在力에 依한 「內的發展」에 대하여 「外的發展」이라고 하야 둔다. 勿論 文化의 發展은 이 外的發展에 依하야만 되는 것이 아니라 그 밖에 內的發展도 있는 것이다. 이 外的發展도 內的發展과 相應하여야 비로소 效果가 있는 것이다. 그러나 人類의 文化는 原始時代로 遡及하면 遡及할수록 外的發展에 依한 바가 더 커지는 것이다."(도유호 1940b. 163-164쪽)

『진단학보』 3집의 휘보에 실린 도유호의 편지 내용 가운데 "維也納學派에서 「發展」의 事實을 否認하는 것은 아무 根據가 없는 臆說에 不過합니다."(도유호 1936. 204쪽)라고 하여 그는 자신이 학문을 배운 원나대학의 학풍을 그대로 받아들이기를 거부하고 있다. 반면에 그는 위에서 언급한 바와 같이 문화를 발전의 시각에서 파악하였고, 그 발전은 문화의 유동성에 있는 것으로 이해하였다.

도유호는 원시문화가 두 갈래의 문화권으로 계승 발전한다고 보았다. 한 갈래는 토템적 수렵 문화(父權文化의 구단계)를 거쳐 유목 문화(父權文化의 신단계)로 발전하고, 다른 갈래는 재배 문화(母權文化)로 분기된다고 설명하면서 토템적 수렵 문화 단계에 이미 생산 경제적인 요소가 발생한다고 생각하였다. 여기에서 재배라는 것은 농경과 질적으로 다른 것으로서 신재배 문화 곧, 모권 문화의 신단계에 벌써 유목 문화의 영향을 입어 '돼지기르기'를 시도했다고 서술하였다. 유목 문화와 재배 문화는 다시 농경 문화로 종합 발전하고 농경 문화의 뒤를 이어 국가의 등장 곧, 계급 사회가 나타나는 것으로 보았다. 도유호는 농경을 통한 농촌 문화는 소와 보습이 사용되었기에 재배 문화와 뚜렷하게 구분된다고 보았다. 그리고 농경의 기원은 지질 시대의 '현세'부터라고 생각하였으며, 중석기시대의 징표를 집짐승 기르기가 시작되었던 때로 이해하고자 하였다. 요컨대, 이러한 역사 인식의 틀 안에서 도유호는 중국 고대 사회를 연구하였다(도유호 1936 ; 1940b ; 1941a ; 1941b).

도유호의 역사 인식은 그가 북으로 넘어간 다음에 유물사관을 중심으로 전개되었다. 그가 갖고 있던 종래의 변증법적인 역사관은 유물사관으로 무장되기 시작하였다. 그러나 문화의 유동성과 교류에 대한 도유호의 기본 인식에는 큰 변화가 없었다. 『력사제문제』 15집(1950)에 실린 「선사학의 유물사관적 고찰을 위한 몇 개의 기본문제」에서 그 내용을 잠깐 알아보기로 하자.

"人間은 自然과 싸우는 過程에서 다시 말하면 生産하는 過程에서 그 生産力을 發展시켰다. 生産力의 發展은 人間社會發展의 基底이다. (…) 새로 統一된 새文化 새人間群 새生産要具形 새生産形態는 그것 自身이 또 流動하였으며 그것은 또 多樣으로 다른 그루빠와 서로 부딪치게 되었다. 거기서 또 새로운 統一體가 생겨나는 것이었다. (…) 다시 말하면 發展은 分化를 招來하였으며 分化는 그 發展過程에서 다시 「合」으로 統一되여 왔다. (…) 이렇게 여럿이 모아서 하나가 되였으면 또다시 分化를 招來하였던 것이다. 그런데 이러한 文化의 交流가 반드시 人種의 交叉 血統의 交流를 意味하거나 種族의 移動을 의미하는 것은 아니였다. 傳來와 傳播는 文化만에 끝이는 수도 적지않았다."(도유호 1950a. 103쪽)

도유호도 한흥수와 마찬가지로 인종 우월론에 바탕을 둔 '문화권설'에 찬성하지 않았다. 그러나 도유호는 "所謂 「文化圈說」이 反動者의 學說이라고 하여서 文化系統의 同類 및 差異를 云云하는 것까지도 덮어 놓고 꺼려하는 것은 잘못"(도유호 1950a. 58쪽)이라고 생각하였다.

한흥수가 1948년에 발표한 「원시사회사 연구에 관한 각서」(『력사제문제』 2집)를 비판하고 있는 도유호는 '문화권설'을 무조건 배격해야 한다는 한흥수의 주장을 반박하였다. 예를 들어 한흥수와 도유호는 서로 다른 입장에서 문화권설을 이해하였다. 한흥수는 이른바 '문화권설'에서 이야기하는 문명화된 문화와 미개한 문화라는 구분과 개념을 강대국의 민족 우월감에서 비롯한 것으로 파악하여, '문화권설' 자체를 부정하였다. 반면에 도유호는 문화의 발전을 문화의 유동성에서 찾고자 하였다. 따라서 도유호는 서로서로 공존하는 문화 사이의 계통과 흐름을 밝혀내는 문제에 큰 관심을 갖고 있었다.

북으로 간 도유호는 유물사관을 역사 인식의 잣대로 삼았다. 그는 한흥수가 "原始社會의 生産關係를 生産過程의 社會性에서 出發하여 論하지 않고 血緣關係에서 出發하여 論함"으로써 큰 잘못을 범하게 되었다고 비판하였다(도유호 1950a. 67쪽). 그 내용을 다음에서 좀 더 자세하게 살펴보기로 하자.

"韓興洙 教授는 여기서 完全히 觀念論者의 見地에 떨어지고 말았다. 엥겔쓰도 아직 原始人의 生産關係를 血緣關係의 基底 위에는 놓지 않았다. 엥겔쓰는 兩者를 竝立시켰음에 不過하다. 그런데 韓敎授는 한거름 더 나아가서 血緣關係의 地盤 위에 原始人의 生産關係를 실어 놓는다. 이것은 完全히 투른발트(Thurnwalt) 프로이쓰(Preuss) 말리노브쓰키(Malinowski) 等等의 許多한 부르죠아 學者들과 같은 見地에 선 것을 意味하는 것이다. 투른발트나 프로이쓰가 쉬밑이나 콥퍼스를 「唯物論 者」라고 非難하는 理由는 무엇보다도 먼저 이 두 天主敎僧이 所謂 「經濟形態」를 血緣關係의 基底 위에 세우지 않는 데에 있다. 所謂 「職能說」의 提唱者 말리노브쓰키는 原始人의 社會構造 그들의 經濟的 政治的 모든 關係는 그들의 血緣關係(Kinship)에서 出發하지 않고는 理解할 수가 없다고 한다. 韓敎授의 見解가 그들의 見解와 달은 點이 那邊에 있는가?"(도유호 1950a. 66-67쪽)

위와 같은 도유호의 비판은 한흥수를 여지없이 궁지로 몰아넣었다. 이제 한흥수는 마치 부르주아 학자들의 관점을 대변하는 인물로 비치게 되었다. 이러한 비판을 받으며 한흥수는 마침내 학계에서 숙청되는 운명을 맞이하였던 것으로 추정된다(이광린 1990). 한흥수의 뒤를 이어, 유물론자로 변한 도유호가 북한 고고학계를 이끌게 되었다. 그리하여 한국전쟁이 끝난 다음부터 1960년대 초반에 이르기까지 북한 고고학의 체계는 도유호를 중심으로 확립되어 나갔다.

1949~50년에 걸쳐 나온 도유호의 글은 적은 편이다. 한흥수에 대한 비판의 글 이외에 황해도 안악의 고구려 무덤 발굴(도유호 1949)과 강원도 철원군의 봉선사터 답사(도유호 1950c)에 관한 짧은 글이 있을 뿐이다.

VI. 맺음말

해방 이후부터 한국전쟁이 일어나기 전까지의 시기는 북한 고고학의 초창기에 해당한다. 이 기간 동한 북한은 우리의 문화유산을 보존 관리하기 위하여 여러 문화재 관계 법령을 정비하여 나갔고 평양, 신의주, 청진, 함흥, 묘향산 등에 박물관을 세웠다. 그리고 다른 한편으로는 유적과 유물에 대한 지표 조사와 발굴 작업을 실시하여 새로운 한국사의 정립에 많은 힘을 기울이기 시작하였으며, 이러한 노력은 유물사관의 확립과 실천이라는 현실의 목적과 밀접한 관계를 맺고 있었다.

당시 북한 학계의 이런 움직임은 남한 학계와 많은 점에서 대조를 이룬다. 잘 알려진 바와 같이 해방을 맞이한 다음 남한에서 처음으로 실시한 1946년의 경주 호우총 발굴은 일본인 유광교일 (有光敎一)의 도움 속에서 진행되었다. 일제시대의 고고학이 관학자들의 전유물이었던 만큼 해방 이후의 첫 발굴을 우리들 스스로 해낸다는 것은 쉽지 않은 일이었을 것으로 짐작된다.

그러나 당시의 사정은 단순하게 발굴 방법에 대한 도움을 얻기 위한 선에서 끝난 것은 아니었던 것으로 보인다. 그것은 해방이 되었음에도 불구하고 일제 관학자들의 주장이 커다란 문제없이 그대로 통용될 수 있다는 남한 고고학계의 학문 분위기를 간접으로 알려주는 것이었다. 따라서 해방된 민족으로서 보일 수 있는 '한국 고고학의 새로운 정립'은 그 첫 발자국부터 방향 감각을 상실하고 말았다. 이러한 까닭에 우리는 호우총의 발굴 경위를 한낱 일화로서만 다루어서는 안 된다고 생각한다. 거기에는 개운치 못한 뒷맛이 늘 따라다니기 때문이다.

그러한 상황 속에서 한국 고고학에 대한 일제 관학자들의 잘못이 어디에 있었는가를 따져보거나, 여기에서 비롯하는 왜곡과 편견에 대하여 반론을 제기했던 학자를 당시 남한 학계에서 찾아보기란 대단히 어렵다. 이런 사정으로 인하여 1945~50년 사이의 한국 고고학사를 제대로 엮기 위해서는 당시 북한 학계의 흐름을 주목할 필요가 있는 것이다.

맑스-레닌주의에 입각하여 출발한 북한 고고학은 한국사에 내재하는 역사 발전의 능동적인 추진력을 밝혀내는 데 많은 노력을 아끼지 않았기 때문에 일제 관학자들의 그릇된 편견을 일찍부터 비판하고, 극복할 수 있었다. 서로 다른 이념의 갈등에서 벗어나 민족 화해를 실현하려고 애쓰는 오늘의 현실에서 판단할 때, 우리는 한국 고고학 연구에 이바지한 유물사관의 영향을 바르게 가늠할 수 있도록 힘써야 하며, 이를 위하여 적지 않은 관심과 노력을 쏟아야 할 것으로 생각된다.

요컨대, 한국 고고학 연구에서 유물사관의 관점이 어떻게 적용되고, 전개되었는가를 좀 더 깊이 살펴보아야 하는 과제가 우리 앞에 놓여 있다. 그리고 이런 과제를 해결해 나가는 과정을 통하여, 우리는 유물사관에 의한 자료 분석과 그 연구 결과의 장단점을 냉정하게 평가할 수 있도록 노력해야 한다. 좀 더 성숙한 모습을 지닌 한국 고고학을 정립시키기 위하여 남과 북에게 무엇보다 필요한 것은 냉전시대의 이념과 갈등에서 하루빨리 벗어나는 일이라고 굳게 믿는다.

참고문헌

고고학 및 민속학 연구소 1956. 『라진 초도 원시 유적 발굴 보고서』, 유적발굴보고 1.

고고학 및 민속학 연구소 1957. 『궁산 원시 유적 발굴 보고』, 유적발굴보고 2.

고고학 및 민속학 연구소 1958. 『안악 제3호분 발굴 보고』, 유적발굴보고 3.

고고학 및 민속학 연구소 1960a. 「해방후 조선 고고학이 걸어온 길」, 『문화유산』 1960(4).

고고학 및 민속학 연구소 1960b. 『안악 제1호 및 제2호분 발굴 보고』, 유적발굴보고 4.

고종석 1990. 「한반도 '구석기' 입증 고고학 최고봉 : 도유호」, 『한겨레신문』 591호(4월 13일, 13면)

국토통일원 1971. 『북괴법령집』 2.

국토통일원 1984. 『북한의 문화재보존실태 및 교류방안』.

김무삼 1949. 「조선금석에 대한 일제어용학설의 검토」, 『력사제문제』 10.

김미경 1991. 「기초의학 중시한 국내 첫 해부학자 : 최명학」, 『한겨레신문』 1106호(12월 13일, 7면)

김재찬 1936. 「『조선사회경제사』의 재검토 - 한흥수씨의 비판에 대한 비판 - 」, 『비판』 29.

김태준 1936. 「진단학보 제3권을 읽고(중앙일보)」, 『진단학보』 4.

대륙연구소 1990. 『북한법령집』 4.

도유호 1936. 「휘보 : 도유호씨의 서신」, 『진단학보』 5.

도유호 1940a. 「「요세프·헥켈」씨의 「토템」주의론」, 『진단학보』 12.

도유호 1940b. 「중국 도시문화의 기원」, 『진단학보』 12.

도유호 1941a. 「중국 도시문화의 기원(2)」, 『진단학보』 13.

도유호 1941b. 「중국 도시문화의 기원(3완)」, 『진단학보』 14.

도유호 1949. 「안악에서 발견된 고구려 고분들」, 『문화유물』 1.

도유호 1950a. 「선사학의 유물사관적 고찰을 위한 몇개의 기본문제(상)」, 『력사제문제』 15.

도유호 1950b. 「선사학의 유물사관적 고찰을 위한 몇개의 기본문제(하)」, 『력사제문제』 16.

도유호 1950c. 「봉선사지고」, 『문화유물』 2.

도유호 1960. 『조선 원시 고고학』.

레닌·스탈린(도서출판 벼리 편집부 엮음) 1989. 『맑스-레닌주의 민족운동론』.

리동성 1949. 「뇌두개」, 『문화유물』 1.

리여성 1949. 「최근 안악에서 발견된 고구려 시대의 고분의 벽화와 년대에 대하여」, 『력사제문제』 9.

리태준 1949. 「하무덤」, 『문화유물』 1.

리태진 1949. 「문화유물보존사업에 대하여」, 『문화유물』 1.

문화재관리국 1985. 『북한문화재실태와 현황』.

문화재연구소 1990. 『전국문화유적 발굴조사 연표 : 증보판 I』.

방기중 1991. 『백남운의 정치경제사상 연구』, 연세대 대학원 박사학위 논문.

백남운(윤한택 옮김) 1989. 『조선사회경제사』, 도서출판 이성과 현실.

북조선인민위원회 사법국 1947. 『북조선법령집』.

신숙정 1990. 「북한 고고학계의 신석기문화 연구동향」, 『박물관기요』 6, 단국대 중앙박물관.

엥겔스(김대웅 옮김) 1985. 『가족의 기원』, 도서출판 아침.

이광린 1990. 「북한의 고고학」, 『동아연구』 20, 서강대 동아연구소.

이청원 1936a. 「진단학보 제3권을 읽고(동아일보)」, 『진단학보』 4.

이청원 1936b. 「조선원시사회연구」, 『비판』 26.

정백운 1958. 「해방후 우리 나라 고고학의 발전」, 『문화유산』 1958(4).

정세호 1950. 「고조선의 위치에 대한 일고찰」, 『력사제문제』 16.

정재훈 1989. 「남북한 문화재관리정책의 비교」, 『미술사학』 3.

조선물질문화유물조사보존위원회 1949. 『문화유물』 1.

조선물질문화유물조사보존위원회 1950. 『문화유물』 2.

조선미 1990. 「일제치하 일본관학자들의 한국미술사 연구에 관하여」, 한국미술사학연구회 공개강좌, 1990년 11월 16일.

조선중앙통신사 1949. 『조선중앙년감 1949』.

조선중앙통신사 1950. 『조선중앙년감 1950』.

조운 1950. 「농악에 관하여」, 『문화유물』 2.

주강현 1991. 『북한민속학사』, 도서출판 이론과 실천.

최광식 1991. 「한흥수의 「원시사회사 연구에 관한 각서」에 대한 검토」, 『북한의 우리 고대사 인식(1)』(김정배 엮음), 대륙연구소 출판부.

한길언 1950. 「김일성종합대학박물관」, 『문화유물』 2.

한창균 1990. 「북한의 1950년대 선사유적 발굴과 그 연구동향」, 『한민족』 2.

한흥수 1935a. 「조선의 거석문화연구」, 『진단학보』 3.

한흥수 1935b. 「원시사회 연구의 중대성과 그 다음에 오는 제문제」, 『비판』 24.

한흥수 1935c. 「조선원시사회론 - 백남운씨저 『조선사회경제사』에 대한 비판을 겸하야 - 」, 『비판』 25.

한흥수 1936a. 「조선석기문화개설」, 『진단학보』 4.

한흥수 1936b. 「조선문화 연구의 특수성」, 『비판』 30.

한흥수 1936c. 「휘보 : 한흥수씨의 서신」, 『진단학보』 6.

한흥수 1948. 「원시사회사 연구에 관한 각서」, 『력사제문제』 2.

한흥수 1949. 「민족문화유산의 계승에 관한 제문제」, 『문화유물』 1.

한흥수 1950a. 「조선원시사 연구에 관한 고고학상 제문제」, 『력사제문제』 15.

한흥수 1950b. 「조선민속학의 수립을 위하여」, 『문화유물』 2.

홍기문 1949a. 「조선 고대사료로서 한위이전 중국문헌의 검토」, 『력사제문제』 9.

홍기문 1949b. 「조선의 고고학에 대한 일제어용학설의 검토(상)」, 『력사제문제』 13.

홍기문 1949c. 「조선의 고고학에 대한 일제어용학설의 검토(하)」, 『력사제문제』 14.

Bottomore, T. et al.(임석진 편집) 1988. 『마르크스 사상사전』, 청아출판사.

【출처】 한창균 1992. 「초기(1945~1950년)의 북한 고고학」, 『中齋 張忠植博士 華甲紀念論叢(歷史學 編)』, 701-719쪽, 中齋 張忠植博士 華甲紀念論叢刊行委員會, 단국대학교 출판부.

북한의 구석기문화 연구 30년

I. 머리말

백남운은 1930년대 초반에 "原始朝鮮이 古石器時代를 經過하였다는 것은 若干의 出土品에 의하여 確證된다."[1]고 이야기한 바 있다. 그러한 견해에 대하여 한흥수는 "精確한 考證이 없을 뿐만 아니라, 이 方面專門家的 硏究가 아니었으므로 더 詳細한 理論을 發表하기까지는 무엇이라고 批判할 길이 없고, 其他의 學者들도 역시 具體的인 考證이 없는 故로, 여기서 問題삼을 수 없다."라고 하였다.[2] 그런데 그 뒤 한국에서 여러 구석기 유적이 발견되는 점으로 보아 백남운의 견해가 결국 옳았음을 알 수 있다.

북한 지역에서 구석기 유적이 처음으로 발굴된 것은 1935년의 일이다. 두만강에서 약 1킬로미터 떨어진 함경북도 온성군 강안리(행정 개편 이전은 종성군 동관리)의 갱신세 황토층에서 많은 짐승 화석과 더불어 석기 몇 점이 발굴되었다.[3] 그러나 이 유적은 오랫동안 구석기시대의 것으로 올바른 평가를 제대로 받지 못하였다. 남한에서는 1950년대 후반에 이르러 이 유적을 구석기시대의 것으로 보아야 한다는 글[4]이 발표되었다.

1935년 6월 『조선일보』에는 황해도 제석산(帝釋山)에서 코뿔소(古代犀)와 말(古代野生馬)의 이빨 화석, 함경도 길주 부근에서 '맘모스'의 이빨과 고래 뼈의 화석이 발견되었다는 내용이 실렸고, 이들 화석이 구석기시대의 것으로 소개되었던 바가 있다.[5] 그러나 한흥수[6]는 이들 화석이

---

1 백남운 1933. 『朝鮮社會經濟史』, 90쪽, 개조사.

2 한흥수 1936. 「조선석기문화개설」, 『진단학보』 4, 130쪽.

3 德永重康·森 爲三 1939. 「豆滿江沿岸潼關鎭發掘物調査報告」, 『第一次滿蒙學術調査團報告』 2-4 ; 直良信夫 1940. 「朝鮮潼關鎭發掘舊石器時代ノ遺物」, 『第一次滿蒙學術調査團報告』 6-3.

4 김정학 1958. 「한국에 있어서의 구석기문화의 문제」, 『고려대학교 문리논집』 3.

5 天台山人 1935(6월 14일). 「民族起源에 關한 言語學者의 諸學說(朝鮮의 地理的 變遷의 續)」, 『조선일보』.

구석기시대 석기나 사람 뼈 등과 같은 고고학 유물과 함께 나오지 않았다는 점을 지적하면서 구석기시대의 것이 아니라고 하였다. 또한 그는 한국에서 빙하의 흔적을 찾을 수 없기 때문에 길주 부근에서 나온 것은 추운 빙하기에 살았던 맘모스가 아니라 남방 계통의 큰 짐승 뼈일 것이라고 설명하기도 하였다.

이렇듯 해방 이전부터 북한 지역에서 갱신세에 속하는 짐승 화석과 적게나마 석기가 발견되었지만, 그러한 유물을 갱신세 또는 구석기시대의 것으로 보는 견해는 강하게 입증되지 못하였다. 해방 이후부터 한국전쟁이 일어나기 전까지 북한 학계에서는 한국의 구석기시대 존재 여부에 대하여 몇 가지 견해가 있었던 것으로 보인다. 예를 들어 김석형은 백남운의 견해를 받아들였고, 한길언은 우리나라 역사의 시작을 신석기시대로 보는 과거 일본 학자들의 주장을 반박하면서, 농포리 원수대 유적의 발굴이 제대로 이루어지지 않았기에 이곳에서 나온 뗀석기를 신석기시대의 것으로 단정하기 어렵다고 주장하였다.[7] 한길언의 그러한 주장은 석기 제작 기술상 뗀석기가 간석기보다 이른 시기에 나타난다는 점을 바탕에 깔고 있는 것으로 보인다.[8] 김석형이나 한길언의 그와 같은 주장에 대하여 한흥수는 지금까지 한국의 선사 유적에서 구석기시대의 유물로 다룰 수 있는 것은 없으며, 앞으로 조사 결과에 따라 동굴에서 구석기시대의 유물이 나올 수 있다는 가능성을 제시하였다.[9]

대체로 1950년대의 북한 학계에서는 한국의 선사문화에 나타나는 처음 단계를 신석기시대로 설정하였다. 이러한 경향은 1950년 『력사제문제』에 실린 「조선인민력사강좌」[10]에서 보이며, 1956년에 간행된 『조선통사(상)』에도 한국의 구석기시대에 관한 내용이 전혀 들어 있지 않다. 『문화유산』에 발표된 함경북도 지방 석기시대의 유적과 유물[11], 그리고 우리나라 원시 유적의 분포 정형[12]에 관한 글에서도 강안리(동관리) 유적의 갱신세 퇴적층에서 나온 짐승 화석과 석기가 소개되지 않았다.

한편 1950년대 후반에 들어와, 한국에서 구석기 유적이 발견될 가능성을 이야기하고 있는

---

6 한흥수 1936. 앞의 글, 앞의 책.

7 한흥수 1950. 「조선원시사연구에 관한 고고학상제문제」, 『력사제문제』 15, 8쪽에서 재인용.

8 한흥수 1950. 위의 글, 위의 책, 9쪽.

9 한흥수 1950. 위의 글, 위의 책, 12-13쪽.

10 조선력사편찬위원회 사료조사부 1950. 「조선인민력사강좌 : 제1편 원시공산제 사회로부터 봉건국가성립까지」, 『력사제문제』 16.

11 황기덕 1957. 「함경북도 지방 석기 시대의 유적과 유물(1)」, 『문화유산』 1957(1) ; 황기덕 1957. 「함경북도 지방 석기 시대의 유적과 유물(2)」, 『문화유산』 1957(2). 이와 아울러 황기덕은 "동관 홍적층과 관련하여 구석기의 존재를 운운한 것은 홍적층 우의 신석기 시대 문화층과의 관계를 혼돈한 것으로 학계에서 전연 인정을 받고 있지 않다."라고 이야기한 바 있다(황기덕 1957. 「두만강 류역과 동해안 일대의 유적 조사」, 『문화유산』 1957(6), 53쪽).

12 고고학 및 민속학 연구소 1959. 「우리 나라 원시 유적의 분포 정형」, 『문화유산』 1959(1).

글이 보인다. 『문화유산』에 실린 '구석기시대'라는 「용어 해설」[13]에서는 동관진에서 젖먹이짐승 화석이 나와 한국에 구석기시대가 있었는가 없었는가에 대한 문제가 제기된 바 있다고 설명하고, 한국의 주변 지역에서 많은 구석기 유적이 나온 점을 들어 한국에도 구석기 유적이 존재할 가능성을 예견하고 있다. 이러한 가능성은 1960년대 초 장덕리에서 갱신세의 털코끼리 화석이 발견되고, 서포항에서 구석기 유물이 발굴되면서 실제로 확인되기에 이르렀다. 이때부터 북한 고고학계의 구석기문화 연구가 활발하게 이루어지기 시작하였다.

다음에는 1960년대부터 1990년대 초반에 이르기까지 약 30년 동안 북한 고고학계에서 이루어진 연구 성과를 10년 단위로 끊어가면서 살피기로 하겠다. 이런 작업을 통하여 우리는 지금까지 북한에서 이루어진 구석기문화의 연구 성과를 좀 더 자세하게 검토할 수 있으며, 여기서 얻은 결과는 남한의 구석기문화 연구를 되돌아보는 데도 여러 도움을 줄 것이다.

II. 1960년대의 연구

1960년에 나온 『조선 원시 고고학』의 내용은 신석기시대부터 시작된다. 이 책에서는 그때까지 한국에서 구석기시대 유적이 발견되지 않은 점을 조사가 부족한 탓으로 돌리고 있다.[14] 1961년 12월에는 해방 이후 처음으로 후기 갱신세의 털코끼리(맘모스) 화석이 함경북도 화대군 장덕리에서 발견되었고, 다음해 1월과 2월 사이에 발굴되었다. 이 유적은 3가지 분야에서 연구되었다. 첫째는 발굴된 화석의 종 감정[15], 둘째는 꽃가루 분석을 통한 자연 환경의 복원[16], 셋째는 퇴적층 연구에 의한 유적의 시기 추정이다.[17] 이러한 연구를 바탕으로 장덕리에서 털코끼리가 나온 이탄층의 연대가 후기 갱신세(Q_3) 늦은 시기에 해당하는 것으로 추정되었다. 이 유적의 발굴 성과는 한국에서 구석기시대의 유적이 나올 수 있다는 가능성을 한층 밝게 해주었고, 다음의 글[18]에서 그러한 상황을 잘 엿볼 수 있다.

---

13 고고학 및 민속학 연구소 1958. 「용어 해설 : 구석기 시대」, 『문화유산』 1958(5).

14 도유호 1960. 『조선 원시 고고학』, 20쪽, 과학원출판사.

15 김신규 1962. 「함경북도 화대군에서 털코끼리(《맘모스》)의 유골을 발견」, 『문화유산』 1962(2).

16 로영대 1962. 「함북 화대군 털코끼리 발굴지에 발달한 니탄층의 포자 화분 조합(胞子花粉組合)」, 『문화유산』 1962(4).

17 박준석·최현모 1962. 「털코끼리가 발견된 함북 화대군 장덕리 4기층의 층서와 고지리적 환경에 대한 고찰」, 『문화유산』 1962(4).

18 김신규 1962. 앞의 글, 앞의 책, 84쪽.

"특히 털코끼리의 유골이 니탄층에서 나온 사실은 고생물학적으로 뿐만 아니라 우리 나라의 제4기 지질 해명에서 커다란 의의를 가진다. 우리 나라 동북부에서도 앞으로도 계속 나올 수 있으며 앞으로 진행될 구석기시대 연구에도 적지 않은 도움을 줄 것이다."

　장덕리에서 털코끼리 화석이 나오고, 이 유적에 대한 연대 추정이 가능해지면서 강안리(동관리)에서 발굴된 짐승 화석을 제4기 갱신세의 것으로 다루었던 내용이 1962년에 나온 『조선통사(상)』에 실려 있다. 따라서 장덕리 유적에서 이루어진 연구 성과는 한국 동북 지방의 제4기를 연구하는 데 중요한 구실을 하였다.

　1962년에 들어와 구석기시대에 관한 여러 내용이 '강좌'의 형식을 빌려 『문화유산』에 실렸고, 도유호가 이 작업을 이끌어 갔다.[19] 이와 같은 분위기 속에서 마침내 굴포리 유적에서 구석기시대의 석기가 1962년 가을에 처음 발견되었다. 그 뒤 1963년 4월에 굴포리 유적의 구석기시대 지층이 발굴되었고, 여기서 나온 유물군을 가리켜 '굴포문화'라고 이름을 붙였다.[20] 당시 북한 학자들은 굴포리 한데유적(야외유적)에 대하여 커다란 관심을 갖고 있었던 것으로 생각된다. 이 유적은 1963년 7~8월[21], 1964년 6~7월[22]에 다시 발굴되었다.[23]

　굴포리 구석기 유적의 1·2차 발굴 보고에서는 이 유적의 문화층을 굴포문화 Ⅰ기와 Ⅱ기로 나누었다. 그리고 Ⅰ기를 구석기시대 하단(전기)[24]의 마지막 단계인 무스떼리앙에 비정하며 중국의 정촌(丁村) 문화와 대등한 것으로 비교하였고, Ⅱ기는 Ⅰ기보다 늦은 구석기시대 하단으로 보았다.[25] 이와 같은 굴포문화의 시기 추정은 3차 발굴 보고에서도 그대로 적용되었다.[26] 그런데 도유호·김용남[27]은 「우리 나라 구석기 시대와 이른 신석기 시대의 년대론에 대하여」라는 글에서

---

19 도유호 1962a. 「빙하기란 무엇인가」, 『문화유산』 1962(4) ; 도유호 1962b. 「인류의 기원」, 『문화유산』 1962(5) ; 도유호 1962c. 「구석기란 무엇인가?」, 『문화유산』 1962(6).

20 고고학 및 민속학 연구소 1963. 「함경 북도 웅기군 굴포리 서포항동에서 구석기 시대 유적 발견」, 『고고민속』 1963(2).

21 도유호 1964. 「조선의 구석기 시대 문화인 굴포 문화에 대하여」, 『고고민속』 1964(2).

22 도유호·김용남 1965. 「굴포 문화에 관한 그 후 소식」, 『고고민속』 1965(1).

23 편의상 굴포리 구석기 유적의 발굴을 다음과 같이 나누어 부르기로 하겠다.
　1963년 4월 발굴 : 굴포리 구석기 유적 1차 발굴
　1963년 7~8월 발굴 : 굴포리 구석기 유적 2차 발굴
　1964년 6~7월 발굴 : 굴포리 구석기 유적 3차 발굴

24 도유호는 구석기 시대를 하단(전기)와 상단(후기)로 나누며, 그 하단의 마지막 단계를 무스떼리앙으로 다룬다(도유호 1962c. 앞의 글, 앞의 책).

25 도유호 1964. 앞의 글, 앞의 책.

26 도유호·김용남 1965. 앞의 글, 앞의 책.

27 도유호·김용남 1964. 「우리 나라 구석기 시대와 이른 신석기 시대의 년대론에 대하여」, 『력사과학』 1964(5).

Ⅰ기를 여전히 구석기시대 하단(전기)으로 보면서 Ⅱ기는 구석기시대 만기(晚期)에 해당하는 2만 년 전쯤으로 그 시기를 다르게 이야기하고 있다. 1·2차 조사 기간 동안, 일부만 발굴되어 석기 제작터로 추정되었던 곳은 3차 발굴로 전체 구역이 조사되어 그 유구의 성격이 집터로 발표되었다. 3차 발굴 기간 동안 부포리 유적에서 뗀석기가 발견되었고[28], 이 석기는 굴포문화 Ⅱ기에 비교되는 것으로 서술되었다.[29]

3차에 걸친 굴포리 구석기 유적의 발굴을 통하여 한국에서 구석기 유적의 존재가 뚜렷하게 드러나게 되었고, 이제 한국 선사문화의 처음 연대가 그만큼 올라가게 되었다. 이 유적에서 얻은 성과를 바탕으로 또 다른 유적을 찾기 위한 조사 작업이 이루어졌던 것으로 추정된다. 1960년대 중반 무렵, 북한 고고학계에서는 몇몇 지역에 있는 동굴유적을 조사하였다. 1965년에는 예성강 일대, 그리고 1966년에 평양시 상원군의 장리와 중리 지역을 답사하였다.[30] 1966년 3월에는 상원강이 넘치는 것을 막으려고 강둑을 쌓기 위하여 상원읍 흑우리(검은모루)의 우물봉(높이 117.58m) 비탈에서 채석 작업을 하는 과정에서 갱신세의 짐승 화석 층이 발견되었고, 4월부터 발굴되었다.

검은모루 동굴유적의 발굴 중간 보고[31]는 한국의 갱신세 짐승 화석과 구석기시대를 새롭게 살피는 데 커다란 도움을 주었다. 여기서는 습들쥐, 간단이빨쥐, 땅쥐[32], 동굴곰[33], 짧은턱하이에나, 큰쌍코뿔소, 코끼리, 넓적큰뿔사슴, 물소, 원숭이 등의 화석이 보고되었다. 주구점·정촌 등에서 나온 화석 자료와 비교하면서 검은모루 유적의 짐승 갖춤새가 중기 갱신세 초기인 40~50만 년 전에 해당하는 것으로 발표되었다. 검은모루의 짐승 화석은 아래쪽의 1층과 위쪽의 4층에서 주로 나왔다.

검은모루에서 석기가 나온 것은 제4구획 4층으로 이 층은 퇴적의 윗부분에 해당한다. 보고된 석기로는 '주먹도끼형석기, 제형석기, 뾰족끝석기' 등이 있다. 이러한 석기는 '때려내기'(직접떼기) 와 '내리쳐깨기'(모루떼기)에 의하여 만들어진 것으로 보고되었다. 그리고 제작 수법이 굴포문화

---

28 『조선고고학개요』(고고학연구소 1977)에서는 부포리 유적의 일부 석기가 굴포문화 2기에 비교된다고 나와 있다. 『조선전사 1(원시편)』(력사연구소 1979)에서는 부포리의 일부 석기를 중석기시대의 것으로 다루었고, 『조선유적유물도감 1(원시편)』(조선유적유물도감 편찬위원회 1988)에서 부포리 유적의 사진은 중석기시대로 설명되었다.

29 도유호·김용남 1965. 앞의 글, 앞의 책.

30 고고학연구소 1986. 「발굴 및 답사 소식(1)」, 『조선고고연구』 1986(1).

31 고고학연구소 1969. 「상원 검은모루유적 발굴중간보고」, 『고고민속론문집』 1.

32 검은모루 유적 중간 보고에서는 밭쥐로 발표되었으나, 그 뒤 땅쥐로 이름을 고쳤다(김신규·김교경 1974. 「상원 검은모루 구석기시대유적 발굴보고」, 『고고학자료집』 4).

33 이 동굴곰 화석이 불곰 종류일 가능성이 있다는 다음 글이 최근 발표되었다. 이융조·박선주 1992. 「단양 구낭굴 출토 곰화석 연구」, 『박물관기요』 8, 단국대 중앙박물관 ; 박선주 1993. 「한국 플라이스토세 유적지에서 출토된 식육류 화석」, 『선사와 고대』 5.

1기층의 것보다 원시적이라는 점을 지적하면서, 전기 구석기시대의 것으로 시기가 설정되었다. 이와 같은 점은 그 뒤 북한 학계에서 구석기시대의 시기별 제작 수법의 발전 단계를 따지는 데 기준으로 활용되었다. 이 유적의 발굴을 통하여 이제 전기·중기·후기에 걸치는 구석기문화의 체계가 북한에서 차츰 세워지기 시작하였다. 그런데 검은모루에서 보고된 석기들은 그 겉면이 심하게 부식을 당한 것으로 보이므로 이것들을 모두 석기로 규정할 수 있는가에 대해서는 검토가 뒤따라야 하리라 생각된다.[34]

상원읍 청청암 동굴과 황해북도 평산군 해상리에 있는 동굴유적은 1969년부터 발굴되었다. 청청암과 해상 동굴유적의 발굴 보고는 1970년대에 나왔기에 뒤에 가서 다루기로 하겠다. 최근에 발표된 글[35]에 따르면 평안남도 순천시 장선동 동굴에서 갱신세의 짐승 화석이 1966년에 발굴되었던 것으로 나와 있다.[36]

제4기에 관한 몇 편의 글이 1960년대에 발표되었다. 그 가운데 로영대가 1962년에 쓴 「제4기 구분에 대하여」(『지질과 지리』)라는 글과 1965년 림권묵이 쓴 『제4기층학』이란 책은 현재 남한에서 찾아보기 어렵다.

로영대[37]는 제4기를 하부 제4기(Q_1), 중부 제4기(Q_2), 상부 제4기(Q_3), 현세(Q_4)로 나누었다. 현세는 다시 하부(Q_{4-1})와 상부(Q_{4-2})로 세분되었다. 그리고 제4기의 시작을 100만 년 전으로 잡았다. 제4기의 시기 구분에 대한 이와 같은 분류는 용곡 동굴유적의 발굴 보고[38]가 나오기 전까지 북한 학계에서 널리 받아들였던 것으로 보인다.

한편 김명근(1967)[39]은 제4기의 기후와 지질에 관한 글을 발표하였다. 이 글에서 그는 동아프리카 올두바이 유적의 연대가 170만~200만 년 전으로 나왔으며, 이에 따라 제4기의 처음 연대가 새롭게 이야기되고 있다는 견해를 소개하였다. 그는 또한 한국에서는 제4기 동안 퇴적이 깎이는 등의 지형 변화가 일어나 구석기 유물이 그만큼 보존될 수 없었음을 말하였다. 그의 이런 견해는 구석기 유적의 형성 과정 문제를 다루는 데 참고가 될 것으로 보인다.

---

34 한창균 엮음 1990. 『북한의 선사고고학 ① : 구석기시대와 문화』, 백산문화.

35 김신규 1991. 「순천시 장선동굴에서 드러난 포유동물화석」, 『조선고고연구』 1991(2).

36 그런데 『조선고고연구』에 실린 「발굴 및 답사 소식(1) : 발굴」에는 장선동 유적의 발굴 내용이 나와 있지 않다. 반면에 「발굴 및 답사 소식(2) : 조사답사」에는 순천시의 동굴이 1980년에 조사된 바 있는 것으로 되어 있다. 다음 글을 참조하기 바람. 고고학연구소 1986a. 『조선고고연구』 1986(1) ; 고고학연구소 1986b. 『조선고고연구』 1986(2).

37 로영대 1962. 앞의 글, 앞의 책.

38 전제헌·윤진·김근식·류정길 1986. 『룡곡동굴유적』, 김일성종합대학출판사.

39 김명근 1967. 「지질 제4기층」, 『고고민속』 1967(1).

III. 1970년대의 연구

1970년대에는 굴포리 한데유적(1963~64년에 구석기시대 지층 발굴), 검은모루 동굴(1966~70년 발굴), 청청암과 해상 동굴(1969~70년 발굴), 승리산 동굴(1972~73년 발굴) 유적 등의 조사 결과가 발표되었다. 이들 유적 이외에도 1971년에는 함경북도 온성군(종성군)의 한데유적, 1978년에는 평양시, 황해남도 신원군과 송화군, 황해북도 봉산군에 있는 동굴유적에서 답사가 이루어졌다.[40] 또한 평양 부근의 화천동 동굴(1977년 발굴), 대현동 동굴(1977년 발굴), 만달리 동굴(1979~80년 발굴) 유적에서 발굴이 실시되었는데, 이들 3군데 유적의 발굴 보고가 1980년대 중반에 나왔기에 뒤에서 살펴보기로 하겠다. 1970년대 북한에서 이루어진 구석기 유적의 발굴은 석회암 지대에 발달하여 있는 동굴에서 진행되었다.

굴포리 구석기 유적의 전체 발굴 결과는 김용간·서국태[43]에 의하여 발표되었다. 〈표 1〉에 있는 것처럼 굴포문화 I 기층과 II기층에 대한 시대가 다시 설정되었다.

〈표 1〉 굴포리 구석기문화층의 시기 구분 비교

구분	도유호·김용남[41]	김용간·서국태[42]
굴포문화 II기	구석기 만기(2만 년 전)	구석기시대 후기(4~3만 년 전)
굴포문화 I 기	구석기 하단(전기)	구석기시대 중기(10여 만 년)

〈표 1〉에서 보듯이 굴포문화 I 기가 중기 구석기시대 이른 시기로 설정된 까닭은 I 기층의 석기가 전기 구석기시대 특성(예 : 크락토니앙 수법을 보여주는 자갈돌 찍개)을 일부 지니면서, 르발루아 수법이 보이지 않고, 후기 구석기시대에 속하는 프리즘형 몸돌 등이 없었기 때문으로 추정된다.

그리고 굴포문화 II기의 경우에는 중기 구석기시대의 때려내기 수법이 밀개나 찍개 모양 석기에서 보이며, 격지 가운데는 대고때리기(간접떼기) 수법에 의하여 만들어진 것이 있고, 일부 석기에서 눌러뜯기(눌러떼기) 수법이 있는 것으로 설명되었다. 그렇지만 위와 같은 설명만으로 굴포문화 I 기와 II기의 시기를 설정하기는 어렵다고 생각된다. 특히 굴포문화 II기의 석기를 설명하면서 대고때리기와 눌러뜯기 수법을 예로 들고 있으나, II기층에서 나온 석기에서 그와 같은 수법상의 특징은 나타나지 않는 것으로 판단된다.[44]

김용간·서국태[45]는 굴포문화 II기의 눌러뜯기 수법이 '오린냑-쏠류뜨레형석기'에서 흔히 보인다

---

40 고고학연구소 1986b, 앞의 글, 앞의 책.
41 도유호·김용남 1964. 앞의 글, 앞의 책.
42 김용간·서국태 1972. 앞의 글, 앞의 책.
43 김용간·서국태 1972. 「서포항원시유적발굴보고」, 『고고민속론문집』 4.
44 한창균 1990. 「굴포리 구석기유적을 다시 논함」, 『고문화』 36.
45 김용간·서국태 1972. 앞의 글, 앞의 책.

고 하였다. 그런데 지역에 따라 조금 차이가 있지만 오리냐시앙 문화는 기원전 3만 6천년~2만 년 사이[46], 그리고 솔뤼뜨레앙 문화는 기원전 1만 9천년~1만 6천년 사이[47]에 대체로 들어간다. 이런 예를 가지고 본다면 굴포문화 Ⅱ기의 연대를 4~3만 년 전쯤으로 잡는 데 어려움이 뒤따름을 알 수 있다.

지금까지 앞에서 말한 바와 같이 굴포문화의 연대 추정에 많은 문제점이 있는 것으로 나타난다. 따라서 이 유적에 대한 지질학 연구 또는 연대 측정 자료 등의 뒷받침이 없이는 현재로서 굴포문화의 정확한 시기 설정이 쉽지 않다고 생각된다.

1970년에 검은모루 동굴유적의 발굴이 마무리되었고, 조사 결과는 1974년에 발표되었다. 이때 나온 검은모루 동굴유적의 발굴 보고[48]에는 짐승 화석을 다룬 내용만이 들어 있다. 이 글에서는 짐승 화석 자료를 바탕으로 당시의 자연 환경에 관한 논의가 좀 더 폭넓게 이루어졌다. 그리고 북방형 짐승(예 : 쥐토끼, 갈밭쥐 등)과 남방형 짐승(예 : 물소, 원숭이, 큰코뿔소 등)의 화석이 뒤섞여 나오는 까닭을 다음과 같이 설명하였다.[49]

"검은모루유적 동물상을 현재 동물상의 동물분포와 비교하여보면 당시 북방형은 현재보다 더 남쪽까지 널리 퍼져살았으며 남방형은 현재보다 더 북쪽까지 퍼져살았다는 것을 알수 있는데 이렇게 보면 당시의 동물들은 현재보다 더 널리 퍼져살았을 것이다."[50]

검은모루 유적에서 짐승 화석이 주로 나온 곳은 1층과 4층이며, 1층은 모래가 많이 섞인 지층이고, 4층은 붉은 갈색의 토양으로 이루어진다. 그런데 2층은 모래질 지층이며, 3층으로 가면서 차츰 모래질 성분의 양이 줄어든다.[51] 이와 같은 퇴적상의 특징은 1층과 4층의 퇴적 성격이 서로 달랐음을 보여준다. 다시 말해서 1층과 2층은 강물의 영향을 강하게 받았고, 3층에서 위로 올라가며 강물의 영향이 줄어들었으며, 4층의 퇴적은 강물의 영향을 받지 않았음을 보여준다.

---

46 Taborin, Y. et S. Thiébault 1988. "Aurignacien de l'Europe", A. Leroi-Gourhan (éd.), *Dictionnaire de la Préhistoire*, PUF : Paris.

47 Schmider, B. 1988. "Solutréen", A. Leroi-Gourhan (éd.), *Dictionnaire de la Préhistoire*, PUF : Paris.

48 김신규·김교경 1974. 앞의 글, 앞의 책.

49 이런 점에 대하여 최근 김신규는 다음과 같이 설명하고 있다[김신규 1992. 「젖먹이류와 고기후」, 『조선고고연구』 1992(4), 35쪽에서 옮김]. "기후조건이 서로 다른 두 분포구사이에 동물의 지리적분포를 구획지으며 호상이동과 침투를 저애하는 지리적 혹은 생물학적 장벽이 있는 경우에 더운 지대에는 더운곳을 좋아하는 종들이 분포되고 추운 지대에는 추운곳에 잘 견디는 종들이 분포된다. 그러나 두 분포구가 서로 접하는곳에 지리적 혹은 생물학적 장벽이 없거나 계절적성격을 띤 장벽이 있는 경우에는 호상이동침투하여 량쪽 두 분포구의 대표자들이 섞이게 된다."

50 김신규·김교경 1974. 앞의 글, 앞의 책, 38쪽에서 옮김.

51 고고학연구소 1969. 앞의 글, 앞의 책.

그와 같은 형상은 유적 앞으로 흐르는 상원강의 강물 높이 변화와 밀접한 관계가 있었고, 이러한 변화는 자연 환경의 변화 속에서 이루어졌으리라 추정된다. 따라서 각 지층의 형성에 자연 환경의 변화가 영향을 주었으며, 그것은 기후상의 변화에 따라 일어났던 것이라고 생각된다. 그러므로 1층과 4층에서 나온 짐승 화석의 정확한 층위별 검토가 없이는 위 인용문에서 말하는 내용, 다시 말해서 자연 환경에 대한 당시 짐승의 적응 관계가 오늘날과 달랐다는 주장에 대해서는 재검토할 필요가 있다고 생각된다.

검은모루 유적의 연대를 살피는 데 중요한 것 중 하나는 이 동굴에 쌓인 강물 퇴적층의 연구라고 말할 수 있다. 현재 검은모루 동굴은 상원강 옆으로 난 큰 길보다 15~17m쯤 높은 곳에 있으며, 동굴의 지표에서 5~6m 아래쪽에 화석이 묻혀 있다.[52] 따라서 그 길보다 10~11m쯤 높은 지점의 아래쪽으로 화석층이 시작됨을 알 수 있다. 상원강 바닥에서 큰 길까지의 높이는 발굴 보고에 나와 있지 않지만, 검은모루 동굴 화석층의 윗부분 높이는 현재의 상원강 바닥에서 약 15m 정도 높은 곳에 해당하는 것으로 추정된다. 북한의 강안리 한데유적, 남한의 병산리 유적 또는 동해안 일대에 발달한 퇴적층의 연구 결과[53]를 살펴볼 때, 검은모루 동굴 강물 퇴적은 후기 갱신세 초기의 두 번째 강언덕 퇴적층과 맞먹는 것으로 비교될 수 있으리라 추정된다. 이와 같은 점을 바탕으로 추론한다면, 검은모루 동굴의 유적의 연대는 북한 학자들이 주장하는 시기보다 훨씬 뒤떨어질 것으로 생각된다. 검은모루 유적의 연대를 올려 잡는 데 습들쥐(Mimomys sp.)의 존재를 들었지만, 이 화석의 정확한 종 감정 문제는 다시 검토되어야 할 것으로 본다.[54] 앞으로 상원강 언저리의 강언덕(단구) 퇴적층 연구를 통하여 검은모루 유적의 연대가 좀 더 분명하게 설정되기를 기대한다.

1970년 발굴이 끝난 청청암과 해상 동굴유적의 발굴 보고는 1974년에 발표되었다. 이들 동굴에서는 짐승 화석만 나오고 석기는 없었다. 두 유적의 발굴 보고에서는 발굴된 짐승 화석의 연구를 통하여 청청암 동굴유적을 중기 갱신세 중기, 해상 동굴유적을 중기 갱신세 말기로 설정하였다. 그리고 청청암 동굴유적의 경우에는 사슴이나 곰 등의 뼈에 들어있는 콜라겐의 함량 비율(약 13~15%)과 가열 지수(약 600~700)에 의하여 짐승 화석의 시대 설정이 보완되었다.[55]

1972~73년에 발굴된 평안남도 덕천시 승리산 동굴 유적에서는 여러 종류의 짐승 화석과 사람

---

52 고고학연구소 1969. 앞의 글, 앞의 책.

53 이동영 1992a.「한국 동해안 지역의 제4기 지층발달과 층서적 고찰」,『박물관기요』 8, 단국대 중앙박물관 ; 1992b.「유적의 지형과 지질」,『양평 병산리 유적』, 단국대 중앙박물관.

54 중국에서 나오는 습들쥐는 제3기의 상신세(上新世, Pliocene)에서 전기 갱신세 이른 시기에 속한 것으로 이야기되고 있다(中國科學院古脊椎動物與古人類硏究所 編 1979.『中國脊椎動物化石手冊』, 326쪽, 과학출판사). 중국에서는 일반으로 상신세와 갱신세의 경계 시기를 250만 년 전으로 잡고 있다.

55 김교경 1974.「청청암 및 해상 동굴유적 발굴보고」,『고고학자료집』 4.

뼈가 나왔고 석기는 나오지 않았다.[56] 한국에서 구석기시대의 사람 화석이 발굴된 것은 승리산 동굴 유적의 경우가 처음이다. 아래층에서는 중기 구석기시대의 고인(古人), 위층에서는 후기 구석기시대의 신인(新人) 단계 화석이 보고되었다. 그리고 고인을 '덕천사람', 신인을 '승리산사람'으로 이름을 붙였다. 덕천사람은 약 10만 년 전, 승리산사람은 약 4~3만 년 전으로 추정되었다(표 2 참조).

〈표 2〉 승리산 동굴유적의 퇴적층 연대[57]

구분	지질 시대	문화 단계
위층	후기 갱신세 후기	후기 구석기시대(약 4~3만 년 전)
아래층	중기 갱신세 말기-후기 갱신세 초기	중기 구석기시대(약 10만 년 전)

현재 북한에서는 승리산 동굴의 아래층 퇴적이 중기(중부) 갱신세 말기~후기(상부) 갱신세 초기에 이루어진 것으로 다루고 있다.[58] 대동강 언저리에 있는 이 유적은 지금의 강바닥보다 17~18m 높은 곳에 있으며, 이러한 높이에는 두 번째 강언덕 퇴적층(하안 단구)이 발달하여 있다. 그런데 승리산 동굴의 아래층 바닥쪽에는 강물의 영향을 받아 쌓인 퇴적물이 형성되어있다. 따라서 두 번째 강언덕 퇴적층의 형성 시기를 알 수 있다면, 이것은 승리산 동굴의 퇴적층이 언제부터 쌓였는가를 밝히는 데 중요한 자료가 되리라 생각한다.

남한의 동해안 지역에 발달한 두 번째 언덕층은 후기 갱신세의 마지막 간빙기에 쌓인 것으로 나타나고, 남한강 하류의 양평 병산리 구석기 유적에서도 그와 같은 시기의 강언덕층이 조사되었다. 이러한 언덕층은 현재의 바다 또는 강물보다 약 10~15m 높은 곳에 발달하여 있는 공통점을 보여준다. 온성군 강안리의 아래층 퇴적도 두만강의 현세 충적층보다 약 10m 높은 곳에 있는데, 이와 같은 높이에 발달한 강물 퇴적층의 형성 시기는 앞에서 말한 마지막 간빙기로 추정된다. 이 시기는 산소동위원소 분석과 비교할 때[59], 5기(Isotope Stage 5)에 해당하며, 연대는 약 13만~7만 4천 년 전 사이에 들어간다.[60] 지금까지 이야기한 점으로 추론한다면, 승리산 동굴유적의 퇴적은

56 고고학연구소 1978. 『덕천 승리산유적 발굴보고』, 유적발굴보고 11 ; 김교경 1979. 「덕천 승리산 유적의 년대에 대하여」,『고고민속론문집』7.

57 김교경 1979. 위의 글, 위의 책.

58 고고학연구소 1978. 앞의 글, 앞의 책 ; 김교경 1979. 위의 글, 위의 책 ; 김용간 1984. 『조선의 구석기시대』, 사회과학출판사.

59 Maritinson, D.G., N.G. Pisias, J.D. Hays, J. Imbrie, T.C. Moore and N.J. Shackleton 1987. "Age Dating and the Orbital Theory of the Ice Ages : Development of a High-Resolution 0 to 300,000-Year Chronostratigraphy", *Quaternary Research* 27.

60 병산리 유적에서는 이 시기를 '병산리 5기'라 하였다(윤내현·한창균 엮음 1992. 『양평 병산리 유적』, 단국대 중앙박물관).

마지막 간빙기부터, 곧 후기 갱신세에 들어와 쌓이기 시작한 것으로 보인다. 따라서 승리산 동굴유적은 한국의 후기 갱신세 동물상을 대표하는 곳 가운데 하나라고 생각된다. 승리산 동굴 아래층에서는 큰쌍코뿔소, 코끼리, 큰뿔사슴 등이 나왔고, 이런 종류의 짐승 화석은 검은모루 동굴에서도 나왔다. 이 밖에 말, 동굴하이에나, 동굴사자, 노루 등도 있다.

1960년대 초반부터 1970년대 중반에 걸쳐 이루어진 구석기 유적의 연구 성과가 몇 가지 단행본으로 발간되었다. 고고학연구소에서는 1977년에 『조선의 구석기시대』와 『조선고고학개요』를 펴냈다. 그리고 력사연구소에서 1979년에 낸 『조선전사 1(원시편)』에 구석기시대에 관한 내용이 들어 있다.[61] 이들 책 가운데 1977년에 나온 것은 검은모루 동굴, 해상 동굴, 승리산 동굴, 굴포리 한데유적 등을 다루었으며, 1979년에 나온 『조선전사 1』에서는 앞에서 말한 유적과 함께, 1977년 평양시 대현동과 화천동 동굴에서 나온 자료를 추가하여 설명하고 있다.

이러한 단행본을 통하여 구석기문화의 시작을 100만 년 전으로 보며, 검은모루의 연대가 60~40만 년 전으로 확정되었고, 해상 동굴유적은 중기 갱신세 말~상부 갱신세 초의 것으로 시기가 설정되어 처음의 발굴 보고[62]에서 말한 것보다 조금 늦은 것으로 설명되었다.

1960년대부터 북한의 고고학 관련 글에서 보이는 특징은 우리나라의 역사를 '주체적' 입장에서 재구성하려는 점이며, 이것을 실천에 옮기는 작업은 구석기 연구에도 그대로 적용되었다.[63] 그리하여 우리나라 역사의 유구성(예 : 검은모루 유적)과 우리 역사 발전에 이바지한 '인민의 자주성과 창조성'을 짜임새 있게 밝혀야 하는 것이 고고학을 연구하는 학자들이 맡아야 할 몫이었고, 그런 분위기 속에서 마침내 『조선고고학개요』(1977)가 완성되었다. 이 『조선고고학개요』를 바탕으로 『조선전사 1』(1979)이 출간되었다.

『조선고고학개요』는 구석기시대, 신석기시대, 청동기시대와 같은 시기 구분 체계를 받아들이며, 그에 상응하는 사회 특성과 발전 과정을 설명하는 내용으로 서술되었다. 그런데 『조선전사 1』에서는 각 사회 단계의 시기별 발전 과정의 틀 속에서 구석기시대나 신석기시대 등의 문화 성격을 논하고 있다. 시기 구분의 서술 체계 구성이 서로 다르지만, 요컨대 설명하고자 하는 내용은 서로 같다. 구석기시대에 관한 것을 살펴보면 〈표 3〉과 같다.

당시 북한 학계는 검은모루, 굴포리, 부포리 등에서 나온 석기를 가지고 전기에서 후기 구석기시대에 이르는 떼기의 방법이 시기별로 뚜렷하게 발전하였던 것으로 보고 있다. 그 내용은 다음과

---

61 이 밖에 굴포문화 Ⅰ기층에서 보고된 움막자리를 소개한 글도 있다(김용남·김용간·황기덕 1974. 『우리 나라 원시집자리에 관한 연구』, 사회과학출판사).

62 김교경 1974. 앞의 글, 앞의 책.

63 고고학 및 민속학 연구소 1962. 「고고학 및 민속학 연구에서 주체를 확립할 데 대한 우리 당의 방침을 철저히 관철시키자」, 『문화유산』 1962(2). 구석기시대와 관련하여 처음 나온 글은 『고고민속론문집』 창간호에 실린 검은모루 동굴유적의 발굴 중간 보고라고 생각된다(고고학 연구소 1969. 앞의 글, 앞의 책).

〈표 3〉 구석기시대 사회 단계와 문화의 성격

사회 단계	문화	사람	유적
원시 무리사회	전기 구석기	원인	검은모루
	중기 구석기	고인	승리산 아래층, 해상, 대현동, 굴포문화 I 기
초기 모계씨족사회	후기 구석기	신인	승리산 위층, 굴포문화 II기, 부포리, 강안리, 장덕리

같다.

① 전기 구석기(검은모루) : 내리쳐깨기, 때려내기[64]

② 중기 구석기(굴포문화 I 기) : 내리쳐깨기, 발전된 때려내기

③ 후기 구석기(굴포문화 II기, 부포리) : 때려내기, 대고때리기, 눌러뜯기

앞에서 말한 바와 같이 1960~70년대에 걸쳐 북한 학자들은 전기부터 후기 구석기시대에 이르는 유적을 발굴한 것으로 보았고, 그러한 유적에서 이루어진 연구를 기본으로 하여 한국의 구석기문화와 사회를 설명하였다. 여기서 한 가지 특기되는 것은 남한에서 구석기 유물이 나온 석장리 유적이 『조선전사 1』(1979)에 처음으로 소개되었다는 점이다. 또한 이 책에서는 평양시 대현동에서 나온 '역포사람'의 화석을 '덕천사람'과 마찬가지로 고인으로 다루었다. 그런데 대현동 동굴에서 나온 짐승 화석 연대가 중기 갱신세 초기(『조선전사 1』 1979. 24쪽)로 소개되었는데, 이 문제는 뒤에서 다시 살펴보기로 하겠다. 이 책에서는 구석기인들이 인공으로 불을 일구기 시작한 시기를 중기 구석기시대로 보았고, 이런 기준에 따라 평양시 화천동 동굴 유적의 불자리가 중기 구석기시대의 것으로 자리매김 되었다.[65]

한편 『조선의 구석기시대』(1977)에서는 현대 우리나라 사람의 선조가 신석기시대에 형성된 '조선옛유형사람'이었고, 이런 유형은 승리산 동굴 위층에서 나온 '승리산사람'의 후예였을 것으로 추론하였다. 그리하여 현대 우리나라 사람의 뿌리를 후기 구석기시대로 거슬러 올려볼 수 있는 발판을 마련하기 시작하였다.

대체로 1970년 초반부터 북한에서는 우리나라 사람의 기원 문제에 관하여 큰 관심을 보이고

---

64 현재는 이 수법을 '때려깨기'라고 부른다. 김용간 1990. 『조선고고학전서(원시편)』, 과학백과사전종합출판사 ; 고고학연구소 1991. 『조선전사 1(원시편)』, 과학백과사전종합출판사.

65 『조선고고학개요』와 『조선의 구석기시대』(1977)에서 북한 학자들은 중기 구석기시대를 세 번째 빙하기로 보며, 구석기인들이 빙하기의 추위를 극복할 수 있었던 것은 인공으로 불을 일구어 사용할 줄 알았기 때문이라고 설명한다(김용간 1984. 앞의 책, 참조). 그렇지만 불을 일구었던 고고학상의 증거는 전기 구석기시대부터 나타난다. 프랑스 니스의 떼라 아마따 유적에서는 약 38만 년 전에 자갈돌을 가지고 불자리를 마련하였던 유구가 드러난 바 있다(Lumley, H. de et al., 1982. *Les Premiers Habitants de l'Europe*, Musée de l'Homme : Paris).

있는데, 이런 경향은 주체사상의 확립 및 전파와 밀접한 관계를 맺는다.[66] 이때에는 우리나라 사람의 선조를 '조선고인류학적유형'으로 설정하였고[67], 이것이 뒤에 '조선옛유형사람'이란 유형으로 확립되었다.

'조선옛유형사람'의 체질 특성에 관해서는 『조선전사 1』(1979)에서 자세하게 다루었다. 그런데 '조선옛유형사람'에 관한 좀 더 자세한 내용이 『조선사람의 기원에 관한 인류학적연구』(1978. 과학백과사전출판사)에 실려 있을 것으로 생각된다.[68] 비록 책을 구하지 못하여 전체 내용을 알 수 없으나 큰 줄거리는 『조선전사 1』(1979)의 것과 다를 바 없다고 추정된다. 『조선의 구석기시대』(1977)보다 앞서 「인류학적으로 본 조선사람의 기원상 특성」[『력사과학』 1976(2)]이 발표되었으나 이 논문 또한 구하지 못하였다. 우리나라 사람의 이빨에서 보이는 특징에 관해서는 장우진의 글[69]을 참조할 수 있는데, 이 글에서는 현대 사람의 경우만을 다루었고, 구석기시대 유적(예 : 승리산 동굴)에서 나온 이빨은 비교되지 않았다.

Ⅳ. 1980년대의 연구

1970년대 승리산 동굴(덕천사람과 승리산사람), 대현동 동굴(역포사람), 만달리 동굴(만달사람) 유적 등에서 발굴된 사람 화석은 북한 학자들에게 조선 사람의 기원 문제를 그들 나름대로 체계화하는 데 중요한 구실을 하였다. 대현동과 만달리 유적의 발굴 보고[70]는 1985년에 나왔지만, 이 두 유적에서 얻은 연구 성과는 1980년대 초부터 이미 활용되었다. 그리하여 고인 단계의 덕천사람과 역포사람이 신인 단계의 승리산사람과 만달사람으로 발전하였고, 이와 같은 신인 단계의 화석이 바로 '조선옛유형사람'의 선조가 된다는 우리나라 사람의 '본토기원설'로 구체화되기 시작하였다.[71] 한편 1980년에 『포자-화분에 의한 제4기층의 구분과 인류진화발전사연구에서

---

66 백기하·장우진 1973. 「조선사람머리뼈의 인류학적특징」, 『고고민속론문집』 5 ; 력사연구소 편집부 1978. 「책 소개 : 『조선사람의 기원에 관한 인류학적연구』」, 『력사과학』 1978(4).

67 백기하·장우진 1973. 위의 글, 위의 책, 12쪽.

68 이 책에 대한 소개의 글이 다음에 실려 있다. 력사연구소 편집부 1978. 앞의 글, 앞의 책.

69 장우진 1979. 「조선사람이발의 인종적 특징에 대하여」, 『고고민속론문집』 7.

70 김신규·김교경·백기하·장우진·서국태 1985. 『평양부근유적발굴보고』, 유적발굴보고 14.

71 우리나라 사람의 '본토기원설'을 주장하면서 김용남은 역포사람과 덕천사람이 고인에 속하면서 현대 사람에 가까운 특징을 지녔다고 설명한다(김용남 1981. 「우리 나라에서 발견된 인류화석과 조선사람 기원문제의 해명」, 『력사과학』 1981(4)). 한편 이융조·박선주는 고인으로 보고된 역포사람의 머리뼈 특징이 만달사람과 큰 차이가 없으므로 신인으로 보아야 한다고 지적하였다(이융조·박선주 1992. 「우리 겨레의 뿌리에 관한 고인류학적 연구」, 『선사문화』 1, 64쪽, 충북대 선사문화연구소).

그 의의』라는 학위 논문 개요가 발표된 바 있다.[72] 이 글은 북한의 제4기층 연구 흐름을 이해하는 데 중요하다고 생각되지만, 현재까지 구하지 못하여 자세한 내용을 알 수 없다.

1980년대로 들어와 북한의 구석기 유적 발굴은 그 이전에 비하여 매우 활발하게 진행되었다. 이 시기에 들어와 함경남도, 평안남도, 평양시, 황해남·북도의 석회암 지대에 발달한 동굴을 중심으로 여러 구석기 유적의 답사와 발굴 작업이 진행되었다. 발굴 조사가 실시된 유적을 지역별로 보면 다음과 같다.

① 함경남도 : 다천리 동굴(고원군, 1985년 발굴), 굴재덕 동굴(금야군 온정리, 1986~87년 발굴)
② 평안남도 : 금평리 동굴(성천군, 1981년 발굴), 밀전리 동굴(순천시, 1985년 발굴)
③ 평양시 : 만달리 동굴(승호구역, 1979~80년 발굴), 매리 동굴(승호구역, 1980년 발굴), 용곡리 동굴(1980~81년 발굴), 승호구역 제3호 동굴(1981년 발굴), 만달리 절골 동굴(1983년 발굴), 대흥리 동굴(상원군, 1984년 발굴)

발굴 연도가 아직까지 자세하게 발표되지 않은 평안남도의 풍곡리 동굴, 평양 상원군 중리의 독재굴·금천 동굴, 평양 강동군 흑령 동굴, 황해북도 연산군 반천리 동굴, 황해남도 태탄 동굴 등의 유적이 1980년대에 발굴된 것으로 추정된다.

1960년대부터 현재에 이르기까지 이루어진 북한의 구석기 유적 발굴은 '고고학연구소'를 중심으로 실시되었다. 그런데 1980년대에 들어와 김일성종합대학의 '인류진화발전사연구실'이 구석기문화 연구의 새로운 기관으로 모습을 드러냈다. 용곡 동굴유적의 발굴과 보고서 간행은 이 연구실에서 이루어졌고, 전제헌·윤진·김근식·류정길 등이 작업에 참가하였다. 한편 상원군 중리의 금천 동굴유적은 김책공업종합대학의 지질학부에 의하여 발굴된 바 있다(김용간 1990. 『조선고고학전서(원시편)』, 62쪽).

1980년대 초반 북한에서 발표된 구석기 유적의 발굴 보고는 거의 없다고 생각된다. 이러한 이유 가운데 하나는 이 시기에 들어와 북한의 여러 지역에서 발굴 조사가 연이어 실시되었던 까닭에 미처 보고서를 작성할 여유가 없었기 때문이라고 추정된다. 그렇지만 1980년대 중반으로 들어가면서 구석기 유적과 문화에 관한 연구 자료가 많아지기 시작한다.

『조선의 구석기시대』(1984)와 『조선 원시 및 고대 사회의 기술 발전』, 『평양부근동굴유적발굴보고』, 『룡곡동굴유적』, 『조선유적유물도감 1(원시편)』, 『조선사람의 기원』 등이 나왔다.[73] 이

---

72 김홍걸 1993. 「덕천 승리산동굴유적의 포자-화분구성(《승리산사람》의 화석층)」, 『조선고고연구』 1993(1).
73 김용간 1984. 『조선의 구석기시대』, 사회과학출판사 ; 황기덕 1984. 『조선 원시 및 고대 사회의 기술발전』, 과학백과사전 출판사 ; 김신규 외 1985. 앞의 책 ; 전제헌 외 1986. 앞의 책 ; 조선유적유물도감 편찬위원회

밖에 『인류진화발전사』(1986), 『조선의 지형』(1985), 『지사학』(1985), 『조선산림 1』(1987), 『조선의 지질』(1987) 등도 북한 학계에서 보는 구석기문화와 갱신세의 자연 환경에 대한 이해를 돕는 데 매우 중요하리라 생각되지만, 현재로서는 이런 책들을 구해 보기 어렵다.

1986년부터는 고고학 관계 정기 간행물로 『조선고고연구』가 나오기 시작하였다. 이 학술지는 유적의 발굴 보고뿐만 아니라 외국 학계의 연구 흐름을 비롯하여 선사 유적에 적용되는 절대 연대 측정에 관한 여러 가지 방법을 소개하고 있다. 한편 『지질과 지리』, 『지질과학』, 『김일성종합대학학보』, 『자연과학론문집』(김일성종합대학출판사), 『지질탐사』, 『과학원통보』 등에도 구석기시대나 연대 측정 또는 갱신세 분야에 대한 글이 때때로 실려, 자연과학의 응용을 통한 고고학 연구 방법이 좀 더 폭넓게 이루어지기 시작하였음을 알려준다.

1977년과 1984년에 나온 『조선의 구석기시대』라는 책의 짜임새와 내용의 서술 방식은 거의 같다. 1984년 판에서는 청청암 동굴유적을 더 넣어 해상 동굴과 마찬가지로 중기 갱신세 후기~후기 갱신세 초로 다루었다(표 4 참조). 새로이 발굴된 유적의 고고학 자료를 바탕으로 불자리가 드러난 화천동 동굴 그리고 역포사람의 화석이 나온 대현동 동굴유적을 중기 구석기시대로 덧붙였다. 후기 구석기시대의 경우는 만달사람의 화석이 나온 만달리 동굴 가운데층과 강안리 및 장덕리 한데유적을 예로서 추가하였다.[74]

<표 4> 『조선의 구석기시대』에서 다룬 유적과 시기 구분

시기	1977년 판	1984년 판
전기 구석기	검은모루 동굴	검은모루 동굴
중기 구석기	승리산 동굴 아래층, 해상 동굴, 굴포문화 Ⅰ기층	승리산 동굴 아래층, 해상 동굴, 청청암 동굴, 화천동 동굴, 대현동 동굴, 굴포문화 Ⅰ기층
후기 구석기	승리산 동굴 위층, 굴포문화 Ⅱ기층, 부포리	승리산 동굴 위층, 굴포문화 Ⅱ기층, 부포리, 만달리 동굴 가운데층, 강안리, 장덕리

『조선 원시 및 고대 사회의 기술발전』(1984)에서는 구석기시대의 석기 제작 기술에 관하여 그동안 북한에서 발표된 글을 바탕으로 떼기의 시대별 발전 과정을 살폈다. 그 내용을 정리하면 <표 5>와 같다. 이 표에서 제시된 시기별 석기 제작 기술의 발전 과정은 구석기문화 연구에서 흔히 이야기 되고 있는 내용이다. 그러나 유적에 따른 석기 제작 기술의 검토에는 몇 가지 문제가 있다고 생각된다. 예를 들어, 돌날식 격지나 몸돌(속돌)이 나오지 않은 굴포문화 Ⅱ기층에서 대고때리기 수법이 실제로 쓰였는가를 분명하게 잘라 말할 수 없다고 본다. 그리고 굴포문화

1988. 앞의 책 ; 장우진 1989. 『조선사람의 기원』, 사회과학출판사.

74 화천동 동굴의 불자리, 강안리, 장덕리 유적 등의 시기와 성격에 관해서는 『조선전사 1』(1979)에서 『조선의 구석기시대』(1984)와 마찬가지로 언급된 바 있다.

<표 5> 구석기시대 석기의 제작 기술 발전 과정

시기	제작 기술	유적
전기 구석기	때려내기, 내리쳐깨기	검은모루
중기 구석기	격지 제작 기술의 발전	굴포문화 Ⅰ기층
후기 구석기	대고때리기, 곧추내리눌러떼기, 눌러뜯기	굴포문화 Ⅱ기층, 만달리, 부포리, 석장리 윗문화층

Ⅱ기층의 격지가 눌러뜯기를 베풀어 잔손질되었다는 내용도 그대로 받아들이기 어렵다고 할수 있다. 또한 만달리 유적에서 나온 돌날 몸돌의 만듦새와 비교하여 굴포문화 Ⅱ기층에서눌러뜯기 수법이 쓰였다고 가정하기란 더욱 어렵다고 판단된다.

1980년대 북한에서 구석기 유적의 발굴 보고로 나온 단행본은 평양시 만달리·대현동·화천동동굴과 상원군 용곡 동굴에 관한 것을 예로 들 수 있다. 이들 발굴 보고서에 실린 내용은 북한의구석기문화 연구 흐름을 이해하는 데 매우 중요하다.

『조선고고연구』에는 구석기시대에 관련된 여러 글들이 실렸다. 평양시 승호 제3호 동굴, 상원군중리 독재굴, 상원군 중리 금천 동굴, 함경남도 금야군 온정리 굴재덕 동굴 등의 발굴 보고가이 학술지에 발표되었다.[75] 이와 아울러 구석기시대 동물상, 제4기 층서, 만달리 유적의 석기분석, 우리나라 사람의 시원 문제, 주체사상에 입각한 구석기문화의 연구 성과를 다룬 글도나왔다.[76] 그리고 전자스핀공명법과 핵분열흔적법의 소개, 인류의 진화에 대한 학계 소식과 진화과정에 보이는 특성, 중국 화북 지방의 전기 구석기문화와 러시아 원동 지방의 구석기시대 등에관한 글들이 발표되었고[77], 이런 글들을 통하여 외국 학계에서 이루어진 구석기시대의 연구방법과 성과를 받아들이려고 노력하는 북한 고고학계의 변화된 모습을 읽을 수 있다.

---

75 김신규 1987. 「승호 제3호 동굴에서 새로 알려진 만달짧은턱히에나에 대하여」, 『조선고고연구』 1987(4) ; 리상우 1988. 「평양시 상원군 중리 독재굴유적에 대하여」, 『조선고고연구』 1988(1) ; 장우진·강명광 1988. 「금천동굴에서 발견된 인류화석」, 『조선고고연구』 1988(4) ; 리애경 1989. 「금야군 온정리 굴재덕동굴에서 드러난 포유동물화석」, 『조선고고연구』 1989(1).

76 김신규 1986. 「우리 나라 구석기시대의 포유동물상」, 『조선고고연구』 1986(2) ; 리상우 1987. 「제4기 층서구분에서 제기되는 몇가지 문제」, 『조선고고연구』 1987(3) ; 리상우·류정길 1988. 「우리 나라 제4기 하세(구세하부층)층의 특징」, 『조선고고연구』 1988(4) ; 서국태 1987. 「만달리동굴유적의 석기에 대하여」, 『조선고고연구』, 1987(2) ; 장우진 1987. 「조선사람의 시원문제에 대하여」, 『조선고고연구』 1987(3) ; 고고학연구소 1986. 「최근년간 조선고고학연구에서 이룩한 주요성과」, 『조선고고연구』 1986(1) ; 채희국 1987. 「구석기시대연구에서주체를 세운데 대한 당의 현명한 방침」, 『조선고고연구』, 1987(1) ; 김용남 1989. 「조선력사의 유구성에 대하여」, 『조선고고연구』 1989(2).

77 김교경 1987. 「전자스핀공명년대측정방법에 대하여」, 『조선고고연구』 1987(2) ; 김교경 1987. 「핵분렬흔적법에의한 절대년대측정의 몇가지 문제」, 『조선고고연구』 1987(4) ; 장우진 1986. 「최근 인류의 발생 시기에 대한학계의 론쟁점」, 『조선고고연구』 1986(3). 장우진 1988. 「인류진화발전과정의 기본특성」, 『조선고고연구』1988(1) ; 장우진 1989. 「인간화과정에서 이룩된 인간발생의 자연적 전제에 대하여」, 『조선고고연구』 1989(3) ;김용간 1986. 「화북(중국북부)구석기시대전기문화에 대하여」, 『조선고고연구』 1986(2) ; 고고학연구소 1987.「쏘련 원동 지방의 구석기시대에 대하여」, 『조선고고연구』 1987(1).

만달리, 대현동, 화천동 동굴유적은 발굴 보고가 나오기 이전에 이미 여러 책에서 다루어진 바 있다. 이들 유적에서는 많은 양의 짐승 화석이 나와 북한 지역의 갱신세 자연 환경을 이해하는 데 큰 도움을 주었다. 특히 만달리 동굴에서 나온 '만달사람'의 화석과 석기, 대현동 동굴의 '역포사람' 화석, 화천동 동굴의 불자리는 북한 고고학계가 구석기문화를 체계화하는 데 중요한 자료로 활용되었다.

그런데 위 유적들 가운데, 대현동 동굴에서 나온 짐승 화석은 중기 갱신세 초[78]로 보면서 이 유적에서 발굴된 사람 화석(역포사람)을 중기 구석기시대의 고인으로 다루고 있기 때문에 대현동 유적의 시기 설정에 혼란이 일어난다고 생각된다.[79] 왜냐하면 오늘날 중기 갱신세 초기는 바로 전기 구석기시대에 속하기 때문이다. 만약 대현동 동굴에서 나온 사람 화석을 고인으로 본다면, 이 유적의 짐승 화석 연대도 그와 같은 기준에서 재검토되어야 할 것으로 판단된다. 따라서 대현동 동굴의 짐승 화석과 사람 화석의 관계는 이 유적의 연대를 새롭게 평가하는 자료가 되리라 추정된다. 만달리 동굴에서 나온 돌날식 몸돌은 해방 이후 북한에서 처음 발굴된 구석기 종류이다.

용곡 동굴의 발굴 보고서 내용은 북한뿐만 아니라 남한 학자들에게도 여러 가지 논의의 대상이 되었다. 특히 용곡 제1호 동굴에서는 많은 수량의 사람 화석과 짐승 화석을 비롯하여 석기, 뼈연모, 예술품 등이 나왔다. 지금까지 한국에서 10여 사람에 해당하는 화석이 나온 곳은 용곡 제1호 동굴유적의 경우가 처음이다. 꽃가루 분석과 열형광법에 의한 연대 측정 방법이 제1호 동굴 유적의 연구에 적용되었다. 연대 측정 결과는 1문화층(8퇴적층)과 2문화층(9퇴적층)이 50~40 만 년 전으로 나왔다. 꽃가루 분석의 연구는 1·2문화층을 구세 상부(Q2, 중세라고도 함)인 중기 갱신세, 짐승 화석의 경우는 중기 갱신세 중기~후기로 서술하고 있다. 그렇지만 이러한 추정 연대와는 달리 2문화층에서 나온 사람 화석은 신인의 특징을 잘 갖추고 있다.[80] 이와 같은 사실은 열형광법이 지니고 있는 연대 측정상의 한계를 잘 보여주며, 그동안 북한 고고학계에서 발굴된 유적의 시기 설정에 비교 자료로 자주 이용되었던 동·식물상의 비교를 통한 상대 연대의 추정 방법에 큰 문제가 있음을 알려준다.

지금까지 북한 고고학에서는 갱신세에 일어났던 자연 환경의 변화를 종래 흔히 이야기되었던 빙하기의 구분에 따라 4차례에 걸쳐 되풀이 되었다고 보며, 갱신세 전기에서 후기로 가면서

---

78 김신규 외 1985. 앞의 책 ; 조선유적유물도감 편찬위원회 1988. 앞의 책.

79 『조선전사 1(원시편)』(1979. 24쪽)에서 대현동 유적의 짐승 화석을 중기 갱신세 초기로 소개하고 있다. 그런데 이 유적의 발굴 보고서에서는 대현동 동굴에서 발굴된 짐승 화석을 중기 갱신세 초의 전기 구석기시대로 설명하였다(김신규 1985. 위의 책, 116쪽).

80 장우진 1989. 앞의 책, 81-87쪽.

기후가 차츰 추워졌으나, 중기 갱신세까지 따뜻한 기후가 존속하였던 것으로 이해하고 있다.[81] 제4기로 들어와 나타난 기후 변화에 대한 북한 학자들의 관점은 다음의 글[82]에서 엿볼 수 있다.

"지금은 온대성기후대에 속하지만 제3기지층에서 발견된 화석식물자료에 의하면 당시 우리나라의 기후는 아열대성기후였다. 그리고 제4기에 들어서면서부터는 아열대성기후의 영향이 약해지기는 하였으나 여전히 아열대성온대기후가 오래동안 지속(제4기 중세까지)되였다."

대체로 북한에서는 따뜻한 종류의 꽃가루를 제3기 잔존형으로 설정하여 연대가 올라감에 따라 그런 유형의 식물이 많아지는 것으로 평가하면서, 이와 같은 유형의 꽃가루 화석 비율을 통하여 퇴적층의 상대 연대를 추정하는 방법이 흔히 이용되고 있다. 그런데 제4기 동안 추운 기후와 따뜻한 기후의 변화는 수십 차례 되풀이되어 일어났고, 바닷물 퇴적층이나 황토층의 연구를 통하여 그런 사실이 널리 입증되고 있다. 선사시대의 기후 변화에 관한 오늘날의 연구 성과가 뒷받침되지 않는다면 북한에서 이루어진 꽃가루 분석에 의한 유적의 시기 설정에 언제나 문제가 뒤따를 것으로 생각된다.

현재와 같은 분단의 상황과 경직화된 정치상의 대립은 남북한의 고고학 발전을 가로막는 가장 큰 걸림돌이다. 북한의 구석기 유적과 유물을 마주 대하고 싶었던 우리들의 기대에 도움이 되었던 것이 바로 『조선유적유물도감 1(원시편)』이다. 이 책을 통하여 우리는 비로소 북한에 있는 몇몇 구석기 유적의 모습을 머릿속에 담을 수 있었다.

1970년부터 1980년대까지 구석기시대의 사람 화석이 나온 유적은 승리산 동굴, 대현동 동굴, 만달리 동굴, 용곡리 동굴, 금천 동굴 등이 있다. 이 동굴 유적에서 나온 화석을 당시 발표된 글에 따라 고인과 신인으로 나누어 보면 다음과 같다.

① 고인 단계 : 덕천사람, 역포사람
② 신인 단계 : 승리산사람, 만달사람, 용곡사람, 금천사람

불자리는 화천동 동굴과 용곡리 동굴에서 발굴되었고, 석기는 만달리 동굴과 용곡리 동굴,

---

81 그런데 북중국의 경우, 전기 갱신세 후기에 해당하는 110~80만 년 전에 이 지역의 기후는 빙하의 주변 환경으로 바뀌었고, 지금보다 섭씨 약 11~12도 정도 낮았던 것으로 이야기되고 있다[Tong, G. and S. Shao 1991. "The Evolution of Quaternary Climate in China", *The Quaternary of China* (Z. Zhang ed.), China Ocean Press : Beijing].

82 전제헌 외 1986. 앞의 책, 163쪽에서 옮김.

뼈연모와 예술품은 용곡리 동굴 유적에서 나왔다. 이런 동굴에서는 언제나 많은 짐승 화석이 함께 발굴되었다. 1960년대 초에 이루어진 굴포리 유적을 제외하고, 1980년대에 이르기까지 구석기시대의 한데 유적은 북한에서 발굴된 바가 없는 것으로 생각된다.

1980년대 초반까지만 하여도 북한에서는 대체로 구석기시대의 시작 연대를 100만 년 전쯤으로 잡았다. 그런데 그 뒤 장우진은 최근 인류학계의 흐름을 소개하면서 구석기시대의 처음 연대를 약 150만 년 전으로 잡을 수 있다고 하였다. 비록 '능인(손쓴사람, *Homo habilis*)'의 화석과 관련하여 석기가 나오지만 능인은 사람으로 채 진화하지 못한 유인원 단계의 특징을 가지고 있으며, 능인이 만든 석기는 영장류에서 흔히 볼 수 있는 반사적 활동의 산물에 지나지 않는다고 그는 설명하였다. 따라서 제작자의 주도적인 의도에 따라 일정한 가공 수법을 적용하여 만드는 석기가 처음으로 나타난 것을 탄자니아 올두바이의 '원인(곧선사람, *Homo erectus*)' 단계에서 비롯하는 것으로 장우진[83]은 보았고, 이 화석이 나온 지층의 연대를 바탕으로 구석기시대의 처음 연대를 설정하여[84], 지금까지 약 100만 년 전으로 잡았던 구석기문화의 처음 연대가 약 150만 년 전으로 올라가게 되었다.[85]

V. 1990년대 초반의 연구

1990년대 초에 나온 『조선고고학전서(원시편)』(1990)과 『조선전사 1(원시편)』 개정판(1991)은 지금까지 북한에서 연구한 구석기시대의 연구 성과를 종합한 내용을 담고 있다. 이 책들은 앞서 나온 『조선고고학개요』(1997), 『조선전사 1(원시편)』(1979), 『조선의 구석기시대』(1984)에 실린 내용과 비교할 때 다음과 같은 몇 가지 점에서 차이를 보여준다.

첫째, 60~40만 년 전으로 보았던 검은모루 유적의 연대를 약 100만 년 전으로 올렸다. 이 유적의 짐승 화석은 전기 갱신세 말[86], 전기 갱신세 말~중기 갱신세 초[87], 중기 갱신세 이른 시기[88] 등으로 이야기된 바 있는데, 현재는 전기(하부) 갱신세의 것으로 다루고 있다.

---

83 장우진 1986. 앞의 글, 앞의 책, 4쪽.

84 그런데 Klein은 아프리카에서 나온 화석 자료에 의하여 손쓴사람(*Homo habilis*)이 곧선사람(*Homo erectus*)으로 진화한 시기를 약 180~170만 년 전으로 본다(Klein, R.G. 1989. *The Human Career*, pp. 183-195, The Univ. of Chicago Press).

85 고고학연구소 1991. 앞의 책, 13쪽.

86 김교경 1979. 앞의 글, 앞의 책.

87 고고학연구소 1977. 『조선의 구석기시대』, 6쪽.

88 김신규·김교경 1974. 앞의 글, 앞의 책 ; 김용간 1984. 앞의 책.

둘째, 만달리 동굴유적의 경우, 이전에는 가운데층을 후기 갱신세의 마지막 시기에 해당하는 후기 구석기시대로 다루었으나, 현재는 그 층의 연대를 후기 갱신세 말~현세 초로 내렸고, 가운데층에서 나온 만달사람의 화석을 중석기시대로 설정하였다.

셋째, 남한이나 중국 동북 지방에서 보고된 자료를 가능한 범위에서 이용하였다.

검은모루 유적의 연대를 100만 년 전으로 올리는 데 비교 자료로 쓰인 것은 만달리 절골 동굴유적의 아래층에서 실시된 전자스핀공명법에 의한 연대이다. 이 연대는 943825±21802 BP로 나왔으며, 전기 갱신세의 비교적 늦은 시기에 해당하는 것으로 발표되었다.[89] 검은모루 동굴유적의 연대를 100만 년 전으로 올리면서 북한 학계는 이 유적이 동북아시아의 선사문화 발전 단계에서 지니고 있는 의의를 다음과 같이 설명한다.[90]

"최근 중국 동북지방에서 발견된 일련의 자료들은 조선반도를 포함한 동북아세아일대에서 검은모루유적시기이후 계속 원인이 살고있었다는 것을 잘 보여주고 있다."

북한에서는 사람의 특징을 갖춘 초기 단계 화석을 원인으로 보고 있으며, 검은모루 유적을 통하여 인류 발생의 첫 시기부터 이 땅에 선사인들이 뿌리를 내리며 발전하여 왔다고 말한다. 이런 점을 바탕으로 주체사상에 입각한 우리나라 역사의 유구성과 자주성을 더욱 강조하기에 이르렀다. 그렇지만 앞에서 이야기한 바 있듯이 검은모루 유적의 연대는 북한 학자들이 주장하는 것보다 연대가 훨씬 떨어질 가능성이 있기 때문에 이 유적의 지형과 지질을 포함한 짐승 화석의 재검토가 필요한 것으로 생각된다.

만달리 유적의 발굴 보고는 가운데층을 후기 구석기시대의 늦은 시기인 약 2만 년 전으로 잡았으나, 다음과 같은 점에서 중석기시대의 것으로 시기가 다시 설정되었다.

(1) 만달사람은 늦은 시기의 신인 단계 화석이며, 머리 높이(높은 이마)나 이마 기울기(곧은 이마) 등은 '조선옛유형사람'(신석기시대와 청동기시대)과 '현대사람'에 가까운 발전된 모습을 지니고 있다.

(2) 만달리 가운데층에서 나온 문화 유물은 선봉군 부포리 덕산과 온성군 지경동, 아무르강 및 연해주 일대에서 중석기시대로 보고된 것들과 같은 특징을 지닌다. 부포리 덕산의 석기는

---

89 김교경·전영수 1990. 「절골 동굴(아래층) 화석산지의 년대」, 『조선고고연구』 1990(1).
90 고고학연구소 1991. 앞의 책, 24쪽에서 옮김.

1만 2천~9천 년 전으로 나온 아무르강 유역의 유물과 시기가 맞먹는다.

(3) 우리나라를 비롯한 동북아시아의 넓은 지역에서 알려진 쐐기 모양 속돌(몸돌)은 구석기시대 말기부터 신석기시대에 걸쳐 자주 나타난다.

만달사람을 중석기인으로 설정하여 이제 북한 학계는 전기·중기·후기 구석기시대와 중석기시대를 잇는 선사문화의 틀을 좀 더 분명하게 체계화하였다. 중기 구석기시대 사람(덕천사람, 역포사람), 후기 구석기시대 사람(승리산사람, 용곡사람, 금천사람 등)[91], 중석기시대 사람(만달사람)을 거쳐 신석기시대의 '조선옛유형사람'이 형성되었다는 논리를 완성하였다.

아직까지 북한에서는 신석기시대를 대표할 수 있는 사람 뼈는 발견된 바 없고, 북한 학자들이 '조선옛유형사람'으로 다루고 있는 자료의 대부분은 청동기시대에 해당한다. 이와 같은 문제에 대하여 북한에서는 "일반으로 현대 주민 집단의 직계 선조는 신석기시대에 형성되었고, 우리나라의 선사문화는 신석기시대에서 청동기시대로 계승 발전되었기 때문에 청동기시대의 유골에서 구석기시대의 화석과 이어지는 형태상 특징을 찾을 수 있다면, 여기서 그 족속 집단의 본토 기원을 정립할 수 있다."고 주장한다.[92] 만달리 유적의 가운데층을 중석기시대로 설정할 수 있느냐의 문제는 앞으로 많은 논의가 있어야 하리라 생각된다. 남한 지역에서 나온 쐐기 모양의 몸돌은 대체로 약 1만 5천 년 전 이후에 형성된 지층에서 나오고 있지만, 이런 지층의 정확한 연대는 지금까지 분명하게 밝혀지지 않고 있다. 그렇지만 여러 유적에서 나오는 유물은 후기 갱신세가 물러가는 시기에 이 땅에 사람이 살았다는 사실을 분명하게 보여준다. 만달리 유적의 시기를 후기 구석기시대로 보아야 하는지, 또는 중석기시대의 것으로 다루어질 가능성이 있는지에 대한 검토 작업이 남한에서도 이루어져야 할 것이다.

종래와는 달리 『조선고고학전서(원시편)』(1990)과 『조선전사 1(원시편)』(1991)에 남한의 구석기 유적 가운데 일부가 소개되기 시작하였다는 것은 적어도 고고학 분야에서 남북한의 연구자료 교류가 간접으로나마 가능하다는 점을 알려준다고 생각된다. 그리고 만주 또는 연해주 지역에서 이루어진 구석기시대의 작업성과가 북한의 구석기문화 연구에 활용되었다는 점도 현재 북한 학계의 분위기를 이해하는 데 좋은 참고가 될 것이다. 이들 책에서 다루었던 유적을

---

91 평안남도 북창군 검은넝 동굴에서 신인 화석이 나온 것으로 이야기되었으나, 이에 대한 자세한 발굴 보고는 아직까지 나오지 않은 것으로 생각된다[장우진 1992. 「친애하는 지도자 김정일 동지의 현명한 령도밑에서 우리 나라 력사의 유구성과 조선사람의 시원문제연구에서 달성한 성과」, 『조선고고연구』 1991(1)].

92 백문찬·장우진·김진명 1991. 「조선사람의 혈통에 관한 현대생물학적고찰」, 『생물학』 1991(1) ; 장우진 1992. 앞의 글, 앞의 책 ; 장우진 1992. 「위대한 수령 김일성동지의 현명한 령도밑에서 조선사람의 인종문제연구에서 이룩한 성과」, 『조선고고연구』 1992(2) ; 장우진 1993. 「검은개봉유적에서 발굴된 머리뼈의 인류학적특징에 대하여」, 『조선고고연구』 1993(2).

시기별로 살펴보면 다음과 같다.

① 전기 구석기시대 : 검은모루 동굴, 금우산 동굴, 묘후산 동굴 5층, 전곡리, 금굴 2문화층(Ⅶ층).
② 중기 구석기시대 : 대현동 동굴, 승리산 동굴 아래층, 굴포문화 Ⅰ기층, 화천동 동굴, 점말 동굴, 금굴 3문화층(Ⅳ층), 수양개 Ⅴ층, 두루봉 2굴 7층, 빌레못 동굴, 묘후산 동굴(6층).
③ 후기 구석기시대 : 굴포문화 Ⅱ기층, 승리산 동굴 위층, 용곡 제1호 동굴 제2~4문화층, 금천 동굴, 장덕리 이탄층, 강안리, 석장리 윗문화층, 수양개 Ⅳ층, 점말 동굴, 금굴 4문화층(Ⅱ층), 소고산 동굴, 대교둔, 주가유방, 고향둔, 오씨노브까.
④ 중석기시대 : 만달리 동굴 가운데층, 부포리 덕산, 지경동.

1990년대 초반에 들어와 선사 유적에 대한 절대 연대 측정 방법이 몇 가지 더 소개되었다. 『조선고고연구』[93]에 방사성탄소 연대 측정, 흑요석의 물붙임층 연대 측정 방법이 소개되고, 만달리 절골 아래층 화석이 전자스핀공명법에 의하여 측정되었다.[94] 열형광법에 의하여 황해남도 태탄 동굴의 중부 및 상부 층이 각각 9만 6천년 및 4만 1천년 전, 그리고 평안남도 순천시 밀전리 동굴의 1·2·3퇴적층이 각각 16만 6천년, 10만 9천년, 1만 2백 년 전으로 나왔고, 이들 유적에서 얻은 연대는 우라늄계열법으로 측정한 나이와 잘 들어맞는 것으로 발표되었다.[95]

남한 학계에서도 논의의 대상이 되었던 용곡 제1호 동굴의 8퇴적층과 9퇴적층이 열형광법과 우라늄계열법으로 다시 측정되어 이 유적의 연대를 다시 설정할 수 있게 되었다.[96] 열형광법에 의하여 8층이 11만 1천년, 우라늄계열법에 의하여 8층이 7만 1천년, 그리고 9층이 4만 6천년 및 4만 9천년 전으로 측정되었다. 그러므로 발굴 보고서(『룡곡동굴유적』, 1986)에서 50~40만 년 전으로 추정되었던 용곡 제1호 동굴의 8층과 9층 퇴적물은 그보다 훨씬 늦은 후기 갱신세에 쌓인 것으로 발표되었다. 용곡 제1호 동굴의 아래쪽에 쌓인 강물 퇴적의 쌓임층은 후기 갱신세 이른 시기로 추정된다.[97] 신인 단계의 사람 화석이 많이 나왔을 뿐만 아니라 여러 절대 연대가 뒷받침하고 있기 때문에 용곡 제1호 동굴은 대동강과 상원강 물줄기에 자리를 잡은 구석기 유적의 연대 추정에 매우 중요한 구실을 하리라 생각된다.

---

93 여기서는 『조선고고연구』 1990년 1호부터 1993년 2호까지 실린 내용을 다루었다.
94 리윤철 1990. 「방사성탄소에 의한 유적유물의 절대년대측정법에 대한 고찰」, 『조선고고연구』 1990(2) ; 김교경 1990. 「흑요석의 물붙임층연대 측정법」, 『조선고고연구』 1990(3) ; 김교경·전영수 1990. 앞의 글, 앞의 책.
95 량홍모·강영수·리영임 1990. 「열형광법에 의한 자연동굴퇴적층의 나이결정」, 『지질과학』 1990(3).
96 김근식 1991. 「룡곡 제1호동굴유적의 포유동물상에 대한 연구」, 『과학원통보』 1991(3).
97 한창균 1990. 「용곡 동굴유적을 다시 논함」, 『동방학지』 68 ; 한창균 1992. 「용곡 제1호 동굴유적의 시기구분과 문제점」, 『박물관기요』 8, 단국대 중앙박물관.

체질인류학 분야에서 1990년대 초에 나온 글로는 사람 머리뼈에 보이는 성별 차이, 역포사람의 특성, 인종 분류 징표, 조선 사람 이빨의 퇴화 지수, 인종의 분화, 사람 이빨의 계통 발생들이 있다.[98] 순천 장성 동굴의 발굴 보고, 젖먹이짐승과 고기후, 초기 인류 사회의 특성, 함경도 지역의 후기 갱신세 퇴적층, 전기 갱신세의 규조류 화석 등에 관한 글도 이 시기에 발표되었다.[99] 김책-어랑 지방에 발달하여 있는 제4기 현무암층을 열형광법에 의하여 측정한 결과, 이 지층은 180만 년 전부터 20만 년 전 동안 4단계에 걸쳐 형성되었던 것으로 나타난다. 가장 이른 시기의 현무암층 연대는 180~160만 년 전으로 조사되었다.[100]

한편 금야 탄광의 노천 채굴장, 해상 동굴, 승리산 동굴 위층의 퇴적물에서 이루어진 꽃가루 분석 결과가 발표되었다.[101] 금야 탄광에는 제4기에 쌓인 이탄층이 발달하여 있고, 그 위에 바닷물의 영향으로 쌓인 회녹색 염토의 굴조개층이 있다. 금야 탄광의 이탄층에서는 한랭성 식물인 가문비나무(Picea)와 전나무(Abies)의 꽃가루가 많이 나왔으며, 장덕리나 신포시 오매리의 이탄층과 같은 시기인 후기 갱신세 후기(Q_{3-3})로 발표되었다. 굴조개층에서는 넓은 잎나무가 대부분을 차지하고 있으며, 현세 초기(Q_{4-1})의 온화한 기후 조건에서 쌓인 것으로 설명되었다.[102]

짐승 화석의 연구를 통하여 해상 동굴유적은 그동안 중기 갱신세 후기~후기 갱신세 초에 걸치는 것으로 북한 학계는 시기를 설정하였다. 그런데 이 유적에서 이루어진 꽃가루 분석 결과를 바탕으로 김홍걸[103]은 해상 동굴의 퇴적층이 전기(하부) 갱신세에 가깝다는 새로운 견해를 내놓았다. 해상 동굴의 꽃가루 분석 결과를 보면 다음과 같다.

(1) 넓은잎나무의 양이 우세하고, 그 종류도 다양하다(표 6 참조).

---

98 백기하 1990. 「사람머리뼈의 남녀차이에 대하여」, 『조선고고연구』 1990(1) ; 장우진 1990. 「《력포사람》의 인류학적특징에서 주목되는 몇가지 문제」, 『조선고고연구』 1990(1) ; 고광렬 1991. 「인종분류징표선정에서 제기되는 몇가지 방법론적기초에 대하여」, 『조선고고연구』 1991(3) ; 백기하 1992. 「조선사람이발의 퇴화지수에 대하여」, 『조선고고연구』 1992(3) ; 고광렬 1993. 「인종의 분화와 그 형성요인에 대하여」, 『조선고고연구』 1993(1).

99 김신규 1991. 앞의 글, 앞의 책 ; 김신규 1992. 앞의 글, 앞의 책 ; 김춘종 1991. 「최초의 원시인간무리에서 나타나는 인류사회의 고유한 특성」, 『조선고고연구』 1991(4) ; 리상우 1991. 「우리 나라의 북부지역에 발달되여 있는 제4기 상세(Q_3)층에 대한 연구」, 『지질과학』 1991(1) ; 김덕성·오준식 1992. 「황해북도일대에 발달되여있는 제4기 하세층에서 나오는 Ephithemia 류성규조화석에 대하여」, 『지질과학』 1992(4).

100 김종래·정남섭 1992. 「김책-어랑지방에 발달되여있는 제4기 현무암의 열형광년대와 분포특성」, 『지질과학』 1992(4).

101 장춘빈 1990. 「포분분석에 의한 금야탄광 제4기층에 대한 연구」, 『지질과학』 1990(6) ; 김홍걸 1992. 「평산군 해상동굴퇴적층의 포자-화분조합에 대한 고찰」, 『조선고고연구』 1992(2) ; 김홍걸 1993. 「덕천 승리산동굴유적의 포자-화분구성(《승리산사람》의 화석층)」, 『조선고고연구』, 1993(1).

102 장춘빈 1990. 위의 글, 위의 책.

103 김홍걸 1992. 앞의 글, 앞의 책.

구분	해상 동굴	승리산 동굴 위층
바늘잎나무	24.4%	66.9%
넓은잎나무	32.6%	16.5%
관목 및 초본	26.4%	4.0%
포자	16.6%	12.6%

(2) 전나무, 가문비나무 등과 같이 한랭성 식물의 꽃가루가 적다.

(3) 제3기에는 풍부하였으나 제4기에 들어서면서 그 수가 차츰 줄어들기 시작하였던 풍향나무(*Liquidambar*), 나도호두(*Carya*), 날개호두(*Pterocarya*), 감탕나무(*Ilex*), 엥겔하르드티아(*Engelhardtia*), 실고사리(*Lygodium*) 등과 같이 따뜻한 기후를 좋아하는 꽃가루와 홀씨(포자)가 일정한 정도로 포함되어 있다.

앞에서 이야기한 것처럼, 북한에서는 제3기 잔존형 꽃가루의 상대 비율을 바탕으로 분석된 퇴적물의 시기를 설정하고 있다. 해상 동굴의 퇴적층에서도 북한에서 제3기 잔존형으로 보는 꽃가루와 홀씨가 들어 있었기 때문에 이 유적의 연대가 전기 갱신세로 올라갈 수 있다는 가능성이 제기되었다. 그러나 이와 같은 시각에는 여러 문제가 뒤따른다. 예를 들어 용곡 제1호 동굴 유적의 8·9·10퇴적층에 제3기 잔존형에 속하는 꽃가루가 어느 정도 포함되어 있다는 점을 통하여 이들 퇴적층의 시기가 중기 갱신세(중세, Q2)에 해당하는 것으로 보고된 바 있다.[105] 그런데 그 뒤 3개의 퇴적층이 모두 후기 갱신세에 속하는 것으로 드러났다.[106] 따라서 제3기 잔존형 식물의 함량을 바탕으로 퇴적층의 연대를 추정하는 방법 자체에 커다란 문제가 있는 것으로 나타난다.

한편 승리산 동굴 위층에서 이루어진 꽃가루 분석 자료[107]는 "승리산 동굴 위층에서 바늘잎나무의 함량이 높고, 바늘잎나무는 아한대성의 전나무나 가문비나무 또는 이깔나무 등으로 이루어지며, 이런 특징은 함경북도 화대군과 길주군의 이탄층 그리고 평안남도 숙천군 신풍리의 이탄층과 대비되는 것"으로 설명하고 있다. 신풍리 이탄층의 형성 시기는 3만 6천~1만 3천 4백년 전 사이에 들며, 승리산 사람의 화석이 비교적 이른 시기에 해당하는 신인의 특징을 지니고 있는 까닭에 승리산 동굴 위층의 꽃가루는 후기 구석기시대 이른 시기의 자연 환경을 보여준다고 북한에서는 추정하고 있다.[108]

---

104 김홍걸 1992. 앞의 글, 앞의 책.
105 전제헌 외 1986. 앞의 책.
106 김근식 1991. 앞의 글, 앞의 책.
107 김홍걸 1992. 앞의 글, 앞의 책 ; 김홍걸 1993. 앞의 글, 앞의 책.

VI. 맺음말

1960년대 초반부터 시작한 북한의 구석기 유적 발굴은 지금까지 20여 군데가 넘는 곳에서 이루어졌다. 굴포리를 제외한 거의 대부분 유적은 석회암 지대에 발달한 동굴에 자리를 잡고 있다. 지금까지 북한의 구석기 유적은 함경북도, 함경남도, 평안남도, 황해북도, 황해남도에 걸쳐 발견되었다. 양강도, 자강도, 평안북도, 강원도 지역에서는 아직까지 구석기 유적이나 유물이 발견되지 않은 것으로 생각된다.

동굴을 중심으로 발굴된 북한의 구석기 유적에서는 여러 종류의 짐승 화석이 잘 남아 있는 경우가 많고, 사람 화석이 나오는 곳도 남한의 유적에 비하여 훨씬 많은 편이다. 이런 종류의 화석은 곳에 따라 뗀석기나 뼈연모와 같은 문화 유물과 함께 나오고 있기 때문에 한국 구석기문화의 성격을 연구하는 데 좋은 자료가 된다.

1980년대부터 활발하게 이루어지고 있는 것으로 추정되는 구석기 유적 또는 제4기 퇴적층의 꽃가루 분석 자료도 갱신세의 자연 환경 복원에 많은 도움을 준다. 비록 몇몇 유적에서 꽃가루 분석 결과에 의한 시기 설정에 방법상의 문제가 드러나고 있지만, 그동안 북한에서 이루어진 갱신세 퇴적층의 꽃가루 분석 자료는 남한보다 많은 것으로 보인다.

대체로 1980년대 중반을 지나면서 북한의 구석기문화 연구에 새로운 흐름이 나타난다고 생각된다. 중국이나 연해주 등지의 유적과 아울러 남한에서 발굴된 발굴 성과까지를 포함시켜 북한 학계 나름대로 구석기시대와 그 문화에 대한 틀을 세울 수 있는 분위기가 마련되었다는 점은 앞으로 진행될 연구의 흐름을 읽을 수 있도록 해준다. 연대 측정과 같은 연구 방법의 소개와 그 방법의 적용 결과는 남북한의 구석기 유적에 대한 시기 설정에 여러 가지 도움을 준다. 구석기시대의 동·식물 화석, 사람 화석, 퇴적물 분석 등을 연구하는 학자의 수가 차츰 늘어나고, 각 분야별로 전문화되어 있는 점도 매우 주목된다.

'조선옛유형사람의 본토기원설'이 남한의 적지 않은 학자들에게 비판의 대상이 되고 있다. 그런데 그와 같은 비판은 체질인류학의 관점에서 출발하는 것이라기보다는 주체사상의 확립과 전파에 관련된 문제점의 검토에만 치우친 경우가 자주 있었다고 생각된다. 북한 사회에서 고고학의 연구 성과가 어떻게 활용되는지에 관한 문제도 다룰 필요가 있지만, '조선옛유형사람'에 관한 문제는 체질인류학의 방법론을 통하여 좀 더 깊이 있게 따질 수 있는 연구 분위기가 먼저 마련된 다음에 검토되어야 할 것이다. 이와 같은 점은 북한의 구석기문화를 보는 시각에도 마찬가지로 적용되어야 한다고 생각된다. 다시 말해서 북한의 정치 체제 속에서 활용되고 있는 구석기문화의

---

108 김홍걸 1993. 앞의 글, 앞의 책.

연구 동향을 대상으로 하기보다는 각 유적과 유물이 지니고 있는 그 자체의 성격과 특징을 올바르고 짜임새 있게 살피려는 노력이 더욱 중요하다고 본다.

약 30년의 역사를 갖는 북한의 구석기문화 연구를 제대로 이해하기 위하여 우리들에게 무엇보다 필요한 것은 북한 자료를 자유스럽게 얻어 볼 수 있는 여건이 마련되어야 한다는 점이다. 북한의 고고학 자료를 볼 수 있는 여건이 개선된 것은 사실이나 아직까지 부족한 점이 매우 많다고 생각된다. 몇몇 특정 기관의 서고에서 잠자고 있는 북한의 고고학 자료가 누구에게나 손쉽게 활용될 수 있도록 정부 당국은 하루빨리 결단을 내려야 할 것이다.

【출처】 한창균 1994. 「북한의 구석기 문화 연구 30년」, 『북한의 고대사 연구와 성과』(김정배 엮음), 13-44쪽, 대륙연구소 출판부.

최근 북한의 청동기시대 연구 동향

I. 머리말

1990년대에 들어와 북한 고고학계에 크고 작은 변화의 물결이 일어났다. 작은 변화 가운데 하나는 후기 구석기시대 늦은 단계의 신인으로 다루었던 만달사람(장우진 1989)의 연대를 내려 중석기시대로 자리매김한 것이다(김용간 1990. 82-90쪽). 이에 따라 '조선옛유형사람'의 진화 발전 과정을 서술하는 데 그동안 빈자리로 남아 있던 부분인 중석기시대의 공백을 메울 수 있게 되었다.

1993년 1월에 실시된 강동군 단군릉의 발굴과 그에 따른 연구 흐름(력사편집실 엮음 1994)은 만달리 유적의 경우와는 비교가 되지 않을 정도로 북한의 고고학계뿐만 아니라 역사학계에도 커다란 영향을 끼치고 있다. 그 뒤 평양과 그 주변 지역을 중심으로 이루어진 여러 유적의 발굴 및 연구 자료는 북한의 청동기시대와 문화, 그리고 단군과 고조선에 관련된 문제를 새롭게 조명하는 데 중요한 역할을 하고 있다.

1992년까지만 하여도 북한 학계(력사연구소 1991a. 14-21쪽 ; 박진욱 1992)에서는 고조선이 성립되었던 요동 지방과 서북 조선 북부 지역의 청동기문화가 기원전 2000년기 초에 시작하는 것으로 보았다. 씨족 공동체 안에서 빈부의 차이와 사회 구성원 사이의 불평등한 관계로 계급 분화가 차츰 진행되었던 시기를 기원전 13세기의 타두 돌무지무덤(대련시 우가촌) 단계로 설정하였다. 그 뒤 기원전 12세기에 이르러, 종족 연합의 추장들에 의한 '소국' 형성 시기의 사회 성격을 반영하는 증거를 침촌형 고인돌의 한 형식인 '큰돌뚜껑무덤'의 등장에서 찾으며, 비파형단검과 미송리형 단지 등이 출토한 쌍방 6호 무덤(신금현)을 예로 들었다. 그리고 요동 지방에서 기원전 11~10세기의 대표적인 무덤으로서 비파형단검과 미송리형 단지가 나온 돌관무덤을 설정하였고, 고조선 국가의 성립을 강상 무덤(기원전 8세기 무렵)보다 앞서는 기원전 10세기 이전으로 잡았다.

당시까지만 하여도 대체로 북한에서는 비파형단검, 미송리형 단지, 고인돌의 등장 시기를 기원전 12세기로 서술하였다. 1993년 발표된 글(로성철 1993)에 미송리형 단지와 초기 비파형단검의 시기를 기원전 13~10세기로 다룬 내용이 있지만, 그 시기는 위에서 말한 것과 큰 차이가 있는 것은 아니다.

그런데 단군릉과 함께 청동기시대와 철기시대의 유적이 새롭게 발굴되면서 북한 학계에 커다란 변화의 물결이 일어났다. 현재 북한에서는 한국에서 청동기시대가 시작되는 것을 기원전 4000년기 후반기로 보고 있으며, 고조선의 성립을 기원전 3000년기 초로 말하고 있다(류병흥 1996). 지금은 비파형단검 문화의 시기를 기원전 26세기로 올렸으며, 그 문화의 발원지도 종래 주장했던 요동지방이 아니라 평양을 중심으로 한 지역임을 강조한다(박진욱 1995). 또한 종래 기원전 5세기 전후(력사연구소 1991a. 83쪽), 또는 기원전 7세기(박진욱 1996)로 서술하였던 좁은놋단검의 등장 시기를 기원전 14세기로 바꾸었고, 기원전 6세기로 보았던 철기시대의 시작(력사연구소 1991a. 88쪽)을 지금은 기원전 12세기로 올려 잡는다(김교경 1995).

위와 같은 청동기시대의 연대 설정과 고조선의 성립 시기 등에 관한 문제는 그와 관련된 남한 학계의 시각과는 커다란 차이가 있다. 청동기시대의 상한 연대 문제와 관련지어 말한다면, 북한과 남한 학계는 1500~2000년 정도의 차이를 보여준다. 북한에서 주장하는 한국 청동기시대의 상한 연대는 중국의 경우보다 빠른 것이다. 또한 북한 학계에서는 기원전 2333년보다 약 700년 정도 앞선 기원전 30세기 초에 고조선의 첫 왕조인 단군조선(전조선)이 건국한 것으로 서술한다(강인숙 1995). 그리고 북한 학자들은 그들의 주장이 올바르다는 것을 입증하기 위하여 전자상자성공명법(ESR, Electron Spin Resonance Dating), 열형광법(TL, Thermolumin-escence Dating), 핵분열흔적법(FT, Fission-Track Dating) 등에 의해 얻은 절대 연대를 제시하고 있다. 그와 같은 방법에 의하여 얻은 측정값은 40여 개가 넘는다.

불과 몇 년 사이에 일어난 북한 학계의 커다란 변화에 대하여 남한 학계의 반응은 의외로 미약한 편이다. 아직까지 북한 학계의 주장을 구체적으로 폭넓게 다룬 글은 나오지 않았고, 특정 주제와 관련된 몇 편의 글이 발표된 바 있다(최몽룡 1994 ; 오강원 1995 ; 윤내현 1995 ; 최몽룡 1997a ; 최몽룡 1997b ; 이선복 1997 ; 한창균 1997 ; 이형구 1997 ; 조법종 1998).

대체로 남한 학계에서는 최근 북한에서 주장하는 내용을 인정하기보다는 무시해버리는 듯한 분위기가 매우 강하다고 생각된다. 그렇지만 최근 몇 년 사이에 북한 학자들이 일관되게 주장하는 내용은 주장 그 자체로서 단순하게 끝나는 것이 아님은 분명하다. 그러한 점은 새롭게 엮은 틀을 바탕으로 한국의 청동기시대와 고조선 문제를 재정립하려고 노력하는 북한 학계의 활발한 움직임에서 잘 읽을 수 있다. 이대로 간다면 한국의 청동기시대와 고조선에 대한 남북한 학계의 시각 차이는 1990년대 초 이전보다 훨씬 벌어져 서로 좁히기 어려운 상황으로 오랫동안 대립될 가능성이 매우 높으며, 이런 점은 한국 고고학과 역사학의 발전을 가로막는 또 다른 장벽이 될 것이다. 이러한 걸림돌을 걷어내기 위해서는 최근 북한 학계에서 알려진 고고학 성과를 여러 각도에서 체계 있게 검토하는 작업이 이루어져야 한다. 이 논문에서는 최근 북한에서 보고된 글 가운데 주로 청동기시대 또는 고조선 관련의 무덤, 성터, 집자리를 중심으로 북한 고고학계 및 역사학계의 동향과 문제점을 검토하고자 시도하였다.[1]

단군릉 발굴 이후, 북한에서 청동기시대 또는 고조선과 관련된 유적으로 지금까지 발굴된 곳은 매우 많은 편이라고 생각된다. 현재까지 북한에서 그와 같은 유적으로 발표된 곳은 주로 평양시, 황해도, 평안남도 지역이다. 조사된 유적은 평양을 중심으로 대체로 반경 약 70㎞ 이내에 있다.

II. 무덤

단군릉 발굴 이후 북한에서 가장 발굴이 많이 이루어진 유적은 고인돌과 돌관무덤이며 고인돌이 500여 기, 돌관무덤이 150여 기 발굴되었다(석광준 1995). 이런 무덤 종류가 가장 많이 발굴된 이유는 단군릉 자체가 무덤이라는 이유와 더불어 고인돌 또는 돌관무덤을 발굴하고 연구하는 데 걸리는 기간이 다른 유구에 비하여 길지 않다는 점도 작용했던 것으로 추정된다. 그것은 집자리 유적의 경우보다 고인돌 또는 돌관무덤에서 출토한 유물의 절대 연대 측정값이 이와 관련하여 보고된 전체 자료의 3/4을 넘는 점에서도 이해될 수 있다.

이미 잘 알려진 바와 같이 강동군 단군릉에서 출토한 사람 뼈의 측정 연대가 BP 5011±267년(ESR) 으로 나왔다(김교경 1994a ; 김교경·전영수 1994). 현재 북한에서는 이 측정값을 그대로 받아들이며, 고조선의 첫 임금인 단군이 평양에 도읍을 정하여 고조선을 건국한 시기가 기원전 30세기 초, 곧 기원전 2993년에 해당되는 것으로 추정한다(강인숙 1994a ; 강인숙 1994b). 북한 학자들도 인정하듯이 현존하는 단군릉은 고구려 시대에 축조된 것이다(박진욱 1994). 따라서 단군릉의 발굴 결과와 연관을 맺을 수 있는 새로운 유적에 대한 절대 연대 측정 자료가 북한 학자들에게 매우 필요했으리라는 것은 자연스런 일이라고 생각된다. 그런 분위기 속에서 고인돌 및 돌관무덤에서 나온 절대 연대는 무려 35개 이상 발표되었다(표 1~2 참조). 그 가운데 특히 평남 성천군

---

1 이 논문에서는 단군릉 발굴 이후부터 『조선고고연구』 1998년 4호 그리고 『력사과학』 1998년 2호까지 발표된 글들을 참조하였다. 단군과 고조선에 관한 제1차(1993년 10월), 제2차(1994년 10월), 제3차(1995년 11월) 학술 대회의 발표 논문이 국내에서 간행되었다(이형구 엮음 1995 ; 1999). 일본어로 간행된 『朝鮮民族と國家の源流』(在日本朝鮮歷史考古學協會 編譯 1995)는 제2차 학술 대회 발표 논문을 중심으로 엮은 것이며, 『北朝鮮考古學の新發見』(齋藤 忠 1995)에는 최근에 발굴된 단군과 고조선 관계 유적의 사진과 그림이 실려 있어 참고가 된다.

〈표 1〉 북한에서 보고된 고인돌무덤의 절대 연대 측정 자료

유적	동반 유물	측정 방법	절대 연대(BP)	참고문헌
용산리 순장무덤(평남 성천군)	뼈, 팽이그릇, 청동 쪼각, 돌거울, 돌도끼	ESR	5069±426	김교경(1995)
		FT	5037±852	김교경(1995)
구빈리 고인돌(평양시 강동군)	뼈, 불탄 뼈	ESR	4990±444	김교경(1995)
용덕리 고인돌(평남 증산군)	뼈, 질그릇	FT	4926±741	조선기술발전사 편찬위원회(1997)
강동 1호 고인돌(평양시 강동군)	팽이그릇, 돌활촉, 뼈구슬, 대롱구슬	FT	4854±790	정강철 외(1996)
용곡리 신전 11호 고인돌(상원군)	질그릇, 활촉	FT	4767±694	정강철 외(1996)
성천 5호 고인돌(평남 성천군)	팽이그릇	FT	4688±719	정강철 외(1996)
용곡리 6호 고인돌	뼈, 질그릇	FT	4616±636	정강철 외(1996)
귀일리 2호 고인돌(평양시 상원군)	팽이그릇	FT	4611±724	정강철 외(1996)
안악 2호 고인돌(황남 안악군)	팽이그릇	FT	4596±657	정강철 외(1996)
용곡리 4호 고인돌	뼈, 청동 단추, 질그릇	ESR	4539±167	김교경(1995)
곡정리 고인돌(황남 용연군)	뼈, 조가비	ESR	4310±435	김교경(1995)
용곡리 매미골 1호 고인돌	뼈, 질그릇	FT	4030±599	정강철 외(1996)
석암 2호 고인돌(평양시 순안구역)	질그릇, 활촉, 반달칼	FT	4089±673	정강철 외(1996)
석암 9호 고인돌	질그릇, 돌도끼	FT	3928±639	정강철 외(1996)
온천 1호 고인돌(황남 안악군)	팽이그릇, 청동 장식품	FT	3931±590	정강철 외(1996)
석암 3호 고인돌	질그릇, 활촉	FT	3748±602	정강철 외(1996)
온천 2호 고인돌	팽이그릇	FT	3512±557	정강철 외(1996)
백원노동자구 9호 고인돌(평남 성천군)	팽이그릇, 좁은놋단검, 놋비수, 청동 장식 2개	FT	3402±553	김교경(1995)
		ESR	3368±522	김교경(1995)
		TL	3324±465	김교경(1995)
노암리 고인돌(황남 안악군)	납작밑 배부른단지	?	3322±?	석광준(1996)
향목리 1호 고인돌(평양시 강동군)	뼈, 쇠창, 쇠활촉, 조가비	ESR	2604±113	김교경(1995), 조선기술발전사 편찬위원회(1997)

〈표 2〉 북한에서 보고된 돌관무덤의 절대 연대 측정 자료

유적	동반 유물	측정 방법	절대 연대(BP)	참고문헌
황대성 안 돌관무덤(강동군 남강노동자구)	뼈	ESR	4795±215	김교경(1995)
순창리 글바위 7호 무덤(평양시 강동군)	뼈	ESR	4478±490	김교경(1995)
순창리 글바위 5호 무덤	뼈, 금동귀걸이	ESR	4425±158	김교경(1995)
송석리 문선당 2호 무덤(평양시 강동군)	뼈, 금동가락지, 도기	ESR	4384±565	김교경(1995) 한인호(1955)
순창리 글바위 2호 무덤	뼈, 금동귀걸이, 도기	ESR	4376±239	김교경(1995)
순창리 글바위 4호 무덤	뼈, 도기	ESR	4203±537	김교경(1995)
송석리 유동 1호 무덤	뼈	ESR	4251±197	김교경(1995)
순창리 글바위 6호 무덤	뼈	ESR	4180±244	김교경(1995)
송석리 문선당 8호 무덤	뼈, 팽이그릇, 금동귀걸이, 도기	ESR	3185±598	김교경(1995) 한인호(1955)
송석리 문선당 1호 무덤	뼈, 쇠거울, 도기, 밥조개	ESR	3104±179	김교경(1995)
송석리 검은개 1호 무덤	도기	?	3020±440	김영진(1995a)
경신리 2호 무덤(평남 평성시)	뼈, 쇠비녀, 순금귀걸이, 금동가락지, 청동띠고리	ESR	2482±332	김교경(1995) 한인호(1955)
송석리 탑재기 2호 무덤	뼈, 도기, 조가비	ESR	2104±437	김교경(1995)

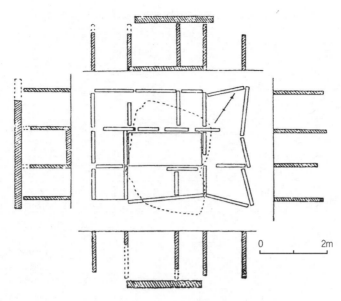

〈그림 1〉 용산리 순장무덤 실측도(김종혁 1995)

용산리의 순장무덤, 평양시 강동군 남강노동자구 황대성 안의 돌관무덤, 상원군 용곡리 4호 고인돌무덤, 성천군 백원노동자구의 9호 고인돌무덤, 평양시 강동군 순창리 글바위 5호 돌관무덤, 강동군 송석리 문선당 1호와 2호 돌관무덤 등에서 얻은 절대 연대는 북한 학계에서 매우 중요한 자료로 활용되고 있다.

용산리의 순장무덤(그림 1)은 단군릉에서 동북쪽으로 11.5㎞ 떨어졌고, 하나의 묘역 시설 안에 여러 개의 무덤칸이 있는 침촌형의 집합식 고인돌무덤으로 북한에서 보고되었다(김종혁 1995). 용산리 무덤에는 판돌로 구획하여 만든 11개의 무덤칸이 있으며, 그 중에서 중심 부분에 있는 무덤칸(길이 217㎝, 너비 104㎝, 높이 158㎝)의 규모가 가장 크고, 그 안에서 2개체분의 사람 뼈와 청동제 조각이 출토하였다. 이 무덤칸 둘레의 작은 무덤칸(길이 108~130㎝, 너비 98~122㎝, 높이 158㎝)에서 3~4 사람분의 뼈가 나왔고, 깨진 돌거울, 돌도끼, 돌도끼 반제품, 팽이그릇 조각 등이 발굴되었다. 무덤칸을 덮었던 천정돌은 중심 부분에 1개(길이 335㎝, 너비 230㎝, 두께 20㎝)가 남아 있지만 그 동서쪽에도 각각 1개씩의 천정돌이 있었던 것으로 추정되었다. 종래 고조선과 관련된 순장 유적이 요동 지방의 강상 무덤이나 누상 무덤 등의 돌무지무덤에서만 알려져 왔고, 그리고 그와 같은 돌무지무덤보다 훨씬 앞선 시기에 해당하는 순장무덤이 평양 일대에서 조사되었기 때문에 성천 용산리에서 찾은 무덤의 존재에 대하여 북한에서는 매우 중요한 의미를 두고 있다. 용산리 무덤에서 측정된 절대 연대는 BP 5069±426년(ESR)과 BP 5037±852년(FT)으로 나왔다(김교경 1995).[2] 이 연대를 바탕으로 북한 학계는 노예주의 이익을

<그림 2> 황대성의 성벽 단면도(위), 성벽 위의 고인돌(아래 왼쪽), 성벽 안의 돌관무덤(아래 오른쪽)(리순진 1995)

대변하는 정치와 권력 기구가 고조선 이전에 나타나며, 그러한 조건 속에서 최초의 노예 소유자 국가인 단군조선이 등장하는 것으로 설명한다.

황대성에서는 고인돌과 돌관무덤이 발굴되었다(리순진 1995). 고인돌은 성벽 위에 있고, 돌관무덤은 성벽 안쪽에 자리를 잡았다(그림 2). 고인돌의 축조양식은 하나의 묘역 시설에 1기만이 탁자식으로 만들어진 오덕형 고인돌로 북한에서는 분류하고 있으며, 그 시기에 대해서는 강동군 구빈리 고인돌[3]의 절대 연대(BP 4990±444, ESR)보다 늦지만, 용곡리 4호 고인돌의 절대 연대(BP 4539±167, ESR)와 비슷하거나 그보다 조금 늦은 것으로 본다. 한편 황대성의 성터 안쪽에서 발굴된 돌관무덤(쌍관)은 성보다 늦은 시기에 지상식으로 축조되었던 것으로 이해되고 있는데, 돌관무덤에서 나온 사람 뼈의 절대 연대는 BP 4795±215년(ESR)으로 측정되었다(김교경 1995).

용곡리 4호 고인돌무덤에서는 청동 단추와 질그릇 조각 등이 출토하였고, 사람 뼈를 가지고 측정한 연대는 BP 4539±167년(ESR)(김교경 1995)으로 나왔다. 용곡리 4호 고인돌무덤의 절대

---

2 용산리 순장무덤에서 얻은 절대 연대는 현재 북한의 청동기시대 무덤에서 측정된 것 가운데 연대가 가장 올라간다.

3 북한에서 보고된 오덕형 고인돌 가운데 가장 오랜 절대 연대가 나온 것은 구빈리 고인돌이다.

연대는 황대성 성벽 위에 있는 고인돌뿐만 아니라 용곡리 5호 고인돌의 축조 시기를 추정하게 해주는 자료로 북한에서 활용되고 있다. 용곡리 5호 고인돌에서는 비파형창끝이 나온 바 있으며, 현재 북한에서는 그 연대를 용곡리 4호 고인돌과 비슷한 기원전 26세기로 잡고 있다(박진욱 1995).

백원노동자구의 9호 고인돌무덤에서는 팽이그릇, 좁은놋단검, 놋비수, 청동 장식 등이 발굴되었다. 이 무덤에서 측정된 절대 연대는 BP 3402±553년(FT), BP 3368±522년(ESR), BP 3324±465년(TL)으로 나왔다(김교경 1995). 이들 연대를 바탕으로 북한에서는 좁은놋단검의 상한 연대를 종래의 기원전 7세기보다 훨씬 빠른 기원전 14세기로 올렸다(박진욱 1996).

종래 북한에서는 고조선을 기원전 1000년기의 전반기와 후반기로 나누어 전반기의 특성을 비파형단검 문화, 그리고 후반기를 좁은놋단검 문화(박진욱 1988. 131쪽)로 서술하였다. 그러나 지금은 고조선을 단군조선(전조선), 후조선, 만조선의 3시기로 나누고 있다. 그에 따라 단군조선을 기원전 30세기 초부터 14세기까지, 후조선을 기원전 14세기부터 기원전 2세기 초까지, 만조선을 기원전 2세기 초 이후로 잡고 있다(강인숙 1995 ; 리승혁 1995 ; 손영종 1995). 백원노동자구의 9호 고인돌무덤에서 나온 좁은놋단검과 절대 연대는 후조선의 초기 단계를 대표하는 증거로서 북한에서 받아들이고 있다. 현재 북한에서는 좁은놋단검의 상한을 기원전 14세기, 그리고 하한을 기원전 1세기 말로 설정한다(박진욱 1996).

한편 강동군 향목리 1호 고인돌무덤에서는 쇠창, 쇠활촉 등의 철제품이 출토하여 관심을 끈다. 이 무덤의 절대 연대는 기원전 7세기에 해당하며, 쇠창[4]의 금속 조직과 성분을 분석한 결과는 당시에 이미 순도가 높은 철을 생산했던 기반이 갖추어져 있었던 것으로 나타났다(조선기술발전사 편찬위원회 1977. 47쪽).[5]

우리나라 서북 지방의 고인돌을 연구한 논문(석광준 1979)이 발표된 이후, 북한에서는 고인돌을 묘역 시설의 존재 여부와 구조 특징에 따라 크게 침촌형과 오덕형으로 구분하였다. 그런데 1991년에 조사된 평양시 순안구역 석암 일대의 고인돌을 보고(석광준·리일남 1993)하면서 우리나라의 고인돌을 다시 침촌형, 오덕형, 묵방형으로 나누어 구분하기 시작하였다.[6] 그리고 침촌형을

---

4 그런데 강승남(1995)은 이 유물을 쇠줄칼로 분류하였다.

5 "기원전 7세기 이후 농업 생산의 전 과정이 철제 농구에 의하여 이루어졌고, 철기의 사용에 의하여 강상 무덤과 누상 무덤으로 대표되는 고조선 노예사회의 전성기는 분해되기 시작하며, 기원전 5~4세기 무렵에 봉건화 과정이 시작되는 것"으로 허종호(1996)는 보고 있다.

6 평양 일대의 고인돌 유형은 다음과 같다(석광준 1996).
침촌형 : 하나의 묘역 안에 5~6기의 무덤이 밀집되어 있는 집합식 고인돌.
오덕형 : 하나의 묘역 안에 1기의 무덤만이 있으며, 판돌을 4면에 세워서 무덤칸을 조립.
묵방형 : 하나의 묘역 안에 1기의 무덤만이 있으며, 돌관을 조각돌 또는 강돌로 쌓아서 만듦.

1~4형식, 오덕형을 1~3형식, 묵방형을 1~2형식으로 세분한다(석광준 1996).[7]

각 고인돌 유형의 형식에 따른 시기 구분은 다음과 같다(류병흥 1996 ; 석광준 1996).

① 침촌형 1·2형식 : 기원전 4천년기 후반기
② 침촌형 3·4형식과 오덕형 1형식 : 기원전 3천년기 전반기
③ 오덕형 2형식과 묵방형 1형식 : 기원전 3천년기 후반기
④ 오덕형 3형식과 묵방형 2형식 : 기원전 2천년기

위와 같은 시기 구분의 틀 속에서 단군릉 이후에 조사된 용산리 순장무덤은 침촌형 1형식, 구빈리와 용곡리의 고인돌은 오덕형 1형식(석광준 1996), 상원 귀일리 2호 고인돌은 오덕형 1형식(차달만 1996) 등으로 분류되고 있는데, 그동안 북한 지역에서 발굴된 고인돌을 새로운 체계를 바탕으로 재정리한 글은 아직까지 발표되지 않았다.

앞에서 말한 것 이외에 고인돌무덤이 보고된 곳으로는 원암리(평남 평원군, 묵방형)(윤춘호 1994), 용덕리(평남 증산군, 오덕형)(김동일 1995), 장리(상원군, 오덕형)(최응선 1996 ; 장철만 1996), 오산리(평양시 순안구역, 묵방형)(리주현 1997) 등이 있다. 이 가운데 기원전 3천년기 전반기, 곧 기원전 26세기 무렵으로 추정된 장리 고인돌에서 청동 방울, 청동 2인 교예 장식품, 청동 끌, 돌활촉, 돌도끼, 가락바퀴, 별도끼, 미송리형 단지와 팽이그릇 조각 등이 나왔다.

한편 근래에 들어와 북한에서는 남한 지역의 고인돌에 대해서도 관심을 갖고 연구를 한다. 그 내용을 요약하면, 평양 지방에서 남쪽으로 내려갈수록 침촌형과 오덕형 고인돌의 수가 줄어들고, 묵방형 고인돌의 수가 늘어나며, 이러한 현상은 남한 지역의 고인돌이 평양 지방의 영향을 받아 뒤늦게 축조되었기 때문인 것으로 설명된다(김창현 1996a ; 1996b).

고인돌의 뚜껑돌 윗면 또는 발화석에 새겨진 홈구멍에 대해서 최근 북한 학자들은 서로 공통된 주장을 내놓는다. 그것은 다름 아니라 그와 같은 홈구멍의 크기, 배열 관계 등에 따라 홈구멍이

---

7 현재 북한에서 연구되고 있는 평양 일대 고인돌의 변천 과정은 다음과 같다(석광준 1996).

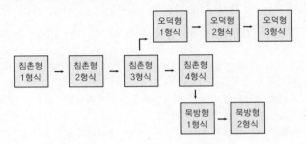

고조선 시기의 천문 지식을 반영해주는 별자리로 북한에서는 주장하고(리준걸 1996 ; 김동일 1996 ; 1997), 고인돌무덤의 별자리는 단군을 숭상하며 하늘제를 지냈던 풍습[8]과도 관련이 깊은 것으로 풀이되고 있다 (김동일 1996). 별그림이 새겨진 것으로 고인돌 가운데 연대가 가장 오랜 것은 용덕리 고인돌(BP 4926±741, FT)이다(조선기술사 편찬위원회 1997. 175쪽).

순창리[9]와 송석리 등의 돌관무덤에서는 고인돌무덤에서 아직까지 발견된 적이 없는 금동 귀걸이, 금동 가락지, 도기, 철제 유물 등이 보고되어 관심을 끌고 있다(그림 3~4). 금동 귀걸이는 순창리 글바위 5호와 2호 돌관무덤, 송석리 문선당 8호 돌관무덤, 그리고 금동 가락지는 송석리 문선당 2호 돌관무덤(한인호 1995) 등에서 나왔다. 이런 금제품이 나온 유적의 절대 연대는 글바위 5호가 BP 4425±158년(ESR)이고 2호가

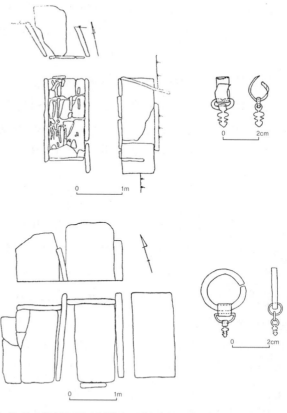

〈그림 3〉 순창리 글바위 2호(위)와 5호(아래)의 돌관무덤과 금동 귀걸이(한인호 1995)

BP 4376±239년(ESR)이다. 문선당 2호는 BP 4384±565년(ESR)이고 8호가 BP 3185±598년(ESR)으로 나왔다(김교경 1995). 이에 따라 북한에서는 금제품이 만들어진 시기를 기원전 25~24세기 무렵으로 올리며, 고조선의 귀걸이 형태를 계승 발전시켜 고구려 시대의 귀걸이가 제작되었던 것으로 해석한다(한인호 1996). 여기서 한 가지 관심을 끄는 것은 문선당 8호 돌관무덤에서 금동 귀걸이(2개)와 팽이그릇 조각(7개)이 함께 출토했다는 점이다(한인호 1995).

문선당 1호 돌관무덤에서 철제품(쇠거울)이 나왔고, 절대 연대는 BP 3104±179년(ESR)(김교경 1995)으로 측정되었다. 이를 통하여 북한에서는 철기시대의 상한을 기원전 12세기로 올려 잡고 있다(강승남 1995 ; 1996). 다시 말해서 후조선 초기에 이미 쇳물을 녹여 주조할 기술 수준에 이르렀다는 점을 강조한다.

---

8 평양시 용성구역 화성동의 당모루 마을에서 발굴된 제단터를 북한에서는 단군을 숭배하기 위한 고조선 시기의 제단이라고 보고하고 있다(류충성 1998).
9 순창리 돌관무덤의 대부분은 부부 합장묘이고, 묻힌 사람의 나이는 30~50대가 많다(고광렬 1995).

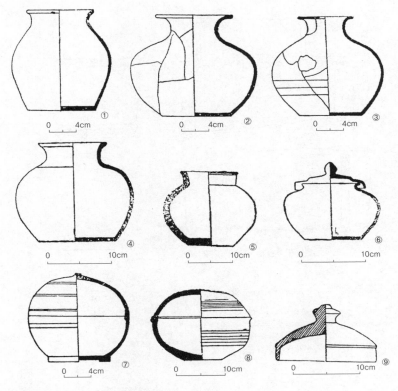

〈그림 4〉 고조선의 도기(김영진 1995a).
① 순창리 글바위 2호 무덤 단지 ② 순창리 글바위 4호 무덤 단지 ③ 순창리 진계동 1호 무덤 단지
④ 송석리 문선당 8호 무덤 단지 ⑤ 윤가촌 아래층 유적 2기 단지 ⑥ 송석리 문선당 5호 무덤 단지
⑦ 순창리 진계동 1호 무덤 합 ⑧ 윤가촌 위층 유적 합 ⑨ 쌍타자 2기층 유적 뚜껑

　금동 제품과 함께 도기가 나온 돌관무덤으로 시기가 오랜 절대 연대를 지닌 곳으로 순창리 글바위 2호 무덤과 송석리 문선당 2호 무덤을 들 수 있다. 북한에서는 이 무덤들에서 나온 도기의 연대를 기원전 25~24세기 무렵으로 설정한다(김영진 1996).

　북한에서 발표된 신석기시대 토기의 소성 온도는 평균 섭씨 900~1050도이며(조선기술발전사 편찬위원회 1997), 고대 도기의 경우는 대체로 섭씨 1100도 이상이다(김영진 1996).[10] 고대 도기 가운데 경질은 섭씨 1200도 가까이에서 구운 것이며, 연질은 그보다 낮은 온도에서 구운 것을 가리킨다(김영진 1996).[11] 제작 기술상 연질도기는 경질보다 앞선 시기에 생산되며, 연질도기

---

10 남한에서 분석된 질그릇의 소성 온도를 보면, 신석기시대의 빗살무늬토기와 청동기시대의 민토기는 550~800도이며, 800도 이상의 소성 온도는 초기 철기시대 이후의 질그릇에서 관찰되었다(최몽룡·신숙정 1996).

11 한은숙(1998)은 도기의 소성 온도에 관하여, 섭씨 1250도에서 구운 것을 경질토기, 섭씨 1100~1180도에서 구운 것을 연질토기로 구분한다.

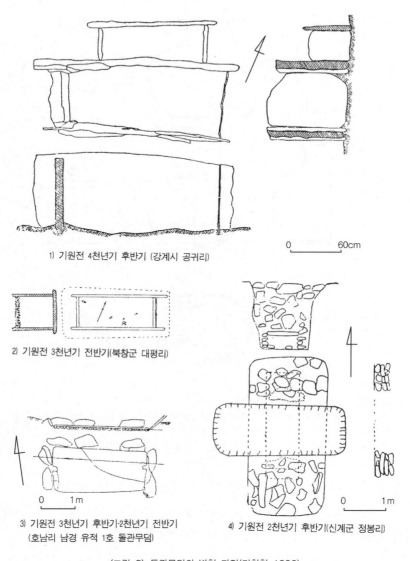

1) 기원전 4천년기 후반기 (강계시 공귀리)

0   60cm

2) 기원전 3천년기 전반기(북창군 대평리)

3) 기원전 3천년기 후반기·2천년기 전반기
(호남리 남경 유적 1호 돌관무덤)

4) 기원전 2천년기 후반기(신계군 정봉리)

0   1m

〈그림 5〉 돌관무덤의 변천 과정(리창헌 1996)

중에서 소성 온도가 좀 더 높은 도기는 기원전 12세기 무렵의 송석리 문선당 1호 무덤에서 볼 수 있으며, 경질도기가 출토한 곳으로서 절대 연대가 나온 유적은 기원전 2세기 무렵의 송석리 탑재기 1호 무덤이 있다(김영진 1996).

북한 학계에서 언제부터 돌상자무덤이라는 용어 대신에 돌관무덤이라는 명칭이 사용되었는지는 정확하게 알 수 없지만, 그것은 대체로 1980년대 후반으로 추정된다.[12] 김동일(1988 ; 1994)은 종래 돌상자무덤이라고 부르던 것을 돌관무덤과 돌곽무덤으로 구분하였다. 그는 돌시설물이 직접 관의 역할을 한 것을 돌관무덤, 그리고 목관을 보호하기 위하여 곽의 역할을 한 것을 돌곽무덤으로 구분하였다. 그 뒤 단군릉이 발굴된 이후, 새로이 조사된 돌관무덤 자료를 바탕으로 돌관무덤에 수혈식과 횡혈식이 있는 것으로 연구되면서, 문 시설이 없는 수혈식만을 돌관무덤으로 부르고, 문 시설이 있는 횡혈식을 돌칸무덤으로 나누어야 한다는 글이 발표되었다(리창언 1996). 그는 그와 같은 구조형식과 출토 유물 및 절대 연대에 따라 기원전 2천년기 후반기에 돌관무덤이 돌곽무덤을 거쳐 돌칸무덤으로 이행하였다고 본다.

리창언(1996)에 따르면, 돌관무덤은 기원전 4천년기 후반기의 청동기시대에 나타나며, 기원전 2천년기 전반기에 이르기까지 축조되었다(그림 5). 기원전 3천년기 전반기에 이르기까지는 각각 1장의 세움돌과 막음돌로 무덤을 만들었고, 기원전 3천년기 후반기부터 기원전 2천년기 전반기에는 세움돌, 막음돌, 뚜껑돌, 바닥돌이 서로 잘 물릴 수 있도록 사개물림 수법에 의하여 조립되었다. 좁은놋단검이 출토한 정봉리(황북 신계군)의 돌곽무덤(김동일 1994)은 기원전 2천년기 후반기에 속하며, 돌칸무덤은 기원전 2천년기 후반기부터 기원전 1천년기 후반기 초에 이르기까지 만들어졌다. 돌칸무덤 가운데 절대 연대가 알려진 곳으로는 송석리 문선당 1호 무덤(BP 3104±179, ESR), 문선당 8호 무덤(BP 3185±598, ESR), 경신리 2호 무덤(BP 2482±332, ESR), 송석리 탑재기 2호 무덤(BP 2104±437, ESR) 등이 있다. 그는 돌칸무덤이 고조선 후기(후조선)를 대표하는 무덤 형태이며, 돌칸무덤이 문 시설을 가졌다는 점에서 고구려 돌칸흙무덤과 공통성이 많다고 설명한다.

III. 성터

종래 북한에서는 한국의 고대 사회에서 토성이 등장하는 시기를 고조선 말기에 해당하는 기원전 3세기부터라고 보았으며, 그 예로서 토성 주변에서 좁은놋단검이 채집된 청산리 토성을 들었다(박진욱 1988. 148쪽). 그리고 여러 지역에 퍼져 있는 각 토성은 고조선의 지방 지배 세력의 근거지였으며, 토성 지역을 중심으로 지방의 중심지, 곧 지방 도시가 형성되고 발전해간 것으로 설명하였다(박진욱 1988. 185-187쪽).

그런데 지탑리 토성(황북 봉산군), 성현리 토성(평남 온천군)[13], 황대성(평양시 강동군 남강

---

12 황기덕(1987)은 우리나라 청동기시대의 무덤을 고인돌, 돌관무덤(돌상자무덤), 돌곽무덤, 돌무지무덤, 움무덤 등으로 나눈 바 있다.

13 성현리에 있는 어을동 토성은 내성과 외성으로 이루어졌다. 내성은 동서가 170m, 남북이 130m이다. 외성은 동서가 약 450m, 남북이 약 300m이다(조선유적유물도감 편찬위원회 1989. 188쪽). 종전에 불리던 어을동 토성과 현재 북한에서 부르고 있는 성현리 토성과의 관계가 분명하게 서술된 글을 찾아보기 어렵지만, 성현리 토성이 자리를 잡은 지형상의 위치와 특징(남일룡 1955) 및 길이(동서 약 160m, 남북 약 130m)를 비교할

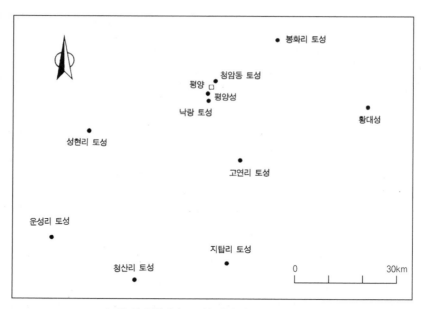

〈그림 6〉 북한에서 보고된 평양 일대의 고조선 성터

노동자구), 봉황리 토성(평양시 강동군), 청암동 토성(평양시 대동구역), 평양성(평양 중구역, 평천구역) 등이 발굴되면서 그와 같은 토성의 축조 연대에 대하여 새로운 주장이 계속 발표되고 있다. 특히 황대성 위에서 조사된 고인돌의 존재는 이 성터의 축조 연대를 살피는 데 중요한 자료가 될 것이다(리순진 1995). 한편 성곽 주변에 분포하고 있는 움무덤이나 나무곽무덤[14]의 구조, 또는 그와 같은 유구에서 출토한 유물이나 지표에서 채집된 유물의 성격을 통하여 낙랑 토성(평양시), 운성리 토성(황북 은률군), 청산리 토성, 고연리 토성(황북 황주군) 등은 후조선 시기에 속하는 것으로 북한 학자들은 보고 있다(남일룡 1996b). 각 토성은 평양을 중심으로 퍼져 있으며, 성터가 자리를 잡은 지형에 따라 완전한 평지성(지탑리 토성), 낮은 구릉 지대에 쌓은 평지성(낙랑 토성, 청산리 토성, 운성리 토성), 평산성(봉화리 토성, 고연리 토성)[15], 산성(황대성)으로 나누어진다(남일룡 1996b). 평양 북동쪽의 봉화리 토성 등을 제외한 대부분의 토성은 평양 이남 지역에 분포하는 것으로 나타난다(그림 6).

단군조선 또는 후조선으로 발표된 토성 가운데, 토성의 성벽이 발굴 조사되어 그 결과가 남한 학계에 알려진 유적으로서는 지탑리 토성, 성현리 토성, 황대성, 청암동 토성, 평양성 등이 있다.

때, 어을동 토성의 내성 부분이 바로 성현리 토성에 해당하는 것으로 추정된다.

14 북한에서는 나무곽무덤의 발생 시기를 기원전 3세기 후반으로 잡고 있으며, 기원전 1세기 말~1세기 초에 새로운 무덤 형식인 귀틀무덤으로 발전한 것으로 보았다(리순진 1992).

15 평양성은 평산성 형식이다(안병찬·최승택 1998).

비록 자세한 자료가 알려진 것은 아니지만, 봉화리 토성 중에서 토석 혼축 방법으로 쌓은 아랫부분 성벽을 북한에서는 단군조선 시기에 축조된 것으로 보고 있다(남일룡 1996b). 아랫부분 성벽에서 팽이그릇 조각이 나왔고, 성터 안쪽에도 팽이그릇 관련 집자리가 있기 때문에 북한에서는 봉화리 토성의 아랫부분 성벽을 단군조선 시기로 보고 있다.[16]

지탑리 토성은 고조선 유민들이 세운 소국 정치 세력의 통치 거점(조선유적유물도감 편찬위원회 1989)으로서 그 시기는 기원전 1세기 이후(박진욱 1988. 185쪽)로 알려져 왔다. 그런데 이 유적에 대한 발굴 결과를 바탕으로 현재 북한에서는 종전보다 그 축조 연대를 매우 높이고 있다. 지탑리 토성(남일룡 1995 ; 1996a ; 1996b)은 현재 북벽이 약 180m, 동벽이 약 150m 정도 남아 있는데, 초기 규모는 남북이 약 120m, 동서가 약 140m였던 것으로 추정되고 있다.

지탑리 토성 북벽의 일부가 최근 발굴되었다. 발굴된 토성은 축조 방법에 따라 두 가지로 나뉜다. 아래쪽 성벽은 주변의 흙을 날라다 쌓은 성토 방법(막쌓기 방법), 위쪽 성벽은 판축 방법으로 축조되었다. 발굴된 성벽의 전체 높이는 5.1m이며, 밑부분 너비는 약 10.5m이다. 아래 성벽의 높이는 약 3m이고, 그 밑너비는 약 6.5m이다. 아래쪽과 위쪽 성벽의 사이에는 아래 성벽의 윗부분이 무너져 내려 쌓인 사이층(간층)이 있다. 성토식으로 쌓은 아래 성벽은 검은 진흙층, 붉은 진흙층, 자갈 모래가 섞인 진흙층으로 갈라져 이 층들이 서로 곡선을 이루는 형태이다(그림 7). 반면에 위 성벽은 진흙 다짐층과 모래 자갈 다짐층을 번갈아 쌓아 축조된 것으로 보고되었다.[17] 아래 성벽에서는 신석기시대의 토기와 석기 등이 나왔고, 위 성벽에서는 신석기시대의 유물과 후조선 시기의 유물(회색 기와, 배부른 단지 등)이 섞여 나왔다. 아래 토성의 축조 방법, 아래 토성의 성벽에서 신석기시대의 유물만이 나오며 청동기시대 이후의 유물이 출토하지 않은 점, 토성 안에서 발굴된 신석기시대 집자리의 존재 등을 통하여 현재 북한에서는 지탑리 토성의 아랫부분이 단군조선 초기에 축조된 것으로 설명한다.

성현리 토성(남일룡 1995 ; 1996a ; 1996b)도 지탑리 토성과 마찬가지로 성벽 아래쪽과 위쪽 축조 방법과 그 시기가 다른 것으로 서술되었다. 성현리 토성의 아래쪽 부분(밑너비 3.5m)은 진흙과 석비레를 엇바꾸어 다지며 쌓았기에 각 층은 서로 곡선을 이룬다. 위쪽 부분은 진흙층과 석비레층을 약 10㎝ 두께로 번갈아 다지면서 판축식으로 쌓았다. 그런데 지탑리 토성과는 달리 성벽의 위·아래를 구분 짓는 사이층이 없는데, 이것은 아래쪽 성벽의 윗부분을 깎아낸 다음 위쪽 성벽을 쌓았기 때문인 것으로 북한에서는 추정한다. 성현리 토성의 아래 성벽에서는 청동기시

---

16 봉화리 토성에서 출토한 유물을 방사성탄소 연대 측정법으로 얻은 연대는 BP 2636±116년이다(김교경 1994b). 그러나 토성의 어느 부분에서 나온 시료가 연대 측정된 것인지는 정확히 알기 어렵다.

17 『조선유적유물도감 2』(조선유적유물도감 편찬위원회 1989. 191쪽)에 나와 있는 지탑리 토성의 사진은 위 성벽에 해당하는 것으로 볼 수 있다.

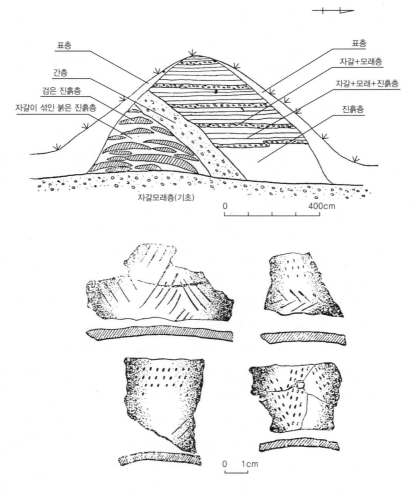

<그림 7> 지탑리 토성의 단면도와 아래 성벽에서 나온 새김무늬 질그릇(남일룡 1995)

대의 유물(돌도끼, 돌가락바퀴)만이 나왔고, 위 성벽에서는 고조선 후기의 기와 조각 및 배부른 단지 조각 등이 나왔다. 아래 성벽의 축조 방법과 출토 유물을 통하여 북한에서는 성현리 토성이 처음 축조된 시기를 단군조선 초기로 보고 있다.

지탑리 토성이나 성현리 토성과는 달리 황대성(리순진 1995)은 단일한 시기에 쌓은 것으로 나타난다. 현재 남아 있는 성벽의 둘레 길이는 약 300m이다. 성벽의 밑너비는 10m, 윗너비는 5m, 높이는 1m 정도이다(그림 2 참조). 성벽은 남강 바닥의 큼직한 자갈돌을 운반하여 성심을 쌓고, 거기에 흙을 덮은 토석 혼축 방법으로 축조되었다. 성벽 안에서 나온 유물은 없지만, 성벽 위에 축조된 고인돌(오덕형)은 황대성의 연대를 추정하는 데 좋은 자료가 된다. 앞에서 말한 바와 같이 북한에서는 이 고인돌의 축조 시기를 용곡리 4호 고인돌의 연대와 비슷하거나

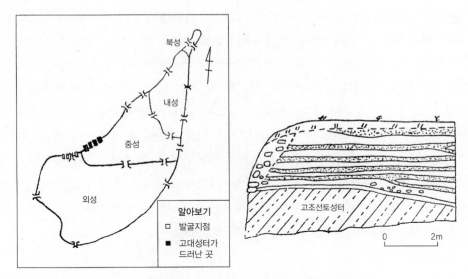

〈그림 8〉 새로 발굴된 평양성의 중성 서벽(안병찬·최승택 1998)

그보다 조금 늦은 것으로 본다. 한편 황대성의 성터 안쪽에서 발굴된 돌관무덤(쌍관)은 성보다 늦은 시기에 축조된 것으로 북한에서는 이해하고 있다. 이와 같은 점을 바탕으로 황대성은 지금으로부터 5000년 전에 축조되었다고 북한 학계는 설명한다.

종래 고구려 시대로 이야기되었던 청암동 토성의 아랫부분 성벽이 고조선 초기에 축조된 것으로 보고되었다(남일룡·김경찬 1998). 청암동 토성의 둘레는 반달 모양과 비슷한 '반월성'이며, 그 길이는 약 3.45km이다. 이 토성의 북문과 서문 부근에서 각각 1개 지점이 발굴되었는데, 두 지점의 아래 성벽은 흙으로만 쌓은 성토 방법, 그리고 위 성벽은 돌과 진흙을 섞어 여러 번 쌓아 축조되었던 것으로 나타난다. 아래 성벽의 밑너비는 약 10m, 최대 높이는 약 2.5m이다. 지탑리와 성현리 토성의 아래 성벽에서 공통으로 관찰되는 성벽 축조 방법과 아래 성벽에서 나온 청동기시대의 유물(반달칼, 팽이그릇, 돌창끝 등)에 의하여 청암동 토성은 단군조선 초기에 축조되었고, 고조선 전 기간을 걸쳐 활용되었던 것으로 해석하고 있다. 또한 평양이 고조선의 수도이며, 여기에 왕궁성인 왕검성이 있다는 문헌 자료와 함께 고조선의 전 기간 동안 이용되었던 청암동 토성이 왕검성일 가능성도 내비치고 있다(남일룡·김경찬 1998).

오늘날 그 모습을 전하는 평양성(장안성)은 6세기 중반부터 축조되었던 것으로 알려지고 있다(박진욱 1991. 202-206쪽).[18] 그런데 평양성의 중성 서벽에서 이루어진 발굴 결과(그림 8)에 따라

---

18 고구려는 246년(동천왕 20년)에 관구검의 침범을 받아 247년에 평양성을 쌓고 수도를 임시로 평양에 옮겼는데, 이때의 평양성 위치에 관해서는 평천구역설과 청암토성설이 있다. 고조선 멸망 이후, 고조선 유민이 평양을 중심으로 세운 낙랑국(리승혁 1995)은 3세기 말~4세기 초 고구려에 통합된 것으로 북한에서는 보고 있다(력사연구

북한에서는 이 부분의 아래 성벽은 단군조선 시기, 위 성벽은 고구려 시대에 축조되었다가 고려 시대에 여러 차례 수복되었던 것으로 서술하였다(안병찬·최승혁 1998). 중성 서벽은 현재 300m 정도 남아 있고, 이곳에서 발굴된 위 성벽은 밑너비가 약 8m이고, 현존 높이는 약 2.5m이다. 위 성벽은 석비레흙층과 진흙층을 번갈아 다지며 쌓았고, 낙랑국(회색 노끈무늬 기와, 청회색 벽돌, 회색 단지 등)과 고구려(붉은 격자무늬 기와, 회색 버치 등) 및 고려 시대(회색 기와, 굳은 회색 질그릇 등)의 유물이 성벽 안에서 발굴되었다. 아래 성벽은 석비레의 기반암 위에 막돌과 진흙을 섞어 다지며 쌓은 막쌓기 방법으로 축조되었고, 밑너비는 11m, 높이는 1.5m이다. 아래 성벽에서 나온 유물로는 팽이그릇, 반달칼, 가락바퀴 종류만이 출토하였다. 성벽의 축조 방법과 출토 유물에 의하여 아래 성벽은 단군조선 초기에 해당하고, 평양성의 성터가 바로 고조선의 수도성이었을 가능성이 제기되었다(안병창·최승혁 1998).

IV. 집자리

단군릉 발굴 이후, 북한의 여러 지역에서 청동기시대 또는 고조선과 관련된 집자리가 발굴되었거나 발굴 조사 중에 있는 것으로 생각된다. 그 가운데 평남 덕천시의 남양 유적(서국태 1996 ; 서국태·김광철 1998)과 평양시 삼석구역 호남리의 표대 유적(서국태 1996), 황북 황주군의 석정리 유적(리경철 1996) 등에 관한 자료가 남한 학계에 알려졌다. 최근 발표된 평북 영변군의 구룡강 유적(차달만 1997)은 단군릉 발굴 이전에 조사되었던 것이다. 북한에서 이와 같은 유적의 발굴 자료는 청동기시대의 질그릇과 집자리의 특성을 새롭게 이해하는 데 큰 역할을 하고 있으며, 특히 남양 유적과 표대 유적의 집자리 그리고 용곡리 5호 고인돌에서 출토한 청동 비파형 창끝의 존재는 비파형단검의 상한 연대를 기원전 26세기 무렵으로 설정하는 데 매우 중요한 자리를 차지한다.

남양 유적(서국태 1996)에서는 20여 기가 넘는 팽이그릇 시기의 집자리가 발굴되었다. 이들 집자리는 기원전 4천년기 후반기부터 기원전 2천년기 전반기에 속하며, 기둥 구멍의 흔적과 배열 관계, 화덕자리의 수, 주춧돌의 존재, 질그릇의 특징에 따라 4기로 구분되고 있다(표 3 참조). 이에 따라 팽이그릇 시기의 문화 단계도 다음과 같은 4시기로 설정되었다.

① 남양 유적 1기 : 팽이그릇문화 1기(기원전 4천년기 후반기)
② 남양 유적 2기 : 팽이그릇문화 2기(기원전 3천년기 전반기)

소 1991b. 65-66쪽).

〈표 3〉 팽이그릇문화의 편년 체계(서국태 1996)[19]

팽이그릇문화 1기 (팽이그릇만 쓴 시기) 기원전 4천년기 후반기		팽이그릇문화 2기 (미송리형단지) 기원전 3천년기 전반기		팽이그릇문화 3기 (묵방리형단리) 기원전 3천년기 후반기	팽이그릇문화 4기 (목이 있는 납작밑 배부른단지) 기원전 2천년기 전반기
1부류 (기둥그루나 구멍 흔적 없음)	2부류 (벽가장자리에만 그루 흔적)	1부류 (벽가와 복판에 기둥 구멍 또는 그루 흔적)	2부류 (3줄 기둥)	화독 2개인 집자리	주추돌 있는 집자리
금탄리유적(1, 2호) 표대유적 1기 (8, 12호) 남경유적 1기의 1부류(7, 9, 30, 33, 34호) 석탄리유적 1기의 1부류(7, 13 15, 17, 20호) 석교리유적 (1~4호) 침촌유적(1~4호)	남양유적 1기(2, 6, 10, 15, 19호) 대평리유적(102호) 남경유적 1기의 2부류(6, 36호) 석탄리유적 1기의 2부류(3, 4, 9, 14, 30, 33, 36호) 와산동유적(1호) 신흥동유적 (1~7호)	남양유적 2기(1, 5, 14, 23호) 대평리유적(101호) 남경유적 2기(3, 4, 5, 10, 11, 16, 18, 19, 35호) 석탄리유적(38호) 표대유적 2기(3, 5, 7, 10호) 고연리유적(3, 8호)	고연리유적 (1, 4, 5, 7, 9, 11, 12, 14호) 남경유적(1, 2, 13, 15호) 석탄리유적(2, 8, 35, 39, 40호) 금탄리유적 (3, 8호) 마산리유적(10, 11, 12, 13, 14, 16, 17호) 무진리유적(1호)	남양유적 3기(8, 13, 16, 18, 20, 21호) 대평리유적(3, 103호) 남경유적(14호) 립석리유적(2호) 석탄리유적 3기 (31, 32호) 고연리유적(6호) 표대유적(2, 4, 6, 9호) 마산리유적(4호)	남양유적 4기(3, 4, 9, 11, 22호) 남경유적(8호) 대평리유적 (2, 8, 105호) 석탄리유적(41호) 고연리유적(10호) 표대유적(11, 13호)

③ 남양 유적 3기 : 팽이그릇문화 3기(기원전 3천년기 후반기)

④ 남양 유적 4기 : 팽이그릇문화 4기(기원전 2천년기 전반기)

남양 유적 1기에는 팽이그릇만이 나타나고, 2기에는 미송리형 단지, 3기에는 묵방리형 단지, 4기에는 주춧돌 시설과 함께 목이 달린 납작밑 배부른 단지가 등장한다(서국태 1996). 비파형 창끝이 나온 집자리는 기원전 3천년기의 전반기(류병흥 1996), 곧 남양 유적 2기에 해당한다. 한편 남양 유적 25호 집자리에서 발견된 질그릇을 바탕으로 이른바 남양형 단지라는 새로운 유형을 설정하여 4기를 대표하는 것으로 서술하고 있다(서국태·김광철 1998).

남양형 단지는 묵방형 단지와 비교할 때, 바탕흙과 빛깔, 생김새 및 무늬 도안의 취지에서는

---

19 이 표에는 다음과 같은 문제점이 있다. ① 본문(서국태 1996)에서는 표대 유적 10호 집자리를 팽이그릇문화 3기로 서술하였다. ② 표대 유적 9호 집자리에서는 주춧돌 시설이 나왔다(김종혁 1996). 따라서 주춧돌 시설의 존재 여부에 따라 시기를 구분한다면 이 집자리는 팽이그릇문화 4기로 수정되어야 한다. ③ 표대 유적 11호 집자리에서 묵방리형 단지가 나왔다(김종혁 1996). 따라서 이 집자리는 팽이그릇문화 3기로 수정되어야 한다. ④ 표대 유적 2호 집자리에서 얻은 절대 연대(김종혁 1996)는 팽이그릇문화 4기에 해당한다.

차이가 없다. 다만 묵방형 단지의 경우, 평행선 띠무늬를 가로 방향으로 얕게 새긴 다음, 띠무늬 중간 부분에 빗금으로 그어 만든 삼각형 무늬를 연이어 넣은 반면, 남양형 단지는 각 삼각형 무늬가 조금씩 간격을 두고 새겨졌다는 차이가 있을 따름이다. 이와 같은 새로운 유형의 설정을 통하여 평양 지역을 중심으로 1500여 년 동안 미송리 유형 단지가 '미송리형 단지(2기) → 묵방형 단지(3기) → 남양형 단지(4기)'의 단계를 거치며 형태가 변화(그림 9)되어 갔다고 북한에서는 설명한다(서국태·김광철 1998).

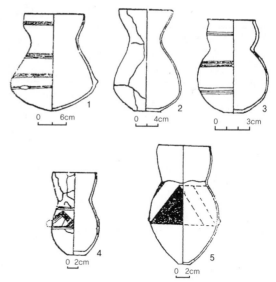

〈그림 9〉 미송리형 단지의 변천 과정(서국태·김광철 1998)
1·2·3 : 미송리형 단지(1.남경, 2.표대, 3.대평리), 4 : 묵방리형 단지(묵방리), 5 : 남양형 단지(남양)

현재 알려진 자료만으로는 남양 유적에서 유구와 유물의 전체 성격을 이해하기 어렵다. 따라서 비파형 창끝이 남양 유적의 몇 호 집자리에서 나왔는지를 정확하게 알기 힘들다. 남양 유적에서 출토한 석기 중에는 뿌리나래활촉이 있다. 종래 북한에서는 뿌리나래활촉과 함께 출토한 비파형단검을 비파형단검문화의 후기 단계[20]로 이해하고 있었으나 오히려 지금은 비파형단검문화의 초기 단계로 올릴 수 있다는 글(박진욱 1995)도 발표되었다. 그런데 박진욱보다 조금 늦게 나온 글(류병흥 1996)에서는 뿌리나래활촉과 비파형단검이 함께 출토한 대아리(황남 배천군)와 선암리(황북 신평군) 등의 돌관무덤을 기원전 2천년기 전반기, 곧 후반기 비파형단검 시기로 연대를 재설정하고 있다.

남양 유적 16호 집자리에서 측정된 절대 연대는 BP 5769±788년(핵분열흔적법)(김교경 1995)으로 나온 바 있다. 이 연대는 지금까지 북한의 팽이그릇 유적에서 측정된 것 가운데 그 연대가 가장 올라간다. 16호 집자리에서는 돌도끼, 반달칼, 돌단검, 돌창끝, 돌그물추, 숫돌 등이 출토하였다(김교경 1995).

대동강 언저리에 있는 호남리 표대 유적(김종혁 1996)은 호남리 남경 유적과 약 3㎞, 금탄리 유적과 약 6㎞ 떨어진 곳에 위치한다. 이곳에서는 10여 기에 이르는 팽이그릇 관계 집자리가 발굴되었다. 집자리는 남양 유적에서 적용된 동일한 시기 구분의 틀 속에서 4기로 구분되었다. 김종혁(1996)의 글에 실려 있는 내용에 따라 집자리를 각 시기로 나누면 다음과 같다.

---

20 종전에는 선암리 돌관무덤을 기원전 7~5세기로 보았다(조선유적유물도감 편찬위원회 1989).

① 팽이그릇문화 1기 : 8호, 12호

② 팽이그릇문화 2기 : 3호, 7호

③ 팽이그릇문화 3기 : 10호, 11호

④ 팽이그릇문화 4기 : 2호

표대 유적 1기에는 팽이그릇만 나타나며, 2기에는 팽이그릇과 미송리형 단지(그림 10), 3기에는 팽이그릇과 묵방리형 단지 및 비파형 창끝, 4기에는 주춧돌 시설이 특징을 이룬다. 3기에 해당하는 10호 집자리에서는 비파형 창끝이 나왔다.

표대 유적의 집자리에서 나온 토기 시료를 핵분열흔적법과 열형광측정법에 의하여 얻은 절대 연대는 〈표 4〉와 같다. 같은 집자리 또는 동일한 시기에 해당하는 것 가운데 2개 이상의 절대 연대가 나온 경우

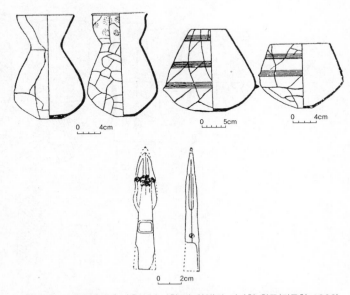

〈그림 10〉 표대 유적에서 나온 미송리형 단지(위)와 비파형 창끝(김종혁 1996)

가 있는데, 이럴 때는 여러 측정값 가운데 시기가 가장 앞선 것을 기준으로 각 시기 또는 각 집자리의 연대를 설정하였다(김종혁 1996). 예를 들어 3호 집자리에서는 열형광측정법에 의한 연대, 그리고 시기별 연대 설정에서는 핵분열흔적법에 의한 연대를 바탕으로 팽이그릇 4기의 연대를 가늠하였다.

〈표 4〉 표대 유적의 절대 연대 측정 자료

시기	집자리	절대 연대(BP)	측정 방법	동반 유물	참고문헌
1기	8호	5283±777	FT	팽이그릇, 돌돈	정강철·리이철(1996)
2기	3호	4980±540	TL	팽이그릇, 미송리형 단지, 불탄 낟알	전영수·김룡철(1996)
		4668±649	FT		정강철·리이철(1996)
3기	10호	4450±380	TL	팽이그릇, 묵방리형 단지	전영수·김룡철(1996)
	11호	4415±718	FT		정강철·리이철(1996)
4기	2호	3774±592	FT	팽이그릇, 달도끼, 반달칼	정강철·리이철(1996)
		3150±240	TL		전영수·김룡철(1996)
	13호	3180±410	TL		전영수·김룡철(1996)

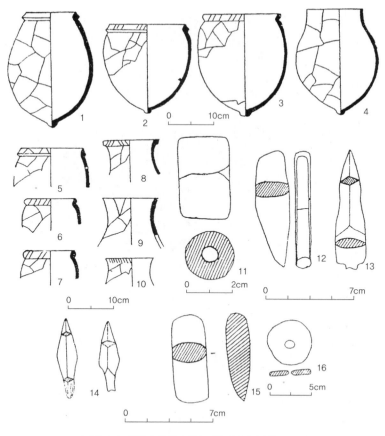

〈그림 11〉 석정리 집자리에서 나온 유물(리경철 1996)
1·6·10 : 질그릇(1호), 2·7·8·9 : 질그릇(2호), 3 : 시루(3호), 4·5 : 질그릇(3호), 11 : 대롱구슬(1호),
12 : 턱자귀(2호), 13 : 돌단검(2호), 14 : 돌화살촉(3호), 15 : 돌도끼(1호), 16 : 가락바퀴(1호)

대동강 하류 지역에 있는 석정리 유적(리경철 1996)은 1960~70년대에 발굴된 송림시 석탄리 유적(황북)과 450m의 거리를 두고 있다. 이 유적에서는 3기의 집자리가 발굴되었다. 1호와 2호 집자리는 팽이그릇문화 1기, 3호 집자리는 팽이그릇문화 2기에 속하는 것으로 보고되었다. 이와 같은 시기 구분은 팽이그릇의 입술 부분에 베풀어진 무늬의 특징과 존재 여부, 기둥구멍의 존재 여부와 배열 관계, 석기 등을 바탕으로 이루어졌다. 특히 3호 집자리에서 나온 돌단검의 생김새는 비파형단검을 그대로 닮은 모습을 보여준다(그림 11 참조).

위에서 말한 남양 유적, 표대 유적, 석정리 유적 등은 대동강 유역을 중심으로 한 지역에 포함되는데, 구룡강 유적(평북 연변군)은 청천강 유역에 속하는 청동기시대 유적으로서 1980년대 초반에 발굴되었다(차달만 1993). 구룡강 유적에서는 모두 19기의 청동기시대 집자리가 드러났다. 1993년에 발표된 글에서는 구룡강 유적을 세 시기로 나누어, 1기층은 기원전 1700~1500년, 2기층

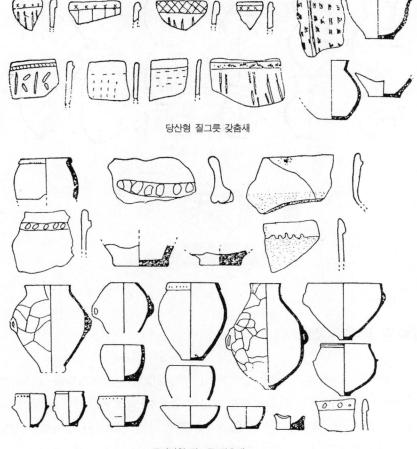

당산형 질그릇 갖춤새

공귀리형 질그릇 갖춤새

〈그림 12〉 압록강 및 청천강 유역 갈색 민그릇의 변천(차달만 1997)

첫째 유형은 기원전 1300~1200년, 2기층 둘째 유형은 기원전 1100~900년으로 설정된 바 있다(차달만 1993). 그 뒤 압록강 및 청천강 유역에서 드러난 갈색 민그릇 갖춤새의 특징(그림 12~13)을 통하여 이 지역의 청동기시대 질그릇은 당산형(당산 윗문화층), 공귀리형, 미송리형, 묵방리형과 같은 시대적인 변천 과정을 밟은 것으로 연구되었다(차달만 1997). 이런 변천 과정 속에서 구룡강 유적의 질그릇은 공귀리형(1기층), 미송리형(2기층), 묵방리형(3기층)에 각각 속하는 것으로 정리되었다(석광준·차달만 1997). 대동강 유역의 질그릇과 비교할 때, 압록강 및 청천강 유역의 당산형과 공귀리형은 기원전 4천년기 후반기의 팽이그릇문화 1기에 대비될 수 있다. 구룡강 유적 2기층의 몇몇 집자리에서 발굴한 숯을 가지고 방사성탄소 측정법(반감기 5570년)으로 분석한 연대는 6호가 BP 2740±80년, 9호가 BP 2312±40년으로 나왔다(리윤철 1990).[21]

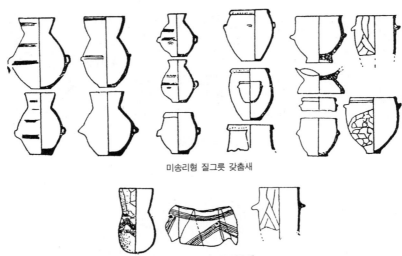

미송리형 질그릇 갖춤새

묵방리형 질그릇 갖춤새

〈그림 13〉 압록강 및 청천강 유역 갈색 민그릇의 변천(차달만 1997)

V. 앞날의 과제와 전망

(1) "우리 력사학계는 1993년 단군이 실재한 인물로 해명된후 료동지방을 고조선의 중심으로
보아온 종래의 견해를 정정하고 평양을 단군의 출생지, 고조선의 수도로 보게 되었다. 이와
함께 한나라침략군이 점령한 왕검성은 부수도였고 전후 한나라가 설치한 락랑군은 종래와
같이 료동지방에 있었다고 인정하였다."(박영해 1996. 50쪽에서 옮김)

(2) "그럼에도 불구하고 남조선의 어용출판물들은 평양이 단군의 출생지이고 세조선왕조의 수도라
고 한데 대하여 몹시 예민한 반응을 보이면서 평양을 《민족의 성지》로 부각시키는 것은
북의 정권이 《고조선-고구려-고려로 이어지는 정통을 계승하였다는 것을 립증》하려는 것이며
《고조선의 력사를 북조선의 력사로 환치하려는 력사적환각주의》라고 횡설수설하고 있다.
그러면서 우리가 평양중심설을 립증하기 위하여 단군묘의 유골과 왕관세움장식의 년대를
과장했다고 떠들기도 하고 강동의 단군묘는 《고구려시대의 실력자》의 무덤이거나 후조선의
부, 준왕의 무덤일것이라는 억측도 하고 있다. 이것은 바로 다름아닌 그들 자신의 력사적사실에
대해서는 고의적으로 눈을 감고 과학에 앞서 우리를 헐뜯기 위한 불순한 정치적목적을 추구하고

---

21 러시아의 레닌그라드에서 러시아 학자와 공동으로 측정되었다(리윤철 1990).

있다는 것을 말해준다."(허종호 1996. 44쪽에서 옮김)

위에 옮긴 인용문 (1)은 단군릉 발굴 이후, 북한 고고학계의 연구 결과가 북한 역사학계에
어떻게 반영되고 있는지를 잘 알려준다. 당시 이 글이 발표될 무렵 북한에서는 한(漢) 나라가
강점한 부수도 왕검성은 개현 지방에 있었고, 한 무제가 설치한 낙랑군이 이곳을 중심으로 요하
하류와 요동반도를 차지하고 있었던 것으로 보았다(박영해 1996). 그러나 1998년에 발표된 청암동
토성의 발굴 결과를 통하여 북한에서는 청암동 토성이 고조선의 수도성, 곧 왕검성이었을 가능성이
제기되었다(남일룡·김경찬 1998). 따라서 종래 고조선의 부수도였던 것으로 연구되었던 왕검성이
이제는 고조선의 수도로서 정정될 가능성이 한층 높아지고 있다. 그 결과에 따라 낙랑군의
성격 문제도 다시 검토될 것으로 보인다.

인용문 (2)는 단군릉 발굴 이후 급격하게 변하고 있는 북한 학계의 흐름에 대하여 남한 학계에서
제기하고 있는 문제의 방향이 매우 심각하게 대립하고 있다는 상황을 그대로 보여주는 예 가운데
하나이다. 이런 분위기 속에서 남북한의 몇몇 학자들이 만나 서로의 관심사를 발표할 수 있는
기회가 있었지만(최몽룡 1997b ; 이형구 1997), 각기 다른 방향으로만 흘러가는 물줄기에 둘러싸여
고조선과 관련하여 북한에서 발표된 글을 서로 냉정하게 검토하기란 그 출발부터 불가능하였던
것으로 생각된다.[22]

앞에서 말한 것처럼 북한에서는 많은 유적과 유물에 대한 절대 연대 측정값이 발표되었고,
그 자료에 맞추어 그동안 조사된 여러 유적의 시기를 설정하고 있다. 〈표 5〉에서 보듯이 이미
북한에서는 청동기시대 또는 고조선 관련 유물에 대한 기본 틀을 완성시켰으며, 앞으로의 조사
및 연구 자료는 그와 같은 체계를 일부 보완하는 방향에서 큰 변함없이 전개되리라 추정된다.

종래 북한에서는 우리나라의 신석기문화 중기를 기원전 4천년기, 후기를 기원전 3천년기로
설정하였다(김용간 1990. 114쪽). 현재 북한에서는 우리나라의 청동기시대 상한을 기원전 4천년기
후반기로 재정립하였다. 이 연대상의 문제점에 관하여 북한 학자들도 잘 알고 있으리라 생각된다.
대동강 유역의 청동기시대 상한을 기원전 4천년기 후반기로 인정하면서 북한에서는 대동강
유역의 신석기시대 중기를 기원전 6천년기 후반기, 말기를 기원전 4천년기 전반기로 올렸다(김용간
1996). 그러나 아직까지 그러한 추정 연대를 뒷받침할 수 있는 절대 연대 자료가 없기 때문에
앞으로 북한에서는 신석기시대 유적에 대한 새로운 연대 측정을 실시할 가능성이 크다. 그

---

22 1995년 8월 "동아시아에 있어서 원시, 고대 문명의 재검토"라는 주제로 남북한 학자들이 모임을 가진 바
있다. 『東アジアにおける原始·古代文明の再板討』(第四回國際學術シンポジウム "東アジアの社會と經濟", 오사카, 일
본) 참조. 이 자료를 제공해 준 최몽룡 교수님께 감사를 드린다. 당시의 학술 발표 논문을 모은 글(이형구
엮음 1999)이 최근 간행되었다.

〈표 5〉 최근 북한에서 설정하고 있는 청동기시대와 고조선 관련 유구와 유물의 관계

연대 / 문화단계	기원전 4천년기 전반기	후반기	기원전 3천년기 전반기	후반기	기원전 2천년기 전반기	후반기	기원전 1천년기 전반기	후반기	참고문헌
(문화단계)	신석기 시대	청동기 시대				(12세기)철기 시대			
무덤		돌판무덤, 권촌형1·2형식	돌판무덤, 권촌형3·4형식, 오덕형1형식	돌판무덤, 오덕형2형식, 무방형1형식	돌판무덤, 오덕형3형식, 무방형2형식	돌판무덤, 오덕형3형식, 무방형2형식	돌관무덤, 돌돌림무덤, 움무덤	움무덤, 나무곽무덤	류병흥(1996)
무덤		돌판무덤				돌판무덤→돌관무덤			리창언(1996)
집자리		기둥그루나 구멍 흔적 없음, 또는 벽가장자리에만 그루 흔적	벽가와 복판에 기둥구멍이나 그루 흔적, 또는 3줄 가둥	화독 2개인 집자리	주춧돌 있는 집자리				서국태(1996)
팽이그릇 문화		1기	2기	3기	4기				서국태(1996)
미송리형 단지의 변천			미송리형단지	무방리형단지	남양형단지				서국태·김광철(1998)
고조선의 질그릇 갖춤새			팽이그릇+미송리형단지	팽이그릇+무방리형단지	팽이그릇+무방리형단지	파도형화분형단지+목이 있는 나무그루형 손잡이 남작밑의 배부른단지	화분형단지+소뿔형 또는 그루형 손잡이가 달린 배부른단지	화분형단지+배부른단지	리순진(1996)
청동단검			비파형단검				좁은놋단검		박진욱(1996)
고조선의 편년			제1단계	제2단계	제3단계	제4단계	제5단계	제6단계	류병흥(1996)
고조선 왕조			단군조선(전조선)			(14세기) 후조선		만조선	강인숙(1995) 리승혁(1995)

결과에 따라 남한 지역의 신석기시대에 관한 논리도 재정립될 것이다.

단군릉 발굴 이후, 북한 고고학계는 고고학 유적과 유물에 대한 절대 연대 측정값을 절대적으로 신뢰하는 입장을 지닌다. 그래서 단군릉에서 얻은 절대 연대 측정값에 나타난 수치에서 오차의

범위조차 인정하지 않으며, BP 5011년(±267)이라는 연대를 그대로 받아들인다. 그리하여 BP 5011년에 단군이 태어난 것으로 해석하고, 단군이 무진년에 나라를 세웠다면 그것은 단군이 25살 때인 기원전 2993년이라고 주장한다(강인숙 1995). 그러나 한 유적에서 이루어진 절대 연대 측정값에 절대적인 신뢰를 보내기는 쉽지 않다. 왜냐하면 절대 연대 측정값 자체가 유적과 유물이 형성될 당시의 정확한 시기를 수치로서 표현해주는 절대적인 요소가 아니기 때문이다. 따라서 한 유적에서 얻은 절대 연대 자체의 신뢰도를 높이기 위해서는 그 밖에 다른 여러 발굴 자료와 비교된 다음, 그 수치가 지니는 올바른 의미를 재검토하는 작업이 필요하다고 생각된다.[23]

만약 단군릉의 절대 연대를 수치 그대로 받아들인다면, 남양 16호 집자리에서 얻은 BP 5769±788년(FT)(김교경 1995)은 어떻게 해석해야 옳을 것인가? 이 측정값은 기원전 4천년기 전반기에 해당한다. 따라서 현재 북한에서 설정하고 있는 시기 구분의 틀에 맞추면, 신석기시대에 속할 것이다. 그런데 이 유적의 집자리는 현재 북한에서 기원전 3천년기 전반기인 팽이그릇문화 3기(서국태 1996)에 속하는 것으로 구분되었다. 이런 문제는 절대 연대 측정값이 출토 유물과 서로 비교, 검토되어야 한다는 점을 간접적으로 보여준다.

현재 북한에서 절대적으로 신뢰를 얻고 있는 절대 연대 측정법으로 전자상자성공명법, 열형광법, 핵분열흔적법 등이 있다. 봉화리 토성에서 방사성탄소 연대 측정에 의하여 얻은 연대(BP 2636±116)(김교경 1994b)가 있지만, 현재 북한에서는 이 연대를 비롯하여, 그보다 앞서 발굴된 청동기시대 유적에서 얻은 방사성탄소 측정값을 전혀 고려하지 않고 있는 것으로 생각된다.[24]

단군릉 발굴 이전, 북한의 청동기시대 유적 가운데 방사성탄소 연대 측정이 실시된 유적으로 남경 36호 집자리, 구룡강 6호와 9호 집자리, 청해 토성 2호 집자리가 있다(리윤철 1990). 당시 발표된 측정값의 교정 연대(±2 편차)는 〈표 6〉과 같다.[25]

현재 북한에서는 남경 유적 36호 집자리를 기원전 4천년기 후반기의 팽이그릇문화 1기(서국태 1996), 그리고 구룡강 유적 6호와 9호 집자리를 구룡강 2기층으로 구분하고 있다(석광준·차달만

---

23 예를 들어, 상원군 용곡 1호 동굴의 제9퇴적층(2문화층)에서 이루어진 열형광법에 의한 절대 연대는 50~40만 년 전으로 발표된 바 있다. 그런데 우라늄계열법에 의하여 다시 분석된 이 지층의 절대 연대는 BP 46100±2000년과 BP 49900±2000년으로 나왔다(한창균 1992). 2문화층에서 출토한 사람 뼈가 신인 단계에 속하는 점(장우진 1989)으로 보아, 열형광법에 의한 절대 연대는 문화층의 실제 연대와 맞지 않는다.

24 반면에 원산리의 1호 가마터(황남 배천군, BP 1438±88)와 2호 가마터(1차 가마, BP 1365±47) 및 봉암리의 5호 가마터(황남 봉천군, BP 1294±115)의 경우에는 방사성탄소 측정 연대(반감기 5730년)를 그대로 받아들이며, 두 가마터의 연대를 고구려 시대의 것으로 인정한다(김영진 1995b. 30쪽 ; 리윤철 1998).

25 교정 연대는 Radiocarbon Calibration Program Rev. 4.0(Quaternary Isotope Lab., University of Washington)을 이용하여 얻었다. 계산을 해준 손기언 님께 감사를 드린다. 남경 유적 34호 집자리의 시료(숯)를 방사성탄소 연대 측정에 의하여 북한과 러시아에서 동시에 분석한 바 있는데(리윤철 1998), 그 결과는 아직까지 발표되지 않은 것으로 생각된다.

〈표 6〉 북한의 청동기시대 집자리에서 얻은 방사성탄소연대 측정값

유적명	연대(반감기 5730년)	연대(반감기 5570년)	교정 연대
남경 36호	BP 2974±70	BP 2889±70	BP 3244-2848 (BC 1294-898)
구룡강 6호	BP 2829±80	BP 2740±80	BP 3058-2743 (BC 1108-793)
구룡강 9호	BP 2380±40	BP 2312±40	BP 2356-2182 (BC 407-233)
청해 토성 2호	BP 2720±300	BP 2643±290	BP 3454-2001 (BC 1504-51)

1997). 구룡강 2기층을 대표하는 질그릇은 미송리형 단지로서 그것은 기원전 3천년기 전반기, 곧 팽이그릇문화 2기에 해당한다고 볼 수 있다. 그런데 〈표 6〉에서 보듯이 남경 36호 집자리와 구룡강 6호 집자리에서 얻은 절대 연대의 교정값은 대체로 기원전 13~8세기의 범위 안에 들어가며, 그것은 기원전 2천년기 후반기에 해당한다. 단군릉 발굴 이전과 이후의 상황을 비교할 때, 두 유적의 연대 설정에는 약 2000년 정도의 차이가 나타난다.

이와 같은 차이를 우리는 어떻게 받아들일 것인가? 이 문제에 대하여 북한 학계는 아직까지 어떤 공식적인 해결점을 제시하지 않았다. 그렇지만, 남경 유적과 구룡강 유적에서 얻은 방사성탄소 연대의 오차 범위가 적은 편인 까닭에 이들 유적에 대한 시기 문제는 기원전 13~8세기의 범위 안에서 풀어가는 것이 더 합리적이라고 생각된다. 이와 같은 관점에서 판단할 때, 현재 북한에서 주장하고 있는 좁은놋단검의 상한(기원전 14세기)과 철기시대의 상한(기원전 12세기) 연대는 재검토되어야 할 것이다.

요컨대, 단군릉 발굴 이후, 여러 유적에서 주로 실시되고 있는 전자상자성공명법, 열형광법, 핵분열흔적법에 대한 적용 방법상의 문제점과 분석된 자료의 연대 추정에서 제기될 수 있는 여러 문제점들이 깊이 있게 다시 검토되어야 한다. 이런 의미에서 불탄 낱알이 나온 표대 유적(정강철·리이철 1996), 숯이 나온 장리 고인돌(장철만 1996)과 석정리 집자리(리경철 1996) 등의 유적에서 방사성탄소 측정법이 적용되어 그 결과가 하루빨리 발표되어야 할 것이다. 그렇지 않고서는 북한에서 주장하는 철기시대의 상한, 비파형단검과 좁은놋단검의 연대, 팽이그릇문화 단계의 설정, 집자리의 변화 및 이와 관련된 고조선 관계의 모든 연구 결과를 〈표 5〉에서와 같이 그대로 인정받기란 어렵다고 생각된다.

앞에서 서술한 바와 같이 송석리 문선당 8호 돌관무덤에서는 금동 귀걸이와 팽이그릇 조각이 출토하였다(한인호 1995). 이 무덤의 절대 연대는 BP 3185±598년(ESR)(김교경 1995)으로 나와 그것은 기원전 2천년기 후반기에 해당한다. 그런데 북한에서는 팽이그릇이 기원전 2천년기 전반기 까지만 존재하는 것으로 설명한다(서국태 1996 ; 리순진 1996). 현재 북한에서 제시한 질그릇의 시기 구분과 문선당 8호 무덤의 절대 연대를 비교할 때, 팽이그릇의 시기는 기원전 2천년기 후반기로 떨어질 가능성이 있지만, 아직까지 이 문제와 관련된 글은 북한에서 발표되지 않은

것으로 추정된다.

북한에서는 금동 제품의 사용이 기원전 25~24세기부터 시작했다고 주장한다. 여기서 한 가지 주목할 내용은 금동 제품이 돌관무덤에서만 나오고, 청동기시대의 고인돌이나 집자리에서는 출토하지 않는다는 점이다. 이런 현상을 어떻게 해석할 것인가?

북한 학자들은 청동기시대 지배 계급의 권력과 재부를 상징하는 무덤으로서 대표가 되는 것을 고인돌과 돌관무덤이라고 설명한다(석광준 1995). 그렇다면 그와 같은 상징성이 무덤을 통하여 반영되는 일은 당연하다. 왕릉급에 버금가는 무덤으로 북한에서 보고 있는 무게 50~70톤의 특대형 고인돌에서 금동 제품이 나오지 않는 까닭은 무엇인가? 금동 제품이 도기와 같은 유물, 그리고 돌관무덤과 같은 유구와 관련을 맺는다는 점은 그런 유형의 돌관무덤이 고인돌보다 후대에 축조되었을 가능성이 높다고 볼 수 있다. 특대형 고인돌이 도굴을 당하여 그와 같은 유물이 나오지 않을 가능성도 있지만, 그것만으로 설명이 부족하다고 생각된다.

더욱이 비파형단검 또는 미송리형 단지가 출토한 곳에서 금동 제품이 나온 사례가 없다는 점도 자세하게 논의될 필요가 있다. 여기에 덧붙여, 고조선 사회의 전성기를 반영하는 것으로 북한에서 서술하고 있는 강상과 누상의 돌무지무덤(조중 공동 고고학 발굴대 1966)[26]에서 금동 제품이 전혀 출토하지 않은 점도 함께 고려되어야 한다.

VI. 맺음말

단군릉 발굴 이후 약 5년이라는 짧은 기간에 걸쳐 조사된 내용을 근거로 하여 북한의 고고학계와 역사학계는 우리나라의 청동기시대와 고조선 관련 문제에 대하여 변화의 물결을 몰고 왔다. 이와 같은 급격한 변화는 종래 북한에서 찾아볼 수 없었던 경향이며, 새로운 논리를 입증하기 위하여 각 분야별 전문가가 모두 동원되어 전력 질주하는 모습을 느끼도록 한다. 특히 북한의 신진 학자들도 많이 참여하고 있어 북한 학계에 불어 닥친 새로운 바람은 앞으로 더욱 거세질 것으로 보인다.

현재 북한에서 이루어진 청동기시대의 구분과 고조선 문화 단계에 관한 연구는 기본으로 전자상자성공명법, 열형광법, 핵분열흔적법 등에 의하여 얻은 절대 연대 자료를 바탕으로 전개되고 있다. 이와 같은 연구의 불길을 지폈던 것은 바로 단군릉에서 이루어진 절대 연대였다. 그런데 앞에서도 지적한 바와 같이, 남경 유적 36호 집자리나 구룡강 유적 6호와 9호 집자리에서 분석된

---

26 한편 허종호(1996)는 이들 무덤의 절대 연대가 '현대적 기술수단'에 의하여 재검토되어야 한다는 점을 주장한 바 있다.

방사성탄소 연대 측정값은 현재 북한에서 주로 적용하고 있는 절대 연대 측정 방법의 문제와 아울러 분석된 수치의 추정 연대 설정에 문제가 있음을 알려준다.

단군릉 발굴 이후, 북한에서 조사된 고고학 자료 중에는 우리나라의 청동기시대를 이해하는 데 중요한 자료로서 평가받아야 할 점들도 있다. 종래 남북한에서 청동기시대의 성터가 확인되지 못하였다. 이와 같은 점에서 볼 때, 성벽 위에 고인돌이 축조된 황대성의 존재는 새로운 고고학 자료가 되며, 그것은 청동기시대의 사회 성격을 정립하는 데 매우 중요한 역할을 담당할 것이다. 이와 함께 평양성의 중성 서벽에 있는 아래 성벽에서는 청동기시대의 유물만이 나오고, 그 위 성벽에서는 낙랑국 이후의 유물이 나온다는 점도 주목할 필요가 있으리라 생각된다. 대체로 북한에서는 단군조선 시기의 축성법으로 성토 방법 또는 막쌓기 방법을 예로 들고 있지만, 그와 같은 특징을 일반화시킬 수 있느냐의 문제는 더 검토될 필요가 있다. 비록 시료가 채집된 부분의 위치가 정확하게 보고된 것은 아니지만, 봉화리 토성에서 얻은 방사성탄소 연대는 이 토성의 축조 시기가 여러 가지 측면에서 재검토될 필요가 있음을 보여준다. 봉화리 토성의 성터 안쪽에 팽이그릇 관계 집자리가 있으며, 토성의 아래 성벽에서 팽이그릇이 출토한다는 사실은 이 성벽의 축조가 팽이그릇 단계보다 더 뒤늦은 시기에 이루어졌을 가능성도 암시한다.

유구의 구조와 뚜껑돌의 개수로 볼 때, 용산리 순장무덤을 침촌형의 집합식 고인돌로 다루어야 할지는 검토되어야 하겠지만, 이 무덤이 북한 지역에서 뚜렷하게 확인된 순장무덤이라는 사실에 주목할 필요가 있다(조법종 1998). 장리 고인돌에서 출토한 청동 제품(2인 교예 장식품)은 우리나라 청동기시대의 미술사 연구에 도움을 주는 좋은 자료가 된다고 볼 수 있다.

종래 북한에서는 미송리형 단지가 청천강 이북에서 요하 유역에 분포하는 것으로 보았다. 그러나 표대 유적과 같은 새로운 유적의 발굴을 통하여 이 유형의 단지가 대동강 유역에 이르기까지 분포한다는 사실을 확인하는 계기가 마련되었다.

단군릉 발굴 이전, 북한에서는 기원전 7세기를 전후한 시기에 비파형단검이 한국 중부 이남 지역에 널리 보편화되었고, 이 무기를 바탕으로 기원전 6세기 이전에 진국이 성립하였다고 서술하였다(력사연구소 1991a. 191쪽). 그런데 지금은 비파형단검의 시기를 기원전 3천년기 전반기로 보고 있다. 따라서 진국의 성립과 관련된 종래 북한 학계의 주장에 비추어 볼 때, 당연히 진국의 성립 연대도 그만큼 올라간다고 보아야 하는가의 문제가 제기된다. 실제로 북한에서는 늦어도 기원전 12세기 무렵에 진국이 형성되었다는 글이 발표되었다(송순탁 1995). 이런 사실은 최근 북한에서 이루어지고 있는 청동기시대 또는 철기시대와 관련된 연구 흐름이 고조선 문제에만 국한된 것이 아니라 한국의 고대사 전반에 걸쳐 폭넓은 영향을 줄 것이라는 점을 보여준다.

새로운 고고학 자료의 조사에 따라 북한 학계는 한국 고대사에 관한 새로운 연구 결과를 내놓고 있다. 그러한 연구 결과에 대하여 남북한 쌍방은 서로 대립된 상황을 보여준다. 남북한이 서로 "불순한 정치적 목적을 추구한다."고 비난만 일삼는다면, 이러한 현실은 쌍방 학계의 앞날에 결코 도움이 되지 못할 것이다. 따라서 쌍방은 서로의 시각을 좁힐 수 있는 현실적인 대응책을 마련하여 냉정하게 서로를 비판할 수 있는 자세와 분위기가 성숙되도록 노력해야 할 것이다. 그것은 연구된 결과물을 바탕으로 시작되는 것이 아니라, 연구의 출발점부터 공동 작업이 선행되어야 한다는 점을 우리에게 알려준다. 그러한 공동 노력이 이루어질 수 없다면 남북한의 고고학계나 역사학계는 이웃 나라의 웃음거리가 될 것이 분명하다.

참고문헌

강승남 1995. 「고조선시기의 청동 및 가공기술」, 『조선고고연구』 1995(2), 21-25.

강승남 1996. 「락랑유적의 금속 유물에 대하여」, 『조선고고연구』 1996(2), 37-43.

강인숙 1994a. 「단군은 고조선의 건국시조」, 『력사과학』 1994(1), 53-57.

강인숙 1994b. 「단군의 출생과 활동」, 『단군과 고조선에 관한 연구론문집』, 49-55, 사회과학출판사.

강인숙 1995. 「고조선의 건국년대와 단군조선의 존재기간」, 『력사과학』 1995(1), 45-48.

고광렬 1995. 「강동군 순창리 돌관무덤에서 나온 유골의 성별관계와 년령구성에 대하여」, 『조선고고연구』 1995(3), 6-9.

김교경 1994a. 「단군릉에서 나온 사람뼈에 대한 연대측정결과」, 『단군과 고조선에 관한 연구론문집』, 31-34, 사회과학출판사.

김교경 1994b(이형구 엮음 1995). 「평양일대의 단군 및 고조선 관계 유적유물들에 대한 연대 측정결과에 대하여」, 『단군과 단군조선』, 153-156, 살림터.

김교경 1995. 「평양일대의 단군 및 고조선 유적유물에 대한 년대측정」, 『조선고고연구』 1995(1), 27-31.

김교경·전영수 1994. 「강동군 단군릉에서 발굴된 사람뼈에 대한 절대년대측정결과에 대하여」, 『조선고고연구』 1994(1), 11-16.

김동일 1988. 「돌관무덤에 대하여」, 『조선고고연구』 1988(1), 27-32.

김동일 1994. 「수학적모형화에 의한 돌곽무덤 고찰」, 『조선고고연구』 1994(2), 8-12.

김동일 1995. 「증산군 룡덕리고인돌떼에 대하여」, 『조선고고연구』 1995(4), 24-27.

김동일 1996. 「별자리가 새겨진 고인돌무덤에 대하여」, 『조선고고연구』 1996(3), 31-36.

김동일 1997. 「증산군 룡덕리 10호 고인돌무덤의 별자리에 대하여」, 『조선고고연구』 1997(3), 6-11.

김영진 1995a. 「평양일대에서 발굴된 고조선의 도기」, 『조선고고연구』 1995(2), 10-15.

김영진 1995b. 『조선도자사연구』, 사회과학출판사.

김영진 1996. 「고조선의 도기에 대하여」, 『조선고고연구』 1996(3), 12-16.

김용간 1990. 『조선고고학전서(원시편)』, 과학백과사전종합출판사.

김용간 1996. 「대동강류역 신석기시대의 사회관계」, 『조선고고연구』 1996(2), 14-16.

김일권 1998. 「별자리형 바위구멍에 대한 고찰」, 『고문화』 51, 123-156.

김재용 1998. 「룡포리돌곽무덤에 대하여」, 『조선고고연구』 1998(2), 7-12.

김종혁 1995. 「새로 발굴된 성천군 룡산리순장무덤에 대하여」, 『조선고고연구』 1995(1), 13-17.

김종혁 1996. 「표대부락터유적에 대하여」, 『조선고고연구』 1996(2), 22-25.

김창현 1996a. 「남부조선 고인돌무덤의 특성」, 『조선고고연구』 1996(2), 33-36.

김창현 1996b. 「전라남도일대의 고인돌무덤에 대하여」, 『조선고고연구』 1996(4), 41-44.

남일룡 1995. 「평양지방의 고대토성」, 『조선고고연구』 1995(2), 16-20.

남일룡 1996a. 「평양일대 고대토성의 축조년대에 대하여」, 『조선고고연구』 1996(1), 16-19.

남일룡 1996b. 「평양일대 고대성곽의 특징에 대하여」, 『조선고고연구』 1996(3), 24-26.

남일룡·김경찬 1998. 「청암동토성에 대하여」, 『조선고고연구』 1998(2), 13-15.

력사연구소 1991a. 『조선전사 2(고대편)』(2판), 과학백과사전종합출판사.

력사연구소 1991b. 『조선전사 3(중세편 고구려사)』(2판), 과학백과사전종합출판사.

력사편집실 엮음 1994. 『단군과 고조선에 관한 연구론문집』, 사회과학출판사.

로성철 1993. 「미송리형단지의 변천과 그 연대에 대하여」, 『조선고고연구』 1993(4), 29-33.

류병홍 1996. 「고조선의 문화발전에 대한 고고학적편년에 대하여」, 『조선고고연구』 1996(2), 2-4.

류충성 1998. 「새로 발견된 룡성구역 화성동 고대제단유적」, 『조선고고연구』 1998(4), 42-43.

리경철 1996. 「석정리집자리유적에 대하여」, 『조선고고연구』 1996(4), 5-9.

리순진 1992. 「우리 나라 서북지방에서의 나무곽무덤의 기원과 발생시기에 대하여」, 『조선고고연구』 1992(1), 17-23.

리순진 1995. 「평양일대에서 새로 발굴된 황대성에 대하여」, 『조선고고연구』 1995(1), 7-12.

리순진 1996. 「고조선의 질그릇에 대하여」, 『조선고고연구』 1996(3), 5-8.

리승혁 1995. 「만왕조의 멸망과 락랑국에 대하여」, 『력사과학』 1995(2), 57-61.

리윤철 1990. 「방사성탄소에 의한 유적유물의 절대년대측정방법에 대한 고찰」, 『조선고고연구』 1990(2), 41-44.

리윤철 1998. 「원산리 가마터 14C연대측정결과와 해석」, 『조선고고연구』 1998(3), 39-42.

리주현 1997. 「새로 조사발굴된 오산리고인돌무덤에 대하여」, 『조선고고연구』 1997(3), 17-21.

리준걸 1996. 「단군조선의 천문지식은 고구려천문학의 기초」, 『조선고고연구』 1996(3), 21-23.

리창언 1996. 「평양일대의 돌관무덤과 그 변천에 대하여」, 『조선고고연구』 1996(2), 10-13.

박영해 1996. 「기원전 2세기말~기원 4세기초의 여러 전쟁과정을 통하여 본 락랑군의 위치」, 『력사과학』 1996(4), 50-55.

박진욱 1988. 『조선고고학전서(고대편)』, 과학백과사전종합출판사.

박진욱 1991. 『조선고고학전서(중세편, 고구려)』, 과학백과사전종합출판사.

박진욱 1992. 「고조선의 성립에 대하여」, 『조선 고대 및 중세초기사연구』, 3-11, 교육도서출판사.

박진욱 1993. 「단군릉의 발굴정형」, 『단군과 고조선에 관한 연구론문집』, 21-30, 사회과학출판사.

박진욱 1994. 「단군릉 발굴정형에 대하여」, 『조선고고연구』 1994(1), 2-6.

박진욱 1995. 「고조선의 비파형단검문화에 대한 재검토」, 『조선고고연구』 1995(2), 6-9.

박진욱 1996. 「고조선의 좁은놋단검문화에 대한 재고찰」, 『조선고고연구』 1996(2), 5-6.

서국태 1996. 「팽이그릇문화의 편년에 대하여」, 『조선고고연구』 1996(2), 17-21.

서국태 1998. 「평양일대 신석기시대문화의 특성」, 『조선고고연구』 1998(1), 7-10.

서국태·김광철 1998. 「새로 발견된 남양형단지에 대하여」, 『조선고고연구』 1998(2), 2-6.

석광준 1979. 「우리 나라 서북지방 고인돌에 관한 연구」, 『고고민속론문집』 7, 109-182.

석광준 1995. 「평양일대에서 새로 발굴된 고인돌과 돌관무덤에 대하여」, 『조선고고연구』 1995(1), 18-21.

석광준 1996. 「평양일대 고인돌무덤의 변천에 대하여」, 『조선고고연구』 1996(3), 17-20.

석광준·리일남 1993. 「석암일대 고인돌에 대하여」, 『조선고고연구』 1993(3), 2-8.

석광준·차달만 1997. 「구룡강유적에 대하여」, 『조선고고연구』 1997(4), 6-10.

손영종 1995. 「후조선은 단군조선의 계승국」, 『력사과학』 1995(2), 54-56, 61.

송순탁 1995. 「고조선에 의한 조선 중남부지역의 통합과 전국의 분립」, 『단군과 고조선』(이형구 엮음 1999. 519-530에서 재인용).

안병찬·최승택 1998. 「새로 발굴된 평양성에 대하여」, 『조선고고연구』 1998(4), 37-41.

오강원 1996. 「최근 제기된 북한학계의 고조선=평양설에 관하여」, 『백산학보』 46, 459-495.

윤내현 1995. 『고조선, 우리의 미래가 보인다』, 36-51, 민음사.

윤춘호 1994. 「원암리고인돌에 대하여」, 『조선고고연구』 1994(4), 44-48.

이선복 1997. 「최근의 '단군릉'문제」, 『한국사 시민강좌』 21, 43-57, 일조각.

이형구 엮음 1995. 『단군과 단군조선』, 살림터.

이형구 1997. 「단군과 고조선사 연구의 현황과 과제」, 『단군학 연구의 현황과 과제』, 2-12, 단군학회 창립기념

      학술회의 발표문집.

이형구 엮음 1999. 『단군과 고조선』, 살림터.

장우진 1989. 『조선사람의 기원』, 사회과학출판사.

장철만 1996. 「장리고인돌무덤에 대하여」, 『조선고고연구』 1996(4), 10-14.

전영수·김룡철 1996. 「표대유적에 대한 열형광년대측정에 대하여」, 『조선고고연구』 1996(2), 26-28.

정강철·리이철 1996. 「평양일대에서 새로 발굴된 유적들에 대한 핵분렬흔적년대측정」, 『조선고고연구』 1996(3), 40-41.

조법종 1998. 「고조선 연구의 현황과 과제」, 『단군학 연구의 제문제』, 단군학회 1998년대 전반기 학술회의 발표문집.

조선기술발전사 편찬위원회 1997. 『조선기술발전사 1(원시·고대편)』, 과학백과사전종합출판사.

조선유적유물도감 편찬위원회 1988. 『조선유적유물도감』 1(원시편), 외국문종합출판사.

조선유물유적도감 편찬위원회 1989. 『조선유적유물도감』 2(고조선, 부여, 진국 편), 외국문종합출판사.

조중 공동 고고학 발굴대 1966. 『중국 동북 지방의 유적발굴보고(1963-1965)』, 사회과학원출판사.

차달만 1992. 「당산조개더미유적 발굴보고」, 『조선고고연구』 1992(4), 14-20.

차달만 1993. 「청천강류역 청동기시대 유적들의 연대」, 『조선고고연구』 1993(2), 9-12.

차달만 1996. 「상원군 귀일리 2호고인돌무덤에 대하여」, 『조선고고연구』 1996(3), 37-39.

차달만 1997. 「압록강 및 청천강 류역의 갈색민그릇갖춤새의 변천」, 『조선고고연구』 1997(2), 6-10.

최몽룡 1994. 「단군릉 발굴에 대한 몇 가지 이견」, 『한국상고사학보』 15, 455-457.

최몽룡 1997a. 「북한의 단군릉 발굴과 그 문제점(1)」, 『도시·문명·국가, 고고학에의 접근』, 103-109, 서울대 출판부.

최몽룡 1997b. 「북한의 단군릉 발굴과 그 문제점(2)」, 『도시·문명·국가, 고고학에의 접근』, 110-116, 서울대 출판부.

최몽룡·신숙정 1996. 「한국 고고학에 있어서 자연과학적 연구」, 『고고학과 자연과학(토기편)』, 35-59, 서울대 출판부.

최응선 1996. 「상원군 장리고인돌무덤을 통하여 본 고조선초기의 사회문화상에 대하여」, 『조선고고연구』 1996(3), 27-30.

한은숙 1998. 「대동강류역 신석기시대질그릇의 굳기와 흡수률에 대하여」, 『조선고고연구』 1998(1), 16-21.

한인호 1995. 「고조선초기의 금제품에 대한 고찰」, 『조선고고연구』 1995(1), 22-26.

한인호 1996. 「고조선의 귀금속유물에 대하여」, 『조선고고연구』 1996(3), 9-11.

한창균 1992. 「용곡 제1호 동굴유적의 시기구분과 문제점」, 『박물관기요』 8, 69-88, 단국대 중앙박물관.

한창균 1997. 「민족형성론」, 『한국사 인식과 역사이론』, 247-274, 김용섭교수정년기념한국사학논총 1, 지식산업사.

허종호 1996. 「단군 및 고조선력사 연구에서의 몇가지 기본문제들과 그 해명」, 『력사과학』 1996(2), 43-50.

황기덕 1987. 「우리 나라 청동기시대 사회관계에 대하여(1)」, 『조선고고연구』 1987(2), 2-7.

大阪經濟法科大學 1995. 『東アジアにおける原始·古代文明の再板討』(第四回國際學術シンポジウム "東アジアの社會と經濟", 오사카, 일본).

在日本朝鮮歷史考古學協會 編譯 1995. 『朝鮮民族と國家の源流』, 雄山閣.

齋藤 忠 1995. 『北朝鮮考古學の新發見』, 雄山閣.

【출처】 한창균 1999. 「최근 북한의 청동기시대 연구 동향」, 『한국상고사학보』 30, 103-140쪽.

1950년대의 북한 고고학 연구

I. 머리말

한국전쟁 이후, 북한 지도부는 전후 복구 사업에 따른 건설 공사를 시행하면서 문화재의 보존 관리와 연구 사업을 원활하게 진행할 수 있도록 독려하였다. 특히 1954년에 채택된 내각지시 제92호는 건설 공사의 현장에서 출토하는 유물을 효율적으로 관리하기 위한 토대를 마련하는 데 중요한 역할을 하였다. 1956년에 '1차 5개년 계획'이 수립되어 실천에 옮기면서 더 많은 유적이 조사되었다. 한국전쟁 이전에 발굴된 곳은 초도 유적, 안악 1·2·3호 무덤과 궁산 유적에 불과하였다. 그러나 1953년 한국전쟁이 끝날 무렵부터 1959년까지 약 7년 동안 북한에서 발굴되거나 조사된 유적은 모두 58군데에 이른다(고고학 및 민속학 연구소 1965).[1] 그리고 많은 유적과 유물의 발굴 조사를 통하여, 도유호(1960)가 『조선 원시 고고학』의 「머리말」에서 서술한 바와 같이, "불과 몇 주일 사이에 우리의 견해에는 적지 않은 변화가 생기는 수가 가끔 있게 될" 정도로 새로운 사실들이 드러나게 되었다.

1950년대 북한 고고학계에서 주로 활동하였던 학자들로는 도유호, 정백운, 김용간, 황기덕, 채희국, 전주농, 황욱, 주영헌 등이 있다. 그들 가운데 도유호는 '물질문화유물보존위원회'의 위원장과 '고고학 및 민속학 연구소'의 소장을 맡으면서 가장 비중이 큰 역할을 담당하였던 것으로 생각된다. 고고학 및 민속학 연구소에서는 『문화유물』을 1년에 6권씩 간행하였고, 〈유적발굴보고〉와 〈고고학자료집〉을 출간하면서 발굴 유적에 대한 정리와 연구 작업을 진행하였다.

1950년대 후반은 그 어느 때보다도 당의 질책과 비판이 북한 고고학계에 가장 거세게 불어 닥쳤던 시기라고 생각된다. 북한 지도부의 정치적 대립과 갈등은 고고학계에도 강한 영향을

---

1 1950년대 북한 고고학의 발굴 성과에 관해서는 '조선 고고학의 발전'(도유호 1960)을 참조 바람.

주었고, '1차 5개년 계획'을 앞당겨 달성하려는 당시의 사회 분위기 속에서 고고학자들이 담당해야 할 과업은 고고학 유적의 발굴 참여와 연구에만 그치는 것은 아니었다.

당은 고고학자들로 하여금 개인주의, 보수주의, 소극성을 탈피하여 사회주의 건설의 대열에 적극적으로 참여할 것을 요구하였다. 따라서 당시 고고학계는 우리나라 역사 발전의 합법칙성에 관한 체계를 하루빨리 세워야 할 사명을 지니고 있었고, 이를 입증하기 위한 새로운 이론의 확립에 많은 노력을 기울여야 했다. 또한 당은 고고학 관계 출판물의 내용이 '유물의 형태상 분류와 유적의 개별적 설명'에만 치우쳐 있기 때문에 사회 경제적인 문제의 해명이 깊이 있게 다루어지지 않았음을 지적하였고, 새로운 연구 인력을 키워내도록 독려하였다.

많은 유적의 발굴 조사와 연구를 통하여 우리나라의 원시시대에 관한 내용이 차츰 자세하게 논의될 수 있었던 기반이 1950년대 후반에 마련되었다. 이를 통하여 신석기시대와 청동기시대의 상한과 존속 기간에 관한 연대 추정이 가능하게 되었다. 금속문화의 기원, 고대 종족과 국가 발생에 관한 토론회 등은 우리나라 청동기문화의 독자성과 철기문화를 기반으로 했던 고조선의 국가 성격을 여러 측면에서 검토할 수 있는 기회가 되었다. 한편 고구려 묘제의 기원과 성격 그리고 안악 3호 무덤의 주인공에 관한 열띤 논쟁은 자유롭고 공개적인 토론이 허용되었던 당시 북한 고고학계의 동향을 반영해준다. 이런 분위기는 대체로 1960년대 초까지 지속되었던 것으로 생각된다.

II. 당시 북한 사회와 고고학계의 동향

한국전쟁을 치르는 동안 북한에서는 민족 문화의 보존과 연구 등에 따른 몇 가지 조치를 취하였다. 1952년 10월 북한에 과학원이 창설되면서 그 안에 '물질문화사연구소'를 두었고, 이 연구소의 소장으로 도유호가 임명되었다(이광린 1990). 1953년 2월 '조선물질문화유물조사보존위원회'는 '물질문화유물보존위원회'[2]로 개칭되었다.

한국전쟁을 거치면서 북한에 있는 여러 유적과 발굴 유물 및 발굴 자료[3] 등이 입었던 피해는 컸던 것으로 생각된다. 따라서 중요한 문화재의 복구와 보존을 강화하기 위한 사업이 1953년 8월 '조선 로동당 중앙위원회 제6차 전원회의'에서 결정되었고, 이 결정에 따라 내각지시 제23호[4]가

---

2 1954년 11월 이 위원회의 위원장으로 도유호가 임명되었다(북한연구소 1991. 208쪽).

3 예를 들어 안악 1·2호 무덤의 발굴 당시 사진 자료, 안악 3호 무덤의 발굴 당시 사진과 대부분의 도판 및 실측도 그리고 유물 등이 파괴되어 없어졌다. 또한 궁산 유적의 발굴 기록과 출토품의 많은 부분이 없어졌다. 초도 유적의 경우도 발굴된 사람 뼈의 일부가 뒤섞이게 되었고, 사람 뼈와 관련된 참고 자료 등이 없어졌다.

발표되었다. 그리고 전후 복구와 새로운 건설 사업을 진행하는 동안 여러 곳에서 드러난 유적과 유물에 대한 강구 대책이 1954년 내각지시 제92호[5]에 의하여 채택되었다.

내각지시 제92호는 '전후 3개년 인민 경제 복구 건설(1954~56년)'에 따라 각종 건설 공사 과정에서 출토하는 유적과 유물의 보존 관리 및 연구 사업을 진행하는 데 있어 중요한 구실을 하였다. 그리고 이를 통하여 귀중한 문화유산의 보존 관리를 모든 사람들에게 생활화시키고자 하였다(고고학 및 민속학 연구소 1958f). 내각지시 제92호에 의한 발견 유물의 보고는 다음과 같이 이루어졌다.

"건설 공사장에서 유적 유물이 드러나는 경우에 건설 공사 책임자는 곧 이를 당시 내각 직속으로 있던 《물질 문화 유물 보존 위원회》 위원장에게 보고해야 하며 《물질 문화 유물 보존 위원회》 위원장은 과학원 원장과 협의하여 이 유적과 유물을 제때에 처리하게 되었다."(고고학 및 민속학 연구소 1958i. 8쪽)

1956년 4월에 열린 '조선로동당 제3차 대회'에서 '제1차 5개년 계획'이 발표되었고, 김일성은 세계의 선진 과학 수준을 따라가며 우리나라의 우수한 문화유산을 계승 발전시키기 위하여 과학자들이 이루어야 할 중요한 과업을 다음과 같이 지적하였다.

"과학 일'군 특히 사회 과학 부문 일군들의 앞에 중요하게 제기되는 과업의 하나는 선진 과학의 연구 사업과 아울러 과거의 우리 나라 과학 문화의 우수한 문화유산을 계승하여 일체 과학 연구 자료들을 수집 정리함으로써 장래의 찬란하고 건전한 과학 문화 발전을 위한 토대를 구축하는 사업입니다. 아직도 과학 일'군들에게 이 사업의 중요성이 철저하게 인식되지 못하고 있습니다. 해방 후 10년이 되는 오늘에 이르기까지 과학 연구의 기초를 축성하는 사업이 매우 불만족하게 진행되고 있습니다."(고고학 및 민속학 연구소 1958c. 6쪽)

그리고 1956년 8월에 열린 '조선 로동당 중앙위원회 전원회의'에서는 맑스-레닌주의에 입각하여 우리나라의 민족 문화유산을 연구하기 위하여 "과학 일'군들은 더욱 대담하게 자기의 견해와 연구 결과를 발표하며, 자유로운 공개적 토론과 진지한 론쟁을 통하여 과학 사업을 발전시켜야 할 것입니다."(도유호 1957. 2쪽)라고 김일성이 지적하였다. 이런 분위기 속에서 1956년 12월,

---

4 「문화 유물 및 천연 기념물 보존 사업을 강화할 데 대하여」.
5 「각종 건설 공사 과정에 출토하는 유적과 유물을 과학적으로 처리할 데 대하여」.

고고학 및 민속학 연구소 주관으로 '조선에서 초기 금속 사용에 관한 토론회'가 개최되었고, 〈유적발굴보고〉 제1집이 간행되었다.[6]

1956년 '물질문화사연구소'가 '고고학 및 민속학 연구소'로 개칭되었다. 이 명칭은 이미 1954년부터 쓰였는데(도유호 1960. 10쪽 참조), 당시 소장은 도유호였다. 따라서 도유호는 '물질문화유물보존위원회'의 위원장직과 '고고학 및 민속학 연구소'의 소장직을 맡으면서 당시 북한 고고학계에서 가장 비중 있는 인물로 발돋움하게 되었다. 도유호는 〈유적발굴보고〉에 많은 관심을 기울였던 것으로 보인다. 이것은 1950년대에 나온 〈유적발굴보고〉 가운데, 5집을 제외한 나머지 책의 머리말(서문) 부분 필자로서 그의 이름이 들어 있다는 사실에서 미루어 짐작할 수 있다.[7] 이는 또한 당시 북한 고고학계에서 도유호가 차지하고 있었던 역할의 중요성을 잘 반영한다고 할 수 있다.

고고학 및 민속학 연구소는 유적 발굴의 중심 기관으로 등장하였을 뿐만 아니라 발굴 보고서의 작성과 간행, 그리고 고고·민속학 분야에 관한 정기간행물을 발간하기 시작하였다. 한 유적만을 대상으로 한 〈유적발굴보고〉가 1956년, 정기간행물인 『문화유산』이 1957년, 여러 유적의 조사 내용을 묶은 〈고고학자료집〉이 1958년부터 간행되었다. 1959년까지 〈유적발굴보고〉는 1~6집[8], 〈고고학자료집〉은 1~2집[9]이 출판되었다. 당시에 출간된 이들 책의 발행 부수는 매우 많았다. 〈유적발굴보고〉 1집은 무려 3000부였고, 2집에서 6집까지는 2000부씩이었다. 〈고고학자료집〉 1집은 3000부, 그리고 2집은 2000부나 간행되었다. 이러한 점은 사회주의 건설에 필요한 고고학의 연구 성과를 전문가에게 국한시키지 않고, 많은 일반인들에게 널리 퍼뜨리는 데 그 뜻이 있었던 것으로 생각된다.

도유호(1957)는 『문화유산』 창간호에 실린 「민족 문화 유산의 계승 발전과 고고학 및 민속학 연구소의 당면 과업」이라는 글에서 고고학 및 민속학 연구소의 고고학·민속학·미술사 연구실이 어떠한 작업을 어떻게 이끌어가야 할 것인가를 제시하였다. 그러면서 그는 '문화권설'을 반대하는 주장을 다음과 같이 비판하였다.

---

6 한편 1956년 10월, 과학원 력사연구소 주최로 〈삼국 시기의 사회 경제 구성에 관한 토론회〉가 개최되었다.
7 '고고학자료집' 1·2집의 서문은 '고고학 및 민속학 연구소 자료 편찬실'로 되어 있다.
8 1집 : 고고학 및 민속학 연구소 1956. 『라진 초도 원시 유적 발굴 보고서』.
　2집 : 고고학 및 민속학 연구소 1957. 『궁산 원시 유적 발굴 보고』.
　3집 : 고고학 및 민속학 연구소 1958. 『안악 제3호분 발굴 보고』.
　4집 : 고고학 및 민속학 연구소 1958. 『안악 제1호 및 제2호분 발굴 보고』.
　5집 : 고고학 및 민속학 연구소 1959. 『태성리 고분군 발굴 보고』.
　6집 : 김용간 1959. 『강계시 공귀리 원시 유적 발굴 보고』.
9 1집 : 고고학 및 민속학 연구소 1958. 『대동강 류역 고분 발굴 보고』.
　2집 : 고고학 및 민속학 연구소 1959. 『대동강 및 재령강 류역 고분 발굴 보고』.

"우리의 방법론이라면 그것은 물론 맑스-레닌주의적 방법론이며 변증적 유물론적 방법론이며 력사적 유물론적 방법론이다. 그러나 사실인즉 어느 한 구체적인 과학 분야에서의 구체적인 방법론을 따지는 데에 이르러서는 이러한 말은 결국은 추상적인 표현에 불과한 것이다. 과거의 진화론적 방법론이 지배적이였을 당시 대다수의 학도들은 그것을 맑스-레닌주의적 방법론이라고 하였던 것이다. 그리고는 그것을 반대하여 나서는 온갖 다른 방법론에는 덮어놓고 《반동》이라는 락인을 찍어 버렸던 것이다. 그러한 락인을 가장 심하게 맞아 온 방법론은 소위 《문화권설》의 제창자들이 주장한 문화 비교의 방법론이였다. 그 락인이 부당하였음은 이제 와서는 명백하여진 바이다 (…) 방법론 문제에 이르러서도 우리는 교조주의를 버려야 할 것이다. 그리고 옳은 수립을 위하여 우리는 자유롭고 진지한 토론을 전개하여야 할 것이다. 그리고 상대방에게 덮어놓고 《반동 학설》이라는 바가지를 씌우는 일은 삼가야 할 것이다. 가령 례하면 종족 이동론이 암만 《반동 리론》이며 문화 교류론이 암만 《반동 리론》이라고 하더라도 결국 이동과 교류의 사실을 무시하고는 민속학 분야에서 문제의 해결을 초보적으로도 볼 수 없는 것이다. 결국은 그러한 이동과 교류의 사실을 념두에 두고 분석하며, 종합하는 방법을 취하는 데서 그냥 덮어놓고 《발전 발전》만 부르짖는 것보다는 좀 더 구체적이며 효과있는 해답을 얻게 되는 것이다."(도유호 1957. 6쪽)

1949~50년 사이 문화권설에 대한 도유호와 한흥수의 논쟁(한창균 1992)은 단순하게 학문상의 견해 차이를 서로 비판하는 수준에 머물렀던 것은 아니었다. 둘 사이에 벌어졌던 그러한 이론 투쟁은 당시 북한 고고학계에서 누가 주도권을 잡고 계속하여 활동할 수 있는가를 결정짓게 하는 심각한 싸움이었다. 이 싸움은 결국 도유호의 승리로 끝났지만, 사회 역사와 문화 발전의 원류를 외부 문화의 영향 속에서 설명하는 것은 바로 부르주아 과학을 대변하는 것(고고학 및 민속학 연구소 1958m)으로 맑스-레닌주의자들이 받아들이고 있었기 때문에 문화전파론에 입각한 도유호의 주장은 뒷날 그 자신이 북한 고고학계에서 밀려나는 데 빌미가 되었던 것으로 생각된다.

1957년에는 『문화유산』의 창간 이외에도 '고려 도자기와 초기 금속 유물 전시회'와 '안악 3호분의 연대와 그 피장자에 대한 학술 토론회'(고고학 및 민속학 연구소 주최)가 개최되었다. 그리고 '과학원 창립 5주년 기념 학술 보고회'(고고학 및 민속학 연구소 1958d)에서는 남한 지역을 포함시킨 조선 고고학이 수립되어야 한다는 점이 강조되었다.

1958년 3월 3일에는 '조선 로동자 제1차 대표자회'가 열렸고, 여기에서 "과학 연구 사업을 현실에 더욱 접근시키며 직접 생산과 결부된 연구를 중점으로 진행하라."(고고학 및 민속학 연구소 1958g)는 정책 방향이 결정되었다. 그러나 당시 고고학 및 민속학 연구소의 사업성과는 그와 같은 당의 강력한 정책을 관철시키지 못하였다. 한편 3월에는 '제1차 전국 고고학 토론회'가 개최되어 당시까지 이루어진 고고학 분야의 사업을 점검하고 앞으로의 사업 방향이 논의되었다(고고학 및 민속학 연구소 1958e).

1958년 9월 '로동당 중앙위원회'는 고고학 분야에서도 보수주의와 소극성[10]을 탈피해야 한다는 편지를 고고학 및 민속학 연구소에 보냈던 것으로 생각된다(고고학 및 민속학 연구소 1959g. 2쪽). 그동안 많은 고고학 자료가 조사 발굴되었지만, 과학 지식의 보급을 위한 교육 기관과 인민의 요구가 있음에도 아직까지 『조선 고고학 개요』가 집필되지 않은 것은 "지도적 지위에 있는 일부 보수주의자들과 일부 연구사들의 안일성"에서 비롯하며, 그러한 자세는 "천리마를 탄 기세로 질풍처럼 달리는 전체 근로자들의 로력 투쟁"(고고학 및 민속학 연구소 1958k ; 1958m)을 가로막는 장애물이 되는 것으로 「보수주의와 소극성에 반대하여」(고고학 및 민속학 연구소 1958g)라는 글에서 비판이 제기되었다.[11] 이와 같은 비판을 계기로 다음과 같은 사업 계획과 실천 방안이 수립되었다.

"우리는 금년 과제를 반드시 초과 완수하겠다는 결의를 다졌다. 인민 대중은 우리가 발굴하고 조사한 자료들을 시급히 정리하여 출판할 것을 희망하고 있다. 년내로 우리는 3편의 《보고서》를 세상에 내놓아야 하며 4편의 《발굴 보고서》 및 《론문집》과 《조선 고고학 개요》를 출판에 회부하여야 한다. 뿐만 아니라 6월 전원 회의 결정을 받들고 금년 내에 민족적 정서가 풍부한 우리 나라의 《문양 및 도안집》 2편의 편집을 끝내야 하며 명년에 2편을 출판에 회부하여야 한다. (…)

동시에 사업 방식을 근본적으로 개선하며 연구 사업에서 혁명적 질서를 수립하는 데서만 시급히 해결을 기다리는 문제들을 원만하게 수행할 수 있다. 고고학 연구실은 건설 공사장에서 출토되는 유물 처리를 원만히 보장할 것을 규정한 내각 지시 제92호 집행에 있어서 그 규모와 속도는 우리들이 예상하지 못한 새로운 과업을 제기하고 있다. 북반구 전 지역에 걸쳐 대규모의 관개 수리 공사가 전개됨에 따라 이에 따르는 방대한 발굴 사업이 예견되는 바 그의 성과적 보장은 중견 학술 일'군을 대량적으로 양성하며 모든 발굴대 성원들이 응당 갖추어야 할 기술을 단시일 내에 습득하는 사업들을 예견성 있게 조직 진행하는 데 달려 있다. 이와 같이 이 부문에서 예비의

---

10 1958년 11월 김일성은 전국 시·군당 선동원을 위한 강습회에서 「공산주의 교양에 대하여」라는 연설을 하였고, 이 연설에서 사회주의 건설 사업을 빠르게 전진시키기 위하여 보수주의, 소극성, 침체성을 하루빨리 극복해야 한다고 말하였다(고고학 및 민속학 연구소 1959g). 북한에서는 1958년을 기점으로 경제 건설 사업에서 정치사상 투쟁이 본격화되기 시작하였고, 그 대상은 보수주의와 소극성의 극복이었다. 정치사상 투쟁을 통한 혁신 운동은 8월 종파사건과 같은 북한 지도부의 정치 갈등을 대중차원에서 효과 있게 해소시키기 위한 수단으로써 전개되었다(이종석 1993 ; 김연철 1993).

11 이러한 비판을 받은 뒤, 1959년 3월부터 5월까지 무려 22군데의 유적이 조사 발굴되었다(고고학 및 민속학 연구소 1959j).

원천은 학술 력량의 집체적 공작을 보장하기 위한 기동적인 조직과 다양한 작업 조건에 적응한 기술 일'군의 급속한 장성에 있다. 해방 직후 한 사람도 없던 이 부문 간부가 오늘은 수십명에 달한다. (…)

집체적 연구의 본질은 지도에서 중앙 집권적 민주주의의 발양을 보장하며 자유로운 토론, 무자비한 비판, 호상 협력과 동지적 방조가 최고도로 발양되는 연구 체계의 확립에 있다. 우리 연구소에는 아직 이러한 연구 사업에서의 질서와 분위기가 강하게 수립되어 있지 않다. 그의 확립을 위하여 우리는 낡은 연구 방법, 낡은 틀을 고집하는 보수주의와 결정적으로 투쟁하여야 한다."(고고학 및 민속학 연구소 1958g. 5-6쪽)

'1차 5개년 계획'이 수립되면서 북한의 여러 지역에서 관개 시설 건설 공사가 이루어졌다. 특히 평안남도의 기양 관개 시설과 황해북도의 어지돈 관개 시설 공사가 대규모로 진행되었다. 이에 따라 평안남·북도와 황해남·북도에 대한 원시 유적의 분포 정형이 먼저 발표되었고(고고학 및 민속학 연구소 1958q), 그 뒤를 이어 함경남·북도, 양강도, 자강도, 강원도 지역에 분포한 원시 유적이 발표되었다(고고학 및 민속학 연구소 1959f). 그와 비슷한 시기에 남북한의 원시 유적을 포함시킨 『조선 원시 유적 지명표』(고고학 및 민속학 연구소 1958r)가 간행되었다.

'1차 5개년 계획'을 1959년에 앞당겨 완수할 목적으로 북한 정권은 각종 건설 공사장에서 출토하는 유적의 신속한 처리, 조사·발굴·정리에 적극적인 참여와 지도 수준의 향상, 선진 국가의 과학 수준에 도달할 수 있는 이론 분야의 연구 등을 제시하면서, 「사회주의 건설의 고조에 발맞추기 위한 고고학 분야의 과업」(고고학 및 민속학 연구소 1959g)을 다음과 같이 요구하였다.

"조사 발굴 정리 사업을 통하여 획득한 자료를 가지고 우리 나라의 원시, 고대 및 중세의 력사를 해명하는 것, 여기에 력사 과학의 분과로서의 고고학의 사명이 있다. (…)

지난날 고고학 연구 사업에서는 일련의 성과를 거두었으나 맑스-레닌주의 방법론에 튼튼히 립각하여 우리 나라의 원시 고대 및 중세 유적들을 연구함으로써 우리 나라 력사 발전의 합법칙성을 리론적으로 체계화하는 사업이 미약하게 진행되었다.

적지 않은 고고학 관계 로작들이 집필 출판되였으나 흔히 유물들에 대한 형태상 분류와 유적들의 개별적 설명에만 치중하고 한 걸음 더 나아가 사회 경제적 제 문제 해명에 도움을 주는 리론적 측면에 깊이 파고 들지 못하는 일이 적지 않았다. (…)

지금까지 잡지 《문화 유산》의 집필진은 몹시 국한되여 있었다. 집필진을 확대하여 지방의 간부들의 자질 향상을 위한 무기로 리용케 해야 할 것이다."(고고학 및 민속학 연구소 1959g. 3-4쪽)

사회주의 건설을 이룩하기 위하여 당이 당시 고고학계에 요구한 사항 가운데 하나로 고고학연구실에서는 『조선 고고학 개론』을 상하 두 권으로 출판할 계획을 세웠고[12], 청동기시대까지는 도유호가 써서 토의에 부치기로 하였다. 이런 과정에서 「조선 거석 문화 연구」(도유호 1959a)가 발표되었다. 이 논문은 도유호가 그동안 발표했던 글을 중심으로 엮은 것이며, 1960년에 나온 『조선 원시 고고학』(도유호 1960)의 한 부분을 이루었다.

조선노동당 강령으로 제시된 "조선 민족 문화 예술 과학의 정상적 발전을 도모할 것"을 실행에 옮기는 작업의 하나로 "전국적인 규모에서 문화유산을 애호 보존하기 위한 인민들의 애국주의 교양 사업"에 대한 중요성이 1950년대 말부터 더욱 강조되었다. 그러한 애국주의 교양 사업은 단순히 민족의 혁명 투쟁사와 우수한 그 문화 전통의 계승뿐만 아니라, 애국심을 바탕으로 모든 사람을 사회주의 경제 발전에 참여시키기 위하여 활발히 전개되었다.[13] "선조들이 남겨 놓은 우수한 문화유산과 슬기로운 애국적 전통"(고고학 및 민속학 연구소 1959e. 3쪽)을 조선시대 실학자들에서 찾으려는 시도는 1950년대 후반부터 나타났다. 1956년 고고학 및 민속학 연구소에서 개최한 '추사 김정희 서거 100주년 기념 추모회'에서 고고학자로서 김정희에 대한 평가가 이루어졌고(김재효 1957), 그 뒤 1960년대 초반에는 김정희를 '조선 고고학의 창시자'로 논증하였던 글들이 발표되었다(도유호 1960 ; 전주농 1961).

III. 원시문화의 연구와 시대 구분

1949년에 발굴된 초도 유적의 발굴 보고(고고학 및 민속학 연구소 1956)는 북한에서 가장 먼저 간행되었던 청동기시대의 발굴 보고서이다. 그런데 이 보고서를 작성할 당시 아직까지 북한에서는 신석기시대와 청동기시대를 분명히 가늠할 수 있는 유물의 연구가 제대로 이루어지지 않았던 것으로 생각된다. 이런 까닭에 초도 유적의 발굴 보고서에서는 초도 유적을 청동기의 영향이 미치기 시작하였던 아주 늦은 시기의 신석기문화로서 다루었고, 1955년에 발굴된 금탄리·원암리·공귀리·오동 등의 유적도 신석기시대로 보았다(고고학 및 민속학 연구소 1956). 황기덕도 도유호와 마찬가지로 위 유적들을 신석기시대의 것으로 보았다(황기덕 1957a ; 1957b). 당시 북한의 고고학계에서 이해하고 있었던 신석기시대의 유물과 유적에 대한 내용은 다음과 같다.

---

12 이 책은 8·15 해방 15주년을 기념하여 간행될 예정이었다(고고학 및 민속학 연구소 1959h).
13 이와 같은 점이 강조되었던 배경과 그 뒤 실학이나 영웅들에 대한 연구를 금지하도록 했던 북한 지도부의 입장에 관해서는 이종석(1995. 121-131쪽)의 글을 참조하기 바람.

"신석기 시대 문화는 벌써 단순한 것이 아니라 거기에는 여러 갈래의 문화가 있었으며 그것이 서로 섞이는 과정에서 또한 이 지방에서 독특하게 발전하였다는 사실이다. 즉 흑요석제 타제 석기와 세석기를 중심으로 하는 타제 석기가 중국의 동북 지방 일대에 걸쳐 몽고, 씨비리 일대의 세석기를 동반하는 문화와 련결되었다는 것은 이미 세간에서 주지하는 사실이다. 그러나 그것은 오동이나 락생리 등에서 무문 토기를 동반하였으며 흑구봉이나 농포리 등에서 유문 토기를 동반함으로써 단순한 것이 아니었다. 한편 반월도나 단찰형 석부 등의 마제 석기는 장백산맥의 주변 지대를 걸쳐 중국 료동 지방의 신석기 문화 종태에 더욱 가깝다는 것을 지적할 수 있다."(황기덕 1957b. 63-64쪽)

1950년대 연해주 지역에서 조사된 고고학 연구 자료(웨. 웨. 또마쉐브스키 1957)는 북한 고고학자들에게 초도를 비롯한 동북 지방의 조개더미 유적과 유물의 시기를 설정하는 데 많은 영향을 주었다. 1958년 8~9월에 걸쳐 북한 고고학자는 직접 연해주 지역을 답사하여 그곳의 유적과 유물[14]뿐만 아니라 발굴 방법과 과정에 대한 이해를 넓혔다(김용간 1958d).

한국전쟁 이후 북한에서 가장 먼저 큰 규모로 발굴 작업이 이루어진 원시시대의 유적은 함경북도 회령의 오동 유적이다. 이 유적은 1954~55년에 발굴되었다. 북한의 청동기시대를 대표하는 유적 가운데 하나인 오동에서는 여러 집터와 많은 문화 유물을 비롯하여 짐승뼈·물고기뼈·조가비 등이 나왔다. 특히 이 유적에서 나온 콩·팥·기장 등은 당시의 농경 생활을 이해하는 데 도움을 준다.

북한에서 나온 신석기 유적의 발굴 보고서로는 궁산 유적의 경우가 처음이라 생각된다. 그 때까지 우리나라에서 체계 있게 조사 보고된 신석기 유적의 비교 자료가 없었기 때문에 궁산 유적의 시기를 설정하는 작업은 쉽지 않았던 것으로 보인다. 궁산 유적의 시기 설정은 다음과 같은 점에서 고찰되었다(고고학 및 민속학 연구소 1957f).

(1) 핀란드와 이웃한 러시아 까렐리아(Karelia) 지방의 쑤나 강(Suna River)에서 발굴된 쑤나 유적의 토기[15]를 비교 자료로 검토하였다. 두 유적에서 나온 빗살무늬토기는 비록 무늬의 생김새에 차이를 보이지만 같은 빗살무늬 계통에 속하고, 석면(石綿)이 들어 있는 토기가 함께 나오기 때문에 쑤나 유적에서 제시된 이들 토기의 시기 설정을 활용할 수 있다.

(2) 궁산에서 나온 물소 뼈는 당시의 기후가 더웠음을 알려주고, 이런 아열대성 기후의 특징은

---

14 김용간(1958d)은 연해주 지역의 고고학 자료를 소개하면서 당시 북한에서 '매부리형 석기'라고 부르는 석기와 비슷한 유물을 쏘련 학자들은 '곰'으로 불렀다고 이야기하였다.

15 이 지역의 신석기시대 유적에 대해서는 아. 야. 브류쏘브(김용간 옮김 1960a ; 1960b)의 글을 참조하기 바람.

중국 황하의 안양 유적에서 찾을 수 있다. 쑤나 유적 및 안양 유적의 유물과 비교할 때, 궁산 유적의 상한은 적어도 기원전 1500년 이전으로 올라갈 가능성이 있으며, '궁산문화'는 우리나라의 신석기시대 가운데 이른 시기에 속한다.

(3) 우리나라에 빗살무늬가 먼저 들어온 곳은 둥근밑 또는 뾰족밑 토기가 나온 서해안 쪽이었고, 동해안 쪽에서 나온 납작밑 토기는 서해안보다 뒤늦은 시기이다.

(4) "동남아시아를 비롯하여 조선의 신석기시대에 흔히 보이는 원통부(圓筒斧)가 궁산 유적에서 보이지 않은 점은 궁산문화의 주인공이 북에서 내려온 종족이라는 사실을 입증하며", 궁산문화 단계에 '괭이농사'가 이루어졌다. 그리고 알타이 종족 계통의 영향을 받아 사슴기르기(養鹿業)라는 생업 수단이 있었을 가능성이 있다.

궁산 유적의 움집자리 둘레는 대부분 원형이었으며, 3호 집자리를 2호 집자리가 먹어 들어 갔고, 5호 집자리는 원형에서 방형으로 넘어 가는 과도기의 것으로 보고되었다. 움집의 겉모습은 원추형 또는 원통형의 것으로 설명되었다. 이 유적에 대한 연대 설정은 해방 이후 북한의 원시 유적에서 처음으로 자세하게 논의되었다는 점에서 그 의의를 찾을 수 있다(고고학 및 민속학 연구소 1961).

1954년에 조사된 바 있는 황해북도 봉산군 지탑리 유적은 도유호의 지도 아래 정백운, 김용간, 황기덕 등이 참가하여 1957년에 발굴되었다(고고학 및 민속학 연구소 1957c). 이 유적의 발굴 중간 보고(도유호·황기덕 1957a ; 1957b)는 신석기시대와 청동기시대를 새로운 시각에서 찾을 수 있는 실마리를 마련하였다. 도유호가 주로 쓴 「지탑리 유적 발굴 중간 보고(Ⅱ)」를 중심으로 그 내용을 알아보면 다음과 같다.

(1) 지탑리 유적의 신석기시대 유물은 두 시기로 나눌 수 있다. 빗살무늬 계통의 이깔잎무늬토기가 나오는 지탑리 1지구는 파상점선문(波狀點線文, 점선물결무늬)과 안목문(雁木文, 꼬불무늬) 토기가 나오는 2지구보다 시기가 앞선다.

(2) 궁산 유적의 경우, 3·5·6구덩이에서 파상점선문토기가 나오지 않은 반면에 1·2·4구덩이에서는 그와 같은 무늬의 토기가 출토되었다. 이 점은 지탑리 유적의 경우와 비교된다. 따라서 지탑리 1지구와 궁산의 집자리터는 기원전 1500년 이전, 곧 1600~1700년 전으로 올라갈 가능성이 있다. 지탑리 2지구, 청진 농포동(고고학 및 민속학 연구소 1957b) 등에서는 연해주의 신석기시대 유적과 마찬가지로 청동기시대로 볼 수 있는 반달칼이 나오지 않았기 때문에 그 하한은 기원전 2천년기 말엽으로 추정된다. 우리나라의 반달칼은 돌보습이나 돌낫보다 시기가 늦은 것으로 추정되며, 연해주의 반달칼이 중국 문화의 영향을 받았을 개연성이 있기 때문에 그것이 반드시

북쪽에서 내려온 것이라고 보기 어렵다.

(3) 우리나라 서북 지방에서 나온 독과 같은 큰 그릇과 뾰족밑 또는 둥근밑 토기는 우랄 지방의 초기 빗살무늬토기 계통이고, 궁산이나 지탑리 유적에서 시기가 가장 오랜 토기의 겉면에는 전면에 걸쳐 무늬가 베풀어졌다. 서북 조선에는 우랄·알타이 계통의 종족이 자리를 잡고 있었다.

(4) 우리나라의 서북 지방에서 나온 빗살무늬토기는 동북 지방의 채색토기보다 시기가 앞서지만, 궁산은 금속 문화의 영향을 별로 보여주는 바가 없다.

(5) 지탑리 1지구의 유물은 괭이농사 단계이고, 2지구의 것은 보습을 사용한 밭갈이농사의 단계이다. 궁산의 1구덩이에서 나온 어깨를 가진 괭이는 동남아시아 계통과 연결될 가능성이 있다.

(6) 각형토기(角形土器, 팽이그릇)는 거석문화의 유물로서 청동기시대 초기에 속한다. 거석문화는 기원전 7~6세기 무렵에 시작하고 기원전 1천년기 후반까지 지속되었다. 팽이그릇 문화층에서 석검(돌단검), 별도끼, 석화(石貨, 돌돈) 등의 유물이 나오며 이러한 유물은 고인돌이나 돌상자무덤과 같은 거석문화와 밀접한 관계가 있다. 지탑리에서는 '변형의 각형토기'가 나왔다. 이 토기는 전형의 각형토기보다 굽이 더 크거나 목이 좁고 어깨가 있는 형태이다.

(7) 우리나라의 돌단검은 세형동검을 모방해서 만든 것이 아니라 남부 시베리아 또는 장성지대의 청동검에서 그 원형을 엿볼 수 있다. 초도 유적의 청동 방울도 대륙과 관련된다.

이렇듯 지탑리의 발굴 유물을 통하여 우리나라의 신석기문화는 이제 두 시기로 나뉘게 되었고, 신석기시대의 연대를 기원전 2천년기 중엽 이전에서 기원전 2천년기 말엽으로 잡기에 이르렀다. 이와 아울러 빗살무늬 문화층 위의 지층에서 거석문화 시기의 각형토기가 발견되어 신석기시대와 청동기시대를 가늠하는 기준이 차츰 자세하게 세워지기 시작하여 석기뿐만 아니라 토기의 시기 설정에 중요한 자료로 활용되었다. 특히 우리나라의 초기 금속문화가 중국의 영향 속에 이루어졌다는 일본인 학자들의 주장을 반박하기 위하여 중국이 아닌 다른 지역에서 우리나라 청동기문화의 원류를 찾으려는 노력이 시도되었다.

신석기시대의 궁산과 지탑리 유적 등을 비롯하여 청동기시대의 초도, 금탄리, 원암리, 공귀리 등의 유적에서 발굴된 고고학 자료가 쌓이면서 북한의 선사문화에 대한 내용이 차츰 자세하게 드러났고, 이를 바탕으로 도유호는 당시까지 연구된 결과를 통하여 「조선 원시 문화의 년대 추정을 위한 시도」(도유호 1958)라는 논문을 발표하였다. 이 글에서 설정된 여러 유적의 시기를 살펴보면 다음과 같다.

(1) 궁산 유적의 집자리(대체로 원형)는 지탑리 1지구의 집자리(방형 또는 모들 둥글린 방형)보다

앞서는 구조로서 궁산의 것은 기원전 2000년에 가깝고, 지탑리 1지구는 기원전 1600~1700년으로 잡을 수 있다.

(2) 궁산의 집자리 이외의 문화층에서는 돌괭이 종류만 보이고, 돌보습이 나오지 않았으나, 지탑리 2지구에서 돌보습과 돌낫이 나왔다. 유물의 앞뒤 관계로 가늠할 때, 궁산의 집자리 이외 문화층이 지탑리 2지구보다 시기상 앞선다.

(3) 북한 지역의 "청동기시대는 거석문화시대와 대체로 부합하는 것으로서 서기전 7~3세기라고 보는 것이 타당하다고 필자는 생각하는 바이다. 물론 남부 조선의 거석문화는 좀 더 계속하여 철기시대에도 존속하였다고 보인다."

(4) 회령 오동 유적의 연대는 기원전 1천년기 이전으로 올라가기 어렵다.

(5) "조선의 철기시대는 북중국 계통의 인간의 내주와 관련된 것으로서, 서기전 3세기에 시작하였다고 보인다. 그리고 위씨조선 시대의 소위 동이(東夷)는 벌써 철기시대에 들어섰던 것이다."

(6) 태성리에서 발굴된 무덤 가운데는 이른바 '영남식 지석묘(또는 남방식 지석묘)'가 있다. 이런 유형의 고인돌이 우리나라의 남쪽에만 치우쳐 있다고 주장하는 것은 그릇된 것이다.

(7) 토광묘는 한화(漢化)된 중국 계통 사람의 무덤이고, 그 연대는 전국시대 이전으로 올라갈 가능성이 있다. 토광묘는 여러 시대에 걸쳐 쓰였으나, 목곽분(귀틀무덤)보다 시기가 앞선다. 토광묘와 지석묘 사이의 앞뒤 관계는 앞으로 더 연구되어야 한다.

(8) 철기문화는 토기의 제작 기술에 영향을 주었고, 이런 과정에서 화분형 토기[16]와 '회색 도질 토기'가 만들어졌다.

위와 같은 내용을 통하여 신석기시대의 연대 범위와 유적 상호간의 시기 구분이 구체화되기 시작하였고, 거석문화와 철기시대의 연대 문제도 차츰 자세하게 검토되었다.

1958년 당시 북한 고고학계에서는 구석기시대부터 철기시대에 걸쳐 6단계에 이르는 문화의 발전 단계가 있었던 것으로 보았다(고고학 및 민속학 연구소 1958i ; 1958p). 각 문화 단계별로 제시된 시기 구분의 내용은 그때까지 우리나라에서 조사 연구된 여러 유적과 유물의 연대를 이해하는 데 참고가 된다. 이에 대한 내용을 정리하면 다음과 같다.

(1) 구석기시대 : 구석기시대에는 전기(약 80~10만 년)와 후기(10만~1만 3천 년 전)로 나뉘며,

---

16 지탑리 유적의 중간 보고(도유호·황기덕 1957b. 23쪽)에서 이 유물을 심발형의 무문토기라고 불렀으며, 고대 문화층의 하부 또는 고대 문화층과 원시 문화층의 사이층에서 청동제 및 철제 유물과 함께 나왔다. 그러나 이 유적의 중간 보고에서는 화분형 토기의 시기 설정을 분명하게 제시하지 않았다. 화분형 토기는 태성리의 토광무덤에서도 발굴되었으며, 이것은 일정한 시기를 대표하는 유물로서 토광묘의 시기를 추정하는 데 중요한 것으로 전주농(1958b. 71쪽)은 보았다.

학자에 따라 전기 구석기시대의 마지막 단계인 '무스찌예' 시기를 중기 구석시시대로 나누기도 한다. 우리나라에서도 구석기 유적이 발견될 가능성이 높다(고고학 및 민속학 연구소 1958j)[17].

(2) 중석기시대 : 빙하가 물러난 뒤의 첫 시기로 기원전 1만 3천~7천 년까지를 포괄하며, 우리나라에서 중석기시대의 유적은 발견되지 않았다(고고학 및 민속학 연구소 1958p).

(3) 신석기시대 : "각이한 지역에서 문화 발전의 불균형성과 관련하여 신석기시대의 존속 기간은 기원전 6~5천년기로부터 기원전 2천년기를 포괄한다. (…) 지금까지 우리나라의 신석기시대 유적들은 모두 만기적인 것들로서 대체로 기원전 2천년기의 것이 많다."(고고학 및 민속학 연구소 1958p)

(4) 동석기시대 : "신석기시대에서 청동기시대로 과도하는 시기인데 (…) 양강 유역과 애급에서는 동석기시대가 기원전 4천년기에 시작되고, 구라파에서는 기원전 3천년기에 시작된다." 우리나라에서는 동석기시대의 유적이 아직 발견된 바 없는데, 과거 일본인 학자들이 동석기시대의 개념을 잘못 적용하여 '금석병용기'라는 시대를 설정하였다(고고학 및 민속학 연구소 1958p).

(5) 청동기시대 : "청동기시대의 대략적 연한은 기원전 3천년기 초부터 기원전 1천년기 초까지를 포괄한다. (…) 조선의 청동기시대는 대체로 기원전 1천년대 상반기부터 기원전 3세기까지라고 보는 견해가 많다."(고고학 및 민속학 연구소 1958p)

(6) 철기시대 : "철에 관한 가장 오랜 기록은 기원전 14세기에 이미 나타나고 있다. (…) 우리나라에서 철기시대는 대체로 기원전 3세기부터라는 견해가 많다.", "고대 동방에서는 청동기시대에 노예제도가 지배하였으나 많은 나라들에서는 초기 철기시대에 노예 소유자적 계급사회가 발생하였다."(고고학 및 민속학 연구소 1958p)

해방 이후부터 1950년대에 이르기까지 북한에서 발견된 구석기 유적은 한 군데도 없다. 한흥수(1950)는 서구 유럽이나 중국 등지의 동굴에서 구석기시대의 유적이 발견된 예를 들면서 우리나라의 여러 곳에 있는 석회암 동굴에서도 구석기 유물이 나올 수 있으리라는 가능성을 말한 바 있지만, 이를 뒷받침할 만한 실제 고고학 조사는 이루어지지 못하였다.

1950년대 후반에 들어와 황기덕(1957c. 53쪽)은 "동관진 유적에서 구석기의 존재를 이야기한 것은 그 층 우에 있는 신석기 문화층과의 관계를 혼돈한 것으로 학계에서 인정받지 못하고 있다"고 주장하였다. 그러나 그 다음해에는 동관진(강안리) 유적 등에서 찾은 짐승 화석과 관련하여 우리나라에서 구석기 유적이 발견될 가능성을 예견하는 다음과 같은 글이 나왔다.

---

17 이 용어 해설에서 구석기시대의 석기와 관련하여 '쥘'돌, 첨두기, 긁개, 핵석, 조각하는 칼' 등의 용어가 쓰였다. 현재 북한 고고학계에서 쓰고 있는 용어(김용간 1990 ; 력사연구소·고고학연구소 1991)와 비교할 때 쥘'돌은 주먹도끼, 첨두기는 찌르개, 핵석은 속돌, 조각하는 칼은 새기개로 볼 수 있다.

"우리 나라에서는 아직도 뚜렷한 구석기시대의 유적이 알려지지 못하고 있다. 일찍이 황해북도 봉산군과 황해남도 재령군에서는 석회암층과 석탄 화석들이 발견되었으며, 또 함경북도 종성군 동관진에서는 포유 동물의 화석이 발견되었으므로 우리 나라에 구석기시대가 있는가 없는가 하는 문제가 제기된 바 있다. 우리 나라에는 각지에 동굴들이 많다. 동굴은 구석기시대에 있어서 주거로 사용된 일이 많았던만큼 우리는 앞으로 이 동굴을 조사하는 데 특별한 관심을 돌릴 필요가 있다. 조선을 중심으로 한 아세아의 린근 지역들에서 이미 많은 구석기시대의 유적들이 알려진 만큼 우리 나라에도 구석기시대의 유적이 존재할 가능성이 풍부한 것이다."(고고학 및 민속학 연구소 1958j. 75쪽)

1940년대 말과 1950년대에 걸친 고고학 유물의 발굴과 연구를 통하여 북한 학계에서는 '신석기시대 → 청동기시대 → 철기시대'로 이어지는 문화 발전 단계의 틀(고고학 및 민속학 연구소 1961. 2쪽)을 어느 정도 세울 수 있었으나 아직까지 구석기시대에 관한 부분은 빈틈으로 남아 있었다. 따라서 우리나라 역사의 합법칙성을 연구하기 위하여 북한 고고학계에서 무엇보다 먼저 해야 할 일은 구석기시대의 유적을 찾아내는 작업이었고, 동굴이 자세하게 조사되어야 할 필요가 다시 강조되었다.

1955년 발굴되었던 공귀리 유적에서 논의된 문제 가운데 하나가 각형토기에 관한 것이다. 이 토기는 우리나라 서북 지방에서 주로 발굴되었고(황기덕 1958b), 함경남도 신창군 토성리와 강상리에서도 발견된 바 있다(황기덕 1957c). 그런데 공귀리 유적에서 나온 토기의 생김새는 각형토기와 달랐다. 반면에 공귀리 유적에서는 평안남도나 황해도 등에 있는 서해안 일대의 각형토기 유적에서 볼 수 있는 석기 종류(활촉, 돌도끼, 반달칼, 돌낫, 별도끼, 달도끼 등)가 발굴되었다. 따라서 김용간(1958c)은 서해안 일대와 공귀리를 비롯한 함경도 지역 사이에는 유물상의 공통점이 엿보이며, 이것은 바로 거의 비슷한 시기에 서로 다른 토기가 지역을 달리하며 사용되었음을 보여주는 증거가 된다고 주장하였다.

공귀리 유적의 석상분(돌상자무덤)에서 찾은 벽옥제 관옥(대롱옥)이 이 유적에서 약 40㎞ 떨어진 시중군 풍룡리 석상분에서 나왔고, 풍룡리에서는 청동 단추도 나왔다(김용간 1958c). 1956년 사리원시 상매리의 돌상자무덤에서 청동 활촉이 나온 바 있으며, 유적 상호간에 보이는 상대 연대 비교를 통하여 공귀리 유적의 시기가 청동기시대로 설정되었다(김용간 1958c).

지탑리 유적을 통하여 빗살무늬토기와 팽이그릇토기 사이의 앞뒤 관계가 분명하게 드러났음은 앞에서 말한 바가 있다. 이제 공귀리에서 발굴된 자료에 의하여 청동기시대라 할지라도 팽이그릇토기, 그리고 이런 종류와는 생김새가 다른 토기가 지역을 달리하며 공존하였다는 사실을 밝혀내기에 이르렀다. 또한 팽이그릇토기가 반드시 서해안 일대에만 국한하여 나오는 것이 아니라 함경남도에도 분포하고 있음을 지적하면서 '팽이그릇토기=서해안 일대'라는 고정된 틀에서 벗어나야 한다고 김용간(1959)은 『강계시 공귀리 원시 유적 발굴 보고』에서 쓰고 있다. 공귀리 유적의 연대 문제에 대하여 김용간은 이 유적을 타가르 문화 초기에 비정하면서 "각형 토기 유적의 년대에 해당하며, 기원전 7~5세기 늦어도 4세기 초 전"으로 설정하였다(김용간 1959. 78쪽).

한편 김용간(1959)은 "무문토기가 먼저이고, 유문토기가 나중"이라고 말했던 과거 일본 학자들의 주장이 그릇되었음을 지적하면서[18] 그들과 같은 시각에서 우리나라 원시시대 토기의 발전 단계를 이야기한 바 있는 도유호(1955)의 주장에 동의하지 않았다.

지탑리나 공귀리 유적 등의 발굴을 통하여 청동기시대에 관한 북한 학계의 시각에 변화가 일어났다. 그러나 집자리 등에서는 청동기시대의 청동 유물이 나온 경우가 많지 않았다. 이러한 문제에 대하여 당시 북한의 대부분 학자들은 청동의 원료인 동과 주석이 우리나라에서는 희귀했기 때문이라고 설명하는 경향이 강했다. 그래서 "역사 발전의 합법칙성은 매개 나라 인민들의 구체적인 환경에 따라 각이하게 발현하며", 따라서 역사 조건과 지리 조건의 특성으로 인하여 우리나라의 청동기시대가 이집트나 양강 유역에 비하여 연대가 늦다고 보았다(김용간 1959. 71쪽).

1950년대에 활약한 북한의 고고학자 가운데 거석문화에 대하여 많은 관심을 기울인 학자는 도유호라고 말할 수 있다. 그는 우리의 거석문화가 남쪽에서 들어왔을 가능성을 논한 바 있다(도유호 1955). 그의 그러한 견해는 지탑리 유적의 발굴 중간 보고(도유호·황기덕 1957b)에서 좀 더 자세하게 검토되었다. 당시 도유호는 우리나라의 거석문화에서 가장 중요한 자리를 차지하는 것이 바로 남쪽에서 황해를 거쳐 전래된 고인돌(돌멘)과 선돌(멘히르)이라고 주장하였다. 그리고 대륙 북쪽의 영향을 받아 적석총(돌무지무덤)과 석상분(돌상자무덤)이 우리나라의 거석문화에 한 부분을 차지하게 되었다고 보았다. 그러면서 그는 일본인 학자들이 주장하는 바와 같이, 탁자식 지석묘가 본격적인 고인돌이고, 남방식 지석묘는 적석총·석상분·탁자식 지석묘가 결합한 형태라고 추정하였다.

앞에서도 말한 바 있듯이, 지탑리 유적에서 각형토기와 관련하여 나온 돌단검이나 돌화살촉은 고인돌이나 돌상자무덤에서 나오기 때문에 각형토기가 거석문화 시기를 대표하는 유물이며, 이 시기를 청동기시대 초기에 속하는 것으로 도유호는 다루었다(도유호·황기덕 1957b). 그런데

---

18 일본인 학자 가운데 후지타(藤田亮策)는 무문토기가 외래 집단의 영향을 받아 유문토기로 발전하였다고 주장하였다. 무늬 있는 토기는 무늬 없는 토기보다 제작 기술상 발전한 느낌을 줄 수 있지만, 우리나라 무문토기의 형태(테두리, 목, 손잡이 등)는 유문토기보다 오히려 복잡하며, 구라파나 시베리아 같은 다른 지역의 예를 보아도 청동기시대 및 철기시대에 들어와 무늬 없는 토기가 나타난다고 설명하면서, 무늬가 있고 없음만으로 토기 제작의 발전 관계를 따져서는 안 된다고 김용간(1959. 65-66쪽)은 말하였다. 그런데 그 뒤 금탄리 2문화층(신석기시대)에서 빗살무늬그릇과 민그릇이 함께 발굴됨에 따라(김용간 1962), "민그릇은 신석기시대에는 없으며 청동기시대부터 출현하는 것"으로 보았던 김용간(1964b. 58쪽)은 자신의 견해를 시정하였다.

그 뒤 태성리와 서흥천 주변의 유적에서 이른바 남방식 지석묘의 존재가 드러나자, 도유호(1958)는 남방식 지석묘를 여전히 돌멘·돌무지무덤·돌상자무덤이 결합된 형태로 보았고, 남방식 지석묘가 만들어졌던 시기는 돌멘보다 조금 늦은 때이지만, 돌멘 및 돌무지무덤 등과 병존하였던 것으로 추정하였다.

당시 도유호가 이야기했던 그와 같은 주장에 대하여 청동기시대와 거석문화 시기의 관계가 분명하게 드러나지 않았음을 정백운(1958c)은 지적하였다. 그리고 김용간은 "각형토기 유적들의 성격이 완전히 구명된 것이라고 볼 수 없으며 더구나 거석문화와의 관계 등은 아직 추측의 범위를 벗어나지 못하고 있다."(김용간 1958c. 64쪽)고 말하였다. 따라서 이러한 문제에 대하여 도유호는 거석문화에 관한 자신의 견해를 정리할 필요가 있었고, 그 결과 「조선 거석 문화 연구」(도유호 1959a)를 발표하기에 이른 것으로 추정된다. 이 글에서 도유호는 우리나라의 거석문화 시기 이전에 청동기시대가 있었을 가능성을 말하였고, 예로서 금탄리와 지탑리의 '손잡이 빗살문토기'를 들었다. 지탑리 1지구에서 나온 빗살무늬토기 손잡이는 발굴 중간 보고(도유호·황기덕 1957a)에서 이야기된 바 있으나, 이런 생김새의 손잡이는 '빗살문토기'의 범주에서 벗어나는 것으로 설명되었으며, 교란된 층에서 나왔기 때문에 그 시기에 대한 문제는 자세하게 검토되지 않았다. 그런데 도유호(1959a)는 이 '손잡이 빗살문토기'를 신석기시대 가장 늦은 시기의 '파상점선문 토기층'과 거석문화 시기의 '각형토기층' 사이에 속하는 것으로 대비시켰고, '손잡이 빗살문토기'를 청동기시대의 것으로 다루었다.

위 글에서 도유호는 지탑리 유적 발굴 중간 보고에서와 마찬가지로 거석문화를 대표하는 토기로서 각형토기를 들었고, 여기서 한 가지 특기할만한 점은 남방식 지석묘 대신에 '변형 돌멘'이라는 용어를 쓰기 시작했다는 점이다. 그리고 각형토기 유적과 관련된 석기로 돌돈, 돌도끼, 턱자귀, 대팻날, 돌단검, 반달칼, 달도끼와 별도끼 등을 예로서 들었다. 이런 간석기 가운데 턱자귀, 반달칼, 달도끼와 별도끼 등의 유물이 동남아시아에서 전래된 거석문화와 관계가 깊을 것으로 좀 더 자세하게 논하였다. 돌단검과 청동 제품의 경우는 장성 지대나 남부 시베리아 지역의 유물과 연결될 가능성이 높다고 도유호는 다시 이야기하고 있다.

또한 무덤의 경우에도 종래 도유호가 보았던 견해가 그대로 서술되었다. 돌멘은 동남아시아 쪽, 그리고 적석총과 석상분은 대륙 쪽의 영향을 받았던 것으로 보면서 이들 무덤의 주인공은 서로 종족을 달리하는 계통으로 도유호는 보았다. 그리하여 그는 "조선의 거석문화는 그 주류를 남쪽에 두면서도 북방적인 요소를 많이 함유하였으며 또 그야말로 조선에 독특한 특수형 거석문화 로서 발전하였다."(도유호 1959a)고 설명하였다. 한편 거석문화의 주인공은 무계급사회의 추장과 같은 지도자였을 것으로 도유호는 추정하기도 하였다.

IV. 초기 금속문화와 고조선

1956년 12월 고고학 및 민속학 연구소에서 '조선에서의 금속 문화 기원'이라는 학술 토론회가 열렸고, 정백운이 주제 발표를 하였다.[19] 이 토론회에서 정백운은 나라와 지역에 따라 신석기시대와 청동기시대 사이에 '동석병용기'(銅石併用期)라는 시대를 설정하고 있으나, 이런 시대 개념을 잘못 적용하여 청동이나 철 등의 금속 유물과 함께 석기가 나온다 하여 이를 '금석병용기'(金石併用期)로 설정하는 것은 고고학상 시대 구분의 기준을 무시한 것이라고 비판하였다. 그는 일제시대부터 당시까지 조사 보고된 우리나라의 금속 유물을 정리하여 "우리나라 청동문화 기원의 독자성"은 자료상의 한계로 논할 수 없지만, "쌍뉴 세문경, 세형동검, 동탁, 활촉들과 도끼 거푸집들은 우리나라의 독자적인 금속 문화를 인정하게끔 만든다."라고 주장하였다(정백운 1957a. 46쪽).

비록 당시 북한 학계에서는 청동기시대의 청동 유물과 철기시대의 청동 유물을 짜임새 있게 가늠할 수 있는 수준에 미치지는 못하였지만, 정백운의 발표 내용은 일제 관학자들이 주장했던 '금석병용기설'의 허구성을 무너뜨리는 데 일정하게 이바지하였다. 그리고 그와 같은 토론 주제는 "우리나라의 고고학뿐만 아니라 원시사회의 종말과 계급사회의 형성 및 발전에 관한 문제와 밀접한 관계를 맺고 있었다."(정백운 1957a. 50쪽).

한편 정백운(1957a. 35쪽)은 초도 유적에서 자리를 달리하여 나온 청동 유물과 철제 유물은 서로 시기가 다를 가능성이 높을 것으로 지적하였다. 이와 함께 금탄리 유적에서 발굴된 청동제 끌은 석기시대보다 뒤늦은 시기의 유물임에 분명하다고 설명하였다. 그는 또한 1926년 전라남도 운대리의 고인돌에서 나온 비파형동검과 1955년 황해도 상매리의 석상분(돌상자무덤)에서 발굴된 청동 활촉(고고학 및 민속학 연구소 1959d)은 초기 금속문화와 관련된 묘제를 밝혀주는 데 필요한 자료가 된다고 소개하였다. 이렇듯 1950년대 후반에 들어서면서 여러 고고학 자료를 바탕으로 논의되기 시작한 초기 금속문화에 관한 토론 결과는 초도 유적을 청동기시대의 것으로 자리매김하는 데 적지 않은 구실을 하였다고 생각된다(도유호·황기덕 1957b). 초도 유적의 발굴 보고에서 제기된 시대 설정의 문제점을 보면 다음과 같다.

"라진 초도의 문화를 처리하던 당시 우리의 시야는 지금에 비하여 훨씬 좁았다. 우리의 시야는

---

19 이 토론회에 관한 간단한 내용이 『문화유산』 1957년 1호에 실렸다. 주제 발표 내용은 『조선 금속 문화 기원에 관한 고고학적 자료』(정백운 1957a)라는 이름으로 간행되었고, 토론 요지는 『문화유산』 1958년 2호에 실려 있다(김용간 1958b ; 황기덕 1958a ; 김재효 1958). 토론자 가운데 김용간과 황기덕은 우리나라에 독자적인 청동기시대가 존재하여 사회 발전에 영향을 끼쳤을 가능성이 매우 높은 것으로 말하였으나, 김재효는 이런 주장에 반대하였다. 이 토론회에 뒤이어 '조선 초기 금속 유물 특별 전시'가 개최된 바 있다(고고학 및 민속학 연구소 1957e).

아직도 대단히 좁다. 그러나 당시에는 아직 연해주 지방의 조개 무지(貝塚)에 관한 소식을 전혀 듣지 못했던 것이다. 그러나 그 후 우리는 그것을 알게 되었으며, 그 문화와 《초도》와는 밀접한 관계가 있음을 알게 되었다. 오끌라드니꼬브는 연해주의 조개 무지 문화가 중국, 조선 쪽에서 들어간 것이라고 보는바 거기에는 일리가 있다. 우리는 지금에 와서는 《초도》가 해안선을 따라서 연해주 족으로 줄을 단 흔적을 뚜렷이 볼 수 있다. 그런데 연해주의 조개 무지나 라진 초도는 모두 청동기 시대에 속하며, 금탄, 원암리, 공귀리도 모두 마찬가지다."(도유호 1958. 23쪽)

평안남도의 기양 관개 시설 건설 공사를 하는 과정에서 1957년 발굴된 태성리 유적의 고고학 자료[20]는 바둑판식 고인돌이 북한 지역에 있음을 확인시켜 주었고, 토광묘의 연대를 세우는 데 커다란 구실을 하였다. 정백운은 무덤에서 나오는 유물의 내용으로 살펴볼 때, 토광묘가 고인돌이나 돌상자무덤보다 시기상 늦게까지 쓰였을 가능성을 다음과 같이 말한 바 있다.

"우리 나라의 원시 묘제인 지석묘나 석상분들이 신석기 시대 말기 내지 금속 사용기의 묘제인 데 반하여 토광묘는 석기 시대의 초기부터 존재하였다고 하지만 이도 역시 금속 사용기까지 내지는 현재에 이르도록 유존하는 기본적 묘제의 하나인 것이다."(정백운 1957b. 4쪽)

정백운이 위와 같은 내용의 글을 발표할 무렵, 북한에서는 아직까지 청동기시대와 철기시대의 묘제를 가늠하는 기준이 마련되지 못하였다. 따라서 고인돌과 토광묘 사이의 앞뒤 관계를 분명하게 설정하기 어려웠다. 그런데 그 뒤 정백운(1958b)은 「우리 나라 철기 사용의 개시에 관하여」라는 글에서 "철기시대 초기에 있어서 청동제의 검이나 모나 촉 등의 이기류가 사용되는 것은 모든 나라의 철기시대 초기 문화에서 공통적이며 일반적인 현상"이라고 지적하면서 대동강 유역의 토광묘를 초기 철기시대로 설정하였다. 정백운은 우리나라 철기시대의 상한 연대가 전국(戰國) 때이며, 대체로 연(燕)의 철기시대 시작과 맞먹을 가능성이 많다고 보았다. 그는 우리나라의 철기문화가 전국 유민의 영향을 받아 시작되었다고 말하고 있으나, 토광묘를 한족(漢族)의 것이라고 단정할 만한 증거가 아직 발견되지 않았다고 주장하였다.

태성리 유적의 발굴 보고서(고고학 및 민속학 연구소 1959n)는 당시까지 북한에서 논의되었던 토광묘의 연대를 설정하고 고인돌이나 돌상자무덤과의 시기 관계를 밝히는 데 중요한 자료가 되었다. 이에 관한 내용을 보면 다음과 같다.

---

20 태성리 유적의 발굴 개보는 1958년(전주농 1958a ; 1958b)에 발표하였고, 발굴 보고서는 1959년에 나왔다(고고학 및 민속학 연구소 1959n).

"태성리 토광묘 출토 유물들은 우리 나라 초기 철기 시대의 연구에 있어서 귀중한 자료가 된다. 여기서 명확한 것은 늦어도 전한 대(기원 전 206년~기원 후 8년) 이전에 우리 나라는 철기 시대에 들어 가 있었다는 사실이며 토광묘도 우리 나라 초기 철기 시대에 있었던 보편적인 묘제였다는 사실이다. 따라서 토광묘의 묘제는 목곽묘, 전실묘 또는 석실묘보다 선행한 묘제이였으며 옹관묘와는 동일한 시기에 병용되었고 지석묘, 석상묘보다는 후기에 속한 묘제라고 보아야 할 것이다."(고고학 및 민속학 연구소 1959n. 68쪽)

태성리 유적이 발굴되기 이전 북한 지역의 토광묘에서 청동제와 철제 유물이 함께 발굴된 곳은 황해남도 은률군 운성리[21](정백운 1957a ; 고고학 및 민속학 연구소 1958b), 황해북도 황주군 순천리 상동[22](정백운 1957a ; 고고학 및 민속학 연구소 1959a)과 황주군 천주리 한밭골(고고학 및 민속학 연구소 1959b) 그리고 은파군 갈현리 하석동(고고학 및 민속학 연구소 1958c) 등이 있었다. 이러한 유적 가운데 운성리 토광묘에서 나온 오수전(五銖錢)은 서한(西漢) 때의 것으로 추정된 바 있다(고고학 및 민속학 연구소 1958b).

1959년 12월 고고학 및 민속학 연구소에서 '우리 나라 고대 종족과 국가 발생에 관한 과학 토론회'가 열렸다(고고학 및 민속학 연구소 1960a). 이 토론회의 사회를 맡았던 도유호는 "토광묘에 대한 문제가 초기 철기 시기 우리나라의 고대 종족 문제 해명에서 중요한 부분의 하나"라고 지적하면서 이 문제의 해결을 위하여 고고학과 역사학이 서로 밀접하게 관련을 맺어야 할 필요성을 제기하였다.

토론회에서 전주농과 김용간은 토광묘를 "위씨조선 시기의 주민 내지는 종족 집단이 남긴 유적"이라고 발표하였다. 그것은 토광묘의 기원이 한4군의 영향과 직접적인 관계가 없다는 점에 초점을 맞추고 있다. 전주농은 토광묘의 연대가 위만조선 이전으로 올라갈 가능성이 있음을 말하면서, 비한식(非漢式) 계통의 세형동검(細形銅劍)과 협봉동모(狹鋒銅鉾)가 우리나라의 토광묘를 특색 짓는 중요한 요소라고 주장하였다. 그는 토광묘에서 나온 유물(청동검, 청동모, 화분형토기 등)은 한식(漢式) 계통의 목곽분에서 찾아보기 어렵고, 토광묘는 목관분에 선행하는 것으로 목곽분에서 출토되는 청동 유물은 중국 쪽보다 장성 이북의 문화를 받은 결과로 보았다.

김용간은 토광묘에서 출토되는 청동검, 청동모, 철제 유물 등이 지석묘나 석상분에서 나오지 않기 때문에 지석묘는 토광묘에 선행한다고 보았다. 그리고 우리나라의 석검은 중국의 동검을

---

21 이 무덤의 토광 벽부분에서 관재 또는 그것의 썩은 흔적을 찾아볼 수 없으며, 토광 밑바닥은 수평으로 진흙을 다져 만들었다고 한다(고고학 및 민속학 연구소 1958b. 11쪽).

22 이곳의 무덤 형식에 대하여 정백운(1957a)은 토광묘, 그리고 고고학 및 민속학 연구소(1959a)는 목곽묘라고 서술하였다.

모방한 것이 아니라 까라수크나 타가르 문화의 영향을 받은 것으로 이것이 후에 조선의 세형동검으로 발전하였다는 점을 주장하였다.

채희국은 토광묘에서 계급 분화의 과정을 찾을 수 있다고 하면서 "우리나라 철기시대의 개시가 전적으로 중국의 영향에 의한 것이라는 이론은 수긍할 수 없다."고 비판하였다. 그는 지석묘가 사라지는 기원전 3~2세기부터 토광묘가 널리 나타난다고 보았다.

김석형은 문헌 자료의 연구를 통하여 '예맥 조선 또는 동호의 국가를 고조선 국가'라고 부르면서, 고조선 시기는 기원전 3~2세기 이전의 천년대이며 '노예 소유자적 국가'이었을 가능성을 내비쳤다 (고고학 및 민속학 연구소 1960a). 한편 황욱은 토광묘에서 목재 또는 목관의 흔적이 보이기 때문에 이 무덤에서 나온 세형동검은 한식 문화와의 교차에서 독자적으로 성숙된 유물이라는 견해를 내놓았다. 이 토론회에서 일정한 결론에는 이르지 못했지만, 고고학자와 역사학자가 한 자리에 모여 논의를 진행했다는 점에서 주목된다(고고학 및 민속학 연구소 1960a).

Ⅴ. 고구려

1950년대 북한 학계의 고구려 고고학 연구에서 가장 활발하게 논의된 것은 주로 안악 3호 무덤의 주인공과 고구려 묘제의 기원과 관련된 문제이다. 리여성(1955)이 안악 3호 무덤의 주인공을 고국원왕으로 추정한 바 있으나, 그에 대한 논의는 1957년 2월 고고학 및 민속학 연구소 주관으로 개최된 '안악 제3호분의 년대와 피장자에 대한 학술 토론회'에서 폭넓게 검토되었다(전주농 1959 ; 박윤원 1963).

이 토론회에서 문제가 되었던 것은 이 무덤의 주인공이 누구인가라는 점이었다. 당시 리여성은 '고국원왕설'을 주장하였고 김용준, 황철산, 황욱 등은 '동수묘설'을 내세웠다. 그리고 그 뒤에도 김용준(1957 ; 1958)은 몇몇 글을 통하여 동수묘설이 맞는 것으로 논하였다. 한편 채희국, 박윤원, 김일출은 '왕릉설'을 주장하였는데 특히 박윤원은 안악 3호 무덤을 미천왕릉으로 추정하였다.

1959년 4월 고고학 및 민속학 연구소에서는 8·15 해방 14주년 기념으로 '고구려 문화의 성격과 전통 및 안악 제3호 무덤'에 관한 토론회를 개최하였고, 그 주제를 중심으로 김용준, 전주농, 황철산, 도유호, 김광진, 전장석, 황욱, 김무삼, 김용간 등의 학자가 참가하여 열띤 논쟁을 벌였다. 이 토론회에서 논의되었던 중요한 문제 가운데 하나도 역시 안악 3호 무덤의 주인공이 누구인가라는 것이었다. 그리고 김용간은 고구려 봉토분의 기원에 관한 문제는 매우 중요한 만큼 앞으로 지상 토론을 통하여 계속 진행되어야 한다는 점을 제기하였다(고고학 및 민속학 연구소 1959i. 68쪽).

「안악 《하무덤》(3호분)에 대하여」(전주농 1959)라는 글은 위에서 말한 학술 토론회의 토론 원고이다. 이 글에서 전주농은 안악 3호 무덤이 왕릉이라는 주장을 내세우면서 동수묘설을 인정하지 않았다. 당시 토론회에서 김용준, 황철산, 도유호 등은 '동수묘설'을 지지하였다(고고학 및 민속학 연구소 1959i). 그러나 안악 3호 무덤의 왕릉설을 지지했던 전주농(1959)의 글이 발표된 이후 북한 학계에서는 이 무덤 주인공의 성격을 왕릉으로 보는 분위기가 강하게 형성되었던 것으로 생각된다.

고구려 봉토분의 기원과 관련하여 「고구려 석실 봉토분의 기원에 관하여」(채희국 1959)가 발표되었다. 이 글에서 채희국은 해방 이후 북한에서 연구된 자료를 바탕으로 고구려의 '석묘'는 '토묘'[23]보다 일찍 발생했다는 김용준(1958)의 견해를 지지하면서, 고구려 묘제는 다음과 같은 시각에서 다루어야 한다고 주장하였다.

"일반적으로 토묘 발생의 계기에 대해서 한 문화의 영향을 중요시하는 것은 모든 견해에서 공통적인 현상인바 이는 문화 발전에 있어서 내재적인 요인을 전혀 보지 않고 외'적인 영향만으로 설명하려는 형이상학적 방법에서 유래된 것으로 생각된다.

그러므로 우리는 우선 문화 발전에 있어서 내재적인 요인과 외'적인 영향을 변증법적인 통일 속에서 관찰하는 것이 가장 필요하며 이에 따라서 고구려에 있어서의 외래 문화의 영향 문제를 심중히 취급하여야 할 것이다."(채희국 1959. 8-9쪽)

채희국(1959)은 석묘(석실묘)에 선행하는 묘제로 적석묘, 탁자식 지석묘, 석상묘, 남방식 지석묘, 토광묘, 옹관묘, 목곽묘, 전곽묘를 예로 들었다. 이들 무덤 가운데 적석묘, 석상묘, 남방식 지석묘는 청동기시대 내지 초기 철기시대의 이른 시기에 속하는 것으로 기원전 7~3세기에 해당하며, 기원전 3세기에 대부분의 묘제는 사라지고 적석묘만이 고구려의 고유한 무덤 형식으로 발전하였고, 적석묘의 발전에 석상묘나 지석묘가 일정하게 작용하였던 것으로 그는 설명하였다. 그리고 철기의 보급에 따라 기원전 3~1세기, 곧 토광묘가 성행하던 시기에 처음으로 봉분을 흙으로 만드는 토묘가 발생하였고, 흙으로 봉분을 만든 토광묘가 고구려 토묘에 선행하는 것으로 채희국은 보았다. 채희국은 토광묘를 전국묘(戰國墓)로 다루었던 전주농(1957)의 견해를 비판하면서 이 무덤이 한대(漢代) 이전의 위만조선 시기에 발생하였다고 주장한 도유호의 견해를 지지하였다(채희국 1959).

---

23 "여기서 석묘라 함은 무덤의 봉분이 돌을 재료로 하여 축조된 것을 의미하며, 토묘라 함은 흙으로 봉분을 축조한 무덤을 의미한다. 여기서 고구려의 석묘라 한 것은 원시시대의 적석묘는 물론 제외되는 것이며 주로 장군총 형식의 석묘를 념두에 두고 있는 것이다."(채희국 1959. 6쪽)

한편 고구려의 적석묘, 곧 석묘는 기원후 4세기 말에서 5세기 초에 이를 무렵, 초기 고구려의 중심지였던 집안 지역에서 크게 발전하였고, 이와 같은 시기에 대동강 유역을 중심으로 한(漢) 문화의 영향을 받은 목곽묘와 전곽묘가 기원후 1~4세기에 걸쳐 발전하였으며, 고구려가 대동강 연안으로 세력을 확대하는 과정에서 토묘 형식을 받아들여 5세기 이후의 고구려 묘제는 석실 봉토묘로 단일화되었다고 채희국은 논하였다. 그러면서 채희국은 압록강 유역에서는 석묘가 전형적이었으며, 대동강 유역에서는 토묘가 전형적이었지만, 고구려의 평양 천도 이전에 압록강 유역에 토묘가 쓰였기 때문에 압록강 유역은 대동강 유역과 더불어 토묘의 발생 지역이 될 가능성을 주장하였다. 그는 집안의 무용총과 각저총이 안악 3호 무덤이나 태성리 1호 무덤보다 시기상 앞선다는 점을 지적하면서[24] 천장의 3각 고임 구조는 궁륭형보다 후기의 것으로 처리하였다. 따라서 이와 같은 3각 고임의 천정 구조는 외래 문화의 영향이 아니라, 고구려 묘제 자체에서 이루어진 내재적인 발전의 요소로서 채희국은 논하였다. 그리고 이런 주장은 3각 고임의 천정 구조를 중앙아시아나 서역(西域) 문화의 영향으로 보았던 도유호의 견해(채희국 1959)와 다른 것이었다.

채희국은 고구려 석실 봉토분의 기원을 우리나라의 청동기시대와 철기시대에 나타났던 묘제에서 찾으려고 하였으며, 그러한 무덤 형식은 한(漢) 문화를 주체성 있게 받아들이면서 더욱 발전되었던 것으로 보았다. 요컨대 채희국은 고구려의 묘제가 확립되는 과정에서 내적 발전의 요소가 가장 컸고, 발전의 일부 요인으로서 외래문화가 영향을 주었던 것으로 이해하였다. 이런 관점은 문화 교류의 중요성을 무엇보다도 강조했던 도유호의 시각과는 거리가 먼 것이었다.

채희국의 위와 같은 주장에 대하여 도유호는 곧바로 반론을 제기하였다. 이 반론의 주요 내용은 고구려 무덤의 천정 구조의 기원에 관한 문제였다. 도유호는 고구려 석실 봉토분을 완전한 고구려의 독창적인 묘제라고 보았던 채희국의 주장이 과장되었다고 지적하였다. 그리고 고구려 무덤 천정의 3각 고임 구조는 메소포타미아, 페르시아(이란) 및 중앙아세아에 있었던 파르티아(Parthia, 女息國, 기원전 250~기원후 226년) 건축물의 영향을 받았으며 궁륭식 천정은 발칸, 중앙아세아, 인도 등에도 보이기 때문에 고구려 무덤의 천정 구조는 조선이나 요동 지방에서 독자적으로 발생한 것이 아니라고 도유호는 주장하였다. 따라서 고구려 석실 봉토분의 기원은 외래문화의 영향 속에서 이루어졌고, 이를 통하여 당시 고구려 사회의 국제성을 살필 수 있다고 말하였다(도유호 1959b).

1950년대 말에 이르러 문화권설을 바탕으로 문화의 이동과 교류의 중요성을 강조하였던 도유호

---

24 그러나 현재 북한에서는 안악 3호 무덤(4세기 후반기)이 무용총과 각저총(4세기 말)보다 시기상 조금 앞서는 것으로 보고 있다(력사연구소 1991. 327쪽).

의 관점에 반론을 제기하는 글이 나타났다. 그 내용은 앞에서 말한 바와 같이 고구려 석실 봉토분의 기원 문제와 관련하여 발표되었다. 이와 아울러 안악 3호 무덤의 주인공에 대한 토론을 통하여 왕릉설을 받아들이는 주장이 차츰 강하게 일어났다.

VI. 맺음말

한국전쟁 이전, 북한 고고학계에서 한흥수와 도유호가 벌였던 논쟁은 우리나라 고고학 연구에서 맑스-레닌주의의 관점을 어떠한 시각으로 적용해야 하는가라는 기본 문제로부터 출발하였다. 이 문제의 초점은 원시 공산주의사회의 해체가 혈연관계에서 비롯한 것인지 또는 생산관계에 기초한 것인가라는 문제와 함께 문화권설을 어떻게 평가해야 하는가라는 점에 있었다. 이 논쟁의 과정에서 도유호는 문화 계통의 비교를 통한 문화 교류의 중요성을 강조하였고, 그의 그러한 시각은 한국전쟁 이후에도 변함이 없었다. 그는 맑스-레닌주의의 유물론적 방법론을 바탕에 깔며, 문화의 이동과 교류에 큰 관심을 지니고 있었다.

1950년대 중반부터 이루어진 새로운 유적의 발굴과 연구 성과를 통하여 북한 고고학계는 먼저 일제 관학자들이 주장했던 이른바 금속병용기설의 허구성을 밝히려고 노력하였다. 이 작업은 그들이 내세웠던 타율성론을 극복하는 동시에 맑스-레닌주의에 입각하여 우리나라 원시사회의 내재적인 발전 단계를 체계화시키기 위하여 무엇보다도 필요하였다. 그런데 그러한 체계를 입증하려면 무엇보다도 먼저 우리나라의 원시시대에 신석기문화와 청동기문화의 단계가 존재했다는 사실을 밝힐 수 있는 증거를 확보하는 일이 무엇보다 중요하였다.

앞에서도 이야기한 바와 같이 신석기시대 또는 청동기시대의 문화 성격을 제대로 연구할 수 있었던 기초 자료가 전혀 없는 가운데 우리나라 원시문화의 내재적인 발전 단계를 확립한다는 일은 매우 어려운 것이다. 따라서 1950년대의 북한 고고학계에서 신석기시대 또는 청동기시대의 시기 구분과 연대 추정에 가장 중요한 잣대가 될 수 있었던 것은 문화전파론에 입각한 유적과 유물의 비교 방법이었다고 말할 수 있다. 그 결과 시베리아, 연해주, 중국 등에서 알려진 고고학 연구 자료가 북한 고고학계에 자주 활용되었다. 도유호뿐만 아니라 황기덕이나 김용간 등도 그와 같은 방법론을 통하여 북한 원시문화의 체계를 세워나갔다. 그동안 북한 고고학계에 나름대로 축적된 연구 자료가 전혀 없었다고 보아도 될 만한 여건에서 그와 같은 방법론을 적용하여 얻은 성과는 매우 컸다고 생각된다.

1950년대 북한 고고학계에서는 우리나라 신석기시대의 상한을 기원전 2000년 정도로 설정하였고, 청동기시대 초기에 속하는 각형토기의 연대를 기원전 7~6세기로 잡았으며, 철기시대를 기원전

3세기 무렵으로 추정하기에 이르렀다. 신석기시대는 다시 여러 단계로 세분되었고, 지석묘는 토광묘보다 선행하는 청동기시대의 묘제로 확인되었으며, 종래 사용되었던 남방식 고인돌이란 용어는 근거가 없는 것으로 그 용어를 대신하여 '변형 돌멘'이란 새로운 용어가 제안되었다. 대체로 1950년대의 북한 고고학계에서는 토광묘가 초기 철기시대와 밀접한 관계가 있는 것으로 보았고, 토광묘를 고조선이 남긴 묘제로 해석하는 분위기가 강하였다. 고구려 묘제가 확립되는 과정에서 내재적 발전에 더욱 큰 비중을 두었던 견해가 강력하게 주장되었고, 안악 3호 무덤에 대한 왕릉설이 더욱 굳어지게 되었다. 이렇듯 1950년대의 북한 고고학은 1960년대에 전개될 북한 고고학계의 디딤돌을 마련하는 데 중요한 역할을 하였던 것으로 볼 수 있다. 끝으로 이 글은 『조선 원시 고고학』(백산자료원 1994)의 「도유호와 북한 고고학」 가운데 일부 내용을 수정 보완하여 재작성한 것임을 밝힌다.

참고문헌

고고학 및 민속학 연구소 1956. 『라진 초도 원시 유적 발굴 보고서』, 유적발굴보고 1.

고고학 및 민속학 연구소 1957a. 「학계 소식 : 조선에서의 초기 금속 사용에 관한 토론회」, 『문화유산』 1957(1).

고고학 및 민속학 연구소 1957b. 「청진 농포리 원시 유적 발굴 보고」, 『문화유산』 1957(4).

고고학 및 민속학 연구소 1957c. 「학계 소식 : 지탑리 유적 발굴 사업 진행」, 『문화유산』 1957(4).

고고학 및 민속학 연구소 1957d. 「10월 혁명과 조선 고고학의 발전」, 『문화유산』 1957(5).

고고학 및 민속학 연구소 1957e. 「학계 소식 : 고려 도자기와 초기 금속 유물 전시회」, 『문화유산』 1957(5).

고고학 및 민속학 연구소 1957f. 「궁산 원시 유적 발굴 보고」, 유적발굴보고 2.

고고학 및 민속학 연구소 1958a. 『안악 제1호 및 제2호분 발굴 보고』, 유적발굴보고 4.

고고학 및 민속학 연구소 1958b. 「황해남도 은률군 운성리 토광묘 발굴 보고」, 『대동강 류역 고분 발굴 보고』, 고고학자료집 1.

고고학 및 민속학 연구소 1958c. 「1957년도 고고학 및 민속학 연구소의 사업 총화와 1958년도의 사업 전망」, 『문화유산』 1958(1).

고고학 및 민속학 연구소 1958d. 「학계 소식 : 과학원 창립 5주년 기념 학술 보고회」, 『문화유산』 1958(1).

고고학 및 민속학 연구소 1958e. 「학계 소식 : 제1차 전국 고고학 토론회」, 『문화유산』 1958(3).

고고학 및 민속학 연구소 1958f. 「공화국 창건 10주년에 제하여」, 『문화유산』 1958(4).

고고학 및 민속학 연구소 1958g. 「보수주의와 소극성을 반대하여」, 『문화유산』 1958(5).

고고학 및 민속학 연구소 1958h. 『대동강 류역 고분 발굴 보고』, 고고학자료집 1.

고고학 및 민속학 연구소 1958i. 「관개 공사장에서 발견되는 유물 보존 사업을 전 인민적 운동으로 강력히 전개하자」, 『문화유산』 1958(5).

고고학 및 민속학 연구소 1958j. 「용어 해설 : 고고학, 구석기 시대, 중석기 시대」, 『문화유산』 1958(5).

고고학 및 민속학 연구소 1958k. 「조선 민주주의 인민공화국 창건 10주년 기념 학술 보고회 진행」, 『문화유산』 1958(5).

고고학 및 민속학 연구소 1958m. 「천리마를 탄 기세로 달리자」, 『문화유산』 1958(6).

고고학 및 민속학 연구소 1958n. 「칼 맑스를 기념하여」, 『문화유산』 1958(6).

고고학 및 민속학 연구소 1958p. 「용어 해설 : 신석기 시대, 동석기 시대, 청동기 시대, 철기 시대」, 『문화유산』 1958(6).

고고학 및 민속학 연구소 1958q. 「우리 나라 원시 유적의 분포 정형 : 평안남북도, 황해남북도 편」, 『문화유산』 1958(6).

고고학 및 민속학 연구소 1958r. 『조선 원시 유적 지명표』, 과학원출판사.

고고학 및 민속학 연구소 1958s. 『안악 제3호분 발굴 보고』. 유적발굴보고 3.

고고학 및 민속학 연구소 1959a. 「황해북도 황주군 순천리 상동 유적 조사 정리 보고」, 『대동강 류역 고분 발굴 보고』, 고고학자료집 2.

고고학 및 민속학 연구소 1959b. 「황해북도 황주군 천주리 한밭골 토광묘 조사 보고」, 『대동강 류역 고분 발굴 보고』, 고고학자료집 2.

고고학 및 민속학 연구소 1959c. 「황해북도 은파군 갈현리 하석동 토광묘 유적 조사 보고」, 『대동강 류역 고분 발굴 보고』, 고고학자료집 2.

고고학 및 민속학 연구소 1959d. 「황해북도 사리원시 상매리 석상묘 조사 보고」, 『대동강 류역 고분 발굴 보고』,

　　고고학자료집 2.

고고학 및 민속학 연구소 1959e. 「공산주의 사상으로 철저히 무장하자」, 『문화유산』 1959(1).

고고학 및 민속학 연구소 1959f. 「우리 나라 원시 유적 분포 정형 : 함경남북도, 량강도, 자강도, 강원도 편」, 『문화유산』 1959(1).

고고학 및 민속학 연구소 1959g. 「사회주의 건설의 고조에 발맞추기 위한 고고학 분야의 과업」, 『문화유산』 1959(3).

고고학 및 민속학 연구소 1959h. 「민족 문화 유산 계승 발전을 위한 우리당 정책의 빛나는 승리」, 『문화유산』 1959(4).

고고학 및 민속학 연구소 1959i. 「8·15 해방 14 주년 기념 고고학 학술 토론회」, 『문화유산』 1959(5).

고고학 및 민속학 연구소 1959j. 「1959년 춘기 유적 발굴 정리 정형」, 『문화유산』 1959(5).

고고학 및 민속학 연구소 1959k. 「조국의 평화적 통일은 하루 속히 달성되여야 한다」, 『문화유산』 1959(6).

고고학 및 민속학 연구소 1959m. 『대동강 및 재령강 류역 고분 발굴 보고』, 고고학자료집 2.

고고학 및 민속학 연구소 1959n. 『태성리 고분군 발굴 보고』, 유적발굴보고 5.

고고학 및 민속학 연구소 1960a. 「우리 나라 고대 종족과 국가 발생에 관한 과학 토론회」, 『문화유산』 1960(1).

고고학 및 민속학 연구소 1960b. 『회령 오동 원시 유적 발굴 보고』, 유적발굴보고 7.

고고학 및 민속학 연구소 1961. 『지탑리 원시 유적 발굴 보고』, 유적발굴보고 8.

고고학 및 민속학 연구소 1965. 「해방후 발굴 년표」, 『고고민속』 1965(1).

김신규 1961. 「미송리 동물 유골에 대하여」, 『문화유산』 1961(6).

김연철 1993. 「북한 유일체제의 배경」, 『역사비평』(계간 23호).

김용간 1958a. 「문화 유물 조사 보존에 대한 조선 로동당의 시책」, 『문화유산』 1958(1).

김용간 1958b. 「금석 병용기와 관련하여」, 『문화유산』 1958(2).

김용간 1958c. 「강계시 공귀리 원시 유적에 대하여」, 『문화유산』 1958(4).

김용간 1958d. 「쏘련 연해주 지방 유적 탐사기」, 『문화유산』 1958(6).

김용간 1959. 『강계시 공귀리 원시 유적 발굴 보고』, 유적발굴보고 6.

김용간 1961a. 「미송리 동굴 유적 발굴 중간 보고(Ⅰ)」, 『문화유산』 1961(1).

김용간 1961b. 「미송리 동굴 유적 발굴 중간 보고(Ⅱ)」, 『문화유산』 1961(2).

김용간 1962. 「금탄리 유적 제2 문화층에 대하여」, 『문화유산』 1962(3).

김용간 1963. 「미송리 동굴 유적 발굴 보고」, 『각지 유적 정리 보고』, 고고학자료집 3.

김용간 1964a. 「우리 나라 청동기 시대의 년대론과 관련한 몇 가지 문제」, 『고고민속』 1964(2).

김용간 1964b. 『금탄리 원시 유적 발굴 보고』, 유적발굴보고 10.

김용간 1990. 『조선고고학전서(원시편 : 석기시대)』, 과학백과사전종합출판사.

김용준 1957. 「안악 제3호분(하무덤)의 년대와 그 주인공에 대하여」, 『문화유산』 1957(3).

김용준 1958. 『고구려 고분 벽화 연구』, 과학원출판사.

김재효 1957. 「추사 김 정희의 생애와 그의 학술 사상」, 『문화유산』 1957(1).

김재효 1958. 「우리 나라 초기 금속 문화의 원류에 대한 몇 가지 문제」, 『문화유산』 1958(2).

도유호 1955. 「조선 석기 시대 사상에서 새로 판명된 몇 가지 사실에 관하여」, 『력사과학』 1955(1).

도유호 1957. 「민족 문화 유산의 계승 발전과 고고학 및 민속학 연구소의 당면 과업」, 『문화유산』 1957(1).

도유호 1958. 「조선 원시 문화의 년대 추정을 위한 시도」, 『문화유산』 1958(3).

도유호 1959a. 「조선 거석 문화 연구」, 『문화유산』 1959(2).

도유호 1959b. 「고구려 석실 봉토분의 유래와 서역 문화의 영향」, 『문화유산』 1959(4).

도유호 1959c. 「재령과 단천 지방에서 나온 몇 개 유물에 관하여」, 『문화유산』 1959(6).

도유호 1960. 『조선 원시 고고학』, 과학원출판사.

도유호·황기덕 1957a. 「지탑리 유적 발굴 중간 보고(1)」, 『문화유산』 1957(5).

도유호·황기덕 1957b. 「지탑리 유적 발굴 중간 보고(2)」, 『문화유산』 1957(6).

력사연구소 1956. 『조선통사(상)』, 조선로동당출판사.

력사연구소 1958. 『삼국 시기의 사회 경제 구성에 관한 토론집』, 과학원출판사.

력사연구소 1991. 『조선전사 3(중세편 : 고구려사)』, 과학백과사전종합출판사.

력사연구소·고고학연구소 1991. 『조선전사 1(원시편)』, 과학백과사전종합출판사.

리여성 1955. 「대동강반 한식 유적, 유물과 《악랑군치》설에 대하여」, 『력사과학』 1955(5).

박윤원 1963. 「안악 제3호분은 고구려 미천왕릉이다」, 『고고민속』 1963(2).

북한연구소 1991. 「도유호」, 『최신 북한인명사전』, 북한연구소.

아. 야. 브류쑈브(김용간 옮김) 1960a. 「신석기 시대 년대론에 관한 약간의 리론적 기초」, 『문화유산』 1960(1).

아. 야. 브류쑈브(김용간 옮김) 1960b. 「신석기 시대 년대론에 관한 약간의 리론적 기초」, 『문화유산』 1960(5).

엥겔스(김대웅 옮김) 1991. 『가족 사유재산 국가의 기원』, 도서출판 아침.

웨. 웨. 또마쉐브스키(고고학 및 민속학 연구소 고고학 연구실 옮김) 1957. 「1953-1956년 기간에 원동 지방에서의 고고학 연구」, 『문화유산』 1957(5).

이광린 1990. 「북한의 고고학」, 『동아연구』 20, 서강대 동아연구소.

이선복 1992. 「북한 고고학사 시론」, 『동방학지』 74.

이종석 1993. 『조선로동당의 지도사상과 구조 변화에 관한 연구』, 성균관대 박사학위논문.

이종석 1995. 『현대 북한의 이해』, 역사비평사.

장호수 1992. 「북한고고학의 시기구분론」, 『백산학보』 40.

전주농 1958a. 「태성리 저수지 건설장에서 발견된 유적 정리에 대한 개보(Ⅰ)」, 『문화유산』 1958(2).

전주농 1958b. 「태성리 저수지 건설장에서 발견된 유적 정리에 대한 개보(Ⅱ)」, 『문화유산』 1958(3).

전주농 1959. 「안악 《하무덤》(3호분)에 대하여」, 『문화유산』 1959(5).

전주농 1961. 「조선 고고학의 창시자 추사 김 정희」, 『문화유산』 1961(4).

정백운 1957a. 『조선 금속 문화 기원에 대한 고고학적 자료』, 과학원출판사.

정백운 1957b. 「조선 고대 무덤에 관한 연구(1)」, 『문화유산』 1957(2).

정백운 1957c. 「조선 고대 무덤에 관한 연구(2)」, 『문화유산』 1957(3).

정백운 1958a. 「강남 원암리 원시 유적 발굴 보고서」, 『문화유산』 1958(1).

정백운 1958b. 「우리 나라에서 철기 사용의 개시에 관하여」, 『문화유산』 1958(3).

정백운 1958c. 「해방후 우리 나라 고고학의 발전」, 『문화유산』 1958(4).

조법종 1994. 「북한 학계의 고조선 연구」, 『북한의 고대사 연구와 성과』, 대륙연구소 출판부.

채희국 1959. 「고구려 석실 봉토분의 기원에 관하여」, 『문화유산』 1959(3).

최광식 1994. 「원시공동체의 해체와 고대국가의 발생」, 『한국사』 1, 한길사.

최명학 1956. 「라진 초도 원시 유적 출토 인골 감정 보고」, 『라진 초도 원시 유적 발굴 보고서』, 유적유물보고 1.

한창균 1992. 「초기(1945-1950년)의 북한 고고학」, 『중재 장충식박사 화갑기념논총(역사학 편)』.

한흥수 1950. 「조선원시사연구에 관한 고고학상제문제」, 『력사제문제』 15.

황기덕 1957a. 「함경북도 지방 석기 시대의 유적과 유물(1)」, 『문화유산』 1957(1).

황기덕 1957b. 「함경북도 지방 석기 시대의 유적과 유물(2)」, 『문화유산』 1957(2).

황기덕 1957c. 「두만강 류역과 동해안 일대의 유적 조사」, 『문화유산』 1957(6).

황기덕 1958a. 「조선 청동기 사용기의 존부에 대하여」, 『문화유산』 1958(2).

황기덕 1958b. 「조선 서북 지방 원시 토기의 연구」, 『문화유산』 1958(4).

황기덕 1959a. 「1958년 춘하기 어지돈 지구 관개 공사 구역 유적 정리 간략 보고(Ⅰ)」, 『문화유산』 1959(1).

황기덕 1959b. 「1958년 춘하기 어지돈 지구 관개 공사 구역 유적 정리 간략 보고(Ⅱ)」, 『문화유산』 1959(2).
황기덕 1960. 「무산읍 범의 구석 원시 유적 발굴 중간 보고」, 『문화유산』 1960(1).

【출처】한창균 1999. 「1950년대의 북한 고고학 연구」, 『백산학보』 53, 179-218쪽.

1960년대의 북한 고고학 연구

I. 머리말

해방 이후, 특히 1950년대를 거치며 이루어진 유적 발굴을 통하여 북한에서는 신석기시대와 청동기시대에 관한 연구를 활발하게 진행시켰고, 『조선 원시 고고학』(도유호 1960b)에 그와 같은 성과가 반영되었다. 이와 더불어 고조선의 묘제와 출토 유물의 성격, 고구려 무덤의 기원과 특성 및 안악 3호 무덤의 주인공을 밝히기 위한 여러 편의 글들이 1950년대 북한에서 발표되었다. 이렇듯 1950년대는 북한 고고학사에서 중요한 위치를 차지하고 있으며(한창균 1999), 이런 토대 위에서 북한의 고고학은 새롭게 발전될 수 있었던 기틀을 마련하였다.

1950년대와 마찬가지로 1960년대의 북한 고고학계에서는 원시시대부터 고구려에 이르는 여러 시기의 유적을 발굴하였다. 반면에 1960년대에 간행된 발굴 보고서[1]의 수량은 1950년대에 비하여 조금 적었고, 발생 부수도 600~1000부 사이로 줄어들었다. 〈고고학자료집〉은 3집(『각지 유적 정리 보고』)만 간행되었다. 한편 1957년부터 간행된 『문화유산』은 1963년부터 『고고민속』으로 이름이 바뀌어 1967년까지 간행되었다. 그리고 '고고학 및 민속학 연구소'는 1964년 사회과학원이 신설되어 그 소속 기관으로 개편되었고, 1967년에는 그 이름이 '고고학연구소'로 바뀌어 오늘날까지 활동하고 있다.

1960년대에 들어와 김용남, 정찬영, 서국태, 리순진, 리병선, 박진욱 등이 새롭게 고고학자로서 발돋움하였다. 김신규는 고동물학 그리고 백기하는 고인류학 분야에서 여러 글을 발표하였다.

---

1 다음과 같은 발굴 보고서가 간행되었다.
　고고학 및 민속학 연구소 1960. 『회령 오동 원시 유적 발굴 보고』, 유적발굴보고 7.
　고고학 및 민속학 연구소 1961. 『지탑리 원시 유적 발굴 보고』, 유적발굴보고 8.
　채희국 1964. 『대성산 일대의 고구려 유적에 관한 보고』, 유적발굴보고 9.
　김용간 1964. 『금탄리 원시 유적 발굴 보고』, 유적발굴보고 10.

반면에 정백운의 글은 발표된 것이 없었으며, 초기의 북한 고고학계에서 중요한 역할을 하였던 도유호는 1960년대 중반을 거치며 숙청되는 운명을 맞이했던 것으로 추정된다.

북한 사회는 1967년을 기점으로 주체사상이 변모되는 과정에서 커다란 변화를 겪었으며, 그런 가운데 『고고민속』이 정간되는 상황에 이르렀다. 1960년대 중반에 이르기까지 고고학 및 민속학 연구소는 거의 매년 사업 계획을 제시하였으며, 그에 따라 원시시대부터 발해에 걸치는 고고학 연구 작업을 실천에 옮기려고 많은 노력을 하였다. 굴포리 유적과 검은모루 동굴에서 구석기시대의 유물이 발굴된 것은 그와 같은 노력의 결과이었다. 또한 굴포리 서포항의 조개더미를 발굴하여 동북 지방의 신석기시대가 서북 지방의 신석기시대보다 시기가 앞서며, 그 시기가 기원전 5천년기로 올라간다는 주장이 확립되었다.

중국 동북 지방의 발굴 자료는 북한 고고학계에서 많은 관심을 갖고 추진하였던 청동기시대와 고조선 연구에 새로운 활력을 불어넣었다. 그리하여 청동기시대의 연대가 기원전 2천년기 초로 설정되었고, 고조선 전기의 문화가 비파형단검과 미송리형 토기를 특징으로 한다는 관점이 확립되었다. 이와 관련하여 고조선의 영역, 종족 구성, 문화 특성과 같은 다양한 주제를 중심으로 여러 차례의 토론이 실시되었을 뿐만 아니라 많은 논문이 발표되었다. 그리고 1970년대 초에는 대체로 1960년까지 이루어진 연구 성과를 바탕으로 『조선원시고고학개요』가 간행되어 "주체사상에 철저히 입각하여 우리 역사의 첫머리 부분에 해당하는 원시시대의 역사를 고고학적으로 체계화하려고 하였다"(고고학연구소 1971. 15쪽).

또한 고구려 묘제의 형식 분류에 대한 여러 가지 견해가 발표되었으며, 그러한 묘제의 기원 및 고구려 문화의 성격을 고고학 분야에서 조명하는 작업도 활발하게 진행되었다. 안악 3호분의 주인공이 미천왕이라는 결론에 이르기도 하였다. 또한 삼국시대 및 발해 고고학에 관한 연구도 좀 더 자세하게 진행되었고, 여기서 얻은 결과는 원시시대로부터 발해로 이어지는 문화단계의 내적 발전, 곧 계승성[2]을 입증하는 자료로 활용되었다. 해방 이후부터 1950년대에 걸쳐 북한 고고학계는 원시문화의 내적 발전 단계에 관한 기본 틀을 세웠고, 이를 바탕으로 1960년대부터는 원시시대부터 고대 사회에 이르는 각 시기별 문화의 계승 관계에 초점을 두었으며 그에 따른 이론 체계를 확립하려고 많은 노력을 기울였다.

---

2 계승성은 "발전의 앞선 단계에서 이루어진 긍정적인 것이 발전의 다음 단계에 보존됨으로써 맺어지는 발전의 앞선 단계와 다음 단계 사이의 합법칙적 연관"을 가리킨다(철학연구소 1985. 1988년 재간행본 43쪽 인용).

II. 당시 북한 사회와 고고학계의 동향

1967년을 기점으로 주체사상이 변모되기 이전까지, 북한에서는 사회주의적 애국주의를 고창하기 위하여 민족문화의 역사적 전통을 크게 활용하였고, 민족적 긍지를 높이고 인민들의 애국심을 고취시키려는 목적으로 실학자들을 역사적인 인물로 평가하였다(이종석 1995. 128쪽). 그런 분위기 속에서 1950년대 후반 추사 김정희를 조선 고고학의 선구자로서 평가를 내린 글(김재효 1957)이 나왔고, 도유호(1960b. 7쪽)는 "조선 고고학의 단서가 벌써 추사 김정희 선생 당시로 돌아간다는 것을 인정하지 않을 수 없다."고 하였다. 전주농(1961b)은 "추사는 비록 과학적 발굴 사업은 진행하지 못 하였다 하더라도 조선 고고학의 기초 지반을 닦아 놓았을 뿐만 아니라 우리 고대사 연구에서 중요한 의의를 가지는 많은 문제에 걸쳐서 거의 완전한 고증을 남겨 주었다."고 평하면서, 이것은 "민족적 자각에 기초한 고상한 애국주의 정신의 발현"이라고 논하였다. 지봉 이수광(황철산 1961), 연암 박지원(전장석 1961), 성호 이익(황철산 1962) 등이 민속학 분야에서 남긴 업적을 논하는 글도 그와 같은 맥락에서 발표되었다. 실학자들이 남긴 고고학 및 민족유산의 연구는 사상 사업에서 주체를 확립하는 문제와 밀접한 관계를 맺고 있었다(고고학 및 민속학 연구소 1962a).

노동당은 1960년 8월에 발표된 '7개년 계획'의 실천을 해결하기 위한 기본 고리로서 기술 혁명과 문화 혁명의 필요성을 요구하였다. 그와 같은 혁명 과업을 원만하게 수행하려면 당적 사상 체계, 곧 "교조주의와 형식주의를 거부하는 주체의 확립을 통한 사상 사업"을 통하여 이룩될 수 있으며, 천리마 작업반 운동에 열성적으로 참가하는 것이 공산주의 교양을 강화하는 것이라고 노동당에서 제시하였다(고고학 및 민속학 연구소 1960e).[3] 발전된 사회주의 국가의 건설을 내걸며 7개년 계획이 수립되자 노동당은 이 사업의 성공을 이루기 위하여 노력하였다. 여기서 고고학자와 민속학자가 해야 할 일은 "우수한 민족 문화유산을 연구하여 새로운 사회주의 건설도 걸맞도록 계승 발전시키는 것이었다."(고고학 및 민속학 연구소 1961a)

1960년대 초반, 북한 고고학계는 당에서 제시한 과학 연구 사업을 성과 있게 수행하기 위하여 고고학과 민속학 분야에서 해결되어야 할 중점 과제를 『문화유산』과 『고고민속』에 여러 차례 발표하였다. 1960년에는 원시사 및 고대사 분야 가운데 특히 "우리나라 고대 종족들의 기원에 관한 문제, 초기 계급 국가 형성의 시기와 성격에 관한 문제, 3국의 사회 경제 구성의 성격에 관한 문제 등"(고고학 및 민속학 연구소 1960a. 3쪽)에 깊은 관심을 갖고, 이 문제를 해결하기 위하여 모든 역량이 집중될 필요가 있음이 강조되었다. 그리고 고전 고고학에 관심을 기울여야

---

3 이러한 노동당의 정책은 1961년 9월에 열린 노동당 제4차 전당대회에서 '인민 경제 발전 7개년 계획'(1961~67년)이 채택되면서 더욱 강화되었다(고고학 및 민속학 연구소 1961e).

하며, 자연과학 분야(고동물학, 고식물학, 동위원소를 이용한 연대 측정 등)의 기술을 도입하고 그에 관한 전문가를 길러내는 작업이 고고학의 전반적인 체계화를 위하여 필요한 것으로 강조되었다. 이와 함께 『문화유산』이나 그 밖의 고고학 관련 출판물의 간행에 있어, 외부 집필진의 확대를 통하여 과학 지식의 보급 사업이 체계화될 수 있도록 독려하였다(고고학 및 민속학 연구소 1960a). 한편 해방 이후 약 15년 동안 북한 고고학계에서 거둔 원시시대, 금속 문화의 기원 문제, 고조선 및 고구려 고고학 등에 관한 전반적인 성과를 알리는 글이 발표되기도 하였다(고고학 및 민속학 연구소 1960d).

1961년의 제4차 노동당 대회에서 제시된 과업을 성과 있게 수행하기 위하여 고고학 및 민속학 연구소는 다음과 같은 사업 방향을 정하였다(고고학 및 민속학 연구소 1961e).

① 빠른 시일 안에 구석기시대의 유적을 찾아내서 연구한다.
② 이른 신석기 시대의 유적을 찾도록 노력한다.
③ 토광묘를 비롯한 고조선 문화 전반에 대한 연구를 계속 강화한다.
④ 삼국시대의 유적을 더욱 대대적으로 발굴한다.
⑤ 우리나라 역사의 일부인 발해 유적을 발굴하여 체계적으로 연구한다.[4]
⑥ 인류학, 고생물학, 지질학 및 기타 인접 과학과 연계를 강화하고, 동위원소를 비롯한 각종 자연과학적 방법을 고고학 연구에 대담하여 도입하자.
⑦ 원시시대의 사회생활과 동시에 조선 사람의 기원 문제를 연구한다.

이에 따라 북한 고고학계가 해결해야 할 과업의 내용은 더욱 폭이 넓어졌다. 우리 역사의 합법칙성을 밝히기 위하여 그동안 빈틈으로 남아 있던 구석기시대와 이른 신석기시대의 유적을 조사할 필요성이 더욱 높아졌다. 이때부터 발해 유적의 발굴이 새로운 과제로 강조되었고, 민족의 기원 문제에 관하여 적극적인 관심이 표명되기 시작하였다. 특히 조선의 민족 문화가 자체 발전의 과정에서 이룩되었고, 그 기원 또한 독자적으로 형성되었다는 논리가 강하게 나타나기 시작하였던 것으로 생각된다.

1962년에 들어와 고고학과 민속학 연구에서 주체를 확립하기[5] 위하여 당의 방침을 철저히 관철시켜야 한다는 글이 『문화유산』(고고학 및 민속학 연구소 1962a)에 실렸다. 여기에서 주체의 확립은 맑스-레닌주의의 방법론에 입각하여 조선 고고학을 더욱 발전시키고, 우리 역사의 우수하고

---

4 이러한 분위기 속에서 발해사 연구도 중요한 과제가 되었다(박시형 1962).
5 당시의 주체 확립 문제와 주체사상에 대해서는 이종석(1995. 126-128쪽)의 글을 참조하기 바람.

유구하고 찬란한 전통을 밝힘으로써 인민을 애국주의 사상으로 교양하며 새로운 사회주의 문화를 건설하고 발전시키자는 것이었다.

1963년은 북한 고고학계에 있어서 매우 의미가 깊은 한 해이었다. 굴포리의 구석기 유적뿐만 아니라 중국과 공동으로 요령성, 길림성, 흑룡강성 등지의 유적에 대한 조사가 시작되었다. 굴포리 유적의 발굴을 통하여 원시문화의 상한이 구석기시대로 소급될 수 있었고, 중국의 동북 지방에서 이루어진 성과를 토대로 하여 고조선과 관련된 청동 유물과 토기의 관계 및 고조선의 영역을 추정할 수 있는 근거를 마련하기 시작하였다.[6]

이런 상황 속에서 유구하고 찬란한 단일 민족으로서 조선 민족의 민족적 전통을 밝히는 작업의 중요성이 더욱 강조되었고(고고학 및 민속학 연구소 1963b), 1964년의 중심 과업으로 굴포리 구석기 유적의 계속 발굴과 고조선과 고구려 및 발해 문화의 조사 연구가 진행되었다(고고학 및 민속학 연구소 1964). 그리고 1965년에는 주체를 확립하는 과정에서 해결되어야 할 다음과 같은 문제점이 제기되었다(고고학 및 민속학 연구소 1965b).

① 새로운 구석기 유적의 발견
② 신석기시대의 연대 문제와 청동기시대로의 이행 과정
③ 신석기시대와 청동시대의 특성 및 사회 경제 생활 문제
④ 고조선 국가에 대한 심화된 연구
⑤ 고조선 문화의 특성
⑥ 삼국, 특히 고구려에 대한 폭넓고 깊이 있는 연구
⑦ 발해 시기의 유적에 대한 심화된 연구

1960년대 초부터 북한 학계에서는 발해 고고학에 대하여 깊은 관심을 지니고 있었다. 이런 관심은 중국과 함께 공동으로 발해 유적을 발굴하면서 구체화되기 시작하였고, 중국 동북 지방에 있는 고구려 및 발해 관련 유적의 답사 보고가 책으로 간행되기에 이르렀다(주영헌 1966).

1960년대 초반을 거치면서 북한 고고학계에서 중요한 역할을 하였던 도유호의 위치가 흔들리기 시작하였다. 1963년에 들어와 그동안 도유호가 주장했던 내용을 강하게 비판하는 글이 발표되었다. 김유방(1963)은『조선 원시 고고학』의 서평에서 도유호가 "단원론적 문화 발생의 시각에서 문화 교류의 중요성을 강조한 것"은 맑스-레닌주의 방법론에 입각한 것이 아니라고 비판하면서, "인류가

---

6 고조선과 관련하여 북한에서는 1963년부터 1965년까지 고조선 전기(비파형단검 시기)의 유적, 1967년부터 1971년까지는 고조선 후기와 밀접한 관계가 있는 평양 일대의 고분이 주로 발굴되었다(고고학연구소 1983. 3쪽).

정착 생활을 하면서 형성된 인종과 종족은 각각 독자적으로 사회 발전의 합법칙성에 따라 발전하였음"을 강조하였다. 도유호를 겨냥하여 김유방이 펼쳤던 비판의 강도는 리여성에 대한 김용준(1960a ; 1960b)의 비판보다 격렬하게 표현되지는 않았다고 생각된다. 그 이유는 노동당 제3차 대회에서 제시한 과업을 실천에 옮긴 저서로 『조선 원시 고고학』이 높은 평가를 받았고(고고학 및 민속학 연구소 1961e. 2쪽), 북한 고고학계에서 도유호가 차지했던 비중이 컸기 때문이라 추정된다. 그러나 문화전파론에 입각한 도유호의 기본 시각을 비판하는 글이 발표되었다는 사실은 도유호의 앞길이 순탄치 않음을 예고하는 것이었다.

해를 거듭할수록 북한 고고학계에서 도유호의 입장은 더욱 어려워지게 되었다. 굴포리 유적에서 구석기유물이 발굴되면서 "고고학 분야에서 우리 역사의 유구성과 민족 문화의 독창성"을 부르짖는 경향이 더욱 뚜렷해졌다. 이것은 "사상 사업에서 주체를 확립하려는 노동당의 과업을 관철시키기 위한 투쟁"으로 전개되었다(고고학 및 민속학 연구소 1964. 1쪽). 그리하여 마침내 "우리 민속의 기원을 외부에서 찾으려는 시도들이 모두 분쇄되었다."(고고학 및 민속학 연구소 1965b. 6쪽) 민속의 기원을 외부에서 찾는 것은 문화의 기원을 외부에서 찾는 것과 같은 의미를 지니고 있다. 따라서 이제 도유호가 설자리는 없어지고 말았다. 그것은 바로 1965년의 일이었다.

해방 이후부터 1960년대 초반에 걸쳐 북한 고고학의 기본 틀이 확립되는 과정에서 가장 중요한 역할을 하였던 학자 가운데 한 사람이 바로 도유호이다. 그는 철저하게 문화전파론의 시각에서 우리나라의 원시문화를 다루었다. 그의 작업을 통하여 신석기시대나 청동기시대뿐만 아니라 구석기시대에 대한 북한 학계의 이해가 한층 높아질 수 있었다고 생각된다. 그러나 문화전파론에 입각한 도유호의 주장은 1960년대부터 차츰 영향력이 줄어들기 시작하였다. 그것은 고조선의 국가 형성 시기와 영역 및 고구려 묘제의 기원 문제 등에 관련된 주제의 경우에도 마찬가지였다.

문화전파론에 의한 도유호의 주장은 마침내 1965년을 마지막으로 더 이상 찾아보기 어렵다. 한흥수가 제기한 문화권설의 강력한 비판을 이겨낸 도유호였지만, 문화 발전의 연구에서 "원류는 외부에서 받아들였다."(고고학 및 민속학 연구소 1965b. 8쪽)는 이른바 부르주아 고고학의 방법과 시각을 가지고 당시 북한 고고학계에서 버틸 수는 없었다고 보인다. 이때가 그의 나이 60살이었고, 굴포리 구석기 유적에 대한 도유호의 연구가 어느 정도 마무리된 해였다. 굴포리 구석기 유적의 발굴을 통하여 원시문화의 상한을 올려 잡는 데 크게 이바지한 도유호였지만, 그와 같은 유적의 연구 성과가 오히려 내재적인 발전의 논리를 합리화하는 데 활용되어 그가 학계를 떠날 수밖에 없었던 점은 매우 역설적이라 할 수 있다.

1960년대 중반까지 북한 지도부는 사회주의적 애국주의를 고창하고 민족적 긍지를 높이기 위하여 전통 문화유산과 실학자 및 역대 명장과 의병장들을 크게 활용하였다. 그러나 1967년을 계기로 김일성 개인숭배의 전면화와 유일사상 체계의 확립이 강화되면서 북한 사회에 커다란 변화가 수반되었다. 주체사상의 본질이 '우리 당의 혁명 사상'에서 '김일성 동지의 혁명 사상'으로 변모되었고, 실학자와 전쟁 영웅들에 대한 비판적인 평가가 집중되면서 이에 관한 연구가 사실상 금지되었으며, 그동안 전통 문화와 역사 연구를 주도하였던 학술지들이 정간되었고, 1967년을 마지막으로 『고고민속』도 더 이상 간행되지 못하였다(이종석 1995). 그리고 1969년에 비정기간행물인 『고고민속론문집』이 출간되기 시작하였다.

『고고민속론문집』1(1969)에는 상원 검은모루 유적과 고조선 문화에 관한 두 편의 글이 실려 있다. 그 가운데 고조선 부분은 '고고학연구소'와 '력사연구소'의 공동 이름으로 발표되었다. 여기에서는 고조선뿐만 아니라 고조선 문화가 성립되기 이전의 원시문화에 대한 그동안의 연구 성과도 반영되었다. 따라서 그 글은 1960년대 말까지 원시시대부터 고조선에 이르기까지 서북조선과 요동 지역을 중심으로 그동안 북한 고고학계에서 이루었던 모든 성과를 체계적으로 정리한 것이며, 그와 관련된 앞날의 연구에 커다란 토대를 마련했다는 점에서 중요한 의미를 지닌다고 생각된다.

이와 아울러 『조선원시고고학개요』(고고학연구소 1971)가 출간되어 당시까지 이루어진 원시시대에 관한 연구 성과가 종합적으로 서술되었고, 이 책에서 정리된 내용은 그 뒤 북한 학계의 원시시대 이해에 커다란 밑거름이 되었다는 점에서 중요한 의미를 지닌다고 볼 수 있다. 이 책은 『조선 원시 고고학』(도유호 1960b)이 간행된 이후 약 10여 년 만에 나온 것으로 1967년의 시대 상황을 경험한 뒤에 엮어졌다는 점에서도 주목을 끈다.

III. 원시문화의 연구와 계승성 문제

1. 구석기시대

1950년대에 이루어진 유적 발굴과 연구 성과를 통하여 북한 고고학계에서는 신석기시대, 청동기시대, 철기시대에 관한 여러 문제를 많이 해결하였다. 그러나 이른 신석기시대로 평가할 수 있는 유적과 구석기시대의 유적7이 발굴되지 않았기 때문에 우리나라 역사의 합법칙성을 세우기 위하여 새로운 유적의 발굴 조사가 북한 학계에 필요하였다(고고학 및 민속학 연구소

---

7 구석기시대의 유물을 찾기 위하여 동굴 조사의 필요성이 제기되었다(고고학 및 민속학 연구소 1961e. 2쪽). 동굴에서 구석기 유적이 발견될 가능성에 대해서는 한흥수(1950)가 말한 바 있다.

1961e).

앞에서 말한 바와 같이 북한 고고학계에서는 1950년대 말부터 동굴과 같은 곳에서 구석기시대의 유적이 발견될 가능성에 기대를 걸기 시작하였다. 1961년 말, 함경북도 화대군 장덕리의 뺄늪골의 토탄층에서 털코끼리(맘모스)의 화석이 발견되었고, 그 다음해 이 유적에 대한 발굴 조사가 이루어졌다(김신규 1962b). 비록 석기는 출토되지 않았지만, 구석기인들과 밀접한 관련을 맺었던 털코끼리가 출토되었다는 사실은 북한 지역에서 구석기문화가 존재하였을 가능성을 높여주는 계기가 되었다(력사연구소 1962).

이런 분위기 속에서 도유호는 1962년부터 그의 관심을 구석기시대 분야로 넓혀가면서 빙하기(도유호 1962c), 인류의 기원(도유호 1962d), 구석기(도유호 1962g)에 대한 글을 연이어 발표하였다. 당시 북한 고고학계에서 구석기 분야에 대한 가장 폭넓고 짜임새 있게 이해했던 학자가 바로 도유호였을 것으로 추정된다. 이와 같은 까닭으로 그가 굴포리 유적 발굴을 주도할 수 있었다고 생각된다.

회령 오동 유적에서 여러 종류의 뗀석기가 많이 나왔으나(고고학 및 민속학 연구소 1960f) 발굴 보고서에서는 석기의 제작 수법에 관하여 자세하게 논의되지 못하였다. 이 유적의 발굴 보고서에 뗀석기와 관련된 용어로는 '긁개, 압출 수정(壓出修正)에 쓰던 눌러뜯개, 격지, 인기(刃器, lame) 측결기(側缺器, lame étranglée), 핵석(核石, nucléus)' 등이 있다. 그러나 「구석기시대란 무엇인가?」라는 글을 통하여 도유호(1962g)는 뗀석기에 대한 이해를 한층 넓혀 주었다. 그 글에서 도유호는 일면 가공과 양면 가공의 방법을 소개하였다. 그리고 격지 제작에서 나타나는 '타격면(打擊面) 또는 때린 자리, 혹, 타흔(打痕) 또는 때린 흠점, 가로 물결진 면, 세로 몇 줄의 금' 등에 관하여 언급하였다.

털코끼리 화석(김신규 1962b)이 출토된 장덕리 토탄층의 분석 자료는 북한의 제4기 지질학과 구석기시대 연구에 새로운 방향을 제시하였다. 이 유적에서 이루어진 꽃가루 분석(로영대 1962)과 충서 및 지리 환경(박준석·최현모 1962)에 관한 연구로 털코끼리 화석의 연대가 후기 갱신세로 설정되었다. 구석기시대의 동물 화석이 나온다는 사실은 당시의 "자연 조건이 인류의 생존에도 적당하였음을 추측하게" 해주었다. 또한 연해주 오시노브까 유적의 일부 석기형태가 중국이나 동남아시아의 것과 닮은 점은 "그 두 지역 중간에 해당하는 조선 반도 일대에도 당시에 인류가 생활하였다는 것을 거의 확증적으로 입증하여 준다."고 북한 학계는 자신을 갖게 되었다(력사연구소 1962). 이와 아울러 그동안 논란이 되었던 동관진 짐승 화석의 시기를 제4기의 갱신세로 설정하기에 이르렀다.

1962년 가을 함경북도 굴포리 서포항 유적에서 해방 이후 처음으로 구석기시대의 뗀석기가 발견되었다. 이 석기는 신석기시대의 조개더미층 아래에 놓인 붉은 진흙층에서 나왔다. 그동안 그처럼 찾으려고 했던 구석기 유물이 굴포리에서 드디어 모습을 드러냈다. 이 발견은 북한 고고학계에 새로운 바람을 불어넣었다.

1963년 굴포리 구석기 유적 발굴 사업은 고고학 및 민속학 연구소의 기본 과제 가운데 하나가 되었다(고고학 및 민속학 연구소 1963b. 6쪽). 1963년의 발굴에서 구석기 유물이 두 지층에서 나온다는 사실을 확인하였다. 굴포리의 구석기문화를 '굴포문화'라고 이름을 붙였으나 두 문화층의 시기는 해결되지 못하였다(고고학 및 민속학 연구소 1963a ; 도유호 1963). 도유호(1964. 7쪽)는 굴포문화 Ⅰ·Ⅱ기층을 "구석기시대 하단(전기)의 범위 안에서 논하여야 할 것 같다."고 말하였다. 그런데 그 뒤 그는 굴포문화 Ⅰ기층을 구석기시대 전기 말, 그리고 Ⅱ기층을 약 2만 년 전의 구석기시대 만기로 보았다(도유호·김용남 1964). 그렇지만 1965년에 발표된 글(도유호·김용남 1965)에서는 굴포문화 Ⅱ기층의 연대가 구석기시대 하단(전기)의 최말엽일 가능성을 다시 말하였다. 이것은 당시까지만 하여도 굴포문화에 대한 시기가 분명하게 설정되지 않았음을 보여준다고 생각된다.[8]

1966년부터 조사된 검은모루 유적은 해방 이후 북한에서 처음으로 발굴된 구석기시대의 동굴유적이다. 이 동굴에서는 동물 화석과 함께 석기가 출토되었으며[9], 동물상은 중부 갱신세 초기에 해당하는 50~40만 년 전의 것으로 보고되었다(고고학연구소 1969). 이에 따라 굴포문화보다 훨씬 앞서는 전기 구석기시대부터 우리나라에 구석기인들이 살았다는 확신을 북한 학계에서는 갖게 되었다.

검은모루 유적의 발굴 성과는 전기 구석기시대의 자연 환경과 문화 성격을 이해하는 데 중요한 자리를 차지하는 것으로 북한 학계에서 평가를 받았다. 그러나 1960년대 말까지만 하여도 이 유적을 통하여 우리나라 역사의 순차적이고 합법칙적인 발전 단계를 구체적으로 밝히려는 작업은 체계 있게 진행되지 않았다. 반면에 굴포리 구석기 유적의 경우는 이 땅에 구석기시대 이래로 인류가 계속하여 살았다는 사실을 반영하는 것으로 북한 고고학계에서는 받아들였다(고고학연구소·력사연구소 1969. 33쪽).

그런데 그 뒤『조선원시고고학개요』에서는 검은모루 동굴과 굴포리 유적의 발굴 자료를 바탕으로 "이른 구석기시대의 아득한 옛날부터 줄기차게 이 땅에서 살아온 우리 인민의 유구한 역사"(고고학연구소 1971. 28쪽)를 체계화시키면서 구석기시대의 시기별 특징에 관하여 〈표 1〉과 같이 정리하였다.

---

8 「서포항원시유적발굴보고」(김용간·서국태 1972)가 발표된 이후 북한에서는 굴포문화 Ⅰ기층을 약 10만 년 전의 중기 구석기시대, 그리고 굴포문화 Ⅱ기층을 4~3만 년 전의 후기 구석기시대로 잡고 있다.

9 석기는 제4구획의 퇴적층 가운데 윗부분에 놓여 있는 4지층에서만 출토되었다. 이 지층에서 출토된 석기는 때려내기와 내리쳐깨기에 의하여 제작된 것으로 보고되었다(고고학연구소 1969).

시기	전기	중기	후기
사회 조직	원시군	원시군	모계씨족
인류	원인	고인	신인
석기 제작 기술	때려내기, 내리쳐깨기	때려내기에 의한 격지 제작 수법이 발전	대고때리기, 눌러뜯기
석기 종류	주먹도끼형석기, 제형석기, 뾰족끝석기, 쪼각석기	찍개, 칼, 격지, 속돌	밀개, 긁개, 칼, 찍개, 속돌
유적	검은모루 동굴	굴포문화 Ⅰ기층	굴포문화 Ⅱ기층, 부포리 덕산 유적
연대	50~40만 년 전	10여 만 년 전	4~3만 년 전
비고		막집, 불 사용	예술 활동

2. 신석기시대

1950년대 중반 도유호(1955 ; 1958)는 무문토기가 유문토기보다 시기상 앞서는 것으로 추정한 바 있다. 이런 추정에 대하여 김용간(1959)은 민그릇(무문토기)을 무늬그릇(유문토기)보다 후대인 청동기시대와 철기시대의 특징적인 유물로 보았다. 그러나 궁산이나 지탑리 유적 등에서 무늬그릇과 함께 민그릇이 출토되면서 도유호는 "조선 원시시대의 민그릇에도 여러 시대의 것이 있으며 또 서로 갈래를 달리하는 것이 있다."(고고학 및 민속학 연구소 1961g. 70쪽)고 추론하였다. 예를 들어, 동삼동 조개무지의 맨 아래층에서 출토된 민그릇은 빗살무늬그릇보다 시기가 앞설 가능성이 높다는 점을 지적하였다. 한편 지탑리 유적의 발굴 보고에서는 궁산문화의 분포 범위를 황해도 지역까지 확대하여 여기에 지탑리 유적의 신석기시대를 적용시켰다. 다시 말해서 궁산문화를 전기와 후기로 나누면서 궁산문화 전기(기원전 1700~2000년)의 특징을 민그릇의 출현, 빗살무늬 계통의 토기 제작, 괭이농사 단계로 설정하였다. 궁산문화 후기(기원전 2천년기 말)의 특징으로는 점선물결무늬그릇, 보습을 이용한 갈이농사, 피 또는 조의 재배 등을 들었다(도유호·황기덕 1961).

굴포리 서포항 유적의 발굴 중간 보고(김용남 1961)에서 북한의 신석기시대와 청동기시대의 연대가 좀 더 위로 올라갈 수 있다는 가능성이 제시되었다. 이 중간 보고에서는 당시 유적의 문화층을 크게 1문화층(신석기시대)과 2문화층(청동기시대)으로 나누었다. 김용남은 1문화층의 연대를 청진 농포리나 유선군 검은개봉과 비교하였고, 1문화층의 아랫부분을 검은개봉보다 이른 시기의 것으로 보면서 그 연대를 연해주 지역의 유적과 대비하여 기원전 3천년대 전반기 내지 4천년대로 서술하였다. 그리고 2문화층을 기원전 2천년대 중반으로 설정하였다. 또한 1문화층이 3개 이상, 그리고 2문화층이 2개 이상의 작은 층으로 나뉠 수 있음을 말하였다. 따라서 서포항 유적의 발굴을 통하여 신석기시대의 연대는 종전보다 2000년 정도 올라가게 되었다. 당시의 발굴 중간 보고에서 문화층을 크게 둘로 나눈 김용남의 견해를 지지하면서 황기덕(1962a)은 2문화층의 석기, 토기, 뼈연모, 조소품, 장식품 등에서 1문화층의 전통을 계승한 흔적을 찾아볼 수 있다고 주장하였다.

황기덕은 두만강과 압록강 일대의 신석기시대를 비교하면서 당시 두 지역에는 "인근 주민들의 문화와 구별되는 고유한 특성의 문화적 통일"이 이루어져 있었고, 외부의 청동기문화 요소를 받아들이며 자기 발전을 이룩하게 되었다고 말하였다. 그리고 그와 같은 '문화적 통일'은 고구려와 발해의 '정치적 통일'에 기초가 되었다고 주장하였다(황기덕 1962a. 32쪽). 따라서 그는 신석기시대 부터 고구려 및 발해에 이르기까지 우리나라의 문화가 계승 발전의 관계에 있음을 서술하였다. 황기덕은 납작밑의 빗살무늬그릇이 출토되는 우리나라의 북부 산림 지대에는 수렵-어로를 생업으로 하는 주민이 있었고, 서해안 지역에는 둥근밑의 빗살무늬그릇이 함께 출토되었던 평북 대산리 당산 유적의 조개더미 유적 등을 들었다. 그리고 그는 북부 산림 지대에서 보이는 그와 같은 신석기시대의 문화적인 통일성은 고구려 시대에 와서 정치적 통일이 이루어지는 데 기반이 되었던 것으로 보았다. 그는 김용남과 마찬가지로 서포항 1문화층의 아랫부분이 타래무늬그릇 시기보다 앞섰을 가능성이 높다는 점을 인정하면서 두만강 유역에서 출토되는 납작밑의 빗살무늬 토기를 바탕으로 이 지역의 신석기시대를 타래무늬그릇 시기(기원전 3천년대 말~2천년대 전반기), 번개무늬그릇 시기(기원전 2천년대 전반기~후반기 초), 덧무늬그릇 시기(기원전 2천년대 후반)로 구분하였다.

두만강 유역을 중심으로 한 신석기시대 유적의 발굴과 연구가 진전되면서 이제 동북 지방의 신석기시대가 서해안 지역보다 시기상 앞선다는 사실이 밝혀지게 되었다. 그리고 이러한 경향과 함께 궁산문화에 대한 연구도 좀 더 자세하게 진행되어 갔다. 지탑리 유적 발굴 보고서(고고학 및 민속학 연구소 1961g)에서 제안되었던 궁산문화 전기 또는 후기와 같은 용어는 그 뒤 궁산문화 1기 또는 2기와 같은 용어로 대치되기 시작하였다(황기덕 1962a ; 김용간 1962). 김용간(1962)은 궁산문화 1기에 궁산의 집자리 문화층과 지탑리 1지구 문화층을 포함시켰으며, 궁산문화 2기에 궁산의 집자리 이외 문화층과 지탑리 2지구를 포함시켰다.[10] 그는 금탄리 2문화층에서 나온 손잡이 빗살무늬그릇을 팽이그릇보다 시기가 앞선 궁산문화 이후라고 보면서, 이 유물은 우리나라

---

10 1960년대부터 1970년 초까지 북한에서는 궁산문화를 2기로 나누었다(김용간 1966 ; 김용남 1967 ; 고고학연구소·력사연구소 1969. 38쪽). 김용남(1967)은 궁산문화 1기층(1·2·3·4·5호 집자리)을 서포항 2기층과 맞먹는 기원전 4천년기 후반기, 그리고 궁산문화 2기층을 서포항 3기층과 맞먹는 기원전 3천년기 전반기로 다루었다. 그런데 신석기시대 집자리 연구(김용남·김용간·황기덕 1975)에서는 종래 궁산문화 1기층의 1·3·4호 집자리를 기원전 5천년기~4천년기, 그리고 2·5호 집자리를 기원전 3천년기 전반기로 갈랐다. 그 뒤 궁산문화의 발전 단계는 4기(김용간 1990. 105쪽)로 나누어졌으며, 근래에는 5기(력사연구소 1991)로 세분되고 있다. 이런 과정에 관해서는 고고학연구소(1977), 김용간(1979), 김용남(1983), 김용간(1990), 력사연구소(1991) 등의 글을 보기 바람.

서해안 일대의 궁산문화 주민이 팽이그릇 주민으로 발전하는 과정을 보여준다고 말하였다. 이런 시각은 대동강 일대를 중심으로 한 지역에서 신석기시대와 청동기시대의 문화가 서로 계승 관계에 있다는 뜻을 지니고 있는 것으로 풀이된다.

『금탄리 원시 유적 발굴 보고』(김용간 1964b)에서는 "금탄리 1문화층 주민이 궁산문화의 전통을 계승한 주민이라고 인정"하였다. 또한 금탄리 2문화층의 토기 무늬(가로 그린 이깔잎무늬 수법의 단순화), 활발한 뗀석기 제작, 곰배괭이, 버드나무잎형의 활촉 등을 우리나라 동북 지방의 신석기 유적에서 흔히 찾아볼 수 있다고 보면서 김용간(1964b. 65쪽)은 신석기시대 말기에 이르러, "그 어떤 원인으로 동북 조선 일대의 주민 중의 일부가 크거나 작거나 집체적으로 서북 조선 일대에로 이동하였으며 궁산문화의 후예가 그것을 흡수하였을 가능성"을 이야기하였다. 이 인용문에서 알 수 있는 바와 같이, 김용간은 금탄리 2문화층에서 나타나는 토기와 석기의 몇몇 특징을 외래문화가 유입된 결과가 아니라, 우리나라 내부에서 진행되었던 주민 사이의 이동 및 계승 발전 관계로 다루었다.

앞에서 말한 바와 같은 서포항 유적 발굴 중간 보고(김용남 1961)가 발표되어 종래 기원전 2천년기 초로 보았던 우리나라의 신석기시대 상한 연대(도유호 1960b. 94-95쪽)가 기원전 4천년 기~3천년기로 올라가게 되었다. 그 뒤 도유호는 서포항의 이른 신석기시대 지층에서 민그릇[11]이 나온 점에 주목하여 이 유물의 연대가 5천년기, 그리고 궁산문화의 연대는 기원전 4천년기로 설정하기에 이르렀다. 이와 아울러 그 글에서는 우리나라의 신석기시대와 청동기시대의 연대 문제가 다음과 같은 점에서 재고되어야 한다고 이야기하였다.

"최근 쏘련 연해주의 신석기 시대 말기와 청동기 시대 최초기 유적에서 출토한 숯의 방사성 탄소(C14) 분석치는 대략 4,200 년과 4,100 년 좌우로 나왔는바 이것들을 종합하여 보건대 지난날 형태 비교의 방법에 의한 년대 추정을 전반적으로 재고려 할 때가 왔다고 본다."(도유호·김용남 1964. 59쪽)

1950년대와 1960년대 초에 이루어진 북한의 원시 고고학 유적과 유물에 대한 시기 구분은 위 인용문에서 이야기하듯이 형식 분류학에 기초하여 연구되었다. 그런 방법론을 통하여 여러 유적과 유물에 대한 시기 구분이 이루어졌으나 그것만으로는 북한의 신석기시대와 청동기시대의

---

11 도유호(1955 ; 1958 ; 1960b. 72-73쪽)는 동삼동 아래층에서 나온 민그릇에 주목하여, 이 토기 종류는 동삼동 조개더미에서 가장 오랜 시기의 유물일 것으로 추정한 바 있다. 서포항의 이른 신석기시대 문화층에서 민그릇이 발굴되면서 김용간(1964b. 58쪽)은 후수(厚手)무문토기 종류가 아닌 민그릇이 유문토기보다 시기가 앞선다는 점을 인정하였다.

연대 문제를 체계 있게 해결하기가 어려웠다고 생각된다. 서포항 유적의 발굴 성과는 그동안 북한에서 이루어진 원시 유적의 시기를 재검토하는 데 필요한 자료를 제공하여 주었고, 서포항의 신석기시대 전기 문화를 기원전 5천년기까지 올려 잡을 수 있도록 해주었다. 서포항 유적의 신석기시대 이른 시기의 연대가 올라감에 따라 우리나라 서북 지방의 신석기 유적 연대를 다시 검토하지 않으면 안되었다. 김용간(1966)은 서북 지방의 신석기시대가 '궁산문화 전기 → 궁산문화 후기 → 금탄리 1문화층 → 미송리 유적 아래층 → 금탄리 2문화층 → 청등말래 유적'과 같은 선후 관계를 보여준다고 서술하면서 이와 같은 지역에서 청동기시대는 기원전 2천년기 말이 아니라 그 이전으로 소급된다는 주장을 하였다.

「우리 나라의 신석기시대」(김용남 1967)가 발표되면서 우리나라 서북 지방과 동북 지방 그리고 남한을 포함한 전 지역의 신석기시대에 대한 시기 구분의 틀과 문화 성격에 관한 논의가 자세하게 언급되기에 이르렀다. 이 글에 서술된 우리나라의 신석기시대 시기 구분은 다음과 같다.

① 이른 신석기시대(기원전 5천년기~4천년기 전반기)
② 발전된 신석기시대(기원전 4천년기 후반기~3천년기 전반기)
③ 늦은 신석기시대(기원전 3천년기 후반기~2천년기 초)

김용남(1967)은 신석기시대의 사회를 집안 살림과 생산 활동 전반에서 여성의 역할이 컸던 발전된 모계씨족사회로 규정하였다. 그리고 당시 주민의 중요한 생업이 농업이었으며, 초기에는 뚜지개농사나 괭이농사를 지었고, 궁산문화에서 볼 수 있듯이 기원전 3천년기 전반기에 보습이나 가래를 이용한 갈이농사가 행하여졌던 것으로 보았다. 이와 함께 갈이농사에서는 일정하게 넓은 면적의 밭을 마련하고 일구어야 했기 때문에, 이 과정에서 남성의 노동력이 중요한 역할을 담당하게 되어 마침내 이를 계기로 부계씨족제도가 형성되었던 것으로 서술하였다.

1960년대 말에는 당시까지 북한 학계에서 연구되었던 신석기시대의 발전 단계 가운데, 서북 조선과 요동 일대를 중점적으로 다룬 글이 발표되었다(고고학연구소·력사연구소 1969). 이 글에서 서술된 발전 단계의 기본 틀은 특히 서북 조선과 요동 일대에서 신석기문화를 남겼던 주민은 서로 같은 겨레에 속하는 동시에 우리의 선조로서 역사적인 의미를 지니는 것으로 서술되었다.

한편 압록강 유역의 원시시대 유적과 유물에 관한 여러 글을 발표한 바 있는 리병선(1961 ; 1962 ; 1963a ; 1963b ; 1964 ; 1965)은 그 지역에서 신석기시대의 토기 전통이 청동기시대로 계승 발전되었음을 논하였다. 그는 압록강 일대에서 나온 토기와 석기가 중국 동북의 것들과 서로 관련성을 보여주지만 그 일대의 유물은 연해주나 우리나라 동북 지방의 것들과 더 밀접한 관계에 있음을 주장하였다(리병선 1963a). 그리고 가장 늦은 신석기시대의 유적으로 평가된 쌍학리-신암리 유형 가운데 무늬가 없는 토기, 목이 달린 토기, 아가리가 밖으로 겹쳐지거나 덧무늬의 띠를 돌린 토기 등을 비롯하여 그 밖에 여러 간석기에서 보이는 문화 전통이 공귀리-심귀리 유형의 청동기시대에 계승되었던 요소라고 리병선(1965)은 주장하였다.

리병선(1965)은 압록강유역에서 발굴된 빗살무늬토기가 '미송리 유적 → 토성리 및 장성리 유적 → 신암리 및 쌍학리 유적'의 순서대로 변천 과정을 밟은 것으로 논증하였다. 그는 미송리 유적의 특징으로 전나무잎무늬가 압도적으로 많은 가운데 꼬불무늬가 등장하며, 그릇의 겉면을 마연한 것이 없고, 바탕흙에 모래·석면·활석 등이 들어 있다는 점을 들었다. 토성리 및 장성리 유적의 경우에는 전나무잎무늬가 계승되는 가운데 번개무늬·직선무늬·삼각무늬가 새롭게 등장하며, 가로 방향으로 촘촘히 돋친 직선무늬와 삼각무늬의 그릇은 겉면이 모두 마연되었고, 바탕흙이 모래만으로 이루어진다는 점을 지적하였다. 또한 신암리 및 쌍학리 유적의 경우에는 각종 무늬그릇과 무늬가 없는 민그릇이 출토되며, 그릇의 겉면을 마연한 것과 그렇지 않은 것이 동시에 나타나며, 바탕흙에 주로 모래나 흑연 등이 섞였다는 점을 고찰하였다. 그리고 이와 같은 차이에도 불구하고 압록강 유역에서는 "어떤 빗살무늬그릇의 경우를 막론하고 아가리가 곧고 벽이 깊으며 밑이 납작한 바리 모양의 그릇이 나온다."(리병선 1965. 6쪽)라고 서술하였다.

앞에서 이야기한 바와 같이 1960년대 후반 김용남(1967)은 신석기시대를 이른 시기, 발전된 시기, 늦은 시기로 나누었으며, 발전된 시기를 다시 두 개의 시기로 세분하였다. 그런데 1970년대로 들어와 신석기시대를 전기와 후기로 나누는 새로운 기준이 설정되었다.[12] 이에 따라 구분된 대표적인 신석기 유적의 시기별 구분은 다음과 같다(고고학연구소 1971).

(1) 전기(기원전 5천년기~4천년기)
　① 기원전 5천년기~4천년기 전반기 : 서포항 1기층
　② 기원전 4천년기 후반기 : 서포항 2기층, 궁산문화 1기층
　　－집자리 평면 윤곽 : 네모난 것보다 둥근 것
(2) 후기(기원전 3천년기~2천년기 초)
　③ 기원전 3천년기 전반기 : 서포항 3기층, 궁산문화 2기층, 금탄리 1문화층
　④ 기원전 3천년기 후반기~2천년기 초 : 서포항 4·5기층, 금탄리 2문화층, 범의구석 1기층, 청등말래 유적, 쌍타자 1기층

12　이와 같은 기준은 『조선전사 1(원시편)』(력사연구소 1979. 80쪽)에 적용되었다. 그 뒤 『조선의 신석기시대』(서국태 1986. 19쪽)에서는 신석기시대를 전기(기원전 5천년기~4천년기), 중기(기원전 3천년기 전반기), 후기(기원전 3천년기 후반기~2천년기 초)로 나누었다. 그런데 『조선고고학전서 : 원시편(석기시대)』(김용간 1990. 114쪽)에서는 전기를 기원전 6천년기, 중기를 기원전 4천년기, 후기를 기원전 3천년기로 구분하였다.

당시 북한 학계에서는 집자리의 구조, 질그릇 갖춤새, 석기의 제작 기술과 종류, 농경 도구 등이 전기에서 후기로 가면서 일정하게 변화되는 모습을 보여주는 것으로 이해하였다. 그리고 그와 같은 배경 속에서 농경을 통한 생산 활동의 중요한 변화, 곧 후기의 보습농사 등으로 인하여 씨족제도 자체에 새로운 변화가 움트기 시작하였던 것으로 서술되었는데, 이러한 경향은 이미 1960년대에 발표된 글에서 언급된 바 있다.

IV. 청동기시대와 고조선

1950년대의 연구 성과를 바탕으로 1960년대 초반, 북한 학계에서는 청동기시대 및 철기문화의 시기 설정과 고조선 문화의 관계에 대하여 많은 토론을 벌였다. 그 가운데 특히 조양 십이대영자 유적(朱貴 1960) 등에서 출토된 청동검을 비롯한 여러 청동 유물에 많은 관심을 가지고 있었다(도유호 1960a ; 1961 ; 김용간 1961a).

『조선 원시 고고학』에서 도유호(1960b)는 북한 지역의 청동기시대 상한이 기원전 2천년기 말로 올라갈 가능성을 이야기하면서 그 연대 폭을 대체로 기원전 7~4세기의 범위 안에 설정한 바 있다. 그 뒤 김용간(1964a)은 우리나라와 요동 지역에서 출토된 청동 유물을 비교하여 우리나라 청동기시대의 상한을 기원전 2천년기 후반기로 올렸다. 그런데 금탄리 2문화층의 연대가 기원전 3천년기 말 또는 그 이전으로 설정되면서 2문화층보다 늦은 팽이그릇 집자리의 시기가 기원전 2천년기 전반기로 추정되기에 이르렀다(황기덕 1966). 또한 팽이그릇 유적을 대표하는 묘제로 고인돌과 돌상자무덤이 언급되었고, 변형 고인돌이 전형 고인돌보다 뒤늦은 시기에 해당하는 것으로 다루어지며, 긴동 및 천진동 등의 변형 고인돌은 기원전 2천년기 말~1천년기 초에 속하는 것으로 편년되었다(황기덕 1966).

당시 황기덕(1966)은 출토 유물과 집자리의 변천 과정을 통하여 서북 지방의 팽이그릇 집자리 유적의 상대 편년을 '금탄리 유적 → 심촌리 유적 → 석탄리 유적 → 입석리 유적'으로 설정하였다. 여기에서 그는 금탄리 2문화층의 연대가 기원전 3천년기 말 이전으로 올라가기 때문에 팽이그릇이 처음 사용되기 시작한 연대는 금탄리 유적의 팽이그릇 층보다 시기가 앞선 기원전 2천년기 전반기에 해당한다고 추정하였다.

지탑리 유적 2지구와 금탄리 유적에서 확인된 팽이그릇 층의 존재는 서북 지방의 청동기시대 연구에서 중요한 역할을 하였다. 반면에 압록강 유역의 청동기시대는 공귀리·심귀리·토성리 등의 집자리 유적과 공귀리·풍룡리에서 발굴된 돌상자무덤 등을 중심으로 연구되었다(리병선 1963b). 1960년대 중반 리병선(1966b)은 압록강 중상류와 송화강 일대의 청동기시대를 세 시기로 나누어 살펴본 바 있다. 전기는 빗살무늬그릇, 무늬 없는 갈색그릇, 붉은간그릇과 함께 청동기가 나오는 유적(길림성 서강자 유적, 흑룡강성 망해둔 유적 등)이며, 중기는 공귀리와 심귀리 유적[13], 말기는 미송리형 토기가 나오는 서단산자(西團山子)형의 유적에 해당하는 것으로 보았다. 한편 1960년대 초반 황기덕(1962b ; 1962c)은 두만강 유역의 청동기시대를 전기와 후기[14]로 나누었고, 이 시기의 문화적인 특징을 다음과 같이 언급하였다.

> "두만강 류역의 청동기 시대 초기는 붉은 간그릇 시절이었다. 그리고 붉은 간그릇 시절 다음에는 갈색마연의 민그릇 또는 흙색 마연의 민그릇 시절이 온다. 이 시기의 문화는 벌써 붉은 간그릇 시절에 나타나기 시작한 새형의 도구와 기술이 더욱 보급되여 가는 시기였으며, 새로운 전통이 완성되여 가는 시기였으며, 다음의 철기 시대로의 이행을 준비하는 시기였다."(황기덕 1962c. 1쪽)

요컨대, 이와 같은 특징에 따라 우리나라 청동기시대 이른 시기의 토기는 서북 지방 중심의 팽이그릇과 두만강 유역을 중심으로 광범위하게 분포되어 있는 붉은간그릇 유형으로 크게 구분되었다. 이 두 가지 유형의 그릇은 중부 이남 지역에서도 발견되고 있으며, 청동기시대 말기에 검정간그릇이 널리 보급되기 시작한 것으로 북한 학자들은 서술하였다. 그리고 기원전 2천년기 후반기 이후의 모든 유적에서 공통적으로 가장 흔하게 나타나는 질그릇은 갈색의 무늬 없는 그릇으로 이해되었다(김용간·황기덕 1967b).

1950년대 말 도유호(1959a)는 고인돌을 크게 전형 고인돌과 변형 고인돌로 나눈 바 있다. 당시 도유호는 변형 고인돌의 하부 구조에 여러 가지 차이가 있음을 지적하였지만, 당시까지 그것을 자세하게 세분할 수 있을 만큼의 발굴 성과는 뒷받침되지 않았다. 그 뒤 김기웅(1961 ; 1963)은 묵방리 유적을 조사하여 관실이 놓인 방향에 따라 변형 고인돌이 Ⅰ부류(동-서)에서 Ⅱ부류(남-북)로 변화된다고 보면서 묵방리의 고인돌을 거석문화 최말기로 추정하였다. 1960년대 중반 황기덕(1965)은 고인돌을 전형(1유형)과 변형으로 크게 나누면서, 변형 고인돌을 다시 두 가지 유형으로 세분하는 글을 발표하였다. 그에 의하면 1유형은 종래의 탁상식 또는 전형적인 고인돌, 2유형은 한 개의 판석 밑에 석관 또는 석곽이 지하에 묻힌 것(예, 묵방리 유적), 3유형은 한

---

13 김용간·황기덕(1967b)은 공귀리와 심귀리 유적, 풍룡리의 돌상자무덤을 기원전 2천년기 후반기로 시기 구분하였다.

14 전기에는 무산 범의구석 유적(15호, 20호, 35호, 40호 집자리), 회령 오동 유적(1호, 2호 집자리), 웅기 서포항의 청동기시대 층, 나진 초도 유적이 속한다(황기덕 1962b). 후기에는 범의구석 유적(4호, 8호, 11호, 19호 집자리), 오동 유적(5호 집자리)이 있는데, 범의구석 유적의 4호와 19호 집자리에서는 갈색마연의 민그릇, 그리고 8호와 11호 집자리에는 흑색마연의 민그릇이 출토되었다(황기덕 1962c).

개의 묘역 내에 여러 개의 석관 또는 석곽이 떼를 이룬 것(예, 심촌리 유적과 대구 대봉동 유적)을 가리킨다.

1959년 말 토광묘와 고조선과의 관계에 대한 토론회가 실시된 다음, 1960년 4월에는 '고고학상으로 본 고조선에 대한 과학 토론회'가 열렸다. 여기서 도유호는 고조선은 이미 국가였으며, 그 형성 시기는 기원전 3세기 이전으로 올라갈 수 없고, "만일 3세기 이전에 국가를 설정할 수 있다면 그것은 조선반도 내에서가 아니라 중국 동북 지방에 있은 것일 것인 바 이는 조선사의 취급 대상이 아니라고 하였다."(고고학 및 민속학 연구소 1960c. 77쪽) 그리고 "그는 고조선 국가의 영역이 오늘날의 대동강을 중심으로 한 일대이며 그 북계를 이룬 패수(浿水)는 청천강이라고 하였다."(고고학 및 민속학연구소 1960c. 77쪽) 도유호는 또한 우리나라에서 나온 검정간그릇을 철기문화의 영향으로 본다면, 그 시기는 기원전 6세기까지도 올라간다고 하였다. 당시 도유호(1960a)는 청천강 이북에서는 고조선 관계의 '검모유적'(劍鉾遺蹟)이 잘 보이지 않으며, 압록강이나 청천강 상류 또는 자강도 일대에서 나오는 명도전은 중국인과 관련된 유물이기에 고조선의 북계, 곧 패수를 청천강으로 비정하였다.

이 토론회에서 전주농은 토광묘를 한대(漢代)의 목곽묘 계통으로 보았던 황욱의 견해를 비판하면서 고조선의 기본 묘제를 토광묘로 설정하였고, 토광묘에서 출토한 청동 제품을 기준으로 '동검동모문화'라는 말 대신에 '검창문화'라는 용어를 썼다. 그리고 이 문화가 먼저 일어났던 곳은 대동강을 중심으로 한 평양 지역으로서 그 시기는 준(準) 왕조의 고조선 시대라고 논하였다. 따라서 그는 "검창문화"의 처음 연대가 준왕 이전으로 거슬러 올라간다고 설명하였다. 전주농(1960)은 도유호와는 달리 토광묘를 위만 때의 것이 아니라 그보다 앞선 준왕조 때의 것으로 다루었다.

한편 정찬영(1960)은 고조선이 "기원전 4세기경 이전에는 요하 유역 또는 그 서쪽에 있었으나 기원전 3세기 이후에는 조선 서북 지방을 중심으로 하여 그 일부는 요동 지방에까지도 미쳤으며", 이때에 이르러 고조선은 노예 소유자적 국가로 발전하였다고 주장했다. 이제 고고학 분야에서 고조선 국가의 사회 성격에 관한 규정 문제는 노예 소유자적 국가로서 합의되는 데에 이르렀던 것으로 추정된다.[15]

1960년에 발표된 고조선의 고고학 관계 글에서는 대체로 고조선 문화의 중심지를 우리나라의 서북 지방으로 추정하는 견해가 강하였던 것으로 생각된다. 도유호, 전주농 등만 아니라 정찬영도 고조선의 중심지를 우리나라의 서북 지방으로 보았다. 정찬영(1960)은 국가 단계의 고조선과 종족 동맹 단계의 고조선을 구별해서 보아야 하며, 국가 단계의 고조선은 다양한 종족으로 구성되었

---

15 당시 북한의 역사학과 고고학 분야에서 제기된 고조선의 사회 성격에 관한 논쟁에 대해서는 력사연구소(1960a ; 1960b), 김석형·정찬영(1960), 정찬영·김세익(1961)의 글을 참조하기 바람.

고, 그 가운데 핵심을 이루었던 종족이 예족과 맥족이었다고 말하면서 동호족을 고조선의 조상 내지 전신으로 다루었던 역사학자들을 비판하였다. 그는 전주농과 마찬가지로 고조선 국가의 대표 유물로서 세형동검(좁은놋단검)과 협봉동모(좁은놋창끝)를 들며, 이런 계통의 문화를 '검모문화'라고 불렀다. 그리고 이 문화의 시기를 기원전 3~1세기로 잡았다. 이와 아울러 검모문화의 유물이 평양 부근에 집중되었다는 점을 바탕으로 고조선의 정치 중심이었던 왕험성(王險城)을 평양 부근에서 찾으려고 하였다. 따라서 정찬영은 고조선 국가가 "요동 이동, 구체적으로 패수 이동에 있었다."고 주장하면서 패수를 압록강으로 보고자 하였다. 그러면서 그는 고조선이 처음부터 통일된 국가였고, 단일 민족이었다고 주장하는 것은 부르주아 민족주의자들의 그릇된 견해에 불과하다고 비판하였다(정찬영 1960. 41쪽).

1961년 7월 과학원에서 '고조선 연구에서 제기되는 몇 가지 문제'에 대한 학술 토론회가 열렸다(고고학 및 민속학 연구소 1961d). 이 토론회에서 도유호(1961 참조)는 우리나라에서 철기시대는 기원전 4세기 이전으로 올라갈 수 없으며, 철기문화를 기반으로 한 고조선은 우리나라 서북 지방에서 국가를 형성하였다고 주장하였다. 김용간(1961a 참조)은 연해주의 철기시대 초기 연대를 활용하며 우리나라의 철기시대가 기원전 1000년대 중엽에 시작되었고, 청동기시대는 기원전 2000년대 전반기 후반기부터 1000년대 전반기 사이에 해당하는 것으로 보았다. 한편 리응수는 문헌 사료의 연구를 통하여 고조선의 국가 형성 시기를 기원전 2000년대로 잡았고, 그 출발점을 이족(夷族)이 거주했던 중국 동북 지방으로 설정하였다. 림건상은 고조선 위치 문제와 관련하여 패수를 대릉하로 보면서, 만주 요동 지방의 철기시대는 중국이나 우리나라의 서북 지방보다 시기가 빠른 것으로 연구되고 있기 때문에 고조선의 국가 형성은 기원전 5세기로 보아야 한다고 말하였다. 반면에 정찬영은 기자와 관련된 중국의 은상(殷商)문화는 청동기시대인 까닭에 고조선의 철기시대와 관계가 없음을 지적하면서 패수는 압록강이라고 주장하였다. 이 토론회에서 고조선의 성립 시기와 위치에 대한 문제 등이 논의되었으나 일정한 결론에 이르지는 못하였다. 그러나 토론에 참가한 백남운은 토광묘 문화가 위만조선의 것이며 고조선의 중심지가 평양이라고 하는 도유호의 주장은 신중하게 분석되어야 한다고 말하며, 고조선의 중심지를 요동 지방에 비정한 견해를 지지하였다.

1961년 8월과 9월에 걸쳐 '고조선의 종족 구성과 시기 구분에 대하여' 및 '고조선의 생산력과 국가 형성'에 관한 토론회가 열렸다(고고학 및 민속학 연구소 1961f). 이 토론회에서도 고조선의 국가 형성 시기와 위치 그리고 고조선의 종족 구성 등에 관한 문제가 논의되었다. 발표된 여러 견해 가운데 리지린은 고조선이 국가를 형성한 곳은 요서 지역이며, 그 시기는 늦어도 기원전 8세기 곧 춘추 초기라고 주장하면서 "고조선의 영역은 압록강 이북으로부터 열하 내몽고 일대에 뻗쳐 있기 때문에 조선반도 내의 발굴품을 가지고서 고조선의 생산력을 논하기 곤란하다."고 말하였다. 이와 같은 리지린의 주장은 일부 역사학자 및 고고학자 등이 제기한 '고조선=평양 중심지설'이 갖는 문제점을 지적한 것이다.

한편 리지린(1960a ; 1960b)은 「고조선 국가 형성에 관한 한 측면의 고찰」이라는 글을 통하여 고조선의 국가형성 시기가 서주(西周) 초로 설정될 가능성을 제시한 바 있다. 리지린의 그와 같은 견해는 고조선 국가의 형성시기를 청동기시대로 올려볼 수 있는 가능성을 제시하였다는 점에서 주목된다. 그리고 그는 "동이족의 한 계열인 고대 조선족"에 의한 고조선이 기원전 4~5세기에 요서 지역(발해 연안 지역과 난하 유역 일대)을 중심으로 넓은 지역에서 발전하였고, 기원전 4세기 말에 요동으로 이동을 완료했던 것으로 논한 바 있다. 따라서 리지린의 주장은 고조선의 국가 성립 시기가 기원전 4세기 이전으로 올라갈 수 없다는 견해를 비판하는 것이다. 그러면서 그는 "동방 아시아 역사에 있어서 우리 민족의 역사는 가장 오랜 기원을 가진 역사의 하나이며, 우리 선조들은 기원전 유구한 시기에 걸쳐서 찬란한 역사를 창조하였다."고 결론을 내렸다(리지린 1960b). 이와 같은 리지린의 주장을 백남운은 대체로 받아들였던 것으로 생각된다. 위 토론회에서 백남운은 앞으로 진행될 고조선의 연구 방향에 대하여 다음과 같은 고찰이 필요하다고 논하였다.

"그는 고조선의 종족 구성에 대한 연구를 통하여 조선 민족의 단일성을 밝히는 것이 좋겠다고 하면서 조선 민족은 물론 여러 종족으로 구성되었지만 지도적 위치에 있었던 부여, 고구려, 예, 맥 족 등의 언어 습관이 동일하였다는 것이 단일 민족으로 발전할 수 있는 요소였다고 하였다. 그는 시대 구분에 대하여 언급하면서 우리 선조들은 예로부터 단군 조선, 기자 조선, 위만 조선 또는 전기 조선, 중기 조선, 후기 조선으로 나누고 있는데 이것을 고려하지 않고 총괄적으로 노예 소유자 국가인 고조선, 계급 사회인 고조선이라고 한다면 과학적 구명이 천박해지며, 고조선은 원칙적 계선이 없이 몽롱해진다고 하면서 고조선을 상, 중, 하 또는 초, 중, 말기의 고조선으로 구분하고 연구해야 과학성이 보장될 수 있다."(고고학 및 민속학 연구소 1961f. 80쪽)

1960년대 초반, 고조선의 국가 형성 지역을 요서 또는 요동으로 보아야 한다는 주장과 우리나라의 서북 지방을 중심으로 보는 견해가 강하게 대립한 상태에 있었고, 이와 아울러 고조선 국가의 성립 시기를 추정하는 관점도 달리 전개되었다. 이와 같은 분위기에서 도유호와 정찬영 등은 고조선의 '평양 중심설'을 내세우고, 그 국가의 기원이 기원전 4세기 이전으로 올라갈 수 없다고 설명하였다. 도유호의 이런 시각은 1962년에 발표한 그의 여러 논문에서 그대로 반영되었다(도유호 1962a ; 1962b ; 1962e ; 1962f). 도유호는 좁은놋단검(세형동검), 좁은놋창끝(협봉동모), 잔줄무 늬거울(세문경) 등이 나오는 우리나라 서북 지방을 '고조선 문화권' 또는 '고조선 문화 영역'이란 말로 표현하기도 하였다(도유호 1962a). 그리고 왕검성의 위치를 평양에 비정하면서 리지린의 주장을 다음과 같이 강하게 비판하였다.

"이렇게 고조선 유물은 서부 조선에서는 청천강 이북에는 보이지 않으며, 또 왕검성 및 기타 기씨 왕조 시절의 고조선 수도는 평양에 있었다고 보임에도 불구하고, 고조선의 령역이 압록강 이남에 미친 일은 전연 없었으며 왕검성은 료동에 있었다고 하는 주장을 승인할 수 있을 것인가? 문헌 사료나 고고학적 사료와 근본적으로 어긋나는 리 지린 동지의 주장은 근본적으로 틀린 것이다. 먼저 고조선 령역 문제에서부터 근본적으로 틀린 견해를 가졌으니 고조선에 관한 그의 그 밖의 견해가 모두 잘못 되었음은 가히 짐작할 수 있을 것이다. 고조선 국가는 어데서, 언제, 어떻게 하여서 생겨났는가 하는 문제에서 가장 중요한 것은 그 《어데서》다. 그 《어데서》에 대한 해답을 바로 얻지 못하면 나머지 해답은 전연 불가능한 것이다. 료서 료동 지방에서 찾아낸 소위 고조선 력사라는 것은 암만 묘한 문구로 꾸며대였대야 결국은 중국 력사의 일부에 불과하게 되지 않을 수 없다. 그러한 종류의 고조선사는 우리 나라의 력사로 될 수는 도저히 없는 것이다."(도유호 1962e. 65쪽)

고조선에 대한 시각은 정찬영(1963)의 경우에도 도유호와 비교할 때, 크게 다를 바가 없었다고 생각된다. 정찬영은 십이대영자에서 나온 만주식 동검이 기원전 4~5세기로 추정되지만 이 유물이 나온 곳은 고조선과 관계가 없는 지역이고, 전남 고흥군 운대리에서 나온 만주식 동검도 고조선 이전 시대의 청동 유물로 다루어야 한다고 논하였다. 그렇지만 정찬영(1962)은 좁은놋단검의 형태와 변천[16]을 논하는 글에서 좁은놋단검이 만주식 동검의 기본 특성을 대체로 계승하였다는 점을 인정하였다.

대체로 북한에서는 1960년 중반에 이르기까지 고조선의 국가 형성을 철기시대로 설정하였다. 1956년에 나온 『조선통사(상)』에서 고조선이 원시사회에서 문명사회의 계급 국가로 이행하던 시기(철기시대)에 출현하였던 것으로 서술하고 있다. 1961년 8~9월에 열린 '고조선의 생산력과 국가 형성'에 관한 토론회에서 리지린은 고조선 국가의 형성이 청동기시대로 거슬러 올라감을 발표한 바 있으나, 백남운은 "국가 형성의 징표는 엥겔스의 명제에 의거해서 살펴야 한다."고 말하였다(고고학 및 민속학 연구소 1961f. 77쪽). 1962년에 나온 『조선통사(상)』에서는 청동기시대 까지를 원시공동체사회로 처리하였으며, 철기의 보급에 따른 생산력 발전을 통하여 기원전 5~4세기

---

16 정찬영(1962)은 청동 단검의 변천 과정을 '만주식단검 → 좁은놋단검의 전기 형식 → 좁은놋단검의 후기 형식'으로 설정하였다. 그는 좁은놋단검의 전기 형식을 절대와 결입부가 뚜렷하며 절대 아래는 호선을 이루며 좁아들고 등날이 절대 아래로 세워지지 않는 것, 그리고 후기 형식을 결입부가 명확하지 않고 퇴화하기 시작하며 칼날이 직선에 가까워지며 절대가 형식화되고 등날이 칼자루 뿌리까지 세워진 것으로 구분하였다.

의 고조선 때 노예소유자국가가 발생한 것으로 보고 있다. 이것은 철기의 사용을 통하여 수공업과 농업이 분업화되었고, 여기서 생산성의 증가에 따른 새로운 노동력으로써 노예제가 국가 사회 제도의 중요 부분으로 자리를 잡았다고 보았던 엥겔스(김대웅 옮김 1991. 215-241쪽 참조)의 관점이 북한 학계에 확립되었음을 보여준다.

1950년대 말과 1960년대 초에 요령 지방에서 비파형단검 유적이 발견되면서 이 유물은 또 다른 시각에서 연구되기 시작하였다. 다음의 글은 고조선 고고학 연구의 전환점을 예고하는 듯한 북한 학계의 움직임을 알려준다고 생각된다.

"먼저 우리는 좁은 놋단검(細形銅劍)을 내는 검모유적(劍鉾遺蹟)이 고조선 국가 시절의 유적임을 밝힘과 동시에 좁은 놋단검과 《비파형 놋단검》(만주식 동검)과의 깊은 관계를 알게 되었는데 그 후 조사를 거듭하는 과정에 청동기 최말엽에 중국 동북 및 서부 조선에 걸치는 넓은 지역에 살던 종족이 바로 비파형 놋단검을 쓰게 되었으며 그것이 더 발전하여 좁은 놋단검으로 전 과정을 알게 되었다. 이는 질그릇 형태들의 복잡한 발전 과정을 추구하는 데서 더우기 명백하여졌다. 우리는 좁은 놋단검 시절은 틀림 없이 국가가 형성된 시절이였음을 확고한 론거를 가지고 증명할 수 있었다. 그런데 비파형 놋단검 시절에 벌써 국가가 형성되였을 가능성이 있어 보인다. 우리는 비파형 놋단검이 고조선 이외에도 퍼졌음을 알게 되었다. 그러나 고조선 이외의 지역에서는 그것이 좁은 놋단검으로까지 발전하지는 못하였었다."(고고학 및 민속학 연구소 1963b. 3쪽)

황기덕(1963)은 두만강 유역의 철기시대를 논하는 글에서 비파형단검이 나오는 유적의 시기는 기원전 6세기 말에서 5세기 초로 올라간다고 설명하였고[17], 이런 시기는 중국 전국시대의 문화가 요서 또는 요동 지방에 미치지 못하였음을 말하였다. 그러나 그는 전국시대 이전에 요령 지방에 있었던 비파형단검의 주인공이 누구였는가에 대해서는 언급하지 않았다.

요령 지방에서 나온 비파형단검 등의 청동 유물을 우리나라의 청동기시대 것으로 체계 있게 논한 글이 김용간(1964a)에 의하여 발표되었다. 다음의 글에서 그 내용을 살펴볼 수 있다.

"료하 유역을 중심하여 생활한 우리 선조의 한 집단은 일찍부터 금속기 문화를 발전시켰다.

---

17 황기덕(1963)은 비파형단검의 초기 유적(예, 요령 조양 십이대영자 및 금서현 오금당 등)과 돌상자무덤의 마지막 시기 유적(예, 길림 소달구)의 연대가 서로 맞먹는 것으로 보았다. 그는 무산 범의구석이나 회령 오동의 철기시대는 돌상자무덤의 마지막 시기와 비슷한 것으로 보았고, 돌상자무덤의 시기는 전국(戰國) 이후로 내려오지 않기 때문에 두만강 유역의 철기시대 상한 연대가 늦어도 기원전 7~5세기 사이에 해당한다고 추정하였다. 황기덕은 두만강 유역의 초기 철기시대를 대표하는 유물로 검정간그릇, 젖꼭지 손잡이그릇, 굽접시, 시루, 세형동검 등을 들었다.

상술한 비파형 단검 관계의 무덤들에서 나온 청동기들 즉 무기 및 각종 장식품들은 벌써 청동기 제조 기술이 적지 않게 발전한 모습을 보여준다. 그것을 만든 주민이 그러한 기술 수준에 도달하기까지에는 청동 제련의 일정한 선행 단계가 있었을 것은 의심할 바 없다."(김용간 1964a. 17쪽)

김용간은 우리 선조의 한 집단을 고조선이라 잘라 말하지 않았지만, 그의 위와 같은 주장은 요령 지방의 유적을 고조선과 관계없다고 보았던 도유호의 시각을 비판하는 것으로 판단된다. 이와 아울러 김용간은 요령 지방의 비파형단검 연대를 기원전 8~7세기로 추정하면서, 우리나라 청동기시대의 연대를 "기원전 7-5세기 늦어도 4세기 초 전"으로 보았던 그 자신뿐만 아니라 도유호 등의 견해가 바로 잡혀야 한다고 주장하였다. 김용간(1964a. 18쪽)은 지금까지 나온 고고학 자료만 가지고도 우리나라 청동기시대의 연대가 기원전 2천년기라고 설명하였다. 이제 북한 고고학계에서 고조선과 관련된 청동기시대의 연구 범위가 요령 지방으로 확대되었고, 이를 바탕으로 비파형단검과 좁은놋단검의 계승 관계가 좀 더 뚜렷하게 서술되기에 이르렀다. 그렇지만 요동 지방의 청동기시대에 노예 소유자적 국가가 형성되었는가에 대한 해답의 실마리는 아직 제시되지 않았다.

그런데 그 뒤 '철기시대=노예소유자국가의 발생'이라는 시각에 다른 의견을 제시하는 주장이 조심스럽게 나오기 시작하였다. 예를 들어 황기덕(1964)은 "우리나라 최초의 국가인 고조선도 청동기시대에 형성된 노예소유자국가였을 가능성"을 이야기하였다. 그러나 다른 한편으로 황기덕은 또한 청동기시대의 고인돌이 "국가 발생의 문턱에 도달한 군사 민주주의 시기"(황기덕 1965. 19쪽)라고 서술하기도 하였다. 당시 김용간도 여전히 청동기시대 말기와 철기시대 초기에 계급 분화가 일어난 것으로 이해하였다(김용간 1966).

1963~65년에 걸쳐 북한과 중국이 공동으로 발굴한 중국 동북 지방의 고고학 자료(조중 공동 고고학 발굴대 1965)는 노예소유자국가로서 고조선의 출현 시기를 청동기시대로 설정할 수 있도록 해주었다. 앞에서 살펴본 바와 같이 1959~61년 사이에 북한 학계에서는 고조선의 위치와 영역 및 그 담당 주민의 성격에 관한 논의가 활발하게 진행되었다. 그 과정에서 여러 차례의 토론이 전개되었으나 일정한 합의점에 다다르지는 못하였다. 따라서 북한에서는 요령 지방에 대한 유적 발굴의 필요성이 매우 중요했던 것으로 생각된다.[18]

중국 동북 지방의 조사 결과는 고조선이 언제 노예소유자국자로 전환되었는가를 알려주는 귀중한 자료로 북한 학자들은 평가하였다. 예를 들어 강상 무덤에서는 비파형단검 등의 청동 유물과 수십 사람 분의 뼈가 발굴되었다. 특히 여기서 나온 많은 사람 뼈는 노예제에 따른

---

18 고고학 및 민속학 연구소의 1963년도 기본 과제 가운데 하나가 고조선 관계 유적 발굴 사업이었다(고고학 및 민속학 연구소 1963b. 6쪽).

순장의 증거이며, 기원전 1천년기 전반기에 해당하는 당시 사회는 '지배자-평민-노예'의 관계로 구성되었다고 해석되었다(김용간·황기덕 1967a). 다음의 글에서 고조선에 대한 북한 고고학계의 변화된 시각을 잘 읽을 수 있다고 생각된다.

"기원전 8~7세기경부터 서북조선에서 료동 일대에 걸쳐 존재한 이러한 노예소유자 국가는 문헌기록에 《조선》이라고 하였다."(김용간·황기덕 1967a. 17쪽)

이와 더불어 비파형단검과 좁은놋단검, 미송리형 토기와 묵방리형 토기 등의 관계가 차츰 자세하게 논의되기 시작하였다. 중국 동북 지방의 발굴 자료가 연구되면서 비파형단검은 '전형의 비파형단검'(날 좌우에 돌기부가 뚜렷한 것)과 '변형의 비파형단검'(날 좌우에 뾰족한 돌기부가 없이 몸집이 밋밋이 휘였거나 곧고 갸름한 것)으로 나누어졌다. 그리고 전형의 비파형단검은 기원전 8~7세기, 변형의 비파형단검은 7~5세기, 초기의 좁은놋단검은 기원전 5~4세기로 설정되었다. 또한 전형의 비파형단검은 미송리형 토기, 변형의 비파형단검은 묵방리형 토기를 수반하는 것으로 연구되었다(김용간·황기덕 1967a).

1960년대에 이루어진 중국 동북 지방의 발굴 성과는 우리나라의 청동기시대와 고조선 문제를 해결하는 데 매우 중요한 자료가 된다. 따라서 이 유적의 발굴은 우리나라 고고학사에서 큰 의미를 지니는 획기적인 사건으로 충분히 평가되어야 한다. 여기서 얻은 성과는 1960년대 말, 북한 학계에서 청동기시대 및 고조선에 관련된 관점을 확립하는 데 중요한 역할을 하였다(김용간· 황기덕 1967a ; 고고학연구소·력사연구소 1969). 당시에는 고조선이 성립하기 이전의 청동기시대를 기원전 2천년기 전반기와 후반기 이후 시기로 갈라 보았고, 이런 시기 구분은 김용간·황기덕 (1967b)의 글에서도 읽을 수 있다. 그런데 1970년대에 들어와 청동기시대를 전기와 후기로 갈라 보기 시작하였다. 예를 들어, 1950년대 후반부터 1960년대에 걸쳐 두만강 유역의 원시문화에 관한 여러 가지 글을 발표하였던 황기덕은 1970년대 초반, 당시까지의 연구 성과를 바탕으로 이 유역의 청동기문화(기원전 2천년기~1천년기 전반기)를 종합적으로 고찰하는 논문을 발표하였다. 그는 1960년대 초반에 발표했던 글(황기덕 1962b ; 1962c)을 바탕으로 두만강 유역 청동기시대의 전기(붉은간그릇 시기)와 후기(갈색간그릇 및 검정간그릇 시기)의 특징을 서술하였다(황기덕 1970).

『조선원시고고학개요』(고고학연구소 1971)에서도 청동기시대를 크게 두 시기로 나누어 전기를 기원전 2천년기, 후기를 기원전 1천년기 전반기로 잡아, 후기에 고조선의 초기 단계 유물을 포함시키고 있다. 후기에 고조선 초기의 유물을 포함시킨 이유는 고조선의 성립을 기원전 8~7세기로 설정하였지만, 철기시대의 상한 연대를 기원전 7~5세기(범의구석 5기층)로 보았기 때문인 것으로 설명될 수 있다. 『조선원시고고학개요』에서는 비교적 자세하게 연구된 기원전 2천년기 후반기와 1천년기 전반기를 중심으로 청동기문화에 관한 내용이 서술되었다. 그리고 지역에 따라 다음과 같은 몇 개의 유형으로 나누어 청동기문화의 전반적인 특성을 고찰하고자 하였다.[19]

(1) 전기
① 서북 조선 및 요하 유역(신암리 3지점 2문화층, 쌍타자 2·3기층, 양두와 유적, 대대산 조개무지, 강상 무덤 및 집자리, 발해 연안의 화동광 고인돌)
② 대동강 및 재령강 유역(팽이그릇 집자리 : 신흥동 유적, 심촌 유적, 석교리 유적, 금탄리 유적, 무진리 유적)
③ 압록강 중상류 및 송화강 유역(공귀리 유형의 유적 : 공귀리 유적, 심귀리 유적, 토성리 유적, 훈강 유역의 강구촌 유적, 송화강 유역의 산두촌 유적과 소남구 유적)
④ 동해안 일대 및 두만강 유역(범의구석 유적 2기층, 오동 유적, 서포항 유적, 초도 유적, 연해주 뻬스챠느이 유적, 연길 소영자 무덤)

(2) 후기
① 대동강 및 재령강 유역(입석리 유적, 쉴바위 유적, 원암리 유적, 대평리 유적, 석탄리 유적, 지탑리 2지구)
② 압록강 중상류 및 송화강 유역(토성리 유적, 풍룡리 돌상자유덤, 훈강 유역의 왕팔발자 유적 및 강연촌 유적, 송화강 유역 일대의 서단산자 무덤, 양반산 유적 위층, 학자정둔 유적, 연길 왕기둔 유적)
③ 동해안 일대 및 두만강 유역(범의구석 유적 3·4기층, 오동 유적 4·5호 집자리, 초도 유적의 검정간그릇층, 왕청백초구의 신화려 뒷산 및 천교령 유적)
④ 용흥강 및 남대천 유적(영흥읍 유적, 중리 유적)
⑤ 남조선 일대의 유적(대봉정 고인돌, 외동리 돌무덤, 회현리 돌상자무덤, 장정리 고인돌, 운대리 고인돌)

위에서 살펴본 바와 같이 『조선원시고고학개요』에서는 청동기시대의 문화를 시기별, 지역별로 나누어 고찰하였다. 그리고 청동기시대 후기에 진행된 사회적인 생산성(농업 생산의 확대, 짐승 기르기의 증가, 수공업 분야의 발전 등)으로 인하여 청동기시대 말에 차츰 계급 분화가 촉진되어 기원전 8~7세기 무렵에 노예소유자 국가인 고조선이 형성되는 것으로 서술되었다. 『조선원시고고

---

19 여기서 제시된 지역별 문화 유형의 구분은 『조선고고학개요』(고고학연구소 1977) 및 『조선전사 1(원시편)』(력사 연구소 1979)에 큰 변화 없이 그대로 적용되었다.

학개요』에 실린 청동기시대에 관한 내용은 그 뒤 일부가 수정되거나 보완된 것은 있지만 그 기본 골격은 1970년대의 북한 고고학계에서 중요한 역할을 하였다.

1959~61년에 걸쳐 고조선에 관한 토론회가 열려 고조선에 관한 여러 문제가 논의되었으나 고조선 문화와 고구려 문화 사이의 계승 관계에 대한 문제는 자세히 검토되지 않았다. 그런데 "조선 고고학과 조선 민속학에서 주체를 확립하기 위하여 조상들이 이룩한 훌륭한 문화유산을 과학적으로 천명하여 그것을 계승 발전시키기 위한 연구 사업"(고고학 및 민속학 연구소 1961a)의 필요성이 또 다시 강조되고, "유구하고 찬란한 우리 민족의 역사에서 고구려가 고조선 문화를 계승, 발전시켰다."는 관점이 자리를 잡기 시작하였다(고고학 및 민속학 연구소 1961c). 이런 현실 속에서 고구려 묘제가 선행하는 무덤 형식의 전통을 계승하여 자기 발전의 길을 확립하게 되었다는 정찬영(1961)과 주영헌(1962)의 주장은 당시 사회 분위기에 잘 어울렸다. 반면에 고구려 봉토 무덤의 기원을 외래문화의 영향으로 보았던 도유호(1959)의 주장은 약화되었던 것으로 생각된다.

앞에서 이야기한 것처럼, 1961년에 열린 '고조선의 생산력과 국가 형성'이라는 토론회에서 백남운은 "고조선의 종족 구성에 대한 연구를 통하여 조선 민족의 단일성을 밝히는 것이 좋겠다."고 말한 바 있다(고고학 및 민속학 연구소 1961f).

이제 북한 사회에서는 우리의 고대 역사가 단일 민족에 의하여 이룩되었다고 보는 시각이 차츰 강한 힘을 갖기 시작하였다. 그래서 "단일 민족으로서 조선 민족의 민족적 단합의 공고성과 문화와 풍습의 공통성에서 발현되는 유구하고도 찬란한 민족적 전통"(고고학 및 민속학 연구소 1963b. 5쪽)을 밝혀내야 하는 것은 민속학자뿐만 아니라 고고학자들이 이루어야 할 가장 중요한 과업이 되었다. 그런데 당시 북한 사회에서 요구하였던 그와 같은 관점은 사회주의 경제 건설의 수행에 따른 모든 인민의 힘을 하나로 모으고, 우월한 사회주의 국가 체제를 통하여 분단된 남북한이 다시 통일되어야 한다는 역사적 당위성을 강조하기 위한 데에 중요한 목적이 있었던 것으로 생각된다.

북한 고고학계는 고조선과 초기 고구려의 문화를 연구하기 위하여 압록강 유역에 분포한 유적에 많은 관심을 기울였다. 이 지역에서 얻은 고고학 유적과 유물의 연구 성과를 바탕으로 미송리 윗문화층에서 보이는 고조선 전기의 문화가 후기로 발전하였고, 요컨대 고조선 문화를 바탕으로 초기 고구려의 문화가 형성되었다는 관점을 확신하게 되었다(정찬영 1965).

V. 고구려

고구려 석실 봉토분의 기원에 관한 채희국(1959)의 글이 발표된 이후, 북한 고고학계에서는 이 무덤 형식을 선행하는 묘제로서 적석총을 다루는 논문이 여러 차례 발표되었다. 정찬영(1961)은 1950년대 말부터 1960년대 초까지 발굴된 압록강 중류 지역의 심귀리, 노남리, 토성리 유적 등의 적석총을 연구하면서, 그동안 흔히 사용되었던 석묘라는 개념이 적석총과 더불어 봉분이 돌로 되어 있는 석실묘까지도 포함하고 있어서 혼란을 일으키게 만들기 때문에 봉분이 무엇으로 되었는가라는 것보다는 석실이 있는가 또는 없는가를 기준으로 적석총과 석실묘를 구분하는 것이 바람직하다고 말하였다. 그는 적석총을 '무기단 적석총'과 '기단 적석총'으로 구분하여 무기단 적석총에서 석실묘가 나타나는 과정을 '무기단 적석총 → 연도 시설 없는 기단 적석총 → 연도 시설 있는 기단 적석총 → 석실묘'로 보았다. 정찬영은 압록강 중류 일대의 적석총은 기원전 3세기경 기단이 없는 방대형의 강돌 적석총에서 시작하여 이후 오랫동안 고구려 묘제로서 역할을 하였고, 기단 적석총으로의 발전은 기원 전후 시기에 이루어졌다고 주장하였다. 그리고 적석총 가운데 이른바 산자갈 적석총은 고구려 후기에 발생한 것으로 추정하기도 하였다. 정찬영은 적석총이 자기 발전의 길을 걸어 석실묘 전통으로 확립되었음을 강조하였다. 이와 아울러 무기단 적석총(기단 없는 돌각담무덤)은 강변의 둔덕진 곳에서부터 형성되기 시작하였고, 강변에서 멀리 떨어질수록 석실묘(돌간흙무덤)가 뒤늦은 시기에 축조되었음을 지적하였다(정찬영 1965).

반면에 주영헌(1962)은 고구려의 무덤을 분봉의 성격에 따라 '봉토무덤'과 '적석무덤'(돌각담무덤)으로 구분하면서 정찬영의 경우와 마찬가지로 적석무덤이 봉토무덤에 선행하는 것으로 논하였다. 그렇지만 그는 정찬영과 달리 적석무덤을 '무기단 적석무덤, 기단 적석무덤, 곽실 적석무덤(곽에 연도가 있는 유형), 묘실 적석무덤'으로 구분하였는데, 여기서 묘실 적석무덤이란 용어는 석실 봉토무덤과 구분하기 위하여 사용되었다. 이에 따라 그는 고구려의 적석무덤이 '무기단 적석무덤 → 기단 적석무덤 → 곽실 적석무덤 → 묘실 적석무덤'으로 계승 발전되었으며 묘실 적석무덤은 일정 기간 동안 봉토무덤과 병존하였던 것으로 이해하였다.

1960년대 초, 주영헌(1961)은 『고구려 벽화 무덤의 편년에 관한 연구』라는 책에서 봉토무덤과 무덤벽화의 변천에 관한 폭넓은 연구를 하였다. 봉토무덤의 변천에 대하여 그는 ① 초기에는 외간무덤(연도+현실)이 기본이었으며, ② 초기의 외간무덤이 중기의 외간무덤으로 발전하는 과정에 감(龕) 또는 곁간(側室)이 달린 다실적(多室的)인 무덤이 출현하였고, ③ 다실적인 무덤은 두간무덤으로 이행하면서 중기 외간무덤과 일정 기간 병존하였으나, ④ 끝내는 외간무덤의 단일 형식으로 변화 발전된 것으로 서술하였다. 또한 그는 초기의 외간무덤에서는 벽화가 없으며, 중기 외간무덤 이후는 무덤의 구조와 벽화에서 다음과 같은 시기상의 특징을 지니는 것으로 보았다.

① 중기의 외간무덤, 감 또는 곁간이 있는 무덤(주인공의 실내 생활을 왼쪽 벽에 그린 인물풍속도, 장식무늬)의 연대 : 4세기 초~4세기 말.

② 감 또는 곁간이 있는 무덤(인물풍속 및 사신도)의 연대 : 4세기 말~5세기 초.

③ 중기의 외간무덤, 두간무덤, 감 또는 곁간이 있는 무덤(주인공의 실내 생활을 뒷벽에 그린 인물풍속도)의 연대 : 4세기 말~6세기 초.

④ 중기의 외간무덤, 두간무덤(인물풍속, 장식무늬 및 사신도)의 연대 : 4세기 말~5세기 말.

⑤ 후기 외간무덤(사신도)의 연대 : 6세기~7세기.

1960년대 초, 안악 3호 무덤의 주인공에 대해서는 결론이 나지 않은 상태였고, 이에 따라 주영헌(1961)도 왕릉설과 동수묘설 등을 소개하는 데 그쳤다. 그런데 1963년 이 무덤의 주인공은 마침내 미천왕으로 굳어졌고, 동수묘설은 더 이상 논의의 대상이 되지 못하였다. 주영헌(1963a), 전주농(1963a), 박윤원(1963)은 무덤의 구조 형식, 장방생활도(帳房生活圖)와 행렬도 등의 벽화, 묵서의 내용, 무덤의 위치 등에 관하여 언급하면서 안악 3호분은 왕릉에 해당하며, 그것은 고국원왕의 무덤(리여성 1955)이 아닌 미천왕의 무덤으로 규정하기에 이르렀다.[20] 그 내용을 요약하면 다음과 같다.

(1) 같은 무덤의 유형(인물풍속도를 그린 감 또는 곁같이 있는 무덤) 가운데 묘실의 규모가 가장 크다.

(2) 장방생활도는 그 주인공인 왕이 보고를 받거나 명령하는 장면을 표현한 것이다. 남자 주인공의 관은 왕이 착용하는 백라관(白羅冠)이다.

(3) 행렬도에 나타난 행렬의 규모, 대열 편성, 각종 깃발 등으로 볼 때 무덤의 주인공은 왕이다. 주인공 수레 앞에 있는 표식기의 깃발에 쓰인 '성상번(聖上幡)'이란 글씨는 표식기가 어기(御旗)임을 알려준다.

---

20 한편 1980년대 중반 이후, 북한에서는 다음과 같은 이유에서 안악 3호 무덤을 고국원왕의 무덤으로 보고 있다. 첫째, 동수는 336년(고국원왕 6년)에 고구려로 망명하여 357년에 죽었기 때문에 미천왕과는 직접적인 관계가 없으며, 고국원왕이 대연(對燕) 관계에 동수를 이용하였던 특별한 점을 그에 관한 묵서로 남기게 되었고, 고국원왕이 371년 백제와의 평양성 전투에서 사망한 점을 고려하면 그의 무덤이 평양 지방에 있을 수 있다. 따라서 안악 3호 무덤의 축조는 371년 이후일 것이다(채희국 1985. 110쪽). 둘째, 고국원왕은 본래 국원왕 또는 국강왕이었고, 이와 관련하여 '고국원'이라는 명칭 가운데 '국원'이라는 지명은 집안과 충주(국원성) 등 여러 곳에서도 존재하며, 남평양성(황해도 신원군)의 후방 기지로서 중요한 역할을 하였던 안악 지방에 고국원왕의 무덤을 축조하는 일은 자연스러운 것이다(손영종 1990. 289-292쪽).

(4) 342년 연(燕)의 침략을 받아, 343년 고구려는 수도를 집안의 환도성에서 평양의 동황성(東黃城)[21]으로 잠시 옮겼으며, 집안에 있던 미천왕(300~331)의 무덤이 연(燕)에 의하여 도굴을 당하였기 때문에 고국원왕(331~371)은 미천왕의 새로운 무덤을 평양 부근에 축조하였다.

(5) 장수왕의 평양 천도 이전, 왕들의 장지 중에 고국(故國)이라는 이름이 자주 보이는데, 이러한 이름이 붙은 무덤의 소재지는 통구 지방이다.

고구려 묘제의 기원을 외래문화의 영향으로 보는 도유호(1959)의 주장에 대한 주영헌(1963b)의 비판은 고구려 봉토무덤의 기원 문제를 논하는 글에서 다시 제기되었다. 채희국(1959), 정찬영(1961), 주영헌(1962 ; 1963b) 등이 발표한 글을 통하여 고구려 봉토무덤의 독창성과 그 무덤에 선행하는 묘제 사이의 계승 관계가 검토된 바 있다. 그리고 고조선과 고구려의 문화상 계승 관계를 연결 짓는 글(고고학 및 민속학 연구소 1961c)도 나왔다. 따라서 당시 북한에서는 고구려 봉토무덤의 기원을 외래문화의 영향보다는 고유한 전통을 계승한 내적 발전의 결과로서 이해하는 움직임이 강하게 일어났다(주영헌 1963b).

1960년대 중반 이후, 그동안 압록강 중류 지역에서 조사된 노남리, 토성리, 세죽리, 심귀리 유적 등의 발굴 성과를 바탕으로 초기 고구려의 문화와 그 묘제의 기원에 관한 글이 발표되었다. 정찬영(1965)은 노남리 제2문화층, 토성리 제3문화층, 세죽리에서 명도전이 출토하는 층의 상한을 기원전 4~3세기로 설정하면서 이 시기에 해당하는 문화층이 초기 고구려에 속하는 것으로 보았다. 그리고 이러한 초기 고구려 문화는 압록강 중류 지역에서 '공귀리 유형의 청동기시대 → 미송리형 질그릇을 내는 비파형단검 시기(고조선) → 초기 고구려 문화'로 발전의 길을 거친 것으로 이해하였다. 이와 함께 초기 고구려 문화의 특징으로 제철 기술과 광업의 발달, 갈색 간그릇의 폭넓은 사용, 구들 시설을 갖춘 지상 가옥 등의 예를 들었다.

주영헌(1963b)은 고구려 봉토무덤의 기원을 논하면서 이 묘제에 선행하는 것이 변형 고인돌이라고 주장한 바 있다. 그는 변형 고인돌의 시기를 청동기시대 말~철기시대 초기로 보았고, 무덤의 구조 형식과 출토 유물의 특징을 바탕으로 이를 다시 두 가지 부류로 나누었다. 제1부류의 곽 시설은 지상과 반지하에 축조되었고 반달칼과 미송리형 토기 등이 출토하며, 제1부류보다 늦은 시기에 해당하는 제2부류는 곽 시설이 모두 지상에 축조되었고 회색 질그릇 등의 유물이 나오는 것으로 서술하였다.

---

21 채희국(1964 ; 1965)은 이것을 평양의 동황성이 아니라 평양의 동쪽에 있는 황성의 의미로 풀이하였다. 그리고 그 황성을 247년에 축조되었던 평양성(장안성)의 북성으로 비정하였다(채희국 1965). 반면에 정찬영(1966a)은 황성은 수도성이 아닌 행궁 소재지로서 남강과 대동강이 합류하는 대동강 북쪽의 고방산에 있는 용당산성(龍塘山城 또는 용담산성)으로 추정하였다.

중국 동북 지방의 발굴을 통하여 얻은 자료를 바탕으로 그동안 논의되었던 고구려의 초기 묘제에 관한 문제에 대하여 정찬영(1967)은 재검토를 시도하였다. 그는 고구려 묘제의 발전 과정을 '기단이 없는 돌각담무덤 → 돌기단무덤 → 돌간흙무덤'의 단계로 구분하였다. 그리고 고구려 무덤에 선행하는 것으로 종래 이야기되었던 청동기시대의 돌각담무덤, 돌상자무덤, 고인돌 중에서 강상이나 누상 등의 무덤에서 나타난 돌각담무덤이 고구려의 돌각담무덤에 선행하는 형식이라고 다음과 같이 주장하였다.[22]

"고조선의 령역에 들었었던 고구려초기의 문화는 그 선주민들이 당시 료하이동에서 강력한 정치적 세력을 가지고 있었던 고조선문화의 영향을 받아 이루어진 것이라고 보는 것은 당연한 일이다. 그리하여 그들의 무덤에서도 고조선전기 료동지방에 있었던 신석기시대말 청동기시대 초기 이래의 전통적인 무덤형식이였던 돌각담무덤의 전통을 이어받게 되었다고 보는것도 당연하다 할것이다."(정찬영 1967. 16쪽)

1958~1962년까지 6차에 걸쳐 이루어진 대성산성 일대의 고구려 유적 발굴에서는 무덤, 산성, 궁터(안학궁) 등이 조사되었다(채희국 1964). 그러한 유적에서 나온 유구와 유물은 4세기 말~5세기 초에 해당하는 것으로 연구되었다. 그와 같은 연구 결과에 따라 안학궁은 427년 평양 천도 이후부터 586년 평양성(장안성)으로 천도하기 이전까지 사용되었던 왕궁이며, 대성산성은 수도성의 역할을 하였던 것으로 밝혀지게 되었다.

대성산성의 발굴 이후, 북한에서는 평양성의 연대와 축조 형식에 관한 몇 편의 글이 발표되었다. 채희국(1965)은 평양성이 247년의 북성 축조로부터 시작되어 551~586년 사이에 대규모의 도성 건축으로 발전하게 되었던 것으로 보았다. 그러나 정찬영(1966a)은 평양의 황성이 평양성의 북성이라는 채희국의 주장에 비판을 가하면서, 장안성이 552년에 축조되기 시작하여 593년에 완공되었던 것으로 서술하였다. 그 뒤 글자를 새긴 성돌이 새롭게 발견되고, 그에 관한 좀 더 자세한 연구가 이루어지면서 최희림(1967)은 장안성의 축조 기간을 566~586년으로 설정하였다.

VI. 맺음말

1960년대를 거치면서 북한 학계는 앞으로의 고고학 연구에 새로운 전환점을 마련하였다. 특히

---

22 정찬영(1967)은 돌상자무덤의 축조 방법과 규모 등이 고구려의 돌각담무덤과 많은 차이를 지녔으며, 돌각담무덤에서 큰 돌을 다룬 흔적 등이 없기 때문에 고인돌과의 직접적인 계승 관계를 연결시키기도 어렵다고 보았다.

이 당시는 우리나라의 원시시대부터 고조선과 고구려 등 고고학 전반에 관한 기본적인 체계가 완성된 시기였다는 점에서 매우 주목할 만한 시기라고 생각된다.

많은 유적이 발굴되고, 이에 대한 연구 성과가 쌓이면서 북한 학계에서는 구석기시대부터 역사시대에 이르기까지 우리나라 역사 발전의 합법칙성에 대한 체계를 마련하였다. 이러한 경향은 1960년대를 거치며 더욱 강화되었다. 특히 1960년대 말 상원 검은모루 유적의 중간 보고(고고학연구소 1969)가 발표되면서 북한에서는 우리 문화가 유구한 역사를 거치며 이룩되었다는 점을 강조하게 되었다.

굴포리 유적 등에서 구석기시대의 유물이 발견되면서 북한에서는 우리나라 원시문화의 기원을 내적 발전의 단계에서 찾으려고 시도하였고, 이에 따라 문화 발전의 계승성 문제를 밝히기 위한 여러 분야의 많은 글이 발표되었다. 비록 당시까지 '구석기시대 → 중석기시대 → 신석기시대'로의 이행 관계에 관해서는 해결되지 못한 과제가 남아 있었지만, 서포항 유적에서 발굴된 이른 신석기시대의 존재는 이 시대의 연구가 한 단계 높은 차원에서 검토될 수 있는 근거를 제공하였다. 이러한 성과는 북한뿐만 아니라 남한 고고학계의 경우에도 그대로 적용될 수 있다고 생각된다.

1950년대 말과 60년대 초에 걸쳐 고조선의 사회 성격과 고구려 묘제에 대한 논쟁과 토론이 활발하게 이루어졌다. 도유호와 정찬영 등의 고고학자는 당시까지 조사된 고고학 유물을 바탕으로 고조선의 평양 중심지설을 주장하였고, 리지린 등의 역사학자는 고조선의 영역으로 요동 지방의 중요성을 강조하였다. 이런 문제는 고조선 국가 형성 시기를 철기시대로 보아야 하는가 또는 청동기시대로 올려 잡는 것이 가능한가라는 논쟁과 맞물려 전개되었다.

중국 동북 지방의 발굴 성과는 북한 학계의 고조선 연구에 커다란 도움을 주었다. 강상 무덤 등에서 발굴된 청동 유물과 묘제 그리고 이 유적에서 나온 여러 사람의 뼈가 순장의 증거로 해석되면서 북한의 고고학계와 역사학계에서는 1969년에 고조선 국가의 형성 시기를 청동기시대의 기원전 천년기로 확정하기에 이르렀다(고고학연구소·력사연구소 1969). 그리고 요동지역이 고조선 국가의 형성 시기에 중요한 역할을 하였던 것으로 서술할 수 있는 고고학 증거를 확보하게 되었다. 이와 함께 1971년에 간행된 『조선원시고고학개요』는 당시까지 조사된 고조선 이전 단계의 원시시대를 종합적으로 체계화 시킨 결과였으며, 여기서 논의된 내용은 그 뒤 이 분야의 연구에 중요한 역할을 하였다.

안악 3호 무덤을 비롯한 고구려 묘제의 연구를 통하여 고구려 문화의 우수성과 그 묘제의 기원을 외래문화의 영향보다는 내적 발전의 틀 속에서 받아들이려는 분위기가 강하게 일어났다. 그리고 고조선과 고구려 문화가 서로 계승 발전 관계에 놓였음을 논증하려고 북한의 여러 학자들이 이 문제에 큰 관심을 두었고, 그 관심은 노동당에서 요구한 주체의 확립과 긴밀한 연관을 맺고 있었다.

참고문헌

고고학 및 민속학 연구소 1960a. 「1960년도 과학 연구 사업의 성과적 수행을 위하여」, 『문화유산』 1960(1).

고고학 및 민속학 연구소 1960b. 「우리 나라 고대 종족과 국가 발생에 관한 과학 토론회」, 『문화유산』 1960(1).

고고학 및 민속학 연구소 1960c. 「《고고학상으로 본 고조선》에 대한 과학 토론회」, 『문화유산』 1960(3).

고고학 및 민속학 연구소 1960d. 「해방후 조선 고고학이 걸어 온 길」, 『문화유산』 1960(4).

고고학 및 민속학 연구소 1960e. 「영광스러운 조선 로동당 창건 15 주년」, 『문화유산』 1960(6).

고고학 및 민속학 연구소 1960f. 『회령 오동 원시 유적 발굴 보고』, 유적발굴보고 7.

고고학 및 민속학 연구소 1961a. 「1961 년도 과학 연구 사업의 더 높은 앙양을 위하여」, 『문화유산』 1961(1).

고고학 및 민속학 연구소 1961b. 「도 유호 동지에게 박사 학위 수여」, 『문화유산』 1961(3).

고고학 및 민속학 연구소 1961c. 「조선 로동당 제3차 대회 이후 고고학계가 거둔 성과」, 『문화유산』 1961(4).

고고학 및 민속학 연구소 1961d. 「고조선 연구에서 제기되는 몇 가지 문제」, 『문화유산』 1961(4).

고고학 및 민속학 연구소 1961e. 「제 4 차 당 대회에서 우리 앞에 제시한 과업을 성과적으로 수행하기 위하여」, 『문화유산』 1961(5).

고고학 및 민속학 연구소 1961f. 「고조선에 관한 과학 토론회」, 『문화유산』 1961(5).

고고학 및 민속학 연구소 1961g. 『지탑리 원시 유적 발굴 보고』, 유적발굴보고 8.

고고학 및 민속학 연구소 1962a. 「고고학 및 민속학 연구에서 주체를 확립할 데 대한 우리 당의 방침을 철저히 관철시키자」, 『문화유산』 1962(2).

고고학 및 민속학 연구소 1962b. 「과학원 창립 이후 고고학과 민속학의 발전」, 『문화유산』 1962(5).

고고학 및 민속학 연구소 1963a. 「함경 북도 웅기군 굴포리 서포항동에서 구석기 시대 유적 발견」, 『고고민속』 1963(2).

고고학 및 민속학 연구소 1963b. 「조선 민주주의 인민 공화국 창건 이후 고고학과 민속학 연구에서 거둔 성과」, 『고고민속』 1963(3).

고고학 및 민속학 연구소 1964. 「1964 년도 고고학 및 민속학 분야의 중심 과업」, 『고고민속』 1964(1).

고고학 및 민속학 연구소 1965. 「조선 로동당 창건 20 주년을 맞으며」, 『고고민속』 1965(4).

고고학연구소 1969. 「상원 검은모루유적 발굴중간보고」, 『고고민속론문집』 1.

고고학연구소 1971. 『조선원시고고학개요』, 김일성종합대학출판사.

고고학연구소 1977. 『조선고고학개요』, 과학백과사전출판사.

고고학연구소·력사연구소 1969. 「기원전 천년기전반기의 고조선문화」, 『고고민속론집』 1.

고고학연구소 1983. 『고고학자료집』 6, 과학백과사전출판사.

김기웅 1961. 「평안남도 개천군 묵방리 고인돌 발굴 중간 보고」, 『문화유산』 1961(2).

김기웅 1963. 「평안 남도 개천군 묵방리 고인돌 발굴 중간 보고」, 『각지 유적 정리 보고』, 고고학자료집 3.

김석형·정찬영 1960. 「우리 나라 노예 소유자 사회의 특징과 봉건 사회의 성립」, 『력사과학』 1960(2).

김신규 1961. 「미송리 동물 유골에 대하여」, 『문화유산』 1961(6).

김신규 1962a. 「농포 원시유적의 동물유골에 대하여」, 『문화유산』 1962(2).

김신규 1962b. 「함경북도 화대군에서 털코끼리(《맘모스》)의 유골을 발견」, 『문화유산』 1962(2).

김신규 1963a. 「회령 오동 원시유적의 포유동물상」, 『고고민속』 1963(3).

김신규 1963b. 「무산 범의구석 원시유적에서 나온 짐승뼈에 대하여」, 『고고민속』 1963(4).

김신규 1965. 「립석리 원시유적에서 나온 짐승뼈에 대하여」, 『고고민속』 1965(1).

김신규 1966. 「우리 나라 원시 시대 메'짐승에 대하여」, 『고고민속』 1966(2).

김용간 1959. 『강계시 공귀리 원시 유적 발굴 보고』, 유적발굴보고 6.

김용간 1961a. 「우리 나라 금속 문화의 기원에 대하여」, 『력사과학』 1961(5).

김용간 1961b. 「미송리 동굴 유적 발굴 중간 보고(Ⅰ)」, 『문화유산』 1961(1).

김용간 1961c. 「미송리 동굴 유적 발굴 중간 보고(Ⅱ)」, 『문화유산』 1961(2).

김용간 1962. 「금탄리 유적 제2 문화층에 대하여」, 『문화유산』 1962(3).

김용간 1963. 「미송리 동굴 유적 발굴 보고」, 『각지 유적 정리 보고』, 고고학자료집 3.

김용간 1964a. 「우리 나라 청동기 시대의 년대론과 관련한 몇 가지 문제」, 『고고민속』 1964(2).

김용간 1964b. 『금탄리 원시 유적 발굴 보고』, 유적발굴보고 10.

김용간 1966. 「서북 조선 빗살 무늬 그릇 유적의 년대를 론함」, 『고고민속』 1966-1.

김용간 1979. 「우리 나라 신석기시대 질그릇갖춤새 변천에 보이는 문화발전의 고유성」, 『고고민속론문집』 7.

김용간 1990. 『조선고고학전서(원시편 : 석기시대)』, 과학백과사전종합출판사.

김용간·서국태 1972. 「서포항원시유적발굴보고」, 『고고민속론문집』 4.

김용간·황기덕 1967a. 「기원전 천년기전반기의 고조선문화」, 『고고민속』 1967(2).

김용간·황기덕 1967b. 「우리 나라의 청동기시대」, 『고고민속』 1967(4).

김용남 1961. 「서포항 조개무지 발굴 중간 보고」, 『문화유산』 1961(3).

김용남 1963. 「해주시 룡당리 룡당포 조개 무지 유적 조사 보고」, 『고고민속』 1963(1).

김용남 1967. 「우리 나라의 신석기시대」, 『고고민속』 1967(3).

김용남 1983. 「궁산문화에 대한 연구」, 『고고민속론문집』 8.

김용남·김용간·황기덕 1975. 『우리 나라 원시집자리에 관한 연구』, 사회과학출판사.

김용준 1960a. 「사실주의 전통의 비속화를 반대하여」, 『문화유산』 1960(2).

김용준 1960b. 「회화사 부문에서의 방법론상 오유와 사실주의 전통에 대한 왜곡」, 『문화유산』 1960(3).

김유방 1963. 「도유호 저 《조선 원시 고고학》에 대한 몇 가지 의견」, 『력사과학』 1963(2).

김재효 1957. 「추사 김 정희의 생애와 그의 학술 사상」, 『문화유산』 1957(1).

김종혁 1961. 「중강군 장성리 유적 조사 보고」, 『문화유산』 1961(6).

도유호 1955. 「조선 석기 시대 사상(史上)에서 새로 판명된 몇 가지 사실에 관하여」, 『력사과학』 1955(1).

도유호 1958. 「조선 원시 문화의 년대 추정을 위한 시도」, 『문화유산』 1958(3).

도유호 1959a. 「조선 거석 문화 연구」, 『문화유산』 1959(2).

도유호 1959b. 「고구려 석실 봉토분의 유래와 서역 문화의 영향」, 『문화유산』 1959(4).

도유호 1960a. 「고조선에 관한 약간의 고찰」, 『문화유산』 1960(4).

도유호 1960b. 『조선 원시 고고학』, 과학원출판사.

도유호 1961. 「고조선 문화에 대하여」, 『력사과학』 1961(5).

도유호 1962a. 「신천군 명사리에서 드러난 고조선 독널에 관하여」, 『문화유산』 1962(3).

도유호 1962b. 「진번과 옥저성의 위치」, 『문화유산』 1962(4).

도유호 1962c. 「빙하기란 무엇인가」, 『문화유산』 1962(4).

도유호 1962d. 「인류의 기원」, 『문화유산』 1962(5).

도유호 1962e. 「왕검성의 위치」, 『문화유산』 1962(5).

도유호 1962f. 「예맥조선에 관하여」, 『문화유산』 1962(6).

도유호 1962g. 「구석기란 무엇인가?」, 『문화유산』 1962(6).

도유호 1963. 「1963년 중 고고학에서 거둔 성과」, 『고고민속』 1963(4).

도유호 1964. 「조선의 구석기 시대 문화인 굴포 문화에 관하여」, 『고고민속』 1964(2).

도유호·김용남 1964. 「우리 나라 구석기 시대와 이른 신석기 시대의 년대론에 대하여」, 『력사과학』 1964(4).

도유호·김용남 1965. 「굴포 문화에 관한 그 후 소식」, 『고고민속』 1965(1).

력사연구소 1956. 『조선통사(상)』, 조선로동당출판사.

력사연구소 1960a. 「우리 나라에 존재한 노예 사회의 시기 문제에 대한 과학 토론회」, 『력사과학』 1960(1).

력사연구소 1960b 「우리 나라에 존재한 노예 소유자 사회 시기 문제에 대한 과학 토론회」, 『력사과학』 1960(5).

력사연구소 1962. 『조선통사(상)』, 과학원출판사.

력사연구소 1979. 『조선전사 1(원시편)』, 과학백과사전출판사.

력사연구소 1991. 『조선전사 1(원시편)』(2판), 과학백과사전종합출판사.

로영대 1962. 「함북 화대군 털코끼리 발굴지에 발달한 니탄층의 포자 화분 조합(胞子花粉組合)」, 『문화유산』 1962(4).

리병선 1961. 「중강군 토성리 원시 및 고대 유적 발굴 중간 보고」, 『문화유산』 1961(5).

리병선 1962. 「평안북도 룡천군, 염주군 일대의 유적 답사 보고」, 『문화유산』 1962(1).

리병선 1963a. 「압록강 류역 빗살무늬 그릇 유적의 특성에 관한 약간의 고찰」, 『고고민속』 1963(1).

리병선 1963b. 「압록강 류역의 청동기 시대의 특징적인 토기들과 그 분포 정형」, 『고고민속』 1963(3).

리병선 1964. 「강좌 : 신석기 시대」, 『고고민속』 1964(1).

리병선 1965. 「압록강 류역 빗살 무늬 그릇 유적들의 계승성에 대한 약간의 고찰」, 『고고민속』 1965(2).

리병선 1966a. 「압록강 중 상류 및 송화강 류역 청동기 시대 주민의 경제 생활」, 『고고민속』 1966(1).

리병선 1966b. 「압록강 및 송화강 중상류 청동기시대문화와 그 주민」, 『고고민속』 1966(3).

리순진 1965. 「신암리 유적 발굴 중간 보고」, 『고고민속』 1965(3).

리여성 1955. 「대동강반 한식 유적, 유물과 《악랑군치》설에 대하여」, 『력사과학』 1955(5).

리지린 1960a. 「고조선 국가 형성에 관한 한 측면의 고찰(상)」, 『력사과학』 1960(2).

리지린 1960b. 「고조선 국가 형성에 관한 한 측면의 고찰(하)」, 『력사과학』 1960(4).

리지린 1963. 『고조선 연구』, 과학원출판사.

리지린·김석형·황철산·정찬영·리상호·림건상 1963. 『고조선에 관한 토론 론문집』, 과학원출판사.

박시형 1962. 「발해사 연구를 위하여」, 『력사과학』 1962(1).

박윤원 1963. 「안악 제3호분은 고구려 미천왕릉이다」, 『고고민속』 1963(2).

박준석·최현모 1962. 「털코끼리가 발견된 함북 화대군 장덕리 4기층의 층서와 고지리적 환경에 대한 고찰」, 『문화유산』 1962(4).

박진욱 1964a. 「3국시기의 창에 대한 약간의 고찰」, 『고고민속』 1964(1).

박진욱 1964b. 「삼국시기의 활과 화살」, 『고고민속』 1964(3).

박진욱 1964c. 「신라무덤의 편년에 대하여」, 『고고민속』 1964(4).

박진욱 1965. 「3국시기의 갑옷과 투구」, 『고고민속』 1965(2).

박진욱 1966a. 「백제무덤의 변천에 대하여」, 『고고민속』 1966(1).

박진욱 1966b. 「삼국시기의 마구」, 『고고민속』 1966(3).

박진욱 1967a. 「우리 나라 활촉의 형태와 그 변천」, 『고고민속』 1967(1).

박진욱 1967b. 「동해안일대의 신라무덤에 대하여」, 『고고민속』 1967(3).

박진욱 1990. 「안악3호무덤의 주인공에 대하여」, 『조선고고연구』 1990(2).

백기하 1965a. 「해주시 룡당리에서 나온 인골에 대하여」, 『고고민속』 1965(2).

백기하 1965b. 「무산 범의구석 원시유적에서 나온 인골에 대하여」, 『고고민속』 1965(3).

백기하 1965c. 「안변군 룡성리에서 나온 인골에 대하여」, 『고고민속』 1965(4).

백기하 1966. 「웅기 서포항 원시유적에서 나온 인골」, 『고고민속』 1966(2).

북한연구소 1991. 「도유호」, 『최신 북한인명사전』, 북한연구소.

서국태 1986. 『조선의 신석기시대』, 사회과학출판사.

손영종 1990. 『고구려사』 1, 과학백과사전종합출판사.

엥겔스(김대웅 옮김) 1991. 『가족 사유재산 국가의 기원』, 도서출판 아침.

이종석 1995. 『현대 북한의 이해』, 역사비평사.

장호수 1992. 「북한고고학의 시기구분론」, 『백산학보』 40.

전수복 1961. 「함경북도 김 책군 덕인리 《고인돌》 정리 간략 보고」, 『문화유산』 1961(3).

전장석 1961. 「연암 박 지원이 남긴 조선 민속학의 고귀한 유산」, 『문화유산』 1961(5).

전주농 1960. 「고조선 문화에 대하여」, 『문화유산』 1960(2).

전주농 1961a. 「최근에 발견된 고구려 벽화 무덤」, 『문화유산』 1961(1).

전주농 1961b. 「조선 고고학의 창시자 추사 김 정희」, 『문화유산』 1961(4).

전주농 1963a. 「다시 한 번 안악의 왕릉을 론함」, 『고고민속』 1963(2).

전주농 1963b. 「대동군 팔청리 벽화 무덤」, 『고고학자료집』 3.

정찬영 1960. 「고조선의 위치와 그 성격에 관한 몇 가지 문제」, 『문화유산』 1960(3).

정찬영 1961. 「고구려 적석총에 관하여」, 『문화유산』 1961(5).

정찬영 1962. 「좁은 놋 단검(세형동검)의 형태와 그 변천」, 『문화유산』 1962(3).

정찬영 1963. 「고조선에 관한 몇 가지 문제들에 대하여」, 『고조선에 관한 토론 론문집』, 과학원출판사.

정찬영 1965. 「초기 고구려 문화의 몇 가지 측면」, 『고고민속』 1965(4).

정찬영 1966a. 「평양성에 대하여」, 『고고민속』 1966(2).

정찬영 1966b. 「우리 나라 구들의 유래와 발전」, 『고고민속』 1966(4).

정찬영 1967. 「고구려초기 묘제의 유래」, 『고고민속』 1967(4).

정찬영 1983. 『압록강, 독로강 류역 고구려 유적발굴보고』, 유적발굴보고 13.

정찬영·김세익 1961. 「조선 노예제 사회의 존재 시기 문제에 관한 과학 토론회」, 『력사과학』 1961(3).

조중 공동 고고학 발굴대 1966. 『중국 동북 지방의 유적 발굴 보고』, 사회과학출판사.

주영헌 1961. 『고구려 벽화 무덤의 편년에 관한 연구』, 과학원출판사.

주영헌 1962. 「고구려 적석 무덤에 관한 연구」, 『문화유산』 1962(2).

주영헌 1963a. 「안악 제3호 무덤의 피장자에 대하여」, 『고고민속』 1963(2).

주영헌 1963b. 「고구려 봉토 무덤의 기원과 변천」, 『고고민속』 1963(3).

주영헌 1965. 「고구려 벽화 무덤의 구조 형식과 벽화 내용의 변화 발전」, 『고고민속』 1965(4).

주영헌 1966. 『중국 동북 지방의 고구려 및 발해 유적 답사 보고』, 사회과학출판사.

주영헌 1967. 「발해는 고구려의 계승자」, 『고고민속』 1967(2).

채희국 1959. 「고구려 석실 봉토분의 기원에 대하여」, 『문화유산』 1959(3).

채희국 1964. 『대성산 일대의 고구려 유적에 관한 연구』, 유적유물보고 9.

채희국 1965. 「평양성(장안성)의 축성 과정에 대하여」, 『고고민속』 1965(3).

채희국 1985. 『고구려력사연구』, 김일성종합대학출판사.

철학연구소 1985(1988년 재간행). 『철학사전』, 도서출판 힘.

최상준 1966. 「우리 나라 원시시대 및 고대의 쇠붙이유물분석」, 『고고민속』 1966(3).

최희림 1967. 「평양성을 쌓은 연대와 규모」, 『고고민속』 1967(2).

한창균 1999. 「1950년대의 북한 고고학 연구」, 『백산학보』 53.

한흥수 1950. 「조선원시사연구에 관한 고고학상제문제」, 『력사제문제』 15.

황기덕 1958. 「조선에 나타난 활촉의 기본형태와 그 분포」, 『문화유산』 1958(6).

황기덕 1960. 「무산읍 범의 구석 원시 유적 발굴 중간 보고」, 『문화유산』 1960(1).

황기덕 1962a. 「두만강 류역의 신석기 시대 문화」, 『문화유산』 1962(1).

황기덕 1962b. 「두만강 류역의 청동기 시대 문화(1)」, 『문화유산』 1962(5).

황기덕 1962c. 「두만강 류역의 청동기 시대 문화(2)」, 『문화유산』 1962(6).

황기덕 1963. 「두만강 류역의 철기 시대의 개시에 대하여」, 『고고민속』 1963(4).

황기덕 1964. 「철기 시대」, 『고고민속』 1964(4).

황기덕 1965. 「무덤을 통하여 본 우리 나라 청동기 시대 사회 관계」, 『고고민속』 1965(4).

황기덕 1966. 「서부지방 팽이그릇유적의 연대에 대하여」, 『고고민속』 1966(4).

황기덕 1970. 「두만강류역 청동기시대문화」, 『고고민속론문집』 2.

황철산 1961. 「지봉 리 수광이 조선 민속학 분야에 남긴 유산」, 『문화유산』 1961(4).

황철산 1962. 「성호(星湖) 리 익(李瀷)이 조선 민속학 분야에 남긴 업적」, 『문화유산』 1962(2).

朱貴 1960. 「遼寧朝陽十二臺營子靑銅短劍墓」, 『考古學報』 1960(1).

【출처】 한창균 2000. 「1960년대의 북한 고고학 연구」, 『백산학보』 55, 5-56쪽.

한국의 선사시대에 대한 북한 고고학계의 동향과 시각
─구석기시대와 신석기시대를 중심으로─

I. 머리말

해방 이후부터 오늘에 이르기까지 약 반세기 동안 남북한의 고고학 분야는 많은 발전을 이룩하여 왔다. 특히 선사시대의 유적에서 이루어진 발굴과 연구 성과는 이 땅에서 전개되었던 옛 사람들의 삶과 문화를 복원하는 데 큰 도움이 되고 있다.

고대 국가가 출현하기 이전 단계는 흔히 '선사시대' 또는 '원시시대'라는 용어를 통하여 표현되고 있다. 대체로 남한에서는 선사시대라는 용어를 문자의 기록이 남겨져 있지 않았던 시기를 가리키는 것으로 널리 사용하며, 역사시대와 서로 대비되는 개념으로 쓰이는 경우가 많다.[1] 반면에 북한에서는 선사시대라는 용어 자체를 받아들이지 않는다. 왜냐하면 그 용어가 역사 발전의 합법칙성에 어울리지 않는 비과학적 술어[2]라고 비판을 받기 때문이다.

북한 학계에서는 만주 및 한국에서 출토한 비파형단검의 존재가 고대 국가의 성립과 아주 밀접하게 연관되어 있는 것으로 서술한다. 청동기시대의 유적이라 할지라도 그곳에서 비파형단검 보다 앞선 시기에 해당하는 유구와 유물상의 증거가 드러날 경우, 그 유적은 원시사회의 한 부분을 이루는 시기로 설정된다. 북한 학계의 시각과는 달리 남한에서는 선사시대의 하한 문제에 대하여 일정한 결론에 이르지 못하였다. 남한의 경우, 이 문제는 한국 청동기사회의 성격을 어떻게 설정하는가라는 점과 밀접한 관련을 맺으며 여러 가지 논의가 진행되고 있다.

그동안 북한 고고학계에서 이룩한 선사시대의 연구 성과는 여러 발굴 보고 및 논문을 통하여 발표되었다. 그리고 『조선 원시 고고학』(도유호 1960), 『조선원시고고학개요』(고고학연구소

---

1 이에 관해서는 『21세기 한국고고학의 방향』(2000. 제24회 한국고고학전국대회)을 참조하기 바람.
2 김용준 1960. 「사실주의 전통의 비속화를 반대하여 : 리여성 저 《조선 미술사 개요》에 대한 비판(1)」, 『문화유산』 1960(2), 82쪽.

1971), 『조선고고학개요』(고고학연구소 1977), 『조선고고학전서 : 원시편(석기시대)』(김용간 1990)와 같은 단행본으로 정리되었다. 지금까지 북한에서 이루어진 선사 고고학의 체계적인 이해를 한층 높이기 위해서는 여러 분야에 걸친 많은 노력이 꾸준하게 뒷받침되어야 한다. 그러나 유감스럽게도 북한 고고학에 대한 우리의 관심은 날이 갈수록 시들고 있다. 특히 단군릉 발굴 이후, 그런 분위기가 더욱 강해지는 것 같아 매우 안타깝다.

이 글은 한국고대사학회의 요청에 따라 구석기시대와 신석기시대에 관련된 내용만을 중심으로 그동안 북한 고고학계에서 이룩한 성과를 검토하고자 시도되었다. 여러 분야에 걸친 고고학 자료의 객관적인 검증을 통하여 북한 선사 고고학에 대한 연구가 더욱 활성화되기를 기대한다.

II. 구석기시대

해방 이후, 북한의 구석기유적에서 뗀석기가 발굴된 것은 1960년대 초반의 일이다. 그러나 구석기시대에 속하지는 않지만 신석기시대 또는 청동기시대의 유적에서 뗀석기가 발굴되기 시작한 것은 1950년대 중반부터이다. 예를 들어, 함경북도 청진시 농포리의 신석기시대 유적[3]에서는 2500여 점의 흑요석기, 자강도 강계시 공귀리의 청동기시대 유적[4]에서는 280여 점의 흑요석기가 나온 바 있다.[5] 이들 유적에서 출토된 석기 중에는 구석기시대의 석기 제작 기술을 연상시키는 유물이 적지 않다.

이와 같은 유적에서 출토한 유물을 통하여 북한에서는 1950년대 중반부터 뗀석기에 대한 관심을 갖게 되었다고 생각된다. 특히 공귀리 유적의 흑요석기는 석기의 형태, 제작 수법, 용도 등을 고려하여 분류되었고, 이러한 분류 기준은 신석기시대 또는 청동기시대뿐만 아니라 구석기시대의 뗀석기를 연구하는 데 이용되었다. 최근 보고된 함경남도 금야군 용남리 구석기 유적[6]에서는 지나치게 쓰임새가 강조된 분류 기준이 적용된 바 있다. 그러나 한 석기에 대한 명칭이 그 석기의 쓰임새까지 의미하지 않기 때문에 그런 분류 기준을 받아들이는 데 문제가 있다.[7]

---

3 고고학 연구실 1957. 「청진 농포리 원시 유적 발굴」, 『문화유산』 1957(4), 45-50쪽.

4 김용간 1959. 『강계시 공귀리 원시 유적 발굴 보고』, 유적발굴보고 6.

5 자강도 중강군 토성리(신석기시대), 함경북도 회령 오동(청동기시대)에서 나온 뗀석기를 세석기문화에 속하는 것으로 추정한 글(이동주 1993. 「동아시아에 있어서 한국의 초기 신석기문화에 대하여」, 『제2회 국제학술대회논문집』, 113-171쪽, 국립문화재연구소)이 발표된 바 있다. 그러나 지금까지 북한의 신석기시대 또는 청동기시대에 속하는 유적에서 세석인핵(細石刃核)과 세석기(細石器)로 볼 수 있는 뗀석기가 없기 때문에 그와 같은 견해는 성립하기 어렵다고 생각된다.

6 박영일 2000. 「룡남동굴유적에서 발견된 석기에 대한 연구」, 『김일성종합대학학보』 2000(2)(력사법학 제146권 제2호), 29-33쪽.

1950년대 후반까지만 하여도 북한에서는 강안리(옛 지명, 동관진) 유적을 구석기시대의 것으로 인정하지 않으려는 분위기가 강하였다.[8] 그러나 1950년대 말에 이르러서는 한국에서 구석기시대의 유적이 발견될 가능성에 대하여 언급되기 시작하였다.[9] 1961년 함경북도 화대군 장덕리에서 털코끼리(맘모스)의 화석이 발견되었고, 그 다음해 이 유적에 대한 발굴 조사가 이루어졌다.[10] 비록 석기와 같은 인공 유물은 나오지 않았지만, 장덕리 유적의 발굴을 통하여 한국에서도 구석기시대의 생활 터전이 발견될 가능성에 자신감을 갖게 되었다. 1962년에는 구석기시대의 자연 환경, 인류의 기원, 석기 등에 관한 글이 연이어 발표되면서 구석기 분야에 대한 이해를 넓혀 나갔다.[11] 이런 경향 속에서 강안리 유적의 동물 화석이 제4기의 갱신세에 해당하는 것으로 자리를 잡았다.

1962년, 함경북도 선봉군 굴포리에서 해방 이후 처음으로 구석기시대의 석기가 모습을 드러냈다. 신석기시대 조개더미 층 아래에 있는 붉은 진흙층에서 밀개 한 점이 발견되었다. 1963~64년까지 진행된 굴포리 구석기 유적의 발굴 사업은 당시 고고학 및 민속학 연구소의 기본 과제 가운데 하나로 출발되었다.[12] 이 유적의 발굴을 통하여 비로소 한국에도 구석기시대의 석기가 존재한다는 사실이 분명하게 드러났다. 이와 같은 성과는 한국의 선사문화가 '구석기시대→신석기시대→청동기시대'로 이어지는 내재적인 발전 단계를 거치며 이룩되었다는 관점을 확립하는 데 중요한 역할을 하였다. 이제 "고고학 분야에서 우리 역사의 유구성과 민족 문화의 독창성"을 부르짖는 경향이 더욱 뚜렷해졌고[13], 민족의 기원을 외부에서 찾으려는 시도가 더 이상 이루어지지 않게 되었다.[14]

1965년, 고고학 및 민속학 연구소에서 제시한 기본 과업 가운데 하나가 새로운 구석기 유적의 발견이었다.[15] 그 노력의 일환으로 우리에게 잘 알려진 평양시 상원군 검은모루 동굴유적[16]이 발굴되었다고 생각한다. 이 유적에서는 전기 갱신세에 살았던 많은 동물 화석과 석기가 발굴된 것으로 보고되었다. 검은모루 동굴유적에서 출토한 원숭이·하이에나·코뿔소 등의 동물 화석은

7 한창균 2000. 「북한의 선사시대 뗀석기 연구」, 『백산학보』 57, 5-57쪽.

8 황기덕 1957. 「두만강 류역과 동해안 일대의 유적 조사」, 『문화유산』 1957(6), 53쪽.

9 고고학 및 민속학 연구소 1958. 「용어 해설 : 고고학, 구석기 시대, 중석기 시대」, 『문화유산』 1958(5), 73-75쪽.

10 김신규 1962. 「함경북도 화대군에서 털코끼리(《맘모스》)의 유골을 발견」, 『문화유산』 1962(2), 81-84쪽.

11 도유호 1962a. 「빙하기란 무엇인가」, 『문화유산』 1962(4), 62-65쪽 ; 도유호 1962b. 「인류의 기원」, 『문화유산』 1962(5), 49-54쪽 ; 도유호 1962c. 「구석기란 무엇인가?」, 『문화유산』 1962(6), 48-55쪽.

12 고고학 및 민속학 연구소 1963. 「조선 민주주의 인민 공화국 창건 이후 고고학과 민속학 연구에서 거둔 성과」, 『고고민속』 1963(3), 1-6쪽.

13 고고학 및 민속학 연구소 1964. 「1964년도 고고학 및 민속학 분야의 중점 과업」, 『고고민속』 1964(1), 1-4쪽.

14 고고학 및 민속학 연구소 1965. 「조선 로동당 창건 20 주년을 맞으며」, 『고고민속』 1965(4), 3-7쪽.

15 고고학 및 민속학 연구소 1965. 위의 논문, 위의 책.

16 고고학연구소 1969. 「상원 검은모루유적 발굴중간보고」, 『고고민속론문집』 1, 1-30쪽.

당시 자연 환경이 지금과 매우 달랐다는 점을 보여주었다. 이 유적의 발굴 소식이 남한에 알려지면서, 남한 지역의 동굴유적이 좀 더 자세하고 폭넓게 조사되는 실마리가 되었던 것으로 보인다.[17]

검은모루 동굴유적의 발굴 이후, 북한에서 이루어진 구석기시대의 유적 조사는 동굴유적을 중심으로 진행되었다. 1970년대에는 평안남도 덕천시 승리산 동굴, 평양시의 역포구역 대현동 동굴과 승호구역 만달리 동굴과 같은 중요한 유적이 발굴되었다. 1980년대 초반에는 상원군 용곡리 동굴유적 등이 발굴된 바 있다. 석회암 지대에 자리를 잡은 이들 동굴유적에서는 많은 동물 화석, 인류 화석 및 석기 등이 출토하였다.

북한의 구석기 유적 가운데 가장 이른 것으로 검은모루 동굴유적이 흔히 언급된다. 현재 북한에서는 이 유적을 약 100만 년 전으로 설정한다.[18] 잘 알려진 바와 같이 검은모루 동굴유적의 동물상(動物相)은 아열대성 기후를 반영하는 것으로 보고되었다. 우리와 인접한 중국[19]의 동북 지역은 110~80만 년 전에 빙하 주변 지대의 환경에 놓여 있었다. 당시 아열대성 기후는 양자강 이남 지역(북위 26~27도)에 분포하였는데, 검은모루 유적(북위 약 38도 50분)은 빙하 주변 지대와 온대 지역이 경계되는 지점에 위치한다. 이런 점은 검은모루 유적의 동물상이 100만 년 전으로 거슬러 올라가지 않음을 보여준다. 또한 검은모루 동굴유적에서 보고된 습들쥐(*Mymomys* sp.)는 갱신세 전기에 살았던 종류와 차이가 있으며, 이빨의 특징은 습들쥐보다 늦은 시기에 살았던 들쥐(*Arvicola* sp.) 종류에 가까운 것으로 추정된다.[20]

검은모루 동굴유적에 나타나는 퇴적물의 아랫부분은 모래와 자갈이 엉겨 굳은 층으로 이루어진다. 여기에 퇴적된 자갈은 유적 앞으로 흐르는 상원강의 수위가 과거 일정한 시기에 상대적으로 지금보다 높았다는 사실을 보여준다. 상원강의 강바닥에서 이 자갈층까지의 정확한 높이는 알 수 없으나 대체로 30m 이내라고 추정된다. 이와 같은 점을 고려할 때, 검은모루 동굴유적의 형성 시기는 중기 갱신세 후반에서 후기 갱신세 초반 사이의 어느 한 시기에 해당하는 것으로 검토될 수 있다고 생각된다.

검은모루 동굴유적의 조사 보고는 북한의 구석기시대 석기 연구에서 중요한 의미를 지닌다. 여기에서 처음으로 구석기의 제작 수법에 관한 '내리쳐깨기, 때려깨기, 대고때리기' 등의 용어 개념이 정리되었다. 그리고 『조선원시고고학개요』(고고학연구소 1971)에서는 '눌러뜯기'라는 용어가 등장한다. 뗀석기의 제작 수법에 관한 이와 같은 용어는 1980년대까지 사용되었다. 1990년대

---

17 남한에서는 1956년 단양 지역의 동굴이 조사된 바 있다(김정학 1958. 「한국에 있어서의 구석기문화의 문제」, 『고려대학교 문리논집』 3, 11쪽).

18 김용간 1990. 『조선고고학전서 : 원시편(석기시대)』, 15쪽, 과학백과사전종합출판사.

19 Tong Guobang and Shao Shixiong 1991. "The Evolution of Quaternary Climate in China", *The Quaternary of China*. Ocean Press, Beijing.

20 한창균 1997. 「북한의 구석기 유적 연구」, 『백산학보』 48, 5-31쪽.

로 넘어와서는 '때려내기 → 때려깨기', '대고때리기 → 대고떼기'와 같은 용어로 바꾸어 부르며, 남한에서 사용되었던 '눌러떼기'라는 용어를 받아들였다.[21]

전기 구석기시대에는 내리쳐깨기와 때려깨기에 의하여 석기 제작이 이루어졌고, 중기 구석기시대에는 때려깨기에 의한 격지 제작 기술이 발전하며, 후기 구석기시대의 특징으로 대고떼기 및 눌러뜯기와 같은 수법이 사용되었던 것으로 북한에서는 설명한다. 한 석기가 내리쳐깨기 또는 때려깨기에 의하여 제작된 것인지를 정확하게 구분하는 일은 어렵지만, 대체로 북한에서 주장하는 시기별 제작 수법의 변화에 대하여 남한의 전문가들도 비슷한 견해를 지닌다고 생각된다. 그런데 유럽의 경우[22], 중기 구석기시대에 이미 돌날떼기 수법이 사용되었기 때문에 그와 같이 시기별로 제작 기법의 변천을 주장하기 위해서는 더 많은 자료의 뒷받침이 필요하다.

북한에서는 원인(猿人, Homo erectus) 이전 단계에 등장한 능인(能人, Homo habilis)에 대하여, 일정한 목적에 따라 석기를 제작할 수 있는 창조적 능력이 없었던 존재로 이해하고 있다. 그러나 250만 년 전에 등장한 능인 단계에 이미 석기 제작이 이루어졌기 때문에 그러한 북한 학계의 시각에는 문제가 있다. 북한에서는 전기 구석기시대의 주인공을 원인으로 잡고 있으며, 비록 그들이 일정한 장소에서 목적의식적으로 석기를 제작했지만, 아직까지 일정한 형태의 석기를 제작했던 수준에 이르지 못한 것으로 서술한다.[23] 그러나 아프리카의 경우, 원인 단계에 이미 주먹도끼나 자르개로 대표되는 아슐리안 석기문화 전통(Acheulean industry tradition)이 나타난다. 또 다른 문제는 중기 및 후기 구석기시대의 성격에 관한 서술에서도 찾을 수 있다. 예를 들어, 막집터는 북한 학계에서 주장하듯이 중기 구석기시대에 비로소 만들어진 것이 아니라, 그 이전 단계에서 이미 나타난다는 사실이 확인되었다. 또한 후기 구석기시대에 모계씨족제도가 등장한다는 것도 재검토되어야 한다.

현재 남한의 구석기 유적과 관련하여 제2단구의 형성 시기, 고토양 내에 존재하는 토양쐐기의 형성 배경, 유적의 퇴적층에서 분석된 유리 물질의 성격 등에 대한 논의가 진행되고 있다. 이들 문제는 구석기 유적의 형성 시기를 밝히는 데 필요한 자료가 되기 때문에 중요한 의미를 지닌다. 지금까지 북한에서 발굴된 승리산 동굴, 용곡리 동굴, 만달리 동굴 등에는 제2단구의 형성 시기에 비교될 수 있는 퇴적물이 존재한다. 그리고 유물은 그러한 퇴적보다 윗부분에 쌓인 지층에서 출토한다. 이 분야에 대한 연구 성과는 그동안 많은 논란의 대상이 되었던 여러 유적의 시기를 새롭게 정립하는 데 큰 도움이 될 것으로 판단된다.

---

21 김용간 1990. 앞의 책, 65-66쪽.

22 Mellars, P. 1995. The Neanderthal Legacy. An Archaeological Perspective from Western Europe, p. 78. Princeton University Press.

23 김용간 1990. 앞의 책, 28쪽.

남한의 경우와는 달리, 북한의 한데유적에서 쐐기 모양의 토양 구조가 보고된 예는 아직 없다. 앞으로 개발 예정인 개성공단 주변으로 사천강이 흐르고 있으며, 이 강은 임진강으로 흘러든다. 임진강 언저리의 고토양층에 토양쐐기가 잘 발달하여 있는 점으로 추정할 때, 사천강 언저리 지역에서도 그와 같은 토양상의 특징이 나타날 것으로 예상된다. 이와 아울러 그러한 지역에서는 지금까지 북한에서 출토하지 않았던 주먹도끼, 자르개, 여러면석기 등이 발굴될 가능성 또한 매우 높다고 생각된다.

1930년대 중반에 알려진 강안리 유적과 1960년대 초반에 발굴된 장덕리나 굴포리 등의 한데유적 (야외유적)을 제외한다면, 1960년대 후반부터 지금까지 이루어진 북한의 구석기 유적 발굴은 동굴유적을 중심으로 진행되었다. 그 결과 북한에서는 많은 동물 화석과 인류 화석 자료가 발굴되었다. 특히 승리산, 용곡리, 만달리 동굴유적 등에서 출토한 인류 화석은 이 땅에 살았던 선사인들의 체질 특성을 검토하는 데 중요한 자료가 될 것으로 판단된다.

III. 신석기시대

1950년대 중반, 북한 고고학계에서는 신석기시대와 청동기시대 토기의 선후 관계를 밝힐 수 있는 근거를 마련하지 못하였다. 1955년에는 "무문토기와 유문토기는 본래 갈래가 다른 것으로서 유문토기는 무문토기보다 후에 전래한 것일런지도 모른다. (…) 우리는 무문토기 편이 유문토기보다 우리 땅에 좀 더 일찍이 알려진 것이라고 감히 추측하는 바이다."라는 글이 발표되었다.[24] 1950년 평안남도 온천군 운하리의 궁산 유적이 발굴되었지만, 이 유적의 시기를 밝히는 데 도움이 되는 한국 내의 발굴 자료는 없었다. 결국 궁산문화의 시기는 핀란드와 이웃한 러시아 까렐리아 지방의 쑤나 강 유적과 중국 황하의 안양 유적 등과 비교될 수밖에 없었다.[25]

1957년에 발굴된 황해북도 봉산군 지탑리 유적은 북한 고고학계의 신석기시대와 청동기시대 연구에 큰 영향을 주었다. 이 유적의 아래 문화층에서는 신석기시대의 무늬토기가 출토하였고, 그보다 위에 놓인 문화층에서는 청동기시대의 각형토기(팽이그릇)가 나왔다.[26] 여기서는 토기뿐만 아니라 간석기도 출토하여, 신석기시대와 청동기시대를 가늠하는 유물상의 근거가 차츰 자세하게 세워지기 시작하였다. 이에 따라 무늬의 존재 여부만을 가지고 토기 제작의 발전 단계를 따질

---

24 도유호 1955. 「조선 석기 시대 사상(史上)에서 새로 판명된 몇가지 사실에 관하여」, 『력사과학』 1955(1), 41-54쪽.

25 고고학 및 민속학 연구소 1957. 『궁산 원시 유적 발굴 보고』, 유적발굴보고 2.

26 도유호·황기덕 1957. 「지탑리 유적 발굴 중간 보고(2)」, 『문화유산』 1957(6), 12-35쪽.

수 없게 되었다.[27] 이런 과도기를 거치면서 신석기시대에 관한 이해는 차츰 폭이 넓혀지기 시작하였다. 도유호는 신석기시대의 특징으로 간석기의 등장과 질그릇 제작 및 농경의 출현을 들면서, 해방 이후부터 1950년대 말까지 이루어진 발굴 자료를 중심으로『조선 원시 고고학』의 신석기시대 부분을 서술한 바 있다.

당시 북한에서는 한국의 신석기문화가 동북 지역보다 서북 지역에서 먼저 나타나는 것으로 보았다. 서북 지역을 중심으로 전개된 궁산문화는 전기(기원전 2000~1700년)와 후기(기원전 2천년기 말)로 구분되었다.[28] 1960년대 초에 이루어진 굴포리 서포항 유적의 발굴은 한국의 신석기시대에 관한 종래 북한 고고학계의 시각을 새롭게 정립하는 데 크게 이바지하였다. 여기서 출토한 유물이 연해주 지역의 것과 비교되어, 가장 아래층의 연대는 기원전 5천년기로 올라갈 가능성이 제기되었고, 궁산문화의 연대도 기원전 4천년기로 재설정되었다.[29]

신석기시대의 연대 문제와 함께 신석기시대에서 청동기시대로의 이행 과정에 관하여 북한 학자들은 큰 관심을 보였다. 평양시 사동구역의 금탄리 제2문화층에서 출토한 토기와 석기를 통하여 대동강을 중심으로 한 지역에서 신석기문화와 청동기문화가 서로 계승 관계에 놓였다는 주장이 제기되었다.[30] 또한 압록강 유역에서 신석기시대 늦은 시기에 해당하는 '쌍학리-신암리 유형'의 토기가 청동기시대의 '공귀리-심귀리 유형'으로 계승되었다는 점을 밝히기 위하여 노력하였다.[31] 이렇듯 1960년대 초반부터, 북한에서는 신석기시대에서 청동기시대로의 변화가 외부의 요소에 의하지 않고 자기 발전의 과정 속에서 진행된 것으로 파악하였다. 이러한 움직임은 "우수한 민족 문화유산을 연구하여 새로운 사회주의 건설에 걸맞도록 계승 발전시켜야 한다."[32]는 당의 요구와 밀접한 관계를 맺고 있었다.

1970년대 북한 고고학계는 신석기시대 집자리의 변천 과정에 대해 큰 관심을 가졌다.[33] 이에 따라 궁산문화 4기로 세분될 수 있는 근거를 마련하였다. 여러 유적에서 발굴된 질그릇 갖춤새[34]에 대한 종합적인 고찰도 동시에 활발하게 진행되었다. 당시 북한에서는 토기의 생김새[35]와 무늬의

---

27 김용간 1959.『강계시 공귀리 원시 유적 발굴 보고』, 65-66쪽, 유적발굴보고 6.

28 고고학 및 민속학 연구소 1961.『지탑리 원시 유적 발굴 보고』, 유적발굴보고 8.

29 도유호·김용남 1964.「우리 나라 구석기 시대와 이른 신석기 시대의 년대론에 관하여」,『력사과학』1964(4), 57-59쪽.

30 김용간 1962.「금탄리 유적 제2 문화층에 대하여」,『문화유산』1962(3), 1-18쪽.

31 리병선 1965.「압록강 류역 빗살 무늬 그릇 유적들의 계승성에 대한 약간의 고찰」,『고고민속』1965(2), 3-11쪽.

32 고고학 및 민속학 연구소 1961.「1961년도 과학 연구 사업의 더 높은 양양을 위하여」,『문화유산』1961(1), 1-4쪽.

33 김용남·김용간·황기덕 1975.『우리 나라 원시집자리에 관한 연구』, 사회과학출판사.

34 "질그릇 갖춤새란 일정한 주민 집단이 쓰고 살던 질그릇을 논할 때 쓰는 말로서 질그릇의 바탕흙과 굽기, 형태와 문양에 이르는 모든 면을 종합적으로 고찰하는 개념이다."(김용간 1990. 앞의 책, 97쪽)

변천, 바탕흙의 변화에 초점을 맞추어 신석기시대의 토기를 유형별로 나누었다. 그리하여 각 유형의 변천 과정과 함께 각 시기에 걸쳐 공통적으로 나타나는 전통적인 요소의 계승 관계를 확립하려고 하였다.

1990년대 초반까지 북한에서는 신석기시대를 전기(기원전 6천년기~5천년기), 중기(기원전 4천년기), 후기(기원전 3천년기)로 나누었다.[36] 전기는 새김무늬그릇과 간석기가 쓰이기 시작하였고, 농사와 같은 여러 생산 활동이 이루어진 것으로 설명된다. 중기는 새김무늬그릇과 간석기가 널리 보급되고, 보습농사와 집짐승 기르기가 시작된 시기로 서술된다. 후기는 농경 기술이 발전하고, 청동기시대의 문화 요소인 달도끼, 곰배괭이 등이 사용되기 시작한 것으로 이야기된다. 앞에서 말한 신석기시대의 시기 구분은 연해주, 중국, 남한 등에서 분석된 방사성탄소 연대의 결과를 일부 반영하며 설정되었다. 그러나 북한 지역 자체에서 이루어진 방사성탄소 연대 측정값이 없기 때문에 시기별로 각 유적의 연대를 결정하고, 그에 따른 신석기문화의 체계적인 복원을 시도하기 위해서는 더욱 많은 자료의 보완이 필요하다고 생각된다.

북한 지역의 선사시대 연구에 있어, 우리는 아직도 중석기시대에서 신석기시대로의 이행 문제에 관하여 자세한 것을 알지 못한다. 북한에서는 만달리 유적을 후기 갱신세 말~현세 초에 해당하는 것으로 보고 있지만, 신석기시대 전기의 상한은 기원전 6천년기에 불과하다. 따라서 이 둘 사이에는 수천 년 간에 이르는 시간상의 빈틈이 남아 있다. 현재까지 북한에서 발굴된 유적 중에서 잔돌날몸돌[37]이 나온 곳으로는 만달리 동굴유적이 유일하다. 북한에서 보고된 신석기시대 전기의 유적 중, 만달리 유적에서 나온 잔돌날석기의 제작 전통을 보여주는 곳은 아직까지 없다고 추정된다. 북한에서 주장하듯이 만달리 유적을 중석기시대로 설정할 경우, 이 시기와 곧바로 연결될 수 있는 신석기시대의 유적은 현재까지 그 모습이 드러나지 않았다고 생각된다.

비록 북한의 경우는 아니지만, 최근 남한에서 알려진 유적 중에는 후기 갱신세에서 전신세로 변화되는 시기 또는 신석기시대 초기 단계의 성격을 보여주는 유물이 출토하여 주목을 받고 있다. 경상남도 진주시 집현면 장흥리에서는 갱신세와 현세의 경계, 또는 현세 초기에 형성된 것으로 추정되는 지층에서 좀돌날석기를 비롯하여 뗀석기의 날 부분을 갈아서 만든 도끼와 같은 형태의 석기가 함께 출토하였다. 이것들은 현세(전신세)로 접어든 길목에서 나타난 석기

---

35 김용간 1979. 「우리 나라 신석기시대 질그릇갖춤새 변천에 보이는 문화발전의 고유성」, 『고고민속론문집』 7, 45-108쪽.

36 력사연구소·고고학연구소 1991. 『조선전사 1(원시편)』, 94쪽, 과학백과사전종합출판사. 한편, 단군릉 발굴 이후, 북한에서는 신석기시대 중기를 기원전 6천년기 후반기, 말기를 기원전 4천년기 전반기로 올려 잡았다[김용간 1996. 「대동강류역 신석기시대의 사회관계」, 『조선고고연구』 1996(2), 14-16쪽].

37 북한에서는 '좀돌날몸돌'을 '잔돌날몸돌'이라고 부른다[어해남 1999. 「만달리유적의 속돌들에 대한 고찰」, 『조선고고연구』 1999(3), 24-27쪽].

제작 기술의 특징을 포함하여 변화된 자연 환경의 적응에 따른 선사인들의 생활양식을 새롭게 살피는 데 중요한 자료가 될 것이다.[38]

제주도 북제주군 고산리 유적에서는 1만 년 전후로 추정되는 지층에서 토기 및 좀돌날석기와 함께 많은 수의 돌화살촉 등이 나왔다.[39] 이곳은 지금까지 한국에서 알려진 것 가운데 가장 이른 시기에 속하는 신석기유적이다.

제4기의 자연 환경에 대한 이해는 구석기시대뿐만 아니라 신석기시대의 연구에서도 중요한 의미를 지닌다.[40] 이것은 채집 경제에서 생산 경제로의 전환 과정과 환경 조건에 따른 주변 자원의 활용 및 선사인들의 활동 범위 등을 두루 살피는 데 필요한 역할을 한다. 그러나 지금까지 북한에서는 제4기 전신세의 환경 변화에 관한 연구를 전혀 진행시키지 않았다고 생각된다.

북한의 신석기시대 연구와 관련하여 언제나 쟁점 가운데 하나로 등장하는 것 가운데 하나가 바로 농경에 관한 문제이다. 북한에서는 전기의 괭이농사 단계를 거쳐, 중기부터는 보습농사가 일반화된 것으로 이해한다. 전기에는[41] 괭이와 같은 뚜지개가 나타나고, 중기에는 돌삽과 낫 및 전형적인 곰배괭이와 반달칼이 사용되며, 후기의 특징으로 차츰 널리 사용된 반달칼의 존재가 언급되고 있다.[42] 이 가운데 괭이와 갈돌은 전기부터 후기에 이르기까지 계속 출토하는 유물 종류로 설명되고 있다.[43]

지금까지 북한에서 곡물이 발견된 유적으로는 지탑리 유적[44]과 평양시 삼석구역 호남리 남경 유적[45], 황해북도 봉산군 마산리 유적[46]이 있다. 지탑리 유적 2호 집자리(중기)에서는 탄화된 피 또는 조로 추정되는 것이 나왔다. 남경 유적 31호 집자리(후기)와 마산리 7호 집자리(중기)에서는 탄화된 조가 나왔다.

한국의 한데(야외) 토양은 산성을 띠고 있으며, 기후 조건도 계절의 변화가 심하여 유기물의 보존에 불리하게 작용한다. 이런 환경 속에서 지탑리와 마산리 및 남경 유적에서 나온 탄화 곡물의 가치는 매우 크다. 그러나 남한 학계에서는 오랫동안 신석기시대의 생업 경제에서 농경이 차지하는 의미는 큰 비중을 두지 않았다.[47] 일산 새도시 건설 지역의 발굴 성과는 기원전 3000년

---

38 박영철·서영남·김상일 2001. 「진주 장흥리 월평유적 출토 석기의 현상보고」, 『한국구석기학보』 4, 98-101쪽.

39 이청규·강창화·고재원·오연숙 1998. 『제주고산리유적』, 북제주군·제주대학교 박물관.

40 신숙정 1992. 「우리나라 신석기 시대의 자연환경」, 『한국상고사학보』 10, 17-81쪽.

41 김용간 1990. 앞의 책, 191-205쪽.

42 지화산 1993. 「신석기시대 조선옛류형사람들의 기본생업에 대하여」, 『조선고고연구』 1993(2), 38-41쪽.

43 김용간 1990. 앞의 책, 195쪽.

44 고고학 및 민속학 연구소 1961. 앞의 책, 52쪽.

45 김용간·석광준 1984. 『남경유적에 관한 연구』, 22쪽, 과학백과사전출판사.

46 변사성·고영남 1989. 「마산리유적의 신석기시대 집자리에 대하여」, 『조선고고연구』 1989(4), 18쪽.

47 신숙정 1997. 「신석기시대의 사회경제 발전단계 시론」, 『한국 고대·중세의 지배체계와 농민』, 11-45쪽, 김용섭교

무렵에 벼농사가 이루어졌다는 관점을 새롭게 정립하는 데 커다란 역할을 하였다.[48] 그동안 몇 차례 이 유적에서 출토한 벼 껍질을 두고 논란이 있었지만, 한강 하류 지역을 중심으로 벼농사가 이루어졌다는 점이 더욱 분명해지고 있다.[49] 벼농사에 대한 증거는 한강 하류 지역에서만 확인된 것은 아니다. 금강 유역에서는 일산 지역보다 앞서는 시기의 유적에서 여러 가지 탄화된 곡물이 발굴되었다.

최근에 발굴된 충북 옥천군 대천리의 신석기시대 집자리에서는 탄화된 벼, 보리, 밀, 조, 콩류 등의 낟알이 확인되어 큰 관심을 불러일으키고 있다. 대천리 유적에서 분석된 방사성탄소 연대의 눈금 맞춤 연대(calibrated age, 교정 연대)는 기원전 3500~3000년으로 밝혀졌다.[50] 요컨대 이와 같은 연대는 신석기시대의 오곡(五穀) 농사가 기원전 4천년기 후반기에 이미 이루어졌다는 사실을 입증해 준다. 한편 부산 동삼동 유적에서 탄화된 조의 눈금 맞춤 연대는 기원전 4천년기 후반기(AMS : BP 4590±100)[51]에 해당한다.

해방 이후, 거의 40여 년 동안 남한의 고고학계에서는 '신석기시대=수렵어로채집사회'라는 등식이 당연한 것처럼 믿는 분위기가 지나치게 강하였다. 이런 경향으로 인하여 신석기시대의 유적에서 농경과 관련된 증거를 찾아내려는 노력조차 소홀히 하였다. 신석기시대에 벼농사가 이루어졌다는 점이 논의된 것은 10여 년 정도에 지나지 않는다. 몇몇 유적에서 신석기시대의 농경을 구체적으로 입증하는 자료가 계속 나오기 시작한다. 따라서 이제는 '신석기시대=농경사회'라는 전제 아래, 농경의 단계별 변천 과정이 재조명되어야 할 필요가 있다고 생각된다.

IV. 민족의 기원 문제

현재 북한에서는 한국 민족의 뿌리를 이 땅에 살았던 후기 구석기인들에게서 찾고 있으며, 이에 따라 '조선옛유형사람 → 고대 조선족 → 중세 조선족'을 거쳐 오늘의 한국인이 형성된 것으로

수정년기념 한국사학논총 2, 지식산업사.

48 이융조·김정희 1998. 「한국 선사시대 벼농사의 새로운 해석 : 식물규소체 분석자료를 중심으로」, 『선사와 고대』 11, 11-44쪽. 김포시 통진면 가현리의 토탄층에서도 이와 비슷한 시기의 벼 껍질이 발견되었다[임효재 2001. 「한국 선사시대의 농경」, 『한국 고대 도작문화의 기원』, 25쪽, 학연문화사].

49 안승모 2001. 「고양시 일산지구 출토 벼 자료의 수수께끼」, 『벼의 기원 및 전래와 쌀 브랜드화 전략』, 57쪽, 한국쌀연구회 ; 최정필 2000. 「농경도구를 통해 본 한국 선사농경의 시원」, 『김포반도 고대 쌀 문화의 위치』, 87-108쪽, 김포문화원·한국선사고고학회.

50 한창균·김근완·전일용·구자진 2002. 「옥천 대천리 유적의 신석기시대 집자리 발굴 성과」, 『한국신석기연구회 학술대회 발표집』, 51-59쪽.

51 하인수 2001. 「동삼동패총 1호주거지 출토 식물유체」, 『한국신석기연구』 2, 41-49쪽.

주장한다. 이것이 이른바 우리에게도 잘 알려진 한국 민족의 단혈성 본토 기원설(單血性本土起源說)이다.

굴포리 구석기 유적이 발견되기 이전까지만 하여도 북한에서는 한국 민족의 기원이 외부로부터 이주민 또는 외래문화의 영향과 깊은 관계가 있는 것으로 추정하였다. 도유호는 한국 서북 지역에 있는 궁산이나 지탑리 유적의 주인공을 알타이 계통의 한 종족(퉁구스족)[52]으로 보았고, 함경북도 나진시 초도 유적의 주인공이 연해주 지역의 팔레 아시아 계통의 종족이라고 추정하였다.[53] 전장석은 신석기시대 집단에 대하여, 서북 지방은 고대 바이칼 유형의 퉁구스족, 동북 지방은 팔레오아시아족과 밀접한 관계가 있음을 논하였다.[54]

1960년대로 들어오면서 한국 민족의 기원을 외부보다는 내부 자체에서 찾으려는 시도가 나타나기 시작하였다. 신석기시대 내에서 보이는 토기상의 차이가 종족상의 교체가 없는 가운데 이루어졌으며[55], 신석기시대 주민이 청동기 주민으로 이어졌다는 논리가 강해졌다.[56] 이 논리의 배경에는 우수한 민족 문화의 계승 발전을 요구하였던 당의 요구도 깔려 있었다.[57]

굴포리 구석기 유적의 발굴(1963~64년)과 요동 지역 일대에서 이루어진 청동기 유적의 발굴(1963~65년)[58] 성과는 우리의 역사에 내재하는 발전 과정과 그 유구성을 밝히려고 노력했던 북한 학계에 새로운 변화의 기점을 마련해주었다. 이 두 지역의 발굴 결과는 민족의 기원을 내부에서 찾으려는 시도에 확신을 안겨주었다. 굴포리 구석기문화 이후 신석기시대가 형성되었고, 그 뒤를 이어 서북 조선과 요동 지역에서 청동기문화가 발전하였으며, 그 주민이 고조선 형성의 큰 줄기가 되었다는 논리가 확립되었다.[59] 고대 조선족 이전 단계는 바로 조선옛유형사람[60] 단계에 해당한다.

1970년대 초 평안남도 덕천시 승리산 동굴유적에서 후기 구석기시대의 인류 화석이 발굴되었고, 이 화석(승리산사람)은 1970년대 후반부터 조선옛유형사람의 시원을 이루는 유형으로 분류되었

---

52 도유호·황기덕 1957. 앞의 논문, 30-31쪽.

53 도유호 1960. 「초도유적의 주인공에 대하여」, 『문화유산』 1960(1), 6-21쪽.

54 전장석 1959. 「조선원시사연구에서 제기되는 몇 가지 문제」, 『민속학론문집』 2, 110-135쪽.

55 고고학 및 민속학 연구소 1961. 앞의 책, 74쪽.

56 김용간 1961. 「우리 나라 금속 문화의 기원에 대하여」, 『력사과학』 1961(5), 50-56쪽.

57 고고학 및 민속학 연구소 1961. 앞의 논문, 1-4쪽.

58 조중 공동 고고학 발굴대 1966. 『중국 동북 지방의 유적 발굴 보고(1963-1965)』, 사회과학원출판사.

59 고고학연구소·력사연구소 1969. 「기원전 천년기전반기의 고조선문화」, 『고고민속론문집』 1, 31-139쪽.

60 조선옛유형사람의 머리뼈에 나타난 특징을 요약하면 다음과 같다. "머리뼈 형태는 단두형에 가깝고, 길이는 짧은 편이며, 너비는 중간 정도이다. 머리뼈 높이는 높은 머리형이다. 이마는 곧으며, 눈확의 높이가 높다. 얼굴은 넓적하고, 턱은 밋밋하거나 조금 들어간 형이다. 코마루가 낮고, 코구멍의 크기는 중간형이다. 이틀과 입천장은 넓은 형에 속한다."(장우진 1989. 『조선사람의 기원』, 사회과학출판사)

다.[61] 그 뒤 북한의 여러 구석기 유적에서 인류 화석이 발견되었다. 평양시 상원군의 용곡리 동굴유적에서 인류 화석이 출토한 지층(제9퇴적층, 2문화층)의 연대는 우라늄계열 측정 방법에 의하여 5만~4만 6천 년 전으로 나왔다.[62] 만달리 유적의 만달사람은 후기 갱신세 말~현세 초의 중석기시대에 해당하는 것으로 현재 북한에서 연구되고 있다.

북한에서 주장하듯이 후기 구석기시대의 인류가 오늘날 한국인의 직접적인 기원이 될 수 있는가? 이 문제는 결코 간단하게 풀릴 수 없는 내용을 안고 있다. 현생 인류에 관한 다지역 진화설과 단일지역 기원설이 아직까지 논쟁 중에 있기 때문에 문제는 더욱 복잡해진다. 특히 동북아시아의 경우, 이 지역에 살았던 현생 인류의 존재를 단일지역 기원설에 근거하여 입증할 수 있는 증거가 명확하지 않기 때문에 다양한 논란이 제기되고 있다.

여기서 우리가 관심을 가져야 할 부분 가운데 하나는 한국의 후기 구석기시대 늦은 시기에 등장하는 좀돌날석기의 존재이다. 앞에서 말한 것처럼, 진주 집현 장흥리 유적과 제주도 고산리 유적에서 출토한 유물은 후기 갱신세 말~전신세 초에 해당한다고 볼 수 있다. 근래에 들어와 좀돌날석기와 같은 석기 제작 기술의 전통이 후기 구석기시대의 늦은 시기에 나타나고, 남한의 거의 모든 지역에 퍼져 있었던 것으로 알려지고 있다. 특히 약 1만 5천~1만 년 전으로 추정되는 유적에서 특징 있게 나타난다. 이러한 점에 초점을 맞추어, 이 기술을 소유한 집단이 한국에 정착한 것은 1만 년대 중반이며, 이 시점이 한국 민족의 형성과 밀접한 관계가 있는 것으로 추정된 바 있다.[63] 석장리 유적에서 좀돌날석기는 2만 년 전에 이미 나타난다.[64] 이러한 점은 한국에서 좀돌날석기의 제작 기술이 1만 년 이상 지속되었음을 알려준다.[65] 한국의 후기 구석기시대 에서 신석기시대로의 전환 과정에서 좀돌날석기의 전통을 지닌 집단이 중요한 역할을 하였다면, 그 시작은 적어도 2만 년 이전으로 올라갈 가능성이 충분하다고 생각된다.[66]

좀돌날석기의 존재만으로 한국 민족의 기원 문제가 해결되는 것은 아니다. 이를 분명하게

---

61 고고학연구소 1977. 『조선의 구석기시대』, 45-53쪽, 사회과학출판사.

62 김근식 1991. 「룡곡 제1호동굴유적의 포유동물상에 대한 연구」, 『과학원통보』 1991(3), 48-53쪽.

63 이선복 1996. 「동북아시아 구석기 고고학과 민족 기원론」, 『한국민족의 기원과 형성(상)』, 30-62쪽, 도서출판 소화.

64 손보기 1973. 「석장리의 후기 구석기시대 집자리」, 『한국사연구』 9, 15-57쪽.

65 한창균 1997. 「민족형성론」, 『한국사 인식과 역사이론』, 263쪽, 김용섭교수정년기념 한국사학논총 1, 지식산업 사.

66 한국의 후기 구석기시대 늦은 시기를 특징짓는 유물로 흔히 좀돌날석기와 슴베찌르개의 존재가 언급되고 있다. 그런데 최근 대전 용호동 구석기 유적에서는 약 4만 년 이전으로 추정되는 지층에서 슴베찌르개가 출토하였다(한창균 2001. 「대전 용호동 구석기유적의 발굴(1~3차) 성과」, 『한국구석기학보』 4, 95-97쪽). 이러한 점은 슴베찌르개가 좀돌날석기보다 이른 시기, 곧 중기 구석기시대 말에 이미 출현한다는 새로운 사실을 반영해준다고 볼 수 있다. 따라서 슴베찌르개와 좀돌날석기의 존재를 특정한 시기에 서로 공반되는 요소로 다루었던 종래의 시각은 수정되어야 할 것이다.

입증하기 위해서는 체질인류학 분야의 연구와 신석기시대로의 이행 과정에서 보이는 여러 고고학적 요소가 검토되어야 한다. 또한 빙하기와 간빙기에 나타났던 해수면의 하강과 상승으로 인한 지리적인 변화를 포함하여 당시 자연 환경의 배경 속에서 이루어진 선사인들의 이동 관계도 검증되어야 하겠다.

종래 남한의 경우, 신석기시대와 청동기시대 주민의 성격을 놓고 많은 논쟁을 벌였다. 특히 농경의 존재 여부 또는 민토기의 등장과 확산이 두 시대를 담당했던 주인의 성격을 결정짓는 잣대로 활용되었던 예도 있었다. 그렇지만 근래에 들어와 밝혀진 고고학상의 증거는 그와 같은 관점에 여러 가지 문제가 제기된다는 사실을 알려준다.

신석기시대 중기 말 또는 후기에 속하는 유적 가운데, 농경의 존재가 분명하게 확인되는 유적의 수가 날로 증가하고 있다. 더욱이 신석기시대 후기로 가면서 그릇의 종류가 다양해지는 가운데 민토기의 양도 늘어날 뿐만 아니라, 한 토기에서 무늬가 베풀어지는 범위도 일반적으로 줄어드는 경향이 나타난다. 이것은 단순하게 토기의 제작 과정에서 일어났던 변화의 흐름만을 보여주는 것이라고는 생각되지 않는다. 그것은 바로 일상생활의 변화와 함께 당시 사회에서 전반적으로 복잡하고 다양하게 진행된 변화의 과정을 잘 반영해주는 결과라고 추정된다. 그런 점에서 벼뿐만 아니라 여러 작물의 재배를 통한 생업 수단의 채택이 한국 신석기시대에서 지니는 사회적 역할에 대하여 우리는 깊은 관심을 가질 필요가 있다.

V. 맺음말

해방 이후부터 지금까지 한국에서 발굴된 구석기 유적의 수는 수십 군데에 이른다. 북한에서는 동굴유적을 중심으로 발굴 조사가 이루어졌고, 남한의 경우는 한데유적을 중심으로 발굴 조사가 진행되었다. 그 결과 북한에서는 동물 화석과 인류 화석 자료가 풍부하게 발굴되었다. 반면에 남한에서는 동물 화석보다 석기가 주로 발굴되었다.

여러 전문가들의 노력으로 한국의 구석기문화에 관한 내용이 어느 정도 밝혀졌지만, 앞으로 해결되어야 할 과제는 여러 분야에 걸쳐 있다. 유적의 연대와 형성 과정, 당시의 자연 환경 변화, 석기 및 뼈연모의 분류 체계, 각 문화 단계의 성격과 복원, 생활 모습의 재구성 등에 관하여 우리는 아직도 널리 공감할 수 있는 수준에 이르지 못하였다.

1950년대 북한의 고고학자들은 신석기시대의 체계를 설정하기 위하여 문화전파론의 관점에서 여러 문제를 풀어나갔다. 이 과정에서 특히 러시아 지역에서 이루어진 연구 성과는 북한의 신석기시대 연구에서 자주 활용되었다. 또한 "유물에 대한 형태상의 분류와 유적들에 대한 개별적인 설명에서 벗어나 사회 경제적 제 문제의 해명에 도움을 주는 이론적 측면을 강조"[67]하였던 당의 요구도 신석기시대를 포함한 원시사회의 연구가 발전하는 데 크게 이바지 했다고 생각된다.

1960년대로 접어들어 원시문화의 계승성 문제가 중요한 과제로 등장하였고, 여러 유적의 발굴 성과를 바탕으로 '구석기시대 → 신석기시대 → 청동기시대'로의 이행 과정에 대한 내재적인 발전 단계의 틀이 완성되었다. 이때에 완성된 기본 시각은 그 뒤에도 변함없이 지속되어 오늘에 이른다.

그동안 한국 민족의 기원 및 형성 문제와 관련해서 북한 고고학계의 주장이 주체사상의 확립과 일정한 관계를 맺었기 때문에 더욱 그러했던 점도 있었다고 생각된다. 그러나 비록 북한 학계의 주장이 많은 문제를 안고 있지만, 그것을 부정할 수 있는 결정적인 근거 또한 아직까지 분명하게 입증되지 않았다고 생각된다. 오히려 후기 구석기시대의 늦은 시기에 살았던 집단이 신석기시대의 주민과 직접 연결될 가능성이 차츰 높아지고 있다.

단군릉 발굴 이후, 북한에서 진행되고 있는 청동기기대와 고조선의 연구 동향은 우리에게 많은 충격을 안겨주었다. 현재 북한에서는 신석기시대 후기를 기원전 4천년기 전반기로 잡고 있다. 이와 같은 시기 설정은 신석기시대에 관한 북한 학계의 연구에도 앞으로 큰 변화가 일어날 것임을 알려준다.

* 감사의 글 : 제64회 한국고대사학회 정기발표회(2001년 12월 1일)에 토론자로 참석하여, 이 논문의 여러 문제점을 바로 잡고, 보완하는 데 큰 도움을 주었던 안승모 교수님께 감사를 드린다.

【출처】 한창균 2002. 「한국의 선사시대에 대한 북한 고고학계의 동향 : 구석기시대와 신석기시대를 중심으로」, 『한국고대사연구』 25, 5-27쪽.

---

67 고고학 및 민속학 연구소 1959. 「사회주의 건설의 고조에 발맞추기 위한 고고학 분야의 과업」, 『문화유산』 1959(3), 3-4쪽.

북한 고고학사의 시기 구분 체계에 대하여

I. 머리말

8·15해방을 맞이한 지 어느덧 70년에 가까운 세월이 흐르고 있으며, 이 기간 동안 북한의 여러 지역에서는 다양한 시기에 걸친 수많은 유적이 조사되었다. 그리고 각종 유적에서 발굴된 고고학적인 증거와 그에 대한 연구 성과는 북한과 남한뿐만 아니라 그 인접 지역에서 전개되었던 시대별 물질문화의 특성과 그 흐름을 비교하고 이해하는 데 있어 매우 유용한 역할을 하고 있다고 말할 수 있다.

해방 이후 현재에 이르기까지 북한 지역에서 발굴된 유적의 고고학 성과는 그동안 유적별 발굴 보고서와 같은 단행본, 또는 정기 간행물(『문화유산』, 『고고민속』, 『조선고고연구』 등)이나 부정기 간행물(『고고학자료집』, 『고고민속론문집』 등)을 통하여 알려져 왔다. 그런데 2009년에 들어와 사회과학원 고고학연구소에서는 그동안 북한에서 이루어진 고고학적인 성과를 전체적으로 집약하여 편집한 '조선고고학총서'(전 60권)를 발간하여 우리의 관심을 끈다.

조선고고학총서에는 해방 이후, 곧 1940년대 후반부터 북한에서 조사된 유적 가운데 고고학적으로 중요한 의의를 지니는 대부분의 유적이 수록되었다. 이 총서를 구성하는 개별 단행본은 시기별 또는 주제별 대상에 따라, 〈총론〉(제1권), 〈원시편〉(제2~10권 : 총 9권), 〈고대편〉(제11~24권 : 총 14권), 〈중세편〉(제25~50권 : 총 26권), 〈인류학편〉(제51~55권 : 총 5권), 〈고생물학편〉(제56~59권 : 총 4권), 〈부록편〉(제60권)으로 정리되어 묶였다. 한편 〈부록편〉은 '유적유물일람표'와 '년대측정'으로 각각 나뉘어 간행되었는데, 이 둘을 각각 낱권으로 셈할 경우 총서의 전체 분량은 61권에 이른다.[1]

---

[1] 조선고고학총서는 남한의 ㈜진인진에 의하여 '조선고고학전서'(2009년 2월 10일 발행)라는 제목으로 간행된 바 있는데, 조선고고학전서에는 조선고고학총서(2009년 8월 15일 발행)의 제1권에 해당하는 『총론』 부분이

『총론』²이라는 제목의 단행본은 조선고고학총서 제1권에 해당한다. 그 내용은 "차례(1-2쪽), 머리말(3-5쪽), 본문(6-159쪽), 유적유물조사발굴일람표(160-191쪽), 사진(192-196쪽)" 등으로 구성되었다. 그 가운데 '본문'에서는 해방 이후부터 2000년대 중반기에 이르기까지, 북한 고고학계에서 이룩한 각종 사업의 성격과 학술적 성과가 분기별로 나뉘어 서술되었으며, 그에 따른 각 단계별 특성이 종합적으로 체계화되었다는 점에서 주목된다. 이러한 점으로 가늠할 때, 여기에서 언급된 내용은 북한 고고학의 변화 과정과 발전 단계를 자체적으로 설정했던 북한 학계의 기본적인 입장과 시각을 살피는 데 많은 도움을 준다.

1948년 8월 15일 남녘에 대한민국 정부, 그리고 그해 9월 9일 북녘에 조선민주주의인민공화국 정부가 수립되면서 고착화되기 시작한 남북 분단의 상황은 현재까지 지속되고 있다. 지리적으로 분리된 각자의 영역 안에서 남과 북은 서로 다른 정치 체제를 경험하고 있으며, 그에 수반되는 이념적인 성향과 관점의 차이는 『총론』에 반영된 북한 고고학사의 시기 구분에서도 분명히 드러난다. 따라서 『총론』에서 제시된 북한 고고학계의 현실적인 동향은 우리나라 고고학사의 학사적인 성과와 그 변천 과정을 단계별로 자리매김 하는 데 있어 고려되어야 할 여러 문제점과 과제를 동시에 안겨주고 있다고 생각된다.

II. 북한 고고학계의 시기 구분

북한 지역에 분포한 유적 조사와 초보적인 발굴 사례는 1910년대를 전후한 시기부터 여러 차례 진행되었다.³ 그러나 『총론』에서는 일제강점기에 이루어진 고고학 관련 활동 및 자료에 대한 구체적인 검토가 전혀 이루어지지 않았다. 그 이유는 무엇보다도 "우리 인민의 유구한 역사와 찬란한 문화 전통을 왜곡 및 말살하였던 일제 식민지 통치와 그 사상적인 잔재는 해방 후 새로운 조국의 사회 건설에 발맞추어 민족 문화유산을 올바르게 계승 발전시키는 데 있어, 학술적인 연구 과제로서의 가치를 지니지 못할 뿐만 아니라, 오히려 하루빨리 청산되어야 할

빠져 있다. 한편, 전서는 총서보다 6개월 정도 빨리 남한에서 간행되었는데, 그와 같은 출판 배경에 관해서는 자세하게 알려진 것이 없다.

2 리주현·한은숙 2009. 『총론』(조선고고학총서 1), 사회과학원 고고학연구소·사회과학원 사회과학정보쎈터. 이 『총론』은 북한 고고학계에서 비교적 젊은 세대에 속하는 것으로 생각되는 리주현과 한은숙에 의하여 집필되었다. 이들의 글은 1990년대 중반 이후부터 『조선고고연구』에 게재되기 시작하였다. 리주현은 고인돌과 신석기시대의 작살 및 남한의 신석기 유적 등에 관한 논문을 발표하였고, 한은숙은 신석기시대의 토기와 원시 및 고대 시기의 구슬 등에 관한 논문을 발표하였다.

3 이에 관해서는 다음의 글을 참조하기 바람. 정인성 2006 ; 강인욱 2008 ; 이기성 2010.

중요한 대상"(『총론』, 7-8쪽)으로 평가하려는 북한 고고학계의 인식과 직결된다고 볼 수 있다.

『총론』에서는 해방 이후부터 대체로 2000년대 중반 이전에 걸쳐 북한 고고학계를 선도적으로 이끌어 가는 데 핵심적인 역할을 하였던 중요한 사업 성격과 그에 따른 연구 성과가 7단계로 분기되어 고찰되었다. 뒤에 가서 좀 더 자세히 살펴보겠지만, 그동안 북한 고고학계에서 거둔 모든 성과의 정점에는 북한 최고 지도부의 지도력과 역할이 무엇보다 핵심적인 의미와 가치를 지니는 것으로 자리를 잡고 있다고 가늠된다. 이와 같은 요소를 배경에 깔고, 『총론』에서 언급된 북한 고고학계의 시기별 사업의 내용과 그를 통하여 이룩한 고고학적 성과를 살펴보면 다음과 같이 요약될 수 있다.

1. I기(1945년 8월~1953년 7월)

이 시기는 해방 이후부터 정전협정(1953년 7월 27일)으로 한국전쟁이 종식된 기간까지를 가리킨다. 해방 직후 북한 고고학계에서 시급하게 해결해야 할 과제는 민족 문화 말살 정책에 기인한 일제의 그릇된 사상적 잔재를 탈피하고, 민족 문화유산의 올바른 계승 발전에 필요한 고고학 연구의 기초를 다지는 일이었다. I기에 있어, 새로운 민족 문화의 건설과 계승에 지침적인 역할을 하였던 김일성의 연설로는 「문화인들은 문화전선의 투사로 되어야 한다」(1946년 5월)와 「우리 나라 과학을 발전시키기 위하여」(1952년 4월) 등이 있다.

(1) 문화유산의 보존 관리 및 학술 조사와 관련된 법령의 정비와 제정 : 1946년 4월 공포된 「보물, 고적, 명승, 천연기념물보존령」 및 시행 세칙 등에 근거하여 각 도에 '고적보존위원회'와 역사박물관이 창설되었다. 1948년 2월에는 유적 유물에 대한 학술 조사와 보존 사업을 통일적으로 수행 및 관리하기 위하여 '북조선중앙고적보존위원회'가 설립되었고, 1948년 11월 이 조직을 승격 및 개편하여 '조선물질문화유물조사보존위원회'가 발족되었다. 또한 1949년 8월에는 「물질문화유물 보존에 관한 규정」을 제정하여, 물질문화 유물과 명승 천연 기념물 관련 법령을 서로 독립적으로 분법하기 위한 법적 조치의 토대가 마련되었다. 한편 1952년 10월에 과학원이 설립되면서 그 산하 기구로 '물질문화사연구소'가 설치되었다. 이 연구소는 종래 조선물질문화유물조사보존위원회가 수행하였던 고고학과 민속학 관련 학술 사업을 전담하는 역할을 하였다.

(2) 고고학 연구의 기초 자료 확보를 위한 유적의 발굴 : 1947년에 이루어진 평양 일대의 낙랑 고분을 시작으로 1949년에는 안악 고구려 고분과 초도 유적(나선시), 그리고 1950년에는 궁산 유적(평남 온천군), 전쟁 중이었던 1953년에는 요동성 무덤(평남 순천시)이 발굴되었다. 이와 같은 유적의 발굴 조사에서 얻은 성과는 북한 고고학의 학술 역량을 향상하고 그 기반을 구축하는

데 이바지하였다. 궁산 유적은 해방 이후 처음으로 발굴된 신석기 유적으로서 신석기시대의 문화를 새롭게 정립하는 데 중요한 의미를 지니며, 초도 유적의 발굴을 통하여 일제시기에 대두된 이른바 금속병용기설의 허구성이 입증되었고, 안악 고분과 요동성 무덤은 고구려의 역사와 문화를 밝히는 데 유용한 자료가 되었다.

(3) 역사 및 고고학의 연구 성과를 이론적으로 체계화하는 간행물 출판 : 이 시기에 『조선력사』(1~3권), 『조선력사론문집』, 『조선고대사』가 발행되었고, 『력사제문제』(조선력사편찬위원회 기관지) 및 『문화유물』(조선물질문화유물조사보존위원회 기관지)과 같은 학술 잡지가 간행되었다.[4]

(4) 고고학 전문 인력의 양성 : 대학의 교육망을 통하여 새로운 고고학 전문가를 육성하고, 중앙과 지방의 역사박물관 및 조선물질문화유물조사보존위원회 구성원을 유적 조사 사업에 직접 참가하게 하여 전문적인 실무 능력을 높이고, 집중적인 강습을 통하여 학술적인 역량을 강화하는 사업이 이루어졌다.[5]

2. II기(1953년 8월~1961년 8월)

II기는 정전협정 이후부터 조선노동당 제4차 대회(1961년 9월)가 열리기 이전에 해당한다. 한국전쟁이 마무리된 다음, 북한에서는 전후 인민 경제의 복구와 발전을 도모하고, 사회주의의 기초 건설을 굳건히 하려는 목표를 달성하기 위하여 전국적으로 방대한 규모의 건설 공사를 시행하였다. 이와 관련된 고고학 사업은 각종 건설 현장에서 드러난 유적 유물을 과학적으로 조사 발굴하고, 그에 따른 문화유산의 정리와 보존 관리에 대한 체계를 세우며, 우리의 역사와 문화 전통을 주체적 입장에서 평가할 수 있는 기반을 다지는 데 중점을 두며 진행되었다. 「사상사업에서 교조주의와 형식주의를 퇴치하고 주체를 확립할데 대하여」(1955년 12월)라는 담화문은 주체를 세우기 위한 전환점이 되었고, 「력사유적과 유물을 잘 보존할데 대하여」(1958년)라는 담화에서는 유적 유물의 발굴 복구에 대한 원칙적 문제가 제시되었다.

(1) 고고학 연구에 있어 사상 교양 사업의 강화 : 민족 자주 의식과 애국주의 정신으로 무장된 교양을 통하여 사대주의와 교조주의 및 민족 허무주의를 극복하고, 주체를 세워 고고학 연구에서 제기되는 문제를 적극적으로 해명하기 위한 사업이 진행되었다. 예를 들어, 공귀리 유적(자강도

---

4 한국전쟁으로 인하여 『력사제문제』는 18집, 그리고 『문화유물』은 2집까지 발행되었다.

5 예를 들어, 1947년도에는 김일성종합대학의 도유호 교수 등이 참가하여 대동강 연안에 있는 석암리(石巖里) 고분이 발굴되었고, 청진역사박물관에서는 함경북도 지방의 석기시대 유적을 조사하였다(한길언 1950. 65쪽 ; 도유호 1958).

강계시)의 발굴 성과는 우리나라에 청동기시대가 존재하였다는 사실을 더욱 분명하게 입증할 뿐만 아니라, 금석병용기설의 논리적 배경이었던 문화이동론의 사대주의적인 관점을 극복하는 데 중요한 역할을 하였다. 1959년에 이루어진 기자묘(평양)의 발굴에서는 기자묘 자체와 기자 동래설의 진실 여부를 증명할 유물이 발견되지 않았고, 안악 3호 무덤은 주체적 견지에서 고구려의 왕릉으로 논증되었다.

(2) 전후 복구 건설 사업 및 관개 공사 사업과 병행하여 전국적으로 추진된 유적 유물의 조사 발굴 : 1954년에는 「각종 건설공사과정에서 발견되는 유적유물을 보존관리할데 대하여」(내각지시 제92호)를 채택하여 전국 각지의 건설 현장에서 발견되는 유적 유물의 파괴와 분실 등을 미연에 방지하기 위한 조치가 이루어졌다. 그 후 1958년부터는 관개 면적을 확장하기 위한 사업이 전개되었고[6] 이 사업을 집행하는 과정에서 수많은 유적 유물이 발견되었다.[7] 그와 같은 유적 가운데 오동 유적(함북 회령시), 지탑리 유적(황북 봉산군), 공귀리 유적(자강도 강계시), 범의구석 유적(함북 무산군) 등에서 얻은 고고학 성과는 신석기시대부터 초기 철기시대에 이르는 역사 발전의 합법칙성을 체계화하는 데 이바지한 바가 크다. 또한 태성저수지(평남 강서군) 침수 구역에서 발굴된 고구려 무덤을 비롯하여 평양 역전, 복사리(황남 안악군), 팔청리(평남 대동군), 약수리(평남 강서군) 등에서 발굴된 고구려 벽화무덤은 고구려의 역사와 문화를 밝히는 데 기여하였다.

(3) 고고학 발굴의 전문화와 학술 역량의 강화 : 1956년에는 종래의 물질문화사연구소를 고고학 및 민속학 연구소로 개편하여 고고학, 민속학, 미술사를 전문적으로 담당하는 부서가 발족되었다. 그리고 「력사유적과 유물을 잘 보존할데 대하여」라는 담화에서 언급된 지침에 의거하여 고고학 및 민속학 연구소에는 제대군인들과 중등교육을 받은 성원들로 구성된 30명 정도의 발굴대(전야공작대)가 조직되었다.

(4) 발굴 보고서 발간과 논문 집필 : 『조선금속문화 기원에 관한 연구』, 『대동강류역 고분발굴보고』, 『안악제1호 및 제2호분발굴보고』와 같이 수십 건에 이르는 발굴 보고와 연구 논문이 단행본으로 발행되었고, 1957년부터 간행된 『문화유산』(고고학 및 민속학 연구소의 기관지)에는 100여 건이 넘는 논문이 게재되었다.

(5) 토론과 논쟁을 활성화하여 고고학 연구 성과를 널리 알리기 위한 선전 사업 : '조선민주주의인민공화국창건 10주년 기념 고고학 부문 학술 보고회', '제1차 전국고고학토론회', '8·15해방 14주년

---

6 이 사업의 성격과 목적에 대해서는 다음의 글을 참조하기 바람. 「관개 공사장에서 발견되는 유물 보존 사업을 전 인민적 운동으로 강력히 전개하자」, 『문화유산』 1958(5), 7-10쪽.

7 『총론』에 수록된 '유적유물발굴조사일람표'에 의하면, 1954년부터 1961년까지 8년 동안 발굴 조사된 유적은 약 91건에 이른다.

고고학학술토론회'가 개최되었다. 한편 1956년 10월부터 1961년 9월까지 20차에 달하는 학술 토론회가 진행되었는데 이 학술 토론회에서는 원시문화의 발전 양상, 금속 문화의 기원, 고조선의 사회 성격, 안악 3호 무덤의 주인공에 대한 문제 등이 논의되었다.

3. III기(1961년 9월~1970년 10월)

III기는 1961년 9월에 열린 조선노동당 제4차 대회부터 제5차 대회(1970년 11월)가 개최되기 이전 시기까지를 말한다. 1950년대 중·후반에 걸쳐 사회주의의 기초건설을 위한 토대가 완수된 것으로 평가한 북한 지도부는 조선노동당 제4차 대회에서[8] 제1차 7개년 계획을 제시하며, 사회주의의 전면적인 건설을 심화 발전시키려는 과업을 여러 방면에서 추진하였다. 예를 들어, 「현시기 우리 혁명의 요구에 맞게 사회과학의 역할을 더욱 높일데 대하여」(1963년 12월)라는 담화를 통하여 교조주의와 사대주의 사상적 잔재를 완전히 극복하고, 현실 발전의 요구를 관철시키기 위한 사회과학 부문의 과업이 제시되었다(『총론』, 43-44쪽). 특히, 1967년 5월의 조선노동당 중앙위원회(제4기 제15차 전원회의)에서는 유일사상 체계를 수립하기 위한 조치가 취해져, "고고학 을 비롯한 모든 사회과학 분야에서 당의 유일사상 체계를 튼튼히 세우고 과학 연구 활동에서 주체적 방법론을 철저히 구현해야 하는 강령적 지침"이 마련되었다(『총론』, 42쪽). 그리고 「우리 당의 인테리정책을 정확히 관찰할데 대하여」(1968년 6월)라는 연설에서는 일부 학자들이 지닌 사대주의와 교조주의적인 편향을 지적하여 당의 사상으로 더욱 철저하게 무장된 인테리들의 혁명화가 필요한 것으로 강조되었다.

(1) 주체적 방법론을 철저히 구현하는 고고학 연구 : 새로운 사회주의의 전면적 건설에 방해가 되는 "사대주의와 교조주의의 사상적인 잔재, 그리고 민족 허무주의와 복고주의 경향"은 청산되어야 할 과제이며[9], "당성과 노동 계급성의 원칙, 역사주의 원칙과 현대성 원칙"을 견지한 주체적 방법론과 그 입장에서 민족사의 연구 과제가 해명되어야 함이 강조되었다. 1967년에는 고고학 연구에서 주체의 방법론을 철저히 구현하는 데 요구되는 새로운 전환점을 세우고 분위기를

---

8 1956년의 '8월 종파사건'에서 야기된 '반종파투쟁'에서 승리한 김일성은 그에 대한 비판 세력을 숙청하며 당내의 지지 기반을 굳건하게 확보하여 나갔다. 이러한 일련의 과정을 경험하면서 반김일성 연합 세력을 일소한 북한 지도부는 조선노동당 제4차 대회를 계기로 김일성 중심의 단일 지도 체제를 더욱 공고하게 확립하기 시작하였다(이종석 2000. 79-80쪽).

9 예를 들어, "일제 어용학자들의 이론을 비판 없이 따르거나 숭상하는 것은 사대주의와 교조주의의 영향이며(『총론』, 42쪽), 자기 나라의 역사와 문화유산을 무조건 부정하는 행위는 민족허무주의의 소산이며, 과거의 낡은 문화를 조건 없이 찬미하며 오늘의 새 문화 건설에 그대로 이식하려는 태도는 복고주의의 경향에 의한 것이다."(『총론』, 46쪽)

쇄신하기 위하여 종전의 '고고학 및 민속학 연구소'가 '고고학연구소'로 개편되었다.[10]

(2) 주체적 방법론에 입각한 문화이동론의 부당성 극복 : 이 사업의 핵심은 "사회 역사 운동의 합법칙성과 인민의 창조적 역할을[11] 통하여 우리나라에 고유한 원시문화가 발생 발전하였으며, 각이한 문화권에 속하는 개별적인 종족의 이주와 전파를 통하여 새로운 문화 발전이 이룩되는 것이 아니다."(『총론』, 48쪽)라는 관점에서 출발한다. 따라서 이 사업에서 과학적으로 해명되어야 할 과제는 우리 민족이 독자적으로 발생한 본토 기원의 집단임을 밝히고, 유구한 역사적 과정을 거치며 이 땅에 우수한 문화 전통을 이루어냈다는 점을 논증하는 데 있다. 이에 대한 종합적인 연구 성과는 『조선원시고고학개요』 등에 반영되었다.

(3) 우리나라 역사의 유구성을 과학적으로 해명하기 위한 구석기 유적의 발굴 : 굴포리 유적(나선시)에서 확증된 구석기시대의 존재는 단순한 학술상의 성과를 뛰어넘어, 우리 민족의 기원 문제를 유구한 역사적 배경에서 이해하는 데 도움을 주었다. 그리고 검은모루 유적(평양시 상원군)의 출토 유물(석기와 동물 화석)은 조선 사람의 역사적 뿌리가 전기 구석기시대의 이른 시기로부터 이어진다는 중요한 의미를 지닌다.

(4) 고조선 문제와 노예사회 문제를 해명하기 위한 발굴 및 연구 : '기자동래설'의 허구성이 명확하게 입증되었고, 1963~65년 사이에 이루어진 중국 동북 지방의 발굴 성과는 고조선 사회의 성격과 강역을 고찰하는 데 이바지한 바가 크다. 특히 강상 무덤과 루상 무덤에서 드러난 노예 순장무덤을 통하여 고조선이 강력한 노예소유자국가로서 독자적인 문화를 이룩하였고, 그 서쪽 변경이 요하 유역이었다는 사실이 밝혀졌다. 또한 중국 동북 지방의 유적 발굴에 뒤이어 고조선 후기, 곧 고조선 유민이 남긴 무덤(나무곽무덤, 귀틀무덤, 벽돌무덤)이 평양시 낙랑구역 등에서 조사 발굴되었다.

(5) 조선 사람의 기원 문제를 담당할 연구 집단의 발족[12] : 이 집단의 연구 과제는 원시시대와 고대 및 중세의 인골뿐만 아니라 현대 조선 사람의 체질적 특성을 대상으로 삼아 조선 민족이 먼 과거로부터 단일하게 형성된 민족임을 밝히는 것이었다.

(6) 조사 발굴과 유적의 정비 복원 : 신석기시대와 청동기시대에 속하는 유적(함북 나선시 굴포리 서포항 유적과 황북 송림시 석탄리 유적 등)이 발굴되었고, 조사 답사를 통하여 함경남도, 평안남·북도, 황해남·북도에 있는 고구려와 고려시대의 성곽에 대한 자료가 축적되었다. 또한 정비 복원을

---

10 『총론』 48쪽에는 '1968년'으로 표기되었으나, 고고학연구소라는 명칭은 『고고민속』 1967년 1호(1967년 3월 발행)의 속표지에 이미 등장하여, 이 글에서는 고고학연구소의 설립 시기를 1967년으로 잡았다.

11 이에 관해서는 『주체사상의 사회역사원리』(백산서당 편집부 1989)를 참조하기 바람.

12 발족 연도와 기구 명칭은 정확하게 알려지지 않았지만, 백기하 등이 주로 이 연구 집단에서 활동하였다고 추정된다.

위한 발굴 조사가 대성산 일대의 고구려 유적(대성산성, 안학궁지, 무덤)에서 진행되었다.

(7) 고고학 관련 정기 간행물의 간행 : 『문화유산』의 뒤를 이어 1963년부터 『고고민속』이 발행되어 원시시대부터 중세에 이르는 연구 논문이 발표되었다.

4. Ⅳ기(1970년 11월~1980년 9월)

Ⅳ기는 1970년 11월에 개최된 조선노동당 제5차 대회부터 제6차 대회(1980년 10월) 이전까지의 시기에 해당한다. 1950년대(Ⅱ기)에 걸쳐 사회주의의 기초 건설을 위한 토대가 완수되었고, 1960년대(Ⅲ기)에 이르러 사회주의의 전면적인 건설이 이룩된 것으로 판단한 북한 지도부는 조선노동당 제5차 대회를 계기로 사회주의의 완전 승리를 달성하기 위한 목표를 제시하였다. 이 시기의 고고학 연구 사업은 김정일을 계승자로 하는 유일사상 체계를 공고하게 세우고, 온 사회의 주체사상화라는 지도적 지침의 실현을 기본 임무로 하였다(『총론』, 65-66쪽). 「민족문화유산계승에서 나서는 몇가지 문제에 대하여」(1970년 2월)라는 김일성의 연설은 Ⅳ기에 이루어진 민족 문화유산의 연구와 평가의 방향 설정을 도모하는 데 중요한 역할을 하였다.

(1) 민족 문화유산을 주체적으로 평가 처리하여 사회주의 민족 문화 건설 : 이 사업은 민족 문화유산의 연구 및 평가 처리에서 민족 허무주의와 복고주의적 경향을 극복하고, "당성과 노동 계급성의 원칙, 역사주의 원칙과 현대성 원칙"을 관철하여 사회주의적 민족 문화를 새롭게 건설하는 방향과 대책을 세우며, 그것을 실천에 옮기는 과제에 초점을 맞추어 진행되었다. 이에 따라 당, 정권기관, 교육, 과학, 문화 예술 부문의 책임자들로 구성된 국가적인 '민족문화유산심의위원회'가 조직되어, 민족 문화유산 전반에 대하여 개별적으로 심의 평가하는 작업이 이루어졌다.[13] 이를 통하여 당의 요구에 맞는 애국주의 교양 사업과 유적 유물에 대한 보존 관리 사업이 추진되었다.

(2) 역사적 사실의 올바른 고증 평가 및 체계화 : 이 사업으로 취해진 조치 가운데 하나는 고구려의 역사와 문화를 정확하게 고증하여 연구 평가하는 것이었다. 을지문덕이 수나라 대군을 물리친 살수대첩(612년)의 살수(薩水)는 청천강이 아니라 요동반도의 대양하(大洋河) 지류인 소자하이며, 당시 수양제가 함락시키려고 했던 평양성은 압록강 하류 이북의 환도성으로 연구되었다. 평양에 있는 동명왕릉은 발굴을 통하여 얻은 고고학 자료에 근거하여 고구려 시조왕의 무덤으로 확증되었으며, 이 왕릉은 역사주의적 원칙에 따라 고구려의 시대상이 잘 반영되도록 개건되었다.

---

13 이 사업의 일환으로 『위대한 수령 김일성동지의 혁명사상에 의한 민족문화유산연구』(사회과학출판사 1972)가 발행되었을 것으로 생각된다. 이 책의 구체적인 내용에 대해서는 다음의 글을 참조하기 바람. 안병우 1990 ; 이선복 1992.

(3) 우리나라 역사의 유구성을 과학적으로 해명하기 위한 고고학적 발굴과 연구의 심화 : 1972년 승리산 동굴유적(평남 덕천시)에서 구석기시대의 인류 화석(덕천사람과 승리산사람)이 처음 발굴된 이후 역포사람(평양시 역포구역 대현동), 만달사람(평양시 승호구역 만달리)의 화석이 발굴되었다. 덕천사람과 역포사람은 고인, 승리산사람과 만달사람은 신인에 속하며, 이와 같은 인류 화석 자료는 인류의 진화 발전 과정과 조선 사람의 기원 문제를 밝히는 데 있어 큰 의의를 지닌다. 특히 만달사람의 체질인류학적 특징은 조선 사람의 본토 기원설을 정립하는 데 필요한 기초 자료를 제공해주었다.

(4) 신석기시대의 유적 유물에 대한 발굴 : 용연리 유적(평북 룡천군), 강상리 유적(함남 신포시), 남경 유적(평양시 삼석구역 호남리) 등에서 신석기시대 문화와 그 고유한 특성을 밝히는 데 유용한 고고학 자료가 발굴되었다. 강상리 유적은 동해안 일대에서 전개된 신석기문화의 양상을 살피는 데 도움을 주며, 120여 개체분의 토기가 발견된 남경 유적의 31호 집자리(면적 : 100㎡ 이상)는 그 바닥이 위·아래의 두 단으로 이루어진 특이한 구조를 지니고 있었다.

(5) 고대 시기(청동기시대와 고조선) 유적 유물에 대한 발굴 : 남경 유적의 청동기시대 집자리와 돌관무덤, 연탄저수지 침수 구역(황북 연탄군)의 고인돌, 대아리 유적(황남 배천군)과 선암리 유적(황북 신평군)의 돌관무덤(비파형단검 출토) 등이 발굴되었고, 고조선 관계 유적(고대 무덤과 황남 온천군 성현리 토성 및 은률군 운성리 토성 등)은 평양 지방과 서해안 일대에서 활발하게 조사되었다. 이들 지역의 고대 무덤에서 출토한 유물은 서북 조선 일대에 분포한 고대 무덤과의 선후 관계와 계승성을 밝히는 데 도움을 준다. 평양시 낙랑구역에 집중되어 있는 고분은 이 지역에서 독자적인 세력을 구축하였던 고조선 유민에 의하여 남겨진 것으로 재확인되었다.

(6) 중세 시기(고구려)의 유적 유물에 대한 발굴 : 덕화리(평남 대동군), 덕흥리(평남 강서군), 보산리(평남 강서군), 금옥리(평양시 승호구역), 우산리(남포시) 등에서 고구려의 벽화무덤이 발굴되었다. 1977년에는 평양시, 평안남도, 황해남도 일대에서 2,600기가 넘는 고구려 시기 무덤이 조사되었고, 그 가운데 33기를 발굴하였는데, 보산리와 금옥리 및 우산리에서 벽화무덤이 발견되었다.

(7) 고려 시기의 유적 유물 발굴 : 개성 일대를 중심으로 고려 시기의 유적 유물에 대한 발굴 사업이 진행되었다. 1978년에는 왕릉급의 무덤을 비롯한 수백 기의 무덤이 발굴되었다.

(8) 외국과의 학술 교류 : 1970년대 초 다까마쯔 무덤의 발견을 계기로 일본의 초청을 받아 학자 대표단이 파견되었다. 그 후에도 고고학자들을 학술 대표단에 포함시켜 외국에 파견하였다.

(9) 연구 논문과 단행본의 발간 : 인류학, 고동물학, 고고학 전문가들이 동굴유적에서 드러난 자료를 정리하여 『덕천승리산유적발굴보고』와 『평양부근동굴유적발굴보고』를 출판하였고, 『조선사람의 기원에 관한 인류학적연구』라는 연구 논문과 교재 『인류학』 등이 단행본으로 발간되었

다.『우리 나라 원시집자리에 관한 연구』와『질그릇을 통하여 본 우리 나라 신석기시대 문화발전의 고유성』에서는 집자리와 질그릇을 중심으로 우리나라 원시 문화의 발전 과정이 다루어졌다. 『고조선문제연구론문집』의 출판은『조선통사』와 각급 학교 교과서에 실린 고조선 부분을 수정 및 보충하는 데 영향을 주었다.『고구려벽화무덤에 대하여』라는 단행본을 비롯하여 종합 화첩으로 『우리 나라 력사유적유물』이 발간되었다. 그리고『조선전사(1~5권)』를 간행하여 민족의 역사와 문화를 체계화하는 데 획기적인 진전이 이룩되었다.

5. Ⅴ기(1980년 10월~1989년 12월)

Ⅴ기는 1980년 10월에 개최된 조선노동당 제6차 대회 이후부터 1989년 12월까지 해당한다. 1980년대는 "당과 혁명 발전에 중대한 의미를 지니는 시기로서, 사회주의의 완전 승리를 위한 투쟁이 더욱 진전되고, 온 사회의 주체사상화를 심화시켰던 단계이다. 이 시기에 유적 유물에 대한 조사 발굴 사업과 연구 사업이 깊이 있게 발전되었으며, 고고학 연구 성과를 소개 선전하는 사업이 심도 있게 진행되었다."(『총론』, 88쪽).「문화유적유물 보존관리사업을 강화할데 대하여」 (1985년 7월 11일, 주석명령 제35호)와「력사유적과 유물을 발굴복원하는 사업을 잘할데 대하여」 (1987년 6월 7일)라는 담화는 유적 유물의 발굴 복원 사업에 중요한 지침이 되었다.

(1) 구석기시대와 신석기시대 및 청동기시대 유적 유물에 대한 조사 발굴의 심화 : 1985~86년 사이에 평안남도와 함경남도 일대에 분포한 300여 개의 석회암 동굴이 조사되었다. 그 중 밀전리·은산(평남), 다천리·온정리 굴재덕(함남) 동굴유적이 발굴되어 다양한 종류의 짐승 화석이 발견되었다. 마산리 유적(황북)에서는 신석기시대와 청동기시대의 집자리, 광성동 일대(황북)에서는 고인돌, 남경 유적(평양)의 청동기시대 유물층에서는 탄화된 곡물이 발굴되었다. 지난날 조사 범위에서 제외되었던 백두산 일대를 조사하여 양강도 혜산시, 갑산군, 풍서군 지역에서 원시시대의 석기와 질그릇을 찾아냈다.

(2) 통일거리 건설에 따른 낙랑국 시기의 유적 발굴 : 낙랑구역(평양) 일대에는 1000여 기의 고분이 분포하고 있는데, 통일거리 건설을 시작하기에 앞서 이 지역에 대한 대규모 발굴 사업이 추진되었다. 1982~84년에 걸쳐 낙랑구역에서 332기의 고분이 발굴되었다. 여기서 얻은 성과는 사대주의적인 '낙랑군재평양설'의 부당성과 허위성을 비판하고, 낙랑 유적에 대한 정확한 평가를 통하여 고조선과 고구려의 계승 관계를 밝히는 데 이바지하였다.

(3) 고구려 시기 유적의 발굴과 연구 : 1981년에는 평양 청호동-휴암동을 연결하는 고구려의 다리(413년경 축조)가 발굴되었다. 1987년에는 대성산 일대, 황해북도 서흥군과 황해남도 안악군

일대에 있는 200여 기의 고구려 무덤을 조사하였고, 이 가운데 2기의 벽화무덤(안악군 평정리 1호 무덤, 월정리 무덤)을 포함하여 10여 기의 무덤에 대한 발굴 조사가 이루어졌다. 황해남도 신원군 장수산 일대에서 큰 도시 유적이 발굴되었고, 이 유적과 바로 인접한 장수산성에서는 행궁터로 추정되는 건물터와 여러 종류의 유물이 발굴되었다. 이런 사업을 통하여 장수산 일대는 고구려의 부수도인 남평양이 위치했던 것으로 확증되었다.

(4) 발해 시기의 역사와 문화를 밝히기 위한 유적 유물 발굴 : 1985년부터 연차적으로 동해안 일대에 분포한 발해 유적이 조사되었다. 함경남도 지방에서는 청해 토성(북청군)과 함께 북청군, 신포시, 홍원군, 이원군 일대에 분포한 무덤 100여 기가 발굴되었다. 오매리 절터(신포시)에서는 발해의 4각 나무탑터와 고구려의 불경 금도금판 등이 출토되어 학계의 관심을 받았다. 함경북도 지방에서는 부거리(청진시), 궁심리(회령시), 정문리(화대군) 등지에 있는 큰 규모의 무덤들이 발굴되었다. 이와 같은 유적의 발굴 조사에서 얻은 성과는 발해 5경의 하나인 남경 남해부의 위치 확인을 비롯하여 고구려와 발해의 계승 관계를 입증하는 데 중요한 자료가 된다.

(5) 조사 대상 유적의 항공 및 지상 촬영과 발굴 정형에 대한 촬영 : 태천발전소(평북 태천군 대령강)를 건설하기에 앞서 1986년에는 옛 장성 유적에 대한 항공 촬영과 지상 촬영이 이루어졌다. 또한 과학교육영화촬영소에서는 청해 토성과 무덤의 발굴 정형을 현지에서 촬영하였다.

(6) 발굴 성과를 종합적으로 체계화하기 위한 집필 : 원시부터 중세까지의 유적 발굴 조사와 연구 성과는 『조선고고학전서(전6권)』의 집필을 통하여 종합적으로 체계화되었다. 이 시기에 집필된 주요 고고학 도서로는 『조선의 구석기시대』[14], 『조선의 신석기시대』, 『조선의 청동기시대』, 『남경유적에 관한 연구』, 『비파형단검문화에 대한 연구』, 『비파형단검문화연구론문집』, 『덕흥리벽화무덤』, 『덕흥리고구려벽화무덤』, 『조선사람의 기원』, 『인류진화발전사』 등이 있다.

(7) 고고학적 연구 성과의 소개 선전 : 남경 유적(평양)에서 출토된 청동기시대의 탄화된 낟알을 조선중앙역사박물관에 전시하였으며, 이와 관련된 내용이 신문, 통신, 방송을 통하여 내외 학계에 소개되었다. 1985~86년에는 일본의 주요 11개 도시에서 '고구려 문화전'이 개최되었다. 발굴과 연구 사업을 널리 알리려는 취지에 따라 1986년부터 『조선고고연구』가 정기적으로 간행되기 시작하였다.

(8) 자연과학적 '연대측정연구실' 발족 : 형태 비교학적 방법으로 추정한 종전의 상대 연대를 재검토하고, 새로운 유적의 연대를 판정하기 위하여 고고학연구소에 연대측정연구실을 설치하였다.

---

14 동일한 제목의 저서가 1977년에 간행된 바 있다(고고학연구소 1977a 참조).

6. Ⅵ기(1990년 1월~1994년 12월)

Ⅵ기는 대체로 1990년부터 김일성이 사망하고(1994년 7월 8일) 단군릉 개건 준공식(1994년 10월 11일)이 거행된 직후까지를 포함한다. 이 시기에 있어 북한 지도부는 사회 과학자들에게 "우리 식 사회주의를 끝까지 옹호 고수할 수 있도록 사회주의 위업의 정당성과 과학성, 불패의 생활력을 과학 이론으로 깊이 있게 논증하고 해설 선전하는 한편 인민 대중이 조선 민족으로서 긍지와 자부심을 가지고 조선 혁명을 끝까지 수행하도록 역사 연구를 더욱 심화시킬 것을 요구하였다."(『총론』, 104-105쪽)

(1) 단군릉과 고조선 관련 유적 유물의 조사 발굴과 연구 : 이 시기에 가장 중점적으로 이루어진 사업은 단군릉(평양시 강동군)에 대한 전면적인 조사 발굴과 연구 및 선전 사업이며, 김일성은 「단군릉개건방향에 대하여」(1993년 10월 20일)라는 연설에서 단군릉 복원 사업에 따른 개건 방향과 방법[15] 등을 제시하였다. 단군릉에 대한 발굴 과업은 1993년 1월에 내려졌다(전영률 1994 : 14). 단군릉 발굴에서는 사람 뼈, 금동관 조각, 쇠관못 등이 출토되었는데, 전자상자성(전자스핀)공명법에 의하여 유골의 연대는 지금으로부터 5011년 전 것으로 측정되었다. 단군릉에서 나온 남성 유골의 주인공은 단군으로서 단군은 신화적, 전설적 인물이 아니라 역사적으로 실재한 인물이었음이 밝혀졌고, "단군은 고조선의 건국 시조이며 우리 민족의 원시조라는 것과 평양은 고조선의 수도, 고대 문화의 발원지, 중심지라는 것이 논증되었다"(『총론』, 122쪽). 고조선에 대한 역사 연구를 심화시키기 위하여 평양시를 중심으로 평안남도와 황해남북도 일대의 유적 유물이 집중적으로 발굴되었는데, 그 가운데 대표적인 것으로 상원군(평양) 용곡리와 장리 고인돌, 성천군(평남) 용산리 순장무덤, 강동군(평양) 황대성 유적 등이 있다.

(2) 삼국의 건국 연대 등과 관련된 새로운 고증 : 우리나라의 첫 봉건국가인 고구려의 건국 연대는 기원전 3세기(BC 277년)으로 확증되었고, 그 시기가 올라감에 따라 백제의 건국 연대도 기원전 3세기 중엽으로 소급되었다. 백제는 기원전 1세기 말엽에 독자적인 봉건국가가 되었다. 신라는 기원전 1세기 초엽 경주 일대에서 봉건 소국인 사로국을 형성하였으며, 1세기 초중엽에

---

15 이에 관한 내용을 살펴보면 대략 다음과 같다. 첫째, 단군릉은 조선민족의 원시조의 무덤이므로 동명왕릉보다 더 크고 웅장하게 개건되어야 한다. 동명왕릉처럼 흙으로 쌓지 말고, 돌로 피라미드식으로 만든다. 둘째, 단군릉 안에 사람들이 들어갈 수 있는 출입문 시설을 하고, 여러 사람이 둘러볼 수 있도록 관대를 2개(남자 유골은 오른쪽, 여자 유골은 왼쪽) 설치한다. 셋째, 단군의 유골을 영구보존토록 한다. 넷째, 단군릉의 돌기단을 높게 하지 말며, 밑에서도 범돌 조각상을 비롯한 돌조각상들을 올려볼 수 있도록 한다. 다섯째, 고조선의 건축 형식 맛이 나도록 제단은 만들지 말고 상돌을 만들어 놓는다. 여섯째, 단군릉은 남조선 사람과 해외 동포 및 다른 나라 사람이 와보아도 손색이 없도록 잘 꾸며놓아야 한다(『총론』, 116쪽 참조).

독자적인 봉건국가가 되었다. 이 밖에 부여는 기원전 2세기 초, 그리고 가야는 1세기 중엽에 각각 봉건국가로 발전하였다. 한편 안악 3호 무덤의 주인공은 미천왕(300~331)이 아니라 고국원왕 (331~371)이 맞는 것으로 의견이 일치되었다.

(3) 통일거리 건설장 일대, 철령의 고구려 문화층, 원산리 가마터 발굴 : 통일거리 건설 과정에서 드러나는 유적 유물을 신속하게 처리하기 위하여 고고학연구소의 연구 성원으로 구성된 학술 집단을 편성하여 발굴조를 조직하고 지역별로 업무를 담당하도록 하였다. 원산리 가마터(황남 배천군)에서는 고려 초기와 그 이전 시기의 청자 가마터가 발굴되었고, 철령 유적(강원도)의 고구려 문화층에서는 쇠와 청동으로 만든 수십 개의 기마 모형이 출토되었다.

(4) 발해 시기 유적 유물의 발굴과 러시아와의 공동 발굴 및 연구 : 1990~91년에 함경북도 부거리 석성(청진시)과 성상리 토성(김책시)이 발굴되었고, 동흥리(김책시)에서는 발해의 전형적인 건축 유적인 24개돌 유적이 모습을 드러냈다. 1992~93년에는 러시아 연구진과 함께 동해안 일대와 연해주 지역에 있는 발해 유적을 대상으로 공동 발굴을 진행하였고, 두 나라의 학자들은 여러 차례의 학술 좌담회를 통하여 발해는 고구려를 계승한 국가임을 인정하였다.

(5) 왕건 왕릉과 만월대 개건 확장 : 이 사업을 추진하기 위하여 1992년 6월부터 고고학적 발굴사업 이 진행되었다. 왕건 왕릉 발굴에서는 왕건릉의 구조가 확인되었고 벽화가 발견되었으며, 상감청자 와 금동 장식품 등을 찾아냈다. 만월대에서는 왕궁터의 전체 모습을 밝히는 데 도움이 되는 수많은 건축지가 확인되었다. 한편 왕건 왕릉의 복원 사업에서는 "개건하는 왕릉의 규모와 크기는 역사주의 원칙에서 왕이 사회 역사 발전에 기여한 정도에 따라 정해야 한다는 왕릉 건설의 중요한 원칙"이 적용되었다(『총론』, 131쪽).[16]

(6) 조사 발굴 및 연구 성과의 집필 : 『조선전사(1~5권)』제2판(1991)과 『조선통사』수정판(1991) 이 간행되었고, 『조선력사 및 문화재자료기준표』와 『조선전사년표 1』도 수정 보충하여 출판되었 다. 또한 단군과 고조선, 낙랑국, 발해 등의 유적 유물에 대한 연구 성과는 『조선고고연구』 등에 게재되었다.

(7) 유적 유물 및 학술적 성과의 소개 선전 : 각지에서 발견된 유적 유물과 그에 따른 연구 성과가 여러 가지 형식과 방법으로 광범위하게 소개되었다. 단군릉 발굴을 계기로 2차(1993년과 1994년)에 걸쳐 '단군 및 고조선에 관한 학술발표회'가 진행되었고, 그에 따른 학술적 성과 등이 『로동신문』에 실렸고, 중앙TV에 방영되었다. 또한 원산리 가마터에 대한 소식이 『로동신문』과 화보 『조선』에 게재되었다. 철령에서 발견된 기마 모형은 『로동신문』과 TV방송과 소리방송(라디

---

16 단군릉은 조선 단일 민족의 원시조이기에 동명왕릉보다 큰 규모로 개건되었지만, 왕건 왕릉의 경우는 왕건이 비록 후삼국과 발해 남부 지역을 통합한 공로는 인정되나 동명왕에 비하여 역사적 역할이 적으므로 동명왕릉보다 크게 하지 말아야 한다고 김일성이 교시하였다(『총론』, 130-131쪽 참조).

오)를 통하여 보도되었다. 조선중앙역사박물관에서는 낙랑 유적에서 출토된 유물을 전시하였다.

7. VII기(1995년 1월 이후)

"1990년대 후반기는 우리 혁명에서 가장 어렵고 준엄한 시련의 시기였다."(『총론』, 136쪽)고 말할 만큼, 당시 북한은 심각한 국가적인 위기를 맞이하였다. 북한은 '고난의 행군'과 같은 정신적인 무장으로 위기를 벗어나고, 선군 정치 및 사회주의 강성 대국론을 내세우며, 경제난의 극복과 인민의 단결을 도모하고자 하였다.[17] 이러한 사회적 분위기 속에서 고고학자들이 해야 할 당면 과업은 "반만년 민족의 유구한 역사를 더욱 빛내이게 해야 한다는 김일성의 유훈을 관철시키기 위한 사업과 우리 민족의 유구성과 역사를 종합 체계화하기 위한 과학 연구 사업을 심화시키는 한편 선전 사업을 활발하게 진행하여 인민의 민족적 긍지와 자부심을 높여주는 것이었다."(『총론』, 137-138쪽)

(1) 대동강문화의 명명과 선포 : 김일성의 유훈을 받들며 김정일의 영도 아래 이룩된 가장 중요한 고고학적 성과 가운데 하나가 바로 대동강문화의 명명과 선포이다(『로동신문』 1998년 3월 11일). 단군조선이 5천여 년 전에 건립된 평양 일대는 고대 문명의 발상지로서 평양은 세계적으로 자랑할 만한 역사를 지녔다. 대동강 유역에는 단군릉, 노예 순장무덤(평남 성천군 용산리), 고대 성곽(평양 강동군 황대성, 낙랑 토성 등), 고대 도시를 방불케 하는 대규모 부락터 유적(평남 덕천시 남양 유적과 평양 삼석구역 호남리 표대 유적 등), 제단 유적(평양 용성구역 화성동) 등을 비롯하여 수많은 고인돌 등이 분포한다. 이러한 유적에서 조사된 고고학적인 자료는 평양을 중심으로 한 대동강 유역이 고대 인류 문명의 발상지로 새롭게 확증할 수 있도록 해준다. 따라서 이 유역은 세계 최초 고대 국가의 발상지 가운데 하나이며, 고조선의 건국 시조가 출생하였던 조선 민족의 성지이기도 하다. "이러한 역사의 고장의 고대 문화를 《대동강문화》로 명명한 것은 조선 민족의 유구한 역사와 문화 전통을 온 세상에 선포한 일대 사변이었다."(『총론』,

---

17 김일성 사망 이후, 김정일을 최고 지도부로 하는 정치 체제가 출범하였으나, 1995~96년의 대홍수와 1997년의 가뭄으로 북한은 심각한 식량난에 직면하였다. 산업 부분에 있어서도 석유와 전기의 부족으로 생산 설비가 제대로 가동되지 않는 등 매우 심한 경제난으로 큰 위기를 맞이하게 되었다. 이와 같은 총체적인 난국을 극복하기 위하여 김정일은 '고난의 행군'을 선포하여 이 위기를 극복하고, '사회주의 강성 대국론'을 제기하여 인민들을 단결시키는 동시에 경제 발전의 전환점을 만들고자 하였다. 또한 인민 군대의 강화를 통하여 대내외적 위협에 대처하고, 군을 중심으로 극심한 경제난을 돌파하기 위하여 새로운 통치 방법으로 '선군 정치'(군대를 중시하고 그를 강화하는 데 선차적인 힘을 넣은 정치)를 내세웠다. '고난의 행군'이라는 최악의 상황에서 벗어난 북한은 1998년 '강행군' 단계로 접어들며 본격적인 김정일 체제를 확립하였다(김성보 외 2004. 262-270쪽 참조).

146쪽) 한편, 1995년 4월에는 낙랑 문화의 성격과 낙랑군의 위치에 관한 토론회를 개최하여, 낙랑 문화는 고조선 후예들이 남긴 문화이며, 낙랑군은 평양에 있었던 것이 아니라 요동 지방에 있었다는 것이 더욱 강조되었다.[18]

(2) 새로운 구석기 유적과 인류 화석의 발굴 : 노동리 유적(평양 상원군)에서는 중기 구석기시대의 몰이사냥터로 가늠되는 동굴유적이 발굴되었다. 석성리(함북 화대군)에서는 용암이 분출할 때 형성된 조면암 속에서 화대사람으로 명명된 이른 시기 고인 단계의 인류 화석이 발견되었다. 이 화석은 열형광법과 고지자기법에 의하여 약 30만 년 전으로 측정되었으며, 이와 같은 사실은 조선 사람의 본토 기원설을 더 확고하게 해주었다.

(3) 신석기시대 질그릇 가마터의 발굴 : 표대 유적(평양 삼석구역)에서 밀폐식 가마터의 시설(아궁, 연소실, 불고래, 소성실)이 발굴되었다. 구조 형식과 유물로 볼 때, 이 가마터의 연대는 지금으로부터 약 6천여 년 전으로 추정되며, 다른 나라(중국, 이란 등)의 신석기시대 밀폐식 가마터보다 약 4천 년 정도 시기가 앞선다.

(4) 발해 시기 벽화무덤의 발굴 : 금성리(함북 화대군)에서 인물풍속도를 주제로 하는 벽화무덤이 발굴되었다. 이 유적은 우리나라 영역 안에서 최초로 발견된 발해 시기의 벽화무덤이며, 발해 문화의 우수성과 독자성, 그리고 고구려 문화와의 계승성을 이해하는 데 중요한 자료가 된다. 1996년 8월과 1998년 9월에는 발해에 대한 최신 연구 성과를 알리기 위한 학술 발표회가 진행되었다.

(5) 고려시대 절간 영통사 유적 발굴 : 고고학연구소는 1998~2000년 일본 다이쇼대학과 공동으로 개성에 있는 영통사 유적을 발굴하여 기본 건물터와 대각국사 의천의 무덤 및 부도터를 확인하였다.

(6) 조사 발굴 및 연구 성과의 집필 : 『대동강문화』, 『평양은 조선민족의 발생지』, 『고인돌무덤에 관한 연구』, 『고인돌무덤에 새겨진 별자리에 관한 연구』, 『화산용암속에 묻힌 인류화석』 등이 집필 출판되었다. 또한 대동강 유역에서 발굴된 유적 유물, 대동강문화의 성격과 특성, 금성리 벽화무덤 등에 관한 소논문이 『조선고고연구』와 같은 학술지에 게재되었다.

(7) 유적 유물 및 학술적 성과의 소개 선전 : 대동강문화를 내외에 알리고자 『대동강문화』는 5개 국어(영문, 노문, 중문, 일문, 프랑스어문)로 번역 출판되었다. 또한 신문, 방송, 통신 등을 통하여 '대동강문화'를 알리는 사업이 활발하게 진행되었다. 화대사람, 표대 유적의 질그릇 가마터, 금성리 벽화무덤 등의 발굴 소식과 연구 성과는 신문기사, TV방송, 소리방송 등과 같은 매체를 이용하여 널리 알려졌다. 1995년에는 단군과 고조선에 관한 제3차 학술토론회, 그리고 낙랑 문화의 성격과 낙랑군의 위치에 관한 학술발표회가 각각 개최되었다. 1998년에는 재일본 조선역사

---

18 북한 학계에서는 낙랑 문화의 성격과 낙랑군의 위치 문제와 관련하여, "순수 학술상의 문제가 아니라 우리 민족의 자주성에 관한 매우 중요한 정치적 문제"로 접근하고 있다(『총론』, 156-157쪽).

고고학 학회 대표들이 참가한 가운데 대동강문화를 주제로 학술 발표회가 진행되었다. 1996년과 1998년에는 발해 시기의 최신 성과를 종합적으로 검토하고, 이를 알리기 위한 학술 발표회가 열렸다. 1996년에는 단군 및 고조선에 관한 학술 토론회, 2002년에 개천절을 계기로 남북학자들이 공동 학술 토론회를 진행하였다.

III. 시기 구분론의 검토와 과제

1. 북한 시기 구분론의 기본 성격

현재 북한 고고학계에서는 해방 이후부터 근래에 이르기까지 북한에서 진행된 고고학의 변화 및 발달 과정과 그에 따른 학술적 성과를 7단계로 세분하는 시기 구분의 체계를 채택하고 있다. 그리고 그러한 시기 구분의 체계는 사회과학원에서 펴낸 '조선고고학총서'를 구성하는 『총론』에서 적용되었기 때문에 그것은 북한 고고학사의 시기 구분에 대한 북한 학계의 공식적인 입장으로 간주될 수 있다.

그동안, 해방 이후 북한 고고학계에서 거둔 학술적 성과와 그 발전 과정을 집약시켜 작성한 글은 대체로 특정한 정치적 사건을 기념하거나 중요한 정치 사회적 변화와 때를 맞추어 발표되어 왔다. 러시아 혁명 40주년, 공화국 창건 10주년 및 15주년, 8·15해방 15주년, 조선노동당대회 개최, 과학원 창립, 『조선고고연구』 발간, 단군릉 발굴과 발굴 10주년, 공화국 창건 50주년 등을 기념하는 글에서 그러한 점을 잘 엿볼 수 있다.[19] 반면에 그와 성격이 다소 다른 것으로 가늠될 수 있는 글은[20] 상대적으로 매우 적은 편이다. 이상에서 언급한 글에서 다루어진 내용은 그것들이 발표될 무렵까지의 고고학 성과를 각기 담고 있기는 하지만, 대부분의 글 내용이 주로 고고학상의 시대별 또는 주제별 성과를 요약하는 데 초점을 맞추었기 때문에 북한 고고학사로서의 전체적인

---

19 이에 대해서는 다음의 글을 참조하기 바람. 「10월 혁명과 조선 고고학의 발전」, 『문화유산』 1957(5) ; 정백운, 「해방후 우리 나라 고고학의 발전」, 『문화유산』 1958(4) ; 「해방후 조선 고고학이 걸어 온 길」, 『문화유산』 1960(4) ; 「조선 로동당 제3차 대회 이후 고고학계가 거둔 성과」, 『문화유산』 1961(4) ; 「과학원 창립 이후 고고학과 민속학의 발전」, 『문화유산』 1962(5) ; 「조선 민주주의 인민 공화국 창건 이후 고고학과 민속학 연구에서 거둔 성과」, 『고고민속』 1963(3) ; 「최근년간 조선고고학연구에서 이룩한 주요 성과」, 『조선고고학연구』 1986(1) ; 류병흥, 「단군 및 고조선 시기의 유적유물 발굴성과에 대하여」, 『조선고고연구』 1995(1) ; 김영진, 「조선민주주의인민공화국의 품속에서 우리 고고학이 걸어온 자랑찬 승리의 50년」, 『조선고고연구』 1998(3) ; 「단군을 원시조로 하는 반만년민족사연구에서 이룩된 자랑찬 성과(단군릉발굴 10돐에 즈음하여)」, 『조선고고연구』 2003(4).

20 이에 대해서는 다음의 글을 참조하기 바람. 서국태 1992 ; 류병흥 1997.

모습을 서술하는 데 일정한 한계를 지녔던 것으로 판단된다.

이러한 종래의 경향과 달리,『총론』에서는 북한 고고학사의 시기별 변동 요인과 학술적 성과가 단계별로 서술되어 종합적이고 체계적인 시각에서 북한 고고학사의 변화 과정을 파악하는 데 도움을 준다. 『총론』에서 제시된 시기 구분은 1945년 8·15해방을 시작으로 정전협정(1953년 7월), 조선노동당 제4차 대회(1961년 9월)와 제5차 대회(1970년 11월) 및 제6차 대회(1980년 10월)를 기점으로 Ⅰ기부터 Ⅴ기에 이르는 각각의 분기(分期)가 구분되었다. Ⅵ기의 경우는 단군릉과 관련 유적의 조사 발굴과 연구 성과의 위업을 특별히 부각시키려는 의미에서 독립된 분기로 설정되었다고 추정된다. Ⅵ기와 Ⅶ기는 김일성(1994년 7월 사망)의 유훈을 받들어 달성된 단군릉 개건 준공식(1994년 10월) 직후를 기점으로 시기가 구분되었다. Ⅶ기에는 이른바 고난의 행군에서 벗어나 김정일을 중심으로 북한의 최고 지도부가 출범되었고, 이 시기에 있어 대동강문화의 명명과 선포(1998년 3월)는 북한 고고학계에 커다란 영향과 과제를 안겨준 정치적 사건이었다.

『총론』에서 각 시기는 약 8~10년 단위로 분기되었다. 이것은 그러한 주기성을 띠며 진행된 북한의 정치적 변동이 고고학계의 흐름과 사업의 방향을 결정하는 데 있어 직접적인 영향을 주었음을 알려준다. 〈표 1〉에 따르면, Ⅵ기의 기간이 다른 시기에 비하여 상당히 짧음에도 불구하고, 서술 분량의 비율(약 22.2%)은 다른 분기에 비하여 상대적으로 높은 편에 속한다. 이 시기에 해당하는 사업 내용을 검토할 때, 단군릉과 고조선 유적의 조사 발굴 및 연구 성과에 관한 내용이 비교적 많은 범위를 차지하며 언급되었다. 요컨대 이러한 점은 단군 및 그와 관련된 유적 유물이 북한 고고학계의 현실적인 여건에서 매우 중요한 위상을 차지하고 있음을 반영해준다.

〈표 1〉 분기별 주요 사업에 대한 서술 분량

구분	기간	서술 분량	비율
Ⅰ기(1945년 8월~1953년 7월)	약 8년	18쪽(6-23)	5.6%
Ⅱ기(1953년 8월~1961년 8월)	약 8년	17쪽(24-40)	11.8%
Ⅲ기(1961년 9월~1970년 10월)	약 9년	24쪽(41-64)	16.7%
Ⅳ기(1970년 11월~1980년 9월)	약 10년	23쪽(65-87)	16.0%
Ⅴ기(1980년 10월~1989년 12월)	약 9년	16쪽(88-103)	11.1%
Ⅵ기(1990년 1월~1994년 12월)	약 5년	32쪽(104-135)	22.2%
Ⅶ기(1995년 1월 이후)		24쪽(136-159)	16.7%

앞에서 이야기한 것처럼, 현재 북한 고고학계의 시기 구분론에 있어 가장 뚜렷하게 드러나는 특징은 각 분기의 시점 설정이 정치적 변동이나 사건, 곧 당시의 정치적 변화와 매우 긴밀하게 연관되어 있다는 사실이다. 따라서 이렇게 도출된 북한 고고학사의 시기 구분 체계는 북한의 역사적인 변화 과정에서 중요하게 작용하였던 정치적 배경의 판단 기준과 근거를 이해하는 데 많은 도움을 준다. 특히 정전협정, 조선노동당 대회(제4차~제6차), 김일성 사망 및 김정일

체제의 출범 등과 관련된 정치 사회적 계기가 분기 설정에 중요한 근거가 되었다. 그리고 그에 따른 시기 구분의 틀을 적용하며 고고학 분야에서 이룩된 성과가 분기별로 반영되었다.

현재 북한의 고고학 연구는 주체적 방법론에 의거하여 "당성[21]과 노동 계급성의 원칙, 역사주의 원칙과 현대성 원칙"을 철저히 구현하는 데 목표를 두며 진행되고 있다. 노동 계급성의 원칙은 역사 발전의 담당자로서 창조적, 자주적 역할을 하는 노동 계급(근로 인민 대중)에 중심을 두며[22] 역사 연구에서 제기되는 모든 문제를 고찰하되, 조선 혁명의 이익과 요구에 맞게 역사 유적 유물을 평가 처리하는 원칙을 말한다. 또한 역사 연구는 주체적 입장의 역사주의 원칙[23]에 따라 당시의 역사적 조건과 환경에 맞게 이루어져야 한다. 그리고 현대성 원칙은 현 시대의 요구와 인민들의 사상 감정에 맞게 역사 유적 유물을 평가 처리하는 원칙을 가리킨다(『총론』, 45-46쪽 참조).

주체적 방법론은 "역사 연구에서 나서는 모든 문제를 언제나 주체적 입장에서 튼튼히 서서 조선 혁명을 중심에 놓고 조선 혁명의 이익에 맞게 고찰하고 분석 평가하는 것"이고, 주체적 방법론의 확립은 "역사적 연구 과제의 해명에 있어 민족적 긍지와 자부심을 높이는 애국 애족의 사상"과 직결된다(『총론』, 45쪽). 예컨대 이런 관점에서 접근할 때, 단군릉과 고조선 관련 유적의 발굴 조사 및 연구 자료는 주체적 입장에서 조선 역사의 유구성과 조선 민족의 단일성을 확인하고, 나아가 동방의 선진 문명국으로서 고조선의 역사적 위상을 구체화 해주는 고고학적인 증거가 된다. 동시에 그러한 것들로부터 얻은 학술적 성과의 의미는 조선 민족의 이익과 조선 인민의 민족적 자부심을 더욱 높여주는 데 있어, 새로운 전환점의 계기가 되는 것으로 평가를 내릴 수 있다(사회과학원 1993 ; 전영률 1994).

2. 시기 구분론에 대한 검토

고고학사 연구의 유용한 방법으로 고고학적 사고의 변화에 영향을 주었던 이론 및 지적 논쟁의 흐름을 추적하고, 고고학적인 발견을 통하여 드러나는 유적과 유물의 의미를 그와 관련된 과거의 정치, 사회, 경제적 맥락 등에 의하여 해석하고 이해하는 데에 중점을 둔다면[브루스 트리거(성춘택

---

21 "당에 대한 무한한 충실성"으로 규정되었던 당성(黨性)은 1970년대에 "당과 수령에 대한 무한한 충실성, 그리고 김일성 동지의 교시를 끝까지 관철하는 투쟁 정신"으로 개념 규정이 바뀌었다(이종석 2011. 77-79쪽).

22 사람이 모든 것의 주인이라는 '철학적 원리'와 인민 대중이 사회 역사의 주체라는 '사회 역사적 원리'를 핵심으로 하는 주체사상에서는 "인민 대중을 올바르게 지도하는 수령의 결정적 역할에 의해서만, 역사의 주체로서 인민 대중이 차지하는 영도적 지위와 역할이 보장된다."고 말한다(백학순 2010. 646-647쪽).

23 자기 나라 혁명의 이익, 민족적 및 계급적 이익과 혁명 발전에 맞는 주체적 입장에서 "사회 역사 현상들을 그 발생, 발전의 구체적 조건들과의 연관에서 고찰하는 원칙"을 말한다(철학연구소 1988. 454-455쪽).

옮김) 2010. 37-38쪽], 현재 북한에서 적용하고 있는 시기 구분론의 체계에 대하여 다양한 이견이 야기될 수 있다는 점을 지적하지 않을 수 없다. 다시 말해서 주체적 방법론이라는 기본적인 입장과 시각을 토대로 하여, 『총론』에서와 같은 분기를 설정하면서 분기별 해당 사업의 성격과 그에 따른 성과에 초점을 맞추려는 서술 경향은 고고학사에서 유효한 방법으로 채택할 수 있는 방향과 매우 심한 편차가 있음을 잘 드러내준다. 따라서 지난 약 70년 동안 북한 고고학계에 축적된 학술적 성과는 여러 가지 측면의 판단 기준을 적용하며 고찰되어야 하고, 다양한 관점에서 제기된 시기 구분론의 틀 속에서 각 단계의 성격과 특징이 논의되어야 할 것으로 생각된다.

앞에서 여러 차례 이야기한 것처럼, 『총론』에서는 해방 이후 전개된 북한 고고학의 흐름을 7단계로 구분하여 분기별 사업의 성격과 그에 부응하여 이룩한 학술적 성과를 서술하였다. 그리고 분기별 사업 과제는 북한 내부에서 일어난 정치 사회적 상황의 변동과 긴밀하게 연동되었던 것으로 설명되어 있다. 따라서 정치사적인 측면에서 접근할 경우, 『총론』에서 채택하고 있는 시기 구분론과 북한 현대사의 시기 구분론[24]에서 적용된 정치적 요인의 근거가 서로 매우 유사하다는 사실에 충분히 수긍이 간다. 그런데 그와 같은 상황의 변화가 북한 고고학의 성립 과정에 주요한 영향을 주었다 할지라도, 그것이 반영된 학술적인 결과물은 때에 따라 일정한 시차를 두며 생산되었기 때문에 정치사와 고고학사의 변화 단계별 시점 설정은 서로 차이가 있을 수 있다.

현대 북한 고고학의 성립 및 발전 과정에서 가장 두드러진 특징 중 하나는 과거의 물질문화를 이해하고 평가하는 데 활용되었던 판단 기준이 시기에 따라 크게 변화되었다는 점이라고 말할 수 있다. 넓은 의미에서 파악할 때, 그러한 변화는 맑스-레닌주의적 방법론에서 주체적 방법론의 구현과 심화라는 진행 과정을 거치며 초래되었던 것으로 설명될 수 있다. 이것은 다시 "① 맑스-레닌주의적 방법론 적용의 모색 단계, ② 맑스-레닌주의적 방법론에서 주체적 방법론으로의 전환 단계, ③ 주체적 방법론에 의한 북한 고고학 체계의 확립 단계, ④ 단군릉 발굴과 개건으로 상징되는 변혁 단계"와 같이 네 단계로 세분될 수 있다고 판단된다. 또한 이러한 단계별 특성은 북한 고고학사의 흐름과 견주어 볼 때, 각각 "초기(1945~1953), 형성기(1954~1970), 확립기(1971~1992), 변혁기(1993~현재)"와 같이 설정된 시기에 각각 대응하는 성격을 지녔던 것으로 생각된다(표 2 참조). 다음에서는 이와 같은 관점에 기초하여, 『총론』의 시기 구분론과 필자의 시기 구분론을 상호 검토하면서 북한 고고학사의 변화 과정에 대하여 살펴보기로 하겠다.

---

24 예를 들어 이종석(2000. 68-87쪽)은 북한 현대사의 시기별 변화 특성을 다음과 같이 제시하였다. ① 1기(1945. 8~47. 2) : 반제 반봉건 혁명 시기. ② 2기(1947. 2~53. 7) : 프롤레타리아 독재 정권의 성립과 한국전쟁. ③ 3기(1953. 7~61. 9) : 전후 복구 건설과 반종파 투쟁. ④ 4기(1961. 9~70. 11) : 주체, 자립의 고창과 유일 체제의 대두. ⑤ 5기(1970. 11~80. 10) : 김정일 후계 체제의 등장. ⑥ 6기(1980. 10~94. 7) : 김정일 후계 체제의 완성과 새로운 시련. ⑦ 7기(1994. 7~현재) : 위기의 심화와 김정일 체제의 출범.

〈표 2〉『총론』과 필자의 시기 구분 비교

『총론』		필자	
구분	성격 (기간)	구분	성격 (기간)
Ⅰ기	해방직후 새 조국건설시기 조국의 역사를 주체적 입장에서 새롭게 정리체계화하고 고고학 연구의 기초를 축성하기 위한 사업(1945.8~1953.7)	초기	맑스-레닌주의적 방법론 적용의 모색기 (1945~1953)
Ⅱ기	전후복구건설과 사회주의 기초건설시기 전국적 범위에서 역사유적유물들을 발굴정리하기 위한 사업 (1953.8~1961.8)	형성기	맑스-레닌주의적 방법론에서 주체적 방법론으로의 전환기(1954~1970)
Ⅲ기	과학연구사업에서 주체의 방법론을 철저히 구현하며 우리나라 역사의 유구성을 과학적으로 해명하기 위한 사업(1961.9~1970.10)		
Ⅳ기	온 사회의 주체사상화의 요구에 맞게 역사적 사실들과 유적유물자료들을 정확히 고증평가하며 고고학 연구사업에서 새로운 전환을 가져오기 위한 사업(1970.11~1980.9)	확립기	주체적 방법론에 의한 북한 고고학 체계의 확립기(1971~1992)
Ⅴ기	혁명발전의 요구에 맞게 우리 인민의 유구한 역사와 우수한 문화를 과학적으로 체계화하기 위한 사업(1980.10~1989.12)		
Ⅵ기	단군릉의 발굴과 5000년의 민족사를 새롭게 정립하기 위한 사업(1990.1~1994.12)	변혁기	단군릉 발굴과 개건으로 상징되는 변혁기 (1993년 이후)
Ⅶ기	선군시대의 요구에 맞게 우리 민족의 유구한 역사를 종합체계화하며 더욱 빛내기 위한 사업(1995년 1월 이후)		

1) 초기의 북한 고고학(1945~1953)

이 시기는 해방 이후부터 정전협정 이전까지의 기간에 해당하며,『총론』에서 제시된 Ⅰ기가 여기에 속한다. 이 경우 한국전쟁 기간(1950. 6. 25~1953. 7. 27)을 어느 단계에 포함시켜야 하는가라는 문제가 제기될 수 있다. 1952년 말 과학원이 창립되면서 그 산하 기관으로 물질문화사연구소가 발족하였고, 1953년에 요동성 무덤이 발굴된 바 있다. 그러나 전쟁으로 인하여 고고학적인 성과가 매우 미약하였을 뿐만 아니라, 그 이전에 비하여 학술적으로 변화된 양상이 관찰되지 않기 때문에, 여기에서는 정전협정 이전을 '초기' 단계에 포함시켰다.

한국전쟁 이전, 역사 과학의 보조 과학으로서 북한 고고학이 추구해야 할 가장 기본적인 임무는 1919년에 발족된 '러시아물질문화사아카데미(Russian Academy for the History of Material Culture)'의 설립 법령(아·드·우달죠브 1950. 87-89쪽)에 근거한 사적 유물론과 맑스-레닌주의적 이론에 입각하여, 조선 물질문화의 역사에 대한 얼개를 확립하는 것이었다고 판단된다. 이러한 시각은 "민족 문화 건설에 필요한 지적 양식은 항상 맑스-레닌주의에서 섭취하기를 게을리 하지 않을 것"이라는『문화유물』의「창간사」(조선물질문화유물조사보존위원회 1949)에 잘 반영되어 있다. 이와 같은 분위기 속에서 한흥수와 도유호는 매우 상반된 주장을 펼치며, 격한 논쟁을 하였다.[25]

둘 사이에 언급된 중요한 쟁점 가운데 하나는 20세기 전반 비엔나 학파가 주도적으로 내세웠던 이른바 문화권설에 대한 평가 문제였다. 한흥수는 문화권설이 인류 사회 발전의 경제적 형태를 표준으로 하지 않은 반동 학설이기 때문에 철저히 배격해야 할 대상이라고 강조하였다(한흥수 1948). 반면에 도유호(1950a ; 1950b)는 선사학을 유물사관적 견지에서 고찰하더라도 계통이 서로 다른 선사문화가 존재하기 때문에, 문화권설 전체를 일방적으로 부정해서는 곤란하며, 문화권설에서 취할 것과 버릴 것을 제대로 판단해야 한다는 반론을 제기하였다.

이렇듯 해방 이후부터 한국전쟁 이전에는 맑스-레닌주의적 방법론을 통하여 조선의 물질문화 유산을 연구해야 한다는 공감대가 형성되었으나, 구체적인 접근 방법에 대해서는 학자들 사이에 서로 다른 입장의 의견이 표명되기도 하였다. 따라서 이 시기는 북한 고고학의 전개 과정에 있어, '맑스-레닌주의적 방법론을 적용하기 위한 모색기'에 해당한다고 볼 수 있다. 이 시기에 이루어진 유적의 시굴 조사는 1947년부터 시작되었고, 1948년에는 북조선중앙고적보존위원회의 지도 아래 평양 일대의 원시 및 고대 유적이 발굴되었다. 1948년(11월) 조선물질문화유물조사보존 위원회의 설립과 더불어, 1949년부터는 이전보다 체계적인 발굴 조사가 이루어지기 시작했으나(정 백운 1958. 8쪽), 한국전쟁으로 인하여 그 이상의 작업은 진전되지 못하였다.

2) 북한 고고학의 형성기(1954~1970)

북한 고고학의 형성기라는 성격을 '맑스-레닌주의적 방법론에서 주체적 방법론으로의 전환기'로 규정하면,『총론』의 II기와 III기는 둘 다 여기에 포함된다고 볼 수 있다. 한국전쟁 이후, 도유호 (1955 ; 1957)는 맑스-레닌주의적 방법론을 근거로 조선의 고고학, 민속학 등을 연구해야 한다는 입장을 기본적으로 지니면서도, 올바른 문화유산의 계승 발전을 수립하고, 효율적인 연구 방향을 설정하는 데 있어 문화의 이동과 교류를 염두에 두어야 한다고 계속하여 주장하였다. 이러한 그의 관점은『조선 원시 고고학』(도유호 1960)에서 종합적으로 구체화되었다. 그런데 이와는 달리, 주체적 입장에서 조선의 물질문화사를 연구해야 한다는 움직임이 1950년대 말부터 조금씩 싹트기 시작하였다.

『문화유산』에 게재된 글에서 '주체'라는 단어는 1959년 후반기부터 등장하기 시작하는 것으로 생각되며[26], 1962년 전반기에「고고학 및 민속학 연구에서 주체를 확립할 데 대한 우리 당의 방침을 철저히 관철시키자」라는 글이 발표되었다. 이 글에서 주체를 확립하기 위한 당의 방침은 "조선 혁명이 조선노동당 사업의 주체이기 때문에 모든 사상 사업은 조선 혁명의 이익에 복종하며,

---

25 이에 대해서는 다음의 글을 참조하기 바람. 이선복 1992 ; 한창균 1992 ; 이기성 2011.
26「민족 문화 유산 계승 발전을 위한 우리 당 정책의 빛나는 승리」,『문화유산』1959(4) ;「조선 로동당 제3차 대회 이후 민속학과 미술사 분야에서 거둔 성과」,『문화유산』1961(4) 참조.

교조주의와 형식주의 및 민족 허무주의를 탈피하여 사상 사업의 주체를 세우며, 고귀한 문화유산을 맑스-레닌주의적 견지에서 분석하고 발전시켜 인민의 애국주의 교양에 이바지하여야 한다."는[27] 것으로 요약될 수 있다. 이에 따라 1962년 후반기에 "고고학 분야에서는 유구한 우리 인민의 역사와 기원 문제를 해명하는 데 필요한 자료를 확보하고, 민속학 분야에서는 단일 민족으로서의 우리 민족의 특성에 맞는 조선 민속학의 체계를 확립하는 것"이[28] 중요한 당면 과업으로 제기되었다.

『조선 원시 고고학』(도유호 1960)에 대한 김유방(1963)의 서평을 계기로 도유호가 주장했던 문화의 이동과 교류론은 북한 학계에서 그 영향력을 급격히 상실하게 되었다고 판단된다. 김유방은 도유호의 저서에 대하여, "조선 거석문화의 기원을 이집트에 두면서 문화 발생의 단원론을 설명하였고, 궁산 신석기문화의 근원을 외부(시베리아 및 바이칼 지대 등)에서 찾으려고 하였다."고 비판하였다. 다시 말해서 조선 원시문화의 모든 대표적 유적과 원시시대의 전체 기간을 외부 문화의 영향으로 설명하는 것은 바람직하지 않으며, 맑스-레닌주의 방법론에 의거, 내적 동인(動因)의 합법칙성을 통하여 조선의 원시시대에 관한 문제가 해명되어야 한다고 지적하였다.[29] 그 다음해 고고학 및 민속학 연구소에서는 지난날에 얻은 성과에 대해서, "당의 정확한 지도하에 맑스-레닌주의 방법론에 입각하여 과학연구 사업에서 주체를 확립하며 당성을 고수하기 위한 투쟁을 통하여서만 이룩할 수 있었다."라는 입장을 표명하였다.[30] 그리고 1965년에 와서, "일관된 합법칙성에 의하여 조선의 역사가 발전하여 왔으며, 민족의 기원을 외부에서 찾으려는 시도는 모두 분쇄되었다."는 결론을 내렸다.[31]

조선노동당 창건 20주년을 맞으며, 도유호가 제안한 문화의 이동과 교류론의 자취는 사라지게 되었다. 1965년을 기점으로 북한 고고학계에 새로운 변화의 물결이 강력하게 퍼져나갔다. 이러한 분위기의 변화는 북한 고고학의 전개 과정에서 매우 뜻깊은 의미를 지녔던 것으로 보인다. 그렇기 때문에『총론』III기의 서술에 있어서, 문화이동론의 시정 및 극복에 관한 내용이 비중 있게 다루어졌다고 생각된다. 종래 신석기시대의 기원과 청동기시대의 거석문화 및 고구려 봉토무덤 등의 원류를 외부의 영향으로 파악하였던 도유호의 관점은 이제 북한 고고학계에서 더 이상 용인될 수 없었다(한창균 2000).

이른바 문화이동론이 분쇄된 이후, 1967년 북한 사회 전반에 걸쳐 심각한 변화가 일어났다.

---

27 「고고학 및 민속학 연구에서 주체를 확립할 데 대한 우리 당의 방침을 철저히 관철시키자」,『문화유산』1962(2).

28 「과학원 창립 이후 고고학과 민속학의 발전」,『문화유산』1962(5).

29 그러면서 그는 그러한 전면적인 고찰을 통하여, "근로자들을 유구하고 찬란한 문화의 전통을 가진 조국을 사랑하는 정신으로 교양할 수 있는 것이다."라고 말하였다(김유방 1963. 61쪽).

30 「1964년도 고고학 및 민속학 분야의 중심 과업」,『고고민속』1964(1).

31 「조선 로동당 창건 20주년을 맞으며」,『고고민속』1965(4).

이 격변의 성격은 김일성을 수령으로 하는 유일사상 체계의 확립과 김일성 개인숭배의 전면화이었다. 이 시점을 계기로 1968년경부터 주체사상은 "우리 당의 혁명 사상에서 김일성 동지의 혁명 사상", 다시 말해서 김일성 개인이 독점하는 사상으로 변질되기 시작하였다(이종석 2000. 427-435 쪽 ; 2011. 60쪽). 이러한 격동의 정치 사회적 분위기는 고고학계에도 큰 영향을 주었다.

1967년 고고학 및 민속학 연구소는 고고학연구소로 개편되었고, 이 해를 마지막으로 『고고민속』도 정간되었다. 1968년 8월에는 문화이동론의 잔재를 완전히 청산하고, 고고학 및 역사학 연구자들을 유일사상으로 무장시키기 위한 각종 토론회가 진행되었다. 이에 따라 앞으로 고고학자들은 "김일성 수령이 혁명과 건설의 매 시기, 매 단계마다 새롭게 제시하는 방침들을 제때에 정확히 알고 연구사업에 철저히 구현해 나가는 것"을 철칙으로 세워 그들에게 부여된 과업을 수행해야 했다(『총론』, 50쪽). 고고학연구소에서는 1968년 8월부터 1969년 3월까지 문화이동론의 영향이 가장 강하게 미쳤던 원시 고고학 부문을 주체의 사회 역사 원리에 맞게 다시 체계화하고자 하였다(『총론』, 50-51쪽).

이러한 체계화의 첫 작업으로 1969년 12월 간행된 『고고민속론문집』 창간호에는 북한 고고학사에서 매우 중요한 의미를 지니는 것으로 가늠되는 두 편의 논문이 실렸다(고고학연구소 1969 ; 고고학연구소·력사연구소 1969). 그 가운데 사회과학원 소속 '고고학연구소 및 력사연구소'가 공동 이름으로 발표한 「기원전 천년기전반기의 고조선문화」라는 글이 특히 주목된다. 이 글은 신석기시대부터 청동기시대를 거치며 독창적이고 우수한 고조선 문화가 이룩되었음을 입증하는 데 초점을 맞추고 있었다. 또한 상원 검은모루 유적의 발굴로 이제 조선 땅에서 이루어진 역사의 자취는 전기 구석기시대로까지 소급되기에 이르렀다. 이에 따라 조선의 원시시대는 내재적 동인에 의하여, '구석기시대 전기(검은모루 유적) → 중기 및 후기(굴포리 유적) → 신석기시대 → 청동기시대'로 발전하였으며, 청동기문화에 기초하여 고대사회(고조선)가 등장하게 되었다는 논리가 더욱 강한 힘을 발휘하기 시작하였다. 1954년부터 활발하게 시행된 전국 규모의 전후 복구 사업, 1958년부터 본격적으로 이루어진 관개 면적의 확장 공사 등, 각종 건설 현장에서 이루어진 구제 발굴의 성과는 북한 고고학 체계의 기본 골격을 형성하는 데 밑거름이 되었다. 요컨대, 『총론』의 Ⅱ기와 Ⅲ기에 해당하는 고고학 발굴 조사와 그에 따른 학술적 성과는 북한 고고학의 형성기라는 단계 안에 수렴하여 검토될 수 있을 것이다.

3) 북한 고고학 체계의 확립기(1971~1992)

1960년대 중반 이후부터 북한 고고학계에서 문화이동론에 바탕을 둔 고고학적인 접근방법, 또는 그와 관련된 논쟁은 빠른 속도로 사라지게 되었고, 『조선원시고고학개요』(고고학연구소 1971)의 발행으로 문화이동론은 마침내 종언을 고하게 되었다. 이와 동시에 앞으로 북한 고고학계가 담당해야 할 사명과 과제는 더욱 명확하게 구체화되기 시작하였다. 이것은 유적 유물의 연구에서 제기되는 모든 문제를 주체적 방법론에 입각하여 해명한다는 원칙과 긴밀한 연관을 맺으며 전개되었다. 오직 주체적 입장에서 "당성과 노동 계급성의 원칙, 역사주의 원칙, 현대성의 원칙"을 철저하게 구현하는 주체적 방법론만이 유일하고 정당한 것으로 자리매김 되었다. 그러한 경향은 오늘날까지도 북한 고고학계에 강한 영향력을 미치며 지속되고 있다(표 3 참조). 따라서 학사적인 측면에서 검토할 때, 『조선원시고고학개요』는 문화이동론을 청산하는 이정표이자 북한 고고학계의 새로운 변화를 예고하는 출발점이었다고 평가될 수 있다.

〈표 3〉 주요 사업 방향 및 목표에 대한 북한 고고학계의 동향

구분	연도	내용	비고
「창간사」	1949	맑스-레닌주의에 의하여 민족문화유산을 올바르게 보존하는 데 필요한 지적 양식을 얻을 것임.	①
『조선 원시 고고학』	1960	맑스-레닌주의적 방법론의 적용, 그리고 발굴 사업에 대한 당의 올바른 지도와 국가적 지원에 힘입어 고고학적으로 중요한 성과를 달성하였음.	②
『조선원시고고학개요』	1971	김일성 수령의 현명한 영도와 육친적인 배려에 의하여 조선고고학은 해방 후 비로소 탄생하였음. 조선고고학은 주체사상에 입각한 진정한 과학으로서 근로대중에게 민족적 자부심과 긍지를 북돋아주는 동시에 계급교양과 새로운 사회주의문화 건설에 도움을 주어 혁명에 복무하는 참된 과학이 되었음.	③
『조선고고학개요』	1977	김일성 수령의 보살핌 속에서 조선고고학은 눈부신 발전을 하였음. 수령은 주체사상을 창시하여 고고학의 연구 방향과 사명을 뚜렷하게 밝혀주었고, 조선고고학이 과학적 기초 위에서 발전할 수 있도록 이끌어주었음.	④
「최근년간 조선고고학 연구에서 이룩한 주요 성과」	1986	김일성 수령과 김정일 동지의 영도력으로 최근년간 조선 고고학 연구에서 주요 성과를 달성하였고, 수령과 지도자 동지의 영도 아래 주체의 한길을 따라 조선 고고학의 새로운 발전에 노력할 것임.	⑤
『조선고고학전서』(원시편 : 석기시대)	1990	김일성 수령과 김정일 동지의 품속에서 태어나 발전해온 고고학계는 석기시대 유적과 유물의 조사발굴 자료에 기초하여 우리나라 역사의 유구함과 합법칙적인 발전과정을 밝힐 수 있게 되었음. 석기시대 역사를 연구하는 데 무엇보다 중요한 것은 찾아낸 기본사료를 주체적 입장에서 분석, 평가하는 것임.	⑥
「공화국창건 60돐을 빛나는 고고학연구 성과로 뜻깊게 맞이하자」	2008	고고학자들은 주체사상으로 철저히 무장하고, 주체적 관점과 주체사상의 요구에 따라 고고학 연구에서 제기되는 모든 문제를 해명하고, 전국 각지에서 더 많은 유적을 발굴하여 우리의 우수한 문화전통과 유구한 역사를 적극 내세워야 함.	⑦

① 조선물질문화유물조사보존위원회(1949. 2쪽). ② 도유호(1960. 11쪽). ③ 고고학연구소(1971. 5-6쪽). ④ 고고학연구소(1977b. 6-7쪽). ⑤ 「최근년간 조선고고학연구에서 이룩한 주요 성과」(1986. 7쪽). ⑥ 김용간(1990. 5쪽). ⑦ 「공화국창건 60돐을 빛나는 고고학연구 성과로 뜻깊게 맞이하자」(2008. 2쪽).

유일사상 체계가 확립되고 김일성 개인숭배가 강화되면서, 유적유물에 관한 김일성의 교시가 1970년대 초부터 고고학 관련 글에 인용되기 시작하였다. 그런 예는 『조선원시고고학개요』와 『고고민속론문집』(3집, 1971년 간행)에서 드러난다. 조선노동당 제6차 대회(1980년 10월)에서 김정일이 후계자로 공식화된 1980년대부터는 김일성과 더불어 김정일의 교시가 병렬 관계를 이루며 등장하는 경향이 두드러진다.

『총론』에서는 1970년대부터 근래에 이르기까지 북한 고고학계에서 이룩한 사업 방향과 그에 따른 학술적 성과를 Ⅳ기, Ⅴ기, Ⅵ기, Ⅶ기와 같은 네 단계로 구분하고 있다. 이들 단계에 있어 공통적인 특징은 앞에서 말한 바와 같이, 주체사상의 확립과 심화라는 목표를 구현하고 달성하기 위한 수단의 일환으로 고고학 연구의 기본 방향과 과업이 제시되고 있다는 점이다. 그런 가운데 1993년, 곧 단군릉 발굴과 북한 내부의 정치 사회적 변동을 계기로 북한 고고학계에 또 다른 중대한 변화가 일어난다. 이에 대해서는 뒤에 가서 다시 말하기로 하겠다.

1970년대부터 1990년대 초반까지는 주체적 방법론에 의하여 북한 고고학 체계가 확립된 단계로서 설정될 수 있다. 이 기간 동안 북한의 여러 지역에서 다양한 시기의 유적 유물이 발굴되었고, 여기에서 얻은 학술적 성과는 『조선고고학개요』(1977), 『조선전사』(1979), 『조선고고학전서』(1988~1991), 『조선전사(제2판)』(1991) 등에서 종합적으로 체계화되었다. 그런데 위 기간 내에 있어서, 대체로 1985년을 전후로 하여 그 전반기와 후반기에 서로 차이가 있는 경향이 보여 관심을 끈다.

전반기에 이루어진 고고학 부문의 성과 중에서, 승리산 동굴(1972~73년 발굴)(고고학연구소 1978)과 평양 일대의 동굴유적(승호구역 만달리 : 1979~80년 발굴, 역포구역 대현동 : 1977년 발굴)(김신규 외 1985)에서 드러난 인류 화석은 북한 고고학계에 있어 매우 특별한 의미를 지니고 있는 것으로 평가되고 있다(『조선고고연구』 1986(1). 2쪽 ; 이선복 1992. 57-58쪽). 고인 단계의 덕천사람과 역포사람, 그리고 신인 단계의 승리산사람과 만달사람의 화석 자료는 인류 화석이라는 실체로서 조선역사의 유구성을 입증하는 데 활용되었을 뿐만 아니라, 체질인류학적으로 현대 조선인의 기원이 구석기시대로 거슬러 올라간다는 논리를 세우는 데 중요한 역할을 하였다. 전반기에 발굴된 중기(고인) 및 후기(신인)의 인류 화석 연구를 토대로 후반기부터는 이른바 "단혈성 집단에 의한 조선 사람의 본토 기원설"이 정립되기 시작하였다(김신규 외 1985. 56쪽 ; 장우진 1986 ; 1989).

1990~91년 사이, 역사학 분야에서는 고구려, 백제, 신라 삼국의 건국 연대를 상향 조정하는 작업이 이루어졌다. 고구려의 건국 연대를 기원전 3세기(BC 277년)로 소급하는 손영종(1990)의 글이 발표된 이후, 백제(조희승 1991)와 신라(채희국 1991)의 건국 연대도 재조정되었다. 이와 때를 같이하여 압록강 유역 일대에 분포한 고구려 돌각담무덤의 등장 시기를 고구려의 건국 시기와 일치시키려는 연구도 병행되었다(리창언 1991).

후반기에 이르러 시대별 유적 조사의 대상 범위도 발해와 고려 시대로 확대되는 현상이 두드러진다. 1964년 중국과 공동으로 길림성(돈화현 육정산)과 흑룡강성(영안현 동경성)의 발해 유적을 발굴한(조중 공동 고고학 발굴대 1966) 이후, 북한 내에 분포한 발해 유적은 고구려의 경우에 비하여 매우 적게 발굴되었다.[32] 반면에 1980년대 중반 이후에는 발해 유적에 대한 발굴 빈도수가 증가하기 시작한다. 1983년에 발굴된 24개돌 유적(함북 어랑군 회문리)과 정문리 창덕 무덤떼(함북 화대군) 등의 발굴 성과에 힘입어, 1985년부터 연차별로 동해안 일대에 분포한 발해 유적에 조사 발굴이 활발하게 진행되었다(『총론』, 96쪽). 이를 통하여 드러난 유구와 유물의 물질적 증거는 고구려와 발해의 계승 관계를 한반도 동북 지방에서도 더욱 분명하게 확증했다는 점에서 고고학적으로 중요한 의미를 지니는 것으로 평가되었다(류병홍 1997). 이러한 성과에 근거하여 1990년대 초에는 러시아 학자와 공동으로 동해안 및 연해주 일대의 발해 관련 유적이 발굴되었다.

고려시대 유적에 대한 발굴 건수도 그 이전에 비하여 상대적으로 증가된다. 대령강 장성(1986년 발굴, 평북), 흘골산성(1989년 발굴, 평남 성천군), 원산리 가마터(1989~90년 발굴, 황남 배천군), 개성시 7릉떼 유적(1990년 발굴, 개성시 개풍군), 패엽사(1992년 발굴, 황남 안악군 패엽리), 왕건 왕릉(1992년 발굴, 개성시 개풍군) 등이 발굴되었고, 개성 만월대 유적도 지속적으로 발굴되었다.[33] 발굴 유적의 종류도 산성, 가마터, 왕릉급(7릉떼 유적), 왕릉, 절터 등으로 다양해진 양상을 보여준다.

후반기의 또 다른 특징 가운데 하나는 고고학연구소의 정기 간행물인 『조선고고연구』의 발행을 들 수 있다. 1967년 『고고민속』이 정간된 이래, 18년이 지난 1986년부터 『조선고고연구』가 매년 4회씩 발행되었다. 『고고민속』이 정간된 이후, 유적 유물의 조사 발굴 자료 및 연구 성과는 『고고학자료집』이나 『고고민속론문집』에 게재되었고, 간혹 『력사과학』 등에 수록되거나, '유적발굴보고'라는 형태의 단행본으로 출간되기도 하였다. 그러나 그러한 인쇄 매체만으로는 고고학적인 학술 정보를 신속하게 알리거나 또는 연구 활동을 활성화하는 데에 한계가 있었기 때문에 고고학연구소의 기관 잡지로 『조선고고연구』가 간행되기에 이르렀다(『총론』, 101-102쪽).

한편, 1986년 7월 김정일은 조선민족 제일주의 정신을 제시하였는데, 이 정신은 "조선 민족의 위대성에 대한 긍지와 자부심, 조선 민족의 위대성을 더욱 빛내어 나가려는 높은 자각과 의지로 발현되는 숭고한 사상 감정"을 가리킨다.[34] 그런데 여기서 한 가지 흥미로운 점은 『총론』의 Ⅴ기(1980. 10~1989. 12) 내용 중, 조선민족 제일주의 정신을 직접 지칭하면서 그에 따른 학술적 성과를 서술한 부분이 관찰되지 않는다는 점이다. 이는 아마도 조선 민족의 위대성을 널리 알리는 데 부합되는 유적 유물의 조사 성과가 당시까지 뚜렷하게 확보되지 않았던 사실에 기인하는 것으로 추정된다.[35]

---

32 고고학 및 민속학 연구소 자료실 1965 ; 고고학연구소 1986 ; 『총론』, 160-191쪽 등 참조 바람.

33 이상에서 언급된 발해 및 고려 시대 유적 관련 참고문헌에 대해서는 『총론』의 '유적유물조사발굴일람표' 참조 바람.

34 「조선민족제일주의정신을 깊이 간직하고 우리의 력사와 문화를 더욱 빛내여 나가자」, 『조선고고연구』 2003(3), 2쪽.

35 역사 유적 유물을 통하여 '조선민족 제일주의 정신'을 교양하는 사업이 강화되어야 한다고 고고학 부문에서

4) 변혁기의 북한 고고학(1993년 이후)

해방 이후 북한의 고고학 부문에서 가장 획기적인 사건으로 꼽을 수 있는 것이 바로 단군릉과 고조선 관련 유적의 발굴이라고 생각된다. 그동안 북한 학계에서는 원시사회와 중세사회를 이어주는 연결고리로서 고조선의 고대 역사와 문화에 대하여 많은 연구를 진행하였다. 그런데 단군릉 발굴을 계기로 새로운 시각과 논리에 의거하여 고조선사 자체를 새롭게 정립해야만 하는 정치 사회적 분위기가 강력하게 대두되었다.

1993년 단군릉[36] 발굴 이후, 고조선의 건국 연대는 기원전 3천년기 초로 소급되었고, 평양 일대가 단군의 도읍지로 확정되었다. 종래 기원전 10세기 이전 고조선이 요동 지역에서 성립되었다는 관점(손영종 외 1991. 36쪽)은 자취를 감추었고, 고조선 건국의 수도이자 고대 문화의 중심지로서 평양 지방이 부각되었다(현명호 1994 ; 석광준 1994 ; 손영종 1994). 종전 북한에서는 기원전 2천년 무렵에 청동기시대가 시작하는 것으로 보았다(력사연구소 1991. 10쪽). 그런데 이제 고조선의 건국 연대가 종래보다 2천년 정도 올라감에 따라, 청동기시대의 상한과 신석기시대의 하한 연대를 새롭게 조정해야 하는 문제가 제기되었다.[37]

'단군릉 발굴(1993년) → 단군릉 개건(1994) → 대동강문화의 명명과 선포(1998)'로 이어지는 일련의 사건은 북한 자체에서도 '역사적인 사변'(『총론』, 119쪽)으로 비유할 만큼, 북한뿐만 아니라 국외에도 커다란 반향을 일으켰다. 이로 인하여 북한 고고학계에서는 반세기가 넘는 동안 축적한 청동기시대와 고조선 관련 주요 연구 성과를 말끔히 털어버려야 했으며, 종전과 전혀 다른 새로운 관점에서 그와 관련된 문제를 재정립해야만 했다. 단군릉 발굴에 대한 과업이 내려진 1993년 1월부터 「단군릉발굴보고」가 공식적으로 발표되었던 10월 2일(『총론』, 122쪽) 사이의 약 9개월이라는 짧은 기간 동안에 수많은 학자가 동원되는 가운데 그와 같은 엄청난

구체적으로 언급된 것은 1995년 이후라고 생각된다. 한인호(1995) 및 「조선민족제일주의정신을 깊이 간직하고 우리의 력사와 문화를 더욱 빛내여 나가자」, 『조선고고연구』 2003(3) 참조.

36 단군릉은 돌로 만든 무덤칸 위를 흙무지로 덮은 반지하식의 돌칸흙무덤에 해당한다. 고구려 양식을 따르고 있는 무덤칸의 구조는 무덤안길과 주검칸으로 이루어졌으며, 일제강점기에 수축할 당시 무덤 안에 벽화가 그려져 있었던 것으로 알려지고 있다(박진욱 1994). 무덤에서는 남성과 여성의 유골이 출토되었는데, 전자상자성 공명법(Electron Spin Resonance Dating)에 의하여 남성 뼈의 연대는 BP 5011±267으로 측정되었다(김교경 1994). 북한에서는 이 연대측정 자료와 "강동현에 단군묘가 있다."는 『신증동국여지승람』(1530) 등의 기록을 비교하면서 그 무덤의 주인공이 바로 단군이었다는 결론에 도달하였고(사회과학원 1994), 무덤의 명칭도 '단군묘'에서 '단군릉'으로 격상되었다. 이러한 북한 고고학계의 동향에 대하여 이선복(1997. 53쪽)은 무덤의 구조로 볼 때, 단군묘로 전해오는 무덤은 '5~6세기대 고구려 유력자의 합장무덤'일 따름이라고 비판하였다.

37 단군릉 발굴 이전, 북한에서는 기원전 2천년 무렵에 청동기시대가 시작되었고, 기원전 10세기 이전에 고조선이 건국한 것으로 편년하였다. 청동기문화가 발전하는 가운데 고조선 사회가 형성되었다는 논리는 단군릉 발굴 이후에도 그대로 유지되었다. 그리고 이런 관점을 전제로 하여, 현재 북한 학계에서는 청동기시대는 기원전 4천년기 후반기에 시작되었고(팽이그릇문화 1기), 기원전 3천년기 전반기(팽이그릇문화 2기, 미송리형 단지)에 단군조선이 성립한 것으로 설정하고 있다(서국태 1996 ; 서국태·김광철 1998 ; 류병흥 1999 참조).

변화가 초래되었다. 이러한 일은 오직 최고 지도부만이 주요 고고학 사업의 추진 방향에 대하여 최종 결정권을 소유하고 있으며, 유적 유물의 고고학적 성과를 평가하는 기준도 최고 지도부의 독점적인 판단 여부에 의지해야만 하는 북한 사회의 오늘날 현실을 그대로 반영해준다고 생각된다. 따라서 단군릉 발굴에서 대동강문화의 선포에 이르기까지의 진행 과정은 김일성 사망과 고난의 행군 등을 통한 위기의식의 극복, 김정일 체제의 확립과 사회주의 정당성 확보라는 정치적 분위기 속에서, 주체사상과 주체적 방법론 그리고 조선 민족 제일주의 정신이 총화(總和)를 이루며 결실을 맺었던 사회적 산물로 평가를 받을 수 있다고 생각된다.

단군릉과 고조선 관련 유적을 비롯하여, 고인 단계의 화대사람 유적(함북 화대군), 표대 유적(평양 삼석구역)의 신석기시대 가마터, 금성리의 발해 벽화무덤(함북 화대군), 고려시대 불교사원인 영통사 유적 등에 대한 발굴 조사는 1993년 이후 북한에서 이루어진 대표적인 고고학적 사례로 중요한 자리를 차지한다. 또한 이들 유적에서 얻은 발굴 성과는 신문, 통신, 방송 등의 언론 매체를 통하여 보도되었는데, 이러한 경향은 특히 단군릉 발굴 이후부터 더욱 강화된 모습을 띤다.

한편, 단군릉 발굴이 마무리되고 그에 따른 후속 조치로 단군릉의 개건이 이루어지는 여건 속에서 '조선민주주의인민공화국 문화유물보호법'(전체 52조)이 제정되었다. 이 법령은 1994년 4월 최고인민회의 상설회의에서 승인을 받았고(사회과학출판사 1995), 1999년 1월 최고인민회의 상임위원회에서 일부 내용이 수정되었다(법률출판사 2004). "민족 문화유산의 올바른 계승 발전을 이룩하면서 인민들의 민족적 긍지와 자부심을 높이는 데 이바지하는 것"[38]을 기본으로 하여 제정된 이 법령은 앞으로 북한 고고학계가 활동하는 데 있어 중요한 행정적인 지침이 되리라고 예상된다.

3. 문제점과 과제

『총론』에서 제시된 고고학사의 시기 구분론, 그리고 그에 따른 분기별 사업의 성격과 학술적 성과(표 3 참조)는 북한의 현실 정치 체제를 직접 경험하고 있는 북한 내부의 시각에서 체계화되었다는 점에서 주목된다. 이와 아울러 분기별로 언급된 각 사업의 성격 규정은 북한 내부의 정치적 상황에 종속되어 있는 북한 고고학계의 속성과 한계를 이해하는 데 도움이 된다고 말할 수 있다. 다음에서는 이러한 북한 고고학계의 성향을 부분적으로 검토하면서, 『총론』의 서술에서

---

38 문화유물보호법 제1조는 다음과 같다(사회과학출판사 1995. 2쪽). "조선민주주의인민공화국 문화유물보호법은 문화유물보호관리에서 제도와 질서를 엄격히 세우고 문화유물을 원상태로 보존하여 민족문화유산을 옳게 계승발전시키며 인민들의 민족적 긍지와 자부심을 높여주는 데 이바지한다."

야기되는 몇 가지 문제에 대하여 논의하기로 하겠다.

(1) 고고학사를 짜임새 있게 구성하려면 과거 물질문화를 바라보는 인식과 시각 및 이론의 변화를 비롯하여 이를 탐구하기 위한 연구 방법론이 검토되어야 하고, 여기에 고고학적인 물질적 증거를 뒷받침하는 작업이 필요하다(Renfrew and Bahn 2004. p. 21). 만약 이런 내용의 질문을 북한 고고학자들에게 던진다면, 그들은 당연히 주체사상과 주체적 방법론만이 그와 같은 과제를 해결하는 데 유일하고 가장 정당한 수단이 된다고 설명하리라 짐작된다. 1960년대 말부터 반세기에 가까운 세월이 흐르는 동안, 북한 고고학계에 내재되어 있는 기본적인 논리는 하나같이 주체적 방법론과의 일관된 접목을 통하여 전개되어 왔다. 그러나 '당성과 노동 계급성의 원칙, 역사주의 원칙과 현대성 원칙'을 견지한 주체적 방법론은 고고학에서 보편적으로 채택할 수 있는 방법론과 비교할 때 상당한 거리감을 느끼도록 한다. 또한 주체사상의 본질적인 성격이 유일사상과 유일 체제의 확립(이종석 2011. 108-110쪽)으로 귀결되기 때문에 유적 유물이 지니는 고고학적인 의미와 가치를 주체적 입장에서 해석하고 평가할 경우, 심한 왜곡 현상이 수반되는 일이 초래될 가능성은 매우 높다. 따라서 정치적으로 편향된 주체사상과 주체적 방법론에 근거하여 북한 고고학계가 계속하여 앞으로 나아간다면, 북한 고고학계의 정치적 종속화는 가중될 것이며, 그에 따라 남북한 고고학 사이의 이질감도 더욱 크게 벌어질 것으로 예상된다.

(2) 북한 사회에서는 김일성과 근로대중이 어버이수령과 자식 같은 정치적 혈연관계로 연결되어 있듯이(이종석 2011. 101쪽), 수령과 모든 학자들 사이도 정치적 스승과 제자 관계로 맺어져 있다. 김일성 수령을 가리켜, "참으로 그이께서는 동서고금에 없는 역사학의 대가이시며 역사학자들의 스승이시었다."(『총론』, 114쪽)라고 한 대목은 그런 관계를 잘 묘사해준다. 여기에서 스승은 주체적인 사상, 이론, 방법론을 현명하게 영도하는 절대자로서 군림하며 그 역할을 수행한다(『총론』, 5쪽). 그렇기 때문에 고고학자들의 필수적인 임무는 스승의 절대적 의지가 명기된 교시의 강령적 지침을 가시적으로 구체화시키거나 입증하는 데 필요한 학문적인 성과를 생산하는 것과 직결되어 있다고 생각된다. 따라서 정치적 스승의 권위와 판단 기준을 절대시하는 기계적인 상하 관계 속에서 주체적 입장에 어긋나는 일체의 고고학적 사고는 전혀 용인될 수가 없게 된다. 그 결과, "사회 구성원들의 자유롭고 다원적인 사고와 그를 통해 얻게 되는 창의력의 발양"(이종석 2011. 197-198쪽)이 약화되면 될수록, 북한 고고학의 질적 상승은 그만큼 기대하기 어려워질 것이다.

(3) 『총론』의 '유적유물조사발굴일람표'에는 1949년에 발굴된 초도 유적(나선시)부터 2005년 5월에 발굴된 호남리 고구려 유적(평양시 삼석구역)에 이르기까지, 약 400군데 지점에서 이루어진 유적의 조사발굴목록이 나와 있다. 그런데 여기서 한 가지 특이한 것은 목록에 제시된 각종

유적의 조사 및 발굴 담당 기관이 '조선물질문화유물조사보존위원회 → 물질문화사연구소 → 고고학 및 민속학 연구소 → 고고학연구소'와 같은 계보를 잇고 있다는 점이다. 이로 인하여 그와 같은 계보에 속하지 않는 기관의 발굴 성과는 매우 소략하게 다루어지거나, 때에 따라서는 이야기조차 되지 않는 경우도 나타난다. 이런 예는 김일성종합대학의 인류진화발전사연구실(1995)에서 발굴하여 후기 구석기시대의 중요한 인류 화석이 모습을 드러낸 용곡 동굴과 대흥 동굴(평양시 상원군) 및 냉정 동굴(황남 태탄군) 유적 등에서 엿볼 수 있다.[39] 또한 『총론』에서는 각 지방 소재 역사박물관의 활동 사항이 전혀 언급되지 않았다. 특히 초도 유적의 발굴 과정에서 청진역사박물관 소속 구성원들이 주도적인 역할(도유호 1956. 4쪽)을 하였음에도 불구하고, 이에 관한 내용은 『총론』에 담겨 있지 않았다. 이와 같은 점들은 『총론』에서 다루어진 학술적 성과의 서술 내용이 고고학연구소와 그 계보에 직접 속하는 기관 중심으로 지나치게 편중되었음을 보여준다고 가늠된다.

(4) 현재 북한에서는 단군릉 출토 남성 유골의 연대(BP 5011±267년)가 최첨단 장비를 이용하여 30여 회에 걸쳐 측정된 결과이기 때문에 그 연대의 정확도와 신뢰도가 매우 높다는 점을 크게 강조하고 있다(『총론』, 112쪽). 단군릉 발굴 이후, 평양 및 대동강 유역에서 조사 발굴된 유적의 절대 연대 측정 자료는 지금까지 40건 정도 발표되었으나(한창균 1999), 이 중에 방사성탄소 연대법에 의한 측정값은 하나도 들어 있지 않다. 그리고 이러한 요인은 단군릉의 존재 및 연대 문제와 아울러 대동강문화의 성격에 대한 불신의 폭을 증폭시키고 있다(이선복 1997 ; 권오영 2003).

청동기시대의 탄화된 곡물(벼, 콩, 조, 기장, 수수)이 출토된 곳으로 잘 알려진 남경 유적(평양시 삼석구역 호남리)의 36호 집자리는 방사성탄소 연대법에 의하여 기원전 999±72년(반감기 5570년)으로 측정되었다(조선유적유물도감 편찬위원회 1988. 170쪽). 현재 북한에서는 남경 유적 집자리(36호)와 표대 유적 집자리(8호, 12호)를 기원전 4천년기 후반기의 팽이그릇문화 1기에 해당하는 것으로 분류하고 있는데(서국태 1996), 핵분열흔적법에 의하여 표대 유적의 8호 집자리는 기원전 3283±777년, 12호 집자리는 기원전 3306±696년으로 측정된 바 있다(김종혁·전영수 2003). 표대 유적 등의 측정값은 오차가 너무 커서 그대로 적용하기 어려움에도 불구하고, 북한에서는 상대 오차의 범위를 고려하지 않으며 8호와 12호 집자리를 기원전 4천년기 후반기로 설정하고 있다.

그런데 만약 핵분열흔적법보다 방사성탄소 연대법에 의한 측정값을 더 신뢰한다면, 표대 유적의 연대는 남경 유적 36호 집자리의 사례에서 볼 수 있듯이, 오히려 기원전 1천년 무렵으로 하향

---

39 반면에 그와 같은 동굴유적의 발굴 자료는 『북부조선지역의 구석기시대유적』(조선고고학총서 2)(전일권 외 2009)에 수록되었다.

조정되어야 한다는 논리가 성립된다.[40] 이 문제는 표대 유적의 편년에만 국한되지 않으며, 단군릉의 연대와 함께 대동강문화론의 근간을 이루는 편년 체계 전체에 큰 영향을 줄 수 있다고 판단된다. 따라서 이와 같은 심각한 편년 문제에 대하여 북한 학계가 적극적으로 해명하지 않는 자세를 계속해서 견지한다면, 단군릉과 단군의 존재 그리고 대동강문화의 실체는 결국 허상으로 마무리될 수밖에 없을 것이다.

(5) 북한의 역사학을 이해하는 데 있어, 주체사상과 조선 민족 제일주의 정신 및 평양 중심의 역사 인식 등을 걷어내면 남한의 민족주의적 역사학과 외형상 크게 다를 바가 없는 것처럼(도면회 2003. 85쪽), 고고학의 경우에 있어서도 그와 같은 요소들을 걸러내면서 북한 고고학계가 해방 이후 이룩한 고고학적인 성과를 냉정하게 검토하는 자세가 필요하다고 판단된다. 예를 들어, "북한 고고학이 1970년대 초반까지 남한보다 압도적으로 우월한 위치에 있었다."(이선복 1992. 11쪽)라는 점에 공감한다면, 그에 대한 구체적인 사례와 성과를 객관적인 관점에서 체계화하는 작업이 요구된다. 이와 동시에 남북한 고고학사의 통합적인 틀 속에서 북한 고고학의 학사적인 의미를 깊이 있게 논의하는 작업도 병행되어야 하겠다.

IV. 맺음말

'조선고고학총서'의 제1권으로 펴낸 『총론』에는 오늘날 북한 고고학의 성립 과정을 이해하는 데 도움이 되는 다양한 내용이 서술되었다. 그 가운데 가장 주목되는 점은 7단계의 변화 과정을 거치며, 현대 북한 고고학이 오늘에 이르게 되었다고 언급한 부분이라 생각된다. 앞에서 이야기한 것처럼, 북한 고고학사의 시기 구분은 정치적 사건이나 변동, 예를 들어 정전협정, 조선노동당 대회, 김일성 사망, 김정일 정치 체제의 출범 등과 같은 당시의 정치 사회적 상황과 매우 긴밀하게 연동되어 체계화되었고, 이러한 요소들은 정치적으로 종속된 북한 고고학의 성립 과정을 고찰하는 데 있어 특징적인 역할을 한다.

1960년대 후반 북한 사회에 닥친 유일사상 체계의 확립, 김일성 개인숭배의 강화, 주체사상의 구현 등과 같은 정치적 상황으로 인하여, 북한 고고학계는 큰 변화를 겪게 되었다. 특히 조선의 원시사회 연구에서 제기되는 문제를 문화이동론에 의하여 해명하려는 시도는 완전히 사라지게 되었다. 그리고 1970년대 초부터는 오직 주체사상, 주체적 입장, 주체적 방법론만이 획일적으로 적용되어, 유적 유물의 고고학적 의미를 해석하는 데 필요한 다양한 시각과 이론 및 접근 방법은

---

40 남경 유적에서 얻은 방사성탄소 연대법에 의한 측정값의 눈금연대(calibrated age, ±2편차)는 기원전 약 1300~900 년 사이 구간에 해당한다(한창균 1999. 132쪽).

일체 허용되지 않고 있다. 더욱이 근래에 들어와 그런 현상은 북한 사회 내부의 정치적 상황과 연계되며 더욱 경직화된 방향으로 굳어져가고 가고 있다.

현재 북한 고고학계에서 주도적으로 활동하고 있는 50~60대 이상의 북한 고고학자들은 주체적 방법론만이 고고학 연구에 유일하고 정당한 방법이라는 정치 사회적 분위기 속에서 학문적으로 성숙하여 왔다. 따라서 그들의 고고학적 사고는 정치적 스승인 북한 최고 지도부의 지침을 철저하게 구현하는 데 초점을 맞추며 형성되어 왔다고 이야기될 수 있다. 북한 사회의 현실적인 여건에서 단군릉의 존재를 부인하거나, 대동강문화의 실체에 이의를 제기하는 행위는 북한의 정치 체제에 대한 정면 도전으로 간주될 수밖에 없을 것이다. 단군릉의 존재를 부정하는 것은 북한 최고 지도부의 강력한 의지로 추진된 단군릉 개건 사업의 정당성, 곧 사회주의 위업의 정당성을 훼손하는 것이기 때문에 현재의 북한 정치 체제가 그대로 유지되는 한 북한 고고학계에서 그러한 문제가 발생되는 일은 결코 없으리라 예견된다. 이런 까닭에 단군릉의 존재와 대동강문화론에 얽힌 복잡한 문제는 앞으로도 계속해서 논란의 대상으로 남을 수밖에 없을 것이다.

1968년 이후부터 북한 고고학계는 김일성이 제시하는 방침에 따라 부여된 과업을 수행하였으며, 이러한 경향은 『총론』의 서술 체제에 그대로 반영되었다. 『총론』에서는 최고 지도부의 현명한 지도력과 선견지명 및 과학적인 통찰력 등에 힘입어 북한 고고학의 발전이 이룩되어 왔다고 서술되었다. 다시 말해서 고고학 연구 자체에서 제기되는 문제를 풀기 위한 방안으로 유적 유물에 대한 조사 사업이 선정된 것이 아니라, 정치적 사건이나 변동에 부응하여 고고학 사업이 추진되어 왔던 것으로 설명되었다. 이와 같이 독특한 서술 체제는 『총론』의 성격을 특징짓는 요소 가운데 하나가 될 것이다.

현대 북한 고고학은 최고 지도부의 교시에 담겨 있는 강령적 지침을 구현하는 '교시 고고학'으로서의 성격과 함께, 과거의 물질문화를 연구하는 데서 제기되는 문제를 주체적 방법론에 의하여 해명하는 '주체적 고고학'으로서의 성격을 동시에 지니고 있다고 판단된다. 그리고 이 두 가지 성격의 결합을 통하여, 이른바 '북한식 고고학'이라고 부를 수 있는 특이한 양상의 고고학이 확립되었다고 생각된다. 『총론』에 제시된 시기 구분의 체계는 그와 같은 상호 관계의 특성을 이해하는 데 도움이 된다.

반면에 남한 고고학계의 현황은 어떠한가? 해방 후부터 현재까지 남한 지역에서 발굴된 유적의 수는 수천 군데가 넘으며, 그에 대한 발굴 보고서의 수량도 수천 권에 이른다. 요사이도 매년 수백 건에 해당하는 유적이 발굴되고, 그에 비례하여 간행되는 발굴 보고서의 양도 급격하게 증가하고 있다. 비교적 짧은 기간 동안 이루어낸 놀랄만한 고고학적인 발굴 및 연구 성과를 간직하고 있음에도 불구하고, 그동안 우리는 남한 고고학의 전개 과정을 학사적인 관점에서 종합적으로 진단하고 평가하는 일에 지나치게 인색하였다고 말할 수 있다.

이 땅에서 이루어진 발굴의 역사는 20세기 초로 거슬러 올라가며, 어느덧 100년 정도의 세월이 흘렀다. 일제강점기 동안 자행된 고고학적 행위를 어떻게 평가할 것인가? 해방 이후 남한 고고학이 걸어온 길은 일정한 시기에 따라 뚜렷하게 구분되는 특성을 지니고 있는가? 만약 그렇다면, 변화의 단계별 성격을 규정하는 데 적용될 수 있는 판단 기준과 그에 대한 논리적 근거는 무엇인가? 남한 고고학사의 시기 구분 체계를 정립하는 일과 관련하여 다양한 입장에서의 수많은 질문이 쏟아질 것이다. 이때 우리는 반쪽 땅덩어리만을 위한 것이 아닌, 남북한 통합 고고학사의 얼개 속에서 남한 고고학사의 시기 구분 체계가 구축될 수 있기를 기대한다.

참고문헌

⟨남한 및 영문⟩

강인욱 2008. 「일제강점기 함경북도 선사시대 유적의 조사와 인식」, 『한국상고사학보』 61, 5-34.
권오영 2003. 「단군릉 사건과 대동강문화론의 전개」, 『북한의 역사 만들기』, 87-109, 도서출판 푸른역사.
김성보 2011. 『북한의 역사 1. 건국과 인민민주주의의 경험 1945~1960』, 역사비평사.
김성보·기광서·이신철 2004. 『사진과 그림으로 보는 북한 현대사』, 역사문제연구소 기획, 웅진 지식하우스.
도면회 2003. 「북한의 한국사 시대 구분론」, 『북한의 역사 만들기』, 57-85, 도서출판 푸른역사.
백학순 2010. 『북한 권력의 역사. 사상·정체성·구조』, 도서출판 한울.
브루스 트리거(성춘택 옮김) 2010. 『브루스 트리거의 고고학사(개정신판)』, 영남문화재연구원 학술총서 7, ㈜사회평론.
안병우 1990. 「민족문화유산 평가의 기준과 적용」, 『북한의 한국사인식 1』(안병우·도진순 편), 403-438, 한길사.
이기성 2010. 「일제강점기 '석기시대'의 조사와 인식」, 『선사와 고대』 33, 5-30.
이기성 2011. 「초기 북한 고고학의 신석기·청동기시대 구분」, 『호서고고학』 25, 4-29.
이선복 1992. 「북한 고고학사 시론」, 『동방학지』 74, 1-74, 연세대학교 국학연구원.
이선복 1997. 「최근의 '단군릉' 문제」, 『한국사시민강좌』 21, 43-57, 일조각.
이종석 1995. 『현대북한의 이해. 사상·체제·지도자』, 역사비평사.
이종석 2000. 『새로 쓴 현대북한의 이해』, 역사비평사.
이종석 2011. 『북한의 역사 2. 주체사상과 유일체제 1960~1994』, 역사비평사.
정인성 2006. 「關野貞의 낙랑유적 조사·연구 재검토 : 일제강점기 「고적조사」의 기억 1」, 『호남고고학보』 24, 139-156.
한창균 1992. 「초기(1945~1950년)의 북한 고고학」, 『중재 장충식박사 화갑기념논총(역사학 편)』, 701-719, 중재
　　　　 장충식박사 화갑기념논총간행위원회.
한창균 1999. 「최근 북한의 청동기시대 연구 동향」, 『한국상고사학보』 30, 103-140.
한창균 2000. 「1960년대의 북한 고고학 연구」, 『백산학보』 55, 5-56.
Renfrew, C. and Bahn, P, 2004. *Archaeology. Theories, Methods, and Practice.* Thames & Hudson, New York.

⟨북한⟩

강인숙 1991. 「고구려에 선행한 고대국가 구려에 대하여」, 『력사과학』 1991(2), 54-60.
고고학 및 민속학 연구소 자료실 1965. 「해방 후 발굴 년표」, 『고고민속』 1965(1), 59-64.
고고학연구소 1969. 「상원 검은모루유적 발굴중간보고」, 『고고민속론문집』 1, 1-30.
고고학연구소 1971. 『조선원시고고학개요』, 김일성종합대학출판사.
고고학연구소 1977a. 『조선의 구석기시대』, 사회과학출판사.
고고학연구소 1977b. 『조선고고학개요』, 과학백과사전출판사.
고고학연구소 1978. 『덕천 승리산유적 발굴보고』, 유적발굴보고 11, 과학백과사전출판사.
고고학연구소 1986. 「발굴 및 답사 소식(1)」, 『조선고고연구』 1986(1), 45-48.
고고학연구소·력사연구소 1969. 「기원전 천년기전반기의 고조선문화」, 『고고민속론문집』 1, 31-139.
김교경 1994. 「단군릉에서 나온 사람뼈에 대한 년대측정결과」, 『단군과 고조선에 관한 연구론문집』, 31-34, 사회과학출
　　　　 판사.
김신규·김교경·백기하·장우진·서국태 1985. 『평양부근동굴유적발굴보고』, 과학백과사전출판사.

김영진 1998. 「조선민주주의인민공화국의 품속에서 우리 고고학이 걸어온 자랑찬 승리의 50년」, 『조선고고연구』 1998(3), 2-6.

김용간 1990. 『조선고고학전서(원시편 : 석기시대)』, 과학백과사전출판사.

김유방 1963. 「도 유호 저 《조선 원시 고고학》에 대한 몇 가지 의견」, 『력사과학』 1963(2), 59-61.

김종혁·전영수 2003. 「표대유적 팽이그릇집자리들의 편년」, 『조선고고연구』 2003(2), 5-10.

도유호 1950a. 「선사학의 유물사관적 고찰을 위한 몇개의 기본문제(상)」, 『력사제문제』 15, 56-103.

도유호 1950b. 「선사학의 유물사관적 고찰을 위한 몇개의 기본문제(하)」, 『력사제문제』 16, 22-45.

도유호 1955. 「조선 석기 시대 사상(史上)에서 새로 판명된 몇가지 사실에 관하여」, 『력사과학』 1955(1), 41-54.

도유호 1956. 「서문」, 『라진 초도 원시 유적 발굴 보고서』, 조선민주주의인민공화국.

도유호 1957. 「민족 문화 유산의 계승 발전과 고고학 및 민속학 연구소의 당면 과업」, 『문화유산』 1957(1)(창간호), 1-10.

도유호 1958. 「머리'말」, 『안악 제3호분 발굴 보고』, 과학원출판사.

도유호 1960. 『조선 원시 고고학』, 과학원출판사.

력사연구소 1991. 『조선전사 2(고대편)』(제2판), 과학백과사전종합출판사.

류병흥 1995. 「단군 및 고조선 시기의 유적유물 발굴성과에 대하여」, 『조선고고연구』 1995(1), 3-6.

류병흥 1997. 「동해안일대의 발해유적발굴에서 이룩한 성과에 대하여」, 『조선고고연구』 1997(1), 6-7.

류병흥 1999. 「고조선문화 발전의 고고학적 편년에 대하여」, 『단군과 고조선』(이형구 엮음), 250-256, 살림터.

리주현·한은숙 2009. 『총론』(조선고고학총서 1), 사회과학원 고고학연구소·사회과학원 사회과학정보쎈터.

리창언 1991. 「최근에 조사발굴된 압록강류역의 돌감담무덤들에서 주목되는 몇가지 문제」, 『조선고고연구』 1991(3), 41-44.

박진욱 1988. 『조선고고학전서(고대편)』, 과학백과사전종합출판사.

박진욱 1991. 『조선고고학전서(중세편 : 고구려)』, 과학백과사전종합출판사.

박진욱 1994. 「단군릉의 발굴정형」, 『단군과 고조선에 관한 연구론문집』, 21-30, 사회과학출판사.

백산서당 편집부 1989. 『주체사상의 사회역사원리』, 백산서당(재간행).

법률출판사 2004. 「조선민주주의인민공화국 문화유물보호법」, 『조선민주주의인민공화국 법전(대중용)』, 333-340.

사회과학원 1993. 「반만년의 유구한 력사와 민족의 단일성에 대한 확증 : 단군릉발굴보고」, 『조선고고연구』 1993(4), 2-7.

사회과학원 1994. 「단군릉발굴보고」[재수록, 사회과학원 1993과 동일한 내용], 『단군과 고조선에 관한 연구론문집』, 4-12, 사회과학출판사.

사회과학출판사 1995. 『조선민주주의인민공화국 문화유물보호법』.

서국태 1992. 「우리 나라 신석기시대연구에서 이룩된 성과」, 『조선고고연구』 1992(1), 12-16.

서국태 1996. 「팽이그릇문화의 편년에 대하여」, 『조선고고연구』 1996(2), 17-21.

서국태·김광철 1998. 「새로 발견된 남양형단지에 대하여」, 『조선고고연구』 1998(2), 2-6.

석광준 1994. 「평양은 고대문화의 중심지」, 『단군과 고조선에 관한 연구론문집』, 74-82, 사회과학출판사.

손영종 1990. 「고구려 건국년대에 대한 재검토」, 『력사과학』 1990(1), 39-45.

손영종 1994. 「조선민족은 단군을 원시조로 하는 단일민족」, 『단군과 고조선에 관한 연구론문집』, 114-119, 사회과학출판사.

손영종·박영해·김용간 1991. 『조선통사(상)』, 사회과학출판사.

아·드·우달쬬브(이효준 역) 1950. 「물질문화사연구원30년」, 『문화유물』 2, 87-94.

인류진화발전사연구실 1995. 『조선서북지역의 동굴유적』, 김일성종합대학출판사.

장우진 1986. 「송평동유적주민들을 통하여 본 우리 나라 원시시대의 족속문제」, 『조선고고연구』 1986(4), 2-8.

장우진 1989. 『조선사람의 기원』, 사회과학출판사.

전영률 1994. 「위대한 수령 김일성동지께서 단군 및 고조선과 관련하여 하신 교시는 력사연구에서 새로운 전환의 계기를 열어놓은 강령적지침」, 『단군과 고조선에 관한 연구론문집』, 13-20, 사회과학출판사.

전일권·김광남 2009. 『북부조선지역의 구석기시대유적』(조선고고학총서 2), 사회과학원 고고학연구소·사회과학원 사회과학정보쎈터.

정백운 1958. 「해방후 우리 나라 고고학의 발전」, 『문화유산』 1958(4), 7-16.

조선물질문화유물조사보존위원회 1949. 「창간사」, 『문화유물』 1, 1-2.

조선유적유물도감 편찬위원회 1988. 「남경유적(청동기시대층)」, 『조선유적유물도감(1) 원시편』, 170-174, 외국문종 합출판사.

조희승 1991. 「백제의 건국년대에 대하여」, 『력사과학』 1991(2), 42-47.

조중 공동 고고학 발굴대 1966. 『중국 동북 지방의 유적 발굴 보고』, 사회과학원출판사.

채희국 1991. 「신라의 건국년대에 대하여」, 『력사과학』 1991(2), 48-53.

철학연구소 1998. 『철학사전』, 도서출판 힘(재간행).

한길언 1950. 「김일성종합대학력사박물관」, 『문화유물』 2, 65-73.

한인호 1995. 「당의 현명한 령도아래 찬란히 개화발전한 조선고고학」, 『조선고고연구』 1995(4), 2-6.

한흥수 1948. 「원시사회사 연구에 관한 각서」, 『력사제문제』 2, 117-132.

현명호 1994. 「고조선의 성립과 수도문제」, 『단군과 고조선에 관한 연구론문집』, 56-69, 사회과학출판사.

· 「고고학 및 민속학 연구에서 주체를 확립할 데 대한 우리 당의 방침을 철저히 관철시키자」, 『문화유산』 1962(2), 1-4.

· 「공화국창건 60돐을 빛나는 고고학연구 성과로 뜻깊게 맞이하자」, 『조선고고연구』 2008(3), 2-3.

· 「과학원 창립 이후 고고학과 민속학의 발전」, 『문화유산』 1962(5), 1-5.

· 「관개 공사장에서 발견되는 유물 보존 사업을 전 인민적 운동으로 강력히 전개하자」, 『문화유산』 1958(5), 7-10.

· 「단군을 원시조로 하는 반만년민족사연구에서 이룩된 자랑찬 성과(단군릉발굴 10돐에 즈음하여)」, 『조선고고연구』 2003(4), 2-4.

· 「민족 문화 유산 계승 발전을 위한 우리 당 정책의 빛나는 승리」, 『문화유산』 1959(4), 1-12.

· 「조선 로동당 제3차 대회 이후 고고학계가 거둔 성과」, 『문화유산』 1961(4) 1-9.

· 「조선 로동당 제3차 대회 이후 민속학과 미술사 분야에서 거둔 성과」, 『문화유산』 1961(4), 10-16.

· 「조선 로동당 창건 20 주년을 맞으며」, 『고고민속』 1965(4), 3-7.

· 「조선민족제일주의정신을 깊이 간직하고 우리의 력사와 문화를 더욱 빛내여 나가자」, 『조선고고연구』 2003(3), 2-4.

· 「조선 민주주의 인민 공화국 창건 이후 고고학과 민속학 연구에서 거둔 성과」, 『고고민속』 1963(3), 1-6.

· 「최근년간 조선고고학연구에서 이룩한 주요 성과」, 『조선고고학연구』 1986(1), 2-7.

· 「해방후 조선 고고학이 걸어 온 길」, 『문화유산』 1960(4), 1-15.

· 「10월 혁명과 조선 고고학의 발전」, 『문화유산』 1957(5), 1-4.

· 「1964년도 고고학 및 민속학 분야의 중심 과업」, 『고고민속』 1964(1), 1-4.

【출처】 한창균 2013. 「북한 고고학사의 시기 구분 체계에 대하여」, 『한국상고사학보』 79, 181-214쪽.

북한 고고학에서 보는 요서 지역의 신석기문화

I. 머리말

　『총론』[1]에 따르면, 1949년부터 2005년 상반기에 걸쳐 북한 지역에서 발굴 조사된 유적의 전체 수는 약 400군데에 이른다. 그 가운데 약 35군데(전체의 8~9%)에 이르는 지점에서 신석기시대의 유구와 유물 등이 확인된 것으로 나타난다. 이미 잘 알려진 것처럼, 북한 지역의 신석기 유적 발굴은 1950년에 진행된 궁산 유적(옛 행정 지명 : 평안남도 용강군 해운면 궁산리, 현 행정 지명 : 평안남도 온천군 운하리)으로부터 시작한다. 그 뒤를 이어 금탄리 유적(1955년, 평양시 사동구역), 농포 유적(1956년, 함경북도 청진시), 지탑리 유적(1957년, 황해북도 봉산군) 등이 발굴되었고, 이들 유적에서 얻은 고고학 연구 성과는 남북한을 비롯하여 그 주변 지대에서 전개되었던 신석기문화의 성격과 상호 관계를 이해하는 데 크게 이바지하고 있다.

　1959년에는 미송리 동굴유적(평안북도 의주군 의주읍 미송리)이 발굴되었다.[2] 이 유적의 문화층은 아래층(신석기시대)과 위층(청동기시대)으로 구성되었다. 신석기시대 문화층에서는 각종 기하학적 무늬와 '꼬불무늬' 등이 베풀어진 질그릇 조각 등이 출토하였다. 그 중 '꼬불무늬'가 새겨진 유물의 경우, 수량도 매우 적은 편이고, 온전한 형태로 남아 있는 것이 없어 발굴 당시에는 큰 주목을 받지 못하였다. 반면에 청동기시대 문화층에서는 이른바 '미송리형 토기'로 이름이 널리 알려진 유물이 발굴되어 많은 관심을 받아 왔다. 비파형동검 등과 흔히 짝을 이루는 이 그릇 종류는 북한 고고학에서 고조선의 성립 시기, 강역, 문화 등을 살피는 데 있어 매우 중요한 연구거리로 다루어지고 있다.

---

1 리주현·한은숙 2009. 『총론』, 조선고고학총서 1, 사회과학원 고고학연구소·사회과학정보쎈터.
2 김용간 1963. 「미송리 동굴 유적 발굴 보고」, 『각지 유적 정리 보고』, 고고학자료집 3, 과학원출판사.

꼬불무늬라고 부르는 독특한 무늬 형태가 북한 고고학에서 관심의 대상이 된 것은 1960년대 초반의 일이라고 생각된다. 그로부터 근래에 이르기까지 꼬불무늬(현 명칭 : 이음구불무늬)가 새겨진 그릇 종류의 고고학적 성격에 관한 글들이 여러 차례 발표되었다. 뒤에 가서 좀 더 자세히 이야기하겠지만, 그에 대한 접근 방법과 시각은 대체로 1990년을 기점으로 큰 변화를 수반하였던 것으로 판단된다.

현재 북한 고고학에서 받아들이고 있는 한국 신석기문화의 유형 구분 체계에 의하면, 이음구불무늬그릇[3]의 존재는 미송문화가 미친 요서 지역의 한계 범위를 정하는 데 있어 가장 핵심적인 요소 가운데 하나가 된다. 이 글에서는 이와 같은 점을 고려하면서 그동안 북한 학계에서 이음구불무늬그릇이 지니고 있었던 고고학적인 의미를 학사적인 측면에 초점을 맞추어 살펴보기로 하겠다.

II. 1960년대~1980년대

1960년에 발행된 『조선 원시 고고학』[4]에서 도유호는 미송리 유적의 토기에서 드러난 꼬불무늬가 적봉 홍산과 밀접한 관련이 있음을 다음과 같이 말하였다.

"의주군 미송리(美松里)의 동굴 유적에는 빗살무늬그릇의 무늬 전통을 암시하는 층이 있는데 그것은 적봉 홍산(赤峰紅山)의 《채도 문화(彩陶文化)》와의 관계를 암시하는 것이다. (…) 미송리에서 얻은 토기 쪼각 중에서 홍산과의 관계를 특히 강하게 암시하는 것은 《적봉 홍산후》의 저자가 호선문(弧線文)이라고 한 무늬를 띤 것(홍도층)이다. 이는 폭이 넓고 사이가 배게 찍은 지그자그 즉 꼬불무늬를 두고 하는 말이다."(도유호 1960. 59쪽)

이러한 분위기에서 압록강 하류 일대에 분포한 유적에서 나온 빗살무늬 갈래의 그릇이 무늬 구성에 있어, 내몽골 자치구의 임서현(林西縣), 적봉 홍산후(赤峰紅山後), 요동반도의 대련(大連) 일대 등에서 알려진 것들과 서로 통할 수 있는 연관성을 지닌다는 논문이 발표되었다.[5] 그리고 이 논문에서도 미송리 유적의 꼬불무늬(그림 1-3)가 적봉 홍산후에서 알려진 유물과 서로 유사한 특징을 보여주는 것으로 언급하였다.

---

3 남한 학계에서는 흔히 '지자문토기(之字文土器)'라고 부른다. 다음을 참조 바람. 임상택 2011. 「한반도 신석기시대 의 문화 변동」, 『한국 선사시대 사회와 문화의 이해』, 서경문화사.
4 도유호 1960. 『조선 원시 고고학』, 과학원출판사.
5 리병선 1963. 「압록강 류역 빗살무늬 그릇 유적의 특성에 관한 약간의 고찰」, 『고고민속』 1963(1).

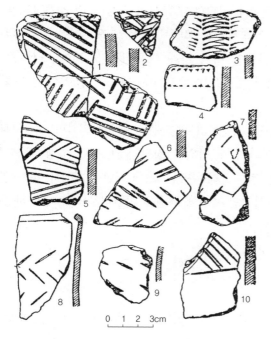
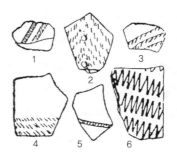

〈그림 1〉 미송리 유적의 질그릇 조각(김용간 1963. 9쪽)　　　〈그림 2〉 오가촌 유적의 질그릇 조각(김용간 1966. 5쪽)

　　1960년대 중반으로 넘어가면서 그러한 관점에 변화가 나타난다. 미송리 유적을 특징짓는 무늬 종류(전나무잎무늬 및 꼬불무늬)는 지역적으로 요동반도 일대와 깊이 관련되어 있으며[6], 서북 조선의 빗살무늬그릇은 그 형태와 무늬 및 바탕흙 등에서도 요동반도 주변의 장산열도(長山列島, 대련시 장해현)에서 출토한 질그릇과 서로 밀접한 관계가 있다는 논문[7] 등이 발표되었다. 특히 후자의 글에서는 미송리 유적과 마찬가지로 광록도(廣鹿島, 장산열도)의 오가촌 유적(吳家村)에서 도 꼬불무늬그릇(그림 2-6)이 나타난 점에 주목하였다.

　　여기에서 알 수 있듯이 1960년대 중반 이후부터, 압록강 하류 일대의 신석기문화에 대한 연구는 주로 요동반도 지역과의 상호 연관성 아래 검토되었다. 그 결과, 요서 지역 일대의 신석기 유적과 유물에 대한 관심은 북한 학계로부터 차츰 멀어져 갔다. 이러한 경향은 대체로 1980년대 중반에 이르기까지 오랫동안 지속되었다. 『조선원시고고학개요』[8], 『조선고고학개요』[9], 『조선전사 1(원시 편)』(초판)[10], 『조선의 신석기시대』[11] 등이 발행되었지만, 장산열도를 벗어난 지역에서 알려진

　6　리병선 1965. 「압록강 류역 빗살 무늬 그릇 유적들의 계승성에 대한 약간의 고찰」, 『고고민속』 1965(2).
　7　김용간 1966. 「서북 조선 빗살 무늬 그릇 유적의 년대를 논함」, 『고고민속』 1966(1).
　8　고고학연구소 1971. 『조선원시고고학개요』, 김일성종합대학출판사.
　9　고고학연구소 1977. 『조선고고학개요』, 과학백과사전출판사.

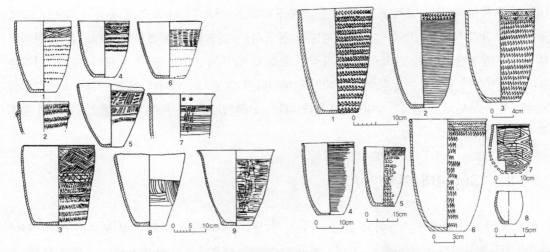

〈그림 3〉 소주산 유적 1기층의 질그릇(김광철·김영근 2009. 183쪽) 〈그림 5〉 신락 유적 1기층의 질그릇(김광철·김영근 2009. 48쪽)

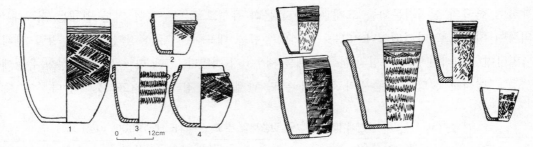

〈그림 4〉 후와 유적 1기층의 질그릇(서국태·김종혁 2009. 159쪽)   〈그림 6〉 흥륭와 유적의 질그릇(백용기 1988. 47쪽)

곳으로 연구 대상에 포함된 것은 요동반도 남쪽에 위치한 쌍타자 유적(雙坨子, 대련시 감정자구)의 경우가 유일하였다고 생각된다.

1970년대 이후 중국 동북 지방에서는 신석기 유적에 대한 발굴 조사가 차츰 활발하게 이루어지기 시작하였다. 그리고 각 유적의 유구와 유물을 통하여 얻은 연구 성과는 북한 고고학이 한국 신석기문화의 분포 범위를 넓혀 나가는 데 유용한 고고학 자료로 활용되었다. 그러한 양상은 1980년대 말부터 점차 모습이 드러난다.

예를 들어, 소주산 유적(小珠山, 대련시 장해현 광록도)에서 기본적인 특징을 이루는 짧은 이음구불무늬의 화분형 단지(그림 3)[12]가 압록강 하류의 후와 유적(後窪, 단동시 동구현)(그림

---

10 력사연구소 1979. 『조선전사 1(원시편)』(초판), 과학백과사전출판사.

11 서국태 1986. 『조선의 신석기시대』, 사회과학출판사.

12 김광철·김영근 2009. 『하료하류역일대의 신석기시대유적』, 조선고고학전서 8(원시편 8), 진인진.

4)[13], 혼하 유역의 신락 유적(新樂, 심양시 우홍구)(그림 5)[14], 서요하 요역의 흥륭와 유적(興隆窪, 내몽골 오한기)(그림 6)[15] 등에 걸쳐 폭넓게 분포하는 것으로 알려졌으며, 그와 같은 형태의 질그릇은 일정한 시기를 대표하는 전형적인 유물로 간주되었다.[16] 또한 흥륭와문화의 성격을 비교적 자세하게 평가하는 논문이 발표되기도 하였다.[17] 그렇지만 이때에 이르러서도 요서 지역의 신석기 유적을 한국의 신석기시대에 편입시키려는 구체적인 작업은 이루지지 않았다고 판단된다.

III. 1990년대 이후

현재 북한 고고학에서 적용하고 있는 한국 신석기시대의 지역별 문화 유형 구분은 1990년부터 본격적으로 거론되기 시작하였다. 그 이전에도 각 지역을 대표하는 유적과 유물 갖춤새의 성격[18]을 중심으로 지역 차이에 따른 신석기문화의 특성 및 계승 관계가 검토되었으나, 질그릇 갖춤새를 통하여 한국의 신석기문화를 크게 세 가지 문화 유형으로 나누었던 기본 얼개는 서국태[19]에 의하여 처음으로 마련되었다. 그는 각각의 유형을 대표하는 두 유적의 명칭을 병렬 관계로 나열하며 지역적인 문화 유형의 분류 체계를 세우고자 하였다. 그에 따른 세 가지 문화 유형에서 서로 구별되는 질그릇 갖춤새의 특징과 분포 관계 등을 정리하면 〈표 1〉과 같다.

〈표 1〉 문화 유형에 따른 질그릇 갖춤새와 분포 관계(서국태 1990에 따름)

구분	질그릇 갖춤새	분포 관계와 주요 유적
궁산-동삼동 유형	둥근밑그릇 또는 납작밑그릇	달천강(평북)과 북대천(함남) 이남 지역에 해당하는 유적 : 평북(세죽리, 당산), 평남(궁산), 평양(금탄리), 함남(강상리, 금송촌), 서울(암사동), 강원(오산리), 부산(동삼동, 수가리), 전남(흑산도) 및 제주도 일대 유적.
미송-소주산 유형	짧은 이음구불무니를 돋친 화분형 단지	평북(미송리), 요동반도(소주산, 상마석), 심양(신락), 길림(이도령자) 및 그 이서 지역(원보구, 대청취, 편검성), 혼하 유역을 포함한 요하 일대. 또한 대릉하 유역에까지 미칠 가능성도 풍부함.
서포항-앵가령 유형	모래를 섞어 만든 화분형 단지	함북(서포항), 흑룡강성(앵가령), 자강도(토성리, 장성리), 남연해주(올레니, 그라드까야 1)

13 서국태·김종혁 2009. 『압록강류역일대의 신석기시대유적』, 조선고고학전서 4(원시편 4), 진인진.

14 김광철·김영근 2009. 앞의 글.

15 백용기 1988. 「자산문화와 흥륭와문화」, 『조선고고연구』 1988(3).

16 고고학연구소 1988. 「압록강류역, 료동반도 남단의 이른 시기 신석기시대유적들에 대하여」, 『조선고고연구』 1988(3).

17 백용기 1988. 앞의 글.

18 이에 관해서는 다음의 글을 참조하기 바람. 안승모 2009. 「신석기시대 지역성과 지역 분류에 대한 연구사적 검토」, 『한반도 신석기시대 지역문화론』, 동삼동패총전시관.

19 서국태 1990. 「질그릇을 통하여 본 우리 나라 신석기시대의 문화유형」, 『조선고고연구』 1990(3).

위와 같은 관점을 바탕으로 한국의 신석기시대 문화 유형을 고찰하였던 서국태(1990)는 당시 대릉하와 교래하 이서 지역에서 알려진 홍산문화에 대해서도 관심을 표명하였다. 특히 그는 홍산문화에 등장하는 이음구불무늬의 제작 기법과 질그릇 갖춤새에 대하여 주의를 돌렸다. 그리고 "미송-소주산 유형의 이음구불무늬는 가로띠를 이루고 있으나, 홍산문화의 경우는 세로띠를 이룬 것이 적지 않게 나타난다. 띠폭 및 각 띠 사이의 간격에도 서로 차이가 있다. 홍산문화의 질그릇에는 미송-소주산 유형에서 찾기 어려운 요소(곧은 목이 달린 단지와 원통형 단지, 비교적 높은 비율을 차지하는 붉은 색을 칠한 그릇 등)가 엿보인다."라며, 두 지역의 유물 갖춤새에는 뚜렷한 차이가 있는 것으로 결론을 내렸다.

또한 그는 신락 유적(지금으로부터 7천년 이전)과 홍산문화(지금으로부터 6~5천년 전)의 시기적인 선후 관계를 검토하며, 이음구불무늬그릇의 발생 및 변천 관계에 관하여 언급하였다. 여기에서 그는 이음구불무늬그릇이 처음으로 발생한 곳은 요하 유역 일대이며, 그것이 요하 이서 및 이북 지역으로 보급되면서 짧은 이음구불무늬가 차츰 긴 이음구불무늬 등으로 변화되었다고 추론하였다. 한편 그는 홍륭와 유적의 집자리 짜임새와 유물 갖춤새에서 소주산 유적이나 신락 유적과 공통되는 점이 있다고 말하며, 미송-소주산 유형의 분포 범위가 대릉하 유역에까지 미칠 가능성이 있음을 논하였다.

1990년 서국태가 처음 제안하였던 문화 유형의 구분 틀은 1991년에 발행된 『조선전사 1(원시편)』 (2판)[20]에서도 대부분 그대로 수용되었다. 약간의 차이가 있다면 그것은 ① '짧은 이음구불무늬'라는 용어가 '짧은 휘인선이음구불무늬'로 바뀌었으며, ② '유형' 대신에 '지역'이라는 표현이 사용되었고, ③ '미송-소주산 지역'의 분포 범위를 좀 더 구체적으로 설정하여 "평안북도 지방을 비롯하여 요하 유역에서 제2송화강 이서 지방"으로 확정하였다는 점 등이다. 그러나 특이하게도 이 단행본에서는 '미송-소주산 지역'과 관련하여 홍산문화 또는 홍륭와 유적에 대한 내용이 전혀 언급되지 않았다.

반면에 1992년에는 홍륭와 유적을 '미송-소주산 지역 문화'에 포함시키려는 움직임[21]이 나타났으며, 이를 통하여 각 지역 문화의 분포 범위를 이전보다 구체적으로 설정하는 작업이 이루어졌다. 예를 들어, 미송-소주산 지역 문화는 평안북도와 단동지구를 중심으로 한 대릉하 유역에서 제2송화강 이서 지역으로 설정되었다. 이상에서 살펴보았듯이 각 지역 문화의 분포 범위를 명확하게 확정하려는 논문이 1992년에 발표되었는데, 그와 같은 시각에 근거하여 한국 신석기시대의 문화 유형에 대한 논의가 본격적으로 발표된 것은 1998년에 해당한다. 1990년 이래 한국의 신석기문화를

---

20 력사연구소·고고학연구소 1991. 『조선전사 1(원시편)』(2판), 과학백과사전출판사.
21 서국태 1992. 「우리 나라 신석기시대연구에서 이룩된 성과」, 『조선고고연구』 1992(1).

<표 2> 운하문화, 미송문화, 서포항문화의 분포 범위와 대표 유적(서국태 1998에 따름)

구분	분포 범위	대표 유적
운하문화	달천강 유역과 북대천 유역 이남에서 제주도까지.	【북한】 지탑리, 궁산, 마산리, 오덕리, 용곡리, 금탄리, 용당포, 강상리, 용반, 학월리, 당산, 세죽리, 석탄리, 남경, 장촌, 중평리 등. 【남한】 암사동, 미사리, 교동, 오산리, 수가리, 동삼동, 영선정, 신암리, 다대리, 상노대도 등.
미송문화	평안북도를 포함하여, 대릉하 이동에서 제2송화강 이서에 속하는 지역.	【북한】 미송리, 신암리, 용연리, 도봉리, 쌍학리 등. 【중국】 소주산, 상마석, 오가촌, 곽가촌, 쌍타자, 신락, 후와, 대강 등.
서포항문화	자강도와 함경북도를 포함하여, 제2송화강 이동 및 남연해주 일대 이남 지역.	【북한】 서포항, 부포리 덕산, 나진동, 검은개봉, 농포, 송평동, 원수대, 김책시 역전동, 토성리, 장성리, 범의구석 등. 【중국】 앵가령, 남단산 등. 【남연해주】 올레니, 끼로브쓰끼, 그라드까야 1 등.

세 가지 유형으로 구분했던 서국태가 또 다시 그 주역을 담당하였다.[22]

그는 종래의 병렬적인 분류 명칭(궁산-동삼동 유형, 미송-소주산 유형, 서포항-앵가령 유형)을 단순화시켜 새로운 명칭(운하문화, 미송문화, 서포항문화)에 따른 분류 체계를 제안하였다(표 2 참조). 이 가운데 '미송-소주산 유형' 대신에 '미송문화'라는 용어가 채택된 것은 요서 지역의 신석기시대를 바라보는 북한 고고학의 입장이 과거와 다른 모습으로 변화되었음을 알려준다. 다시 말해서 '미송문화'라는 용어의 선택에는 요동반도 일대 및 요하 이동 지역을 중심으로 설정되었던 '미송-소주산 유형'의 서쪽 분포 범위를 요하 이서 지역으로 확장하려는 의도가 깊게 깔려 있음을 알려주는 것으로 생각된다. 이 과정에서 그는 특히 흥륭와 유적과 신락 유적에서 보이는 질그릇(짧은 휘인선이음구불무늬가 돋친 화분형 단지)과 집자리 짜임새(방형 또는 장방형의 반움집, 집자리 바닥을 파서 만든 화덕 시설, 기둥구멍의 위치와 배열 상태)를 주목하였다. 이와 같은 점에 근거하여, 그는 흥륭와 유적이 미송문화의 범주에 속하는 것으로 판단하는 동시에 미송문화의 서쪽 분포 한계를 대릉하 하류 일대로까지 확대하였다. 이와 아울러 요하 서쪽 지방에서 계기적으로 발전한 신석기문화와 미송문화의 관계에 대하여 그는 다음과 설명하였다.

"미송문화의 특징적인 짧은 휘인선이음구불무늬와 그 변형의 무늬를 돋친 그릇들은 대릉하 이서 및 이북 지역에 분포되어 있는 흥륭와유적이나 소주산유적보다 늦은 시기에 속하는 조보구문화나 홍산문화, 부하문화의 질그릇에서도 보인다. 그런 것만큼 이 문화의 창조자들이 조선옛류형사람들과 밀접한 친연관계를 가지고 있던 주민 집단인 것은 의심할 바 없다. 그러나 이 문화들의 질그릇갖춤새에는 짧은 휘인선이음구불무늬를 돋친 그릇이 기본으로 되고 있지 않으며, 그 무늬

---

22 서국태 1998. 『조선신석기시대 문화의 단일성과 고유성』. 이와 동일한 내용이 다음과 같은 단행본에 재수록되었으니 참조하기 바람. 서국태 2009. 『조선신석기시대 문화 연구』, 조선고고학전서 9(원시편 9), 진인진.

자체에서의 차이를 비롯하여 여러 측면에서 서로 구별되는 점들이 나타난다. 그러므로 현재까지의 자료로써는 미송문화의 서쪽 분포 한계를 대릉하유역 일대까지로 한정한다."(서국태 1998. 11쪽)

그러나 2000년대 초반을 지나며 흥륭와 유적을 미송문화의 서쪽 분포 한계로 다루었던 시각에 변화가 일어났고, 이전의 주장과는 다른 시각에서 그 분포 한계가 재조정되었다. 그리하여 대릉하 유역의 흥륭와 유적을 대신하여 요령성 부신(阜新) 일대의 평안보 유적(平安堡)(그림 7)과 사해 유적(査海)이 미송문화와 관련이 깊은 것으로 연구되는 경향이 짙어진다.

2003년 김영근[23]은 미송문화의 이음구 불무늬를 조보구문화(趙寶溝文化), 홍산 문화(紅山文化), 부하문화(富河文化)의 것

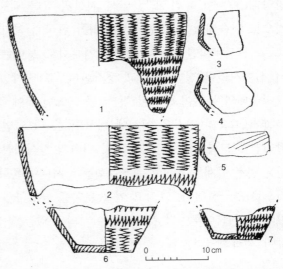

〈그림 7〉 부신 평안보 유적 1기층의 질그릇(김광철·김영근 2009. 64쪽)

들과 비교하면서, 다음과 같은 차이가 있는 것으로 서술하였다. "첫째, 미송문화의 질그릇에서는 점과 선이 새겨진 기하학적 도안이 복잡하지 않게 배열되어 있으나, 대릉하 이서 및 이북 일대에서 알려진 질그릇에는 동물 형상(겉면) 및 채색 수법(속면) 등이 이용되어 장식 효과가 복잡하다. 둘째, 그들 문화의 질그릇에서 기본 특징이 되는 것은 이음구불무늬 계통이 아니다." 또한 그는 신락 유적(BP 7430±100)과 조보구 유적(BC 4920) 등의 연대를 서로 검토하여, 이음구불무늬의 원류는 평안북도와 압록강 유역 및 요하 유역의 일대에 출발하였다고 말하였다. 그렇지만 그는 흥륭와 유적이 미송문화에서 제외된 이유에 대해서는 설명하지 않았다.

그 의문의 답은 2006년에 발표된 서국태의 논문[24]을 통하여 풀린다. 앞에서 이야기한 것처럼, 그는 흥륭와 유적과 신락 유적에서 드러난 집자리 짜임새의 공통된 양상을 통하여 흥륭와 유적이 미송소주산 유형에 해당하는 것으로 추정하였다. 그렇지만 그 뒤 흥륭와 유적의 집자리 내부에서 움무덤이 발견되는 빈도가 높아지자, 그는 이러한 현상이 흥륭와 유적과 신락 유적이 서로 다른 문화 배경 속에서 형성되었음을 반영하는 것으로 판단하였다. 그리고 흥륭와 유적은 홍산문화의

23 김영근 2003. 「이음구불무늬의 원류에 대하여」, 『조선고고연구』 2003(1).
24 서국태 2006. 「우리 나라 신석기시대문화의 분포범위」, 『조선고고연구』 2006(2).

동남쪽 분포 한계를 시사해주는 대표 유적으로 처리되었다. 이에 따라 미송문화의 서쪽 분포 한계는 평안보 유적과 사해 유적을 중심으로 한 대릉하 이동 지역으로 재정립되었다. 이와 아울러 미송문화의 서북쪽 한계는 요하 중류의 강평현 일대로 범위가 정해졌고, 흑룡강성의 앙앙계(昻昻溪) 유적 또는 임서 지방의 유물 갖춤새는 미송문화와 전혀 다른 성격을 지니는 것으로 서술되었다. 한편 홍산문화를 한국 신석기문화의 한 갈래로 연계하려는 경향에 대해서 그는 "홍산문화를 우리나라 신석기문화로 보려는 견해도 없지 않지만 이것은 앞으로 연구를 더 심화시켜야 할 문제라고 생각한다."고 말하였다.

서국태의 논문이 발표된 직후, 곧 2006년 말에 접어들며 요서 지방의 신석기문화를 바라보는 북한 고고학의 입장은 이전에 비하여 좀 더 확연하게 정리되었다. 김영근[25]은 요서 지역에서 알려진 고고학 자료를 근거로 이 지역의 신석기문화가 '흥륭와문화→조보구문화→홍산문화'와 같은 발전 단계를 거쳤고, 홍산문화는 다시 부하문화와 소하연문화(小河沿文化)로 분기, 발전하였던 것으로 언급하였다. 그리고 이들 문화를 담당하였던 주민과 한국의 신석기문화를 이룩하는 데 있어 근간을 이루었던 것으로 이야기되고 있는 조선옛유형사람의 상호 연관성에 대하여 다음과 같이 언급하였다.

"흥륭와문화를 비롯하여 조보구문화, 홍산문화, 부하문화, 소하연문화 등 료서지방의 신석기시대 문화를 남긴 주민들이 미송문화를 남긴 조선옛류형사람들과 밀접한 친연관계를 가지고 문화적 교류를 활발히 진행하였다는 것은 의심할 바 없지만 그것이 조선옛류형사람들이 남긴 것이라고는 말할 수 없다고 본다. 왜냐하면 흥륭와문화 이후의 조보구문화, 홍산문화, 부하문화, 소하연문화가 유적유물갖춤새에서 미송문화의 것과 뚜렷이 구별되기 때문이다."(김영근 2006. 8-9쪽)

김영근은 요서 지방을 대표하는 각 단계의 신석기문화는 "집자리의 평면 형태, 움 깊이, 기둥구멍 배치 상태, 석기의 제작 수법과 석기의 구성 관계, 질그릇의 형태 및 무늬 제작 기법 등"에 있어, 미송문화와 구별되는 특징을 지닌다고 주장하였다. 그리고 그와 같은 관점을 통하여, 그는 의무려산(醫巫閭山)(그림 8 참조)[26]을 경계로 한 이서 지역의 요서 신석기문화와 그 이동 지역에 이르기까지 영향을 미친 미송문화는 서로 다른 지역적, 문화적 기반 위에서 성립된 것으로 결론을 내렸다.

---

25 김영근 2006. 「료서지방 신석기시대문화의 특징」, 『조선고고연구』 2006(4).
26 遼寧省文物考古研究所 編著 2012. 『牛河梁 : 紅山文化遺址發掘報告(1983~2003年度)』(上), 文物出版社.

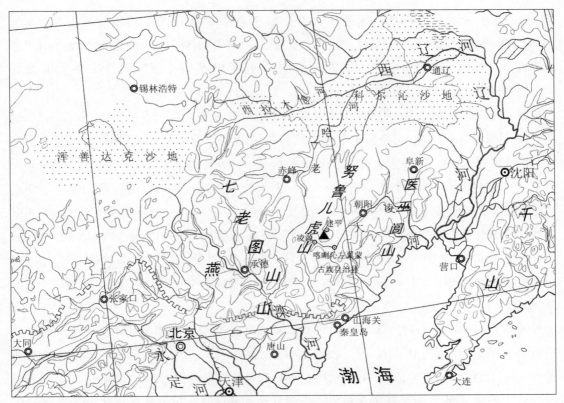

〈그림 8〉 우하량 유적(▲), 부신(阜新), 의무려산(醫巫閭山)의 위치(遼寧省文物考古硏究所 編著 2012. 2쪽)

Ⅳ. 맺음말

미송문화라는 명칭이 말해주듯이, 미송리 유적에서 발굴된 이음구불무늬그릇은 현재 북한의 서국태 등이 설정한 한국 신석기문화의 유형 구분에 있어 매우 중요한 고고학적인 위치를 차지한다. 대체로 1980년대 후반까지만 하여도 평안북도와 압록강 하류 유역에 분포하는 이음구불무늬그릇의 존재는 요동반도 지역과의 상호 연관성 속에서 논의되었다.

그러나 요하 또는 대릉하 일대 및 그 이북에서 발견되는 유적의 수가 증가하면서, 북한 고고학자들은 1990년대 초부터 미송문화에 특징적으로 나타나는 이음구불무늬그릇의 서쪽 한계 분포에 대하여 깊은 관심을 지니게 되었다. 요컨대, 1959년 미송리 유적에서 이음구불무늬의 질그릇이 모습을 드러낸 이후, 약 반세기에 걸친 연구와 검토를 거치며, 현재와 같은 미송문화의 요서 지역 서쪽 한계가 정립되었다고 말할 수 있다.

현재 북한 고고학에서는 한국의 신석기시대 문화를 지역 차이에 따라 세 가지 문화 유형(운하문화, 미송문화, 서포항문화)으로 구분하고 있는데, 이러한 분류 체계의 기본 줄기는 앞으로도 큰 변함이 없이 계승, 발전되리라 판단된다. 다만, 대릉하 일대와 그 주변 지역에서 새로운 고고학 자료가 찾아진다면, 미송문화의 서쪽 분포 한계 및 범위에 대한 약간의 수정 및 보완 작업이 병행될 것으로 짐작된다.

또한 북한 고고학에서는 이른바 요하문명론의 핵심을 이루는 홍산문화에 관해서도 분명한 입장을 견지하여, 그것은 미송문화와 성격이 다른 이질적인 문화로 규정한다. 이러한 논리는 홍산문화를 대표하는 것 가운데 하나인 우하량(牛河梁) 유적의 적석묘(돌무지무덤)가 미송문화와 아무런 관련이 없다는 의미를 내포한다. 그동안 북한 학계에서는 요동반도 일대에서 알려진 적석묘를 고조선의 성립과 연계하여 비중 있게 다루어 왔다. 따라서 우하량 유적의 신석기시대 적석묘와 요동반도의 청동기시대 적석묘가 서로 어떤 배경 속에서 시기상 선후 관계를 이루고 있는지를 밝히는 작업에 또 다른 관심이 간다. 만약 두 지역 사이의 문화적인 친연 관계가 밀접한 것으로 드러난다면, 북한이 내세우고 있는 대동강문화론에서는 그 문제를 어떻게 풀어갈지 도 궁금하다.

앞에서 여러 차례 언급한 것처럼, 북한 고고학에서는 한국 신석기문화의 외연을 한반도를 벗어난 압록강 및 두만강 이북 지역으로 넓히고 있다. 특히 요서 및 요동 지역에서 새롭게 알려지고 있는 고고학 자료에 지속적인 관심을 표명하였다. 이와 같은 경향은 그들 지역의 지리적인 배경 속에서 이룩된 청동기문화가 역사적 실체로서의 고조선과 매우 밀접한 관련이 있다는 전제 조건 속에서 이루어져 왔다고 가늠된다. 이런 점을 고려할 때, 미송문화의 성격과 그 분포 범위가 의미하는 바를 구체적으로 재검증하는 작업에 관심을 지닐 필요가 있다고 생각된다.

【출처】다음 글의 내용을 일부 수정, 보완하여 작성되었음. 한창균 2015. 「북한 고고학에서 보는 요서지역의 신석기문화」, 『요하문명과 고조선』(한창균 엮음), 45-60쪽, 지식산업사.

3부

구석기시대 유적, 유물

굴포리 구석기 유적을 다시 논함

I. 문제의 제기

우리나라의 구석기문화 연구는 함경북도를 중심으로 한 곳에서 뿌리를 내리기 시작하였다. 일찍이 종성군 동관진(현재는 온성군 강안리로 바뀌었음)의 연대봉 유적(德永重康·森 爲三 1939 ; 直良信夫 1940)에서 제4기의 동물 화석이 발견된 이후, 화대군 장덕리(김신규 1962 ; 로영대 1962 ; 박준석·최현모 1962) 등에서 후기 갱신세의 털코끼리 화석을 찾으며 북한의 고고학계는 구석기 유적의 발견 가능성에 대한 관심을 드높여 나갔다. 특히 빙하기(도유호 1962a), 인류의 기원(도유호 1962b), 구석기(도유호 1962c) 등에 관한 글은 우리나라의 구석기문화를 연구하는 데 커다란 디딤돌 역할을 하였다. 북한의 고고학계뿐만 아니라 역사학계에서 갖고 있었던 그때의 그러한 분위기를 우리는 다음 인용한 글 속에서 잘 읽을 수 있다.

"함경북도 길주, 명천 일대에서 나온 지질학적 제3기 층의 포유 동물 화석, 종성군 동관(潼關)의 지질학적 제4기 홍적층 속에서 나타난 포유 동물 화석, 특히 최근 함경북도 화대군 장덕리 니탄층에서 나온 털코끼리(맘모스) 뼈 등은 구석기 시대 당시 우리 반도의 자연 조건이 인류의 생존에도 적당하였을 것을 추측하게 한다. 더구나 연해주 및 흑룡강 류역 일대에서 구석기 시대 유적이 발견되는 사실은 그렇게 추측할 수 있는 더욱 유리한 근거로 된다. 특히 쏘련 연해주 오시노브까 유적(대체로 1만~1만 5천 년 전의 것임)의 일부 석기 형태에 보이는 중국, 동남 아세아의 석기 형태와의 류사성은 그 두 지역 중간에 해당하는 조선 반도 일대에도 당시에 인류가 생활하였다는 것을 거의 확증적으로 립증하여 준다."(력사연구소 1962. 5쪽)

마침내 함북 선봉군 굴포리 유적의 신석기시대 아래층에서 구석기시대의 뗀석기를 찾으며,

우리나라에서 전개되었던 구석기문화의 존재가 모습을 드러내기 시작하였다(고고학 및 민속학 연구소 1963). 따라서 굴포리 구석기유적의 발견은 1960년대 우리나라 고고학 분야에서 이룩한 중요한 성과 가운데 하나로 평가를 받고 있다. 우리나라 고고학사에서 굴포리 구석기 유적의 발견이 갖는 의의에 대하여 발굴 보고자의 표현을 빌리면 다음과 같다.

"몇 년 전까지 조선에서는 구석기 시대 유적이 알려진 일이 없었다. 그러나 우리는 그것이 알려지지 않은 것은 우리의 조사가 부족한 탓이라고 생각하여 왔다. 동북 조선 일대에서는 구석기 시대의 인간과 이러저러하게 관계가 있는 맘모드 등등의 고동물의 화석 유골이 오래 전부터 곳곳에서 발견되었으며 또 린근 지역들에서는 구석기가 가끔 발견되군 하였다. 따라서 조선에서도 구석기 시대 유적들이 발견될 것이라는 기대를 우리는 포기하지 않고 계속 구석기 시대 유적을 찾아 왔으나 그것은 좀처럼 나타나지 않았다. 그러다가 우리는 마침내 동북, 조선의 북쪽에서 구석기 유적을 찾아 내였다. 구석기 시대 유적을 찾아 내였다는 그 사실 자체에는 별로 새로울 것이 없다. 그러나 지금까지 그렇게 찾아도 나타나지 않던 조선에서 처음 나타난 것인 것 만큼 그것은 조선의 고고학자들만 아니라 원동을 연구하는 고고학자 전반의 주의를 끌지 않을 수 없게 되였다."(도유호 1964. 3쪽)

대체로 우리나라의 구석기시대 유적은 큰 강이나 냇가 또는 작은 골짜기의 물줄기 언저리에서 발견된다. 지금까지 보고된 것 가운데 굴포리 유적만이 유일하게 바닷가에 자리를 잡고 있어 이 유적은 구석기시대 사람들의 살림터 유형을 연구하는 데 좋은 자료가 된다.

우리나라에서 구석기 유적을 발굴한지도 거의 30년이 흘렀다. 지금까지 40여 군데가 넘는 곳에서 구석기시대의 유물이 드러났으며, 이렇게 많은 유적 가운데에서도 굴포리 구석기 유적은 고고학자들로부터 언제나 변함없이 그 중요성을 인정받으며 오늘에 이르고 있다.

굴포리 유적에 대한 발굴 자료는 1960년대(도유호 1964 ; 도유호·김용남 1964 ; 도유호·김용남 1965)와 1970년대(김용간·서국태 1972)에 발표되었다. 그러나 1970년대에 나온 것은 1960년대에 발표된 내용을 그대로 옮겨 놓은 것에 불과하여(이융조 1990), 굴포리 구석기 유적에 대하여 오늘날 우리가 가지고 있는 이해는 1960년대에 발표된 내용을 기본으로 하고 있다. 그렇기 때문에 현재와 같은 시각에서 가늠할 때, 굴포리 유적의 발굴 보고서에서 논한 연대 설정과 석기의 분석 방법에는 여러 가지 해석상의 문제점이 엿보인다.

앞에서 말한 바 있듯이 우리나라의 고고학사에서 굴포리 유적은 중요한 자리를 차지한다. 그러나 그와 같은 의미의 중요성을 더욱 튼튼하게 뒷받침하기 위해서는 굴포리 구석기 유적에 대한 새로운 평가와 연구가 뒤따라야 할 것으로 생각된다.

이제 우리는 굴포리 유적을 다루는 데 있어, 우리나라의 고고학사에서 이 유적이 지니는 의의에만 지나치게 매달려서는 안 된다고 생각한다. 고고학사에서 갖는 의미 못지않게 이 유적의 연구에서 나타난 문제점을 다시 한번 검토할 필요가 있다고 보며, 이러한 재평가 작업을 통하여 굴포리 유적의 성격이 더욱 뚜렷하게 드러날 것으로 가늠된다.

II. 발굴과 층위

굴포리 유적은 서포항동 마을의 동북쪽 산기슭에 자리를 잡고 있다(사진 1). 유적의 뒤쪽은 물매가 낮은 얕은 산으로 이루어졌고, 앞쪽으로는 300~400m 거리에 현재의 해안선이 위치하고 있다. 유적의 동북쪽에는 바닷물이 드러나는 동번포라는 호수가 있다(도유호·김용남 1964).

1947년부터 알려진 이 유적은 1960~64년까지 발굴되었다. 이곳에서 구석기시대의 뗀석기를 처음으로 발견한 것은 1962년 가을이었다. 그 후 1963년 4월과 7~8월 그리고 1964년 6~7월 기간 동안 굴포리의 구석기시대 퇴적층이 발굴되었다.

서포항 일대에는 몇 개의 해안 단구가 발달되어 있다. 이들 해안 단구 가운데 유적은 제2단구에 놓였다(도유호 1964 ; 도유호·김용남 1965). 그러므로 굴포리 유적의 경우, 제2단구의 형성 시기를 밝히는 것은 이 유적의 연대를 가늠하는 데 중요한 열쇠가 된다.

서포항의 해안 단구 형성에 대해 도유호(1964. 4쪽)는 그것을 동해안 일대에 일어났던 융기 작용의 결과로 설명하고 있다. 제4기에 들어와 일어난 우리나라 해안 지역의 지각 변동에 관해서 그동안 여러 견해가 발표되었다. 그러한 내용을 간단하게 정리하면(오건환 1981), 거의 모든 학자들이 동해안 쪽의 융기설을 지지한다. 반면에 서해안 쪽에 대해서는 침강설(Park 1969) 또는 동해안 쪽과 차이를 달리하며 진행된 융기설(박병권·김서운 1971) 등으로 보는 견해가 있다. 이 점에 대하여 오건환(1981)은 동해안과 서해안 양쪽이 모두 융기 작용을 받는 가운데, 동해안 쪽이 서해안 쪽에 비하여 융기의 속도가 빨랐으며, 그러한 상승 폭은 북으로 갈수록 커진다는 연구 결과를 발표하였다. 우리나라 제4기의 지형 변화가 어떠한 유형으로 변했는지 밝히는 것은 해안 단구에 위치한 구석기 유적의 연대를 설정하는 데 매우 중요할 것이다.

서포항 제2단구의 형성 시기를 논하기 위해서는 무엇보다도 먼저 이 단구의 정확한 높이를 알아야 하겠지만 지금으로서는 거기에 관련된 자료를 찾아보기가 대단히 어렵다. 그렇지만 남한에서 발표된 동해안 지역 해안 단구의 연구 자료를 바탕으로 서포항 제2단구의 형성 시기를 어느 정도나마 추정할 수 있으리라 생각된다.

동해안 일대의 몇몇 지역에는 제4기에 들어와 형성된 해안 단구가 잘 발달되어 있다. 〈그림

〈사진 1〉 굴포리 구석기 유적의 모습(『조선유적유물도감 1』에서 옮김)

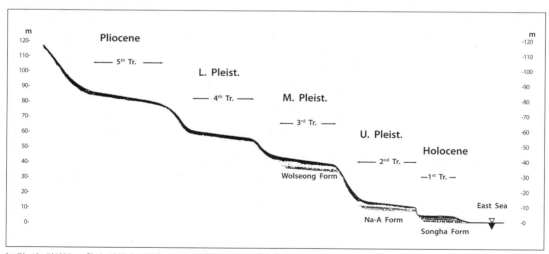

〈그림 1〉 경상북도 월성 지역에 발달한 해안 단구의 변화(이동영 1987에서 옮김)

1)은 경상북도 월성 지역에 나타난 해안 단구의 높이와 형성 시기를 보여준다(이동영 1987). 그림에서 맨 아래에 있는 제1단구는 현세에 쌓인 것이며, 제2단구는 갱신세 늦은 시기에 형성되었다. 제2단구를 대표하는 나아층(Na-A Formation)은 해발 +12m에 나타난다. 나아층을 덮고 있는 호성 퇴적(lacustrine deposit)은 당시 이 지역의 환경이 매우 따뜻하고 습했음을 보여주며, 이 퇴적층은 21개의 방사성탄소 연대 측정 결과 52000 BP 이전에 쌓인 것으로 판명되었다. 그러므로 나아층은 후기 갱신세의 마지막 간빙기(125000~75000 BP)에 해당하는 시기에 퇴적된 것으로 추론할 수 있다(Lee 1985 ; 이동영 1987). 이러한 점에 비추어볼 때, 서포항 제2단구의 형성 시기도 나아층의 것과 거의 비슷한 것으로 추정된다.

굴포리 유적은 8개의 지구로 나뉘어 발굴되었다. 8개의 지구 가운데 구석기시대의 석기가 나온 곳은 5지구이며, 6지구에서는 막집터로 보고된 돌 시설물이 발굴되었다. 퇴적층이 조사된 5지구의 층위 관계(표 1)를 위에서 아래로 내려가며 살펴보면 다음과 같다(도유호 1964 ; 김용간·서국태 1972).

〈표 1〉 굴포리 유적의 구석기시대 지층

지층	두께	퇴적	문화층
ㄷ-Ⅰ층	약 15cm	표토층	비문화층
ㄷ-Ⅱ층	약 40cm	암갈색 잔 모래층	비문화층
ㄷ-Ⅲ층	약 25cm	푸른 암갈색 모래질 진흙층	비문화층
ㄷ-Ⅳ층	약 6cm	진한 황갈색 진흙층(산화철을 많이 포함)	비문화층
ㄷ-Ⅴ층	약 40cm	암황색 진흙층	굴포문화 Ⅱ
ㄷ-Ⅵ층	약 90cm	모가 나거나 둥근 자갈이 섞인 진흙층	굴포문화 Ⅰ
ㄷ-Ⅶ층	약 110cm	모난 자갈과 진흙이 섞인 층	비문화층

5지구에 나타난 각 지층의 전체 두께는 약 326cm에 이른다. 층위 자름면에서 보면, 굴포리 유적의 퇴적은 구성 물질의 성질에 따라 크게 둘로 갈라볼 수 있다고 생각된다. 즉 자갈이 들어 있는 층(Ⅶ~ Ⅵ층)과 자갈이 들어 있지 않은 층(Ⅴ~Ⅰ층)으로 먼저 나눌 수 있다.

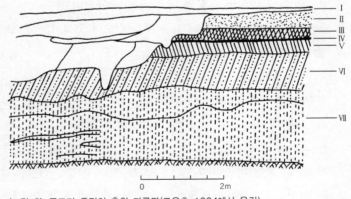

〈그림 2〉 굴포리 유적의 층위 자름면(도유호 1964에서 옮김)

굴포리 유적의 갱신세 퇴적층 형성 요인에 대하여 김명근(1967)은 「지질 제4기층」이란 글에서 '운적층'이란 개념으로 설명한다.

그는 유적 주위에 있는 모난 자갈, 모래, 찰흙 성분 등이 빗물, 바람, 중력의 작용으로 이동하여 굴포리의 구석기시대 유물층을 덮은 것으로 이해하고 있다. 그런데 이러한 관점에서 해석할 때, Ⅵ층에 들어 있는 둥근 자갈이 어디에서 유래되었는가를 설명하기란 쉽지 않다. 유적보다 높은 곳에 쌓여 있던 둥근 자갈이 운반 작용을 통하여 구석기시대 지층에 또다시 퇴적되었을 가능성이 있다. 그러나 Ⅵ층에서 보이는 특징, 곧 "모난 자갈과 둥근 자갈은 중간 중간에서 일정한 층들을 이루고 있다."(도유호·김용남 1964)라는 서술 내용은 그와 같은 재퇴적의 가능성이 크게 작용하지 않았을 가능성도 보여준다. 요컨대 이 문제는 제2단구가 형성될 당시의 주변 지역 자연 환경과 오히려 밀접한 관계가 있을 것으로 설명할 수 있다. 다시 말해서 "유적 앞에서 해안까지는 300~400m의 평지이나 본래 거기는 바다였고 유적은 바로 해안선에 위치하였던 것"(도유호·김용남 1964)으로 이해한다면, 제2단구의 둥근 자갈층을 해성 퇴적 작용(marine deposition)의 결과로 보는 것도 가능하다. 그렇지만 이와 같은 가능성을 뒷받침하기 위해서는 서포항 일대 단구의 퇴적 환경에 관한 새로운 연구가 있어야 할 것이다.

자갈이 들어 있지 않은 Ⅳ층은 두께가 매우 얇으며 산화철을 많이 포함한다. 그러면 이러한 산화철은 어떠한 환경 아래에서 이루어지는가? 이 문제를 풀기 위하여 먼저 다음의 글을 인용하기로 하겠다.

"열대의 건계(乾季)와 우계(雨季)가 있는 지방의 지표 또는 지표 바로 밑에 전형적으로 철·알루미늄의 수산화물(水酸化物)의 교결성 집적물(膠結性集積物)을 라테라이트라고 한다. 이 물질은 때에 따라서 라테라이트 각(殼)이라고 불리우는 매우 단단한 교결층을 이루어 적색 내지 암적갈색(暗赤褐色)을 나타낸다. (…) 이 집적층은 고온이고, 건·우계가 나뉘는 기후 조건 밑에서 우계의 규산염류(硅酸鹽類)가 분해되어 다량의 염기(鹽基)와 규산이 용출(溶出)하여 토양 수분의 상승이 성한 건계에 철·알루미늄의 수산화물이 표층 부근에 모여서 생기는 것으로, 이것을 토양 생성 작용의 일종으로 간주하여 라테라이트화 작용(lateritization, laterization)이라고 부른다."(정장호 1976. 140-141쪽)

"포도졸화 작용(podzolization)이란, 토양중을 항상 하강(下降)하는 수분에 의하여 가용성 염기(可溶性鹽基)의 대부분이 녹아 흘러내려 철·알루미늄의 산화물까지도 하층으로 이동하여 집적(集積)하는 과정을 말하는데, 이 작용이 넓은 지역에 걸쳐 현저하게 진행된 곳은, 다량의 침투수(浸透水)를 가져오는 한랭 다습 기후(寒冷多濕氣候) 밑에서 강산성(强酸性)의 푸루보산(酸, fulvic acid)을 공급하는 침엽수림 지대로서 유라시아와 북 아메리카 대륙의 타이가 지방이 그 조건에 알맞다. 그 외에 타이가가 인접하는 혼교림 지대(混交林地帶)의 일부에도 포도졸은 분포한다."(정장호 1976. 514쪽)

앞에서 인용한 내용을 요약하면 토양의 라테라이트화 작용은 고온 다습한 기후 그리고 포도졸화 작용은 한랭 다습한 기후 아래에서 일어나는 것으로 말할 수 있다. 그러면 굴포리 유적에서 보이는 산화철의 존재는 어떠한 작용의 결과로 나타나게 되었는가?

한 유적에서 발견되는 산화철 층이 frost crack이나 fragipan 등과 밀접한 관계를 맺으며 퇴적되어 있을 때, 이러한 퇴적의 형성에는 추운 기후에서 진행된 포도졸화 작용의 영향이 무엇보다도 컸다고 볼 수 있다. 이와 같은 점에 비추어보아, 우리나라의 마지막 빙하기 동안에 쌓인 퇴적 가운데 나타나는 산화철 층도 포도졸화 작용에 따른 현상으로 이동영 박사(한국동력자원연구소)는 추정하고 있다.

굴포리 유적의 퇴적층 조사 자료에는 오직 산화철 층(Ⅳ층)의 존재만을 이야기하고 있으며, frost crack이나 fragipan이 나타나는가에 대해서는 아무런 설명도 하지 않고 있다. 오늘의 현실에서 굴포리 유적의 퇴적층을 직접 찾아보기란 불가능에 가깝다. 그러므로 지금으로서는 우리나라에서 나온 갱신세 자연 환경에 대한 자료를 통하여 굴포리 유적의 산화철 층의 퇴적 환경을 추정해 볼 수밖에 없다.

북한에 있는 구석기시대의 유적 가운데 비교적 분명한 층위 관계 속에서 동물 화석을 연구한 곳으로는 만달리 유적(김신규 외 1985)을 들 수 있다. 이 유적은 후기 갱신세에 속하는 것으로서 퇴적의 아래층에서는 비록 적은 양이기는 하지만 코뿔소, 원숭이와 같은 아열대성 동물이 온대성 동물과 함께 나온다. 반면에 후기 갱신세의 늦은 시기로 추정되는 가운데층은 온대성 동물군으로 구성되고 있다. 이러한 동물군의 구성 관계는 후기 갱신세의 후반부로 갈수록 차츰 추워지기 시작하는 기후상의 변화를 보여준다. 특히 강안리 연대봉 유적(德永重康·森 爲三 1939)의 털코뿔소와 털코끼리, 장덕리 유적의 털코끼리 화석(김신규 1962)과 꽃가루 분석 자료(로영대 1962)는 우리나라 북쪽의 선사시대 기후 환경을 살피는 데 좋은 자료가 된다. 중국의 경우에 후기 갱신세의 따리(大理) 빙하기에는 현재보다 기온이 7°~8℃쯤 낮았다(周慕林 1988. 17쪽).

서포항의 제2단구에 나타나는 자갈층을 해안 단구의 영향으로 이해할 때, 이 층보다 위에 있는 퇴적은 김명근(1967)이 말한 운적 작용의 결과로 설명하는 것이 가능하다. 다시 말해서 제2단구의 형성에 중요한 역할을 하였던 당시의 해안선이 밖으로 물러감에 따라 자갈층 위를 운적층이 덮은 것으로 볼 수 있으며, 시기상 이 운적층은 빙하기의 퇴적으로 돌릴 수 있다. 요컨대 위에서 말한 점을 모두 함께 고려한다면 굴포리 Ⅳ층의 산화철은 고온 다습한 기후의 라테라이트화 작용보다는 한랭한 기후의 포도졸화 작용으로 인하여 쌓인 것으로 가늠된다. 이와 같은 추정은 아직까지 가설에 불과하지만, 이러한 문제의 제기를 통하여 굴포리 유적의 퇴적 환경이 재조명되어야 할 것으로 믿는다.

III. 석기의 분석

굴포리 유적에서 나온 뗀석기를 연구하기에 앞서 북한에서는 이미 1956~60년 사이에 나온 발굴 보고서를 통하여 선사시대의 뗀석기 제작 수법과 종류에 관하여 서술하고 있다. 초도(함북 나진시) 유적(도유호·정백운 1956), 공귀리(자강도 강계시) 유적(김용간 1959), 오동(함북 회령시) 유적(고고학 및 민속학 연구소 1960) 등에서 보고된 내용을 보면 다음과 같다.

(1) 초도 유적
  * 제작 수법 : 눌러 뜯어내는 가공
  * 석기 종류 : 첨두기(尖頭器), 긁기(搔器)
(2) 공귀리 유적
  * 제작 수법 : 타압수정(打壓修正), 타출기술(打出技術)
  * 석기 부분 명칭 : 격지, 타흔(打痕), 타면(打面), 뿔부스
  * 석기 종류 : 측결형(側缺形) 석기
(3) 오동 유적
  * 제작 수법 : 압출수정(壓出修正)
  * 제작 연모 : 마치, 매부리, 눌러뜯개
  * 석기 부분 명칭 : 격지, 인기(刃器, lame), 핵석(核石, nucleus)
  * 석기 종류 : 반달형, 조개형, 원결형(圓缺形), 기하형(幾何形), 측결기(側缺器, lame étranglée)

그 후 『문화유산』에 실린 「구석기란 무엇인가?」(도유호 1962c)라는 글을 통해 구석기시대의 뗀석기에 대한 내용이 좀 더 폭넓게 소개되기 시작하였다. 이 글에서는 석기 제작 기술의 갈래를 일면 가공 기술과 양면 가공 기술로 나누어 보면서, 양면을 가공하여 만든 석기 가운데 하나인 'coup de poing'을 우리말로 '주먹도끼'라 불러도 좋음을 제안하였다. 특히 이 글에는 석기의 제작 수법을 설명하는 데 필요한 여러 가지 쓰임말, 즉 '파세트 또는 소면(小面), 흠점, 물결진 면, 세로줄, 타격면(打擊面) 또는 때린자리, 혹 또는 불부쓰, 타흔(打痕) 또는 때린흠점' 등이 나온다.

선사시대의 뗀석기에 대한 위와 같은 이해 속에서 굴포리의 구석기시대 석기(그림 3~4)가 분석되었으며, 굴포리 유적에서 이루어진 분석 자료는 그 뒤 북한의 구석기학 연구에 기본 틀을 마련하는 데 크게 이바지하였다.

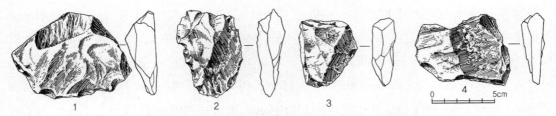

〈그림 3〉 굴포문화 Ⅰ기층의 석기(『조선유적유물도감 1』, 44쪽에서 옮김)

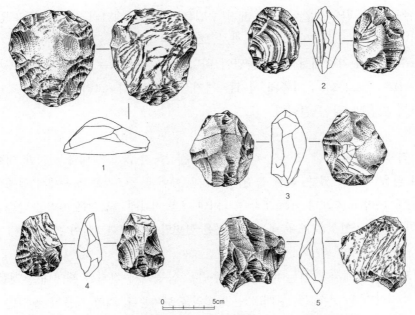

〈그림 4〉 굴포문화 Ⅱ기층의 석기(『조선유적유물도감 1』, 52쪽에서 옮김)

굴포리 유적에서 보고된 석기의 양은 많지 않다. 발굴 보고에 나와 있는 석기는 Ⅵ층과 Ⅴ층의
것을 모두 더하여 20점이 못된다. 석기의 종류도 비교적 단순하여 긁개, 밀개, 칼 등이 있으며,
이름을 붙이지 못한 것도 여러 점 있는 듯하다. 굴포문화 Ⅰ기와 굴포문화 Ⅱ기에 들어 있는
석기의 암질과 제작 수법(도유호 1964 ; 도유호·김용남 1964 ; 김용간·서국태 1972) 등을 살펴보면
〈표 2〉와 같다.

〈표 2〉 굴포리 유적의 구석기 암질과 제작 수법

문화층	제작 수법	잔손질	암질
Ⅱ기층	때려내기, 대고때리기	일면 가공, 양면 가공	대리석, 각암(각혈암)
Ⅰ기층	내리쳐깨기, 때려내기	일면 가공, 양면 가공	차돌(석영), 조정화강암

몸돌을 모루에 내리쳐서 떼어내는 수법은 대체로 큰 격지를 얻는 데 좋다. 이런 수법으로 몸돌에서 떨어진 격지는 흔히 독특한 모습을 지닌다. 그래서 다른 수법으로 만든 것보다 격지의 타격면(*plan de frappe*, striking platform)이 넓으며, 타격면과 격지면(*face d'éclatement*, flaking face) 사이의 격지각(*angle d'éclatement*, flanking angle)이 매우 크고, 혹(*bulbe*, bulb)과 타격점(*point d'impact*, impact point)이 뚜렷하게 잘 나타난다(Bordes 1947). 이와 같은 특성은 몸돌의 재질에 따라 그 정도가 조금씩 다르게 나타날 수 있지만, 적어도 내리쳐깨기와 때려내기에 의한 제작 수법을 논하기 위해서는 앞에서 말한 각각의 요소를 비교하는 데 필요한 분석 자료가 제시되어야 할 것이다. 굴포리 유적의 경우, 격지의 제작 수법으로 내리쳐깨기의 방법을 들고 있으나, 이를 분명하게 뒷받침할 수 있는 자료는 아직까지 보고되지 않았다. 굴포리에서 이야기하고 있는 내리쳐깨기 수법은 Ⅰ기층에서 나온 돌덩이 하나를 모루로 보는 데서 비롯한 것 같다.

황기덕(1984)은 굴포문화 Ⅰ기층의 석기를 격지 석기로 본다. 그러면서 그는 격지의 잔손질 방법에 대하여 다음과 같이 말한다.

> "떼낸 격지 가운데서 잘 떨어진 격지는 다시 손질하지 않고 그대로 썼지만 대부분은 다시 손질하여 날을 세워서 썼다. 례를 들면 찍개들은 떼어낸 돌조각을 끝쪽에서 안쪽으로 향하여 다시 때려내기수법으로 보다 작은 조각을 뜯어낸 다음 거기에 톱날같은 예리한 날을 세운것이다. 날을 량면으로 가공한것은 매우 적고 대부분은 한면만을 가공한것들이다."(황기덕 1984. 10쪽)

따라서 굴포리 유적에서 말하는 때려내기 수법은 몸돌에서 격지를 떼어내는 것을 의미하는 것이 아니라 격지의 날을 잔손질하는 데 쓰인 방법임을 보여준다. 일면 가공 또는 양면 가공이라는 용어는 Ⅱ기층의 석기를 분석하는 데도 그대로 적용되었다. 이와 같은 점으로 미루어 짐작할 때, 일면 가공이나 양면 가공은 바로 잔손질의 한 방법을 설명한다고 받아들여야 할 것으로 생각된다. 그러므로 그러한 가공 기술을 '떼기'의 한 유형인 일면떼기(예, 한 면을 떼어 만든 찍개)나 양면떼기(예, 두 면을 떼어 만든 찍개) 등의 석기 제작 과정과 직접 연결시켜 해석하기가 매우 어렵다. 두 면을 떼어 만든 주먹도끼의 경우에 양면 가공 기술(도유호 1964)을 이야기하고 있으나, 여기에서의 양면 가공이란 개념은 격지 날의 양면 잔손질과 서로 다른 행위의 과정으로 이해할 필요가 있다고 본다.

다음은 대고때리기 수법에 대하여 검토해보기로 하다

1964~65년에 간행된 굴포리 구석기 유물의 연구(도유호 1964 ; 도유호·김용남 1964 ; 도유호·김용남 1965)에는 대고때리기 수법에 대한 내용이 들어 있지 않다. 그러나 「서포항원시유적발굴보고」(김용간·서국태 1972)는 굴포리 Ⅱ기층에서 대고때리기 수법이 나타난다고 서술하였다. 북한

의 고고학계는 대고때리기 수법이 후기 구석기시대에 자주 나타나는 격지 제작 기술의 한 방법으로 보고 있다(고고학연구소 1977). 이런 관점에 대하여 오늘날 고고학자들은 별다른 문제가 없는 것으로 널리 받아들이고 있다. 그렇지만 굴포리 유적에서 이야기된 대고때리기 수법의 적용 자체가 방법론상의 문제점을 안고 있다면 이것은 한번쯤 짚고 넘어가야 할 것으로 생각된다.

황기덕(1984)은 대고때리기 수법에서 나오는 격지의 형태에 관하여 다음과 같이 설명한다.

> "만일 쪼개려는 돌덩어리에 《끌》로 쓰인 물체를 45도각으로 대고 그것을 가볍게 때리면 웃부분이 넓고 아래끝이 좁은 이등변삼각형의 격지가 떨어지며 《끌》을 수직으로 대고 때리면 좁고 긴 격지가 얻어진다."(황기덕 1984. 11쪽)

이등변 삼각형 격지의 존재만으로는 대고때리기 수법이 사용되었다는 사실을 입증하기 어렵다. 돌감의 성질(탄력성, 동질성, 크기, 돌결, 돌결면)과 망치돌의 성질(크기, 무게, 생김새)에 따라 격지는 여러 모양으로 나타난다(손보기 1988. 230쪽). 그러므로 이등변 삼각형 격지는 대고때리기 수법이 아닌 다른 방법을 사용하더라도 얼마든지 제작될 수 있다. 더욱이 굴포리 Ⅱ기층에서는 이등변 삼각형 격지를 발견하기 어렵다.

대고때리기 수법을 사용하여 격지를 떼어낸 몸돌의 겉면에는 긴 고랑을 이루는 능선이 나타난다 (서국태 1987 ; 손보기 1988). 따라서 몸돌에서 떨어져 나온 격지는 흔히 돌날식이며, 타격면은 때려내기 수법으로 만든 격지의 것에 비하여 대체로 매우 좁다. 굴포리 Ⅱ기층의 격지는 대고때리기 수법에 의하여 제작된 것으로 받아들이기 힘들다.

굴포리 유적에서는 격지 날의 잔손질 방법으로 때려내기와 눌러뜯기를 들고 있다. 그런데 눌러뜯기식의 잔손질 수법이 Ⅱ기층의 석기에서 관찰되지 않고 있어 문제가 된다. 눌러뜯기는 후기 구석기시대에 나타나는 잔손질의 한 방법이다. 이 수법은 날을 가지런하게 다듬는 데 좋으며, 이렇게 다듬은 면은 〈그림 5〉와 같은 모습을 띤다(Bordes 1947 ; Crabtree 1972).

굴포리 유적의 석기 가운데 밀개(사진 2) 1점은 눌러뜯기 수법을 베풀어 잔손질 된 것으로 보고되었다. 그러나 〈그림 5〉 와 비교할 때, 대리석으로 만든 이 밀개의 날은 눌러뜯기 수법으로 만든 것이 아님 을 알 수 있다. 특히 눌러뜯기 수법으로 날을 다듬을 때 자주 나타나는 이른바 좀돌날식 잔손질면이 이 석기에서 전혀

〈사진 2〉 굴포문화 Ⅱ기층의 밀개(『조선유적유물도감 1』에서 옮김)(길이 10cm, 너비 8cm)

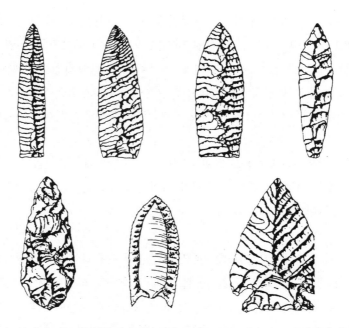

〈그림 5〉 눌러뜯기를 베푼 면의 여러 가지 모습(Crabtree 1972. 87쪽에서 옮김)

보이지 않는다. 뿐만 아니라 밀개의 잔손질된 면도 눌러떼기 수법에 의하여 나타난다는 규칙적인 물고기 비늘 모양(황기덕 1984. 12쪽)의 것으로 보기 어렵다. 따라서 굴포리 유적의 밀개는 눌러떼기보다는 오히려 때려내기에 의한 잔손질로 보아야 할 것이다.

IV. 유적의 연대

1960년대 초기, 북한 학계는 구석기시대의 시대 구분에 대하여 두 가지 견해를 갖고 있었다. 하나는 구석기시대를 '하부 구석기, 중부 구석기, 상부 구석기'의 3시기로 나누어 보는 것이며(로영대 1962), 다른 하나는 구석기시대를 하단과 상단의 2시기로 구분하는 방법(도유호 1962b ; 도유호 1962c)이다. 시대 구분에 나타나는 이러한 점은 무스떼리앙 문화를 중기 구석기시대의 것으로 이해하느냐 또는 구석기시대 하단에 속하는 것으로 받아들이느냐에 따라 차이가 난다.

굴포리 유적은 구석기시대의 어느 시기에 속하는가? 다음에서는 유적의 연대 설정이 어디에 근거하고 있는지를 먼저 살펴보기로 하겠다.

"굴포 문화는 구석기 시대 전기 말과 후기(만기)의 것으로 그 상한(上限)은 중국의 정촌 문화와

대등하며 하한(下限)은 중국의 산정동, 씨비리 및 쏘련 연해주의 구석기와 동 시기의 것이라고
보게 된다."(도유호·김용남 1964. 58쪽)

위에 인용된 글의 앞부분에는, 굴포문화 II기에 들어와 각혈암이 늘어난다는 사실에 주목하여
정촌 유적과의 공통점을 찾으려는 듯한 내용이 서술(도유호·김용남 1964)되어 다소 혼란스럽기는
하지만, 어쨌든 굴포문화 I기를 정촌 유적의 연대와 대응한 것으로 이해하는 점은 분명하게
엿보인다.

1954년과 1976년에 발굴된 정촌 유적은 중국의 중기 구석기시대를 대표하는 곳 가운데 하나이다.
여기에서 나온 사람 화석은 곧선사람과 현대인의 중간형(吳汝康 1958 ; 1958 ; Wu 1982)에 해당한
다. 정촌에서 나온 격지는 대체로 크고 무거운 것이 특색이다. 격지각이 크고, 타격면이 넓으며,
두 개의 혹이 발달되어 있는 까닭에 이들 격지는 클락토니앙식 떼기(Breuil 1932)에 의한 수법으로
비교되었다(裵文中·賈蘭坡 1958). 정촌에서 발굴된 석기(그림 6) 종류로는 자르개(hachereau,

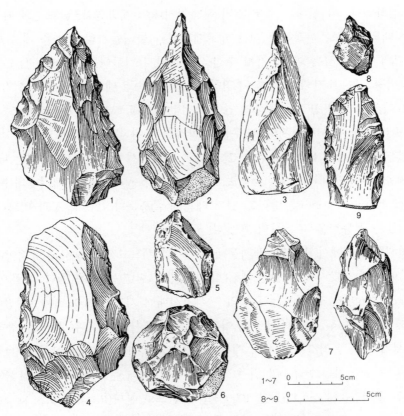

〈그림 6〉 정촌 유적의 석기(任式楠 1984. 14쪽에서 옮김)

cleaver), 여러면석기(*outil polyédrique*, polygonal tool) 등이 잘 알려져 있고, 첨상기(尖狀器) 가운데는 주먹도끼(*coup de poing*, hand axe)로 분류되는 것도 여러 점 보인다.

굴포문화 Ⅰ기층의 석기(그림 3)와 정촌 유적의 석기(그림 6)를 비교할 때, 석기의 형태에서는 어떠한 공통점도 찾아보기 어렵다. 따라서 두 유적에 나타난 석기의 형식 분류를 바탕으로 굴포문화 Ⅰ기층과 정촌 유적 사이의 상대 연대를 서로 비교한다는 것은 방법론상의 여러 문제를 안고 있다고 생각된다. 정촌 유적에서 석기의 암질로 각혈암(hornfels)이 약 95%(裴文中·賈蘭坡 1958. 98쪽)에 이르고 있지만, 굴포리에서 각혈암이 중요한 돌감으로 자리를 차지하는 곳은 Ⅱ기층이다. 따라서 석기의 암질과 모양으로는 굴포문화의 상한을 정촌의 것과 대등하게 비교할 수 없다. 굴포문화 Ⅰ기에서 이야기된 석기 제작 수법(내리쳐깨기와 일면 가공 기술)만 가지고 두 유적 사이의 동 시대성을 가늠하기 힘들다. 그러므로 석기의 몇 가지 형태상 특징을 통해서, 굴포문화 Ⅰ기층을 중기 구석기시대의 이른 시기(10여 만 년 전)로 보는 관점(김용간·서국태 1972)은 재검토되어야 할 것이다.

굴포문화 Ⅱ기의 연대를 도유호·김용남(1964)은 약 2만 년 전, 김용간·서국태(1972)는 4~3만 년 전으로 추정하였다. 이 연대는 모두 후기 구석기시대에 해당한다. 굴포문화 Ⅱ기의 연대를 후기 구석기시대의 것으로 추정하는 데는 대고때리기와 눌러뜯기의 수법을 예로 들고 있지만, 굴포문화 Ⅱ기의 석기에서는 이 두 가지 수법을 관찰하기 힘들다. 그러므로 석기 제작 기술의 발전 단계를 바탕으로 Ⅱ기의 연대를 분명하게 설정하기란 매우 힘들다고 생각된다.

굴포문화 Ⅱ기와 비교된 산정동 유적의 연대 측정값(裴靜嫻 1985 ; 黎興國等 1985 ; Wu 1988)은 분석 방법에 따라 차이가 나타나지만, 대부분의 학자들은 이 유적을 후기 구석기시대에 속하는 것으로 본다. 그런데 산정동 유적(裴文中 1987 ; 張森水 1987)에서 발굴된 석기의 양은 매우 적으며(5점), 석기의 제작 수법도 내리쳐깨기(碰砧法, direct anvil percussion)와 때려내기(錘砧法, direct percussion with hammer stone)를 말하고 있기 때문에 굴포문화 Ⅱ기의 것과 비교하여 두 유적 사이에 들어 있는 공통점을 추론하기 힘들다.

1950년대 연해주 지역에서 발굴된 곳 가운데 하나가 오시노브까(Osinovka) 유적이다. 고고학계에 잘 알려진 이름에 걸맞지 않게 이곳에서 나온 석기(그림 7)는 매우 적다. 일찍이 나온 조사 보고(Okladnikov 1965. p. 32)에서는 유적의 구석기시대 석기가 10000~15000년 전에 해당하는 것으로 발표되었다. 그 후 이곳에서 이루어진 지질학 조사와 꽃가루 분석을 통하여 유적의 퇴적물 형성 시기가 더 올라갈 가능성이 제시되었다(Powers 1973 ; Michael 1984). Derevianko는 오시노브까 유적의 구석기를 아래층과 위층으로 구분하며, 아래 문화층(Osinovka Ⅰ)을 약 30000년 이전 그리고 위 문화층(Osinovka Ⅱ)을 10000~20000년으로 본다(Powers 1973. p. 29). 굴포문화 Ⅱ기와 비교된 곳이 연해주의 어느 유적인지는 현재 확실하게 알 수 없지만, 발굴 연대로 추정할

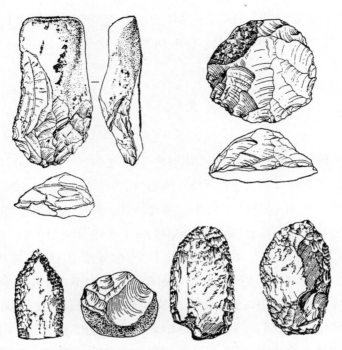

〈그림 7〉 오시노브까 유적의 석기(Okladnokov 1965. pp. 28, 30, 31에서 옮김)

때, 오시노브까 유적에서 보고된 석기와 연대 설정은 굴포리의 구석기문화 연구에 참고 자료가 되었을 것으로 추정된다. 오시노브까 유적을 포함하여 연해주 지역과 아무르(Amur) 강가에서 보고된 석기를 굴포문화 Ⅱ기의 것과 비교하여 석기 제작 수법과 형식 분류상의 측면에서 상대 연대를 가려내기가 매우 어렵다. 그 원인은 무엇보다도 굴포문화 Ⅱ기층의 석기가 시기를 가늠하는 데 유용한 형태상의 특징을 보여주지 못하고 있는 점과 석기의 양도 적어 통계상의 비교 값을 제시하기 어려운 데서 비롯한다고 생각된다.

석기를 만든 수법이나 석기의 생김새를 가지고 굴포문화의 상대 연대를 제시하기란 힘든 일이다. 그러므로 굴포리 구석기 유적에 대한 북한 학계의 견해는 연구 방법론상 여러 문제를 안고 있다. 여기서 잠깐 굴포문화에 대한 Chard(1974)의 견해를 살펴보기로 하자. 그는 굴포리 유적을 마지막 빙하기(70000~10000년 전)에 속하는 것으로 이해하며 Ⅰ기층을 이른 시기(70000 ~40000년, Zyrianka 빙하) 그리고 Ⅱ기층을 늦은 시기(21000~13000년, Sartan 빙하 후기)로 본다. 그가 제시한 굴포리 유적의 연대에는 좀 더 많은 자료의 뒷받침이 필요하다. 그렇지만 굴포문화의 형성을 마지막 빙하기와 연결시키고 있는 점은 이 글의 앞쪽에서 서술한 내용과 아주 밀접한 관계를 맺는다. 이 글의 앞부분에서는 서포항의 제2단구 위에 구석기 유적이 놓인 점을 들어, 제2단구의 형성 시기를 마지막 간빙기의 것으로 보았으며, 마지막 빙하기에 자갈층을 덮은 퇴적이 쌓인 것으로 견준 바 있다. 그러나 Ⅵ층(굴포문화 Ⅰ기)과 Ⅴ층(굴포문화 Ⅱ기)의 퇴적이 얼마만큼의 시간차를 사이에 두고 쌓였는가라는 점은 여전히 의문으로 남는다.

Ⅴ. 맺음말

굴포리의 구석기문화 층에서 나온 석기의 양은 적은 편이었지만, 우리나라의 고고학사에서 이 유적이 차지하는 비중과 의미는 매우 컸다. 그동안 이 유적에서 얻은 고고학 성과는 우리나라의 구석기시대 중기와 후기의 문화를 보여주는 중요한 자료로서 활용되곤 하였다.

그러나 앞에서 설명한 것처럼, 굴포문화로 명명한 이 유적의 석기 연구에는 여러 가지 문제점이 나타나고 있다. 제작 수법으로 볼 때, 굴포문화 Ⅰ기층에서 말한 내리쳐깨기 수법을 분명하게 입증하기 위해서는 좀 더 자세한 분석 결과가 제시되어야 하며, Ⅱ기층의 경우에는 대고때리기와 눌러뜯기의 기법이 실제로 적용되었다고 보기 어려운 점이 관찰된다. 1964년에 나온 굴포리 유적의 발굴 보고에서 Ⅰ기층의 석기를 정촌문화와 비교하고 있으나 두 유적 사이의 동질성이나 동 시대성을 뒷받침해줄 수 있는 비교 자료는 거의 찾아보기 어렵다. 이러한 문제는 굴포문화 Ⅱ기와 대등한 것으로 비교된 산정동이나 연해주 지역의 구석기시대 유적에도 마찬가지로 나타난다고 할 수 있다.

석기의 제작 수법이나 형식 분류에 따른 분석보다는 굴포리 유적의 위치가 오히려 이 유적의 연대 설정에 중요한 실마리를 마련해 준다는 점을 앞에서 여러 번 강조한 바 있다. 이와 같은 견해가 옳고 그른가의 판단을 내리기 위하여 굴포리 유적에 대한 앞으로의 새로운 연구에 기대를 건다.

이 글에서는 굴포리 유적에 관한 지금까지의 통설에 많은 의문을 제기하였다. 그러나 이 글을 엮게 된 목적은 이제까지 발표된 굴포문화의 연구 성과 자체를 부정하려는 데 뜻이 있는 것은 아니다.

우리나라의 구석기학 연구도 성년의 길에 들어서고 있다. 구석기학 전반에 대한 이해도 지난날보다 한층 폭넓어졌으며, 석기의 연구 방법도 발전되어 가고 있다. 그리고 지질학과 같은 인접 자연과학 분야의 연구 자료는 과거에 발굴 보고된 유적을 새롭게 조명해 볼 수 있는 근거를 마련해주고 있다.

새로운 유적의 발굴 조사도 물론 중요하다. 그러나 이에 못지않게 중요한 작업은 새로운 시각과 방법론을 바탕으로 이미 조사 보고된 유적과 유물에 대하여 재해석과 재평가를 시도하는 연구 활동이라 말할 수 있다. 이것은 굳이 굴포리 구석기 유적에 국한된 문제만은 아닐 것이다.

참고문헌

고고학 및 민속학 연구소 1960. 『회령 오동 원시 유적 발굴 보고』, 유적발굴보고 7.

고고학 및 민속학 연구소 1963. 「함경 북도 웅기군 굴포리 서포항동에서 구석기 시대 유적 발견」,『고고민속』 1963(2).

고고학연구소 1977. 『조선고고학개요』, 과학백과사전출판사.

고고학연구소 1987. 「쏘련 원동지방의 구석기시대에 대하여」,『조선고고연구』 1987(1).

고고학 자료실 1965a. 「1964년 유적 발굴 정형」,『고고민속』 1965(1).

고고학 자료실 1965b. 「해방 후 발굴 년표」,『고고민속』 1965(1).

김명근 1967. 「지질 제4기층」,『고고민속』 1967(1).

김신규 1962. 「함경북도 화대군에서 털코끼리(《맘모스》)의 유골을 발견」,『문화유산』 1962(2).

김신규·김교경·백기하·장우진·서국태 1985. 『평양부근동굴유적발굴보고』, 과학백과사전출판사.

김용간 1959. 『강계시 공귀리 원시 유적 발굴 보고』, 유적발굴보고 6.

김용간 1986. 「화북(중국북부)구석기시대전기문화에 대하여」,『조선고고연구』 1986(2).

김용간·서국태 1972. 「서포항원시유적발굴보고」,『고고민속론문집』 4.

김주용 1990. 『한반도 동남해안의 포항일대에 분포하는 단구역층에 대한 제4기 충서학적 연구』, 서울대 박사학위 논문.

도유호 1962a. 「빙하기란 무엇인가」,『문화유산』 1962(4).

도유호 1962b. 「인류의 기원」,『문화유산』 1962(5).

도유호 1962c. 「구석기란 무엇인가?」,『문화유산』 1962(6).

도유호 1963. 「1963년 중 고고학에서 거둔 성과」,『고고민속』 1963(4).

도유호 1964. 「조선의 구석기 시대 문화인 굴포 문화에 대하여」,『고고민속』 1964(2).

도유호·김용남 1964. 「우리 나라 구석기 시대와 이른 신석기 시대의 년대론에 대하여」,『력사과학』 1964(5).

도유호·김용남 1965. 「굴포 문화에 관한 그 후 소식」,『고고민속』 1965(1).

도유호·정백운 1956. 『라진 초도 원시 유적 발굴 보고』, 유적발굴보고 1.

력사연구소 1962. 『조선통사』(상), 과학원출판사.

로영대 1962. 「함북 화대군 털코끼리 발굴지에 발달한 니탄층 포자 화분 분석」,『문화유산』 1962(4).

박병권·김서운 1971. 「한반도의 신기 지형운동에 관하여」,『광산지질』 4-1.

박영철 1983. 「구석기시대 타제석기 분류에 관하여(1)」,『인문학논총』 8, 경북대학교.

박준석·최현모 1962. 「털코끼리가 발견된 함북 화대군 장덕리 4기층의 충서와 고지리적 환경에 대한 고찰」,『문화유산』 1962(4).

배기동 1982. 「회고 - 한국고고학 40년(1945~1982) : 1. 구석기시대」,『한국고고학연보』 10, 서울대 박물관.

배기동 1989. 「한반도 홍적세 환경과 구석기 문화」,『한국상고사학보』 2.

서국태 1987. 「만달리동굴유적의 석기에 대하여」,『조선고고연구』 1987(2).

손보기 1988. 『한국 구석기학연구의 길잡이』, 연세대 출판부.

오건환 1981. 「한반도의 해성단구와 제4기의 지각변동」,『부산여대 논문집』 9.

이동영 1987. 「한반도 제4기 지층의 충서적 고찰」,『제4기학회지』 1.

이선복 1984. 「동북 아시아 후기 구석기와 신대륙으로의 인간이주에 관한 소고」,『한국고고학보』 16.

이선복 1989. 『동북아시아 구석기연구』, 서울대 출판부.

이용조 1980. 「한국의 구석기문화 연구사」, 『한국 선사 문화의 연구』, 평민사.

이용조 1990. 「구석기시대 유적」, 『북한의 문화유산』 Ⅰ, 고려원.

정영화 1986. 「한국의 구석기」, 『한국고고학보』 19.

정장호 1976. 『지리학사전』, 경인문화사.

조선유적유물도감 편찬위원회 1988. 『조선유적유물도감』 1(원시편), 외국문종합출판사.

최무장 1981. 「한국의 구석기문화」, 『한국구석기문화연구』, 한국정신문화연구원.

최무장 1989. 『중국의 고고학』, 민음사.

황기덕 1984. 『조선 원시 및 고대 사회의 기술발전』, 과학백과사전출판사.

德永重康·森 爲三 1939. 「豆滿江沿岸潼關鎭發掘物調査報告」, 『第一次滿蒙學術調査研究團報告』 2-4.

直良信夫 1940. 「朝鮮潼關鎭發掘舊石器時代ノ遺物」, 『第一次滿蒙學術調査研究團報告』 6-3.

裵文中 1987. 『裵文中史前考古學論文集』, 文物出版社.

裵文中·賈蘭坡 1958. 「石器的研究」, 『山西襄汾縣丁村舊石器時代遺址發掘報告』, 科學出版社.

裵靜嫻 1985. 「北京猿人洞穴堆積及其他洞穴堆積的熱發光年齡」, 『北京猿人遺址綜合研究』, 科學出版社.

黎興國 等 1985. 「周口店山頂洞人和新洞人的炭14年代測定」, 『北京猿人遺址綜合研究』, 科學出版社.

吳汝康 1958. 「人類牙齒化石的研究」, 『山西襄汾縣丁村舊石器時代遺址發掘報告』, 科學出版社.

任式南 1984. 「舊石器時代」, 『新中國的考古發現和研究』, 文物出版社.

張森水 1987. 『中國舊石器文化』, 天津科學技術出版社.

周慕林 1988. 「中國第四系劃分」, 『中國的第四系』, 地質出版社.

Bordes, F. 1947. Etude comparative des différentes techniques de taille du silex et des roches dures. *L'Anthropologie*, t. 51.

Breuil, H. 1932. Les industries à éclats du Paléolithique ancien : Le Clactonien. *Préhistorie*, t. Ⅰ, fasc. 2.

Chard, C.S. 1974. *Northeast Asia in Prehistory*. The University of Wisconsin Press.

Crabtree, E. 1972. *An Introduction to Flintworking*. Occasional Papers of the Idaho State University Museum, Number 28.

Derevianko, A.P. 1978. The Problem of the Lower Paleolithic in the South of the Soviet Far East. In, *Early Paleolithic in South and East Asia* (Ikawa-Smith Fumiko ed.). Mouton, The Hague·Paris.

Dolitsky, A.B. 1985. Siberian Paleolithic Archaeology : Approaches and Analytic Methods. *Current Anthropology*, vol. 26, no. 3.

Lee, D.Y. 1985. *Quaternary Deposits in the Coastal Fringe of the Korean Peninsula*. Doctoral Dissertation, Vrije Universiteit, Brussel.

Michael, H.N. 1984. Absolute Chronologies of Late Pleistocene and Early Holocene Cultures of Northeastern Asia. *Arctic Anthropology*, vol. 21, no. 2.

Okladnikov, A.P. (H.N. Michael ed.) 1965. *The Soviet Far East in Antiquity*.

Park, Y.A. 1969. Submergence of the Yellow Sea Coast of Korea and Stratigraphy of the Sinpyeong Marsh, Kimje, Korea. *Jour. Geol. Soc. Korea*, vol. 5.

Power, W.R. 1973. Palaeolithic Man in Northeast Asia. *Arctic Anthropology*, vol. 10, no. 2.

Wu, Rukang 1982. Palaeoanthropology in China (1949~1979). *CurrentAnthropology*, vol. 23, no. 5.

Wu, Xinzhi 1988. China Report : Palaeoanthropology. *The Palaeoenvironment of East Asia from the Mid-tertiary*, vol. Ⅱ, Centre of Asia Studies, University of Hong Kong.

【출처】 한창균 1990. 「굴포리 구석기유적을 다시 논함」, 『고문화』 36, 3-21쪽.

용곡 동굴유적을 다시 논함

I. 문제의 제기

1980년대에 들어와 북한의 선사 고고학계에 새로운 변화가 일기 시작하는 것으로 보인다. 『문화유산』(1957~62년)과 『고고민속』(1963~67년)으로 이어지다 얼마동안 나오지 않았던 고고학 관계 정기 간행물이 『조선고고연구』(1986년~현재)라는 이름의 계간지로 다시 나왔으며, 각 분야별 연구 기관과 전문가의 수도 늘어나 새롭게 변하는 북한 선사 고고학계의 움직임을 우리에게 알려준다. 이와 함께 1988년에는 『조선유적유물도감』 '원시편'을 간행하여 해방 이후 북한의 선사 고고학 분야에서 거둔 성과를 널리 알리고 있다.

그러한 경향 속에서 구석기학을 연구하는 기관과 여러 전문가들이 등장하여 우리의 관심을 끈다. 과거에 고고학연구소를 중심으로 연구되던 구석기학 분야가 이제는 대학으로까지 확대되기에 이르렀다. 특히 김일성종합대학의 '인류진화발전사연구실'이 구석기 유적의 발굴과 연구에 많은 노력을 하고 있다. 한편 제4기학과 퇴적물 분석의 리상우, 홀씨와 꽃가루 분석의 류정길, 동물 화석의 김근식과 리애경, 체질인류학의 윤진과 강명광, 유물 연구의 전제헌 등은 1980년대 후반부터 북한의 구석기학 분야에 새로이 나타난 학자들이다. 이들 가운데 리상우, 류정길, 김근식, 윤진, 전제헌은 김일성종합대학에 속해 있다.

최근에 이르러 새롭게 변화된 북한의 구석기시대 연구 흐름을 잘 보여주는 것 가운데 하나가 바로 용곡 동굴유적의 발굴 보고서(전제헌 외 1986)인 『룡곡동굴유적』이라 할 수 있다. 이 유적의 발굴과 보고서 작성은 김일성종합대학의 '인류진화발전사연구실'을 중심으로 이루어졌다. 용곡리 유적의 발굴 보고서는 발굴에서 조사된 퇴적과 많은 유물에 대하여 과거와는 다른 새로운 연구 방법과 분석 자료를 내놓고 있다. 무엇보다도 많은 수량의 사람 화석이 이 유적에서 나와 한국의 구석기시대 체질인류학을 연구하는 데 크게 이바지하고 있다. 그리고 이 유적에서 열형광법으로 얻은 연대가 50~40만 년 전으로 높았던 까닭에 더욱 많은 관심을 끌고 있다. 『룡곡동굴유적』의 보고서 작성에서 유적과 유물은 전제헌, 홀씨와 꽃가루는 류정길, 동물 화석은 김근식, 인류 화석은 윤진이 각각 맡아 서술하였다.

우리나라의 구석기학 연구에서 용곡 동굴유적의 발굴 성과와 연구 자료가 주는 의미는 매우 크다고 할 수 있다. 그러나 북한의 선사학계에서는 이 유적의 시대 설정과 성격에 대한 통일된 의견을 아직까지 마련하지 못한 것으로 보인다. 예를 들어 『룡곡동굴유적』(1986)보다 늦게 나온 『조선유적유물도감 1(원시편)』(1988)에서 용곡리의 동굴유적에 대한 자료가 전혀 이야기조차 되고 있지 못한 점에서 그러한 문제점을 살필 수 있다. 『룡곡동굴유적』보다 거의 1년 늦게 나온 『조선통사(상)』(손영종·박영해 1987)에도 '역포사람'이나 '만달사람'에 대한 설명은 있지만, '용곡사람'에 관한 내용은 없다. 또한 『조선고고연구』(1988년 4호)에 실린 금천 동굴의 인류 화석 연구(장우진·강명광 1988)에서도 용곡 유적의 연구 성과를 비교 자료로 인용하지 않고 있다. 오직 「최근년간 조선고고학연구에서 이룩한 주요성과」(고고학연구소 1986)와 「구석기시대 연구에서 주체를 세울데 대한 당의 현명한 방침」(채희국 1987)이라는 글 등에서만 용곡 유적을 짧게 소개하는 데 그치고 있다. 이렇듯 북한의 구석기시대 연구에서 중요한 자리를 차지하는 유적이 설자리를 제대로 찾지 못하고 떠도는 경우는 매우 드문 일이었다.

그러면 우리는 용곡 동굴유적의 연구에 나타난 문제점을 어떠한 시각에서 보아야 하는가? 요컨대 여기에 얽힌 문제는 반드시 북한의 고고학계가 홀로 짊어지고 나가야 할 짐만은 아니라고 생각한다. 따라서 『룡곡동굴유적』에 발표된 여러 가지 문제점을 좀 더 깊이 있게 다루면서 이 보고서의 옳은 점과 그른 점을 분명하게 갈라 보도록 노력해야 할 것이다. 정당한 논리의 뒷받침도 제시하지 않은 상태에서 용곡 동굴유적의 발굴 보고서에 대한 일방 통행식의 무절제한 비판을 일삼는 자세는 결코 옳다고 볼 수 없다. 더욱이 용곡 동굴유적에서 거둔 성과가 우리의 구석기학 연구에 어떠한 의의를 지니며 어떻게 활용될 수 있는가라는 문제를 제대로 인식하지 못하면서 그 연구 업적 자체를 지나치게 평가 절하한다면 이런 분위기 또한 우리의 구석기학 연구에 도움이 되지 않을 것이다. 북한 구석기학계가 안고 있는 문제가 우리들 모두의 문제가 될 수 있다는 방향에서 해결의 실마리를 풀도록 힘써야 할 것이다.

해방 이후, 약 30년간에 걸친 조사 작업으로 한국 구석기문화의 성격이 차츰 드러나고 있다. 이제까지 40여 군데가 넘는 곳에서 구석기 유적의 발굴이 이루어졌다. 그러나 많은 유적이 발굴되었다 해서 한국 구석기문화의 참모습이 손쉽게 드러나는 것은 아니다. 각 유적의 연대를 바로 세워 여러 단계의 구석기문화 흐름을 짜임새 있도록 꾸미기 위해서는 앞으로 해결해야 할 여러 문제점이 우리 앞에 놓여 있다. 동식물 화석의 비교 연구와 퇴적물 분석 자료를 종합하는 작업의 필요성, 각 유적에 대한 정확한 연대 측정의 실시, 석기와 뼈연모의 제작 기술 및 형식 분류에서 나타난 문제점의 검토, 올바른 구석기학의 이해와 적용(Park 1988) 등이 바로 오늘의 한국 구석기학을 좀 더 높은 단계로 이끌어 올리는 데 필요한 공동의 과제인 것이다. 이런 뜻에서 볼 때, 『룡곡동굴유적』의 내용은 반드시 재검토되어야 할 것 가운데 하나로 생각된다.

용곡 유적은 제1호와 제2호의 동굴로 이루어진다. 이 2개의 동굴에서는 모두 구석기시대와 신석기시대의 유물이 나온다. 2개의 동굴 가운데 제1호 동굴은 제2호 동굴에 비하여 구석기시대의 유물이 좀 더 많이 나오고 있으며, 여러 분야의 분석 작업도 제1호 동굴을 중심으로 이루어졌다. 따라서 이 글에서는 제1호 동굴에서 얻은 발굴 자료와 연구 성과만을 다루며 용곡 유적에 대한 문제점을 검토해 보기로 하겠다.

II. 발굴과 층위

용곡 제1호 동굴의 크기는 길이 약 40m, 너비 약 25m로서 굴 안에는 21.05m의 퇴적이 쌓여 있었다. 현재의 강바닥보다 20m 높게 자리한 이 유적은 상원계 사당우통의 석회암 지대에 뚫려 있으며 주위에는 카르스트 작용을 받아 만들어진 여러 개의 동굴이 발달되어 있다. 유적의 앞으로는 용곡벌이 펼쳐 있고 문포천이 그 사이를 가로 지르며 흐른다. 시굴을 포함한 이 유적의 예비 조사는 1980년 4월 17~28일에 있었고, 발굴 조사는 1980년 5월 5일부터 1981년 1월까지 실시되었다.

용곡 제1호 동굴에는 13개의 퇴적층이 〈표 1〉과 같이 나타난다.

〈표 1〉에서 먼저 지적하고 넘어가야 할 문제는 현세와 갱신세에 대한 구분이 혼란을 일으키고 있다는 점이다. 다시 말해서 제12퇴적층(제5문화층)에서 신석기시대의 유물이 나오고 있음에도 이를 갱신세의 늦은 시기에 속하는 신세 상부(Q$_{3-2}$)로 다루고 있다는 점이다. 제4기는 갱신세 (Pleistocene)와 현세(Holocene)로 나뉜다. 갱신세는 구석기시대를 포함하며, 갱신세 후반부의 늦은 시기와 현세 초반부의 이른 시기는 중석기시대를 포함한다. 따라서 신석기시대는 마땅히 현세로 보아야 했음에도 불구하고 갱신세의 후반부로 처리하고 말았다.

1960년대 북한의 제4기에 대한 시대 구분(로영대 1962)에서도 신석기시대는 현세에 속하는 것으로 이야기되었고, 이와 같은 연대 설정은 오늘날 세계의 선사 고고학에서 일반으로 받아들이는 기준이다. 신석기시대를 현세에 속하는 것으로 보는 것이 북한 고고학계(도유호 1962 ; 력사연구소 1979. 13쪽)의 공통된 관점임에 비추어 보아 위와 같은 제4기의 시대 구분에 새로운 문제점이 드러난다. 한편,

<표 1> 용곡 제1호 동굴의 쌓임층(『룡곡동굴유적』 138쪽 참조 바람)

지질 시대		구분	퇴적층	두께 cm	문화층	문화 연대	동물 화석, 문화 유물	연대 측정 (열형광법)
현 세		Q₄	13	410				
신세 (일신통)	상부 (일신층)	Q₃₋₂	12	435	5	신석기	사람뼈, 짐승뼈, 간석기, 토기	
	하부 (장덕층)	Q₃₋₁	11	240	4	구석기	사람뼈, 짐승뼈, 뗀석기, 뼈연모	
			10	100	3	구석기	사람뼈, 짐승뼈, 뗀석기, 뼈연모	
구세 (수안통)	상부 (산북층)	Q₂	9	180	2	구석기	사람뼈, 짐승뼈, 뗀석기, 뼈연모	50~40만 년 전
			8	165	1	구석기	짐승뼈, 뗀석기, 뼈연모	50~40만 년 전
	하부 (서평층)	Q₁	7	125	비 문 화 층			
			6	100				
			5	100				
			4	80				
			3	50				
			2	50				
			1	70				

"룡곡 제1호 동굴유적은 구석기시대 이른시기부터 신석기시대까지에 해당한 유적과 유물이 다 있는 유적으로서 우리 선조들이 일찍부터 룡곡일대에 자리잡고 대를 이어가면서 살아왔다는 것을 증명해준다."(『룡곡동굴유적』, 66쪽)

라는 주장을 뒷받침하기 위해서는 무엇보다도 중석기시대 문화층이 용곡 유적에서 확인되어야 하는데 발굴 보고서에서는 이 문제에 대하여 전혀 이야기를 하지 않고 있다. 경우에 따라 중석기시대 를 구석기시대의 늦은 시기에 포함시킨다는 의미(력사연구소 1979. 57쪽)에서 위와 같은 의견을 말할 수 있겠으나 각 문화의 단계별 발전 과정을 밝히려면 먼저 층위상의 증거가 좀 더 분명하게 제시되어야 할 것이다.

류정길(김일성종합대학 준박사, 부교수)이 서술한 '퇴적층'에 관한 부분은 이제까지 북한에서 나온 어느 발굴 보고서보다도 층위 관계에 대한 자료를 많이 담고 있어 용곡 동굴유적의 퇴적 상황을 이해하는 데 큰 도움을 준다. 여기에서는 퇴적층의 형성과 층서를 다루며, 제1퇴적층에서 제7퇴적층까지를 하성 퇴적층으로 규정하였다. 이들 7개의 퇴적층은 모두 비문화층으로 전체 두께는 5.75m에 이르며, 구세 하부에 속하는 것으로 보고되었다. 구세 하부층(서평층) 위에 놓인 구세 상부층(산북층)은 제8퇴적층과 제9퇴적층을 포함하고 있으며, 전체 두께는 3.45m이다. 제8퇴적층의 윗부분에서는 동물 화석과 석기가 나왔고, 제9퇴적층에서는 동물 화석과 사람 화석을 비롯하여 여러 가지 문화 유물이 발굴되었다.

그런데 제9퇴적층에서 나온 인류 화석(제3호와 제7호 머리뼈)은 곧선사람이 아닌 생김새를 지니고 있는 까닭에 이 퇴적층의 상대 연대 추정에 중요한 사실을 알려준다. 이곳에서 나온 사람의 머리뼈는 눈두덩의 발달 정도, 이마와 머리통의 생김새 등으로 보아 곧선사람(원인)에 해당하지 않으며, 옛슬기사람(고인)의 것과도 일정한 차이를 지닌다. 이러한 해부학상의 특징과 함께 앞쪽으로 튀어나온 아래턱 불룩이의 형태는 용곡 유적에서 나온 인류 화석이 슬기슬기사람(신인)으로 분류될 수 있음을 가르쳐준다. 그런데 이와 같은 생김새의 인류 화석이 등장하는 것은 바로 후기 갱신세에 해당하며, 『룡곡동굴유적』에서 제시한 제4기 시대 구분에 따른다면 신세에 속한다. 따라서 인류의 진화 단계를 바탕으로 가늠할 때, 제9퇴적층의 형성 시기는 갱신세 후기로서 마지막 빙하기에 속한다고 볼 수 있다.

제8퇴적층과 제9퇴적층을 구성하고 있는 낙반석, 모자갈, 붉은 진흙, 낙석 혼합 물질 등은 이 두 퇴적층 사이에 퇴적 정지 현상이 끼어들지 않았음을 알려준다.

> "따라서 락석퇴적층의 선회초기퇴적물은 일반적으로 락반석이며, 마감퇴적물은 석회고결물이다. 락석퇴적층에서의 이러한 현상은 주기성을 띠며 반복하여 일어났다."(『룡곡동굴유적』, 135쪽)

는 사실은 제8퇴적층과 제9퇴적층의 연속성을 잘 설명하고 있다. 그렇다면 제7퇴적층까지의 하성 퇴적 현상이 더 이상 진행되지 못한 까닭은 무엇인가? 이 원인에 대하여 발굴 보고서는 다음과 같이 서술하고 있다.

> "우리 나라의 땅은 제4기 중세(Q_2)에 들어서면서 구조운동에 의하여 전반적으로 륭기하게되었다. 이때 동굴유적구역도 들리게 되어 하상수위가 낮아지면서 하성퇴적작용이 끝나고 대기강수의 침습에 의한 석회용식작용이 일어났으며 진흙질 및 석회질 퇴적물이 쌓이게 되었다. 석회질퇴적층은 석순과 산석 또는 석회고결층에서 잘 나타난다. (…) 락석퇴적층은 동굴퇴적구역이 륭기하여 하상수위면으로부터 떨어져있을 때 여러 가지 요인에 의한 물리적풍화작용의 결과로 떨어진 굴천정의 석회암판석과 수직굴을 통하여 밀려든 석회질모자갈, 흙, 먼지 등으로 이루어졌다."(『룡곡동굴유적』, 132-133쪽)

위 글은 제7퇴적층이 쌓인 다음에 유적 일대에서 융기 작용이 일어났으며 그 작용의 뒤를 이어 제8퇴적층이 형성된 것으로 이야기하고 있다. 다시 말해서 강물 높이의 변화보다는 융기 작용의 영향으로 인하여 용곡 동굴의 퇴적 상황이 바뀌게 되었던 것으로 설명하고 있다. 그러나 앞에서 말한 바 있듯이, 용곡 유적에서 중세 곧 구세 상부층으로 본 제8~9퇴적층의 연대 설정을 보고서 내용대로 받아들이기 어렵다. 우리나라의 제4기 중세에 융기 작용이 실제로 일어났다

해도 그러한 현상을 용곡 유적의 경우에 그대로 적용할 수가 없는 것이다. 왜냐하면 용곡 유적의 구세 상부층이라는 퇴적층은 시기상 오히려 갱신세 후기에 속하는 것으로 가늠되기 때문이다.

용곡 유적의 구세 하부층이라는 개념도 다른 시각에서 설명되어야 한다. 곧 갱신세 후기에 일어난 자연 환경의 변화를 바탕으로 용곡 동굴 퇴적층의 연대를 추정할 필요가 있다.[1]

제4기학 편년 연구에서 일반으로 받아들이고 있는 바와 같이 갱신세의 중기와 후기는 약 125000년 전을 경계로 나뉜다. 갱신세 후기는 10여 만 년 동안 지속되었고, 이 기간에 마지막 간빙기와 마지막 빙하기가 나타나 자연 환경은 커다란 변화를 입었다. 마지막 간빙기로 넘어오며, 기온이 올라감에 따라 바닷물뿐만 아니라 강물의 높이가 지금보다 높은 곳에 자리 잡고 있었으며, 이러한 증거는 바닷가나 강가에 퇴적된 단구를 통하여 찾을 수 있다. 그 뒤를 이어 빙하기가 나타나면서 기온이 떨어지며 바닷물과 강물의 높이가 다시 낮아졌고 이러한 환경의 변화는 우리나라의 강이나 골짜기에 침식 작용을 일으켰다(Lee 1985 ; 이동영 1987).

우리나라 동해안 남쪽의 나아리(경북 월성군 양남면)에 있는 해안 단구는 마지막 간빙기에 속하는 것으로 지금의 바닷물 높이보다 12m 높은 곳에 위치한다. 그리고 포항 분지의 남쪽에 흐르는 냉천의 강안 단구 가운데 마지막 간빙기에 형성된 것으로 연구되고 있는 두 번째 단구는 현재의 강바닥보다 10~15m 높게 자리를 잡고 있다(Lee 1985. p. 113 참조).

이제 용곡 동굴유적으로 다시 눈을 돌려보기로 하자.

용곡 동굴은 문포천의 강바닥보다 20m 높게 위치한다. 이 높이가 발굴을 시작하기 이전의 상태에서 동굴의 윗부분 퇴적 높이를 기준으로 한 것인지 또는 발굴을 끝낸 다음에 잰 동굴 바닥의 높이를 기준으로 삼은 것인지는 분명하지 않지만, '유적의 환경'이란 부분의 가장 앞쪽에 서술된 것으로 미루어보아 발굴 이전의 상태를 가지고 표현한 것으로 가늠된다.

용곡 동굴유적의 층위 자름면을 보면, 굴 입구에 쌓인 퇴적 두께는 7~8m에 이른다. 따라서 이와 같은 점으로 추론한다면 입구 쪽의 굴 바닥은 강바닥보다 12~13m 높은 것으로 나타난다. 이 높이는 위에서 말한 것처럼 마지막 간빙기의 해안 단구나 강안 단구의 높이와 잘 비교된다. 그러므로 용곡 동굴유적에서 하성 퇴적물의 형성 시기는 마지막 간빙기 시대와 밀접한 관계를 보여주는 것으로 이해할 수 있다. 더욱이 제7퇴적층과 제8퇴적층이 서로 부정합을 이루었다는 증거도 나온 바 없으며, 이들 두 층은 퇴적 현상의 연속성을 보여준다. 비록 1960년대의 글(김명근 1967)에 발표된 것이기는 하지만, 우리나라의 강안 단구가 상세 곧 후기 갱신세의 경우, 지금의 강바닥보다 10~30m 높이에 위치한다는 견해는 용곡 동굴의 퇴적층 형성 시기를 밝히는 데

---

1 용곡 동굴 안에 쌓인 퇴적이 구세 하부층에서 신세에 걸치는 것이라고 주장하기 위해서는 그 전 시기에 걸쳐 여러 번 나타나는 각 빙하기와 간빙기의 퇴적 현상이 먼저 증명되어야 한다.

좋은 뒷받침이 될 것으로 생각된다.

　요컨대, 용곡 제1호 동굴의 퇴적은 마지막 간빙기와 마지막 빙하기를 거치며 쌓였고, 그 위를 현세의 퇴적층이 덮고 있었던 것으로 추정된다. 따라서 용곡 유적에서 퇴적물의 시대 구분을 위하여 적용한 구세와 신세의 개념은 많은 문제를 안고 있다.

　층위 구분과 관련하여 『룡곡동굴유적』에서 제기된 문제는 퇴적층과 문화층 사이의 개념이 뚜렷하게 세워져 있지 않다는 점이다. 하나의 퇴적층 자체가 하나의 독립된 문화층으로 될 수도 있다. 그러나 하나의 퇴적층 안에 문화층 이외의 비문화층이 들어 있거나 또는 두 개 이상의 문화층이 함께 나타난다면, 퇴적층과 문화층 사이의 관계는 서로 구분하여야 할 것으로 생각된다. 예를 들어, 제9퇴적층은 2개의 문화층으로, 제10~12퇴적층까지는 비문화층과 문화층의 복합 관계로 이해할 필요가 있다. 그래야만 제10~12퇴적층에서 관찰되는 특징, 곧 각 퇴적층의 윗부분에서만 문화 유물이 나오고 그 아랫부분은 비문화층으로 남아 있는 이유가 무엇인가에 대한 의문을 던질 수 있기 때문이다. 그러한 현상이 되풀이 나타나는 이유가 무엇인지 매우 궁금하다.

III. 사람 화석

　용곡 제1호 동굴에서는 많은 인류 화석이 나왔다. 제1문화층(제8퇴적층)에서는 나오지 않았으나 제2문화층에서 제5문화층에 걸쳐 선사시대의 사람 뼈가 발굴되었다. 층위별로 그 내용을 알아보면 〈표 2〉와 같다.

〈표 2〉 용곡 동굴의 퇴적층에서 나온 사람 화석

문화층	뼈 종류	모듬
제5문화층(제12퇴적층)	위턱(제8호)	1
제4문화층(제11퇴적층)	옆머리뼈(제9호), 앞머리뼈(제10호), 아래턱뼈(제5호), 위팔뼈(3개), 목등뼈(2개), 가슴 등뼈(2개), 허리 등뼈(2개), 골반뼈(2개), 엉덩뼈(1개), 넓적다리뼈(2개)	17
제3문화층(제10퇴적층)	머리뼈(제3호), 아래턱뼈(제4호), 넓적다리뼈(6개)	8
제2문화층(제9퇴적층)	머리뼈(제7호), 아래턱뼈(제1호, 제2호, 제6호)	4

　용곡 유적에서 나온 뼈는 30개로써 이는 10사람분이 넘는다. 이 가운데 신석기시대 층의 것은 1점에 불과하고 나머지는 모두 구석기시대의 층에서 나왔다. 우리나라의 구석기시대 유적에서 사람 화석이 나온 곳으로 점말 용굴(손보기 1980), 상시리 바위그늘(손보기 1984), 흥수굴(이융조 1986), 승리산 동굴(고고학연구소 1978), 만달리 동굴과 대현동 동굴(김신규 외 1985) 등의 유적이

있지만 용곡 유적만큼 많은 사람 뼈가 나온 예는 없다. 이런 점으로 볼 때,

> "여기에서 나온 인류화석들은 우리 나라에서의 인류진화발전사연구에서 새로운 자료로 될 뿐 아니라 인류학전반의 연구사업에서도 귀중한 자료로 리용될 것이다."(『룡곡동굴유적』, 224쪽)

이 글의 앞부분에서 잠깐 말한 것처럼 머리뼈와 아래턱뼈에서 관찰되는 해부학상의 특징은 용곡 제1호 동굴의 인류 화석이 슬기슬기사람과 진화상 밀접한 관계가 있음을 알려준다. '용곡사람'이 슬기슬기사람의 진화 단계에서 차지하는 위치는 체질인류학의 측면에서 앞으로 연구되어야 할 문제지만 『룡곡동굴유적』의 뒷부분 '도판'에 실린 그림을 가지고도 '용곡사람'이 인류 진화에서 어느 단계에 속하는 것인지는 어렵지 않게 평가할 수 있다고 본다. 높은 이마와 얕은 눈두덩은 이들 화석이 곧선사람(원인)과는 거리가 멀다는 사실을 말해주며, 아래턱 불룩이의 발달 정도는 옛슬기사람(고인)보다는 오히려 슬기슬기사람(신인)의 특징을 강하게 보여준다(이선복 1989). 그런데 발굴 보고서에서는 여러 화석에 대한 부분별 또는 부위별 잰값을 낱낱이 분리하여 원인이나 고인의 연구 자료와 대비시키기만 한 까닭에 인류 진화의 커다란 줄기 속에서 '용곡사람'의 특성을 분명하게 드러내지 못하고 말았다. 여기에는 그렇게 할 수밖에 없었던 이유가 있는 것 같다. 그것은 바로 제8퇴적층과 제9퇴적층에서 열형광법으로 얻은 연대가 50~40만 년 전으로 나왔으며, 식물 화석의 분석 결과도 이에 상응하는 것으로 이해하고 있었기 때문이라 생각된다. 그러나 용곡 동굴유적의 사람 뼈는 후기 갱신세 이전의 것으로 보기 어려우며, 이 유적의 퇴적층 형성 시기도 그 이상으로 올려볼 수 없는 까닭에 위와 같은 연대 측정값을 그대로 믿고 따르기는 곤란하다. '용곡사람'의 해부학상 특징을 원인, 고인, 신인의 화석 자료와 비교하면서 끝내 인류 진화의 어느 한 단계로 규정짓지 못한 데는 위와 같은 이유가 무엇보다도 크게 작용했을 것으로 추론된다.

IV. 동물 화석

용곡 제1호 동굴에서 나온 젖먹이짐승 뼈는 모두 6목 14과 22속 24종이다. 이 밖에 조가비의 화석도 여러 종류 나왔으나 발굴 보고서에서는 이들 화석이 나온 층위를 밝히지 않고 있다. 회색 토끼와 쥐 화석의 층위도 분명하지는 않지만, 쥐 화석은 제5문화층에서 나온 듯하다(『룡곡동굴유적』 129쪽 참조).

4개의 문화층 가운데 제2문화층에서 가장 많은 짐승 뼈 화석이 나왔다(표 3 참조). 종 감정이

<표 3> 용곡 동굴의 퇴적층에서 나온 동물 화석(『룡곡동굴유적』의 '유적과 유물' 편에 따름)

문화층	화석 종류	모듬
제5문화층(제12퇴적층)	(?)	(?)
제4문화층(제11퇴적층)	사슴, 누렁이, 노루, 산양, 비단털쥐, 여우, 너구리, 삵, 범, 오소리, 박쥐	2목 5과 11종(792점)
제3문화층(제10퇴적층)	코뿔소, 이리, 너구리, 곰, 오소리, 사슴, 누렁이, 노루, 복작노루, 산양, 말, 멧돼지	2목 7과 12종(1698점)
제2문화층(제9퇴적층)	범, 여우, 너구리, 곰, 하이에나, 말, 큰쌍코뿔소, 멧돼지, 물소, 산양, 사슴, 누렁이, 복작노루, 땅쥐 등	4목 11과 16종(5152점)
제1문화층(제8퇴적층)	승냥이, 범, 큰쌍코뿔소, 멧돼지, 사슴, 노루	3목 5과 6종(558점)

가능한 8200점 가운데 제2문화층의 것은 무려 62.8%에 이른다. 짐승 종류도 제2문화층에서 나온 것이 가장 많았다. 문화층별로 보고된 종수와 화석 수를 보면 <표 4>와 같다.

『룡곡동굴유적』에서는 제1호 동굴의 동물상을 중기 갱신세의 중기~후기로 잡고 있다. 곧 용곡 동굴의 동물상을 검은모루 유적(전기 갱신세 전기~

<표 4> 용곡 동굴에서 나온 짐승 화석의 문화층별 종수와 화석수

문화층	종수(%)	화석수(%)
제4문화층	11종	792점(9.7%)
제3문화층	12종	1698점(20.7%)
제2문화층	16종	5152점(62.8%)
제1문화층	6종	558점(6.8%)

중기 갱신세 후기)보다 늦으나 승리산 유적(중기 갱신세 후기~후기 갱신세 전기)보다 앞선 시기의 것으로 보고 있다.

그런데 여기에서 문제가 되는 것은 동물상 분석 자료에 나타난 연대 설정이 '포자화분' 편에서 나누는 시대 구분과 서로 일치하지 않고 있다는 점이다. 다시 말해 동물상을 통하여 문화층의 연대를 중기 갱신세 중기~후기(중부 갱신세 중부~상부)로 보면서 홀씨·꽃가루 분석에서는 제1~7퇴적층을 구세 하부(Q1, 구세), 제8~10퇴적층을 구세 상부(Q2, 중세), 제11~12퇴적층을 신세(Q3, 상세)로 다루고 있어 두 분석 자료는 조금씩 다른 시대 개념 속에서 용곡 동굴을 설명하고 있다. 이 글의 앞부분에서 말한 바 있듯이 용곡 동굴의 퇴적 시기는 마지막 간빙기 이후에 속하며 지질 시대의 분류 단위로는 후기 갱신세에 해당한다. 『룡곡동굴유적』이란 보고서에서 그와 같은 연대 설정에 비교적 가까운 분석 결과는 오직 '동물화석' 편뿐이다.

북한의 고고학계(고고학연구소 1977a. 26쪽, 32쪽 ; 김교경 1979)에서는 중기 구석기시대를 중기 갱신세 후기~후기 갱신세 전기로 보고 있으며 그 이른 시기를 대략 10여 만 년 전으로 잡고 있다. 이와 비교한다면 『룡곡동굴유적』의 '동물화석' 편에서 중기 갱신세 중기~후기라고 말한 것은 10여 만 년 바로 이전에 해당하는 시기로 추론된다. 그러나 이와 같은 연대 추정을 뒷받침하기 위해서는 북한의 고고학과 지질학 분야에서 받아들이고 있는 제4기의 시대 구분이 서로 일치하는가를 살펴야 할 것이다. 왜냐하면 고고학연구소를 중심으로 한 학자들은 갱신세를 하부(구세, Q₁), 중부(중세, Q₂), 상부(상세, Q₃)로 나누는 3분법을 주로 이용하고 있는 반면에 김일성종합대학의 준박사인 리상우(1987)는 구세 하부(Q₁), 구세 상부(Q₂), 신세 하부(Q₃₋₁), 신세 상부(Q₃₋₂)라는 새로운 분류 기준을 제시하였기 때문이다. 지금의 불충분한 자료만으로는 리상우가 제시한 시대 구분과 그에 따른 연대 설정이 어떠한 관계에 있는지 분명하게 잘라 말하기 어렵다. 그렇지만 일찍이 로영대(1962)와 김명근(1967) 등이 구분한 갱신세의 시대 구분을 오늘의 북한학계 가 아직도 따르고 있다고 가정하면, 『룡곡동굴유적』의 '동물화석' 편에서 말하고 있는 중기 갱신세 중기~후기라는 시기는 위에서 추정한 연대를 크게 벗어나지 않을 것이다.

용곡 제1호 동굴에서 나온 짐승 뼈 가운데서 쥐, 토끼, 박쥐를 뺀 큰 젖먹이짐승 화석은 고기먹이류 가 14.2%, 외발통류가 3.3%, 쌍발통류가 82.5%이다(표 5 참조). 우리나라의 갱신세에서 보이는 동물 구성의 특징은 갱신세의 늦은 시기로 올수록 외발통류가 줄어드는 대신에 쌍발통류가 늘어나며, 쌍발통류 중에서도 사슴과(科) 짐승이 훨씬 많아지는 점이다(김교경 1979 ; 김신규 1986). 이런 현상은 용곡 제1호 동굴의 경우에도 그대로 나타난다. 쌍발통류에서 사슴과(科)

〈표 5〉 용곡 동굴의 구석기시대 문화층에서 나온 동물 화석의 종류

동물 화석				문화층				수
목	과	속	종	1	2	3	4	
박쥐목	작은박쥐과	관코박쥐속	관코박쥐				o	8
토끼목	토끼과	토끼속	회색토끼	?	?	?	?	?
쥐목	비단털쥐과	갈밭쥐속	큰갈밭쥐	?	?	?	?	?
			갈밭쥐의 한 종	?	?	?	?	?
		간단이빨쥐속	간단이빨쥐	?	?	?	?	?
		비단털쥐속	비단털쥐	?	?	?	?	?
	땅쥐과	땅쥐속	용곡땅쥐	?	?	?	?	?
고기먹이목	족제비과	오소리속	오소리		o	o	o	3
	개과	여우속	여우		o	o		(2)
		너구리속	너구리		o	o	o	10
		개속	말승냥이(늑대)	o	o			4
	고양이과	고양이속	삵				o	(1)
		범속	범(갈범)			?	o	5
	하이에나과	하이에나속	하이에나의 한 종		o			2
	곰과	곰속	큰곰		o	o		3
외발통목	코뿔소과	쌍코뿔소속	큰쌍코뿔소	o	o	?		3
	말과	말속	용곡말		o	o		(4)
쌍발통목	멧돼지과	멧돼지속	멧돼지	o	o	o		3
	사슴과	복작노루속	복작노루		o	o		(2)
		노루속	노루	o	o	o	o	22
		사슴속	사슴	o	o	o	o	125
			누렁이(말사슴)		o	o		9
	소과	물소속	물소류의 한 종			o		(1)
		산양속	산양		o	o	o	12

( ) 안의 숫자는 보고서 내용에 따라 추정한 마리수를 가리킴.

짐승이 차지하는 비율은 무려 90.8%이다. 사슴과 짐승은 거의 모두 제1~4문화층에 걸쳐 들어 있다. 그러나 층위별 마리수의 변화 관계가 발굴 보고서에 전혀 나와 있지 않아 유감스럽다.

용곡 유적에서 큰쌍코뿔소는 제1~2문화층(제3문화층 ?), 물소는 제2문화층에서 나온다. 따뜻한 기후에 살았던 것으로 가늠되는 큰쌍코뿔소와 물소가 제1~2문화층에서 나온 점은 홀씨-꽃가루의 분석 결과와 잘 어울린다. 앞에서 말한 이들 퇴적층의 형성 시기로 볼 때, 큰쌍코뿔소와 물소는 우리나라에서 간빙기가 지나간 그 이후, 곧 마지막 빙하기의 이른 시기에도 얼마간 퍼져 살았을 것으로 생각된다.

Ⅴ. 홀씨와 꽃가루

북한의 구석기시대 유적에서 홀씨와 꽃가루 조사가 이루어진 것은 1962년 함북 화대군 장덕리 빨늪골의 털코끼리 유적(로영대 1962)이 처음이었다. 그 뒤 거의 25년이라는 세월이 흐르는 동안 새로운 유적에서의 홀씨와 꽃가루 분석이 이루어지지 않고 있다가 용곡 동굴유적에서 최근의 분석 자료를 내놓고 있어 눈길을 끈다.

용곡 제1호 동굴의 퇴적 자름면에서는 5차에 걸쳐 130여 개의 분석 시료가 채취되었다. 이들 시료는 3단계에 이르는 실험을 거치면서 분석되었다. 퇴적층별로 나온 홀씨와 꽃가루의 비율을 보면 〈표 6〉과 같다. 홀씨는 제10퇴적층에서 가장 많고, 제12퇴적층에서 가장 적게 나온다. 한편 나무꽃가루는 제11퇴적층에서 가장 적게 나오는 반면 풀꽃가루는 제12퇴적층에서 가장 적게 나왔다(표 7 참조). 제11~12

〈표 6〉 용곡 동굴의 퇴적층별 홀씨-꽃가루의 함량과 비율

구분	홀씨(%)	꽃가루(%)	미정(%)	모듬
제12퇴적층	4(4.7%)	77(90.6%)	4(4.7%)	85
제11퇴적층	37(24.7%)	104(69.3%)	9(6.0%)	150
제10퇴적층	54(34.6%)	92(59.0%)	10(6.4%)	156
제9퇴적층	10(16.7%)	38(63.3%)	12(20.0%)	60
제8퇴적층	37(23.0%)	117(72.7%)	7(4.3%)	161

〈표 7〉 용곡 동굴의 퇴적층별 나무꽃가루와 풀꽃가루 비율

구분	나무꽃가루(%)	풀꽃가루(%)	모듬
제12퇴적층	72(93.5%)	5(6.5%)	77
제11퇴적층	51(49.0%)	53(51.0%)	104
제10퇴적층	77(83.7%)	15(16.3%)	92
제9퇴적층	34(89.5%)	4(10.5%)	38
제8퇴적층	101(86.3%)	16(13.7%)	117

퇴적층에서 홀씨-꽃가루 종류가 고비과(Osmundaceae), 소나무(Pinus sp), 명아주과(Chenopodiaceae)만으로 구성되고 있는 점으로 보아 홀씨/꽃가루, 나무꽃가루/풀꽃가루의 퇴적층별 함량의 변화는 용곡 유적의 자연 환경 변천 과정을 이해하는 데 좋은 자료가 된다.

『룡곡동굴유적』의 '포자-화분' 편에서는 각 퇴적층의 자연 환경을 논하면서 제8·10퇴적층을 아열대성 온대 기후, 제11~12퇴적층을 한대성 온대 기후, 제13퇴적층[2]을 전형적인 온대성 기후

아래에서 형성된 것으로 보고 있다. 그리고 제9퇴적층의 경우는 온화하고 습윤한 기후가 지속된 가운데 제8퇴적층과 제10퇴적층에 비하여 식물상이 덜 풍부했던 것으로 설명되고 있다. 한편 아열대성 온대 식물로 은행나무류, 솔송나무류, 수삼나무류, 삼나무류, 목련류, 풍향나무류, 콘센트리시스테스류를 들면서 이러한 꽃가루가 나온 제8·10퇴적층의 자연 환경이 제4기 하세(Q₁, 구세 하부) 및 중세(Q₂, 구세 상부)와 비슷했던 것으로 규정짓고 있다.

근래에 들어와 북한의 지질학계에서는 갱신세를 크게 구세와 신세로 구분하는 모형을 제시하고 있으며, 이런 구분은 한 지층 속에 들어 있는 제3기 잔존형, 현대형 꽃가루 및 규조류 등의 존재와 상대 비율에 따라 결정된다(리상우 1987 ; 리상우·류정길 1988). 그러나 그와 같은 방법으로 우리나라의 갱신세가 연구된다면 거기에는 많은 문제가 뒤따른다(한창균 1990a).

그러한 예가 바로 용곡 동굴유적의 경우이다. 이 유적에서 나온 사람 화석의 특징은 용곡 동굴유적의 연대가 전기 갱신세(하세)나 중기 갱신세(중세)이전으로 올라갈 수 없음을 분명하게 보여주며, 유적에 쌓인 퇴적의 형성 시기도 후기 갱신세와 밀접한 관계가 있는 것으로 생각된다. 더욱이 『룡곡동굴유적』의 '동물화석' 편에서도 동물상의 연대를 중기 갱신세 중기~후기로 설정한 바 있다. 따라서 이러한 자료를 가지고 가늠할 때, 용곡 동굴유적의 퇴적층에서 구세 하부와 같은 연대 설정은 문제가 있는 것으로 판단된다. 뿐만 아니라 제3기 잔존형 식물의 존재 범위를 좀 더 폭넓은 시각에서 이해하여야 할 필요가 있으며, 갱신세에 있어 그 존재범위의 변화는 바로 자연 환경의 변화를 반영한 것으로 생각해야 할 것이다. 갱신세의 초기를 거쳐 후기에 이르며 추위의 강도가 더욱 강하게 작용하였지만 빙하기 사이사이의 간빙기는 오히려 오늘날보다 따뜻했고, 바닷물 높이와 지형의 변화로 말미암아 동물상을 포함한 식물상의 이동과 변화도 함께 일어났다는 사실을 잊어서 안 될 것이다.

북한의 고고학계에서는 근래에 이르기까지 제4기의 시작 연대를 100만 년 전으로 잡고 있는 듯하다. 일찍이 김명근(1967)이 올두바이 유적의 연대 측정 자료를 통하여 제4기의 연대가 100만 년 전보다 훨씬 올라간다는 자료를 소개하고 있으나, 최근에 와서야 인류의 역사가 150만 년 전 무렵부터 시작된 것으로 볼 수 있다는 의견(장우진 1986)을 제시하고 있다. 따라서 장우진의 글이 발표되기 이전에는 100만 년이라는 시간의 틀 속에서 제4기를 이해하고 있었던 것으로 추정된다. 한편 남한 학계에서는 장우진보다 이전에 이미 제4기의 시작을 적어도 180만 년 이전으로 보아왔기 때문에 남북한의 유적 연대는 매우 조심스럽게 비교되어야 한다. 예를 들어, 어느 한 유적이 민델 빙하기의 것으로 보고되었다 해도 이 민델 빙하기에 대한 연대 설정이 북한과 남한에서 서로 다르게 적용될 수 있다는 점이다.

---

2 제13퇴적층에서 꽃가루 분석 시료가 채취되었으나 그 결과는 보고서에 나와 있지 않다.

용곡 유적에서 열형광법으로 얻은 연대는 제8~9퇴적층에서 50만 년~40만 년 전으로 나왔다. 이 두 층을 구세 상부(Q2, 중세)로 규정하면, 위의 연대값은 구세 하부와 구세 상부의 경계를 밝히는 데 도움이 될 것이다. 이에 대한 자세한 연대 기준을 알기 어렵지만 검은모루 유적의 동물상을 제4기 전기 갱신세 말기 내지 중기 갱신세 초기로 말하며 이를 60~40만 년 전(고고학연구소 1977a, 6쪽)으로 설정하고 있는 데서 구세와 중세의 시기 구분에 관한 북한 고고학계의 견해를 엿볼 수 있다. 이것은 오늘날 세계 선사 고고학 분야에서 이야기되고 있는 전기 갱신세와 중기 갱신세의 경계, 곧 약 70만 년 전을 중심으로 나누는 연대 구분과 일정한 차이가 있음을 알려준다.

VI. 문화 유물

용곡 동굴에서는 많은 석기, 뼈연모와 함께 뼈로 만든 예술품이 나왔다. 북한에 있는 어느 동굴유적에 비할 수 없을 만큼 여러 종류의 석기가 나와 용곡 유적의 중요성이 더욱 높게 평가된다.

1. 석기

〈표 8〉 용곡 동굴에서 보고된 구석기시대의 석기와 석재

구분	석기		석재	
	수량	암질	수량	암질
제4문화층	20	석영, 규석	0	
제3문화층	14	석영, 규석, 화강석	6	석영, 규석, 화강석
제2문화층	21	석영, 규석, 사암	4	규석, 사암, 화강석
제1문화층	11	석영, 사암	3	석영, 규석

용곡 유적의 구석기시대 층에서 석기로 보고된 유물은 모두 66점이다. 〈표 8〉에서처럼 석기가 많이 나온 곳은 제2문화층과 제4문화층이다.

용곡 유적에서 나온 석기의 재질은 석영, 규석, 화강석, 사암으로 이루어지며, 이러한 암질 가운데 석기 제작에 자주 쓰인 것은 석영과 규석 종류이다. 석기 제작 기술로는 내리쳐깨기, 때려내기, 대고때리기, 눌러뜯기와 같은 방법을 설명하고 있는데, 층위에 따라 쓰인 제작 방법을 살펴보면 다음과 같다.

제4문화층 : 대고때리기, 눌러뜯기

제3문화층 : 내리쳐깨기, 때려내기, 눌러뜯기

제2문화층 : 내리쳐깨기, 때려내기(때려내기 수법의 비중이 커짐)

제1문화층 : 내리쳐깨기, 때려내기

용곡 동굴의 석기를 직접 보지 않은 상태에서 위와 같은 석기 제작 기술이 각 문화층마다 실제로 적용되었는지에 대하여 정확한 평가를 내리기란 매우 힘들다. 그러나 몇몇 석기에서는 『룡곡동

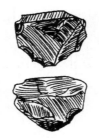

〈그림 1〉 석기(눌러뜯기. 29×23×15mm) 〈그림 2〉 석기(대고때리기. 39×35×15mm)

굴유적』에서 서술하고 있는 석기 제작 수법의 적용에 문제점이 있음을 보여준다. 예를 들어 제3문화층 셋째 유형 석기의 경우, 5점의 석기 가운데 3점이 눌러뜯기 수법으로 가공되었다고 설명하였으나, 3점의 석기 재질(석영)과 잔손질된 면의 특징으로 볼 때 눌러뜯기 수법이 적용되었다고 보기란 대단히 어렵다. 실험 자료(Bordes 1947)에 따르면, 눌러뜯기 수법은 부싯돌이나 흑요석과 같이 암질의 경도가 석영보다 낮은 경우에 베풀기 좋으며, 이 수법은 가지런하게 다듬은 날을 얻으려는 데에 목적이 있다. 이 방법으로 가공된 부분은 뗀면이 서로 나란하거나 엇나란한 특징(흔히 고른 돌날식 잔손질)을 지닌다. 용곡 유적의 제4문화층 넷째 유형 석기(유물 번호 르-1-4-16)(그림 1 참조)에도 눌러뜯기 수법을 썼다고 말하고 있으나 잔손질된 면의 모습은 그와 같은 수법에서 비롯한다고 보기 어렵다. 따라서 용곡 유적에서 이야기하고 있는 눌러뜯기 수법은 이 유적의 어느 석기에서도 나타나지 않는다고 생각된다.

눌러뜯기의 경우와 마찬가지로 제4문화층에서 서술한 대고때리기의 수법도 받아들이기 어렵다. 그러한 문제는 만달리에서 보고된 석기(김신규 외 1985 ; 서국태 1987)와 비교할 때 금방 드러난다. 대고때리기 수법의 적용도 석기의 재질과 매우 밀접한 관계를 맺고 있는데, 만달리 유적에서 이 수법에 의한 것으로 추정되는 몸돌이 흑요석이나 규암인 점으로 본다면, 용곡 유적에서 대고때리기 수법으로 석영제의 격지(유물 번호 르-1-4-14)(그림 2 참조)를 만들었다는 주장은 여러 문제를 안고 있다. 뿐만 아니라 격지 자체도 돌날 격지가 아니며, 격지의 겉면에도 대고때리기 수법을 보여주는 흔적이 전혀 남아 있지 않다.

『룡곡동굴유적』에 있는 그림과 사진만 가지고는 이 유적에서 쓰인 여러 떼기의 방법을 자세하게 구분하기 어렵다. 지금까지 북한의 고고학계에서 일반으로 널리 받아들이고 있는 떼기의 발전 단계는 '내리쳐깨기 → 때려내기 → 대고때리기' 수법으로 이어진다. 그런데 눈길을 끄는 것은

『룡곡동굴유적』에서도 틀에 박힌 이러한 떼기의 변화 과정에 맞추어 각 문화층의 석기 제작 기술을 서술하고 있는 점이다. 따라서 『조선고고학개요』(고고학연구소 1977b)에 나타난 떼기의 단계별 발전 과정을 기초로 할 때, 용곡 유적의 석기는 전기 구석기시대로부터 후기 구석기시대에 걸쳐서 제작된 것이다. 그러나 이 유적의 연대 설정에 대하여 앞부분에서 말한 것처럼, 용곡 동굴의 석기는 전기 구석기시대보다 늦은 시기의 것이라고 생각된다.

용곡 유적의 석기는 두 가지 측면에서 분류되었다. 하나는 가공된 면의 수에 의한 분류이고, 다른 하나는 석기의 쓰임새를 기본으로 한 분류이다. 가공된 면을 기준으로 제1문화층의 석기가 분류되었고, 쓰임새의 유형에 따라 제2~4문화층의 석기가 분류되었다. 북한의 구석기 유적에서 일면 가공과 이면 가공의 제작 기술을 통하여 유물이 분석된 곳으로는 굴포리 유적(도유호 1964)을 들 수 있다. 그러나 굴포리 유적에서도 그러했지만 용곡 동굴에서도 그 이상의 분석이 이루어지지 않고 있다. 가공 기술의 문제는 석재의 활용 정도 및 방법과 깊은 관계가 있으므로 이러한 방면의 연구가 자세하게 진행되어야 할 것으로 여겨진다.

용곡 유적에서 쓰임새로 나눈 석기의 유형별 분류 방식을 요약하면 다음과 같다.

① 찍거나 깨는 데 편리한 석기(예 : 제2문화층 둘째 유형 ㄹ-1-2-7)(그림 3)
② 큰 동물 뼈 등을 찍고 깨는 데 쓰인 석기(예 : 제2문화층 둘째 유형 ㄹ-1-2-17)
③ 도끼와 같은 기능을 가진 석기(예 : 제2문화층 셋째 유형 ㄹ-1-2-3)(그림4)
④ 예리한 날로 찍거나 쪼개는 데 쓰인 석기(예 : 제2문화층 셋째 유형 ㄹ-1-2-25)(그림 5)
⑤ 긁거나 밀어 깎는 데 쓰인 석기(예 : 제2문화층 다섯째 유형 ㄹ-1-2-9)(그림 6)
⑥ 가죽을 벗기거나 무엇을 깎는 데 쓰인 석기(예 : 제3문화층 넷째 유형)(그림 7~8)
⑦ 새기거나 깎는 데 쓰인 석기(예 : 제4문화층 셋째 유형)(그림 9)
⑧ 석기를 떼는 데 쓰인 돌망치

이 밖에 톱날 모양 석기의 예도 들고 있으나 대체로 위와 같은 8가지의 기능이 용곡 유적에서 보이는 것으로 발굴 보고서는 이야기하고 있다. 쓰임새 분석은 구석기시대 석기의 연구에서 가장 중요한 자리를 차지한다. 그래서 오늘날 고고학에서는 실험 작업에서 얻은 자료를 바탕으로 유물에 남은 자국의 현미경 분석을 통하여 선사시대 사람의 생활을 복원하려고 많은 노력을 한다. 그런데 용곡 유적에서는 석기의 형태가 곧 그 석기의 기능과 일치할 수 있다는 가정 아래에서 석기의 쓰임새를 설명하고 있기 때문에 만약 그러한 가정에 문제가 생긴다면 또 다른 해석상의 어려움이 뒤따르게 될 것이다. 현재 우리가 사용하고 있는 석기의 이름이 그 석기의 기능이나 형태 또는 제작 수법 등을 감안하여 만들어진 것이기 때문에 위에서 말한 여러 기능을

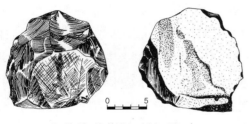

<그림 3> 석기(134×134×68mm)

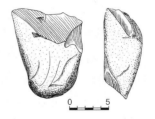

<그림 4> 석기(145×125×38mm)

<그림 5> 석기(105×70×40mm)

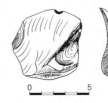

<그림 6> 석기

<그림 7> 석기(82×68×21mm)

<그림 8> 석기(66×60×19mm)

<그림 9> 석기(58×26×18mm)

체계 있게 뒷받침하기 위해서는 좀 더 많은 측면에서의 분석 자료를 먼저 제시할 필요가 있다고 생각된다.

2. 뼈연모

용곡 유적에서 나온 뼈연모를 층위별로 살펴보면 〈표 9〉와 같다.

북한의 구석기유적에서 여러 종류의 뼈연모가 보고된 곳은 용곡 유적이 처음이다. 이들 뼈연모의 재료는 짐승의 다리뼈

〈표 9〉 용곡 동굴에서 나온 뼈연모

구분	유물
제4문화층	뾰죽이(2점, 그림 10~11), 송곳(1점, 그림 12)
제3문화층	뾰죽이(1점, 그림 13)
제2문화층	뾰죽이(1점, 그림 14), 송곳(1점, 그림 15)
제1문화층	없음

와 뿔이다. 이 유물들은 화석환경학(조태섭 1989) 방법으로 다시 한번 자세하게 분석되어야 할 것으로 생각된다. 뼈연모 이외에 코뿔소의 넓적다리뼈에 남아 있는 자른 자국의 흔적(제3문화층)

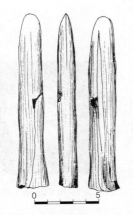

〈그림 10〉 뾰죽이(138×29×13mm)

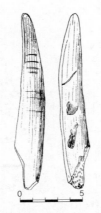

〈그림 11〉 뾰죽이(145×20×10mm)

〈그림 12〉 송곳(100×10×8mm)

〈그림 13〉 뾰죽이(187×30mm)

〈그림 14〉 뾰죽이(225×74×36mm)

〈그림 15〉 송곳(156×45×18mm)

은 용곡 유적에서 이루어진 짐승잡이 방법을 복원하는 데 귀중한 자료가 된다. 『룡곡동굴유적』에서는 이들 뼈연모의 쓰임새에 대하여 다음과 같이 말한다.

① 주로 창끝 또는 짧은 창과 같은 기능을 수행하며 땅을 뚜지는 데도 쓰인 연모
   (예 : 제3문화층 뾰족이, 그림 13)
② 짐승을 사냥할 때 비수나 창끝과 같은 기능으로 쓰인 연모
   (예 : 제2문화층 뾰죽이, 그림 14)
③ 가죽에 구멍을 뚫거나 풀뿌리 같은 것을 캐는 데 쓰인 연모
   (예 : 제2문화층 송곳, 그림 15)

3. 예술품

제4문화층에서 나온 조각품(그림 16)은 뼈를 납작하게 갈아서 만들었다.

구석기시대의 예술 활동을 보여주는 이 유물은 우리나라에서 보고된 조각품 가운데 가장 뚜렷한 특징을 갖추고 있다. 구석기시대의 전 기간에 걸쳐 이렇게 분명하게 형상화된 예술품이 나타나는 것은 후기 구석기시대(Leroi-Gourhan 1971)에 해당하므로 이 유물은 제4문화층의 연대 설정에 큰 도움을 준다.

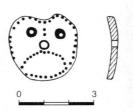

〈그림 16〉 뼈로 만든 조각품(길이 25×너비 26×두께 2.5mm)

VII. 맺음말

평양시 상원군 용곡리 유적에서 발굴한 많은 종류의 유물은 우리나라의 구석기문화 연구에 여러 가지 새로운 사실을 알려준다. 그리고 이 유적에서 이루어진 유물과 퇴적층의 연구 경향은 앞으로 북한의 구석기 학계가 나아갈 방향을 우리에게 보여준다. 비록 유적의 연대 설정과 시기 구분에 연구 분야별로 서로 일치하지 않는 견해가 나타나 발굴 보고서 전체의 내용이 혼란스럽게 보이기도 하지만, 이렇게 주제별로 조금이나마 각자의 다른 의견을 한 군데로 모아 발표한 것은 『룡곡동굴유적』의 경우가 처음인 것 같다. 대체로 용곡 유적에 앞서 나온 발굴 보고서들은 언제나 일관된 방법론과 통일된 시각 속에서 발굴 자료를 서술하였기 때문에 각 유적에서 안고 있는 문제점을 제대로 이해하기가 매우 어려웠다.

용곡 동굴 퇴적층의 연대 설정이 각 분야별로 서로 달랐던 것은 무엇보다도 먼저 이 유적에서 얻은 연대 측정 자료와 꽃가루 분석 결과에서 그 원인을 찾을 수 있을 것 같다. 특히 6개의 시료에서 측정한 연대값이 거의 엇비슷하였으며, 제4기의 층서 구분에 표준 화석으로 삼았던 이른바 하세와 중세의 꽃가루가 나옴으로 해서 문제는 더욱 복잡하게 되고 말았다.

한 유적에서 얻은 절대 연대의 해석은 언제나 상대적인 것이다. 절대 연대 측정을 실시하여 나이를 밝히는 작업도 중요하지만, 한 퇴적층의 연대를 알기 위하여 사용한 측정 방법 자체의 한계와 시료 선정의 정확성 여부를 폭넓게 검토하려는 자세도 대단히 중요하다(Lumley et al. 1984). 한 유적의 절대 나이를 그야말로 선을 그은 듯이 정확하게 알려주는 측정 방법은 아직까지 존재하지 않는다. 각 방법이 지니는 한계성을 개선하려는 노력이 현재에도 계속되고 있으므로 한 유적에서 얻은 절대 연대값이 옳으냐 또는 그르냐의 문제에 매달리기보다는 유적의 퇴적층 형성 과정, 사람 화석, 동물 화석, 문화 유물의 성격 등에 대한 여러 자료의 종합된 평가 작업이 오히려 먼저 이루어져야 한다고 생각된다.

현재의 강안 단구가 놓인 높이와 비교할 때 용곡 제1호 동굴의 퇴적층은 후기 갱신세에 쌓인 것으로 보인다. 핵골에 있는 제2호 동굴의 퇴적도 제1호 동굴의 퇴적보다 시기가 앞선 것으로 보이지 않는다. 북한의 구석기 유적 가운데 승리산 유적(대동강 강바닥보다 17~18m 높이에 있음), 만달리 유적(남강 강바닥보다 14m 높이에 있음), 청청암 유적(상원강 지류의 강바닥보다 12m 높이에 있음)의 퇴적물 형성 시기도 대체로 용곡 제1호 동굴과 거의 비슷한 것으로 생각되는데, 이들 유적의 아래층은 모래나 자갈의 하성 퇴적물로 이루어진 공통점을 지닌다. 용곡리 유적과 만달리 유적에서 나온 사람 화석이 모두 신인의 범위에 드는 사실은 위와 같은 추정을 강하게 뒷받침해준다고 볼 수 있다. 털코뿔소가 나온 만달리의 위층과 한대성 온대 기후의 꽃가루가 들어 있는 용곡 동굴의 제11~12퇴적층이 어떠한 시대상의 전후 관계를 맺고 있는가를 밝히는 작업도 매우 흥미로운 일이라 믿어진다.

용곡 동굴에 쌓인 물질 가운데 석순 및 산석층(『룡곡동굴유적』, 32쪽에서는 이를 석수가 떨어져 굳은 것으로 설명하고 있음)의 존재는 이 유적의 층서 구분에 좋은 자료가 된다. 석순 및 산석층은 석회암이 녹아서 된 것이므로 이 층의 형성은 습한 기후와 매우 밀접한 관계를 맺는다. 따라서 이러한 환경 아래에서는 석회암의 화학 풍화작용이 강하게 일어나며, 물리 풍화작용은 퇴적의 쌓임에 큰 구실을 하지 못한다. 반면에 추운 기후의 서리 작용(frost weathering)이 강해지면 굴의 천장이나 벽에서 석회암 조각이 떨어져 낙반석 또는 낙석 혼합층을 형성한다(손보기 외 1980 ; Laville et al. 1980 ; Miskovsky 1974). 『룡곡동굴유적』에서 말하는 바와 같이 이 동굴 안에 쌓인 낙반석을 물리 풍화작용의 결과로 이해한다면, 낙반석 및 낙석 혼합층과 석순 및 산석층은 서로 다른 환경의 영향을 받아 형성된 것으로 볼 수 있다. 다시 말해서 석순 및 산석층은 서리 작용이 강하게 영향을 끼칠 수 없었던 따뜻하거나 온난한 기후조건 속에서 이루어졌으며, 낙반석 및 낙석 혼합층은 얼고 녹는 작용이 되풀이 일어나는 가운데 쌓인 퇴적층으로 가늠된다. 용곡 동굴의 제8~12퇴적층 사이에서 이러한 변화가 두 번 관찰되는 것은 우리나라의 후기 갱신세 자연 환경을 복원하는 데 큰 도움이 되리라 생각된다.

자연 환경의 복원 문제와 함께 끝으로 한 가지 덧붙이고 싶은 것은 용곡 동굴에서 홀씨-꽃가루의 분석 결과에 대한 해석이 퇴적층별로 이루어져 거기에서 얻은 자료의 이용에는 많은 한계가 있다는 점이다. 여러 개의 작은 지층이 모여 하나의 커다란 단위별 퇴적층이 형성되었음에도 불구하고, 그 퇴적층의 아랫부분, 가운데부분, 윗부분에서 얻은 전체 분석 자료를 하나로 묶어 해석하였기 때문에 각 시료의 지층별 변화 과정을 살펴보지 못하고 말았다. 이러한 문제는 동물 화석의 연구에서도 마찬가지로 나타난다(이융조 1990).

　『룡곡동굴유적』(43쪽)에서는 제2문화층의 석기를 화석 자료에 의하여 전기 구석기시대의 것으로 보았으나, 이 층에서 나온 사람 화석의 생김새로 볼 때, 그와 같은 연대 설정은 무리한 것으로 생각된다. 용곡 동굴에서 나온 석기의 모양만 가지고는 각 문화층의 연대를 추론하기 어렵다. 그러나 퇴적층의 형성이 후기 갱신세에 이루어졌다는 점으로 가늠한다면, 이 유적의 석기는 중기 구석기시대에서 후기 구석기시대에 이르는 시기에 만들어졌을 가능성이 있다. 앞으로 새로운 연구를 통하여 용곡 동굴유적의 문화 성격이 좀 더 뚜렷하게 드러나기를 바라며 이 글을 맺는다.

참고문헌

고고학연구소 1977a. 『조선의 구석기시대』.

고고학연구소 1977b. 『조선고고학개요』.

고고학연구소 1978. 『덕천 승리산유적 발굴보고』.

고고학연구소 1986. 「최근년간 조선고고학연구에서 이룩한 주요성과」, 『조선고고연구』 1986(1).

김교경 1979. 「덕천 승리산유적의 년대에 대하여」, 『고고민속론문집』 7.

김명근 1967. 「지질 제4기층」, 『고고민속』 1967(1).

김신규 1986. 「우리 나라 구석기시대의 포유동물상」, 『조선고고연구』 1986(2).

김신규·김교경·백기하·장우진·서국태 1985. 『평양부근동굴유적발굴보고』.

김용남 1963. 「중석기 시대」, 『고고민속』 1963(3).

도유호 1962. 「구석기란 무엇인가?」, 『문화유산』 1962(6).

도유호 1964. 「조선의 구석기 시대 문화인 굴포 문화에 관하여」, 『고고민속』 1964(2),

력사연구소 1979. 『조선전사』 1(원시편).

로영대 1962. 「함북 화대군 털코끼리 발굴지에 발달한 니탄층의 포자 화분 분석(胞子花粉組合)」, 『문화유산』 1962(4).

리상우 1987. 「제4기 층서구분에서 제기되는 몇가지 문제」, 『조선고고연구』 1987(3).

리상우·류정길 1988. 「우리나라 제4기 하세(구세하부층)층의 특징」, 『조선고고연구』 1988(4).

박선주 1990. 「한국민족 뿌리에 관한 여러 연구」, 『충북사학』 3.

배기동 1989. 「한반도 홍적세 환경과 구석기문화」, 『한국상고사학보』 2.

서국태 1987. 「만달리동굴유적의 석기에 대하여」, 『조선고고연구』 1987(2).

손보기 1980. 「점말 용굴 발굴」, 『점말 용굴 발굴보고』.

손보기 1984. 『상시 1그늘 옛살림터』.

손보기 1988. 『한국구석기학연구의 길잡이』.

손보기·박영철·한창균 1980. 『점말 용굴 발굴보고』.

손영종·박영해 1987. 『조선통사(상)』.

이동영 1987. 「한반도 제4기 지층의 층서적 고찰」, 『한국제4기학회지』 1.

이선복 1989. 『동북아시아 구석기연구』.

이융조 1986. 「한국의 구석기문화」, 『한국구석기문화전』.

이융조 1990. 「구석기시대 유적」, 『북한의 문화유산』 Ⅰ.

장우진 1986. 「최근 인류의 발생시기에 대한 학계의 론쟁점」, 『조선고고연구』 1986(3).

장우진·강명광, 1988. 「금천동굴에서 나온 인류화석」, 『조선고고연구』 1988(4).

전제헌·윤진·김근식·류정길 1986. 『룡곡동굴유적』.

조선유적유물도감 편찬위원회 1988. 『조선유적유물도감』 1(원시편).

조태섭 1989. 「화석환경학이란 무엇인가?」, 『박물관기요』 5.

채희국 1987. 「구석기시대연구에서 주체를 세울데 대한 당의 현명한 방침」, 『조선고고연구』 1987(1).

한창균 1990a. 「북한 고고학계의 구석기시대 연구동향」, 『동방학지』 65.

한창균 1990b. 『북한의 선사고고학 : ① 구석기시대와 문화』.

Bordes, F. 1947. Etude comparative des différentes techniques de taille du silex et des roches dures. *L'Anthropologie*, t. 51.

Bräuer, G. 1984. The Afro-European sapiens-hypothesis, and hominid evolution in Asia during the late Middle and Upper Pleistocene. In, *The Early Evolution of Man with special emphasis on Southeast Asia and Africa* (P. Andrews and J.L. Franzen (eds.).

Crabtree, D.E. 1972. *An Introduction to Flintworking.*

Delson, E. (ed.) 1985. *Ancestors : The Hard Evidence.*

Lee, D.Y. 1985. *Quaternary Deposits in the Coastal Fringe of the Korean Peninsula.* Doctorial Dissertation. Vrije Universiteit, Brussel.

Leroi-Gourhan, A. 1971. *Préhistoire de l'art occidental.*

Laville, H., Rigaud, J.P. and Sackett, J. 1980. *Rock shelters of the Perigord. Geological stratigraphy and archaeological succession.*

Lumley, H. de, Fournier, A., Park, Y.C., Yokoyama, Y. et Demouy, A. 1984. Stratigraphie du remplissage pléistocène moyen de la Caune de l'Arago à Tautavel. *L'Anthropologie*, t. 88.

Miskovsky, J.C. 1974. Stratigraphie et paléoclimatologie du Quaternaire du Midi méditerranéen. *Etudes quaternaires*, n. 4.

Park, S.J. 1988. Current Major Aspects and Problems of the Pleistocene Study in Korea. 『손보기박사정년기념 고고인류학논총』.

【출처】 한창균 1990. 「용곡 동굴유적을 다시 논함」, 『동방학지』 68, 1-32쪽.

용곡 제1호 동굴유적의 시기 구분과 문제점

Ⅰ. 문제의 제기

평양시 상원군 용곡리(지도 1)에 있는 동굴유적이 1980~81년 사이에 김일성종합대학의 인류진화발전사연구실에 의하여 발굴되었다. 석회암 지대에 발달한 용곡리 유적 언저리에는 검은모루, 대흥동, 중리 등과 같은 중요한 동굴유적이 자리를 잡고 있다.

용곡리에서 선사시대의 유물이 발굴된 동굴유적은 두 군데 있는데 이들 동굴은 서로 2㎞ 거리를 두고 떨어져 있다. 제1호 동굴(사진 1~2)에서는 주로 구석기시대의 유물이 많은 양을 차지하고 있으며, 제2호 동굴에서 나온 유물의 대부분은 신석기시대에 속하는 것으로 보고되었다. 1986년에 간행된 『룡곡동굴유적』의 보고서 작성에서 '유적과 유물'은 전제헌, '인류화석'은 윤진, '동물화석'은 김근식, '포자화분'은 류정길이 각각 서술하였다(전제헌 외 1986).

이미 잘 알려진 바와 같이, 용곡 제1호 동굴유적에서는 구석기시대의 사람 화석, 석기, 뼈연모를 비롯하여 여러 종류의 짐승 뼈가 나왔다. 그리고 이 유적에서 열형광법으로 실시된 연대측정값이 50~40만 년 전, 다시 말해서 전기 구석기시대에 속하는 것으로 나왔기 때문에 남북한 학자들은 용곡 동굴유적에 대하여 커다란 관심을 갖고 있다.

그런데 북한의 고인류학자 가운데 한 사람(장우진 1989 ; 1992)은 용곡 동굴유적에서 나온 사람 화석을 신인(新人, *Homo sapiens sapiens*)(력사연구소·고고학연구소 1991. 24쪽 참조)으로 다루고 있다. 따라서 그와 같은 관점에서 볼 때, 사람 화석이 나온 지층의 연대는 후기 구석기시대에 가깝다는 사실을 우리에게 알려준다.

『룡곡동굴유적』 발굴 보고서에서 '동물화석'을 서술했던 김근식(1991)은 최근 새로운 연대측정 자료를 바탕으로 용곡 제1호 동굴유적의 연대를 상부 갱신세, 곧 후기 갱신세로 내려 보는 글을 발표한 바 있다. 새로운 자료를 통하여 용곡 동굴유적의 시대를 새롭게 설정하려는 노력은

<지도 1> 용곡 동굴과 그 언저리에 있는 선사 유적(전제헌 외 1986에서 옮김). 용곡 동굴에서 동북쪽으로 약 2km 떨어진 곳에 대흥리 동굴유적(구석기시대~신석기시대)이 있고, 북쪽으로 5km 떨어진 곳에 검은모루 동굴유적 그리고 남쪽으로 약 5km 떨어진 곳에 중리 동굴유적이 있다.

높이 평가받아야 된다고 생각한다.

용곡 동굴유적에 적용된 새로운 연대 측정 자료는 이 유적에서 논의되었던 시기 구분의 문제를 해결하는 데 도움이 된다. 이와 아울러 용곡 동굴에서 얻은 성과를 바탕으로 우리는 그동안 북한 학계에서 논의되었던 갱신세 시기 구분에 관련된 몇몇 문제에 관하여 검토할 필요가 있다고 판단한다. 이 글에서는 이런 문제를 중심으로 용곡 제1호 동굴유적에 관하여 다시 한번 살펴보기로 하겠다.

<사진 1> 용곡 제1호 동굴의 모습(전제헌 외 1986에서 옮김)

<사진 2> 용곡 제1호 동굴의 앞벌과 문포천(전제헌 외 1986에서 옮김)

II. 유적에 대한 몇몇 견해의 검토

1986년에 『룡곡동굴유적』이라는 발굴 보고서가 간행되어 알려지기 시작하면서 이 책에 실린 용곡 동굴유적의 보고 내용을 받아들이는 남한 학계의 평가는 다음과 같이 몇 가지로 나누어질 수 있다고 생각한다.

첫 번째는 발굴 보고서에 실린 내용을 거의 그대로 받아들이며 용곡 동굴유적이 지니는 고인류학과 고고학상의 의의를 이해하려는 견해이다. 이런 시각은 대체로 다음에 인용한 이융조(1990), 이형구(1991), 임효재(1992)의 글에서 엿보인다.

> "열형광법에 의한 절대연대측정이 처음 실시되어 1·2문화층에서 발굴된 고드름을 통해 볼 때 50~40만년 전으로 나타나 용곡 1호 동굴의 구석기 문화를 이해하는 데 도움이 된다."(이융조 1990. 108쪽)

> "최근 평양시 검은모루 유적에서 그다지 멀지 않은 상원군 용곡 동굴(제1호 동굴)에서는 전기 구석기시대로부터 후기 구석기시대까지의 문화층에서 고대 인류화석이 발견되어 우리나라 인류 발달과정을 연구하는 데 매우 귀중한 자료를 제공하였다. 특히 맨 아래층에서 출토된 인류화석은 우리나라 최초의 원인 단계 화석이다."(이형구 1991. 68쪽)

> "평양 상원 검은 모루 부근의 용곡동 동굴유적에서는 최근 김일성 종합대학 고고학조사단에 의하여 40~50만년 전의 화석인골 10인분과 다수의 뗀석기들이 출토되어 체질인류학 측면에서의 전기구석기인의 연구가 가능하게 되었다."(임효재 1992. 47-48쪽)

두 번째는 용곡 동굴의 사람 화석을 중부 홍적세, 곧 중기 갱신세에 속하는 것(배기동 1992. 64쪽)으로 보며, 그 연대는 북경 원인보다 뒤늦을 가능성이 있다는 다음과 같은 견해이다.

> "제8층과 제9층에서 채집된 석순과, 화석에 붙어 있는 석순을 이용하여 열형광법으로 연대를 측정한 결과 6개의 연대가 얻어졌는데 40~50만 년 전으로 나타났다. 이 연대는 보고자가 추정하고 있는 동물상의 연대와 대개 맞아 떨어지는데 이와 공반된 인골은 40~50만 년 전의 사람인 북경 원인보다도 훨씬 발달한 모습을 지니고 있어서 앞으로 이 연대의 신뢰도에 대하여 검토해볼 필요가 있을 것이다."(배기동 1992. 50쪽)

세 번째는 용곡 동굴에서 나온 사람 화석을 호모 사피엔스 또는 호모 사피엔스 사피엔스에 속하는 것으로 보는 다음의 견해이다.

"연대측정결과에서 40~50만 년 전이라는 결과가 얻어졌다고 하지만, 그러나 사진으로 제시된 고인류의 두개골화석은 전체적 형태, 턱의 발달정도와 안면경사각 등 사진에서도 쉽게 확인할 수 있는 몇몇 현저한 특징에서 호모 사피엔스 혹은 호모 사피엔스 사피엔스의 유해라는 느낌이 들며, 동물화석군의 구성 역시 그리 나이 오랜 자료인 듯하지 않다. 아울러 퇴적층의 퇴적학적 성격 역시 매우 모호하게 기술되었으며, 솔직히 말해서 이 보고서를 집필한 각 분야의 '전문가'의 지식과 능력은 매우 낮다는 생각을 지워 버릴 수 없다."(이선복 1989. 9쪽)

"용곡동굴에서 발견된 人骨은 50만년 전의 것이기는 커녕 해부학적 견지에서의 現代人, 즉 *Homo sapiens sapiens*라는 것은 化石人骨에 대한 초보적인 지식이 있는 이라면 보고서에 제시된 사진만으로도 누구나 다 알 수 있는 사실인 바, 북한학계에서도 보고서 발간 이후 이 유적의 성격을 문제시하는 듯하다."(이선복 1991. 22쪽)

네 번째는 용곡 유적에서 나온 사람 화석의 생김새와 함께 이 동굴 안에 쌓인 퇴적물의 특성으로 판단해 볼 때, 퇴적물의 형성 시기는 후기 갱신세로 보이며, 구석기시대의 유물이 나온 문화층은 구석기시대 중기와 후기에 속하는 것으로 추정된다는 다음과 같은 견해이다.

"『룡곡동굴유적』(43쪽)에서는 제2문화층의 석기를 화석자료에 의하여 전기구석기시대의 것으로 보았으나, 이 층에서 나온 사람뼈화석의 생김새로 볼 때, 그와 같은 연대설정은 무리한 것으로 생각된다. 용곡 동굴에서 나온 석기의 모양만 가지고는 각 문화층의 연대를 추론하기 어렵다. 그러나 퇴적층의 형성이 후기갱신세에 이루어졌다는 점으로 가늠한다면, 이 유적의 석기는 중기구석기시대에서 후기구석기시대에 이르는 시기에 만들어졌을 가능성이 있다."(한창균 1990b. 30쪽)

한편 박영철(1992)은 용곡 동굴유적의 문화층을 다시 검토하면서 이 유적의 8층~10층을 중기 구석기시대 그리고 11층을 후기 구석기시대의 것으로 나누고 있다. 용곡 제1호 동굴의 2문화층과 3문화층에 관한 그의 견해를 인용하면 다음과 같다.

"용곡 1호동굴 머리뼈는 진화정도로 보면 네안델탈계 또는 중기구석기시대 사람이었을 가능성을 생각해보게 된다. 따라서 인류화석으로 본 2문화층과 3문화층 연대는 고생물연대와 큰 차이가 있고, 퇴적과 문화 측면에서 추정된 연대와 근접한다."(박영철 1992. 43쪽)

지금까지 앞에서 인용한 글을 중심으로 살펴볼 때, 용곡 동굴유적을 보는 남한 학계의 의견이 여러 가지로 나타남을 읽을 수 있다. 받아들이는 관점에 따라 이 유적의 상한을 곧선사람(*Homo erectus*) 단계의 전기 구석기시대로 올려보기도 하고, 그보다 훨씬 늦은 단계로 내려 보기도 한다.

북한의 고인류학자인 장우 진은 그가 쓴『조선사람의 기원』에서 용곡 제1호 동굴 제2문화층(9퇴적층)의 7호 머리뼈(사진 3, 4)와 제3문화층(10퇴적층)의 3호 머리뼈가 신인 단계에 속하는 것으로 논증하였다(장우진 1989. 81-87쪽). 그러면서 그는 다음과 같이 주장한다.

 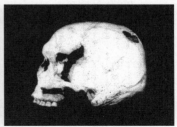

〈사진 3〉 용곡 제1호 동굴에서 나온 제7호 머리뼈, 앞모습 (장우진 1989에서 옮김)

〈사진 4〉 용곡 제1호 동굴에서 나온 제7호 머리뼈, 옆모습 (장우진 1989에서 옮김)

> "우리 강토에서는 적지 않은 신인단계의 화석들이 드러났다. 그러한 화석으로는 《승리산사람》, 《만달사람》, 《금천사람》, 《풍곡사람》 그리고 평양시 상원군 룡곡리에서 드러난 화석을 들 수 있다."(장우진 1992. 10쪽)

북한 학자들이 말하는 신인은 후기 구석기시대에 살았던 옛사람을 가리킨다(고고학연구소 1977). 따라서 용곡 제1호 동굴유적에서 사람 화석이 나온 제2문화층(9퇴적층)과 제3문화층(10퇴적층)은 바로 후기 구석기시대에 속하게 된다고 볼 수 있다.

그러면 이렇게 사람 화석과 연대 측정 사이에 달리 나타나는 시기상의 차이와 문제를 어떻게 비교, 검토해야 할 것인가? 우리는 이런 문제를 해결하는 데 도움이 되는 또 다른 자료가 나오길 기대하였다.

최근 북한에서는 용곡 동굴유적에 얽힌 문제를 풀어가는 데 크게 도움을 주는 새로운 글이 발표되었다. 특히 이 글을 쓴 사람이『룡곡동굴유적』에서 '동물화석'을 다루었기 때문에 관심을 끌게 만든다. 김근식(1991)은 용곡 동굴유적에서 새롭게 얻은 연대 측정 자료를 바탕삼아 제1호 동굴의 각 문화층에 대한 시기를 다시 설정하고자 하였다. 먼저 8층과 9층에서 새로이 실시된 연대 측정값(1987년 중국 성도지질대학측정중심)을 알아보면 〈표 1〉과 같다.[1]

김근식은『룡곡동굴유적』에서 지층의 시대와 그 환경 문제가 원만히 해결되지 못하였음을 말하면서 〈표 1〉에 있는 연대를 받아들이며 용곡 동굴의 퇴적물 형성 시기를 다음과 같이 결론짓고

---

[1] 한편 김근식(1991)의 글을 보면, 제10층~제11층에서 열형광법으로 82000±8000 BP라는 연대가 나온 것으로 되어 있는데, 이 연대가 두 층 가운데 어느 층에서 나왔는지를 정확하게 말하지 않고 있다.

구분	열형광법(TL)	우라늄계열측정(^{230}Th/^{234}U)
9퇴적층(2문화층)		46100±2000 BP 49900±2000 BP
8퇴적층(1문화층)	111000±1000 BP	71000±2000 BP

있다.

"룡곡 제1호 동굴유적은 상부갱신세중기부터 현세까지 존속하였다. 제8층~제9층은 상부갱신세 중기층이고, 제10층~제11층은 상부갱신세후기층이며 제12층은 현세층이다."(김근식 1991. 52쪽)

장우진이나 김근식과 같은 북한 학자들의 연구를 통하여 우리는 용곡 제1호 동굴의 구석기시대 문화층이 후기 갱신세에 이루어졌다는 사실을 분명하게 확인하게 되었다. 따라서 이제는 용곡 동굴유적의 형성 연대에 관하여 좀 더 자세하게 검토할 수 있게 되었다.

III. 퇴적층의 형성 시기

용곡 제1호 동굴의 쌓임층은 13개 퇴적층으로 나누어지는 것으로 보고되었다(그림 1). 『룡곡동굴 유적』에는 이들 퇴적층이 하성 퇴적층, 석회질 퇴적층, 낙석 퇴적층으로 이루어지며, 모두 일곱 차례에 걸친 기본선회 과정을 통하여 동굴 안에 쌓인 것으로 서술하고 있다.[2] 위 보고서에 실린 내용을 바탕으로 각 퇴적층의 특징을 살펴보면 다음과 같다.

(1) 하성 퇴적층 : 제4기 초에 일어난 개마고원 구조 운동(비대칭 융기 작용과 침강 작용)의 영향으로 제1호 동굴 구역이 내려앉았고, 이와 때를 같이하여 문포천의 강물 높이가 높아지면서 동굴 안으로 흘러들어와 제1퇴적층부터 제7퇴적층을 쌓이게 만들었다.

(2) 석회질 퇴적층 : 제4기 중세(Q_2)에 들어오면서 구조 운동의 영향으로 동굴 구역이 융기하게

---

2 여기서 하성 퇴적층은 제1기본선회와 제2기본선회 동안에 쌓였고, 석회질 퇴적층과 낙석 퇴적층은 제3기본선회부터 제7기본선회 동안에 쌓인 것으로 연구되었는데 각 기본선회와 퇴적층과의 관계를 보면 다음과 같다.
 * 제1기본선회(1~5퇴적층)　　　　* 제5기본선회(10퇴적층)
 * 제2기본선회(6~7퇴적층)　　　　* 제6기본선회(11퇴적층)
 * 제3기본선회(8퇴적층)　　　　　* 제7기본선회(12~13퇴적층)
 * 제4기본선회(9퇴적층)

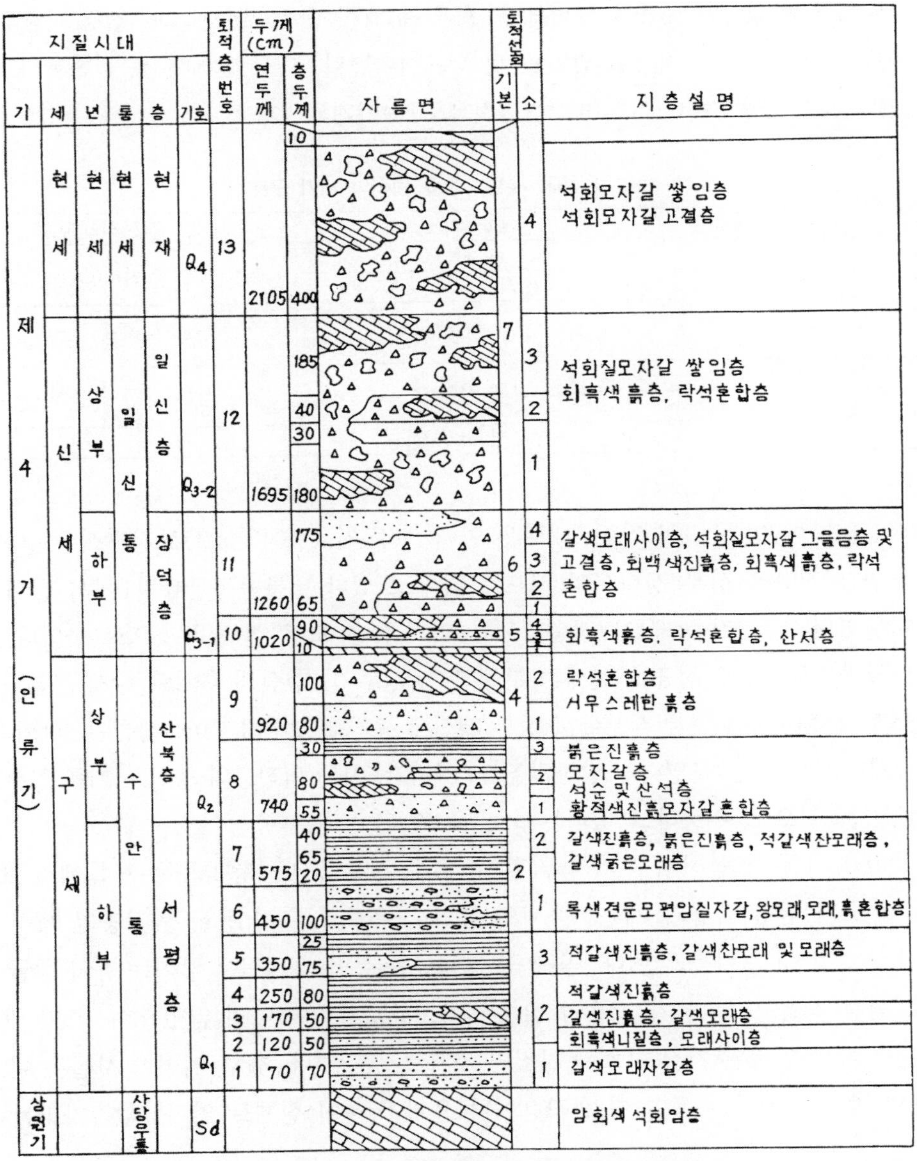

지질시대						퇴적층번호	두께(cm)		자름면	퇴적선호		지층설명
기	세	년	롱	층	기호		연두께	층두께		기본	소	
제 4 기 (인 류 기)	현세	현세	현세	현재	Q4	13	2105	400 (10)		4		석회모자갈 쌓임층 석회모자갈 고결층
	상신세		일신	일신층	Q3-2	12	1695	185 / 40 / 30 / 180		7	3 / 2 / 1	석회질모자갈 쌓임층 회흑색흙층, 락석혼합층
	하신세		일신통	잔덕층	Q3-1	11	1260	175 / 65		6	4 / 3 / 2 / 1	갈색모래사이층, 석회질모자갈 그을음층 및 고결층, 회백색진흙층, 회흑색흙층, 락석혼합층
						10	1020	90 / 10		5	4 / 3	회흑색흙층, 락석혼합층, 산서층
	구세	상부	수안통	산북층	Q2	9	920	100 / 80		4	2 / 1	락석혼합층 서무스레한 흙층
						8	740	30 / 80 / 55			3 / 2 / 1	붉은진흙층 모자갈층 석순 및 산석층 황적색진흙모자갈 혼합층
			안통	서평층		7	575	40 / 65 / 20		2	2	갈색진흙층, 붉은진흙층, 적갈색잔모래층, 갈색굵은모래층
		하부				6	450	100			1	록색견운모편암질자갈, 왕모래, 모래, 흙 혼합층
						5	350	25 / 75		3		적갈색진흙층, 갈색찬모래 및 모래층
						4	250	80				적갈색진흙층
						3	170	50		2	1	갈색진흙층, 갈색모래층
						2	120	50				회흑색니질층, 모래사이층
					Q1	1	70	70			1	갈색모래자갈층
상련기		사당우통			Sd							암회색 석회암층

〈그림 1〉 용곡 제1호 동굴의 층위(전제헌 외 1986에서 옮김)

되었고, 이에 따라 문포천의 강물 높이가 낮아지면서 빗물 등에 의한 석회암 녹임작용이 일어나 석순과 산석 또는 석회질 고결층을 형성시켰다.

(3) 낙석 퇴적층 : 동굴 구역이 융기된 다음, 여러 요인에 의해 물리 풍화작용을 받아 이루어진 쌓임층.

지금까지 앞에서 설명한 내용을 살펴보면, 용곡 제1호 동굴은 제4기 초에 침강 작용의 영향을 받았고, 제4기 중세에 융기 작용을 받았던 것으로 나타난다. 다시 말해서 용곡 동굴의 퇴적층이 구세, 중세, 신세 등을 두루 거치며 쌓인 것으로 이야기되었다.

〈표 2〉 용곡 제1호 동굴 퇴적의 시기 구분

퇴적층	문화층	전제헌 외(1986)	김근식(1991)
13		현세(Q_4)	현세(Q_4)
12	5	신세 상부(Q_{3-2})	
11	4	신세 하부(Q_{3-1})	상부 갱신세 후기(Q_{3-3})
10	3		
9	2	구세 상부(Q_2)	상부 갱신세 중기(Q_{3-2})
8	1		
1~7	비문화층	구세 하부(Q_1)	

그런데 〈표 2〉에 있는 바와 같이, 새로운 연대 측정 자료를 바탕으로 김근식은 용곡 제1호 동굴에 쌓인 퇴적층을 상부 갱신세의 것으로 다루고 있다. 『룡곡동굴유적』에서 현세와 신세 상부로 나누었던 두 퇴적층(제13퇴적층과 제12퇴적층)을 모두 현세의 것으로 묶었다. 그리고 그는 제11퇴적층과 제10퇴적층을 신세 하부에서 상부(후기) 갱신세 후기로 다시 구분하였으며, 제9퇴적층과 제8퇴적층을 구세 상부에서 상부 갱신세 중기로 고쳤다.[3] 비문화층인 제1퇴적층부터 제7퇴적층에 대하여 그는 분명하게 말하지 않고 있지만, 이들 퇴적층의 형성 시기를 상부 갱신세 전기에 속하는 것으로 추정하고 있다는 느낌을 갖도록 해준다.

김근식(1991)의 글을 통하여 우리가 밝힐 수 있는 것은 종래 『룡곡동굴유적』에서 제시하고 있는 제4기 초의 침강 작용과 제4기 중세의 융기 작용으로는 이 동굴 퇴적층의 형성 과정과 그 시기를 설명할 수 없다는 점이다. 곧 용곡 제1호 동굴 안에 퇴적이 쌓이는 동안 동굴 구역을 중심으로 침강 작용 또는 융기 작용과 같은 구조 운동이 일어나지 않았으며, 후기 갱신세에 이 일대는 대체로 안정된 지질 구조를 가졌던 것으로 생각된다. 한편 이러한 사실은 이 지역에 제4기 초와 중세를 지나는 동안 침강 작용이나 융기 작용이 실제로 일어났는가라는 의문을

---

3 북한에서는 구세 하부(Q_1)를 구세, 구세 상부(Q_2)를 중세라 쓰기도 한다. 이들 낱말의 쓰임새에 관해서는 아래의 표를 참조하기 바람(한창균 1990b).

로영대(1962)		전제헌 및(1986)		
구분	이름	구분	이름	
Q_4	현세	Q_4	현세	
Q_3	상세	Q_{3-2}	신세	상부
		Q_{3-1}		하부
Q_2	중세	Q_2	구세	상부
Q_1	하세	Q_1		하부

강하게 던져준다.

그렇다면 제1퇴적층부터 제7퇴적층까지의 강물 퇴적층 형성 요인을 우리는 어떻게 설명할 수 있는가? 이 문제에 대한 답은 이들 7개 퇴적층을 강언덕(段丘, terrace) 퇴적층의 하나로 연결시켜 추론하면 해결의 실마리를 찾을 수 있다고 판단된다.

용곡 제1호 동굴에 쌓인 퇴적층의 전체 두께는 21.05m이다. 이 가운데 제1~7퇴적층의 두께는 5.75m, 제8~13퇴적층의 두께는 15.30m가 된다. 이 동굴유적은 지금의 문포천 강바닥보다 20m 높은 곳에 있고, 유적 앞으로 동굴보다는 낮고 문포천 강바닥보다는 높은 곳에 용곡벌이 펼쳐져 있다.

용곡벌이 지금의 문포천 강바닥보다 얼마나 더 높은 곳에 있었는지를 알려주는 자료는 『룡곡동굴유적』에 나와 있지 않다. 그렇지만 문포천의 강바닥 높이, 용곡벌의 높이, 동굴의 높이 등과 제1~7퇴적층의 전체 두께를 고려할 때, 용곡 제1호 동굴에 쌓인 강물 퇴적층의 높이는 문포천의 강바닥보다 20m 높이 이내에 형성된 강언덕 퇴적층의 형성 시기를 밝혀낼 수 있다면, 이것은 용곡 제1호 동굴에 쌓인 1~7퇴적층의 시기를 풀어가는 데 큰 도움이 될 것으로 생각한다.

현재 우리나라 동남해안(이동영 1987 ; 1992a ; Kim 1990)의 언덕 퇴적층 연구는 갱신세 기간 동안 지금의 바닷물보다 20m 이하 높이에 이루어진 그와 같은 퇴적층이 마지막 간빙기에 형성된 것으로 설명한다. 포항과 울산 지역에서 이와 같은 시기에 나타나는 것은 두 번째 언덕 퇴적층이며, 이 퇴적층은 지금의 바닷물 높이보다 10~15m 높은 곳에서 자리를 잡고 있다. 한편 이런 퇴적상의 특징은 남한강 하류에 있는 양평 병산리 구석기 유적의 강언덕 퇴적층(이동영 1992b)에서도 마찬가지로 나타나는데, 이곳 또한 지금의 강바닥보다 10m 남짓 높은 곳에 발달되어 있다. 우리는 북한의 여러 강줄기에 발달되어 있는 갱신세의 강언덕 퇴적층에 관하여 많은 연구 자료를 갖고 있지 않다. 그렇지만 만달리 동굴유적 언저리에 다음과 같이 발달한 강언덕 퇴적층 자료는 용곡 동굴에 쌓인 퇴적물의 형성 시기를 이해하는 데 좋은 참고가 된다고 생각된다.

"이 일대를 조사한 데 의하면 만달산에서 남강기슭까지 뻗어내린 작은 산줄기의 꼭대기까지 대체로 3개의 단구(깬자리)가 있었다. 첫번째 단구는 남강 바로 옆에 있다. 두번째 단구는 동굴안에 쌓임층을 포함하는 밭의 가장 높은 부분들이다. 그리고 세번째 단구는 이 동굴의 꼭대기에 해당한다. 이 단구들은 다 퇴적단구들이다. 강바닥으로부터 첫번째 단구의 높이는 4~5m정도이고, 두 번째 단구의 높이는 12~14m정도이며, 세번째 단구의 높이는 14~20m정도이다."(김신규 외 1985. 3쪽)

만달리는 평양의 동쪽에 있으며 직선거리로 20㎞ 정도 떨어진 곳에 있다. 그리고 용곡리는 평양의 동남쪽에 있으며 직선거리로 약 35㎞ 떨어진 곳에 있다.[4] 만달리 동굴의 맨 밑층(두께 3~4m)은 유적 앞을 흐르는 남강의 강한 영향을 받아 이루어졌고, 두 번째 강언덕 퇴적층에 속한다. 그리고 이 두 번째 강언덕 퇴적층은 후기(상부) 갱신세에 속하는 것으로 연구되었다(김신규 외 1985).

용곡 제1호 동굴의 경우, 그 안에 쌓인 강바닥 퇴적층(제1~7층)은 만달리 유적 언저리에 있는 두 번째나 세 번째의 강언덕 퇴적층과 비교될 수 있다고 생각된다. 여기서 특히 우리의 관심을 끄는 것은 용곡 동굴의 강바닥 퇴적층이 만달리 언저리에 발달되어 있는 두 번째 강언덕 퇴적층과 비교된다는 점이다. 만약 용곡 동굴의 강바닥 퇴적층이 만달리에 있는 세 번째 강언덕 퇴적층과 맞먹는 것으로 설명되려면, 이 동굴 안에서 제1~7층까지의 강바닥 퇴적층보다 높은 지점에 형성된 또 다른 유형의 강바닥 퇴적층의 존재를 보여주는 지질학상의 증거가 뒷받침되어야 하리라 판단된다. 그래야만 비로소 용곡 동굴에 쌓인 퇴적상의 특성을 바탕으로 이 유적에 퇴적된 제1~7층까지의 퇴적을 세 번째 강언덕 퇴적층으로 다루는 것이 가능하게 된다. 그러나 용곡 제1호 동굴 유적에서는 제1~7층까지 강바닥 퇴적층이 쌓인 다음, 문포천 강물이 동굴 안의 퇴적 작용에 크게 구실을 하지 못했으며, 요컨대 제8~13층까지의 퇴적은 물리 풍화작용의 영향을 받으며 쌓인 것으로 분석되었다(전제헌 외 1986). 따라서 용곡 제1호 동굴에서 강바닥 퇴적층의 증거는 오직 아랫부분에서만 나타난다고 말할 수 있으며, 이런 점을 통하여 우리는 용곡 유적의 이 퇴적층이 만달리 유적 언저리에 있는 두 번째 강언덕 퇴적층과 같은 시기에 속하는 것으로 추론할 수 있다고 본다.

새로운 연대 측정값(김근식 1991)에 따라 용곡 제1호 동굴의 제8~13퇴적층이 후기(상부) 갱신세 중기와 후기에 속하는 것으로 드러났다는 사실은 제1~7층까지의 강바닥 퇴적층이 후기 갱신세 전기에 해당함을 간접적으로 알려주며, 그 시기는 마지막 간빙기라고 생각된다. 산소동위원소의 분석 자료(Martinson et al. 1987)에 의하면 마지막 간빙기는 129840(±3050)~73910(±2590) BP로 나타난다.

지금까지 북한에서는 후기 갱신세를 신세 하부(Q3-1)와 신세 상부(Q3-2)로 나누고 있었던 것으로 보인다(리상우 1987). 그런데 용곡 동굴유적에서 새로운 자료(김근식 1991)가 나옴에 따라 후기 갱신세는 3시기로 나뉘게 되었다.

---

4 만달리 유적 발굴 보고서(김신규 외 1985)에는 평양과 만달리 사이의 거리가 약 40㎞, 용곡리 유적 발굴 보고서(전제헌 외 1986)에는 평양과 용곡리 사이의 거리가 약 45㎞에 이르는 것으로 나와 있다. 그러나 『조선지도 첩』(학우서방 1978)과 『최신 북한지도』(이영택 편집 1991)를 보면 평양과의 거리가 그렇게 나타나지 않는다.

IV. 동식물 화석과 시기 구분

1. 동물 화석

13개의 퇴적층으로 이루어진 용곡 제1호 동굴에서 동물 화석은 제8~12층에서 나온다. 현세 이전의 퇴적층에서 나온 동물 화석에 대하여 『룡곡동굴유적』에는 중부(중기) 갱신세의 중부(중기) 와 상부(후기)에 속하는 것으로 서술되었으나, 김근식(1991)은 후기(상부) 갱신세의 중부와 상부에 해당하는 것으로 수정하였다.

『룡곡동굴유적』에서 동물 화석의 연대를 밝히기 위하여 비교로 이용된 유적은 검은모루와 승리산 동굴유적이다. 그리하여 중부 갱신세 이른 시기로 추정된 검은모루 유적보다는 늦지만 상부 갱신세 이른 시기로 추정된 승리산 유적의 동물상보다는 앞선 시기로 이야기된 바 있다. 이에 대하여 김근식(1991)은 제8~9층을 상부 갱신세 중기, 제10~11층을 상부 갱신세 후기로 보았다. 그리고 용곡 동굴유적에서 드러난 상부 갱신세 중기의 동물상이 승리산 유적, 만달리 유적 아래층, 점말 동굴, 중국 주구점의 제3지점과 제15지점 동물상과 같은 시기라고 설명한다. 이와 아울러 그는 중부 갱신세의 동물상 가운데 사멸종의 비율은 50% 이상이며, 상부 갱신세에 그 비율은 50% 이하로 낮아지고, 상부 갱신세 중기는 대체로 20~30%라고 추정하였다.

그런데 지금까지 북한의 여러 유적에서 보고된 갱신세 동물 화석의 사멸종 비율(표 3)은 중부 갱신세 또는 상부 갱신세라 하더라도 유적마다 달리 나타나고 있는 것으로 나온다. 예를 들어 청청암 동굴 등에서 사멸종이 나오지 않았다는 점은 한 유적에서 차지하는 사멸종의 비율만 가지고 그 유적의 연대를 추론하는 데 많은 문제가 있음을 알려준다. 짐승 뼈의 화석화 정도, 뼈 안에 들어 있는 콜라겐 함량비, 각 유적에서 차지하는 종의 구성 비율 등의 보충 자료를 통하여 청청암과 해상 동굴의 유적 연대가 추론되기는 하였지만, 이 두 유적의 연대 추정에서 사멸종의 비율은 잣대와 같은 구실을 못한다. 이것은 화천동 동굴유적의 경우에도 마찬가지라고 생각된다.

용곡 제1호 동굴의 제1~7퇴적층 또는 만달리 유적의 밑층에서 나타난 퇴적상의 특징과 마찬가지로 승리산 동굴은 대동강의 두 번째 강언덕 퇴적층에 자리를 잡고 있으며 대동강 강바닥에서 17~18m 높이에 있다(고고학연구소 1978). 청청암 동굴(김교경 1974)은 강바닥보다 12m 높은 곳에 있으며, 이들 유적의 아랫부분은 강물 퇴적으로 이루어진 공통점을 지니고 있다. 한편 해상 동굴(김교경 1974)은 강바닥보다 24~25m 높은 곳에 자리를 잡고 있는 것으로 보고되었다. 따라서 해상 동굴의 강바닥 높이는 만달리 밑층이나 승리산 또는 청청암 동굴유적보다 높은 곳에 있는 것으로 추정된다. 그러나 해상 동굴의 경우는 지층별 퇴적의 두께가 정확하게 서술되지

<표 3> 북한의 갱신세 동굴유적에서 드러난 동물 화석의 사멸종 비율

구분	사멸종 비율	시기	참고문헌
검은모루	50% 이상	중부 갱신세 초기	김신규·김교경(1974)
	62%	중부 갱신세 말기	김신규 외(1985)
만달리 절골	43.7%	하부 갱신세 후기	김교경·전영수(1990)
대현동	50.0%	중부 갱신세 초기	김신규 외(1985)
승리산	34.9%	중부 갱신세 말~상부 갱신세 초기	김교경(1979)
청청암	0%	중부 갱신세 중기	김교경(1974)
해상 동굴	0%[5]	중부 갱신세 말기	김교경(1974)
화천동	9.1%	중부 갱신세 말기	김신규 외(1985)
만달리 밑층	33.3%	중부 갱신세 초기	김신규 외(1985)
용곡리 제1호 동굴	25%	중부 갱신세 중기~후기	전제헌 외(1986)
용곡리 제1호 동굴(제8~9층)	약 30%	상부 갱신세 중기	김근식(1991)

않아, 이 동굴의 가장 아래쪽에 있는 모래 자갈층의 상대 연대를 자리매김하기가 어렵다.

지금까지 북한의 몇몇 동굴유적에 보이는 강언덕 퇴적층을 중심으로 각 유적에서 보이는 퇴적의 형성 시기에 대하여 간단히 살펴보았다. 해상 동굴유적의 경우를 제외하고 용곡 제1호 동굴, 만달리 동굴, 승리산 동굴, 청청암 동굴의 보기를 통하여 우리는 이들 유적의 아랫부분에 쌓인 퇴적층이 두 번째 강언덕 퇴적층의 형성 시기와 매우 밀접한 관계를 지닌 것으로 추정할 수 있으며, 그 시기는 후기(상부) 갱신세의 마지막 간빙기에 해당하는 것으로 추론된다. 따라서 사멸종의 비율에 근거하여 각 유적의 연대를 추정하는 것보다는 각 유적에 쌓인 퇴적물의 형성 시기를 바탕으로 연대를 설정하는 작업이 좀 더 폭넓고 유용한 결과를 낳을 것으로 생각한다.

이와 함께, 한 유적에서 나오는 동물 화석의 구성 관계가 그때 당시의 자연 환경을 그대로 반영해 주는 근거로 삼을 수 있겠는가라는 문제에 대하여 우리는 좀 더 신중하게 검토해야 하리라 생각한다. 왜냐하면 동굴의 지세와 규모, 동굴을 살림터로 이용하며 살았던 당시 선사인들의 거주 기간과 거주 유형, 식물성 먹거리 마련과 사냥감 고르기, 연장과 연모를 만들기 위한 유적 주변 자원의 활용 정도에 따라 한 동굴에서 이루어진 문화 행위의 결과에 차이가 나타날 수 있기 때문이다. 요컨대 우리는 한 유적에서 나오는 동물상의 구성 관계가 당시 환경 여건의 일부 제한된 의미만을 지닐 수 있다는 점을 반드시 고려해야 하며, 이런 문제는 퇴적물의 형성 과정이나 화석환경학을 비롯한 여러 분야의 도움을 통하여 해결할 수 있을 것이다.

용곡 제1호 동굴에서 나온 젖먹이짐승의 구성 관계를 중심으로 각 시기별 환경의 특성(김근식

---

5 그런데 박희현(1983)과 이융조(1984 ; 1992)는 해상 동굴에서 보고된 동굴곰이 사멸종이기 때문에 이 유적에도 사멸종이 1종 있다고 보았다. 최근 박선주·이융조(1992)는 지금까지 한국의 구석기 유적에서 나온 동굴곰이 불곰에 가까운 종류이었을 가능성을 제시하고 있다. 따라서 북한의 동굴유적에서 보고된 곰 화석을 사멸종인 동굴곰으로 보아야 하는 문제는 다시 검토될 필요가 있다고 본다.

1991)을 소개하면 〈표 4〉와 같다.

〈표 4〉에 있는 것처럼, 용곡 동굴유적에서 상부 갱신세 후기의 제11퇴적층은 서늘한 온대성 기후를 보여주는 것으로 나타난다(김근식 1991). 함경북도 화대군 장덕리 화대천과 길주군

〈표 4〉 용곡 제1호 동굴의 시기 구분과 환경(김근식 1991에서 옮김)

지질 시대		퇴적층	환경
현세(Q$_4$)		12	산림-초원, 서늘
상부 갱신세(Q$_3$)	후기(Q$_{3-3}$)	11	산림-초원, 서늘
		10	8층과 거의 같음
	중기(Q$_{3-2}$)	9	산림, 온화
		8	산림, 온화

일신구 남대천에 있는 이탄층에서 상세(Q$_3$)의 털코끼리가 나온 바 있다(리상우 1991). 동북지방에서 털코끼리가 살던 당시의 환경 조건이 용곡 제1호 동굴의 경우 어느 시기에 대비될 수 있는가를 밝혀내는 작업은 앞으로 해결하여야 할 과제라고 생각된다.

2. 식물 화석

석회암 동굴에 쌓인 갱신세의 퇴적물[6]에 대한 꽃가루 분석이 북한에서 처음 이루어진 것이 바로 용곡 제1호 동굴의 경우라고 생각된다. 『룡곡동굴유적』에서는 여기서 얻은 분석 자료에 의하여 식물상의 변화를 통한 퇴적층의 상대 연대를 다음과 같이 추정하였다.

"첫째로 제8, 제10퇴적층의 식물상에서 제3기에는 전성하였으나 제4기에 들어서면서 사멸하기 시작하여 제4기 중세(Q$_2$)에는 완전히 사멸된 식물이 적지 않은 비중을 차지하며 특히 그것이 우리 나라 중부지대의 제4기 중세(Q$_2$) 식물상과 비슷하므로 이 지층들의 퇴적시기를 제4기 중세(Q$_2$)로 보게 된다. 식물상의 특성으로 보아 제8퇴적층은 제4기 중세(Q$_2$)의 아래한계에 놓이며 제10퇴적층은 웃한계에 놓인다고 볼수 있다.

둘째로, 제11, 제12 퇴적층 형성시기의 식물상에서 찬 기후에 적용된 식물들이 대부분을 차지하는 것은 당시의 기후가 몹시 찼다는 것을 말해준다. 이것은 우리 나라 제4기 상세(Q$_3$)의 기후와 비슷하다. 따라서 이 퇴적층들의 상대적지질시대는 제4기 상세(Q$_3$)로 보게 된다."(전제헌 외 1986. 162쪽)

리상우(1987)는 지층에 들어 있는 제3기 잔존형 식물상과 현대 식물상 사이의 함량을 제4기 층서 기준의 근거로 삼은 바 있다. 그는 제3기 잔존형 꽃가루가 제4기 중세(Q$_2$)까지 잔존하며, 신세(Q$_3$)로 넘어오며 현대 식물상으로 바뀐다고 설명한다. 리상우의 이런 시각은 『룡곡동굴유적』에도 그대로 적용되었다. 그래서 제8~10층에서 나온 은행나무류, 솔송나무류, 수삼나무류, 삼나무

---

6 한데유적에서 꽃가루가 조사된 곳으로는 함경북도 화대군 장덕리, 길주군 일신구, 온성군 강안리 등이 있다(리상우 1991). 그 밖의 지역에 관해서는 리상우·류정길(1988)의 글을 보기 바람.

류, 목련류, 풍향나무류, 콘센트리시스테류 등을 제4기 중세까지의 잔존형으로 설정하였다. 그러나 용곡 제1호 동굴유적의 시기가 새롭게 설정됨에 따라 리상우의 그와 같은 관점에 많은 문제가 있는 것으로 드러나게 되었다.

『룡곡동굴유적』에서는 제4기 구세부터 신세에 이르는 동안 아열대성 기후(대체로 구세를 가리키는 것으로 보임), 아열대성 온대 기후(중세), 한대성 온대 기후(신세), 온대 기후(현세)가 차례로 나타났던 것으로 서술하였다. 그러나 오늘날 우리는 제4기를 거치는 동안 지구상에 많은 기후상의 변화가 일어났음을 알고 있다. 종래 우리에게 잘 알려진 알프스 지역 빙하기의 구분은 지구 곳곳에 나타난 자연 환경의 변화를 대변해주지 못하고 있다. 산소동위원소의 분석(Shackleton 1975 ; Shackleton and Opdyke 1973 ; 1976 ; Martinson et al. 1987), 중부 유럽의 황토층 연구(Kukla 1975), 중국의 황토층 연구(Liu, Han and Yuan 1992) 등을 통하여 그런 사실이 입증된다(이동영 1992a). 그러므로 지금은 갱신세 동안 기후 변화가 점이성을 띠고 차츰 추워지기 시작하였다고 볼 수 없으며, 구세부터 신세에 이르기까지 여러 차례에 걸쳐 추운 기후와 따뜻한 기후가 되풀이되었고, 이에 따라 각 시기별로 식물상의 구성 관계에 변화가 일어난 것으로 받아들이고 있다.

V. 글을 맺으며

10사람분이 넘는 사람 화석과 함께 많은 동물 화석, 그리고 여러 종류의 석기와 뼈연모 및 뼈 조각품이 나온 용곡 제1호 동굴유적은 한국의 구석기문화 연구에 좋은 자료를 제공해 주고 있다. 따라서 이 유적의 연구 성과는 우리나라뿐만 아니라 동북아시아의 구석기문화 연구에 중요한 자리를 차지할 것으로 보인다.

그런데 제8~9퇴적층에서 열형광법으로 처음 얻은 연대가 50~40만 년 전으로 나왔고, 동식물 화석의 연대 추정도 그에 상응하는 것으로 추론되었기 때문에 용곡 제1호 동굴에서 나온 사람 화석의 시기 설정에 어려움이 뒤따랐던 것으로 보인다(한창균 1990b). 그러나 장우진(1989)과 김근식(1991)의 글을 통하여 용곡 제1호 동굴유적의 시기 설정에 새로운 발판이 마련되었다고 볼 수 있겠다.

이와 함께 이 동굴의 강물 퇴적층(제1~7퇴적층)을 두 번째 강언덕 퇴적층으로 보려는 시도(한창균 1990b)는 남한뿐만 아니라 북한 지역의 강가에 발달하여 있는 제4기 강언덕 퇴적층 연구에 새로운 방향을 제시하였다고 말할 수 있겠다. 이런 지질학상의 검토를 통하여 우리는 북한에 있는 몇몇 동굴유적의 시기를 좀 더 분명하게 살펴볼 수 있을 것이다. 따라서 종래와 같이 사멸종의 비율이나 확실한 논증이 뒷받침되지 않은 몇몇 짐승의 존속 기간 등에 지나치게 매달려 갱신세 동굴유적의 시기를 추론하는 것은 각 유적의 시기 설정에 큰 도움이 되지 않는다고 판단된다. 지금까지 조사된 자료를 참고할 때, 우리나라 동남해안 일대, 남한강 하류의 병산리, 대동강 줄기, 두만강 연안의 강안리(동관진)(德永重康·森 爲三 1939 ; 한창균 1990c) 등에 걸치는 넓은 지역에서 후기 갱신세 동안 이루어진 두 번째 언덕 퇴적층이 발달되어 있으며, 그것들은 모두 현세 강바닥보다 10m 남짓 높은 곳에 쌓여 있다는 공통점을 지닌다고 말할 수 있다.

장우진(1989)의 견해에 맞추어 제9퇴적층(2문화층)에서 나온 사람 화석을 신인, 곧 슬기사람으로 다룰 때, 이 화석은 후기 구석기시대에 속하는 것으로 추론될 수 있다고 보인다. 그리고 우라늄계열 측정이나 열형광법에 의한 연대를 바탕으로 살펴볼 때, 제8퇴적층의 형성 시기는 중기 구석기시대 의 테두리 안에 드는 것으로 나타난다.

1980년대 중반 이후, 북한 고고학계는 몇몇 구석기 유적에서 연대 측정 방법을 실시하여, 동식물 화석에서 보이는 특징과 더불어 각 유적의 시기를 좀 더 분명하게 밝히려고 노력하고 있다. 이런 연구 성과를 제대로 받아볼 수 없는 우리의 현실이 안타까울 따름이다.

용곡리 동굴유적에서 실시된 열형광법과 우라늄계열 측정 이외에도 만달리 절골 동굴에서 이루어진 전자스핀공명법(김교경·전영수 1990), 밀전리 동굴과 태탄 동굴에서 열형광법(량흥모· 강영수·리영임 1990) 등으로 얻은 연대값은 이들 절대 연대가 그 유적의 실제 연대와 어느 정도 맞느냐라는 문제를 떠나서 북한 고고학계의 연구 흐름이 변하고 있음을 알려준다. 이런 점은 북한의 구석기문화 연구에 좋은 디딤돌이 될 것으로 생각된다.

참고문헌

고고학연구소 1969. 「상원 검은모루 발굴중간보고」, 『고고민속론문집』 1, 사회과학출판사.

고고학연구소 1977. 『조선고고학개요』, 과학백과사전출판사.

고고학연구소 1978. 『덕천 승리산 유적 발굴보고』, 유적발굴보고 11, 과학백과사전출판사.

김교경 1974. 「청청암 및 해상 동굴유적의 발굴보고」, 『고고학자료집』 4, 사회과학출판사.

김교경 1979. 「덕천 승리산유적의 년대에 대하여」, 『고고민속론문집』 7, 사회과학출판사.

김교경·전영수 1990. 「절골동굴(아래층) 화석산지의 년대」, 『조선고고연구』 1990(1).

김근식 1991. 「룡곡 제1호동굴유적의 포유동물상에 대한 연구」, 『과학원통보』 1991(3).

김신규·김교경·백기하·장우진·서국태 1985. 『평양부근동굴유적발굴보고』, 유적발굴보고 14, 과학백과사전출판사.

김신규·김교경 1974. 「상원 검은모루 구석기시대유적 발굴보고」, 『고고학자료집』 4, 사회과학출판사.

김영택 편집 1991. 『최신 북한지도』, 우진지도문화사

김용간 1984. 『구석기시대』, 사회과학출판사.

량홍모·강영수·리영임 1990. 「열형광법에 의한 자연동굴퇴적층의 나이결정」, 『지질과학』 1990(3).

력사연구소·고고학연구소 1991. 『조선전사 1(원시편)』, 과학백과사전종합출판사.

로영대 1962. 「함북 화대군 털코끼리 발굴지에 발달한 니탄층의 포자 화분 분석」, 『문화유산』 1962(4).

리상우 1987. 「제4기 층서구분에서 제기되는 몇가지 문제」, 『조선고고연구』 1987(3).

리상우 1991. 「우리 나라의 북부지역에 발달되여있는 제4기 상세(Q_3)층에 대한 연구」, 『지질과학』 1992(2).

리상우·류정길 1988. 「우리 나라 제4기 하세(구세하부층)층의 특징」, 『조선고고연구』 1988(4).

박선주·이융조 1992. 「단양 구낭굴 출토 곰화석 연구」, 『박물관기요』 8, 단국대 중앙박물관.

박영철 1992. 「한국의 구석기문화」, 『한국고고학보』 28.

박희현 1983. 「구석기시대 : 동물상과 식물상」, 『한국사론』 12(한국의 고고학 Ⅰ), 국사편찬위원회.

배기동 1992. 「구석기시대」, 『한국선사고고학사』, 까치동양학 17.

이동영 1987. 「한반도 제4기 지층의 층서적 고찰」, 『한국제4기학회지』 1, 한국제4기학회.

이동영 1992a. 「제4기 지질학과 고고학의 공동연구」, 『선사고고학과 자연과학의 만남』, 충북대 선사문화연구소 제2회 학술발표회.

이동영 1992b. 「유적의 지형과 지질」, 『양평 병산리 유적』, 단국대 중앙박물관.

이선복 1989. 『동북아시아 구석기연구』, 서울대 출판부.

이선복 1991. 「민족단혈성기원론의 검토」, 『북한의 고대사 연구』, 일조각.

이융조 1984. 『한국의 구석기문화』 Ⅱ, 탐구당.

이융조 1990. 「구석기시대 유적」, 『북한의 문화유산 Ⅰ』, 고려원.

이융조 1992. 「북한의 구석기연구 성과와 분석」, 『국사관논총』 29, 국사편찬위원회.

이형구 1991. 『한국 고대문화의 기원』, 까치동양학 10.

임효재 1992. 『한국고대문화의 흐름』, 집문당.

전제헌·윤진·김근식·류정길 1986. 『룡곡동굴유적』, 김일성종합대학출판사.

장우진 1989. 『조선사람의 기원』, 사회과학출판사.

장우진 1992. 「친애하는 지도자 김일성동지의 현명한 령도 밑에 우리 나라 력사의 유구성과 조선사람의 시원문제연구에 서 달성한 성과」, 『조선고고연구』 1992(1).

한창균 1990a. 「북한 고고학계의 구석기시대 연구동향」, 『동방학지』 65, 연세대 국학연구원.

한창균 1990b. 「용곡 동굴유적을 다시 논함」, 『동방학지』 68, 연세대 국학연구원.

한창균 엮음 1990c. 『북한의 선사고고학 : ① 구석기시대와 문화』, 백산문화.

황의호·이동영·김주용 1991. 「서해안 대천지역의 제4기 지질 및 지형발달」, Quaternary Field Excursion for Quaternary Working Group in Korea.

德永重康·森 爲三 1939. 「豆滿江沿岸潼關鎭發掘調査報告」, 『第一次滿蒙學術研究團報告』 2-4.

Kim, Ju Yong 1990. *Quaternary Stratigraphy of the Terrace Grauel Sequences in the Pohang Area (Korea)*. Ph. D. thesis, Seoul National University.

Kukla G.J. 1975. Loess Stratigraphy of Central Eurpope. In, *After the Australopithecines* (K.W. Butzer and G.L. Isaac eds.) Mouton Publishers, The Hague·Paris.

Lee, Dong Young and Kim, Ju Yong 1990. Geological Excursion for Quaternary Terrace Deposits and Their Stratigraphy along the East Coast of the Korean Peninsula. *International Symposium on the Quaternary Natures*. Seoul Korea (1990).

Liu, Tungsheng, Han, Jiamao and Yuan, Baoyin 1992. Quaternary Research in China. *Korea-China Quaternary-Prehistory Symposium*. Seoul, Korea.

Martinson, D.G., Pisias, N.G., Hays, J.D., Imbrie, J., Moore T.C. and Shackleton, N.J. 1987. Age Dating and Orbital Theory of the Ice Ages : Development of a High Resolution 0 to 300,000-year Chronostratigraphy. *Quaternary Research* 27.

Shackleton, N.J. 1975. The Stratigraphic Record of Deep-Sea Cores and Its Impications for the Assessment of Glacials, Interglacials, Stadials, and Interstadials in the Middle Pleistocene. In, *After the Australopitheines* (K.W. Butzer and G.L. Isaac eds.). The Hague·Paris).

Shackleton, N.J. and Opdyke, N.D. 1973. Oxygen Isotope and Palaeomagnetic Stratigraphy of Equatorial Pacific Core V28-238 : Oxygen Isotope Temperatures and Ice Volumes on a 10^5Year and 10^6year Scale. *Quaternary Research* 3.

Shackleton, N.J. and Opdyke, N.D. 1976. Oxygen Isotope and Palaeomagnetic Stratigraphy of Pacific Core V28-239 : Late Pleistocene. *Geol. Soc. American Mem.* 145.

【출처】 한창균 1992. 「용곡 제1호 동굴유적의 시기구분과 문제점」, 『박물관기요』 8, 69-88쪽, 단국대학교 중앙박물관.

북한의 구석기 유적 연구

I. 문제의 제기

북한 지역에서 구석기시대의 석기와 짐승 화석이 발굴된 것은 1930년대의 일로서 함경북도 강안리(동관진) 한데유적에서 흑요석으로 만든 격지 몇 점과 짐승 화석이 발견된 바 있다. 그러나 거의 20여 년 동안, 곧 1950년대까지만 하여도 북한에서는 강안리 유적을 구석기시대의 것으로 인정하지 않았다.[1] 당시 북한 지역에서는 구석기 유적에 대한 발굴 조사가 실시되지 않았으며, 선사 유적 발굴은 신석기시대 또는 청동기시대를 중심으로 이루어졌다.

1950년대에 이르기까지 북한 학계에서는 압록강 이남 지역에 사람이 살기 시작한 시기를 신석기시대 이후로 잡는 경향이 강했다.[2] 몇몇 학자들이 북한 지역에 구석기문화가 존재했으리라는 주장을 하였지만, 이런 문제를 풀어가는 데 도움이 될 유적 발굴은 이루어지지 못하였고, 동굴과 같은 곳에서 구석기인들의 유물이 발견될 가능성만이 제시되었다.[3]

1960년대 초반 함경북도 화대군 장덕리의 뻘늪골에서 발굴된 털코끼리 화석[4]은 강안리 유적에서 나온 짐승 화석을 갱신세의 것으로 설정하는 데 크게 이바지하였다.[5] 한편 1950년대에 알려진 연해주의 오시노브까(Osinovka) 유적[6]에서 뗀석기가 발굴되었고, 그 연대가 15000~10000년 전으로

---

1 황기덕 1957. 「두만강 류역 동해안 일대의 유적 조사」, 『문화유산』 1957(6), 53쪽 ; 고고학 및 민속학 연구소 1958. 『조선 원시 유적 지명표』, 과학원출판사 ; 도유호 1960. 『조선 원시 고고학』, 과학원출판사.

2 史料調査部 1950. 「朝鮮人民歷史講座」, 『歷史諸問題』 16, 84쪽.

3 韓興洙 1950. 「朝鮮原始史研究에 關한 考古學上諸問題」, 『歷史諸問題』 15, 12-13쪽. 여기에서 한흥수는 한국에 구석기시대가 존재했다고 긍정하는 글로서 다음과 같은 것이 있음을 소개하고 있다. 白南雲 1933. 『朝鮮社會經濟史』 ; 金錫亨 1948. 『朝鮮歷史』.

4 김신규 1962. 「함경북도 화대군에서 털코끼리(《맘모스》)의 유골을 발견」, 『문화유산』 1962(2).

5 력사연구소 1962. 『조선통사(상)』, 5쪽, 사회과학출판사.

6 Okladnikov A.P. 1965. *The Soviet Far East in Antiquity : An Archaeological and Historical Study of the Maritime*

알려지면서 북한 학계는 한국의 동북 지방에 구석기시대의 문화가 존재했을 가능성에 많은 관심을 갖게 되었던 것으로 생각된다. 이런 분위기 속에서 굴포리 유적의 갱신세 퇴적층에서 구석기시대의 뗀석기가 해방 이후 처음으로 발굴되었다.[7]

1960년대 중반 이후에 조사된 상원군 검은모루 유적[8]은 북한에서 가장 먼저 발굴된 동굴유적이며, 이 유적에서 보고된 여러 종류의 짐승 화석과 석기는 한국 구석기시대의 상한과 자연 환경을 새롭게 이해하는 데 큰 도움을 주었다. 그 뒤 1970년대 초반에 발굴된 평안남도 덕천시 승리산 동굴유적[9]에서 갱신세의 짐승 화석과 고인(古人, 덕천사람)의 이빨과 어깨뼈, 그리고 신인(新人, 승리산사람)의 아래턱뼈가 보고되었고, 이에 따라 한국의 구석기문화를 담당하였던 구석기인의 체질 특성에 대한 관심이 커지게 되었다.

굴포리 유적이 발굴된 이후, 북한에서의 구석기 유적 발굴은 석회암 지대에 자리를 잡은 동굴유적을 중심으로 이루어지고 있다. 그리하여 석회암 지대가 분포하고 있는 평안남도, 평양시, 황해도, 함경남도에서 구석기시대의 유적이 발굴되었다. 발굴된 동굴유적에서는 갱신세의 짐승 화석이 나왔고, 유적에 따라 석기와 불땐자리 그리고 사람 화석이 출토되기도 하였다. 특히 1980년대 초에 발굴된 상원군 용곡 동굴 유적[10]에서는 10여 개체분에 해당하는 사람 화석을 비롯하여 짐승 화석, 석기, 불땐자리 등이 발견되어 한국뿐만 아니라 동북아시아 지역의 구석기시대를 연구하는 데 매우 중요한 자리를 차지하고 있다.

강안리 유적을 비롯하여 지금까지 북한 지역에서 조사된 구석기 유적은 20여 군데가 넘는다. 한데유적은 함경북도 지역에서만 조사되었고, 동굴유적은 앞에서 말한 석회암 지대를 중심으로 조사되고 있다. 그런데 지금까지 보고된 북한의 구석기 유적 가운데는 그 유적의 형성 시기를 밝히는 데 활용된 방법이 적지 않은 문제를 안고 있는 것으로 생각된다. 이 글은 그동안 북한 지역에서 조사된 몇몇 한데유적과 동굴유적을 중심으로 각 유적의 형성 시기에 대한 재평가를 시도하려는 뜻에서 마련되었다.

Region of U.S.S.R., pp. 24-41. University of Toronto Press.

7 고고학 및 민속학 연구소 1963. 「함경 북도 웅기군 굴포리 서포항동에서 구석기 시대 유적 발견」, 『문화유산』 1962(2) ; 김용간·서국태 1972. 「서포항원시유적발굴보고」, 『고고민속론문집』 4.

8 고고학연구소 1969. 「상원 검은모루유적 발굴중간보고」, 『고고민속론문집』 1 ; 김신규·김교경 1974. 「상원 검은모루 구석기시대유적 발굴보고」, 『고고학자료집』 4.

9 고고학연구소 1978. 『덕천 승리산유적 발굴보고』, 유적발굴보고 11 ; 김교경 1979. 「덕천 승리산유적의 년대에 대하여」, 『고고학자료집』 7.

10 전제헌·윤진·김근식·류정길 1986. 『룡곡동굴유적』, 김일성종합대학출판사 ; 김근식 1991. 「룡곡 제1호동굴유적의 포유동물상에 대한 연구」, 『과학원통보』 1991(3).

II. 한데유적의 검토

지금까지 북한에서 발견된 구석기시대의 한데유적은 함경북도 지방에서만 알려지고 있다. 강안리 유적[11]에서는 짐승 화석과 흑요석 격지가 출토하였고, 뿔이나 뼈로 만든 연모가 있는 것으로 보고되었다. 장덕리 유적[12]에서는 털코끼리의 화석만이 발굴되었으며, 굴포리 유적에서는 뗀석기만이 출토하였다. 굴포리 유적을 조사하는 과정에서 이곳으로부터 서북쪽으로 약 5㎞ 떨어진 부포리 덕산에서 뗀석기가 발견된 바 있다. 덕산 유적의 뗀석기는 발견 초기에 굴포문화 2기층에 해당하는 구석기시대의 것[13]으로 보고되었으나 그 뒤 이곳에서 찾은 석기의 일부가 그보다 시기가 늦은 중석기시대에 속하는 것으로 서술되었다.[14] 그런데 최근 부포리 유적의 석기를 후기 구석기시대의 것으로 보는 글이 발표되었다.[15] 이런 점은 부포리 덕산 유적의 연대 문제가 북한 학계에서 계속하여 논의되고 있음을 알려준다.

함경북도 온성군 지경동에서 지표 조사된 세석기를 북한에서는 중석기시대의 것으로 설명하고 있다. 지경동에는 신석기시대와 청동기시대 유물이 넓은 면적에 걸쳐 나오고 있지만, 이곳에서 출토된 세석기는 질그릇과 출토 지점이 다르고, 석기의 제작 수법이 흑룡강이나 연해주 지역의 유물과 비교될 수 있기 때문에 중석기시대에 속하는 것으로 북한 학계에서는 보았다.[16] 그러나 함경북도 회령시 오동 유적[17]의 집자리 안에서는 청동기시대의 질그릇과 함께 흑요석 석기가 출토한 바 있기 때문에 지표에서 채집된 뗀석기의 특징만으로 그 유물의 정확한 연대를 설정하기란 쉽지 않다고 생각된다. 특히 두만강 언저리에 있는 선사 유적의 경우, 그와 같은 문제는 앞으로도 계속 제기될 수 있기 때문에 중석기시대의 문화층임을 입증할 수 있도록 발굴 조사에 의한 퇴적층의 정확한 분석 결과가 뒷받침되어야 한다고 생각된다.

강안리 유적의 퇴적층은 크게 다음과 같은 6개의 층으로 이루어지며, 이곳에서 나온 짐승 화석은 중기 갱신세 말기 또는 후기 갱신세에 속하는 것으로 보고되었다.[18]

---

11 德永重康·森 爲三 1939. 「豆滿江沿岸潼關鎭發掘物調査報告」, 『第一次滿蒙學術調査研究團報告』 2-4 ; 直良信夫 1940. 「朝鮮潼關鎭發掘舊石器時代ノ遺物」, 『第一次滿蒙學術調査研究團報告』 6-3.

12 김신규 1962. 앞 논문.

13 도유호·김용남 1965. 「굴포 문화에 관한 그 후 소식」, 『고고민속』 1965(1) ; 김용간·서국태 1972. 「서포항원시유적발굴보고」, 『고고민속론문집』 4 참조. 『조선고고학개요』(고고학연구소 1977. 10-11쪽)에서도 부포리 덕산 유적의 뗀석기가 굴포문화 2기의 유물과 공통된 특징이 있는 것으로 설명되었다.

14 력사연구소 1979. 『조선전사』 1(원시편), 57쪽.

15 어해남 1994. 「우리 나라 구석기시대 석기재료의 특성에 대하여」, 『조선고고연구』 1994(3).

16 력사연구소 1979. 앞 책, 57-58쪽.

17 고고학 및 민속학 연구소 1960. 『회령 오동 원시 유적 발굴 보고』, 유적발굴보고 7.

18 德永重康·森 爲三 1939. 앞 논문.

(1) 1층(겉흙층) : 젖먹이짐승 뼈 이외에 신석기시대의 토기와 석기가 흐트러진 상태로 나옴.

(2) 2층(제1황토층, 두께 2~3.5m) : 털코끼리, 털코뿔소, 하이에나[19], 우는 토끼, 갈밭쥐, 노루, 사슴, 큰뿔사슴, 첫소, 들소, 양, 말 등의 짐승 화석과 흑요석 격지(2점)가 나옴. 이곳에서 나온 뿔이나 뼈 조각 가운데 인공으로 가공된 유물이 있는 것으로 보고되었음.[20]

(3) 3층(검은색 황토층, 두께 2.4m) : 다람쥐, 땅쥐, 말사슴(누렁이) 등의 화석이 나왔음.

(4) 4층(제2황토층, 두께 2.8m) : 비유물층.

(5) 5층(자갈이 들어 있는 모래층, 두께 1m) : 비유물층. 5층의 윗부분이 점이적으로 변하며 4층의 황토층이 형성되었음.

(6) 6층(자갈층, 두께 1.4m) : 비유물층.

중국 동북 지방에서 송화강 이남 지역의 후기 갱신세 짐승으로서 추운 시기를 대표하는 것에는 털코끼리(*Mammuthus*), 털코뿔소(*Coelodonta antiquitatis*), 메말(*Equus przewalskyi*), 첫소(*Bos primigenius*) 등이 있다.[21] *Crocuta ultima*를 포함하여 이와 같은 짐승의 구성 관계는 흔히 털코끼리-털코뿔소 동물군에 의하여 대표된다.[22]

중국 동북부와 한국의 동북 지역을 포함하여 털코끼리 화석은 요동반도-안도현(安圖縣)-강안리-장덕리를 잇는 경계선 이북에서 나온다. 그런데 중국 동북 지역에서 털코끼리-털코뿔소 연대는 대체로 35000~18000년 사이[23], 곧 후기 갱신세의 후반기(late stage)로 연구되고 있다. 그리고 그 시기를 특징짓는 식물로는 가문비나무(*Picea*), 전나무(*Abies*), 자작나무(*Betula*) 등이 있으며, 후기 갱신세 중에서 기후가 가장 추웠던 18000년 전 무렵에 털코끼리는 이미 연해주 지역과 같은 고위도 지역에 국한되어 서식했을 것으로 추정된다.[24]

길림성 안도현에 있는 안도 동굴의 짐승 화석은 강안리 유적 제1황토층에서 나온 것과 유사한

---

19 현재 살고 있는 하이에나과(Hyaenidae)는 줄무늬하이에나속(*Hyaena*)과 점박이하이에나속(*Crocuta*)으로 나뉘며, 동굴하이에나(Cave hyena)의 머리뼈 및 그 밖의 뼈에서 보이는 특징은 점박이하이에나속과 매우 닮은 특징을 지니고 있다(Vereshchagin, N.K. and G.F. Baryshnikov 1989. Quaternary Mammalian Extinctions in Northern Eurasia. *Quaternary Extinctions* (P.S. Martin and R.G. Klein eds.), pp. 496-497. University of Arizona Press). 한편 박선주는 강안리에서 보고된 '*Hyaena ultima dokantinensis*'를 '*Crocuta crotuta ultima*'로 보고 있다. 박선주 1993. 「한국 플라이스토세 유적지에서 출토된 식육류화석」, 『선사와 고대』 3, 39쪽.

20 直良信夫 1940. 앞 논문.

21 Guo Shengqiao and Shao Shixiong 1991. Quaternary Lithofacies and Palaeogeography in China. *The Quaternary of China* (Zhang Zonghu and Shao Shixiong eds.), pp. 147-148. China Ocean Press, Beijing.

22 姜鵬(崔茂藏 옮김) 1992. 『中國東北舊石器時代文化硏究』, 91-99쪽, 도서출판 三文.

23 姜鵬(崔茂藏 옮김) 1992. 위 책, 91-99쪽 ; Liu Tung-sheng and Li Xing-guo 1989. Mammoths in China. *Quaternary Extinctions* (P.S. Martin and R.G. Klein eds), pp. 517-527. University of Arizona Press

24 Liu Tung-sheng and Li Xing-guo 1989. *op. cit.*, p. 526.

구성 관계를 보여준다. 털코끼리와 털코뿔소를 비롯하여 하이에나, 말사슴, 노루, 메말, 들소 등의 화석이 두 유적에서 나왔다. 한편 안도 동굴의 짐승 화석 종류는 길림성 유수현(楡樹縣) 주가유방(周家油坊) 유적과도 공통된 특징을 보여준다. 방사성탄소 동위원소 연대는 안도 동굴 유적이 약 35000~26000년 전 사이, 그리고 주가유방의 경우는 32000~26000년 전 사이에 해당한다.[25] 따라서 강안리 유적의 제1황토층(2층)을 대표하는 털코끼리-털코뿔소 동물군의 연대도 그와 같은 범위에서 설정하는 것이 가능하다고 생각된다.

중국에서 땅쥐(Myospalax)의 진화 단계[26]는 황토층의 시기 구분과 상호 관계를 비교하는 데 중요한 자료가 되며, Myospalax cf. epsilanus는 후기 갱신세 중반부(middle Upper Pleistocene)에 속하는 것으로 연구되고 있다. 그런데 이와 같은 땅쥐 종류가 강안리의 검은색 황토층(3층)에서 나왔으며, 이런 점은 황토층의 상대 연대를 추정하는 데 도움을 준다.

강안리 유적에서는 제2황토층(4층) 위에 검은색 황토층이 놓여 있다. 그러나 현재로서는 검은색 황토층이 제2황토층보다 늦은 시기에 쌓인 것인지 또는 제2황토층이 형성된 이후 그 지층 내의 윗부분이 변화된 주변 자연 환경의 영향을 받아 검은색을 띠게 되었는지에 대해서는 알 수 없다. 따라서 강안리 유적의 검은색 토층이 황토층 내에 형성되는 고토양층(paleosol layer)과 어떠한 관계를 맺고 있는지 앞으로 자세하게 연구될 필요가 있다.

강안리 유적의 6층과 5층의 퇴적은 하안 단구로서의 특징을 지니고 있으며, 황토층 안에서는 그와 같은 종류의 지층이 형성되지 않았다. 이것은 황토층과 6·5층을 퇴적시킨 주변의 환경 조건이 서로 달랐음을 보여준다. 그런데 여기서 주목되는 것은 5층의 윗부분으로 가면서 점이적으로 황토층이 형성되고 있다는 점이다. 이러한 점은 5층과 4층이 부정합 관계에 있는 것이 아니라는 점을 알려주며, 두 층 사이에 퇴적 정지 현상이 작용하지 않았음을 동시에 보여준다. 따라서 5층과 4층은 일련의 연속성을 지니며 쌓이게 되었고, 이것은 당시 자연 환경의 변화와 관계가 깊은 것으로 이해될 수 있다.

북한 지역에서 후기 갱신세의 하안 단구는 큰 강 하류 유역의 바닷물 높이를 기준으로 할 때 그곳보다 10~40m 높은 고도에 자리를 잡고 있다.[27] 한편 남한 지역에서 그와 같은 하안 단구(두 번째 단구)는 조사된 지점의 현재 강물 또는 바닷물 높이보다 10~15m 높은 곳에 발달하였고, 이와 같은 퇴적은 후기 갱신세 초기의 환경 조건과 밀접한 관계를 맺고 있는 것으로 연구되고

25 姜鵬(崔茂藏 옮김) 1992. 앞 책, 75-83.

26 Xue Xiangxi and Zhang Yunxiang 1991. Quaternary Mammalian Fossils and Fossil Human Beings. *The Quaternary of China* (Zhang Zonghu and Shao Shixiong eds.), pp. 311 and 361. China Ocean Press, Beijing.

27 Institute of Geology (State Academy of Sciences DPR of Korea) 1996. *Geology of Korea*, pp. 224-225. Foreign Languages Book Publishing House, Pyongyang.

있다.[28] 이런 점으로 가늠할 때, 강안리 유적의 하안 단구는 후기 갱신세의 마지막 간빙기(Last Interglacial)에 퇴적되었고, 그 위에 놓인 황토층은 마지막 빙하기(Last Glacial)에 형성된 것으로 추론할 수 있다. 한편 강안리 유적의 황토층이 두만강의 현세 충적층보다 약 10m 높은 곳에 형성되었다는 사실은 남한 지역에서 알려진 두 번째 단구 층이 후기 갱신세의 마지막 간빙기에 해당한다는 점을 거꾸로 입증해 준다고 볼 수 있다.

강안리 유적에서 뿔 또는 뼈로 만든 도구가 있는 것으로 보고되었다.[29] 그러나 도구로 보고된 유물에서 인공의 흔적을 찾기 어렵다.[30] 대부분의 유물 겉면에 있는 줄 모양 자국은 도구를 만드는 과정에서 남겨진 자른 자국(cut marks)[31]이 아니라 짐승의 이빨 자국(tooth marks)[32]으로 보인다. 강안리 유적에서 줄 모양 자국은 유물의 길이축에 가로 방향으로 밀집되어 나타나는 특징이 있다. 따라서 강안리 유적의 구석기시대 문화 유물로는 잔손질된 흔적이 없는 흑요석 격지만을 인정할 수 있다.

털코끼리가 나온 장덕리 유적의 이탄층은 화대천의 하류 지역에 자리를 잡고 있으며, 북한에서는 이곳의 지층이 후기 갱신세(상세)를 대표하는 퇴적층 가운데 하나로 서술하고 있다.[33] 장덕리 유적이 처음 조사될 당시 이곳에서 털코끼리가 나온 지층을 후기 갱신세의 상부[34](late stage) 또는 후기 갱신세 말 내지는 현세(후빙기) 초[35]로 보는 견해가 발표되었다. 털코끼리 이외의 다른 짐승 화석은 장덕리 유적에서 나오지 않았지만, 장덕리에서 발굴된 털코끼리 화석의 연대는 강안리 유적의 제1황토층과 거의 같은 시기로 추정된다.

장덕리 유적에서 이루어진 꽃가루의 분석 결과[36]는 털코끼리가 살았던 시기의 기후 조건이 오늘날보다 더 추웠던 것으로 나타난다. 장덕리 유적은 현재의 동해안에서 약 15km 이내의 거리에 있다.[37] 그러나 장덕리 유적이 추운 기후 조건 속에 놓였을 때, 당시의 바닷물 높이는

---

28 이동영 1996. 「한반도 문화유적지층의 지질학적 특징」, 『고문화』 49, 245쪽.

29 直良信夫 1940. 앞 논문. 다음의 글도 그와 같은 유물을 뼈연모(骨角器)로 다루고 있다. 이융조 1991. 「북한의 구석기연구 성과와 분석」, 『국사관논총』 29, 161-162쪽.

30 김정학 1958. 「韓國에 있어서의 舊石器文化의 問題」, 『高麗大學校 文理論集』 3, 10쪽.

31 강안리 유적에서 사용되고 있는 자른 자국이란 용어(直良信夫 1940)는 짐승의 도살 행위 과정과 관계없는 의미로 사용되었다.

32 Binford, L. 1981. *Bones : Ancient men and modern myths*, pp. 44-49. Academy Press, New York and London.

33 림경화·리혜원 1987. 『조선의 지질』, 과학백과사전출판사.

34 박준석·최현모 1962. 「털코끼리가 발견된 함북 화대군 장덕리 4기층의 층서와 고지리적 환경에 대한 고찰」, 『문화유산』 1962(4), 55-57쪽.

35 로영대 1962. 「함북 화대군 털코끼리 발굴지에 발달한 니탄층의 포자 화분 조합(胞子花粉組合)」, 『문화유산』 1962(4), 49-54쪽.

36 로영대 1962. 위 논문.

37 김신규 1962. 앞 논문, 82쪽, 그림 1 참조.

지금보다 낮았으며, 동해안의 해안선도 그만큼 더 동쪽으로 물러났음을 짐작할 수 있다.[38]

굴포리 구석기 유적에서는 7개의 지층이 발굴되었고, 그 가운데 Ⅴ층(굴포문화 2기)과 Ⅵ층(굴포문화 1기)에서 뗀석기가 출토하였다. Ⅴ층 위에 놓인 Ⅳ층(두께 약 6cm)은 산화철을 많이 포함하고 있으며, 이 산화철은 더운 환경 조건에서 형성된 것으로 보고되었다.[39] 따라서 굴포리 유적에서 보이는 산화철 층의 존재는 Ⅳ층의 연대를 밝히는 데 중요하다고 볼 수 있다.

전남 화순 대전리 유적의 Ⅱ층(고운 모래층) 중심 부분에 한랭 습윤한 환경에서 형성된 산화철 층(두께 5~10cm)이 발달하여 있으며, 이 부분의 지층은 언땅트기 현상을 수반하며 나타나는 특징을 보여준다.[40] 그러므로 대전리 유적의 산화철 층은 토양 내에서 진행된 포도졸화 작용(podzolization)으로 볼 수 있으며, 더운 환경에서 이루어지는 라테라이트화 작용(lateritization)과는 거리가 멀다고 생각된다. 굴포리 유적에서는 언땅트기 작용과 관련된 퇴적상의 특징이 보고되지는 않았지만, 이곳의 산화철 층은 한랭 습윤한 기후 조건과 관계가 있으며, 이 지층은 후기 갱신세의 마지막 빙하기 가운데 어느 한 시기에 형성된 것으로 추정된다.

굴포문화 1기와 2기의 상대 연대를 논하기 위하여 두 시기의 지층에서 나온 석기의 암질과 제작 기술상의 변화가 설명된 바 있다. 다시 말해서 1기층의 석기는 석영이 주를 이루며, 제작 수법이 후기 구석기 단계에 미치지 못하고, 2기층의 석기는 각암(각혈암)이 대부분이며, 눌러뜯기 수법이 나타난다고 보았다. 이를 바탕으로 1기층을 10만 년 전, 2기층은 4~3만 년 전으로 추정하였다.[41]

도유호는 굴포문화 2기에서 나온 각암제 석기가 중국 산서성의 정촌(丁村) 출토품과 유사하며, 굴포문화 1기는 무스떼리앙에 비정될 수 있음을 언급한 바 있다.[42] 그런데 굴포리 유적에서 각암제 석기는 굴포문화 2기에 나타나며, 중국에서는 정촌의 석기를 대체로 중기 구석기시대의 것으로 다룬다. 따라서 그와 같은 도유호의 견해에는 많은 무리가 뒤따르며, 선후 관계에 대한 자세한 논증이 없어 굴포문화 1기를 10만 년 전으로 설정하기는 어렵다고 생각된다. 이와 아울러 지금까지 보고된 굴포문화 2기의 석기에서 눌러뜯기 또는 대고때리기 수법을 보여주는 유물이 없는 것으로 생각된다.[43] 굴포리 구석기 유적의 퇴적층이 후기 갱신세에 형성되었을 가능성은

---

38 예를 들어, 후기 갱신세 동안 기후가 가장 추웠던 BP 15000년 무렵, 한국 동해안 남부 지역의 해안선은 지금보다 평균 18km 후퇴한 곳에 형성되었다. Park, Y.A., C.S. Lee, Y.I. Song 1987. The Lowest Stand of the Holocene Sea-Level Along the Continental Margin of the Eastern and Southeastern Coasts of Korea. *Late Quaternary Sea-Level Changes*, pp. 239-252. China Ocean Press, Beijing.

39 도유호 1964. 「조선의 구석기 시대 문화인 굴포 문화에 관하여」, 『고고민속』 1964(2), 3-7쪽.

40 이융조·윤용현 1992. 「화순 대전 후기 구석기문화」, 『先史와 古代』 3, 6-8쪽.

41 김용간·서국태 1972. 「서포항원시유적발굴보고」, 『고고민속론문집』 4, 36-40쪽, 135-137쪽.

42 도유호 1975. 앞 논문.

43 한창균 1990. 「굴포리 구석기유적을 다시 논함」, 『古文化』 36, 3-21쪽.

매우 높다고 생각되지만 굴포문화 1·2기의 정확한 연대 설정은 앞으로 자세하게 연구되어야 할 것으로 믿는다.

III. 동굴유적의 검토

지금까지 보고된 북한의 구석기시대 동굴유적에서는 모두 짐승 화석이 출토되었다. 사람 뼈가 나온 곳은 7군데(승리산 동굴, 대현동 동굴, 용곡 동굴, 금천 동굴, 만달리 동굴, 검은넝 동굴, 냉정골 동굴), 석기가 나온 곳은 4군데(검은모루 동굴, 용곡 동굴, 냉정골 동굴[44], 만달리 동굴), 뼈연모가 나온 곳은 2군데(용곡 동굴, 만달리 동굴)가 알려졌다.[45] 승리산 동굴, 해상 동굴, 용곡 동굴 유적 등에서는 꽃가루 분석이 실시되었다.

북한에서 가장 시기가 올라가는 구석기시대 유적은 검은모루 동굴유적으로 보고되었다. 당시 검은모루 유적의 짐승 화석(예, 습들쥐, 발쥐[46], 상원큰뿔사슴, 넓적큰뿔사슴, 상원말)은 주구점 제13지점[47]이나 제1지점 아래층과 비슷한 동물상에 대비되며, 그 시기는 50~40만 년 전으로 발표되었다.[48] 그 뒤 시기를 조금 올려 60~50만 년 전으로 잡았고, 북한 학계에서는 1980년대에 이르기까지 검은모루 동굴유적의 연대를 그와 같은 시기로 설정하였다.

검은모루 유적의 동물상이 주구점의 제13지점 또는 제1지점 아래층과 비슷하다면 1980년대에 이르기까지 북한 학계에서 이야기하였던 검은모루 동굴유적의 연대를 60~40만 년 전의 범위 안에서 추정하는 것이 가능하다. 그런데 이와 같은 추정을 가능하게 하기 위해서는 무엇보다도

---

44 황해남도 태탄군에 있는 이 유적에는 전기, 중기, 후기의 구석기시대 문화층이 있다(어해남 1994. 앞 논문, 31쪽). 냉정골 동굴유적과 검은넝 동굴유적에 관한 내용은 다음 글에 간단히 소개되었다. 리기동 1995. 「위대한 령도자 김일성동지의 현명한 령도밑에 력사유적유물을 보존하기 위한 우리 인민의 투쟁」, 『력사고고학론문집』 18, 106쪽.

45 만달리 유적에서 사람 화석, 석기, 뼈연모가 나온 지층은 후기 구석기시대(김신규 외 1985)로 보고되었으나, 그 뒤 시기가 중석기시대(김용간 1990)로 바뀌었고. 이것을 다시 후기 구석기시대(어해남 1994)로 보는 글이 발표되었다. 김신규·김교경·백기하·장우진·서국태 1985. 「승호구역 만달리 동굴유적발굴보고」, 『평양부근동굴유적발굴보고』, 과학백과사전출판사 ; 김용간 1990. 『조선고고학전서(원시편)』, 과학백과사전종합출판사 ; 어해남 1994. 앞 논문.

46 이것은 뒤에 검은모루땅쥐로 분류되었다. 김신규·김교경 1974. 「상원 검은모루 구석기시대유적 발굴보고」, 『고고학자료집』 4, 13쪽, 사회과학출판사.

47 현재 주구점 제13지점은 50만 년 전(Zhou Kunshu et al. 1991), 그리고 제1점은 70~20만 년 전(孔昭宸 等 1985)으로 연구되고 있다. Zhou Kunshu et al. 1991. *Quaternary Geology in Beijing Area*, pp. 31-32. Excursion Guidebook XIX, INQUA, XIII International Congress, Beijing ; 孔昭宸 等 1985. 「依據胞粉資料討論周口店地區北京猿人生活時期及其前後自然環境的演變」, 『北京猿人遺址綜合研究』, 129-139쪽, 科學出版社.

48 고고학연구소 1969. 「상원 검은모루유적 발굴중간보고」, 『고고민속론문집』 1, 29쪽, 사회과학출판사.

〈그림 1〉 습들쥐속과 들쥐속의 아래턱 첫째 어금니 윗면의 모습.
① 검은모루 동굴유적에서 보고된 습들쥐(*Mimomys* sp.)의 왼쪽 첫째 어금니(고고학연구소 1969. 8쪽, 그림 4), ② 습들쥐(*Mimomys savini*)의 오른쪽 첫째 어금니(Chaline et Mein 1979. p. 135, Fig. 52), ③ 들쥐(*Arvicola cantiana*)의 오른쪽 첫째 어금니(Chaline et Mein 1979. p. 135, Fig. 52).

발굴된 짐승 화석에 대한 정확한 종 감정이 앞서야 한다. 그 한 예로 검은모루 동굴유적에서 보고된 습들쥐에 대하여 살펴보기로 하겠다. 쥐 종류의 화석은 진화 속도가 빠른 편이며, 서식 환경이 잘 알려져 있기에 퇴적의 형성 시기와 환경 조건을 연구하는 데 중요한 자료로 활용된다.[49]

검은모루 동굴유적의 발굴 중간 보고에서 언급된 바와 같이 습들쥐(Mimomys)는 제3기 말(early Middle Pliocene)에 나타나 전기 갱신세가 끝날 무렵에 절멸하였다.[50] 북한 학계에서도 이와 같은 습들쥐의 존속 기간을 인정하고 있다.[51] 그런데 여기서 문제가 되는 것은 검은모루 동굴유적에서 나온 쥐 화석을 습들쥐로 감정할 수 있느냐라는 점이다.

〈그림 1〉은 검은모루에서 습들쥐(Mimomys sp.)로 보고된 것, 갱신세 전기에 살았던 습들쥐, 습들쥐의 뒤를 이어 나타난 들쥐속(Arvicola)의 아래쪽 첫째 어금니의 윗면을 비교한 것이다. 그림에 있듯이 습들쥐와 들쥐에서 보이는 가장 큰 차이점은 이빨 윗면 안쪽에 에나멜질로 된 둥그스름한 구조(enamel islet)의 모습이 들쥐에서는 없어졌다는 것이다.[52] 검은모루에서 보고된 습들쥐의 이빨 그림에서도 그와 같은 특징은 표현되지 않았다. 이러한 사실은 검은모루에서 보고된 습들쥐가 오히려 들쥐에 가까운 종류임을 알려주며, 습들쥐 화석의 존재를 활용하여 설정된 검은모루 동굴유적의 연대 추정에 문제가 있음을 보여준다. 이와 아울러 검은모루 유적을 중기 갱신세의 이른 시기[53]로 잡는 데 중요한 구실을 하였던 상원말이나 상원큰뿔사슴의 종 감정과 시기 추정도 재검토될 필요가 있다고 생각된다.

---

49 Chaline, J. 1972. *Les Rongeurs du Pléistocène Moyen et Supérieur de France*, p. 18. Editions du C.N.R.S., Paris.

50 Xue Xiangxi and Zhang Yunxiang 1991. *op. cit.*, p. 310.

51 고고학연구소 1969. 앞 논문, 8쪽.

52 Chaline, J. et P. Mein 1979. *Les Rongeurs et l'Evolution*, pp. 131-140. Doin Editeurs, Paris.

53 김신규·김교경 1974. 앞 논문.

현재 북한에서는 검은모루 동굴유적을 약 100만 년 전의 전기(하부) 갱신세로 잡고 있다.[54] 검은모루 유적의 연대가 그렇게 올라가게 된 것은 만달리(평양 승호구역) 절골 아래층에서 전자스핀공명법[55]으로 측정된 연대가 BP 943825±21802년으로 나왔고, 그 층의 짐승 화석이 검은모루 동굴의 경우보다 조금 떨어지는 것으로 연구되었기 때문이다.

　　검은모루에서 나온 물소, 원숭이, 큰쌍코뿔소 등의 화석은 이 유적이 아열대성 기후 조건 속에서 형성된 것으로 설명하는 데 활용되고 있다. 그리고 앞에서 이야기한 것처럼 유적의 연대를 100만 년 전으로 다룬다. 그렇다면 100만 년 전 무렵 동북아시아 지역의 자연 환경이 어떠했는가를 살필 수 있다면 북한 학계에서 주장하는 내용의 타당성을 검증하는 작업이 가능하다고 생각된다.

　　중국[56]에서 BP 110~80만 년은 전기 갱신세 가운데 가장 메마르고 추운 시기였다. BP 100~90만 년 무렵에 기후가 조금 온난하게 변화였으나 BP 90~80만 년 무렵 중국의 동북 지역은 빙하 주변 지대의 환경(periglacial environment)에 놓여 있었다. 만주 하얼빈의 황산군층(Huangshan Formation)에서는 BP 100~80만 년 시기의 퇴적에서 언땅트기에 의한 쐐기 모양의 토양 구조(frozen wedges)가 발견되었다. 그리고 〈그림 2〉에서 볼 수 있듯이 그와 같은 시기에 중국에서 아열대성 기후는 양자강 이남, 곧 북위 26~27도 이남 지역에 발달하였다. 대체로 압록강과 두만강 일대는 'frigid-temperate zone'의 남쪽 부분에 속하며, 검은모루 유적(북위 약 38도 50분)은 'frigid-temperate zone'과 'temperate zone'의 경계 지점에 해당하는 것으로 나타난다. 따라서 검은모루 유적의 동물군이 100만 년 전의 아열대성 기후를 반영한다는 견해는 설득력이 뒤떨어진다.

　　검은모루 유적에서는 "소형포유류화석이 대형포유류화석과 떨어져 있거나 어떤데서는 약간 덮여 퇴적된" 특징을 지닌다. 이에 대하여 "소형동물뼈는 무거운 대형동물뼈들이 가라앉은 다음에도 물에 떠 있다가 한쪽 벽쪽으로 밀리였거나 대형동물뼈와 다른 방향으로 흘러들어온 관계로 대형동물과 같이 섞이지 않은 것으로 생각한다."고 설명되었다.[57] 이 설명에 따르면 소형 짐승 뼈와 대형 짐승 뼈가 같은 시기에 퇴적되었음을 짐작할 수 있다. 그러나 전체 퇴적 상황에 관한 자세한 분석 자료가 없기 때문에 그와 같은 설명을 받아들이기 어렵다. 오히려 소형 짐승 뼈와 대형 짐승 뼈는 서로 층위를 달리하여 갈라 보는 편이 더 맞다고 생각된다.[58] 요컨대 이러한 점은 따뜻한 기후의 남방형 동물군이 그보다 늦은 시기에 이르러 추운 기후의 북방형 동물군으로

54 김용간 1990. 『조선고고학전서 : 원시편(석기시대)』, 10-15쪽, 과학백과사전종합출판사.

55 김교경·전영수 1990. 「절골동굴(아래층) 화석산지의 년대」, 『조선고고연구』 1990(1), 32-34쪽.

56 Tong Guobang and Shao Shixiong 1991. The Evolution of Quaternary Climate in China. *The Quaternary of China* (Zhang Zonghu and Shao Shixiong eds.), pp. 42-76. China Ocean Press, Beijing.

57 김신규·김교경 1974. 앞 논문, 5-6쪽.

58 이융조 1991. 앞 논문, 140쪽.

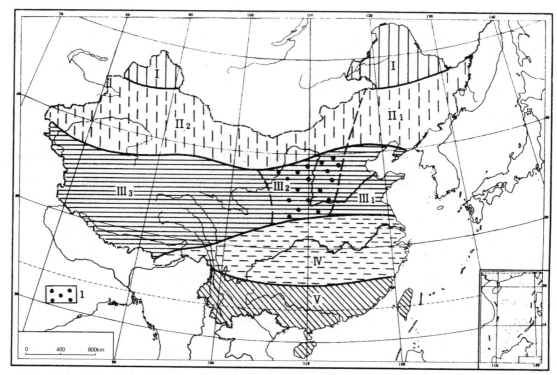

〈그림 2〉 중국에서 연구된 전기 갱신세 후기(110~80만 년 전)의 기후 환경(Tong Guobang and Shao Shixiong 1991. p. 55. Fig. 3.5)

I : frigid zone. II : frigid-temperate zone (II₁ : semi-humid, II₂ : semi-arid or arid). III : temperate zone (III₁ : semi-humid), III₂ : semi-arid, III₃ : semi-humid or humid). IV : warm-temperate zone. V : subtropical zone. 1 : loess.

바뀌게 되었다는 것을 반영한다고 판단된다.

검은모루 유적의 화석 포함층은 두께가 약 2.5m이며, 이곳에서 밑으로 15~17m 떨어진 곳에 큰 길이 나 있다. 유적 앞을 흐르는 상원강의 강바닥과 큰 길 사이의 높이는 보고되지 않았다. 이 유적에는 5개의 지층이 알려졌고, 짐승 뼈는 아래쪽의 1층과 위쪽의 4층에서 주로 나왔으며, 2층은 비유물층이고, 3층에서 나온 것은 적었다.[59] 중간 보고에서는 화석층이 물의 작용에 의하여 2차 퇴적을 거친 것으로 서술되었고, 상원강의 수량이 많아짐에 따라 동굴 안쪽과 바깥쪽의 높은 지점에 있던 짐승 뼈가 이동되어 지금과 같이 동굴에 쌓이게 되었던 것으로 설명하였다.

중간 보고에 실린 내용만 가지고는 검은모루 유적의 화석층이 모두 물에 의한 2차 퇴적으로 이루어졌다고 분명하게 말하기 어렵다고 생각된다. 그것은 무엇보다도 물의 영향으로 볼 수 있는 퇴적물의 성격이 자세하게 분석되지 않았기 때문이다. 그렇지만 검은모루 유적의 굴 안

---

[59] 3구획 서쪽 부분에서 조사된 각 층의 두께를 보면, 1층은 약 30㎝, 2층은 9~15㎝, 3층은 20~24㎝, 4층은 약 50㎝, 5층은 20㎝ 이하이다. 고고학연구소 1969. 앞 논문.

바닥에서 보이는 석회암, 규질고회암, 화강암, 강자갈[60]의 존재는 물에 의한 퇴적 현상이 있었음을 알려준다. 그리고 "상원 지방에 발달한 하안 단구는 강바닥에서 15~20m 높이에 있고, 물이 스며 모인 구역 안에는 석회암, 규질석회암 및 화강암이 있으며 자갈층은 그런 암석으로 되었다."[61] 라는 내용은 검은모루 동굴의 굴 안 바닥에 쌓인 퇴적물이 하안 단구와 밀접한 관계가 있음을 알려준다.

현재 북한에서는 전기 갱신세의 단구층이 큰 강 하류 쪽의 바닷물 높이보다 40~120m 높은 곳에 있는 것으로 연구되고 있다.[62] 그렇지만 검은모루 동굴의 퇴적층은 강바닥보다 40m 이하로 추정되기 때문에 그 퇴적층을 전기 갱신세의 것으로 보기는 매우 어렵다.

승리산 동굴유적[63]은 강바닥에서 17~18m 높은 곳에 있으며, 이것은 대동강 지역의 두 번째 하안 단구에 해당한다. 동굴 앞쪽에서 조사된 퇴적(두께 5~10m)은 6개의 층으로 이루어진다.

① 6층 : 두텁고 모난 석회암 조각이 있는 찰흙층.
② 5층 : 모난 석회암 자갈이 있는 모래층.
③ 4층 : 3cm 미만 크기의 강자갈로 이루어진 적갈색 자갈층.
④ 3층 : 황색 찰흙층.
⑤ 2층 : 비교적 굵은 모래와 그리 크지 않은 자갈로 이루어진 모래 자갈층(좁은 찰흙질 간층이 있음).
⑥ 1층 : 분사질 모래층

6개의 지층 가운데 1층부터 4층까지의 퇴적물에는 물모래와 닳은 자갈이 들어 있고 수평 층리가 발달된 것으로 보아 물 작용에 의하여 쌓이게 되었다. 짐승 뼈가 나온 기본 화석층은 4층·5층·6층으로 이루어진다. 4층과 5층에서는 사슴·큰쌍코뿔소·말·동굴하이에나 등이 나왔고, 6층에서는 곰과·코끼리과·코뿔소과·말과·소과·사슴과 등의 화석이 나왔다. 승리산 동굴에서 나온 고인 단계의 덕천사람 화석은 기본 화석층의 아랫부분(구석기시대 아래층, 4층으로 추정됨), 그리고 신인 단계의 승리산사람 화석[64]은 6층 윗부분(구석기시대 위층)으로 생각된다. 고인 단계의 사람 화석은 중기 갱신세 말~후기 갱신세 초, 그리고 신인 단계의 사람 화석은 후기 갱신세

---

60 김신규·김교경 1974. 앞 논문, 6쪽.
61 김명근 1967. 「지질 제4기층」, 『고고민속』 1967(1), 42쪽.
62 Institute of Geology (State Academy of Sciences DPR of Korea) 1996. *op. cit.*, p. 222.
63 고고학연구소 1978. 앞 책.
64 구석기시대 위층에서는 승리산사람의 화석만이 발굴되었고, 다른 유물이나 짐승 뼈는 발견되지 않았다고 한다. 김홍걸 1993. 「덕천 승리산동굴유적의 포자-화분구성」, 『조선고고연구』 1993(1).

중기~말기에 속하는 것으로 발표되었다. 그 연대[65]는 고인 단계의 것이 약 10만 년 전의 중기 구석기시대 그리고 신인 단계의 것이 4~3만 년 전의 후기 구석기시대로 설정되었다.

세계 고고학계에서는 일반으로 후기 갱신세의 기간을 13~1만 년 전으로 잡고 있다. 이 시기는 다시 마지막 간빙기(13~7.4만 년 전)와 마지막 빙하기(7.4~1만 년 전)로 나눌 수 있다. 승리산 동굴유적에서 물에 의한 퇴적물이 형성되는 과정에 가장 중요한 것은 유적 바로 앞으로 흐르는 대동강의 물 높이가 상승하였던 시기와 관계가 깊다고 생각된다. 특히 이 동굴의 쌓임층은 두 번째 하안 단구의 퇴적층에 해당하는 것이기에 그러한 가능성은 더욱 굳어진다. 승리산 동굴의 퇴적 가운데 관심을 끄는 것은 6층에 들어 있는 석회암 낙반석의 존재이다. 석회암 동굴에서 그와 같은 낙반석은 추운 기후 조건과 관계가 있다.[66] 승리산사람의 화석이 나온 층에서 이루어진 꽃가루 분석 결과는 아한대성의 바늘잎나무(이깔나무, 전나무, 가문비나무 등)가 특징 있게 나타남을 보여준다.[67] 따라서 승리산 동굴유적에서 낙반석이 들어 있는 찰흙층은 마지막 빙하기에 해당하는 것으로 추론된다.

한편 강바닥에서의 높이 차이를 볼 때, 검은모루 유적의 퇴적층은 승리산 동굴유적의 경우보다 조금 높은 곳에 자리를 잡은 것으로 보인다. 다시 말해서 검은모루 동굴의 퇴적은 승리산 동굴의 경우보다 강물 높이가 조금 높았던 시기에 형성되었을 가능성이 있다. 이와 같은 점으로 판단할 때, 검은모루 유적의 연대는 중기 갱신세의 늦은 시기에 해당하는 것으로 생각된다. 그러나 40~20만 년 전 사이[68], 중국의 요동반도 지역이 온대성 기후와 아열대성 기후의 경계 지점을 이루고 있었던 환경 조건과 관계가 크다고 말할 수 있다(그림 3 참조).

요령성 영구현(營口縣)에 있는 금우산(金牛山) 동굴유적의 하부층(중기 갱신세 늦은 시기)과 상부층(후기 갱신세)에서 여러 종류의 짐승 화석이 발굴되었다. 이 동굴유적의 하부층 가운데 특히 6층[69]에서 나온 코뿔소속(Dicerorhinus), 큰뿔사슴속(Megaloceros), 말속(Equus), 짧은꼬리원숭이속(Macaca) 등과 같은 대형 동물 화석의 구성 관계는 검은모루 동굴유적의 것들과 매우 닮은 특징을 지녔다고 생각된다. 우라늄계열 연대 측정 방법에 의하여 금우산 동굴의 하부층은 31~23만 년 전, 상부층은 20~15만 년 전으로 나왔다.[70] 한편 요령성 본계시(本溪市)에 있는 묘후산(廟後山)

---

65 김교경 1979. 앞 논문, 9쪽.

66 고고학연구소 1978. 86쪽 ; 손보기·박영철·한창균 1980. 「층위구분과 퇴적 상황, 퇴적물의 기원, 퇴적물 분석」, 『점말 용굴 발굴보고』, 19-24쪽.

67 김흥걸 1993. 앞 논문, 45쪽.

68 Tong Guobang and Shao Shixiong 1991. *op. cit.*, pp. 63-66.

69 金牛山聯合發掘隊 1976. 「遼寧營口金牛山發現的第四紀哺乳動物群及其意義」, 『古脊椎動物與古人類』 제14권 제2기. 張森水 等 1993. 「金牛山(1978年度發掘)舊石器遺址綜合研究」, 『中國科學院古脊椎動物與古人類研究所集刊』, 科學出版社.

70 하부층에서 옛슬기사람(early *Homo sapiens*, Jinniushan Man)의 화석이 나온 지층의 우라늄계열 연대 측정

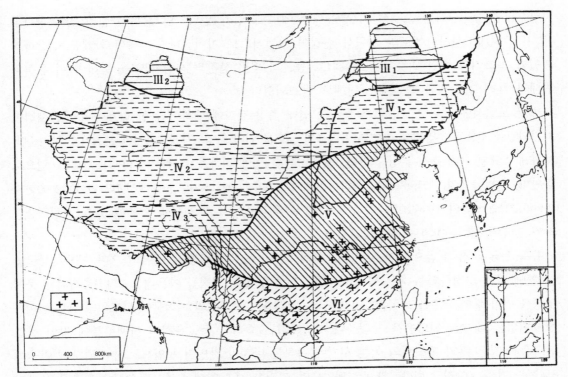

〈그림 3〉 중국에서 연구된 중기 갱신세 중기/후기(40~20만 년 전)의 기후 환경(Tong Guobang and Shao Shixiong 1991. p. 59. Fig. 3.6)

Ⅲ : temperate zone (Ⅲ₁ : semi-humid, Ⅲ₂ : semi-arid or arid). Ⅳ : warm-temperate zone (Ⅳ₁ : semi-humid, Ⅳ₂ : semi-arid or arid, Ⅳ₃ : semi-humid or humid). Ⅴ : north-middle subtropical zone. Ⅵ : south subtropical zone or tropical zone. 1 : laterites.

동굴유적[71]의 중기 갱신세(40~14만 년 전) 퇴적층 가운데 5층의 대형 동물 화석도 금우산 및 검은모루 동굴유적과 공통된 특징을 보여주고 있어 주목된다.

검은모루 동굴에서 남쪽으로 약 5㎞ 떨어진 곳에 있는 용곡 제1호 동굴유적[72]에서는 많은 양의 짐승 화석과 사람 화석(2·3문화층), 석기, 뼈연모, 자른 자국이 있는 짐승 뼈, 불자리 등이 보고되어 학계로부터 큰 관심을 끌고 있다. 열형광법에 의한 8퇴적층(1문화층)과 9퇴적층(2문화층)의 연대가 나왔기 때문에 발굴 보고서에서는 8·9퇴적층을 중기 갱신세의 것으로 다루었다. 그러나 그 뒤 용곡리 유적에서 나온 사람 화석은 신인[73]의 특징을 지닌 것으로 밝혀졌고, 이를

결과는 28만 년 전으로 나왔다. Department of Archaeology at Peking University ed. 1992. *Treasures from a Swallow Garden*, pp. 27, 37, and 58. Cultural Relics Publishing House.

71 遼寧省博物館·本溪市博物館 1986. 『廟後山 : 遼寧省本溪市舊石器文化遺址』, 56-62쪽, 94쪽, 文物出版社.

72 전제헌 외 1986. 앞 책.

73 현재 북한에서는 *Homo sapiens*를 *Homo sapiens neanderthalensis*와 *Homo sapiens sapiens*로 나누며, *Homo sapiens neanderthalensis* 단계를 고인, 그리고 *Homo sapiens sapiens*를 신인이라고 부른다. 력사연구소·고고학연구소 1991.

바탕으로 "《승리산사람》으로부터 《룡곡사람》에로 그리고 《만달사람》으로부터 조선옛류형사람을 거쳐 현대조선사람에로의 기원상 련결이 직접적으로 이어진다."고 북한 학계는 주장하게 되었다.[74] 그리고 이와 비슷한 용곡 제1호 동굴의 퇴적 상황과 사람 화석을 통하여 이 유적의 연대가 후기 갱신세에 속한다는 견해도 발표되었다.[75]

발굴 보고서에 실린 용곡 제1호 동굴의 연대 측정 결과에 대하여 북한 학계에서도 문제점이 제기되었던 것으로 추정된다. 1991년에 발표된 새로운 연대 측정 결과는 그러한 분위기를 알려준다. 새롭게 발표된 연대 측정 분석 결과를 보면[76], 열형광법에 의하여 8퇴적층이 BP 111000±1000년으로 나왔다. 우라늄계열(^{230}Th/^{234}U)에 의하여 8층에서 BP 71000±2000년, 9층에서 BP 49900±2000년과 BP 46100±2000년의 연대값이 나왔다. 그리고 8·9퇴적층이 후기 갱신세 중기(Q_{3-2}), 10·11퇴적층이 후기 갱신세 후기(Q_{3-3})로 재설정되었다.

용곡 동굴은 유적 앞으로 흐르는 문포천의 강바닥에서 20m 높은 곳에 있으며, 제1호 동굴의 굴 안에 쌓인 퇴적물의 두께는 약 21m이다. 제1호 동굴의 퇴적물 가운데 1~7퇴적층까지는 물의 영향을 받아 쌓인 특징을 보여준다.[77] 이것은 1층부터 7층 사이의 퇴적물이 문포천의 강물 높이가 상승되었을 때 형성되었음을 알려준다. 그 시기는 승리산 동굴유적의 아랫부분에 쌓인 하안 단구층과 같은 후기 갱신세의 이른 시기에 속하는 마지막 간빙기 동안으로 추정된다.[78] 아울러 8퇴적층 이후는 마지막 빙하기와 관련되었으며, 그러한 지층 안에서 조사된 '낙석혼합층'의 존재가 그와 같은 가능성을 뒷받침해준다고 생각된다.

북한의 동굴유적에서 후기 갱신세를 대표하는 곳 가운데 하나가 평양시 승호구역의 만달리유적이다. 만달리 동굴은 남강에서 약 100m 떨어져 있고, 남강에서 동굴 안 쌓임층까지의 높이는 14m이며, 이 쌓임층은 두 번째 단구에 해당한다. 동굴 쌓임층은 다음과 같이 크게 세 부분으로 나뉘었다.[79]

(1) 신석기시대 퇴적층(9층[80]) : 검은색 부식토층(두께 20~30㎝)

(2) 후기 구석기시대 퇴적층(가운데층, 두께 1.6~2m)

『조선전사(제2판)』 1(원시편), 24쪽, 과학백과사전종합출판사.

74 장우진 1989. 『조선사람의 기원』, 109쪽, 사회과학출판사.

75 한창균 1990. 「용곡 동굴유적을 다시 논함」, 『동방학지』 68, 연세대 국학연구원.

76 김근식 1991. 「룡곡 제1호동굴유적의 포유동물상에 대한 연구」, 『과학원통보』 1991(3).

77 전제헌 외 1986. 앞 책.

78 한창균 1992. 「용곡 제1호 동굴유적의 시기구분과 문제점」, 『박물관기요』 8, 단국대 중앙박물관.

79 김신규 외 1985. 앞 논문.

80 이 지층 번호는 발굴 보고서에 들어 있지 않다. 서술의 편의를 위하여 이 글에서 임시로 붙인 것임을 밝힌다.

① 검은색 감탕흙층(8층, 두께 40~50㎝)

② 돌이 전혀 없는 회색빛 감탕흙층(7층, 두께 1.2m). 비유물층.

③ 석회암이 들어 있는 회색빛 진흙층(6층, 두께 40㎝). 2만 년 전으로 추정되는 사람 화석, 석기, 뼈연모, 짐승 화석이 나왔음.

(3) 후기 갱신세 초기 퇴적층(밑층, 두께 3~4m)

① 작은 석회암이 들어 있고, 모래 성분이 많은 검붉은 진흙층(5층, 두께 70~80㎝). 짐승 화석이 몹시 깨진 상태로 나왔음.

② 돌이 전혀 들어 있지 않은 붉은색 진흙층(4층). 5층보다 조금 두텁고, 짐승 화석이 간혹 보임.

③ 석회암이 많이 들어 있는 검은색 진흙층(3층, 두께 60~70㎝). 위층보다 짐승 화석이 많고, 온전한 개체의 동굴하이에나 뼈가 나왔음.

④ 붉은색 진흙층(2층, 두께 70~80㎝). 짐승 화석 조각이 가끔 나왔음.

⑤ 모래층(1층, 두께 20㎝). 이 아랫부분은 암반으로 이루어졌음.

만달리 동굴의 후기 갱신세 퇴적층(1~8층)에서 나타나는 특징 가운데 하나는 3·5·6층에 진흙과 석회암 조각이 존재하는 것이다. 퇴적의 기원으로 가늠할 때, 진흙은 동굴 외부로부터 운반된 요소(allochthon element)이며, 낙반석은 동굴 내부에서 유래된 요소(autochthon element)로 볼 수 있다. 반면에 1·2·4·7·8층의 퇴적에서는 석회암 조각은 섞여 있지 않으며, 동굴 외부에 기원을 둔 요소만으로 이루어진다. 따라서 앞에서 말한 바와 같이 동굴 내에서 기원하는 석회암 낙반석의 형성 시기를 춥고 습한 환경 속에서 진행되었던 물리 풍화작용과 연결시킨다면 만달리 동굴에서 그와 같은 특징을 보여주는 지층이 바로 3·5·6층에 해당한다.

만달리 동굴유적의 발굴 보고[81]에서는 5층과 6층을 구분하여 5층을 후기 갱신세 초기, 그리고 6층을 후기 구석기시대의 늦은 시기인 2만 년 전으로 설정하였다. 그런데 5층과 6층 퇴적물은 진흙과 석회암 조각으로 이루어진 공통점을 지니고 있으며, 이러한 퇴적상의 특징으로 판단할 때, 5층과 6층은 일정한 기간 동안 서로 같은 환경 조건에서 퇴적된 것으로 추정되며, 5층과 6층이 서로 부정합 관계를 이루지 않는다고 생각된다.

만달리 동굴의 6층에서 나온 좀돌날몸돌과 같은 종류의 석기는 한국의 여러 유적에서 발견된 바 있으며, 그 시기는 대체로 2만 년 전 이후로 연구되고 있다. 이와 비교해서 6층의 연대를 추정하면, 그 시기는 대체로 산소동위원소 2기[82], 곧 24000~12000년 전으로 설정될 수 있을

---

81 김신규 외 1985. 앞 논문.

82 Klein, R.G. 1989. *The Human Career : Human Biological and Cultural Origins*, p. 33. University of Chicago·Chicago

것이다. 5층도 대체로 그와 같은 시기의 테두리를 벗어나지 않을 것으로 보인다. 그러므로 만달리 동굴의 6층은 중석기시대[83]보다 후기 구석기시대의 늦은 시기로 보는 편이 옳다고 생각된다. 한편 6층에서 발굴된 동굴하이에나와 같은 사나운 짐승이 절멸하게 된 원인 가운데 하나는 후기 갱신세 말기에서 현세로 넘어오는 시기의 급격한 기후 변화와 그에 따른 생태 환경의 변화[84]로 인한 먹이사슬의 균형 관계가 깨지면서 나타난 현상으로 해석될 수 있다.

만달리 동굴에서 짐승 화석은 3·5·6층에서 주로 나온다. 이것은 이와 같은 지층이 형성되었을 당시, 사람 또는 짐승들에 의하여 만달리 동굴이 이용되었음을 알려준다. 그런데 3층에서 온전한 개체의 동굴하이에나 화석이 발견되었다는 내용은 3층에서 나온 짐승 뼈가 사람뿐만 아니라 식육류의 먹잇감과도 관계가 있다는 사실을 보여준다. 앞으로 화석환경학(taphonomy)의 관점에서 만달리 동굴유적의 짐승 뼈가 재조사되길 기대한다.

IV. 맺음말

북한 지역에서 발굴 조사된 구석기시대의 유적을 체계 있게 검토하는 작업에는 많은 어려움이 뒤따른다. 그것은 무엇보다도 유적을 직접 둘러보거나 발굴된 유물을 볼 수 있는 기회를 갖는다는 것이 불가능하기 때문이다. 그러나 발굴된 유적의 보고 내용을 통하여 여러 유적에서 설정된 연대 문제에 대한 검토는 충분히 가능하다고 생각되며, 이와 같은 작업은 북한을 포함한 한국 전체의 구석기시대 연구와 밀접한 관련을 맺는다.

대체로 지금까지 북한 지역에서 보고된 구석기 유적의 연대는 짐승 화석, 사람 화석, 석기 등을 바탕으로 설정되었다. 그러나 출토 유물의 지층 관계가 층위별로 자세하게 서술되지 않고 있으며, 퇴적층 자체에 대한 지질학적 분석 결과가 거의 없기 때문에 퇴적의 형성 시기에 따른 자연 환경의 변화와 각 유적의 상대 연대를 추론하는 데 힘든 점이 많다. 앞에서 몇몇 동굴 안에 쌓인 퇴적물의 기원이 지층별로 차이가 있는 것으로 나타나지만, 동굴 주변의 환경 변화에 관련된 퇴적학상의 분석 작업은 제대로 이루어지지 않고 있다.

북한 지역의 후기 갱신세 동굴유적의 경우, 따뜻한 시기에 형성된 퇴적의 바탕 물질(matrix)은 동굴 외부에 기원을 둔 요소가 강하다. 그러한 퇴적의 아래층, 곧 단구의 퇴적물은 모래층,

---

and London.

83 력사연구소·고고학연구소 1991. 앞 책, 77-80쪽. 그 뒤 만달리 동굴유적의 석기를 후기 구석기시대로 다룬 글(어해남 1994. 앞 논문)이 발표되었다.

84 Vereshchagin, N.K. and G.F. Baryshnikov 1989. *op. cit.*, p. 497.

모래＋자갈층, 자갈층과 같은 특성의 전체 또는 부분적인 양상을 보여준다. 반면에 추운 시기의 퇴적은 동굴 내부에 기원을 두면서 물리 풍화작용과 관련된 석회암 낙반석 등이 특징 있게 나타나고, 이 낙반석은 물 작용 등에 의하여 동굴 밖으로부터 흘러들어온 토양에 섞여 있는 경우가 대부분이다.

검은모루 동굴을 비롯하여 승리산 동굴이나 만달리 동굴유적 등에는 짐승 화석 포함층이 층위별로 존재하지만, 각각의 지층에 따른 동물 화석의 자세한 구성 관계가 별로 언급되지 않고 있다. 예를 들어, 만달리 동굴유적의 후기 갱신세 퇴적층(밑층)에서 보고된 털코뿔소와 짧은꼬리원숭이 종류가 어떠한 지층 속에서 출토되었는지는 전혀 설명되지 않았다.

현재 북한에서는 검은모루 동굴의 퇴적층을 약 100만 년 전으로 잡고 있다. 그러나 그와 같은 시기에 해당하는 만주 지역의 환경 조건은 검은모루 유적에서 이야기되었던 것과 많은 차이를 보여준다. 만약 검은모루 유적의 연대가 100만 년 전이라면, 당시 주변 환경은 아열대성보다는 오히려 추운 기후에 어울릴 수 있는 짐승 화석과 퇴적상의 증거가 있어야 할 것이다. 검은모루 동굴에서 보고된 습들쥐도 그 이빨의 생김새로 볼 때, 전기 갱신세에 절멸한 습들쥐로 가늠하기 어렵다. 따라서 검은모루 동굴유적을 약 100만 년 전으로 잡기는 어려울 것 같다. 금우산 유적의 짐승 화석과 견준다면, 검은모루 동굴유적은 중기 갱신세의 늦은 시기로 설정될 가능성이 높다고 생각된다.

한국의 강줄기 또는 바닷가 근처에는 여러 시기의 단구가 높이를 달리하며 형성되었다. 여러 단구 가운데 두 번째 단구 위에 놓인 퇴적층에서 구석기시대의 유물이 발굴되는 경우가 차츰 많아지고 있다. 그러므로 두 번째 하안 단구의 형성 시기는 구석기 유적의 상한 연대를 추정하는 데 매우 중요하다고 생각된다.

승리산 동굴, 용곡 동굴, 만달리 동굴유적에서 발굴된 사람 화석은 그 퇴적의 형성 시기가 후기 갱신세의 것임을 보여준다. 그런데 앞에서 말한 각 유적의 아래층은 강물 높이가 지금보다 일정하게 높았던 시기에 형성된 퇴적상의 공통된 특징을 지니고 있으며, 그 시기는 마지막 간빙기와 일치하는 것으로 나타난다. 강안리 유적의 제2황토층 아랫부분에서도 두 번째 하안 단구에 해당하는 퇴적물이 쌓여 있다. 이런 점은 두만강과 대동강 일대의 두 번째 단구 퇴적이 서로 같은 기간 동안 이루어졌음을 입증해준다. 그리고 현재의 강바닥에서 두만강이나 대동강 유역의 단구와 비슷한 높이를 지닌 한강 유역의 두 번째 단구도 마지막 간빙기에 형성되었음을 뒷받침해준다.

요컨대 두 번째 단구층 윗부분에 쌓여 있는 퇴적물 속에서 발견되는 석기는 중기 구석기시대 이후에 해당하며, 그러한 퇴적 성격은 지역별로 서로 떨어져 있는 문화층의 상호 비교에도 좋은 자료가 된다고 말할 수 있다. 이와 아울러 한데유적의 경우, 그와 같은 퇴적물에 흔히 들어 있는 토양 쐐기 구조는 당시의 환경과 지층의 상호 대비에도 중요한 잣대가 될 것이다. 한데유적에서 쐐기 구조가 발달하였던 시기에 석회암 동굴유적의 퇴적층에서 낙반석이 증가되는 현상이 일어났던 것으로 추론된다.

【출처】 한창균 1997. 「북한의 구석기 유적 연구」, 『백산학보』 48, 5-31쪽.

북한의 선사시대 뗀석기 연구

I. 머리말

1930년대 함경북도 강안리(옛 지명, 동관진) 유적에서 흑요석기가 출토한 이후, 해방 이전까지 북한 지역에서 선사시대의 뗀석기가 발굴된 유적은 없다. 해방 이후, 1940년대 말부터 1950년대 중반에 이르기까지 북한에서는 뗀석기가 나오는 유적에 관한 지표 조사를 추진하여 함경북도를 중심으로 여러 곳에서 선사시대의 뗀석기를 발견하였다(황기덕 1957a ; 1957b). 그러나 당시까지만 하여도 아직까지 북한에서는 신석기시대와 청동기시대의 유물을 체계 있게 가늠할 수 있는 기준이 마련되어 있지 않았다.

더욱이 구석기시대의 것으로 널리 인정받을 수 있는 유적이 없었기 때문에 강안리 유적에서 출토한 뗀석기도 신석기시대의 것으로 받아들이는 경향이 강하였다(황기덕 1957b. 53쪽). 1960년대 초, 함경북도 화대군 장덕리에서 털코끼리(맘모스)의 화석이 발견되었고(김신규 1962), 이것은 앞으로 북한 지역에서 구석기시대의 유적이 발견될 가능성을 높여주었다. 이런 과정을 거치며, 이미 잘 알려진 바와 같이 마침내 1960년대 초반, 함경북도 선봉군 굴포리 유적에서 구석기시대의 석기가 발굴되었다.

현재 북한에서 구석기시대의 석기가 발견된 곳은 함경북도, 함경남도, 평양시, 평안남도, 황해남도 일대이다. 함경북도의 굴포리 유적을 제외한 나머지는 모두 석회암 지대에 분포하는 동굴유적이다. 자강도, 양강도, 평안북도, 강원도 등에서 구석기시대 시대의 석기가 발견된 유적은 한 군데도 없다. 이러한 점은 굴포리 유적의 발굴 이후, 북한 고고학계의 구석기유적 조사가 주로 석회암 지대의 동굴유적을 중심으로 이루어진 데에 원인이 있을 것으로 생각된다.

구석기가 발굴된 동굴유적에서는 평양시의 검은모루와 용곡리 1호 동굴, 함경남도의 용남리, 평안남도의 금평리, 황해남도의 냉정골 등이 있다. 굴포리 한데유적을 포함하여 북한에서는 구석기시대 전기부터 후기에 이르는 곳에서 뗀석기가 출토하는 것으로 연구되고 있다. 평양시 만달리 유적은 후기 구석기시대 늦은 시기로 추정되지만, 현재 북한에서는 이 유적의 연대를 중석기시대로 설정하였다.

한편 신석기시대 또는 청동기시대의 유적에서 뗀석기가 발견된 곳은 구석기시대에 비하여 매우 많은 편이다. 특히 이와 같은 시기에 해당하는 유적에서 뗀석기를 제작하는 데 가장 널리 쓰였던 암질은 흑요석이다. 함경북도의 굴포리와 범의구석 및 농포리, 자강도의 토성리, 함경남도의 강상리 유적 등에서 신석기시대의 흑요석기가 많은 양으로 출토하였다. 청동기시대의 유적으로 흑요석기가 발굴된 곳으로는 자강도의 심귀리와 공귀리, 함경북도의 범의구석과 오동 및 굴포리를 비롯한 초도 유적 등이 있다. 이 밖에 여러 지역의 원시 및 고대 유적에서 흑요석기가 조사되었다.

이 글에서는 1950년대부터 현재에 이르기까지 북한에서 보고된 구석기시대, 신석기시대, 청동기시대 등의 뗀석기를 중심으로 이에 관한 북한 고고학계의 연구 흐름과 특성을 알아보고, 그에 따른 뗀석기의 제작 수법과 분류에서 제기되는 문제점을 살펴보고자 하였다. 신석기시대 또는 청동기시대의 경우는 여러 유적에서 출토하여 수량도 많을 뿐만 아니라 뗀석기의 특징을 잘 보여주고 있는 흑요석기만을 주된 대상으로 하였다.

뗀석기의 제작 수법과 석기의 분류에 관한 용어는 현재 북한과 남한에서 서로 달리 표현되는 경우가 많다. 이 글의 목적이 그러한 용어상의 차이를 밝히는 데 있지 않으므로, 여기서는 편의상 북한 고고학계에서 사용하는 용어를 거의 대부분 그대로 받아들이며 글을 서술하였다.

II. 유적 개관

1. 구석기시대

현재까지 북한 지역에서 구석기시대의 석기가 발굴된 유적으로는 함경북도 선봉군 굴포리 유적(도유호 1964 ; 도유호·김용남 1965 ; 김용간·서국태 1972), 상원군 검은모루 유적(고고학연구소 1969). 대흥리 유적(궁성희 1993), 용곡리 유적(전제헌 외 1986), 중리 독재굴 유적(궁성희 1993), 평양시 승호구역 만달리 유적(김신규 외 1985), 함경남도 금야군 용남리 유적(박영일 2000), 평안남도 성천군 금평리 유적(궁성희 1996), 황해남도 태탄군 의거리 냉정골 유적(궁성희 1999) 등이 있다. 이들 유적 가운데 굴포리를 제외한 나머지는 모두 동굴유적이다. 함경북도 온성군 지경동 유적에서 중석기시대의 세석기가 출토하는 것(력사연구소 1979)으로 알려져 있으나, 자세한 내용은 아직까지 발표되지 않은 것으로 생각된다. 다음에서는 앞에서 말한 구석기 유적 중에서 각 유적에 대한 보고 자료가 우리에게 알려진 것만을 중심으로 그 내용에 대하여 살펴보기로 하겠다.

1) 굴포리 유적

신석기시대의 조개더미 아래층에 있는 갱신세의 고토양층에서 굴포문화 1기와 굴포문화 2기의 석기가 발굴되었다. 굴포문화 1기(ㄷ-Ⅳ층, 암황색 진흙층, 두께 약 90cm)는 약 10만 년 전의 중기 구석기시대, 그리고 굴포문화 2기(ㄷ-Ⅴ층, 모난 또는 둥근 자갈이 섞인 진흙층, 두께 약 40cm)는 약 4~3만 년 전의 후기 구석기시대에 속하는 것으로 연구되었다(도유호 1964 ; 도유호·김용남 1965 ; 김용간·서국태 1972). 굴포문화 1기 및 2기에서 발굴된 석기의 돌감과 종류는 〈표 1〉과 같다.

〈표 1〉 굴포문화 1기 및 2기의 돌감 종류와 석기의 종류

구분	돌감	석기의 종류
1기	조정화강암, 석영	찍개, 칼, 속돌, 격지 석기
2기	대리석, 각암(각혈암)	밀개, 긁개(칼), 찍개 모양 석기, 부정형 석기

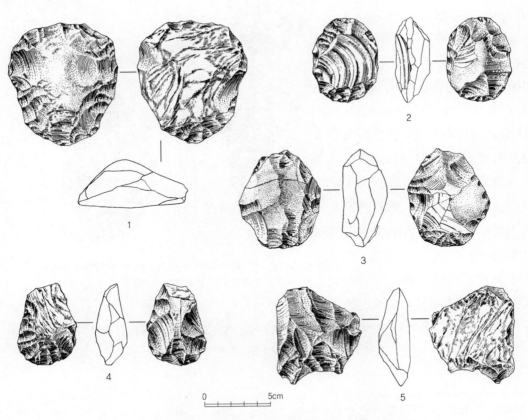

0   5cm

〈그림 1〉 굴포문화 2기층의 석기(조선유적유물도감 편찬위원회 1988)

굴포문화 1기층의 석기는 내리쳐깨기와 때려내기, 2기층의 석기(그림 1)는 때려내기, 대고때리기 및 눌러뜯기(잔손질) 수법에 의하여 제작된 것으로 보고되었다. 한편 굴포리 유적과 가까운 부포리 덕산 유적에서도 대고때리기 및 눌러뜯기 수법으로 만든 석기가 채집되었다. 석기의 암질은 각암과 부싯돌인데, 각암이 대부분을 차지한다. 석기의 종류로는 긁개, 찍개, 칼, 속돌 등이 있다. 덕산에서 찾은 유물 중에는 굴포문화 2기와 시기가 비슷한 것과 중석기시대에 속하는 석기가 있는 것으로 연구되고 있다.[1]

2) 검은모루 유적

상원강 언저리에 있는 검은모루 유적의 제4구획(길이 10m, 화석층의 두께 약 1.5m)에서 석기가 발굴되었다. 퇴적의 윗부분에 놓인 4층 (두께 약 50cm)은 붉은 갈색의 자갈이 엉겨 굳은 층인데, 이 층에서 동물 화석과 함께 규질석회암으로 만든 주먹도끼 모양 석기, 제형 석기(梯形石器), 반달형 석기, 뾰족끝 석기, 쪼각 석기 등이 출토하였다 (그림 2). 이 밖에 사용한 흔적이 있는 맥석영 자갈돌이 출토한 것으로 보고되었으나, 이에 관한 자세한 내용은 알려져 있지 않다. 가공된 석기는 내리쳐깨기 또는 때려내기에 의하여 제작된 것으로 발표되었다(고고학연구소 1969 ; 조선유적유물도감 편찬위원회 1988). 현

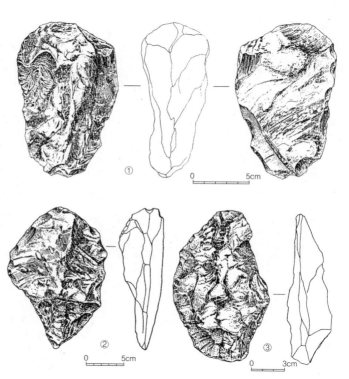

〈그림 2〉 검은모루 유적의 석기(조선유적유물도감 편찬위원회 1988).
① 주먹도끼 모양 석기 ② 뾰족끝 석기 ③ 반달형 석기

재 북한에서는 검은모루 유적의 연대를 100만 년 전으로 잡고 있다(김용간 1990).

---

1 예를 들어, 반달 모양으로 생긴 칼날은 눌러뜯기 수법에 의하여 다듬어졌으며, 그 시기는 1만 2천 년~9천 년 전에 해당하는 것으로 서술되었다(력사연구소 1979. 57쪽).

3) 만달리 유적

대동강으로 흘러드는 남강 언저리에 자리를 잡은 만달리 유적의 퇴적은 겉층(신석기시대, 두께 20~30㎝), 가운데층(후기 구석기시대, 두께 160~200㎝), 밑층(두께 300~400㎝)으로 이루어진다. 석기가 나온 지점은 가운데층의 아랫부분으로서 석회암이 섞여 있는 회색빛의 진흙층(두께 약 40㎝)이다. 발굴된 석기는 모두 13점이다. 석기는 흑요석제 9점(속돌 7점, 격지 2점), 규암제 1점(속돌), 석영제 3점(격지 1점, 마치 2점)으로 이루어졌다(그림 3 참조). 석기 제작에는 때려내기, 대고때리기, 눌러뜯기 수법이 활용되었던 것으로 보고되었다(김신규 외 1985). 만달리 유적에서 나온 석기의 연대에 대하여 김용간(1990)은 상부(후기) 갱신세 말~현세 초의 중석기시대, 그리고 어해남(1999)은 후기 구석기시대 말~중석기시대 초로 보고 있다. 만달리 유적의 퇴적 상황으로 판단할 때(한창균 1997), 석기가 나온 층은 후기 구석기시대 늦은 시기로 추정된다.

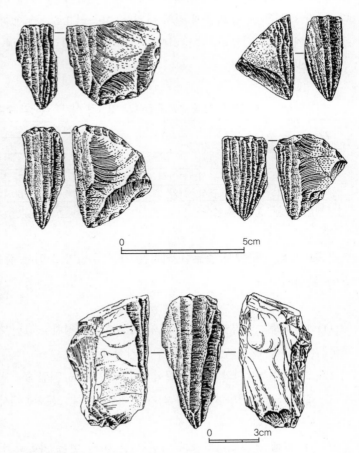

〈그림 3〉 만달리 유적 석기(조선유적유물도감 편찬위원회 1988).
위 : 흑요석, 아래 : 규암

4) 용곡리 유적

검은모루 유적에서 남쪽으로 약 5㎞ 떨어진 곳에 있는 용곡리 유적은 상원강으로 흘러드는 문포천 언저리에 자리를 잡고 있다(전제헌 외 1986). 용곡리에서는 두 군데의 동굴유적이 발굴되었고, 구석기시대의 석기는 1호 동굴에서만 출토하였다. 1호 동굴에 쌓인 퇴적의 두께는 21.05m이며, 13개의 퇴적층으로 이루어진다. 퇴적의 아래쪽에 있는 1~7층은 하성 퇴적층(두께 5.75m)으로 비문화층이다. 8~13퇴적층(두께 15.30m) 중에서 구석기시대의 석기가 나온 곳은 8층(1문화층,

두께 165㎝), 9층(2문화층, 두께 180㎝), 10층(3문화층, 두께 100㎝), 11층(4문화층, 두께 240㎝)이다. 사람 화석은 2~4문화층에 걸쳐 나왔다. 용곡리 1호 동굴에서는 66점의 석기와 13점의 석재(석기를 만들기 위한 재료)가 출토하였다. 각 문화층별로 나타난 석기, 석재, 제작 수법 등을 보면 〈표 2〉와 같다.

〈표 2〉 용곡 1호 동굴에서 발굴된 석기, 석재의 수량, 암질, 제작 수법

구분	석기		석재		제작 수법
	수량	암질	수량	암질	
4문화층	20	석영, 규석	?		대고때리기, 눌러뜯기
3문화층	14	석영, 규석, 화강석	6	석영, 규석, 화강석	내리쳐깨기, 때려내기, 눌러뜯기
2문화층	21	석영, 규석, 사암	4	규석, 사암, 화강석	내리쳐깨기, 때려내기
1문화층	11	석영, 사암	3	석영, 규석	내리쳐깨기, 때려내기

용곡리 1호 동굴에서 출토한 석기는 가공 수법과 쓰임새 등을 고려하여 각 문화층별로 다음과 같이 분석되었다.

(1) 1문화층 : 석영제 석기가 거의 대부분을 차지한다. 1면 가공 석기, 2면 가공 석기, 3면 가공 석기 중에서 1면 가공 석기가 가장 많다.

(2) 2문화층 : 석기의 암질은 규석 52%, 석영 36%, 사암 8%, 화강석 4%이다. 1면 가공 석기보다는 2면 가공 석기와 3면 가공 석기가 대부분이다. 2문화층에서 출토한 석기는 다섯 가지 유형으로 구분되었다.

　① 첫째 유형 : 강자갈의 양면 또는 여러 면을 가공하여, 가공된 날 부분이 조금 둥글거나 산 모양을 한 석기.

　② 둘째 유형 : 강자갈의 양면 또는 여러 면을 가공하여, 끝 부분을 뾰족하게 만든 석기.

　③ 셋째 유형 : 둘째 유형보다 날 부분이 날카롭게 생겨서 무엇을 찍거나 쪼개는 데 쓰였다고 추정되는 석기.

　④ 넷째 유형 : 날 부분이 뾰족한 석기.

　⑤ 다섯째 유형 : 강자갈을 깬 쪼각 또는 절반짜리를 일부 가공하거나 예리한 날을 그대로 썼을 것으로 추정되는 석기.

(3) 3문화층 : 석영제 석기가 80%를 차지한다. 때려내기 수법이 기본이고, 눌러뜯기 수법이 새롭게 나타남. 작은 석기와 끝이 뾰족한 석기의 수가 늘어남.

　① 첫째 유형 : 무엇을 찍거나 쪼개는 데 쓰인 석기.

　② 둘째 유형 : 끝이 뾰족한 석기.

③ 셋째 유형 : 둘째 유형보다 끝이 더 뾰족하며 형태가 일정하게 잡힌 석기.

④ 넷째 유형 : 짐승의 가죽을 벗기거나 무엇을 깎는 데 쓰인 석기.

⑤ 다섯째 유형 : 돌칼처럼 만든 석영제 석기.

(4) 4문화층 : 석영제 석기가 80%를 차지한다. 격지 석기가 많은 것이 특징이다.

① 첫째 유형 : 여러 면을 가공하여 만든 끝이 뾰족한 석기.

② 둘째 유형 : 반달 모양으로 가공한 석기.

③ 셋째 유형 : 여러 면을 가공하여 무엇을 새기거나 깎는 데 쓰인 것으로 추정되는 석기.

④ 넷째 유형 : 예리한 날로 무엇을 베는 데 썼을 것으로 추정되는 석기.

⑤ 다섯째 유형 : 날이 톱날처럼 생긴 석기.

⑥ 여섯째 유형 : 큰 돌에서 깨낸 작은 쪼각을 그대로 도구로 썼거나 거기에 일부 가공하여 쓴 석기.

용곡리 동굴유적 발굴 보고(전제헌 외 1986)에서는 열형광법으로 측정된 1·2문화층의 연대가 50~40만 년 전으로 서술되었다. 그 뒤 이 두 문화층에 대한 연대 측정이 다시 이루어졌다. 열형광법에 의하여 1문화층에서는 111000±1000 BP의 측정값이 나왔다. 그리고 우라늄계열 측정(^{230}Th/^{234}U)에 따라 1문화층에서 71000±2000 BP, 그리고 2문화층에서 49900±2000 BP와 46100±2000 BP의 연대가 나왔다(김근식 1991 ; 한창균 1992). 이 동굴유적의 2~4문화층에 걸쳐 나온 사람 화석은 후기 구석기시대에 속하는 신인 단계(*Homo sapiens*)로 북한에서 연구되고 있다(장우진 1989).

5) 용남리 유적

금야강 상류에 자리를 잡고 있는 용남 동굴유적(함경남도 금야군)의 퇴적 두께는 5m이며, 7개의 지층으로 이루어졌다. 이 퇴적층에서 4개의 문화층이 존재하는 것으로 보고되었다(박영일 2000). 퇴적의 아랫부분에 놓인 1·2·3문화층은 석회암 모자갈이 섞인 회색 및 황색 모래층이고, 4문화층은 황색 진흙 고결층이다. 4개의 문화층 가운데 2문화층에서 4점, 그리고 3문화층에서 140점의 석기가 출토하였고, 가장 위쪽의 4문화층에서 흑요석 활촉 1점이 발굴되었다. 2문화층과 3문화층에서 나온 석기의 유형은 석기의 형태와 날의 생김새 및 쓰임새를 고려하여 〈표 3〉과 같이 분류되었다.

〈표 3〉 용남 동굴유적의 2·3문화층에서 나온 석기(박영일 2000)

구분	찍개	밀개	긁개	자르개	격지 석기
3문화층(5·6지층)	14점	23점	11점	15점	77점
2문화층(4지층)	4점				

2·3문화층에서 발굴된 석기는 모두 석영제의 강자갈을 이용하여 제작되었고, 2문화층에서 출토한 밀개류와 긁개류는 굴포문화 2기층 또는 석장리의 위 문화층과 비교되는 후기 구석기시대의 것으로 연구되고 있다. 한편 유형별로 분류된 석기는 석기의 형태와 날의 생김새 및 가공된 면에 따라 다음과 같이 구분되었다.

① 찍개류 : 쐐기형 톱날 찍개, 반달날 찍개, 1면 가공 곧은날 찍개.
② 밀개류 : 오목날 밀개, 반달날 밀개, 곧은날 밀개.
③ 긁개류 : 반원형 곧은날 긁개, 삽날형 톱날 긁개.
④ 자르개류 : 볼록날 자르개, 곧은날 자르개, 세모날 자르개.
⑤ 격지 석기류 : 칼날 모양 격지 석기, 조개껍질 모양 격지 석기, 부리날 모양 격지 석기, 다면날 격지 석기.

용남리 유적에서 출토한 찍개의 경우, 2문화층의 것은 1면 가공으로 제작되었고, 3문화층에서는 양면 가공이 많은 것으로 보고되었다. 그리고 석기의 제작 수법에서 내리쳐깨기, 때려떼기, 대고떼기 등이 관찰되는 것으로 발표되었다.

2. 신석기시대

현재까지 북한에서 신석기시대의 흑요석기가 발굴된 곳은 함경북도 선봉군 굴포리의 서포항(김용간·서국태 1972), 함경북도 무산군 무산읍 범의구석(황기덕 1975), 함경북도 청진시 송평구역 농포리(고고학 연구실 1957), 자강도 중강군 토성리 유적(정찬영 1983) 등이 있다. 이 밖에 1956년 강상리 유적에서 채집된 흑요석기(황기덕 1957)는 기원전 3천년기(조선유적유물도감 편찬위원회 1988. 103쪽)에 해당하는 신석기시대의 것으로 추정된다.

1) 서포항 유적

신석기시대 1기층에서 각암과 응회암을 이용하여 만든 활촉, 칼 또는 긁개 종류가 나왔다. 2기층에서도 1기층과 마찬가지로 각암과 응회암으로 제작된 칼 또는 긁개 종류가 출토하였다. 3기층에 들어와 흑요석기가 새롭게 나타나기 시작하지만, 흑요석보다는 각암이 많은 편이다. 흑요석과 각암은 활촉, 칼, 긁개, 창끝, 묶음칼날[2] 등을 제작하는 데 사용되었다. 이 밖에 흑요석으로

---

2 "뼈나 나무 틈에 끼워 칼이나 낫 또는 창끝으로 쓴 것"을 가리킨다(김용간·서국태 1972. 66쪽). '톱날 또는 묶음날'이라고 부르기도 하였으나, 현재는 '끼움날'이라고 부른다(김용간 1990. 138쪽).

된 각추형의 속돌이 출토하였다. 집자리와 퇴적층에서 나온 흑요석 또는 각암의 쪼각은 50여 점이 넘는다. 4기층에서 출토한 뗀석기의 암질은 각암, 응회암, 흑요석이다. 3기층에 비하여 흑요석으로 만든 석기의 종류가 많아진다. 석기로는 활촉, 칼, 긁개, 격지 등이 있다. 5기층의 뗀석기는 흑요석으로 제작되었는데 활촉, 칼, 긁개 등이 있다. 각암으로 만든 뗀석기는 출토하지 않았다. 눌러뜯기 수법은 2~5기층에 걸친 석기에서 관찰되는 것으로 서술되었다(김용간·서국태 1972). 서포항의 신석기시대 문화층은 다음과 같이 시기가 구분되었다(김용간 1990 ; 력사연구소·고고학연구소 1991).[3] 1~2기층 : 전기 신석기시대(기원전 6천년기~5천년기), 3기층 : 중기 신석기시대(기원전 4천년기), 4~5기층 : 후기 신석기시대(기원전 3천년기)(4기층 : 기원전 3천년기 전반기, 5기층 : 기원전 3천년기 후반기).

2) 범의구석 유적

범의구석 1기층은 신석기시대에 속한다. 10여 기에 이르는 1기층의 퇴적층에서 1천여 점의 흑요석기가 발굴되었다(그림 4 참조). 1호 집자리의 경우에 흑요석기와 쪼각이 260여 개 발굴되었다. 1기층에서 나온 석기로는 활촉, 창끝, 긁개, 속돌, 톱날, 쪼각 등이 있다. 흑요석기 중에서 가장 많은 것은 "뾰족하게 가공한 굳은 뼈 또는 사슴뿔 끝으로 강하게 눌러서 따낸 격지와 따내고 남은 속돌"(황기덕 1975. 149쪽)이라고 서술되었

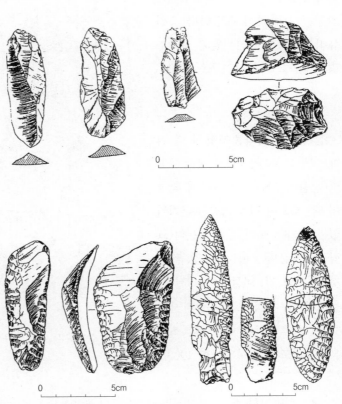

〈그림 4〉 신석기시대, 범의구석 1기층의 흑요석기(황기덕 1975).
그림 아래의 오른쪽 부분 석기 중 2점(온전한 형태)은 교란층 출토.

---

3 최근 북한에서는 청동기시대의 시작을 기원전 4천년기 후반기로 올리면서 신석기시대 각 시기의 연대 폭을 재설정하고 있다. 곧 전기는 기원전 6천년기 중반기, 중기는 기원전 6천년기 후반기~5천년기 전반기, 후기는 기원전 5천년기 후반기~4천년기 전반기로 구분하였다. 이러한 기준을 적용하여 대동강 유역 일대의 신석기시대에 관한 글(김용간 1999)이 발표된 바 있지만, 우리나라의 신석기시대를 그와 같은 틀 속에서 전체적으로 검토한 글은 아직까지 북한에서 나오지 않았기 때문에 이 글에서는 1990년대 초반 이전에 간행된 자료를 바탕으로 신석기시대의 시기를 편년하였다. 청동기시대의 경우에도 1990년대 초반 이전의 시기 구분을 따랐다.

다. 유적의 연대는 기원전 3천년기 후반기이다(조선유적유물도감 편찬위원회 1988 ; 력사연구소·고고학연구소 1991).

3) 농포리 유적

이곳에서는 2546점에 이르는 흑요석기가 출토하였다. 전체 출토 유물(3632점) 가운데 흑요석기는 약 70%를 차지한다. 석기 중에는 활촉, 긁개(搔器), 찔개, 송곳(尖頭器), 조도(彫刀), 창끝, 단도 등이 있는 것으로 보고되었다(고고학 연구실 1957). 유적의 연대는 기원전 후반기에 해당한다(조선유적유물도감 편찬위원회 1988 ; 력사연구소·고고학연구소 1991).

4) 토성리 유적

집자리와 문화층에서 수백 점에 이르는 흑요석기가 출토하였다(정찬영 1983). 그 가운데 활촉이 3점 있으며 날을 가공한 흔적이 있는 석기는 30여 점이 넘는다(그림 5). 생김새에 따라 긴 것, 짧은 것, 세모난 것, 버들잎처럼 된 것 등이 있다. 유적의 연대는 기원전 3천년기 후반기에 해당한다(조선유적유물도감 편찬위원회 1988).

〈그림 5〉 신석기시대, 토성리 유적의 흑요석기(정찬영 1983)

3. 청동기시대

자강도 시중군 심귀리(정찬영 1983), 강계시 공귀리(김용간 1959. 현재 지명은 공귀동), 함경북도 무산군 무산읍의 범의구석(황기덕 1975), 회령군 회령읍 오동(고고학 및 민속학 연구소 1960), 선봉군 굴포리 서포항(김용간·서국태 1972), 나진시 유현동 초도(고고학 및 민속학 연구소 1956) 등에서 흑요석으로 만든 석기가 출토하였다. 이 밖에 평안북도 천마군 신시리의 돌상자무덤(돌관무덤)에서 흑요석기와 단검이 출토한 것으로 보고되었다(궁성희 1995c).

1) 초도 유적

조개더미와 그 주변 지역에서 흑요석으로 만든 활촉, 첨두기, 긁기(搔器), 타열편(쪼각) 등 26점이 나왔다. 석기 중에는 뜯어내는 가공을 한 것이 있다(고고학 및 민속학 연구소 1956). 유적의 연대는 기원전 2천년기 후반기~기원전 1천년기 초에 해당한다(조선유적유물도감 편찬위원회 1988).

2) 공귀리 유적

집자리, 구덩이, 부식토층에서 280여 점의 흑요석기 및 그 파편(쪼각)이 발굴되었다(김용간 1959). 유물 중에서 일정한 형태를 갖춘 것이 60여 점이고, 나머지 대부분은 쪼각이다(그림 6 참조). 크기는 대부분 5㎝ 미만이다. 형태, 용도, 제작 기법 등을 고려하여 다음과 같은 다섯 가지로 구분되었다.[4]

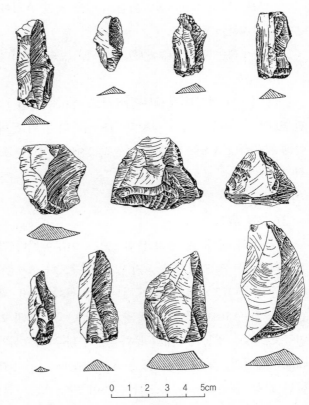

〈그림 6〉 청동기시대, 공귀리 유적의 흑요석기(김용간 1959)

(1) 첫째는 뾰족한 끝으로 구멍을 뚫는 데 쓰였다고 추정되는 것이다(16점). 석기 가운데는 갈린 흔적 또는 타압 수정(打壓修正)을 한 흔적이 있다.

(2) 둘째는 한 변의 길이가 3㎝ 미만의 납작한 것으로 날이 반월형을 이루는 것이다(21점). 석기 가운데는 타

---

4 이 밖에 흑요석제 타제 석기의 수정 공구로 '매부리형 석기'가 보고되었다. 이것은 종래 석시(石匙)라고 불렸던 것으로 매의 부리 모양으로 생겼다(김용간 1959). 북한에서는 1950년대 중반부터 오동에서 출토한 석시가 타제 석기를 수정하는 데 쓰였던 것으로 보았다(도유호 1955). 그리고 오동 유적의 발굴 보고에서는 매부리형 석기에 관하여, "발굴하는 기간 중에 실물을 가지고 시험하여 본 바에 의하면 매부리는 흑요석기의 수정(修正)을 가하는 데에 쓰던 연장임이 분명하다. 소위 압출 수정(壓出修正)에 쓰던 《눌러뜯개》라고 보인다. 그 후 강계 공귀리와 청진 농포리의 흑요석 타제 석기를 출토하는 유적에서도 매부리를 발견함으로써 이런 추정을 더 증명할 수 있게 되었다."(고고학 및 민속학 연구소 1960. 37쪽)라고 설명하였다. 한편 이와 형태가 비슷하지만 돌이 아닌 진흙으로 빚어 만든 것이 연해주 지역에서 출토하였는데, 쏘련 학자들은 이를 가리켜 '곰'이라고 불렀다(김용간 1958). 그런데 범의구석 유적에서 흙으로 빚어 만든 같은 생김새의 유물이 나오면서, 이를 '돼지 조소품'으로 다루었다(황기덕 1962). 이에 따라 범의구석과 오동 유적 등에서 나온 매부리형 석기는 돼지 조소품으로 재분류되었다(황기덕 1975. 203쪽).

압 수정을 한 것이 있다. 날이 예리한 것은 무엇을 째거나 베는 데 쓰였던 것으로 짐작된다. 매우 작은 것은 삽입 도구(挿入道具)로 사용되었을 가능성이 있다.

(3) 셋째는 둘째와 마찬가지로 길이가 3㎝ 미만이지만, 좁고 긴 것으로 예리한 날이 있는 엷은 격지이다(9점). 둘째의 것과 쓰임새가 같았다고 추정된다.

(4) 넷째는 셋째 것들보다 약간 크며 타출 기술(打出技術)에 의한 타흔(打痕), 타면(打面), 뿔부스가 있는 격지이다(15점). 타압 수정을 가한 흔적이 없는 것도 있으나 날이 예리한 칼날 같은 격지들이다.

(5) 다섯째는 측결형(側缺形) 석기와 같은 형태이다(3점).

한편 파괴된 석상분(돌관무덤)에서도 흑요석 파편 1점과 관옥(측관 출토) 등이 발굴되었다(김용간 1959). 공귀리 유적의 청동기시대 집자리는 위 문화층(1·4·5호 집자리, 기원전 1천년기 초)과 아래 문화층(2·3·6호 집자리, 기원전 2천년기 후반기)으로 구분된다(조선유적유물도감 편찬위원회 1988).

3) 오동 유적

이 유적의 집자리는 3개 문화층으로 이루어진다(김용남·김용간·황기덕 1975). 이른 시기의 집자리에서는 흑요석기가 적지 않게 나왔으나, 3기층(5호 집자리)으로 가면서 흑요석기는 차츰 자취를 감춘다(조선유적유물도감 편찬위원회 1988). 흑요석 활촉이 329점 발굴되었는데, 형태가 완전한 것은 101점이다. 활촉의 대부분은 1기층의 2호 집자리에서 나왔다(고고학 및 민속학 연구소 1960). 청동기시대의 문화층에서 나온 흑요석기에는 활촉, 송곳(尖頭器), 긁개, 인기(刀器, lame), 세석기, 측결기(側缺器, lame étranglée), 핵석(核石, nucléus) 등이 있다(그림 7~10 참조). 한편 오동 유적에서는 흑요석 활촉이 박혀 있는 짐승 뼈가 나오기도 하였다.

① 활촉 : 긴 삼각형, 짧은 뽀트형(短艇), 버들잎 모양 등이 있다. 밑부분의 생김새는 곧은 것, 둥그스름하게 오므려 들어간 것, 아주 깊게 패인 것 등이 있다.
② 송곳 : 끝부분 전체가 세모난 것이 많다.
③ 긁개 : 긴 삼각형이 많으며, 둥글고 납작한 것도 있다. 긁개의 주변에는 대개 수정이 가하여졌다.
④ 인기 : 길죽길죽하며, 때때로 격지의 양쪽 옆을 다듬기도 하였다.
⑤ 세석기 : 크기가 2㎝ 안팎이며, 기하형은 없다.
⑥ 측결기 : 격지의 양쪽 옆에 수정을 가하여 우묵하게 도려낸 자리가 있다.
⑦ 핵석 : 모난 연필형 또는 고깔형은 없고, 모두 부정형이다.

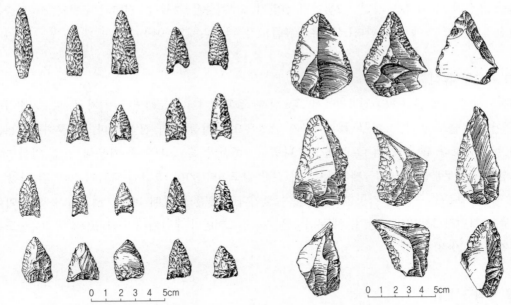

〈그림 7〉 청동기시대, 오동 유적의 흑요석 활촉(고고학 및 민속학 연구소 1960)

〈그림 8〉 청동기시대, 오동 유적의 흑요석기(고고학 및 민속학 연구소 1960)

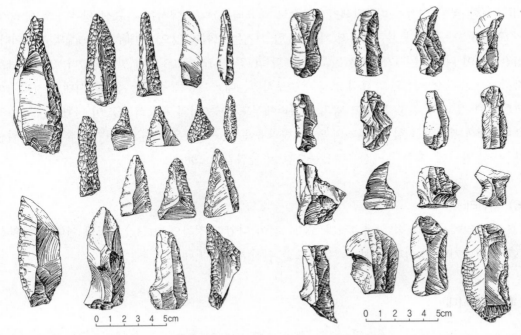

〈그림 9〉 청동기시대, 오동 유적의 흑요석기(고고학 및 민속학 연구소 1960)

〈그림 10〉 청동기시대, 오동 유적의 흑요석기(고고학 및 민속학 연구소 1960)

오동 유적의 1문화층은 기원전 2천년기 전반기, 2문화층은 기원전 2천년기 후반기, 3문화층은 기원전 1천년기 초에 해당한다(조선유적유물도감 편찬위원회 1988).

4) 서포항 유적

청동기시대 아래 문화층의 집자리에서 흑요석 활촉과 격지가 출토하였다. 격지 중에는 가장자리를 뜯어낸 유물도 있다. 1호 무덤의 껴묻거리로 흑요석 창끝이 한 점 나왔다. 위 문화층에서는 아래 문화층보다 많은 양의 흑요석기가 나왔다. 16점의 흑요석 활촉 가운데 가로 자름면이 렌즈형이며 밑부분을 오므려들게 만든 것이 절반 정도이다(7/16). 흑요석 쪼각이 50여 점 나왔고, 그 중에 날 부분을 뜯어내 가공한 것이 20여 점이다(김용간·서국태 1972). 서포항 유적의 아래 문화층은 기원전 2천년기 전반기, 위 문화층은 기원전 2천년기 후반기에 속한다(조선유적유물도감 편찬위원회 1988).

5) 범의구석 유적

2·3·4기층이 청동기시대에 속한다(황기덕 1975). 붉은간그릇이 특색을 이루는 2기층에서는 활촉을 비롯하여 칼, 긁개, 송곳, 쪼각 등 310여 점의 흑요석기가 집자리에서 나왔다. 석기 가운데는 수정을 가한 것이 17점 있다. 갈색간그릇으로 대표되는 3기층에서는 흑요석 활촉과 함께 60여 점의 쪼각이 출토하였다. 수정(2차적 가공)을 한 석기는 보이지 않으며, 대부분 4~5㎝의 쪼각이다. 검정간그릇이 나타나는 4기층에서는 흑요석 활촉(4점)과 쪼각(208점)이 발굴되었다. 8호와 11호 집자리에서는 각각 80점의 흑요석 쪼각이 출토하였는데, 그 유물 중에는 신석기시대 집자리에서 흘러든 것이 있다고 추정된다. 그 밖의 집자리에서도 20~30점의 흑요석 쪼각이 나왔다. 4기층의 흑요석기에서 재가공을 한 것은 거의 없다. 범의구석 2·3·4기층은 기원전 2천년기 후반기~기원전 1천년기 전반기에 속한다(조선유적유물도감 편찬위원회 1988).

6) 심귀리 유적

1호 집자리에서 흑요석 활촉 1점과 쪼각 2점이 나왔다(정찬영 1983). 유적의 연대는 기원전 1천년기 전반기에 속한다(조선유적유물도감 편찬위원회 1988).

4. 철기시대

범의구석 5·6기층에서 흑요석기가 나왔다. 5기층의 경우, 90여 점이 출토하였는데, 그 양은 이 층에서 나온 다른 석기 종류에 비하여 많은 편이다. 그러나 4기층에 비하여 흑요석기의 양은 적다. 5기층에서 발굴된 흑요석제 석기에는 활촉(2점)과 가공된 것(7~8점)이 있으나 4~5㎝ 미만의 쪼각이 대부분을 차지한다. 5기층에서 출토한 흑요석기 중에는 그 이전 시기의 것이 뒤섞였을 가능성이 있다. 6기층에서는 흑요석기가 출토하였으나 그 수가 많지 않다(황기덕 1975). 5기층은 기원전 7세기~5세기, 6기층은 기원전 4세기~2세기에 속한다(조선유적유물도감 편찬위원회 1988).

5. 그 밖의 유적

앞에서 말한 선사시대의 유적을 제외하고, 북한 지역에서 흑요석제 석기가 채집된 곳은 매우 많다. 지표 조사를 통하여 북한의 자강도, 양강도, 함경남북도, 평안북도, 강원도 지역 등에서 선사시대의 흑요석기가 여러 곳 발견되었다(황기덕 1957a ; 1957b ; 리장섭 1958 ; 고고학 및 민속학 연구소 1959 ; 전수복 1960 ; 도유호 1960). 대체로 지금까지 북한에서 조사된 흑요석기의 대부분은 신석기시대 또는 청동기시대와 밀접한 관련이 있는 것으로 생각된다.

앞에서 서술한 유적을 포함하여 현재까지 북한에서 흑요석기가 발견된 유적의 성격을 『조선고고연구』에 수록된 「조선력사유적유물지명표」에 의하여 행정 구역별로 살펴보면 다음과 같다(그림 11 참조).

(1) 평양시(궁성희 1993)
   ① 승호구역 만달리(동굴유적, 후기 구석기)
(2) 양강도(궁성희 1993)
   ① 혜산시 연두동(유물산포지, 원시), 연풍동(유물산포지, 원시)
   ② 김형직군 고읍노동자구(유물산포지, 청동기)
   ③ 풍서군 신명리(집자리, 청동기)
   ④ 보천군 보천읍 주재소(유물산포지, 원시)
(3) 함경북도(궁성희 1994a ; 1994b)
   ① 청진시 송평구역 농포동(조개무지, 신석기), 연진리(유물산포지, 원시), 청암구역 용제리(유물산포지, 원시)
   ② 부령군 금강리(유물산포지, 원시)
   ③ 경성군 경성읍(조개무지, 원시), 경성읍(유물산포지, 원시), 승암노동자구 장평리 원수대(조개무지, 원시)
   ④ 김책시 동흥리(문화층, 원시), 학성동(문화층, 원시)

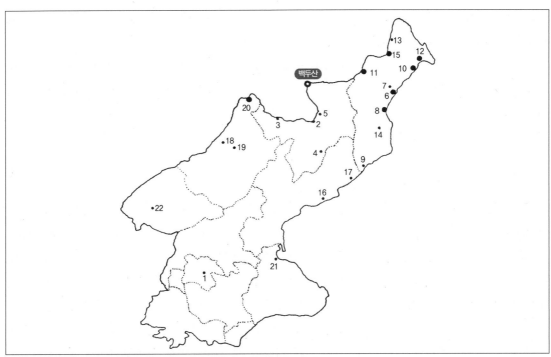

〈그림 11〉 북한에서 흑요석기가 알려진 곳(큰 점은 출토 지점이 많은 지역)

[1] 평양시 만달리. [2] 혜산시 연두동, 연풍동. [3] 김형직군 고읍노동자구. [4] 풍서군 신명리. [5] 보천군 보천읍 주재소. [6] 청진시 송평구역 농포동, 연진리, 청암구역 용제리. [7] 부령군 금강리. [8] 경성군 경성읍, 승암노동자구 장평리 원수대. [9] 김책시 동흥리, 학성동. [10] 나진시 관해동, 낙산동, 이진동, 방진동, 안주동, 역전동, 유현동 대초도. [11] 무산군 무산읍 범의구석, 성천동, 새골리. [12] 선봉군 선봉읍, 송평동, 용수동, 굴포리 서포항. [13] 온성군 강안리, 하삼봉리. [14] 화성군 광암리, 화룡리. [15] 회령시 회령읍 오동, 남산리, 대덕리, 낙생리, 성북리, 송학리. [16] 신포시 강상리. [17] 단천시 오몽리. [18] 강계시 공귀동. [19] 시중군 안찬리, 심귀리. [20] 중강군 오수리, 장성리, 중덕리, 토성리. [21] 원산시 중평리. [22] 천마군 신시리.

⑤ 나진시 관해동 소청(조개무지, 원시), 낙산동 삼일포(유물산포지, 원시), 이진동 다호미(유물산포지, 원시), 방진동 간진(유물산포지, 원시), 안주동 해산구미(유물산포지, 원시), 역전동 월봉(유물산포지, 원시), 유현동 대초도(집자리 및 무덤, 청동기)

⑥ 무산군 무산읍 범의구석(집자리, 신석기 및 청동기), 성천동(유물산포지, 원시), 새골리(유물산포지, 미상)

⑦ 선봉군 선봉읍(유물산포지, 원시), 송평동(조개무지, 청동기), 용수동(조개무지, 청동기), 굴포리 서포항(집자림 및 무덤, 신석기 및 청동기)

⑧ 온성군 강안리 수복(문화층, 원시), 하삼봉리(문화층 및 집자리, 원시 및 고대)

⑨ 화성군 광암리 누운돌 유적(문화층, 원시), 화룡리(유물산포지, 원시)

⑩ 회령시 회령읍 오동(집자리, 고대), 남산리 검은개봉(유물산포지, 원시. 황기덕 1957b), 대덕리(유물산포지, 원시), 낙생리(문화층, 원시), 성북리 운두산성 안(유물산포지, 원시),

송학리(강안 단구 및 강안벌, 원시)

   (4) 함경남도(궁성희 1994b ; 1994c)

      ① 신포시 강상리(문화층, 신석기)

      ② 단천시 오몽리(유물산포지, 원시)

   (5) 자강도(궁성희 1995a ; 1995b)

      ① 강계시 공귀동(집자리 및 돌관무덤, 고대), 공귀동(유물산포지, 고대)

      ② 시중군 안찬리(유물산포지, 고대), 심귀리(문화층 및 집자리, 원시 및 고대)

      ③ 중강군 오수리 오수덕(문화층, 원시), 장성리(문화층, 원시), 중덕리 하장(유물산포지, 원시),
        토성리(집자리, 신석기)

   (6) 평안북도(궁성희 1995c)

      ① 천마군 신시리(돌상자무덤, 고대)

   (7) 강원도(궁성희 1997)

      ① 원산시 중평리(유물산포지, 원시 및 고대)

지금까지 알려진 자료에 따르면, 북한에서 흑요석기가 나오는 지역은 대부분 함경북도 일대에 분포한다. 그 다음으로 자강도와 양강도인데, 함경남도의 경우는 많은 편이 아니다. 평양시, 평안북도, 강원도에서 흑요석기가 출토하는 것으로 보고된 유적은 매우 적은 편이다. 백두산의 화산 지대를 중심으로 함경북도와 양강도 및 자강도 지역에 흑요석기가 가장 많이 분포하고 있으며, 이와 같은 지역적인 특성은 흑요석제 석기의 강한 전통을 이해하는 데 도움을 준다(황기덕 1957a. 97쪽).[5]

III. 석기의 제작 수법과 분류

1. 제작 수법과 분류에 관한 용어의 변천

1940년대 말에 초도(1949년 발굴) 유적, 그리고 1950년대 중반에 오동(1954~55년)과 공귀리(1955

---

5 이와 관련하여 황기덕(1957a. 77쪽)은 "함경북도 지방에서 각별한 의의를 가지는 흑요석이나 수석과 같은 석기 제작 원료를 채취한 채석장의 존재에 관해서는 대략 짐작할 수 있으며 무산(茂山), 명천(明川) 등 지방의 흑요석 산지 혹은 동관이나 길주(吉州) 지방의 부시'돌(燧石) 산지 등을 철저히 조사할 필요가 있다."라고 서술하였다.

년) 및 농포리(1956년) 유적 등에서 흑요석기가 발굴되었고, 함경북도 일대를 중심으로 발견되는 흑요석기의 존재에 관하여 북한 학계도 일찍이 주목한 바 있다(도유호 1955). 그러나 그와 같은 유적에서 적용된 뗀석기의 제작 기법과 분류의 기준은 1950년대 후반에 이르기까지 매우 단순하였다. 석기의 제작 기법에 관한 용어는 거의 등장하지 않으며, 석기의 날을 다듬는 기법으로 '뜯어내는 가공'(고고학 및 민속학 연구소 1956), 또는 '타압 수정'(고고학 연구실 1957) 등이 나타날 뿐이다. 뗀석기와 관련하여 첨두기(尖頭器), 긁개(搔器), 칼날, 송곳, 조도(彫刀), 인기(刃器) 또는 석인(石刃), 석엽(石葉), 석핵(石核) 또는 핵석(核石), 괄삭기(刮削器), 측결기(側缺器) 등과 같은 용어가 쓰였다(황기덕 1957a ; 고고학 연구실 1957 ; 고고학 및 민속학 연구소 1958).

1950년대 말에 간행된 공귀리 발굴 보고서(김용간 1959)에서는 타출 기법(打出技法), 타압 수정(打壓修正) 및 격지와 같은 용어가 등장하며, 격지의 특징을 보여주는 요소로서 타면(打面), 뽈부스, 타흔(打痕) 등의 낱말이 사용되었다. 그런데 이 보고서에서 관심을 끄는 것은 유적에서 발굴된 석기(흑요석기)를 형태와 제작 기법 및 용도에 따라 분류하려고 시도했다는 점이다. 그 뒤 뗀석기에 대한 내용이 몇몇 글(고고학 및 민속학 연구소 1960 ; 도유호 1960 ; 황기덕 1960)에 서술되었지만 석기의 제작 기법과 형태 등에 대한 분류에는 큰 변화가 없었다.

석기의 제작 기술과 격지에 나타나는 특징을 좀 더 자세하게 구분하였던 것은 1960년대 초반의 일이다. 함경북도 장덕리에서 털코끼리의 화석이 발견되면서(김신규 1962), 구석기 유적의 존재 가능성이 높아지게 되었고, 이에 따라 구석기의 제작 수법에 관하여 높은 관심을 갖게 되었다.

도유호(1962)는 양면 가공 기술과 일면 가공 기술에서 보이는 석기 제작의 특징과 그에 따른 발전 과정을 소개하면서 격지에서 관찰되는 여러 가지 요소를 설명하였고, 주먹도끼 등과 같은 용어를 사용하였다. 그는 양면 가공 기술과 일면 가공 기술에 관하여 다음과 같이 설명하였다.

(1) 양면 가공 기술 : "원칙적으로 돌 한 개를 가지고 석기 한 개를 만들며 또 돌의 한쪽 끝 전체에 걸쳐서 량쪽 면에 모두 가공하는" 기술이다. "돌 하나로써 량면 가공 기술에 의하여 석기 하나를 만드는 경우에는 돌멩이의 한쪽 끝을 쳐서 끝이 뾰족하고 량쪽에 대칭적으로 날이 서게 하였는데, 쉘 시기의 것은 그 날이 곧지 못하고 지그자그, 다시 말하면 꼬불꼬불하게 되었으나, 아쉘 시기의 것은 곧다."(도유호 1962. 51-52쪽)

(2) 일면 가공 기술 : "돌 하나를 가지고 석기 여러 개를 만들며 또 한쪽 면에만 가공한다. (…) 결국 돌멩이 하나에서 격지 여러 개를 뜯어내는 셈으로 되는데 모체인 돌멩이에서 떨어져 나오면서 비로소 생긴 면에는 아무 가공도 하지 않는다. 그 반대면에 손질한 흔적이 보이나 그것도 결국은 주로 격지가 떨어져 나간 자리를 보여줌에 불과하다. 후에 수정(修正)하는 방법 즉 다듬질하는 방법이 나타날 때까지는 단순히 이상과 같은 방법으로 석기를 만들었던

것이다."(도유호 1962. 51-52쪽)

요컨대 도유호는 석기의 제작 기법이 '양면 가공 기술→일면 가공 기술'로서 변화되며, 양면 가공 기술로 제작된 것이 바로 주먹도끼라고 설명하였다. 이러한 그의 관점은 몸돌 석기(주먹도끼) 전통의 뒤를 이어 나타나는 것이 격지 석기 전통이라는 점과 일치한다. 한편 그는 격지에서 관찰될 수 있는 특징으로 때린자리(타격면)를 비롯하여 혹(불부쓰), 때린 흠점(타흔), 가로 물결진 면, 세로 몇 줄의 금 등에 관하여 자세하게 예를 들었다. 이렇듯 1960년대 초반으로 오면서 석기의 제작 기법에 관한 이해가 차츰 넓혀지기 시작하였고, 관련 용어를 우리말로 바꾸어 쓰려는 노력도 함께 이루어졌다. 1960년대 초반, 굴포리에서 구석기시대의 석기가 발견되었지만, 그 제작 수법에 대한 논의(도유호 1964 ; 도유호·김용남 1965)는 그 이전에 발표된 내용과 큰 차이가 없었다.

해방 이후 북한에서 뗀석기의 제작 기법과 격지 및 쪼각 등에 관한 구분이 일관성 있게 적용되기 시작한 것은 1960년대 말부터이다. 이에 관하여 검은모루 동굴의 발굴 중간 보고에 서술된 내용을 간단하게 살펴보면 다음과 같다(고고학연구소 1969).

① 석기의 제작 기법 : 내리쳐깨기, 때려내기, 대고때리기.
② 격지 : 때린면(종래의 타면), 불룩이[6](종래의 뽈부스), 때린점(종래의 타격점), 흠(종래의 타흔) 이 나타나는 유물.
③ 쪼각 : 큰 돌덩이에서 쪼개낸 쪼각이지만, "풍화가 심하여 때린면, 때린자리, 흠, 불룩이 등을 명백히 가려볼 수 없는 유물"(고고학연구소 1969. 22쪽).
④ 쪼각자리 : "때려내기로 쪼각을 뜯어내고 남은 흔적"(고고학연구소 1969. 21쪽).

그리고 석기의 형태, 제작 기법, 용도에 따라 검은모루 유적에서 출토한 석기를 주먹도끼 모양 석기, 제형 석기, 뾰족끝 석기 등으로 분류하였다.[7] 한편 검은모루 유적 발굴 중간 보고보다 2년 늦게 간행된 글(고고학연구소 1971)에서는 위에서 말한 석기의 제작 기법 이외에 눌러뜯기라는 수법을 더하였는데, 여기서의 눌러뜯기란 "뜯어낸 격지를 가공하기 위하여 (…) 그 표면을 뜯어내는 수법"을 가리킨다(고고학연구소 1971. 25쪽). 그 뒤 1970년대 후반에는 '때린면→때림면, 흠→때린

---

6 이 용어는 그 뒤 불루기(력사연구소 1979 ; 김용간 1984 ; 김신규 외 1985 ; 고고학연구소 1987)라고 표현되기도 하였는데, 1990년 발표된 글에서는 불룩이와 불루기가 병용되어 쓰여졌다(김용간 1990. 18쪽, 66쪽).
7 종래 핵석 또는 석핵이라고 부르던 것을 속돌이라고 표현한 예는 검은모루 유적 발굴 중간 보고의 경우가 처음이라 생각된다.

흠' 등으로 바꾸어 지금까지 통용되고 있다(고고학연구소 1977b. 12-13쪽). 이 밖에 우리에게 가슴눌러떼기로 알려진 수법이 대고때리기와 유사한 수법의 일종으로 다루어지기도 하였다(고고학연구소 1977b. 57-58쪽).

남한에서 발굴된 구석기 유적의 발굴 자료가 북한에서 인용되기 시작한 것은 1970년대 말이다(력사연구소 1979). 이때부터 북한의 글에서 찌르개, 새기개와 같은 용어를 찾아볼 수 있다. 현재는 팔매돌(다각면원구), 자르개(박편도끼), 뚫으개(뚜르개), 홈날, 톱날석기와 같이 그동안 북한에서 사용되지 않았던 명칭들이 남한의 구석기 유적에서 출토한 석기를 설명하는 데 쓰이고 있다(김용간 1990 ; 력사연구소·고고학연구소 1991).

1990년에 들어와 석기의 제작 수법에 관한 용어상의 변화가 조금 있었다. 내리쳐깨기는 종전대로 사용되고 있지만 '때려내기→때려깨기, 대고때리기→대고떼기'로 바꾸었으며, 눌러떼기라는 새로운 용어가 활용되었다(김용간 1990 ; 력사연구소·고고학연구소 1991). 이들 용어에 대한 내용은 다음과 같다.

(1) 때려깨기 : "지난날 때려내기라고 하던 것으로서 석기를 만들려는 돌덩이에 돌마치 같은 것으로 타격을 가하여 깨뜨리거나 때려내는 것을 말한다. 그러므로 어떤 사람들은 함마법 또는 직접타법이라고 부른다."(김용간 1990. 18쪽)

(2) 내리쳐깨기 : "석기를 만들려는 돌덩어리를 손에 쥐고 돌모루 우에 내리쳐서 깨뜨리거나 또는 석기를 만들려는 돌덩어리를 돌모루 우에 올려놓고 다른 돌로 내리쳐서 깨뜨리는 것을 말한다. 이 방법을 어떤 사람들은 대석(모루)기법이라고 하며, 돌모루에 여러번 내리쪼아서 깨뜨리는 방법과 돌모루 우에 놓고 내리쳐서 깨뜨리는 방법을 갈라서 다른 이름을 붙이기도 한다."(김용간 1990. 18쪽)

(3) 대고떼기 : 종전에 대고때리기라고 불렀던 것으로서 "때려떼기와는 달리 깨뜨리려는 돌덩어리 또는 속돌에 끌과 같은 물체를 대고 그것을 내리쳐서 격지 쪼는 쪼각을 떼여내는 간접타격법이다."(김용간 1990. 65쪽)

(4) 눌러떼기 : "깨뜨리려는 돌에 끌과 같은 물체를 대고 그것을 눌러서 격지 또는 쪼각을 떼여내는 수법."(김용간 1990. 65-66쪽)

(5) 눌러뜯기 : "속돌에서 떼여낸 격지나 쪼각의 표면을 눌러서 비늘 같은 부스레기를 뜯어내여 다듬는 석기가공방법."(김용간 1990. 66쪽)

북한에서는 격지의 제작과 가공에 끌 또는 누르개를 사용했는가에 따라 눌러떼기와 눌러뜯기의 차이를 설명한다. 곧 끌이 이용되었을 경우를 눌러떼기, 그리고 누르개가 사용되었을 경우에

눌러뜯기라는 표현을 한다(김용간 1990. 66-67쪽). 이에 따라 어해남(1999)은 대고떼기를 '대고때려 떼기와 대고눌러떼기'로 다시 세분하였다.

한편 만달리 유적에서 출토한 석기에 대한 최근 연구에서는 속돌과 관련된 여러 가지 새로운 용어가 사용되었다. 만달리 동굴유적의 발굴 보고(김신규 외 1985)에서는 특징적인 속돌에서 떼어낸 격지를 '긴 격지, 잔 격지, 좁고 긴 격지' 등으로 설명하였으나, 어해남(1999)은 '돌날, 잔돌날' 또는 '돌날기법, 잔돌날기술' 등의 용어를 적용하여 속돌에 관한 연구를 하였다. 또한 속돌의 겉면에서 격지가 떨어져나간 면을 떼기면이라고 부르며, 때림면과 떼기면이 이루는 각을 떼기각이라 하여, 만달리 유적에서 나온 돌날 속돌의 제작 기법에 관한 연구를 새롭게 진행시키고 있다.

2. 제작 수법과 석기 분류에 관한 검토

앞에서 말한 것처럼, 현재 북한에서는 석기의 제작 기법으로 때려깨기, 내리쳐깨기, 대고떼기(대 고때려떼기와 대고눌러떼기[8]), 눌러뜯기와 같은 용어를 사용한다. 이 가운데 때려깨기는 직접타격, 대고떼기는 간접타격을 각각 의미하며, 눌러뜯기는 날을 다듬는 수법의 하나로 설명되고 있다. 그런데 현재 북한에서 적용하는 석기의 제작 수법에 관한 구분은 우리가 일반으로 이해하고 있는 것과 차이가 있다. 다시 말해서 때려깨기와 내리쳐깨기를 직접타격(direct percussion), 대고떼기를 간접타격(indirect percussion), 눌러떼기와 눌러뜯기를 모두 합하여 눌러떼기 수법 (pressure flaking)에 포함시키는 것(Inizan et al. 1992)과 다르다. 따라서 현재 북한에서 사용되는 대고눌러떼기는 간접타격의 하나로 이해될 것이 아니라, 눌러떼기 수법이라는 그 자체에 포함시키 는 것이 바람직하다고 생각된다. 그리고 이러한 관점에서 속돌에서 격지를 얻기 위한 수법으로 눌러떼기라는 용어가 쓰이고, 날을 다듬기 위한 수법으로 눌러뜯기와 같은 용어가 사용된다면 큰 무리가 없을 것으로 보인다.

북한에서는 내리쳐깨기를 구석기시대 초기부터 널리 쓰던 원시적인 수법의 하나로 다루고 있다. 예를 들어, 검은모루 동굴유적에서 출토한 주먹도끼 모양의 석기가 내리쳐깨기에 의하여 만들어졌고, 그러한 수법을 적용한 결과, "때린면은 비교적 넓고 불룩이는 산만하다. 때린점과 흠은 명백치 않다."(고고학연구소 1969. 19쪽)고 설명하였다. Bordes(1947. p.17)는 내리쳐깨기 (taille sur enclume)에 관하여 "이 수법은 매우 큰 격지를 얻는 데 알맞으며, 때림면이 아주 넓고

---

8 북한에서는 가슴눌러떼기를 "긴 나무 끝에 굳은 뼈나 뿔로 된 끝을 고착시키고 그 반대쪽에 T형으로 가름대를 댄 도구를 만들어 떼여내려는 돌에 끝을 대고 가름대를 가슴으로 눌러서 격지를 떼여내는 수법"(김용간 1990. 66쪽)으로 설명하면서 이 수법을 대고떼기의 일종으로 보고 있다.

비스듬하며, 불룩이가 잘 발달되었으며, 때린점이 뚜렷하다."고 관찰한 바 있다. 이 두 가지를 비교할 때, 내리쳐깨기 수법으로 제작된 석기가 넓은 때림면을 특징으로 한다는 데에 공통점이 보이지만, 나머지는 모두 다르게 나타난다. 이러한 차이는 내리쳐깨기 수법에 관한 북한 고고학계의 개념 설정에 문제가 있음을 알려준다.

그러나 이보다 더 큰 문제는 유적에서 출토한 석기가 때려깨기 또는 내리쳐깨기에 의하여 제작되었는지를 정확하게 구분하기 어렵다는 점이다. 적용된 수법뿐만 아니라 돌감의 재질, 생김새, 타격의 강도와 방향 등에 따라 떼어진 흔적이 달리 나타날 수 있으므로 두 수법상의 차이를 유물에서 분명하게 가늠하기란 쉽지 않다. 이런 이유로 때려깨기와 내리쳐깨기는 이른바 직접타격이라는 넓은 의미의 깨기수법으로 이해되고 있다. 이미 잘 알려진 것처럼, 중국의 주구점에서 내리쳐깨기의 하나인 대석(모루)기법을 보여주는 유물이 출토하였다. 이것은 중국의 전기 구석기시대에 내리쳐깨기와 같은 수법이 사용되었음을 보여주지만, 그렇다고 내리쳐깨기를 구석기시대 초기부터 쓰인 원시적인 수법이라고 잘라 말하기 어렵다.

대고떼기는 좁고 긴 격지, 곧 돌날을 얻는 데 유용한 수법이다(김용간 1990. 66쪽). 그러나 현재까지 대고떼기 수법이 중석기시대 이전에 사용되었다는 명백한 증거는 없다(Inizan et al. 1999. p. 32). 굴포문화 2기층에서 출토한 밀개의 경우, 날 부분이 날카롭고 "뒤면에 때린흠, 불룩이, 물결모양줄이 뚜렷하게 남아 있는 특징"을 들며, 이것은 대고떼기 또는 눌러떼기 수법을 적용한 결과라고 보았다(김용간 1990. 66쪽). 그러나 이 유물의 사진(조선유적유물도감 편찬위원회 1988)으로 판단할 때, 대고떼기 또는 눌러떼기 수법이 활용되었다고 볼 수 없다. 용곡리 동굴유적에서 나온 석기에서도 대고떼기와 눌러뜯기 수법이 적용되었다고 보고되었으나, 그와 같은 수법상의 흔적은 관찰되지 않는다(한창균 1990).

돌날과 같은 격지는 직접떼기(direct percussion), 간접떼기(indirect percussion), 눌러떼기 (pressure flaking)와 같이 여러 가지 수법에 의하여 제작된다. 직접떼기로서 단단한 망치(hard hammer)가 사용된 최초의 예는 중기 구석기시대(약 10만 년 전)에 해당하며[9], 무른 망치(soft hammer)를 이용하여 돌날을 제작하는 수법은 후기 구석기시대에 널리 퍼졌다(Inizan et al. 1999). 따라서 "돌날기법은 대고때려떼기나 대고눌러떼기와 같은 간접떼기수법으로 수행되는데 이 수법들은 끌 또는 누르개와 같은 간접공구의 리용을 전제로 한다."(어해남 1999. 24쪽)고만 볼 수 없다.

만달리 유적에서는 13점의 석기가 출토하였다(서국태 1987). 이 가운데 규암제 속돌[10]과 흑요석제

---

9 한편 Mellars(1995. p. 78)는 서구 유럽의 중기 구석기시대를 25~3.5만 년 전으로 잡으며, 중기 구석기시대의 이른 시기에 전문화된 돌날떼기 수법이 적용되었을 가능성이 높다고 보았다.

10 규암(quartzite)과 같은 돌감에서 대고때리기 수법으로 돌날을 떼어낸다는 것은 힘들다고 생각된다. 규암제

속돌 6점에서 돌날기법의 특징이 나타난다(어해남 1999). 만달리 유적에서 특징 있게 나타나는 속돌에 두 가지 방법의 수법, 곧 대고때리기와 눌러뜯기 수법이 적용된 것은 다음과 같이 설명되었다.

"대고때리기수법을 적용했다는것은 속돌들의 한쪽 옆면에 좁고긴 격지를 떼낸 자리를 통해서 알수 있다. 규암제 속돌에서 떼낸 격지자리들의 너비는 10㎜ 미만이며 흑요석제 속돌들에서 떼낸것은 3~4를 넘지 않는다. 이런 속돌들에서 규암으로 만든것만이 평편하게 생긴 돌의 자연면을 그대로 때림면으로 리용한것이고 나머지 속돌들은 인공적으로 평탄한 면을 조성하여 때림면을 만든것이다. 또한 격지를 떼낸 자리들의 한쪽 끝에는 깊이 패운 자리들이 좀씩 나 있다. 이것은 끝같은 예리한 도구를 대고 때렸기때문에 생긴것으로 인정된다. 다음으로 눌러뜯기수법이 적용된것은 한쪽 옆면에 격지를 떼낸 속돌 2점과 원반모양의 속돌에서 찾아볼수 있다. 모두 때려깨기수법으로 한쪽 모서리에 날을 이루게 한 다음 다시 날부분의 가장자리를 고기비늘처럼 다듬어만든것이다. 이처럼 대고때리기와 눌러뜯기수법과 같은 발전된 방법으로 만든것이므로 이 유적에서 나온 석기들은 생김새가 세련되고 규칙성을 띤다."(서국태 1987. 12쪽)

직접떼기의 돌날기법에서 단단한 망치를 사용할 때, 돌날의 굽(butt)은 비교적 크며, 때린점(point of impact)과 불룩이(bulb) 및 때린흠(bulb-scars)은 뚜렷하게 나타난다. 무른 망치일 경우 떼기각 (flaking angle)은 90도 이상이며, 굽은 작고, 불룩이는 발달하지 않는다(Inizan et al. 1992. p. 61).

간접떼기로 떼낸 돌날의 경우, 돌날에 남겨진 여러 성격(blade products)은 직접떼기와 눌러떼기에 의하여 생성되는 것과 비교해서 중간 정도이다. 때림면(striking platform)은 평탄하며, 떼기각은 약 90도로서 떼기면(debitage surface)에는 무른 망치를 이용한 직접떼기와 다르게 길쭉길쭉한 돌날을 연이어 떼낸 흔적이 남는다. 간접떼기가 가해진 몸돌에는 하나의 때림면이 있는 피라미드 모양(pyramidal core, 그림 12-①), 서로 반대되는 방향에 두 개의 때림면이 있는 원통 모양(cylindrical core), 또는 프리즘 모양(primatic core, 그림 12-②), 때림면이 엇갈린 방향으로 있는 몸돌(core with two orthogonal platforms, 그림 12-③) 등이 있다. 이 가운데 피라미드형 몸돌에서 떨어진 돌날은 활처럼 굽은 모양을 지니는 경향이 있다(Inizan et al. 1992. pp. 61-62).

눌러떼기가 가해진 몸돌에는 직접떼기나 간접떼기에서 볼 수 없는 특징, 곧 매우 곧고 규칙적으로 평행한 능선(very straight and regularly parallel arrises)이 발달하여 있다. 눌러떼기가 실행되는 부분(pressure platform)은 자연면이나 평편한 면 또는 준비된 면으로 이루어진다. 몸돌의 생김새로

속돌의 사진(조선유적유물도감 편찬위원회 1988. 59쪽)으로 판단할 때, 이 유물은 quartzite가 아닌 것으로 보인다.

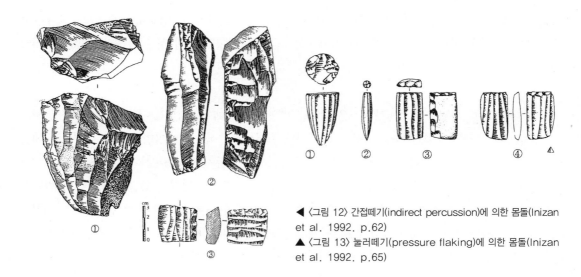

▶ 〈그림 12〉 간접떼기(indirect percussion)에 의한 몸돌(Inizan et al. 1992. p.62)

▲ 〈그림 13〉 눌러떼기(pressure flaking)에 의한 몸돌(Inizan et al. 1992. p.65)

는 피라미드 모양(pyramidal core, 그림 13-①), 총알 모양(bullet core, 그림 13-②), 납작한 모양(flat core, 그림 13-③), 두 면을 연이어 떼낸 모양(core with successive debitage on two faces, 그림 13-④) 등이 있다(Inizan et al. 1992. pp. 63-65). 눌러떼기로 떼낸 돌날 격지는 양쪽 가장자리 날 부분 및 그 윗면(upper face)에 있는 능선이 서로 나란하게 달리며 곧게 뻗어 내린 형태이고, 두께가 일정하며, 아랫면(lower face)의 물결 모양(ripple)이 뚜렷하지 않고, 굽은 언제나 좁으며, 굽 쪽이 최대 너비를 이룬다. 흔한 예는 아니지만, 불룩이가 작지만 잘 발달된 경우가 있으며, 때린흠은 나타날 수도 또는 그렇지 않을 수도 있다(Tixier 1984. p. 66).

위에서 살펴본 내용을 종합할 때, 만달리 유적에서 나온 속돌은 대고때리기 수법이 아니라 눌러떼기 수법에 의하여 제작된 것으로 판단된다. 또한 속돌 가운데 눌러뜯기 수법을 보여주는 유물이 있는 것으로 북한에서 서술하지만, 그것도 눌러뜯기가 아닌 직접떼기의 결과로 보아야 할 것이다. 그 이유는 눌러뜯기 수법에서 볼 수 있는 돌날식 잔손질(parallel retouch)의 흔적(Inizan et al. 1992. p. 91)이 만달리 유적의 속돌에서 전혀 나타나지 않기 때문이다.

지금까지 북한에서 전형적인 돌날기법에 의하여 구석기시대의 석기가 제작되었던 것은 만달리 유적에서만 관찰된다. 그와 같은 유형의 몸돌이 신석기시대 또는 청동기시대의 유적에서 발견된 예는 하나도 없다. 일반으로 돌날은 격지 가운데 그 길이가 너비의 2배 이상 되는 것을 가리킨다. 그런 범위 안에 드는 석기가 신석기시대의 농포리 유적 그리고 청동기시대의 오동 유적 등에서 나왔다. 그러나 그와 같은 유적에서 전형적인 돌날기법이 적용된 돌날 또는 돌날 몸돌은 출토하지 않고 있다.

만달리 유적에서 흑요석 몸돌은 12000~9000년 전의 중석기시대(력사연구소·고고학연구소

1991. 79쪽), 또는 후기 구석기시대 말~중석기시대 초(어해남 1999)에 속하는 것으로 북한에서 연구되고 있다. 그런데 지금까지 북한에서 알려진 전기 신석기시대의 유적은 기원전 6천년기~5천 년기에 해당한다. 따라서 만달리 유적을 중석기시대로 보더라도 전기 신석기시대의 상한과 일정한 시간상의 격차가 있다. 이러한 차이를 연결시켜 줄 수 있는 유적이 아직 발견되지 않은 점은 있으나, 현재까지 북한에서 알려진 자료를 가지고 판단할 때, 만달리 유적의 돌날기법이 신석기시대 로 계승되지 않았다는 사실은 분명하다.

앞에서 말한 바와 같이 북한에서 흑요석을 이용한 석기 제작은 중기 신석기시대(기원전 4천년기) 부터 나타나지만, 후기 신석기시대 후반(기원전 3천년기 후반기)부터 청동기시대에 걸치는 시기에 가장 활발했던 것으로 나타난다. 그리고 이와 같은 시기에 격지 제작은 거의 대부분 직접떼기에 의하여 이루어졌고, 간접떼기나 눌러떼기와 같은 수법은 활용되지 않았다고 생각된다. 그런데 흑요석제 활촉이나 버들잎 모양 석기의 날을 다듬는 경우에는 때때로 눌러뜯기 수법이 적용되었을 가능성이 높은 것으로 나타난다. 그 밖에 다른 종류의 흑요석기는 대체로 직접떼기에 의하여 날 부분이 잔손질되었을 것으로 추정되며, 이때 무른 망치가 이용되었을 가능성을 보여주는 유물도 있다.

유적에서 출토하는 석기를 체계 있게 연구하기 위한 작업의 하나로 우리는 각각의 유물에서 관찰되는 속성을 바탕으로 그 석기에 대한 이름을 붙이며, 그에 따른 분류를 시도한다. 석기에 이름을 짓는 것은 몇 가지 측면을 기초로 한다. 예를 들어, 주먹도끼(hand axe), 자르개(cleaver), 찍개(chopper), 긁개(scraper) 등은 기능 및 형태상의 특징을 고려하여 붙인 명칭이다. 반면에 양면석기(biface), 안팎날찍개(chopping tool), 여러면석기(polyhedron) 등은 제작 기법 및 형태상 의 측면을 고려하여 붙인 이름이다. 이 밖에 이른바 새기개식 기법(burin technique)에 의하여 제작되어 새기개라는 이름을 지닌 유물도 있다. 따라서 한 석기의 명칭은 기능, 형태, 제작 수법 등 여러 속성에 근거하여 붙여지고 있다. 영어의 point라는 용어를 '찌르개'라고 옮기면 그것은 기능상의 측면을 고려한 것이고, 양쪽 날을 잔손질하여 그 끝부분을 뾰족하게 만든 '뾰족한 석기'라고 표현한다면 그것은 형태상의 특징이 우선 고려된 것이다. 이러한 점은 한 석기에 대한 명칭이 바로 그 석기의 쓰임새까지 의미하지 않음을 알려준다.

1950년대 말 공귀리 유적에서 출토한 뗀석기는 석기의 형태, 제작 수법, 용도에 따라 분류되었다 (김용간 1959). 이런 기준은 그 뒤 여러 유적에서 출토한 석기를 분류하는 데 중요한 잣대가 되었다. 용곡리 동굴유적의 발굴 보고(전제헌 외 1986)에서는 문화층별로 여러 가지 유형의 석기가 출토하는 것으로 설명되었다. 그러나 각 유형에 대한 체계적인 기준이 없었기 때문에 이 유적에서 출토하는 석기의 전체적인 성격을 분명하게 드러내지 못하였다. 용남리 동굴유적(박영 일 2000)의 석기는 대체로 용곡리 동굴유적(전제헌 외 1986)에서 적용된 기준을 활용하여 분류되었던 것으로 생각된다. 여기서는 석기의 형태, 날의 생김새, 쓰임새 등을 고려하여 다섯 가지 유형(찍개류, 밀개류, 긁개류, 자르개류, 격지석기)으로 석기를 구분하였다. 이러한 분류는 용곡리 동굴유적의 경우보다 체계화된 것이기는 하지만, 유형별 분류 기준에 쓰임새가 강조되는 경향은 여전히 보인다.

그렇지만 앞에서도 지적한 바와 같이 하나의 석기에서 정확한 쓰임새를 찾기란 쉽지 않다. 그것은 무엇보다도 사용된 석기의 재질, 석기가 사용되었던 대상 물질의 성질, 행위의 강도와 반복성의 정도, 석기 표면의 물리 화학적인 영향 등 여러 가지 요인으로 인하여 한 석기의 기능상 역할을 정확하게 밝히는 데 한계가 있다는 점 때문이다. 따라서 석기에 명칭을 붙이는 기준으로 '예상되는 기능, 제작 수법, 형태' 등이 고려될 수 있지만, 그렇다고 석기의 명칭이 곧바로 그 쓰임새와 직접 연결된다고 단정 짓기란 매우 어렵다.

한편 용곡리와 용남리 동굴유적에서 출토한 석기를 분류하는 데 고려된 것이 가공된 면의 수였다. 그래서 1면 가공, 2면 가공 또는 여러 면 가공과 같은 용어가 등장하였다. 석기를 분류하는 기준은 여러 가지 속성을 바탕으로 한다. 가공된 면을 기준으로 할 때, 2면 가공은 안팎날찍개나 주먹도끼(양면석기), 여러 면 가공은 여러면석기나 속돌들을 연상시키게 만든다. 그러나 가공면의 개념에 관한 설명이 불충분하여, 두 유적에서 출토한 석기를 이해하는 데 많은 혼란을 불러일으킨다. 또한 여러 면에 걸쳐 떼기의 흔적을 보여주는 속돌의 경우에는 어떠한 기준이 적용되는가라는 의문이 든다. 용곡리와 용남리 유적의 발굴 보고서만으로는 이와 같은 문제의 답을 얻기 어렵다고 생각된다.

아프리카에서 가장 오랜 석기는 약 250만 년 전에 나타난다. 그것은 초기의 사람속(early *Homo*)에 의하여 이루어진 것으로 알려지고 있다. 석기의 제작과 사용은 사람속의 등장 및 진화 과정에서 볼 수 있는 확장된 뇌, 축소된 턱, 증가하는 식육 습성과 깊은 관계를 맺고 있다. 그리고 약 170만 년 전에는 주먹도끼 및 자르개와 같은 아슐리안 단계의 대형 석기가 등장한다(Klein 1999. pp. 228-237).

북한에서는 원인(*Homo erectus*)을 동물에서 분리된 최초의 사람으로 서술하고 있으며, 이들에 의하여 비로소 목적의식적인 석기가 제작되었다고 서술한다(장우진·문혁 2000). 그에 따라 능인 (*Homo habilis*)을 유인원 단계로 규정하고, 능인이 사용한 석기도 침팬지의 경우에서와 같이 본능에 기초한 생물학적 현상을 반영하는 것에 지나지 않는다고 설명한다(장우진 1986 ; 김춘종 1994). 그러나 원인에 앞선 시기에 해당하는 능인의 유적, 예를 들어, 올두바이 유적에서 출토한 석기(Leakey 1971)가 망치돌, 몸돌, 찍개, 여러면석기, 잔손질된 격지, 격지들로 구성된다는 사실은 당시에 이미 일정한 목적과 절차에 의하여 석기 제작이 이루어졌음을 입증한다.

석기의 명칭과 관련하여, 검은모루에서 출토한 석기는 '주먹도끼 모양 석기, 제형 석기, 반달형

석기, 뾰족끝 석기'와 같이 분류되었다. 곧 원인 단계의 이른 시기에 제작된 석기에서는 일정한 규칙성을 찾아볼 수 없으며, 검은모루보다 뒤늦은 전곡리 유적 등에서 일정한 형태를 갖춘 전형적인 주먹도끼[11] 등이 출현한다고 북한에서는 보고 있다(력사연구소·고고학연구소 1991. 36-42쪽). 아프리카에서 *H. habilis*의 뒤를 이어 *H. erectus*(또는 *H. ergaster*)가 등장하는 것은 약 180~170만 년 전이며, 이들에 의하여 이룩된 것이 바로 아슐리안 석기문화 전통(Acheulean industry tradition)이다(Klein 1999. p. 364). 이것은 원인 단계의 초기에 이미 일정한 형태상의 규칙성을 지닌 석기가 제작되었음을 보여준다.

지금까지 북한에서 발굴된 선사시대의 뗀석기는 수천 점이 넘는 것으로 추정된다. 그런데 그 중의 대부분은 신석기시대 또는 청동기시대에 해당하는 유적과 관련이 깊은 것으로 생각된다. 그러한 시기에서 뗀석기를 제작하는 데 가장 널리 이용되었던 것이 흑요석이다. 그리고 발굴된 유적에서 흑요석기가 주로 출토하였던 것은 집자리 내부의 퇴적층이다.

흑요석을 이용하여 만든 석기의 종류로는 다양한 형태의 긁개와 활촉이 가장 많이 나타난다. 이 밖에 찌르개, 밀개, 뚜르개, 버들잎 모양 석기 등이 있다. 그리고 이와 같은 유물들은 지금까지 북한의 구석기 유적에서 발굴된 것들과 비교할 때, 제작 수법과 형태상에서 많은 차이를 보여준다.

오동 유적(고고학 및 민속학 연구소 1960)의 청동기시대 문화층에서는 300여 점이 넘는 흑요석제 활촉이 나왔다. 그리고 유럽의 중기 또는 후기 구석기시대에서 흔히 볼 수 있는 석기 종류도 출토하였는데, 만약 이 유물들이 지표에서 채집되었다면 구석기시대에 속하는 것으로 잘못 판단될 가능성이 높은 석기들이다.

오동 유적의 흑요석기에서 구석기시대의 모습이 보인다 하여, 이 유적에서 출토하는 흑요석기의 일부가 청동기시대에 속하지 않을 것이라고 생각할 수도 있다. 300여 점이 넘는 활촉을 만들자면 먼저 활촉의 몸체가 될 수 있는 격지부터 마련되어야 한다. 그리고 활촉을 만들기에 알맞은 몸체를 얻는 과정에서 다양한 형태의 격지가 산출될 것이다. 그런데 이와 같은 점을 고려하지 않으면서 오동 유적의 흑요석제 활촉만이 청동기시대에 속하고, 그 나머지는 모두 구석기시대와 관련이 있다고 가늠할 수 있는가? 그렇지 않다고 본다. 오히려 우리는 오동 유적에서 관찰되는 흑요석기의 존재가 이 유적의 청동기시대를 특징짓는 한 요소가 된다는 사실을 인정해야 한다. 그런 까닭에 연해주[데.엘. 브로댠스끼(정석배 옮김) 1996]의 신석기시대 또는 청동기시대의 유적에서 출토하는 뗀석기의 존재를 이해할 필요가 있다.

---

11 1970년대 후반 북한에서는 주먹도끼의 존속 기간을 '대략 40만 년 전부터 10여 만 년 전'(고고학연구소 1977a. 5쪽), 또는 '대략 40만 년 전부터 15만 년 전'(력사연구소 1979, 32쪽)으로 보았다. 현재 북한에서 발표된 글 가운데 주먹도끼의 존속 기간을 서술한 것은 없다고 생각된다.

IV. 맺음말

해방 이후부터 지금까지 북한의 여러 유적에서 선사시대의 뗀석기가 발굴되었다. 북한에서 적용된 시기 구분에 따르면, 구석기시대의 석기는 8군데(굴포리, 검은모루, 대흥리, 용곡리, 중리, 용남리, 금평리, 냉정골)에서 발굴되었다. 그리고 중석기시대의 이른 시기에 속하는 유적이 1군데(만달리) 있다. 흑요석기가 발굴된 신석기시대의 유적은 4군데(서포항, 범의구석, 농포리, 토성리), 청동기시대의 유적은 약 6군데(초도, 공귀리, 오동, 서포항, 범의구석, 심귀리) 정도이다.

뗀석기의 제작 수법과 관련하여 현재 북한에서는 크게 때려깨기, 내리쳐깨기, 대고떼기와 같은 용어가 사용되며, 대고떼기의 경우에 다시 대고때려떼기와 대고눌러떼기(또는 눌러떼기)로 세분한다. 격지나 쪼각의 날을 가공하는 한 수법으로 눌러뜯기라는 용어가 사용되고 있다. 그러나 앞에서 지적한 것처럼, 대고눌러떼기는 간접타격(indirect percussion)의 한 유형에 속하는 것이 아니라 눌러뜯기를 포함하는 눌러떼기(pressure flaking)의 범주 안에서 이해될 필요가 있다.

북한에서는 내리쳐깨기가 구석기시대 초기부터 쓰인 원시적인 수법이라고 설명하고 있다. 그러나 한 석기에서 때려깨기와 내리쳐깨기의 차이를 분명하게 가늠하기란 어렵기 때문에 내리쳐깨기란 용어도 대석(모루) 기법과 같은 특수한 경우를 제외하고, 직접타격이라는 개념 속에서 고찰되어야 한다고 생각된다.

북한에서는 후기 구석기시대에 나타나는 특징적인 제작 수법으로 대고떼기와 눌러뜯기를 예로 든다. 대고떼기는 돌날을 얻는 데 유용한 기법으로 서술되었다(김용간 1990. 60쪽 ; 어해남 1999). 그러나 구석기시대에서 전형적인 돌날기법은 이미 중기 구석기시대에 등장한다. 따라서 전형적인 돌날의 존재가 곧바로 후기 구석기시대와 일치한다고 보기 어렵다. 만달리 유적에서 나온 속돌의 경우, 북한에서는 이것이 대고떼기의 흔적을 보여준다고 서술하고 있지만, 떼기면에 나타나는 특성과 떼기각으로 판단할 때, 눌러떼기 수법이 적용되었던 것으로 해석된다.

지금까지 북한에서 신석기시대 또는 청동기시대에 속하는 유적으로 흑요석기가 출토한 곳은 함경북도, 양강도, 자강도 등이다. 수는 많지 않으나 평안북도, 함경남도, 강원도에서 흑요석기가 출토하는 것으로 보고되었다. 이러한 유적에서 알려진 흑요석기는 그 수가 구석기시대의 유적에서 나온 것보다 비교할 수 없을 정도로 훨씬 많으며, 석기의 종류 또한 다양한 특징을 지니고 있다. 흑요석기는 대부분 당시의 집자리에서 발굴되었고, 때에 따라서는 집자리와 동일한 시기에 형성된 문화층, 드물게는 무덤에서도 출토하였다.

만달리 유적에서 보이는 전형적인 돌날기법은 신석기시대의 유적에서 나타나지 않는다. 이것은 만달리 유적과 그보다 이후 시기에 해당하는 유적 사이에서 흑요석을 활용한 석기의 제작 전통이 연속적인 관계에 놓이지 않았음을 시사해준다. 아직까지 둘 사이를 직접 연결시켜 주는 유적이 발굴되지 않았기 때문에 그렇게 보이는지 또는 그 밖에 다른 이유로 인하여 그런지는 앞으로 연구되어야 한다.

현재 북한에서 알려진 신석기시대 또는 청동기시대의 유적에서 출토한 흑요석기는 수천 점이 넘는 것으로 생각된다. 그러나 이에 대한 종합적인 연구는 아직까지 이루어지지 않고 있다. 조사 보고된 유물이 북한에 있으며, 그에 관하여 간행된 자료도 자세한 분석 결과가 뒷받침되지 않았기 때문에 북한의 신석기시대와 청동기시대에서 흑요석기가 차지하는 의미를 충분하게 살피는 데는 한계가 있다.

참고문헌

고고학 및 민속학 연구소 1956. 『라진 초도 원시 유적 발굴 보고서』, 유적발굴보고 1.

고고학 및 민속학 연구소 1958. 「용어 해설 : 구석기 시대」, 『문화유산』 1958(5).

고고학 및 민속학 연구소 1959. 「우리 나라 원시 유적의 분포 정형 : 함경남북도, 량강도, 자강도, 강원도 편」, 『문화유산』 1959(1).

고고학 및 민속학 연구소 1960. 『회령 오동 원시 유적 발굴 보고』, 유적발굴보고 7.

고고학연구소 1969. 「상원 검은모루유적 발굴중간보고」, 『고고민속론문집』 1.

고고학연구소 1971. 『조선원시고고학개요』, 김일성종합대학출판사.

고고학연구소 1977a. 『조선고고학개요』, 과학백과사전출판사.

고고학연구소 1977b. 『조선의 구석기시대』, 사회과학출판사.

고고학연구소 1987. 「쏘련 원동지방의 구석기시대에 대하여」, 『조선고고연구』 1987(1).

고고학연구실 1957. 「청진 농포리 원시 유적 발굴」, 『문화유산』 1957(4).

궁성희 1993. 「조선력사유적유물 지명표(북반부편 2 : 평양시, 량강도)」, 『조선고고연구』 1993(4).

궁성희 1994a. 「조선력사유적유물 지명표(북반부편 3 : 함경북도)」, 『조선고고연구』 1994(1).

궁성희 1994b. 「조선력사유적유물 지명표(북반부편 4 : 함경북도, 함경남도)」, 『조선고고연구』 1994(2).

궁성희 1994c. 「조선력사유적유물 지명표(북반부편 5 : 함경남도)」, 『조선고고연구』 1994(3)

궁성희 1995a. 「조선력사유적유물 지명표(북반부편 6 : 자강도)」, 『조선고고연구』 1995(1).

궁성희 1995b. 「조선력사유적유물 지명표(북반부편 7 : 자강도)」, 『조선고고연구』 1995(2).

궁성희 1995c. 「조선력사유적유물 지명표(북반부편 9 : 평안북도)」, 『조선고고연구』 1995(4).

궁성희 1997. 「조선력사유적유물 지명표(북반부편 14 : 강원도)」, 『조선고고연구』 1997(2).

궁성희 1999. 「조선력사유적유물 지명표(북반부편 19 : 황해남도)」, 『조선고고연구』 1999(3).

김근식 1991. 「룡곡 제1호동굴유적의 포유동물상에 대한 연구」, 『과학원통보』 1991(3).

김신규 1962. 「함경북도 화대군에서 털코끼리(《맘모스》)의 유골을 발견」, 『문화유산』 1962(2).

김신규·김교경·백기하·장우진·서국태 1985. 『평양부근동굴유적발굴보고』, 유적발굴보고 14.

김용간 1958. 「쏘련 연해주 지방 유적 답사기」, 『문화유산』 1958(6).

김용간 1959. 『강계시 공귀리 원시 유적 발굴 보고』, 유적발굴보고 6.

김용간 1990. 『조선고고학전서 : 원시편(석기시대)』, 과학백과사전종합출판사.

김용간 1999. 「대동강류역은 신석기문화의 중심지」, 『조선고고연구』 1999(1).

김용간·서국태 1972. 「서포항원시유적발굴보고」, 『고고민속론문집』 4.

김용남·김용간·황기덕 1975. 『우리 나라 원시집자리에 관한 연구』, 사회과학출판사.

김춘종 1994. 「류인원이 사람으로 이행하는 과도적단계의 특성」, 『조선고고연구』 1994(2).

데.엘. 브로댠스키(정석배 옮김) 1996. 『연해주의 고고학』, 학연문화사.

도유호 1955. 「조선 석기 시대 사상(史上)에서 새로 판명된 몇가지 사실에 대하여」, 『력사과학』 1955(1).

도유호 1958. 「조선 원시 문화의 연대 추정을 위한 시도」, 『문화유산』 1958(3).

도유호 1960. 『조선 원시 고고학』, 과학원출판사.

도유호 1962. 「구석기란 무엇인가?」, 『문화유산』 1962(6).

도유호 1964. 「조선의 구석기 시대 문화인 굴포 문화에 대하여」, 『고고민속』 1964(2).

도유호·김용남 1965. 「굴포 문화에 관한 그 후 소식」, 『고고민속』 1965(1).

력사연구소 1979. 『조선전사 1(원시편)』, 과학백과사전출판사.

력사연구소·고고학연구소 1991. 『조선전사 1(원시편)』, 과학백과사전종합출판사.

리장섭 1958. 「원산시 중평리 원시 유적」, 『문화유산』 1958(6).

박영일 2000. 「룡남동굴유적에서 발견된 석기에 대한 연구」, 『김일성종합대학학보』 2002(2)(력사법학 제146권 제2호).

서국태 1987. 「만달리동굴유적의 석기에 대하여」, 『조선고고연구』 1987(2).

어해남 1994. 「우리 나라 구석기시대 석기재료의 특성에 대하여」, 『조선고고연구』 1994(3).

어해남 1995. 「구석기시대 석기연구에서 실험고고학적방법의 적용문제에 대하여」, 『조선고고연구』 1995(2).

어해남 1999. 「만달리유적의 속돌들에 대한 고찰」, 『조선고고연구』 1999(3).

장우진 1986. 「최근 인류의 발생시기에 대한 학계의 론쟁점」, 『조선고고연구』 1986(3).

장우진 1989. 『조선사람의 기원』, 사회과학출판사.

장우진·문혁 2000. 「석기에 반영된 원인단계사람들의 사유의식활동능력」, 『조선고고연구』 2000(1).

전수복 1960. 「최근 함경 북도에서 새로 발견된 유적과 유물」, 『문화유산』 1960(6).

전제헌·윤진·김근식·류정길 1986. 『룡곡동굴유적』, 김일성종합대학출판사.

정찬영 1983. 『압록강, 독로강 류역 고구려 유적발굴보고』, 유적발굴보고 13.

조선유적유물도감 편찬위원회 1988. 『조선유적유물도감 (1) : 원시편』, 외국문종합출판사.

조선유적유물도감 편찬위원회 1989. 『조선유적유물도감 (2) : 고조선, 부여, 진국 편』, 외국문종합출판사.

한창균 1990. 「용곡 동굴유적을 다시 논함」, 『동방학지』 68, 연세대 국학연구원.

한창균 1992. 「용곡 제1호 동굴유적의 시기구분과 문제점」, 『박물관기요』 8, 단국대 중앙박물관.

한창균 1997. 「북한의 구석기 유적 연구」, 『백산학보』 48.

황기덕 1957a. 「함경북도 지방 석기 시대의 유적과 유물(1)」, 『문화유산』 1957(1).

황기덕 1957b. 「두만강 류역과 동해안 일대의 유적 조사」, 『문화유산』 1957(6).

황기덕 1960. 「무산읍 범의 구석 유적 발굴 중간 보고」, 『문화유산』 1960(1).

황기덕 1962. 「두만강 류역의 청동기 시대 문화(2)」, 『문화유산』 1962(6).

황기덕 1975. 「범의구석유적 발굴보고」, 『고고민속론문집』 6.

Bordes, F. 1947. Etude comparative des différentes techniques de taille du silex et des roches dures. *L'Anthropologie*, t. 51.

Inizan, M.-L., Roche, H. and Tixier, J. 1992. *Technology of Knapped Stone*. CREP, Meudon.

Inizan, M.-L., Reduron-Ballinger, M., Roche, H. and Tixier, J. 1999. *Technology and Terminology of Knapped Stone*. CREP, Meudon.

Klein, R.G. 1999. *The Human Career : Human Biological and Cultural Origins*. University of Chicago Press, Chicago and London.

Leakey, M.D. 1971. *Olduvai Gorge. Excavations in Beds I and II, 1960-1963*. Cambridge University Press, Cambridge.

Mellars, P. 1995. *The Neanderthal Legacy : An Archaeological Perspective from Western Europe*. Princeton University Press, Princeton.

Tixier, J. 1984. Le débitage par pression. *Préhistoire de la pierre taillée, 2 : Economie du débitage laminaire*. CREP, Paris.

【출처】 한창균 2000. 「북한의 선사시대 뗀석기 연구」, 『백산학보』 57, 5-57쪽.

북한의 선사시대 뗀석기 용어 고찰

I. 머리말

'조선물질문화유물조사보존위원회'의 기관지이며, 고고 민속 분야와 관련된 종합 학술지로서 1949년에 간행된 『문화유물』의 창간 목적 가운데 하나는 "조사연구의 결과를 되도록 평이하게 발표하여서 민족문화에 대한 과학적 인식과 보급화에 노력하는 것이었다."(문화유물 편집부 1949. 2쪽). 이에 따라 종래 사용되었던 일본식 또는 한문식 고고학 용어를 새로운 용어로 바꾸는 작업에 북한 학계는 일찍부터 관심을 지니고 있었다(한길언 1950). 1950년대를 거치며 고고학 용어에 새로운 한글 용어가 조금씩 자리를 잡아갔다. 그리고 1960년대 초에는 구석기시대, 신석기시대, 청동기시대 등의 유물을 우리말로 정리하려는 움직임이 더욱 강하게 나타났다(도유호 1960a ; 1960b ; 1962). 다음에 인용한 글은 당시의 그와 같은 분위기를 잘 보여준다.

"언어 정화 문제는 지금 새삼스럽게 제기된 것이 아니나, 고고학계에서도 이 문제를 좀 심각하게 생각할 때는 왔다. 지금까지 우리는 일제 시대에 쓰던 용어를 (…) 적지 않게 그대로 써 왔으며 또 새로운 용어를 만드는 경우에도 한문식으로 하는 일이 대부분이었다. 그러나 한문을 잘 모르는 세대는 그러한 용어를 원하지 않는다. 학술 용어를 되도록 순 우리말로 만들어 내는 것이 좋다고 생각한다. 그리하여 고고학 연구실에서는 지난날 쓰던 용어의 많은 부분을 고치기로 결정하였다." (도유호 1960b. 79쪽)

북한에서 선사시대의 뗀석기는 1940년대 말부터 조사되었지만, 1950년대에 이르기까지 그것들의 대부분은 신석기시대 또는 청동기시대와 관계가 깊은 유적에서 발굴되었거나 채집되었다. 당시 뗀석기에 관한 용어는 거의 모두가 한문식으로 표현되었는데, 1950년대 후반부터 긁기(고고학 및 민속학 연구소 1956) 또는 긁개(고고학 연구실 1957), 격지(김용간 1959)와 같은 한글 용어가 사용되기 시작하였다. 특히 김용간(1959)은 그 이전과 다르게 '타압수정, 타출기법, 타흔, 타면, 뿔부스'와 같은 용어를 사용하여 석기의 제작 수법에 관한 체계를 조금씩 세우는 데 이바지하였다.

함경북도 화대군 장덕리에서 털코끼리의 화석이 발견되면서 북한 지역에 구석기시대의 유적이 발견될 가능성이 높아졌고(김신규 1962), 이러한 분위기 속에서 도유호(1962)는 구석기를 설명하면서 여러 가지 용어를 사용한 바 있다(〈부록〉 참조). 이런 용어 중에는 이전부터 사용되었던 것이 있었으나, 도유호는 각 용어에 대한 초보적인 개념을 설정하여 뗀석기에 대한 이해를 높이려고 하였다.

북한에서 뗀석기의 제작 수법에 관한 용어는 1960년대 말에 발표된 상원 검은모루 동굴유적의 발굴 중간 보고(고고학연구소 1969)에서 체계가 잡혀지기 시작하였다. 한편 1970년대 말부터는 남한에서 발굴된 구석기 유적의 발굴 성과가 『조선전사 1(원시편)』(력사연구소 1979)을 통하여 북한에 알려지게 되었다. 그리고 이와 때를 같이하여 남한에서 사용되는 용어가 북한에서 조금씩 인용되었다. 그 뒤 현재에 이르기까지 뗀석기와 관련하여 북한에서 사용되는 용어는 여러 가지 변화를 거쳤다. 그런 용어 가운데는 남북한에서 서로 널리 통용되는 것도 있고, 그렇지 않은 것도 있다.

이 글은 지금까지 북한에서 사용되었던 뗀석기의 제작 수법과 석기 분류에 관한 용어의 개념을 정리하고, 여기서 제기되는 몇 가지 문제점을 검토하고자 시도되었다. 이와 같은 작업을 통하여 북한 고고학을 이해하는 데 작은 보탬이 될 수 있기를 바란다.

II. 제작 수법에 관한 용어

1. 용어의 개념

여기서는 뗀석기의 제작 수법에 관련된 용어만을 대상으로 하였다. 따라서 다음에 적은 용어는 뗀석기의 제작 수법을 비롯하여 속돌과 격지에서 관찰되는 여러 가지 속성을 포함시켜 정리되었다. 다음에 제시된 것 가운데 현재 북한에서 제작 수법과 직접 관련하여 사용되는 용어로는 '내리쳐깨기, 눌러떼기, 눌러뜯기, 대고눌러떼기, 대고때려때기, 대고떼기, 돌날기법, 때려깨기, 때려떼기, 잔돌날기법' 등이 있다. 속돌의 경우에는 '때림면, 떼기각, 떼기면, 능선, 고랑, 쪼각자리' 등이 있다. 격지의 경우에는 '등면, 배면, 때림면, 때린점, 때린홈, 불룩이(또는 불루기)' 등이 있다. 그리고 가공된 석기의 경우에는 '1면 가공, 2면 가공, 3면 가공, 여러 면 가공' 등이 있다.

- 가로 물결진 면 : 격지 배면의 혹부분 아래에 있는 면(도유호 1962. 53쪽).
- 간접타격법 : 대고떼기(김용간 1990. 65쪽).
- 고랑 : 속돌의 떼기면에 형성된 것으로서 좁고 긴 돌날이 떨어져 나간 흔적(어해남 1999. 24쪽).
- 내리쳐깨기 : ① "석기를 만들려는 돌덩어리를 여러 번 내려쪼아서 깨뜨리는 수법"(고고학연구소 1969. 19쪽). ② "깨여서 쓰려는 돌을 땅바닥에 놓인 돌에 내리쳐서 깨거나 깨려는 돌을 평탄한 돌 우에 놓고 다른 돌로 내리쳐서 깨는 수법"(고고학연구소 1977a. 3쪽). ③ "석기를 만들려는 돌덩어리를 손에 쥐고 돌모루 우에 내리쳐서 깨뜨리거나 또는 석기로 만들려는 돌덩어리를 돌모루 우에 올려놓고 다른 돌로 내리쳐서 깨뜨리는 것을 말한다. 이 방법을 어떤 사람들은 대석(모루)기법이라고 하며 또 돌모루에 여러번 내리쪼아서 깨뜨리는 방법과 돌모루 우에 놓고 내리쳐서 깨뜨리는 방법을 갈라서 다른 이름을 붙이기도 한다."(김용간 1990. 18쪽)
- 눌러떼기 : "깨뜨리려는 돌에 끌과 같은 물체를 대고 그것을 눌러서 격지 또는 쪼각을 떼여내는 수법." 눌러떼기는 대고떼기 수법의 하나로 북아메리카 인디안이 "긴 나무대 끝에 굳은 뼈나 뿔로 된 끌을 고착시키고 그 반대쪽에 T형으로 가름대를 댄 도구를 만들며 떼여내려는 돌에 끌을 대고 가름대를 가슴으로 눌러서 격지를 떼내는 수법"이 눌러떼기에 속한다(김용간 1990. 65-66쪽).
- 눌러뜯기 : "격지나 쪼각의 표면을 눌러서 비늘같은 부스레기를 뜯어내여 다듬는 수법"(김용간 1990. 66쪽).
- 능선 : 돌날 속돌의 떼기면에 형성된 고랑과 고랑 사이의 선(어해남 1999. 24쪽).
- 다듬질 : 수정(修正)(도유호 1960a. 172쪽).
- 대고눌러떼기 : "간접떼기수법의 하나로 누르개와 같은 간접공구를 이용한다."(어해남 1999. 24쪽)
- 대고때려떼기 : "간접떼기수법의 하나로 끌과 같은 간접공구를 이용한다."(어해남 1999. 24쪽)
- 대고때리기 : ① 돌덩이에서 격지를 뜯어낼 때 돌덩이에 논주의 역할을 하는 물체를 대고 돌마치로 논주를 쳐서 깨는 방법(고고학 연구소 1969. 19쪽). ② 깨뜨리려는 돌덩어리에 끌 역할을 하는 물체를 대고 때려서 돌을 쪼개내는 수법(고고학연구소 1977a. 11쪽). ③ 대고떼기(김용간 1990. 65쪽).
- 대고떼기 : 종전에 대고때리기라고 하였던 것으로 "때려떼기와는 달리 깨뜨리려는 돌덩어리 또는 속돌에 끌과 같은 물체를 대고 그것을 내리쳐서 격지 또는 쪼각을 떼여내는 간접타격법"(김용간 1990. 65쪽).

- 대석(모루)기법 : 내리쳐깨기(김용간 1990. 18쪽).
- 돌날기법 : "돌날을 일정한 류형의 속돌로부터 규칙성있게 련속 떼여내는 방법." "돌날기법은 대고때려떼기와 대고눌러떼기와 같은 간접떼기수법으로 수행되는데 이 수법들은 끌 또는 누르개와 같은 간접공구의 리용을 전제로 한다."(어해남 1999. 24쪽)
- 등면 : 격지의 위쪽 면을 가리킨다(어해남 1999. 24쪽).
- 떼기각 : "때림면과 떼기면사이에 이루어지는 각"(어해남 1999. 24쪽).
- 떼기면 : 격지를 떼낸 속돌의 겉면(어해남 1999. 24쪽).
- 때려깨기 : "지난날 때려내기라고 하던것으로서 석기를 만들려는 돌덩이에 돌마치 같은 것으로 타격을 가하여 깨뜨리거나 때려내는 것을 말한다. 그러므로 어떤 사람들은 이 방법을 함마법 혹은 직접타법이라고 부른다."(김용간 1990. 18쪽).
- 때려내기 : ① "석기를 만들려는 돌덩어리를 돌마치같은 것으로 깨뜨리거나 때려내는 것"(고고학연구소 1969. 19쪽). ② 때려깨기(김용간 1990. 18쪽). ③ 때려떼기(김용간 1990. 48쪽).
- 때려떼기 : "격지-쪼각을 석기로 쓰기 위하여 돌덩어리에 타격을 가하여 격지나 쪼각을 떼여내는 수법." 이 수법으로 만든 "석기는 크기가 상대적으로 작아지며 또한 이 수법이 적용된곳에서는 격지나 쪼각을 떼여낸 속돌이 남게 된다."(력사연구소·고고학연구소 1991. 44쪽).
- 때려뜯기 : 격지나 쪼각의 표면을 때려 뜯어서 다듬는 수법(김용간 1990. 66쪽).
- 때린자리 : 타격면(고고학연구소 1969. 19쪽).
- 때린면 : 타면(고고학연구소 1969. 19쪽).
- 때린점 : ① 타격점(고고학연구소 1969. 19쪽). ② "타격을 가한 물체가 닿았던 자리"(김용간 1984. 15쪽).
- 때린홈 : "불루기정점의 때린 점쪽에 치우진 곳에 자그마하게 떨어져나간 흠집"(김용간 1984. 16쪽).
- 때림면 : "돌을 깨뜨리려고 타격을 가한 면"(고고학연구소 1977a. 4쪽).
- 때림점 : 때림면에 타격을 가한 점(력사연구소 1979. 31쪽).
- 배면 : 격지의 아래쪽 면을 가리킨다(어해남 1999. 24쪽).
- 불루기 : ① "쪼각 혹은 격지가 떨어져나온 돌의 깨진면은 때림점에서부터 점차 불룩하게 두드러져서 마치도 조개껍질을 엎어놓은것과 같은 모양을 나타내는데 그것을 불루기라고 한다"(력사연구소 1979. 31쪽). ② 불룩이(김용간 1990. 66쪽 ; 력사연구소·고고학연구소 1991. 37쪽).
- 불룩이 : ① 뽈브스(고고학연구소 1969. 19쪽). ② "돌덩어리에 타격을 가하여 깨뜨려낸 돌의 깨여진 면을 보면 때린점에서부터 점차 불룩하게 불러올라 마치도 조개껍질을 엎어놓은것같

은 모양을 나타낸 다음 그밑으로 다시 낮아진다. 이 불러올라온 곳을 불룩이라고 부른다"(고고학연구소 1977a. 4쪽). ③ 불루기(김용간 1990. 18쪽).

- 불부쓰 : 혹, 불루기, 불룩이.
- 뿔부스 : 혹, 불루기, 불룩이.
- 뿔브스 : 불룩이(고고학연구소 1969. 19쪽).
- 3면(삼면)가공석기 : 세 면을 가공하여 만든 석기(전제헌 외 1986. 19쪽).
- 세로 몇 줄의 금 : 격지 배면의 혹부분 아래에 나타나는 세로 방향의 금(도유호 1962. 53쪽).
- 소면(小面) : 몇 개의 능선으로 이루어진 가공한 격지의 등면. 파세트(도유호 1962. 52쪽).
- 압출수법(押出手法) : 눌러뜯기.
- 양면가공기술 : "원칙적으로 돌 한 개를 가지고 석기 한 개를 만들며 또 돌의 한쪽 끝 또는 전체에 걸쳐서 량쪽 면에 모두 가공"하는 기술이다. "돌 하나로써 량면 가공 기술에 의하여 석기 하나를 만드는 경우에는 돌멩이의 한쪽 끝을 툭툭쳐서 끝이 뾰족하고 량쪽에 대칭적으로 날이 서게 하였는데, 쉘 시기의 것은 그 날이 곧지 못 하고 지그자그, 다시 말하면 꼬불꼬불하게 되었으나, 아쉘 시기의 것은 곧다."(도유호 1962. 51-52쪽)
- 2면(이면)가공석기 : 두 면을 가공하여 만든 석기(전제헌 외 1986. 18쪽).
- 2차(이차)가공석기 : "격지를 이용하여 만든 석기"(력사연구소·고고학연구소 1991. 44쪽).
- 1면(일면)가공석기 : 한쪽 면을 가공하여 만든 석기(전제헌 외 1986. 13쪽).
- 일면가공기술 : "돌 하나를 가지고 석기 여러 개를 만들며 또 한쪽 면에만 가공한다. (…) 결국 돌멩이 하나에서 격지 여러 개를 뜯어 내는 셈으로 되는데 모체인 돌멩이에서 떨어져 나오면서 비로소 생긴 면에는 아무 가공도 하지 않는다. 그 반대면이 손질한 흔적을 보이나 그것도 결국은 주로 격지가 떨어져 나간 자리를 보여줌에 불과하다. 후에 수정(修正)하는 방법 즉 다듬질하는 방법이 나타날 때까지는 단순히 이상과 같은 방법으로 석기를 만들었던 것이다. 그런데 가공한 면은 몇 개의 룽선을 가진 파세트 즉 소면(小面)으로 되었다."(도유호 1962. 51-52쪽)
- 잔돌날기법 : 잔돌날을 떼여내는 기법(어해남 1999. 25쪽).
- 직접타법 : 때려깨기(김용간 1990. 18쪽).
- 직접떼기 : 때려깨기(력사연구소·고고학연구소 1991. 71쪽).
- 쪼각자리 : ① "때려내기로 쪼각을 뜯어내고 남은 흔적"(고고학연구소 1969. 21쪽). ② "돌덩어리가 깨지면서 쪼각 혹은 격지가 떨어져나간 자리"(력사연구소 1979. 31쪽).
- 타격면(打擊面) : ① 격지를 떼여내기 위하여 때린 자리(도유호 1962. 53쪽). ② 타면.
- 타면(打面) : 타격면, 때림면.

- 타압수정(打壓修正) : 눌러뜯기.
- 타출기술(打出技術) : 때려깨기.
- 타흔(打痕) : 때린 흠점(도유호 1962. 53쪽). 흠(고고학연구소 1969. 19쪽).
- 파세트 : 소면(小面).
- 함마법 : 때려깨기(김용간 1990. 18쪽).
- 혹 : ① 때린 면 가까이의 배면에 있는 불룩이 올라온 면(도유호 1962. 53쪽). ② 뿔부스, 뿔브스, 불부쓰, 불루기, 불룩이.
- 흠점 : 타흔. 때린흠점.
- 흠 : 타흔(고고학연구소 1969. 19쪽).

2. 검토

1940년대 말부터 1950년대에 걸쳐 신석기시대 또는 청동기시대의 유적에서 많은 뗀석기(주로 흑요석기)가 발굴되었지만, 석기의 제작 수법에 관한 체계적인 정리는 이루어지지 않았다. 이러한 것은 북한에서 최초로 발굴된 굴포리(함경북도 선봉군) 구석기 유적의 경우에도 마찬가지였다.

북한에서 뗀석기의 제작 수법에 관한 용어가 나름대로 체계 있게 정리되기 시작한 것은 검은모루 (평양시 상원군) 동굴유적의 발굴 중간 보고(고고학연구소 1969)에서 비롯한다고 생각된다. 그 글에서는 때려내기, 내리쳐깨기, 대고때리기와 같은 수법이 고찰되었다. 그리고 속돌, 격지, 쪼각 등이 지니는 특성을 설명하고, 격지에서 관찰되는 여러 가지 속성(때린면, 불룩이, 때린점, 흠)을 우리말로 바꾸어 표현하였다. 검은모루 동굴유적의 발굴 중간 보고보다 조금 늦게 나온 『조선원시고고학개요』(고고학연구소 1971)에서는 석기 제작 수법의 하나로서 눌러뜯기라는 용어 가 추가되었다.

그 뒤 간행된 『조선고고학개요』(고고학연구소 1977a), 『조선전사 1(원시편)』(력사연구소 1979), 『조선의 구석기시대』(김용간 1984) 등에서는 격지의 여러 가지 속성을 표현하는 용어에 작은 차이가 있었지만, 구석기시대의 기본적인 석기 제작 수법으로 앞에서 말한 4가지 유형을 든 것에는 큰 차이가 없이 서술하였다. 이러한 경향은 1980년대까지 지속되었다.

1990년대에 들어와 석기의 제작 수법과 관련하여 몇 가지 점에서 변화가 일어났다. 종래 사용되었던 용어 가운데 '때려내기→때려깨기, 대고때리기→대고떼기'로 바꾸어 표현하였다. 그리고 '눌러떼기'라는 용어를 추가하여 대고떼기의 한 수법에 포함시켰다. 또한 중기 구석기시대의 발전된 격지 제작 수법을 가리키는 용어로 '때려떼기'라는 표현이 사용되었다(김용간 1990).

현재 북한에서는 눌러떼기와 눌러뜯기라는 용어를 서로 구분하여 사용한다. 여기서 눌러떼기란 돌덩어리나 속돌에서 격지 또는 쪼각을 떼여내는 수법을 가리키며(김용간 1990. 65쪽), 눌러뜯기란 격지나 쪼각의 날을 다듬는 데 이용되는 수법을 말한다(김용간 1990. 66쪽). 이와 같은 점에서 눌러떼기와 눌러뜯기라는 용어를 서로 구분하여 사용하는 것은 이해될 수 있는 문제이다.

그러나 눌러떼기 자체를 대고떼기의 수법에 포함시키는 데는 찬동하기 어렵다. 왜냐하면 대고떼기는 속돌의 때림면에 끌과 같을 것을 올려놓고 그 끌을 망치로 내리쳐서 격지나 쪼각을 얻는 간접타격법에 속하기 때문이다. 이와는 달리 가슴눌러떼기와 같은 수법은 망치 대신에 T자형의 누르개로 눌러서 격지나 쪼각을 얻어내는 수법이기 때문에 대고떼기의 간접떼기(indirect percussion)와는 수법상의 차이가 있다.

이런 까닭에 대고눌러떼기는 간접떼기(indirect percussion)가 아닌 눌러떼기(pressure flaking)로 구분할 필요가 있다. 다시 말해서 대고때려떼기와 대고눌러떼기를 모두 대고떼기에 포함시킬 것이 아니라, 대고눌러떼기를 눌러떼기라는 범주 안에서 이해할 필요가 있다. 따라서 대고눌러떼기와 눌러뜯기는 "넓은 의미의 눌러떼기"에 속하는 것으로 재검토되어야 한다고 생각한다(한창균 2000). 한편 누르개를 이용하여 격지나 쪼각 등의 날을 다듬는 수법으로 눌러뜯기라는 용어가 있는 반면에 마치 등을 가지고 때려서 날을 다듬는 경우에는 때려뜯기라는 표현을 현재 북한에서는 사용하고 있다.

용곡리(평양시 상원군)(전제헌 외 1986)와 용남리(함경남도 금야군)(박영일 2000) 동굴유적에서 출토한 석기는 여러 가지 제작수법이 적용된 면의 수에 따라 1면 가공 석기, 2면 가공 석기, 3면 가공 석기 등으로 분류되었다. 가공된 면이 많을수록 석기의 제작 기술이 발전하는 것으로 두 유적의 보고서에서 서술하였지만, 각 유형에 따른 석기의 형식 분류가 제대로 이루어지지 않아 많은 혼란을 일으킨다.

III. 석기 분류에 관한 용어

1. 용어의 개념

여기서는 석기 분류에 기본이 되는 '속돌, 격지, 쪼각, 돌날' 등을 비롯하여 가공하거나 수정한 석기를 포함시켜 다루었다. 아래에 제시된 용어 가운데 현재 북한에서 사용되는 것으로 속돌과 격지의 경우에는 '속돌, 격지, 잔격지, 돌날, 잔돌날, 쪼각' 등이 있다. 그리고 가공된 석기의 분류에서는 '쪼각 석기, 긁개, 밀개, 마치, 모루돌, 주먹도끼 모양 석기, 제형 석기, 반달 모양 석기, 뾰족끝 석기, 팔매돌, 새기개, 속돌-긁개, 자르개, 주먹도끼, 찍개, 양면찍개, 찌르개, 칼날,

톱날석기, 투창기, 조립식 도구, 끼움날 도구, 끌, 누르개' 등이 사용되고 있다.

- 감작기(砍斫器) : 찍개(도유호·김용남 1965. 56쪽).
- 격지 : "모체가 되는 돌멩이에서 떨어져 나온 것으로 때린 자리, 혹, 때린 흠점, 가로 물결진 면, 세로 몇 줄의 금이 있다."(도유호 1962. 52-53쪽)
- 괄삭기(刮削器) : 날을 두텁게 가공한 인기(황기덕 1957a. 97쪽).
- 긁개 : ① "돌덩이에서 떼어낸 격지의 한쪽 끝을 둥그스럼하게 쪼아서 가죽 같을 것을 긁는 데에 쓰인 석기"(도유호 1960a. 64쪽). ② "무엇을 자르거나 짐승의 가죽을 벗기는 일 같은데 쓰이던 것"(고고학연구소 1977a. 10쪽). ③ "보통 둥글넙적하게 만든 격지의 한 변에 날을 세운 석기로서 날이 비교적 곧은것과 호선을 이룬 것 등이 있다. (…) 짐승의 가죽을 벗기거나 각을 뜨는 데도 쓰이였고 나무를 다듬는 데도 쓰이였다."(력사연구소·고고학연구소 1991. 44쪽).
- 꼬마석기 : 세석기(細石器)(고고학 및 민속학 연구소 1960. 29쪽).
- 꾸·되·뽀앙(coup de poing) : 주먹도끼(도유호 1962. 52쪽).
- 끌 : ① 대고떼기에 이용되는 간접공구(김용간 1990. 65쪽). ② 대고때려떼기에 이용되는 간접공구(어해남 1999. 24쪽).
- 끼움날도구 : "나무나 뼈에 흠을 파고 거기에 여러 개의 세석기를 끼워서 날을 이루게 한 칼이나 창끝 같은 것"(김용간 1990. 90쪽).
- 누르개 : ① "돌표면을 눌러서 뜯어내는 데 쓰인 도구"(김용간 1990. 67쪽). ② 대고눌러떼기에 이용되는 간접공구(어해남 1999. 24쪽).
- 누클레우쓰 : 석핵, 핵석, 속돌.
- 다각면원구 : 팔매돌(력사연구소·고고학연구소 1991. 41쪽).
- 다듬개 : 석기를 다듬을 적에 쓰는 잡은거(道具)(도유호 1960a. 172쪽).
- 돌날 : 격지 가운데 "배면이 평탄하고 등면에는 세로 1~2줄의 릉선이 서있으며 량변이 예리한 날을 이루고 있는 좁고 긴 형태의 것"(어해남 1999. 24쪽).
- 돌공 : 팔매돌(력사연구소·고고학연구소 1991. 41쪽).
- 돌날속돌 : 돌날기법을 적용하여 돌날을 떼내고 남은 속돌(어해남 1999. 24쪽).
- 돌모루 : 모루돌(김용간 1990. 47쪽).
- 때리개 : 때려깨기(직접타격법)에 이용되는 도구(어해남 1994. 35쪽).
- 람(lame) : 인기.
- 마치 : "석기를 손질하거나 깨는 데 쓴" 도구(김용간 1990. 21쪽).
- 모루돌 : 돌모루(김용간 1990. 47쪽).

- 밀개 : "긁개와는 달리 흔히 석기의 긴축의 한쪽 끝에 날을 세워서 짐승의 털이나 물고기의 비늘을 미는 데 편리하게 만든 석기"(김용간 1990. 67쪽).
- 박편도끼 : 자르개(김용간 1990. 23쪽).
- 반달모양석기 : 원래의 돌덩어리 생김새에 따라 반달모양으로 생긴 것(김용간 1990. 18쪽).
- 버들잎 : 버들잎모양으로 양면을 정밀하게 다듬질한 석기(도유호 1960a. 64쪽).
- 뾰족끝석기 : 원래의 돌덩어리모양에 따라 끝이 뾰족하게 생긴 석기. 뾰족한 부분을 주로 가공하여 날을 이루게 하였다(김용간 1990. 18·20쪽).
- 뾰족이 : 삼각형에 가까운 생김새이며, 한쪽 끝이 뾰족한 석기(고고학연구소 1977b. 37쪽).
- 사냥돌 : 팔매돌(력사연구소·고고학연구소 1991. 41쪽).
- 새기개 : "오늘날의 조각칼처럼 한쪽끝이 무엇을 새길 수 있게 단단하면서 날카로운 날"을 이루고 있는 석기(김용간 1990. 68쪽).
- 서석기(曙石器) : 자연석을 그대로 쓰거나 매우 초보적인 가공을 한 것(도유호 1962. 50쪽).
- 석구 : 팔매돌(력사연구소·고고학연구소 1991. 41쪽).
- 석엽(石葉) : 양면에 날을 가진 인기(황기덕 1957a. 97쪽).
- 석인(石刃) : 인기.
- 석핵(石核) : ① 돌멩이 하나에서 격지 형태의 날이 선 석기를 여러 개 뜯어내고 남은 돌로써 여러 개의 뜯긴 면을 가진 알멩이 돌(도유호 1962. 52쪽). ② 속돌.
- 소기(搔器) : 긁개.
- 속돌 : "돌덩어리에서 격지와 쪼각들을 때려내고 남은 알멩이돌"(고고학연구소 1977a. 8쪽).
- 속돌-긁개 : ① 속돌이면서 동시에 긁개로 쓸 수 있는 기능과 생김새를 지닌 유물(서국태 1987. 13쪽). ② 속돌의 "옆면을 손질하여 긁개로 쓸수 있게 만든 것"(김용간 1990. 88쪽).
- 송곳 : ① 송곳처럼 끝을 뾰족하게 만든 석기(도유호 1960a. 67쪽). ② 첨두기(고고학 및 민속학 연구소 1960. 35쪽).
- 양면찍개 : "찍개와 같은 생김새인데 한쪽끝의 량면을 가공하여 날을 세운 점이 다르다. (…) 찍개와 같은 용도에 쓰이었을 것이라고 인정된다."(김용간 1990. 23쪽).
- 양면핵석기 : 주먹도끼(김용간 1990. 22쪽).
- 원결형(圓缺形) : 한 변이 직선이고 한 변이 호선인 형태(도유호 1960a. 65쪽).
- 인기(刃器) : ① "경질의 석재에서 박취한 타렬편을 다시 가공한 타제 석기이다. 그것은 세석기와 대비하여 대형이므로 대형석기라고도 불리운다. 보통 량 측면이 몹시 얇아서 자연 날을 이루었으며 표면에 한 개 내지 두 개의 종릉선과 몇 개의 사릉선이 달리고 그 리면에는 느릿한 곡면을 이루어 횡단면이 삼각형 혹은 제형을 이룬 것이 많다."(황기덕 1957a. 97쪽) ② 돌덩어리에서

길쭉길쭉하게 뜯어낸 손칼 만큼한 격지. 양쪽에 생긴·예리한 날을 칼로 쓸 수 있으며, 격지의 양 옆을 곱게 다듬은 것도 있음(고고학 및 민속학 연구소 1960. 37-38쪽). ③ 한쪽 면에만 가공한 것(도유호 1960a. 67쪽). ④ 격지식으로 된 일면가공의 석기. 람(lame)(도유호 1962. 53쪽).

- 자르개 : "자갈돌로부터 떼어낸 큰 쪼각을 다듬어서 한쪽에 도끼날처럼 생긴 날을 이루게 만든 석기이다. 그러므로 일부 사람들은 이 석기를 박편도끼라고도 부른다. (…) 손에 쥐고 무엇을 베거나 자르는 데 쓰기 편리하게 생겼다."(김용간 1990. 23쪽)
- 잔격지 : 속돌에서 떼낸 작은 격지(서국태 1987. 12쪽).
- 잔돌날 : 매우 작은 돌날. 만달리 유적의 경우, 너비는 0.4㎝ 이하, 길이는 4㎝ 이하이다(어해남 1999. 25쪽).
- 잔돌날속돌 : 잔돌날을 떼낸 흔적이 있는 속돌(어해남 1999. 27쪽).
- 제형석기(梯形石器) : ① 원래의 돌덩어리 생김새에 따라 제형으로 생긴 석기(김용간 1990. 18·21쪽). ② 찍개의 시초형(고고학연구소 1977a. 5쪽).
- 조립식도구 : 날부분과 자루부분을 결합시켜 사용한 도구. 대고떼기, 눌러떼기, 눌러뜯기에 쓰인 공구와 창끝모양의 찌르개에서 그런 예를 찾을 수 있다(김용간 1990. 68쪽).
- 주먹도끼 : ① 양면가공의 석기로 "한 손에 쥐고·내리 조기는 데 쓰는 잡은거(道具)"(도유호 1962. 52쪽). ② "량면을 가공하여 날을 이루게 한 특징적인 석기이다. 때문에 이 석기를 량면핵석기(biface)라고 부르는 사람도 있다." 손에 쥐고 땅을 뚜지거나 무엇을 찍고 자르는 데 쓰기 좋게 생겼다(김용간 1990. 22-23쪽).
- 주먹도끼모양석기 : 양면을 손질한 것은 아니지만, 그 생김새와 날부분 및 등부분의 모양으로 보아 주먹도끼와 같은 용도로 쓰였다고 인정되는 석기(김용간 1990. 21쪽).
- 쥘돌 : 한쪽 끝이 뭉툭하고 그 반대쪽의 끝은 뾰족한 것(고고학 및 민속학 연구소 1958. 74쪽).
- 쪼각 : 돌덩어리에서 쪼개낸 것으로 '때린면, 때린자리, 홈, 불룩이' 등을 명백히 가려볼 수 없는 쪼각(고고학연구소 1969. 22쪽).
- 찌르개 : "보통 삼각형에 가까운 격지의 뾰족한 한쪽 끝을 날로 쓸 수 있게 다듬은 석기이다."(력사연구소·고고학연구소 1991. 44-45쪽)
- 찍개 : "자갈의 한면만 가공하여 날을 세운 석기로서 주먹도끼처럼 끝이 뾰족하지 않다. 손에 쥐는 부분을 비롯하여 표면은 가공하지 않고 자갈의 원래표면을 그대로 둔 것이다. (…) 손에 쥐고 무엇을 찍거나 자르는 데 쓸모있게 생겼다."(김용간 1990. 23쪽)
- 첨두기(尖頭器) : ① 인기를 가공하여 끝을 날카롭게 만든 석기(황기덕 1957a. 97쪽). ② 송곳.
- 측결기(側缺器, lame étranglée) : 격지의 "량 옆에 수정을 가하고 한쪽 또는 량쪽에 비대칭적(非對

稱的)으로 우묵하게 도려낸 자리를 보여주는 석기"(고고학 및 민속학 연구소 1960. 38쪽).

- 칼날 : 칼과 같이 날을 날카롭게 다듬은 석기.
- 칼날모양격지 : 칼날과 같이 날카로운 날을 가진 격지.
- 톱날석기 : 톱날과 같은 모양의 날을 가진 석기.
- 투창기 : "뒤 끝에 창자루끝을 밀어주게끔 턱을 지워놓은" 도구(김용간 1990. 69쪽).
- 팔매돌 : "공처럼 생긴 구형으로 생긴 석기인데 자갈돌의 표면을 때려내여 공모양으로 만든 것이다. 표면을 때려낼 때 생긴 우묵이(쪼각자리)들로 하여 표면에는 많은 릉(각)이 생겼다."(김용간 1990. 24쪽) "이 석기의 용도에 대하여서는 많은 사람들이 사냥을 할 때 쓰인 팔매돌이라고 보고 있다. 어떤 사람은 팔매돌을 다면원구라고 부르며, 돌공 또는 석구라고 부르기도 한다."(력사연구소·고고학연구소 1991. 41-42쪽)
- 핵석(核石) : 석핵, 속돌.
- 홈날 : 홈처럼 날을 다듬은 석기.

2. 검토

제작 수법의 경우와는 달리, 석기 분류에 관한 용어는 1950년대 후반부터 한글로 표현되기 시작하였다. 우리는 그러한 예를 굴포리 유적의 발굴 보고에서 엿볼 수 있으며, 그보다 뒤에 나온 다른 구석기 유적의 발굴 보고에서도 그와 같은 흐름을 알 수 있다.

1950년대 말부터 북한에서는 석기의 형태, 제작 수법, 용도를 모두 고려하여 석기에 명칭을 주고 있다. 그와 같은 예는 공귀리(자강도 강계시) 유적의 발굴 보고(김용간 1959)에 잘 나타난다. 이런 경향은 그 뒤에도 계속된다. 특히 용곡리 동굴유적(전제헌 외 1986)에서 출토한 석기는 가공 방법뿐만 아니라 석기의 용도가 석기 분류에 중요한 요소가 되었다. 그리하여 석기의 유형별 분류에 "무엇을 찍거나 쪼개는 데 쓰인 석기", "짐승의 가죽을 벗기거나 무엇을 깎는 데 쓰인 석기", "무엇을 새기거나 깎는 데 쓰인 것으로 추정되는 석기" 등과 같은 기준이 적용되었다. 최근 발표된 용남리 동굴유적(박영일 2000)에서도 석기의 형태와 날의 생김새 및 쓸모(쓰임새)에 따라 석기의 유형이 구분된 바 있다.

석기 분류의 기준에는 여러 가지 요소가 고려된다. 그러나 추정되는 기능 또는 예상되는 기능을 지나치게 강조하는 것은 바람직하지 않다고 생각된다. 석기의 연구에서 그 석기의 쓰임새를 밝히는 작업은 매우 중요하다. 그러나 실험 고고학의 결과가 뒷받침되지 않은 상태에서 그 기능을 석기 분류의 중요한 기준으로 적용하는 데는 많은 한계가 뒤따른다.

앞에서 말한 바와 같이 1970년대 말에 간행된 『조선전사 1(원시편)』(력사연구소 1979)부터 남한의 구석기유적이 북한에 소개되기 시작하였다. 그리고 자연스럽게 남한에서 사용되는 석기 분류의 명칭이 북한에 알려지게 되었다. 1970년대 이전 북한에서 사용되었던 뗀석기 관련 용어로 남한 학계가 받아들인 것에는 격지, 긁개, 밀개, 찍개, 주먹도끼 등이 있다. 반면에 1970년 말 이후부터 북한 학계에서 받아들인 용어에는 새기개, 자르개, 돌날, 찌르개, 팔매돌, 홈날, 톱날석기, 뚫으개(뚜르개) 등이 있다. 최근에는 돌날과 같은 용어가 만달리 유적의 속돌을 연구하는 데 이용되었다(어해남 1999).

IV. 맺음말

북한에서 고고학 용어를 한글로 만들어 쓰려는 작업은 일찍부터 시작되었다. 그것은 이 분야에 관심을 지닌 일반인 또는 젊은 세대에게 고고학의 연구 성과를 널리 쉽게 알려, 민족 문화에 관한 이해를 넓히려는 뜻에서 출발하였다. 이러한 사회 분위기 속에서 선사시대의 뗀석기에 관한 용어도 1950년대 후반부터 차츰 정리되기 시작하였다. 그리하여 현재는 제작 수법과 석기 분류에 관한 여러 가지 용어가 우리말로 정리되어 북한의 선사시대 유적, 특히 구석기 유적에서 출토한 석기를 서술하는 데 활용되고 있다.

앞에서 말한 것처럼 북한에서 뗀석기의 제작 수법과 석기 분류에 관한 용어는 1950년대부터 현재에 이르기까지 많은 변천을 겪었다. 제작 수법과 관련하여 현재 북한에서 사용되고 있는 용어 가운데는 개념 설정에 문제가 있는 것도 있지만, 남한 학계에서 받아들여 사용해도 좋은 용어가 있는 것으로 생각된다. 대체로 남한에서는 직접떼기, 간접떼기 등과 같은 용어가 사용된다. 그런데 이 용어를 대신해서 때려내기 또는 때려깨기, 대고떼기와 같은 표현을 받아들여 사용해도 별다른 문제가 없을 것이다.

1970년대 말부터 현재에 이르기까지 석기 분류에 관한 용어는 남북한 사이에서 커다란 문제없이 서로 통용되는 예가 많아 다행스럽다. '격지, 돌날, 긁개, 밀개, 주먹도끼, 새기개, 홈날, 톱날석기' 등과 같은 용어에서 그러한 예를 찾을 수 있다. 또한 같은 의미를 지닌 용어로서 '속돌(북)과 몸돌(남), 잔돌날(북)과 좀돌날(남), 불룩이(북)와 혹(남), 양면찍개(북)와 안팎날찍개(남)' 등과 같이 남북한에서 표현상 달리 쓰이는 것도 있지만, 북한에서 사용되는 그러한 용어의 쓰임새를 조금이라도 이해한다면 큰 불편거리는 되지 않는다. 오히려 이러한 차이는 뗀석기에 관한 용어를 좀 더 폭 넓은 시각에서 정리하는 데 도움이 된다고 판단한다.

뗀석기에 대한 우리 학계의 연구는 현재 활발하게 진행되고 있다. 그러나 연구의 역사가 길지 않기 때문에 지금 남북한에서 사용되는 용어만으로는 뗀석기를 짜임새 있게 서술하는 데 부족한 점이 너무 많다고 생각된다. 뗀석기의 제작 수법을 자세하게 설명하고, 석기의 분류 체계를 세우는 데 무엇보다 중요한 것은 그와 관련된 학술 용어를 바로 세우는 작업이다.

현재 남북한에서 사용하고 있는 용어상의 한계는 하루빨리 극복되어야 할 과제이다. 이와 아울러 현재 남한의 구석기 전문가들도 각자가 사용하는 용어만이 타당성이 있다는 주장을 되풀이 고집하지 말고, 우리가 받아들이기 쉬운 학술 용어를 개발하고 정립하여 한국 구석기학의 올바른 발전에 이바지하도록 많은 노력을 기울여야 한다.

전공이 다른 사람들에게 선사문화 연구에서 차지하는 뗀석기의 의미와 중요성에 대한 이해를 넓히고, 뗀석기에 관심을 갖고 있는 미래의 전문가를 키워내기 위하여 북한뿐만 아니라 남한에서 사용되는 용어가 재정리되어야 한다. 이런 바탕 위에서 남북한 전문가들이 한 자리에 모여 새로운 용어를 찾고 만드는 작업을 이룰 수 있다면, 남북한 사이의 거리는 그만큼 줄어들 것이다.

참고문헌

고고학 및 민속학 연구소 1956. 『라진 초도 원시 유적 발굴 보고서』, 유적발굴보고 1.

고고학 및 민속학 연구소 1959. 「우리 나라 원시 유적의 분포 정형 : 함경남북도, 량강도, 자강도, 강원도 편」, 『문화유산』 1959(1).

고고학 및 민속학 연구소 1958. 「용어 해설 : 구석기 시대」, 『문화유산』 1958(5).

고고학 및 민속학 연구소 1960. 『회령 오동 원시 유적 발굴 보고』, 유적발굴보고 7.

고고학연구소 1969. 「상원 검은모루유적 발굴중간보고」, 『고고민속론문집』 1.

고고학연구소 1971. 『조선원시고고학개요』, 김일성종합대학출판사.

고고학연구소 1977a. 『조선고고학개요』, 과학백과사전출판사.

고고학연구소 1977b. 『조선의 구석기시대』, 사회과학출판사.

고고학연구소 1987. 「쏘련 원동지방의 구석기시대에 대하여」, 『조선고고연구』 1987(1).

고고학 연구실 1957. 「청진 농포리 원시 유적 발굴」, 『문화유산』 1957(4).

김신규 1962. 「함경북도 화대군에서 털코끼리(《맘모스》)의 유골을 발견」, 『문화유산』 1962(2).

김용간 1959. 『강계시 공귀리 원시 유적 발굴 보고』, 유적발굴보고 6.

김용간 1984. 『조선의 구석기시대』, 사회과학출판사.

김용간 1986. 「화북(중국북부)구석기시대전기문화에 대하여」, 『조선고고연구』 1986(2).

김용간 1990. 『조선고고학전서 : 원시편(석기시대)』, 과학백과사전종합출판사.

김용간·서국태 1972. 「서포항원시유적발굴보고」, 『고고민속론문집』 4.

도유호 1955. 「조선 석기 시대 사상(史上)에서 새로 판명된 몇 가지 사실에 대하여」, 『력사과학』 1955(1).

도유호 1958. 「조선 원시 문화의 연대 추정을 위한 시도」, 『문화유산』 1958(3).

도유호 1960a. 『조선 원시 고고학』, 과학원출판사.

도유호 1960b. 「고고학에 관한 새 용어의 해설」, 『문화유산』 1960(3).

도유호 1962. 「구석기란 무엇인가?」, 『문화유산』 1962(6).

도유호 1964. 「조선의 구석기 시대 문화인 굴포 문화에 대하여」, 『고고민속』 1964(2).

도유호·김용남 1965. 「굴포 문화에 관한 그 후 소식」, 『고고민속』 1965(1).

력사연구소 1979. 『조선전사 1(원시편)』, 과학백과사전출판사.

력사연구소·고고학연구소 1991. 『조선전사 1(원시편)』, 과학백과사전종합출판사.

문화유물 편집부 1949. 「창간사」, 『문화유물』 1.

박영일 2000. 「룡남동굴유적에서 발견된 석기에 대한 연구」, 『김일성종합대학학보』 2000(2)(력사법학 제146권 제2호).

서국태 1987. 「만달리동굴유적의 석기에 대하여」, 『조선고고연구』 1987(2).

어해남 1994. 「우리 나라 구석기시대 석기재료의 특성에 대하여」, 『조선고고연구』 1994(3).

어해남 1995. 「구석기시대 석기연구에서 실험고고학적방법의 적용문제에 대하여」, 『조선고고연구』 1995(2).

어해남 1999. 「만달리동굴유적의 속돌들에 대한 고찰」, 『조선고고연구』 1999(3).

전제헌·윤진·김근식·류정길 1986. 『룡곡동굴유적』, 김일성종합대학출판사.

한길언 1950. 「김일성종합박물관」, 『문화유물』 2.

한창균 2000. 「북한의 선사시대 뗀석기 연구」, 『백산학보』 57.

황기덕 1957a. 「함경북도 지방 석기 시대의 유적과 유물(1)」, 『문화유산』 1957(1)

황기덕 1957b. 「두만강 류역과 동해안 일대의 유적 조사」, 『문화유산』 1957(6).

황기덕 1960. 「무산읍 범의 구석 유적 발굴 중간 보고」, 『문화유산』 1960(1).

황기덕 1962. 「두만강 류역의 청동기 시대 문화(2)」, 『문화유산』 1962(6).

황기덕 1975. 「범의구석유적 발굴보고」, 『고고민속론문집』 6.

<부록>

뗀석기의 제작 수법과 석기 분류와 관련하여 - 북한에서 사용된 용어의 예 -

* 「조선 석기 시대 사상(史上)에서 새로 판명된 몇가지 사실에 관하여」(도유호 1955) : 서석기(曙石器), 세석기(細石器), 대(大)석기, 파렬편, 타제석기의 수정.
* 『라진 초도 원시 유적 발굴 보고서』(고고학 및 민속학 연구소 1956) : 쪼각, 첨두기(尖頭器), 긁기(搔器), 파렬편, 뜯어내는 가공.
* 「함경 북도 지방 석기 시대의 유적과 유물」(황기덕 1957a) : 타제석기 수정공구, 인기(刃器), 석인(石刃), 타렬편, 세석기, 대형석기, 첨두기, 날을 두텁게 가공한 괄삭기, 측결 혹은 양면 가공의 인기, 석엽(石葉), 석핵, 석촉.
* 「청진 농포리 원시 유적 발굴 보고」(고고학 연구실 1957) : 인편(刃片), 타압수정, 긁개(搔器), 찔개, 송곳, 활촉, 창 첨두기(尖頭器), 조도(彫刀), 타렬편.
* 「용어 해설 : 구석기 시대」(고고학 및 민속학 연구소 1958) : 쥘'돌, 핵석, 첨두기(尖頭器), 핵석에서 뜯어낸 판닥지, 가공(수정), 긁개, 칼날, 촉, 조각하는 칼, 송곳, 깎는 칼.
* 『강계시 공귀리 원시 유적 발굴 보고』(김용간 1959) : 파편, 격지, 타압수정(打壓修正), 타출기법(打出技法), 타흔(打痕), 타면(打面), 뿔부스, 측결(側缺)형 석기, 긁개, 첨두기, 활촉.
* 『회령 오동 원시 유적 발굴 보고』(고고학 및 민속학 연구소 1960) : 격지, 인기(刃器, lame), 세석기, 측결기(側缺器, lame étranglée), 핵석(核石, nucléus), 송곳(尖頭器), 수정, 꼬마형의 석기, 수정, 압출수정, 눌러뜯개, 핵석(核石), 쪼각(파렬편).
* 『조선 원시 고고학』(도유호 1960a) : 긁개, 석핵 또는 핵석(누클레우쓰), 다듬질(수정), 버들잎, 꼬마석기(세석기), 인기(刃器), 송곳, 활촉, 첨두기(尖頭器), 다듬개.
* 「무산읍 범의 구석 원시 유적 발굴 중간 보고」(황기덕 1960) : 석엽(石葉), 측결기(側缺器), 괄삭기(刮削器), 석핵, 인기(刃器), 압출(押出)기법, 활촉.
* 「구석기란 무엇인가?」(도유호 1962) : 양면가공기술, 일면가공기술, 꾸·되·뽀앙(coup de poing), 주먹도끼, 다듬질(수정), 파세트 즉 소면(小面), 격지, 배면, 누클레우쓰, 핵석 또는 석핵, 흠점, 가로 물결진 면, 세로 몇줄의 금, 타격면(打擊面), 때린자리, 혹(불부쓰), 타흔(打痕) 또는 때린 흠점, 람(lame), 인기(刃器).
* 「조선의 구석기 시대 문화인 굴포 문화에 대하여」(도유호 1964) : 밀개, 양면가공, 일면가공, 누클레우쓰, 감각기(감작기가 잘못 인쇄된 것), 찍개(chopper), 모루, 쪼각, 자갈돌 구석기,

주먹도끼.

* 「굴포 문화에 관한 그 후 소식」(도유호·김용남 1965) : 찍개(chopper), 감작기, 찍개(砍斫器), 핵석.

* 「상원 검은모루유적 발굴중간보고」(고고학연구소 1969) : 때려내기, 내리쳐깨기, 대고때리기, 때린면(타면), 불룩이(뽈브스), 때린점(타격점), 흠(타흔), 쪼각자리, 주먹도끼형석기, 제형석기, 뾰족끝석기, 찍개, 쪼각, 쪼각석기, 속돌, 격지, 두벌다듬기, 강자갈석기, 대형 첨두기.

* 『조선원시고고학개요』(고고학연구소 1971) : 때려내기, 내리쳐깨기, 대고때리기, 늘러뜯기, 격지, 때린면, 주먹도끼형석기, 제형석기, 쪼각석기, 쪼각, 쪼각자리, 찍개, 주먹도끼, 칼, 밀개, 긁개, 속돌.

* 『조선고고학개요』(고고학연구소 1977a) : 때려내기, 내리쳐깨기, 대고때리기, 눌러뜯기, 서석기, 때림면, 때린점, 불룩이, 주먹도끼모양석기, 제형석기, 뾰족끝석기, 반달형석기, 찍개, 속돌, 격지, 쪼각, 수정, 누르개, 긁개, 밀개, 칼날, 주먹도끼, 버들잎모양의 돌창끝.

* 『조선전사 1(원시편)』(력사연구소 1979) : 때려내기, 내리쳐깨기, 대고때리기, 눌러뜯기, 서석기, 속돌, 격지, 쪼각, 때림면, 때림점, 쪼각자리, 불루기, 주먹도끼모양석기, 사다리형석기, 뾰족끝석기, 주먹도끼, 찍개, 긁개, 찌르개, 새기개, 밀개, 칼날, 버들잎모양의 돌창끝, 누르개.

* 『조선의 구석기시대』(김용간 1984) : 때려내기, 내리쳐깨기, 대고때리기, 눌러뜯기, 속돌, 격지, 때림면, 때린 점, 쪼각, 쪼각자리, 불루기, 주먹도끼모양석기, 제형석기, 뾰족끝석기, 주먹도끼, 찍개, 긁개, 찌르개, 새기개, 밀개, 누르개, 칼날, 버들잎모양의 돌창끝.

* 『평양부근동굴유적발굴보고』(김신규 외 1985) : 속돌, 긴 격지, 잔 격지, 불루기, 격지를 떼낸 자리, 좁고 긴 격지, 눌러뜯기, 칼, 긁개.

* 『룡곡동굴유적』(전제헌 외 1986) : 때려내기, 내리쳐깨기, 대고때리기, 눌러뜯기, 격지, 격지석기, 1면가공, 2면가공, 3면가공, 4면가공, 여러면가공.

* 「화북(중국북부) 구석기시대전기문화에 대하여」(김용간 1986) : 속돌, 격지, 긁개, 찍개, 긁개, 삼릉대형뾰죽이, 때려내기, 내리쳐깨기, 모루 위에서의 타격법, 양면찍개, 소형뾰죽이, 2차가공, 일면가공, 양면가공, 대형다각찍개, 중소형다각찍개, 석구, 속돌격지, 양극속돌, 양극격지, 직접타격법, 새기개, 간접타격법.

* 「쏘련 원동지방의 구석기시대에 대하여」(고고학연구소 1987) : 찍개, 긁개, 주먹도끼, 때림면, 속돌, 주먹도끼, 때림면을 미리 마련한 속돌, 양쪽때림면속돌, 레발루아형속돌, 양면찍개, 쪼각석기, 밀개, 칼, 불룩이, 월계수잎형날, 새기개, 뚫으개, 한면때림면속돌.

* 「만달리동굴유적의 석기에 대하여」(서국태 1987) : 속돌, 격지, 때림면, 잔격지, 때려내기, 대고때리기, 눌러뜯기, 긁개, 속돌긁개.

* 『조선고고학전서 : 원시편(석기시대)』(김용간 1990) : 내리쳐깨기, 때려깨기, 때려내기, 함마법, 직접타법, 대석(모루)기법, 대고떼기, 대고때리기, 때려떼기, 눌러떼기, 눌러뜯기, 때려뜯기, 몸돌, 격지, 쪼각, 때림면, 때린흠, 불루기, 불룩이, 물결모양의 줄, 주먹도끼모양석기, 제형석기, 뾰족끝석기, 주먹도끼, 찍개, 양면찍개, 팔매돌, 다각면원구, 긁개, 양면핵석기, 자르개, 박편도끼, 찌르개, 뚫으개, 칼날모양석기, 새기개, 홈날, 톱날석기, 밀개, 속돌-긁개, 돌칼.

* 『조선전사 1(원시편)』(력사연구소·고고학연구소 1991) : 내리쳐깨기, 때려깨기, 때려내기, 함마법, 직접타법, 대석(모루)기법, 대고떼기, 대고때리기, 때려떼기, 눌러떼기, 눌러뜯기, 때려뜯기, 몸돌, 격지, 쪼각, 때림면, 때린흠, 불루기, 불룩이, 물결모양의 줄, 주먹도끼모양석기, 제형석기, 뾰족끝석기, 주먹도끼, 찍개, 양면찍개, 팔매돌, 다각면원구, 돌공, 석구, 긁개, 양면핵석기, 자르개, 박편도끼, 찌르개, 뚫으개, 칼날모양석기, 새기개, 홈날, 톱날석기, 밀개, 속돌-긁개, 돌칼.

* 「만달리 유적의 속돌들에 대한 고찰」(어해남 1999) : 속돌, 격지, 격지석기, 돌날, 돌날기법, 때림면, 떼기면, 떼기각, 대고때려떼기, 대고눌러떼기, 간접떼기, 돌날속돌, 고랑, 쪼각, 돌날뗀자리, 잔돌날떼기, 잔돌날기술, 때림면 가공상태.

* 「룡남 동굴유적에서 발견된 석기에 대한 연구」(박영일 2000) : 내리쳐깨기, 때려떼기, 대고떼기, 1면가공, 양면가공, 찍개, 긁개, 밀개, 자르개, 격지석기.

【출처】 한창균 2001. 「북한의 선사시대 뗀석기 용어 고찰」, 『고고와 민속』 4, 1-21쪽, 한남대학교 중앙박물관.

황해도 지역의 구석기 유적

I. 머리말

북한 구석기 고고학의 연구사적인 흐름을 이해하는 데 있어, 1930년대 중반에 발굴된 강안리 유적(江岸里遺蹟)(종래의 潼關鎭遺蹟)(直良信夫 1940), 그리고 1960년대 초반에 조사된 장덕리 유적(長德里遺蹟)(김신규 1962)과 굴포리 유적(屈浦里遺蹟)(도유호 1964)은 중요한 위치를 차지한다. 이들 유적은 모두 함경북도 지역에 분포하는 공통점을 지니는데, 1960년대 후반부터 북한에서 구석기 유적이 발굴된 곳은 평양직할시, 평안남도, 함경남도, 황해도의 석회암 지대에 분포하는 동굴유적으로 그 범위가 확대되고 있다.

이 글에서 연구 대상 지역으로 삼은 황해도는 한국의 중서부에 위치하고 있으며, 1954년의 행정 구역 개편에 따라 황해북도와 황해남도로 구분되었다. 황해북도의 북서쪽은 남포특별시·평양직할시, 북동쪽은 평안남도, 서쪽과 남쪽은 황해남도, 남동쪽은 개성특별시, 동쪽은 강원도에 접하여 있다. 면적은 8200㎢이다(이영택 1991a). 황해남도의 동쪽은 재령강과 예성강을 경계로 하여 황해북도·개성특별시, 북쪽은 대동강을 사이에 두고 남포특별시, 서쪽과 남쪽은 황해와 접하여 있다. 면적은 8176㎢이다(이영택 1991b). 황해남·북도의 면적은 국토의 약 7.4%를 차지한다.

황해도 지역에서는 1920년대 중반부터 유사 이전의 동물 화석이 출토하는 것으로 알려졌다. 1925년에는 황해도 봉산탄광(鳳山炭鑛, 현재의 황해북도 봉산군에 속함)에서 물소(犀)의 악골(顎骨, 턱뼈)이 발견되었다는 소식이 알려졌다(동아일보 1925년 12월 17일). 그리고 5년이 지난, 1930년에는 봉산의 구산탄광(九山炭鑛)에서 고대 동물의 뼈와 이빨, 머리뼈 등 십여 종의 화석이 발견되었고, 그 가운데 두자 반 가량의 물소 머리뼈가 있었던 것으로 보도되었다(동아일보 1930년 1월 19일). 두 지역에서 화석이 발견되었다는 소식을 실은 동아일보 기사에서는 물소 화석의 발견 사실에 주목하며, 물소가 살았던 당시는 조선이 열대 지방이었다는 내용을 흥미롭게 전하였다. 또한 1935년에는 황해도 제석산(帝釋山, 해발 733m, 현재의 황해북도 금천군에 속함)에서 발견된 화석과 관련하여, 다음과 같은 글이 조선일보(1935년 6월 14일)에 실리기도 하였다.

> "黃海道의 帝釋山에는 古代犀와 古代野生馬의 臼齒가 發見되고 咸北 吉州 附近에서 『맘모스』像의 臼齒와 鯨骨의 化石이 發見되고 (…) 舊石器時代까지도 奇禽珍獸의 動物園이엿다는 것을 알 수가 잇다."(天台山人 1935)

위에서 언급된 내용만으로는 황해북도 봉산군(鳳山郡)의 2개 지점과 금천군(金川郡)의 제석산에서 출토된 물소 등의 화석이 어떠한 입지 조건과 고고학적 배경에서 발견되었는가에 대해서 전혀 알 수가 없다. 그러나 그들 지역에서 나온 화석이 만약 구석기시대의 것으로 인정된다면, 화석의 출토지는 석회암 지대에 위치한 동굴유적일 가능성이 매우 높은 것으로 추정된다.

해방 이후, 황해도 지역에 분포한 구석기 유적의 조사는 1960년대 중반에 들어와 시작된 것으로 생각된다. 1965년에는 예성강 일대, 1978년에는 황해남도 신원군과 황해북도 봉산군, 1980년에는 황해북도, 1981년에는 황해남도 지역을 대상으로 구석기시대의 동굴유적에 대한 조사 답사가 이루어졌다(고고학연구소 1986). 현지 답사의 결과는 공식적으로 보고된 바가 없다고 추정된다. 한편 『조선유적유물도감 1(원시편)』(조선유적유물도감 편찬위원회 1988. 285쪽)에는 황해북도 연산군 반천리(延山郡 飯泉里)에서 출토된 동굴곰 머리뼈의 사진이 실려 있지만, 자세한 발굴 연도와 조사 성과에 대한 내용은 언급되지 않았다.

현재까지 황해도 지역에서 발굴된 구석기 유적 가운데, 그 조사 내용이 비교적 상세하게 알려진 곳으로는 황해북도 해상 동굴유적과 청파대 동굴유적, 그리고 황해남도 냉정 동굴유적 등이 있다(그림 1 참조). 특히 청파대 동굴유적과 냉정 동굴유적에서는 수많은 동물 화석과 함께 인류 화석 및 석기 등이 출토되었으며, 여러 가지 절대 연대 측정법에 의한 결과가 발표되어 북한의 구석기시대를 새로운 시각에서 이해하는 데 필요한 정보를 제공해준다.

그러나 황해도 지역에서 발굴된 구석기 유적을 체계적으로 살피는 데 있어 적지 않은 어려움이 뒤따른다. 예를 들어, 황주 청파대 동굴에서는 약 2천 점이 넘는 석기가 출토된 것으로 알려지고 있지만, 아직까지 종합 보고서가 간행되지 않아 그간 발표된 글에서 언급되었던 지극히 제한된 석기의 도면만을 참조할 수밖에 없는 한계가 있다. 이와 같은 문제는 인류 화석의 체질인류학적인 특성과 그 시간적인 위치를 검토하는 경우에도 동일하게 야기된다. 또한 석기의 형식 분류학적인 판단 기준이 유적마다 각기 다르게 적용되고 있기 때문에 하나의 유적에서 추출할 수 있는 고고학적 특성, 곧 제작 기술이나 형식 분류의 속성 등을 다양한 관점에서 평가하기가 쉽지

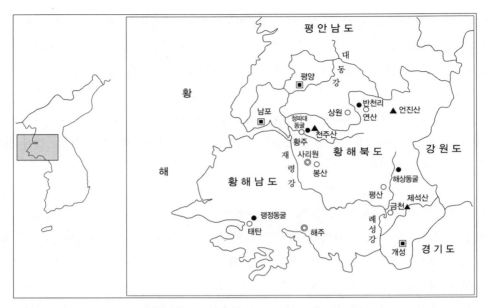

〈그림 1〉 황해도 지역에서 알려진 구석기 유적의 위치(●)

않다. 이러한 문제점들은 태탄 냉정 동굴유적의 경우에도 적용된다고 생각된다.

II. 평산 해상 동굴유적

1. 유적의 위치와 층위

황해북도 평산군 해상리[1](黃海北道 平山郡 海象里)에 위치한다. 1969~70년에 걸쳐 사회과학원 고고학연구소에 의하여 발굴되었다. 예성강의 지류에 속하는 해상강 주변의 회골에 있으며, 동굴은 강바닥보다 24~25m 높은 곳에 위치한다. 동굴의 입구는 원형이고 너비가 2m, 높이가 1.9m이다(김교경 1974). 동굴 안에는 약 4m 두께의 퇴적층이 남아 있는데, 크게 2개의 층으로 구분될 수 있다. 밑층은 각이한 크기의 자갈과 동물 화석이 많이 들어 있는 붉은색 모래질 진흙층이고, 위층은 동물 화석이 드물게 포함되어 있는 붉은색 진흙층이다(김홍걸 1992). 석기와 인류 화석은 출토되지 않았다.

---

1 현 지명은 '례성리(禮城里)'이다(웹사이트 〈북한지리-Joins 북한네트〉 참조).

2. 동물 화석

해상 동굴유적에서 발굴된 동물 화석은 3목 7과 9속 12종으로 이루어진다. 출토된 동물 화석은 비단털쥐과(Cricetidae gen. sp.), 오소리(*Meles meles*), 곰(*Ursus thibetanus*), 큰곰(*Ursus arctos*), 동굴곰(*Ursus spelaeus*), 범(*Panthera tigris*), 멧돼지(*Sus scrofa*), 노루(*Capreolus capreolus*), 복작노루(*Hydropotes inermis*), 사슴(*Cervus nippon*), 누렁이(*Cervus elaphus*), 산양(*Nemorhaedus goral*) 등으로 구성되며, 이 가운데 동굴곰만이 사멸종에 해당한다(김홍걸 외 2009k).

동물 화석 중에서 쌍발통목(우제목)의 비율이 가장 높다(표 1). 전체 화석 가운데 사슴 종류가 차지하는 비율(화석수 65.1%, 마리수 41.0%)과 쌍발통목 가운데 사슴 종

〈표 1〉 해상 동굴유적의 동물 화석 구성(김교경 1974)

구분	쥐목	식육목	쌍발통목
화석수	1.16%	17.44%	81.4%
마리수	0.09%	33.33%	66.6%

류가 차지하는 비율(화석수 80.2%, 마리수 58.9%)이 각각 상대적으로 높게 나타난다. 절멸된 종류는 동굴곰 한 종만이 있고 나머지는 모두 현대 동물상과 공통된 성격을 보이고 있지만, 사슴 종류의 높은 점유율, 그리고 동물 뼈의 화석화 정도에 근거하여 해상 동굴유적에서 출토된 동물 화석은 중기 갱신세 말기에 속하는 것으로 연대가 설정되었다. 그리고 당시 자연 조건은 오늘날과 거의 같은 것으로 추정되었다(김교경 1974).

3. 포자-화분 분석

포자-화분 분석 시료는 퇴적층의 밑으로부터 2m 지점과 3m 지점에서 채취되었다(김홍걸 1992). 전체 포자-화분의 구성에 있어, 넓은잎나무는 상대적으로 높

〈표 2〉 해상 동물유적의 포자-화분 구성(김홍걸 외 2009l)

포자식물	바늘잎나무	넓은잎나무	풀식물	합계
16.6%	24.4%	34.1%	24.9%	100%
(32개)	(47개)	(66개)	(48개)	(193개)

은 함량을 차지하며 종류도 다양한 편이고, 그 다음은 풀식물과 바늘잎나무 화분이다(표 2).

포자식물 중에서 고란초과(Polypodiaceae, 10.9%)가 우점종을 차지한다. 소나무속(*Pinus*, 9.3%)과 측백나무과(Cupressaceae, 10.9%)는 바늘잎나무 화분 가운데서 우세하게 나타난다. 넓은잎나무 화분 중에서 자작나무속(*Betula*, 10.9%)과 참나무속(*Quercus*, 7.3%)의 비율이 높다. 풀식물에서는 쑥속(*Artemisia*, 10.4%)과 국화과(Compositae, 5.2%)의 화분이 우세하게 나타난다(김홍걸 1992 ; 김홍걸 외 2009l).

한랭한 기후를 선호하는 전나무속(*Abies*)과 가문비나무속(*Picea*)의 화분은 관찰되지 않았다. 반면에 호온성 식물의 화분, 곧 풍향속(*Liquidambar*), 나도호두속(*Carya*), 날개호두속(*Pterocarya*),

감탕나무속(*Ilex*) 등과 실고사리속(*Lygodium*)와 같은 포자 등이 일정한 정도로 들어 있었다. 이러한 점을 감안하여, 김홍걸(1992)은 해상 동굴유적의 포자-화분 조합이 습윤한 난온대성 기후 조건에서 형성된 넓은잎나무-바늘잎나무 혼성림을 지시한다고 주장하였다. 그리고 중국 등지에서 알려진 포자-화분 자료와 비교하면서 퇴적층의 형성 시기를 전기 갱신세[2]로 올려 잡았다. 그런데 이러한 시기 추정은 동물 화석을 통하여 추정된 시기, 곧 중기 갱신세 말기와는 시간적으로 큰 차이를 지닌다.

III. 황주 청파대 동굴유적

1. 유적의 위치와 층위

황해북도 황주군 황주읍(黃海北道 黃州郡 黃州邑) 청파대 마을 뒷산에 위치한다. 동굴은 황해북도 연산군과 수안군의 경계를 이루는 언진산(1120m) 줄기의 꼬리 부분에 해당하는 천주산(385m)[3]의 서남쪽 비탈면에 자리를 잡고 있다. 동굴과 황주천 사이의 거리는 약 1㎞인데, 황주천은 황주군을 거쳐 대동강으로 흘러든다. 동굴은 강물 면으로부터 약 8m 높이에 있다. 동굴 입구의 너비는 6m이다. 동굴 바닥에서 천정 꼭대기까지의 높이는 13.7m이다. 유적은 1998~2004년까지[4] 김일성종합대학의 인류진화발전사연구실에 의하여 발굴되었다(김홍걸 외 2009d). 동굴 안에 퇴적층이 발달된 길이는 32m이고, 가장 넓은 중간 부분의 너비는 17m이다. 표토층을 포함하여 퇴적층 전체의 두께는 9.9m이다. 〈표 3〉에는 청파대 동굴유적의 지층과 퇴적물 조성, 지층별 유물의 출토 상황이 나와 있다.

청파대 동굴유적에서는 신인(新人, *Homo sapiens*) 단계로 분류되는 인류 화석과 함께 수많은 동물 화석 및 석기 등이 출토된 것으로 알려지고 있다. 현재로서는 종합 발굴 보고서가 간행되었는지의 여부를 확인하기 어렵지만, 국내의 몇몇 보도 자료를 통하여 소개된 내용을 간단히 정리하면 다음과 같다.

---

2 북한에서는 갱신세의 시기를 구분하는데 '하부(Lower), 중부(Middle), 상부(Upper)'(김용간 1990), 또는 '구세, 중세, 상세'(인류진화발전사연구실 1995a) 등과 같은 용어가 쓰인다. 이 글에서는 그 각각에 대응하는 표현으로 '전기, 중기, 후기'의 용어를 사용하기로 하겠다.

3 김홍걸 외(2009d. 198쪽)에는 '천주산'이 '천수산'으로 표기되었는데, '천주산(天柱山)'이 맞은 지명이다(김인섭 외 1997. 49쪽 참조).

4 김경일 외(2009)에서는 청파대 동굴유적의 발굴 기간을 1999~2004년으로 서술하였다.

〈표 3〉 청파대 동굴유적의 퇴적물 조성과 유물의 출토 상황(김흥걸 외 2009d)

지층	두께	퇴적물	동물화석	인류화석	석기	골각기	불자리
겉층	1.3m	회갈색 흙층					
15	0.5m	갈색, 황회색 흙층	청동기, 철기, 토기				
14	0.8m	석회암 모자갈과 점판암 세편이 섞인 진한 황색 점토층	○	○	○		
13	1.2m	석회암 모자갈과 점판암 세편이 섞인 황갈색 점토 교결층	○	○	○		○
12	1.2m	석회암 모자갈과 점판암 세편, 석회암 판석이 섞인 진한 황색 점토층	○	○	○		○
11	0.5m	석회암 모자갈과 점판암 세편이 섞인 황적색 점토층	○	○	○		
10	0.7m	석회암 모자갈이 섞인 황색 점토층	○		○		○
9	0.5m	석회암 모자갈과 점판암 세편이 섞인 황색 사질점토층	○		○		
8	0.7m	석회암 모자갈과 점판암 세편, 석회암 판석이 섞인 황갈색 점토층	○	○	○		○
7	0.4m	석회암 모자갈과 점판암 세편이 섞인 황갈색 점토층	○		○		
6	0.6m	황갈색 점토층	○		○		
5	0.4m	석회암 모자갈과 점판암 세편이 섞인 황회색 점토층	○		○		
4	0.3m	석회암 모자갈과 석영 자갈이 섞인 록황색의 사질점토층					
3	0.4m	붉은색 점토층	○		○		
2	0.2m	황갈색 사질점토 교결층					
1	0.2m	황색 사질점토층					

(1) 청파대 동굴유적에는 구석기시대 중기와 후기의 2개 문화층이 존재한다. 제1문화층에서는 중기 구석기시대의 찍개, 주먹도끼, 찌르개, 긁개 등 30여 점의 석기, 그리고 제2문화층에서는 후기 구석기시대의 밀개, 새기개, 돌날을 비롯한 2천여 점의 석기가 각각 발굴되었다. 제2문화층에서는 5개체분에 해당하는 7점의 인류 화석이 나왔다. 인류 화석은 약 2만~6만 년 전까지 활동한 신인(新人)에 속하며, 그 중 제일 오래된 화석은 약 4만~6만 년 전에 해당한다. (연합뉴스 2009년 10월 24일)

(2) 퇴적층은 15개의 층으로 구분된다. 여기서 3지층과 5지층~7지층은 제1문화층, 8지층~14지층은 제2문화층에 속한다. 제1문화층에서는 불자리 4기, 석기 32점, 짐승 뼈 1000여 점, 제2문화층에서는 5개체분의 인류 화석 7점, 불자리 9기, 석기 2006점, 짐승 뼈 화석 9700여 점이 나왔다. (통일신문 2010년 2월 26일)

(3) 특히 70여 점의 주먹도끼는 구석기시대에 아시아 지역에는 찍개문화만 존재하였다는 종래의 고고학적 견해의 부당성을 다시 한 번 논박하는 확고한 물질적 자료이다. (오양열 2010년 4월 26일)

위에 언급된 보도 내용을 검토할 때, 청파대 동굴유적에서 확인된 고고학 자료는 그 질과 양에 있어, 북한 지역의 구석기 고고학을 연구하는 데 매우 중요한 의미를 지니고 있다고 판단된다.

이러한 고고학적인 가치를 인정받아 청파대 동굴 출토 유물은 2010년 3월('청파대동굴유적 발굴성과 전시회', 김일성종합대학 자연박물관)(오양열 2010)과 8월('최근에 발굴된 력사유적유물전시회', 조선중앙력사박물관)(이용웅 2010)에 각각 일반인들에 공개되었던 것으로 생각된다. 청파대 동굴유적의 퇴적층과 유물의 분석 결과는 주로 『김일성종합대학학보(자연과학)』에 실려 있으며, 지금까지 약 20편 남짓한 논문이 게재되었다.

2. 절대 연대 측정

청파대 동굴유적의 절대 연대 측정은 우라늄계열 측정법, 열형광법, 핵분열흔적법, 고지자기 측정법에 의하여 이루어졌다(표 4). 특히 퇴적층을 대상으로 고지자기 측정이 실시되었다는 점에서 주목된다. 열형광법, 핵분열흔적법, 우라늄계열 측정법에 의하여 얻은 각 연대의 평균값은 66 ka BP[5]로 계산되었다(강영수 외 2007).

〈표 4〉 청파대 동굴유적의 절대 연대 측정값

구분	9, 11지층	8지층	6~7지층	5지층	3~4지층	참고문헌
열형광법 (TL, 시료 : 돌순)		61 ka BP 67 ka BP 69 ka BP				강룡일 외 2005 ; 강영수 외 2007
우라늄계열측정법 (Th/U, 시료 : 동물뼈)		61.5±9.8 ka BP		113±11.2 ka BP		리명혁 외 2003 ; 류정길 외 2005
핵분열흔적법 (FT, 시료 : 지르콘)		74.2±10.8 ka BP				김정호 2005, 강영수 외 2007
고지자기측정법	60~40 ka BP		90~80 ka BP		125~117 ka BP	김일남 외 2006

* 5지층, 8지층, 10지층에서는 고지자기 측정이 이루어지지 않았다(김일남 외 2006).

한편 3~4지층, 6~7지층, 9지층, 11지층에서 채취된 시료의 고지자기를 분석한 결과, 모두 역자화되어 있었으며, 현재의 자기마당과 거의 정반대 방향으로 자화되어 있었다. 이 결과는 전체 퇴적층의 퇴적 속도 및 다른 나라에서 연구된 고지자기 연대를 고려하여, 3~4지층은 125~117 ka BP, 6~7지층은 90~80 ka BP, 9지층과 11지층은 각각 60~40 ka BP로 연대가 산정되었다(김일남 외 2006).

브륀느 정상기(Brunhes Normal)의 경우, 20만 년 전 이후의 역극성 돌변기(Episode of reversed polarity)에 해당하는 것으로 그 명칭이 알려진 예는 Biwa, Blake, Laschamp, Mono Lake, Lake

---

5 1000년 단위의 연대에 해당하는 ka는 'kilo annum'의 약자이며, kya(thousand years ago)라고도 표기된다.

Mungo 등이 있다. 이 가운데 블레이크 역전기(Blake magnetic reversal)를 지시하는 연대, 곧 K-argon 측정법에 의한 약 120 ka BP(Walker 2005. pp. 213-225) 등이 3~4층의 시기를 추정하는 데 참고가 되었을 것으로 생각된다. 6~7지층 및 9지층과 11지층의 경우는 비교 자료가 분명하게 제시되지 않아 자세히 밝히기 어렵다.

3. 동물 화석

<표 5> 청파대 동굴유적의 동물 화석과 환경

지층(두께)	절대 연대	동물 화석	종수	환경
15(0.5m)		쥐토끼	1	
14(0.8m)		쥐토끼, 고슴도치	2	
13(1.2m)		들말, 하늘소, 멧돼지, 복작노루, 노루, 사슴, 누렁이, 큰뿔사슴, 대륙갈밭쥐, 큰갈밭쥐, 짧은꼬리비단털쥐, 짧은꼬리집쥐	12	지금과 비슷한 기후
12(1.2m)		들말, 범, 동굴사자, 오소리, 큰곰, 복작노루, 노루, 사슴, 큰뿔사슴, 멧돼지, 산양, 들소, 해리, 화석원숭이	14	더운 기후에서 서늘한 기후로의 이행기
11(0.5m)	60~40ka (고지자기)	큰쌍코뿔소, 범, 큰곰, 멧돼지, 노루, 사슴, 누렁이, 산양(Nemorhaedus goral), 영양	9	
10(0.7m)		털코뿔소(Coelodonta antiquitatis), 들말, 범, 큰곰, 늑대, 멧돼지, 노루, 사슴, 복작노루, 누렁이, 큰뿔사슴, 들소(Bison sp.), 해리(Castor fiber)	13	추운 기후
9(0.5m)	60~40ka (고지자기)	누렁이, 사슴, 짧은꼬리집쥐, 등줄쥐, 대륙갈밭쥐, 큰갈밭쥐, 비단털쥐(Cricetulus sp.), 땅쥐(Myospalax psilurus), 작은땅쥐, 화석원숭이(Macaca mulata fossilis)	10	약간 온화한 기후
8(0.7m)	61ka(TL) 67ka(TL) 69ka(TL) 61.5±9.8ka(Th/U) 74.2±10.8ka(FT)	범, 표범, 족제비(Mustela sibiricus), 큰곰, 멧돼지, 복작노루(Hydropotes inermis), 노루, 사슴, 큰뿔사슴, 짧은꼬리집쥐(Rattus norvegicus), 등줄쥐(Apodemus agrarius), 짧은꼬리비단털쥐(Cricetulus barabensis), 큰갈밭쥐(Microtus oeconomus), 들쥐(Clethrionomys rufocanus), 대륙갈밭쥐(Microtus brandtioides), 작은땅쥐(Myospalax epsilanus)	16	비교적 서늘하고 건조한 기후
7(0.4m)	90~80ka (고지자기)	들말, 표범(Panthera pardus), 늑대, 오소리, 멧돼지, 노루(Capreolus capreolus), 누렁이, 사슴, 큰뿔사슴	9	서늘한 기후
6(0.6m)		큰쌍코뿔소, 들말(Equus przewalskii), 범(Panthera tigris), 늑대(Canis lupus), 오소리(Meles meles), 큰뿔사슴, 사슴, 영양(Gazella cf. przewalskyi)	8	비교적 덥고 습한 기후
5(0.4m)	113±11.2ka (Th/U)	큰쌍코뿔소, 큰뿔사슴(Sinomegaceros sp.)	2	비교적 덥고 습한 기후
4(0.3m)	125~117ka (고지자기)			비교적 덥고 습한 기후
3(0.4m)		큰쌍코뿔소(Dicerorhinus kirchbergensis), 사슴(Cervus nippon), 누렁이(Cervus elaphus), 멧돼지(Sus scrofa), 큰곰(Ursus arctos), 들말	6	

청파대 동굴유적에서 출토된 동물 화석(약 1만 7천 점) 가운데 종 분류가 가능한 짐승 뼈는 690점(249마리분에 해당)이며, 7목 15과 27속 33종으로 구성된다. 7개 목의 대부분은 쌍발통목(9종,

27.3%), 식육목(8종, 24.2%), 쥐목(9종, 27.3%)으로 이루어지며, 전체의 78.8%를 차지한다. 쥐목을 제외한 큰 젖먹이동물 중에서 사슴(7.6%)과 들말(15.2%)의 비율이 높으며, 그 다음 자리를 큰뿔사슴(11.0%), 큰쌍코뿔소(6.2%), 누렁이(5.5%), 노루(5.5%), 멧돼지(4.1%) 등이 차례로 차지한다. 종수는 8지층에서 급격히 증가하는 모습을 지니고 있으며, 9~13지층 사이의 종수는 다른 지층에 비하여 상대적으로 높게 나타난다(표 5 참조). 사멸종은 전체 종수의 21.2%이다(김홍걸 외 2009d).

설치류(한금식 외 2006a), 쌍발톱류(한금식 외 2006b), 식육류(김근식 외 2007)의 분석 결과, 청파대 동굴유적의 동물상은 후기 갱신세에 속하는 것으로 연구되었다(한금식 외 2008). 감정된 설치류의 대부분은 북방형(온대 및 한대)이며, 설치류의 종적 구성은 비교적 서늘한 기후를 반영하는 것으로 서술되었다(한금식 외 2006a). 하이에나 또는 동굴곰 종류는 확인되지 않았다. 아세아 대륙에서 큰쌍코뿔소가 180~4만 년 전까지 살았다는 내용을 담고 있는 중국 자료를 활용하여, 11지층의 연대는 4만 년 이전으로 설정되었다(김홍걸 외 2009d).

4. 포자-화분 분석

강물 기원 퇴적층(1~2지층)과 겉층을 제외하고, 3~15지층의 퇴적층을 대상으로 시료를 채취하여 화분 분석이 이루어졌다. 분석 결과, 각 지층의 식생은 〈표 6〉과 같은 특징을 지니는 것으로 발표되었다(류정길 외 2005). 그러나 지층 번호와 포분 화석대 번호 사이의 상호 관계가 분명하게 제시되지 않아, 포자-화분 분석에 따른 지층별 기후 환경의 변화와 특성에 관해서는 여기서 더 이상 언급하지 않겠다.

〈표 6〉 청파대 동굴유적 일대의 옛 식생(류정길 외 2005)

지층	두께	식생
15	0.5m	넓은잎나무 위주의 혼성림-풀판식물
14	0.8m	바늘잎나무가 섞인 넓은잎나무림-풀판식물[6]
13	1.2m	바늘잎나무가 섞인 풀판-넓은잎나무림식물
12	1.2m	넓은잎나무 위주의 혼성림-풀판식물
11	0.5m	넓은잎나무가 섞인 풀판식물
10	0.7m	넓은잎나무 위주의 혼성림-풀판식물
9	0.5m	넓은잎나무 위주의 혼성림-풀판식물
8	0.7m	바늘잎나무가 섞인 넓은잎나무림-풀판식물
7	0.4m	넓은잎나무 위주의 혼성림-풀판식물
6	0.6m	풀류, 화분식물 위주의 풀판-혼성림식물
5	0.4m	풀류화분식물 위주의 풀판-넓은잎나무림 식물
4	0.3m	풀류화분식물 위주의 풀판-넓은잎나무림 식물
3	0.4m	넓은잎나무 위주의 혼성림-풀판식물

지층	명칭	개체	성별	시기	참고문헌
14					
13	황주사람 2호	아래턱뼈, 뒷머리뼈, 자뼈	남자(30~35살)	늦은 단계	박정원 외 2007a
	황주사람 6호	위턱뼈	남자(40살 정도)	늦은 단계	박정원 외 2007b
	황주사람 7호	아래턱뼈	남자(25살 정도)	늦은 단계	박정원 외 2007c
12	황주사람 9호	아래턱뼈(턱가지 부분)			박정원 외 2009
11					
8	황주사람 1호	위턱뼈	남자(35~40살)	이른 단계	리성철 2006

5. 인류 화석

청파대 동굴유적의 8지층과 11~14지층 사이에서 신인 단계의 인류 화석이 발굴되었다. 8지층의 경우는 이른 단계의 신인(황주사람 1호), 그리고 13지층의 경우는 늦은 단계의 신인(황주사람 2호, 6호, 7호)에 속하는 것으로 발표되었다(표 7 참조).

황주사람 1호는 중년 남자(35~40살)에 해당하며, 위턱뼈의 크기와 발달 상태(위턱뼈가 크고 위턱굴이 높으며 뼈 두께가 두텁고, 이틀부가 상대적으로 앞쪽으로 돌출되었음), 송곳니(우묵이가 나타남)와 입천장(표면이 울퉁불퉁함) 및 이빨집(깊고 넓음) 등에서 이른 단계 신인의 고인류학적인 특징이 관찰되었다(리성철 2006). 황주사람 2호는 남자(30~35살)에 속하며, 턱불루기의 발달 정도가 아주 약하며, 턱가지의 너비가 넓고, 아래턱뼈의 두께가 상당히 두터운 편이고, 송곳니와 첫째 큰 어금니가 상대적으로 큰 특징을 지닌다(박정원 외 2007a).

6. 석기

청파대 동굴유적에서는 2,038점의 석기가 발견되었다. 석기의 암질로는 규암, 석영, 석회암, 사암 등이 이용되었는데, 그 가운데 대부분은 규암과 석영 종류가 차지한다. 출토된 석기는 구석기시대 중기와 후기에 해당하며, 각 지층에서 보고된 석기 종류의 특징은 〈표 8〉과 같다.

찍개는 전체 지층에 걸쳐 고르게 분포하며, 주먹도끼는 중기의 7지층, 그리고 후기의 8·9지층과 11~14지층에서 출토되었다. 후기 구석기문화층에서 발굴된 찍개와 주먹도끼는 후기에 이르러 크기가 작아지는 특징을 지닌다. 전체적으로 볼 때, 중기 구석기문화층에서는 비교적 원시적인 긁개와 찍개, 주먹도끼, 찌르개가 나왔다. 그리고 후기 구석기문화층에서는 후기의 특징적인 돌날, 밀개, 새기개 등이 많아 출토되었으며, 중소형의 석기들이 대부분을 차지한다(김경일 외

---

6 '풀판'은 "풀이 많이 자라 쭉 깔려있는 편편한 곳"을 가리킨다(언어학연구소 1992b. 834쪽).

지층	석기 종류	특징	문화층
14	찍개, 주먹도끼, 찌르개, 긁개, 돌날, 망치	크기가 작은 밀개, 긁개, 찌르개가 많음.	후기 구석기
13	찍개, 주먹도끼, 찌르개, 긁개, 밀개, 새기개, 망치, 모루돌	주먹도끼와 찍개의 크기가 작아지고, 수량이 적어짐.	
12	찍개, 주먹도끼, 찌르개, 사냥돌, 긁개, 밀개, 돌날, 새기개, 망치		
11	찍개, 주먹도끼, 찌르개, 긁개, 밀개, 돌날, 새기개, 모루돌	새기개 등장, 주먹도끼와 찍개의 크기가 작아짐.	
10	찍개, 찌르개, 긁개, 밀개, 돌날, 망치	긁개, 밀개, 돌날의 비율이 높음.	
9	찍개, 주먹도끼, 찌르개, 긁개, 밀개, 돌날	밀개가 8지층보다 많음.	
8	찍개, 주먹도끼, 찌르개, 긁개, 밀개, 망치	밀개 등장	
7	찍개, 주먹도끼, 찌르개, 긁개	찌르개 등장	중기 구석기
6	긁개		
5	찍개, 긁개	긁개 등장	
4	찍개		
3	찍개, 쪼각	쪼각이 많음.	

2009).

청파대 동굴유적에서 적용된 석기의 분류 기준(김경일 외 2009)을 요약, 정리하면 다음과 같다.

(1) 찍개는 석기날의 형태에 따라 여러 가지로 나누어진다.
  · 날의 형태 : 곧은날(그림 2-1), 둥근날, 빗날, 산날, 외날, 조개날, 오목날, 쌍날
(2) 주먹도끼는 그 형태에 따라 네 개의 유형으로 구분될 수 있다. 위층에서 나온 주먹도끼는 아래층에서 나온 것보다 크기가 작다.
  ① 1유형(그림 2-2) : 평면 형태가 타원형이고, 옆면은 좁다. 세로 자름면은 렌즈 모양이거나 길죽한 모양이다.
  ② 2유형 : 병배[7] 모양으로 생겼으며 너비는 두께의 절반 정도이다. 손잡이 부분은 그리 두텁지 않으며, 날 부분은 점차 좁아지면서 상당히 얇아진다.
  ③ 3유형 : 석기의 옆날이 모가 난 것이 특징이며, 불규칙적인 5각형 또는 6각형을 이룬다.
  ④ 4유형 : 날은 뾰족하며 가운데 부분이 넓어지고, 손잡이 부분이 좁아진다. 세로 자름면은 볼록렌즈 모양이다.
(3) 찌르개의 기본 형태(그림 2-3)는 능형(菱形, 마름모꼴)이며, 사용된 끝부분은 뾰족하다.
(4) 사냥돌(그림 2-4)은 규암이나 석영 자갈을 가공하여 공 모양으로 만든 것이다.

---

7 "꼭지 달린 쪽이 잘록하여 병 모양으로 생긴 배"를 가리킨다(언어학연구소 1992a. 1406쪽).

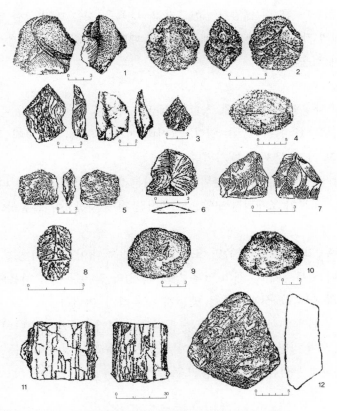

〈그림 2〉 청파대 동굴유적에서 출토된 석기(김경일 외 2009의 그림을 재정리하여 옮긴 것임)
1 : 곧은날 찍개(7지층), 2 : 주먹도끼(1유형, 11지층), 3 : 찌르개, 4 : 사냥돌(12지층), 5 : 곧은날 긁개, 6 : 곧은날 밀개(8지층), 7 : 곧은날 돌날(12지층), 8 : 둥근날 새기개, 9 : 망치, 10 : 마치, 11~12 : 모루돌.

(5) 긁개는 후기 구석기시대에도 많이 나오지만, 중기 구석기시대를 대표하는 유물이다. 긁개는 격지의 날 부분을 덧손질하여 만든 것이다.

· 날의 형태 : 곧은날(그림 2-5), 둥근날, 반달날, 볼록날, 부리날, 산날, 조개날, 오목날, 외날, 톱날, 뾰족날.

(6) 밀개는 날의 모양에 따라 여러 가지로 나누어진다.

· 날의 형태 : 곧은날(그림 2-6), 둥근날, 빗날, 조개날, 오목날, 톱날, 뾰족날.

(7) 돌날은 격지의 좁은 부분을 손잡이로 하고 긴변쪽을 때려떼기한 다음 덧손질하여 날을 세웠다.

· 날의 형태 : 곧은날(그림 2-7), 둥근날, 반달날, 볼록날, 오목날, 톱날 모양, 쌍돌날.

(8) 새기개는 뼈나 뿔, 나무에 새기거나 홈파기에 좋게 2~5㎝ 정도 되게 날은 세운 석기이다. 후기 구석기시대의 특징적인 석기이며, 돌날의 끝을 다듬어 만든 것이 많다.

· 날의 형태 : 둥근날(그림 2-8), 부리날, 뾰족날

(9) 망치 종류 가운데 큰 것은 망치이고(그림 2-9), 작은 것은 마치(그림 2-10)이다.

(10) 구석기시대의 가장 발전된 석기 제작 방법인 때려떼기 수법과 대고때리기 수법, 눌러뜯기 수법이 많이 적용되었다.

이상에서 언급된 내용을 살펴볼 때, 청파대 동굴유적에서 발굴된 석기 종류는 종래와 다른 다양한 시각에서 분류되었음을 알 수 있다. 그러나 이것을 형식 분류학적인 관점에서 검토할 때, 다음과 같은 몇 가지 문제가 제기된다.

첫째, 찍개·밀개·긁개 등에 대한 세부 분류는 기본적으로 날의 형태에 따라 구분되었는데, '조개날'의 경우는 날 부분이 조개껍질 모양으로 떼여진 것을 지칭하여, 분류상의 기준이 애매하게 되었다.

둘째, 찍개의 경우, '외날찍개'(한쪽면 또는 양쪽면을 떼내어 하나의 날을 세운 찍개) 또는 '쌍날찍개'(위치가 다른 부분에 두 개의 날을 세운 찍개)와 같은 용어가 사용되었는데, 그것들이 다른 형태의 찍개와 어떠한 상관관계를 맺는지 구분하기 어렵다.

셋째, 만달리 동굴유적의 석기 연구에서는 돌날을 가리켜 "배면이 평탄하고 등면에는 세로 1~2줄의 릉선이 서있으며 량변이 예리한 날을 이루고 있는 좁고 긴 형태의 것들"로 정의되었다(어해남 1999). 그런데 청파대 동굴유적에서 적용된 돌날의 개념은 그와 달라 용어 사용에 따른 혼란이 일어난다.

이 밖에 현재까지 발표된 내용만을 가지고는 대고때리기 수법과 눌러뜯기 수법의 실체를 청파대 동굴유적의 석기에서 확인하기 어렵다는 문제점이 있다.

IV. 태탄 냉정 동굴유적

1. 유적의 위치와 층위

황해남도 태탄군 과산리(黃海南道 苔灘郡 果山里)[8] 냉정골에 위치한다. 1982년 석회석을 채취하는 과정에서 발견된 이 유적은 1982~85년 사이 김일성종합대학의 인류진화발전사연구실에 의하여 발굴되었다. 유적은 냉정골에 있는 안장산의 동남쪽 기슭에 위치한다. 발견 당시 동굴의 천정은 이미 없어졌으며, 좌우 벽면과 퇴적층만이 남아 있었다. 겉층을 포함한 퇴적층의 전체 두께는

---

8 전일권 외(2009. 180쪽), 그리고 김신규 외(2009d. 93쪽)에는 '과산리'의 지명이 '관산리'로 표기되었는데, '과산리'가 맞는 지명이다(김인섭 외 1997. 45쪽 참조). 과산리의 옛 지명은 '의거리(義擧里)'이다.

5.2m이다(표 9). 1~2지층은 강물퇴적층(두께 0.6m)에 해당하며, 3~9지층은 1문화층(두께 2.8m), 그리고 10~12지층은 2문화층(두께 1.4m)에 속하는 것으로 구분되었다(인류진화발전사연구실 1995c).

〈표 9〉 냉정 동굴유적의 퇴적물 조성과 유물의 출토 상황

지층	두께	퇴적물	문화층	동물화석	인류화석	석기	골각기	불자리
겉층	0.4m	모자갈 진흙층						
12	0.4m	거무스레한 잔모래 진흙층	2 문화층	○				
11	0.4m	자갈이 섞인 거무스레한 모래 진흙층		○		○		
10	0.6m	자갈이 섞인 거무스레한 진흙 모래 혼합층		○	○	○		
9	0.6m	풀색 휘장휘록암 자갈이 섞인 모래층	1 문화층	○		○		
8	0.2m	잔자갈, 굵은 모래가 섞인 붉은 갈색 진흙층		○				
7	0.7m	모자갈이 섞인 거무스레한 갈색 잔모래 진흙 혼합층		○		○	○	○
6	0.5m	갈색 잔모래층		○		○		
5	0.4m	잔자갈이 섞인 갈색 잔모래층		○		○		
4	0.2m	푸른색 휘장휘록암 잔자갈이 섞인 갈색 잔모래 진흙 혼합층		○		○		
3	0.2m	푸른색 휘장휘록암, 규질석회암 잔자갈이 섞인 갈색 잔모래층		○				
2	0.5m	갈색 가루모래, 잔모래층	강물 퇴적층					
1	0.1m	누런색 가루모래, 방해석질 모래층						

2. 절대 연대 측정

냉정 동굴유적에서는 1문화층의 9지층과 2문화층의 10지층을 대상으로 절대연대측정이 이루어졌다. 9지층에서는 열형광법(98 ka BP), 그리고 10지층에서는 열형광법(43 ka BP), 전자스핀공명법(52 ka BP), 우라늄계열 측정법(46±1 ka BP)에 의한 연대측정이 실시되었다(표 10).

〈표 10〉 냉정 동굴유적의 절대 연대 측정값(인류진화발전사연구실 1995c. 203쪽)

지층(문화층)	열형광법(시료 : 석순)	전자스핀공명법(시료 : 석순)	우라늄계열측정법(시료 : 동물화석)
10(2문화층)	43 ka BP	52 ka BP	46±1 ka BP
9(1문화층)	98 ka BP		

3. 동물 화석

1지층과 2지층을 제외한 나머지 지층에서 모두 동물 화석이 출토되었다. 전체 수량은 6,500여 점이며, 그 중에서 147점에 대한 종 감정이 이루어졌다(인류진화발전사연구실 1995c). 감정된 동물 화석은 4목 11과 17속 22종으로 구성된다. 사멸종의 비율은 전체 종수의 약 54.5%에 해당한다

(김신규 외 2009d).[9]

생물학적인 층서법에 근거하여, 냉정 동굴유적의 동물상은 아래층 동물상(두께 1.3m), 가운데층 동물상(두께 1.5m), 위층 동물상(두께 1.4m)으로 세분되었다. 아래층 동물상은 '중기 갱신세 중엽', 가운데층 동물상은 '중기 갱신세 말~후기 갱신세 초', 그리고 위층 동물상은 '후기 갱신세 중엽'으로 시기가 설정되었다. 아래층에서 위층으로 갈수록 짐승 종류가 다양해지는 경향을 지니며, 식생 환경(표 11)은 크게 "초원, 서늘한 온대 기후 → 초원, 따뜻한 온대 기후 → 산림 위주, 따뜻한 온대 기후 → 초원-산림, 건조하고 서늘한 온대 기후"로 변천하는 경관을 반영하고 있다(인류진화발전사연구실 1995c).

들소와 말은 아래층 동물상을 특징짓는 종류로서 가운데층과 위층에서도 지속적으로 출토되고 있다. 사슴은 주로 가운데층과 위층에서 나타나며, 동굴하이에나는 가운데층, 큰쌍코뿔소는 가운데층과 위층에서 발굴되었다. 반면에 노루와 오소리 등은 위층 동물상에서만 관찰된다(표 11 참조).

〈표 11〉 냉정 동굴유적의 동물 화석과 자연 환경

지층(두께)	절대 연대 (ka BP)	동물 화석		환경	문화층
		종류	동물상		
12(0.4m)		야생하늘소, 사슴, 노루, 오소리, 개승냥이	위층 동물상 (16종)	초원-산림, 건조, 서늘한 온대 기후	2 문화층
11(0.4m)		야생하늘소(*Equus hemionus*), 들말, 사슴, 노루(*Carpreolus carpreolus*), 오소리(*Meles meles*), 너구리(*Nyctereutes* sp.), 개승냥이(*Canis variabilis*), 땅쥐(*Myospalax psilurus*)			
10(0.6m)	43(TL) 46±1(Th/U) 52(ESR)	표범(*Panthera pardus*), 큰쌍코뿔소, 멧돼지, 사슴, 누렁이(*Cervus elaphus*), 들말(*Equus przewalskii*), 물소, 들소, 동굴하이에나, 동굴곰(*Ursus* cf. *spelaeus*)			
9(0.6m)	98(TL)	동굴사자(*Panthera spelaea*), 동굴곰(*Ursus* cf. *spelaeus*), 동굴하이에나(*Crocuta ultima*), 냉정말(*Equus* sp.), 큰쌍코뿔소, 멧돼지(*Sus scrofa*), 사슴, 큰뿔사슴, 물소, 들소	가운데층 동물상 (11종)	산림 위주, 따뜻한 온대 기후	1 문화층
8(0.2m)		큰점하이에나(*Pachycrocuta* cf. *sinensis*), 동굴하이에나(*Crocuta ultima*), 냉정말(*Equus* sp.), 큰쌍코뿔소(*Dicerorhinus kirchbergensis*), 사슴, 물소, 들소, 큰뿔사슴(*Sinomegaceros* cf. *pachyosteus*)			
7(0.7m)		물소, 들소, 사슴(*Cervus nippon*)	아래층 동물상 (5종)	초원, 따뜻한 온대 기후	
6(0.5m)		물소(*Bubalus* cf. *teilhardi*), 들소, 태탄말			
5(0.4m)		들소(*Bison* cf. *priscus*), 태탄말		초원, 서늘한 온대 기후	
4(0.2m)		털코뿔소(*Coelodonta* sp.), 태탄말			
3(0.2m)		태탄말(*Equus* sp.)			

---

9 인류진화발전사연구실(1995c. 199쪽)에는 24종으로 나와 있지만, 김신규 외(2009d)에는 22종으로 기재되었다. 냉정 동굴유적에서 감정된 동물 화석의 명칭과 분류에 대해서는 김신규 외(2009d)를 따르기로 하겠다.

4. 인류 화석

한 몸체(중년 남자)에 속하는 윗머리뼈와 아래턱뼈 조각이 2문화층의 10지층에서 출토되었다(인류진화발전사연구실 1995c). 화석의 형태학적 특징에 따라, 냉정사람의 화석은 신인의 이른 시기 유형, 곧 '용곡사람 1유형'으로 분류되고 있다. 냉정사람은 윗머리뼈 불루기가 발달되었고, 이빨띠가 없으며, 이빨의 사기질 흐름이 발달된 특징을 지녔다(인류진화발전사연구실 1995d).

5. 고고 유물

석기는 1문화층에서 9점(찌르개 3점, 찍개 4점, 망치 1점, 밀개 1점), 2문화층에서 4점(찍개 2점, 찌르개 1점, 밀개 1점)이 출토되었다(그림 3~4 참조). 암질로는 석영, 규암, 사암, 휘장휘록암 등이 석기 제작에 사용되었다. 석기의 몸체를 얻거나 날을 가공하는 데 때려떼기 수법과 내리쳐깨기 수법이 적용된 것으로 알려졌다. 뼈로 만든 찌르개(2점, 1문화층)는 소의 정강이뼈와 다리뼈를 이용하여 제작되었다. 불자리는 타원형(길이 0.9m, 너비 0.7m)으로 0.7m 두께의 재가 깔려 있었다(인류진화발전사연구실 1995c ; 전일권 외 2009).

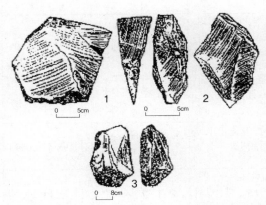

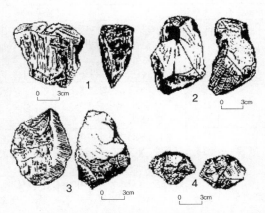

〈그림 3〉 냉정 동굴유적 1문화층의 석기(전일권 외 2009. 185쪽)
1 : 찍개(황갈색 규암), 2 : 찌르개(휘장휘록암), 3 : 망치(황갈색 규암 자갈).

〈그림 4〉 냉정 동굴유적 2문화층의 석기(전일권 외 2009. 188쪽)
1 : 찍개(젖색 석영 자갈), 2 : 찍개(젖색 석영 자갈), 3 : 찌르개(황갈색 규암 자갈), 4 : 밀개(젖색 석영 자갈).

V. 종합 고찰

앞에서 설명한 것처럼, 1960년대 후반부터 2000년대 초에 걸쳐 황해도 일대에서 발굴된 것으로 보고된 곳은 해상 동굴유적과 청파대 동굴유적 및 냉정 동굴유적이다. 황해도와 인접한 개성특별시에서 구석기 유물(고고학연구소 2005)이 채집된 바 있으나, 아직까지 황해도에 위치한 한데유적에서 구석기가 발굴된 예는 없다고 생각된다.

발굴된 동물 화석 가운데 사멸종이 차지하는 비율은 그 유적의 시기를 설정하는 데 중요한 기준 가운데 하나로 북한 학계에서 적용하고 있다. 이런 기준에 근거할 때, 후기 갱신세 초기 이전에 해당하는 퇴적층에서 출토된 동물화석의 사멸종 비율은 대체로 20~30% 이상이 되는 경향을 보여준다(표 12 참조). 따라서 동굴곰(*Ursus spelaeus*)만이 유일하게 사멸종으로 등장하고, 대부분이 현대종으로 종적 구성을 지닌 해상 동굴유적의 동물상은 중기 갱신세 말엽보다 뒤늦은 후기 갱신세 중엽 이후로 시기가 설정될 가능성이 매우 높다고 생각된다. 이와 아울러 천정과 닿은 층(6지층)에서 동물 화석이 주로 발견되었으며, 그 가운데 사멸종은 없고 현생종만으로 구성된 상원 청청암 동굴유적의 연대(김홍걸 외 2009j)도 재검토될 필요가 있다고 판단된다.

〈표 12〉 북한의 동굴유적에서 알려진 사멸종의 종수, 비율, 종류 및 시기

동굴유적	종수	사멸종	시기	참고문헌
검은모루	27종	17종(62.9%) : 주름이빨해리 근사종, 얼룩쥐(간단이빨쥐), 대륙갈밭쥐, 상원갈밭쥐, 큰갈밭쥐, 검은모루땅쥐, 동굴곰, 상원큰점하이에나, 코끼리과, 큰쌍코뿔소, 큰쌍코뿔소속, 상원말, 큰멧돼지, 큰꽃사슴, 큰뿔사슴, 상원큰뿔사슴, 물소	전기 갱신세	김신규 외 2009b
중리	21종	10종(47.6%) : 큰쌍코뿔소, 중리말, 큰꽃사슴, 큰뿔사슴(1), 큰꽃사슴(2), 북방큰뿔사슴, 물소, 들소, 동굴하이에나, 중리 옛비단털쥐	중기 갱신세 말 ~후기 갱신세	김신규 외 2009c
냉정	22종	12종(54.5%) : 큰점하이에나, 동굴하이에나, 개승냥이, 동굴사자, 동굴곰, 큰쌍코뿔소, 털코뿔소, 말류(미정종 1, 2), 큰뿔사슴, 물소, 들소	중기 갱신세 중엽 ~후기 갱신세 중엽	김신규 외 2009d
대현동	22종	11종(50.0%) : 동굴하이에나, 동굴사자, 대현말, 큰쌍코뿔소, 털코뿔소, 넙적큰뿔사슴, 물소, 옛소, 들소, 대현땅쥐, 해리	중기 갱신세 말	김신규 외 2009e
화천동	22종	3종(13.6%) : 얼룩쥐, 큰쌍코뿔소, 물소	후기 갱신세 중엽	김신규 외 2009f
승리산[10] (아래층)	30종	11종(36.6%) : 해리, 동굴곰, 동굴하이에나, 동굴사자, 코끼리과, 덕천말, 큰쌍코뿔소, 큰뿔사슴, 옛소, 들소, 물소	후기 갱신세 초	김홍걸 외 2009b
용곡 1호	29종	6종(20.6%) : 동굴하이에나, 큰쌍코뿔소, 물소, 간단이빨쥐, 조선갈밭쥐, 룡곡산쥐	후기 갱신세~현세	인류진화발전사연구실 1995b
청파대	33종	7종(21.2%) : 동굴사자, 큰쌍코뿔소, 털코뿔소, 큰뿔사슴류, 화석원숭이, 대륙갈밭쥐, 들소류	후기 갱신세 초엽 ~말엽	김홍걸 외 2009d
만달리 (가운데층)	13종	2종(15.3%) : 동굴하이에나, 옛소	후기 갱신세 말	김홍걸 외 2009f

만달리 (밑층)	24종	8종(33.3%) : 동굴곰, 동굴하이에나, 동굴사자, 털코뿔소, 옛소, 화석원숭이 등	후기 갱신세 중엽	김홍걸 외 2009f
금옥	24종	6종(25.0%) : 동굴하이에나, 큰쌍코뿔소, 옛소, 옛비단털쥐, 대륙갈밭쥐, 화석원숭이	후기 갱신세	김홍걸 외 2009g
금평	11종	사멸종은 없고, 현생종으로 구성	후기 갱신세 말	김홍걸 외 2009h
대흥	29종	1종(3.4%) : 화석원숭이	후기 갱신세 말엽 ~현세	김홍걸 외 2009i
청청암	7종	사멸종은 없고, 현생종으로 구성	중기 갱신세 중엽	김홍걸 외 2009j
해상	12종	1종(8.3%) : 동굴곰	중기 갱신세 말엽	김홍걸 외 2009k

해상 동굴유적의 포자-화분 분석 결과(김홍걸 1992)는 난온대성의 식물상을 알려주는 것으로 해석되었다. 그러나 출토된 동물 화석 중에 전기 갱신세의 시기적인 요소를 충분하게 반영하는 동물 종류가 없다고 판단될 뿐만 아니라, 따뜻한 온대 기후의 환경 조건에 어울리는 동물 화석도 해상 동굴유적에서는 찾아보기 어렵다. 이 문제는 화분 분석 시료가 채취된 퇴적물의 성격을 좀 더 명확하게 밝힌 다음에 해결되어야 할 과제가 될 것으로 생각된다.

1990년대 초까지만 하여도 북한에서는 승리산사람의 추정 연대(김교경 1979)를 기반으로 후기 구석기시대의 시작을 약 4~3만 년 전으로 잡았다(손영종 외 1991. 7쪽). 그런데 1990년대 중반, 용곡 제1호 동굴유적과 냉정 동굴유적에서 새로운 절대 연대 측정값을 얻으면서, 이른 단계 신인 화석의 등장 시기를 좀 더 올려 잡을 수 있는 계기가 마련되었다.

용곡 제1호 동굴유적의 9지층(2문화층)은 44.3±2 ka BP(Th/U), 49.9±2 ka BP(Th/U)로 측정되었다(인류진화발전사연구실 1995b). 그리고 냉정 동굴유적의 10지층(2문화층)은 43 ka BP(TL), 46±1 ka BP(Th/U), 52 ka BP(ESR)로 측정되었다(인류진화발전사연구실 1995c).[11] 용곡 제1호 동굴유적과 냉정 동굴유적에서 측정된 절대 연대는 52~44.3±2 ka BP의 범위 안에 든다. 이를 통하여 후기 구석기시대 신인의 등장은 약 5.2~4.4만 년 전으로 추정하는 것이 가능하게 된다. 이러한 절대 연대 등에 근거하여, 장우진(2002. 49-51쪽)은 동아시아에 있어 신인 발생의 특정한 지역으로 용곡 동굴유적(龍谷洞窟遺蹟)을 설정할 수 있다고 주장하였다. 그리고 '용곡사람'(龍谷人)은 고인(古人)에 속하는 '역포사람'(力浦人)과 진화적인 계승성을 지닌 것으로 해석되었다.

이른 단계 신인 화석으로 분류된 '황주사람 1호'가 청파대 동굴유적의 8지층에서 발견되었는데,

---

10 김교경(1979. 4쪽)은 승리산 동굴유적(勝利山洞窟遺蹟) 아래층의 동물상을 5목 13과 24속 29종으로 구분하고, 사멸종의 비율이 '34.9%'가 된다고 서술하였으며, 이 수치가 북한 학자들에 의하여 지속적으로 인용되고 있다(예를 들어, 김홍걸 2009b. 123쪽). 그런데 사멸종의 종수를 11종으로 정하여 계산하면, '34.9%'가 아니라 '37.9%(11/29)'가 된다. 만약 해리(*Castor fiber*) 한 종을 사멸종의 전체 종수에서 제외시켜 계산하더라도 '34.4%(10/29)'가 된다.

11 한편, 용곡 제1호 동굴유적의 퇴적층은 우라늄계열 측정법(Pa/U)에 의하여 8지층이 42.6±6.4 ka BP, 9지층이 32.3±5.5 ka BP로 측정된 바 있다(리명혁 외 2005).

그 퇴적층의 절대 연대는 61 ka BP(TL), 67 ka BP(TL), 69 ka BP(TL), 61.5±9.8 ka BP(Th/U), 74.2±10.8 ka BP(FT)로 나왔다(리명혁 외 2003 ; 류정길 외 2005 ; 강영수 외 2007). 요컨대 청파대 동굴의 8지층에서 측정된 절대 연대는 7.4~6.1만 년 전 사이에 들며, 그 하한 연대는 적어도 6만 년 전으로 설정되는 것이 가능하다. 그리고 그 연대는 구석기시대 중기와 후기를 경계 짓는 하한 연대의 자료로 활용될 수도 있다. 그러나 남한에서는 한국 후기 구석기시대의 상한을 대략 4만 년 전으로 잡는 시각이 강하기 때문에, 구석기시대 중기에서 후기로의 이행시기를 정하는 문제는 앞으로 새로운 논란거리를 낳을 것으로 생각된다.

황해도 지역에서 출토된 신인 화석의 등장 시기가 대략 6만 년 전으로 비정될 수 있다면, 이것은 동북아시아뿐만 아니라 세계적인 고인류학 분야의 연구에서 매우 관심을 받을 만한 성과로 평가될 수 있다. 따라서 이를 체계적으로 입증하는 데 유익한 자료의 축적, 예를 들어, 국제 교류와 협력을 통하여 절대 연대 측정 결과의 신뢰도를 확보하는 작업 등이 반드시 보완될 필요가 있을 것이다.

청파대 동굴의 퇴적층 가운데 일부가 역전기(Geomagnetic reversal), 곧 역극성 돌변기(Episode of reversed polarity)에 형성된 것으로 측정 결과가 발표되어 주목된다. 남북한의 동굴유적 퇴적층에서 그와 같은 고지자기 현상이 발견된 것은 청파대 동굴유적의 경우가 처음일 것이다. 남한의 경우, Blake Event는 포항 영일만의 마산리 단구 퇴적층에서 최초로 확인되었다(심택모 2006). 그는 영일만 일대에서 분석된 고지자기 특성을 바탕으로 마산리 2단구의 퇴적층을 중국의 황토층에서 발견된 Blake Event(117±1.2 ka BP~111.8±1.2 ka BP)와 비교하여, 마산리 2단구가 MIS 5e기에 형성된 퇴적층으로 결론을 맺었다. 청파대 동굴유적과 마산리 단구층에서 얻은 고지자기의 측정 결과는 한국 구석기 유적의 형성 시기를 밝히는 데 앞으로 이바지할 바가 크다고 말할 수 있다.

〈표 13〉에는 그동안 북한의 동굴유적에서 출토된 석기 및 골각기에 대한 내용이 간단하게 요약되어 있다. 이 표에서 알 수 있듯이, 청파대 동굴유적을 제외한 8군데의 동굴유적에서 발굴된 석기는 약 265점에 이른다. 그 중에서 용남 동굴유적(龍南洞窟遺蹟)(함경남도 금야군 용남리)에서 나온 것이 많은 편으로 144점에 달한다(박영일 2000). 대체로 동물 화석의 수량에 비하여 석기(또는 골각기)가 차지하는 비율은 매우 낮은 편이며, 냉정 동굴유적의 경우도 마찬가지이다. 흑요석은 만달리 동굴유적(萬達里洞窟遺蹟)에서만 발견되었고, 나머지 유적의 경우에는 대체로 석영 또는 규암 등이 석기 제작에 주류를 이루었던 것으로 나타난다.

청파대 동굴유적에서 2038점의 석기가 발굴되었다는 것은 매우 주목된다. 한국의 동굴유적에서 이렇게 많은 양의 석기가 출토된 예는 청파대 동굴유적의 경우가 처음이라 생각된다. 청파대 동굴유적이 발견되기 이전에 북한에서 주먹도끼로 보고된 석기가 없었으며, 청파대 동굴유적에서는 구석기시대 중기~후기의 지층에서 주먹도끼가 출토한다는 점에서 흥미롭다.

〈표 13〉 북한의 동굴유적에서 드러난 석기와 골각기

유적	문화층	시기	석기			골각기	
			수량	암질	종류	수량	종류
검은모루		전기	6점(?)	규질석회암, 차돌	주먹도끼모양석기, 제형석기, 반달형석기, 뾰족끝석기 등		
청파대	2	후기	2006점	석영, 규암 등	찍개, 주먹도끼, 밀개, 새기개, 돌날 등		
	1	중기	32점	석영, 규암 등	찍개, 주먹도끼, 찌르개, 긁개 등		
냉정	2	후기	4점	석영, 규암	찍개, 찌르개, 밀개		
	1	중기	9점	석영, 규암, 사암	찌르개, 찍개, 밀개, 망치	2점	찌르개
용곡 1호	4	후기	13점	석영	찌르개, 밀개, 새기개, 자르개,	3점	찌르개, 송곳
	3	후기	14점	석영, 규암	주먹도끼형석기, 긁개, 밀개, 자르개	1점	찌르개
	2	후기	21점	석영, 규암, 사암	찍개, 주먹도끼형석기, 찌르개, 긁개, 밀개	2점	찌르개, 송곳
	1	중기	11점	석영, 규암, 화강암	찍개, 망치, 주먹도끼형석기, 찌르개, 밀개, 긁개		
용곡 2호	1	후기	12점	석영, 규암	찍개, 다면찍개, 망치, 찌르개, 긁개		
대흥	1	후기	4점	석영	주먹도끼형석기, 망치, 긁개, 밀개	1점	찌르개
금평	1	후기	18점	석영, 규암, 사암, 화강암, 편암 등	찍개, 찌르개, 긁개, 망치, 밀개		
만달리		후기	9점	흑요석, 규암, 차돌	속돌, 격지, 망치	10점	송곳 등
중리	1~2					16점	찌르개, 송곳, 찍개
용남	3	후기	140점	석영	찍개, 밀개, 긁개, 자르개		
	2	후기	4점	석영	찍개		

청파대 동굴유적은 황해북도 황주군에 위치하며, 황주군의 동쪽은 부분적으로 평양시 상원군과 인접하여 있다. 상원군에 위치한 유적 중에서 청파대 동굴유적의 퇴적층과 유사한 시기에 형성된 곳으로 용곡 제1호 동굴유적이 있다. 이 동굴은 청파대 동굴의 동북 방향에 있으며 두 유적 사이의 직선거리는 약 25㎞ 이내이다(이영택 편집 1991. 8쪽 참조). 인류진화발전사연구실(1995e. 247쪽)에 의하면, 용곡 제1호 동굴의 3~4문화층의 석기가 '때려떼기 수법, 대고떼기 수법, 눌러떼기 수법'에 의하여 제작되었던 것으로 서술하였으나, 제시된 석기 그림(인류진화발전사연구실 1995b)을 통하여 판단할 때, 대고떼기 수법이나, 눌러떼기 수법이 적용된 유물을 명확하게 구분하기가 어렵다. 이와 같은 문제점은 청파대 동굴유적의 경우에서도 야기되는 것으로 생각된다. 따라서 석기의 제작 기법에 대한 정확한 이해와 체계적인 형식 분류학상의 기준을 기본으로 하여, 황해도 지역을 포함한 북한 전 지역의 구석기가 좀 더 설득력 있게 연구되는 것이 바람직하다고 판단된다.

청파대 동굴과 냉정 동굴의 1~2지층은 강물 기원의 퇴적층으로 이루어진 공통점을 지닌다. 청파대 동굴은 현재의 강물 면보다 약 8m 높이에 있는데, 냉정 동굴의 경우는 강바닥과의 상대 높이가 보고되지 않았다고 생각된다. 지금까지 알려진 동물 화석과 인류 화석 및 절대 연대 측정값을 고려한다면, 청파대 동굴과 냉정 동굴의 퇴적층은 마지막 간빙기와 마지막 빙하기에 형성된 것으로 추정된다. 넓은 의미에서 그 시기적인 범위는 해양 동위원소 단계(Marine isotope stage)의 5~2기 사이, 곧 127~11 ka BP(Bassinot et al. 1994)에 든다고 이야기될 수 있다. 그리고 청파대 동굴 퇴적의 1~2층은 마지막 간빙기에 일어났던 강물 높이의 변화를 반영하는 것으로 해석될 수 있다. 그러나 해양 동위원소 각 단계의 주기적인 변화의 틀 안에서 청파대 동굴 또는 냉정 동굴 퇴적물의 시기적인 상호 관계를 비교하는 데는 적지 않은 어려움이 놓여 있다.

그와 같은 한계는 있지만, 만약 두 유적에서 얻은 절대 연대값을 신뢰할 수 있다면, 약 6만 년 전 무렵에 '비교적 서늘하고 건조한 기후에서 약간 온화한 기후로의 변화'를 청파대 동굴유적(김홍걸 외 2009d)에서 관찰할 수 있으며, 약 4만 년 전을 전후한 시기에 '더운 기후에서 서늘한 기후로의 이행', 또는 '건조하고 서늘한 온대 기후로의 변화'를 청파대 동굴(김홍걸 외 2009d)뿐만 아니라 냉정 동굴유적(인류진화발전사연구실 1995c)에서 엿보는 것도 가능하다고 생각된다(한창균 2008 ; Han 2011).

VI. 맺음말

1930년대 중반에 발굴된 함경북도 강안리 유적을 비롯하여 지금까지 북한에서 발굴된 전체 구석기 유적의 수는 약 30군데가 넘는 것으로 추산된다. 그 가운데 강안리 유적과 굴포리 유적을 제외한 나머지 유적은 모두 석회암 지대의 동굴에 위치하는 공통점을 지니고 있다. 황해도 일대에서 선사시대로 추정되는 동물 화석의 존재는 1920년대 중반에 이미 알려진 바 있다. 1960년대 후반 이후에는 평산 해상 동굴유적, 황주 청파대 동굴유적, 태탄 냉정 동굴유적, 연산 반천리 동굴유적 등이 발굴되었다. 그 가운데 청파대 동굴유적과 냉정 동굴유적의 퇴적층은 후기 갱신세에 속하는 것으로 밝혀지고 있다.

청파대 동굴유적과 냉정 동굴유적에서는 퇴적층의 형성 시기를 밝히기 위하여 우라늄계열 측정법(Uranium-Series Dating), 열형광법(Thermoluminescence Dating), 전자스핀공명법(Electron Spin Resonance Dating), 핵분열흔적법(Fission-Track Dating), 고지자기 측정법(Paleomagnetic Dating) 등 여러 가지의 절대 연대 측정법이 시도되었다. 두 유적에서 얻은 절대 연대의 신뢰도 문제는 앞으로 다양한 자연과학적인 방법에 의하여 검증되어야 할 과제를 안고 있지만, 퇴적층의 형성 시기를 밝히려는 목적으로 여러 가지 절대 연대 측정법을 응용하고 있는 북한 과학자들의 연구 성과는 높게 평가를 받아야 할 것이다. 당시의 자연 환경을 복원하기 위하여 해상 동굴유적을 비롯한 청파대 동굴유적과 냉정 동굴유적에서 포자-화분 분석이 지속적으로 이루어지고 있다는 점도 특기된다.

절대 연대값, 동물 화석, 인류 화석 등의 연구 자료를 통하여 청파대 동굴유적과 냉정 동굴유적의 퇴적층은 후기 갱신세에 형성된 것으로 밝혀졌으며, 그 시기적인 범위는 해양 동위원소 단계의 MIS 5기부터 MIS 2기에 속하는 것으로 가늠된다. 청파대 동굴유적의 8지층에서 발굴된 신인(Homo sapiens) 단계의 화석은 약 6만 년 전 무렵에 등장하는 것으로 북한 학계에서 연구되고 있다. 그리고 그 연대는 구석기시대 중기와 후기의 경계 시기를 새롭게 설정하는 데 활용될 가능성이 매우 높다고 생각된다.

구석기시대 중기와 후기의 경계가 약 6만 년 전으로 추산될 수 있다면, 이것은 한국뿐만 아니라 동아시아 지역에 출현했던 신인 화석의 고인류적인 연구에도 크게 이바지할 것으로 예상되지만, 이를 체계적으로 입증하기 위한 후속 작업은 앞으로 더욱 구체적으로 진행될 필요가 있다고 판단된다. 예를 들어, 청파대 동굴유적이나 냉정 동굴유적에서 측정된 절대 연대값이 지층에 따라 일치하지 않는 결과를 보여주는 경우가 있기 때문에, 어떤 방법에 의하여 측정된 절대 연대값이 그 지층의 형성 시기를 제대로 반영하는지를 평가하는 작업도 병행될 필요가 있을 것이다.

북한에서 후기 구석기시대에 속하는 신인 단계의 인류 화석은 황해북도의 황주사람(黃州人), 황해남도의 냉정사람, 평안남도의 승리산사람(勝利山人)·금평사람(錦坪人)·풍곡사람(豊谷人), 평양시 승호구역의 만달사람(萬達人), 평양시 상원군의 용곡사람·금천사람·중리사람(中里人)·대흥사람(大興人) 등 10여 군데의 석회암 동굴유적에서 발굴되었다. 이와 같은 고인류학적인 증거는 한국의 구석기 고고학을 정립하는 데 있어, 북한 지역의 구석기 유적이 차지하는 중요한 의미를 잘 보여준다고 생각된다. 그리고 그와 함께 출토된 동물 화석 자료는 퇴적층의 형성 시기와 더불어 당시의 자연 환경을 재구성하는 데 값진 역할을 하고 있다.

청파대 동굴유적에서 출토된 수많은 석기에 대한 종합적인 분석 결과는 아직까지 자세하게 알려진 바가 없는 것으로 추정된다. 현재까지 수집한 자료를 가지고 평가할 때, 북한에서 받아들이고 있는 석기의 형식 분류학적인 접근 방법에 적지 않은 문제가 있는 것으로 나타난다. 앞에서 언급한 것처럼, 각 석기의 분류 기준에 애매한 점이 많으며, 석기의 제작 기법을 고찰하는 데 근거가 미약했던 사실을 청파대 동굴유적이나 용곡 제1호 동굴유적의 경우에서 찾을 수 있다. 이와 같은 요인들로 인하여, 해당 유적의 고고학적인 특성이 정확하게 드러나지 못하는 한계를 보여준다고 생각되며, 이런 점은 북한 고고학계에서 하루빨리 극복해야 할 과제라고 말할 수 있다.

청파대 동굴유적의 주먹도끼는 구석기시대 중기와 후기에 속한 지층에서 발굴된 것으로 발표되었다. 그리고 중기 구석기시대보다는 후기 구석기시대의 지층에서 주먹도끼가 자주 출토된 예가 많은 것으로 서술되었다. 만약 북한에서 사용하고 있는 주먹도끼의 형식 분류학적인 속성이 정확한 기준에서 적용되었다고 인정을 받는다면, 그와 같은 주먹도끼의 형태상 속성 변화와 시기별 출현 빈도수의 차이는 지금까지 한국에서 알려진 주먹도끼의 존재를 새로운 시각에서 이해하는 데 도움이 될 것이다.

* 청파대 동굴유적에 대한 자료를 수집하는 데 많은 도움을 주었던 세종대학교 하문식 교수님께 감사를 드린다. 또한 고지자기 측정과 관련하여 유익한 도움말을 주었던 한국지질 자원연구원의 김주용 박사님, 그리고 박사학위 논문을 보내준 한국원자력안전기술원의 심택모 책임 연구원님께도 깊은 감사의 말씀을 전한다. 지도와 그림 편집에는 오정민 조교(한남대학교 대학원 문화재학과)의 도움을 받았다.

참고문헌

강룡일·리형직·강영수 2005. 「청파대동굴유적의 열형광년대측정에 대한 연구」, 『김일성종합대학학보(자연과학)』 51권 3호, 127-129, 김일성종합대학출판사.

강영수·김정호·리명혁 2007. 「청파대동굴유적의 년대에 대한 연구」, 『김일성종합대학학보(자연과학)』 53권 6호, 194-197, 김일성종합대학출판사.

고고학연구소 1969. 「상원 검은모루유적 발굴중간보고」, 『고민속론문집』 1, 1-30, 사회과학출판사.

고고학연구소 1986. 「발굴 및 답사소식(2) : 조사답사」, 『조선고고연구』 1986(2), 47-48, 사회과학출판사.

고고학연구소 2005. 「개성공업지구에서 발굴된 구석기」, 『조선고고연구』 2005(2), 49, 사회과학출판사.

김경일·조철원 2009. 「청파대동굴유적에서 발굴된 석기」, 『김일성종합대학학보(력사법학)』 55권 2호, 73-84, 김일성종합대학출판사.

김교경 1974. 「청청암 및 해상 동굴유적 발굴보고」, 『고고학자료집』 4, 40-63, 사회과학출판사.

김교경 1979. 「덕천 승리산유적의 년대에 대하여」, 『고고민속론문집』 7, 2-9, 과학백과사전출판사.

김근식·한금식 2007. 「황주군 청파대동굴퇴적층에서 알려진 식육류화석에 대한 연구」, 『김일성종합대학학보(자연과학)』 53권 5호, 183-187, 김일성종합대학출판사.

김신규 1962. 「함경북도 화대군에서 털코끼리(《맘모스》)의 유골을 발견」, 『문화유산』 1962(2), 81-84, 사회과학원출판사.

김신규·김교경·백기하·장우진·서국태 1985. 「승호구역 만달리 동굴유적발굴보고」, 『평양부근동굴유적발굴보고』 (유적발굴보고 14), 2-68, 과학백과사전출판사.

김신규·김홍걸·김근식·주학성 2009a. 『조선의 짐승뼈화석(1)』(조선고고학전서 55, 고생물편 1), (주)진인진.

김신규·김홍걸·김근식·주학성 2009b. 「검은모루유적」, 『조선의 짐승뼈화석(1)』, 17-61.

김신규·김홍걸·김근식·주학성 2009c. 「중리동굴유적」, 『조선의 짐승뼈화석(1)』, 62-92.

김신규·김홍걸·김근식·주학성 2009d. 「랭정동굴유적」, 『조선의 짐승뼈화석(1)』, 93-144.

김신규·김홍걸·김근식·주학성 2009e. 「대현동유적」, 『조선의 짐승뼈화석(1)』, 145-193.

김신규·김홍걸·김근식·주학성 2009f. 「화천동유적」, 『조선의 짐승뼈화석(1)』, 194-249.

김용간 1990. 『조선고고학전서 : 원시편(석기시대)』, 과학백과사전종합출판사.

김인섭 외 편집 1997. 『조선지도첩』, 교육도서출판사, 평양.

김일남·강영호·신태경 2006. 「황주군 청파대동굴유적에 대한 고고자기학적연구」, 『김일성종합대학학보(자연과학)』 52권 9호, 155-159쪽, 김일성종합대학출판사.

김정호 2005. 「황주군 《청파대》동굴유적의 핵분렬흔적년대」, 『김일성종합대학학보(자연과학)』 51권 7호, 105-108, 김일성종합대학출판사.

김홍걸 1992. 「평산군 해상동굴퇴적층의 포자-화분 조합에 대한 고찰」, 『조선고고연구』 1992(2), 44-48, 사회과학출판사.

김홍걸·한금식·주학성 2009a. 『조선의 짐승뼈화석(2)』(조선고고학전서 56, 고생물편 2), (주)진인진.

김홍걸·한금식·주학성 2009b. 「승리산유적」, 『조선의 짐승뼈화석(2)』, 17-125.

김홍걸·한금식·주학성 2009c. 「룡곡제1호동굴유적」, 『조선의 짐승뼈화석(2)』, 126-197.

김홍걸·한금식·주학성 2009d. 「청파대동굴유적」, 『조선의 짐승뼈화석(2)』, 198-262.

김홍걸·주학성·김근식 2009e. 『조선의 짐승뼈화석(3)』(조선고고학전서 57, 고생물편 3), (주)진인진.

김홍걸·주학성·김근식 2009f. 「만달리유적」, 『조선의 짐승뼈화석(3)』, 21-80.

김홍걸·주학성·김근식 2009g. 「금옥동굴유적」, 『조선의 짐승뼈화석(3)』, 81-118.

김홍걸·주학성·김근식 2009h. 「금평동굴유적」, 『조선의 짐승뼈화석(3)』, 119-137.

김홍걸·주학성·김근식 2009i. 「대흥동굴유적」, 『조선의 짐승뼈화석(3)』, 138-183.

김홍걸·주학성·김근식 2009j. 「청청암동굴」, 『조선의 짐승뼈화석(3)』, 261-268.

김홍걸·주학성·김근식 2009k. 「해상동굴」, 『조선의 짐승뼈화석(3)』, 268-283.

김홍걸·김세찬 2009l. 「해상동굴화석산지」, 『포자-화분』(조선고고학전서 58, 고생물편 4), 49-57, (주)진인진.

도유호 1964. 「조선의 구석기 시대 문화인 굴포 문화에 관하여」, 『고고민속』 1964(2), 3-7, 사회과학원출판사.

류정길·김세찬·리명혁 2005. 「청파대동굴유적의 지질시대와 옛자연환경에 대한 연구」, 『김일성종합대학학보(자연과학)』 51권 12호, 116-119, 김일성종합대학출판사.

리명혁·김문홍·림영모 2003. 「청파대동굴유적에서 나온 화석뼈의 우라니움계렬년대결정」, 『김일성종합대학학보(자연과학)』 49권 3호, 93-96, 김일성종합대학출판사.

리명혁·남광원·림영모 2005. 「룡곡제1호동굴유적에서 나온 뼈화석의 우라니움계렬년대측정」, 『김일성종합대학학보(자연과학)』 51권 6호, 93-95, 김일성종합대학출판사.

리성철 2006. 「《황주사람 1호》에 대한 인류학적고찰」, 『조선고고연구』 2006(4), 31-34, 사회과학출판사.

박영일 2000. 「룡남동굴유적에서 발견된 석기에 대한 연구」, 『김일성종합대학학보(력사법학)』 146권 2호, 29-33, 김일성종합대학출판사.

박정원·송창섭·리성철 2007a. 「청파대동굴유적에서 새로 발굴한 인류화석에 대한 연구」, 『김일성종합대학학보(자연과학)』 53권 5호, 196-200, 김일성종합대학출판사.

박정원·송창섭·리성철 2007b. 「황주군 청파대동굴유적에서 새로 발굴한 인류화석에 대한 연구」, 『김일성종합대학학보(자연과학)』 53권 6호, 198-202, 김일성종합대학출판사.

박정원·송창섭·리성철 2007c. 「청파대동굴유적 13지층에서 새로 발굴한 인류화석에 대한 연구」, 『김일성종합대학학보(자연과학)』 53권 7호, 161-163, 김일성종합대학출판사.

박정원·송창섭·강일 2009. 「청파대동굴유적 12층에서 새로 발굴한 인류화석에 대한 연구」, 『김일성종합대학학보(자연과학)』 55권 2호, 185-188, 김일성종합대학출판사.

손영종·박영해·김용간 1991. 『조선통사(상)』, 사회과학출판사.

심택모 2006. 『한반도 동해안 영일만 일대 해안단구 퇴적층의 고지자기 특성 연구』, 연세대학교 대학원 지구시스템과학과 박사학위논문.

어해남 1999. 「만달리유적의 속돌들에 대한 고찰」, 『조선고고연구』 1999(3), 24-27, 사회과학출판사.

언어학연구소 1992a. 『조선말대사전(1)』, 사회과학출판사.

언어학연구소 1992b. 『조선말대사전(2)』, 사회과학출판사.

이영택 1991a. 「황해북도」, 『한국민족문화대백과사전』, 한국정신문화연구원.

이영택 1991b. 「황해남도」, 『한국민족문화대백과사전』, 한국정신문화연구원.

이영택 편집 1991. 『최신 북한지도』, 우진지도출판사.

인류진화발전사연구실 1995a. 『조선서북지방의 동굴유적』, 김일성종합대학출판사.

인류진화발전사연구실 1995b. 「룡곡제1호동굴유적」, 『조선서북지방의 동굴유적』, 4-75.

인류진화발전사연구실 1995c. 「랭정동굴유적」, 『조선서북지방의 동굴유적』, 162-204.

인류진화발전사연구실 1995d. 「새로 찾은 인류화석들의 진화적위치」, 『조선서북지방의 동굴유적』, 228-245.

인류진화발전사연구실 1995e. 「석기시대의 문화」, 『조선서북지방의 동굴유적』, 245-255.

장우진 2002. 『조선민족의 력사적뿌리』, 사회과학출판사.

전일권·김광남 2009. 「랭정동굴유적」, 『북부조선지역의 구석기시대유적』(조선고고학전서 1, 원시편 1), 180-194, (주)진인진.

전제헌·윤진·김근식·류정길 1986. 『룡곡동굴유적』, 김일성종합대학출판사.

조선유적유물도감 편찬위원회 1988. 「동굴곰대가리뼈 화석」, 『조선유적유물도감1(원시편)』, 외국문종합출판사.

한금식 2003. 「우리 나라 제4기 포유동물상의 종구성에 대하여」, 『김일성종합대학학보(자연과학)』 49권 3호, 183-187, 김일성종합대학출판사.

한금식·김근식 2006a. 「황주군 청파대동굴유적에서 발견된 설치류화석에 대한 연구」, 『김일성종합대학학보(자연과학)』 52권 7호, 141-146, 김일성종합대학출판사.

한금식·김근식 2006b. 「청파대동굴유적에서 발견된 우제류화석에 대하여」, 『김일성종합대학학보(자연과학)』 52권 8호, 155-161, 김일성종합대학출판사, 평양.

한금식·김근식 2008. 「청파대동굴유적의 동물상과 지질시대」, 『김일성종합대학학보(자연과학)』 54권2호, 169-171, 김일성종합대학출판사.

한창균 2008. 「한국의 후기 구석기시대 자연환경」, 『한국고고학보』 66, 4-47.

Han, Chang-gyun 2011. Environmental Background of the Upper Paleolithic in Korea, 『한국구석기학보』 23, 3-29.

直良信夫 1940. 「朝鮮潼關鎭發掘舊石器時代ノ遺物」, 『第一次滿蒙學術調査研究團報告』 6-3, 1-12.

Bassinot, F.C., Labeyrie, L.D., Vincent, E., Quidelleur, X., Shackleton, N.S., and Lancelot, Y. 1994. The astronomical theory of climate and the age of the Brunhes-Matuyama magnetic reversal, *Earth and Planetary Science Letters* 126, 91-108, Elsevier.

Walker, M. 2005. *Quaternary Dating Methods*, 213-225, John Wiley & Sons Ltd, England.

* 신문 및 웹사이트

東亞日報(1925. 12. 17), '百餘萬年前은 朝鮮도 熱帶地方, 百萬年前 水牛의 骨格, 黃海道鳳山서 發見'

東亞日報(1930. 1. 19), '熱帶地方에 棲息한 水牛化石發見, 黃海道鳳山地方에서, 考古學上의 珍奇品'

연합뉴스(2009. 10. 24), '北청파대동굴서 구석기후기 인류화석 7점 발굴'

연합뉴스(2009. 10. 26), '황해도 청파대동굴 신인화석(新人化石)'

연합뉴스(2009. 10. 26), '황해도 청파대동굴 짐승뼈 화석'

오양열(2010. 4. 26), '청파대동굴유적 발굴성과 전시회 진행', 북한문예소식, 웹진 아르코.

이용웅(2010. 9. 16), '이교수의 북한문예산책', 경남대 극동문제연구소.

天台山人(1935. 6. 14), '民族起原에 關한 言語學者의 諸學說 八(朝鮮의 地理的變遷의 續)', 朝鮮日報.

통일신문(2009. 11. 3), '北, 구석기후기 인류화석 발굴 : 4만~6만년 전 유물·유적 1만 4천여점 나와'

통일신문(2010. 2. 16), '200여 마리분 동물뼈 화석 발견 : 청파대동굴 유적'

통일신문(2010. 8. 23), '황주사람2호' 턱뼈 등 유물 전시 : 조선중앙력사박물관'

【출처】 한창균 2011. 「黃海道 地域의 舊石器遺蹟」, 『한국고고학보』 81, 217-244쪽.

ㅈ

한 창 균

연세대학교 사학과 졸업, 동 대학원 문학석사. 파리6대학교 박사(선사고고학)
단국대학교 사학과 교수, 한남대학교 역사교육과 교수 역임
연세대학교 사학과 파른기념교수, 연세대학교 박물관장 역임

저서ㅣ『북한의 선사고고학 ① 구석기시대와 문화』(1990, 편저), 『북한 선사 문화 연구』(1995, 공저),
　　『북한 고고학 미술사 용어집』(1996, 편저), 『하담 도유호』(2017) 외

북한 고고학 연구

한 창 균 지음

초판 1쇄 발행　2020년　7월 20일
　　 2쇄 발행　2021년 10월 30일

펴낸이 오일주
펴낸곳 도서출판 혜안

등록번호 제22-471호
등록일자 1993년 7월 30일

주소 04052 서울시 마포구 와우산로 35길 3(서교동) 102호
전화 02-3141-3711~2 / **팩스** 02-3141-3710
이메일 hyeanpub@hanmail.net

ISBN 978-89-8494-643-9　93910

값 40,000 원